当代中国的铁道事业

CONTEMPORARY CHINA: RAILWAY UNDERTAKINGS I

（上）

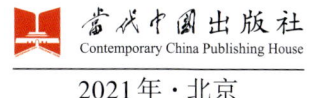

2021年·北京

图书在版编目(CIP)数据

当代中国的铁道事业 /《当代中国》丛书编辑委员会编 . -- 北京：当代中国出版社，2021.4
 (《当代中国》丛书)
 ISBN 978-7-5154-0947-4

Ⅰ . ①当… Ⅱ . ①当… Ⅲ . ①铁路运输—概况—中国—现代 Ⅳ . ① F532

中国版本图书馆 CIP 数据核字（2019）第 163911 号

出 版 人	曹宏举
责任编辑	宗 边
特约编辑	陈立旭
责任校对	康 莹
印刷监制	刘艳平
装帧设计	创世禧图文
出版发行	当代中国出版社
地　　址	北京市地安门西大街旌勇里 8 号
网　　址	http://www.ddzg.net　邮箱：ddzgcbs@sina.com
邮政编码	100009
编 辑 部	（010）66572264　66572154　66572132　66572180
市 场 部	（010）66572281　66572161　66572157　83221785
印　　刷	北京润田金辉印刷有限公司
开　　本	787 毫米 ×1092 毫米　1/16
印　　张	62.5 印张　862 千字
版　　次	2021 年 4 月第 1 版
印　　次	2021 年 4 月第 1 次印刷
定　　价	450.00 元（上下册）

版权所有，翻版必究；如有印装质量问题，请拨打（010）66572159 转出版部。

《当代中国》丛书
编辑委员会

主　编　邓力群　马　洪　武　衡

编　委　（按姓氏笔画排列）

丁伟志　于光远　王忍之　王惠德　朱穆之　华　楠
杜润生　杨白冰　谷　羽　张友渔　周　扬　周克玉
林涧青　房维中　胡　绳　贺敬之　袁宝华　梅　益
薛暮桥

《当代中国》丛书
编辑部

（按姓氏笔画排列）

刘　杲　杜　敬　杨福云　吴家珣　陈伯林　张　定

《当代中国的铁道事业》
编辑委员会

顾　问　刘建章
主　编　李际祥　李　轩　郭安智
副主编　严福昌　汤树屏　徐增麟　吴守忠　张桂甲
编　委　（按姓氏笔画排列）
　　　　石玉永　刘平田　陈春森　苗秋林　钱应麟　聂德禄
　　　　谭葆宪

《当代中国的铁道事业》主要撰稿者

（按姓氏笔画排列）

万智先　王义钊　王光华　王锦麟　叶　里　石玉永
田兆滋　汝元恺　孙会友　朱治安　刘国湘　刘桃芬
刘祯祥　刘继祥　汤树屏　吴　凤　吴守忠　陈　玺
陈远谋　陈保兴　陈椿江　张云和　张知新　沈庆衍
严福昌　苗秋林　恽小园　徐绪功　徐增麟　聂德禄
曹　昊　曹寿华　章　复　蒋传漪　董维宁

《当代中国》丛书再版说明

《当代中国》丛书作为新中国成立以来第一套大型当代中国国史和国情丛书,是新中国国史研究领域的标识性作品。该丛书以无可辩驳的史实客观呈现了新中国成立以后近40年我们党带领全国人民所取得的社会主义建设的伟大成就,是改革开放前后两个时期有机衔接的忠实记录。

《当代中国》丛书是20世纪80年代初胡乔木同志提议,经中共中央书记处批准,由中宣部向全国部署,交由中国社会科学院规划和编辑出版,是新中国成立后由中央组织的首次大规模编写中华人民共和国历史的工程。《当代中国》丛书共150卷,208册,约1亿字,3万幅珍贵历史图片。丛书内容广泛,几乎涵盖新中国成立以来各条战线、各个地区社会主义革命和社会主义建设事业的发展过程、辉煌成就。按内容区分,有部门(行业)卷、地方卷、专题卷,还有不限于某个部门或某个方面的综合卷。

1999年6月30日,《当代中国》丛书完成总结大会在北京人民大会堂召开,时任中共中央总书记、国家主席江泽民,国务院总理朱镕基,副总理李岚清等党和国家主要领导同志亲切会见了与会代表。江泽民总书记对丛书的完成表示热烈祝贺和高度评价,同时发表重要讲话。他指出:《当代中国》丛书为研究有中国特色社会主义的伟大事业的发展进程、经验和规律,为在广大干部和群众中开展爱国主义、集体主义、社会主义思想教育,提供了丰富的史料和生动的教材。大家应该充分运用这部丛书的科研成果,为资政育人服务,为推进改革开放和现代化建设服务。同年,《当代中国》丛书荣获第四届中国国家图书奖荣誉奖。

由于本丛书第一版时间久远,版本陈旧,且至今市面无存,为服务广大读者,我们推出了该丛书的新版本。目前再版这套丛书,既是向2019年新中国成立70周年奉献的一份厚礼,也是向2020年全面建成小康社会和2021年中国共产党成立100周年敬献的贺礼。

本次再版的总体原则是在尊重史实和时代语境的前提下,保持丛书既有框架和内容,个别调整体例、订正错讹。本次再版,我们邀请专业人员对各卷英文目录做了全面修订,使之更加准确、简洁。我们还提升了用材、装帧质量,务使该丛书以更好的面貌呈现给广大读者。

本次再版得到了中国社会科学院哲学社会科学创新工程和当代中国研究所的鼎力支持与帮助,在此谨表诚谢。

2019年,习近平总书记对在"不忘初心、牢记使命"主题教育中学习党史、新中国史作出重要指示。我们真诚希望,通过本丛书再版,能为全国广大读者增添一套新的、更为全面系统的学习教材,起到进一步传承红色基因、坚定理想信念的作用,做到知史爱党、知史爱国。

当代中国出版社

2019年12月

总　序

中华人民共和国，作为一个伟大的社会主义国家，屹立于世，已经整整 35 个春秋。

当此之际，我们决定把 30 多年来的历史经验，分门别类，加以总结，编纂成书，陆续付梓，以献给这一伟大事业的创业者和建设者，献给行将参加到这一事业中来的一代又一代新的建设者，献给全国各族同胞和世界上一切关心我们事业的朋友们。

在中华民族 5000 多年的文明史上，我们当代的历史——中华人民共和国的历史，是最辉煌的篇章。这个时期，中国大地上社会的发展，历史的进步，各项事业的兴旺，人民的团结，都是空前的。我们并不满足于既有的初步成就，并不想以此矜夸于人，但是我国人民通过 30 多年的实践，确实重新建立了充分的民族自信。实践本身向全世界宣告，有着古老文明的中华民族，在中国共产党领导下，恢复了和勃发着青春的活力，她完全有能力在比较短的时间内，扎扎实实，以比较高的速度，迎头赶上，跻身于世界先进民族之林。

中华人民共和国的历史，是一部艰苦卓绝的社会主义创业史。其所以艰苦卓绝，一则是由于我们的基础太差，起点太低；二则是由于我们没有经验。如何把一个贫困落后的半殖民地半封建的旧中国改造和建设成为一个富强先进的社会主义新中国,不仅在我国的历史发展中是前无古人的创新之举,而且在世界范围内也无成例可援。我们固然可以参考和借鉴别人的经验,但从根本上来说,却只有靠我们自己运用马克思列宁主义的普遍真理,独立地认识和分析中国的特殊国情,以无畏的革命创造精神和严格的科学态度,找出一条中国化的建设社会主义的道路。只有这样,振兴中华的大业才会事半功倍,卓有成效。在革命战争年代,我们把马克思列宁主义普遍真理和中国革命具体实践相结合,形成了适合中国情况的科学的指导思想,即毛泽东思想。是否坚持马克思列宁主义普遍真理和中国革命具体实践相结合,是决定新民主主义革命成败的关键。新中国成立以来的历史实践表明,这同样是决定我国社会主义事业成败的关键。30多年来,中国人民为此贡献了智慧,付出了劳动,备尝了失误的苦痛和成功的欢欣。党的十一届三中全会以后,我们总结过去正反两方面的丰富经验,坚持和发展马克思列宁主义、毛泽东思想,逐步制定和完善各方面的方针政策,在探索建设有中国特色的社会主义的道路上,有许多新的创造,取得了重大的成就。在1982年党的第十二次全国代表大会上,邓小平同志提出:"把马克思主义的普遍真理同我国的具体实际结合起来,走自己的道路,建设有中国特色的社会主义,这就是我们总结长期历史经验得出的基本结论。"建设有中国特色的社会主义,这是一个实践的过程,又是我们的认识不断提高和深化的过程,这是我们的出发点,又是我们的奋斗目标。我们完全可以自豪地说,沿着这条道路前进,通过全体共产党人和各族人民脚踏实地的艰苦奋斗,把我们的祖国建设成为一个高度文明、高度民主的社会主义的现代化强国,是指日可待的。

社会主义中国的历史还在发展。我们有责任把我国走过的道路和取得的经验,介绍给全国各族人民,介绍给世界人民。我国人民必能从中吸取到爱国主义和社会主义的可贵教益,国外一切关心中国的人也能够由此增进对社会主义新中国的了解。这就是我们编撰出版这套《当代中国》丛书的主要目的。

《当代中国》丛书,将遵循实事求是的科学的态度,不虚美,不掩过,用可靠的事实资料,如实地写出新中国30多年的建设史,为世人为后代留下一部科学的信史。我们深信,只要把30多年建设的成功和挫折的经验,运用马克思列宁主义、毛泽东思想一一加以科学的总结,那就会使之成为传诸后世的国宝。

当然,任何珍贵的历史经验,都不应变成妨碍人们继续前进的沉重负担。我们不仅不能重复过去的错误,也不能为成功的经验所束缚,而故步自封。历史经验的可贵,在于提供给人们继续前进的力量,在于给人们研究和解决新问题以智慧。现在,为了实现社会主义现代化,全面进行经济改革和技术革命的历史任务,已经提上了议事日程。这些在新的历史条件下面临的重大的新课题,显然是不可能从既往的历史经验中找到现成答案的。我们的任务在于,正确运用历史经验,从中得出规律性的认识,以便用科学性和革命性紧密结合的革新精神,去迎接我国社会主义现代化建设的新高潮。

《当代中国》丛书编辑委员会

1984年5月3日

序　言

《当代中国的铁道事业》一书正式出版发行了。这是中华人民共和国成立以来，第一次比较系统地叙述铁路事业各方面取得的成就和走过的道路，以及比较全面地总结铁路工作正反两方面经验的一部带有史书性质的著作。这本书的编纂出版，必将引起国内外人士，特别是铁路界人士的关注。作为一名长期从事过铁路事业的工作者，我对本书的出版深感欣慰。现应《当代中国的铁道事业》编委会的要求，为本书出版写几句话。

铁路是现代重要的交通运输工具，是物质生产的一个重要部门。从1876年在中国大陆上敷设第一条铁路吴淞铁路算起，铁路在中国已有100多年的历史。但到1949年的73年间，总共修建并留存下来的只有2.1万多公里铁路。这些铁路标准低，设备简陋，而且绝大部分分布在我国东北和东部沿海地区。新中国建立前夕，勉强维持通车的铁路仅1万多公里。

新中国成立后，铁路事业有了较大的发展。据统计，到1985年末，我国新建铁路共计3万多公里，全国铁路营业里程已达5.2万多公里。路网布局和技术装备都有所改善，基本上改变了旧中国铁路分布偏、标准低的状况。同时，还对旧线进行了技术改造和加强，双线、电气化铁路不断增加。铁路的机车车辆工业和专用器材工业，随着运输发展的需要，从无到有，由修到造，从生产蒸汽机车，发展到大批量生产内燃和电力机车，已逐步建成了比较完整的工业体系。铁路的运营水平逐步提高。从新中国建立开始即着手统一铁路的规章制度和多种技术标准及规范，建立了集中统一的运输指挥系统，不断加强和改善了运输组织和经营管理工作。总之，新中国成立以来铁路事业的成就是较大的，发展速度也是快的，对促进整个国民经济的发展起了重要作用。

但是也应看到，我国铁路目前还是国民经济发展中的一个极为薄弱的环节。铁路虽号称"先行"，实际上名不副实。既有铁路能力严重不足，长期超负荷运输，仍远远不能满足国民经济和人民生活日益增长的需要。新线建设迟缓，不仅影响各地区的经济开发和加重了既有铁路的运输负荷，而且使运输能力的后劲严重短缺。我国是一个地域辽阔的大陆国家，资源分布不均衡和经济发展不平衡，决定了大量物资需要长途调运。而铁路则具有能力大、能耗少、成本低、全天候、轻污染的产业特征。客观需求与铁路自身的特征，使铁路历史地成为我国国民经济的大动脉。大动脉不畅通，必然会制约国民经济的发展。这种愈演愈烈的严重情况，已引起全国人民和党内外人士的关注。

我认为，铁路运输能力严重不足，有多方面的原因，不可能在短期内从根本上得到解决。但现在就应该充分认识铁路面临的严峻形势，立即采取必要措施，真正逐步把铁路置于先行地位，加强既有铁路的技术改造，加速新铁路线的建设步伐，大力提高铁路的科学技术水平，使其到20世纪末有一个历史性的大发展，以适应我国经济发展的急需。铁路工作必须立足于改革。应改变由国家独资修路的模式，调动社会各方面的积极性，实行多渠道筹集资金建路。这是加快中国铁路建设的重要途径之一。

建设和办好人民铁路是全民的事业。在30多年的铁路发展进程中，我们积累了丰富的经验，也走过一些曲折的道路。编纂和出版《当代中国的铁道事业》一书的目的，就是要尽可能完整地将新中国成立以来铁路建设的发展情况和经验准确地记录下来，以便从中研究探索我国铁路发展的规律，从而对现在和今后的工作起指导和借鉴作用。因此，我希望从事铁路工作的同志，能从本书中受到教益，促使我国铁路事业有所改革，有所创新，有所发展。我也希望关心铁路的各界人士，能通过本书增进对铁路的理解，积极支持并帮助铁路事业的发展。

1989年3月

目录

总　序

序　言　　　　　　　　　　　　　　　　　　　　　　　　吕正操

绪　论 …………………………………………………………………… 1

第一编
新中国铁道事业的发展历程

第一章　人民铁路的创建（1949—1957） …………………… 14

第一节　旧铁路的新生 ……………………………………… 14

　一、接管铁路与抢修抢运 ………………………………… 14

　二、统一管理全国铁路的修建和运输 …………………… 16

　三、深入进行民主改革 …………………………………… 18

第二节　打不断、炸不烂的"钢铁运输线" ……………… 19

　一、特殊的抢修抢运 ……………………………………… 20

　二、坚强的后方支援 ……………………………………… 21

第三节　学习苏联，推广中长路经验 ……………………… 22

　一、与苏联合办中国长春铁路公司 ……………………… 22

　二、全面推广中长路经验 ………………………………… 24

第四节　开展以"满超五"运动为中心的劳动竞赛 ……… 26

　一、运动的兴起及其强大的生命力 ……………………… 26

　二、总结经验教训，推进运动深入发展 ………………… 28

第五节　铁路工程和工业建设全面展开 ··· 31
　　一、新线建设顺利发展 ··· 31
　　二、旧线改造逐步加强 ··· 33
　　三、铁路工业初具规模 ··· 36

第二章　铁道事业在曲折中前进（1958—1965） ······························· 39

第一节　得不偿失的探索 ··· 39
第二节　以调整为中心进行全面整顿 ··· 47
　　一、加强集中统一，整顿规章制度，恢复运行秩序 ····························· 47
　　二、坚决缩短基建战线，大力填平补齐 ······································· 49
　　三、精减人员，加强职工培训 ··· 50
　　四、大力整修设备，逐步恢复机车车辆的良好状态 ····························· 50
　　五、把支援农业作为铁路运输的重要政策 ····································· 51
第三节　再度出现稳步发展的局面 ··· 52
　　一、集中优势兵力，会战"三线一机" ··· 52
　　二、树立先进典型，组织比、学、赶、帮、超活动 ····························· 55
　　三、提高了经济效益，扩大了再生产能力 ····································· 55

第三章　十年动乱中的铁道事业（1966—1976） ································ 57

第一节　动乱开始，铁路受灾严重 ··· 57
第二节　运输生产缓慢恢复 ··· 60
第三节　运输再次受冲击，经过整顿有好转 ······································· 64
第四节　人祸天灾交集，铁道事业受损 ··· 68

第四章　铁道事业的新发展（1977—1985） ···································· 74

第一节　扭转混乱局面，运输恢复畅通 ··· 74
　　一、采取果断措施，把铁路运输搞上去 ······································· 74
　　二、开展竞赛，把运输生产推向新水平 ······································· 76

三、学大庆，改善企业管理 ································ 76
　　　四、存在的问题和新的失误 ································ 77
　第二节　贯彻调整方针，理顺比例关系 ···························· 78
　　　一、以旧线改造为重点调整铁路的基本建设 ···················· 78
　　　二、机车车辆工业在调整中完成生产任务 ······················ 79
　　　三、科技工作开始活跃，职工培训有新进展，职工生活有所改善 ·· 80
　　　四、努力挖潜扩能，完成各项运输任务 ························ 82
　第三节　抓好全面整顿，提高企业素质 ···························· 84
　　　一、调整各级领导班子 ···································· 84
　　　二、建立健全经济责任制，改善经营管理制度 ·················· 85
　　　三、整顿劳动组织，提高劳动效率 ···························· 85
　　　四、逐步树立以提高经济效益为中心的思想 ···················· 86
　　　五、整顿路风，提高客货服务质量 ···························· 86
　第四节　坚持改革，探索新路 ···································· 87
　　　一、按照运输规律调整管理机构 ······························ 88
　　　二、简政放权，增强企业活力 ································ 89
　　　三、开始突破传统模式，改革运输组织工作 ···················· 90
　　　四、基本建设积极推行投资包干制和招标承包制 ················ 91
　　　五、铁路工业发展横向联合，开始打破封闭型结构 ·············· 92
　　　六、运输部门出现第一个经济实体单位——广深铁路公司 ········ 93
　　　七、多渠道集资，加快铁路建设 ······························ 95
　　　八、顺利完成铁道兵并入铁道部的工作 ························ 96
　第五节　显著的成就，深刻的变化 ································ 97
　　　一、铁路运量逐年增长，运输效率和经济效益不断提高 ·········· 97
　　　二、铁路基本建设稳步发展 ································ 98
　　　三、牵引动力改革出现新的突破 ······························ 100
　　　四、铁路科技和教育事业有较大发展 ·························· 100
　　　五、职工收入增加，生活水平提高 ···························· 102

第二编
铁路运输

第五章　铁路旅客运输 ··· 110
第一节　客运组织发展概况 ··· 111
　　一、统一规章制度，推行旅客计划运输 ·································· 111
　　二、建立以首都为中心的旅客运输网，开办国际联运业务 ············ 112
　　三、改善客运服务设施，提高客运服务质量 ··························· 112
　　四、开展各种形式竞赛，涌现一批先进单位 ··························· 113
　　五、提高旅客列车速度，充分发挥客运设备效能 ······················ 115
第二节　铁路客运服务 ··· 116
　　一、车站客运业务和服务 ··· 117
　　二、旅客列车乘务和服务 ··· 119
　　三、铁路旅客餐茶供应 ·· 121
第三节　铁路客流组织 ··· 122
　　一、中国铁路客流情况和编制旅客列车运行方案的原则 ············· 123
　　二、旅客列车编组及其改革 ·· 126
第四节　铁路客运运价 ··· 128

第六章　铁路货物运输 ··· 133
第一节　铁路货物计划运输 ··· 134
第二节　整车、零担和集装箱运输 ··· 139
　　一、整车货物运输 ··· 139
　　二、零担货物运输 ··· 140
　　三、集装箱运输 ··· 142
第三节　按特殊条件办理的货物运输 ··· 144

		一、鲜活货物运输 …………………………………………… 144

		二、危险货物运输 …………………………………………… 145

		三、阔大货物运输 …………………………………………… 147

	第四节　铁路货场管理 …………………………………………… 148

		一、货场管理的基本要求 …………………………………… 148

		二、货场技术设备的发展 …………………………………… 149

		三、建立货场管理制度，建设文明货场 …………………… 150

		四、加强横向联系，保持货场畅通 ………………………… 151

	第五节　装卸作业及装卸机械化 ………………………………… 152

		一、装卸作业机构与组织管理 ……………………………… 153

		二、铁路装卸机械化的发展 ………………………………… 155

	第六节　铁路货物运价 …………………………………………… 158

		一、铁路货物运价的沿革 …………………………………… 158

		二、铁路货物运价制度 ……………………………………… 160

第七章　铁路行车组织 ……………………………………………… 163

	第一节　车站与枢纽行车工作组织 ……………………………… 164

		一、中间站行车工作组织 …………………………………… 165

		二、编组站行车工作组织 …………………………………… 167

		三、枢纽行车工作组织 ……………………………………… 170

	第二节　车流组织与列车编组计划 ……………………………… 171

		一、装车地直达运输组织 …………………………………… 173

		二、技术站车流组织 ………………………………………… 175

	第三节　列车运行图及铁路通过能力 …………………………… 176

		一、列车运行图的编制 ……………………………………… 177

		二、铁路通过能力的加强 …………………………………… 180

	第四节　运输工作技术计划与运输方案 ………………………… 183

		一、技术计划 ………………………………………………… 183

|　　二、运输方案 ··· 184

第五节　日常运输组织和调度工作 ··· 187
|　　一、运输工作日常计划 ·· 189
|　　二、车流调整 ·· 190
|　　三、按图行车 ·· 191

第六节　电子计算机在铁路运输生产中的应用 ···································· 193
|　　一、开创时期 ·· 193
|　　二、初步发展时期 ·· 194
|　　三、新发展时期 ··· 195

第八章　铁路机务工作 ·· 197

第一节　机车的运用 ·· 197
|　　一、牵引动力的发展 ··· 198
|　　二、合理调配机型，统一牵引定数 ·· 200
|　　三、改善机务段布局，加强机车整备作业 ······································ 202
|　　四、改革机车交路和乘务制度 ·· 204
|　　五、提高机车乘务员素质 ··· 207

第二节　机车的保养和检修 ·· 209
|　　一、乘务与检修相结合的机车负责制 ··· 209
|　　二、调整机车检修的周期和范围 ··· 211
|　　三、改进机车段修作业 ·· 213
|　　四、坚持验收制度 ·· 216

第三节　机车节能、给水供电和轮渡 ··· 218
|　　一、铁路机车的节能工作 ··· 218
|　　二、铁路给水工作 ·· 221
|　　三、铁路电力工作 ·· 222
|　　四、铁路牵引供电 ·· 223
|　　五、火车轮渡 ·· 224

第九章　铁路车辆工作 …… 226

第一节　车辆的管理 …… 226
一、整修旧车 …… 227
二、实行客车逐级配属和货车由铁道部统一管理制度 …… 228
三、组织爱车活动 …… 230

第二节　车辆的改造和发展 …… 230
一、客车 …… 230
二、货车 …… 232

第三节　车辆检修制度 …… 235
一、车辆定期检修周期 …… 235
二、车辆段修作业 …… 237
三、客车的整备和运用维修 …… 238
四、货车的列检工作 …… 239
五、货车站修工作 …… 240
六、坚持验收制度 …… 241

第四节　车辆检修能力的提高 …… 241
一、车辆检修设备 …… 241
二、开展修车作业机械化 …… 242
三、发展现代化检测手段 …… 243

第十章　铁路工务工作 …… 245

第一节　工务工作的发展 …… 246

第二节　线路的养护修理 …… 248
一、线路的维修和管理 …… 248
二、线路的大修和管理 …… 253
三、养路机械化 …… 254

第三节　桥梁、隧道的养护修理 …… 255

一、建立桥隧养护制度，开展桥隧大维修工作……………… 255

  二、开展桥梁检定工作 ………………………………………… 257

  三、有计划、有步骤地进行桥梁技术改造 …………………… 259

  四、隧道重点病害的整治 ……………………………………… 261

  五、新材料、新工艺的应用 …………………………………… 262

 第四节 路基病害防治和铁路防洪抗灾 ………………………… 262

  一、路基病害的防治 …………………………………………… 262

  二、防洪抗灾 …………………………………………………… 265

  三、沿线造林绿化 ……………………………………………… 268

第十一章 铁路电务工作 ……………………………………… 270

 第一节 铁路通信的发展和报话业务的改进 …………………… 272

  一、长途通信 …………………………………………………… 272

  二、地区电话 …………………………………………………… 276

  三、专用通信 …………………………………………………… 277

  四、电报设备 …………………………………………………… 280

  五、电报收发和电话接转业务 ………………………………… 281

 第二节 铁路信号的发展 …………………………………………… 282

  一、区间闭塞 …………………………………………………… 282

  二、车站联锁 …………………………………………………… 285

  三、调度集中和调度监督 ……………………………………… 288

  四、驼峰信号 …………………………………………………… 290

 第三节 通信信号设备的维修和管理 …………………………… 291

  一、通信信号设备的维修 ……………………………………… 291

  二、通信信号设备的管理 ……………………………………… 293

第十二章 铁路行车安全 ……………………………………… 296

 第一节 铁路行车安全工作在曲折中前进 ……………………… 297

第二节　铁路行车安全的基本经验 ·· 300
 一、加强领导，牢固树立安全第一思想 ································ 301
 二、健全规章制度，加强组织纪律性 ································ 301
 三、加强教育，提高职工素质 ······································ 302
 四、提高设备质量，加强保安设施 ···································· 303
 五、依靠地方政府，共同抓好铁路行车安全 ···························· 304

第三编
铁路新建和改造

第十三章　铁路新线建设 ·· 311
第一节　为开发西部地区修建的铁路干线 ·································· 311
 一、西南地区的铁路建设 ·· 314
 二、西北地区的铁路建设 ·· 325
第二节　为增强中部和东部地区运输能力修建的铁路干线 ···················· 333
第三节　为通向沿海港口和邻国修建的铁路干线 ······························ 343
第四节　为通达工矿、森林企业基地修建的铁路支线 ·························· 351

第十四章　既有铁路的技术改造 ·· 358
第一节　既有铁路技术改造的必要性 ·· 358
第二节　单线铁路技术改造和增建第二线 ···································· 360
 一、单线铁路的技术改造 ·· 360
 二、大规模增建第二线 ·· 364
 三、既有铁路改造和增建第二线的成就和主要经验 ······················ 370
第三节　既有铁路的电气化改造 ·· 373
 一、宝成铁路电气化改造 ·· 373
 二、石太铁路双线电气化改造 ·· 376

三、陇海铁路宝兰段电气化改造 …………………………………… 378
　　四、丰沙大铁路电气化改造 ……………………………………… 379
　　五、贵昆铁路贵水段电气化改造 ………………………………… 381
第四节　铁路枢纽和站场建设 …………………………………………… 383
　　一、重点铁路枢纽的改建、扩建及其特点 ……………………… 386
　　二、铁路枢纽和站场建设的主要经验 …………………………… 394

第十五章　铁路线上的重点工程建设 …………………………… 396
第一节　越江跨谷的铁路桥梁建设 …………………………………… 396
　　一、新中国铁路桥梁建设概况 …………………………………… 396
　　二、丰富多彩的铁路桥梁建筑 …………………………………… 401
第二节　穿山贯岭的铁路隧道建设 …………………………………… 414
　　一、新中国铁路隧道建设概况 …………………………………… 414
　　二、艰巨复杂的铁路隧道工程 …………………………………… 416
第三节　自然环境特殊地带的筑路工程 ……………………………… 423
　　一、沙漠筑路工程 ………………………………………………… 423
　　二、盐湖筑路工程 ………………………………………………… 425
　　三、高寒地区筑路工程 …………………………………………… 426
　　四、填海筑路工程 ………………………………………………… 427
第四节　集散旅客的铁路车站建筑 …………………………………… 428
　　一、新中国铁路客运车站建设概况 ……………………………… 428
　　二、各具特色的铁路客运车站建筑 ……………………………… 430

第十六章　铁路建设力量的发展和增强 ………………………… 436
第一节　勘测设计能力的提高 ………………………………………… 436
　　一、勘测设计队伍的成长 ………………………………………… 436
　　二、勘测设计手段的改进 ………………………………………… 438
　　三、勘测设计技术水平的提高 …………………………………… 443

第二节　施工力量的增强 …………………………………… 448
　　　　一、施工队伍的发展 ………………………………………… 448
　　　　二、施工装备现代化的发展 ………………………………… 450
　　　　三、筑路民工是铁路建设队伍的一支重要力量 …………… 453

第十七章　地方铁路和专用铁路 …………………………… **456**
　　第一节　地方铁路的兴起和发展 …………………………… 456
　　第二节　专用铁路的发展和概况 …………………………… 462
　　　　一、工业企业专用铁路 ……………………………………… 462
　　　　二、森林铁路 ………………………………………………… 464

Contents

General Preface

Preface   Lv Zhengcao

Introduction ··· 1

Part One
Development of Railways Undertakings in New China

Chapter I Establishment of the People's Railways ·························· 14

    1. New Life of the Old Railways ·· 14

    (1) Taking over Railways, Rushing Repair and Transport ························ 14

    (2) Systemwise Railway Construction and Transportation Under Unified
         Management ··· 16

    (3) Carrying out Democratic Reform Thoroughly ································ 18

    2. Unbreakable Railway Lines ·· 19

    (1) Rushing Repair and Transport Under Special Conditions ····················· 20

    (2) Firm Support from the Rear ·· 21

    3. Learning from USSR, Spreading Experience of China Changchun Railway ··· 22

    (1) Jointly Operating China Changchun Railway Company with USSR ·········· 22

    (2) All-round Spreading of Experience of China Changchun Railway ············ 24

    4. Launching a Work Emulation with Focus on "Loaded to Full Capacity,
        Handling Above Normal Haul Rating and 500km per Locomotive Day" ······ 26

    (1) Rising of the Campaign and It's Great Vitality ································ 26

(2) Summing up Experience and Lessons, Promoting the Development of the Campaign to a New Depth ·· 28

5. Carrying out Railway Engineering and Industry Construction in an All-round Way ·· 31

(1) Smooth Development of New Railway Line Construction ····················· 31

(2) Gradual Strengthening of the Upgrading Work of the Existing Lines ·········· 33

(3) Railway Industry Began to Take Shape ·· 36

Chapter II Railway Undertakings Marching Forward in a Tortuous Way (1958-1965) ·· 39

1. Unworthy Exploration ·· 39

2. Overall Rehabilitation with Focus on Readjustment ·· 47

(1) Strengthening Centralization and Unification, Reviewing Rules and Regulations, Restoring Traffic Order ·· 47

(2) Firmly Dwindling Capital Construction Size, Vigorously Filling up the Gaps ·· 49

(3) Streamlining the Management, Training Staff and Workers ····················· 50

(4) Vigorously Maintaining Installations, Progressively Restoring Locomotive and Rolling Stock to Good Condition ·· 50

(5) Supporting Agriculture as an Important Railway Transportation Policy ······ 51

3. Another Steady and Sure Development Period ·· 52

(1) Concentrating the Best Forces to Build "the Three New Railway Lines and Manufacture Diesel Locomotives" ·· 52

(2) Setting Advanced Models, Organizing the Emulation Activities of Comparing, Learning, Catching up, Helping and Surpassing ····················· 55

(3) Economical Benefit Increased, Reproduction Capacity Expanded ·············· 55

Chapter III Railways Struggling in Ten-year Turmoil (1966-1976) ·········· 57

1. Railways Plagued Seriously as the Chaos Started ·················· 57
2. Transportation Restored Slowly ································· 60
3. A Further Obstruction in Transportation, and a Favourable Turn Through Rehabilitation ·· 64
4. Railways Plagued by Natural and Human Calamities Which Resulted in Heavy Losses ·· 68

Chapter IV　New Development of Railway Undertakings (1977-1985) ······ 74

1. Confusion Corrected, Railway Transportation Restored to Unimpeded ·········· 74
   (1) Taking Resolute Measures, Doing a Better Job of Transportation ············ 74
   (2) Launching Emulation, Promoting Transportation to a New Level ············ 76
   (3) Learning from Daqing, Improving Enterprise Management ···················· 76
   (4) Existing Problems and New Faults ····································· 77
2. Implementing Readjustment Policy, Developing in Rational Proportion ······ 78
   (1) Readjusting Railway Capital Construction with Upgrading Existing Lines as the Key Points ·· 78
   (2) Locomotive and Rolling Stock Industry Met Targets During Readjustment Period ··· 79
   (3) Science and Technology Work Became Active, On-job Training Made New Progress, Staff and Workers' Living Standard Improved ··············· 80
   (4) Making Great Efforts to Exploit Potentials and Expand Capacities to Fully Fulfill Transportation Task ··································· 82
3. All-round Rehabilitation, Enhancing the Quality of Enterprise ··············· 84
   (1) Readjusting Leading Groups at All Levels ····························· 84
   (2) Establishing and Perfecting Economic Responsibility System, Improving Management and Administration System ································ 85
   (3) Rehabilitating Labour Organization, Raising Working Efficiency ············ 85
   (4) Progressively Fostering the Concept of Focusing on Raising

　　　　Economic Benefits ……………………………………………… 86

（5）Rectifying the Styles of Railway Work, Raising the Quality of

　　　　Passenger and Freight Services …………………………………… 86

4. Insisting on Reforms and Exploring New Ways ……………………… 87

（1）Readjusting Administration Structure According to the Rules of

　　　　Transportation ………………………………………………………… 88

（2）Streamlining and Decentralizing Administration, Enhancing

　　　　Enterprises Vitality …………………………………………………… 89

（3）Breaking Through Conventional Mode, Reforming Transport

　　　　Organizational Work ………………………………………………… 90

（4）Actively Carrying out the Investment Contract System and the Bidding

　　　　and Contract System in Capital Construction ……………………… 91

（5）Developing Lateral Cooperation in the Railway Industry and

　　　　Breaking up the Closed-door Structure ……………………………… 92

（6）Guang-Shen Railway Company—the First Economic Entity in Transport

　　　　Industry ………………………………………………………………… 93

（7）Collecting Investment Funds Through Many Ways, Speeding up Railway

　　　　Construction …………………………………………………………… 95

（8）Successful Merging of the Railway Engineering Army into the

　　　　Ministry of Railways ………………………………………………… 96

5. Remarkable Achievements, Profound Changes ……………………… 97

（1）Railway Traffic Increased Yearly, Transportation Efficiency and

　　　　Economical Benefit Raised Continuously …………………………… 97

（2）Steady Development of Railway Capital Construction ……………… 98

（3）Traction Reform Made a New Breakthrough ………………………… 100

（4）Better Development of Science and Technology and Education in the

　　　　Railway System ……………………………………………………… 100

（5）Income Increased and Living Standard Raised ……………………… 102

Part Two

Railway Transport

Chapter V Railway Passenger Traffic ······ 110

 1. Highlight of Development in Passenger Traffic Organization ······ 111

  (1) Unifying Rules and Regulations, Pursuing Planned

   Passenger Transport ······ 111

  (2) Establishing Passenger Traffic Network with the Capital as the Center,

   Handling International Railway Through Transport ······ 112

  (3) Improving Passenger Traffic Serving Facilities, Raising the Quality of

   Passenger Service ······ 112

  (4) Launching All Forms of Emulations, a Number of Advanced

   Units Emerged ······ 113

  (5) Raising Passenger Train Speed, Bringing into Full Play Passenger Traffic

   Facilities ······ 115

 2. Railway Passenger Traffic Service ······ 116

  (1) Station Passenger Business and Service ······ 117

  (2) Passenger Train Crews and Service ······ 119

  (3) Catering on Passenger Train ······ 121

 3. Railway Passenger Traffic Flow Organization ······ 122

  (1) The Condition of Chinese Railway Passenger Traffic Flow and the

   Principle of Working out Passenger Train Diagrams ······ 123

  (2) Passenger Train Formation and Its Reform ······ 126

 4. Railway Passenger Tariff ······ 128

Chapter VI Railway Freight Traffic ······ 133

 1. Planned Transport of Railway Freight ······ 134

2. Wagon Load, Less-than-wagon Load and Container Traffic ······ 139

（1）Wagon Load Traffic ······ 139

（2）Less-than-wagon Load Traffic ······ 140

（3）Container Traffic ······ 142

3. Freight Traffic Under Special Condition ······ 144

（1）Fresh and Living Freight Traffic ······ 144

（2）Dangerous Freight Traffic ······ 145

（3）Out-of-gauge Freight Traffic ······ 147

4. Railway Freight Yard Management ······ 148

（1）Basic Requirements of Freight Yard Management ······ 148

（2）Development of Freight Yard Technical Equipment ······ 149

（3）Establishing Freight Yard Management System, Building Civilized Freight Yards ······ 150

（4）Strengthening Horizontal Connection, Keeping Yard Traffic Unimpeded ······ 151

5. Loading and Unloading Operation and Its Mechanization ······ 152

（1）Loading and Unloading Organization and Management ······ 153

（2）Development of Railway Freight Handling Mechanization ······ 155

6. Railway Freight Tariff ······ 158

（1）Evolution of Railway Freight Tariff ······ 158

（2）Railway Freight Tariff System ······ 160

Chapter VII   Organization of Railway Train Operation ······ 163

1. Traffic Organization at Station and Terminal ······ 164

（1）Traffic Organization Work at Intermediate Station ······ 165

（2）Traffic Organization Work at Marshalling Station ······ 167

（3）Traffic Organization Work at Terminal ······ 170

2. Wagon Flow Organization and Train Formation Plan ······ 171

(1) Organization of Through Traffic at the Loading Station 173

(2) Organization of Wagon Flow at Technical Station 175

3. Train Diagram and Railway Line Carrying Capacity 176

(1) Preparation of Train Diagram 177

(2) Strengthening Railway Line Carrying Capacity 180

4. Technical Plan of Railway Operation Work and Transport Program 183

(1) Technical Plan 183

(2) Transport Program 184

5. Daily Traffic Organization and Traffic Control 187

(1) Traffic Daily Plan 189

(2) Train Flow Adjustment 190

(3) Train Operation as per Train Diagram 191

6. Use of Computer in Railway Transportation 193

(1) Initial Period 193

(2) Preliminary Developing Period 194

(3) New Developing Period 195

Chapter VIII Railway Locomotive Work 197

1. Locomotive Utilization 197

(1) Development of Tractive Power 198

(2) Rational Use of Locomotive Types, Unification of Rated Haul Tonnage 200

(3) Improvement of the Deployment of Locomotive Depots, Strengthening Locomotive Preparation Service 202

(4) Reforms of Locomotive Routing and Crew Working System 204

(5) Improvement of the Quality of Locomotive Crew 207

2. Locomotive Maintenance and Repair 209

(1) Locomotive Responsibility System, Integrating Driving with Repair 209

（2）Adjustment of the Period and Range of Locomotive Repair ……………… 211

（3）Improvement of Locomotive Repair Work at Depot ……………………… 213

（4）Adhering to Acceptance Inspection ………………………………………… 216

3. Locomotive Energy Saving, Water Supply, Power Supply and Ferry …… 218

（1）Railway Locomotive Energy Saving ………………………………………… 218

（2）Railway Water Supply ………………………………………………………… 221

（3）Railway Power Supply ………………………………………………………… 222

（4）Railway Power Supply for Traction ………………………………………… 223

（5）Train Ferry …………………………………………………………………… 224

Chapter IX Railway Vehicles ……………………………………………… 226

1. Management of Vehicles ………………………………………………………… 226

（1）Repair of Old Vehicles ……………………………………………………… 227

（2）Carrying out the System of Freight Vehicles Centrally Controlled by the Ministry of Railways and Passenger Vehicles Distributed to Units at Different Levels ……………………………………………………………… 228

（3）Organizing the Activity of Taking Good Care of Vehicles ……………… 230

2. The Upgrading and Development of Vehicles ………………………………… 230

（1）Passenger Vehicles …………………………………………………………… 230

（2）Freight Vehicles ……………………………………………………………… 232

3. Repair System of Vehicles ……………………………………………………… 235

（1）Vehicle Periodical Repair …………………………………………………… 235

（2）Repair Work at Vehicle Depot ……………………………………………… 237

（3）Passenger Vehicle Preparation and Operation Repair …………………… 238

（4）Freight Vehicle Train Inspection at Station ……………………………… 239

（5）Freight Vehicle Repair at Station …………………………………………… 240

（6）Insisting on Acceptance Inspection ………………………………………… 241

4. Increasing the Repair Capacity of Vehicles …………………………………… 241

（1）Vehicle Repair Equipment …………………………………………………… 241

(2) Mechanization of Vehicle Repair Work ……………………………… 242

　　(3) Modernization of Inspection Means ………………………………… 243

Chapter X　Railway Maintenance of Way ……………………………………… 245

　1. Development of Maintenance of Way ……………………………………… 246

　2. Track Maintenance and Repair ……………………………………………… 248

　　(1) Track Maintenance and Management ………………………………… 248

　　(2) Track Overhaul and Management ……………………………………… 253

　　(3) Mechanization of Track Maintenance ………………………………… 254

　3. Bridge and Tunnel Maintenance …………………………………………… 255

　　(1) Bridge and Tunnel Maintenance System and Bridge and
　　　　Tunnel Overhaul …………………………………………………………… 255

　　(2) Bridge Inspection and Assessment …………………………………… 257

　　(3) Gradual and Planned Bridge Technical Reform …………………… 259

　　(4) Remedies of Tunnel Major Defects …………………………………… 261

　　(5) Use of New Material and New Technology ………………………… 262

　4. Prevention and Remedy of Road Bed Defects, Prevention Against
　　　Flood and Fight Against Natural Calamities ………………………… 262

　　(1) Prevention and Remedy of Road Bed Defects ……………………… 262

　　(2) Prevention of Flood and Fight Against Natural Calamities ……… 265

　　(3) Afforestation and Vegetation Along Railway Line ………………… 268

Chapter XI　Railway Communications and Signaling ……………………… 270

　1. Development of Railway Communications, Improvement of
　　　Telegram and Telephone Service ………………………………………… 272

　　(1) Toll Communications …………………………………………………… 272

　　(2) District Telephone ……………………………………………………… 276

　　(3) Private Telephone Communications ………………………………… 277

（4）Telegraph Equipment 280

（5）Telegraph Receiving and Transmitting, Telephone Switching Service 281

2. Development of Railway Signaling 282

（1）Section Block 282

（2）Station Interlocking 285

（3）Centralized Traffic Control and Dispatcher's Supervision 288

（4）Hump Signal 290

3. Maintenance and Management of Communications and Signaling Equipment 291

（1）Repair of Communications and Signaling Equipment 291

（2）Management of Communications and Signaling Equipment 293

Chapter XII   Railway Train Operation Safety 296

1. Railway Train Operation Safety Advancing Tortuously 297

2. Main Experience of Railway Train Operation Safety 300

（1）Strengthening Leadership and Giving Top Priority to Safety 301

（2）Perfecting Rules and Regulations, Strengthening Organization and Discipline 301

（3）Strengthening Education, Improving Staff and Workers' Quality 302

（4）Raising Equipment Quality, Securing Equipment Safety 303

（5）Making Joint Efforts with Local Government to Ensure Train Operation Safety 304

Part Three
Construction of New Railway Lines and Upgrading of Existing Lines

Chapter XIII   Building of New Railway Lines 311

1. Railway Main-lines Built for Development of Western Area 311

（1）Railway Construction in Southwestern Area 314

（2）Railway Construction in Northwestern Area 325

2. Railway Main-lines Built to Increase the Carrying Capacity in Middle and Eastern Areas 333

3. Railway Main-lines Built to Reach Coastal Ports and Neighbouring Countries 343

4. Railway Branch Lines Built to Reach Mines and Forest Industry Bases 351

Chapter XIV Technical Reforms of Existing Railway Lines 358

1. Necessity of Technical Reforms of Existing Railway Lines 358

2. Technical Reforms of Single-track Lines and Double-tracking of Single-track Lines 360

（1）Technical Reforms of the Single-track Lines 360

（2）Large-scale Double-tracking of Single-track Lines 364

（3）Achievements and Major Experience of the Upgrading Work of the Existing Lines and Double-tracking 370

3. Electrification of the Existing Lines 373

（1）Electrification of Baoji-Chengdu Line 373

（2）Electrification of the Double-track Line of Shijiazhuang-taiyuan Line 376

（3）Electrification of Baoji-Lanzhou Section of Lianyungang-Lanzhou Line 378

（4）Electrification of Fengtai-ShachengDatong Line 379

（5）Electrification of Guiyang-Shuicheng Section of Guiyang-Kunming Line 381

4. Construction of Railway Terminals and Yards 383

（1）Upgrading and Expansion of Major Railway Terminals and Their Characteristics 386

（2）Main Experience of Constructing Railway Terminals and Yards 394

Chapter XV Major Engineering Project on Railway Lines 396

1. Building Railway Bridges on Rivers and Across Valleys 396

(1) Highlights of Railway Bridge Construction in New China 396

(2) Construction of All Styles of Railway Bridges 401

2. Railway Tunnel Construction 414

(1) A Survey of Railway Tunnel Construction in New China 414

(2) Difficult and Complicated Railway Tunnel Construction 416

3. Railway Construction in Special Natural Environment 423

(1) Railway Construction in Desert 423

(2) Railway Construction in Salt Lake Area 425

(3) Railway Construction in Severe cold Area 426

(4) Railway Construction in Reclaimed Area 427

4. Building Railway Passenger Station 428

(1) A Survey of Railway Passenger Station Construction in New China 428

(2) Building Each Railway Passenger Station with Its Own Feature 430

Chapter XVI Development and Enhancement of Railway Construction Force 436

1. Increase of Survey and Design Ability 436

(1) Growth of Survey and Design Team 436

(2) Improvement of Survey and Design Means 438

(3) Increase of Survey and Design Technical Level 443

2. Strengthening of Construction Force 448

(1) Development of Construction Team 448

(2) Modernization of Building Machinery 450

(3) Local Railway Builders is an Important Force in the Railway Construction Team 453

Chapter XVII Local Railways and Industrial Lines ·············· 456

1. Rise and Development of Local Railways ················ 456

2. Development and Highlight of Industrial Railway Lines ············ 462

(1) Industrial Railway Lines ······················· 462

(2) Forest Railways ····························· 464

绪　　论

中国的铁道事业，从第一条营业性铁路——吴淞铁路于1876年通车运营以来，迄今（到1985年）已有109年的历史了。

100多年来，中国的铁道事业经历了两个性质不同的社会，即：以清政府、北洋军阀政府和国民党政府的统治为一个时期的旧社会；以中华人民共和国的诞生以后为另一个时期的新社会。两个性质不同的社会，决定了铁道事业的发展道路截然不同。

自1949年10月1日中华人民共和国宣告成立到1985年胜利实现第六个五年计划的36年，新中国铁道事业在中国共产党和中华人民共和国政府的领导下，坚持自力更生、艰苦奋斗的方针，充分发挥广大铁路职工当家作主的积极性和创造性，迅速而彻底地改变了旧铁路的半封建半殖民地的性质和状况，并取得了前所未有的巨大成绩。铁路路网长度成倍地增加，货运量增长20多倍，技术装备由少到多并逐步现代化。新中国的铁道事业正在沿着社会主义道路不断向前发展。尽管铁路现代化程度和管理水平还不够高，运输能力还远远不能适应国民经济发展的需要，工作中还有不少缺点和问题，但新中国铁路部门和广大职工，一定能够克服前进道路上的种种困难，为适应国家和社会不断增长的运输需要做出进一步的贡献。

（一）

铁路同公路、水运、航空、管道一起，构成现代运输的五种方式。在不少国家，铁路还是诸多运输方式中的骨干，承担着国计民生的大部分运输任务。

铁路运输业，既属于物质生产部门，又与一般物质生产部门不同，而是物质生产在流通过程中的继续。因此，它既是产业部门，又是服务行业。铁路在发展国民经济中，同其他运输方式相配合，促进了生产规模、原材料供应范围和产品销售市场的扩大；加速了各地区的开发，使资源得到更充分的利用；扩大了地区之间、部门之间的劳动分工和协作；加强了工业与农业、城市与乡村、内地与边疆的有机联系；推动了社会生产力的不断发展。此外，铁路运输还在进行文化和科学技术交流，保证国家的政治统一和国防安全等方面，发挥着重要作用。

新中国的铁路除具有一般铁路的共性外，还有自己的特性：

新中国铁路是社会主义性质的全民所有制的国营运输企业，不是任何社会集团或个人的私有财产。无论中央铁路，还是地方铁路，以及专用铁路，都是如此。中华人民共和国铁道部代表国家直接管理着全国的铁路干线和大部分支线、专用线；只有一部分属于地方的和专用的铁路，由省、自治区、直辖市和中央有关部门的所属单位分别管理。它的根本宗旨是：为建设社会主义的现代化的国家服务，为人民服务。它的基本任务是：在安全正点、优质服务和良好效益的基础上，扩大运输能力，最大限度地满足国计民生的运输需要。"安全正点，尊客爱货，优质服务"，是它为国民经济、国防建设和人民生活服务的基本准则。

新中国铁路具有高度集中、大动脉和半军事化的特点。高度集中：不仅是在运输指挥上强调高度集中统一，而且在行政和业务上也是由铁道部统一管理全路的运输、生产和建设。大动脉：既反映了铁路在联结城乡、沟通产销之间的重要作用，还说明中国铁路在各种运输方式中起着骨干作用，是中、长途旅客运输和大宗、笨重货物运输的主力，担负着全国客货总周转量的大部分。半军事化：除了指明铁路在国防建设中的重要作用外，还要求中国铁路职工在服从命令、听从指挥方面，具有高度的组织性和纪律性，就像军队一样。

新中国铁路还是一个"大而全"的"小社会"。它以运输为中心,由运输、工业、工程三大部门和科技、教育以及后勤保障等系统构成,是一个部门多、分工细,相当庞大、复杂的综合体。铁道部除统一组织、指挥全国铁路的运输工作外,还负责管理生产机车车辆和其他铁路专用器材的工厂,管理修建铁路和其他运输生产设施的设计、施工单位。铁路部门还有自己的专业科技教育单位、卫生医疗单位和生活供应单位。国家还在铁路部门设有专门的公安局、法院和检察院。

同时,新中国铁路的各级组织除设有生产业务等职能机构外,还从上到下设有政治工作部门。铁道部政治部和铁路局、工程局、工厂、设计院以及铁路分局、工程处等政治部(处),分别作为同级共产党组织的工作部门,对铁路职工进行经常性的思想政治教育,并保证监督中国共产党的方针政策和上级行政部门下达的任务的有效执行。各级政治工作部门与各级铁路工会、共青团组织一起,对完成铁路运输、生产和建设任务起着很大作用。

(二)

了解旧中国铁路的概况,可以更好地认识新中国铁道事业的发展。

旧中国铁路是伴随着帝国主义列强对中国的侵略和扩张而产生的。

旧中国铁路虽经历了清政府、北洋军阀政府和国民党政府的统治,但始终未能摆脱帝国主义对中国铁路权益的掠夺,始终未能改变铁路的畸形发展和半封建半殖民地性质的落后状况。

帝国主义列强为了掠夺和侵略中国,把修建铁路作为手段之一,争先恐后地在中国修建铁路和经营铁路。他们第一次大规模地掠夺中国的筑路权是在1895年至1899年之间。中日甲午战争后,中国签订了割地赔款的《马关条约》,帝国主义列强争相在华划分势力范围。他们利用各种手段,或直接建筑和经营,或假借中外合办之名,或通过贷款的形式,贪婪地掠取在中国的筑路权。这期间,先后有1万多公里中国铁路的权益落入帝国主义列强之手。他们第二次大规模掠夺中国筑路权是在1912年清政府垮台到1918年第一次世界大战结束之时。这个时期，窃取辛亥革命成果的北洋军阀政府，继承清政府的衣钵，成了帝国主义侵略中国的新工具。它屈服于帝国主义列强的压力，变本加厉地拍卖路权。仅在1912年到1916年的四五年时间内，帝国主义列强就在既得路权的基础上又夺得了总长度达1万公里以上的铁路权益。不过，帝国主义列强两次掠夺的铁路权益，因受中国人民反帝爱国运动和帝国主义之间发生第一次世界大战的影响，并未全部实现。在此期间，先后建成的铁路主要有：德国修建的胶济铁路，法国修建的滇越铁路，英国修建的广九铁路，俄国修建的中东铁路（包括以后日本取代俄国而夺去的南满铁路）。

在帝国主义列强两次大规模掠夺中国铁路权益期间，曾发生两起重大事件，即1900年八国联军对中国的侵略和1904年在中国土地上发生的日俄战争。这两次事件，激起了中国人民反帝爱国的办路保路热潮。全国相继有15个省以"自保权利""收回利权"为宗旨，先后设置了铁路公司。

中国自办铁路之举，早在吴淞铁路建成不久之后就开始了。

中国自办的第一条铁路是于1881年修建通车的唐山至胥各庄铁路。这条用来运煤的铁路，被后人称为"中国铁路建筑史的正式开端"。它是清政府的洋务派不断斗争的结果，也是资本主义在中国萌发的产物。唐胥铁路的建成，给中国朝野和各省绅商创办铁路带来一定影响，为以后兴建铁路起了推动作用。

清政府为延长唐胥铁路，设立了中国第一个铁路公司——开平铁路公司（后扩大为中国铁路公司）。1887年唐胥铁路延展到芦台，1888年秋又建成芦台到塘沽和天津的一段。

清政府为开采大冶铁矿和创办汉阳铁厂，大冶铁路于1893年开工，1894年完工。

清政府为应付"俄患日亟"而展筑关东铁路，在山海关设立北洋官铁路局，由唐山向北展筑，于1894年修至中后所（今绥中县），从而出现了山海关内外铁路。

清政府从1887年起，以士兵为劳动力，相继修建了从台北向东、向南的台湾铁路。

在中国自办的铁路中，由铁路建设的先驱詹天佑主持修建的京张铁路，成为中国自己设计、自己施工的自办铁路的典范。京张铁路会办兼总工程师詹天佑，不顾外国人的冷嘲热讽，毅然挑起了建设这条铁路的重担。他率领中国工程技术人员及筑路工人，战胜种种困难，终于将这条当时被国际上公认工程艰巨的铁路，在4年内胜利建成了。

京张铁路的修建成功，震惊中外，为深受屈辱的中华民族争了一口气，为自力修建铁路闯出一条道路。詹天佑以高尚的民族气节和爱国思想，敢想敢干的气魄，实事求是的态度，高人一筹的技术，赢得了人们的高度赞誉。

中国自办铁路先后建成通车的，还有苏浙两省商办的沪杭甬铁路沪杭段和甬曹段、广东商办的粤汉铁路广韶段、湖南商办的粤汉铁路长株段和汉冶萍公司修建的株萍铁路，以及招募侨资兴办的广东新宁铁路等。这些铁路也都是由中国工程师主持修建的。

伟大的民主主义革命先行者孙中山先生是十分重视铁路的。他在辛亥革命后著成的《实业计划》一书中，曾描绘过拟在10年之内修建10万英里铁路的蓝图。但这美好的想法在旧中国是无法实现的。

国民党政府在其统治的1928年到1949年的20多年时间里，由于国力衰弱、民不聊生，再加上连年战争，建成的铁路为数不多。从1928年到1937年"七七"事变的10年间，在关内修建了3600公里铁路。东北三省的地方当局从1928年至1931年"九一八"事变，修建了900公里铁路。整个抗日战争时期，国民党政府在西南、西北大后方，勉强修建了1900公里铁路。抗日战争胜利后，除个别路段外，基本没有再修建铁路。

旧中国铁路从1876年建成第一条营业性铁路算起，到1949年人民政权接管全国大陆铁路时止，在73年的时间里修建并留存下来的铁路仅有2

万多公里，而其中能够维持通车的仅有1万多公里（均不包括台湾铁路和工业、森林等专用铁路）。

旧中国铁路先天不足，基础薄弱，主要状况是：

数量少，分布偏——73年才修了2万多公里铁路，这对一个幅员辽阔、人口众多的国家来说，实在是太少了。就是这样少的铁路，又大都分布在东北和东部沿海地区，辽阔的西北、西南只有5%左右的铁路。

标准杂，质量低——旧中国的铁路大部分为日、俄、英、德等国承修和经营。帝国主义列强为控制他们修建并经营的铁路，一般都采用其本国或其殖民地的铁路标准，因而把五花八门的铁路设备都搬到了中国的土地上，甚至在同一条铁路上，线路、桥梁、隧道的标准也不统一。而且，他们高价卖给中国的这些设备，陈旧落后，质量很差，类型杂乱，难以配套使用。

管理分割，运营落后——由于大部分铁路是借外债修建的，并以路产和营业收入为担保，因而不论线路长短，都按投资的国别分线设局，分割管理，甚至一个铁路枢纽地区由几个铁路局管理。这种情况直到国民党政府统治的后期，才有所改变。这不仅造成各条铁路各实行一种规章、制度、一套管理方法，而且也使车站和机务、工务、电务等设备重复，行车费用和职工人数增多，同时给办理客货运输业务带来诸多不便。

尽管旧中国铁路如此畸形、落后，但作为一种先进的运输方式，铁路在客观上还是对发展中国的经济和文化建设，促进社会的交往和进步，起到了推动作用。众所周知，旧中国的煤、铁工业的发展是与铁路的建设分不开的。铁路的发展也促进了全国物资、人员的交流。

同时，通过旧中国铁路的修建和发展，也造就和锻炼了一支"特别能战斗"的铁路职工队伍。广大铁路职工在中国共产党的领导下，为推倒压在中国人民头上的"三座大山"，曾举行过闻名中外的"二七"大罢工，并在历次反帝爱国斗争和坚持抗日战争、支援解放战争中做出过重大贡献。

（三）

新中国铁路既是在继承和改造旧中国铁路的基础上建立起来的，又是在不断解决客货运量急剧增长和运输能力严重不足的矛盾过程中得到发展的。

从1949年到1985年的36年发展历程表明，新中国铁路在不断解决运能与运量的矛盾过程中，虽然不是一帆风顺，而且有过失误和经过曲折，但是与旧中国铁路相比，发展速度是很快的，取得的成就是巨大的。新中国铁路只用了相当于旧中国铁路所经历的一半时间，却在各项事业中取得了相当于旧中国铁路几倍、十几倍和几十倍的成绩。

——加强了运输组织指挥和运营管理工作，提高了运输质量和效率。为改变旧中国铁路各自为政、各搞一套的管理混乱局面，铁道部从接管铁路时起，就着手改革铁路运输的组织、管理制度，很快统一了铁路部门的规章、制度和各种技术标准、规范，建立健全了统一的运输指挥系统和集中的管理体系，并在铁路发展的各个时期内，不断加以改进和完善。无论是在运输组织上，还是在运营管理上，都采取了许多改革措施。这些措施的实施，不断挖掘了运输潜力，提高了运输效率，扩大了运输能力。

36年来，全国铁路的客货运输水平和经营管理水平不断提高，运输收入大幅度上升。从1949年到1985年，客货周转量由314亿换算吨公里提高到10524亿换算吨公里；全路共向国家上缴利润、税金达1100多亿元，比国家向铁路的总投资还多200多亿元。

——建成了全国铁路的路网骨架，初步改变了原有铁路分布偏、标准低的状况。铁道部从接管铁路时起，就积极考虑路网分布问题，在国家财政还比较困难的情况下，就拿出资金在西北、西南广大地区有计划地进行铁路建设。从那时以来，先后在这两个地区建成了成渝、宝成、成昆、贵昆、湘黔、襄渝、天兰、兰青、兰新、包兰、青藏（到格尔木）和南疆等十几条铁路，从而使这两个地区的铁路里程由占全国的5%左右上升到将近25%。并按照国家发展国民经济的总体布局,在华东、华北和中南等沿海和内地,修建了一些干线和支线。

36年来,全国共修建铁路干线、支线210多条,累计里程3万多公里。全国铁路总营业里程,到1985年年末已达52119公里(不包括地方铁路、专用铁路和台湾铁路)。同时,以修建第二线和电气化铁路作为主要内容,对既有铁路进行了技术改造。还增设了自动闭塞装置,新建和扩建了一批铁路枢纽和主要编组站。

——建成了完整的铁路工业体系,提高了铁路的技术装备水平。由旧中国铁路的机车、车辆等设备完全依赖进口,逐步建成以自己设计制造机车、车辆为主体的,包括铁路桥梁、通信信号、混凝土轨枕等在内的铁路工业。不仅能生产大马力的蒸汽机车,而且能大批量生产不同型号的内燃、电力机车。铁路牵引动力的生产,已进入了以内燃、电力机车为主的新阶段。车辆的生产也由修到造,由仿到创,达到了能生产不同型号、不同用途客货车辆的水平。同时,还能生产铁路部门所需要的桥梁、通信信号、混凝土轨枕和装卸、养路、施工等设备和机械。

36年来,各机车车辆工厂共生产各种机车1.2万多台,各种客车约2万辆,各种货车36万多辆。

——培养了大批专业技术人员,取得了一系列重大科技成果。全路专业科研人员已由1950年的几百人增加到8000多人,各类专业技术人员已达28万多人。广泛开展的科研活动取得了丰硕的科技成果。仅"六五"期间,获得部级科技成果奖的就有277项,获得国家科技进步奖、发明奖和自然科学奖的共有59项。

新中国的铁道事业经过36年的发展、壮大,无论在联系城市和农村,发展国民经济和开展内外贸易,还是在促进民族团结,巩固国防和加强内外交往等方面,都发挥了巨大作用,做出了显著贡献。但是,直到1985年,铁路运输能力的增加还是赶不上国民经济不断发展的客观需要,铁路运输制约国民经济发展的情况仍然严重,铁路还是国民经济的突出薄弱环节。同 1950 年比较，1985 年铁路换算周转量增长了 16.4 倍，而铁路营业里程只增加 1.35 倍，机车台数只增加 1.74 倍，客车辆数只增加 3.1 倍，货车辆数只增加 4.45 倍。铁路运输设备不仅数量少、负荷重、装备差、能力低，而且还有质量差、不配套、综合能力低的问题。与美国、苏联等幅员大、人口多的发达国家相比，无论在路网分布和营业里程上，还是在拥有的机车、车辆和通信信号设备的数量上，以及在依靠技术进步和提高列车速度、重量、密度等方面，都还有很大的差距。对于这些前进中的问题，国家和铁路部门正在采取措施，将逐步予以解决。

本书从第一编至第五编将分门别类地叙述新中国铁道事业所取得的成就、经验和存在的缺点、教训。其中，第一编是按历史时期对新中国铁道事业的发展历程作一个总的概述；第二至第五编则围绕着运输生产这个中心，按铁路运输、铁路新建和改造、铁路工业、铁路管理和综合业务等方面的发展，加以具体介绍。

第一编
新中国铁道事业的发展历程

从 1949 年到 1985 年，新中国铁道事业的发展，大体经历了四个阶段：1949 年至 1957 年，创建新型的人民铁路；1958 年至 1965 年，在曲折中前进；1966 年至 1976 年，在动乱中维持运输与生产；1977 年至 1985 年，进入新的发展时期。铁道事业在前进过程中虽曾有过失误和挫折，至今还不能完全适应国民经济发展的需要，但 36 年来所取得的成就毕竟是巨大的。它充分显示了社会主义制度的优越性。

第一章
人民铁路的创建
（1949—1957）

新中国成立后，铁道事业面临的基本任务是：迅速医治战争创伤，彻底改变旧铁路的半殖民地半封建性质和技术装备非常落后的状况，使之转变成为繁荣经济、巩固国防、方便人民生活的新型的人民铁路。在国民经济恢复时期和第一个五年计划时期，铁路的各项工作都是围绕着这个基本任务而展开的。

第一节 旧铁路的新生

随着人民解放战争的节节胜利，铁路逐渐回到人民手里。人民铁路是在对旧铁路进行根本改造的基础上，由小到大，从分散走向统一，逐步发展起来的。

一、接管铁路与抢修抢运

1945年抗日战争结束时，中国共产党领导的人民政府和人民解放军派员接管了东北铁路的大部分和华北铁路的一部分。东北铁路分别由北满（北安）、东满（梅河口）、西满（齐齐哈尔）三个"铁路局"管理。不久，国民党政府撕毁停战协议，向解放区大举进犯，在东北，一度占领松花江以南的铁路。但以哈尔滨为中心的东北北部约5000公里铁路，则一直掌握在人民手里。1946年7月东北铁路总局成立，陈云曾兼任总局长、政委，统一领导全区的铁路工作。在设备、材料奇缺，技术人才严重不足的条件下，动员一切力量，收集散失器材，组织线路抢修，开展"死机复活"和"死车复活"活动，逐步扩大通车里程，支援解放战争。著名的"毛泽东号"机车就是利用破损机车修复起来于1946年10月30日命名的。第一任司机长陈捷三及其继任者李永等驾驶这台机车，克服重重困难，出色地完成了各项支援前线的任务。随着解放战争的发展，东北人民解放军还组建护路军，配合铁路职工担负恢复与维护铁路运输的任务。1948年2月，又以护路军为基础，组编两个铁道团，同铁路职工一起，进行吉长、哈大、大郑等线路的抢修工作。辽沈战役前夕，再以两个铁道团为基础，于7月5日组建铁道纵队（辖四个支队），分三个方向进行突击抢修：一是沿新义线向义县抢修，支援解放军南下锦州作战；二是沿哈长线、吉长线同时向长春抢修，支援包围长春的战斗；三是沿沈吉线抢修清原至抚顺间的铁路，支援最后解放沈阳的战斗。广大铁路职工和铁道纵队指战员紧随野战军，及时把兵员和物资运送到新立屯、锦州、沈阳等地，有力地支援了辽沈战役。辽沈战役结束后，东北地区的11066公里铁路全部回到人民手里，到1948年年底，通车里程已达9619公里。

在华北，人民政府和人民解放军也接管了一些铁路，并成立了铁路管理局。1947年，晋冀鲁豫边区政府为便利河北、山西之间的交通，在极其困难的条件下，发动军民，新建了从磁山到涉县的轻便铁路。人民解放军转入战略反攻后，于1947年11月解放石家庄，把晋冀鲁豫和晋察冀两个解放区连成一片。铁路职工在华北人民政府交通部领导下，积极抢修石德（石家庄到德州）、石太（石家庄到榆次）、南同蒲（鸣李到灵石）、平绥（北平到张家口）以及平津和平汉路北段的部分线路，于1948年内修通铁路454公里。

在华东、中原地区，随着解放大军南下，也相继接管和修复了一些铁路。华东地区的济南解放后，即于1948年11月成立铁路管理总局，组织职工和军民积极抢修胶济路和津浦路北段的部分线路，2个月内修复铁路

312公里。中原地区在1948年10月郑州解放以后，随即成立中原陇海平汉铁路郑州联合管理委员会，组织接管和抢修。2个多月，修复徐州至洛阳的线路473.5公里、郑州至老田庵的线路32.8公里。

与此同时，第四野战军（原东北野战军）铁道纵队在辽沈战役结束后，立即挥师入关，迅速修通了北宁铁路的关内段。

截至1948年年底，总计长江以北的关内铁路通车里程已达3049公里，不仅直接支援了平津、淮海两大战役，而且为华北、中原、华东等地进一步恢复铁路运输和恢复国民经济提供了有利条件。

二、统一管理全国铁路的修建和运输

在解放战争即将取得全国胜利的形势下，中国人民革命军事委员会（以下简称军委）于1949年1月10日发出电令，成立军委铁道部，以统一全国各解放区铁路的修建、管理和运输。同时，任命滕代远为部长，4月又任命吕正操、武竞天为副部长。1月下旬，军委铁道部在石家庄召开第一次全国铁道会议。滕代远在会上阐述了集中统一管理全国铁路的必要性，并根据军委指示精神提出了创建新型的人民铁路的任务。

从此，铁路的接管逐步扩展到全国范围，恢复工作形成更大的规模。1月至4月，铁路职工和铁道纵队指战员在"解放军打到哪里，铁路就修到哪里"的口号鼓舞下，在人民群众的大力支援下，迅速抢通了津浦路陈官屯至桑梓店段和固镇至曹老集段，修复了陇海路白塔埠至曹浦段、平汉路涿县至高碑店段、平绥路西湾堡至王官人屯段，使全国铁路的通车里程增加约1000公里。在输送人民解放军200万指战员南下渡江作战的40天内，胜利完成了开行378趟列车的艰巨运输任务。

为了加强对抢修工作的统一领导，军委又于5月以第四野战军铁道纵队为基础，组建中国人民解放军铁道兵团，划归铁道部建制，由滕代远兼任司令员、吕正操兼任副司令员。铁道兵团作为抢修铁路的突击力量，在铁路职工和人民群众的有力配合下，加快了抢修进度。至10月，先后修通津浦路南段、沪宁路、沪杭路、宁芜路以及浙赣路东段和南浔路，支援了解放东南地区的战争；修通平汉路郑州至汉口段、粤汉路北段，支援了解放中南和华南地区的战争；修通陇海路西段，支援了进军西南和西北的战争；修通同蒲路中段和平绥路张家口至大同段，支援了解放太原与大同的战争。加上其他一些铁路的修复，在将近半年时间内，全国铁路的通车里程又增加了4400多公里。

10月1日，中华人民共和国成立，军委铁道部改组为中央人民政府铁道部，滕代远任部长，吕正操、武竞天、石志仁任副部长。铁路职工和铁道兵团指战员更加斗志昂扬，夜以继日地抢修铁路，于年底修通了京汉路、粤汉路、陇海路、浙赣路、南同蒲路和湘桂路的衡阳至桂林段。至此，大陆上的主要铁路干线都已基本修复，并联接成为一个整体。

总计1949年共修复线路8278公里，其中完全被破坏而修复的为3328公里，破坏较轻加以修整的为4950公里；修复桥梁2717座，延长90249米；修复站线828公里，给水塔158座，电线路62758公里。到该年年底，全国通车营业的铁路已达21810公里。

战时抢修通车的铁路，很多未能达到原有标准，桥梁多为临时便桥，还有不少慢行区段。为了改变这种状况，铁道部确定1950年的修建任务主要是补强线路，进行桥梁复旧，重点在京汉、粤汉、陇海等主要干线上。经过一年的努力，对全部通车线路作了一次普遍整修，其中中修3929公里，大修1210公里，共抽换与增加枕木571万根，增补道砟514万立方米；改善与修复桥涵1569座，主要干线上的桥梁大部完成复旧工程；通信信号、给水装置及其他设备，也得到普遍加强。在此基础上，取消慢行区段288处。到1950年年底，营业里程达到22161公里。同时，修复了一些第二线。

铁道部在统一领导全国铁路抢修工作的同时，从人民铁路的社会主义性质出发，彻底改变了旧中国铁路长期分线管理、各自为政的状况，逐步建立起集中领导、统一管理全国铁路的新体制。军委铁道部一成立，即在各解放区铁路实行分区军事管制的基础上，对全国铁路实行统一领导的区域分级管理制。中华人民共和国成立后,铁道部作为国家的政府机关,对全国铁路实行了政企合一的统一归口管理。在东北,以原有的铁路总局作为铁道部与铁路管理局之间的中间机构,领导哈尔滨、齐齐哈尔、吉林、沈阳、锦州5个铁路管理局。在关内,设立天津、太原、上海、济南、郑州、衡阳六个铁路管理局,直属铁道部领导。各铁路管理局下,再设若干分局,管理所辖站段等基层生产单位。

为了加强集中统一管理,铁道部还多次召开各种专业会议,研究制订了一系列新的规章制度。在不到两年时间内,先后统一了全国铁路的机车车辆调度、客货运价和财务会计、物资管理等制度。特别是1950年2月颁布的《铁路技术管理规程》,使中国铁路第一次有了统一遵循的基本法规。

三、深入进行民主改革

铁路上的民主改革,是在全心全意依靠工人阶级的思想指导下,从启发职工的阶级觉悟入手的。接管之初,各单位普遍举办轮训班,组织职工讨论新旧中国铁路性质的变化,开展工人阶级翻身做主人的教育。有些单位还组织职工代表到老解放区参观访问,或请老解放区的职工代表来单位介绍情况,用生动事实引导大家进行新旧对比,从中感到自己已从被奴役的地位变成了铁路的主人。在初步分清阶级阵线的基础上,还调整了一些机构的人员,把群众不信任的人从重要岗位撤下去,把在接管中涌现的积极分子提拔起来。对职工最关心的工资问题,则采取民主评定的办法,定职评薪,改变旧的不合理的分配制度。对职工生活中的困难,也采取多种措施,给以实际帮助和解决。工作进展较快的单位,还建立起职工代表会和民主管理委员会,由职工行使当家作主的权利。

民主改革是随着形势的发展而逐步深入的。1951年冬,中共中央在开展抗美援朝、土地改革、镇压反革命三大运动取得重大胜利的基础上发出指示,要求全国工矿交通企业普遍开展深入的民主改革运动。中共铁道部党组根据中共中央指示精神,针对铁路系统的实际情况,做出在全路、特别是新解放区铁路单位进行民主改革"补课"的决定。各单位在"补课"过程中,充分发动群众,对暗藏的反革命分子、封建把头和已经登记后又继续活动的敌特分子,进行揭发、控诉和斗争,清除了一批坏人,并废除了各种把头制、包工制以及施工中的包商制等压迫工人的旧制度,着手建立自办工程队。同时,对原有的管理、技术人员,本着"团结、教育、改造"的方针,进行思想教育,并发动群众自觉清除封建行会、帮派思想的影响,从而提高了职工觉悟,增强了相互之间的团结,彻底摆脱了封建生产关系的桎梏。在民主改革"补课"过程中,还普遍整顿了各种机构,建立和健全了职工代表会与民主管理委员会,使职工群众中有威信的积极分子参加了企业的领导和管理。

由于上述各项工作的完成,旧铁路的性质得到根本改造,从而奠定了新型的人民铁路的基础。到1952年年底,大陆上原有铁路干线除个别路段外已全部修复通车,营业里程增加到22876公里,并通过补强与改善,提高了行车速度。可能修复的大型主型机车及客车、货车,也已基本全部"复活",使机车保有量达到4180台,并有294台作储备。货运量从1949年的5589万吨增加到13217万吨,客运量从1949年的10279万人增加到16352万人,客货周转量从1949年的314.01换算吨公里增加到802.24亿换算吨公里。

第二节 打不断、炸不烂的"钢铁运输线"

正当广大铁路职工同全国人民一道,为医治战争创伤,恢复国民经济而忘我劳动的时候,朝鲜战争于1950年爆发。在战火烧到鸭绿江边,威胁中国领土安全的时候,应朝鲜民主主义人民共和国政府的邀请,大批铁路职工和铁道兵团指成员投身到中国人民志愿军的行列,同朝鲜军民一起,担负起战时铁路的抢修抢运任务,建起了一条打不断、炸不烂的"钢铁运输线"。

抗美援朝伊始,铁道部和志愿军有关部门,从战时军事运输的需要出发，迅速组建起两支队伍。一是由铁道兵团的大部分成员组成志愿军铁道兵团，外加铁路工程部门职工组成的铁路工程总队，分赴朝鲜铁路各线，担负抢修任务；二是由铁路运输部门职工组成的志愿援朝大队，深入朝鲜铁路各站段，与朝方共同担任与管理军事运输的工作。同时，还从全路选调一批职工，支援东北地区的铁路工作，建设巩固的后方基地。

一、特殊的抢修抢运

抗美援朝战争中的铁路抢修抢运工作，是在敌机的疯狂轰炸与严重破坏之下进行的。抢修部队为达到快修速通的目的，争取更多的通车时间，创造了一系列特殊的抢修办法。一是先通后固：即从应急出发，打破常规，简化施工程序和审批手续，采用较低的标准，快速抢通，在通车过程中再行加固，不断提高其通过能力。二是先易后难：如正桥便桥同时被炸，通常是先修施工较易的便桥；车站被炸严重时，就先抢通一条站线或修建简易便线以维持通车。三是确保重点：在车站、桥梁和关键地段加强力量配备，保证一旦被炸，即可迅速抢通。四是预有准备：根据铁路建筑物的特点和敌机轰炸规律，设想不同程度的破坏情况，预先对大桥、大站等复杂工程做好抢修的测量、设计与施工备料，并在国内按统一桥梁标准，预制好木梁、工字梁、木排架等储存备用；还修建一些隐蔽的迂回便线、便桥，加以伪装，不让敌机发现，在必要时开通启用。由于这些抢修方法的运用，加上抢修部队的英勇奋斗，铁路始终处于随炸随修，连炸连修，此断彼通，彼断此通的状况，保证了抢运工作的完成。

根据战时铁路的情况，运输工作以"快"为中心，争分夺秒，突击抢运，以取得更多的通车时间和提高各个单位时间内的通过车数。除尽量在国内编组整列直达列车外，还采用"片面运输"、续行行车和合并运转相结合的行车方法，发挥抢运的突击作用；利用小站代替大站分散作业、迂回线路绕行、"顶牛过江"（即机车不过桥，在桥梁两端用机车推送和接取车辆）等应急措施，抢过重点目标。正是这些特殊抢运措施与运营人员英勇机智的结合，得以在有限的通车时间内发挥了很高的运输效率。

为了保卫"钢铁运输线"，担负抢修抢运的铁路职工和铁道兵团指战员，有上千人献出了宝贵的生命，大多数荣立了战功。被志愿军领导机关追认为一级英雄、朝鲜政府追赠为共和国英雄的杨连第烈士，就是众多英雄战士的突出代表。

二、坚强的后方支援

抗美援朝期间，在国内坚守工作岗位的铁路职工，以"多创造一分成绩，就多一分打击敌人的力量"的实际行动，开展了爱国主义劳动竞赛。前方需要补充的人员和器材，都从全路范围择优选调。整个铁路成了"钢铁运输线"的坚强后盾。

位于中朝两国边境的丹东、上河口和集安三个口岸站，直接担负支援前方抢修抢运的繁重任务。口岸站职工发扬高度的国际主义和爱国主义精神，千方百计，日夜奋战，保证运输的畅通。为了提高运输效率，经常组织突击装卸与调车，编组各种形式的直达列车。为了适应大量"片面运输"和续行行车的需要，口岸站职工克服设备条件差的困难，改变通常机车先来先走的调度方法，将先到的机车随时疏开，由后到的机车提前担当返回列车的牵引任务。为提高过轨机车的质量和乘务人员的素质，在机车回国停留期间，位于口岸站的机务段及时组织对机车进行精心检修，并为乘务人员创造较好的休整条件。在口岸站还专设制材厂、桥梁厂和材料基地，负责铁路抢修器材的采集、贮存与供应，并按前方提出的标准规格，预先将材料加工成成品或半成品，给抢修工作提供方便。

在后方强有力的支援下，前方铁路抢修部队和铁路运输队伍，不断得到更新与加强，前者经常保持在3万人以上，后者多达2万余人。用于朝鲜战场上的机车经常保持在240台左右，最多时达300台以上，货车经常保持近万辆，最多时达1.2万辆。运往前方的铁路器材有34634车，其中有可铺518公里铁路的钢轨及配件，有枕木280万根、双股电话线170多万米。在将近3年的时间里,共运送物资和兵员385234车,较好地保障了部队的机动和后勤供应,为抗美援朝战争的胜利做出了重要贡献。

第三节 学习苏联,推广中长路经验

学习苏联经营管理铁路的原则和方法,推广中苏合办的中国长春铁路的经验,建立一套适合中国社会主义经济发展需要的新的管理制度,是人民铁路创建时期的一项重要工作。

1949年1月,在军委铁道部召开的第一次全国铁道会议上,滕代远部长提出,社会主义的人民铁路应向苏联学习。同年5月,铁道部又就学习苏联铁路管理经验的内容和方法作了具体的规定。在此期间,铁道部围绕建立集中领导、统一管理的体制而进行的一系列工作,都是学习苏联铁路经验、创立新的管理制度的组成部分。中华人民共和国成立后,中央人民政府铁道部决定进一步学好苏联经营管理铁路的经验,以挖掘铁路的运输潜力,完成日益繁重的运输任务。

一、与苏联合办中国长春铁路公司

中国长春铁路简称中长路。根据1945年苏联政府与国民党政府缔结的《关于中国长春铁路的协定》的规定,中长路将在30年内在中国保持主权的原则下,由两国共同管理。中华人民共和国成立后,1950年2月14日,中苏两国政府签订了《关于中国长春铁路、旅顺口及大连的协定》。协定规定,苏联政府不迟于1952年年末将中国长春铁路移交中华人民共和国政府;在移交前,继续实行两国共管。根据这一新协定,中苏两国共同组成的中国长春铁路公司,于1950年4月25日成立。

中苏合办中长路期间,苏方派出以叶洛果夫和格鲁尼切夫为首的1000多名专家和工作人员,分别与中方人员轮流担任了公司理事会和铁路局的各级领导及其他职务。他们同中国铁路干部和工人共同努力,运用苏联经营管理铁路的原则,结合中长路的具体情况,推行了一套比较适合中国需要的管理制度和方法。其基本内容是：设置科学的组织机构，确定合理的定员，明确各个单位和各个岗位的职责，确立生产行政工作的首长负责制；根据客货运输的需要和可能挖掘潜力，以争取更多的利润为原则，把生产和财务结合起来，编制综合性的生产财务计划，确定全局及所属单位的各项生产指标、消耗定额，并建立各种检查、分析制度，监督计划的实施；按照生产财务计划的要求，制定包括采用新技术、推广先进工作经验和加强生产组织与管理等多种内容的技术组织措施，保证生产财务计划的完成；以经济核算制作为经营管理的杠杆，加强企业的业务独立性，建立健全会计、统计工作，严格财务纪律，加速资金周转，降低成本，增加利润；在发动职工充分讨论的基础上，由行政与工会签订集体合同，提出各单位改善职工物质文化生活的措施和完成生产财务计划的保证；开展爱国主义劳动竞赛，动员全体职工不断创造各种先进的工作方法与经验，突破旧的技术定额和生产水平，为完成生产财务计划而奋斗；采取多种办法，改善机车车辆的运用情况；加强固定资产的日常养护与维修，提高设备的运用效率，延长设备的使用寿命；举办多种类型的脱产培训，大力开展技术业务学习，普遍提高职工的素质；严格执行八小时工作制，实施多种奖励办法，切实贯彻按劳分配的原则，不断提高职工的物质文化生活水平。

这些新的管理制度和方法的实行，使中长路的经营状况很快有了明显变化。主要表现在：劳动生产率逐年提高，每一运营人员平均每月完成的换算吨公里，1951年比1950年提高27.8%，1952年又比1951年提高22.5%；运输成本逐年降低，每一换算吨公里的营业支出1951年比1950年下降13.5%，1952年又比1951年下降27%；利润逐年增加，1951年比1950年增加110%，1952年又比1951年增加97%。

通过学习中长路的先进经营管理方法，为全国铁路培养了大批的管理人才。在中长路工作过的干部和职工，从直接学习和运用苏联经验的过程中，增长了管理铁路的知识和才干。同时，铁道部先后从全路选派上万名干部和职工去中长路参观与见习，把中长路的管理经验传播到四面八方。

二、全面推广中长路经验

在中苏共管中长路期间,铁道部已把中长路经验看作苏联管理铁路的原则和方法同中国具体情况相结合的产物,积极加以推广,并取得了初步成效。但由于当时朝鲜战争正在进行,抗美援朝工作十分繁重,关内铁路仍处在恢复之中,民主改革尚未完成等原因,还没有对中长路经验作出系统总结,采取有力措施进行全面推广。

1952年6月,在铁道部召开的全路计划会议上,政务院副总理李富春在讲到铁路工作今后的方针和任务时说:"三反"(即反贪污、反浪费、反官僚主义运动)以来,民主改革已基本结束,今后要以生产改革为中心,采用苏联经验,建立一套新的管理制度。铁道部根据这一精神,随即派出考察团深入调查研究,认真考察了中长路的成就和经验。同时,中长路公司理事会中方党组按照铁道部的要求,作出关于系统总结介绍中长路经验的决定,责成担任过中长路领导职务和各部门负责人的余光生等28人,从不同角度全面总结中长路的管理经验,并将中长路各个时期的工作总结、计划、命令及其他文件汇编成册,为在全路范围内系统地推广中长路经验做了比较充分的准备。

1953年6月,铁道部召开全路工作会议,根据邓小平副总理的指示,确定3至5年内以切实学习与推广中长路经验为全路工作的方针。为此,铁道部、铁道部政治部、中国铁路工会全国委员会于1954年3月联合作出《关于进一步学习和推广中长路经验的决定》,要求部、局两级领导全面掌握中长路的一套完整的经营管理知识和方法,站、段、厂级干部根据做什么学什么的原则,学习中长路的有关经验,并从学习的内容、重点、时间、组织、方法等方面作了具体的安排。随后即在全路范围内,特别是在领导干部中形成了一个学习中长路经验、改革企业管理的热潮。

从1954年6月到1955年12月,铁道部连续组织3期领导干部学习团,每期以4至5个月的时间,到哈尔滨铁路管理局(管辖原中长路所属范围）现场学习中长路经验。铁道部有关领导分别参加并领导了这 3 期学习团的工作。参加学习的有部机关和各铁路管理局的领导干部以及工程技术人员，共计 1346 人。

与此同时，没有参加学习团的广大职工也组织起来进行在职学习，在普遍了解中长路基本经验的前提下，侧重从各自的业务范围进行有针对性的学习。业务部门还按系统举办各种专业培训班，对口学习中长路的有关经验。

经过上述努力，到 1956 年，中长路经验已在全路开花结果。在计划管理方面，各单位不仅编制了综合性的生产财务计划作为企业的奋斗目标，而且重视对历史资料的整理与分析，加强经济调查工作，不断提高计划的质量。同时制定技术组织措施，实行对计划监督检查与分析的制度，保证计划的实施。全路计划运输的比例逐年提高，1955 年由 1954 年的 85.4% 提高到 91.6%。在财务管理方面，实行经济核算制的范围逐年扩大，到 1955 年年底，全部管理局、分局、机务段、车辆段和 80% 的电务段、76% 的工务段都已严格实行，并逐步扩展到车间与班组。同时建立和加强了资金管理与审查制度，重视培养收旧利废、节约原材料的良好风气，使全路的超支浪费现象大为减少，生产成本有所降低。1957 年每千换算吨公里的营业支出为 7.56 元，比 1952 年降低 12%。在劳动工资管理方面，普遍根据责任制的原则，合理调整劳动组织，精减合并重叠机构，采用新的定员表，建立各级人员的职务细则，广泛实行计件工资制，精减非生产人员，生产效率逐年提高。1956 年与 1952 年相比，生产人员的比重由 69.9% 上升到 78.6%。1957 年运输工作人员的劳动生产率达到 26.8 万换算吨公里，比 1952 年提高 60.5%。在生产和行政管理上，普遍推行"一长制"，加强了企业的统一领导，克服了多头领导和无人负责的状况。同时大力纠正劳动纪律松弛、不遵守技术操作规程的现象。在劳动竞赛、技术管理、职工培训和关心群众生活等方面，也普遍采用了中长路的经验。

在学习苏联和推广中长路经验过程中也存在一些问题。主要是有教条主义倾向,把苏联和中长路的一套规章制度和做法绝对化,原样照搬,统得过细,管得太死,在一定程度上束缚了广大职工的创造精神,使企业缺乏应有的活力与生气。

1957年3月召开的全路各局(院)党委(党组)书记会议,根据中共第八次全国代表大会精神,对学习苏联和推广中长路经验既充分肯定了成绩,又指出了存在的问题;并鉴于中长路经验已在全路推广,决定以后不再把学习和推广中长路经验作为铁路工作的方针。

第四节 开展以"满超五"运动为中心的劳动竞赛

在学习苏联和推广中长路经验,建立新的经营管理制度的同时,广大铁路职工在爱国主义热情的鼓舞下,掀起了以满载、超轴、500公里运动(简称"满超五"运动)为中心的持久的劳动竞赛。二者相辅相成,促进生产改革,使既有铁路的潜在能力得到比较充分的发挥,推动了国民经济恢复时期和"一五"期间铁路运输任务的完成。

一、运动的兴起及其强大的生命力

"满超五"运动的发端,可以追溯到解放区的生产立功运动。解放了的铁路职工,以强烈的主人翁责任感,投入献纳器材、义务劳动、抢修抢运和艰苦创业的热潮,形成群众性的生产立功运动。由于当时机车非常缺乏,线路条件很差,因而提高机车质量,保证行车安全,成了铁路运输的关键问题。绥化机务段ПЗ₁型96号机车,在司机杜先扬的精心操纵与保养下,安全行车106579公里,突破两个甲检期,保持良好的技术状态,被东北铁路总局于1949年2月命名为"铁牛号"机车。随后,东北铁路便出现一个向杜先扬学习,争当"铁牛"的群众运动,使安全行车纪录不断创新,"铁牛"机车队伍逐步扩大。

1950年6月,铁道部根据东北铁路开展"铁牛"运动的经验,号召关内各铁路局普遍开展模范机车队运动。在"毛泽东号"机车司机长李永等先进司机的带动下，运动很快遍及全路，对全面贯彻机车负责制，提高机车质量，降低运输成本，保证行车安全，起了良好的推动作用。与此同时，东北铁路的生产劳动竞赛，又在"铁牛"运动的基础上，发展成为"日车五百公里运动"，从而加强了行车的计划性和各个业务部门的联系与协作，缩短了机车、车辆的周转时间，提高了运输效率。

在蓬蓬勃勃的生产劳动竞赛中，中长路职工结合学习苏联经验，创造了一批先进工作法。苏家屯机务段司机郑锡坤接连突破机车牵引定数，总结出超轴操纵法。哈尔滨站主任司磅员杨茂林充分利用车辆空间，使零担货车装载量一再提高，总结出满载装车法。还有沈阳南站调车员李锡奎创造的加快列车解体与编组的先进调车法，长春工务段工长郭春林创造的加强预防性计划维修的先进养路法等。中长路把这些先进工作法有机地结合推广后，使竞赛活动逐步朝着满载、超轴、五百公里的统一目标向前发展。

1952年5月，铁道部、铁道部政治部、中国铁路工会全国委员会和青年团铁道工作委员会，总结历年来开展生产劳动竞赛的经验，联合发出《关于开展满载、超轴、五百公里运动的决定》。在广大职工的热烈响应下，一个以满载、超轴、五百公里为中心内容的群众运动，随即在全国铁路轰轰烈烈地开展起来。

"满超五"运动兴起后，短短几个月内就取得了显著的成效：

一是提高运输效率。以1952年下半年与1951年同期相比，货物机车日车公里平均增加66.3公里，货物列车平均牵引总重增加185.4吨，货车静载重平均增加1.7吨，货车周转时间平均缩短0.14天。由于这些主要技术指标突破了旧的水平，从而挖掘了铁路的潜力，提高了运输能力，为国家节约了大量机车、车辆、燃料和劳动力。

二是促进经营管理的改革。大批先进技术指标的出现，使得领导机关和有关部门必须在经营管理上进行一系列的改革。如规定超轴列车编组办法，修改车站技术作业过程，制定紧密运行图，平衡机车牵引定数，改善行车组织和指挥方法，修订某些规章制度，等等。

三是职工的思想业务文化水平发生可喜的变化。运动刚开始时，部分职工、特别是少数管理干部和技术人员，受旧框框的约束，总认为搞满载、超轴、五百公里是"冒险行为"，是无法实现的"幻想"。经过一段实践，大量事实使其中一些人看到了群众的力量和铁路的潜力，开始逐步纠正墨守成规的保守观念，积极投身到运动之中。而运动的开展，又要求广大职工迅速提高文化业务水平，形成一种自觉求知的风气。到1952年年底，全路学过郑锡坤超轴法的司机已达45%，货运机车司机通过超轴司机鉴定的已达63%；学过李锡奎调车法的调车员已达55%；许多营业站的商务工作者和装卸工人学习了杨茂林装车法，总结出60多种提高货车静载重的具体方法；全路参加扫盲文化学习和各种业余技术学习的，达到职工总数的95%。

二、总结经验教训，推进运动深入发展

在"满超五"运动发展过程中，曾经历过一段曲折。有少数干部没有主动采取措施，鼓励支持群众的创造精神，有的则追求表面成绩，搞形式主义的花架子，影响运动的健康发展。如为了片面追求大量超轴，不惜花很长时间集结车辆，影响均衡运输，超轴列车运行途中却因拉不动而甩车，甚至随后又放单机等。还有少数群众产生急躁情绪，不顾客观条件，不按规程操作，盲目蛮干。这就出现了一面超轴一面欠轴、单机增多、事故增加以及某些区段运输秩序不正常的现象。

1954年6月，铁道部针对运动中存在的问题，发布了《关于继续开展满载、超轴、五百公里运动的技术组织措施要点》，提出"有条件，有准备，分线分段逐步推行，逐步提高，稳步前进"的方针，要求在消灭欠轴和保证安全正点的基础上进行超轴，强调"多超次数，稳超吨数"。各铁路局根据这一精神，在技术组织上采取一些措施，如规定超轴区段，对司

机及机车普遍进行鉴定，确定超轴的司机和机车及其超轴的能力等；有关部门也修改了超轴标准及奖励规定，颁布了货物列车超轴运行的掌握办法。这些措施对于加强运动的领导，减少欠轴列车、单机运行和行车事故，克服运输秩序的不正常现象起了较好的作用。

"毛泽东号"机车包车组3年内超轴18万吨，日车公里平均达到417.7公里，共节约燃料煤683吨，并一直保持行车安全。到1954年年底，全路货运机车已有80%能够牵引超轴列车。同时，涌现了一批善于组织超轴列车的调度人员和不断改进装载方法的装车能手。一贯重视这一工作的哈尔滨铁路管理局，从多方面加强对运动的组织和领导，使1954年的超轴吨数占全路超轴总吨数的50%，并在先进司机张廷玉和先进调度员张彦庆的共同努力下，创造出中间站不停车的快速超轴法。与此同时，全路通过多方努力，加强线路维修与改造，取消了多处长期慢行区段，延长了部分站线股道；改进通信信号，并在少量繁忙区段安装了自动闭塞；加强机车车辆的维修与保养，使其质量有所提高，还增添了一批大型机车与货车，为运动的深入开展改善了物质条件。

1955年下半年，在全国社会主义改造和社会主义建设高潮的鼓舞下，铁路职工意气风发，纷纷要求修改劳动定额，提高生产水平，并以实际行动不断创造新纪录，使"满超五"运动出现了新的局面。为因势利导，推进运动的发展，铁道部派出干部，深入基层，调查研究，并召集北京、哈尔滨、锦州、郑州四个局的先进司机、调度员和司磅员等进行座谈，形成一个《关于满载、超轴、五百公里运动的基本总结和今后要求》的文件，对各业务部门为推进运动所应采取的技术组织措施提出了明确要求。

1956年3月召开的全路先进生产者代表会议，高度评价了"满超五"运动所取得的巨大成就，号召全路职工继续把社会主义劳动竞赛推向前进，为提前和超额完成第一个五年计划规定的铁路各项任务而努力。这次会议还同意把先进司机提出的"日产百万吨公里"口号，作为满载、超轴、五百公里的新内容，对运动提出了更高的要求。会后，广大职工都把提前和超额完成第一个五年计划的任务作为奋斗目标，以更高的责任感和积极性投入比先进、学先进、赶先进的劳动竞赛热潮，使"满超五"运动无论在广度和深度上都达到了前所未有的水平。

在广度方面，首先是超轴牵引的范围逐渐扩大。不仅在路况较好的区段开展超轴，而且在困难区段也利用补机和双机牵引进行超轴；不仅主型机车坚持超轴，而且各种杂型机车和小运转机车也投入超轴的行列。其次是运营系统的各行各业都适应运动发展的需要，开展多种竞赛活动。如调车员开展"快速调车，消灭事故"的竞赛；行车调度员开展"组织超轴列车"的竞赛；商务工作者开展"保证满载和消灭差错"的竞赛；工务部门开展"提高线路质量和允许速度，拔掉慢行牌子"的竞赛；车辆部门检车员开展"缩短技检时间，提高列车质量"的竞赛；电务部门开展"改进信号显示，保证电信通畅"的竞赛。整个运营系统的各种工作，都围绕着满载、超轴、五百公里运转。同时，在"满超五"运动的带动下，施工部门开展了"多快好省，争取提前通车"的竞赛；设计部门开展了"保证提前供应设计文件"的竞赛；机车车辆工厂开展了"质量良好，提前交车"的竞赛。其他业务部门也开展了改进工作方法，提高工作质量和效率的竞赛。

在深度方面，首先是深入挖掘机车潜力。1956年年初修订的全国六大干线（京汉、津浦、沈山、京山、哈大、沪宁）的牵引定数，已由1952年规定的2250吨提高到2400吨。这个新的定数，很快又被运动所突破，于5月份再次修订为2700吨。在2次提高牵引定数的基础上，当年的超轴吨数仍比1955年增加25%。同时由于快速超轴牵引得到推广，日产百万吨公里活动逐步展开，进一步挖掘了机车的潜力。其次是革新有关工作，如广泛采用轻重拼装、棉麻压装、牲畜多层装以及跨装、爬装和零担货物使用集装箱等新装车法，充分利用车辆的载重能力；普遍推行李绍强、孙士贵创造的新焚火法，为国家节约大量燃料；许多车站还同重要工矿企业和林区的货主建立联合办公室，以增强运输的计划性，加快机车车辆的周转，提高直达运输和成组装车的比重。此外，奋战在调度、施工、工业及其他战线上的科技人员和工人，也在不断突破旧的劳动定额，创造新的生产水平。

正是这种向生产广度和深度的进军，使铁路的潜力得到比较充分的发挥，运输效率有了明显的提高。货车周转时间由1949年的4.39天缩短到1957年的2.84天，货物列车平均牵引总重由1952年的1245吨提高到1957年的1520吨，货车静载重由1952年的28.9吨提高到1957年的34.7吨。按平均每公里铁路所通过的货运密度来说，1957年已达到504万吨公里/公里，进入世界铁路的前列。在第一个五年计划期间，全路共超轴运输近两亿吨货物，等于少开了10多万趟列车；五年内的机车用煤与1952年使用标准相比，为国家节约了800万吨。以满载、超轴、五百公里运动为中心的社会主义劳动竞赛，挖掘运输潜力，为解决大规模经济建设带来的运量急剧增长和运能严重不足的矛盾，起了积极作用。

第五节　铁路工程和工业建设全面展开

旧中国留下来的铁路不仅量少质差，而且过分集中于东北及东部沿海地带，幅员辽阔的内地为数甚少；旧有铁路工业基础薄弱，机车及其他重要设备全赖进口。为改变这种落后状态，新中国成立以后，在百业待兴、资金有限的情况下，人民政府就对铁路进行大量投资，在有重点地修建新铁路的同时，有步骤地进行旧线改造和发展铁路工业。三年经济恢复时期，国家对铁路投资11.34亿元，占国家基本建设投资总额的14.47%；"一五"期间，国家对铁路投资62.89亿元，占国家基本建设投资总额的11.44%。经过8年努力，全国铁路的线路有了增加，布局及技术状态得到初步改善，工业生产能力有所加强，运输能力明显提高，并且积累了经验，锻炼了队伍，为以后铁道事业的发展打下了良好基础。

一、新线建设顺利发展

1950年，中共中央和人民政府在国家财政经济还非常困难的条件下，就毅然作出决策,先后动工新建成渝路(成都至重庆)、天兰路(天水至兰州)和湘桂路的来睦段(来宾至睦南关)。为此,铁道部组建西北铁路干线工程局和西南铁路工程局,分别承担天兰路和成渝路的施工任务,并责成衡阳铁路管理局承担来睦段的施工任务。新线建设一展开,立即得到沿线军民的大力支持。其中天兰、成渝两路,都曾以解放军为先导打开局面;成渝路和来睦段,都曾有近10万民工参加修路。铁路职工同广大军民一起,发扬自力更生的精神,采取"先通后备"的做法,群策群力,艰苦奋斗,只用2年多时间,就于1952年内相继完成3条线路的铺轨通车,取得新线建设第一个战役性的胜利。

初战告捷后,铁路职工又根据国家的部署,于1952年动工新建兰新(兰州至乌鲁木齐)、宝成(宝鸡至成都)、丰沙(丰台至沙城)等干线及其他一些工程。为搞好新线建设,铁道部在初步总结前一阶段经验的基础上,确定分设基本建设、勘测设计和工程施工三套组织系统,实施发包、承包制度;根据新线建设的发展,从全路调集大批工程技术人员,充实勘测设计与施工部门;在完成民主改革、废除包商制后,大量吸收民工参加专业化的工程队伍,壮大施工力量;建立以计划管理和经济核算为中心的经营管理制度,贯彻先设计、后施工的原则,使新线建设逐步走上正轨。

"一五"时期,新线建设迈出更大的步伐。除了继续修建已经开工的一批工程外,陆续动工新建的又有集二(集宁至二连)、蓝烟(蓝村至烟台)、黎湛(黎塘至湛江)、包兰(包头至兰州)、鹰厦(鹰潭至厦门)、萧宁(萧山至宁波)等干线,牙林、汤林、长林等森林铁路,石拐子、平顶山、白云鄂博、河唇茂名、西安户县等工矿企业支线。由于计划安排积极稳妥,每一项目在人力、物力和财力上都有一定的保证;在修建过程中注意逐步充实和健全各种规章制度,使基本建设程序、工程承发包、技术监察、验工计价、竣工验收等制度均得以认真执行;同时养成尊重科学技术,重视调查研究,贯彻群众路线,讲究实际效果的良好风气,加上勘测设计人员和施工队伍的忘我劳动,英勇奋斗,使以上各条干线和支线大部在第一个五年计划期内完成了铺轨通车。

这一时期新线建设的成就,还反映在以较少的资金,完成较多的工程,取得较好的投资效益上。从1950年到1957年,新线建设共投资33.88亿元,新建铁路干支线6179.8公里。干线工程造价最高的每公里只有119万元(宝成路),最低的每公里不到40万元,大多数在每公里50万元以下;支线工程造价最高的为每公里42万元,最低的每公里不过18万元。新线建设周期短者,1年左右,最长的也不超过5年,大多数在3年以内;90%以上的新线都在第一个五年计划期内交付正式运营。到1957年,全国铁路的营业里程已达26708公里,8年内增加的营业里程占全部营业里程的18.4%。这对于分担日益繁重的运输任务,无疑起着重要的作用。

这批新线的建成,使全国铁路的布局得到初步改善,铁路交通开始伸向西南、西北及其他边远地区。在成渝、天兰两路迅速修通,宝天线得到基本整治的基础上,又新建了宝成、兰新两条干线,大大加强了西南、西北与全国的联系。同时新建的黎湛、蓝烟、鹰厦、萧穿等干线,初步改变了许多海防重镇和海运港口没有铁路与内地沟通的状况。新建成的集二铁路和湘桂路来睦段,为加强国际交往创造了有利条件。

这一时期新建的铁路,工程十分艰巨。广大筑路工作者以科学的态度和压倒一切的英雄气概,苦干加巧干,攻破一道道难关,夺取一个个胜利,初步取得了在多种困难、复杂条件下建设铁路的经验,造就了数以万计的勘测设计和筑路施工的技术人才,锻炼出一支几十万人的施工队伍,并涌现出一批富有创造精神的先进工作者。如当时年逾花甲的蓝田工程师,在1950年下半年成渝铁路开始施工时,经过详细踏勘,提出了成都至乱石滩一段改线方案,不仅避开了不良地质地段,并使线路缩短了23.8公里。

二、旧线改造逐步加强

由于旧中国铁路设备简陋,技术落后,必须对原有线路实施技术改造，才能不断提高运输能力。

1950年，在全国铁路基本修复通车后，大力进行的线路维修和补强改善，整修路基，抽换枕木，加固桥梁，更新部分设备，就含有技术改造的性质。"一五"期间，随着国家大规模经济建设的逐步展开，铁路运量急剧增长，而运量的绝大部分又都集中在既有铁路上，旧线改造的任务更显得日益重要与迫切。在这种情况下，铁道部成立技术改造规划委员会，确定了增加列车重量与行车密度相结合的原则，逐步加强对旧线改造的组织与领导，使旧线改造与新线建设基本上得到协调发展。

（一）单线治理与改建。这一时期治理与改建的单线，集中在原来标准太低，或病害甚多，或设备杂乱，很不适应运输需要的线段上。主要有宝天路、石太路阳泉至太原段、哈绥南佳路哈尔滨至南岔段、沈吉路石门岭至南杂木段、南同蒲路、北同蒲路朔县至皇后园段、京包路康庄至狼山段、沪宁路龙潭至甘家巷段（部分工程延到第二个五年计划期内完成）。其中宝天路经过治理塌方、改善路堑边坡、修建河岸防护、改善与增建桥涵、增加隧道衬砌等，基本控制住了病害，摘除了通往西北的"盲肠"。石太路阳泉至太原段，技术标准不仅很低，而且与石家庄至阳泉段又不一致，在治理与改建过程中，统一并提高了标准，加强了晋煤外运的能力。南同蒲路原来轨距为1000毫米，钢轨多为每米16千克轻轨，通过改建，按标准轨距将全线拨宽，并加以综合治理，实现了与北同蒲路和石太路的直达运输。与此同时，还对全国主要铁路干线采取延长车站到发线、增设会让站、更换重型钢轨和加固一批重点工程等措施，不同程度地改善了运营条件。如郑州黄河大桥，过去只能用小型机车牵引600吨、以时速5公里通过，经过5次加固和更换钢梁后，可用大型机车牵引2400吨、以时速60公里安全通过，提高运输效率36倍。

（二）增设第二线。中国原有铁路双线很少，全国仅866公里。"一五"期间，在运输繁忙区段增设第二线，建成双线并完成通车的，有京汉路丰台至石家庄及李家寨至孝子店两段，京山路东便门至丰台段，沈山路新民至山海关段，沈安路石桥子至凤凰城段；动工修建延至以后完成的，有京汉路石家庄以南段，陇海路郑州至宝鸡段，石太路以及哈绥南佳路的部分区段。同时，还修复了一些原有的第二线。到1957年，全国营业的双线铁路已达2203公里，双线所占比重由1949年的4%提高到8.2%。这批双线的建成，使铁路运输能力有了显著的增长。

（三）扩建与改建枢纽和站场。旧铁路的枢纽和站场非常薄弱，有些干线上的重要车站和几个方向的干线交会点虽形似枢纽，却无相应的编解能力。为了改变这种状况，"一五"期间开工扩建与改建的枢纽有哈尔滨、沈阳、锦州、天津、北京、石家庄、太原、大同、包头、徐州、郑州、武汉、西安、成都14个。这些工程大都采取分期施工，逐步完善的办法，既照顾到长远的发展，又在短期内收到了实效。

（四）改善通信信号设备。三年经济恢复时期，在迅速修复全路通信信号设备的基础上，建立以铁道部为中心的全国铁路通信网，健全了各级调度电话系统，装设了前所未有的全国铁路会议电话；同时改善了区间和站内的信号设施，自行研制了继电联锁装置。从1953年至1957年，又把引进苏联和东欧国家的技术与自行研制结合起来，在通信方面改造架空明线，增加线对，推广3路、12路载波机，装用步进制自动交换机及新型调度电话；在信号方面积极发展电气路签闭塞，开始发展半自动闭塞，并在京山、沈山和哈大等线的部分区段建成自动闭塞工程。

（五）修建特大桥梁。这一时期为加强既有铁路而修建的特大桥梁，有武汉长江大桥和潼关黄河大桥。在古称"天堑"的长江上修建大桥所要解决的技术问题，中国没有先例，世界上也无现成经验可循。以彭敏为局长、中共武汉市委书记王任重为政委的大桥工程局的广大职工，坚决执行1954年1月政务院《关于修建武汉长江大桥的决议》，在以西林为首的苏联专家的具体帮助下，在世界建桥史上第一次采用管柱钻孔法代替传统的气压沉箱法修筑桥墩，攻克深水基础的难关，为整个大桥的顺利施工开辟了道路。经过3年多时间的艰苦努力，终于完成包括正桥、引桥、汉水铁路桥、江汉公路桥、10座市区跨线桥和17.4公里联络线的全部工程，于1957年10月15日举行武汉长江大桥铁路、公路通车典礼，实现了"一桥飞架南北，天堑变通途"。武汉长江大桥的建成，不仅将京汉、粤汉两路联为一体，使铁路运输和武汉地区的交通大为改善，而且创造了先进的建桥技术，出现了一批以总工程师汪菊潜、副总工程师梅旸春、李芬、朱世源为代表的技术专家，培养了一支过硬的修桥队伍，为具有光荣传统的中国桥梁事业竖起一块继往开来的里程碑。

三、铁路工业初具规模

旧中国铁路虽有一些附属工厂，但装备非常简陋。为了提高运输能力，加强铁路建设，新中国成立以后，在对原有工厂进行调整、改造、扩建的同时，增建了一批新型工厂，使铁路工业沿着服务于运输，修造结合，配套成龙的方向，逐步形成完整的生产体系。

接管初期，各铁路工厂从奄奄一息的状态中复苏过来，修复了大量机车车辆和其他设备。

在三年经济恢复中，从改善铁路工业布局，集中使用设备能力和技术力量出发，对原有工厂进行了撤、并、转的调整工作。1952年年末，为加强对铁路工业的统一规划和领导，决定将一些原属各铁路局分管的工厂改为直属铁道部的企业，并将经过调整的20个机车车辆工厂划分为制造厂与修理厂两类，分属机车车辆制造局和机车车辆修理局归口管理，其他器材工厂（包括桥梁厂、枕木防腐厂、混凝土制品厂、通信信号厂、工程机械厂等）则由有关业务部门分管。1953年，根据中央人民政府财政经济委员会的决定，将大连、四方等6个机车车辆制造厂划归第一机械工业部，按车种分工，从事专业制造生产。仍属铁道部领导的担负机车车辆修理的14个工厂也按专业需要，调整产品结构，并建立起生产配件的专业工厂。通过以上调整，铁路工业由基本上是修配性质、缺乏专业分工的状态，转变为修理、制造、配件生产等专业相互协作与配合，并具有新的生产能力的工业结构。

"一五"期间,在铁路工业经过调整的基础上,又有计划有步骤地对原有工厂进行了技术改造和扩建。重点是,对机车车辆制造厂添置必要的关键设备,充实技术后方,增强设计力量,推行新的技术和工艺,以初步建立机车车辆的生产基地;对机车车辆修理厂除增加设备、扩大生产规模以外,特别注意增强生产配件的能力,建立配件的专业生产基地。铁路器材工厂也通过改造与扩建,不同程度地提高了生产水平与能力。与此同时,为了填补机车车辆制造中的空白和改善工厂布局,还先后开工新建了成都机车车辆工厂、长春客车工厂、长春机车工厂、大同机车工厂、兰州机车工厂(其中成都厂于1955年开始投产,其余则延至"一五"以后建成)。一批新建的器材工厂也在"一五"期间建成并投产,扩大了铁路工业的范围。

铁路工厂在调整、改造、扩建与新建的过程中,生产能力逐步提高,为铁路建设提供了大量急需的机车车辆和各类器材。1952年,四方机车车辆厂在技术资料、机器设备和材料、配件都很缺乏的条件下,艰苦奋斗,自力更生,仿照 $ΠЗ_1$ 型机车制造出第一台解放型蒸汽机车,结束了中国不能生产机车的历史。接着,四方机车车辆厂和大连机车车辆厂又相继试制出胜利型、前进型、建设型等多种蒸汽机车,并由一些工厂批量生产,迈出了大批自造机车的步伐。同时,各机车车辆厂还设计并生产了一批新型客车与多种类型的货车。到1957年,共生产机车531台,客车1982辆,货车40780辆,克服了机车车辆严重不足的困难。修理工厂则在完成对原有机车车辆修复工作的基础上,担负起繁重的定期厂修和临时修理的任务,并提供大量维修用的配件,保证全路机车车辆的正常运转。这期间共修理机车1.4万多台,客车1.7万多辆,货车9.7万多辆。同时还以机车工厂为主,对 $ΠЗ_1$ 型机车进行了全面的技术改造。铁路器材工厂也在逐步加强过程中,生产出一大批桥梁钢结构、混凝土构件、防腐枕木、通信信号装置及其他设备,并试制出一批新产品,基本上满足了新线建设和营业铁路技术改造的需要。

从新中国成立到第一个五年计划完成，崭新的人民铁道事业已茁壮地成长起来。

客货运量的迅速增长，集中反映了这一时期铁道事业取得的光辉成就。统计资料表明，旅客周转量从1949年的130.01亿人公里增长为1957年的361.30亿人公里，货物周转量从1949年的184.00亿吨公里增长为1957年的1345.90亿吨公里。这种增长速度，在旧中国是难以想象的。从运量增长速度与国民经济发展速度的关系来看，"一五"期间客货周转量平均每年增长16.3%，超过全国工农业总产值平均每年10.9%的增长幅度，货物周转量平均每年增长17.5%，接近全国工业总产值平均每年18%的增长幅度。这说明铁路运输虽很紧张，但经多方努力，基本上适应了国民经济的发展。

8年间，铁路上缴国家的利税为79.79亿元，扣除同期国家向铁路的投资73.18亿元，净缴6.61亿元，为国家经济建设积累了可观的资金。

与此同时，铁路的教育科研事业也得到相应的发展。在高等教育方面，将解放区兴办的一批学校和唐山工学院、北平铁道管理学院经过合并与调整，形成了唐山、北京两所正规的铁道学院，在校学生由1949年的1126人增至1957年4370人。中等技术学校由1952年的21所（在校学生9214人）增至1957年的28所（在校学生21127人）。技工学校由1952年的8所（在校学生2884人）增至1957年的11所（在校学生5696人）。1950年，建立以桥梁专家茅以升为所长的铁道技术研究所，并于1956年发展成为多学科的综合性的铁道科学研究院。

随着铁道事业的发展和劳动生产率的逐年提高，铁路职工的生活水平也得到明显的改善。新中国成立以后，职工平均工资不断增长。1957年的年工资已达799元，比1950年增长106%。同时新建铁路职工住宅600多万平方米，增建医院病床9000多张，并对职工普遍实行了劳动保险制度。

第二章
铁道事业在曲折中前进（1958—1965）

在 1958 年开始的"大跃进"中，铁路和全国各条战线一样，受"左"的指导思想的支配，不顾客观经济规律，急于求成，高指标、瞎指挥、浮夸风和"共产风"泛滥成灾，造成重大损失。但也在各级干部和广大职工的努力下，取得一些成就。以后经过多年的调整，恢复了元气，铁道事业又出现稳步发展的可喜局面。

第一节 得不偿失的探索

"大跃进"开始后，国民经济各部门不顾实际可能，竞相追求高速度，各项工业指标都要翻番。铁路部门面对突然剧增的运量，也脱离实际地提出多修路、多造车、多拉快跑等各种过高的指标。1957 年全路货运量不到 3 亿吨，却设想 1959 年运货 8 亿吨，1972 年运货 30 亿吨，因而要求运输效率和机车车辆生产在很短时间内翻几番，15 年内修建 12 万公里新铁路。这种根本不可能实现的高指标还陆续加码。如 1958 年 3 月间预定在"二五"期间修建新铁路 2 万公里，5 月间增加到 3 万公里，8 月间又增加到 7 万公里。

1958 年 4 月中共中央决定下放权力，改变领导体制，改革不合理的规章制度，并限期将中央管理的企业下放给省、自治区、直辖市管理。这对发挥中央和地方两个积极性，改变统得过多过死的管理制度是有益的。但由于操之过急，突出强调为"大跃进"服务，未经试验，盲目下放权力，废除了一些必要的规章制度，结果适得其反，对"左"倾错误的发展起了推波助澜的作用。

1958年5月至8月,铁道部以部令公布改革规章制度,先后分三批废止1196项,下放自流1013项,合计2209项。在改革中只破不立,不经调查研究,自上而下地下令执行,结果是"三制""八规"(三制:负责制、验收制、经济核算制;八规:技术管理规程、货运规程、客运规程、危险品运输规程、产品设计规程、各种设备大中修规程、工程设计规程、施工规程)受到破坏。改革不合理的规章制度,变成了不要规章制度,很多合理的规章制度也被废除或自流了。

全国各地大炼钢铁以后,不仅铁路运量急剧增长(特别是煤炭),而且不合理运输增多,运输距离延长,空车走行公里加大。这就更加剧了运输的紧张。由于片面强调了矿石、煤炭、材料的运输,挤掉了农业和轻工业产品的运输,一些区段落地货物堆满沿线,许多车站、专用线发生堵塞。1958年9月23日,中共中央发出《关于加强当前运输工作的指示》,要求在运输紧张地区成立运输委员会或运输指挥部,负责统一调配各种运输工具和装卸力量;组织各机关、企业、军队、学校和合作社等部门的运输工具参加运输;动员一切可能动员的力量,包括机关、学校、军队的力量,组织突击运输。此后,不断组织大批机关干部、军人、学生及铁路职工、家属义务抢装抢卸。

铁道部为了适应各地方都要建立独立完整的经济体系的要求,决定一个省建立一个铁路局,并实行"工管合一"(即铁路管理局与工程局合并),目的是加强"块块"领导,并决定铁路局和直属工厂受铁道部和地方双重领导。据此,全国由17个铁路局增加到29个。这种做法大大削弱了运输指挥上的集中统一。当时,运输任务和基建任务都很繁重,由一个铁路局来承担,势必顾此失彼。1958年8月,经国务院批准,将第一机械工业部所属的机车车辆制造厂划归铁道部领导,成立了机车车辆工厂总局,既管制造又管修理。为了解决牵引动力的不足,各机车车辆修理工厂纷纷由修转造。

在大办钢铁之后,为了解决运量与运能的矛盾,很快掀起了一个全党全民大办铁路的高潮。在许多条线路上动员几十万上百万民工修路,仅京广、津浦两条第二线工程即有150万民工参加。主要方式是大会战、搞突击。广大农民修路的积极性和劳动热情十分可贵,许多人献工献料,自带锹镐,推上小车,前来修路。然而这种做法却严重侵犯了群众利益,挫伤了群众的积极性。

"大跃进"给铁道事业造成的损失是严重的,主要有:

1. 高指标、大计划根本不能实现,给各项工作带来混乱。

3年"大跃进"的基建投资比"一五"时期增长45%。3年中限额以上的基建项目共171项,仅完成42项。1958年新建干线项目多达36个,许多项目是在建设根据没有弄清,人力、物力、财力没有保证,建设规模、标准没有很好研究的情况下,仓促决定上马的。西南地区动工修建的内昆、成昆、滇黔、川黔、湘黔、川豫六大干线,开工后由于钢材、水泥、木材等供应不上,相继停工。

有的工程修了路基铺不上轨,铺了轨因设备不配套不能交付运营,影响了投资效果的发挥。3年中做了土石方工程不能发挥作用而形成积压的,占投资的21%。铁路运输超负荷运转,3年之中装车数只有9个月完成计划,预计货运量达到8亿吨的1959年,实际只运了5.4亿吨。1959年曾经安排年造12万辆货车的计划,实际只完成2万辆。

由于不按客观规律办事,瞎指挥,盲目蛮干,拼设备、吃老本、打乱仗的现象十分严重。为了多拉快跑,不是运用科学的方法,而是未经试验和考查,就将六大干线(京广、津浦、京山、沈山、哈大、沪宁)的牵引定数由2700吨陆续提高到3200吨、3400吨和3600吨,以致列车经常退坡、运缓;为了急于运煤,敞车不足,就将2000辆棚车揭了盖使用;为了开快速列车,经常不做列车技术检查;车辆载重超过负荷能力,因而压断弹簧和损坏轴、梁;列车超长过多,以致后部制动失效;"白水表"(意即机车锅炉缺水)跑车,引起锅炉爆炸,车毁人亡;任意延长检修周期和放松验收制度，致使设备带病运行。采用这些不良做法造成的恶果之一是，行车事故激增，列车正点率下降。到1960年，全年行车事故件数比1957年增加2.23倍，其中重大事故和大事故增加2倍，造成的经济损失增加6倍。客货列车正点率1957年为90%左右，1960年年初下降到70%—80%。

2. 管理水平下降，损失浪费严重。

实行一个省设一个铁路局，并"工管合一"后，劳动管理、计划管理、技术管理、财务管理的权力下放过了头，连基建项目的审批权也下放了。盲目下放权力和破除规章制度，不仅不能使企业正确发挥经营自主权，反而使企业的积极性变成了盲目性，在许多方面造成失控。计划内的项目本来已经过多，还安排了不少计划外的工程。3年中，全路就有32075万元自筹资金用于工程建设，挪用了计划内的材料和劳动力。企业的生产秩序和工作秩序相当混乱，计划纪律、财务纪律和劳动纪律松弛。乱招工人，摊子过大，职工人数猛增，仅1958年就招工99万人。非生产人员比重加大，有些单位竟占职工总数的25%以上。在牵引动力全部是蒸汽机车的情况下，过早地取消机车包乘制，实行轮乘制，跑长交路，放松了机车保养；验收制被破坏了，误把它当作束缚生产力的障碍；盲目追求高指标，机车违法修、简化修普遍出现；经济核算制也有名无实，不算经济账，不讲经济效果；基建部门废除了承发包制度，实行投资包干，想让企业和职工放开手脚干，但废除必要的规章制度，变成了没有负责制、不讲经济效益的投资包干；新线建设由于边勘测、边设计、边施工、边变更计划，几上几下，施工队伍调来调去，造成大量无效劳动，损失浪费严重。铁路管理由50年代前期向苏联"一边倒"，变为全盘否定苏联经验；以"书记挂帅"代替了"一长制"；以大搞群众运动代替了科学管理。

3. 设备失修，质量下降。

从1961年秋季设备鉴定的结果看，除了封存不能使用的不良机车612

台外，还有 132 台不合格的机车。有的铁路局优良、良好的机车还不到 40%，以致运缓、退坡、机车故障临修增多。全路机车总检修率由 1957 年的 8.4%，上升到 1961 年的 18.9%。车辆轮对不良和车体破损的情况也很严重，除封存的 2.4 万辆破损货车外，在运用车中车体破损的约占 20%，约有 1 万多辆货车勉强上阵。不少客车照明、防寒设备不好，配件不全。与此同时，线路失修也很严重，有病害的桥梁占 37%。通信信号设备的故障事故也有增多。各种机械设备损耗严重，质量下降。

4. 浮夸假报，破坏了实事求是的优良传统。

1958 年全路日均装车数不到 3 万车，硬要"放卫星"，最高日均装车数达 5.2 万车。为了层层"放卫星"，月月"放卫星"，以倒短运输的方法"增加"装车数，有的一天两装两卸甚至三装三卸。各铁路局都忙于完成本省的运输任务，"一卸、二排、三装"的运输原则被忽视。"放卫星"破坏了正常的运行秩序，经常出现"一曝十寒"的状况。为了使统计表上出现好的成绩，许多车站假报列车正点。同时，提出了许多脱离实际、浮夸冒进的计划，如：要求全路在一两个月内普遍安装超声波助燃器，让机车不冒黑烟；要求装卸、养路、施工实现机械化；要求三年内每个铁路局搞 10 万吨钢、100 万吨煤；要求各局、厂、院、校在一两年内建立一套"高、大、中、小、幼"，"工、师、医、体、艺"的教育体系，8 年到 10 年内在全路普及高等教育。仅 1958 年 4 月到 10 月，全路就新办了 31 所高等学校，大部分名不副实。

"大跃进"时期出现的错误，给铁道事业造成了巨大损失；但由于广大职工的艰苦努力，在付出巨大代价的情况下，也取得了相当成绩。

1. 承担了大幅度急剧增长的运输任务。"大跃进"时期运量大，来势猛，要求急。在这种形势下，全路职工一方面努力增强技术设备能力，一方面想尽各种办法"向时间要车，向协作要效率"。从 1958 年到 1960 年这 3 年中，铁路共运 14.44 亿旅客和 15.97 亿吨货物，比"一五"期间完成的总和还超过 2.09 亿旅客和 5.29 亿吨货物。货运量平均每年增长

34.8%，客运量平均每年增长25.5%。

2. 新线建设与旧线改造有成就，提高了运输能力。3年中线路总延长共增加11036公里（包括新建干线、支线、第二线、路内专用线和延长股道），平均每年增加数相当于"一五"期间年均增长数的2.3倍。在1958年以前，宁夏、新疆、青海等省、自治区都没有铁路，到1960年，除西藏外全国各省、自治区都有了铁路。西北、西南地区营业线路占全国的比重，由11%提高到19.4%，铁路分布不平衡的情况有所改善。这3年对营业铁路的改造是重视的，新建了陇海、津浦、京广等线部分区段的第二线2761公里，使得双线地段比"一五"期末增加1.4倍；新建和扩建编组站18个，延长股道698公里；修建自动闭塞1132公里，半自动闭塞4899公里；营业铁路的投资为33.41亿元，超过了对新建铁路的投资。有些工程规模之大、进度之快，确实是惊人的。如北京站工程宏伟，技术复杂，从1958年12月开始设计到全部完工，只用了10个月。这个时期新建的大桥有南昌赣江大桥（1958年10月开工，1959年6月建成），重庆白沙沱长江大桥（1958年9月开工，1959年10月建成），郑州黄河新桥（1958年5月开工，1960年4月建成）和广州珠江大桥（1958年10月开工，1960年6月建成）。

3. 铁路工业的生产能力有了加强。在"大跃进"中，国务院曾经决定把机车车辆生产列为必须确保的机械产品之一，要求各有关部门在材料、设备供应和协作安排上，给予优先保证。为了多造车，许多工厂更新设备由修转造，1959年与1957年比较，制造蒸汽机车的工厂由2个增至13个，制造客车的工厂由3个增至6个，制造货车的工厂由6个增至17个。3年共新造机车1010台，货车37794辆，客车1841辆，都超过了过去8年的总和。

猛增的运量要求机车向大功率、高速度，车辆向大吨位的方向发展。因此，在机车、货车、客车制造中，都增加了新品种。特别是1958年秋季以后，大连、四方、戚墅堰机车车辆工厂，先后试制成功了内燃机车。

1958年12月，株洲机车车辆厂在湘潭电机厂、铁道科学研究院等单位的大力援助下，试制成功了中国第一台电力机车。从此，揭开了铁路牵引动力改革的序幕。

3年中其他铁路工业也有较大发展。通信信号厂、桥梁厂、枕木防腐厂以及其他专用器材厂等，从113个发展到249个，并且有许多工厂进行了扩建和改建。全路金属切削机床从9309台增加到19822台，扩大了生产能力。

4. 技术装备和科技水平有了提高。线路的技术状况大为改观，不仅双线增加，而且正线上铺设每米43千克以上钢轨的比重已从42.6%提高到63%，使不少线路的容许速度有了提高。1958年以前，全路只有一个驼峰调车场，到1962年已有159个简易驼峰调车场和2个机械化驼峰调车场。新造的机车全部为新型的和大型的。新造的货车载重在50吨以上的占99%。装卸、养路、施工、机车装备的机械化，也有了不同程度的提高。

铁路科学技术人员，1957年为48868人，1960年增加到100135人。全路有相当规模的铁道科学研究院1所，设计院5所和机车车辆专业科研所4所。在新建的大专院校中，有的师资队伍、教学水平和办学条件较好，如1958年建立的上海铁道学院、兰州铁道学院、大连铁道学院、南京铁道医学院、上海铁道医学院，1960年建立的长沙铁道学院等，为发展铁路事业培养了大批科技人才。

随着科技人员的成长和技术装备的改善，可以独立地解决一些比较复杂的科学技术问题。如设计建筑大口径管柱基础的大桥、大跨度钢筋混凝土拱桥和长隧道，在软土、永久冻层、沙漠地带筑路。此外，在大型枢纽、电气集中、自动闭塞、12路载波、大跨度预应力结构和薄壳结构、水文勘测、爆破技术等方面都取得了成功的经验。在此期间，还建成了中国第一条电气化铁路——宝成铁路的宝鸡至凤州段。这段电气化铁路的建成，使运输能力由每年262万吨提高到1320万吨，增大4倍，机务运营成本降低60%，职工劳动条件得到显著改善。

5. 解决了一些运输上的关键问题。在运量与运能的尖锐矛盾面前，广大铁路职工和各级干部，以主人翁的态度，发扬敢想敢干、大胆革新的创造精神，在运输生产上创造了许多行之有效的办法。如推广了唐山车站和天津车站简便易行、提高装卸效率的高站台、低货位；推广了丰台站投资少、工期短、提高车站编组能力的土驼峰；还推广了渭南车站利用回空车和没有装满的货车进行"捎脚运输"等经验，从而在一定程度上缓和了运量与运能的矛盾。此外，到1962年铁路部门还协助地方修建了296条、3706公里的地方铁路。这些铁路成为一支承担短途运输的重要力量。还有34条、729公里与国家铁路接轨联运，成为国家铁路运输的补充和支脉，在国家投资修建铁路以外开辟了新的投资渠道，在路网建设上初步做到了"两条腿走路"。

1958年，由于一些厂矿企业积压货车，车辆周转缓慢，使得本来就不敷应用的空车更加紧张。为了解决这种浪费运力的问题，1959年4月，铁道部、煤炭部和辽宁省在阜新联合召开现场会议，推广阜新铁路分局和阜新矿务局开展路矿协作的经验。5月，铁道部、冶金部和辽宁省在本溪召开了全国路厂协作现场会议。10月，铁道部和其他6个部又在推广秦皇岛路港协作经验的基础上，推广了矿山、铁路、港口、船舶和收货单位结合在一起，实行快装快卸快运的"一条龙"运输大协作的经验。在路矿协作中，铁路职工还从煤炭的运量大，煤运任务完成得好坏既关系国计民生的全局，又影响铁路运输全局的实际情况，加深了对搞好煤运的重要性的认识，总结出了"倒了煤就倒不了霉，倒不好煤就倒霉"的经验教训。同时，铁路内部各单位的联劳协作也有发展，创造了运输综合作业方案，在加强各单位作业的密切配合，减少各环节之间的衔接时间上起了重要作用，使得铁路这个大联动机的运转更加合理。1959年6月在全国铁路运输综合作业方案会议上，把它作为一项重要制度固定下来。这是铁路职工在运输组织工作上的一项重要成就。

第二节　以调整为中心进行全面整顿

1961年年初，铁路部门开始贯彻执行中共中央"调整、巩固、充实、提高"的方针，以调整为中心，全面整顿铁路工作，纠正管理和生产中"左"的做法。

一、加强集中统一，整顿规章制度，恢复运行秩序

根据铁路运输企业需要集中统一领导的特点，1961年1月26日，中共中央在铁道部党组《关于在铁路系统建立政治工作部门和改进铁路管理体制的报告》上批示："铁路是国民经济的大动脉，是高度集中的企业，带有半军事性质，必须把一切权力集中在铁道部。在运输生产指挥、物资资金分配、设备调动、干部安排和职工调动等方面，完全由铁道部负责处理。"并决定成立中共铁道部委员会，在铁路系统重新建立起在"大跃进"中撤销的政治部门，党的思想政治工作和组织工作由铁道部和地方双重领导，以铁道部为主。各铁路局、工程局、设计院、直属工厂对其所属单位实行垂直领导。

为了贯彻中共中央指示，加强集中统一领导，铁道部立即召开全路领导干部会议。中共中央总书记、国务院副总理邓小平接见会议部分代表时讲话指出，现在运行秩序不好，原因很多，主要是把制度破坏了，这次会议的中心是整章建制、整顿运行秩序。会议明确提出，限期把机车、车辆、线路等一切设备和各种生产的责任制，机车、车辆、基建的验收制，站段、班组的经济核算制恢复和健全起来。没有的订立，正确的恢复，重复的合并，不完善的补充，先粗后细，以解决存废不明、章乱难循的问题。

当时，针对兰州、呼和浩特、哈尔滨三个铁路局瘫痪了两个半，影响全路运输出现被动局面的问题，铁道部决定由武竞天、余光生、郭鲁三位副部长率领工作组分别到这三个局进行重点整顿，帮助建立正常秩序。

针对"大跃进"造成的多头领导,一省一个铁路局,各自为政的状况,先后撤销了长沙、贵阳、西宁、牡丹江、蚌埠、武汉、南昌、太原等铁路局和海拉尔工程局,并撤销了38所名不副实的高等院校,成立了东北、西北、华北、西南4个工程局和华北、西北、西南、大桥4个发包组,关、停、并、转了87个不宜继续生产的部属工业企业。同时,对铁路企业、事业单位的计划、运输指挥、人事、财务、材料等方面的管理体制,作出相应规定,收回了过去下放过多的权限。到1962年年底,三大制度重新确定,八大规程也陆续修订公布;建立健全了党委领导下的厂长负责制和统一的生产行政指挥系统,纠正了党委委员分点把口、分片包干的做法;建立健全了以总工程师为首的技术负责制,以总会计师为首的经济责任制,职能科室的职务负责制,工人岗位责任制;恢复了计件工资和奖励制度,把班组管理的内容和要求落实到个人。

铁道部根据《国营工业企业工作条例》(即《工业七十条》)及铁路的具体情况,在总结经验教训的基础上,制订了《铁路工作条例》(即《铁路六十条》)。《工业七十条》和《铁路六十条》都先在一些铁路单位试行,然后逐步推广至其他单位,从而促进了铁路企业的整顿工作,提高了铁路企业的管理水平。同时,铁路工业部门制订了《机车车辆工厂生产技术管理工作细则》《经营管理工作细则》和降低成本的十项措施。铁路基建部门也建立了一套设计、勘测、施工、工程发包、技术监察、竣工验收、交接等暂行办法,修订颁布了《标准轨距技术规范》。为了严肃变更设计、预算纪律,颁布了《铁路基建工程变更设计及预算暂行处理办法》,恢复了验收制,收回了基建项目审批权。

对铁路基本规章制度的审查和修改,有一个逐步完善的过程。1961年基本上是恢复、重申、修订。1962年又集中力量,全面系统地进行整顿,组织专业人员和职工群众相结合,在总结经验教训的基础上,以专业人员为主修改拟订。1965年铁道部又派工作组到天津蹲点,对运输部门的规章制度做了进一步的修改。这次修改突出了"负责运输"和提高客、货运服务质量的要求。

在整章建制的同时,整顿运行秩序,狠抓安全正点。根据铁道部的决定,全路普遍开展了安全正点"四爱"(爱车、爱路、爱货、爱设备)立功运动。由于各级领导重视,职工积极行动,1961年3月份客货列车正点率就由1月份的60%提高到90%。1961年11月,铁道部召开安全工作会议,在继续巩固正点的同时,提出了"重点抓安全,保证过好冬"的要求,集中力量狠抓行车、人身、货物、行包、设备5个方面的安全。在全路开展了百日无事故竞赛,推广了周王庙车站的安全工作经验。经过一年多的努力,安全正点情况有了显著好转。1962年与1961年比较,行车重大、大事故减少55%,职工伤亡减少一半左右,货运事故减少1/3以上。1962年客货列车始发、运行正点率都保持在90%以上。到了1964年,安全状况空前良好,全年重大、大事故大为减少,成为以后若干年的赶超目标。

二、坚决缩短基建战线,大力填平补齐

鉴于过去基建战线过长,比例失调,不能配套的教训,铁道部在1961年工作安排中明确提出,树立为运输服务的观点,贯彻集中力量打歼灭战的方针,确定先维修后新建,先旧线后新线,先支线(包括专用线)后干线,先煤铁支线后其他支线的原则。坚决砍掉仓促上马又不急需的工程项目。要求严格按照基建程序办事,提高施工质量。绝对不允许再有国家统一计划外的建设项目。计划内的项目,都必须集中人力物力,优先解决在建未完工程的成龙配套填平补齐。做到修一条保一条,交一条用一条,以发挥设备作用。经过调查研究,1961年全路127个重大基建项目,到1962年砍掉80个。

由于重视配套,重视投资效益,1962年虽然投资最少,但效果很好。1961年工程施工亏损8546万元,1962年下降为671.33万元。1962年累计全部和部分交付使用的重大和一般建设项目有219个,占累计施工项目

486个的45.1%。这些工程对提高铁路运输能力,支援工农业生产起了积极作用。由于执行了验收交接制度,扭转了过去几年来拖延交付、长期不验收和长期使用无人维修的现象。1962年竣工工程一次验收合格率稳步上升,一级品率由年初的40%提高到年底的83%。

三、精减人员,加强职工培训

在运输生产任务压缩以后,出现了劳动生产率下降的新问题。北京铁路局运输人员劳动生产率1961年比1960年下降17.3%,1962年又比1961年下降8.3%。其他铁路局也大致相同。为了解决这个问题,全路进行了精减人员的工作。1962年年底铁路职工总数由1960年的215万人减到128万人。精减下来的人员80%回乡参加农业生产。精减的结果使铁路职工队伍与调整时期的运输、生产和基建任务相适应,也增加了农业劳动力。严重浪费劳动力的情况得到扭转。劳动生产率从1962年下半年开始回升,职工劳动纪律也有了好转。

在调整中,全路加强了定员管理,要求各单位都要根据当年的任务编制定员表,严格按照定员表配备人员。铁道部规定了劳动力计划人数,任何单位都不得超过。

在调整的同时,还大力加强了职工的技术业务教育,有计划有组织地开展了以《铁路技术管理规程》为中心的技术业务学习。组织职工大练基本功,进行技术表演赛,定期测验应知应会的基本规章制度和操作技术,扎扎实实地抓了基础工作。职工队伍的素质和技术业务水平逐步提高。

四、大力整修设备,逐步恢复机车车辆的良好状态

1961年年初,铁路工业部门根据设备质量差、修造比例严重失调的情况,提出了"先修后造,以修为主"的方针。大多数工厂停造转修。铁道部工厂总局组织的50个检修组,带着材料工具到各机务段、车辆段抢修机车、车辆。对失修三年的破损机车、车辆,用了5年的时间集中力量搞

修理,才基本扭转了机车、车辆的破损状况。

根据机车车辆工厂之间的可比性比较大,很多工厂都做同一类型产品的特点,工厂总局组织同类工厂开展了"对标"活动。通过"对标",激发和带动了广大职工管好企业的自觉性和积极性,激励了学先进、比先进、赶先进的上进心。针对工作中的薄弱环节,加强企业管理的基础工作,制订了切实可行的技术组织措施计划,促使大多数工厂的各项技术经济指标都有显著提高。

1962年全年共修机车2423台(包括为工矿企业修理的320台),比1961年增加24.4%。产品质量与劳动生产率稳步提高,机车在厂日数大为缩短。到1962年年底,全路有30%的机车经过了架修以上的修程,绝大部分局、段消灭了超洗修公里的现象,机破临修事故逐步减少。运用中的客货车也都经过了一次定期检修,车体状况有了明显好转。

五、把支援农业作为铁路运输的重要政策

长期以来,铁路运输一直把重点放在大宗、成批、长途的煤、铁、木、油等物资运输方面,对于零星、分散、短途的货物运输往往重视不够。这些货物大部分是农业物资。在中共中央确定了发展国民经济"以农业为基础,以工业为主导"的总方针,调整了农、轻、重的顺序和比例关系后,中共铁道部委员会于1962年12月召开了第六次扩大会议,作出了《支援农业支援人民公社集体经济的决定》,以"面向农村,支援农业,促进工业,保证物资交流,保证国防需要,城市乡村兼顾,客运货运兼顾,整车零担并重,长途短途并重"作为铁路工作的方针。会后,立即将农业机具、化肥农药、粮食、棉花、其他经济作物、农村土特产品、鲜活易腐货物7种品类和零担运输列为重点,并加强了对季节性和临时性重点支援农业物资的掌握。为了满足农业客货运输的需要,适应支农物资零星分散的特点,大力加强了中间小站的工作。调整初期由于铁路运量下降很大,在编制列车时刻表时,陆续封闭和停办了一些会让站和营业站。在支援农业决定实施后，对已停办的营业站，根据业务量大小逐步恢复。增开了31对零担列车，有的沿途零担摘挂列车增加了中间小站的停车时间。为了加速鲜活易腐货物的运输，先后开行了武汉到广州、上海到广州、郑州到广州的快速货物列车，平均运送时间缩短50%以上。因此，家畜家禽等鲜活货物的死亡率大为降低，水果蔬菜等易腐货物腐坏的比例也大为减少。基建施工单位到1962年年底，向人民公社退还了多征少用、早征迟用、征而不用的多余土地约11万亩，还实施了大量的支农工程，如建筑桥梁、增设道口、清挖河道等，有力地支援了农业。

第三节 再度出现稳步发展的局面

调整后的铁道事业，纠正了"大跃进"的过头做法，在经济上摆脱了一些"左"的羁绊，又出现了稳步发展的局面。

一、集中优势兵力，会战"三线一机"

1964年，铁道部在巩固发展铁路调整成果的基础上，组织了"三线一机"大会战。这就是集中优势兵力，修建西南3条铁路，试制内燃机车并尽快批量生产。

1964年8月，中共中央制定了加快西南经济建设和国防建设的战略决策。毛泽东主席提出"成昆路要快修"，"川黔、贵昆路也要快修"的要求。周恩来总理亲自部署，调集了铁道兵、铁路职工和民工30余万人，展开了一场西南铁路大会战。

9月，西南铁路建设总指挥部成立，由中共中央西南局第一书记李井泉任总指挥，吕正操、刘建章、郭维城、彭敏、张永励、熊宇忠任副总指挥，彭敏兼任总工程师。下设工地指挥部、技术委员会和支援铁路修建委员会，统一领导和集中指挥这场大会战。

总指挥部研究确定：大会战以成昆线为中心，以速取川黔、贵昆来保成昆。川黔线1965年"八一"接轨,"十一"通车;贵昆线1966年"五一"接轨,"十一"通车;成昆线南北并进,主攻北段,争取1968年"七一"通车。

西南三条铁路经过的地方,山高、川大、坡陡、流急,常年阴雨,云雾迷漫。北起四川成都、南抵云南昆明,全长1091公里的成昆线,地貌、地质更为险恶、复杂,桥隧工程投资占全线总投资的65.8%,为筑路史上所罕见。有些地方因找不到设置车站的处所,不得不在桥梁上或隧道内设站,在全线122个车站中,这样的车站就有41个。铁路勘测设计人员背上行装,跋山涉水,到现场搞设计,只用1年多时间就交出了2000公里的设计文件。共完成大面积地质测绘1500平方公里,地质钻探21.2万多米,物理勘探500多处,各种地质试验10000多组,前后共做300多个线路比选方案,最后确定了所修的线路。为了克服山区地势的巨大变化,保证线路有较大的运输能力,采用了长隧道加力坡与适当展线相结合的方法。从甘洛到喜德的120公里地段内,4次盘山展线,13次跨牛日河,才爬到海拔2200多米的制高点。由喜德往南进入安宁河谷,8次跨安宁河,下至海拔1000米左右的金沙江河谷,又3次盘山展线,47次跨龙川江及其支流,再次升高至海拔1900米的滇中台地。

铁路会战开始不久,工地指挥部就专门作出了《关于成昆线采用和发展新技术的决定》,确定在牵引动力、通信信号、线路上部建筑、桥隧土石方各项工程快速施工四个方面,有目的地采用各种新技术、新设备、新工艺和新的施工方法,以改变中国铁路技术装备和施工技术的落后面貌。为了采用新技术,集中了来自全国的许多科研、院校、设计、施工、机械制造、运营单位的1200多名科研和技术人员,分项组成40多个组,对65个新技术项目,分别进行攻关。实行研究、试验、设计、制造、检验、安装、使用七件事一贯到底的负责制,并把所需资金、材料、设备,由确定负责实施新项目的施工单位纳入工程计划。这就保证了在较短时间内取得许多科技成果。

成昆铁路曾于1958年7月动工修建,由于"大跃进"的影响,财力、物力得不到保证,在1964年会战开始前曾三次上马三次下马,仅成都至青龙场间的61.5公里铺轨通车。会战期间,为了在十分紧迫的工期内按时完成,筑路职工、铁道兵指战员和民工以临战姿态日夜赶工,付出了艰巨的劳动。有许多人在施工中英勇献身,他们的纪念碑矗立在桥头、洞旁,他们的业绩和英名将流芳百世!

会战取得了很大成绩。川黔、贵昆两条铁路均按期铺轨通车。成昆铁路工程进展因受"文化大革命"的影响,较原定计划延后,于1970年7月1日才全线通车。

在加紧修建西南三条铁路的同时,为了推进铁路现代化技术改造,适应国民经济发展的需要,牵引动力的改革列入了紧急议事日程。1963年8月,"国家大功率牵引动力内燃化电气化领导小组"成立,组长为铁道部代理部长吕正操,机械、化工、冶金、石油等有关部的领导人参加了领导小组。根据当时预测的中国石油工业发展情况,确定牵引动力改革以内燃机车为主,组织了试制内燃机车大会战。确定大连、四方、戚墅堰三个工厂为会战基地。参加试制的科研人员、工人、干部发扬自力更生、奋发图强的精神,解决了一个又一个科学难题,攻下了一个又一个技术难关。到1964年年底,共制成4种类型9台机车,性能基本良好,比原来设想提前一年进入批量生产。1965年每月内燃机车生产能力,由年初的2台提高到年底的7台;全年制成48台,超过会战要求将近1倍。同时,又开始了更大功率的内燃机车的研究和试制。

在这个时期,电力机车的研制也取得了新的进展。

内燃机车和电力机车的试制,得到全国各地有关科研、生产部门的大力支持。会战过程中,建成了初具规模的试制研究和生产基地,培养和锻炼了成万名具有一定水平的试验、制造、检修、运用队伍,落实了百余个机电产品协作点,组成了全国范围的科研生产协作网。这次会战为中国机车工业的进一步发展奠定了基础。

二、树立先进典型,组织比、学、赶、帮、超活动

调整以后,在学大庆,学解放军,特别是学雷锋树新风的形势鼓舞下,一批全心全意为人民服务、在客货运输上做到了尊客爱货优质服务的好典型在铁路上出现。铁道部及时表彰了这些深受人民欢迎并为铁路工人称颂的好典型。

中共铁道部委员会于1963年10月作出了《关于全路学习孙家养路工区的决定》,并召开现场会议,授予孙家工区"大郑线上好工区"的红旗。这个工区的工人,发扬艰苦奋斗和主人翁精神,为人民服务力争"格上格"、多做"活外活"的劳动态度,感人至深。

新民车站是全心全意为人民服务的好榜样,在客货运输文明服务、开创优良路风方面堪称楷模。1964年6月,中共铁道部委员会作出了《关于全路学习新民站的决定》,授予新民站"人民的好车站"红旗。

"毛泽东号"机车包车组是全国铁路的一面红旗,是安全运输、节煤、多拉快跑、技术革新的典型。1964年7月4日,中共铁道部委员会作出《关于在全路进一步推广"毛泽东号"机车包车组先进经验的决定》。

1965年8月13日,中共铁道部委员会作出《关于全路学习大协车站的决定》,并召开了现场会议推广他们的经验。"把方便送给别人,把困难留给自己"的大协风格,成为联劳协作的典范。

这些先进典型的共同特点是:全心全意为人民服务;艰苦奋斗,勤俭办路,无私奉献;提高责任心,加强责任制,苦练基本功;高标准,严要求,力争"格上格",多做"活外活",抢困难,让方便,抢任务,让荣誉;以运输为中心,安全正点,增产节约,优质服务;维护集体荣誉,时时起模范带头作用。

三、提高了经济效益,扩大了再生产能力

经过调整,铁道事业克服了"大跃进"造成的困难,得到稳步发展。

货运量在 1965 年达到 4.84 亿吨，比 1962 年增长 39.8%，平均每年增长 11.8%。1964 年和 1965 年，是安全生产成绩较好的 2 年，1964 年每百万机车总走行公里平均重大、大事故件数只有 0.19 件。旅客列车正点率出发为 99.6%，运行为 97.1%；货物列车正点率为 95.1%，运行为 94.7%，都达到较好的成绩。由于劳动生产率提高，成本降低，1965 年每万元运输收入产生的利润达到 4650 元，是历史上最好成绩。在 1958 年到 1965 年的 8 年中，扣除国家巨额投资后，铁路向国家净缴利税累计为 72.26 亿元，约为以前 8 年的 11 倍。

铁路扩大再生产所必需的新线建设、既有线路技术改造和工业生产，都取得了可喜的成就。8 年中，新增营业铁路里程 9698 公里。兰新、包兰、干武（干塘至武威）、兰青（兰州至西宁）、昆一（昆明至一平浪）、内昆线内江至安边段、川黔线以及黔桂线都匀至贵阳段，都是在这 8 年中建成通车的。不仅西北、西南地区铁路长度占全国路网的比重显著增加，还建成了武大（武昌至铜绿山）、南福、萧穿、京承（北京至承德）等线，为经济比较发达的地区增添了交通动脉。新建南京长江大桥工程，突破了水中基础施工的难关，发展了修建武汉长江大桥时的施工技术，1965 年年底，基本建成了水中桥墩，为全桥的建成提供了保证。8 年中，还建成了中国第一条电气化铁路，新建第二线 3235 公里，扩建和新建枢纽 30 个。在既有铁路上大量改铺重轨，延长站线，铺设无缝线路，全面改善通信信号设备。铁路工业部门提供了大量新产品，除各种新型的机车、车辆外，还有预应力钢筋混凝土轨枕和桥梁、高锰钢辙叉、栓焊和全焊钢梁、载波电话设备、AX 系列安全型继电器等。1964 年 7 月，铁路有 21 项新产品荣获国家奖励。

总之，1958 年到 1965 年的 8 年，是中国铁道事业在探索前进中取得丰富的正反两方面经验的 8 年，是经历了曲折又取得了显著成就的 8 年。

第三章
十年动乱中的铁道事业（1966—1976）

持续十年的"文化大革命"运动给铁道事业造成了极大的损失。它不仅打断了铁道事业在调整以后出现的健康发展进程，而且使得运输生产三次全面下降，内部比例严重失调。只是由于周恩来、邓小平等国家领导人采取了一系列措施，减轻了林彪、江青两个反革命集团的破坏，广大铁路职工和铁道兵指战员克服重重困难，做出艰苦努力，抵制"文化大革命"的破坏，运输生产才得以维持，铁道事业才取得一些成就。

第一节 动乱开始，铁路受灾严重

1966年5月"文化大革命"一开始，铁路系统的一些干部就受到冲击，运输生产形势便出现波动。7月份全路没有完成货运计划，8月份货运量继续下降；这2个月的基本建设投资只完成计划的77%；一些铁路工厂间断停产。8月中旬以后，各地学校师生开展全国性的"大串连"，一些铁路职工也擅自离开工作岗位进行上访，铁路乘车人数每天骤增20万—25万人，阻碍行车的事件时有发生，客货列车晚点严重，大量物资积压待运。

中共中央、国务院十分重视维持铁路的运输生产，于9月2日发出通知，要求整顿车站和列车秩序，规定铁路分局和分局以下单位暂缓开展运动，指示各级铁路管理部门要组成专门领导班子负责运输生产工作。10月31日，中共中央、国务院又发出维持铁路运输秩序的紧急通知。贯彻这些通知，起了限制"文化大革命"对铁路的破坏作用。因而，在极为困难的情况下,铁道部仍然能够采取一些措施维持铁路的运输生产,绝大多数铁路职工仍然能够坚守岗位,运输生产基本上得以暂时保持稳定。

11月,王洪文等人违反中共中央的规定,在上海成立跨行业的"造反"组织。中共上海市委拒绝予以承认。王洪文等居然在安亭车站聚众卧轨拦阻来往列车,制造了震动一时的"安亭事件"。这一事件使上海车站的35趟列车不能开出,近百趟列车被迫停在沿线各站,沪宁线中断运输30多小时。代表中央文革小组前往上海处理这一事件的张春桥,竟背着上海市委承认王洪文的罪恶行径是"革命行动"。由此,开了冲击铁路、中断运输的恶例。12月,林彪在中共中央政治局扩大会议上主张,一定要让"文化大革命""席卷每个领域"。江青、张春桥等极力附和。以致中共中央、国务院对铁路部门开展运动的限制性规定被取消。于是,铁路系统混乱加剧,指挥失控,连续发生中断运输的事件。

虽然铁路运输生产在"文化大革命"开始以后受到破坏,1966年下半年货运量增长幅度低于上半年,到年底有1000多万吨物资积压待运,但由于"文化大革命"的影响还没有波及全路,全年运输生产的实绩仍比上一年为好。全年货运量完成5.415亿吨,比上年增长12%。贵昆铁路完成铺轨后于年底交付运营。成昆铁路施工力量加强,到年底已完成总工作量的50%。南京长江大桥水中桥墩全部建成并开始架梁,按计划完成或提前完成了施工进度。机车车辆的研制、制造和修理都能继续进行。

在此以后,"文化大革命"愈演愈烈,1967年和1968年2年,铁路形势更加恶化,运输生产出现了十年动乱期间的第一次全面的大幅度下降。

林彪、江青两个反革命集团竭力煽动群众,制造动乱,破坏铁路运输生产,反而将中断运输的罪名强加给尽力维持运输生产的吕正操、武竞天等铁道部主要领导干部,并于1967年1月将他们打倒,进行批斗。随后,在所谓"一月风暴"中,铁道部、西南铁路建设工地指挥部以及其他一些铁路领导机关被"造反派"夺权;各地职工分裂成对立的两派,打派仗、搞武斗,大批铁路单位陷于瘫痪。一直是集中管理、统一指挥的铁路处于无计划、无政府状态。保证铁路运输生产正常进行的各种规章制度，被认为是"修正主义的管卡压"，有的被取消，有的无法执行；甚至行车信号的绿色表示安全、红色禁止通行也被认为是违背了"红色代表革命""革命需要前进"的原则，个别地区竟然要采取以红灯为安全通行信号的所谓"革命行动"。京广铁路长江以南，津浦铁路徐州、蚌埠地区，广西的柳州、桂林、南宁，东北的长春、四平、瓦房店等地，都因发生大规模武斗而陆续中断了运输；有些地区还发生抢劫运输物资、拆掉钢轨、破坏水塔等事件。

为了稳定铁路形势，中共中央、国务院于1967年5月31日决定对铁道部实行军事管制。6月1日，军事管制委员会进入铁道部，苏静任军管会主任（苏静调离后，由杨杰主持工作）。12日，中共中央、国务院又决定对铁路实行全面军事管制。但铁路动乱并未立即平息，一些铁路干线又相继中断了运输。成昆铁路北段，大批职工因武斗激烈而离去，被迫于7月停工。8月11日，中共中央、国务院命令人民解放军维护铁路交通，才相对地稳定了形势。

动乱的破坏使得一些铁路区段陆续堵塞，运输受阻，国家不得不调整1967年第四季度全国煤炭分配计划，冬春取暖用煤只供应一半左右，发电和铁路运输用煤只供应75%左右，以致这年冬天各地普遍缺煤少电，生产受到影响，市场供应紧张。1968年形势又趋于动荡，一些地区陆续发生破坏铁路、袭击列车、抢劫运输物资等严重事件。中共中央、国务院于7月3日发出布告，限令柳州、南宁、桂林等地区立即停止武斗，无条件恢复柳州铁路局的全线运输，严惩破坏铁路运输生产的不法分子。24日，又对陕西省一些地区重申了这一布告。

在这两年之中，由于极左思潮泛滥，无政府主义现象严重，行车事故件数急剧增加。1967年事故件数比1966年猛增25.9%；1968年又比1967年增加21%，其中重大、大事故件数比1965年增加5.1倍。其他质量指标和产量指标也都明显下降。1967年全路货运量只完成4.214亿吨，比

1966年下降22.1%；1968年又比1967年下降2.8%，全年运货4.097亿吨，仅为1965年的84.7%，还少于1964年。1967年和1968年，2年只完成新线铺轨323.7公里，仅相当于调整时期大量压缩基建规模的1963年1年完成的里程。铁路工业总产值指数1968年为239（以1952年为100，下同），不仅低于1965年，还低于1964年的244。从经营效果上看，铁路运输部门平均每万元固定资产实现的经济指标普遍下降，如客货周转量指数1965年为157.4，1968年下降为127.6；税金及利润指数1965年为154.2，1968年下降为100.9。动乱的破坏使得铁路的经营水平大大倒退。

第二节　运输生产缓慢恢复

铁路运输生产在1968年跌至谷底。由于周恩来等领导人努力减少动乱的破坏，形势逐步稳定，运输生产从1969年起开始缓慢回升。

1967年1月铁道部被夺权后，周恩来在李富春、李先念等协助下，直接过问铁路工作，保护遭受诬陷的铁路领导干部，多次接见群众组织的代表，强调指出铁路在国民经济中的关键地位和需要集中统一指挥的特点，批评派性，要求确保运输生产正常进行。仅1967年10月29日到12月2日不到40天的时间内，周恩来就5次接见铁路职工，解决柳州、郑州、哈尔滨、齐齐哈尔、吉林、广州、成都、乌鲁木齐等铁路局的两派争执和运输生产问题。成昆铁路北段因武斗被迫停工后，周恩来指示铁道兵部队坚持南段施工，并维持停工地区秩序。

1968年1月，全路18个铁路局及一些基本建设、工业生产单位，在各自范围内初步实现两派群众组织的联合以后，周恩来多次在铁路会议上强调：要使铁路畅通，必须树立一盘棋思想，不能闹派性搞分裂，不能各行其是。他还严肃批评了怠工、旷工、无组织无纪律的现象。

周恩来的指示，得到各级军管会和广大铁路职工、铁道兵指战员的拥护，减少了动乱对铁路的破坏，使得铁道事业有所发展。1968年货运量下降幅度比1967年显著缩小。1969年4月，株洲电力机车工厂试制成功韶山$_1$型电力机车并基本定型，大连机车车辆工厂于同年试制成功第一台东风$_4$型内燃机车。10月1日，南京长江大桥铁路桥部分建成通车，从此，津浦、沪宁两条铁路联成一体，旅客列车过江时间由原来（通过轮渡）的2小时缩短为26分钟。公路桥部分也在12月29日建成。建桥职工在架梁过程中，克服动乱的干扰，采用了新工艺、新材料，保证了质量。1969年上半年，徐州地区的铁路堵塞得到缓解，运输秩序显著改善；国家计委和铁道、煤炭、冶金等部共同采取措施，加强卸车工作，调整车流，把积压在南方各省的货车向东北地区排空，疏运那里的物资。8月，周恩来代表中共中央、国务院发出一定要在1970年7月1日修通成昆铁路的号召。因受武斗威胁而离去的数万名铁路职工在半个月内赶回工地，停工两年的成昆铁路北段工程于9月1日恢复施工。铁道兵部队这时已完成南段施工任务，加强了北段的施工力量。全线得以按期铺轨通车。经过以上的努力，运输生产全面回升：1969年全路运输货物5.179亿吨，比1968年增长26.4%；新建铁路铺轨里程达到459.5公里，比1967年和1968年两年总数还多了135.8公里；铁路工业总产值比1968年增长59.4%。

由于铁路形势日趋稳定，中共中央、国务院决定于1970年6月底结束对铁路的军事管制。7月，铁道部、交通部和邮电部所属邮政部分合并成立新的交通部，杨杰任交通部革命委员会主任（交通部部长）。

铁路运输生产虽然有了回升，但仍面临巨大的困难。"文化大革命"发展了"大跃进"时期盲目下放权力，削弱铁路的集中统一指挥以及不按经济规律办事和瞎指挥等错误，一方面造成铁路分割，另一方面由于多头领导，铁路基层单位更加无所适从。许多地方的铁路单位还时常发生不顾全局利益、不按运输计划组织行车、不执行运输纪律等问题。

更为严重的是，林彪、江青两个反革命集团极力鼓吹"突出无产阶级政治""政治可以冲击一切"，用"阶级斗争"代替经济管理和生产劳动的极左思想，给铁道事业造成严重的内伤。保证运输生产安全的技术管理、规章制度、劳动纪律都被否定，抓这些工作被认为是"冲击了政治"，甚至有成为"走资派"的危险，以致运输生产的安全、质量、效益都受到严重破坏。据交通部1971年第三季度的调查，当时全路有19000多名线路桥梁维修工人、近7700名机车乘务员去"突出政治"，做非本职工作。有的工区只剩下1名工长带着2个家属维修线路，全路有689台蒸汽机车无人包乘，因而全路工务部门的线路不合格率高达14.8%，为"文化大革命"前的7倍，有23.2%的机车只能勉强运用。电务、车辆等部门都有类似情况。基建工程片面追求高速度，不讲科学、不讲质量的现象时有发生。新建焦枝铁路（焦作至枝城）是个突出的例子。这条铁路正式验交以后，对加强南北物资交流起了很大的作用；参加施工的铁路职工和河南、湖北两省的大批民工付出了艰辛劳动。这都是应该肯定的。但由于采用所谓批判"条条专政"和"专家路线"的办法，片面强调速度，质量问题很多。焦枝铁路于1969年11月开工，1970年7月全线通车，号称是"8个月时间、80万人建成的800公里铁路"，却因病害过多，不得不用5年时间进行整修，1975年7月才正式验交。

1971年9月，林彪叛逃坠机死亡。主持中央日常工作的周恩来，对极左思潮进行针锋相对的批判，取得明显的效果。针对"政治可以冲击一切"的荒谬口号，周恩来提出"政治挂帅要挂在业务上"的正确观点。1972年第一季度，协助周恩来处理铁路工作的李先念、余秋里、粟裕等领导人，几次在铁路会议上批判反对整顿铁路管理的极左观点，明确提出对极左思潮和无政府主义就是要"管、卡、压"，"抓革命保险，抓生产危险"的说法是错误的。广大铁路职工在交通部领导下，从增产节约、落实政策、安全生产、学习技术、建立健全规章制度、整顿企业管理、加强组织性纪律性、提高设备质量等方面进行努力，保持并发展了自1969年以来的运输生产的上升势头。1973年全路货运量首次突破8亿吨。从1972年起，铁路行车事故连年递增的局面得到扭转。和1971年相比，1973年运量增加9.6%，行车事故件数却减少17.3%，其中重大、大事故减少27.2%。铁路工业总产值连年上升，1973年比1969年增加近49%。大连机车车辆厂在东风$_4$型内燃机车批量生产的准备工作中,和有关科研部门合作研究进一步提高机车质量。他们建章改制,改造生产系统,认真落实政策,把老工人、老干部和技术人员安排到适当的工作岗位上。1972年,这个厂建成35条生产联动线、流水线,实现7800多项技术革新,自制设备841台,改造老设备293台。他们自己制成自动化机床和千吨切料机、千吨油压机、千吨龙门剪等大型设备,还实现了光电跟踪切割、镀钛氮化、低压浇注等13项新工艺,搞成了尼龙、钴铬钨粉等新材料,建成了可控硅车间,从而为转产东风$_4$型内燃机车做好了准备。

从1972年起,国务院着手压缩过于膨胀的基本建设规模。铁路系统执行这一正确决定,开始解决内部发展比例失调的问题。因为1965年以后,国家立足于备战,在西南、西北等内地进行大规模基本建设,即三线建设。这些地区修建了大量新铁路,占用了大量的基本建设投资。1966年到1969年,4年之中新建设铁路投资占全路基本建设投资的比重高达66.2%,用于改造既有铁路的投资只占12.4%。1970年新线建设规模更加膨胀。当时,铁道部提出1970年要完成新线铺轨2500公里,"四五"期间(1971年至1975年)要新建铁路12000公里。在这个庞大计划指导下,1970年新线投资由年初安排的17.7亿元增加到33.8亿元,占全路基建投资的76.6%,用于改造既有铁路的投资所占比重下降到6.6%。1971年,新线建设投资所占比重再次上升到76.7%,改造既有铁路投资则下降到5%。用于铁路工业建设的投资,1966年只占全路基建投资的4.7%,1967年到1971年,这个比重下降到2.4%。因而,运输繁忙的既有线路得不到必需的技术改造,负担很重的铁路工业的生产能力也得不到应有的发展。而新线建设虽然占用了大量投资,但因摊子铺得过大,财力物力分散使用,1970年和1971年2年完成的新线铺轨里程只是铁道部要求的69.6%。如沿用焦枝铁路的修建方法,于1970年8月开工的枝(城)柳(州)铁路工程,原定3年建成;结果是3年时间已过,工程量只完成50%,而且质量问题很多。由此可见,内部发展比例失调,既不利于既有线路运输能力的提高,也不利于新线建设的健康发展,成为亟待解决的问题。

铁路系统压缩新线建设规模以后,1972年,新建铁路投资占全路基建投资的比重由1971年的76.7%下降到68.4%,1973年又下降到59.3%;投资减少了,但注意给重点工程以更多的财力物力保证。同时,既有铁路的技术改造和扩大工业生产能力的投资有所增加,虽然调整幅度不大,但成效显著。新线铺轨里程连续2年超过1971年。既有铁路技术改造取得初步成效,2年中建成了陇海线郑州至宝鸡间、武大线武昌至铁山间、丰沙线(丰台至沙城)全线的第二线和京沪线南京至上海间的自动闭塞等。

第三节 运输再次受冲击,经过整顿有好转

1974年,江青反革命集团在"批林批孔"运动中攻击周恩来,全国形势逆转,铁路运输生产出现了十年动乱期中的第二次全面下降,严重影响工农业生产和人民生活。

唯恐天下不乱的江青等人,在"批林批孔"运动中,鼓吹"法家造反,儒家生产","只要造领导的反就是反潮流",是"革命行动",并提出"不为错误路线生产"。铁路上又出现了违反中央规定、跨行业跨地区的"联络站"一类组织。一些人不上班、不劳动,拉山头、打派仗,围攻批斗坚持领导生产的干部,使得运输生产无法正常进行。全国铁路在1974年前5个月欠运货物2100万吨。6月份,徐州、长沙、贵阳、包头等铁路枢纽相继发生堵塞,大量列车滞留在津浦、京广、贵昆、京包等铁路沿线,致使山西煤炭外运受阻,有195万吨运不出来,煤堆自燃,一些煤矿不能继续生产。7月份全路日均装车数又比6月份减少,滞留列车达200多列。8月份,长沙、衡阳堵塞,京广、湘桂两条铁路一度几乎全部瘫痪。到年底,全国铁路全年比1973年少运货物4321万吨,下降了5.3%;行车事故增加15%,其中重大、大事故增加48%。由于运输原因,大庆、克拉玛依等油田曾经被迫关井减产;许多省市的磷肥生产受到影响,南方几省的氮肥减产1/3;缺煤使华东电网发电量减少1/3,江苏、湖南等省有

40%以上的工厂停产或大幅度减产。1974年新建铁路投资只比1973年减少3.9%，铺轨里程却减少21.5%。铁路工业生产虽然取得了北京型内燃机车定型和东风$_4$内燃机车正式生产等成就，但在新建洛阳机车工厂、眉山车辆工厂、永济电机工厂相继投产的情况下，总产值却比上年减少2.4亿元。

1974年年底到1975年2月，位于京沪、陇海两大干线交会处的徐州铁路枢纽，由于"批林批孔联络站"的破坏造成了堵塞，以后又发生武斗，京沪、陇海线有被堵死的危险。

1975年1月，全国人民代表大会四届一次会议以后，邓小平主持中央日常工作，从铁路的整顿开始，着手整顿各条战线。从这一年起，铁道部和交通部分开（邮政部分已于1974年划归恢复了的邮电部）。重新成立的铁道部由万里任部长。

邓小平在2月15日至3月8日中共中央召开的解决铁路问题的各省、自治区、直辖市主管工业的党委书记会议上明确指出：要把国民经济搞上去，当前的薄弱环节是铁路。铁路运输问题不解决，生产部署统统被打乱，整个计划都会落空。解决铁路运输问题的办法是：加强集中统一；建立必要的规章制度，增强组织性纪律性；反对派性，切断铁路系统和地方上闹派性的人的联系，对闹派性的人要从原单位调开，不服从调动不发工资，钻出来新的派头头也要调开。

3月5日，中共中央发出《关于加强铁路工作的决定》（即1975年中共中央9号文件）。决定指出："铁路运输当前仍然是国民经济中一个突出的薄弱环节，不能适应工农业发展的需要，不能适应加强战备的需要。"为了迅速改变这种状况，中央要求：（1）全国所有铁路单位都必须贯彻执行安定团结的方针，掀起社会主义建设新高潮。（2）全国铁路由铁道部统一管理，集中指挥；铁路职工由铁道部统一调配。（3）各省、自治区、直辖市党委要对铁路单位的政治运动、地区性社会活动和思想政治工作继续抓紧抓好，对问题较多的铁路单位要采取措施限期解决。（4）建立健全岗位责任制、技术操作规程、质量检验制及设备管理维修制,确保安全正点;铁路职工一切行动听指挥,做好本职工作;派性严重、经批评教育仍不改正的干部和派头头要及时调离,对严重违法乱纪的要给以处分。(5)整顿铁路秩序,任何人不得以任何借口妨碍正在进行指挥、调度和各种勤务的工作人员的正常工作,阻拦列车、中断运输、损坏列车和铁路设施都是违法的,必须坚决制止,严重的要严肃处理。

邓小平的讲话和中共中央9号文件,有针对性地提出了整顿铁路的方针政策,反映了全国人民厌乱思治、发展国民经济的迫切愿望,得到了广泛的拥护和欢迎。多数省、自治区、直辖市的主要领导人亲自传达贯彻,有的省为此召开了几万人、几十万人参加的广播大会。铁路系统认真贯彻9号文件,运输生产形势迅速好转。在铁路的带动下,整顿工作迅速在整个工交战线开展起来,取得了明显的成效。

铁路整顿的第一场硬仗,是在遭受动乱的严重破坏、多次堵塞的徐州地区进行的。万里亲自率领工作人员到徐州贯彻9号文件,取得省、市党政组织的支持,依靠群众,进行了大量工作,取得了关系全路的决定性胜利。

首先是讲大局、讲团结、讲纪律。结合文件的传达,对派性进行旗帜鲜明、毫不含糊的批判。针对两派争输赢、比高低的思想,通过各种方法使双方认识到要赢的是安定团结,发展运输生产,对于派性都要认输,输得越彻底越好,形成两派各自多作自我批评的局面。

其次是狠抓派头头的工作。鼓励愿意安定团结的派头头去教育本派的群众。对派性严重但不赞成武斗扰乱治安的,讲清是非,坚持原则,批评他们的派性错误,促使他们改正。对别有用心的坏人给以严肃处理,由地方政府逮捕了极少数制造武斗、严重破坏运输生产的不法分子。

再次是整顿领导班子。帮助各级干部认清大局,带头消除派性,解决"软、懒、散"的问题。对派性严重的干部限期改正。问题严重又不肯改正错误的,坚决调走,有的还根据问题的性质予以处分。对于不适合在原单位工作的另行安排工作，同时加强和充实各级领导班子。

最后是建立健全规章制度，加强组织性纪律性。帮助各级干部在克服派性的基础上，敢抓敢管，整顿各种岗位责任制，启发职工群众遵章守纪的自觉性，克服有章不循和运输秩序混乱的状况。

同时，还抓紧落实政策的工作，团结绝大多数干部和工人；整顿治安秩序；注意改进领导作风和工作方法；关心职工生活。

整顿使得徐州地区铁路迅速恢复畅通。徐州铁路分局终于结束了连续21个月完不成运输任务的被动局面，4月份提前3天完成运输计划。

徐州地区问题的解决，为整顿全路提供了经验，鼓舞了信心。在铁道部统一领导下，全路认真贯彻9号文件，几个严重堵塞的铁路区段在4月份先后疏通。4月份，全路的20个铁路局有19个完成装车计划，日均装车比2月份增加上万辆，煤炭日均装车58个月以来第一次完成月计划；全路连续57个月以来第一次完成卸车计划。铁道部在贯彻9号文件一开始提出的"四通八达，畅通无阻，安全正点，当好先行"的整顿目标，初步得到实现。

江青反革命集团攻击9号文件是"新老资产阶级在中央黑后台支持下搞出来的复辟纲领"，是"资产阶级反动路线"。他们在铁路上的追随者使用各种手段破坏整顿。铁道部在邓小平等国家领导人的支持下顶住了干扰，坚决把整顿工作推向深入。南昌铁路局是4月份唯一没有完成装车计划的铁路局。这个局在铁道部领导下调整了领导班子，发动群众，批判派性，5月份、6月份都完成了运输计划。郑州铁路局地处中原，位居京广、陇海两大干线要冲，是铁路的重要枢纽，对全路形势举足轻重。"文化大革命"运动以来，这个局的运输生产受动乱破坏，影响全路，多次引起周恩来等国家领导人的关注。贯彻9号文件以后，这个局虽在4月份完成了计划，但由于发动群众和整顿领导班子都做得不够，5月份运输生产又出现波动。铁道部于6月份调整了问题最多的新乡铁路分局的领导班子，撤销一个利用派性混入共产党内，又用派性掌权的分局主要领导干部的职务。随后，铁道部得到中共河南省委的支持，调整了贯彻9号文件不力的郑州铁路局的领导班子。这些措施对于促进郑州铁路局的运输生产，保证京广、陇海两大干线的畅通，起了重要作用。6月底，整顿工作大见成效。在第一季度运输生产受到破坏的情况下，上半年全路货运量比上年同期增长8.6%，煤炭、木材等重点物资的运输实现一年时间过半、任务完成过半。7月以后，全路继续加强各级领导班子的建设，对各项基础工作进行整顿，严格执行规章制度，大力开展技术训练，加强设备的养护维修。8月，京广铁路被特大洪水冲断，中断运输48天，仅郑州铁路局就少运货物400万吨。但因整顿取得了成效，铁路有能力减轻损失，1975年全年货运量比1974年增长12.7%。基本建设方面，由于坚决压缩新线建设规模，停建和缓建了一些项目，铺轨里程少于1974年；但因保证了重点，注意工程的配套收尾，营业里程的增加比1974年提高19.3%；并完成了宝成铁路全线的电气化改造。铁路工业坚持"修造并举，以修为主"的方针，坚持"挖潜、革新、改造"，总产值超过了过去最高的1973年，改变了1974年总产值下降的状况。

第四节　人祸天灾交集，铁道事业受损

随着江青反革命集团对整顿工作的攻击和破坏不断升级，1976年4月天安门事件后邓小平被撤销一切职务，全国形势急剧恶化，铁路运输生产也随之出现第三次全面下降。

从1975年年底起，江青反革命集团攻击9号文件是"修正主义纲领"，把整顿当作"走资派还在走"的"罪证"；鼓吹"宁要社会主义的草，不要资本主义的苗"。他们在铁路上的追随者据以散布"宁要社会主义的晚点，不要资本主义的正点"，起用老干部和知识分子是"搞复辟"等荒谬论调，进而打击坚持运输生产的干部和技术人员。努力贯彻9号文件的铁道部部长万里受到攻击，不能正常工作。许多地区的铁路干部被围攻、被打伤。一些被整顿下去的人则官复原职。有的地区重新出现了派性

争执和武斗，运输生产无法正常进行，郑州、太原、兰州、南昌、昆明、成都等地区，重新发生堵塞和中断行车事件。贵阳机务段由于在处理一次死亡事件时两派相持不下，长期不出货运机车，中断货物运输 62 天，1000 多列货车停运，仅因磷矿石运不出去就造成 12 个省市的 80 多个磷肥厂停产；依靠干部顶班出乘才勉强维持旅客列车运行。

由于无政府主义思想泛滥，纪律松弛，路风被严重破坏，刁难旅客货主、敲诈勒索财物、收受贿赂、违章运输等事件经常发生。铁路治安秩序、站车秩序混乱，国家财产和旅客生命安全得不到保障。

受破坏最严重的是地处要冲的郑州铁路局。窃据该局领导的江青反革命集团爪牙，对 1975 年的整顿进行反攻倒算，给跟着他走的坏人平反、提干和"官复原职"。大批反对、抵制他的破坏活动的干部被撤换。停工停产的单位被他树为"先进典型"，坚持生产工作的干部却被他指责为"犯了路线错误"。一些重要生产单位因而陷于瘫痪。这个铁路局在 1976 年发生 12 次全局性堵塞，全年比国家计划少运货物 1400 万吨，比遭受特大洪水灾害的 1975 年还少运 1000 万吨，等于全铁路局 100 天没有装车；比计划少运煤炭 1100 万吨，相当于武钢 4 年半的用煤量；一些重要指标如货车周转时间、机车日车公里、列车正点率等下降到 50 年代初期的水平。由于这个铁路局位居全国铁路网的中心，严重的堵塞使得大量物资运输受阻，由东北运往四川的救灾粮也运不过去。大量煤炭欠运，造成 12 个省市煤炭供应紧张，电力不足，大批工厂停产，影响了半个中国。另一个受到严重破坏的是兰州铁路局。由于运输堵塞，在甘肃省的冶金、石油化工等 156 个重点企业中，有 40 个被迫停产，33 个半停产。全省 80% 的汽车停驶。新疆油井关了 160 口，玉门油井关了 130 口。

广大铁路职工坚决抵制江青反革命集团的倒行逆施，尽力维护铁路运输生产，捍卫 1975 年整顿的成果。齐齐哈尔铁路局许多单位的职工，驳斥了少数人把 1975 年整顿说成是"整了群众、整了新生力量"，把搞好运输生产说成是"唯生产力论"等等谬论，稳住了形势。济南铁路局一些干部以"保住津浦线"为理由,抵制对万里的批判,基本上维护了整顿的成果。这个铁路局所属的徐州铁路分局,过去屡次受动乱破坏,1976年却没有出现大的问题。西安、北京等铁路局也采取不同方式抵制干扰,运输生产没有受到大的破坏。

1976年是人祸、天灾交集的一年。7月28日发生的唐山大地震给铁路部门造成严重损失,有近600公里的干线支线受到破坏。京山、通坨、津蓟铁路中断,线路桥梁大量下沉、位移、断裂、坍塌,通信信号设备全部毁坏。京山线张贵庄至北戴河间230多公里线路,永定新河、蓟运河、沙河、滦河等大桥以及一些中小桥损坏严重。洼里至古冶间路基大裂,钢轨扭曲变形,有的陷坑深达3米。唐坊附近地段上下行线钢轨拧成麻花。唐山、古冶地区和芦台至卑家店9个区间绝大多数站舍倒塌。唐山机车车辆工厂除一个车间的钢屋架还存在外,全部设备和厂房被毁。第三设计院的三个勘测总队、铁路公安干校、西南交大留守组等单位损失也很严重。唐山、古冶两个地区伤亡职工占全体职工的40%以上。

唐山地震得到全国人民的严重关注。地震发生以后,铁道部立即组织抢修。北京、上海、沈阳、锦州、吉林、哈尔滨、齐齐哈尔、郑州、济南、西安、太原、武汉等铁路局,第一、第二、第三、第四工程局和大桥工程局等单位,组织了十几个、共16000多人的抢修队伍和1500多人的医疗队,昼夜兼程奔赴灾区,进行抢救抢修。7月30日,铁道部和铁道兵共同组成抢修前线指挥部,加强了现场的统一指挥。

到8月1日,因地震被阻停在灾区的三列客车的2900多名旅客全部安全转移,无一伤亡;铁路职工和铁道兵指战员共同奋战,共开出抢修列车39列、医疗卫生列车96列、军用列车37列。此外,还将3600多车药品、食品、衣服、建筑材料及其他物资运到灾区;修通了津蓟铁路。3日,修通了通坨铁路,7日修通了京山铁路,10日开通了京山铁路双线,17日京山、通坨铁路除个别区段外,行车速度达到每小时60公里。灾区铁路行车和线桥养护人员迅速补齐,人人坚守岗位。救灾中,铁路医疗队共收容和治疗伤员 2.1 万多人，卫生列车运出伤员 6.8 万人。经过铁路运进灾区的救灾物资、抢修物资达到 1.5 万多车。

铁路职工在抗震救灾中英勇顽强，涌现出不少可歌可泣的感人事迹。大震刚过，唐山工务段、电务段和古冶车务段的几名领导干部，从瓦砾堆中爬出来，立即赶到唐山车站，自动组成指挥部，领导全地区的职工抢救伤员、保卫货场。中共唐山机车车辆工厂委员会的五名常委，从倒塌的房屋中爬出来后，立即在废墟上举行常委会，分头指挥抢救。中共丰润铁路地区委员会在震后半小时就动员职工抗震救灾，随后组织 400 多名职工和 14 辆汽车，冒雨赶到唐山，抢救了 800 多名职工。有的职工不顾家人的死亡，坚持抢险救灾，几过家门而不入。第三、第四工程局抢修队伍的职工，在连续发生余震、大雨滂沱的困难情况下，冒着生命危险，昼夜奋战，提前修通了处于震中地带的唐山至唐坊间的铁路。第一工程局从津浦二线施工现场拉出队伍，紧急奔赴灾区，震后的第三天即投入抢险救灾。其他各局派出的抢修队伍都连续作战，加快了抢修进度。

受地震破坏的铁路修复通车以后，铁道部又组织了新的队伍，继续努力全面恢复各项铁路设施，还安排灾区职工生活，组织受灾职工艰苦奋斗，重建家园。由于灾害造成的破坏极其严重，经过多年的努力，重建铁路设施的任务才得以完成。

1976 年 10 月，江青反革命集团被粉碎。11 月，国务院决定采取果断措施，解决郑州、太原、兰州、南昌、成都、昆明等铁路局的问题。广大铁路职工努力以自己的辛勤劳动弥补运输生产遭受的损失。12 月，段君毅任铁道部部长。

由于江青反革命集团的疯狂破坏，加上唐山地震的影响，虽经全路职工的奋发努力，1976 年仍比 1975 年少运货物 4630 万吨。全国有 800 多万吨煤炭运不出来，不少地区缺煤少电，相当一批工厂停工减产。货运量减少，行车事故反而增加，重大、大事故比 1975 年增加 17.3%。铁路上缴国家的利税，1976年比1975年减少7.4亿元。1976年新线铺轨里程和铁路工业总产值都是1970年以来最少的一年。

十年动乱期间，极左思潮以及林彪、江青两个反革命集团给铁道事业造成的严重损失，主要有以下几个方面：

1. 运量增长缓慢，行车事故剧增。1976年铁路货运量为8.2亿吨，与1965年的4.8亿吨相比，增长69.8%；11年中平均每年增长4.9%，大大低于1950年到1965年的平均每年增长11.1%的幅度。行车事故件数却以惊人的速度增加，1976年为1965年的3.58倍，11年中平均每年增加12.3%，而且性质严重。1976年和1965年相比，重大、大事故件数增加642.8%，直接经济损失增加808.2%。

2. 铁路内部发展比例严重失调。这个时期，虽然自1972年起进行了调整，用于新线建设的投资占全路基本建设投资的比重仍然高达68.4%，远远超过"一五"和"二五"时期的47%和30.8%。既有线路技术改造和铁路工业的发展因资金不足而受到影响。因而，承担着85%运量的既有线路运输日趋紧张，许多区段运输已达饱和，出现了许多限制口，有的只能满足运输要求的40%。这个时期，铁路客货周转量增长51.7%，而平均每百营业公里占用机车台数只增加20.0%；货运量增长69.8%，平均每百营业公里占有货车辆数只增加28%；客运量增长73%，平均每百营业公里占有客车辆数只增加2%。而且，运用机车车辆质量下降，货车有70%带病运行。

3. 经济效益大幅度下降。1976年铁路上缴利税为36.96亿元，和1965年相比，绝对数增加了10.57亿元。但从1966年到1976年，国家共向铁路投资326.13亿元，铁路部门固定资产净值由211.9亿元增加到415.3亿元，增长近96%，其中运输部门固定资产净值增长1倍，上缴利税只增加40.6%，经济效益实际是下降了。1976年运输部门每万元固定资产实现利税只有755元，不仅低于1965年的1044元，还低于1953年的881元。运输部门1976年利润率为32.9%，低于1966年的

46.5%。同时，铁路工程的投资效益很差，造价很高。"文化大革命"以前建成铁路11288公里只用了投资88.81亿元。"文化大革命"期间建成的9055公里铁路却用了投资214.64亿元。除了工程难易不同、线路标准不同、材料价格不同等因素，动乱造成巨大的浪费是造价提高的重要原因。成昆铁路停工2年，损失即达7.3亿元。

十年动乱期间，由于周恩来、邓小平等国家领导人和广大铁路职工、铁道兵指战员的共同努力，在一定程度上限制了林彪、江青两个反革命集团的破坏，使得铁道事业在遭受巨大损失的同时仍然取得了一些进展。主要有：（1）运输生产得以维持，提供了相当的运输保证；在整个动乱期间，扣除国家的巨额投资后，铁路向国家净缴利税76.1亿元。（2）建成了成昆、贵昆、湘黔、焦枝、汉丹（汉口西至丹江口）、宁铜（南京至铜陵）、杭长（康桥至长兴）、京原（北京至原平）、通让（通辽至让湖路）等新铁路，延长了牙林、汤林（都是东北林区的铁路）等线；营业铁路里程从1965年的36406公里增加到46262公里。全国铁路网密度由1965年的每百平方公里0.38公里提高到0.48公里；西南、西北地区的铁路长度所占全国铁路长度的比重，由1965年的20.8%提高到24.5%；增加双线1697公里；电气化铁路由94公里增加为745公里。（3）东风$_4$型内燃机车、北京型内燃机车、韶山$_1$型电力机车以及一批新型车辆正式投入生产；资阳、眉山、贵阳、永济、洛阳、铜陵等新建工厂投产。（4）成昆铁路、南京长江大桥的修建，把中国筑路建桥技术提高到新的水平。（5）援外事业方面，建成了坦赞铁路等工程，并为支援越南人民运送了大量物资。

第四章
铁道事业的新发展（1977—1985）

粉碎江青反革命集团后的头两年，遭受十年动乱破坏的铁道事业逐步得到恢复。中共十一届三中全会以后，铁道部门经过拨乱反正，清理"左"的思想影响，贯彻"调整、改革、整顿、提高"的方针，把工作重点转移到了铁路现代化建设上来。中共十二大把包括铁路在内的交通建设作为发展国民经济的战略重点，并就加快铁路建设作出了一系列重大决策，有力地推动了铁道事业的进一步发展。

第一节 扭转混乱局面，运输恢复畅通

一、采取果断措施，把铁路运输搞上去

粉碎江青反革命集团，为铁道事业的发展扫除了一大障碍。铁路曾是林彪、江青两个反革命集团破坏最严重的部门之一，到1977年年初，铁路运输生产仍然处于非常困难、被动的局面。大量的煤炭、木材、石油、矿石等物资积压待运。当时，山西、河南、内蒙古、宁夏、黑龙江等地的重点煤矿，落地存煤就达896万吨，而有许多地区，却因煤炭供应不足，造成电厂关闸限电，工厂停产减产，城市居民生活用煤经常脱销。1月上中旬，兰州铁路局装车数比正常情况少了一半多，积压保留重车达20多列，严重干扰了兰新、包兰等干线的正常运输。运输秩序混乱，全国将近一半的铁路局，正点率只达到60%，有的还不到40%。到达北京的旅客快车，正点率也只有50%多。迅速改变这种局面，已成为当时人们普遍关注的重大问题。

对问题较多的铁路局，中共中央、国务院采取了果断措施，于 1976 年 12 月底派出领导干部组成郑州铁路局新的领导班子；1977 年 1 月中旬，又抽调领导干部组成帮助工作领导小组到兰州铁路局工作，使这两个铁路局的运输生产形势较快地发生了变化，运输堵塞得到疏通，为把铁路运输搞上去初步打开了局面。

2 月 2 日至 15 日，国务院召开全国铁路工作会议，研究如何搞好铁路运输的问题。会议揭发批判了江青反革命集团破坏铁路工作的罪行，确定了当时铁路运输的任务，研究了铁路管理体制问题。会后，中共中央转发了《全国铁路工作会议纪要》，重申铁路运输仍按 1975 年中共中央 9 号文件规定，由铁道部统一指挥，千方百计把铁路运输迅速搞上去，完成和超额完成全年的运输生产计划。叶剑英在接见会议代表时的讲话中指出，抓好铁路运输，是当前的一个关键问题。

全国铁路工作会议之后，各省、自治区、直辖市的领导先后主持召开铁路工作会议，具体落实中央对铁路工作的要求。铁路各单位在当地政府和驻军的支持下，认真贯彻《纪要》精神，推动了运输生产的发展。经过整顿，铁路管理的混乱状况逐步有所改善。在郑州、兰州铁路局的问题得到解决之后，太原、南昌、昆明、锦州等铁路局和蚌埠、贵阳等铁路分局这些"老大难"单位也都逐步改变了落后面貌。运输生产稳步上升，全路日装车从年初的 3.8 万车，很快上升到 3 月份的 5.1 万车，二季度持续上升，达到了 5.7 万车。经过 3 月至 8 月的突运存煤的战斗，完成了会议纪要规定的任务。阳泉车站充分发动群众，挖掘潜力，提高效率，把阳泉地区的 92.5 万吨落地存煤提前 3 个月突运出去。

1977 年 2 月召开的全国铁路工作会议，对"左"的影响没有进行彻底清理，并提出了一些不切合实际的要求，但在当时的历史条件下，这次会议对于铁路部门的克乱求治，把运输生产搞上去，是起了一定作用的。

二、开展竞赛,把运输生产推向新水平

1977年前三个季度,整个国民经济得到了初步恢复,扭转了长期停滞不前甚至下降的局面。在新的形势下,全路职工面临的一项紧迫任务,就是要保电、保煤、保钢和保工农业生产,超额完成运输任务。9月、10月间召开的全国铁路领导干部会议提出,1977年冬和1978年春运输生产的具体目标是保证实现"二、三、六",即煤炭日装2.1万车,货车周转时间压缩到3天,全路日装车尽快达到6万车。为了实现这一目标,会议决定,放手发动群众,开展一场以安全正点、优质高产为内容的社会主义劳动竞赛。

以实现"二、三、六",超过"二、三、六"为目标的劳动竞赛展开后,调动了职工的积极性,出勤率迅速提高,组织纪律性大大加强,生产效率有较大幅度提高。北京、成都、西安、昆明、上海、广州6个铁路局,11月份和12月份运输生产都全面达到了"二、三、六"的要求。

进入1978年,劳动竞赛深入发展,运输生产持续上升。第一季度,运输生产打破了年初比上年末下降的常规,在春节旅客运量比历年都大的情况下,1月份和2月份日装车仍超过了1977年12月份的水平,3月份全面突破了"二、三、六"的目标,4月份全路日装车达到6.3万车,5月份达到6.5万多车;货车周转时间压缩到2.86天,创造了1966年以来的最好成绩。

三、学大庆,改善企业管理

1977年,在全国工业学大庆会议的推动下,铁路学大庆的群众运动逐步展开。各单位都结合铁路的实际,整顿领导班子,建设职工队伍,加强企业管理,推动生产和工作。

在学大庆的同时,铁道部与有关省、自治区、直辖市党委协商,对部属单位中的大多数领导班子作了初步整顿,17个重点单位的问题基本上得到了解决,收回了被篡夺的那一部分领导权。对问题较多的基层单位的领导班子,也由上级机关派出工作组,分批进行整顿,限期改变面貌。段君

毅部长先后 8 次到遭受严重摧残的郑州机务北段检查指导工作。经过 1 年多的努力，这个机务段的面貌发生了根本性变化。

学大庆过程中，各单位还从建立和健全各级责任制入手，对企业管理进行了整顿。首先从思想上进行整顿，发动广大职工批判江青反革命集团散布的"宁要社会主义的晚点，不要资本主义的正点"等谬论，批判他们煽动无政府主义，破坏铁路运输集中统一指挥等罪行，分清是非，提高认识，为整顿企业管理奠定思想基础。接着，对规章制度进行了整顿，建立了以岗位责任制为中心的规章制度，扭转无政府状态，加强各项基础工作。同时，各单位按行业对口学大庆，对各项专业管理进行了整顿，计划、财务、物资、技术、定额和劳动管理都有所加强。

通过学大庆，全路涌现出一批先进单位和个人。1978 年 4 月，铁道部在北京召开了全国铁路学大庆会议，总结交流了经验，表彰了先进，明确了加快铁路现代化建设的目标和今后的任务。会议期间，铁道部作出决定，授予"毛泽东号"机车组、古冶机务段等 112 个单位（集体）以"学大庆红旗"的光荣称号。中共中央、国务院对这次会议极为重视，国务院领导人在讲话中充分肯定了铁路战线在粉碎江青反革命集团以来所取得的成绩，称赞"国民经济全面好转，铁路带了头"。

四、存在的问题和新的失误

粉碎江青反革命集团后的 2 年中，铁路部门的工作既有成绩又有失误。主要是，不仅铁路内部比例失调的老问题没有得到纠正，而且在"左"的思想继续影响下，又产生了新的冒进。1978 年年初，制订铁路 6 年和 23 年现代化规划时，脱离实际地提出了要在 1978 年到 1985 年的 8 年内新建铁路 1.3 万公里，其中包括北京至九江、昆明至西藏、青海至新疆、泰安至靖绥、龙岩至广州、南京至襄樊 6 条新干线和黄河水下隧道，以及修建第二线 5500 公里、电气化铁路 1.6 万公里，要基本实现牵引动力内燃化、电气化。这样的高指标、大计划，不仅不能实现，而且造成了基本建设规模过大，投资分散，工程周期长，不能尽快形成运输能力。1978年年末，全路在建的大中型项目达63个，已经花了70多亿元，全部建成还需要投资70多亿元，而且按当时的施工力量3年也干不完。对旧线改造则重视不够，因而新线建设和旧线改造比例失调的问题更加突出。同时，铁路技术设备的增加和改造，同不断增长的客货运量比例失调更加严重。机车数量不足，质量不高。1977年至1978年，货运量增长了2.5亿吨，而机车只增加370台，使每1亿吨运量保有机车台数降到900多台。货车、客车数量不足的问题也非常突出。机车车辆的修理、配件生产和制造三者间的关系处理得也不好。这些问题严重影响了铁路运输的顺利发展。

第二节　贯彻调整方针，理顺比例关系

1978年12月，中共十一届三中全会作出了从1979年起把全党工作的着重点转移到社会主义现代化建设上来的战略决策，并提出了解决国民经济比例失调的要求。1979年4月，中共中央召开工作会议，正式提出了"调整、改革、整顿、提高"的方针。为了贯彻落实这两次会议精神，铁道部分别于1979年1月和5月两次召开全路领导干部会议，开始清理铁路工作中"左"的思想影响，把工作重点转移到铁路现代化建设上来，并以调整为中心，着手解决铁路发展中比例失调的问题。铁道部部长郭维城在工作报告中提出，铁路在调整中要处理好旧线改造和新线建设的关系，坚决把旧线改造搞上去；坚持内燃、电力并举，以电为主的方针，把牵引动力搞上去；抓好人员培训工作，提高职工的管理水平和技术水平；在发展生产的基础上，逐步改善职工生活。

一、以旧线改造为重点调整铁路的基本建设

铁路调整的序幕一揭开，就把基本建设的重点转移到既有铁路的技术改造上来，并从投资、设计、施工和物资供应等方面给以切实保证。认真清理了在建项目，坚决把一些不急需和条件不具备的建设项目停下或缓下

来，压缩基本建设规模。1978年全路有新建项目21个。由于投资分散，施工力量分散，致使这些工程建设周期长，不能很快发挥投资效益。收缩基本建设战线后，集中力量抓紧其中18个项目的施工，缩短了工期，到1981年就有14个项目建成通车，占总数的72.2%。对基本建设投资方向不断进行调整，旧线改造投资比重逐年加大，1979年旧线改造的投资占基建总投资的39.9%，1980年占41.8%，1981年达到45.8%。这种状况是60年代以来所没有的。旧线改造的项目增多，以保煤运和沿海港口物资疏运为重点，集中力量进行了京包二线、丰沙大电气化、石太电气化、石德二线、胶济二线、南同蒲二线、陇海二线及电气化、京广二线、襄渝电气化和郑州、济南枢纽等工程建设。各施工单位在建设中，按照调整计划规定的投资和进度要求，精打细算，妥善安排，保重点，抓投产，建设一段开通使用一段，发挥了经济效益。石太铁路电气化改造，1980年完成了石（家庄）阳（泉）段120公里，1981年投入使用后，该段年运输能力由原来的2000万吨提高到3500万吨，使阳泉煤矿压煤的被动局面得到缓解。胶济线从1979年到1981年陆续投产了110公里二线，提高运输能力200万吨，并增开了客车3对。

经过3年的努力，铁路基本建设开始扭转被动局面，为以后走上稳定协调发展的道路创造了条件。1982年，国家在总投资增加不多的情况下，给铁路建设的投资却比上年增加近60%。五届人大五次会议通过的"六五"计划，提出要集中资金用于作为国民经济发展战略重点的能源和交通建设。按照"六五"计划的规定，从1983年开始，铁路技术改造和建设规模逐年大幅度地扩大。

二、机车车辆工业在调整中完成生产任务

在国民经济调整中，机车车辆工业的基本建设投资和机车车辆购置费有较大幅度削减。各机车车辆工厂认真贯彻调整方针，在生产任务不饱满的情况下，急运输所需，深入开展增产节约运动，挖掘潜力，克服困难，

努力完成修造车任务。1979年至1981年共新造机车1483台、客车3017辆、货车35292辆，年年超额完成国家计划。同时，制订了调整规划，对配件、修理和制造的比例关系做了一些调整。1980年和1978年相比，配件生产和修理产值所占机车车辆工业总产值的比重，分别由11.2%和28.7%提高到12.2%和35.8%。各工厂认真加强全面质量管理，针对重大质量问题，组织技术攻关，提高了产品质量，降低了返修率。大连机车车辆工厂、长春机车工厂和浦镇车辆工厂等在解决惯性质量问题上都取得了比较突出的成效。全路新造机车、车辆和修理客车的出厂返修率已低于历史的最低纪录。

根据运输的需要，有些工厂还制造了一些急需产品。具有制冷、加温、融霜、恒温、通风5种功能的B_{19}型机械冷藏车组，由武昌车辆工厂开始批量生产。齐齐哈尔车辆工厂研制成功的0NY102型铁路轨道内燃起重机，起重能力达到100吨，比蒸汽吊起动快。南口机车车辆机械工厂为了逐步实现货车滚动轴承化，开始成批生产货车滚动轴承，并由齐齐哈尔、大连、眉山、西安等工厂安装在新造货车上，运用情况良好。

但是，机车车辆数量不足、质量不高的被动局面并没有改变，依然是铁路内部突出的薄弱环节。为了尽快改变铁路工业的落后状况，国家计委于1983年决定对一批重点机车车辆工厂投资，进行改建和扩建，以提高生产内燃、电力机车和修理客货车的能力。

三、科技工作开始活跃，职工培训有新进展，职工生活有所改善

在贯彻落实国民经济调整方针过程中，铁道部颁发了《一九七九年至一九八五年铁路科学技术发展规划纲要（草案）》，修改并颁发了《铁道部科学研究工作管理办法》和《铁道部技术革新暂行办法》，建立了总工程师技术负责制，使科学技术管理工作开始走上正常轨道。全路各单位加强了对科技工作的领导，恢复和健全了科研机构，调整领导班子，充实科研力量，努力落实知识分子政策，调动了科技人员的积极性，结合铁路的

调整任务，围绕提高运输能力开展科研工作。1979年到1981年全路取得科研成果达460多项，其中经过部级鉴定的重大成果有129项，有32项获铁道部科技成果奖，还有2项科研成果获国家1980年度发明奖。国家"六五"计划重点科学技术攻关项目之一的"铁路重载列车成套技术的研究"全面展开。在科技体制改革的推动下，参加联合攻关的路内外40多个科研单位、设计院、工厂、铁路局和高等院校的科技人员和工人，都奋力攻关，加快步伐，为提高铁路的综合运输能力作贡献。

全路普遍加强了职工培训工作。1979年到1981年，铁道部开办了4期有分局以上领导干部参加的企业管理研究班；各单位共脱产轮训科级以上干部5500余人；举办各类技术业务短训班1160个，参加学习的有33.5万人。1980年、1981年有5所铁路院校开办了学习时间为1年和2年半的干部培训班。与此同时，各单位都整顿和加强了业余学校，搞好在职干部的业余学习。铁路系统的职工大学、电视大学分校（或工作站）和铁路高等院校举办的函授部、夜大学等成人高等教育事业迅速地发展起来。各铁路高等院校加强了对教学和科研工作的领导，重视了师资培训工作，并对铁路高等院校发展规划和专业设置提出了调整方案，推动了铁路教育事业的发展。

随着运输生产的恢复和发展，铁路职工的工资收入和集体福利设施都有所增加。1981年铁路职工年平均工资比1978年增加了153元，恢复了各种奖励制度，实行了计件工资，大部分职工的收入都有较大的增加。在国民经济还有困难，国家给铁路的基建总投资减少的情况下，全路用于职工住宅的建设投资仍有较大幅度的增加。1979年到1981年3年共投资15亿元，相当于1965年前15年住宅建设资金总和的2.3倍；全路住宅施工面积达2239万平方米，约有80万户职工和家属迁入了新居。此外，全路还积极采用各种形式，安置了40多万待业子女的工作，解除了部分职工的后顾之忧。

四、努力挖潜扩能，完成各项运输任务

随着国民经济调整工作的进行，铁路客货运输的流量、构成和流向发生了新的变化。1979年长途车流占总车流的比重，由1978年的36%增加到40%左右；冶炼、矿建、工业机械等物资运量减少，支农、轻纺物资运量增长11%到28.8%。由于各项政策落实，经济活跃，商品经济迅速发展，旅游事业崛起，旅客运量急剧增长，1981年比1980年增长3.3%，这就使早已存在的运能与运量的矛盾更为突出。客车严重超员，物资积压待运，有些厂矿只能"以运定产"，给人民生活和国民经济调整带来了很大的困难。为了适应日益增长的客货运输的需要，保证国民经济调整顺利进行，从调整工作一开始，铁道部就要求全路广大职工正确理解和贯彻调整方针，端正铁路运输工作的指导思想，从铁路实际出发，立足现有基础，开展增产节约运动，走挖潜、革新、改造的道路。

在国民经济调整第一年里，重点抓了跨局的运输方案，先后制定了京广、陇海、哈大、京包、包兰、浙赣、津浦等主要干线的运输方案，确定了核心列车和定点、定编组内容、定运行线的重、空"三定"列车。这些主要干线推行跨局运输方案后，直达、短途整列的比重由37%提高到40.6%。同时，通过采取调整货流，组织合理运输，调整列车编组计划，合理安排编组的分工，加强日常调度指挥等措施，提高运输能力，超额完成了全年的客货运输计划。在完成全年繁重的运输任务的同时，还出色地完成了对越自卫反击战的兵员运送、支前物资抢运和铁路抢修任务，为自卫反击战的胜利做出了贡献。

1980年客货运输出现了新的情况和特点。旅客运量持续增长，尤其是下半年客运量大幅度增加，改变了历年下半年客流小于上半年的常规。各铁路局克服人员、设备不足的困难，想办法增开临时客车，加速客车周转。一年中，经铁道部批准正式增开的旅客列车就有30多对。货运方面，由于国家正在改革经济体制，实行计划指导下的市场调节，计划外多批次

运输货物增多，给铁路运输带来了较多的困难。为了适应新的情况，运输部门把计划性与灵活性结合起来，尽可能满足各方面的需要。由于全路职工团结努力，分别提前26天和24天完成了全年客货运输任务。

1981年铁路运输经受了严峻的考验。国民经济进一步调整，国家给铁路的基本建设投资压缩到最低点，影响了旧线技术改造的速度，限制口有增无减。而客运量继续上升，仅上半年就比1980年同期增长了7.5%。七八月份，由于铁路遭受到历史罕见的暴雨、山洪的袭击，先后发生塌方落石和泥石流冲毁线路等灾害上百次，有20多条干线、支线中断过运输。最为严重的是宝成、成渝、陇海、阳安、成昆、兰新、长大、绥佳、牡图等主要干线，有的中断运输几十小时，最长的达56天。发生水害的处所，大部分处于山高峡深，河流湍急，地势险要的地方。由于公路、便道全被冲毁，抢修工作十分困难。加上一个月连续降雨，不少地区边修边塌，前修后塌。这对完成全年的客货运输计划造成很大困难。

灾情发生后，在中共中央、国务院的关怀下，在地方政府和人民解放军的大力支援下，铁路职工和铁道兵指战员积极开展了抗洪抢险工作。铁道部派出的抗灾抢险工作组，连夜飞往水害现场主持抢修工作。铁道兵司令部也立即派遣部队参加抢修。铁道部部长刘建章及时听取抢修工作情况汇报，要求各部门全力以赴加速抢修进度，并到宝成和成昆线抢修工地，组织抗洪抢险工作，慰问参加抢修的铁路职工、铁道兵指战员和民工。经过广大抢修人员日夜奋战，突击抢修，进度不断加快。如宝成线宝鸡至广元段340公里线路遭受严重破坏，8月21日运输中断。经过57天的奋力抢修，完成土石方90多万立方米，架便桥10余座，修复了全部线路和供电设备，使宝成线比原计划提前一个月临时通车。其他中断的线路也都比原计划提前修通。广大铁路职工、铁道兵指战员和民工在这次抗洪抢险战斗中表现出的崇高精神，受到国务院的表扬。

在积极组织抗洪抢险，最大限度地减轻水害对运输影响的同时，铁道部采取老线挖潜、新线分流、迂回运输、调整列车运行图等措施，尽量提高运输能力,在大灾之年仍然超额完成了全年的客货运输计划,全年换算周转量达到 7171 亿吨公里,创造了历史最好成绩。

第三节 抓好全面整顿,提高企业素质

中共十一届三中全会以后,铁路企业整顿工作有了新的发展,取得了较好的成效。但企业领导班子软弱涣散,管理混乱,纪律松弛,经济效益不好等问题,仍然没有很好解决。

1982 年年初,中共中央、国务院《关于国营企业进行全面整顿的决定》下达后,铁道部随即制定了铁路企业全面整顿规划纲要,确定把一些问题较多、潜力较大或对提高效益影响较大的 32 个单位列入第一批进行整顿,并决定上海铁路局、石家庄车辆工厂为全路企业全面整顿的试点单位。大多数单位的整顿工作从 6 月底起由点到面逐步开展。到年底,全路开展整顿的基层单位达 1636 个,整顿面达到 52%。1983 年在改革的推动下,加快了整顿步伐,提高了整顿质量。到年底全路经检查验收达到合格的有 1119 个单位,占总数的 36%。1984 年进入了紧密结合改革,深入整顿,全面验收,巩固提高的阶段。经过 3 年多的艰苦工作,部属运输、基建、工业、物资 4 个系统 89 个企业(其中 62 个大中型企业)及其所属分局和基层单位共 3096 个都分别整顿了一遍,并于 1985 年 5 月月底前全部检查验收完毕。

一、调整各级领导班子

整顿中,按照革命化、年轻化、知识化、专业化的要求,对各级领导班子作了多次调整,选拔了一批中青年干部到领导岗位上来,妥善地安置了一大批老干部退居二、三线,各级领导班子的结构和素质有了改善。整顿后,工程局、设计院、机车车辆工厂以及铁路分局和基层站段的领导班子平均年龄比整顿前都有下降,有大中专文化程度和专业技术职称的领导干部的比例比整顿前都有所提高。领导班子调整以后,一批年富力强的干部和专业人员走上领导岗位,基本上形成了专业搭配合理,年龄呈现梯形

的领导集体。

二、建立健全经济责任制,改善经营管理制度

在企业整顿中,逐步建立了适合铁路特点的内部经济责任制。上海铁路局先行一步,从1979年起,先后在上海车辆段等单位进行扩大企业自主权的试点。在此基础上,经铁道部批准,从1982年起,在全局进行扩大自主权,推行经济责任制的试点。他们首先从全局扩权分利入手,建立了路局、分局、站段三级经济责任制,初步实现了责、权、利挂钩,突破了多年来的传统管理模式。他们还参照首都钢铁公司的经验,结合铁路特点,进一步建立了各级经济责任制。全路各单位学习首都钢铁公司和上海铁路局的经验后,结合自己的情况,也初步建立起一套比较完整的经济责任制。这样,铁道部、铁路局、铁路分局三级之间的利润留成、利润分成、成本包干、经费包干和独立经营、自负盈亏等多种形式的经济责任制便逐步建立起来。

三、整顿劳动组织,提高劳动效率

在企业全面整顿过程中,各单位都花了大力气整顿劳动组织,进行定额的查定、修订工作。1984年,生产工人定额面由1981年的28.9%扩大到45.5%。在查定工作中,坚持实事求是的科学态度,用数据说话,采用统计分析和工作日写实等办法,对各个岗位、各个环节进行全面调查,揭露出过去机构臃肿、设置不合理、部分定额偏低等弊端。在此基础上,按照部颁标准、本单位历史最好成绩和已经达到的先进水平来衡量,重新确定定员,实现了按定员定额组织生产,使"一线紧、二线松、三线肿"的现象有所改变。

通过整顿劳动组织,把富余人员坚决划出来,采取调剂余缺、充实一线、脱产培训和扩大多种经营等渠道进行了合理安置,使富余人员各得其所,巩固了整顿成果。

四、逐步树立以提高经济效益为中心的思想

在企业全面整顿中，针对铁路运输长期形成的重生产、轻经营，重任务、轻效益，重视抓"装卸排"、忽视算经济账的思想和习惯，各企业都以提高经济效益为中心，注意从思想到行动切实解决铁路企业从生产型转为生产经营型的问题。

1981年到1982年，国家对铁路实行全额利润留成制度，使铁路企业职工的奖励、福利与本单位所创税利挂钩。1983年利改税后，实行税后利润递增包干办法，同时进行了简政放权等改革。所有这些，都使全路企业进一步树立了以提高经济效益为中心的思想，保证运输，加强管理，促进收入，保证国家的财政收入。例如，1983年运输收入完成139.54亿元，为计划的115%，比1982年增长13.2%，超过了客货运量的增长幅度；上缴利税提前2个月完成了全年计划，运输部门全年共向国家上缴利税25.54亿元，比1982年增长30.9%。

对于解决铁路运输系统内部自上而下提高经济效益的问题，也逐步摸索出了一条新路子，这就是采用以换算周转量为指标的清算体系。各级运输单位都以增产换算周转量为生产经营目标，作出年度经营决策，实行方针目标管理，并进行月、旬、日预测和分析，指导日常计划的编制和实施，从而促使企业从只抓生产转向生产、经营一起抓，更加自觉地挖掘潜力，提高效率，扩大运输能力，提高经济效益。

五、整顿路风，提高客货服务质量

企业全面整顿开始时，大多数单位都从整顿劳动纪律、作业纪律入手，制订和执行了《职工守则实施细则》、厂规、段规、站规以及《职工奖惩条例实施办法》，从而使生产纪律、劳动纪律有了好转。为了树立"人民铁路为人民"的好路风，防止"两野"（野蛮装卸、野蛮待客）、"两乱"（乱收费、乱加价）、以车谋私、以票谋私等不良现象的发生，把

尊客爱货、优质服务列为企业全面整顿的重要内容。1982年，全路开展了以"安全正点，尊客爱货，优质服务"为内容的"人民铁路为人民"活动。5月28日，193次旅客快车在兴隆店车站发生颠覆事故之后，引起了全路高度的警觉，采取了许多措施，努力减少事故。1983年2月9日，中央人民广播电台广播了双城堡站野蛮装卸事件的消息之后，全路职工受到了极大的震动，铁道部立即发出了《搞好装卸作业，爱护运输物资的紧急通知》。4月，铁道部向全路提出了"三上一下两杜绝"（生产、效益、质量要上去，事故要降下来，杜绝野蛮装卸、野蛮待客）的要求，并决定在京广、京沪两干线开展创建"三优文明路"（优质服务、优良秩序、优美环境）活动。11月，根据全路精神文明建设的客观形势，又明确提出了"严字当头，铁的纪律，团结协作，优质服务"的十六字路风。通过这些工作，铁路职工为人民服务的思想有了提高。1984年10月，在铁道部召开的全路社会主义精神文明建设先进集体、先进职工表彰大会上，上海车站等216个集体和郑州铁路局长葛站服务员薛金钟等290人分别被授予社会主义文明建设先进集体和先进职工的光荣称号。

铁路多数企业在整顿验收合格后，巩固成绩，加快步伐，继续向创建"六好企业"（国家、企业、职工个人三者经济关系兼顾好，产品质量好，经济效益好，劳动纪律好，文明生产好，政治工作好）迈进，把企业的素质和经济效益提高到一个新的水平。也有一些企业拿到"合格证"后，就放松了企业管理，甚至有所倒退。因此，铁道部于1985年9月发出通知，要求对整顿验收合格的企业，进行一次全面复查补课，以巩固和发展整顿成果。

第四节　坚持改革，探索新路

中共十一届三中全会以来，在改革、开放、搞活方针的指引下，全路广大职工从铁路的实际出发，大胆改革，努力探索办好人民铁路的新路子，使铁路体制改革逐步深入。特别是中共十二大以后，铁道部根据中共中央、国务院确定的经济体制改革的基本方针和步骤，及时提出铁路改革的任务和要求，加快改革步伐。

1983年4月召开的全国铁路工作会议，根据中共十二大精神，重点研究了铁路改革的问题。铁道部部长陈璞如在讲话中提出了铁路改革的重点内容和必须遵循的原则。这次会议总结了多年来铁路工作的经验，讨论制订了《振奋精神，立志改革，加快步伐，开创铁路工作新局面》的文件，要求全路在经济体制改革上有所突破，并把铁路改革概括为"包、放、联、通、多"五个字，即在利改税的基础上，实行各种形式的经济承包责任制，逐级下放权力使企业有更多的自主权，加强路内外各行业各部门之间的联系，保证铁路运输安全畅通，以及以运输为中心搞好多种经营。

中共十二届三中全会通过的《中共中央关于经济体制改革的决定》公布后，铁道部再次召开全路工作会议，讨论了铁道部提出的《关于铁路改革的意见》。这个文件提出，铁路改革的中心环节，是围绕推行经济承包责任制，把铁路企业建成相对独立、自主经营、自负盈亏的经济实体，增强企业活力。并根据这一原则，提出了深化铁路改革的具体内容和主要任务。《关于铁路改革的意见》还明确指出，铁路改革要有利于确保安全生产，有利于路风建设，有利于提高经济效益，有利于调动企业和职工的积极性，加快铁路建设步伐。

1985年8月28日，铁道部部长丁关根在全国铁路第一期铁路现代化管理研讨班结业典礼上的讲话中，强调把坚持改革放在首位，努力提高运输能力。他要求铁路部门在改革中跳出传统的运输组织模式，打破封闭的工业结构，改变独家修铁路的格局。

全路根据中共中央、国务院的要求和铁道部确定的改革方向和任务，积极探索，大胆改革，促进了铁道事业的发展。

一、按照运输规律调整管理机构

1983年以前，全国共设有20个铁路局。由于铁路局设置过多，局与局之间分界口也相应地增多;加上各局之间的重空车流不够均衡,需要进行相当繁重的车流调整工作,这就既不利于运输的统一指挥,又影响经济效益的提高。因此,国务院和铁道部决定把撤并铁路局作为铁路运输体制改革的一个重大步骤。从1983年开始,先后撤销了太原、武汉、齐齐哈尔、吉林、锦州、南昌、西安、昆明8个铁路局。到1986年1月1日全国有北京、沈阳、哈尔滨、呼和浩特、郑州、济南、上海、广州、柳州、成都、兰州、乌鲁木齐12个铁路局。

调整后的铁路局,在集中指挥、灵活调度、加速车辆周转和保证重点物资运输等方面发挥了优势。例如将太原铁路局合并到北京铁路局后,打破了以省划界的不合理管理体制,消除了割裂晋煤外运完整链条的人为障碍。1983年4月在京原线因进行技术改造封闭一个月的情况下,超额完成了晋煤外运任务。东北地区的5个铁路局合并为沈阳和哈尔滨两个铁路局后,各局间的分界口由原来的13个减少到5个,滨洲、沈吉、沈山等铁路干线都由原2个局管理改为由1个局管理,装运重点物资所需要的空车,都基本可以在本局范围内调剂,不需要再大出大进;2个局的局内自卸自装车数都达到总装车数的70%以上,较合并前提高10%—15%。武汉局合并到郑州局后,调整了列车运行图,使焦枝线部营口的通过能力增加了3对列车,京广线广水口增加了4对列车,缓和了这2个限制口的紧张状况。当然,撤并后的铁路局在管理上也产生了一些新的问题。

二、简政放权,增强企业活力

1981年,铁道部对上海铁路局等11个部属企业进行扩权试点。1982年4月,对全路所有企业下放计划、财务、物资、机构设置和干部任免等17条权限。1984年6月,又下放了36条管理权限。为了把铁路企业搞活,探索领导体制改革的新途径,铁道部于1984年和1985年两次扩大厂长(经理、局长、分局长、站段长)负责制的试点范围。铁道部规定,下放管理权限，试点单位比不试点单位多放一些，要把试行厂长负责制同企业内部的机构体制、分层分权负责制、厂长任期目标制、分配制度等改革配套进行。

部属单位也层层下放了经营管理自主权。运输系统在保证运输指挥集中统一的前提下，相应扩大了铁路分局和基层站段的权限，使分局长和站段长有责有权，在挖潜、扩能、提效上能够放开手脚，自主经营。各工程局在确保完成指令性计划的原则下，有权自行承包外单位委托的任务，发挥了各级的生产积极性。物资系统改变了统配物资全部由部集中管理的状况，实行地区中心供应制，有2/3的统配物资由地区物资办事处就地就近组织供应。

通过简政放权，初步改变了部、局两级统得过死、管得过细的状况，使企业加重了责任，增强了活力，提高了自我改造、自我发展的能力，同时也减少了一些不必要的工作程序，提高了办事效率。

三、开始突破传统模式，改革运输组织工作

在新形势的推动下，全路运输部门以挖掘潜力，扩大运能，提高效益，保证安全为目标，大胆改革不适应运输发展的规章制度和组织方法，努力探索新的运输组织工作方式方法。先后进行了扩大旅客列车编组和调整编组结构；改革机车运用、检修制度，实行长交路、轮乘制、集中修；借鉴国外先进经验，积极试验开行重载、组合列车；改革零担运输制度，封闭一些小站，延长站线，发挥铁路"长、大、重"的优势；组织均衡运输，发展直达运输和集装化运输等一系列改革措施，取得了较好的运营效果和经济效益。例如，旅客列车从1982年起突破一般只挂11—12辆客车的旧规定，开行了编组18—20辆的旅客列车，最多的达到25辆。到1985年年底，全路共有151对旅客列车扩大编组辆数，共增挂客车198辆。仅此一项，就相当于每天扩大旅客运输能力6.6万余人。在发展直达运输中，由于建立并健全了规章制度和奖励办法，使直达列车比重逐年增多，

1984年突破40%，1985年达到45%，结束了20年徘徊不前的局面。这对于保证枢纽畅通，加速货物周转起了积极作用。以提高列车重量为中心，组织重载、组合列车的试验，先后在大同至秦皇岛间、石家庄至济南间、山海关至沈阳间开行了载重5000吨以上的组合列车。到1985年年底，以上三线共开行组合列车1281对，增运货物344万吨以上。同时，全路主要干线普遍提高了牵引重量，使列车平均总重突破了二十年徘徊在2000吨以下的局面，1985年达到2211吨。平均换算运输密度由1980年的1489万换算吨公里/公里提高到1985年的2091万换算吨公里/公里。

四、基本建设积极推行投资包干制和招标承包制

全路基建部门在总结新中国成立以来铁路基本建设经验教训的基础上，积极探索，找到了一些办法，推动了基本建设体制改革的发展。

首先是实行投资包干责任制，控制敞口花钱。1982年国家决定在兖石线试行投资包干经济责任制，规定如设计没有重大变动，征地费及料价不发生变化，概算不得突破，并要求全线在1985年建成，形成生产能力。这一改革达到了预期效果。京秦线、大秦线、京包线电气化、新菏线、衡广二线和唐山机车车辆工厂新建工程等国家重点建设项目都实行投资包干承发包合同制。其做法是：由项目接管使用单位作为建设单位，投资计划下达给建设单位，由建设单位对国家全面负责。建设单位也是发包单位，发包给施工单位承包。承包的方式有：按设计总概算包干；控制指标包干；甲方造价包干。实行包设计概算额、包工期、包质量、包工程配套竣工交付的"四包"。

1984年9月在太原召开的铁道部基本建设管理体制改革会议决定，从1985年开始，铁路大中型项目实行投资包干，铁路基本建设项目资金，由国家拨款改为向建设银行贷款，实行资金有偿占用。这一改革，促使铁路基建工程必须精打细算，节约投资。对在建的58个大中型项目，集中清理了37项。其中33项由建设单位按概算或剩余投资和施工单位签订了投资包干合同,包干金额达71.28亿元。

推行投资包干责任制,使长期存在的敞口花钱的问题得到了控制,加快了施工进度,保证了工程质量。如阜淮线原报投资额为1.38亿元,核减后,以9845万元包干,压缩了28%。北京铁路局与大桥工程局在京秦铁路滦河、青龙河两座特大桥实行按批准的概算签订包干合同,实行结果少用工1000人,工期平均提前5个月,工程质量良好。

其次是积极推行招标投标制。1985年,铁道部成立了招标领导小组,加强统一领导,进行试点,对新开工的建设项目进行施工招标,择优选择施工单位。各建设、设计、施工单位加强配合,积极创造条件,按计划完成大中型项目的设计招标3项、施工招标11项,小型项目20多项,开始改变按指令分配任务,吃"大锅饭"的状况。

通过设计招标试点,优化了方案,加快了速度,强化了管理,促进了技术进步。焦枝线黄河大桥的设计招标,节省投资600万元。德州至东营铁路的设计招标,仅一个临邑局部方案就节省投资1030万元。在施工招标中,各投标单位适应竞争需要,尽量挖掘潜力,发挥优势,报价比概算都有降低,工程造价一般可降低5%以上。北京铁路局组织的大秦线茶坞至段甲岭段60公里双线站前工程招标,降低工程造价达10%以上。电气化工程局吸取落标教训,加强施工管理,取得了连中3标的好成绩。第一、三、十六工程局在大秦线投标中,认真编制施工组织设计,出现了比管理、比质量、比效益的新气象。

此外,在铁路施工企业内部,实行"百元产值工资含量包干"的办法,已在11个工程局全面推行,参加包干的总人数占建筑安装工人总数的60%以上,有效地促进了生产。

五、铁路工业发展横向联合,开始打破封闭型结构

长期以来,铁路工业发展缓慢,封闭型的生产结构是重要原因之一。1984年7月27日,中共中央书记处和国务院领导人联合听取铁道部的工作汇报时指出:"要扩大铁路工业生产能力。当前,要充分利用开工不足的机械制造工业(包括军工)的生产能力,搞全国性大协作,增加机车、车辆、集装箱和零部件。"同年年底,李鹏副总理也对铁路工业发展横向联系提出了要求,希望铁道部带头组织联合,在价格上给予优惠,迅速把机车车辆生产搞上去。1985年5月11日,铁道部提出了"要改变铁路独办的局面,敞开铁路大门,扩散产品,积极支持和鼓励军工厂、地方工厂生产机车车辆和配件"的意见,并在铁道部内部确定了发展横向联系、向路外扩散产品的领导体制。机车车辆工厂可以根据自己制造和修理产品的需要,向工厂所在地的地方企业扩散零部件的生产。1985年,铁路同路外共签订产品扩散合同36项,扩散机车和货车配件1万多件(套)。铁路系统外的企业,为铁路生产货车200辆,做到了当年定点,当年投产,从而对完成全年机车车辆修造任务起到了积极作用。

针对"七五"计划期间客货运量大幅度增长,而机车、车辆及其配件的生产供应缺口较大的问题,1985年12月,国家计委、国家经委联合召开全国铁路机车车辆行业"七五"规划会议,有国务院的9个部委和20个省市及部分企业的负责人参加,探索打破部门、地区和行业界限,发展横向联系,以铁路工业为龙头,开展全国性大协作,走一条依靠专业大协作发展机车车辆工业的新路子。

六、运输部门出现第一个经济实体单位——广深铁路公司

经国务院批准,广深铁路公司于1984年12月15日正式成立。这个公司是为适应深圳经济特区和国民经济发展需要,把广州至深圳的铁路迅速改造成具有一定现代化水平的铁路而成立的,是全路运输部门的第一个经济实体,也是铁路体制改革的一个新尝试。

广深铁路公司实行自主经营、自负盈亏、自我改造、自我发展的管理体制。以本线客货运输进款为运营收入,以1983年上缴国家利润2000万元为基数,每年递增2.32%,以本线运价提高50%为基本条件,在5年

内，用公司经营的利润自行完成投资额为7亿元的广深铁路双线电气化改造。在严格执行国家方针政策，服从运输统一指挥，确保完成国家指令性计划的前提下，公司享有独立经营权、调度指挥权、设计审批权、基建贷款权、资金使用权、对外业务洽谈权和留成外汇使用权，具有法人地位。这就使公司既保持了铁路运输生产的统一性，又保持经营管理上的相对灵活性。公司实行了计划、建设、使用"三统一"的基建管理体制，既是广深铁路电气化工程的计划、投资单位，又是工程的建设和使用单位，把运输生产同基本建设，扩大运能同提高运量紧密结合起来，提高了投资效益。在建设过程中，所有建设项目，都向路内外设计、施工单位开放，公开招标，支持竞争，不迁就照顾任何单位，以工期短、投资省、质量高、信誉好为标准，择优选用设计、施工最佳方案。广深铁路全线技术改造，到1985年年底，已完成投资2.5亿元，投产的500个项目，造价低于概算5%—10%，共节约投资2000多万元。

广深铁路公司实行独立经济核算，直接以收抵支计算利润（代收他线的运费不作为公司收入）。为了扩大运能，公司一成立就抓紧5项挖掘潜力、提高效率的工程建设，同时采取一系列重大技术组织措施，使广深铁路通过能力增加30%，1985年比1984年客货运量分别增长15%和18%。公司收入剔除运费加价因素，1984年、1985年完成运输进款收入比1983年分别增长35%和93%。广深铁路公司所管铁路线只占全国铁路总长3‰，其收入却占全路16‰，到1985年年底向国家上缴利润1.56亿元。

广深铁路公司打破了铁路一直是单一搞运输的状况，实行综合型、开放型、多元型经营，促进了经营管理，推动了技术进步，增强了竞争能力，向集团式企业方向发展。公司与路内其他单位和地方合作，经营商场、餐厅、广告、旅游和水陆联运等业务，并充分利用上级赋予的对外业务洽谈权，与港商合作经营旅行服务公司、塑料餐具制品公司等，还先后与10多个国家和地区的企业建立了广泛的业务联系，签订了30多个经济合同。

广深铁路公司大胆改革组织机构，突破了分局单位传统的建制模式。行政管理系统按专业分工，设运输、基建、对外服务3个公司，分别管理广深铁路客货运输经营、双线电气化工程建设和对外经营、服务业务，从而形成了精简、强力、有效的运行机制，保证公司在改革中能取得良好的经营效益。

七、多渠道集资，加快铁路建设

铁路基本建设，逐步改变了铁道部独家修路、靠国家投资的单一渠道，采取多渠道筹集建设资金的办法，以弥补国家财力不足，加快铁路建设步伐。

（一）利用外资。1980年以来，由国家统借统还，利用日本海外经济协力基金会贷款修建了京秦二线电气化、兖石线和衡广二线，还利用国外贷款修建了郑州至宝鸡铁路电气化、北同蒲铁路电气化和新菏线。

（二）采取国内合资方式。随着国家财政体制的改革，地方财力增多，有力量投资进行铁路建设，以满足本地区经济和整个国民经济发展的需要。经国务院批准，铁道部采取与地方合资方式，修建了一些国家需要和有利于地方经济发展而当前无力修建的铁路。计有铁道部、化学工业部、轻工业部与山东省合资修建的益（都）羊（口）线，铁道部、化学工业部与广东省合资修建的三（水）腰（古）线，铁道部与广西壮族自治区合资修建的海港后方通路南（宁）防（城港）线，铁道部与陕西省合资修建的西（安）延（安）线坡底至秦家川段。还有为发展边疆经济建设，铁道部与新疆维吾尔自治区合资修建的北疆铁路。这种发展铁路建设的新形式，调动了地方的积极性，取得了投资少、效益好的效果。

（三）大力扶植和发展地方铁路。地方铁路是由地方建设和管理，为地方公共客货运输服务的简易轻便铁路。它是从50年代末期开始，根据发挥中央和地方的两个积极性，为适应地方运输的需要逐步发展起来的。20多年来，各省、市、自治区建成地方铁路6300公里，其中有2500多公里的准轨铁路已陆续移交给铁道部统一管理。为了继续修建和发展地方铁路，铁道部在1983年4月召开的全国铁路工作会议上提出了大力提倡修建地方铁路的意见，引起了许多地方政府的高度重视。广东、广西、河南、河北、湖南、四川等省（区）的计委、经委，都先后提出了发展地方铁路的一些具体措施。河南、湖南两省把地方铁路建设工程列为省的重点项目。一些省、市、自治区还恢复和建立了地方铁路管理机构。

为适应这一形势和任务的需要，中国地方铁路协会于1984年3月9日在广东三水召开的会议上正式成立。协会成立后，在写给国务院的关于发展地方铁路的政策建议的报告中，提出了进一步发展地方铁路的政策建议。国家已把发展地方铁路，作为加快交通运输建设的一条重要方针确立起来，并从1984年起恢复了对地方铁路的投资补助。"六五"计划期间，地方铁路累计完成基本建设投资2.2亿元，其中国家补助7250万元。完成正线480公里。1985年地方铁路客运量达到1197万人，货运量3913万吨，分别比1980年增长24.9%与18.5%，运输收入达1.4亿多元，实现利润3300多万元。地方铁路已成为中国交通运输战线上的一支重要力量。

八、顺利完成铁道兵并入铁道部的工作

遵照国务院、中央军委《关于铁道兵并入铁道部的决定》和《关于铁道兵并入铁道部实施方案的批复》的要求，1983年10月中国人民解放军铁道兵机关、部队、院校等并入铁道部。这是根据国民经济调整方针和国家体制、军队体制改革的要求，为集中统一领导铁路建设施工力量，加速中国铁路建设而采取的一项重大的措施。

这支具有光荣革命传统的英雄部队并入铁道部时，辖10个师、2个独立团、1所学院和其他直属单位等14.8万余人。10个师改编为铁道部第十一至二十工程局，团、营、连改编为工程处、段、队；工程学院改编为石家庄铁道学院；其余并入单位也均按部队现行机构等级进行了改编。并入铁道部的这些单位和人员，统归铁道部工程指挥部领导。

铁道部工程指挥部大胆进行编制、体制改革，实行多种形式的经济承包责任制，努力改善经营管理，较好地实现了从军队生产型向企业生产型、从军队供给制向自负盈亏、从执行指令性计划向投标竞争、从单一修路向多种经营的四个转变，经济效益愈来愈好。1985年与1983年相比，人员减少了11%，施工生产实现了"三个翻一番"，即实现利润1.129亿元，增长109%；全员劳动生产率达到8250元，增长110%；人均创利817元，增长161%。十一、十四工程局和十九工程局一处修建的国家重点工程兖石铁路，施工速度之快，工程质量之好，都是中国近10年来铁路建设中少见的，多次受到国务院领导人的表扬。

第五节 显著的成就，深刻的变化

第六个五年计划期间，300多万铁路职工坚持改革、开放、搞活的方针，艰苦奋斗，不断克服困难，全面超额完成了各项任务和指标，并在一些方面取得突破性成就。

一、铁路运量逐年增长，运输效率和经济效益不断提高

客货运量超额完成。1985年客货周转量首次突破"万亿大关"，达到10524亿吨公里。客运量完成11.1亿人，比1980年增长21.7%。货运量、货物周转量，分别提前一年、二年完成了"六五"计划指标。1985年货运量完成12.75亿吨，比1980年增长17.4%；货物周转量完成8112亿吨公里，比1980年增长42.1%。煤炭运输1985年突破5亿吨，达5.19亿吨，比1980年增长25.1%。晋煤外运量1984年突破1亿吨，1985年达1.26亿吨，比1980年增长65%。

运输收入、上缴利税有较大增长。"六五"期间运输收入达1612亿元，上缴利税264亿元，平均每年分别递增13.6%和13.2%，基本实现了运输工作量、运输收入、上缴利税同步增长，为国家财政积累做出了贡献。全员劳动生产率也有较大幅度提高。1985年运输全员人均为57.8万

换算吨公里，比1984年提高9.5%，大大超过计划要求提高3%的速度，成为近5年来提高最快的一年。

二、铁路基本建设稳步发展

"六五"期间，确立了以改造旧线为主、适当修建新线的方针，进一步调整了铁路基本建设的内部比例，旧线技术改造投资比重上升，原有铁路设施大为改善，新线建设也取得好成绩。基本建设完成投资237.22亿元，是新中国成立以来最多的5年。双线里程增加1581公里；电气化铁路增加2506公里，超过前20多年铁路电气化建设的总和；新建铁路2389公里。全国主要通路的运输能力都有较大增强。

（一）晋煤外运通路的运输能力大为提高。

晋煤外运通路是"六五"期间铁路建设的"重中之重"工程。在此期间，北路完成了丰沙大电气化改造、京原线技术改造、京秦二线和双线电气化。中国第一条开行重载单元列车的现代化铁路——大秦铁路也正抓紧建设。中路完成了石太线电气化、石德二线、胶济二线工程。南路完成了太焦、新焦部分二线，建成了兖石线、新菏线。新菏线上全长10.3公里的长（垣）东（明）黄河大桥只用20个月修通，开创了修建大桥的新记录。

经过改造和扩建，国家要求晋煤外运能力由1980年的0.72亿吨增加到1985年的1.2亿吨的目标已经达到。

（二）对南北通路进行了综合治理。

衡广二线是"六五"计划重点工程之一。开工以来，坚持施工、运输两不误，到1985年年底已开通了3个区间、54公里，运输紧张状况有所缓和。坪石口下行线运量由1980年的1138万吨提高到1500万吨。位于这条线路上全长14.5公里的大瑶山隧道，由于采取积极措施，克服涌水突泥难关，狠抓成洞进尺，到1985年已完成总长度的80%以上。

国务院副总理万里等领导人于1985年12月在京广线衡广段进行现场

办公,决定集中力量加快衡广二线建设,争取1988年通车。施工单位研究作出了确保3年通车、力争提前的施工部署,形成了新的建设高潮。

此外,枝柳线、皖赣线相继投产分流,减轻了主要干线的压力。

(三)加快了西南通路的改造。

随着国民经济的发展,贵昆铁路运量急剧增加,铁路运能与运量矛盾日益突出。因此,国家决定对贵昆线进行电气化改造。贵昆线贵阳至水城西段电气化投产运营后对扩大云贵两省煤、磷生产具有重大意义。湘黔、川黔线的电气化改造也在进行之中。

联结西南和中南的重要铁路——襄渝线的襄樊至达县段电气化后,运输能力有了提高。成渝线实现了全线电气化,能力提高了1倍以上,运输紧张状况得到缓和。

(四)西北对外通路得到进一步加强。

陇海线是运输繁忙的东西向大干线。"六五"期间完成了宝鸡至兰州的电气化改造,基本上缓和了天水口的能力紧张状况。青藏线的西宁至格尔木段、南疆线的吐鲁番至库尔勒段、侯西线的西安至禹门口段等均在"六五"期间先后建成投产。大西北另一重要干线——北疆铁路,也已开始建设。

(五)沿海港口后方通路强化改造取得进展。

由于京秦、兖石等铁路的建成通车,胶济、京广南段、陇海东段、沪宁等有关铁路进行了技术改造,使通向沿海港口的铁路运输能力有了明显提高。为上海宝山钢铁公司配套项目的淮南铁路改造工程,联系广东和香港地区的广深铁路电气化改造工程,也在积极建设中。

(六)进出关增加了新通路。

"六五"期间,除进行了京山、沈山线和京承线技术改造以外,京通线投产运营使进出关的运输能力得到加强。1985年经铁路运输出关煤炭2444万吨,比1980年增长了66.3%。

"六五"期间,为了使点线配合、协调发展,对北京、郑州、徐州、石家庄等铁路枢纽进行了改造和扩建。中国最大的枢纽站——郑州北编组站，分期投资，分期建设，花费投资省，经济效益好，被誉为铁路基本建设的一个范例。

三、牵引动力改革出现新的突破

"六五"期间，在牵引动力改革方面，坚持内燃、电力并举，以电为主的方针，机车车辆生产稳步增长。机车车辆工业总产值完成138.6亿元，比"五五"期间增长近1倍。合计新造机车2877台，为国家"六五"计划的122.4%。其中蒸汽机车1585台，电力机车291台，内燃机车1003台。1985年完成新造机车746台，其中大功率干线货运电力机车和内燃机车占51.6%，首次超过了蒸汽机车的产量，标志着中国铁路牵引动力进入了新的发展时期。

铁路工业在产品质量和品种比例上也有新的突破。机车平均单台的功率从1980年的2041千瓦，上升到1985年的2248千瓦。新造货车普遍以钢代木，达到基本上都是全钢车。随着铁路运输向重载多拉方向发展，还大力改造了一批老产品，积极研制了一批新产品。经过改进的东风$_4$型内燃机车，降低了油耗，提高了工效；进行了技术改造的前进型蒸汽机车，热效率由8.4%提高到9.2%左右。推出的新产品主要有：4800千瓦的韶山$_3$型和6400千瓦的韶山$_4$型干线电力机车；3018千瓦的东风$_8$型电力传动干线货运内燃机车，以及1470千瓦的东风$_7$型、1213千瓦的东风$_5$型电力传动内燃调车机车。同时，还研制出10多种新型客货车。

四、铁路科技和教育事业有较大发展

"六五"期间，全路共拥有各类专业研究单位49个，专业科研人员8000多人，部、局两级科研机构已基本形成网络。科研工作以提高铁路运输能力为目标，紧紧围绕重载、扩编、安全、效益、微机应用和软件技术

开发为重点的研究方向，取得较好的成绩。全路有 3 项科技成果获国家自然科学奖，38 项科技成果获国家科学技术进步奖，16 项科技成果获国家发明奖。通过部级鉴定的科技成果有 364 项，为"五五"期间的 2.4 倍，其中 60% 以上获得部级奖励。全路群众性革新项目达 11.4 万多项，其中较大的近 5000 项。有些科技成果已推广应用于生产，获得了较好的经济效益。国家经委拨给铁道部新技术推广费 882 万元，铁道部安排 1300 万元，总计 58 个重点推广项目，拨款共 116 项次，大部分已经完成，产生的经济效益已大于 2.6 亿元。

经过修订的铁路主要技术政策，于 1983 年公布实行。这是铁道部组织专家、学者和科研、技术人员，经过多年的研究、论证、分析和试验而拟定的。这个主要技术政策，虽然还要在实践中不断充实和完善，但比较集中地体现了中国铁路现代化发展的方向。它的贯彻执行，进一步推动了中国铁道事业的发展。

"六五"期间，教育投资有较大增长，高等院校投资平均每年增长 33.8%。1985 年铁道部拨出专款 500 万美元，给铁路高校和重点中专购置急需的进口教学科研设备。在学校建设中，着重加强了现有学校的配套建设。通过派教师到路外、国外进修、大力开展科研活动、举办师资培训班等形式，提高了师资水平。全路各级各类全日制学校已达 1718 所，在校生总数达 107 万人。学校招生能力提高，其中大学招生总数达 3.5 万人，为"五五"期间的 1.75 倍。大学毕业生达 4.1 万人，是"五五"期间的 4.3 倍，接近新中国成立后 30 年毕业生总和的 37%。

职工教育从恢复到发展，基本形成了部、局、分局、站段 4 级办学的多层次的职工教育体系。职工培训制度在全路得以推行，新工人培训工作已形成制度。建成一批职工教育基地，校舍面积已由 1980 年的 27.8 万平方米增加到 108 万平方米，培训能力已达 13 万人。职工教育工作者已达 2.4 万人，其中专职教师 1 万人。教育基地和专职教师的数量都基本上达到了国家规定的要求。新建了 3 所管理干部学院，53 所职工中专，培训了

1.1万名大专生、5800名中专生。青年职工文化补课和技术补课人数分别达到65万人和40万人，均达到应补课人数的80%。

五、职工收入增加，生活水平提高

"六五"期间，职工工资和福利待遇增长较快，生活水平有了提高。

1985年全路职工平均工资达到1469元，比1980年的957元增长53.5%。"六五"期间，全路用于职工住宅建设的资金达36亿元，职工住宅竣工交付使用的面积近2000万平方米，搬进新楼和改善了居住条件的职工占全路职工总数的40%多。职工医疗卫生机构4598个，拥有床位4.25万张。全路共有生活供应段、供应站279个，生活供应车494辆，乘务员公寓542处，托儿所床位55815个。

同时，通过发展集体企业，共安置了65万多名铁路职工子女就业，减轻了职工负担，增加了职工家庭收入。1984年，7000多个独立核算的集体企业，总收入23亿多元。1985年总收入30亿多元，创利3.38亿多元，给国家上缴税收1.6亿多元。

进入新的历史时期以来，铁道事业虽然还存在不少问题，依然是国民经济发展中的突出薄弱环节，运输能力满足不了日益增长的运输需要，科学技术进步不够快，装备落后，机车车辆严重不足，管理水平较低，服务质量也有一些不尽如人意的地方，但总的来说，各个方面都发生了显著变化。不仅从根本上扭转了"文革"造成的混乱局面，建立了正常的运输生产秩序，而且迈开了改革的步伐，开始由生产型向生产经营型转变，经济效益愈来愈好。只要沿着改革的道路走下去，任务虽然艰巨，前途是光明的。

第二编
铁 路 运 输

铁路运输是一个设备庞大复杂，生产环节众多，专业分工细密，指挥集中统一的现代化大生产过程。它是由管理线路、机车、车辆、通信、信号设备的工务、机务、车辆、电务等保证运输技术设备性能良好的专业部门，以及综合运用这些设备、正确协调各个生产环节、编制运输计划、组织调度列车运行、为旅客和货主提供优质服务的运输部门和行车安全监察部门，共同完成生产任务的。这些部门1985年共有职工186万多人，分布在各个铁路局、铁路分局及站、段等基层单位。

36年来，新中国铁路运输职工遵循为社会主义建设服务、为人民服务的宗旨，以扩大运输能力为中心，改造不适应运输发展要求的技术设备和管理制度，使铁路运输面貌发生了根本性的变化。

在运输技术装备方面，数量、质量和技术水平都有很大的发展和提高。旧中国遗留下来的机车车辆已基本淘汰报废，补充了国产的机车车辆。与1950年相比，1985年机车总台数增加1.7倍，客车总辆数增加3.1倍，货车总辆数增加4.5倍。1985年年末，电力、内燃机车占机车总台数的比重达到34.3%；载重量60吨及以上的大型货车占总数的比重达到51.5%。

原有的42千克/米以下的轻、老、杂型钢轨已基本更换，1985年年末50千克/米以上的钢轨占正式营业正线延长的比重达63.8%；无缝线路比重达到17.3%；在正线所铺的轨枕中，钢筋混凝土轨枕已占63.3%；正线和到发线上的道岔中锰钢辙叉道岔已占87%。

铁路通信信号更是今非昔比。人民铁路在这方面几乎是从零起步的，在有关部门的支持配合下，发展了铁路专用的通信信号工业。截至1985年年末，铁路通信长途电缆线路长度占营业公里总长的比重达到26%；地区电话交换机门数比1952年增长9.5倍，其中自动式交换机20.8倍；交换电话的安装率达到平均每百名铁路职工8.9门。路签（牌）闭塞设备已基本淘汰，半自动闭塞里程占营业里程的比重达到81.8%，自动闭塞的比重为13.3%；车站和驼峰调车场的信号也迅速向集中化、电子化、自动化发展。特别是中共十一届三中全会以来，电子计算技术在铁路运输信息处理和过程控制方面，取得了重大的突破。

在运输组织管理方面，在实现全国铁路运输集中统一领导的基础上，建立了运输组织的工作制度和组织方法，采用了用于计划和考核运输工作的指标体系及其分析考核办法，制定了各种运输设备管理运用、养护维修的规程和作业程序，确定了各种工作岗位的职责范围，使运输组织管理工作逐步走上科学化，提高了运输工作的预见性和组织性，成为效率高、负荷重、安全正点服务好的人民铁路。1985年，货车周转时间完成3.48天，货运机车日产量完成77.4万吨公里，平均每营业公里换算周转量达到2091.4万吨公里，均居于世界前列；每百万机车走行公里发生的行车事故率为4.92件，比历史上安全情况较好的1965年的26.13件减少81.2%；其中重大、大事故为0.04件，比1965年的0.21件减少81.0%。每百万吨公里货运事故率为0.009件，比1965年的0.03件减少70%；客货列车运行正点率分别完成94.8%和91.3%。

36年来，铁路运输肩负着国民经济大动脉和先行官的重任，完成了各个历史时期的繁重的运输计划任务。在国民经济恢复的三年中，人民铁路还处在百废待兴、百业待举的初创时期，除完成年平均增长36.7%的客货周转量外，还担负着支援朝鲜人民完成战时运输的任务，经受了严峻的考验。从1953年起，国家进入有计划的经济建设时期，铁路在各个五年计划经济建设中，对保证钢铁、矿石、煤炭、原油、木材、化肥等重点物资的运输，都是根据具体情况，采取专门的技术组织措施，进行必要的技术改造，最大限度地满足其运输需要。特别是煤炭，其总产量的60%左右依靠铁路外运，历年来在铁路货运量中占40%左右。"六五"期间晋煤外运量以年均增长11%的幅度递增，即年增加外运煤炭近1000万吨。1985年晋煤实际外运达1.22亿吨，平均每天要装运5000多车,而装煤所需的空车95%以上要靠外省远距离回送,在运输能力紧张的情况下,铁路竭尽全力,采取各种措施,将晋煤源源不断地运到用户手中。

60年代中国石油工业崛起。将原油运送到石化基地去加工炼制,在石油管道敷设以前,这个任务就落在铁路肩上。从1962年起,随着石油产量的急剧增加,铁路的石油运量也直线上升。大庆原油增产,需要运到大连炼制,铁路就增开石油直达列车,最多时每天达到16对,还相应地修筑了一条石油运输线(通辽至让湖路);大庆石油进关,到秦皇岛港下水南运,铁路就在龙家营修筑了一个列车到发和转运站;胜利油田的原油需要运到南京炼制,铁路就在济南历城站增加股道,组织直达列车接运;大港油田的原油需要运到东方红炼油厂,铁路又及时组织直达运输,并专门在石楼修筑一个检修库(场)。1975年石油运量达到6221万吨,当时运行图定的石油直达列车就达到72列/天。

中共十一届三中全会以后,经过拨乱反正,在改革、开放、搞活政策指引下,铁路客货运量随工农业生产、外贸事业、旅游事业的发展而持续增长。1978年完成的货运量开始突破10亿吨,1983年客运量又开始超过10亿人次。1979年到1984年的6年中,旅客周转量增加952亿人公里,超过1951年到1978年28年增加的总和。货物周转量从1977年到1984年的8年中,增加3374亿吨公里,相当于1951年到1976年26年增加的总和。1985年完成客货周转量10524.1亿换算吨公里,比1949年增长32.5倍。在完成不断增长的运输任务中,全路职工千方百计挖掘运输潜力,在铁路运输系统推行了全面质量管理,实行了新维修法、新乘务制度、新列车编组方案和新机车牵引定数,以及相应的奖惩规定。

但是,由于铁路建设长期落后于国民经济的发展,铁路始终处于超负荷运输状态,1985年的运输密度已经达到2091.4万换算吨公里/公里,仅次于苏联(见表1、2)。

客货运量与主要运输设备数量比较表

表1

项 目	单 位	1950年	1985年	1985年比1950年（＋－）
旅客发送量	万人	15691	110913	＋6.1倍
旅客周转量	亿人公里	212	2412.5	＋10.4倍
货物发送量	万吨	9983	127516	＋11.8倍
货物周转量	亿吨公里	394	8111.6	＋19.6倍
换算周转量	亿换算吨公里	606	10524.1	＋16.4倍
营业里程	公里	22161	52119	＋1.35倍
运输密度	万换算吨公里/公里	273.6	2091.4	＋6.64倍
机车台数	台	4289	11772	＋1.74倍
客车辆数	辆	5102	20872	＋3.1倍
货车辆数	辆	55141	300886	＋4.46倍
拥有客车	辆/百万人公里	0.24	0.09	－0.15辆
拥有货车	辆/百万吨公里	1.4	0.37	－1.03辆
拥有机车	台/亿换算吨公里	7.08	1.12	－5.96台

1985年中国与国外铁路负荷情况比较表

表2

项 目	中国	美国	苏联	日本
营业铁路里程（公里）	52119	244617	145292	22081
客货周转量（亿换算吨公里）	10524.1	13639.6	40928.2	2188.4
运输密度（万换算吨公里/公里）	2091.4	557.6	2817.0	991.1
运输密度比较（％）	100	27.61	139.50	49.081
项 目	联邦德国	英国	法国	印度
营业铁路里程（公里）	27634	16729	34676	61850
客货周转量（亿换算吨公里）	1056.2	463.1	1167.6	3991.5
运输密度（万换算吨公里/公里）	382.2	276.8	336.7	645.4
运输密度比较（％）	18.93	13.71	16.67	31.96

尽管如此，铁路运输能力还只能满足需要运量的70％左右，运输繁忙的主要干线只能满足需要运量的50％左右。铁路不仅没有完全起到先行的作用，反而成为国民经济发展的限制条件。这是在今后铁路工作中必须认真解决的问题。

在以往的 36 年中，铁路运输取得很大的成绩，也存在许多不足，积累了许多宝贵经验，也有不少值得吸取的教训。本编将在以下的旅客运输、货物运输、行车组织、机务工作、车辆工作、工务工作、电务工作、行车安全各章中，加以回顾和总结。

第五章
铁路旅客运输

铁路办理的旅客运输业务，包括旅客、行李、包裹和邮件的运输。

新中国成立后，随着国民经济建设的迅速发展，人民生活水平的不断提高，铁路旅客运输量急剧增长。旅客发送量由1949年的10297万人次，增加到1985年的110913万人次，增长近10倍；旅客周转量由1949年的130亿人公里，增加到1985年的2412.5亿人公里，增长近18倍。特别是中共十一届三中全会以后，由于实行改革、开放、搞活的方针，商品经济发展迅速，城乡往来频繁，文化交流活跃，旅游人数猛增，因而铁路客流增长幅度更大，年增长率由1981年的3.3%增加到1984年的7.0%，平均每年增加旅客5200多万人次。

36年来，旅客周转量的增长幅度远远大于旅客发送量增长的幅度，原因是旅客平均行程的延长。1949年全路旅客平均行程仅为126公里，以后不断延长，到1985年达到218公里。

在铁路、公路、水运和航空4种运输方式中，以铁路所承担的旅客运输量为最大。1962年以前，铁路客运量占全国总客运量的比重一直居于首位。尔后由于公路运输的发展，比重逐年有所下降，到1985年只占19.8%，仅次于公路运输。但是，旅客周转量一直远比其他运输方式为多，1985年铁路旅客周转量仍占总周转量的56.5%。

影响铁路旅客运输量变化的因素很多，起重要作用的是各个时期国家方针政策的影响（如支边移民，三线建设，干部下放劳动，知识青年上山下乡，改革、开放等），以及国民经济和文化事业的发展，人民生活水平的提高等等。

在铁路旅客运输中，客运组织工作十分重要。铁路客运组织工作的基本任务是：千方百计为旅客提供方便、愉快的旅行条件和优质的客运服务；保证旅客、行李、包裹和邮件安全、迅速、准确、便利地运到目的地；经济合理地使用客运能力，组织好客流，安排好客车方案，在现有设备条件下最大限度地满足旅客的运输要求。

第一节 客运组织发展概况

36年来，中国铁路广大客运职工遵循"全心全意为人民服务"的宗旨，在客运能力不能完全适应客运量增长的情况下，克服许多困难，不断提高服务质量和组织水平，在各个不同时期为保证人民群众的旅行需要做出了贡献，并在实践过程中形成一套客运组织的管理制度，积累了客运组织工作的经验。

一、统一规章制度，推行旅客计划运输

1949年军委铁道部成立后不久，就在部、路局、分局三级设置客运管理专业机构，统一领导、分级管理全路客运工作。以后，客运专业机构虽有调整，但各级基本建制没有大的变化。

1950年，铁道部公布实行了《旅客及行李包裹运送规则及补则》，统一了全路客运运价和规章制度。1956年9月又重新修订公布了《旅客、行李和包裹运送规则》。1965年再经充实修改，改名为《铁路旅客运输规程》和《铁路旅客运输组织规则》。前者规定了旅客、行李和包裹的运输条件，运价运费及杂费的计算方法，是铁路旅客运输的基本规则，也是组织旅客运输工作的基本依据。后者主要是对路内旅客运输组织工作的要求和工作方法。到1983年先后共进行过7次补充和个别条文的修改。

1954年开始，结合编制全路列车运行图，铁道部组织各铁路局统一编制客流计划，绘制客流图，分配直通旅客列车票额，为旅客计划运输工作

打下了基础。1958年为适应客运量增长,全路在三等以上客运站专门设置了计划客运员,负责在日常客流组织上开展计划运输,取得较好的效果。在总结经验基础上,铁道部从1961年起在全路日常客流组织方面推行旅客计划运输,通过始发站售票和中转站签票,有计划分配和使用分配票额,以达到均衡组织运输、合理使用客运能力和方便旅客乘车的目的。这一有效的组织方法,一直沿用至今,并不断得到充实和发展。

二、建立以首都为中心的旅客运输网,开办国际联运业务

从20世纪50年代开始,铁道部就着手建立以北京为中心通往全国各省(自治区)首府和各大、中城市的旅客运输网,实行旅客列车直通运输。继1949年5月1日北京至沈阳间和7月1日北京至上海间开行直通旅客列车以来,每次编制列车运行图时都要增加一些北京到各省(自治区)首府和重点城市间的直通旅客列车。1957年运行图中规定,从北京站始发到沈阳、上海、广州等城市的直通旅客快车为23对,1985年首都地区的北京、永定门、西直门三站共开行通往各地的旅客列车发展到108对(其中北京站78对)。除拉萨以外,首都和各省(自治区)首府及直辖市间都已有直通旅客快车或特别旅客快车相沟通。

到1985年,全路共有办理客运业务的车站5036个,运行图中规定开行的各种旅客列车为972.5对。

为适应国际交往发展的需要,中国铁路于1951年开办了中国与苏联的铁路联运业务,并于1954年1月31日起开行北京至莫斯科国际旅客特别快车。以后又相继开行了北京至平壤、乌兰巴托、河内国际直通旅客快车。合计前后和亚欧11个国家办理国际旅客联运业务。

三、改善客运服务设施,提高客运服务质量

36年来,全路客运站和服务设施普遍得到了不同程度的改善。一些大城市所在站,如北京、广州、长沙、南京、西安、兰州、成都、苏州、桂

林、太原、齐齐哈尔等特等、一等客运站都进行了新建，还有其他许多客运站也普遍进行改建和扩建，车站内部的服务设施也在不断充实、更新。特别是在 80 年代以来采用了一些先进技术设备，如微型计算机控制的电子列车预告牌和进站引导显示装置、闭路电视监视系统、自动剪票机系统、自动控制广播系统、电视查询等。在此期间，客车普遍进行了更新，现有客车照明、通风、供水、取暖等都有了保证，几乎所有旅客列车都安装了广播设施，有些特别旅客快车已安装了列车闭路电视和空调设备。

36 年来，全路广大客运职工立足现有设备条件，不断改进售票方法，改善旅客候车环境，加强列车服务和餐茶供应，逐步提高了旅客运输工作质量和服务质量，得到旅客的好评。

特别是进入 80 年代以后，为了适应改革、开放形势的需要，客运服务工作也开始逐步向多功能服务发展，以便满足多层次消费需要。如有的车站增设了快餐厅、文艺厅、商场、酒楼、宾馆以及出租汽车服务项目。有的线路上开行豪华型旅游列车。有些车站和有关部门联合，开办"一条龙服务"，实现了"车、站、店"联成一家，使旅客的"食、住、行"一票到家。

四、开展各种形式竞赛，涌现一批先进单位

为提高工作质量，全路客运部门结合各个时期的形势和任务，组织开展了各种形式的活动和竞赛。1959 年开展了以"计划运输好、服务工作质量好、站容车容整洁好、政治业务宣传好、内外协作好"为内容的"五好"红旗站车竞赛。在这基础上，于 1963 年评选出客运十大标兵。他们是：新民站，北京站，永定门站，柳园站，玉门站，大连—北京直通旅客快车四姐妹餐车小组，广州—深圳直通旅客快车乘务二组，三棵树—天津直通旅客快车，瓦房店—老虎屯普通旅客列车和北京—丹东特快旅客列车。他们的工作经验，比较完整地反映了当时客运工作曾经达到的水平，对其他站、车也起到了示范、推动和共同提高的作用。在1964年召开的中国共产主义青年团第九届全国代表大会期间，毛泽东接见了广深直快列车乘务二组代表刘秋容。在粉碎"四人帮"以后，为了医治十年动乱造成的创伤，恢复正常的客运工作秩序，在全路又树立了"四车、一站、一段"先进典型。这些典型是上海—北京13/14次特别旅客快车，武昌—北京37/38次直通旅客快车，大连—北京29/30次直通旅客快车，青岛—北京39/40次直通旅客快车，北京站和大连列车段。推广他们的典型经验，对于当时客运工作的拨乱反正、整顿恢复起到了良好的作用。1978年，为了进一步提高客运工作，铁道部向全路客运人员发出加强站、车建设的倡议，号召客运职工做到"三要"（对待旅客要文明礼貌、纠正违章要态度和蔼、处理问题要实事求是），"四心"（接待旅客热心、解决问题耐心、工作认真细心、接受意见虚心），"五主动"（主动迎送旅客、主动扶老携幼、主动解决旅客困难、主动介绍旅行常识、主动征求旅客意见）。同时组织开展全路42个大站及进京、进沪旅客列车的社会主义劳动竞赛，每年定期检查、评比，优胜者授予"红旗列车""红旗车站"的荣誉称号。这一活动一直坚持下来。通过一年一次的全面检查和评比总结，不仅站车秩序、清洁卫生、服务质量和安全正点有所提高，而且涌现出一批连续获得红旗的优秀站、车。如夺魁最多的上海—北京13/14次特别旅客快车，是60年代的老标兵，一直坚持和发扬光荣的传统，在80年代评比中，无论服务质量、餐茶供应、车内设备、车辆保养等各个方面都达到全路第一流水平，被广大旅客誉为"信得过的人民列车"。在评比中连获第一的沈阳站，把"让旅客放心，让旅客满意"作为自己工作的最高标准，不断改革售票办法，减轻旅客排队拥挤。在历年检查、评比中，另一些老的先进单位，在新的历史时期也焕发了青春，发扬了优良传统。如昔日十大标兵之一、广州—深圳直通旅客快车乘务二组（现为广州—九龙直通旅客快车乘务二组）传统的好思想、好作风没有变，在1979年至1985年的7年中，安全优质地运送中外旅客，从未发生过任何事故。大连

—北京直通旅客快车四姐妹餐车小组，在过去 22 年中，虽然成员换了 5 代，餐车供应方式、供应环境发生了很大变化，却始终坚持热心为旅客服务、自觉为人民列车增光添彩的工作作风，并做出了新的成绩。沈阳—北京 11/12 次特别旅客快车，1959 年 7 月曾在运行中途被洪水围困三昼夜，列车乘务组人员夜以继日，奋身抢救旅客，荣获"三八青年红旗包车组"称号；在新的形势下，又以"苦了我一个，换来千人乐"的奉献精神，不断开拓、创新，改革列车乘务制度和经营管理，为增加座席、扩大收入做出了突出的成绩。

五、提高旅客列车速度，充分发挥客运设备效能

随着全路技术设备的不断改善和运输组织工作的不断加强，全路所有旅客列车的运行速度有了明显提高。1985 年京沪、京广、京哈 3 个主要干线方向直通旅客快车的全程运行时间，比 1950 年都缩短了十几个小时。全路旅客列车的平均旅行速度已从 1949 年的每小时 28.2 公里提高到 1985 年的 43.9 公里。

36 年来，为了不断扩大客运能力以适应客运量增长的需要，除了进行技术改造，增加限制区段的通过能力，在每次编制列车运行图时相应增开一定数量的旅客列车外，还不断采取了一些行之有效的措施。例如：在安排旅客列车方案时，千方百计压缩旅客车底在始发站和终到站的停留时间，安排两个旅客列车的车底相互套用，实行客车车底不入库作业而在站台上立即折返等；在日常运输中，推行旅客计划运输，加强计划售票，合理使用票额，减少座席的虚糜。80 年代以后，在主要干线上组织扩大旅客列车编组辆数，改革旅客列车的编组内容等，以增加每一列旅客列车的乘车人数。全路旅客列车平均编组辆数已由 1952 年的 12.4 辆提高到 1985 年的 14.1 辆，增长了 13.7%；每辆客车年产量也由 416 万人公里提高到 1156 万人公里，提高了 1.8 倍；旅客列车密度由每公里每日 4.4 列提高到 14 列，提高了 2.18 倍。

36年来，铁路客运部门进行了大量的工作，取得了不少的成绩。但是，客运工作进程远非一帆风顺、直线上升，而是有曲折、有起伏的。影响比较突出的是"大跃进"和十年动乱两次冲击，使整个客运工作基础、管理制度、组织方法、服务质量都受到了严重的干扰和破坏，而不得不在事后的一段时间里，花费很大的力量重新整顿，才得以逐步恢复。

36年来，在全路运输部门职工的共同努力下，基本上每年都完成了国家客运计划任务，保证了各个时期的重点和临时旅客运输。但是，铁路所完成的旅客运输量，按中国全国拥有的人口计算，平均每人每年只乘坐一次火车，与10亿人口大国、国民经济发展和改善人民生活的需要是很不适应的；铁路客运技术设备的发展以及运输能力提高的幅度，还远远落后于客运量增长的幅度，铁路运能与运量的矛盾很突出。由于中国铁路客、货运量同时增长，客货列车共线运行，在能力紧张的情况下，更需客、货兼顾，综合平衡。现行运行图在主要干线上旅客列车占用线路通过能力已达40%左右，如增开旅客列车1对，就要减少货物列车1.5至2.5对，又会造成货运更加紧张。因此，长期以来，只能在总的能力增长的条件下增开一些旅客列车。同时，在客流量大的一些区段不得不采取允许列车有限度超员的办法。特别是80年代以来，20多条主要干线的特快、直快列车硬席座车普遍超员。人民群众对"买票难、乘车难"的反映十分强烈。

第二节 铁路客运服务

旅客从购票、入站开始，经过乘坐列车，最后到达目的站下车出站的整个旅行过程，都需要铁路车站和列车工作人员提供文明礼貌的服务。

人民铁路从创建开始，就在全路广大客运职工中经常地、反复地进行为人民服务、为旅客服务的思想教育。在各个不同时期里，还根据当时形势和任务，结合进行热爱本职工作，学习雷锋精神，苦练基本功，"假如我是旅客"和职业道德的教育，加强客运职工为人民服务的思想，以不断改进服务方法，提高服务质量。

一、车站客运业务和服务

车站是旅客旅行的集散点，是旅客乘坐火车首先要接触到的场所。车站客运业务和服务工作的好坏，对铁路声誉的影响是很大的。

车站客运业务和服务工作的主要内容有：发售客票，组织旅客进站候车、检票和上下车，以及办理行李、包裹业务和旅客随身携带物品的寄存等。

售票是车站的一项主要业务。售票的工作效率和服务质量，往往形成旅客对铁路客运工作的第一个印象。全路许多车站和广大售票人员为了提高售票的效率，一方面研究改进并采用先进的售票设施，如改进打印售票日期的机具，采用售出票额自动计数装置，以及目前正在上海、深圳站试用的电子售票机等；另一方面，大力改进售票组织和售票方法，对车票实行计划管理，加强计划售票，扩大预售票额等等。

大城市所在地的主要客运站，一般都采取了在市区内设置一个或数个售票点扩大预售客票的办法，以方便旅客提前购票，缓和旅客到车站排队购票的集中程度。

在特、一等客运站上，除了办理预售客票业务外，还普遍开展了电话订票、函订车票、送票上门以及行李包裹接取送达等业务。

为了缓和"买票难、乘车难"的矛盾，各站根据旅客上下车人数，开设足够的窗口，按线路，按区段，按上、下行，按管内、直通，分窗口售票，有的还专设军人售票、中转签证、加快等窗口，组织旅客按窗口分工购票，缩短排队等候时间。同时，改革售票班次，延长售票时间，扩大预售网点，特别是春节、寒暑假期间，开办登门售票业务等，收到较好的效果。不少售票处在售票窗口设置揭示牌，通告当日各次列车发售票额数量及售票进度，使旅客购票时心中有数，避免盲目排队。

引导旅客在站内有秩序地候车和检票乘车以及下车出站，是客运站主要业务之一。中国铁路旅客一般随身携带物品较多,进站接送旅客的非乘车人员也多,往往提早到达车站,候车时间较长,各次列车开车前一个小时,旅客已基本到站;当天中转的旅客大多不出站,以致在高峰时,容易造成候车室拥塞的情况。针对这些特点,中、大型客运站一般设有分方向或分线的候车室,以及为妇孺、军人、软席或贵宾专设的候车室,以便组织旅客分区、分片候车,就近上车。对需要重点照顾的旅客,给予优先检票、提前上车的方便。

在中转旅客比较多的大站,一般都在站内或站外附近设置多处旅客随身携带物品寄存处,以保证中转旅客临时存放物品的需要。在永定门、广州、济南等站还安装使用了"小件物品自动存放柜",可同时存放几千件物品。

为了保持良好的候车秩序,保证安全旅行,车站采取措施严防有的旅客携带"三品"(危险品、易燃品、爆炸品)上车。

车站客运职工遵循"全面服务,重点照顾"的原则,对有特殊困难的旅客,增设便民利客的服务项目,如送上车、送出站、送到家、代查地址、代找亲人、代找旅馆等,不断涌现为旅客排忧解难的先进客运人员。如郑州铁路局长葛站客运服务员、全国铁路劳动模范薛金钟,走访长葛站附近三县十四个乡镇近百个村庄,为旅客办了大量好事,用轮椅、架子车送重点旅客上千次,收到27个省、自治区、直辖市的数千名旅客的赞扬信,被誉为"旅客的贴心人,活着的雷锋"。

行李、包裹的运送和服务工作,是一件复杂细致的工作。铁路运输的行李、包裹,品类繁多,零星复杂,到站分散,几乎所有办理客运业务的车站,都有一定数量的行李、包裹的发送和到达。中国铁路的行李、包裹,主要依靠在各次旅客快车编组内加挂行李车来运送。随着全路客运运能与运量之间矛盾的突出,用以运送行李、包裹的行李车载重能力和车站设备能力都受到限制。在包裹运量急剧增加的近几年里,行李车超载、停运三类包裹的情况时有发生。为此,全路加强了包裹计划运输,强调按计划承运，简化托运手续。特别是1985年研究实行了行包运输方案，保证了行李随到随运，包裹按能力、分方向、定日期承运。同时还开展了站台交付行李，上门接货，送货到家，代售包装用具，代加包装等服务项目，减少行包的破损和积压，受到旅客和货主的好评。

二、旅客列车乘务和服务

中国铁路旅客列车乘务工作，是由客运、餐茶、行李、车辆、公安以及车务等工种的乘务员共同担当的。

旧中国铁路的旅客列车乘务制度，是各工种分别隶属不同的机构领导和指挥，每趟列车乘务人员大多临时组成，工作上不能统一领导，集中管理。

从50年代开始对上述制度进行了调整。当时列车和餐车的管理仍分别由列车段和旅行服务段领导，1953年才将客运、行李、餐茶划归列车段统一管理，并具体划分为列车长、列车员、行李员、广播员、餐厨员等工种，组成固定包车底的乘务组。对不宜划归列车段领导的车辆检修、公安人员仍由车辆段和公安乘警队分别领导。随着业务的增加，部分列车段无力兼管客货列车乘务工作，遂将旅客列车乘务工作划出，单独成立客运段领导。

50年代后期，由于列车、检车、公安三方面的共同配合，相互协调，逐步形成了在列车长领导下的分工负责制。在70年代后期，铁道部正式要求各次旅客列车都要建立健全由客运、车辆、公安三方面乘务人员组成的"三乘一体"制度，在值乘中统一由列车长领导，协调三方面工作，逐步完善了列车乘务管理制度。

早在50年代初期，在贯彻负责制过程中，各次列车乘务工作已先后实行了"包线轮乘制"（即在旅客列车固定运行的线路上，由若干个列车乘务组固定轮流值乘，但所值乘的车底，不固定由某个乘务组包乘）和"包线包车底制"（即在包线的基础上，固定两个乘务组包乘，一组在车上值乘，另一组在车下休息，相互轮换）。这两种制度都具有使乘务人员熟悉线路情况及车辆特点的优越性，因此一直沿用下来。

进入 80 年代，为了缓和客运运能紧张状况，铁道部在组织推行旅客列车扩大编组的同时，也部署探索旅客列车编组内容和乘务方式的改革，如改革列车乘务班制，甩下宿营车，用以扩大运能。1985 年沈阳铁路局率先改革，对管内乘务时间在 12 小时以内的旅客列车，将途中两班制乘务方式（即一班人值乘，另一班人在宿营车休息）改为由一班值乘到底；对乘务时间超过 12 小时的旅客列车，则采取中途换班下车休息。这样，用一班制取代两班制，不但减少了列车乘务人员，而且更重要的是节省了宿营车，可以改挂载客客车，用以扩大运输能力。例如在 1985 年沈阳—北京的 11/12 次、253/254 次两对进京特、直快列车的乘务班制改革，就增加硬席和卧铺运能 13 万人，显示了较好的社会效果和经济效益。这一改革经验正在推广。

列车乘务组在值乘中主要任务是：照顾旅客上下车，及时、妥善地安排旅客的座席、铺位；正确掌握车内旅客人数、去向、行包到站和及时办理客流预报；保管、使用和爱护车内设备并发挥其效能；保持车内整洁卫生；维护车内秩序；为旅客提供必要的物质文化生活条件。

广大列车乘务人员遵循"全面服务，重点照顾"的原则，在服务工作上创造了许多行之有效的好方法和好经验。例如在工作过程中做到"以勤为主话当先"，即客运服务讲究文明礼貌，以勤为基础，同时在进行工作前，尽量先给旅客打招呼，必要时要说明进行这项工作的目的和要求，取得旅客的理解与合作；列车从车站开车时，做到"铃响站线、铃停登车、车动关门、出站锁门、四门检查"；车门管理上做到"一关、二锁、三拉、四检"，确保运输安全；在列车卫生管理上，按照"列车出库十字作业法"，做到一摇（通风器）、二掸（行李架、小桌）、三冲（窗沿）、四倒（烟罐）、五掏（座、铺的边缝，暖气管下面）、六扫（地面）、七刷（座位、车厢两头）、八洗（厕所、洗脸间）、九拖（地板）、十抹（全面揩抹）；严格执行"途中三五作业"，即开车后五项作业（开厕所门、安排座位、冲水、扫地、拖地板），到站前五项作业（抹茶桌、扫地、拖地板、通报、锁厕所门），到站后五项作业（扣好车门、翻板搭扣、揩车门扶手、看票上车、擦车皮线刷车皮）。所有这些方法和制度，都深受广大旅客欢迎，一直沿用到现在。

三、铁路旅客餐茶供应

餐茶供应关系到广大旅客的旅途生活。旅客在旅途中所需餐茶，大部分要靠铁路站、车来供应。36年来，铁路餐茶供应工作，坚持面向旅客，做到经济实惠，保质保量。餐车一直实行一日三餐的供应方法，供应方式和品种不断有所改善，基本满足了旅客在旅途中饮食的需要。

50年代初期，由于餐车设备不足，供应能力有限，曾经采取了缩小餐车供应面，发展和扩大站台供应面的措施。即在列车上供应高、中档饭菜，车站站台上经销大众化食品，以满足各层次旅客的需要。

60年代初期，餐车供应改为以大众化为主、中高档为辅的经营办法，即以盒饭为主，送饭上车厢，使车上供应面达到了80%，站台供应面降为20%。

80年代以来，餐车供应方式改为以快餐（配餐）为主，积极经营地方风味食品并兼售部分商品，使之品种多样化，同时大力充实和改善地面站台供应品种和质量。据统计，在餐车就餐的旅客中，快餐比例达80%以上，炒菜只占20%左右。由站台供应主、副食品的旅客达到了列车定员的30%—40%，有的甚至高达50%，这对于缓和旅客列车扩大编组后造成的餐车供应紧张的局面起了很好的作用。

为改善卫生状况和劳动条件，餐车食品容器也经历了较大的变革。50年代初期，在餐车就餐全部用碗盘，以后发展盒饭使用铝质或纸制饭盒。70年代后期开始使用塑料饭盒。中国旅客有食用热饭热菜的传统习惯。铁路餐车工作人员每天在不到10平方米的餐车厨房和有限的饮食生产场地，要满足上千名中外旅客的饮食需要，任务是相当艰巨的。他们不断探索新方法，采用新技术，努力提高饭菜质量。全路列车餐车基本上实现了蒸饭蒸汽化，冷藏电气化，有的还实现了燃料液体化。有的列车还根据旅客的需要开办了包餐业务，做清真饭菜，增设"夜宵"等多种经营服务项目。

36年来，铁路旅客饮食供应工作经过多次调整和改革，已形成分布比较合理、管理比较完备的供应系统，基本做到各条干线平均90—120公里设有一处车站供应点，站、车供应分工配合，共同保证旅客的饮食需要。1985年，全路使用的餐车为777辆，车站售货部有448处，站台售货组817处，旅客食堂122处，分别比1956年增加了294%、124%、375%和430%。

50年代列车实行售水办法，规定了段茶、杯茶、白水不同的收费标准。60年代改为免费供应白开水，每列车大多设置有2—3个锅炉，由列车员送开水至座位，同时在每节车厢的一端设有开水保温箱。各大站也有供应开水设备。这种免费供水办法，一直沿用至今。

第三节　铁路客流组织

铁路客流虽然带有一定的自发性和随机性，但也是可以预测和加以组织的。为了充分发挥铁路运输能力，满足旅客旅行的需要，中国铁路将旅客计划运输作为铁路客流组织工作的基础。这就是根据客流数量和去向的预测，合理确定旅客列车的种类和对数，快、慢车的比例和长短途列车的比例，妥善安排各次旅客列车的运行区段，始发和终到时刻以及列车编组内容，形成旅客列车运行方案，作为编制列车运行图的依据。

1952年开始，铁道部在编制全路列车运行图的同时，编制旅客列车运行方案。从1954年起，结合编制全路列车运行图，铁道部统一组织编制客流计划，编制客流图，并对全路直通旅客列车实行票额分配，从而完善了旅客列车运行方案的编制工作，并为旅客计划运输工作打下了基础。1958年在三等以上客运站专门设置计划客运员,负责在日常客流组织上开展计划运输。1961年起,在日常客流组织上全面推行了旅客计划运输方案,进一步提高了旅客运输的计划性和组织性。1978年,为了进一步加强计划运输、改善旅客乘车条件,有些旅客特别快车由原来的始发站对号入座改变为全程对号。至1985年年底,全路全程对号列车已发展到6对。与此同时,一些铁路局管内列车也改为全程对号快车。

一、中国铁路客流情况和编制旅客列车运行方案的原则

长期以来,中国铁路旅客运输的主要对象是只占全国人口20%左右的城市居民,其乘车量约占全路客运量80%左右。城市人口的流动主要是由全国各大中城市间、工矿企业间的业务往来,科技文化交流,以及职工探亲、旅游等活动而产生的。

中国农民占10亿人口的80%,多年来他们乘坐火车人次占铁路客运量比重不大。中共十一届三中全会以来,农村经济体制实行改革,农村劳动力开始出现剩余,农民外出做工、经商、旅游的人数逐年增多。据上海站抽样调查表明:农民客流从1980年占铁路客运量5.1%上升到1985年的21.9%,全路情况也大致如此。

在中国铁路,节假日客流,特别是春节前后客流上升很多。元旦、春节、"五一"和国庆四大节日期间以及学校师生的寒暑假期中,铁路客流大幅度增长。为此,铁路要临时增开旅客列车,有时如春节前后还要专门编制节假日运行图,以满足旅客的需要。

根据多年的经验和规律,将元旦、"五一"、国庆节日前后各5天,春节前后各20天以及暑期7月、8月两个月列为节假日运输时间。一般来说,全路节假日运输所完成的客运量约占全年完成客运量的40%左右,有的车站还高达60%以上。

随着改革、开放、搞活政策的贯彻和执行,近年来在某些特定地区产生的特殊客流发展很快,而且种类越来越多。例如:四川、江苏、浙江、安徽等省人多地少地区的农民,多以建筑、小五匠、经商为业而外出做工。他们农闲时流向大城市,农忙时节返回家乡。哈尔滨每年冬季的冰雕艺术,吸引上百万中外游人前往观赏。洛阳在牡丹花盛开的季节,短短一星期就能迎来上百万游人。在每年清明节前后,到杭州灵隐寺和宁波普陀寺的客流也达到几十万人次。此外,还有"关东探亲客流""支边支教客流"等,都按规律定点定时形成固定的客流。

随着对外开放政策的进一步落实和旅游事业的迅速发展,外宾、华侨、港澳和台湾同胞旅客运输量也逐年上升。1985年与1978年相比,铁路运送的来华旅游的外国旅客增加了5倍,华侨增加了4倍,港澳和台湾同胞增加近10倍。

按全路客流的行程长短来划分,中短途客流所占比重比较大。若以100公里以下行程定为短途,101—500公里定为中途,501公里以上为长途,中国铁路1985年这3种客流比重分别为57.6%、30%和12.4%,即中、短途客流共为87.6%,占主要地位。

铁路从内部管理角度又把客流分为直通客流、管内客流和市郊客流三类,历年来各类客流的比重如表3所示。

历年客流构成比重表

表3

客流性质	1954	1956	1958	1960	1961	1962	1965	1970	1972	1974
直通(%)	16	15	10	11	12	11	8	10	10	10
管内(%)	78	68	65	69	72	76	72	70	67	67
市郊(%)	6	17	25	20	16	13	20	20	23	23

客流性质	1976	1977	1978	1979	1980	1981	1982	1983	1984	1985
直通(%)	10.2	9.9	10.3	10.7	11.4	11.7	12.0	9.4	9.5	11.5
管内(%)	66.0	66.4	66.2	66.6	67.2	67.9	66.9	70.4	72.5	73.3
市郊(%)	23.8	23.7	23.5	22.7	21.4	20.4	21.1	20.2	18.0	15.2

直通客流系指旅客的乘车行程跨及两个铁路局及其以上。这种客流在铁路客流中的比重绝大多数年份均在10%—12%之间，虽然所占比重不大，但就其完成的旅客周转量来看，从1965年至1985年间一直保持在总周转量的55%—60%，是全路旅客运输的重点。

管内客流系指旅客的乘车行程在一个铁路局的范围之内。这种客流所占比重历年都在65%—75%之间，是铁路旅客运输的主要对象。

市郊客流是指旅客往返于大城市与邻近的郊区之间、乘车距离约在100公里以内的客流。这种客流在六七十年代保持稳定发展状态，进入80年代以后，比重有所下降。这是因为铁路运能与运量的矛盾突出，为保证货运及长途客运所需要的能力，采取了适当限制发展的措施，如减少车次和停站，并对100公里以内短途票价上调等，使其转向城市郊区汽车运输。

为了掌握一定时期的客流数量和客流变化规律，必须对客流进行预测。客流预测采取的主要方法是组织客流调查。客流调查有全面调查和抽样调查。多年来主要采取全面的、较大规模的调查，一般是以车站为单位，在车站吸引范围内进行。吸引范围分为直接吸引范围和间接吸引范围，前者是指车站所在地及其附近50公里之内被车站直接吸引的城市和居民点，后者则是指由于其他交通工具的联系而吸引较远地区的城市和居民点。客流调查形式，有每年进行一次的综合调查，节假日前进行的节假日调查，以及车站客运人员通过日常与广大旅客接触所进行的日常调查。

客流调查所得资料，经过加工整理和分析计算，作为编制节假日和日常旅客运输计划、年度旅客运输计划以及旅客列车运行方案时的依据。

编制旅客列车运行方案的原则是：

1. 根据客流的性质和流量，合理安排长途、短途、快车、慢车等多种类型的列车；

2. 确定各次旅客列车始发、终到时刻时，尽量考虑当地市区交通情

况,为旅客创造方便的旅行条件;

3. 组织均衡运输,避免旅客列车在车站密集发送、密集到达和密集通过编组站,合理而充分地使用现有客运设备;

4. 枢纽地区各方向旅客列车的到发时刻,要相互衔接配合,便于旅客中转;

5. 旅客列车在途停留所需技检时间,应严格遵照有关规章所定标准,保证列车运行的安全和效率;

6. 大力提高旅客列车运行速度,加速客车车底周转,经济合理地使用客车。

二、旅客列车编组及其改革

编制旅客列车运行方案时,首先确定开行列车的种类、对数和列车编组内容。

按照旅客列车的运行要求、旅行速度和列车编组的不同,将旅客列车分为特别旅客快车、直通旅客快车、普通旅客列车、市郊列车和混合列车五类。每种旅客列车的编组数量和车种,一方面受机车牵引功率和车站到发线有效长度的限制,另一方面也取决于该种列车的性质、运行区段和客流量等因素。

旅客列车编组内容主要分为两大部分:一是乘坐旅客的车辆,二是服务性的车辆。前者为数量不等的硬座车、硬卧车、软座车、软卧车、软硬座合造车、软硬卧合造车组成;后者由行李车、邮政车、餐车、宿营车组成。

为了便于日常组织指挥,各种旅客列车都按运行方向分为上行和下行,向首都北京方向运行为上行,由北京向全国各方向运行为下行。每一旅客列车都按铁道部统一规定编定车次。随着开行对数的增加,各类列车车次编号范围每隔一定时间需要扩展和调整。从1984年4月1日起全国旅客列车车次编号统一规定如表4所示。

旅客列车车次表

表 4

序 号	列车种类	车次编号
1	特别旅客快车（特快）	1—98
2	直通旅客快车（直快）	101—298
3	管内旅客快车（管快）	301—398
4	直通旅客快车（直客）	401—448
5	管内旅客快车（管客）	451—598
6	临时旅客列车（临客）	601—678
7	客货混合列车（混合）	681—698
8	市郊旅客列车（市郊）	701—748
9	旅游列车（旅）	游1—游48

从50年代初期到70年代末，为了适应旅客输送量的增长，一般都是在每次编制全路列车运行图时，根据需要与可能，适当增加一些旅客列车对数，同时在小范围内、少数量地增加旅客列车编组辆数。长期以来，由于受客运站到发线有效长度和站台、雨棚、客车上水设备长度的限制，以及机车牵引功率的限制，旅客列车的编组辆数一直停留在12—13辆之间。每一种旅客列车所编组客车的车种也大致相同。

中共十一届三中全会以后，铁路客货运量连年剧增，而运输能力却增加有限。1979年至1984年全路旅客发送人数净增3.15亿人次，增长率为39.1%，平均每年纯增加5256万人次，年增长率达到5.6%。而同期铁路客运能力大约只增加21.4%，远远不能适应运量增长的需要。

鉴于主要干线牵引动力大部已改为内燃机车，一些新建和改建客运站的到发线有效长度也有所延长，在现有设备基础上适当增加旅客列车长度，已初步具备条件。因此，1982年1月铁道部首次组织京广线特快旅客列车牵引17辆的试验和调查，证实了扩大旅客列车编组辆数的可行性。随后又在京哈、京沪两线进行了试验和调查。在3条干线60个有代表性的客运站中，只有35%的车站约1/2的到发线有效长度能够满足旅客列车编组20辆的要求；站台、雨棚、水栓等设备普遍不适应旅客列车扩大编组的要求。在试验和调查过程中，铁道部和有关铁路局进行了研究，初步商讨了调整机车类型、改造车站设备的方案。

1983年3月铁道部正式成立了旅客列车扩大编组领导小组，由各有关业务局参加，决定继续进行有关线路的扩编试验。同年6月，完成了京通、包兰、陇海、兰新、沪杭、浙赣、湘黔、京广南段各线的试验，并分别制订了实施计划。以上各线旅客列车扩大编组，经过必要改造和调整后，陆续付诸实施。根据各线具体条件不同，一般编组辆数都在15—17辆之间。

1984年3月再次组织了京广线北京—武昌37/38次特别旅客快车牵引20辆的试验，并于同年9月21日正式运行。这是中国铁路旅客列车在改革创新中迈出的重要的一步。在这以后，北京—广州15/16次和47/48次特别旅客快车也于1985年4月1日正式编组20辆运行于京广全线。

截至1985年，全路共有151对旅客列车扩大了编组，共增挂客车198辆，相当于每天扩大客运能力6.6万余人，对扩大旅客输送能力、缓和运能与运量的矛盾起了很好的作用，并为今后旅客列车编组辆数确定了发展方向。

在扩大客车编组辆数的同时，对旅客列车编组内容也进行了改革。全路已有一部分旅客列车甩下了行李车。同时通过乘务班制改革，部分旅客列车取消了宿营车。此外，由于改革了列车餐茶供应办法，还有一部分列车减挂了餐车。所有这些，都扩大了每一列车的载客人数。

第四节　铁路客运运价

铁路客运运价是旅客运输产品的销售价格。它包括旅客运价（即旅客票价）和行李、包裹运价两大部分。中国铁路客运运价的特点是：（1）铁路客运运价由国家有计划地制定，体现了国家运价政策，包括旅游价格政策；（2）实行递远递减原则和低运价政策；（3）反映铁路运输成本和一定的利润；（4）旅客票价中包括基本票价和按基本票价2%计算的旅客意外伤害强制保险费。

1949年年初军委铁道部成立时，由于全国各地区解放时间先后不同，形成了东北、北方、南方三大区，各区铁路运价也不一样。同年12月，根据中央财经委员会关于铁路旅客票价基数不得超过抗战前旅客票价的一半的指示，铁路确定采用低运价制度。

1949年4月开始统一北方各局运价。1952年3月铁道部决定调整全国铁路客运运价，全路除昆明铁路局外运价得到了统一。1955年6月又进行了一次全路性调整。到1955年6月止，全国铁路旅客运价先后共计调整了11次。

从1949年4月至1952年3月，旅客票价调整次数频繁，一是为了适应各地区物价波动，二是逐步消除旧铁路各自为政的痕迹，实现全国统一票价。因此，可以说这段时间的运价调整带有临时过渡性质。只有1955年的调整带有一定的改革性质，这也是新中国铁路票价至今为止唯一的一次全面调整。但这次调整由于受当时历史条件的限制，仍留下许多问题，有待进一步研究解决。30年来，虽然原材料、燃料等价格都有不同程度的上涨，职工工资也上调过若干次，但铁路客运运价却一直没有变动，仅于1980年1月1日起，对外籍旅客票价按国内旅客票价提高了75%。1985年5月15日起，为促进各种交通工具的合理分工，协调发展，缓和铁路承受的运量压力，对100公里以内的短途票价上调了36.7%，这两项均属政策性的局部调整。

现行铁路客运运价制度基本内容如下：

1. 旅客票价。

旅客票价包括基本票价和保险费两部分。基本票价是根据运输种类以每公里的票价基数（基本票价率）为基础，按规定的票价的里程区段采取递远递减的办法确定的。保险费按基本票价的2%计算，作为旅客旅行中发生意外伤害时支付医疗费及保险金的基金。

（1）票价种类及各种票价的比价关系。

旅客票价根据列车种类、等级、车辆类型、客票的使用时间以及减收票价的有关规定，分为普通票价、加快票价、卧铺票价、市郊票价、简易客车票价和棚车代用客车票价6种。

各种票价率都是按照普通硬座价率（即基本票价率）加成或减成计算的。现行的各种旅客票价比例关系如表5所示。

各种旅客票价比例关系表

表5

票价种别		比例%	票价种别		比例%
普通票价	硬　　座 100公里以内硬座 软　　座 100公里以内软座	100 136.7 175 239.3	加快票价 （补加）	普通加快 特别加快	20.0 40.0
市郊票价	单　　程	85.5	硬卧票价 （补加）	硬卧上铺 硬卧中铺 硬卧下铺	75.0 80.0 85.0
	定期月票	职　　工　25.5 中学以上学生　11.0 小　学　生　3.0	软卧票价 （补加）	普通软卧 包房软卧 高包软卧	175.0 210.0 245.0
	定期月票	职　　工　21.0 中学以上学生　8.5 小　学　生　2.1	简易客车票价		76.0
			棚车代用客车票价		50.0

注：以普通硬座票价为100%。

（2）票价里程区段和票价递远递减率。

里程区段划分越小，旅客支付票价也就越合理。为使票价较为合理又不太烦琐，票价里程区段的划分如表6所示。

旅客票价递远递减率按票价里程区段分档，从201公里开始递减，按照201—500公里，501—1000公里，1001—1500公里，1501—2000公里档次分别递减10%、30%、40%、50%；2001公里以上递减40%。

（3）政策性优待票价。

中国铁路旅客运输对革命残废军人，没有工资收入的学生和儿童实行

旅客票价里程区段表

表6

里程区段（公里）	区段数	每区段公里数	里程区段（公里）	区段数	每区段公里数
1—200	20	10	1601—2200	10	60
201—400	10	20	2201—2900	10	70
401—700	10	30	2901—3700	10	80
701—1100	10	40	3701—4600	10	90
1101—1600	10	50	4601 以上	10	100

减、免票价优待。减免规定如下：

大、中、小学学生家庭住址与学校不在同一城市，每年可享受4次半价硬座客票，往返于家庭与学校所在地车站。

现役和非现役革命残废军人，可使用半价软、硬座客票、加快票和卧铺票。

随同大人一起旅行，身高1—1.3米的小孩票价按大人票价的1/4计算。

每一个大人可免费携带身高不够1米的儿童一人。

2. 行李、包裹运价。

行李是指旅行需要的生活上一定限度的必需品，如旅客的被褥、衣服、书籍和旅行必需品。此外，持有搬家、调转证明的家庭用具，文艺团体演出的服装、道具等，也属行李范围。

包裹系指行李以外的，由旅客列车运输的零星少量急用的物品。包裹运输俗称快件运输。包裹分为三类：一类包裹为报纸、杂志及政治宣传用的非卖品；二类包裹指文化宣传用品和鲜活物品；三类包裹是抢险救灾物资、零星急需支农物资等。

行李、包裹运价包括基本运价和装卸费两部分。基本运价是根据行李和包裹种类以每公斤公里的运价基数（基本价率）为基础，按照规定的里程区段和递远递减的办法确定的，以5公斤为计算单位。行李、包裹的装卸费按5公斤为基数单位分别计算。

行李、包裹运价的计算方法与旅客票价基本相同。行李运价里程区段的划分与旅客票价里程区段的划分相同,而包裹则有所不同,其相同的递远递减幅度的区段划分小于旅客票价,如表7所示。

包裹运价里程区段表

表7

包裹运价里程区段			行包递减幅度	
里程(公里)	每区段公里数	区段数	里程(公里)	递减率(%)
1—100	100	1	1—200	0
101—300	20	10	201—500	10
301—600	30	10	501—1000	20
601—1000	40	10	1001—1500	30
1001—1500	50	10	1501—2000	40
1500公里以上	100	37	2001以上	30

包裹根据运输条件和体轻物品种类,实行不同程度的加成。行李和各种包裹运价的比例关系如表8所示。

包裹运价的比例关系表

表8

种 类	三类包裹	二类包裹	一类包裹	特殊运输条件及体轻物品	行 李
比例%	100	45.6	8.0	200—500	33.3

1985年的铁路、公路、水运、民航票价率比例关系如表9所示。

各种运输方式票价率比例关系表

表9

项 目	铁 路(硬座)	公路(普座)	水 运(四等舱)	民航(普通舱)
每人公里客票价比例%	1.755分 100	2.4—2.8分 边远地区为4分 137—162	2.5—3.0分 142—171	2.8—4.7分 162—270

第六章
铁路货物运输

　　铁路货运工作的基本任务是：贯彻执行国家的方针、政策和法令，合理运用铁路货运设备，实行计划运输和负责运输，不断提高运输生产效率和货运服务质量，安全、迅速、经济、便利地运输货物，完成国家规定的铁路货物运输任务。

　　铁路运输的货物，品类繁多，性质各异，要求的运输条件千差万别，货物运输组织方法各不相同。例如煤炭、矿石、矿建材料、石沙、木材约占铁路总货运量的70%左右，是铁路运输的大宗货物。其中除矿建材料外，绝大部分要从纵深广阔的内陆腹地，在专用铁道上进行装车，运往工业集中的沿海地区，因此形成了大宗货物运量大、运距长、流向相对集中的运输特点，给铁路组织直达运输和成组装车创造了极为有利的客观条件。又如农业、工副业产品货源比较分散，轻工产品虽然货源相对集中于沿海地区，但都远销全国各地。其运输特点是托运批数较多，每批重量较小，性质复杂，流向分散，运送条件要求严格，货车载重量利用率较低。这类货物多按零担货物运输，运输组织工作难度较大，但它对支援农业生产，加强城乡物资交流，保证市场供应，提高人民生活水平，都起着重要的作用。为了满足此类货物运输的需要，铁路绝大多数车站均办理货运业务。据1985年统计，全路办理货运营业的车站为4930个，占全路车站总数的90.4%，站间的平均距离为10.57公里。

　　50年代初期，铁路受运输设备和条件的限制，只能运输普通货物。随着国民经济建设的发展、人民物质和文化生活水平的提高以及对外贸易的需要，对铁路货物运输的要求也越来越高。为了适应这些要求，铁路从1953年1月开始，实行由承运到交付对货物承担全部责任的负责运输制度。铁路货运业务范围也逐步扩大，除整车和零担运输外，先后开办了集装箱运输业务、水陆联运业务、货物快运业务以及国际货物联运业务。按特殊条件办理的鲜活货物运输、危险货物运输、阔大货物运输都得到迅速的发展。货物运输安全和服务质量显著提高。

铁路货运量的增长幅度和国民经济建设的发展速度是紧密相关的。从1951年至1985年，工农业总产值平均每年递增9.4%，同期铁路货运量平均每年递增7.5%。新中国成立36年来，铁路运输完成的总货运量为224.6亿吨。1985年平均每天发送货物近350万吨，全年货运量为12.75亿吨，占全国总货运量的50.7%，分别为公路和水运（不含远洋）货运量的1.8倍和3.1倍；货物周转量占全国总货物周转量的71.7%，分别为公路和水运的23倍和3.6倍。1985年通过铁路运输的主要工农业产品的运量为：煤炭51856万吨，占产量的59.4%；石油5811万吨，占产量的46.5%；钢铁7453万吨，占产量的82.2%；金属矿石6724万吨，占产量的48.7%；木材4714万立方米，占产量的74.6%；粮食4503万吨，占产量的11.9%；棉花150万吨，占产量的36.2%。

36年来，随着铁路货运设备的改善，技术和管理水平的提高，建立和健全了货运规章制度，实行了计划运输制度；在不断总结运输生产实践经验的基础上，大力组织了直达运输、合理运输和均衡运输，加强了日常货运组织工作和货场管理；通过开展路厂、路矿和路港间的联劳协作，挖掘了运输潜力，因而提高了运输效率，扩大了运输能力。各项运营指标，如货车周转时间、货运密度、货车静载重、直达运输比重等，都居世界铁路的前列。

第一节　铁路货物计划运输

铁路的计划运输，是通过年度和月度货运计划的编制和执行来实现的。年度货运计划直接反映国民经济计划年度中分配给铁路的运输任务，规定了年度货运量、货物周转量、平均运程和货运密度等主要指标，是编制列车运行图、列车编组计划以及分配各铁路局运输任务的依据。月度货运计划是保证完成年度计划在计划月份的具体安排，它是根据计划月份国民经济各部门的生产计划、供应计划和销售计划对铁路运输的需要，并根据铁路运输能力，经过综合平衡编制的。月度货运计划是铁路编制技术计划、运输方案和日常作业计划的直接依据，是铁路运输组织工作的基础。

中国铁路编制月度货运计划，始于1949年5月。1950年12月，政务院发出了《关于铁路运输计划的指示》，规定托运单位必须按月提出月度要车计划，要求有最大的准确性；同时规定，由政务院财政经济委员会（简称中财委）中央财政局按月主持计划平衡会议，确定铁路月度货运计划，下达铁道部执行。这个历史文件的重要意义在于：它以政务院的名义，规定了托运单位必须按月提出要车计划的制度，同时把月度货运计划的平衡工作，提到由国家直接主持的高度，从而为铁路计划运输奠定了基础。

1955年10月公布实行《铁路月度运输计划编制暂行规定》和《月度运输计划执行规则》。从此，铁路月度货运计划有了完整而统一的编制和执行办法。铁路月度货运计划工作的核心问题是正确处理运能与运量之间的矛盾，合理分配各地区、各部门、各个品类货物的运量，按旬、日均衡安排运输任务，尽最大努力满足国民经济的运输需要。

36年来，月度货运计划制度，随着国民经济建设形势的变化，逐步提高，日臻完善，创造了一套完整的工作方法，在密切产、供、运、销关系，改善铁路计划运输组织工作，充分发挥铁路运输设备的效能，均衡完成国家运输任务等方面起了重要作用。这套工作方法的内容包括：

1. 货源调查和组织。

计划的准确性，是衡量货运计划质量的一个重要标准。这就要求货运计划建立在切实可靠的货源基础上，把客观运输需要最大限度地纳入计划运输轨道。为此要求进行货源调查。广大铁路职工经过实践，在这方面摸索出了一套行之有效的货源调查和组织方法，即车站、分局、路局三级分别组织货源调查小组，深入工厂、矿山、农村和物资贮存部门，宣传计划运输的重要性，了解和掌握物资的生产、供应、销售情况，摸清货源变化规律，帮助物资单位提出切实可行的要车计划；在货主的要车计划提出后，进一步核实货源，防止差错和遗漏；在计划编制过程中，在核实货源的基础上，结合铁路的运输能力，对物资运输要求进行排队平衡，在货运计划中体现各地区、各种物资运量的正确比例关系；要车计划批准后，与发货单位进一步对照核实货源，并配合货主做好装车前的一切准备工作，按计划组织兑现。

货源调查与组织是铁路主动为各物资部门服务的具体表现。它贯穿于月度货运计划编制和执行过程的始终。1985年货源兑现率达到95.6%，计划内装车比重达到86.1%。

2. 物资归口管理。

各物资生产、供应、销售单位的月度要车计划，按各该物资的调拨权限，分别由中央或省、市级主管单位统一归口，向铁路提出。这个办法始于1961年前后。1980年，铁道部根据改革、开放、搞活，疏通流通渠道，促进货畅其流的要求，对归口管理的规定作了必要的修改，减少了归口管理物资的品种，下放了部分权限，进一步促进了商品的正常流通。同时，对实行归口管理的物资运输，加强了组织与管理措施。

实行物资运输归口管理，有利于按国家对物资的管理规定和运输政策，以及生产和需要的轻重缓急程度进行物资排队和综合平衡；也有利于产、供、运、销更好地结合，便于发现和消除不合理运输，组织物资合理调运，而且便于集中货流，组织直达运输和成组装车。多年来，统配矿煤炭运输计划一直由煤炭部统一安排，省、自治区、直辖市煤炭管理局统一向铁道部提出月度要车计划。汽油、煤油、柴油、润滑油，由商业部门调拨，其中绝大部分由商业部门向铁路办理运输。外贸进出口物资，由外贸部统一归口管理，向铁路提出要车计划。这样，就保证了大宗货物和重点物资的运输安排。此外，省、自治区、直辖市人民政府还制定了一些地方物资运输归口管理办法，也都收到了较好的效果。

3. 综合平衡。

综合平衡是编制月度货运计划的中心环节。所谓综合平衡，就是按照国民经济有计划按比例发展规律的要求，统筹兼顾，全面安排，保证重点，照顾一般，正确安排各地区、各部门、各种物资的运量，以求运输需要和铁路运输能力的相互平衡。

铁路月度货运计划的编制，采取铁道部、铁路局和铁路分局三级结合，逐级平衡、分级决定的原则。开始编制前，由铁道部下达重点要求和注意事项，作为铁路分局和铁路局编制计划的依据。各铁路分局综合平衡本分局的货运量，上报铁路局。铁路局汇总各分局的上报材料再次平衡后，向铁道部上报本局的"原提、核实、建议"运量，铁道部汇总各局经过综合平衡后的货运量，并同各有关部门协商安排中央归口管理的物资货运量后，下达各局的总装车任务。各局根据铁道部确定的运输任务，最后确定各分局的货运量，并把核定的计划汇总材料上报给铁道部。这种逐级综合平衡的方法，体现了集中领导与分级管理相结合的原则，是中国铁路月度货运计划编制工作的一个显著特点。

4. 组织合理运输和均衡运输。

组织合理运输就是要经过科学计算确定各种物资的合理流向，消除对流、重复、迂回等不合理运输，促进生产的合理布局，确定产销联系，扬长避短，确定各种运输方式的合理分工。

铁路全面推行合理运输组织工作开始于1954年。当年7月，政务院作出了《关于逐步推行煤炭分区产销平衡合理运输制度的决定》，这个决定引起了运输制度和煤炭分配制度的重大改革。根据这个决定的精神，铁道部与其他有关经济部门，积极推行了多种大宗物资的合理运输，取得了显著的经济效果。到1959年，中央或地方制定的合理运输流向图的物资，占铁路总货运量的70%左右，1960年又制定了水陆合理分工办法，进一步为开展合理运输工作创造了有利条件。

铁路货运计划人员参加物资分配会议，实行产、供、运、销大协作，从分配入手组织合理运输，是实现运输合理化的一项有效措施，这是中国铁路组织合理运输的一个独特的方法。它可以使分配部门在进行分配之前，事先了解到运输中存在的不合理问题，及时发现和调整不合理的供需关系。组织合理运输，还可以节约运输劳动消耗量，从而降低商品的最终成本。

组织均衡运输，是充分利用铁路设备的运输能力，保证工业生产，特别是大工业生产连续性的重要措施。造成铁路运输不均衡的客观因素很多，如农业生产和消费的季节性，使大量农副土特产品多集中在第四季度运输；北方结冰期和枯水期内原由水运承担的运输任务转向铁路，也造成第4、第1季度铁路负担加重；建筑工业的季节性，形成矿建材料运输的季节波动；矿山基地发送的产品与到达的物资数量悬殊。以口泉煤矿为例，1981年发送与到达运量之比为21∶1；而钢铁基地，则正好相反，炼1吨钢，需要运进原材料和燃料6吨以上等等。为了消除这些因素的影响，在铁路货运计划工作中，特别注意有预见地组织均衡运输，尽量缩小忙月与闲月的运量差额和运输方向上的不均衡。

铁路组织均衡运输的方法，主要有如下几点：（1）在繁忙季节到来之前，组织非季节性物资提前运输，为季节性物资让路；（2）协助有关部门组织季节性物资在生产地仓储或加工，创造均衡运输的条件；（3）抓好煤炭均衡运输，动员电力和商业部门扩大储煤能力，并在运能有余的月份组织多运储存，以调剂季度和月度运量的不均衡；（4）积极建议有关部门重视合理布局，如在煤矿区建立坑口电站，林区建立木材加工厂，多运成品、半成品，促进运输合理化，解决运输方向上的不均衡等。此外，在日常组织中，通过认真搞好车流调整，注意吸引和组织空车方向的货流，也可以在一定程度上缩减运输方向上的不均衡。

第二节　整车、零担和集装箱运输

经由铁路运输的货物，品类和性质十分复杂，不少货物还要有特殊的运输条件。为了便于加强计划运输和货运技术管理，合理使用运输设备，提高运输效率，铁路根据每批托运货物的重量、体积、性质、状态等具体条件和货主的要求，分别按整车、零担和集装箱3种不同的运输种类办理。

一、整车货物运输

经由铁路运输的任何品类的货物均可按整车办理，关键是必须具备需要使用一辆或其以上货车装运的条件。按货物状态和性质，一批必须单独使用一辆货车装运的货物（如没有包装的散堆装货物，需要冷藏、保温或加温运输的货物，危险货物中的炸药及爆炸性药品，容易污染其他货物的污秽品等），即按整车办理。此外如体积、长度过大的超限或超长货物，往往需要两辆以上平车跨装运输。巡回放养的蜜蜂，因其需要押运，途中又要喷水、喂食，不宜和其他货物配装，也要按整车运输办理。

整车货物运输是铁路货物运输的主要形式，其运量约占铁路总货运量的97%左右。为了便于按国民经济发展的需要有计划有秩序地组织运输生产，合理运用铁路的运输能力，按整车办理的货物，均按计划承运。只有纳入月度货物运输计划的物资，才允许托运。即使临时产生的紧急运输，也必须经过规定的审批手续方可承运。铁路从1949年5月以来，即坚持计划运输制度。多年来，通过深入细致的货源货流调查，编制切实可行的货运计划，组织合理运输、直达运输和均衡运输，使整车货物的运输质量稳步提高，从而保证了铁路运输生产任务的完成和超额完成。

按整车运输办理的绝大部分为大宗货物。其中煤炭约占铁路总货运量的40%，数量最大，矿石、矿建材料、石油、木材等运量也较大。

大宗货物的装卸作业大多是集中在专用线和专用铁道上办理的。据

1982年统计,在专用线和专用铁道上办理货物承运和交付作业,并组织装卸的货运量,约占铁路总货运量的65%左右。因此,加强专用线管理工作,开展铁路与企业之间的协作配合,对挖潜扩能,提高运输效率,有着极其重要的意义。例如,大同矿务局1982年产煤2620万吨,供应全国24个省、自治区、直辖市的2000多个厂矿企业及出口外销,要到达700多个卸车站。这些煤炭分布在3条专用铁道和4条专用线的数十个采掘点上,运输组织工作任务十分艰巨。为了完成晋煤外运任务,路矿联合组成了联合办公室,下设方案、货源、调度及矿点协作小组,双方的调度和生产管理人员联合办公。通过共同编制月度货物运输计划,确定货运量、装车数和运输方案,共同安排旬间日历装车计划和日班取送车计划,双方按编组计划要求确定重车的到站及收货单位,从而使路矿双方的工作联系成一个有机的整体,提高了工作效率,保证了双方年年完成产量、装运和外销任务。

二、零担货物运输

一批托运的货物,不具备整车货物运输的条件时,就按零担货物运输办理。零担货物主要是小型机械、机器零件、轻工产品、农副土特产品、日用百货以及个人物品等,其运量只占铁路总货运量的2%,装车数占总装车数的4%左右。但是零担货物运输与工农业生产发展,城乡物资交流,以及人民物质文化生活有着极为密切的联系。中国在总结经验的基础上,对铁路零担货物运输创造了适合计划运输制度的一套较为完整的组织方法。

(一)编制零担货物承运日期表。50年代初,铁路零担发送多数采用随到随承运的办法,也有一些车站采取先提运单,按运单集配承运的办法。这两种办法,均不能使货流相对集中。1951年下半年推广了杨茂林装车法,即在装车前把要装的货物选配好,作出装车方案,并对所装的货物按票核对现货,无误后在每批货物上插上同一颜色的小旗;装车时装卸工按装车方案实施，装车后货运员按装车方案的批数和收回的小旗数核对，检查有无剩货。这样不但提高了零担车的静载重，而且减少和消灭了货物漏装、误装等事故。1952年采用日历装车，定期受理，分线承运，使零担货物从随到随承运制度开始进入按计划运输的新阶段，并在各级设立了零担运输调度。1953年7月公布《零担货物计划运输办法》，在全路全面推行零担计划运输制度。各站根据上月实际，确定次月按到站或方向别的整零车装车日期及装车数，于当月25日前公布，如有变动在装车前5日再行公布。

车站在编制承运日期表时，尽量按同一到站或方向以及货物运输条件，安排承运时间，使货流得到合理集中，便于组织高质量整装零担车，合理使用设备能力，均衡地安排每日运量。同时也便于发货单位按承运日期表规定的到站或方向，安排生产和调运计划，做好托运前的准备工作。

（二）实行零担车组织计划。铁路于1957年2月1日起，实行按零担车组织计划（以下简称组织计划）组织零担车。该组织计划是在全面调查零担货物的流量、流向及各中转站的货运设备能力之后，按照多装直达，正确分配各中转站的作业量，尽量减少中转作业次数的原则编制的。组织计划具体规定了全路零担货物组织站和中转站组织零担车的要求，是各铁路局和各站之间相互组织零担货物运输的基本依据。

实行组织计划以后，提高了直达整零车比重，减少了中转次数，加快了货物送达速度，减少了货运事故，货运设备的使用效率也进一步提高。例如，组织计划实行之前，从哈尔滨运到广州的货物，相当部分在途中要经过4—5次中转，运到期限长达30天左右；实行组织计划以后，最多不超过3次中转，运到期限最多不超过19天。

随着零担货物运量和流向的变化，零担中转站设备条件的改善，零担运输组织管理水平的提高，曾对组织计划进行过调整和修订，逐步形成了以36个中转站为重点，以苏家屯、天津北、丰台、郑州东、株洲、成都东、兰州西7个全路性中转站为核心的零担车组织方法，使零担货物运输组织更趋合理,既加快了零担货物的运输速度,提高了运输质量,又方便了货主。

(三)逐步实现铁路货运作业集中化。过去,由于中国公路运输能力低,各种零星货物多靠铁路运输,致使绝大多数中间站都办理零担运输业务。据1983年统计,全路货运营业站4853个,其中办理零担业务的车站为3445个,占营业站总数的71%;大多数中间站货流很小,多以沿途零担车装运,全路开行沿零、快零列车168对。

沿零列车与直通货物列车相比较,停站多,速度慢,干扰大,货车平均静载重低,一对沿零列车所占用的线路通过能力相当于2—3.5对直通货物列车。所以在运量过大、运能紧张的铁路主要干线上,继续大量开行沿零列车是很不经济的。1984年根据公路运输已有相当发展,具备承担短途、零星货物运输能力的情况,开始停办一些中间站的零担业务,经过在济南、沈阳两铁路局的试点,逐步发展到全路。到1985年年底,共停办2047个中间站的零担业务,占原有零担办理站的59.4%;停开快零、沿零列车123对,占原有这类列车数的73.2%。

减少零担货物办理站和沿零列车开行对数,不仅可以提高货车静载重,节省运用车数,提高列车密度,扩大运输能力,而且有利于进一步提高零担货物运输的组织水平和服务质量,同时也为逐步实行铁路货运作业集中化,迈出了重要的一步。

三、集装箱运输

1955年3月开始在沈阳、天津、上海、哈尔滨、大连、济南六站试办集装箱货物运输业务,当年年底,共有416个3吨集装箱。到1958年,办理站增加到18个,3吨集装箱数发展到5971个,集装箱运输完成的年度货运量为55万吨。但是由于汽车搬运和起重设备条件较差,加上管理水平不相适应,集装箱运输的经济效益并未得到发挥。1958年精简机构时,又撤销了各级集装箱运输管理机构,削弱了集装箱运输的领导。之后又逐渐报废了老旧的集装箱,到 1977 年,集装箱年运量下降到 21.3 万吨。

随着国民经济的发展,铁路零担货物运量迅速增加,由于运输环节多,货物包装质量较差,经过多次装卸、搬运,破损比较严重。为了提高运输质量,减少货物的运输损耗,铁道部于 1978 年决定加快发展集装箱运输,并在全路重新建立了集装箱运输管理机构和调度指挥系统,制订了发展规划,建立和健全了规章制度。从 1978 年至 1985 年,总计投资 2 亿元,新造 1 吨集装箱 14.6 万多个,5 吨集装箱 3.1 万多个,3 吨集装箱全部报废。与此同时,相继在齐齐哈尔、滨江、沈阳、大连西、汉西和真如六站,新建了集装箱专用场,扩建了成都东、天津南、广安门、广州南等站的集装箱场,对 9 个集装箱定修厂进行了扩建和改建,从而使铁路集装箱运输又一次进入了一个迅速发展的新时期。1985 年,集装箱办理站由 1977 年的 39 个增加到 262 个;运量由 21.3 万吨提高到了 540 万吨,增长了 24.4 倍。由于加强了运输组织管理,集装箱的周转时间,从 19.6 天压缩到 12.6 天。

集装箱运输的出现,改变了传统的货物运输方式,显示了巨大的优越性。它较好地解决了复杂、零星小包装货物的运输困难,提高了货物运输质量,加速了车辆周转,减轻了装卸劳动强度,简化了包装,节省了材料,大幅度降低了商品成本,同时也在一定程度上缓和了铁路零担运输能力的紧张状况。据 1985 年统计,每万吨货物用集装箱运输,事故件数只相当于零担运输时的 1/20,事故赔款额相当于 1/10。一辆标记载重量 50 吨的棚车装运零担货物,需要 6 个装卸工人作业 2 个小时,而以 5 吨集装箱装运时,则仅需 3 个装卸工人作业 10 分钟。"门到门"运输的比重,全路已经达到 52.6%,济南铁路局则达到 85%。由于集装箱运输的优越性愈来愈被广大用户所认识,所以铁路集装箱供不应求,不少企业制造了自备集装箱,目前已有 2 万多个企业在铁路运输中使用自备集装箱装运零担货物。铁路集装箱运输尚处在进一步发展中。

第三节　按特殊条件办理的货物运输

经由铁路运输的货物除普通货物外，还有一部分货物由于易于腐败变质、燃烧爆炸，或者是重量、体积较大，结构复杂，在运输过程中需要采取相应的保护、防护措施或要求满足特定的运输条件，方能保证货物的安全与完整。此类货物称为按特殊条件运输的货物，如鲜活货物、危险货物、阔大货物等。此类货物运输增长幅度很大。

一、鲜活货物运输

中国幅员辽阔，海岸线长，内陆兼有寒、温及亚热带地区，鲜活货物资源非常丰富，鱼虾、水果、蔬菜、家畜、家禽、鲜蛋等，遍产于全国各地，其中不少是驰名中外的特产。

旧中国铁路全部冷藏运输设备仅有89辆类型复杂设备陈旧的加冰冷藏车和300多辆无冰箱的保温车（即隔热车）。新中国的鲜活货物运输是在克服技术设备落后的重重困难下起步的。1952年以前，修复和改造了部分冷藏车，并于该年11月颁发了《易于腐败货物运送暂行细则》。"一五"期间曾租赁苏联铁路的冷藏车，主要是用以向苏联出口冻肉、冰蛋、水果等货物。

从1956年至1965年中国铁路鲜活货物运输有了迅速发展，9年间建成了20个加冰所（其中2个设有制冰厂）。1958年开始实行冷冻易腐货物负责运输，从而结束了需要货主负责途中加冰加盐的历史。随后，开展了"南菜北运"和全国各地不同品种的瓜果蔬菜的调剂运输，使北方人民在冬春能吃到南方的鲜菜，南方也可以尝到北方的特产苹果、鸭梨。

1962年开始逐步组织开行了由武汉、上海、郑州装运到深圳北站的整车鲜活货物的车辆所组成的快运鲜活货物列车。这三趟列车已经开行了23年之久，在路内外各有关单位的通力协作下，定车次、定列车运行线、定编组内容，做到优质、适量、均衡、及时地向港澳地区输送了大批鲜活货物，对保证港澳居民的正常生活需要，稳定港澳地区鲜活商品的市场价格，起到了重要作用。

通过鲜活货物运输的生产实践和科学试验研究，积累了丰富的技术组织经验，许多以前认为不能长途运输的鲜嫩水果蔬菜，相继试运成功。对车体预冷、鲜鱼夹冰运输、装载方法等，都有了行之有效的办法。对零星冷藏车的运行组织，实行了按车号进行监督的作业方法。在此基础上，于1965年5月又重新修订颁发了符合中国铁路运输实际的《铁路鲜活货物运输规则》。但在"文化大革命"期间，鲜活货物运输处于停滞状态，技术管理工作有所削弱，货物运输质量下降。

1978年以来，随着鲜活货物生产的发展，货运量又有了大幅度的增长，开展较大规模的"南菜北运"，柑橘保温运输，香蕉、葡萄和螃蟹运输都相继取得了新的研究成果和经验。在科研方面，加冰所的合理布局，冷藏车的发展方向，新冷源的采用，冷藏车热性能的鉴定方法等课题的研究，均取得了一定的成果。冷藏运输技术的国际交流也有了新的进展。所有这些，都为铁路鲜活货物运输的进一步发展创造了良好的条件。

新中国铁路大力进行鲜活货物运输，扩大了鲜活货物的市场，促进了鲜活货物的生产发展，使鲜活货物运量稳步上升。从1952年至1985年，中国水果产量增长4.76倍，生猪头数增长3.7倍，水产品产量增长4.22倍；1985年鲜活货物运量为1951年的7.53倍。不仅保障了人民生活的需要，而且对外贸创汇也做出了成绩。

二、危险货物运输

在运输中把本身具有爆炸、燃烧、腐蚀、毒害或放射线等特性的物品，并能造成人员伤亡，给国家财产造成严重损失者，称为危险货物。

危险货物多属于化学工业及石油化工产品或原料，这些物品由于其本身特性，遇到撞击、摩擦、日晒、雨淋、明火点烧或高温等环境影响以及与其性质相抵触等条件，均可能发生强烈的反应，酿成人民生命财产的损失。例如，1960年在天津南站，因氯酸钠火灾事故，烧毁各种物资和设备价值1700余万元，烧伤和中毒人数达1135名。因此，在运输中要严格遵守有关规章制度，采取特殊防护措施。

旧中国铁路危险货物运输仅有4个品类、55个品名，运量甚微。专用设备方面，仅有可用于运送危险货物的500辆罐车。

新中国铁路的危险货物运输到1985年已有10类、3000多个品种。新中国铁路的危险货物运输组织管理的成就，主要表现在以下几个方面：

（一）危险货物专用运输设备稳步增长。1985年全路罐车总数为31837辆，几乎完全用于危险货物运输，专门用以运送农药和毒品的毒品专用车有2602辆。在全路主要货运站和零担中转站都建立了危险货物专用仓库。此外，为了货车洗刷和除毒，在全路建立了27个洗刷所。

（二）与危险货物运输有关的规章制度、组织管理办法相继建立，日趋完善。1949年7月，铁道部颁发了《危险货物混装运送表》，1951年3月起改为实行部颁《危险品运送须知》，到1955年，铁道部正式制订并公布实行《危险货物运输规则》，统一了全路的危险货物运输条件和运输防护方法，在当时条件下，基本保证了运输安全。"大跃进"开始以后，危险货物货运事故屡有发生，仅1960年就发生危险货物火灾、爆炸、中毒事故68件，伤亡1700多人，直接经济损失多达2400万元。针对这种情况，1960年10月，国家经济委员会召集中央各部及各省市有关领导，就全国化工产品安全管理问题举行了座谈会，制定了化学危险货物安全生产、储存、运输、经营、防火、违章处罚六项办法，从产、供、储、运、销各个环节入手，全面加强对化工危险品的管理。在此基础上，铁道部也相应加强了安全管理，制定了作业程序和防护方法，建立和健全了岗位责任制度，并于1969年重新制定和公布实行新的《铁路危险货物运输规则》，使危险货物的安全运输出现了新局面。1982年开始，铁道部根据对外开放，对内搞活的经济方针，本着积极采用国家标准，便利对外贸易的原则，会同有关部门正在重新修改制订《铁路危险货物运输规则》。

（三）严格包装管理，规定包装要求。包装不良是造成危险货物运输事故的主要原因之一。因此，铁路对经由铁路运输的危险货物包装，作了明确具体的规定。目前，有12个包装号、35种包装方法，对每种危险货物应使用包装容器种类、规格、材质、封口、衬垫、限制重量等均作了具体规定，并在实际工作中严格掌握。

为了保证危险货物的安全运输，除加强技术教育，提高职工业务素质外，铁路车站还与当地公安、化工、商业部门联合建立安全组织，协同检查督促各单位贯彻有关规章制度情况，开展安全教育，进行事故处理，总结推广安全运输经验。作业量比较大的车站，还建立有安全小组，检查隐患，堵塞漏洞，防患于未然。

伴随着中国化学工业特别是石油化学工业的发展，危险货物的运输量也有了大幅度增长。1985年铁路完成石油、化肥和农药、化工原料及其制品三项物资运量合计为10725万吨，为1951年的48.8倍，占铁路总运量的8.4%。

三、阔大货物运输

阔大货物具有长、大、笨、重等特点，多为发电、化工、化纤、冶金、石油炼制等设备以及大型机械、桥梁构件等，其重量由几十吨至300多吨，长度有的达60—70米。

由于阔大货物运输受线路、桥梁、车辆负荷能力和铁路限界的限制，在运送时需要根据具体情况分别采取相应的特殊措施。诸如：选择合适车辆；制作安装加固装置，确定合理装载加固方案；限制运行速度，确定会车条件；加强线路，加固桥梁和隧道内线路落坡等。因此，阔大货物运输占用线路通过能力较多，运输组织工作也比较艰巨复杂。

阔大货物运量在铁路总货运量中所占的比重虽然很小，但对国民经济建设却起着十分重要的作用。例如上海电机厂生产的全氢冷气冷30万千瓦发电机定子，重292吨，长11.6米，直径为3.85米，要运到全国重点工程项目山东石横电厂。该厂等着装机,早投产一个小时,可为国家创收12.4万元。原计划用汽车运输,但需运输费用1.3亿元。后改变计划,要求铁路运输。铁路改造了原只能装运280吨货物的钳夹式货车,经过周密计划,精心组织,开行超限专列,并进行全程跟车检测、监视,随时采取措施,使列车顺利通过长江大桥、淮河大桥,经过7个昼夜,安全运抵到站,为石横电厂节省运费1亿多元,为该厂如期开工做出了贡献。

铁路的阔大货物运输也是新中国成立后逐步发展起来的。1956年以前,还只能运输每件重量不超过百吨的货物,一辆车的载重力最大为90吨。1957年至1976年,随着重工业水平的提高和引进化肥、化纤、乙烯设备及其他石油化工设备,使阔大货物运量逐年增长,运输组织水平也逐步提高。进入80年代以后,随着石油化工、冶金机械和电力工业建设的迅速发展,阔大货物运量不断增长,阔大货物运输组织与调度指挥水平也有了进一步的提高。

铁路阔大货物运输,通过实践和研究试验,积累了经验,健全了有关规章制度和运行指挥办法,已能够准确地确定阔大货物装载和加固方案,为实现安全运输提供了可靠保证。

第四节 铁路货场管理

一、货场管理的基本要求

货场是铁路货物运输的基层生产单位,是办理货物发送和到达作业的场所。它办理发送货物的受理、承运、保管、装车、填制货运票据、核收运杂费,到达货物的卸车、保管、核收途中发生的费用,以及向收货人交付货物等项业务。零担货物中转货场则主要办理零担中转作业。此外,货场还负责有关运输责任的经济赔偿。

按照货场办理货运业务的种别或货物品类,货场可划分为专业性货场和综合性货场两类。中国大城市铁路枢纽内的货场,基本上以专业性为主,如上海枢纽:北郊站主要办理零担货物运输;杨浦、上海南、何家湾站货场，以办理整车运输为主；真如站兼办整车和集装箱运输业务；桃浦站则专门办理上海地区危险货物的发送和到达。这些专业性分工，主要是由当地的历史条件、工农业生产布局、地方交通状况、铁路运输生产能力、方便货主以及便于管理等因素逐步形成的。有的专业性货场，为解决某些货物搬运距离较远的困难，在设备条件允许的情况下，也兼办少量其他货物运输业务。

货场管理是一项技术性较强的货运组织工作。货运人员要根据货物的性质、包装条件和有关特征，合理地确定运送条件和装载方案；经济有效地运用货场的各项设备，保证货场的畅通，安全、迅速地组织各项生产活动。

36年来，铁路运能与运量的矛盾，在货场表现得也相当尖锐。在五六十年代，曾在运输繁忙季节发生货物卸不下、搬不出、装不上，甚至货场堵塞。因此，提高货场作业效率，广泛开展路内外协作，加强专用线和专用铁道的管理，扩大货场作业能力，加速出货，保证货场安全畅通，就成为铁路货场管理的基本目标。

二、货场技术设备的发展

货场技术设备，主要包括货物装卸线、仓库、雨棚、站台、堆放场、装卸机械、通路，以及按特殊条件办理的货物作业设备，营业和办公用房等。这些设备决定货场的作业能力。货场的作业能力是铁路运输能力的重要组成部分。

50年代初，铁路货场技术设备十分简陋，数量严重不足。为了在1953年1月1日全面实行负责运输，1952年国家投资95亿元（当时币制），新建仓库2.7万多平方米，雨棚3.2万多平方米，改善了一些急需的货场设备。以后国家又继续投资扩大货场作业能力。1953年货场日均完成装卸作业量40万吨，到"一五"末，提高到57万吨，基本上适应了当时运输需要。60年代初期，为了满足支农需要，新建仓库270座，总计

1.9万多平方米,增添防湿篷布5千张。

铁路历年均有投资,逐步增加货场设施。1985年,全路拥有货场面积6349万平方米,仓库248.5万平方米,雨棚70.3万平方米,货物装卸线有效长179.1万米,与1952年相比,分别增长了17.0倍、5.8倍、4.5倍和2.0倍。主要货场大部实现了硬面化,为装卸和搬运作业创造了良好条件。全路装卸机械也不断增加。同时建成了一批像上海铁路局北郊站那样的发送量在百万吨以上的大型零担货场;新建了一批大型综合性货场,更新了全路性零担中转站的中转设备;修建了专用集装箱场;新建和改建了加冰所、制冰厂、洗刷消毒所。

三、建立货场管理制度,建设文明货场

铁路建立货场管理制度,是从新中国成立初期学习和借鉴苏联经验开始的。1950年7月21日,铁道部颁布了《铁路货物运送规则及补则》,统一了全路货运规章制度。根据这个基本规章,各货场相继建立了货物承运、交付、货位管理等作业制度。1953年,在125个主要货场着手编制执行货场《商务技术作业过程》(于1955年扩大到384个货场),这是中国铁路第一个具有统一要求,比较系统的货场管理制度。与此同时,铁路货运职工在实践中创造了许多先进工作方法,如杨茂林对旗装车法、刘承俊组织车站和专用线联合作业方法、循礼门货场管理经验,以及丰台站零担中转货场定时定量取送车法等。这些先进经验和方法的推广,使铁路货场管理走上了健康发展的道路。

"大跃进"时期打乱了货场正常生产秩序,货场管理受到很大冲击,货运服务质量下降。为了加强货场作业组织与管理,1961年6月铁道部全面总结了新中国成立以来货场管理的经验,归纳出货场管理十项基本作业制度,在全路推广。接着又于当年发布了《铁路职工爱护货物条例》,广泛开展了"爱货、爱车、爱路、爱设备"的活动。在全路各货场开展以贯彻货场管理十项基本作业制度为重点的红旗货场评比升级活动。1962年铁

道部又进一步提出了"建立优良秩序、创造优美环境、开展优质服务、消灭货运事故"的货场管理目标，并在全路开展了"对规""对标"大练基本功活动。经过3年的努力，1963年全路货场管理制度得到恢复和发展，货场面貌逐步改观，货运质量不断提高，涌现出西安西、天津北、广安门、桂林北、丹东、上海东、长沙南站等一批安全好、效率高、整洁、畅通的红旗货场。1965年是货场管理的最好年份，每万元货运收入事故赔款率仅为1.65元，创造了历史最好成绩。

"文化大革命"期间，铁路货场管理再一次受到了冲击，行之有效的作业制度被破坏，货运事故增加，货运质量下降。

中共十一届三中全会以后，响应中央提出的两个文明建设的号召，全路又组织了以文明装卸、礼貌待客、优质服务为重点的文明货场检查评比，出现了一大批文明货场，如长期坚持文明服务、安全生产的丹东站货场，从全局出发甘为全路挑零担中转重担的郑州东站货场，克服设备能力不足的困难和坚持两个文明一起抓的济南站货场等，对推动路风建设，贯彻"人民铁路为人民"的宗旨，产生了积极影响。特别是丹东货场职工，50年代初就提出了"爱货就是爱国家，爱人民"的响亮口号；60年代提出"爱货如己，负责到底"的口号；80年代提出"我们也是货主"的口号。在长期工作中，他们以主人翁的高度责任感，坚持做到"想在发货前，管在发货中，帮在到货后"，数十年如一日，一丝不苟，安全运输近两亿吨货物，赢得了社会上的高度赞扬。

四、加强横向联系，保持货场畅通

铁路于1950年开始，逐步在全国各大城市建立29个运输营业所，分设办理点92处。这些营业所按照货场作业要求，保证及时出入货物，有力地保证了货场畅通。运输营业所对外开展延伸服务，开办接取送达，代办中转和仓储保管，减少了货主办理的货物运输手续，为货物运输的全过程服务，受到货主的广泛赞扬。当时中财委曾肯定运输营业所是"铁路进步运送方法"。但这种进步的运送方法未能坚持下来。

"二五"开始，铁路货运量急速增长，各地不少货场相继发生严重堵塞。铁道部为了消除堵塞状况，被迫采取过"以搬定卸、以卸定装"的消极措施。后来各省、市、自治区地方政府针对这种情况，纷纷成立运输指挥部，协调各种运输方式之间的关系，提出了"疏通港、站，以支保干"的原则，强化了货场搬运出货这一薄弱环节。在中间站广泛推广了河南省官亭、小坝、漯河等站农民办装卸搬运的经验。铁道部还总结了各地长短途衔接的经验，会同有关单位发出《关于积极开展联合运输服务工作的联合通知》，对推进各种运输工具紧密衔接，实现一次托运，全过程送达，产生了积极影响。这是铁路与其他交通工具横向联合协作，挖潜提效的一项成功经验。铁路开展联劳协作的另一种形式，是开展专用线共用。这也是在地方政府领导和支持下进行的。它打破了专用线只能独家专用的老框框，组织了专用线附近多家企业共同使用一条专用线，这对减轻货场压力，缓和能力紧张状态，保持货场畅通，也发挥了重要作用。

进入80年代以后，运量又出现大幅度增长的形势，铁路与其他交通工具之间的协作配合和专用线共用的组织，更进一步广泛开展，从而提高了运输效率，增加了社会效益和经济效益。1985年仅专用线共用就完成运量6000多万吨，相当于新建60个百万吨级的货场。为了提高专用线组织管理的水平，铁道部还在当年颁发了《铁路专用线共用暂行办法》。

第五节　装卸作业及装卸机械化

铁路装卸部门承担着车站的行李、包裹及货场货物的装卸搬运作业。

加速货车周转是提高运输效率的主要途径之一。装卸作业时间约占货车周转时间的8%。棚车装卸一次作业时间由人力发展到全部机械化，可缩短90分钟左右；散堆装货物卸车时间，由人力发展为全部机械化，可缩短约58分钟。由此可见，发展装卸机械化，提高装卸作业效率，是加速货车周转的重要手段。而缩短行李、包裹装卸作业时间，则有利于提高旅客列车的旅行速度,保证旅客列车的正点运行。

1985年全路共有人力和机械化装卸队伍251837人,其中铁路正式职工81103人,绝大部分从事机械化作业和机械维修工作。铁路共拥有各种装卸机械10570台,配置在运量较大的1024个车站上,占营业站的21.1%。1985年铁路正式装卸工(简称路工)完成装卸作业量4.86亿吨,占总装卸作业量的58.9%,其中机械作业量为4.26亿吨,机械化完成作业量的比重为87.6%。路工劳动生产率每人每月500吨。委外装卸队1985年为170734人,承担着3800多个中间站装卸业务,除少数车站委外装卸队添置了少量装卸机械外,绝大部分靠人力使用简易工具完成作业。1985年委外装卸队完成作业量3.39亿吨,占总装卸作业量的41.1%,其劳动生产率每人每月为165.7吨,约为路工的1/3。

一、装卸作业机构与组织管理

新中国成立以后,进行了民主改革和反霸斗争,装卸工人打倒了封建把头,成立了集体所有制组织——装卸供应社。1955年,装卸组织由集体所有制改为全民所有制,成为铁路分局所属的附属企业。铁路分局设装卸作业所。车站设分所,实行单独经济核算,业务受分局装卸作业所和车站双重领导。铁路局设装卸科,负责业务管理工作。1958年至1982年,因车站与装卸管理部门在生产指挥等管理体制上存在着矛盾,导致装卸管理机构先后四次撤销。1982年经济体制改革,权力下放,装卸体制机构又有变动。至1985年,有的铁路局保留了三级管理体制,有的改为二级,有的并给车站。组织管理方面的基本情况是:为了适应铁路运输线长、点多、昼夜连续和各站作业量及其波动性差异较大的特点,装卸劳力组织采取固定、机动、区段、随车、委外五种主要作业队的形式:

业务量较大、作业量均衡稳定的车站,设固定的铁路专业装卸队伍,负责站内铁路、公路车辆的装卸任务;

在车站较多、各站间作业量不均衡的枢纽地区,组织流动性的装卸队，配备装卸机械或人力，以完成某车站集中到达卸车或装车；

在站多、分散、装卸量小且不均衡的车务段，把主要人力集中在作业量正常、乘车方便、设备条件好的车站，成立区段装卸队，将少数人力分驻其他各站，以组织联劳互助的办法解决车务段管内各站的装卸作业；

在快零、沿零摘挂或混合列车上，配备一定数量的装卸工随车进行装卸作业；

沿线业务量较小或作业量波动较大的车站，组织委外装卸队（如亦工亦农、知青大集体、家属等），有装卸任务时，集中从事装卸作业，无装卸任务时，从事其他工作。这种装卸组织出现于50年代初期，1958年推广官亭和小坝组织人民公社社员办装卸的经验之后，很快普及到1097个车站。委外装卸人员最多时超过20万人，已成为铁路装卸作业的一支重要力量。

对委外装卸的领导，除少数车站派专人负责委外装卸队的日常生产管理和业务技术指导以外，多数由车站与委外作业队的代表组成"委外装卸管理委员会"进行领导。对委外装卸的管理，实行由铁路进行"五统一"的做法，即统一管理，统一派班，统一费率，统一收费，统一清算。

为适应运输生产的需要，大型装卸机械实行包车制。包车组由包车组长（或司机长）、司机、司索工若干名组成，一般为三班制。叉式装卸机通常日班实行包车制，一人一车；三班制的实行轮班制，机械交班使用，人休机不休。

装卸机械的保养维修采取计划预防制，划分为日常保养、一级保养、二级保养、中修和大修五级，各级保养维修工作内容和标准均按部颁《铁路装卸机械检修技术规范》执行。到1985年年底各铁路局一般都建立了装卸机械厂，负责生产装卸机械配件，进行大型内燃机械大修。有47个铁路分局建立了装卸机械修理厂，承担一般机械设备，主要是电动机械的大修任务。有509个站段建立了装卸机械维修组，承担保养和临修任务。

各种机械、各级维修保养的工时和费用定额，按其修理复杂系数进行计算。

各级保养维修周期，由机械所完成的作业量或运转小时确定。

路局和分局对运用中的机械设备进行季节性定检和红旗设备检查评比，以保证设备质量。

铁道部在装卸作业的管理方面，始终是以尊客爱货的光荣传统，降低一切装卸事故率，作为精神文明建设的主要内容。50年代至60年代初，铁路装卸工人尊客爱货蔚然成风，几乎每个班组都有专人携带针线和钉锤等工具，随时修补破损的包装，爱车爱货的模范人物和事例比比皆是。由于"文化大革命"的影响，政治思想、技术教育、基本功训练等工作大大削弱，装卸作业事故增加。为此曾进行了整顿，加强装卸职工的精神文明建设和职业道德教育，恢复尊客爱货的光荣传统。

1982年，在全路装卸工人中深入开展了文明装卸的教育和评选标兵活动，1982年至1985年4年内共评出文明装卸班组250个，文明装卸个人标兵298人。1983年1月召开了全路装卸标兵表彰广播大会，上海南站全国劳动模范、起重司机朱正仙宣读了向全路装卸工人开展文明装卸的倡议书。这是一次动员全路装卸职工进行文明生产，制止野蛮装卸，深入开展"人民铁路为人民"活动的大会。1985年又在装卸工人中开展了文明装卸技术表演赛等活动，进一步加强树立职业道德观念和主人翁责任感的教育。并在此基础上制订了杜绝野蛮装卸的各种规章制度和奖罚办法，严肃处理野蛮装卸事件，进而组织技术人员和职工制定各种货物装卸搬运作业的工艺和标准，实现作业科学化、标准化。经过努力，铁路装卸事故逐年减少。1985年装卸工伤事故降为394件，机械事故101件，货件事故898件，分别为1982年的26.7%、33.1%、37.8%和1975年的4.6%、17.1%、9.7%。

二、铁路装卸机械化的发展

装卸部门曾长期是铁路内部体力劳动最繁重、效率低、技术落后、不适应运输发展的薄弱部门之一。为改变这种状况,铁道部确定了实现装卸作业机械化的根本政策。从1953年开始,装卸机械化程度逐年提高,1954和1955年两年制造和进口了一批大型装卸机械,装卸能力、安全和效率不适应运量发展的矛盾逐步有所缓和。

1958年铁路运量猛增。由于装卸能力不足,铁路运输"跑在中间、窝在两头"的矛盾突出了。装卸职工为迅速改善装卸能力与运输要求不适应的状况,开展了实现装卸机械化和半机械化的技术革新活动,在货场修建了高站台、低货位和站台硬面化。利用高站台和低货位装卸散堆装货物,当时称之为装卸作业"滑溜化"。同时制造了大量的简易门式、固定式、轨道式起重机,木结构或钢结构的桅杆吊机、输送机、卸煤机械铲以及手推车等机具。这些装卸设备和机具对减轻工人劳动强度,提高装卸效率起到了很大的作用。1959年秋,铁道部在天津地区召开了全路技术革新工作会议,把装卸机械化、半机械化、滑溜化的技术革新推向高潮;国家主席刘少奇曾亲临天津站视察指导工作。

50年代是铁路发展装卸机械化的创始阶段。经过多年的努力,全路装卸机械由1949年的89台发展到1959年的1875台,装卸机械化比重仍然较低。

"大跃进"时期制造的装卸机械,有些效率较高,坚固耐用,但是大量因材质次、结构不合理、不安全、装卸效率低等原因而损坏淘汰。为交流1958年以来装卸技术革新成果,总结经验教训,1965年10月,铁道部运输局和科技委员会共同在上海召开了全路装卸技术革新成果鉴定交流大会。会上展出了248种机具和装卸工具,通过实际表演、鉴定,选出了24种机具、索具及小型工具在全路推广。在此期间,铁道部还投资在北京、上海、天津、广州等车站购置安装了一批起重量10—30吨的桥式起重机,以缓和起重设备紧张的情况。

1966年,由铁道科学研究院主持,先后研制成功了链斗卸车机(卸煤机)、链斗装车机(装砂机)、10吨门式起重机、1吨内燃叉式装卸机,仿制成功 0.75 吨电瓶叉式装卸机。至此，散堆、笨重、包件 3 大类货物都有了相应的主型装卸机械。从 1960 年到 1970 年，装卸机械台数由 2000 台发展到 3754 台；装卸机械化比重，全路由 11.6% 上升到 18.2%，其中路工由 24.7% 上升到 27.9%，路工劳动生产率由每人每月 208 吨提高到 258 吨。

70 年代初期，出现了港口压船，车站压车的情况。1971 年根据周恩来总理的指示，召开了全国运输会议，重点研究发展装卸机械化的问题。1973 年周恩来总理又亲自指示要 3 年内改变港口面貌，解决压港问题。1974 年至 1979 年铁道部投资 5.2 亿元，以会战方式组织路内工厂制造并从社会上采购了一批装卸机械，配置在各枢纽地区和运量较大的货运站。同时决定，将部分铁路工厂改扩建为装卸机械产品和配套件的生产基地。各铁路局也充实了各分局的装卸机械修配厂。经过 7 年的艰苦努力，全路装卸机械，到 1979 年已发展到 10700 台，全路装卸机械化比重由 18.2% 上升到 45.5%，其中路工由 27.9% 上升到 82.3%。

进入 80 年代后，针对装卸机械设备和运用中存在的问题，在发展铁路装卸机械化的同时，对机械设备进行了整顿、改造、选优、统型和配套工作。

（一）进行全路范围的装卸机械的整顿和调整。对各种性能好、效率高、起重吨位大的装卸机械继续生产，安装使用。对各站原有的起重吨位小、效率低、质量差的机械设备进行了鉴定：一批没有使用价值或已达报废年限的作了报废处理；对一些在作业繁忙的车站不适用的 5—8 吨电力轨道起重机械，迁移到运量较小、没有起重设备的车站继续使用。各铁路局由于基建投资或运量的变化，近期不能安装的门式起重机、装砂机、卸煤机等，在全路范围内调拨，并及时安装投产，以充分发挥其效能。

（二）对 70 年代制造的几种装卸设备进行了技术改造，提高其技术性能。首先是对拥有数量最多的电瓶、内燃叉式装卸机，在大修的同时进行技术改造。对轮胎式起重机支腿，改为液压式，单卷筒改为双卷筒，可以安装抓斗,达到"一机多用"。对链斗式装卸机进行防尘改造,以减少粉尘污染等。

(三)为推进"三化"(标准化、通用化、系列化)工作,制定各种装卸机械的技术标准。1980年,铁道部运输局、铁道部科学研究院、铁道部专业设计院共同对门式起重机、链斗式装车机和卸车机进行了详细调查,提出了标准化、通用化的改造方案和设计,并制定了门式起重机的起重量和跨度系列标准。

(四)对已投产的装卸机械进行配套工作。如机械作业与所需索具的配套,机械设备与所需保安装置的配套等,使机械设备不断完善。对行之有效的索具,如装卸散装货物的抓斗、集装箱吊具等几十种,从1983年起予以推广。装卸机械有了配套索具,不仅可以"一机多用",扩大作业范围,提高装卸效率,而且可以保证货物安全。

1980年至1985年共生产门式起重机、叉式装卸机、轮式装载机等2310台。至1985年年末,全路拥有装卸机械10570台,机械化比重上升到52.3%,路工则上升到87.6%。路工劳动生产率由每人每月397吨提高到500吨。

第六节 铁路货物运价

中国铁路早在1955年就确立了以运输价值为基础的定价原则,并取消了按货物负担能力的"从价"原则。由于运输价值的主要部分是运输成本,所以在确定货物运价时以运输成本为主要依据。

铁路实行全路统一的运价,在制定运价时,以全路的平均运输成本为依据。这种全路统一的运价制度,既有利于集中统一管理,又便于各铁路局之间按运输工作量进行收入再分配的清算工作。

一、铁路货物运价的沿革

旧中国铁路运价制度十分混乱,各路运价水平高低不一。例如京汉铁路将货物分为 6 等，按每车每法里计费；京奉铁路将货物分为 4 等，按每英吨英里计费；而京绥铁路则按每吨每华里计费。据 1935 年统计，每吨公里的平均收入最低和最高之比为 1∶2∶43。

东北地区于 1949 年 2 月就实行全区统一运价，将货物分为 10 个等级，对煤、木材、大米、小麦、面粉、豆饼等 8 种货物实行优待运价。当时北方地区的平津、济南、太原等铁路局实行 5 个等级的运价，各局费率亦不相同，到 1949 年 7 月实行统一运价，将货物运价改为 20 等，并对某些货物实行特价。1949 年 12 月 6 日，开始实行关内北南方统一运价。

1950 年 4 月，为了更好地适应恢复时期新的经济形势，先后在东北和北南方地区实行新的运价制度。货物运价一律改为 30 等，最高等和最低等运价差的幅度，东北地区由原来的 360 倍降为 25 倍，北南方由 200 倍降到 17 倍。当时因东北地区运价偏低，为缩小关内外运价差距，从 1950 年 8 月 1 日起，降低关内货物运价 11.9%，东北地区则于 1952 年和 1953 年 2 次分别提高 29% 及 16%。1955 年 6 月，又一次采取提高东北地区运价，降低关内运价的办法，统一了全国的铁路货物运价。统一的运价制度将分等运价改为分号运价，计整车 62 个号、零担 24 个号，最高与最低运价差为 11 倍。零担按整车加价 70%。对东北地区的农副土特产品另定 12 个特价。1961 年 3 月，对运价号实行简化，整车、零担分别合并为 28 个和 11 个运价号。1966 年至 1967 年，经过 2 年调查研究，对铁路运价制度再次进行较大改革，将整车按技术装载标准量计费改为按货车标记载重量计费，取消了技术装载标准量。改革前货物分类为 42 类 145 项，货物品名为 4000 多个，改革后整车简化为 7 个运价号，零担简化为 5 个运价号，高低运价号差距，整车为 2.14 倍，零担为 4.73 倍。这次改革克服和解决了以往分类复杂、划分过细、计算工作量较大的缺点。但限于当时的条件，过于简化，也产生了整车与零担比价不合理，短途运价偏低等问题。

中共十一届三中全会以后,实行双轨制价格政策,对原来单一的封闭式的计划价格是个有力补充。但是由于铁路使用的原材料和燃料价格上涨,铁路运输成本随之上升,铁路运价水平低的问题突出地反映出来,这既不利于铁路运输事业的发展,也影响其他运输方式的发展。

1983年12月经国务院批准,提高铁路货物运价,按1981年运量测算,总水平提高21.58%,调整了长期运价偏低的煤炭、矿石、矿建材料、钢铁、水泥、木材、石油等大宗货物运价,扭转了大宗货物运输长期亏损的状况,并提高了短距离运价,适当调整了整车、零担和集装箱运价的比价关系,修改了集装箱运输的计费办法;重新建立了货物运价分类表,部分修改了计费规则。改革后的货物运价,整车为10个运价号,零担为5个运价号,并对一些货物确定了加成运价。

二、铁路货物运价制度

1985年实行的货物运价是由普通运价、特定运价、杂费和违约金4个部分组成的。

(一)普通运价。在铁道部所管辖的营业线路上,对一切发、收货人都适用的货物运价,称为普通货物运价。它又分为:

1. 货种别运价。是指不同货物分别适用的高低不同的运价。这是因为各种货物的性质、状态、比重不同,运输条件和使用的车辆不同,对车辆载重量的利用程度、运输作业的难易程度不同,以及某些货物运输中还需要提供特殊的供应或设施(如加冰加盐),因而运输成本各不相同。运输成本的计算表明,有实质性差别的货种别运输成本,在数量上是有限的。因此,通常情况下,根据货运量比重大小,按运送条件和运量的差别程度,并考虑历史因素和运价政策,分别确定货种别运价。整车货物运价共分10个运价号,其运价水平和所适用的主要货物品类如表10所示。

铁路货物运价率表

表 10

运价号	运价率（分/吨公里）	适用的主要货物品类
1	1.70	农业机具，竹、藤、棕、革制品
2	1.70	盐、书报，竹、藤、蔬菜，大牲畜
3	1.70	化肥、农药、其他肥料
4	1.80	沙石，砖瓦，金属矿石，非金属矿石
5	2.00	煤，焦炭
6	2.00	粮食、棉花、油料作物，瓜果，生铁
7	2.40	钢铁，木材，水泥及其制品
8	2.40	纯碱，土碱，沥青，炭黑
9	3.00	工业机械，运输机具，鱼、肉、蛋。列名以外的货物
10	5.65	挂运与自轮行驶的铁道机车车辆及轨道机械

注：1. 运价率中不含短途附加费；2. 10 为每轴公里运价率。

表中某运价号中货物的基本运价率虽然相同，但因各种货物的平均运程不同，递远递减终止里程不同，计费条件不同，所以单位周转量的实际运价水平是有显著差别的。农业机械运输成本虽然比工业机械较高，但其运价水平却显著低于工业机械，这是铁路运输企业支援农业生产的一种体现。虽然它不符合价值规律，但这是由于历史因素形成的，要改变它还需要有一个过程。

2. 运输种类别运价。根据货物运输种类的不同，运价又分为整车、零担、集装箱和按特殊条件办理的货物运价。

《铁路货物运价规则》规定整车货物除另定者外，均按货车标记载重量计费，货物重量超过货车标记载重量时（指允许增载的货车）按货物实际重量计费。形式上是按吨计费，实际上是按车计费，这有利于促进货物装载方法的改进，提高货车平均静载重。

零担货物除规定有计费重量者外，按货物重量计费。对轻质货物规定了较重质货物为高的运价率，或实行运价加成。

集装箱运价水平，低于零担而略高于整车运价水平，有利于促进集装箱运输的发展。

按特殊条件办理的货物运价，适用于快运、超限、限速运行的货物，以及用特种货车运送的货物，规定运价加成或另收特种货车使用费。

3. 距离别运价。系指每吨公里平均运价水平随运输距离增长而逐渐降低的运价，也称递远递减运价。这是因为单位运输成本客观上存在着递远递减的规律。运价对主要货物，根据产销关系的特点，分别规定不同的运价递减终止里程，规定100公里为起码计费里程，并提高了200公里以内的运价。

（二）特定运价。适用于特定的货物、特定的运送条件或特定的线路和地区，是普通运价的必要补充。通常按普通运价加成或减成，也可单独规定（即根据特殊线路、地区的运输成本水平和具体经济情况，因地制宜地加以规定）。

（三）杂费。是指铁路在办理货运作业过程中，提供辅助作业或附带服务，根据实际情况，按规定向发货人、收货人核收的费用。运营杂费主要有：取送车费，过秤费，货车清扫、洗刷、消毒费，货物暂存费等。装卸费属工附业收入，由各铁路局自行规定。

（四）违约金。是对违章违约行为采取经济制裁所核收的罚款。如对发货人谎报品名，致使运费减收而规定的违约金；整车和集装箱货物实际装载量超过规定的容许装载量而核收的违约金；货物运送时间超过规定的运到期限，铁路向收货人支付的逾期违约金等。

中国铁路货物运价水平是世界上最低的，运价水平与物价上涨趋势相比较，差距也越来越大，直接影响到铁路的经济效益。例如，以1955年为基数，1985年全国零售物价指数为145.7，而铁路货物运价指数为117.3。如按物价指数换算，铁路货物运价水平较1955年下降19.2%。铁路运输企业的资金利润率和资金利税率也均低于全国国营企业的平均水平。这种情况已经严重影响铁路的自我发展，并严重制约着整个国民经济的发展。

第七章
铁路行车组织

铁路运输是以机车牵引车辆，组成列车，借助通信信号的联络、引导，沿着固定的线路、站场运行，实现旅客和货物的位移。在运输生产活动中，凡与机车、车辆和列车的移动与运行有关的各项工作，都属于行车组织。行车组织的水平，明显地影响着铁路运输的运营成果和经济效益，它是铁路运输生产的核心。

行车组织的基本任务是：大力采用先进的行车组织方式方法，努力加强路内各部门和路外各单位联劳协作，充分发挥各种运输设备的效能，不断挖掘运输潜力，提高运输效率，扩大运输能力，保证安全正点、优质高效地完成客货运输任务。

中国铁路行车组织基本内容包括：（1）车站行车工作组织；（2）车流组织与列车编组计划；（3）运行图及铁路通过能力；（4）运输工作技术计划与运输方案；（5）日常运输组织和调度工作；（6）电子计算机的应用。

36年来，中国铁路营业里程成倍增长，机车车辆大量增加，但由于客货运量的持续增长，铁路运输负荷十分沉重，不断出现某种运输能力（机车车辆能力、线路通过能力、车站作业能力等）或者某一干线、某一地区能力不能适应需要的情况。面对运量与运能的矛盾，铁路运输不断革新行车组织方式方法，强化运输组织工作，在保证安全整点的前提下，千方百计挖掘潜力，提高效率，充分发挥各种运输设备的效能，从而保证完成了国家各个时期的运输任务。（参见表11）

中国铁路行车组织工作主要质量指标完成情况表

表 11

项　目	1949	1952	1957	1962	1965	1970	1975	1980	1985
货车周转时间（天）	4.39	2.90	2.84	3.17	2.87	3.21	3.46	3.02	3.48
货车全周转距离（公里）	669	676	709	754	836	757	686	747	870
空率（％）	57.0	42.2	37.8	41.7	39.1	36.9	29.6	30.5	26.4
货车中转时间（小时）	4.1*	3.5	3.2	3.7	3.0	3.3	4.3	3.6	3.7
一次货物作业时间（小时）	13.1*	11.4	10.7	12.6	10.6	15.0	17.0	13.1	14.2
货物列车旅行速度（公里/小时）		25.5	25.2	26.1	28.2	30.3	28.5	28.7	28.1
旅客列车旅行速度（公里/小时）	28.2	33.4	34.8		38.5	42.1	42.2	43.4	43.9
旅客列车正点率:									
出发（％）			98.6	99.0	99.6	96.5	96.7	99.3	99.3
运行（％）			93.5	94.1	97.1	85.6	86.4	94.2	94.8
货物列车正点率:									
出发（％）	88.4*	84.3	93.3	91.1	95.1	85.6	80.3	93.6	93.5
运行（％）	82.3*	79.8	89.4	91.1	94.7	81.3	78.6	91.7	91.3
客运机车日车公里（公里/日）		409	339	365	363	390	419	429	463
货运机车日车公里（公里/日）		397	366	373	404	403	385	415	412
货运机车周转时间（小时）		14.8	15.1	15.7	14.5	15.2	16.2	15.5	16.2
货运机车日产量（万吨公里/日）		43.4	47.7	56.4	62.4	70.1	66.6	72.3	77.4

注：带*符号的为1950年数字。

第一节　车站与枢纽行车工作组织

车站是铁路运输的基本生产单位，除办理客运、货运业务外，还要进行大量的行车工作。车站按行车工作分为编组站、区段站和中间站。编组站设在货车集散中转量大的地区，主要任务是办理改编列车的解体和编组，本站货场和专用线的车辆取送。区段站设在机车牵引区段的起终点，主要办理区段、摘挂列车的解体和编组，接发列车，更换机车和检查车辆。中间站是两个区段站之间的车站，主要办理列车的接发和本站装卸车的摘挂取送作业。1985年全路共有车站5456个，其中编组站86个，区段站250个，其余是中间站。

车站行车工作的基本要求是：保证行车和调车的安全，按时接发列车，按列车编组计划编组列车，按列车运行图正点发车，按运输方案的要求及时取送车辆。充分发挥各项运输设备效能，不断改进作业组织和方法，压缩车辆中转、停留时间，加速机车车辆周转。

新中国成立以来，与车站设备不断更新和改造的同时，在车站广大职工努力下，创造了不少加强车站管理、改进行车工作组织的先进经验。

为了加强车站技术管理的基础工作，1950年2月铁道部公布实行《铁路技术管理规程》（简称《技规》）之后，随即颁发了《车站技术管理细则编制办法》，由各站编制本站的技术管理细则。1965年、1973年、1982年对管理细则进行了充实修订，改为《车站行车工作细则》（简称《站细》）。《站细》融汇了《技规》《铁路行车组织规则》等所有有关车站行车工作的规章命令，并结合本站设备和作业特点及先进经验，明确规定了设备的使用和管理、日常作业计划、接发列车和调车作业等制度和方法；还通过组织群众写实查定，制定各种列车、机车、车辆的最大限度进行平行作业的技术作业过程和各项作业时间标准，以及计算车站通过能力和改编能力。《站细》对保证行车安全和提高运输效率起了重要作用。

一、中间站行车工作组织

中间站的主要任务是接发列车。据1952年的调查资料，站内道岔大多分散控制，人工扳动，有联锁设备的全路只有1948个站，其中97%还是非集中联锁；区间闭塞不少是电话闭塞，电气路签（牌）闭塞只占营业里程的58.6%。在这样的条件下办理接发列车作业，要保证行车安全，提高运输效率，除了发扬车站广大职工的主人翁责任感，建立严格的岗位责任制外，先后建立和执行行车工作中彻底确认、认真联系、呼喊应答等一整套的作业制度和方法。例如，车站值班员的"六亲自""四确认"制度。"六亲自"即车站值班员亲自办理闭塞，布置进路，开放信号，交接凭证，迎送列车，指示发车。因设备或业务量关系，车站值班员确不能亲自办理时，除布置进路外，其他五项工作可分别指定助理值班员、信号员或扳道员办理。"四确认"即接车前确认接车线路空闲，进路道岔正确，影响进路的调车作业停止；发车前确认发车进路道岔正确，影响进路的调车作业停止；列车进站停车时，确认停妥在警冲标内；列车通过或出发时，确认车辆状态和货物装载加固有无异状，列车是否安全出站。车站值班员与扳道员、信号员之间的联系制度有列车到发时刻预报制，下达命令复诵制，要道还道制，呼喊应答制等等。扳道员扳道作业时实行"一看、二扳、三确认、四显示"制度。这些制度经过长期实践，逐步完善，充实了《技规》和《站细》的内容。

1984年铁道部制订了全路统一的《接发列车作业标准》，组织有关人员认真学习、严格遵照执行，使全路接发列车作业逐步走向标准化、科学化。

为缩短办理闭塞作业时间、提高区间通过能力和作业效率，行车人员在实践中创造了一些简单而实用的方法，效果显著。例如上海铁路局采用的路签（牌）自动授受机，安装在车站到发线旁和机车两侧，通过列车不需减速即可自动进行路签（牌）交接，既可避免人身伤害事故，又可提高通过能力；还有将路签（牌）机移设到发线两端，值班员接收到达列车机车上携带的路签（牌）后，将原签（牌）交给出发列车的司机作为行车凭证，减少同一区间对向列车办理闭塞时间；还有，在查定接发列车作业过程时，最大限度组织平行作业，固定和活用到发线路；等等。这些在全路推广后，对提高车站作业效率和区间通过能力起了重要作用。

60年代以后，单线半自动闭塞取代了路签（牌）闭塞，双线自动闭塞和调度监督也得到逐步发展，安装电气集中的车站逐年增加，大大简化了接发列车作业程序，减少了办理时间，提高了行车的安全度，也减轻了车站行车人员的劳动强度。

办理货运的中间站，除少数设有调车牵出线，配备专用调车机车外，大多数是利用货物列车本务机车或分局调度所直接指挥的调度机车和小运转机车，在车站站线上进行摘挂货车的调车作业。由车站值班员（或助理值班员）、运转车长根据附有示意图的调车作业通知单进行指挥，并严格按《技规》有关规定执行。

中间站站长既是一站之长，又轮流值班参加生产，责任重大，为此，50年代各铁路分局和车务段普遍举办中间站站长训练班，以提高其业务素质和管理能力。

为了加强中间站的技术管理，还根据中间站点多分散、大小不一、工作繁简悬殊的特点，采取区别对待、分类指导的方法，广泛组织各中间站对口检查评比，互帮互学，共同提高。60年代初进行整顿时，又制订了《中间站管理办法》，定期开展对规对标、评比鉴定、抓典型、树标兵等活动。1979年铁道部在总结各中间站先进经验的基础上，修订公布《中间站管理办法》，规定了中间站各项管理制度，主要工种岗位责任制和一班工作标准化的具体要求，并制定标准化中间站的验收条件，开展创造先进中间站的活动，有力地促进了中间站管理水平的提高。

36年来，不断涌现出一些中间站的先进典型。其中最突出的是小东车站，它自1948年12月建站以来，长期没有发生行车事故，连续安全生产37年，被铁道部命名为"全路中间站排头兵"，"全路安全标兵"。

二、编组站行车工作组织

编组站和区段站负责编组和解体各种货物列车以及地区货车取送作业，但编组站比区段站到发列车多，调车作业量大，工作组织也更复杂。

大型编组站如郑州北编组站占地530.5公顷，站线总延长390公里，道岔860余组，设有双向三级八场，两套四条推送线的机械化驼峰，配有调车机车14台，办理能力为2.4万辆/日。如此庞大的站场设备和繁忙的列车车辆移动，要进行有条不紊的组织指挥，实现不间断地安全生产，是一种十分艰巨而复杂的工作。

通过36年的实践，全路编组站已经形成一套作业指挥系统，建立了各项作业的单一指挥制。在编组站站长的领导下，值班站长统一指挥行车工作，车站值班员负责接发列车，车站调度员负责调车工作。车场由车场值班员或指定一端的调车区长负责，具体的调车作业由调车长负责统一指挥。各项作业的各工种均有明确分工，按岗位责任制进行作业。

编组站行车工作主要有接发列车、调车作业和作业计划三部分。

接发列车是编组站的重要任务之一。根据各编组站行车量，设置货物列车的到达场、编组场、出发场（或编发场）、不改编列车的直通到发场。接发列车作业分别在到达场、出发场、直通场办理。但其作业程序、过程及制度等，同中间站基本一致。编组站衔接的方向多，设备庞大复杂，机车车辆移动频繁，对接发列车有关的行车事项，由指定的车站值班员统一指挥。凡在车站参加作业的站、段、所等有关人员，均须按《站细》的有关规定进行工作。70年代采用大站电气集中联锁之后，大大简化了接发列车作业项目和过程，对提高效率、保证安全发挥了重要作用。

编组站有"货物列车制造工厂"之称，调车作业是编组站工作的基本环节。提高调车作业水平对保证安全正点、枢纽畅通有重要作用。1949年军委铁道部成立后不久，就把改进调车工作提到议事日程。9月召开了北方各主要站站务会议，讨论了改进调车作业、建立站务负责制和联合劳动组织等问题。

1951年4月5日，沈阳南站李锡奎青年调车组在牵出线采用先进工作方法调车，创造600天无大小事故，并提高编解作业效率的好成绩。铁道部于同年9月向全路推广李锡奎调车组采用连续溜放、多组溜放的先进调车方法和一整套工作制度；11月举办李锡奎调车法学习班；12月又发出深入学习贯彻李锡奎调车法的命令，在全路掀起了推行先进调车方法，提高调车作业效率的热潮。随后，沈阳南站的詹凤来、长沙北站的游国忠、南京站石昆等调车组又相继发展为惰力溜放和惰力多组溜放，调车机车一次起动可溜出7—11个车组。这是中国调车作业的一次重大改革，使平面牵出线调车效率和编解能力接近国际上非机械化驼峰的水平。

1958年丰台站在技术人员徐俊、彭石安、毕振的倡议下，利用平面牵出线平地起峰，改建为"土驼峰"，提高了作业效率，很快在全路推广，一两年内先后修建了150余处，以后经总结提高发展成为简易驼峰，这是中国铁路调车作业的又一次重大改革，由使用机车推力调车开始转向利用车辆在驼峰上的位能溜放调车，并以铁鞋取代手闸实现目的制动。60年代开始修建机械化驼峰，70年代开始建设半自动化驼峰，进入80年代已向自动化驼峰方向发展。采用驼峰调车后，不少编组站在调车作业中机车推峰调速溜放、掌握最佳提钩时机和脱钩地点、溜出车组速度控制以及减速制动等方面创造了一些新方法和经验。如小组车等速溜放，大组车加速溜放；掌握难、易行车，难、易行线和人、地、天、车、货等规律，控制减速和制动，以及脱鞋连挂方法等。这些先进制度和方法的广泛运用，使中国铁路驼峰能力的发挥居于世界各国铁路的前列，有力地缓和了编组站能力紧张的状况。

车站作业计划是铁路运输日常计划的组成部分，是车站日常生产活动和进行组织指挥的依据，对有计划、有节奏、安全协调地进行各项作业，充分发挥各项设备的效能，起重要作用。车站作业计划包括日计划、班计划、阶段计划和调车作业计划。

为了及时准确地编制车站作业计划，广州铁路局株洲北编组站首先应用微型计算机建立车站调度信息处理系统获得成功，于1985年开始使用。该系统在实现自动采集和处理到达列车编组顺序表信息的基础上，及时正确地编制成调车作业计划，并传递给有关人员进行列车解体作业；在建立货车信息库的基础上，实现数据共享，对到达场、调车场、出发场按股道、按顺位进行现车追踪管理；对编组的列车自动打印出发列车的编组顺序表发往到达编组站，并自动计算打印出当天运输统计报告。

三、枢纽行车工作组织

铁路枢纽设在大城市所在地和几条铁路干线的交汇点，有一个或几个编组站，若干个办理客、货运的车站，由支线、联络线、环线、专用线将各条正线和车站以及企业仓储场地联结成一个运输整体。铁路枢纽在铁路网上起着车流中转集散作用，为大城市、经济中心或工矿、港口服务，在铁路运输和国民经济发展中地位十分重要。

中国铁路枢纽绝大多数是在新中国成立之后发展形成的。枢纽行车工作组织也是在长期实践中不断总结、改进和完善的。

（一）枢纽内车站的合理布局与分工，对枢纽行车工作组织有重要影响。各车站分工是根据地理位置、客货流吸引范围和车流集散规律确定的。如北京枢纽，旅客运输以北京站为主，主要办理全国各个方向的特快、直快等长途旅客列车；西直门站、永定门站为辅助性客运站，分别办理北部和南部干线的普通旅客列车及部分市郊旅客列车。枢纽内的货物运输，丰台站是办理零担运输的全路性中转站之一；广安门、东郊、长辛店等站是既办理整车又办理零担的综合性货运站；石景山南站、门头沟站、石楼站是分别为厂矿服务的。枢纽内编组站，丰台西站主要担当各条干线中转车流的改编通过作业；丰台站主要担当北京枢纽内到发车流的编解作业。各个枢纽内编组站分工是根据各自情况确定的，如沈阳枢纽按各条铁路干线分工，武汉枢纽按线路上下行方向分工。

（二）合理确定枢纽内车流径路，按各个方向车流量的大小，枢纽内干线、支线、环线和联络线的通过能力，以及编组站改编能力，采取分流、调流的方法，平衡调剂各种运输设备的负荷，充分发挥枢纽内运输设备的作用。例如北京枢纽使用黄村—良乡、南信号—小宝台联络线以及双桥辅助编组站，分担丰台西和南信号部分直通列车中转作业，当列车集中到达或预见到某一时间内车流激增时，即有计划地调整列车经路和到站，避免列车在站外等线。

（三）枢纽内大、小运转列车的紧密衔接，也是枢纽工作组织的重要任务。例如上海枢纽的南翔编组站，1985年每天到发车数为7068辆，其中有调车作业6877辆，占总办理车数的97.6%，绝大部分是到达上海地区卸车和卸后排空的货车。大运转列车到达南翔编组站解体后，各个支线方向的车流集结到一定数量，就要用小运转机车分别送入南翔——何家湾等5条支线，同时取出装后和卸后的货车，再编入大运转列车。上海铁路分局经过长期实践探索，总结出小运转列车定点、定线、定编组内容的枢纽小运转列车组织方法。同时，利用南翔机务段出库去新龙华编组站担当大运转列车和由新龙华站返段的单机，拉运两站交换的车流，减少了机车的空驶，加速了货车的周转，提高了枢纽内的输送能力。

为了加强枢纽工作组织，还建立起枢纽调度指挥系统。在分局调度所内专设枢纽调度台（大枢纽还分区设台），与计划调度员、货运调度员、机车调度员等有关调度紧密联系，互相配合，组织均衡运输和调整枢纽内的行车组织工作。

第二节　车流组织与列车编组计划

铁路每天的装车数量很大（1985年全国铁路每天装车近7万辆），这些车辆分散于几千个车站，而且每个车站装车数量不等，到站远近也不一。将分散于全路各站的重、空货车尽可能按同一去向或同一到站经济合理地组织起来，编成相应的各种货物列车，减少途中改编次数和时间，运行到目的地，是车流组织所要解决的问题。简单地说，车流组织就是把车流变成列车流的工作制度。

列车编组计划是对全路的车流组织的具体规定。它根据各站产生的重、空货车的流量和流向，结合各技术站（编组站和区段站）的设备条件和作业能力,通过综合计算统筹规划,规定出各站编组货物列车的种类、列车的到达站和车辆编挂的方法,以实现合理使用车站技术设备,加速机车车辆周转和货物送达,取得较好的运营效果。它是行车组织中一定时期内的技术文件,一旦制订颁布后,全路各技术站的列车编解作业必须按此规定执行,其任务也随之确定,并为编制列车运行图提供重要依据。

旧中国铁路没有完整的车流组织办法,在技术站之间一般只实行逐站推移的"区段制"编车方法。新中国铁路从1950年起,在实行计划运输制度的基础上,首先在东北地区统一组织车流,编制和实行了货物列车编组计划。1952年推广到关内,在北南方各铁路局间也编制实行了货物列车编组计划。从1953年起,又将地区性的货物列车编组计划统一起来,建立了全路集中编制和统一实行货物列车编组计划的工作制度。然后每隔一定时期(50年代为一年,60年代以后为两三年),配合全路重新编制列车运行图,同步进行全路货物列车编组计划的编制或调整工作。

编制货物列车编组计划是在铁道部统一领导下,由各铁路局指派专业人员参加,分为三个阶段(准备资料、集中编制和实行前的准备)进行,整个编制过程大体要花费四五个月时间。

每次编制全路货物列车编组计划时,都要充分考虑并吸收实际工作中所创造的车流组织先进方法和经验。

实行全路列车编组计划以后,运输效率有了明显提高,技术站现有设备效能得到了充分发挥。全路无改编作业中转车数1952年只占25%,而1953年就提高到42.5%,以后逐年稳步上升,经常保持在50%左右,到1985年已达到54.5%,在一定程度上缓和了技术站运能和运量的矛盾,加速了机车车辆周转。

全路货物列车编组计划由装车地组织的直达列车编组计划和技术站编组的货物列车编组计划两个相互联系的部分组成,其中各种货物列车分为:(1)始发直达列车,指在装车站组织,通过一个及以上编组站不进行改编的列车;(2)技术直达列车,指在技术站编组,通过一个及以上编组站不进行改编的列车；(3) 直通列车，指在技术站编组，通过一个及以上区段站不进行改编的列车；(4) 区段列车，指在技术站编组，不能通过技术站，但在区段内不进行摘挂的列车；(5) 摘挂列车，指在技术站编组，在区段内中间站有摘挂作业的列车；(6) 空车直达列车，指在卸车站或技术站编组，由同一车种或相同用途空车组成的列车；(7) 小运转列车，指在枢纽或区段内几个车站间运行的列车。

一、装车地直达运输组织

从装车地直接组织各种形式的始发直达列车是中国铁路车流组织的首要方式。中国铁路货流的特点是：主要物资装车比重大，煤、矿石、矿建材料、木材等大宗货物占铁路总货运量的70%左右，其中煤炭就占总货运量的40%；发送站比较集中，据统计，年发送量在100万吨以上的煤炭装车站数，占煤炭发送站总数的5.5%，而其发送量却占总发送量的51.5%；货物流向相对稳定，一些主要矿、厂、林、港之间的车流流向变化不大等等。这就为组织装车地直达列车提供了条件。

中国铁路直达运输工作起步较早，50年代初期，先是在矿区和林区站实行了产、运、销联合办公制度，加强了协作，为集中车流，组织直达运输打下了基础。之后，规定了组织直达列车的负责站、配组站，整理中间楞场、实行补轴配吨等方法，为扩大直达车流，加强铁路和各企业的合作创造了条件。到50年代后期，铁路和有关企业又共同创造了路矿、路林、路港、路厂社会主义协作方式和工作制度。60年代初期，全路总结推广了济南局张店车务段组织博（山）八（陡）支线九站合开始发直达列车的经验和大协车站编开为煤矿、为收货单位、为到站、为前方编组站服务的高质量直达列车的工作经验。大协车站被铁道部命名为"全心全意为人民服务的好车站"。在这些先进经验的推动下，直达运输广泛深入发展，全路直达列车装车数占总装车数的比重从1952年的14.5%，提高到1965年的31.3%。但是，在以后较长时期内，全路直达列车比重一直停留在

31%—33%之间，徘徊不前。

为挖掘运输潜力，开创直达运输的新局面，铁道部于1982年11月在济南召开了直达运输工作会议，进一步完善了工作制度和组织办法，交流了哈尔滨铁路局、青岛和天津铁路分局、大协车站等16个单位组织直达运输的经验。这些经验丰富和发展了直达运输组织以及整个行车组织的内容，主要有：大协车站按到站的货区、货位和收货人的要求编开高质量直达列车；张店和沧州车务段组织中间站多站联合编开单一的和多品种货物的直达列车；沈阳站实行小窑煤装运"四统一"（统一货位、统一发货、统一计划、统一结算），编开煤炭直达列车；平顶山、口泉、鹤壁北、玉门沟等一些较大的煤矿，组织全部直达车流开行直达列车；双鸭山站实行路矿统一运行图，使重、空车流相结合、定点定线、紧密衔接等。会议以后，各铁路局以点带面，大力加强了直达运输工作。因而，全路直达列车比重大幅度提高，1982年为33.7%，1983年就提高到38.9%，1984年又提高到42.3%，1985年上升到45%。3年共开行直达列车817663列，其中远程直达列车245298列，每天可减少有调中转车4万辆以上，相当于三个郑州北站的中转改编作业量。

30多年来，中国铁路在组织装车地直达列车工作中坚持从产、供、运、销的实际情况出发，结合装卸条件，考虑经济效果，本着"能高不低、先远后近"的原则，首先组织同一到站的直达列车，而后组织到最远技术站解体的直达列车。对经常开行的始发直达列车则固定车次，定期开行。

对于数量较少，无法组织一个列车的直达车流，也要尽量组织成组装车，即在一个装车站，一批装5辆以上，成组挂运到达同一卸车站，或通过一个以上编组站不拆解的车组。它可以减少沿途的改编作业量，加速车辆周转和货物的输送，因而在全路得到广泛的采用。1985年全路成组装车占总装车数的比重达到28.5%。

二、技术站车流组织

装车地直达列车没有吸收的车流，送到就近的区段站和编组站（即技术站）按照车流的性质和去向，分别编组不同种类的列车。首先在全部中转车流中，挑选出足以集结成整列到达而总的集结停留时间又最省的那部分车流，编组技术直达列车；其次是直通列车，然后是区段或零担、解结列车。

1953年全路开始实行统一制定的列车编组计划，但受当时条件限制，车流组织水平还比较低。况且，编组站少，布局偏，设备差，与运量迅速增长和车流变化的状况很不适应，不少站不能完全承担合理分工所要求的编解作业任务。50年代后期和60年代初，与兴建一批"土驼峰"的同时，先后在苏家屯、南仓、石家庄、丰台西、郑州北、三间房等地建设、投产了二级或三级式编组站，全路站场数量有所增加，技术设备有所改善。这一期间，开始采用朱松年提出的表格分析法，计算列车编组计划最优方案。但是，许多原有编组站能力仍然很紧张，编组站的合理布局还没有解决，计算所得的最优方案往往难于实现。全路车流组织只能在编组站布局不完全合理的情况下，根据各站的改编能力，调整各站的调车作业任务，力求做到编组站间的分工相对合理，以适应运量不断增长的需要。

80年代以后，铁路货运量增长迅速，编组站能力不能适应的情况更加突出，经常出现到达列车在站外停留等线，接入车站的列车等待解体的情况，因此加强车流组织，增加直达列车比重更加迫切。组织始发直达列车所需要的空车，一般要以空车直达列车的方式来保证供应。空车直达列车按需要的车种进行组织。例如，送往煤矿装车站的空车直达列车由空敞车组成，送往石油装车站的空车直达列车由空罐车组成等等。空车直达列车主要从卸车地组织，对于卸车量大的专用线、车站、区段或地区，均规定了就地组织空车专列的要求。同型车流量大而又稳定的空车列车还要固定列车运行线，定期开行；卸车量小、车种多样的零星空车，要求尽力在就近技术站集结组织。对于中间站装卸的重车和空车，一般是用摘挂列车或区段小运转列车来摘挂取送。摘挂列车视区段内各个区间的具体情况，可以按中间站的到站顺序编组，也可以不按到站顺序，而只将同一到站的车辆选编成组。早在50年代，广大现场职工就创造和推广了成组装车、摘挂列车开口作业、不摘车装卸作业等先进方法，把中间站车流分别编入各种不同形式、不同种类的列车。

第三节 列车运行图及铁路通过能力

列车运行图是以坐标图表示的铁路列车运行时刻的图解。中国铁路每隔一定时期，就要根据运量的变化，设备的加强，以及运输组织的改进，统一编制全路列车运行图，它具体规定了各次列车占用区间的程序，列车在每个车站到达、出发或通过的时刻，列车在区间的运行时间以及列车在车站的停站时间等。与列车运行有关的业务部门（车站、列车段、客运段、机务段、车辆段、工务段、电务段、水电段、供电段等）都根据列车运行图所规定的要求组织本部门的工作，保证列车按运行图运行。因此，列车运行图既是铁路行车组织工作的基础，又是铁路运输工作的综合性计划。通过列车运行图把整个铁路网的运输生产活动联系成为一个统一的整体。

在一个铁路区段每昼夜所能开行的列车对数或所能运送的客货运量，就是这个区段的运输能力。所以，运行图是一定条件下的铁路运输能力的具体体现。

铁路运输能力，通常以通过能力和输送能力来表示。铁路通过能力是指采用一定类型的机车车辆和行车组织方法，在一个铁路区段，在既有的固定设备条件下，在单位时间（通常为一昼夜）内所能通过的最大的行车量（列车数或列车对数）。输送能力是指在一定固定设备、一定类型的机车车辆和一定的行车组织方法条件下，根据现有机车车辆数量和运输生产第一线人员的配备情况，一个区段在单位时间内所能通过的最多列车或所能完成的最大运量。当然，铁路通过能力和输送能力还要同车站改编能力、装卸作业能力、短途搬运能力相互协调，才能实现铁路运输的综合能力和整体效益。

新中国成立以来，铁路长期面临运能与运量矛盾的形势。铁路运输部门为缓和这个矛盾而采取的许多措施，例如采用先进的行车组织方法和新技术设备，大力提高各项作业效率，充分发挥现有设备的潜力等等，都在运行图中得到反映。36年来，通过优化运行图和加强通过能力，在发挥铁路各种运输设备的运用效率和提高铁路运营指标方面取得了很大的成绩。

一、列车运行图的编制

铁路列车运行图是由铁道部统一领导编制的。50年代初期，铁路技术设备和客货运量变化较大，每年编制2次运行图；50年代后期，改为每年夏季编制1次，冬季调整1次；60年代改为每年定期编制1次；70年代及以后改为每2至3年编制1次，其间进行若干次调整。除了定期编制和调整以外，为适应春节期间客运量增长的需要，每年照例要编制和实行春节临时客车运行图，实行期间为春节前后共40天。从1949年到1985年全路共定期编制运行图36次。

编制运行图，要把全路几百对旅客列车和几千对货物列车的运行时刻，在保证行车安全和提高效率的基础上，安排得当，紧密衔接；工作量大，要求非常严格，需要有众多专业人员和运输有关部门的参与，是一项十分复杂和艰巨的综合性技术工作。整个编制工作，需要经过编制前的准备、编制工作和实行新图前的准备3个阶段，一般持续10个月的时间。

编制前，进行充分的调查，根据客货运量的变化、设备的加强、人员素质的提高等因素，正确确定客货列车对数和各项技术标准，研究提出解决运输工作难题的措施，为编制高质量的运行图做好充分准备。为此，铁道部首先要明确编制新图的方针、原则、任务及要求，拟定工作部署，下达铁路局。各铁路局据此及时安排和准备各项编图资料，报铁道部核备。

运行图的编制工作，采取集中与分散相结合的方法。先是集中各铁路局和铁路分局编图人员，由铁道部组织铺画直通旅客列车运行时刻，再协调局间货物列车运行时刻（草案），然后各铁路局编图人员回局进一步落实货车运行时刻，进行必要的细节修改，经铁路局长审定后再报铁道部审批。

实行新运行图的日期在全路是统一的，由铁道部通知，实行前要印刷分发各种时刻表，组织行车有关人员认真学习，全面做好技术设备方面和运输组织方面的各项准备，特别是新旧列车时刻的交替工作。

列车运行图是全路各个部门工作组织成果和技术设备进步的集中反映。在过去的36年里，通过广大职工不断实践，有了很大发展和改进，主要表现在：

（一）废除区段行车制，实行全路统一的列车运行图。1949年军委铁道部成立以后，便改革了以前按路局、线别或区段分割铺画的办法，编制和实行了全路统一的直通列车运行图。在首都与各省（自治区）首府以及直辖市间相继开行了直通旅客快车和特别旅客快车，组成一个全国统一的铁路运输网。实行直通列车运行图，为旅客和货主提供了方便，并有利于提高客货列车直通速度，改善运营管理工作。由于不断改进运行图编制方法，提高运行图编制质量，也为日常运输组织提供良好的工作基础。

（二）增加客货列车对数，扩大客货运输能力。每次编制运行图时，把增加客货列车对数，适应客货运量增长的需要作为首要的任务。36年来，铁路客货运量同步增长，在能力紧张的区段，客货运输互相挤占能力的现象日趋严重，只能根据客货兼顾的原则，妥善地安排客货列车运行线，使客货列车均有增加。历次编制运行图都把各该时期运输组织的挖潜、扩能的措施，综合归纳，吸收进去。例如，1985年列车运行图，充分体现了进一步加强旅客运输组织，调整旅客列车编组内容，扩大编组辆数，减少客车停车站和停站时间；加强车流组织，调整编组站间分工，提高货物直达运输比重，开行重载列车和组合列车，进一步推行内燃、电力机车长交路和轮乘制，缩短了货物列车在技术站的接续时间；部分采用平行运行图,客货列车等速运行等。

1985年4月1日实行的列车运行图,总共开行旅客列车972对,货物列车按区段统计为10101对,约能适应日运300万旅客,日装6.7万车,日运350万吨货物的需要。与1952年运行图相比,旅客列车增加4.3倍,运送旅客能力约增5倍;货物列车增加3.8倍,装车能力约增加4.4倍,运送货物能力约增加8.6倍。全路各线列车对数都有不同程度的增加,如京山线北京—天津间,1952年只有旅客列车8对,货物列车16对,1985年旅客列车增加到31对,货物列车增加到82对。沪宁线1952年旅客列车8对,货物列车13对,1985年旅客列车增加到36对,货物列车增加到39对。

(三)提高列车运行速度,加速旅客和货物的运送。列车运行速度是反映运行图质量的主要指标。36年来在运行图编制工作中积累了不少经验,为减少列车在车站待避、会让的次数和停站时间,提高列车旅行速度,缩短旅客和货物在途时间,加速机车车辆周转和货物的流通,做了大量的工作。例如:加强车流组织,增加定期运行的始发直达列车运行线;改革零担货物运输组织,减少零担货物办理站;推行机车长交路,减少更换机车次数;调整列车技术检查所的布局,缩短列车在区段站的停留时间;减少旅客列车停车站和停站时间等。1985年,全路旅客列车平均直通速度为每小时43.9公里,货物列车平均旅行速度为每小时28.1公里,比1952年分别提高10.5公里和2.6公里。特别旅客快车的速度提高的幅度更大,其中,沈阳—北京12次列车直通速度为每小时78.8公里,单程运行时间为10小时40分,比1949年缩短了9小时42分。北京—上海13次列车直通速度为每小时77.1公里,比1950年提高37.3公里,单程运行时间缩短为17小时50分。北京—广州15次列车直通速度为每小时68.4公里,比1957年武汉长江大桥通车后的每小时53公里,提高15.4公里。

与此同时,还根据机车在基本段和折返段及其所在站的停留时间标准，合理安排机车交路和机车乘务组的作息时间，改善了机车运用指标，加速了机车周转。

（四）编制和实行了分号运行图。在基本运行图以外编制分号运行图，有助于使运行图适应行车量波动，保证列车运行与机车工作的稳定性和提高货物列车旅行速度。对于需要封锁区间和工作条件复杂的线路基建工程，大中修及电化铁路接触网检修等，则在运行图上预留"天窗"（在运行图上预留一部分不运行列车的空隙时间），以利于加强施工组织和行车组织，减少施工与行车的相互影响，保证按计划施工。

二、铁路通过能力的加强

新中国成立后，铁路运输技术设备发生了很大变化，运输能力不断有所提高。但是，由于运输能力的增长跟不上客货运量的增长，铁路运输长期存在着运能不适应运量的矛盾。这种矛盾，往往表现为点和线的能力之间、固定设备和移动设备能力之间、客运和货运能力之间的矛盾。而对这一情况，各有关部门以提高运输能力为中心，在不同时期采取了各种各样的措施，从增加列车对数、加大列车重量和提高列车速度3个方面进行了卓有成效的工作，并纳入和体现在列车运行图中。36年来，中国铁路从本国国情出发，走改革、创新、挖潜、提效、扩能的道路，采取大重量与高密度相结合的发展模式，扩大了铁路运输能力。1985年全路运输密度达到每公里2091.4万换算吨公里；货物列车密度达到每日32.1列，旅客列车密度达到每日14列；货物列车平均牵引总重达到2211吨，旅客列车平均编成辆数达到14.1辆。与1950年相比，运输密度增长了6.64倍，货物列车密度增长了2.53倍，旅客列车密度增长了2.18倍，货物列车平均牵引总重增长了1.04倍，旅客列车编成辆数增长13.7%。

36年来，在运输密度的增加量中，60%依靠增加列车密度，40%依靠提高列车重量；在不同时期，列车密度和重量增长率有所不同，但是列车密度增加的因素起着更为重要的作用。多年来，行之有效的扩能措施可以归纳为如下几个方面：

（一）进行牵引动力的改革，发挥机车牵引力。无论提高列车重量还是提高列车速度、密度，牵引动力都起着举足轻重的作用。36年来，中国铁路发展牵引动力和改革乘务制度总的方向是：从蒸汽牵引向内燃、电力牵引发展，从小功率向大功率发展，从小交路包乘制向长交路轮乘制发展。尽管在整个过程中有过曲折和挫折，但还是取得很大成就。尤其是进入80年代以后，明确了铁路动力改革方向，同时大力进行运输工作的改革。内燃、电力牵引迅速发展，各型机车牵引力的进一步发挥，使1985年全路内燃电力牵引所完成总重吨公里的比重上升到39.1%，货物列车平均牵引总重提高到2211吨，与1951年相比，每一列货物列车多拉运1126吨，翻了一番多。

（二）主要干线进行技术改造。一定的轨道结构和线路配置适应一定的运输密度。为了扩大运输能力，中国铁路在发展重型钢轨和无缝线路以及改善限制坡度和曲线的同时，还在单线限制区段增设会让站，延长车站股道，铺设双线插入段或部分双线，作为适应运量增长的过渡措施，仍然不能适应时则修通全部第二线。铁路第二线的修建有过起伏，50年代后期形成过一个高潮。到1960年年末，双线里程达到5382公里，比1949年年末增长5.2倍，双线率由4%增加到15.9%。以后由于压缩基建投资和建设重点转向"三线"铁路，双线里程增加不多，到1975年以后，既有线路通过能力不足的问题日益突出，才又加快第二线工程建设。1985年年末全路双线里程达9989公里，双线率达19.2%，为提高列车密度创造了有利条件。

（三）发展先进信号设备。先进的信号（包括信号机、联锁、闭塞设备）能够在保证行车安全的基础上，大幅度提高通过能力。"一五"期间，重点发展路签闭塞，用以取代电话闭塞。1958年以后，用继电半自动闭塞取代路签闭塞。60年代以后，以国产设备装配的大站电气集中、单线调度集中和移频自动闭塞先后投产和推广。1985年年末全路装有电气集中的车站占营业站总数的42.5%，自动闭塞线路占总营业里程的13.3%，半自动闭塞占81.8%。这些设备，对于保证行车安全，缩短车站办理接发列车时间，提高车站和区间通过能力，增加区段列车密度起了巨大作用。

（四）改建、新建站场设备。运能和运量的矛盾，经常表现在点与线能力之间的矛盾，也就是编组站、货场的改编和装卸能力与区间通过能力之间不相适应。为适应列车通过和改编作业量以及货车装卸作业量增长的需要，对既有编组站和货场都进行了程度不同的改建和扩建，增强车场和股道，改善调车和货场设备，并发展装卸机械化。1958年至1959年间，全路普遍在平面牵出线上修建了150多处简易驼峰。与此同时，先后在主要干线上新建一批机械化和非机械化驼峰编组场和一些布置较为合理的货场。70年代后期还研制和安装了一批半自动化驼峰，并进行了自动化驼峰试验。至1985年，已建成非机械化驼峰114处，机械化驼峰22处，半自动化驼峰8处以及自动化驼峰试验2处，大大提高了编组站的改编能力。

（五）发展新型货车。发展大型货车，提高货车每延米载重，是充分利用车站站线有效长、提高列车重量的重要途径。50年代初期，货车大都为标重30—40吨的小型车，平均标记载重量仅为32.3吨，每延米载重量不足4吨。50年代开始制造标重50吨货车，60年代以后又大量生产标重60吨的大型车，到1985年全路货车平均标记载重量达到53.9吨，每延米载重量增加到5.2吨。与此同时，新型货车还提高了车辆强度和构造速度，为提高列车速度从而提高通过能力创造了条件。

（六）采用先进行车组织方式方法。50年代初期，机车乘务人员多拉快跑，动能闯坡，充分发挥了机车牵引力。车站人员巧装满载，满轴编车，并采取措施大力缩短编解作业时间；调度人员加强与站、车联系，组织列车赶点，开放"绿街"。所有这些，对于加速机车车辆周转，提高车站通过和改编能力，都起到了明显作用。50年代后期，全路普遍组织机车、列车快速作业，紧密周转；推广高站台、低货位，组织快装快卸，缩短装卸作业时间；广泛采用路签（牌）机搬家，原签（牌）折返使用，压缩车站办理会让作业时间，都有效地提高了通过能力。进入80年代后，为缓和限制区段的能力紧张，先后在京山、京广、宝成、宝天等干线一些能力饱和的区段上，采取部分旅客列车与直通货物列车等速运行。还在丰沙大、沈山、石德等线开行货物组合列车。同时改革机车乘务制度，改善列检布局，均收到一定的运营效果。

第四节 运输工作技术计划与运输方案

铁路实行计划运输主要是通过编制和执行月度货物运输计划、铁路运输工作技术计划（简称技术计划）和运输方案来具体实现的。技术计划既是根据月度货运计划而制定的有关铁路运输设备的综合运用计划，也是完成月度货运计划的重要保证。而运输方案则是实现月度货运计划和技术计划的工作安排和具体步骤，是按月分旬的运输组织工作的综合部署和日常运输作业计划的编制依据。因此，技术计划和运输方案都是完成月度货运计划，提高运输组织工作水平的重要手段。

一、技术计划

技术计划是根据月度货运计划提供的货物流量和流向资料编制的。编制和执行技术计划，是为了经济合理地安排车流，有效地使用通过能力，规定机车车辆运用指标，分配机车车辆运用车数，保证完成和超额完成月度货运计划。技术计划的内容包括：当月全路、各铁路局、各分局乃至段、站的装车数和卸车数以及空车调配方案；各铁路局、各分局分界口的交接重、空车数和列车数，各区段的重、空车流量和列车对数等数量指标；全路、各铁路局、各分局乃至段、站的机车和车辆运用的质量指标；机车、车辆的保有量指标。

技术计划不仅规定运输部门的工作任务，而且规定与运输有关的铁路各部门的任务。例如机务、车辆部门都要根据技术计划规定的当月任务，安排本部门的工作计划，如机车检修和燃料供应计划，车辆检修计划等。

早在1949年6月，军委铁道部就开始编制月度货物运输计划和技术计划。其编制过程与具体办法，最初由各铁路局定时派主管人员到部集中编制，以后几经变动，自1960年7月以来，又改由各铁路局核实汇总管内各站要车计划后，报铁道部核定，汇总为全路月度货物运输计划，再下达给各铁路局制定本局月度货物运输计划；技术计划则在铁道部统一组织下，由部和铁路局分工负责编制。月度货物运输计划和技术计划在铁道部和有些铁路局已用电子计算机编制，并将在计算机网络上运行。

36年来的工作实践，充分显示了技术计划在加速机车车辆周转和充分利用线路通过能力方面所起的作用。50年代初期开始编制技术计划，并在日常工作中用以组织动员广大职工千方百计加速车辆周转，从而在压缩全路货车周转时间方面取得了较好的成绩。70年代以后，一些主要干线线路通过能力不能满足运量需要，安排月度货运计划时，不得不按照限制区段的能力削减部分货主的要车计划。但在编制技术计划时，经过精心计算，正确安排列车对数，限制区段的通过能力得到了充分利用。

二、运输方案

（一）运输方案的发展。

运输方案是中国铁路为提高运输组织水平创造的一种科学的组织方法，用以统筹安排和综合部署月间运输工作。运输方案把月度货运计划、技术计划和列车编组计划、列车运行图紧密结合起来，对加强路内外联劳协作，充分使用线路和站场能力，加速机车车辆周转和货物送达都很有利。

从1954年开始，太原铁路局为加速管内煤炭的运送，编制了从配送空车、装车作业、取出重车到列车编成并挂上运行线的一套作业组织方案，即"管内货物拉运方案"。济南、沈阳、上海等铁路局也先后创造了"运输综合技术作业图"、"运输综合作业方案"等先进方法，把同运输有关的各部门工作紧密协调起来。1958年3月，铁道部在上海召开了全路领导干部会议,总结了上述经验,并定名为"铁路运输综合作业方案",简称运输方案,确定在全国铁路推广。之后,南昌铁路局开始编制月、旬运输方案,不少铁路局也进一步积累了这方面的经验。铁道部又于 1959 年 6 月在庐山召开全路运输综合作业方案会议,拟订《运输综合作业方案的编制和执行规则》,于同年 9 月颁发全路,使运输综合作业方案作为加强运输组织的一项制度固定下来。60 年代初期,青岛铁路分局创造了"分析整理货流,全面组织自装车流,组流上线,流线结合"的经验,充分体现了运输方案的综合部署作用,进一步充实和发展了运输方案的内容。1965 年 7 月铁道部在青岛召开全路运输方案经验交流现场会议,并决定在全路进一步推广青岛分局的经验。十年动乱中,运输方案工作遭到严重干扰。粉碎"四人帮"后,为了更好地发挥运输方案的作用,铁道部再次在济南召开全路运输方案经验交流会,重新拟订和修改了方案的编制和执行规划,并将运输综合作业方案正式改称为运输方案。

运输方案按月分旬进行编制,主要内容是由货运工作方案、列车工作方案和机车工作方案 3 部分组成的。

1. 货运工作方案是运输方案的基础。通过路内外协作,上下结合,核实货源,按列车编组计划要求,分析货流,对货流进行整理、分类,全面组织自装车流。其主要内容包括:大宗稳定货流组织始发直达列车(其中包括整列出车和固定车底循环列车)和成组装车的日历安排;零流合组直达列车和区段零流挂线装车日历安排;重点装车站的定到站、定车流、定品名的整列和成组装车日历安排;主要卸车站的卸车安排。

2. 列车工作方案是运输方案的核心和集中表现。根据货流、车流特点,结合列车编组计划和列车运行图的规定,在保证全面完成运输任务的前提下进行车流组织的挂线工作。主要内容包括:确定管内自装车流和空车流的组织方法,选定分号运行图或方案车次,对各种车流进行挂线安排。

3. 机车工作方案是实现列车工作方案在牵引动力方面的保证。根据月

（旬）列车工作方案和机车走行公里等情况，合理安排机车的交路以及机车的运用和检修，提高机车质量和运用效率，保证列车工作方案的实现。主要内容包括：根据各区段选定的列车工作方案编制机车周转图，确定各区段的机车供应台数；编制机车运用计划；安排机车检修工作。

除上述3个基本组成部分外，运输方案还根据具体情况编制枢纽工作方案和施工方案等。

（二）编制运输方案的主要经验。

1. 加强货源的调查、落实和组织工作。针对不同货源的特点，采取不同的调查落实货源方法：对煤炭、原油、矿石等大宗物资，先由车站人员深入各矿、厂共同研究安排次月运量，然后会同矿务局共同落实；对支农物资，组织货源调查小组或派专人深入产地，会同供销部门进行走访调查，具体安排落实；对品类复杂、变化较大的商业物资，通过参加部门的调拨计划会议，共同协商安排；对外贸等其他重点物资，组织统一归口提报运输计划，力求做到货源稳定和可靠。除此之外，短途搬运能力、卸车能力、仓储能力和包装能力，也是落实货源时必须考虑的重要因素。

2. 从参加物资分配入手，组织和调整货流，在保证生产、供应需要的前提下，要使货流组织得更为集中、稳定，以利扩大直达成组运输。铁路运输部门采取主动参加物资分配会议，把组织、调整货流的工作做在确定物资供销关系之前，使直达运输满足发、收货单位的需要。

3. 对货流进行整理分类，扩大装车地始发直达列车比重，组织高质量直达列车，全面组织自装车流。由于编组计划所规定的装车地直达列车计划是根据年度的计划车流编制的，都是比较稳定的大宗车流，对于那些不够每月都能稳定开行直达列车的车流量，一般不在编组计划中确定，则需要通过运输方案，对自装车流进行全面组织后，在月、旬及日历装车计划中进行安排。对发往分局管内的稳定货流，组织一站装车，一站卸车或分货场、分专用线卸车的直达列车。对运距不长、流向固定、运量较大的货流，则组织固定车底循环直达列车。

4. 掌握车流规律，对各种车流进行组织和挂线。根据货流、车流特点，结合列车编组计划和列车运行图的规定，在保证全面完成运输任务的基础上，进行车流的组织和挂线工作。车流挂线对于装车站、卸车站的作业和企业的生产，对于技术站的作业和区段内的列车运行，机车的运用以及整个运输生产都起着稳定和均衡的重要作用。

第五节　日常运输组织和调度工作

日常运输组织工作，是行车工作组织不可缺少的组成部分。为了组织运输生产，铁路定期编制列车编组计划、列车运行图和车站技术作业过程，按月编制货物运输计划、技术计划和运输方案。所有这些计划，都有待于在日常运输生产活动中结合每旬、每日、每班的情况，具体加以组织实施。

日常运输组织，就是按照上述各种计划的要求对于日常运输生产活动加以组织指挥的，这也是对整个运输生产过程，首先是装车、列车运行和卸车进行不间断的指挥和监督，以保证安全正点，优质高效地完成客货运输任务。

铁路运输生产，由于受到社会产供销和气候条件变化的影响，经常发生变动，必须及时进行组织和调整，使调度工作在运输生产活动中显得更加重要。

1949年军委铁道部成立后，就在部、路局、分局三级机构建立了垂直指挥的调度系统，实行了全国货车统一调度、直通运用，并确立了行车工作的单一指挥制。5月召开全国铁路调度工作会议，讨论建立健全调度工作制度，强调了运输生产中的集中领导和统一指挥。8月公布实行《铁路调度统一暂行办法》，为建立强有力的统一指挥的调度系统奠定了基础。各级调度机构由行车、货运、客运、机车、车辆、零担运输、枢纽工作等调度人员组成，分别按各自业务分工，相互配合，协调工作。为了发挥各级调度的统一指挥作用，在部、路局、分局三级调度各设有值班处长、值班科长和值班主任,领导和协调本班各工种调度员间的工作。

在国民经济恢复和"一五"期间,广大调度人员积极投入"满载、超轴、五百公里"运动,和机车乘务人员、检车人员以及车站工作人员紧密配合,大力组织列车满载、超轴,多拉快跑,机车快速折返,紧密周转,列车快速中转,组织各种直达列车,从而大大加速了机车车辆周转,提高了机车车辆运用效率,对保证完成运输任务做出了贡献。在50年代后期,全路货车周转时间压缩到2.80天以下。

"大跃进"削弱了运输生产的集中统一指挥,冲击了行之有效的规章制度,造成运输设备失修,运输秩序混乱,安全正点恶化。各级调度人员在工作困难、车辆不足的情况下,仍然大力组织快装快卸,加强联劳协作,狠抓排空任务,为保证完成"保钢夺煤"的运输任务努力工作。在调整时期,重新加强了铁路运输的集中统一领导,全路各级调度建立健全了各项规章制度,开展了旨在建立正常运输秩序的"按图行车"、大练基本功活动,明显地提高了调度指挥水平,使1964年和1965年全路安全、正点、秩序、效率等各方面,都达到了历史上最好水平。

十年动乱使铁路运输遭受空前严重的破坏和冲击,在极端困难的条件下,各级调度人员坚守工作岗位,竭尽全力完成了国计民生急需物资的运输和旅客运输。中共十一届三中全会以后,铁道部于1983年重新公布实行了《铁路运输调度工作规则》,对调度组织机构、职责范围、基本工作制度、人员选拔培训、车流调整、日常计划编制、日常运输工作的组织监督等方面都作了明确规定。这个规则的实行,促进了全路调度工作的制度化、规范化,有利于提高调度工作水平。在客货运量逐年大幅度增长,主要干线和枢纽能力饱和,机车车辆不足的情况下,各级调度开展了按图行车和挖潜提效的活动,组织均衡运输,加强分界口协作;列车普遍超轴,并在个别线路开行组合列车,特别是在限制区段组织满载、满轴、满表行车;充分利用线路通过能力,加速机车车辆周转,在各种能力全面紧张的情况下,保证了煤炭等主要物资的运输,完成了各个年度的客货运输计划,并培养和锻炼了有 8000 多人组成的调度工作队伍。

一、运输工作日常计划

中国铁路 1951 年建立了编制和执行货主 5 日托运计划和铁路运输工作日班计划制度,1955 年又将 5 日托运计划改为由铁路编制旬间装车计划。从此,旬间计划和日班计划便构成了铁路运输工作日常计划的基本内容。各级调度机构就是通过编制和执行运输工作日常计划,对整个运输生产过程进行组织指挥和监督控制的。

旬间装车计划是在月度货物运输计划的基础上,进一步组织路内外各有关部门,根据物资生产、供应、运输、销售的实际情况,具体安排一旬的装车工作,是保证均衡地、有组织地实现月度货物运输计划的重要措施。

日班计划则是为了在一昼夜和一班的具体条件下,保证有节奏地完成月度货物运输计划、技术计划、运输方案、旬间计划所规定的数量和质量指标而安排的日常运输工作计划。日班计划是由货运工作计划、列车工作计划和机车运用工作计划 3 个相互联系的部分所组成。它规定了当日、当班的具体任务和工作部署。一切装车、卸车、交接车、列车编组、列车运行等活动按日班计划进行。

编制运输工作日常计划须贯彻国家运输方针政策,保证重点,照顾一般。在货物运输上贯彻执行"先计划内、后计划外,先重点、后一般,先中央、后地方"的运输原则,在车辆运用上坚持"一卸、二排、三装"的运输组织原则。严格按列车编组计划编车,按运行图行车,按运输方案办事,按旬、按日、按阶段组织均衡运输,经济合理地使用机车车辆和通过能力,在安全生产的基础上提高运输效率,保证完成月度运输计划。

运输工作日常计划由铁路分局具体编制,报铁路局审批后下达站段执行。铁路局汇总各分局计划即构成铁路局计划,并报铁道部核备。其中日间计划还要分为日夜两个班计划,分别由两个值班的调度人员来执行。

二、车流调整

月度运输计划所规定的任务，都是日平均数字，但在日常执行中，每天的货源和车流情况很难避免发生波动和变化。如某一局部地区的货源、车流发生变化，而不及时地对车流进行调整，就不可能保证全路车流相对稳定和正常的运行秩序，也难以保证月度计划任务的完成。因此，车流调整的目的在于保持全路货车的合理分布和各主要干线车流的相对稳定，避免浪费运输能力或造成积压和堵塞。

车流调整工作是日常运输工作的重点。为了加强车流调整工作，1953年曾在铁道部运输局内专门建立了车流调整课；1956年并入调度课，各铁路局、分局也设有专人掌管车流调整工作。1954年曾公布实行了《车流调整办法》，60年代统一并入《铁路运输调度工作规则》内。

中国铁路严格执行集中统一的车流调整制度，以重车调整为主，以空车调整和备用车调整为辅。车流调整主要通过旬、日计划来组织实施。在特殊情况下，根据各级调度的指挥范围，以调度命令下达临时性的调整任务。跨局的车流调整由铁道部调度集中指挥。

重车调整的主要方法是严格按月、旬的去向别装车计划组织均衡装车。各局每日发往外局的装车计划，由铁道部调度核准并监督执行。这是保持各铁路局、分局以及干线车流相对稳定和正常运输秩序的基础。此外，在运输不正常情况下还采取了若干应急措施。例如：由于客观因素影响往外局的装车计划不能完成，或因中转车增加而造成向外局移交重车超过旬计划时，则以增加或减少自局管内装车进行调整；为减少局部地区车流积压，则采取限制装车、停止装车和变更车流输送径路的措施；由于某铁路局重车不足或某方向移交重车不足时采取密集装车措施等。

空车调整是为了合理分布空车和保证装车。主要物资装车所需要的调整措施，分为正常调整、综合调整和紧急调整。正常空车调整是根据月、旬计划的装卸车差数进行补充空车，并按照列车编组计划和运行图的规定，或编开空车直达列车，或将空、重车合编列车。当货源、车流发生较大变化，影响正常排空数量时，有时采取对重、空车流进行综合调整的方法。紧急调整则是遇到特殊紧急运输任务而采取的非常措施，通常用调度命令指定执行单位集结所需空车编成直达列车，于指定时间运送到指定地点，沿途不许拆散，更不得扣用装车。由于空车是装车的前提条件，而空车又是来源于卸车，早在50年代，根据日常运输实践经验，全路总结出了正确处理装车、卸车、排空三者关系的"一卸、二排、三装"的运输组织原则。这一原则建立在全路一盘棋的思想基础上，反映了全路车辆统一调度的客观规律，也是多年来整个运输组织工作的原则。

备用车调整是发出调度命令，指定执行单位将指定的车辆列入备用（停留待命）和解除备用来适应临时运输任务和运量发生较大变动的需要。

三、按图行车

列车运行图虽然具体安排了旅客和货物列车的开行对数，性质，发、到和运行时刻等，但在日常运输中，由于客流、货流波动和流向变化，线路施工、气候影响以及临时加开专运列车等因素的影响，每天实际开行的列车与运行图所规定的总会有所出入。因而各局调度指挥部门需要通过日班计划确定货物列车对数和车次，下达有关部门执行，并且通过编制和执行3—4小时列车运行调整计划，指挥列车运行，排除意外影响，使所有列车尽可能按列车运行图正点运行。

新中国成立初期，铁路技术设备状态变动较大，列车运行图中各项技术标准偏于保守，东北地区一些先进列车调度员创造了"新行车法"，即大胆突破列车运行图规定的技术标准，根据实际情况，加快列车运行，以加速机车车辆周转。这一方法很快得到推广，有力地保证了运输任务的完成。

其后，由于运行图技术标准的提高和列车对数的增加，要求调度人员严格按照运行图组织指挥日常运输。在开展"满载、超轴、五百公里"运动前后，齐齐哈尔分局调度人员以孙孝菊为代表，总结、创造了深入现场调查，熟悉管区内行车有关人员状况，建立相互联系、配合、信任的工作关系，以提高调度组织指挥水平的经验。蚌埠、沈阳等分局调度人员也创造了加速列车放行、组织机车和列车紧密衔接的工作经验。广大调度人员学习了这些先进经验，为按图行车所采取的列车运行调整措施有：及时督促检查各站开行各次列车的组织工作及准备情况，保证列车正点始发；对偏离运行图的列车，采取加速列车运行，变更列车会让地点和会车方式，尽力组织按图行车；在双线线路上组织反方向行车，组织车站快速作业，组织列车合并运行，变更蒸汽机车给水地点；在恢复晚点列车正点时，贯彻"先客后货、先快后慢"的调整原则，按列车等级进行运行调整。所有这些先进工作经验在全路调度部门的推广，使按图行车工作有了新的提高。

60年代初全路大力整顿运输基础工作，加强日常运输组织，并在职工中开展大练基本功的活动。齐齐哈尔分局调度人员总结出调度员要掌握"人、车、天、地、图"的经验，即：掌握管区内行车人员思想情绪和技术业务水平；掌握列车、车流的具体情况；掌握气候的变化和地面各种技术设备情况；掌握列车运行图中各个车次的运行时刻和具体要求。沈阳分局针对当时存在的车流波动大、运输秩序乱、抢十八点的现象，提出坚持按图行车，先从分界口"整流上线"（即在分界口卡死，严格按运行图规定车次、时刻、内容交接车），逐步做到在装车站和编组站"组流上线"（即按运行线规定来组织装车和车流，达到流线结合）。他们的经验在全路迅速得到推广，起到了良好作用。1964年至1965年，全路出现了按图行车、秩序稳定、效率提高的好局面。从这时起，按图行车的内涵有了扩展，不再局限于列车调度员按图组织行车，而是泛指各级调度部门组织协调货流、车流、列车、机车实现列车运行图。当时提出的"按编组计划编车、按运行图行车、按运输计划装车、按运输方案和日班计划办事"的口号和要求，比较完整地反映了按图行车的基本内容。

70年代末到80年代初，为了整顿运输秩序，纠正抢十八点和列车等线保留问题，全路多次强调按图行车，并召开专门会议，规定具体要求，强调局间严格按运行图和日班计划交接车。这些内容以后纳入了1983年修改公布的《铁路运输调度工作规则》，使按图行车工作制度化、经常化。1985年又在一些业务量不大，货流、车流相对稳定的调度区段试行了"印线运行图"，将列车调度员使用的空白运行图表印上基本运行图的运行线，便于调度员严格按图指挥行车，使按图行车工作又向前迈进一步。

第六节　电子计算机在铁路运输生产中的应用

计算机问世以后，国外不少铁路随即用计算机进行财务统计，进而发展到科学计算、数据处理和运输过程实时控制，成为铁路运输现代化发展的主攻方向。中国铁路在50年代末开始开发计算技术的应用工作。

一、开创时期（1959—1976）

1959年，铁道部首先在铁道科学研究院配置了一台国产分立元件的第一代计算机——103型数字计算机，进行选择加强通过能力最优方案的应用研究。1963年后，开展了电子计算机在编制列车运行图、运输工作技术计划和合理运输方面的应用研究。

1965年，铁道部购置一台法国SEA3900型商用小型计算机，用于编制铁道部客、货运输精密统计，旬、月运输情况统计报表和技术计划。

1969年，郑州铁路局统计工厂采用国产DJS-C_1型计算机进行客货运输精密统计试验，于1972年投入使用。

1974年，铁道部购置一台国产DJS-8型计算机，上海铁路局购置一台铁路数据专用的301型计算机，在统计工作领域开发运用。为适应新的情况，铁道部成立了计算机工作领导小组，同时成立了铁道部直属电子计算所，开始酝酿建立铁路运营管理计算机网络的工程设计，并派调查小组到东北、上海、广州等地区铁路部门，组织座谈，实地调查，研究建网的需要和可能,以及如何确定运营管理系统的信息源的问题,还初步测算了信息量,探索了计算机选型等问题,为建立铁路运营管理计算机网络作了有益的探索。

二、初步发展时期(1977—1980)

1977年,铁道部成立了电子计算技术管理局筹备组(以下简称筹备组),负责全路计算机应用、开发和管理工作。筹备组在大力组织开发计算机应用的同时,积极开展了建网的准备工作。从铁道科学研究院、北方交通大学和北京、上海铁路局等有关单位抽调技术人员,在中国科学院计算所、长沙工学院等单位的支持协作下,组织了有60多名科技人员参加的会战组,开展铁路运营管理系统的试验和准备工作。先后用国产设备进行了DJS–130主机和图形显示机的联调试验,北京DJS–8和上海–301不同机型远程联机传输试验,取得了建网需要的技术参数。同时对建网计算机机型的选择专门进行了调查研究,召开了有国内知名的计算机专家参加的座谈会和全路性的选型座谈会,广泛征求意见。在此基础上,集中一批专家,制订了《铁路计算机网络工程总体方案》(简称《方案》),经过论证后,到1977年年末颁发全路执行。《方案》确定以"运统一"(列车编组顺序表)"运货五"(货运工作日况报告附表)为信息源,并暂以分局为信息源点建立铁道部—铁路局—铁路分局三级集中与分散结合、资源共享的计算机网络;确定以应用计算机较有基础、地理位置又较重要的北京、上海、哈尔滨、郑州4个铁路局进行试点,先行一步,并确定自上而下逐步延伸的建网步骤;还确定采用小型机建网,并选用与美国DEC公司的PDP–11系列机兼容的国产DJS–180系列机为网络主机。《方案》要求各铁路局建立计算机管理机构,选配人员,同时要求铁路所属高等院校成立计算机专业,抓紧培训计算机专业人才。

《方案》颁布以后,在全路掀起了一个应用计算机的热潮。北方交通大学率先成立了电子工程系。上海、长沙、兰州等铁道学院和西南交通大学也先后开设计算机专业。铁道部科学研究院成立了电子计算机应用研究所。多数铁路局也相继成立了电子计算所或筹备组，积极开展电子技术应用工作。先后有3个铁路局安装了DJS-180型计算机，6个铁路局采用了国产DJS-C_4机进行开发应用，取得了初步成果。但由于缺乏经验，技术力量不足，设备不配套，计算机的利用率不高。1978年调整工作部署，决定在京沪线上的北京、济南、上海3个铁路局范围内进行局部建网的试验，并选定北京铁路分局和广安门货运站为基层试点单位。在各方面的支持下，于1980年引进一批美国DEC公司PDP-11小型系列机和意大利OLIVETTI公司的终端机，分别安装在铁道部、北京、济南、上海铁路局和广安门货运站，开展应用工作，进行DECNET联机试验。这一时期，全路已有10个铁路局总共配置了28台小型计算机，扩大了应用范围，培养、锻炼了一批人才。铁道部运用新安装的PDP-11计算机系统，利用现有的通信渠道，实现了由各铁路局通过低速传输，用"55"型电传机传送各局铁路运输十八点统计报告，由部计算机脱机处理，投入运行，效果良好。用DECNET联机试验也初步获得成功。1980年10月，筹备组与计算所合并，成立了铁道部电子计算技术中心。

三、新发展时期（1981—1985）

进入80年代后，计算机在铁路运营工作中的开发应用，逐步出现了前所未有的好形势。在开展各项应用项目的同时，北京、济南、上海3个铁路局管辖范围内的京沪圈局部网进行试点工程，经国务院电子振兴领导小组批准，列为国家重点项目。1983年铁道部重新成立计算机领导小组，负责全路计算机应用的决策、指导、规划和协调，重点抓京沪圈计算机网络的规划和实施工作，组织起草工程总体方案。1984年，抽调了一批有理论、有实践经验的技术人员，组成京沪圈运营管理现代化系统专业组，与3个有关铁路局的技术人员相结合，1985年6月完成全部设计。

京沪圈包括北京、济南、上海3个铁路局所管辖的16个铁路分局，分布在中国东南沿海的8省3市，有1.2万多公里铁路线，承担着全路40%的货运量，是中国经济最发达、运输最繁忙、能力最紧张的地区。该系统的主要内容包括：铁路运输工作计划管理子系统；编组站现车管理子系统；运输统计报告和分析子系统；铁路货车、机车和集装箱实时情报管理子系统；机车技术履历库和维修管理子系统。该系统的总体设计规定分两个阶段实施，第一阶段实现京沪圈车流预报；第二阶段实现车辆实时追踪，同时确定主机更新为DEC公司的VAX系列机。由于京沪圈早期有过建网的方案，在铁路局和多数铁路分局已配备了计算机，进行了开发应用工作，因而工程设计和实施工作实际上是同步进行的。1984年年底，京沪圈3个铁路局的12个铁路分局调度所即已实现计算机与编组站终端联机，收集和处理列车编组确报的信息（即"运统一"），试用期间正确率即达到95%以上。同时完成了编制月度货运计划、技术计划和货运工作日况报告附表（即"运货五"）与信息处理相结合的车流预报系统的程序编制工作，并向东北铁路和京广铁路推广，取得明显效益。

与此同时，全路掀起了开发应用微机的热潮。1985年年末，全路中小型机和微机的装机台数已达3000多台。5年来已经开发了600多个应用项目，其中多数是运输生产和运营管理方面的项目。1985年又进行了DEC-NET软件新文本中速（1200波转）传输和联机试验，实现了铁道部和所有铁路局的联网，并将信息源点延伸到部分铁路分局和一些基层站段。在总结过去经验的基础上，根据形势发展的需要，正在修改充实完善全路应用计算机的规划。

第八章
铁路机务工作

铁路机务工作包括机车运用、整备和检修保养，设备维修养护，燃料供应，供电给水，事故救援以及火车轮渡等工作。机务部门既有各种机车、轮渡等自行运转的移动设备日夜活动在铁路运输生产第一线，又有各种固定设备在生产基地（机务段），还有可移动的事故救援列车、检修车、发电车等设施。机务部门的中心任务是不断提高有关人员素质，保证机车和设备质量，为铁路运输提供质量良好、数量足够的机车；努力发挥机车功率，提高机车运用效率，确保列车安全正点，扩大运输能力，以适应国民经济和社会生活发展的需要。

36 年来，随着铁路事业的发展，机车保有量由 1949 年年末的 4069 台增加到 1985 年年末的 11772 台，机车固定资产原值达 67.64 亿元；机务职工由约 5 万人发展到 32 万人（其中，机车乘务员由 2.2 万人发展为 11.7 万人，机车检修人员由 0.6 万人发展为 6 万人）。广大机务职工同全路职工一道，在各个历史时期，始终围绕着安全正点，提高运输能力，为完成国家运输任务进行不懈的努力。

第一节 机车的运用

机车运用工作的基本任务是：管理和运用机车，按照列车运行图和机车周转图组织机务人员有节奏地从事运输生产，确保列车安全正点、多拉快跑，不断提高机车运用效率，以尽可能少的机车完成运输任务。

一、牵引动力的发展

中华人民共和国成立时,从旧中国铁路先后接管了4069台蒸汽机车(另有46台轻油动车和重油动车组),总功率约为150万千瓦。这些机车绝大部分来自英国、美国、法国、德国、日本、比利时、捷克斯洛伐克等国家,少数是用外国配件在中国组装的。机车类型多达198种(其中准轨机车187种3886台),有32%是破损严重的"死机",能用的机车中44%是杂小型机车,远远不能适应运输需要。

新中国成立后,到1952年基本上修复了可能修复的主型客货运机车。同年7月,四方机车车辆工厂仿制成一台ㄇㄎ₁型机车。1956年铁道科学研究院、唐山铁道学院和戚墅堰铁路工厂的专家、教授和古冶机务段的干部、工人一起对ㄇㄎ₁型机车进行技术改造取得成功经验后,把当时作为全路货运主型机车的ㄇㄎ₁型机车(后改称解放型),普遍进行了锅炉重点改造,并加装了加煤机、给水预热器、自动压油机,改造了华式阀装置。1957年开始运用的国产建设型蒸汽机车,其车架和机械部分基本保持ㄇㄎ₁的型式和尺寸,锅炉部分作了较大改进,机车功率达到1670千瓦。1956年制成的轴式为1-5-1的国产和平型(后改称前进型)货运大型蒸汽机车,比解放型机车功率增大91.5%左右,牵引力提高38.5%以上。1964年前进型机车定点生产后,对锅炉又作了进一步改造,机车功率达到2190千瓦。到1985年年末投产运用的前进型机车达4411台。在大量使用前进型机车作为主型货运机车后,解放型和建设型机车逐步退居辅助机型的位置,担任小运转列车和调车作业。

1956年,铁道部制订的《铁路十二年科技发展规划》确定,在牵引动力的改造上,要迅速地有步骤地由蒸汽机车转到电力机车和内燃机车上去。从此以后,1958年巨龙型(即后来的东风型)内燃机车试制成功,1959年韶山₁型电力机车试制成功,1959年6月北京市郊列车首先采用内燃牵引,1961年8月宝成铁路宝(鸡)凤(州)段电气化正式运营,新中国铁路的牵引动力改革迈开了步伐。

宝凤段使用电力机车后，双机牵引1750吨、三机牵引2400吨，时速可达45公里。同原来用蒸汽机车相比，平行运行图由20对增加到31.5对列车，运输能力由250多万吨增到1500多万吨。机车年耗电量折合用煤，比蒸汽机车减少84%。同时长隧排烟和有害气体等问题也随之解决。黔桂线麻尾至六甲间（最大坡度为30‰）于1973年采用东风型机车双机牵引，与1966年用解放型蒸汽机车相比，在同样牵引1050吨的条件下，技术速度、机车日车公里、机车日产量分别提高了12.1%、8.3%、12.9%，运输量增加了30.3%，每万吨公里的标准燃料消耗比为1∶4.57。事实说明，电力、内燃牵引比蒸汽牵引具有明显的优越性。

但是，在较长一段时间内，由于对牵引动力发展方向认识不统一，技术政策摇摆不定、实施不力，延缓了改革的进程。中共十一届三中全会以后，国家科委、国家计委、国家经委共同组织有关单位，总结了铁路牵引动力改革起步不晚但进展不快的经验教训，对铁路建设的各项技术政策，包括铁路牵引动力发展方向和步骤进行了研究。1983年4月铁道部颁布的《铁路主要技术政策》中明确指出，要"积极进行铁路牵引动力的改革，用牵引性能更好、热效率更高的电力、内燃机车逐步取代蒸汽机车。从发展看，铁路牵引动力以电力牵引为主"，并根据中国铁路实际，规定"在较长时期内，蒸汽机车还是一种重要的牵引动力。要用好、修好、改造好蒸汽机车"。这一技术政策的贯彻执行，加速了电力、内燃机车的发展和电气化的进程。"六五"期间建成通车的电气化铁路占电气化总里程的75%，进度大大加快。为加强晋煤外运能力和开辟新的通道，石太、丰沙大、京秦等双线电气化铁路相继开通。到1985年年末，内燃、电力机车牵引完成运输工作量（按总重吨公里计）的比重合计增加到39.1%。

中国铁路牵引动力改革虽然起步不晚，但由于损失了10多年的时间，因而同其他国家相比，显然落后了。经济发达国家，大体上在70年代初都完成了向新型动力过渡的进程，而中国铁路到1985年年末电气化铁路只占全国铁路营业里程的8%，蒸汽机车仍然承担运输工作量的60.9%，电力机车仅承担7.1%。

为了适应运输急需，中国铁路在大力制造机车的同时，1959年从苏联购进FD型蒸汽机车1050台。60年代以来，又先后从法国、联邦德国、罗马尼亚和美国购进各型电力和内燃机车1037台。到1985年年末，在全路机车保有量中蒸汽机车占65%，内燃机车占30%，电力机车占5%。1985年同1952年相比，机车的总功率增加4.9倍，平均每台功率增加1倍。

二、合理调配机型，统一牵引定数

（一）同型机车集中配置。

1949年以来，根据各铁路局的运输工作量、铁路设施和机车检修能力等条件，尽量把同型或近似型机车集中在一个铁路局或一个机务段范围内使用。随着国产大型蒸汽机车的日益增多，在确保需要的前提下，从"一五"期间开始，陆续报废杂小型机车，到1985年年末，全路蒸汽机车机型已由1949年的198种简化为14种，为按地区合理调配机车，提高运用效率，增加主要干线牵引定数。大幅度提高运输能力，提供了有利条件。

1958年，铁道部把北京作为内燃机车的发展基地，1965年逐步扩展到西北和西南地区。1972年提出"首都和沿海干线客运内燃化"的设想，按照"先客后货、先快后慢"的原则，逐步扩展到京包、京沈、广深线的旅客列车和东北新建林区。由于造车进度没有跟上，原来的设想未能兑现。1979年，为按地区集中机型，以有限的机车保证重点区段，在各局间进行了较大幅度的调整。1985年年末，配置内燃机车的已有11个铁路局、58个机务段。电力机车也伴随电化区段的发展，逐步布点配车，分布在4个铁路局的15个机务段。在此期间，还逐步淘汰了部分杂小型的电力、内燃机车。到1985年年末，全路保有电力机车4种机型，内燃机车21种机型，为实行"长交路、轮乘制、专业化、集中修"提供了条件。随着新型机车的增加和运输设备基本条件的变化，各种同型机车逐步趋向集中配置。

（二）统一牵引定数。

1949年8月18日，苏家屯机务段Ⅱㄅ₁型105号机车司机郑锡坤，主动要求把清原车站两辆待挂的重车加挂在自己已经满轴的列车上，安全正点到达沈阳，冲破了不准超轴的禁律，带动了全段乘务员主动超轴，进而发展为1951年全路群众性的超轴运动。1950年6月昂昂溪机务段Ⅱㄅ₁型1195号机车王吉奎机车组发起"五百公里运动"，与运输有关的人员团结协作，创造了新的纪录。以机车司机为骨干、先进生产者带头的"超轴"和"五百公里"运动，很快汇合成为一股挖掘铁路运输潜力的巨大力量。

1952年5月1日，铁道部、铁道部政治部、中国铁路工会全国委员会和青年团铁道工作委员会联合发出《关于开展满载、超轴、五百公里运动的决定》，推动了以提高运输效率为目的的铁路各部门大协作，掀起了学先进、赶先进的热潮。为适应运动发展的需要，机务部门结合机型布局的调整，把主要干线货物列车的牵引定数标准，由原来按区域规定的74种改按线别平衡为27种，使同一定数的牵引长度由553公里延长到1395公里，减少了因定数不同而发生的列车改编作业，加速了机车车辆周转。1955年，哈大、沈山、京山、京广、津浦、沪宁六大干线根据当时的货运机车司机已有89.1%达到超轴司机的规定要求，超轴数比年初增加1.21倍，机车优良率达86.9%，线路容许速度提高了10—25公里/时，信号显示距离已普遍调整到1000米以上，大型货车也逐渐增加等情况，决定自1956年1月起，定数由2250吨提高为2400吨。1956年3月，408名先进生产者在全路生产者代表大会上联合倡议以安全正点、快速超轴的方法，开展"机车日产百万吨公里竞赛"，发展了"满、超、五"运动，对进一步发挥技术设备潜力，促进各部门联劳协作，改进铁路运输组织工作起了很大作用。于是从实行夏季运行图开始，六大干线再提高到2700吨，并根据定数变化延长了部分站线的有效长，关键区段换用了大型机车。

1958年由于铁路运量猛增，于9月把牵引定数由2700吨增加到3200吨，10月又突增到3600吨。由于运量提得过快，相应的工作未跟上，导致运行秩序紊乱，机车质量下降，行车事故随之大量增加，遂于1961年降回到3200吨。1962年4月至10月，以友好（即FD型）、建设、解放3种机型，使用不同煤种，在16个地区进行150多次牵引试验，整理了大量技术资料，并组织机车乘务员和有关人员座谈。经过反复酝酿，于1963年2月制订了全面调整方案，把六大干线和陇海线（郑州至徐州）的牵引定数调整为3000吨，平齐线（郑家屯至四平）调整为2300吨，西北地区基本定为2200吨，西南地区统一目标为1500吨。同时，组织有关人员学习《蒸汽机车牵引计算规程》，大练基本功，加强整治机车病害，对机务工作进行了全面调整。调整的结果，1963年比1961年减少了1处三机牵引区段，断钩事故减少50.8%，坡停事故减少41.5%，运行正点率达到91%，冬季运行秩序明显好转。随着机务人员素质和机车质量的提高以及机型变化，考虑到定数的衔接点和干线与支线倍差关系，1965年再将六大干线定数调整到3300吨。进入80年代，基本稳定在3000—3500吨。1985年全路在32条线路、75个区段提高牵引定数的基础上全年超轴2.2亿吨，货运机车平均牵引总重完成2211吨，比1949年的1101吨翻了一番。特别旅客快车和直通旅客快车的编组扩大到17—20辆。由于对旧机车的改造、新型动力的发展和机车总台数的增加，全路机车的功率发生了显著变化（见下页表12）。

三、改善机务段布局，加强机车整备作业

（一）改善机务段布局。

旧中国铁路分割管理，机务段重复设置，如北京地区，在方圆50公里范围就设有北平、丰台、长辛店、西直门、南口5个机务段。1950

全路机车功率变化情况表

表12

年度	机车 类别	机车 比重%	机车 合计功率（万千瓦）	机车 平均每台功率（千瓦）	完成总重吨公里(%)	货运机车 平均牵引吨数	货运机车 技术速度（公里/小时）	客运机车 平均编组（辆）	客运机车 技术速度（公里/小时）
1952	蒸汽	100	378.7	957.0	100	1245	36.5	12.4	40.8
1956	蒸汽	100	402.3	1009.9	100	1513	37.4	13.4	42.8
1965	计	100	815.0	1307.0	100	1699	42.0	12.2	47.8
	其中蒸汽	98.5	795.6	1295.1	99.7	1701	42.0		47.8
	内燃	1.0	6.0	898.9	0.1	875	31.1		48.3
	电力	0.5	13.4	4470.2	0.2	1087	41.7		44.0
1975	计	100	1474.9	1597.3	100	1944	43.6		52.8
	其中蒸汽	83.5	1207.4	1571.4	88.7	2012	43.7		49.7
	内燃	14.5	186.5	1381.8	9.7	1304	42.1		59.3
	电力	2.0	81.0	4240.8	1.6	1843	49.0		56.3
1980	计	100	1767.8	1742.3	100	1994	43.5		54.2
	其中蒸汽	75.9	1308.5	1706.6	79.9	2062	43.7		49.0
	内燃	21.3	342.3	1562.9	18.0	1652	42.0		60.0
	电力	2.8	117.0	4076.3	2.1	1959	48.6		55.9
1983	计	100	1938.6	1841.1	100	2073	42.9	13.5	54.1
	其中蒸汽	70.6	1324.2	1793.4	72.9	2115	43.0		48.5
	内燃	25.6	452.5	1655.2	23.0	1882	42.2		59.6
	电力	3.8	161.9	3978.5	4.1	2237	42.7		48.6
1984	计	100	2076.0	1884.6	100	2131	42.8	13.5	54.4
	其中蒸汽	67.8	1347.4	1816.2	69.7	2156	43.0		48.5
	内燃	27.9	537.6	1733.1	25.1	2018	41.9		59.4
	电力	4.3	191.0	3946.9	5.2	2248	43.9		50.1
1985	计	100	2238.3	1934.5	100	2211	43.3	14.1	55.1
	其中蒸汽	65	1378.8	1839.7	60.9	2192	43.0		48.1
	内燃	30	628.9	1807.3	32.0	2216	43.3		59.4
	电力	5	230.6	3929.3	7.1	2378	46.1		53.1

注：本表摘自铁道部机务局1985年8月27日《关于全路机车台数、功率和货运机车日产量等效率指标完成情况的分析报告》，个别数安有调整。表中数字按铁路局配属机车统计，未包括工程局和工厂占有的机车。

年，在调整全路机务段时从原有的144个机务段中撤销10个，确定53个甲检段、43个乙丙检段、38个分段。1952年根据各段的机车走行公里、机车支配台数、检修台数和储备台数等条件，将全路机务段划分为一、

二、三等段和折返段。1961年又增加了特等机务段。

为适应运量增长和铁路建设的发展，铁路局界、机车交路曾有多次变化，机务段也随之多次撤、并、增、减。到1985年年末，原有的蒸汽段，经过改造已有36个过渡为内燃机务段、8个过渡为电力机务段，连同历年新建的段共有182个机务段，基本形成大中小结合、架洗（定）修配套的体系。

（二）机车整备作业。

机车整备作业包括机车上煤、上油、上水、上砂、上药、清灰、转向、清扫及机务段内作业等，是机车投入运行前的重要工作。为缩短机车整备时间，已逐步实现了各种形式的机械化，自动化作业。1962年铁道部颁布《机务段运转作业管理细则》，规定了机务段的行车线路、道岔管理、段内调车、整备作业、联系制度以及救援列车出动等工作的作业方法和要求，保证了机务段作业秩序，安全迅速地按计划供应机车。1971年根据《铁路机车运用规程（试行草案）》，开始实行运转值班员单一指挥制。1980年修订为由运用值班员负责段内调车作业，督促做好机车整备工作，检查段内停留车的防溜、防冻、防火及看火、点火、落火作业。各铁路局据此建立健全了有关的岗位负责制。

四、改革机车交路和乘务制度

（一）机车交路。

机车由机务段所在车站担任列车作业，到另一机务段或折返段所在站的往返距离称为一个机车交路。机车交路和运用方式是确定机务段布局和机车配置的重要依据。解放战争年代没有固定的机车交路，机车附挂简易宿营车，三班乘务员随车出乘，根据战时运输的需要，解放军打到哪里，火车就开到哪里。随着解放区的日益扩大，1948年冬，东北地区铁路陆续安排机车在固定区段内使用，规定乘务时间往返不超过11小时，机车交路长度一般在120公里左右。1952年"满、超、五"运动和1958年"大跃进"期间，曾合并一些机车交路、撤销一些折返段，进行延长机车交路的尝试。其结果是机车运用效率虽有提高，但乘务员超劳严重，机车破损故障增多。经过总结，认为机车交路不宜过长，机务段不宜过大，于1961年对大交路进行了控制。

1965年，根据铁路条件的变化，对机车交路作了全面分析和重点研究。与1950年相比，货物的平均运程长了，直达列车多了，全路双线比重已由5.2%增加到15.4%，旅行速度已由每小时20.9公里提高到28.2公里，而机车交路的平均距离基本未变（1950年为130.2公里，1965年夏季运行图为127公里）；机车全周转时间则由19.4小时缩短到14.5小时，每次周转缩短近5小时。由于交路短、周转快，乘务员交接频繁，造成了严重超劳。个别区段机车在一次周转中有40%是非生产时间，限制了机车能力的有效发挥。经过研究，拟订了机车交路调整规划，强调可以打破段界、局界，长短结合，交叉对跑。这个规划正在贯彻执行时，因"文化大革命"开始，除个别区段外，未能全面落实。

1975年铁道部提出内燃、电力机车要实行长交路、轮乘制，先在宝鸡、马角坝机务段试行。1977年10月，长沙、广州、西昌、峨眉、山海关等机务段，也相继进行轮乘制和跨段交路的试点。之后，随着内燃、电力机车实行轮乘制的进展，延长机车交路逐步全面铺开。1985年年末全路机车交路距离如表13所示。

（二）改革机车乘务制度。

包乘制自1949年开始实行以来，对维护和提高机车质量，发挥机车牵引力，节省燃料消耗和检修材料费用，保证行车安全以及提高乘务员的素质方面起了很大作用。机车包乘制适合蒸汽机车的特点，至今仍然是有效的。但随着内燃、电力机车的发展，日益暴露了包乘制受法定劳动时间的制约，限制了机车交路的延长，影响新型动力特点的发挥和机车运用效率的提高。因此，乘务制度的改革提上了日程。1975年中共中央9号文件下达后，在铁路工作进行整顿中，6月份在宝鸡、8月份在马角坝

1985年年末机车交路长度（公里）

表13

机车类型		客货别	交路个数	平均距离	最长交路	
					区　段	距　离
综　合		客 货	260 284	216.7 168.4	长沙—深圳 广州—衡阳	872 538
其 中	蒸汽	客 货	157 206	160.86 146.6	包头—石咀山 白城—阿尔山	410 336
	内燃	客 货	90 59	311.3 228.4	长沙—深圳 广州—衡阳	872 538
	电力	客 货	13 19	236.0 217.6	宝鸡—广元 兰州—天水	358 358

两个电力机务段试行轮乘制。实践结果表明，轮乘制比包乘制节省机车1/6左右，乘务员劳动生产率提高20%—30%，并解决了组织乘务员学习和照顾乘务员生活等问题。1977年，广州铁路局为发挥内燃机车的优势，提高铁路运输能力，支援经济特区建设，从长沙机务段开始试行轮乘，并逐步推广。机车轮乘制比包乘制省车省人，调度灵活，机车的非生产时间少，运用效率高，乘务员劳逸均衡，有利于保证运输生产的正常进行，效果是明显的。

在中国铁路的历史上，两种乘务制度都采用过。1958年蒸汽机车实行过轮乘制，其中部分路局是因为当时搞"大跃进"，运量非正常增长，机车严重不足而逼出来的；有些分局则是受"有饭大家吃，有车大家用"的"左"的思潮影响而搞轮乘制。由于目标不明确，准备不充分，一哄而起，结果问题百出。内燃、电力机车在试行轮乘初期，也出现过工具备品丢失、机车质量和清洁状态下降等现象，但这些现象并不是实行轮乘制所带来的必然结果。经过反复宣传，积极实践，逐渐认识到内燃、电力机车实行"长交路、轮乘制"，是牵引动力改革的必然结果，是生产关系适应生产力发展的反映。轮乘制也是一种负责制，而且比包乘制在各方面都有新的和更高的要求。1975年至1983年，先后在9个机务段试行了轮乘制。1985年年末，全路有86%的内燃和电力机务段实行了轮乘制。

经验证明，机车轮乘制和长交路相结合，才能显出其优越性，获得真正效益。因为这两件事联系密切，互相促进，只有实行轮乘制，才可为长交路创造条件，同时，只有实行长交路才更宜于实行轮乘制。如广州局，1978年把京广线客运机车交路跨越4个换乘点，货运机车交路跨越3个换乘点，从而节省20.5台机车；西安铁路局合并到郑州铁路局后，郑州局从全局出发，根据线路条件和任务繁简，合理调整了各类机车的配置，延伸了交路，节省机车51台。而那些原交路不变的线路实行轮乘制，效果就不显著。长交路和轮乘制的实行已经初见成效，方兴未艾。对随之带来的新问题，诸如经费清算、指标考核、调度指挥以及组织管理等工作，尚需在生产实践中继续探讨，及时总结，逐步完善。

五、提高机车乘务员素质

机车乘务员流动分散在铁路运输第一线，在复杂的环境中，不分昼夜地冒着严寒酷暑，牵引客货列车，从事运输生产，其素质的高低直接关系到铁路运输能力的发挥和人民生命财产的安全。提高机车乘务员素质是机务部门经常性工作的重要内容之一。

（一）规定标准，严格要求。

1949年12月，铁道部公布了《机车乘务员提升甄审标准》《机车乘务员职务及机车司机等级核定考试办法》，对机车乘务人员的思想政治、技术业务、文化水平和身体素质等提出了严格而具体的要求，只有经笔试、实际操作和口试合格者，方可担任乘务工作。1958年，为应付运输急需，降低了要求，简化了考核内容，下放了考升权限，乘务员素质有所降低。1962年12月恢复铁路局考委会，加强对乘务员的考核。1964年将有关机车乘务员培训、考升、任命等事项纳入《机车运用规程》（简称《运规》）。1971年修改的《运规》，规定乘务人员经由机车组推荐、机车队和车间审查、群众评议决定考升，留下不少后遗症。1980年，再次修改《运规》，拨乱反正，对乘务人员重新提出了严格要求。

（二）组织各种培训。

新中国成立初期，对乘务人员的培养主要靠"以师带徒"的方式，在实践中组织培训。1951年成立司机养成所，开始正规培养。到1985年全路已有司机学校18所，机械学校和运输学校14所，设置有蒸汽、内燃、电力机车，牵引供电和电力等专业，培训乘务和技术工作的两用人才。各铁路高等院校先后创办了内燃、电力机车专业，并开设了蒸汽机车方面的课程，培训从事机车专业工作的高级人才。

为适应牵引动力改革的需要，50年代曾组织部分领导干部在唐山铁道学院、部分工人在南口技术学校进行培养。1962年，还专门为西安铁路局、西南铁路新线培养电力和内燃机车的技术骨干。同时，选送蒸汽机车乘务和检修人员到遵义机务段和各工厂代培或在职工学校培训。这些人员已成为牵引动力改革的中坚力量。

（三）总结推广先进经验。

"毛泽东号"机车是中国铁路机车的一面旗帜。这台机车从1946年10月30日诞生以来，39年间，经历8任司机长（陈捷三、李永、郭树德、岳尚武、蔡连兴、郭映福、陈福汉、高俊亭），累计安全走行454万公里，其中使用蒸汽机车30年间，安全走行300万公里，多拉货物120多万吨，节煤1.2万吨，节省油脂材料费2.5万元；1977年改用内燃机车，9年间又安全走行153万多公里，多拉货物48万吨，节省柴油454吨，节省材料费3.7万元。这台机车是全路机车学习的榜样，到1985年年末，全路共有2669个机车组、919个机班被命名为"学习'毛泽东号'模范机车组（班）"。

中国铁路1949年年初在东北铁路开展"铁牛机车队"运动，1950年在北南方铁路开展"模范机车队"运动，特别是1952年开展的"满超五"运动，对提高机务工作发挥了极大的推动作用。"满超五"运动中，总结推行"郑锡坤超轴五百公里作业法"，改变了"小汽门、低手把"的习惯操纵方法，使$ㄇ5_1$型蒸汽机车由每马力牵引1.1吨，逐步提高到1.94吨。1954年总结推广"李绍强节煤操纵法"、"孙士贵快速焚火法",并组织李绍强、孙士贵到北京、天津、济南等局进行机车操纵与焚火相配套的技术示范。相继又涌现出岳尚武、胡春东、曹俊杰、姜济周等优秀司机创造的"快速牵引超轴列车"的综合经验,孟繁本、杨维学的节煤经验,孙有忠、董福顺和沈阳、郑州铁路局的列车平稳操纵经验。这些来自生产实践的经验,内容具体,切实可行,深受广大机务职工的欢迎。此外还广泛推行指导司机、给油指导、热力指导、软水化验、机车调度等各方面的先进经验和工作方法。1959年,铁道部机务局组织各级有关干部,通过跟班劳动、走访座谈等形式,分析了117个单项经验,编成《机务部门安全正点守则三十条》,经过充实,发展为《蒸汽机车操纵规程》。各铁路局、机务段又据以因地制宜地制定或完善各自的"操纵示意图""一次出乘作业计划"等作业制度。这些先进经验的推广,对提高乘务员素质、完成运输任务起了推动作用。

1978年1月1日,经中共中央、国务院批准,命名上海铁路局东风$_3$型0058号内燃机车为"周恩来号",同"毛泽东号""朱德号"机车组在铁路运输战线上并肩前进,发挥模范带头作用。

第二节 机车的保养和检修

为使机车经常处于良好的技术状态,能够正常发挥牵引性能,机务部门始终坚持贯彻了"修养并重,预防为主"的方针,采取各种措施,不断改进机车日常保养和维修工作,提高机车质量,延长定检公里标准,缩短停修时间,并增强和提高检修能力。

一、乘务与检修相结合的机车负责制

早在1946年,东北铁路职工就在艰苦的战争环境中,突击修复遭到破坏的蒸汽机车36台。随着解放战争的胜利推进,到1949年10月又陆续

修复了 724 台，有力地支援了解放战争。关内各铁路也相继开展"死机复活"工作，到 1952 年年末，全路又修复 689 台，不仅增加了运用机车，而且有了 29.8% 的备用机车，其中一半以上是大型机车。

1949 年实行机车负责制，包乘组与包修组对口固定，互相协作，对机车使用、保养和修理的全部过程负责。随后，组织乘务员学习修车技能，参加检修作业，承担部分简单修理工作。1952 年广泛开展学习苏联司机鲁宁的机车保养法，强调司机不仅是机车的驾驶者而且还是机车的责任者，进一步加深了保养意识，提高了责任感，先后涌现出四平段尹兆坤、张店段李绍义、青岛段辛国昌，以及天津段范立富等许多鲁宁式机车保养的优秀包乘组。1957 年铁道部总结了灵山段王澄江和天津段刘金培根据蒸汽机车特点改进给油工具和先进的给油方法经验，并拍成科教片广泛传播，进而在各段增设给油指导，建立高质量保养小组或机车保养室，对减少机车燃轴化瓦、部件磨耗和节约油脂等起了良好作用。

蒸汽机车锅炉是机车的心脏，历来是机车保养的重点。1950 年使用软水剂后，在执行正确投药放水方面，出现了张圣林放水法。1961 年，针对"大跃进"以后机车使用中存在的问题，突出强调乘务员在作业中要严防"五大一白"（大清炉、大开炉门、大开送风器、大放水、大上水和白水表行车）。1981 年 3 月，铁道部在锦州现场会议总结事故教训时，特别指出造成机车锅炉爆炸的根源是白水表行车。随后编印了《加强机车锅炉质量管理保证安全》业务学习资料。后来在机车锅炉上安装"白水表警报器"和采用有色玻璃显示锅炉水位等措施，为乘务作业中防止白水表行车提供了条件。

内燃、电力机车投入运用的初期，借鉴蒸汽机车的经验和参照路外、国外规章，拟定了一些保养工作要求，于 1958 年公布《内燃机车运用保养方法》。以后通过实践，逐步健全内燃、电力机车的保养工作制度，于 1967 年和 1979 年先后公布了内燃机车、电力机车操纵和保养守则。

检修组为保证承修机车的检修质量，坚持以"修车想到用车人"的精神，争修样板车，干标准活，并经常随车添乘主动了解机车在运用中的情况，还积极向乘务员传授修车技能。

二、调整机车检修的周期和范围

1949年，首先把蒸汽机车按使用天数规定各修程的检修周期改按走行公里规定，形成新的检修周期。推行软水工作，改善了锅炉水垢状况，延长了机车洗修公里，1951年，洗修公里标准由200公里提高到5000公里。在机车部件逐步采用渗碳、高频淬火等表面硬化处理和电磁探伤技术后，1953年洗修公里又提高到7000公里，对缓和当时全路性的段修紧张状况起了很大作用。但是，后来有些机务段曾一度盲目延长洗修公里，出现了一些问题。经验证明，延长机车检修周期必须建立在技术水平提高、设备改善、材料供应有保障的基础上，根据机车质量的实际情况，合理确定。

1953年，铁路机车制造工厂划归第一个机械工业部后，工厂修理能力紧张。1955年把中修间的2次甲检改为1次架修。1961年机车制造工厂虽又划归铁道部，但有些修理厂转造内燃、电力机车，厂修能力更趋紧张，不得不再次延长定检公里。1965年大中修合并为"厂修"，把原经1次架修入厂中修改为经2次架修入厂"厂修"，以减少入厂修理的台数。1965年至1974年的10年间，货物发送量增加59.2%，蒸汽机车增加24.9%，总走行公里增加29.6%，架修增加21.9%，而厂修却减少了28.7%。但在计划安排上厂修仍有缺口，实际完成数又同计划有差距，因此常以增加架修推迟厂修来维持运输生产。各种机车检修周期的演变情况，如表14所示。

表14中检修周期符号为：□—大修（蒸汽机车1965年起与中修合并，改为厂修）；○—蒸汽为中修，电力为定修；△—架修（1955年前为甲检）；——蒸汽为洗修，内燃为轮修，电力为小定修。

各种机车检修周期的演变

表14

类别	实行年度	检修周期	修程及其走行公里标准（客/货，万公里）			
			大修	中修	架修	洗、轮、定修
蒸汽	1950	□—△—△—○—△—△—○—△—△—□	30	10	5	0.25
	1955	□—△—○—△—○—△—□	45/40	17/15	9/8	0.6/0.5
	1965	□—△—△—□	30/25		11/10	各局自定
	1971	□—△—△—□	30—45/27—39		10—18/9—13	各局自定
	1980	□—△—△—□	30/25		10/9[1]	各局自定
内燃	1973	□—△—△—□	45/54		15/18	1.5
	1982	□—△—△—□	东方红145—54 东方红354—66 北京60—72 东风2、345—54 东风451—63		15—18 18—22 20—24 17 17—21	1.5 1.8 2.0 1.7 1.7
电力	1973	□—○—△—○—△—○—△—○—□	80—96		20—24	大定10—12 小定2.5—3.0
	1982	□—○—△—○—△—○—△—○—□	120—140		30—35	2.5—3.5

注：1. 1983年又调整为9—11/7—10。

随着检修期的变化，检修范围也及时进行了调整。1950年公布《机车段修及保养规则草案》，规定对主要部件定期检查，修复乘务员不能解决的不良处所，保证机车在两次定检间维持良好的运用状态。1953年经长春检修会议研究，根据机车部件在运用中的磨耗规律，确定了部件的使用期限，修订了检修范围。此后，随着条件的变化，又不断对检修范围进行了调整。1980年7月，修订了《蒸汽机车段修规程》，沿用至今。

内燃机车的检修，在1963年曾参照蒸汽机车经验拟订《内燃机车厂段维修工作办法》。由于当时机车较少，历史较短，问题暴露不多，加上设备条件限制，这个段修办法未能落实。随后"文化大革命"开始，长时期没有明确的统一修程范围，只能是哪坏修哪，缺少配件就停修待料。随着新车陆续投入使用，走行公里不断增加，到1972年有40台机车待厂修、60台机车待架修，检修问题日益突出。1972年恢复机车车辆局后，立即着手起草《内燃机车段修规程》，于1973年试行，1974年定稿，成为内燃机车段修的工作基础。1981年，公布《东风、东风$_2$、东风$_3$型内燃机车段修规程》，1982年，把"轮修"改为"定修"，并公布《东风$_4$型内燃机车段修规程》，内容进一步具体化。在实践中，由于检修设备能力及配件供应不符合需要，特别是进口内燃机车没有厂修基地，国产内燃机车连年不能按需要入厂，被迫不断扩大段修范围，延长周期，打乱了正常的检修周期和范围。

电力机车自1962年投入运用以来，一直没有承担厂修的单位，长期处于"谁用谁修"的状态。随着走行公里的增加，1971年宝鸡机务段在没有明确修程范围的条件下，做了7台机车的"大修"，但由于受设备条件、材料配件、技术力量的限制，未能达到预期的目的。1973年公布《电力机车段修规则（草案）》之后，1978年公布《韶山$_1$型电力机车大修规程》，规定了较具体的修理范围，但仍没有厂修基地加以实施。1981年，又公布《韶山$_1$型电力机车段修规程》，靠加强段修来维持运用。

三、改进机车段修作业

机车段修的基本任务是消除机车在运用过程中产生的不良状态，努力提高修车质量，提高机车定检公里标准，为铁路运输提供更多地运用机车。

（一）专业化、集中修。

蒸汽机车1949年开始采用循环减温代替自然减温，为缩短机车停修时间创造了条件，从而为包修组的均衡作业提出了更高的要求。1950年长春段于喜洲创造了"快速洗检作业法"；1951年吉林段孙凤池又发展为

"洗检双层作业和纵横检修法"。1953年公布新的《机车洗检作业法》，机车段修工作进入了新的阶段，洗修组按规定范围实行包修负责制。机车架修作业实行按型专业化，分段集中修。后经不断充实完善，到1985年已健全洗修工作制度27项、架修工作制度29项，并正在向机车段修管理工作的程序化、标准化方向发展。

内燃、电力机车实行轮乘制后，相应地改变了固定机车包修的做法。1974年，峨眉机务段实行专业台位包修流水作业，为修车专业化、集中修打下了初步基础。1983年年末，全路32个内燃架修段中，有14个段实行车上作业专修，4个段实行柴油机专业台位包修流水作业，7个段实行牵引电机专业包修。12个铁路局有9个局实行分型集中架修，大型部件分型集中由工厂承修。1985年年末，已普及到56个段按专业化组织内燃、电力机车的段修作业。实践说明，专业化、集中修是保证长交路、轮乘制的基础工作之一，是机车检修工作发展的必然趋向。

（二）配件互换修。

配件互换修是实现优质高效地完成机车段修任务的重大措施。1950年公布的《机车段修及保养规则》中曾提及配件准备问题，但由于配件的生产未能落实，所以基本仍是现拆现修。1954年以部令公布实行配件互换制，陆续在各机务段成立修配车间，配备高于包修组技术水平的钳工。1965年针对机车段修月产量不高的情况，强调了互换配件的修复周期。1977年后，又不断调整配件互换范围、修复周期，健全有关制度，修订有关细则，逐步发展了配件的标准化、简统化、通用化和加工尺寸等级化，严格把握"拆、检、修、装、验"5个环节，较好地保证了配件互换修的质量。但是仍然存在配件生产和供应不足的矛盾。

（三）改造和充实专用技术设备。

机务段的厂房和设备，经过布局调整和适当扩建、改造，段修能力不断有所提高。推广于喜洲、孙凤池首创的二十几种机车配件拆、装、运的改良工具经验后，1954年开始以解决笨重搬运为重点进行小规模修车机械化。1966年提倡"三自（自己设计、自己制造、自己使用）、四小（小革新、小创造、小改进、小建议）"的精神，对修车机械化起到了推动作用。进入80年代，已普遍采用风动、电动、油压等各种专用机具，减轻了劳动强度，提高了修车质量和作业效率。到1985年年末，全路共有各类机车架修台位136个，洗（定）修台位599个（见表15）。机务部门机械动力设备已发展到34426台（其中金属切削机床7132台）。蒸汽机车洗修已经做到当天交车，并向"日洗两台"努力，架修能在3天内完工；内燃、电力机车段修时间也在逐年缩短。

机车检修台位个数

表15

项　　目	1954	1957	1963	1980	1982	1985
架　修	96	102	113	122	133	136
其中：蒸汽	96	102	112	86	86	77
内、电	—	—	1	36	47	59
洗定修	389	447	469	545	582	599
其中：蒸汽	389	447	457	412	421	397
内、电	—	—	12	133	161	202

（四）改进修车工艺。

由于配件互换修的推行，促进了修车工艺的发展。1955年，拟订了ⅡЪ$_1$型机车轴箱平楔铁工艺和机车摇连杆铜套（瓦）加挂白合金使用轴油的作业细则，成为工艺修车的萌芽。1956年，结合高质量修车竞赛和实行架修作业细则，陆续扩大到车架、轴箱、平楔铁、转向架、摇连杆、轮对等，形成当时蒸汽机车架修的"八大工艺"，并逐步在发电机、空气压缩机、逆转机、加煤机、压油机等主要部件推行单项工艺。到1985年，原有的架修"八大工艺"已发展为10多项，加上其他附件工艺已近20项；洗修工艺已有17项。内燃、电力机车的修车工艺都纳入段修规程。各种机车的修车工艺，已逐步趋向先进合理，各种拆装、分解、研磨、测试等工艺装备、机具以及专用设备，也随着修车工艺的发展而加强。

（五）建立机车鉴定制度。

为正确了解机车技术状态，针对存在问题有计划地整修，1950年8月开始建立每年一次机车鉴定制度。1954年改为每年两次鉴定，每次都按技术状态分成优良、良好、合格、不合格4个等级。每年4月份的"春季鉴定"，检查经过冬季运输使用的机车状态，通过9月份的"秋季鉴定"进行再整修，迎接冬运。内燃、电力机车根据1973年公布的《机车鉴定办法》，经1977年、1980年两次修订，实行每年春季一次鉴定。实践证明，定期鉴定、全面检查、彻底整修的质量鉴定制度，是贯彻"预防为主"、实现"质量第一"的有效措施。

（六）组织评比竞赛活动。

在各个历史时期，都曾组织各种形式的评比竞赛，通过比、学、赶、帮，促进机车质量的提高，在评比竞赛活动中，先后涌现了大批优秀的检修工作者。1980年，铁道部在立足基础工作，坚持质量第一的思想指导下，推行全面质量管理，在全路机务部门开展评比活动。蒸汽机车自1980年开展评比以来，在解决汽机汽密、烟箱气密、附属品漏泄等方面，创造了不少新经验。

通过评比，促进机车质量不断提高。1985年与1979年相比，蒸汽机车锅炉完好率由60%上升为80%，6年间提高20个百分点，这在历史上是空前的。每10万公里机车破损事故由0.19件下降为0.02件，机车临修由2.5件下降为0.085件。内燃、电力机车从1981年开始评比，促进了段修规程的落实，机车质量也有所提高。各种机车检修主要指标见下页表16。

四、坚持验收制度

为了确保铁路行车安全，对机车的修造质量，需要有一整套技术标准要求和严格的质量验收制度。

各种机车检修主要指标

表16

项目	1949	1952	1957	1962	1965	1970	1975	1980	1981	1982	1983	1984	1985
机车检修率（%）	33.9	17.9	8.4	14.7	8.6	11.9	11.6	8.1	8.5	8.5	8.3	8.1	7.4
其中 蒸汽	33.9	17.9	8.4	14.7	8.4	10.6	10.5	7.0	7.4	7.7	7.8	7.8	7.1
内燃						27.4	30.7	17.8	11.9	12.2	11.1	9.9	9.3	8.3
电力					11.8	7.8	18.0	5.5	7.8	8.4	7.3	7.1	5.8	6.6
机车段修率（%）	26.2	10.7	5.3	9.2	5.5	7.9	7.5	4.9	5.0	5.0	4.7	3.5	4.5
其中 蒸汽	26.2	10.7	5.3	9.2	5.3	6.7	6.4	4.1	4.2	4.2	4.0	4.0	3.8
内燃						23.9	25.8	13.4	7.9	7.8	7.5	6.5	6.3	5.7
电力					11.3	4.5	12.3	5.5	5.1	5.1	5.4	5.7	5.0	6.1
机车破损（件/10万公里）		1.08	0.57	0.57	0.17			0.24	0.21	01.9	0.14	0.11	0.074
其中 蒸汽		1.08	0.57	0.57	0.17		0.49	0.13	0.12	0.118	0.085	0.054	0.02
内燃				/	/		1.92	0.5	0.39	0.33	0.24	0.195	0.16
电力				/	/		2.7	0.84	0.9	0.68	0.33	0.2	0.33
机车临修（件/10万公里）		12.1	3.6	6.3	1.7			2.42	2.2	2.03	1.7	1.59	1.46
其中 蒸汽		12.1	3.6	6.3	1.7		5.2	1.8	1.78	1.72	1.42	1.16	0.9
内燃				/	/		6.3	3.6	2.94	2.54	2.11	2.08	2.01
电力				/	/		12.5	8.24	8.14	5.01	3.47	4.19	3.46
架修（台）				2672	3684	4673	5001	6771	6693	6573	6753	6820	7039
其中 蒸汽				2640	3672	4548	4469	5716	5592	5362	5518	5483	5520
内燃				/	/	111	501	994	1041	1116	1153	1217	1363
电力				32	12	14	31	61	60	95	82	100	156
架修停时（天）				13.8	5.5	6.4	6.3	4.0	4.2	4.5	4.3	4.3	4.3
其中 蒸汽				12.6	5.5	4.8	5.1	3.0	3.1	3.1	3.1	3.1	3.0
内燃				/	/	69.6	16.6	9.7	9.7	10.6	9.4	9.1	8.7
电力				113.5	12.4	25.6	6.8	6.5	7.2	9.3	10.7	11.3	11.8
洗定修停时（小时）								19.8	20.0	19.9	19.6	19.5	21.3
其中 蒸汽洗修				28.6	19.7	22.9	23.1	18.3	18.6	18.6	18.5	18.4	18.3
内燃大轮修								105.1	142.1	124.4	121.2	122.2	38.2
内燃小轮修								38.0	37.8	39.1	38.9	37.6	
电力大定修								48.4	70.3	56.2	40.0	53.6	31.4
电力小定修								13.7	26.8	20.6	34.3	29.1	

1950年1月，铁道部公布《部派驻各铁路工厂机车验收员服务规则》，规定驻厂验收员是铁道部驻各铁路工厂监督修理和验收机车、起重机、车轮及配件的代表，开始建立机车验收制。1952年，陆续健全部、局、厂、段各级验收组织，明确职责范围。经过一个时期的实践，在总结经验的基

础上调整并加强了验收力量，完善了有关制度。

1958年，铁道部公布《改进验收制度及检修技术权力下放的若干规定》，以验收员同驻在单位的双方"协议"代替了规章，削弱了验收制度应有的质量监督保证作用，机车质量严重下降。1960年，铁道部重新修订了《验收员服务细则》，进一步肯定了验收制度。1962年在"安全正点四爱立功运动"中开展了驻厂验收工作评比竞赛，验收工作渐趋正常，机车质量有所好转。

"文化大革命"中，验收制度被当作"管、卡、压"的典型进行批判，1969年3月，撤销了铁道部派驻各厂的验收室。

1978年恢复验收工作机构，重新拟订《铁路机车验收规则（讨论稿）》后，各级验收员坚持原则，从而提高了机车质量，保证了运输安全。1984年10月，在经济体制改革、扩大企业自主权的过程中，对验收工作又一度出现不同的认识，有人认为验收制与厂长负责制矛盾，主张把驻厂验收室和工厂检查科合并为产品检验科，产品质量由厂长全权负责，技术问题由厂总工程师全权负责，并准备在几个工厂进行改革试点。由于机车质量明显下降，有的出厂机车在回送途中发生问题，铁道部于1985年6月21日召开部办公会议研究决定取消试点，验收制度再一次得到恢复。

36年来，铁路运输出现的被动局面，不少是由于牵引动力出了问题而造成的。只用车、不爱车，放松基本功训练，削弱基础工作，给机车质量、人员业务水平都带来不良影响，受到不应有的损失。经验证明验收制度要坚持，工作要加强，方法也要改进，以强化验收的把关作用。

第三节　机车节能、给水供电和轮渡

一、铁路机车的节能工作

铁路机车的能源消耗是相当大的。"一五"初期铁路用煤量约占全国煤产量的10%，机车用煤占全路用煤的83%，费用占机务段总支出的43%。随着机车种类、燃料构成的变化和铁路建设事业的发展，1985年，全路蒸汽机车用煤为2560万吨,内燃机车用油141.4万吨,电力机车牵引用电13.2亿度。机车的能源消耗约占全路运营支出的15%,占机务部门运营费的60%—70%。因此,机车能源的节约工作一直受到各级领导的重视,广大机务职工也始终坚持以优质、高效、低消耗为目标,狠抓了节能工作。

(一)加强燃料管理。

1950年铁路部门建立各级燃料管理机构。1963年开始对全路机车和生产、生活用煤,由机务局、机务处归口管理,各单位均设专门机构或专人负责,形成铁路用煤的"统一计划,分级管理"的体制。1978年实行生产、生活用煤凭证定量供应制度。1980年颁布《铁路内燃机车燃油管理方法(草案)》。36年来,根据铁路机车使用燃料品种多、要求高、数量大的特点,逐步建立了一套手续和制度,做到燃料的使用有指标,领用有票证,发放有计量,节约有奖励。

机车燃料消耗指标随年度生产财务计划下达。1949年公布"铁路标准煤之发热量及换算率",按其常用天然煤的发热量换算成标准煤,改变了过去用天然煤确定指标,考核成绩的办法。1954年开始增加机车锅炉效率的因素,用技术当量反映用煤实绩。随着用煤品种的增多和煤质的变化,曾多次调整技术当量,使指标的考核趋向科学合理。为了鼓励节能,机务部门一直对节约燃料实行奖励制度。1983年公布《铁路节约材料、能源奖励暂行办法》,在总结以往奖励办法的基础上,明确规定各种能源、各类人员的节约价值提成数,进一步调动了节能的积极性,对降低机车万吨公里能耗,节约能源,降低铁路运输成本,起到了积极作用。

广大乘务员在长期实践中,创造了许多先进方法,节约了大量燃料。仅1985年,全路节约煤炭和燃油的价值就达3.56亿元。

(二)软水化验工作。

蒸汽机车的水垢是危害锅炉、影响效率、增加能耗的主要因素。铁路对水垢的处理是贯彻"防垢为主,除垢为辅"的方针。1950年9月开始使用软水剂（也称清罐剂），实行炉内投药、放水。1953年针对机车软水后产生的汽水共腾问题，又研制使用了化学消沫剂，取得省水5%—10%、节煤3%—5%的效果。1954年，总结推广张圣林放水法，在机车火室水圈增设排泥管，公布《机车锅炉内水质处理办法》，开展水垢评定。1959年在马角坝召开大型软水会议，推行锅炉外软水工作，使天然水"先净后软"，以减少因放水损失的热能并提高蒸汽质量。随着新中国化学工业的发展，曾多次改进软水剂配方。1981年，经过试验，从有机磷酸盐及聚羧酸盐及腐殖酸钠等新型泥垢调节剂中，筛选出适应于不同水质的机车软水剂复合新配方，进一步降低了药剂成本，提高了防垢效力，机车锅炉结生水垢速度普遍减缓。1983年铁道部公布《铁路机务化验规则》，对水质处理、药品用量等作了修订，使软水工作又前进一步。到1985年年末，全路共有锅炉外软水所115处，净水所159处，净软水设备1652套。

内燃机车曾先后在冷却系统采用蒸馏水加重铬酸盐、自来水加NL乳化防锈油等办法使有关部件冷却。1976年，发现机车冷却系统的管壁沉积油垢，影响散热，缸套大面积穴蚀，甚至穿透，橡胶密封垫圈也因溶胀造成漏泄或堵塞。为此，加格达奇、西昌、广州等机务段研究试用新的冷却水添加剂配方。1982年铁道部在长沙召开经验交流会，确定采用去离子水加碱性复合药剂的冷却液，机体和缸套穴蚀程度明显降低，冷却部件的散热效能也有所提高。

机务化验队伍经各种培训班和通过技术表演赛，素质不断提高。在化验设备上，陆续采用了自动检测、微机处理、直读光谱分析、气相色谱分析等新技术，使化验分析制度日益健全。

（三）改善机车热力技术状态。

机车热力技术状态的改善是降低能源消耗的重要条件。热力工作是促进改善机车质量、提高乘务员操纵技术的重要手段。1953年铁道部推行《节约燃料技术组织措施》，1956年修订并颁布《热力指导员职务细则》，热力工作逐步深入。1971年部分铁路局曾试行蒸汽机车"油煤混烧"，出现锅板变形、烟管堵塞等现象。1980年中止油煤混烧，同时开始试烧"型煤"。1983年铁道部颁布《蒸汽机车用型煤技术条件和鉴定办法》，并于1984年结合机车扁烟囱在绥佳线、梅通线进行牵引试验，结果表明，扁烟囱可节煤3%，烧型煤可节煤10%。同年铁道部颁布《加强蒸汽机车热力工作的几项规定》，1985年又颁布《热力工作质量评比暂行办法》，热力工作得到了进一步的加强。

多年来，对蒸汽机车的锅炉蒸发效率、燃烧通风以及保温用料等方面，不断进行技术改造，还陆续采用了710扁烟囱和烟囱中心校正器、激光检测仪、水垢测厚仪、机车操纵热工仪表等，都取得了不同效果。

内燃机车方面，1983年铁道部颁布了《内燃机车热力工作规则》，1985年又颁布《内燃机车热力工作质量检查评比（暂行）办法》，使内燃机车热力工作得到了进一步加强，并陆续采用了燃料消耗测定仪、电器电路检测仪、高原增压器和磁化节油器等，对节约燃油都起了很好的作用。电力机车主要是在操纵上充分利用动能闯坡，下坡使用电阻制动来节省电力消耗。近年来，在机车上加装功率因数补偿装置和使用主变压器绝缘油等，为增强机车性能、节约用电提供了有利条件，使全路机车综合能耗逐年有所降低。各种机车万吨公里耗能逐年下降，蒸汽机车耗煤量，按换算煤计1949年为252千克，1965年为124千克，1975年为122千克，1985年降至106千克；内燃机车耗油量1975年为44千克，1985年降至28.8千克；电力机车耗电量1975年为145.3千瓦·时，1985年降至121.5千瓦·时。

二、铁路给水工作

铁路的给水工作主要是负责供给机车、列车、铁路工业、工程施工和铁路各单位的生产用水以及铁路沿线的生活用水。1951年有关给水的运营、基建和维修业务，全部划归机务部门管理，陆续成立给水段或水电段，1985年年末，全路共有81个水电段、1637个给水站、2521个给水所。

为保证供水，有关的铁路职工根据运输用水量的变化，结合列车运行图的要求，不断合理地调整机车上水地点或增强了供水能力。对沿线缺水地区，采取多级扬水、长距离管道输水、导管引用高山雪水和罐车运水等措施，千方百计满足需要。随着铁路运输事业的发展，用水量日益增加，不断开辟了新的水源。在"六五"期间共改建、扩建水源247处，新增给水站174个、管路2630公里，供水能力有了很大提高。为适应旅客列车扩大编组的要求，还增设给水栓3547处，并改善了177个车站的客车上水条件。仅1985年就节约生产生活用水6195万吨。

三、铁路电力工作

电力是铁路运输生产的重要能源。除牵引供电另行专门管理外，铁路电力工作承担铁路信号、通信电源，并供给列车编解，货物装卸，机车车辆的整备及修理、给水、养路、施工的动力设备和旅客服务设施等生产和生活用电。1949年起集中由机务部门管理，先后成立电力段、配电厂。此后，在管理分工上有过多次调整。1972年，确定凡为运营铁路设置的供电设备（包括发、变、配电所，电力线路，发电车等）均由水电段负责管理，用电设备由各单位自行管理。到1985年年末，全路共有发电所32处，变配电所591处，电线路45252公里（其中，自动闭塞电线路8370公里），实行专业管理。此外，少数车站的临时电线路和部分养路机械化用的非标准电线路则由用电单位自行管理。

随着铁路运输事业的发展，用电量大幅度增加，对电力工作提出了更高的要求。广大职工采取各种措施，改造旧设备，增加新设备，应用新技术，推行先进经验，千方百计提高供电能力和可靠性。例如，为降低电能损耗，采取额定电压升级的办法；在电线路不断增加的情况下，高压线路比重由1961年的28%陆续提高到1984年的47%。为保证铁路信号和运输用电，实行专线供电，对主要干线自动闭塞信号和电气集中以及通信枢纽，采取双电源、双回路或越区供电，并修建了20305公里的贯通线路

（占电力线路的34%）。在没有地方电源的区段站，建有发电厂（所）。由于新中国电力工业的迅速发展，电力系统已延伸至全国大部城乡，因而铁路用电的自给率逐年下降。1976年受电量为6亿千瓦·时，发电量为1.7亿千瓦·时，1981年分别为10亿千瓦·时和0.11亿千瓦·时，至1985年受电量上升至15亿千瓦·时，发电量降至847万千瓦·时。除乌鲁木齐、呼和浩特铁路局的个别地区外，发电厂（所）都已转为备用。变、配电所陆续采用新型成套设备，如信号电源快速转换、隔离开关遥控、晶体管继电保护、集中控制台等。另外，还拥有121辆、装机容量共34264千瓦的发电车，在保证平时运输生产用电以及历次水害、雪害、地震抢险抗灾中都起了积极作用。为检查监督和正确判断电力设备的隐患和故障，在各铁路局设有电力试验所并配有电力试验车，发挥了质量监督作用。通过开展计划用电、节约用电和安全用电工作，实行装表计量收费制度，1985年节约生产、生活及照明用电2860万千瓦·时，涌现出锦州、株洲、衡阳、南宁、包头、哈密6个节能先进水电段。

四、铁路牵引供电

牵引供电是伴随电气化铁路而发展起来的新专业。到1985年年末，全国电气化铁路营业里程已达4151公里，供电段发展为17个，接触网长度为8663条公里，牵引变电所84处，主变压器183台，容量为4833兆伏安，牵引供电量达到12.9亿千瓦·时。

牵引供电方式采用直接供电，吸流变压器—回流线（简称BT）和自耦变压器—正馈回线（简称AT）三种供电制式并存，根据需要选用。为适应牵引重量的提高和多机牵引的需要，70年代曾采取加大变压器容量、供电臂增加串联电容、并联导线、油断路器改用六氟化硫气体断路等措施来改善供电质量，把主变压器由移动备用逐步改为固定备用方式以保证供电。80年代又逐步采用真空断路器，试用推广远动装置，氧化锌避雷器等新技术、新材料、新设备，改善了供电条件。

接触网悬挂方式，按照不同区段的情况，分别采用弹性简单悬挂（只有接触导线，不设承力索）、半补偿链形悬挂（只在接触导线上有补偿装置）、全补偿链形悬挂（在承力索和接触导线都有补偿装置）。在实践中，为使超限货物能够顺利通过电气化铁路区段，把承力横杆的悬式绝缘子悬挂改用人字形棒式绝缘子，改进隧道内的接触网悬挂高度，使货物超限的限度提高 200 毫米，还试用绝缘篷布覆盖超限货物。60 年代的接触网导线基本上是铜线，为节约用铜，70 年代开始使用钢铝导线，80 年代又采用铜线并开始使用铝合金导线。

对供电设备的检修，1965 年以前都是停电作业。1965 年开始推行接触网带电作业方法，压缩检修"天窗"时间，并研制了接触网检测车、故障探测仪等，使检测手段逐步向现代化发展。1985 年年末开始探索"周期检测、状态维修、限值管理、寿命管理"的设备检修制度，并进行试点，努力挖掘供电潜力，提高能力和质量。

五、火车轮渡

火车轮渡是铁路经过江河海峡，在未修建桥梁时，把列车分解后的车辆采用船舶渡过的一种重要的运输方式。武汉、南京长江大桥建成通车前，京广、津沪铁路完全靠轮渡联结大江南北。新中国成立后，火车轮渡的管理体制和业务分工有过多次调整。随着铁路建设事业的发展，轮渡工作也发生了很大变化。

津浦、沪宁铁路，平汉、粤汉铁路于 1949 年和 1950 年相继修复通车，火车轮渡复航。1950 年 2 月，把解放战争中被国民党军队烧毁沉于黄浦江的"南京号"渡轮打捞修复，投入使用；1953 年武昌轮渡职工克服各种困难，自己动手制造了"南昌号"渡轮。1959 年江南造船厂制造出"江苏号""金陵号"大型渡轮，轮渡能力不断增强，轮渡职工队伍也逐渐扩大。

"一五"期间，随着铁路运量增长，轮渡成了京广、津沪线通过长江的关键设备。武昌轮渡职工加强取送车，组织大中小型轮渡和拖船匹配运用，提高作业效率，加速航行周转，并同南京轮渡展开竞赛。南京轮渡1953年12月27日，由以前每昼夜双轮航行66次增加到86次，1954年9月26日，再创日航106渡的新纪录。武昌轮渡职工把雾天能见度小于700米就停航的限制改为500米，1954年第一季度因雾停航的时间比上年同期减少74%，过车效率比上年12月提高6%，4月上旬又提高22%。随后又改装引桥电力装置，进一步压缩作业时间，工作人员由12人减为1人，每日渡车能力达到920—1070辆。

1957年10月13日，武汉长江大桥建成通车，武昌轮渡任务锐减。1958年10月，武昌轮渡段撤销，船只、引桥、检修设备和工作人员移交上海铁路局成立芜裕轮渡段。1965年根据特殊需要，又在武汉恢复轮渡段，1966年整修码头，制造了轮渡船舶。

1969年，南京长江大桥建成通车。轮渡的一切设备、主要船只，自1973年封存备用。

1958年8月10日，开始兴建芜湖至裕溪口第三条长江轮渡，从江北的淮南铁路沈家巷过江，与江南的宁芜铁路相通，全长17公里，1959年9月18日建成通航，使淮南铁路运能提高1倍。1985年8月25日，芜裕新轮渡建成通航，该年完成渡车78813辆，比上年增加16.4%。

第九章
铁路车辆工作

车辆是铁路运输的运载工具，除动车组外本身不带动力。车辆数量大，种类多，使用分散，管理复杂。客车实行固定配属，由各铁路局负责维修使用，其中很大一部分跨局长途运行，通过局也负责检修；货车除少数机械冷藏车外，没有固定的使用和维修单位，在全路通用，由各铁路局共同维修。客货车均由铁道部集中管理，统一调配使用，并根据需要安排新造和修理计划。修理方面，采取定期的预防性修理和日常维修制度，排除可能发生的各种故障，保证行车安全，使属于车辆责任的一般事故由1957年的最高9309件，降至1985年的834件；重大、大事故，1952年和1970年最高，分别为69件和31件，1965年历史最好情况为3件，而1985年达到无重大、大事故。

36年来，客货车辆的数量不断增加，质量不断提高，并相应地加强了检修能力，不断改进和加强了检修工作，在检修上采用了新技术，并根据运输需要对车辆进行技术改造。1985年每辆客车平均运送旅客5.3万人，比1952年增加2.1万人，提高65.6%；每辆货车平均运载货物4238吨，比1952年增加2118吨，提高100.1%，为扩大铁路运输能力，完成铁路运输任务做出了积极的贡献。

第一节 车辆的管理

铁路车辆数量庞大，其价值占全路固定资产原值的13%左右。为加强铁路车辆管理，1952年在铁道部设车辆局，铁路局设车辆处，分局设车辆科，基层单位为车辆段、车轮厂、洗罐所。到1985年年末全路共有车辆段128个，车轮厂14个，洗罐所16处。

车辆管理的主要任务是：统一制定车辆检修和维护保养的技术标准和规章制度，安排检修实施计划，完成各项检修任务，提高车辆质量，防止运行事故；提高检修效率，减少因检修占用的车辆；审批新造车技术结构，安排技术改造，逐步实现车辆现代化；根据铁路运输的发展和车辆数量的增长，安排检修基地规划；管理修车质量验收，合理使用检修费用。

一、整修旧车

解放战争年代，各解放区铁路的广大车辆职工，在物资极端困难的情况下，搜集散失在各处的材料配件，采取拼修的方法修复遭到破坏的各种车辆，投入运用，为铁路运输生产，支援解放战争起了重要作用。新中国成立以后，继续对遭到破坏的车辆进行有计划的整修，为满足当时铁路运输生产的需要做了大量工作。

据1950年2月全国车辆清查统计，旧中国铁路留下来的准轨客车共4201辆（其中硬卧车只有82辆），货车55053辆；窄轨客车87辆，货车1083辆。这些车辆绝大部分来自英、美、法、日、俄、比、德等国家，车型复杂，技术落后。客车型号多达130多种，大部是木体车，车体短，定员少，构造速度低，并且设备简陋，车窗狭小，供水不足，通风、照明不良，冬季要用机车蒸汽采暖。货车型号多达560多种，车型小，载重吨位低，主型车的标记载重量是30吨，还有10、15、20吨的，少数40吨车算是大型车。绝大部分是棚车、敞车、平车，有极少数的罐车、冷藏车。各种装置的型式更为复杂，如四轴车的转向架有30多种，二轴车的扁弹簧有十几种，车轮有十几种，车钩、缓冲装置近20种；还有4500多辆货车是高钩、低钩和链子钩；不少货车只有手闸和通风管，没有空气制动装置；还有些车辆涂有特殊标记，不能全国通行，给列车编组、配车和维修工作带来很多困难。有些车辆被拆毁，只剩一个骨架，有的等待报废，当时车辆检修不良率,客车高达20%,货车高达11.3%。

铁道部根据全国车辆清查情况,安排了整修计划,对破损车分期分批送工厂和车辆段进行修理,有的进行重造,确无修复价值的予以报废。到1952年年末,共修复重造客车892辆,货车6977辆,经过鉴定报废了客车447辆,货车4846辆。对型式多、结构薄弱的部件,逐步进行简统化,统一了型号,减少了品种,给检修工作创造了方便条件。

二、实行客车逐级配属和货车由铁道部统一管理制度

中国铁路客车是按承担旅客运输的情况,分别配属给铁路局负责维修保养和运用,列为铁路局固定资产。新造车出厂后,根据各局编组旅客列车的需要,由铁道部车辆局向各铁路局分配,由铁路局再配属给负责保养的车辆段。每当实行新列车运行图时,再根据旅客列车编组内容和列数辆数的变化,在各铁路局之间进行调整调拨。铁路局每年按客车固定资产折旧提成比例,向铁道部交纳基本折旧费和大修折旧费。铁道部根据各铁路局实际发生的厂修辆数,安排各局客车的入厂修理计划,并将厂修费拨给铁路局。铁路局与部安排的施修工厂签订施修合同,按期送车入厂,施修的工厂完成客车厂修后,向铁路局清算费用。客车段修、辅修均由配属段负责施修,配属段没有修理能力的由铁路局安排到有能力的段施修。客车段修、辅修及运用中的维修费用,均由铁路分局在运营费中安排列支,车辆段完成检修任务后,按月向铁路分局清算。

根据货车在全路各铁路局共同使用、不能固定配属的特点,全路货车由铁道部统一掌握组织维修管理。新造货车或进口货车,由交付使用的所在地车站,加入铁路运用车,列入铁道部固定资产。铁道部每年按规定的检修周期和实际状况安排进厂和在段修理辆数,厂修车经过工业局分配各铁路工厂,段修部分由各铁路局分配给所属车辆段施修。铁路局每年按铁道部下达的运用车数及核定的金额,向铁道部交纳应摊的基本折旧费、大修折旧费和日常维修费。基本折旧费由铁道部安排货车更新改造使用,大

修折旧费安排入厂修理使用，日常维修费作为段修、辅修、维修使用。工厂完成厂修改造任务后，直接向铁道部车辆局清算。各铁路局完成检修任务后，按铁道部统一制定的检修单价，向铁道部车辆局清算。实行这种清算办法，铁路局多占用货车，就多支付费用，多修车，就多收取费用，从而调动了各局修车的积极性。

机械冷藏车虽有配属单位，但因在全国运输鲜活货物，也由铁道部统一调配使用，统一安排检修计划，铁道部除支付检修费用外，还按装载货物的运行公里，支付制冷和运用维修费。

货车检修质量有统一要求，各项检修规章制度（包括厂修、段修和运用维修各项规则）由铁道部统一制定公布。为了明确质量责任，每次施修后，都在车体明显处所涂上检修标记，标明修程、单位、修理时间。在运行过程中，列车检查人员发现有定期检修到期车时，即按规定扣修，防止失修，以保证行车安全。货车运行到任何地点发生事故时，均可按标记追查责任。

车辆系统从铁道部到车辆段，均设有车辆检修调度，昼夜指挥车辆检修，掌握了解车辆的使用情况，处理运行中发生的问题。由于货车在全国运行，而承修的工厂和车辆段却分散在各编组站所在地，货车入厂、段修理，要由各级调度组织扣修和向厂、段回送，并要求各修程的检修车按规定停修的日数修好，及时投入使用。

检修车与车辆保有量之比，称为车辆检修率，是车辆管理的综合指标。压缩检修车是车辆管理的经常性工作。检修率常因铁路运输形势的变化有所波动。但车辆质量高，检修工作组织得好，车辆检修率就低。36年来，为压缩检修车，铁道部曾采取很多措施，如加强修车组织，缩短检修时间，掌握控制检修车质量，减少摘车临修等，都取得了显著成效。近些年来，车辆检修率客车一般能保持在4%以下，货车能保持在3%以下，这在国际上是比较先进的。历年客货车检修率列于表17，其中1957年检修率最低，是职工努力的结果，但也含有"该修不修"这种不正常因素。

历年客货车检修率

表17

年度	1950	1952	1957	1962	1965	1970	1975	1980	1985
货车	11.3	9.4	1.2	6.3	2.8	2.8	4.0	3.3	3.58
客车	20.0	12.1	2.7	6.3	3.4	3.3	3.9	2.84	2.83

三、组织爱车活动

铁路货车在全国使用过程中，各单位往往只注意用车而忽视爱车。因此，在运用中车辆损坏的较多，特别是采用机械化机具装卸作业后，砸坏、碰坏的情况更较严重，不少敞车的车梁弯曲下垂，车帮外涨，底板砸漏；有些冬季装水洗煤的敞车，卸车前要进入150摄氏度高温解冻库解冻，以致配件烤坏，木板烧损；有些用翻车机卸车的，常常因配件脱落，轴油流失而造成事故。"大跃进"期间，有些车辆超载30%以上，甚至将3000多辆棚车顶拆掉，代替敞车装运矿石、煤炭等散堆货物，严重地损坏了车辆，造成2万多辆货车损坏严重不能使用，以后全部入厂重造。1961年，国务院要求各省、市、自治区及各部要注意爱护铁路车辆，并组织一次全国性爱车大检查，开始建立货车使用爱车责任制、出入厂矿交接制和损坏车赔偿制，情况有所好转。但在"文化大革命"期间，管理工作失控，大量车辆失修，行车事故剧增，1974年发生车辆责任重大、大事故17件、切轴事故16件。粉碎"四人帮"后，国家经济委员会组织用车较多的8个部成立联合爱车领导小组，组织检查各地对车辆的使用爱护情况，定期召开爱车经验交流会，表扬奖励爱车好的单位。经各有关单位的共同努力，车辆的情况明显好转。

第二节 车辆的改造和发展

一、客车

从1952年到1985年共增加国产客车18292辆，进口客车217辆，报废客车2142辆，客车保有量发展到20872辆，为1952年的4.1倍；原有

3000多辆棚车改造的代用客车，已全部恢复为棚车。由于按需要车种增添客车，全路保有客车的车种比例也有很大变化。1985年与1952年比较，硬座车由46%增到65.4%，软座车由5.2%降到1.5%，硬卧车由2.5%增到12.5%，软卧车由4.6%降到3.2%，餐车由3.3%增到5.8%，其他各种非运用车由28.6%降为4.3%，提高了客车的使用效率。

为了多运旅客，新增客车车体逐渐加长，"一五"期间使用的21型车体长22米，以后发展的22型、23型，车体长23.6米，80年代开始试用的25型，车体长25.5米。定员逐渐增多，硬座车21型定员108人，22型120人，25型增到128人；硬卧车21型定员54人，22型60人，25型增到66人；软卧车21型定员28人，22型32人，25型增到36人。

客车结构强度也在不断改进和提高。如21型硬卧车的中铺较低，下铺的旅客抬不起头来，22型车就提高了间距。硬座车的木靠椅改为人造革半软座垫或半软靠背。为了美观和节约木材，车内木墙板改用塑料贴面板，地面铺设塑料地板。增设播音设施和茶炉间，部分白炽灯改为日光灯，车电直流电压由24伏改为48伏，座、卧、餐车夏季都装有电扇，在南方运行的软席车逐步增设了空气调节装置。80年代初开始在广深线、京沪线的特别旅客快车全列车上和北京、广州等局部分列车的软席车上安装了空调装置。为适应内燃和电力机车牵引，客车逐步改用独立温水循环锅炉采暖。少数列车还装有闭路电视，部分餐车改装了电冰箱、丙烷炉灶和蒸饭箱，为旅客提供了方便，并改善了职工劳动条件。客车转向架经过了多次改进。70年代开始使用D轴206和209型转向架，时速可达140公里，增加了列车的平稳性。从60年代起对滑动轴承逐步改为滚动轴承，到80年代初，客车已基本实现滚动轴承化。制动装置将旧型L型阀改为GL型阀，提高了列车制动波速。车钩缓冲装置也在不断改进，基本适应了扩大旅客列车编组和提高列车速度的需要。

二、货车

到 1985 年，全路共增添新造货车 292288 辆，进口 6767 辆，报废 54940 辆，保有量发展到 300886 辆，为 1952 年的 4.8 倍。由于小型车的停产和大型车的发展，货车平均标记载重量由 1952 年的 32.4 吨，增加到 54.1 吨，提高 67%，并从设计上减轻了自重，增加了载重能力。为了适应重工业、新兴工业和农业生产的发展，以及煤炭、矿石、石油、木材、鲜活货物等运量迅速增长的需要，各种车辆数量都有大幅度的增加，而且车种的比例也有很大变化。1985 年与 1952 年比较，变化情况如下。

棚车：由 21.2% 下降到 17.5%，除旧中国留下的外，均为国产车。新中国成立初期生产使用 30 吨、40 吨棚车，60 年代起发展为 60 吨棚车，1975 年起使用的国产 60 吨棚车加宽了车门，方便了叉式装卸机的作业，并改进了通风窗，防止货物丢失。

敞车：由 47.2% 增加到 61.7%。从 1965 年起使用 60 吨的全钢敞车，70 年代初即不再增加木体货车。从 1983 年起使用一批缩短型的 C_{61} 型 60 吨全钢敞车，车长由 13.4 米缩短到 11.9 米，加高了车体高度，在列车长度相同的情况下，增加了编组辆数，提高了列车重量。

平车：由 9.1% 下降为 6.2%。为运送长大和笨重设备，50 年代从东欧国家购进一批 90、110、150、180、230 吨大型落下孔平车和凹底平车，以后陆续使用国产 120 吨特种平车、280 吨两节式平车、350 吨钳夹式平车和 370 吨的双支承凹底平车。

罐车：由 4.2% 增加到 10.6%（不包括各生产单位自备的酸碱罐车和石油液化气罐车），主要是增加 50—60 吨的轻油罐车和粘油罐车。轻油罐车中有从罗马尼亚进口的 3000 辆。自输油管铺设后，粘油罐车一度有余，列入备用。

冷藏车：由 0.4% 增加到 1.3%，1950 年起就使用国产加冰冷藏车。曾一度采用车端式加冰冷藏车，因效果不好，停止使用，而主要采用车顶式加冰冷藏车。在50年代还从苏联进口800辆加冰冷藏车，由于满足不了运输需要，1955年起，又从民主德国先后购进盐水制冷和氟利昂制冷的机械冷藏车。70年代开始使用国产氟利昂制冷的机械冷藏车。机械冷藏车均为成组运行，每组有5辆、9辆、12辆、23辆四种（均包括机械、宿营车）。

家畜车：老型车为两层，载重为10吨、15吨，以后发展为三层，载重18吨。各型车均设有水箱和手摇泵，可供禽畜在途中饮水或冲洗。三层家畜车设有押运人员隔间和卧铺。80年代还试制了设有乘务室和盥洗设备的家畜车，从而改善了押运人员的卫生环境和生活条件。

为适应较大建筑施工地点的需要，使用了60吨散装水泥车。它利用通风压力卸车，输送高度可达30米，输送距离最长为100米，7—10分钟就可卸完一辆车，不仅提高了运输效率，还可节省大量水泥包装袋。

在大宗粮食装卸地点间的运输，开始使用粮食漏斗车，散装散卸效率较高。为了防止毒品污染，还发展使用了装运农药和化学有毒物品专用毒品车等。

在大幅度增加各类车辆的同时，还对车辆各部件进行了大量的标准化和改造。1958年起，除守车外取消了二轴车。现有货车除极少数特种平车外，全部为四轴车，使用二轴转向架。小型车和部分50吨车使用拱板式转向架。大部分50吨车和全部60吨车使用侧架、摇枕式铸钢转向架。已定型使用的转$_{8A}$型转向架构造速度可达100公里。车轴摩擦油润，由滑动轴承逐步改为滚动轴承，到1985年年底全路已有20%的货车使用滚动轴承。

新中国成立初期，绝大部分货车沿用冷铸铁轮，运行中磨耗破损多，发生事故多，并且使用寿命短，更换频繁，对运输干扰很大。60年代，马鞍山钢铁厂建成投产后，逐步改用该厂生产的辗钢一体车轮，技术状态有了很大变化，运行事故减少，是中国铁路车辆史上的一件大事。

旧有货车的车轴摩擦部分全部使用铜质轴瓦。50年代初曾创造性地研制使用球墨铸铁轴瓦，大量节约了用铜。为了防止球墨铸铁轴瓦端部磨耗，又研究采用镶塑料瓦头的办法，防止了燃轴事故。70年代起将轴箱木防尘板改为橡胶防尘板，改善了轴箱密封状况。

旧有车辆的润滑油卷，全部使用棉线和毛线，很不经济。从60年代起，改用泡沫塑料代替，大量节约了棉毛线。此后根据存在的问题，又将每轴箱三个油卷的中间油卷改为棉毛线卷，两边的仍用泡沫塑料卷（简称两泡夹一线），效果较好。

中国的冬夏季节气候相差悬殊，南北方的气温差别也大，货车使用的车轴油过去分夏油和冬油。每年入冬前，要对几十万辆货车全部换一次油，人力物力消耗很大。经过多年努力，终于研制出货车冬夏通用的车轴油，从1985年起，货车就不再换冬油了。

货车制动机，在30吨、40吨货车上使用的是K型三通阀，车型加大和列车编组辆数增多后，很不适应。经过研究改造为GK型阀后，在50吨以上的货车上使用，提高了列车制动波速。为适应长大列车的发展，又研制了新型103阀，已在新造货车上扩大使用。

车辆制动用的闸瓦，过去沿用中磷生铁闸瓦，因其摩擦系数小，消耗生铁多，并且容易引起火灾，以后逐步改用合成闸瓦和高磷闸瓦，免除了中磷闸瓦的缺点，并且使用寿命长，更换率低，减轻了列检人员的劳动强度。

货车闸瓦经使用磨耗后，增大了闸瓦与车轮的间隙，列检人员要频繁进行调整。为解决这个问题，研制安装了闸瓦间隙自动调整器。到1985年年末，已在2万多辆新造货车上安装，效果较好，对既有货车也将逐步安装使用。

货车车钩，原有十几种，在五六十年代绝大部分改为统一的2号车钩。列车编组辆数增加后，静拉强度不足，从70年代起又研究改用13号车钩。包括既有车改造和新造车安装，到1985年年末已有半数货车装用上13号车钩。既有货车缓冲器容量较小，70年代初研制采用MX-1型橡胶缓冲器，容量可达3500千克·米，能够满足当前货物列车扩大编组的需要。

第三节 车辆检修制度

客货车辆在运用过程中，各部构件发生磨损和疲劳超过一定限度时，将会危及行车安全，因而采取了以预防为主的检修制度。

一、车辆定期检修周期

1949年铁道部规定了各铁路局统一的车辆检修修程和修制。除日常检修外，规定了四级定期修理制度：一般检查，是分解修理车辆各零部件，对金属部分进行除锈涂油防腐，恢复正常性能。客车每18个月、货车每36个月进行一次。甲种检查（仅限货车），对走行、制动、联结、缓冲部分进行分解检修，使之符合规定限度，保证运行安全，每18个月进行一次。乙种检查，主要检修试验制动装置，保证车辆制动作用良好，每6个月进行一次。丙种检查，主要检查修理车轴的给油润滑部分，保证车辆油润状态良好，客车每1个月、货车每2个月进行一次。1952年，鉴于一般检查的修理间隔较短，厂修频繁，改为大、中、年修三个高级修程。另外还规定有制动检查和轴箱检查两个低级修程。大修时对车辆进行全部分解，修理或更换部件，恢复构造性能。一般客车大修每6年1次，一般货车大修每8年1次。中修主要是对金属件除锈涂油防腐，客车中修每3年1次，货车中修每4年1次。年修是分解检修走行、制动、车钩、缓冲器各部分，保证车辆运行安全，客货车均为1年1次。这样改变后，大修的修程要求严格，修换较为彻底，对恢复车辆结构性能，延长车辆使用寿命，起到了较好的作用。1964年精简规章制度时，将大、中修合并为厂修，检修范围相当于大、中修之间，全由工厂修理。年修改为段修，检修范围与年修相同，由车辆段修理。制动检查改为辅修，是段修的辅助性修理。轴箱检查的期限，原定货车60天改为90天。客车因已全部改为滚动轴承，不单设轴箱检查。机械冷藏车60年代以后进口的厂修为8年，段修为2年，其余为厂修6年，段修1年半，因全部使用滚动轴承，只有辅修而没有轴箱检查。客货车定期检修周期如表18、19所示。

客车定期检修周期表

表18

序号	车　种	检修周期		
		厂修（年）	段修（年）	辅修（月）
1	国际联运车	4	1	6
2	主型车（22、23型）、新型车、进口车中的硬卧车、硬座车、软卧车、软座车、行李车、邮政车，上述车种的合造车	6	1.5	6
3	各型餐车、空调发电车，上述车种的合造车	6	1.5	6
4	21型及旧中国遗留的旧型客车（餐车除外）	8	2	6
5	代用客车	8	2	6
6	部属客车	10	2.5	6
7	公务车、试验车、维修车、卫生车、文教车、发电车、特种车等	10	2.5	6

注：根据客车技术质量状态，各级修程都可提前或延期施修，厂修可提前或延期半年到1年，段修可提前或延期6个月，辅修可提前或延期10天。

货车定期检修周期表

表19

序号	车　种	厂修（年）	段修（年）	辅修（月）	轴　检		
					滑动轴承（月）	有轴箱滚动轴承（月）	无轴箱滚动轴承（年）
1	冷藏车、酸碱类罐车、液化石油气罐车、液氧罐车	4	1	6	3	6	1
2	棚车、敞车、平车、煤车、矿石车、砂石车、罐车、家畜车、通风车、粮食车、水泥车、活鱼车、守车、标记载重量60吨的凹底车	5	1	6	3	6	1
3	B_{16}、B_{17}、B_{19}型机械冷藏车	6	1.5	6	3	6	1

续表

序号	车种	厂修（年）	段修（年）	辅修（月）	轴检		
					滑动轴承（月）	有轴箱滚动轴承（月）	无轴箱滚动轴承（年）
4	不常用的专用车、标记载重量90吨及以上的货车。B_{18}、B_{20}、B_{21}型机械冷藏车	8	2	6	3	6	1

注：根据货车状态，段修可提前或延期1个月，辅修可提前或延期10天，轴检可提前或延期5天。
专用车指：救援车、机械车、线桥工程车、宿营车、发电车、检衡车、衡器修理车、生活供应车、战备车等。

二、车辆段修作业

50年代，铁道部全面推行了哈尔滨车辆段的"白晓生段修流水作业法"，以后又推行了济南车辆段的"修车作业计划责任制"经验。正常修车作业的全过程是：每天由检修生产调度员根据修车计划，通知列检人员扣留定检车。在送入修车线前，经修车车间质量预检员进行预检。根据每辆车的具体情况，编排当日修车计划，经各有关车间开预检会，确定各工种按照修车工艺和出车顺序完成计划的进度。检修过程中，备品库送料上车，紧密配合，协调地完成各部装置的分解、检修和组装任务，有节奏地进行检修作业。完工后，召开分析会，总结经验，改进工作。由于段修工作量大，停修时间短，为提高修车效率，车辆段在检修场地布局和工装配备上，重点发展了检修流水作业线。不少车辆段建成了转向架、车钩缓冲器、制动梁检修，轴瓦合金浇挂，轮对检修和滚动轴承清洗等流水线，修车效率逐步提高。停修时间客车段修由10天左右缩短到6天左右，货车段修（包括从车站取送）由3天以上缩短到2天左右。进入80年代，在执行修车计划责任制的基础上，推行全面质量管理，应用网络计划技术，优化修车作业过程，解决修车中的薄弱环节，效率又有显著提高。如南京东车辆段应用网络计划技术后，修车效率提高30%。在车辆不断增加、修车能力紧张的情况下，全路推广南京东车辆段的经验，发挥了较好作用。

修车的方法，原来是将车上的故障配件拆下来，就地加修，效率很低。50年代起实行配件互换制，在各车辆段准备一些在修车中经常需要加修的各种配件，预先修好放在修车场地。在车辆入线修理时，将需要加修的配件拆下，将已修好的配件换上，避免了因等待配件加修而延长修理时间。每种配件都固定加修场地，配备固定施修人员，并合理地设置修车的工艺装备。对大量使用的元销和套类，由于直径磨损程度不一，不便备料，改为每差一定尺寸划为一个等级，配件磨损后接近哪个等级，就加修到哪个等级，以减少备料种类。实行按"等级修"后，对保证修车质量，提高修车效率，效果都很明显。

针对车辆燃轴、断轴和制动等惯性事故，各车辆段重点加强了挂瓦室、油线室、制动室和轮轴组的工作，拟定了工作标准，实行标准化作业；采用了先进工艺装备，如挂瓦室设置了液压半自动旋瓦机，油线室采用油卷挤压洗涤机，制动室安装三通阀密闭清洗机，轮轴组采用车轴电磁探伤和超声波探伤装备。

三、客车的整备和运用维修

客车日常检修工作，由库列检和站检人员在车辆段的车库或停留线和站内发车线上进行。在运行途中，由检车乘务人员监督检查运行情况。

客车实行包乘、包检、包修负责制后，建立起明确的分工，编制各项检修技术作业过程，加强了日常检修工作。客车检修乘务员负责客车车体维修，车库列检人员和站检人员负责走行、联结、制动装置的检查整修，车内电气装置均由车电乘务员负责。客车辅修、临修，也由库检人员承担。客车清扫、上水和锅炉采暖、上煤上油等工作，陆续改由列车段承担。

36年来，陆续改建和扩建了许多车库和整备线，设有水泥硬化地面和风、水、汽管路及电气线路等，设备比较齐全，并规定在冬季外温低于零下22摄氏度的寒冷地区，修建整备库。1985年年末，全路共设有82个客车整备库检组织,每天可以整修旅客列车1000多列。每年由铁道部、铁路局对客车进行春秋2次质量鉴定,将列车质量分为一、二、三级和不合格四种。对进京、进沪列车要求达到一级的质量标准,直通旅客快车要求达到一、二级质量标准,其余列车都要求消灭不合格。

四、货车的列检工作

货车组成的列车,在车站的到发线或停留线上进行检修。除固定编组的机械冷藏车外,不设乘务员。在编组站、区段站、国境站、工业站或有特殊需要的地点,均设有货物列车检修所(简称列检所),对到发和中转列车进行技术检查,并处理货车运行中的故障,以防止事故,保证行车安全。

50年代铁道部规定了列检作业过程、质量要求、人员材料配备等,统一了全路的列检工作。列车检查分为到达检查,始发检查和中转检查。一般到达检查时间为35分钟,始发检查为25分钟,中转检查为40分钟。列检人员按"以列定组、以辆定人"的原则配备。要求有检有修,防止只检不修,以确保运用车辆合乎质量要求。

随着铁路运输事业的发展,铁道部曾多次调整列检所的布局,到1985年年末,全路共有列检所464个。其中,编组站列检所180个,承担到发列车的全面检查和故障车的修理,负责距离为500公里左右。区段站列检所155个,承担重点项目检查和修理。一般列检所129个,重点检查轴温和处理热轴。区段站列检所和一般列检所的负责距离为200公里左右,对热轴各列检均负责70公里,超过70公里的,由前次定检负责。此外,还有制动检查所、红外线检查点、装卸检修点、翻车机检查点及出入厂矿交接点等。

50年代初期,货车轴检及有轻微故障的全部摘下修理,由此增加了检修车,影响了运输生产。以后对摘车的范围加以控制,要求有轻微故障的和轴检车在列车中进行处理。从此,列检人员广泛开展了"快速修"活动,后来发展到能在列车中换车轮、换车钩等。铁道部和各铁路局经常组织"快速修"技术表演赛,奖励"快速修"能手,对提高列检人员技术水平,缩短列车停留时间,压缩检修车,都起到了很好的作用。有些编组站,还增设了空气压缩机和通风管路,可在列车编成后,机车出库前,进行通风试闸,以减少列车待发时间。有些列检设有电动轨道搬运车取送配件,缩短了列车待修的时间。货车列检人员还要对运用货车的定检时间是否到期进行检查,对各修程的过期车,按车辆调度的指挥,进行扣车或办理回送,不得任意放行;对不到期的货车,除经批准和有特殊规定者外,不得提前扣修;对厂修过期车不能入厂的,为了保证行车安全,可根据车辆状态改作段修,将厂修期延长。

36年来,在广大列检职工中曾涌现出许多防止事故的先进生产者。如齐齐哈尔列检所尹成良发现车辆隐蔽裂纹的经验,叶柏寿列检所高起在列车停站后利用轴温对比的方法发现车辆热轴的经验等,都曾在全路推广,取得很好的效果。

列检人员经常在线路中和列车间往返奔跑,并在停站列车的车下工作,为了保证人身安全,设有作业安全自动信号和电动脱轨器等。为了联系方便,还设有对讲通话柱和无线对讲机。

五、货车站修工作

50年代初,货车辅修、轴检、临修均送车辆段修理。由于运用货车数量日益增多,检修车也随之增多,大大增加了车站调车作业,延长了货车检修时间。以后逐步在较大编组站或区段站编组场的边沿,增设了站修线,铺设水泥地面,建有修车棚和设置必要的检修设备,承担辅修、摘车轴检和摘车临修工作。每天全路送站修线检修的货车有3000多辆,相当于厂、段修辆数的2倍。站修线检修的货车每辆平均停留1天,有的还组织半日出线,比送车辆段停修时间缩短1天左右,相当于每天为运输生产增加3000多辆运用车。

站修线的修车组织工作和段修相仿,也实行修车作业计划责任制,编制执行检修作业过程和站修作业规程,加强检查验收,使检修质量逐步提高。

六、坚持验收制度

1950年铁道部建立验收制度,在各车辆工厂、各车辆段驻有车辆验收员,负责按照检修规章、设计图纸、技术条件和质量要求,对修造的车辆、轮对及主要零部件进行质量验收。不合格的不准出厂(段),不经验收员签认的,财务部门不予清算费用,不得列报完成辆数。1953年3月铁道部公布《车辆验收员服务规则》,规定驻厂、驻段车辆验收员是铁道部车辆局及铁路局分别派驻车辆工厂和车辆段监督车辆修造质量和验收车辆的代表。驻车辆工厂和铁路局的验收人员,由铁道部车辆局长任免;驻段验收人员,由驻局验收分室提名,铁路局长任免。各级车辆验收人员,按时与厂(段)领导召开厂(段)验收联席工作会议,对质量存在的问题,积极提出改进意见,提高车辆修造质量,并促进规章制度、技术标准的进一步充实和完善。

36年来,验收制度在贯彻和执行上虽然几经曲折,但实践证明它对不断提高车辆修造质量,起到了促进和保证作用。尤其是铁路车辆在全路运行,使用和修理单位很多,统一质量标准和统一质量监督验收就更为必要。

第四节 车辆检修能力的提高

一、车辆检修设备

新中国成立初期,车辆检修设备简陋,修车能力低,并且绝大部分在露天作业,劳动条件差。以后,随着铁路车辆的不断增加,有计划地新建和扩建了一些车辆段。新建铁路干线时,都同时新设车辆段;对车辆保有量增多的既有线,相应地新建和扩建了车辆段,增加修车台位,提高修车能力。从1951年到1985年全路共新建车辆段66个,扩建旧段55个,客车段修台位达到192个,货车段修台位达到844个,货车站修台位达到2200个。1985年修车能力,客车段修达9700辆,货车段修达23万辆,货车辅修达30万辆,摘车轴检达26万辆,摘车临修达20万辆。

36年来,铁道部对车辆段的修车设施进行了大量的扩建和改造,各段都添置了主要修车设备,扩建、新建了一些车库,70年代末期,段修已消灭了露天作业。1985年年末,全路共有各种车辆检修设备3万多台,其中主要设备1万多台。从50年代起,陆续建起了一些车轮厂以后,轮对不再长距离送工厂修理,提高了修轮效率。

为了检修保养好国产和进口机械冷藏车,在丰台、上海、广州建立了冷藏车辆段。这三个车辆段,都建有车辆修理库和发电、制冷、柴油机修理库以及一些检修试验设备,不仅担当机械冷藏车的段修和运用维修,还承担了进口机械冷藏车的厂修任务。到1985年年末,三个机械冷藏车辆段的检修能力为厂修200辆,段修700辆。机械冷藏车厂段修停留时间比较长,一般厂修为30天,段修为20天以上。

二、开展修车作业机械化

从60年代起,车辆部门职工围绕提高修车能力和解决繁重体力劳动,开展修车作业机械化活动。各车辆段都设有技术革新组,每年提出技术革新计划项目,并发动群众提合理化建议,组织攻关。修车机械化费用由铁道部集中掌握拨给各局使用,针对修车薄弱环节,有计划地进行重点项目建设,以提高修车综合能力。各局在开展修车作业机械化活动中,涌现出许多技术革新能手,创造了许多先进机具,有些车辆段实现了转向架、车钩缓冲装置分解检修机械化,门窗检修机械化,车辆除锈喷漆机械化和配件运搬机械化。有的客车段还采用了静电喷漆和红外线干燥新技术。有些车辆段在专用设备上还采用了液压、电子新技术。金属焊接已广泛采用了自动焊接和二氧化碳气体保护焊接等新技术。为了解决全钢货车车体梁、柱构件调直工作难度大的问题，在较大的车辆段都增设了综合调梁机。

为了实现修车作业机械化，铁道部车辆局经常组织召开经验交流会。1975年在大连召开的修车作业机械化会议上，有15个单位介绍经验，并组织了修车作业机械化成果展览和实物操作表演，选出了30多项成果在全路推广。1980年又在北京举办全路修车作业机械化成果展览会，交流了各局修车作业机械化的经验，在提高修车效率、保证修车质量等方面，都取得了明显效果。

80年代以来，随着标准化工作的开展，规定了各检修工种的标准化作业条件，增加了标准工艺装备，进一步改善了有关工种的技术作业条件。

由于采取了以上各项措施，修车效率显著提高，修车工人每人每年平均完成换算段修辆数，60年代为7辆左右，80年代增加到11辆左右，提高了50%。

随着车辆检修机械化、自动化程度的不断提高，修车设备管理和维修保养办法也进行了改革。如哈尔滨等车辆段试行了设备综合管理和系统管理，开展多种维修方式，实行"状态修"，使设备保养和使用更紧密结合，在提高设备使用效率、保证设备质量、降低维修费用方面都起了良好的作用。

三、发展现代化检测手段

（一）超声波探伤车轴。在50年代和60年代期间，采用磁粉方法进行车轴探伤检查，曾发现了很多车轴裂纹，防止了断轴事故。但这种探伤方法对车轴金属内部缺陷难以确认，特别是不能发现轮座内部裂纹。车轴内部的隐患不消除，对行车安全就有威胁。1968年，广州车轮厂开始试验采用超声波探伤车轴。铁道部车辆局1977年召开全路车轮厂经验交流会，重点交流探伤的方法和发现故障的经验。柳州、吉林、郑州车轮厂还介绍了在轴端利用小角度探伤的方法和发现轮座部位接触不良的经验。以后，逐步在全路各车辆段、车轮厂开展了超声波探伤工作。铁道部车辆局曾规定所有车辆上的车轴，都要每隔4年利用超声波探伤检查一次。经过4年后，车辆上装用的车轴已全部探伤一次，大量发现轮座内部裂纹、车轴材质晶粒粗大和透声不良等缺陷，防止了因车轴内部缺陷和裂纹造成的切轴事故，保证了车辆运行安全。在车辆大量采用滚动轴承后，又研究采用了不退轴承内环的探伤方法和荧光磁粉液半自动探伤的方法，对车轴表面进行探伤，提高了表面缺陷鉴别率。1985年，江岸车辆段还研制应用了微机控制超声波探伤的方法，使轮轴检测手段又向现代化前进了一步。

（二）红外线探测轴温。中国铁路检查车辆的运转轴温都是靠检车人员在露天用手摸轴箱，以手感判断温度的高低，劳动条件差，作业效率低，而且判断不准确，常因漏检造成燃轴事故。随着科学技术的发展，逐步在全路推广采用红外线技术检测车辆轴温。首先由上海铁路局科研所和四方车辆研究所共同研制，在上海铁路局南翔编组站列检所进行试验。取得成功后，于1973年在上海召开全路车辆部门经验交流会，决定扩大试验，准备推广使用。随后，于1976年在上海召开了会议，由铁道部正式鉴定定型，批准生产，并决定在全路推广。到1984年年末，全路首先在编组站列检所配齐红外线探测仪，并逐步在区段站列检所安装。到1985年年末，在373个列检所中安装使用713台，每天发现处理热轴故障700多件，大量防止了车辆热轴事故。这是80年代车辆热轴事故大量减少的重要因素之一，1985年获得国家科技成果奖。

（三）旅客列车轴温警报装置。随着旅客列车速度逐步提高，客车连续运行时间不断延长，停站时间减少，1974年四方车辆研究所和上海铁路局科研所开始研制轴温警报装置，并在上海、青岛车辆段装车试验。以后，大连、齐齐哈尔客车段也进行研制试验，都取得了成功，经过部级鉴定后，于1985年确定在全路逐步推广使用。客车上安装了轴温警报装置，检车乘务员在车上就可随时监督发现每辆车的每个车轴的温度情况，出现热轴，可及时停车处理。使用这种装置，曾防止数起客车切轴事故，对保证旅客列车运行安全起了重要作用，也为继续延长旅客列车停车站间的距离创造了条件。

第十章
铁路工务工作

线路、桥梁、隧道等建筑物是铁路行车的基础,这些设备约占整个铁路固定资产原值的55%。铁路工务部门的主要职责和任务,是养护修理好这些设备,并不断改善,使之经常处于质量良好状态,保证列车按规定的允许速度不间断地安全运行。

线路、桥梁等建筑物常年暴露在大气之中,不断受到速度很高、重量很大的列车滚压冲击和风沙雨雪的侵蚀。对这些外力所造成的磨损与变形,需要不断运用科学理论知识,采取先进技术手段,进行检测、预防和整治。当受到自然灾害侵袭时,还要进行抢险救灾。同时,还要大力加强线路、桥梁等结构强度,以适应铁路运输强度不断提高的需要。

36年来,中国铁路的线路、桥梁、隧道等建筑物的质量有了显著的提高。国产钢轨从38千克/米、43千克/米、50千克/米发展到60千克/米,并已少量生产铺设75千克/米钢轨。从1965年起,国产新轨长度由每根12.5米改为25米。到1985年年底,50千克/米钢轨已成为中国铁路的主型钢轨,占正式营业正线延长的58.5%,60千克/米钢轨也已累计铺设3200多公里,占5.3%。50年代起对铺设在线路上的3300多万根素枕进行了防腐处理。1957年开始生产和铺设预应力钢筋混凝土轨枕,数量逐步增大。到1985年年底,全路正线所铺轨枕中,钢筋混凝土轨枕已占63.3%,并已铺设宽轨枕线路360公里。从50年代开始就有计划地将混砂或卵石道床改换为碎石道床,增加道床厚度,清筛、更换脏污不洁的道床。到1985年年底,全路正线上碎石道床已占96%,轨枕下道床厚度一般达到了25—35厘米。从1956年开始使用国产锰钢辙叉道岔,大量使用9号、12号,还铺设了一些18号道岔。到1985年年底,正线、到发线铺设的道岔中锰钢辙叉道岔已占87%,还累计铺设了钢筋混凝土岔枕1250组。1957年开始铺设无缝线路,首先在沪宁线上试铺,到1985年年底已突破1万公里。

到1985年年底,在中国铁路上已架设了30764座桥梁。总延展长度1474公里,为新中国成立初期的4.3倍。桥梁结构向大跨、轻型、预应力发展。到1985年年底,全路共有隧道(包括明洞)4654座,总延展长度2121公里,为新中国成立初期的21.2倍。长大隧道为数不少,其中新建长度在5公里以上的就有10座。隧道内线路除铺设钢筋混凝土宽轨枕外,还修建整体道床131座,延长295公里。

第一节 工务工作的发展

新中国成立以来,线桥修理工作是围绕运输生产需要而发展的。大体上经历了以下三个阶段:

第一阶段是建立健全组织机构,开展线桥全面整修。从1950年开始对各级工务机构进行了改组,工务段除设立养路领工区、工区外,还设立了桥梁领工区、工区。同时针对当时线路质量低劣的状况,提出"线路补强"的号召,对线路设备进行了全面整修,并开展新养路法,保证了铁路运输的迅速恢复。

第二阶段是全面贯彻"预防为主,预防与整治相结合"的原则,不断充实、完善线桥大修、维修制度。50年代前期,学习推广了中长铁路经验和聂菲铎夫养路法、马利采娃养桥法;随后总结推广郭春林养路法、关英杰养桥法等,使"预防为主"的原则逐步得到贯彻。由于运量的增长,除了需要进一步做好线路养护维修工作外,线路设备有待更新和加强。从"一五"开始正式开展了线桥大修工作,年均完成线路换轨大修984.2公里,线路中修2446.6公里,线路质量基本适应当时运输的需要。

"二五"期间头几年铁路运量激增,线路换轨大修与运量增长同步前进。这个期间,由于"大跃进"的影响,打乱了线路养护维修工作的正常秩序,线路大修增加的势头未能保持,线路中修又大为减少,以致"二五"后期线路质量有所下降。三年调整时期,工务部门也整顿了线路设备的养护维修工作,进一步整章建制,认真贯彻预防为主原则。与此同时加快了大修步伐,年均完成线路换轨大修1542公里,线路中修2076.9公里,并批量更换钢筋混凝土轨枕,线路质量开始好转。特别是1963年至1966年在全路开展学习孙家养路工区活动中,养路工作有了新的发展。

"三五"、"四五"期间正值十年动乱,线路设备维修削弱,大修数量锐减,除更换钢筋混凝土轨枕年均达207万根外,线路换轨大修年均仅1216.5公里;"三五"时期线路中修取消,直至1973年才恢复,致使有些线路状态恶化,事故增多,1975年不得不开展突击性的线路设备大整修,年均仅722.2公里。中共十一届三中全会以后,工务工作通过整顿,健全了大修、维修制度。

第三阶段是加快大修步伐,强化轨道结构,进行维修改革,开展安全优质活动。1977年起,铁路运量大幅度增长,全路线路年通过总重密度当年就达1700万吨公里/公里,比上年增长16.9%,以后逐年迅速增长,到1985年线路通过总重密度全路平均已达2700万吨公里/公里,其中超过6000万吨公里/公里的有5000公里。运输发展形势要求强化轨道结构,加快大修步伐。线路换轨大修,"五五"和"六五"期间分别年均完成2201.1公里和3123.6公里,线路中修分别年均完成3081.3公里和3269.5公里,更换钢筋混凝土轨枕分别年均完成323.8万根和320.5万根。历年线路设备完成大、中修工作量如表20所示。10年中完成线路换轨大修、线路中修的公里数和更换钢筋混凝土轨枕的根数,则分别为新中国成立以来36年总和的48.5%、48.8%和56.7%。特别是"六五"后期,每米60千克钢轨的大量上道和无缝线路的加速铺设,为适应主要干线运输强度的急剧发展,迈出了可喜的一步。

历年线路设备完成大中修工作量

表20

时　期	铁路大修及更换新轨（公里）	线路中修（公里）	更换钢筋混凝土轨枕（万根）
恢复时期总计	66.0	886.9	0
年均	22.0	295.6	0
"一五"总计	4920.8	12233.1	0
年均	984.2	2446.6	0
"二五"总计	6466.1	6688.4	101.2
年均	1293.3	1337.7	20.2
调整时期总计	4626.1	6230.6	280.7
年均	1542.0	2076.9	93.6
"三五"总计	5470.5	0	670.5
年均	1094.1	0	134.1
"四五"总计	6694.4	7222.4	1398.8
年均	1338.9	1444.5	279.8
"五五"总计	11005.7	15406.3	1619.2
年均	2201.1	3081.3	323.8
"六五"总计	15618.0	16347.5	1602.6
年均	3123.6	3269.5	320.5

至1985年，全路已建立了一个比较健全的管理线桥设备的组织机构，共有负责线桥养护维修的工务段264个；负责重点特大桥梁养护维修的桥工处2个和桥工段2个；负责线桥大修的大修队（段）62个，其中线路32个，桥隧15个，综合15个；负责房屋建筑物大维修的房建段132个。还有局属工务修配厂14个，桥梁检定队14个，旧线复测队35个，采石场88个，林场101个。管理工务技术业务工作的部门，在铁道部为工务局，铁路局为工务处，铁路分局为工务科，有的铁路局则专门设置工务大修处（总队或公司），直接领导所属大修队（段）。

第二节　线路的养护修理

一、线路的维修和管理

养护维修是保持线路质量经常处于良好状态、延长轨料使用寿命的重要手段，是预防线路产生病害和消灭产生病害原因的措施，是工务部门的经常性工作。多年来工务职工在这方面积累了丰富的经验，并形成一套行之有效的制度。

（一）不断改革、完善线路养护维修的方式方法。50年代初期，中国铁路部门在学习苏联经验过程中，又逐步总结了中国铁路线路养护先进经验，"无病防病，有病治病"的原则逐步深入人心，养路工作从"事后修"转入"预防修"。其中比较突出的有：郭春林养路法，其基本精神和方法是狠抓预防病害，彻底做好路基排水，加强钢轨接头，制止线路爬行；建立工区管家账，推行作业质量互检制，正确处理计划维修、保养补修、整治病害三者之间的关系，提高了线路质量。杨明道岔维修法的着眼点是加强道岔各部连接，提高整体强度。王耀年钢轨检查法的具体做法是"一看、二敲、三照、四卸"，及早发现伤损钢轨，以保证行车安全。

通过总结推广先进的养路方法，中国铁路部门逐步确立了线路维修以预防为主，预防与整治相结合的原则，实行计划预防性维修制度，并于1955年正式形成了中国铁路的《线路经常维修规则》。计划维修要求正线一年一遍，项目齐全，作业彻底，特别强调全面捣固。保养补修，则要求线路质量均衡，及时消灭超限处所。在整个线路养护维修工作中十分重视路基排水，实施道床轮筛，综合整治接头病害，制止线路爬行，彻底整正曲线，木枕防腐修理，道岔小型技改等。通过贯彻执行《线路经常维修规则》，全路线路质量普遍有所提高。特别是1963年在彰武召开学习孙家养路工区会议后的几年中，在这个工区"格上格"和"愚公移山"精神带动下，线路养护维修质量达到一个较高的水平。《线路经常维修规则》经过10年实践，修改成为《线路大修规则》和《线路维修规则》，后又改为《工务规则》，一直作为线路养护维修工作的准绳。

从70年代后期开始，鉴于铁路各线之间运输强度差异越来越大，轨道结构也不尽相同，长期以来，硬性执行正线一年一遍维修的做法，不可避免地造成一些线路"过维修"和一些线路"欠维修"的状况，铁道部乃决定对线路维修进行改革。通过调查研究，于1979年提出初步改革方案，由各铁路局选点试验。在总结各局试点实践经验的基础上，于1984年颁布了线路维修改革办法，其内容主要是：（1）制订线路保养标准，作为衡量线路经常几何状态的依据，解决线路维修验收和保养标准不分所带来的问题；（2）确定按不同轨道结构，以通过总重为定量的线路大修、中修、计划维修的周期，压缩不必要的维修任务，加强重点病害的整治，有利于提高线路质量；（3）划清线路维修中计划维修、经常保养、紧急补修的界限和内容，促使线路质量实现良性循环；（4）拟定线路质量静、动态综合评定和线路状态评定的办法，使线路养护维修工作和线路设备技术状态有了不同的标准，有利于发挥局、段、工区各级的积极性。

在线路维修改革的同时，铁道部工务局于1980年和1983年在阿城召开了全路道岔和曲线养护经验交流会议，总结推广哈尔滨局阿城工务段等单位对道岔、曲线养护的经验。在这个基础上，从1984年起，在全路范围开展了以优质曲线、优质道岔和安全生产为主要内容的安全优质活动，提出了部级安全优质工务段、局级安全优质工务段、安全优质养路工区、安全优质桥隧工区等分层次的奋斗目标。广大工务职工积极参加安全优质活动，努力实行科学养路，到1985年，全路涌现了阿城等部级安全优质工务段31个，占工务段总数的12.3%。

（二）逐步建立健全工务技术质量指标管理体系。在50年代初期学习中长铁路经验中，各工务段普遍建立了伤损钢轨、振动仪评分、失效轨枕、伤损鱼尾板、防爬锁定、桥隧质量评分、外观评分、长期慢行等8项技术质量指标，一般按月考核。随着轨道结构、检测手段的变化，几经调整，到1965年，以线路评定（静态）、轨检车评分（动态）、道岔评定、桥隧质量评定、维修验收评定作为考核工务段工作的技术质量基本指标。从1984年开始，总结了历史上指标体系的利弊得失，确立了以线路静动态综合评定、线路状态评定、桥梁状态评定、隧道状态评定、路基状态评定、优质曲线率、优质道岔率、维修验收评定等作为工务技术质量指标。

（三）在线路养护维修长期实践中，形成了不同层次、不同周期的

"检查、计划、修理、验收"4个环节的循环。在检查方面，有工务处进行的季度轨道检查车评分检查，工务处、工务段组织的防洪检查、秋季大检查、工务段长检查、专项检查、领工员检查、一年7次的钢轨探伤检查、季度曲线正矢检查、工长半月检查以及巡道工的巡回检查等。通过检查及时发现问题，正确掌握线路状态。根据各种检查了解的线路状态制订各项计划，计有线路大中修建议计划、工务段年度生产财务计划、年度分季的综合维修和病害整治计划，工区月、日作业计划等，以指导线路各类养护修理。修理是指养护修理工作的实施，包括大修队（段）负责的线路大中修和路基病害的整治，工务段负责的少量线路大中修和病害整治及小型技术改造，工区负责的计划维修、保养补修和单项病害整治。验收是各类修理结束后分别由段、领工区按规定标准，严格验收，以保证质量。这4个环节，在不同层次和不同周期上循环不已，从而使线路质量得到保证。

（四）积极防治线路病害。36年来广大工务职工积累了防治线路病害的丰富经验，主要有：

1. 50年代初期，由于线路爬行十分严重，线路质量很难保持。为了锁定线路，在线路和道岔上普遍根据线路和运营条件安装穿销式防爬器和防爬支撑，并经常检查测量，保证爬行量不超过20毫米。随着钢筋混凝土轨枕的大量铺设和弹条扣件的采用，防爬能力有了较大的增强。

2. 为了改变木枕腐朽快、失效多的状况，50年代除了大量更换新的注油木枕和安装钢轨垫板外，对线路上的素枕，大力进行防腐处理，普遍涂抹防腐浆膏，钉孔附近钻小孔灌注氟化钠防腐剂，同时广泛开展了木枕修理工作。从50年代后期开始，又开展了木枕胶合拼接。进入70年代中期以后，大量采用钢筋混凝土轨枕，又开展了轨枕挡肩的修理工作。

3. 防治曲线钢轨磨耗，一直为工务职工所重视。其做法是：根据实测列车速度调整超高，铺设带坡垫板，增加轨距拉杆、轨撑和轨撑垫板，按照绳正法拨正曲线正矢，彻底锁定线路，加宽道床，加强曲线地段的养护维修。这些都是从根本上改善轮轨接触关系的措施。此外，曲线上股钢轨涂油也是一项十分重要的工作。比较实用的方式是指定专人随带手压涂油器登上客车尾部，对曲线实施涂油，效果较好。进入80年代以来，内燃、电力机车比重增大，曲线钢轨磨损问题又趋突出，正在进一步寻求防磨新途径。

4.50年代初期由于轻、老、杂轨多，低接头是当时突出病害之一。尔后国产的钢轨大量上道，钢轨端部淬火与非淬火交接区，又出现鞍形磨耗。通过对钢轨的打磨、焊补、拧紧接头螺栓、控制轨缝、消灭错牙，加强接头捣固，特别重视钢轨接头区五孔道床的清筛，状况有所改善。对钢筋混凝土轨枕地段的钢轨接头，还采取在轨底衬垫加厚胶垫，枕底加垫大橡胶板，接头区五孔道床更换为20—50毫米粒径的优质道砟等等措施，进行综合整治，以保持它的平顺。

5.线路冻害大多发生在东北、西北和华北的部分地区，50年代初期冻害十分严重。经过搞好排水，并根据需要加建盲沟、渗水沟等设施，在冻害处所的基床面加垫一定厚度的炉渣，换填土壤，灌注食盐等，使冻害大为减轻。

6.路基的基床病害多发生在平原、丘陵的多雨地带。道床陷坑积水，某些地区裂土的缩胀，都是造成路肩外挤和坡面隆起的根源。这种变形又引起轨面下沉，轨向变化。整治这种下沉处所，主要用修建横向盲沟或切换路肩等办法来疏干基床。消除陷坑还可用灌浆填实或其他方法处理。对裂土路基采取换填土壤方法，是一种比较彻底的解决办法。

翻浆冒泥，大多发生在平原多雨地区。30多年来，为制止翻浆冒泥，采取了大力加强排水、清筛和加厚道床、部分地段加垫沙垫床和土工布等办法，对减轻这种病害取得很大效果。

（五）逐步发展采石工作。新中国成立后，随着线桥大维修石料用量不断增大，陆续建立了采石场。多年来，经过健全组织机构，充实技术力量，发展采石机械化，实行独立核算，采石工作逐步走上正轨。到1985年，全路年产石料约850万立方米，其中道砟约600万立方米，可满足大维修用料80%的需要。

二、线路的大修和管理

更新、改善、强化铁道线路的大修工作，是在铁路运输事业的发展中建立起来的。

线路大修按工作范围分为线路换轨大修，以及为了强化线路中某一组成部分的单项大修，如成段更换钢筋混凝土轨枕、铺设无缝线路、成段更换新钢轨或再用轨、成组更换新道岔或新岔枕、路基大修，等等。路基大修包括整治崩塌落石、溜塌滑坡、泥石流、下沉挤出、翻浆冒泥、冻害及河岸冲刷等路基病；加宽路基或改善边坡坡度；整修、改善和增建路基排水和防护加固设备以及站内线路排水设备等。

线路换轨大修是线路最重要的修理序列，内容包括：按设想校正和改善线路纵断面和平面；更换新钢轨（可以更换为更重型的钢轨）及联接零件；更换失效轨枕和补充轨枕配置根数（或成段更换钢筋混凝土轨枕）；清筛道床，补充道砟，改善道床断面；加强半径为800米及以下的曲线；整修路基及其排水防护设备；加宽路基，整治翻浆冒泥、冻害和路基下沉等。这些内容显然具有更新、改善、强化线路的性质。

由于道床清筛周期短于线路换轨大修周期，一般在2次线路大修间加1次线路中修，主要是解决道床不洁、板结和翻浆冒泥问题，也是一项改善线路质量，延长大修周期的修理序列。

线路大修一般由铁路局工务处所属大修设计组根据大修设计任务书进行勘测设计，并征求养护、施工等单位的意见，作为设计的参考。

线路大修施工主要由线路大修队（段）承担。线路换轨大修一般按换轨、清筛、抬道、整理四大工序在同一封锁"天窗"中组织流水作业，环环紧扣，把施工长度压缩到最低限度。在施工过程中严格执行"三检制"（开工前、施工中、线路开通和收工前进行认真检查）、施工地段巡查养护制、工序交接制、隐蔽工程检查记录制等，以保证施工安全和工程质量。

1985年全路线路大修施工队伍，每年已能承担4000公里以上的线路换轨大修和一些线路中修（其工序除无换轨一项外，其他与线路大修基本相同）以及一定数量的病害整治工程。

三、养路机械化

中国铁路的养路机械化，是本着艰苦奋斗、自力更生的方针，逐步发展起来的。

50年代初期，首先在哈尔滨、锦州、唐山三地的养路工区配备了电动捣固镐（简称电镐）和轻型轨道车，进行机械化作业试点。1958年，全路工务职工大搞简易的半机械化工具，也有一些单位着手自制电镐。1959年在泰安召开了全路养路机械化、半机械化现场会议，推动了全路发展养路机械化。到1971年全路组建了1051个配备电镐的初级形式的机械化养路工队。

为了提高机械化的效率，在一人操纵一个电镐的基础上，柳州铁路局于1971年试制成功中国第一台以齿轮齿条传动的单立柱式电动四头捣固机，各局相继制造使用。同时，机械化作业组织也出现新的形式。1972年，济南铁路局泰安工务段首先在津浦干线将原来两三个小工区并成一个机械化大工区，使用电动四头捣固机等配套的机械维修线路。这种组织形式，逐步在全路得到推广。

1973年，在衡阳召开了全路养路机械化会议，各铁路局选送电动养路机具共41项155台（件）。经过筛选和鉴定，电动四头捣固机、电动双股扒碴机、电动双面回填机、电动夯拍机等8种机具，作为第一批正式选型的养路机械投入运用，使小型养路机械化迅速发展。到1975年年底，已在全路20多条干线上组成2200个以配备小型电动四头捣固机为主的机械化养路工区或工队，在占全路正线86%的线路上，不同程度地实现了扒碴、捣固、回填、夯拍等多种作业机械化。

由于养路机械化在迅速发展中出现了部分机械质量低劣，机械化组织不尽合理的问题。为了解决这些问题，铁道部根据1975年在大连和1979

年在绵阳召开的两次养路机械化会议的要求，对养路机具实行定型、定点生产；对组织形式，因地制宜地设置大工区或工队，与当时养路机械化的水平相适应。

1972年中国铁路试制出第一台双缸型内燃液压捣固机。其后，逐步改善了部件加工工艺，使这种机具渐臻完善，1976年经铁道部定型，定名为XYD-1型。到1979年，铁道部又在绵阳会议上对单缸电动小型液压捣固机进行选型、定型，定名为XYD-2型。然后，由部组织统一设计，定点生产，并连续几年对产品进行检查评比，不断改进设计图纸和生产工艺，机械质量显著提高，逐步取代了一操四电动捣固机。此外，小型液压起拨道机、液压轨缝调整器、液压钢轨调直机也在全路推广使用。

早在1965年就开始研究小型枕底清筛机，经过不断研究改进，于1977年正式上道使用，至1985年全路共有46台。

在发展线路维修作业小型机械的同时，也相应地研究、试验、制造了捣固车、门式铺轨机、K_{13}风动卸碴车、道床整形机、长轨运输列车、中型枕底清筛机、大揭盖式道床清筛机等，在线路大中修中陆续应用。特别是大揭盖式道床清筛机，在筛孔的设计上，采用了"概率筛"原理，使道床的处理量和洁度都达到了较高水平。

1985年还从奥地利引进成套大型养路机械。其中有RM-80型全液压轨行式全断面道砟清筛机，08-32型自动抄平、起道、拨道捣固机，SSP-103型配碴整形机和DGS-62N型轨道动力稳定车等。运用这些机械进行线路大修、维修，显示了较好的效果。

第三节 桥梁、隧道的养护修理

一、建立桥隧养护制度，开展桥隧大维修工作

（一）桥隧维修。按照预防为主、预防与整治相结合的原则，采取计划预防性维修、病害整治、经常保养三项措施，但在各个不同时期有它不同的侧重点。如50年代前期，由于当时桥隧设备陈旧，又遭受战争的破

坏，维修侧重于设备的全面整修，同时建立了巡检制度，以维持通车。六七十年代随着设备状态的好转，贯彻维修与整治相结合的原则，侧重于设备的病害整治。计划预防性维修开始于50年代后期总结推广沈阳铁路局铁岭工务段关英杰养桥法和吉林工务段九台工区一年一遍综合维修的经验，确立了逐桥逐隧每年维修一遍的制度，制订了桥隧维修验收标准。1965年在调查总结养护经验的基础上，制订了《桥隧建筑物大维修规则》，明确规定了桥隧大维修技术标准和有关管理制度，进一步完善了桥隧逐座评分制度。

80年代随着运输强度的提高，圬工桥梁和隧道的大量增加，钢梁桥面状态的改善和油漆寿命的延长，要求桥隧维修在维修周期、作业质量、状态评定等方面都有所变革。经过试点，1984年实行综合维修和经常保养相结合的改革。综合维修本着有病治病，治病除根的原则，进行整桥、整隧、整涵的全面修理，其周期：钢梁一般一两年逐桥维修一遍；圬工桥、隧、涵每两三年逐座维修一遍，做到不漏项。当年未做综合维修的桥隧设备，则进行经常保养，及时消灭威胁行车安全的病害。通过养护维修，对结构不良钢梁进行了小型技术改造；对旧有石砌墩台松动支座垫石进行更换和整治；对大跨度钢梁明桥面进行了钢轨上弯度的设置、轨缝的整正、护轨的增设、纵梁上盖板的油漆以及桥枕的抽换；对圬工梁拱、墩台的裂纹、空洞或蜂窝进行了修补封闭、压浆等，使桥隧设备技术状态普遍得到提高，同时也延长了建筑物的使用寿命。

（二）桥隧大修。大修主要包括：改造、加固和更换钢梁；加固、更换圬工梁拱、墩台及基础；桥梁扩孔；整治河道、防护设备及调节河流建筑物；涵渠扩孔、加固；隧道扩大限界，更换或加固衬砌，整治漏水；翻修或新建整体道床等。除上述项目外，尚有整孔更换桥面、成组更换温度调节器、整孔钢梁油漆等周期性大修工作。大修是彻底改善桥隧设备技术状态的重要手段。

在桥隧大修施工实践中，创造性地采用了不少新的方法，取得了既减少对运输的影响，又保证施工安全和施工质量的效果。例如：

1. 1951年京广上行线耒河桥用套吊法以1孔61.55米下承桁梁更换2孔30米上承板梁，利用更换作业时设置的临时钢塔架桥墩，在换梁孔的上下游安装临时脚手架，在限界以外拼装主桁和上平纵联；在桥下浅滩拼装纵横梁和桥面。在封锁时间内起吊板梁，同时起吊桥面系，节省了封锁线路的时间。

2. 1979年浙赣线赣江支流桥在桥墩上增设箍式临时支架（由钢筋混凝土箍式承台及万能杆件组拼的悬臂膺架组成），更换4孔114英尺ESTB军用梁为4孔34.7米铆焊梁，克服了墩高水深的困难。

3. 1985年9月广深线石龙大桥以液压升降浮运法更换70.72米钢梁（每孔旧梁重380吨，新梁重252吨）2孔，更换每1孔钢梁的封锁时间为2小时5分，开拓了浮运法在运营线上应用的新途径。

4. 哈尔滨铁路局在林碧线翠岭2号隧道于夏季利用鼓风机将隧道外暖空气通入冻结的排水沟内，促使夏季以前冻结的冰层融化，获得成功。

5. 在既有线上用顶进法修建钢筋混凝土立交桥，施工简单，又能保持列车每小时20—30公里的速度运行，是一种干扰少、适应性强的好方法，70年代以来得到广泛应用。

（三）定期检查。检查是桥隧养护的重要手段，除巡守工或专职观测组负责特大、大及有病害的桥隧的经常监视外，工区及领工区、工务段分别进行月、季定期检查和对长大、重要和严重病害桥隧的检查。铁路局和工务段每年组织秋季大检查和汛前的防洪检查。秋季大检查是对桥隧设备技术状态的全面检查，发现病害分析原因，根据整治病害工程量的大小分别列入维修、大修、基建计划及时进行修理加固。每次检查所得的数据，纳入技术档案。

二、开展桥梁检定工作

桥梁检定是对桥梁结构进行深入检查的措施。通过检定，掌握桥梁技术状态，确定运用条件，指导养护工作，为技术决策提供依据。新中国成立后，铁道部首先在工务局设置直属桥梁检定队（于1971年撤销），负责全国大跨度及重要桥梁的检定，以后各铁路局也陆续成立桥梁检定队，担负本局管内桥梁的检定。

新中国成立前原有较长大的桥梁，多为钢梁桥。由于旧钢梁类型繁杂，载重等级不明，技术图纸散失，铁道部为了迅速查明其技术状态，50年代全力进行钢梁的检查。当时着重于检查和检算以核定钢梁等级。直到50年代后期才配有检定仪器，对钢梁进行荷载试验。通过对旧有钢梁的初次检查，基本上查清了全国18555孔钢梁的承载能力。1959年铁道部工务局规定，钢梁载重能力不足者均要求加固至相当于桥梁荷载标准中－22级。在检定以前，主要干线上有76座桥梁慢行，经检定后有23座桥梁不需加固即可取消慢行。另外检定前认为无问题，但经检定认为需加固的有22座。60年代初，桥梁检定范围扩大到圬工梁拱和墩台的检定、孔径检算和结构试验。

新中国成立前，旧有桥梁由于河床地质和墩台基础埋深不明，无法计算和判断是否属于浅基。1957年长大线上行线小红嘴子桥基础不明及防护不当，以致洪水将桥墩基础冲空，发生货物列车掉入河中的严重事故。接受这个教训，铁道部要求各局对墩台埋深作一次普查，以判明是否为浅基。全路通过人工挖验和钻探，完成了16689个墩台基础的检查任务。同时，各局开展了水文调查和勘测检算工作，检算桥孔排洪能力，全路完成1569座桥梁。这样对判别浅基和分析病害有了可靠的根据。

新建桥梁的检定试验是从1957年武汉长江大桥竣工验收时开始的。桥梁试验能对新桥竣工和旧桥加固后的技术状态进行考核并指导养护运用。特别对采用新结构、新技术、新工艺修建的桥梁，如栓焊梁、串联式预应力混凝土梁、悬臂施工预应力混凝土梁、柔性墩等进行了检定试验。这些试验实测资料，对设计、施工及养护都提供了很有价值的数据。

三、有计划、有步骤地进行桥梁技术改造

桥梁技术改造就全路来说，大体可分为三个阶段：即 50 年代以钢梁为主的上部结构改造；60 年代以墩台为主的下部结构改造；70 年代以来以更换老龄化钢梁为主的改造。

（一）50 年代初桥梁的修复和加固。

1. 对技术状态较差、承载能力较低的桥梁进行加固补强以满足当时运输要求。例如对京广线郑州黄河老桥自 1949 年至 1952 年共进行 5 次加固，包括加固、重建部分桥墩、全部更换钢梁和更新桥面等。

2. 对在战争中遭受严重破坏，修复时留有后患的桥梁，再度进行修复和加固。例如对浙赣线杭州钱塘江桥，从 1949 年开始，经历 4 年多时间，对墩台、钢梁进行修理和加固。

3. 对在战争中临时性和半永久性抢修的桥梁进行永久性修复。例如：沈山线锦县大凌河（上行）桥，因战争破坏严重，先修一座 954 米木便桥维持运输，然后于 1949 年修筑墩台、打捞、修理、架设原有的 26 孔钢梁（31.62 米鱼腹式上承钢桁梁）。但由于钢梁均系旧梁拼接修理而成，运行不久，发现电焊陆续开裂，杆件破损变形，于 1953 年、1954 年及 1969 年又 3 次换梁改建为 26 孔 31.7 米新上承钢板梁。

另外，如津浦线葛家河桥、长滨线第二松花江桥、京山线滦河桥、京广线汨罗河桥等均按轻重缓急，在国家投资可能情况下，先后进行了永久性修复或必要的改造。

（二）上部结构技术改造。

1. 钢梁的技术改造主要解决建筑限界不足、载重等级不足和结构不良三类问题。

原运营线上英美制造的钢梁，其限界不能满足 1951 年《铁路技术管理规程》规定的桥梁直线建筑接近限界要求的有 400 余孔。鉴于一时无力全部更换，故对大量钢梁暂按满足通过超级超限货物装载限界进行改造。

从 50 年代起至 60 年代，分别对 43.371 米下承桁梁、70.7 米华伦式下承桁梁及 ESTB 军用梁等净高不足者进行抬高的改造，对下承板梁限界不足者视桥下净空分别进行处理，经过改造基本上满足当时运输的需要。

对于载重等级不足的钢梁，一般采取增加杆件截面积，对联结处或节点进行加固，对腹板稳定性加固及全面加固等。全路共加固钢梁 3542 孔，增加了铁路通过能力。

旧有钢梁均系铆接结构，在运营中经常发生铆钉松动和钢梁裂纹。根据不同情况，对这些结构不良的钢梁进行小型技术改造，共完成 4592 孔。

2. 圬工梁拱的技术改造。旧有的大多数圬工梁、拱（混凝土、石砌）的承载能力尚能满足新中国成立后铁路运量的要求。对少数拱桥载重等级不足的，曾采用在原拱圈上面或下面增建新拱圈加固，但在行车条件下施工困难，技术复杂。通过实践，对圬工梁拱的加固创造了一些新方法。例如：上海铁路局寿沧江桥采用预应力先张法加固 16 米钢筋混凝土梁，昆明铁路局采用喷锚技术加固小跨度石拱桥，均取得较好效果。

（三）下部结构技术改造。

1. 墩台病害整治。对有裂纹、腐蚀或断裂的墩台，主要采用钢筋混凝土套箍进行加固。例如：滨洲线松花江桥，1982 年至 1983 年灌筑套箍加固桥墩时，箍身采取掺用木质磺酸钙减水剂混凝土，在桥墩圆弧与直线连接位置设垂直伸缩缝，该缝用钢板弯成"∩"形，内填环氧聚酯弹性密封膏。

2. 浅基防护和整治。60 年代对浅基桥梁采取墩基周围或全桥满铺的平面防护，防护形式和方法根据具体情况决定。有柴排、石笼、钢筋混凝土块排等柔性防护，有浆砌、干砌片石和混凝土等刚性防护，取得了一定效果。70 年代吉林铁路局首先推行在浅基墩台周围打钻孔灌注桩防护，桩头与旧基础以钢筋混凝土连成整体，形成高桩承台，增加了基础深度，提高了承载能力，为运营线上根治浅基创出了一条新路。

3. 钢塔式墩台改造。新中国成立前原有的钢塔架桥墩，因联结薄弱，刚性不足，行车时产生剧烈摇晃，洪水期间易受漂流物冲击，60 年代陆续改造为圬工墩台。

（四）近期的技术改造。70年代以来，主要做了下列两方面的工作：

1. 有计划、有重点地更换老龄化钢梁和成批地替换小跨度钢梁。对跨度12米以下钢梁更换为圬工梁的工作全路已接近完成。

2. 进行桥梁的抗震加固。1975年辽宁海城地震后，有地震预报的北京、锦州、沈阳等铁路局开始对管内桥梁进行抗震加固。1976年河北唐山发生了强烈地震，铁路遭到严重破坏。凡事先采取纵联横挡措施的桥梁，均未发生坠梁，如京山线永定新河上、下行线桥、蓟运河桥等。所谓纵联就是相邻两梁加以纵向联结，所谓横挡就是在墩台上埋设型钢，防止梁体横向移动，但都必须保证在正常运营情况下，桥梁的受力状态不致改变。至于对砂性土壤液化地基上的桥梁，对其基础及墩身强度不足的桥梁加固，尚未研究出一套投资少、效果好、易于施工的好办法。目前对位于该种地基上由小跨组成的桥梁，采用墩台间设支撑，基础间作护底加固。对墩台身强度不够的，采用套箍加固的方法等。铁路规定：地震基本烈度7度及以上地区（基本烈度六度地区的省会和市区人口在百万以上的城市按7度设防）的桥梁均需检算和加固。全路桥梁抗震加固工作自1978年开始进行，至1981年已基本完成。

四、隧道重点病害的整治

隧道的主要病害有：限界不足，衬砌裂损，漏水等。隧道衬砌严重裂损多采用喷锚加固、一次成环更换衬砌或用预制安装法架设拱圈等。隧道严重漏水，通过多年实践，以排为主，排、截、堵相结合的整治方法较能奏效。例如，浑白线枫叶岭隧道漏水严重，1957年至1958年由原施工单位进行衬砌背后封闭压浆，共压注水泥3000吨，但收效甚微。尔后采取了底部增设双侧深排水沟，拱部以浆液封堵，边墙背后进行疏导把水引入水沟的综合处理后，收到良好的效果。

五、新材料、新工艺的应用

在桥隧养护维修中不断采用新材料、新工艺，为防治病害、改善设备状态，带来了良好的效果。

（一）使用橡胶平板支座，始于太原铁路局及上海铁路局，后逐步推广。到1985年年末全路共换铺该种支座700余孔。这种支座的吸收振动性能好，减轻了列车对桥体和墩台的冲击。

（二）大桥上采用曲线型温度调节器，不但尖轨与基本轨能经常密贴，而且轨距始终保持正常。

（三）用机械喷射钢纤维混凝土加固墩台及隧道衬砌，防止混凝土裂纹。

（四）在钢梁油漆方面，1966年起就普遍采用灰铝锌醇酸面漆。由于颜料为片状铝锌粉，油漆质量有所突破，使用寿命在10年以上。70年代又推广使用云母氧化铁桥梁漆，以片状云母氧化铁为主要颜料，有较好的耐候性能。钢梁纵梁上盖板桥枕以下部位，50年代末采用了聚氨基甲酸酯磁漆，抗腐蚀、耐水、耐磨性能良好；在上盖板用机械喷砂除锈和喷锌（或铝）后，再涂该漆，效果更佳。

（五）普遍推广使用环氧树脂修补圬工梁拱、墩台。

（六）使用聚氨酯浆液和阳离子乳胶沥青整治隧道漏水。西安铁路局秦岭隧道、柳州铁路局侧岭隧道、吉林铁路局枫叶岭隧道等采用聚氨酯浆液，对衬砌进行局部压注，再喷涂阳离子乳胶沥青，取得了明显的治漏效果。

第四节 路基病害防治和铁路防洪抗灾

一、路基病害的防治

路基病害和自然灾害主要有：路基坍滑，包括滑坡、崩坍、堑坡坍塌、路堤溃陷以及临河路基由河岸冲刷引起的基脚冲淘等；基床病害以及由此引起的路肩外挤、堤坡外臌、翻浆冒泥和寒冷地段的线路冻包；山区裸露的陡峻沟壑遇大雨暴发的泥石流；盐渍土和盐湖等特种路基的病害以及风害、沙害和地震灾害等。

(一) 路基坍滑的防治。

多年来，通过对宝成、宝天、鹰厦、外福、京广南段、成昆、襄渝、川黔、阳安、嫩林、贵昆以及其他各线路基病害的防治，积累了丰富的经验。概括起来，就是预防为主，防治结合，综合处理，排水第一。其中做好计划预防性的路基养护维修最为重要。整治病害的技术措施，除少数处所进行改线绕避或增加桥涵外，大量工作可归纳为排水、防护和支挡加固三个方面。关于排水，主要是建造各种沟渠排除地表径流，不使下渗；建造各种盲沟、渗沟以至隧洞等地下排水设施疏干土壤中潜流。防护方面，主要是用坡面铺草植树的生物防护，护坡、护墙的圬工防护，骨架抹面、捶面等轻型防护等，防止风化和暴雨冲刷。河岸用植树、砌石和沉排、沉块的直接防护和筑坝导流的间接防护来防江流冲刷；为了恢复和保持山体平衡，从而保持路基坡面稳定，多用支挡加固办法，主要是建造各式挡墙、护墙、明洞和抗滑支顶等设施，如抗滑挡墙、各式抗滑桩以及支顶、嵌补等。

宝成线宝鸡至上西坝段347公里，陇海线宝鸡至天水段147公里，鹰厦线697公里，外福线193公里，沿线依山傍水，山陡流急，地质复杂，路基病害尤为突出，防治工作也很艰巨。

宝鸡至天水段于1945年年底建成，标准很低，当时每年只有几个月能够通车。自新中国成立至1980年对该线先后进行了三次规模较大的整治和改建。在这期间，先后共发生坍方437万立方米，中断行车4679小时，整治病害投资2.49亿元。宝鸡至上西坝段从1958年交付运营20余年以来，共发生坍方281万立方米，中断行车4608小时，整治病害投资1.29亿元。到1980年，"两宝"（宝成线及宝天段）单是增建明洞和隧道就有12.466公里，路基防护加固圬工达170万立方米，投资共达3.78亿元。1981年又发生特大水害，抢通后又进行修复、改建，到1985年年底，耗资4亿元，才消除了水害创伤，路基得到了加强。

鹰厦、外福两线分别于1958年和1959年交付运营后，坍方断道频繁，1961年和1962年两个雨季达到高峰。从1963年开始大规模整治病害，经过3年努力，主要病害基本得到控制。又经过10年全面整治，路基面貌大为改观。此后每年仍安排适当投资，继续防治。自1959年以来的27年中，两线整治病害投资共达1.9亿元。1959年至1982年，水害断道处数、断道时间、坍方数量，年平均分别为66.2处、531.9小时、5.75万立方米，1983年至1985年年平均分别下降到7处、14.7小时、0.36万立方米。

（二）泥石流的防治。

泥石流在中国山区铁路沿线分布甚广，泥石流沟多达千条，其中以成昆、宝成两线和东川支线分布较多。这些山区铁路沿线两侧有许多地段山高坡陡，沟谷深切，节理发育，遇连续大暴雨，便泥石混杂，奔腾下泻，成为具有巨大破坏力的泥石洪流。成昆沿线泥石流数量多、规模大，虽在建路时采取一些绕避和疏导的措施，但问题仍很严重。宝天和宝成北段1981年8月的水害中，就暴发几百处泥石流；东川支线几乎年年因泥石流为患而中断行车。泥石流的防治，除采取疏导、拦挡等工程措施外，也有在小范围内采取种草植树等生物措施的，但因涉及面太广，成效有限。沿线开垦耕作破坏植被和工业弃渣的堆积，也助长泥石流的发展。因此，切实做好水土保持工作，是防治泥石流的重要方法。

（三）风害与沙害的防治。

兰新线自嘉峪关至乌鲁木齐间1142公里铁路线，约有620公里通过戈壁风沙地区。这段线路大部通过天山南麓，从西伯利亚南下的冷空气被高山所阻，便集中从几处垭口挤压而过，成为"风口"，每年有100天左右刮8级以上大风。每隔一两年还出现12级以上的特大风。此外，南疆线的吐鲁番至鱼儿沟间也有类似的风口。强劲的大风，飞沙走石，吹蚀路基，击破车窗，掩埋轨道，严重时引起列车脱线，甚至吹翻列车。对风灾的防范，除在计算风速超过每秒31米的处所逐步修建挡风墙外，尚需切实掌握风情，根据预报，随时采取保证列车安全的措施。

这些戈壁砾漠地区，由于筑路施工时不可避免地要大量破坏地表，使下层细粒暴露，受大风吹扬，造成各种沙害。防范的办法是在保持已达相对稳定的地表不受破坏的基础上，再采取一些拦、导、护的措施。

中国沙漠分布范围甚为广阔，自新疆经甘肃、宁夏、内蒙以至东北，沿线有沙害地段700余处，总延长达600余公里。除上述砾漠地带外，沙害比较集中的还有包兰线中卫至于塘段和三盛公至三道坎段，京通线的赤峰至通辽段，以及大郑线、青藏线的一些区段。防治办法主要是固沙，一般采取机械固沙和植物固沙，两者可以结合使用。机械固沙方式，有设置麦秆方格沙障，喷洒化学乳剂，铺设卵砾石覆盖层等。植物固沙，主要是培育种植可以在沙区生长的植物，形成植被。

（四）特种路基病害的防治。

兰新线自疏勒河至吐鲁番间800余公里线路上，有大量盐渍土路基病害。表土残存大量的以硫酸钠为主要成分的盐分，部分盐分析出，并吸收水分，使体积变大，土体膨胀，造成轨道局部隆起，犹如冻害中之冻包。在土温变化幅度超过5℃的深度范围内换填土壤，或灌注溶解度低的氯化钡（或氯化钙），把易溶的硫酸钠变为难溶的硫酸钡（或硫酸钙），以及在有条件的地方设法降低地下水位，均收到较好的防治效果。

青藏线横跨盐湖地区，从查尔汗到盐桥间34公里为盐湖路基，轨料受到腐蚀。在盐湖面上铺一层500毫米的无盐分的黄沙，可以防止盐碱腐蚀轨料。淡水是盐湖路基的大敌，盐板遇淡水溶解形成陷坑，使轨道下沉、变形，影响行车安全。因此需对淡水采取引导措施，不使接触盐板。近年发现个别处所盐板有岩溶（盐渗）现象，正在研究试验解决办法。

二、防洪抗灾

（一）防洪抢险。

在影响铁路运输的各种自然灾害中，以水害最为严重。近10年来，干线平均每年发生大小水害130余次,中断行车约2000小时。为了保证雨季铁路运输安全畅通,铁道部每年三四月份发布防洪命令,动员全路认真贯彻"预防为主,确保安全,积极抢修,当年修复"的方针,开展全员防洪;建立各级防洪指挥机构,组织抢险队伍,进行防洪检查,储备防洪器材;下达"汛期重点危险地点一览表"。为了防洪,汛期前即完成防洪工程,掌握雨情、水情,安排巡山、巡河和重点病害工点的巡查、看守工作。近年来积极发展坍方落石自动报警装置,巡检和乘务人员发现险情可及时拦车、停车、扣车,以保行车安全。

新中国成立以来,铁路沿线发生的特大水害有:

1. 1954年六七月间,长江、淮河上游连降暴雨,出现特大洪水,洪峰均超过1931年历史最高水位,江、淮干支流多处圩堤溃决,沿江铁路多处淹没。为保持南北干线畅通,广大铁路职工顶风冒雨,卸碴抬道,保持运输从未间断。津浦线蚌埠至李二庄段,7月末前后,连续两次抬道18公里,抬高1米左右;沪宁线镇江至南京段连续三次抬道23.65公里;南京、浦口地区,前后5次加高培厚江堤,其中由铁路负责3.45公里,并抬高低洼地段的铁路2.1公里。此外,宁芜线、淮南线、水蚌线、浙赣线下埠集至进贤间、南浔线、京广线云溪至荣家湾间,也均遭水患,水淹轨道。

2. 1958年7月17日,黄河发生特大洪水,水位超过1933年历史最高纪录,流量达每秒22300立方米,主流集中在京广线郑州黄河老桥第5—24孔,其中11号墩受到严重冲刷,中午开始歪斜,随后被冲倒,相邻的两孔钢梁坠入河中。7月18日深夜,周恩来总理冒雨亲临工地指挥,参加抢修的职工、战士深受鼓舞,精神振奋,经14个日日夜夜的连续奋战,于8月1日0时56分恢复通车。

3. 1960年8月3日至6日,太子河流域普降暴雨,水库决坝,河水暴涨10余米,加上大量漂浮物,使沈丹复线太子河甲桥和乙桥,连同上游溪田线的5座桥,共计7座大桥中,有62个桥墩被冲毁,79孔钢梁坠河或冲走。经组织全力抢修,沈丹线甲、乙桥和溪田线各桥先后于10月17

日、11月20日和10月12日恢复通车，分别中断行车75、107和70天。

4. 1963年6月5日，渭河洪水暴涨，陇海线渭河5号桥第七、八两墩被冲淘倾斜，第八孔钢梁坠河冲走，当时正运行在桥上的243次客车第三节车厢坠河，幸抢救得力，没有造成伤亡。该桥经临时抢通后另建新桥。

5. 1963年8月2至8日，冀南连降暴雨，中心雨量达1850毫米，水库决坝，致使京广北段、石太、石德、津浦等干线及各支线冲毁路基822处，冲坏桥梁5座。京广、石太、石德线分别中断行车28、12和48天。同月中下旬，太行山东麓又降大暴雨，洪流冲断京广、石德线后流向天津，流量超过海河宣泄能力1.5倍，不得不破运河堤以分洪。分洪后，津浦线被浸淹40公里，中断行车。自8月27日起，经积极抢修加固，于9月7日恢复通车。

6. 1966年8月23日，石太线暴雨，桃河决堤，造成该线14个区间断道，冲毁路基4.37公里，冲毁大桥12座，其中14个桥墩冲毁折断，全线中断行车17天。

7. 1975年8月5日至8日，淮河上游及唐白河流域暴雨，3座水库溃决，京广线小商桥至确山间102公里铁路受严重破坏，冲走路基土方41万立方米，毁桥1座，淹没和冲走车辆1180辆，中断行车18天。

8. 1981年七八月间，陕西关中地区连降大暴雨，嘉陵江、汉江、渭河均出现空前洪峰。宝天、宝成北段（宝广段）和阳安线陆续出现坍方。8月21日，各地普降100毫米大暴雨，一日之内，出现了数以千计的滑坡、崩坍、泥石流和临江路堤冲刷处所。大量浅层滑坡流入沟谷，又加剧泥石流的发展，一时千沟万壑，洪流齐发，泥石俱下，把线路破坏得千疮百孔。共计发生各种水害1100余处，波及范围达750公里，93个区间有53个区间断道，40段路基和17座大中桥遭毁，257处山体坍方，数量达188万立方米。水害发生后组织2.5万人奋力抢修，于10月20日抢通，前后中断两个月。随后又组织3万余人的工程队伍，进行修复和改建，历时4年。

同年，成昆线也多处发生水害，其中7月9日和8月16日泥石流冲毁利子依达大桥和新基古中桥尤为严重，分别于7月24日和8月21日抢通。

（二）抗震抢险。

新中国成立以来，地震对铁路破坏最为严重的有两次，即1975年2月4日辽宁省海城发生的7.3级地震和1976年7月28日河北省唐山发生的7.8级地震。

1. 海城地震波及长大、沟海、大营等铁路线路，除路基、轨道遭受各种破坏外，主要是桥梁破坏严重。由于沙土液化、河岸滑坡使桥梁墩台发生位移、倾斜、不均匀下沉，有的桥墩折断，梁体坠落。长大、沟海两线共破坏桥梁44座，中断行车共159小时25分。

2. 唐山地震使京山、通坨、津蓟、唐遵等铁路线均遭受不同程度的破坏。其中，京山线塘沽至昌黎间484公里中破坏最严重的有180公里；地震时，在震区行进中的28列列车中7列同时脱轨。地震使路基上面的细沙层液化，引起喷沙冒泥，造成路基下沉、开裂、坍塌、错落，轨面蛇形屈曲，有的轨排悬空或钢轨拉断。震区桥梁破坏76座，多为桥台滑移，桥墩下沉、倾斜、开裂，梁部移动。震区涵渠普遍坍塌、断裂、下沉和错位。经迅速组织抢修，同年8月3日至10日各线先后通车。

三、沿线造林绿化

造林、绿化也是巩固路基、防治病害的重要措施。新中国成立以来，到1985年年底，全路累计植树14.8亿株，实际保存树木3亿株（其中乔木1.8亿株，灌木1.2亿株），包括绿化林、防护林、用材林。绿化林实存1.5亿株，绿化线路长达2.2万公里，占沿线宜林长度的64.7%。齐齐哈尔、哈尔滨、锦州及杭州等铁路分局管内沿线基本完成了线路绿化任务。防护林有防雪林、防沙林和水土保持林，都取得了较好效果。特别是包兰线、京通线上的治沙经验，尤为可贵。包兰线中卫至于塘段，穿越腾格里沙漠，延长72公里，中卫林场针对流沙特性，并利用靠近黄河可引黄灌溉的有利条件，采用机械固沙和植物固沙相结合的方法，在线路两侧迎风和背风面建立了500米和300米宽的铁路防沙体系；京通线赤峰至通辽段，铁路穿越内蒙古东部科尔沁沙地，延长120公里，奈曼林场以"治沙先设障，造林紧跟上"作为治沙原则，都分别制服了沙害，保证了运输安全畅通。

第十一章
铁路电务工作

在铁路运输生产活动的过程中，指挥和控制列车运行，列车编解和调车作业，显示行车和线路状态，传达命令，传递交换处理各种信息，等等，都要通过通信信号设备来实现。通信信号设备犹如人的耳目、神经，是铁路运输设备的主要组成部分。

通信信号设备直接关系到运输的安全和效率，尤其在信息技术、电子和光技术迅速发展的时代，它在运输生产活动中的作用和地位更为显著，成为铁路现代化的一个重要方面。

铁路通信设备按其用途和使用范围主要设有：列车、货车、电力调度电话，站间行车电话，长途电报、电话，干线、局线调度电话，会议电话，列车预确报电报，传真电报，地区电话，各站、养路、公安、桥隧守护等专用电话，站场电话和广播，旅客列车广播，列车无线调度电话，站场无线调车电话和短波机要无线电报等，形成由电话通信、电报通信、数据通信和图像通信构成的专用通信网。铁路通信因传输方式不同，分有线和无线两种。因传输语言、文字、数据、图像等信息不同，采用不同的主机和终端设备。

铁路信号设备是信号、联锁、闭塞设备的总称。主要有：车站联锁、区间闭塞、机车信号和自动停车装置、调度集中和调度监督、驼峰信号、道口信号设备等。

通信信号设备具有投资少、见效快、效益高的特点。据统计，在新线建设中通信信号设备投资一般只占全部投资的4%—6%。南京至滁县间66

公里双线自动闭塞，将列车间隔时间由原来的 10 分钟改为 8 分钟，只用 1 年时间建成，投资 150 万元，提高列车平行运行图能力 25 对，每年可增收 550 万元；大站电气集中一般均可在 1 年内安装完毕，3 至 5 年内即可收回全部投资。机车信号、自动停车装置和无线调度电话曾多次防止行车重大、大事故，避免人员伤亡和物资损失。

从技术上讲，通信信号设备又具有技术密集度高、发展迅速、设备更新换代快等特点，需要在管理工作和人才培养等方面采取相应的措施，才能很好地完成电务工作的基本任务。

铁路电务工作的基本任务是：负责养护维修通信信号设备，保证经常处于良好运用状态，为运输生产和用户提供优质服务；根据运输的需要，积极采用先进技术对既有通信信号设备进行更新改造，最大限度地发挥其保障行车安全，提高运输效率，扩大运输能力，提高劳动生产率，实现科学管理的重要作用。

为确保电务工作基本任务的完成，铁路部门设立了相应的组织机构。在铁道部设电务局，各铁路局设电务处，各分局设电务科，下设若干电务段。上级电务机构对下一级电务机构实行业务指导和技术归口管理。铁道部和各铁路局还设有直属通信处、段（少数分局也有通信段），分别由电务局和电务处直接管理其业务。各电务段设置若干个通信信号领工区、工区和专业所、室，直接进行通信信号设备的养护维修工作。此外，在各铁路局一般设有电务工程队和通信信号大修设计组，负责一部分通信信号大修、改造工程的设计施工。为了适应铁路运输发展的需要，不断采用先进的通信信号设备，铁道部设有通信信号公司，负责通信信号新技术的研究开发，大修和技术改造工程的设计、施工，以及铁路通信信号的产品制造。

36 年来，各级电务机构在铁道部统一领导下，密切配合，协同一致，担负起全路通信信号设备的维修和大修工作，并大力改造落后的通信信号设备，为铁路运输生产做出了贡献。

第一节 铁路通信的发展和报话业务的改进

铁路通信是结合铁路运输生产特点，满足铁路需要的铁路专用的通信设备。早在50年代，就建立了全路的专用通信网，成为实现铁路统一调度、集中指挥及信息传递的重要手段。

一、长途通信

铁路长途通信是按铁道部、铁路局、分局、站段等行政管理系统逐级沟通电路而建立的。根据运输管理高效能的要求，长途通信必须正确、迅速地传递和交换各种信息。这就要求线路传输、多路复用和长途交换等设备在数量上和先进性方面不断提高和发展，逐步实现多路化和自动化。

（一）长途架空明线的改造。

1. 增加线对。旧中国的铁路通信线路均为架空明线，线条少，复用率低，只能开通3路载波。新中国成立后，全路千方百计筹集器材，积极抢修恢复通信线路，当时在主要干线上按8对线（无条件时4—6对）修复。以后逐渐增加了线对，经过6个五年计划的建设和改造，在一些主要干线上已发展到4排横担16对线以上，容量达到了饱和状态。至1985年年末，长途架空明线杆路公里和各种长途电线的条公里分别达到41515公里和752771条公里，较1949年分别增加0.89倍和1.54倍。但由于许多线路改建为电缆线路，在线路亘长上架空线路占长途电线路的比重降为74%。

2. 开通多路载波增加通道。1953年以后铁道部先后颁发了新的长途通信架空线路建设规则和交叉规则。按其改造的电线路，在3排横担6对铜线时，同杆可开通6个12路和6个3路载波，复用率较原来只开通几个3路载波时增大5—9倍。1975年以后，改进了交叉指数，使同杆可以开通8个12路载波；80年代在选用线对的基础上又加开了"高12路"载波。

3. 发展混凝土电杆和铁横担。除在大中修中按前述新规程改变电线路杆面结构和交叉指数，改善其强度和质量外，并逐步将素材电杆和木横担改为油浸防腐制品。以后进一步采用混凝土电杆和铁横担,不仅大量节约了木材,并延长了电杆寿命,大修周期由15年至20年延长到30年至40年。至1985年,混凝土电杆杆路约占全部架空电线路的57.9%。

(二) 发展长途对称电缆和小同轴电缆。

由于铁路运量逐年增加及电气化铁路建设的需要,从50年代开始,铁路部门就着手发展地下长途通信电缆。

1957年铁路部门和沈阳电缆厂合作,仿照苏联MKAB型电缆试制生产高屏蔽对称电缆,并进行了改进,在通信信号工程公司施工的宝凤段91公里电气化铁路上试铺,1961年投入使用。这是中国自己制造和施工的第一条铁路长途通信电缆线路。经研制和改进,将铅护套改为铝护套,线径由1.2毫米改为0.9毫米。电气化高屏蔽长途通信对称电缆的屏蔽系数、传输频率特性、串音衰耗等指标均达到了国家标准。同时还节约了原材料,便利了施工维修,为以后大量发展通信电缆打下了基础。

60年代建设成昆铁路时开始发展小同轴电缆。小同轴电缆可以传输300路以上的话路,其话路公里综合造价一般只是对称电缆的22.4%,是发展铁路大容量模拟通信最有效的手段。1965年在国家科委的支持下,由西南铁路建设工地指挥部组织路内外各单位人员参加,组成研制攻关组,以上海电缆厂为基地,对小同轴电缆进行试验研究,取得了成果。中国自己设计试制成功的第一批小同轴电缆,于1966年11月开始在成昆线成都至燕岗段160公里试验段铺设,这种4管小同轴高低频大综合电缆,为铁路发展小同轴电缆开通300路载波创造了条件。

自宝凤段以后,60年代仅在宝成、贵昆、京原、成昆等线就建成了317公里电缆。70年代初,首先对主要长途干线加速改造为电缆线路,同时在新线也建设了不少电缆线路。1985年年末,全路共有13543营业公里铺设了长途电缆,包括双缆制的数量,长途电缆线路皮长共有24454公里(不包括引入、分歧的电缆长度)。各阶段的发展情况见表21。

长途通信电缆发展情况表

表 21

项　目	1970	1975	1980	1985
电缆线路营业公里	319	4009	6838	13543
电缆线路皮长公里	1718	7919	12592	24454
其中小同轴大综合皮长		497	1004	5073
小同轴小综合皮长		959	1457	4271
综合对称电缆皮长	1718	6463	10131	15110

注：表中营业公里为双缆不重复统计数，皮长公里数不包括分歧及引入。

（三）载波机向新型和多路化发展。

为了增加通信通道，保证长途通信的畅通，新中国成立后，搜集散失的载波器材，恢复和增建长途通信机械室，安装调试，初步建成了铁道部、铁路局、铁路分局为中心的三级辐射的长途通信网。当时共有干线（铁道部至铁路局）、局线（铁路局至分局及主要端站）长途通路 815 条（其中载波通路 294 条），构成 19.74 万长途话路公里和 4.14 万报路公里。

旧中国铁路主要使用旧的日制电子管 3 路载波机。1956 年以后从苏联、匈牙利、民主德国引进了一些 3 路、12 路载波设备，安装在京沈、京广、陇海等主要干线上。1958 年开始，北京、上海铁路通信工厂研制了 3 路和 12 路电子管载波设备，并对旧有日式载波机进行大修改造，用小型电子管取代了旧电子管并解决了电性能劣化问题。60 年代中期开始，用不到 10 年的时间将全部运用中的明线载波设备更新为晶体管化和小型化，以节约能源和减少安装面积。由于设备的国产化，促进了载波机的大发展。截至 1975 年全路安装的载波机已达 2005 端，比 1957 年 287 端增加 6 倍。

在新建成昆铁路试铺小同轴电缆的同时，南京有线电厂与铁路部门密切协作，研究试制小同轴 300 路载波设备。1969 年制成样机，又经过 3 次较大的改进，1973 年定型生产安装使用。与此同时，绵阳有线电厂对电缆四芯组所用的 12 + 3 路载波设备研制成功。嗣后上海铁路通信工厂对上述产品进行改进并批量生产。70年代中期该厂又研制成功了抗电气化干扰的12路载波端机、15路增音机和300路载波设备，使小同轴300路及电缆12路、3路载波设备形成系列，迅速发展。1985年已开通小同轴300路载波的区段有：京津、京沪、京沈、北京经洛阳和襄樊至武汉、郑州至洛阳、成渝、宝鸡至兰州、襄樊至达县、石家庄至太原等。另外，在京津间另一条6管小同轴电缆中又开通了一个系统的960路载波，还预留了开通2700路载波的条件。在上述区段的对称电缆及小同轴电缆的对称线对中，还开通了12+3路载波。由于载波设备的发展，截至1985年全路建成的长途电话通路已达289万话路公里，各种电报通路55.2万报路公里，分别比1952年增加了13.6倍和12.3倍，载波电话端机发展到5807端，比1957年增加了19.2倍。

（四）微波中继通信的发展。

微波中继通信是每隔50公里左右建有中继站的长距离大容量无线通信系统。1965年由铁路部门与北京广播器材厂共同协作研制成功，在京津间133公里上开通了2000兆赫频段、60/120路的模拟微波中继通信。1977年又将其改造为7000兆赫频段的300路模拟微波中继设备，但由于它的保密性差，影响了发展。目前数字微波设备及其加密技术已成熟，在衡阳至广州和沪杭等线路上已开始设计和建设。

（五）铁路长途电话的自动化。

从新中国成立到70年代初期，铁路长途电话都是沿用记录制、人工接续方式，等待时间长，服务质量低，远远不能适应铁路运输发展的需要。70年代大力发展小同轴电缆和对称电缆以来，使通信的通道数量大幅度增长，为长途电话自动化创造了条件。北京铁路通信工厂又于1970年研制成功点对点的晶体管长途自动接续机，大量安装使用，长途电话自动接续的比例迅速增加。至1985年年底全路共安装接续机1684台，沟通了长途自动话路8514条。铁道部至各铁路局、铁路局至其管内各分局、铁路分局至其管内主要站段，基本上都能直接拨号通话，既改善了长途通话的服务质量，又减少了长途台、机房和电话员，其综合效益是非常显著的。

二、地区电话

（一）地区交换设备的增容及其自动化。

铁路部门的地区电话经过整修阶段至1952年年底，运用中的交换机为26515门，以磁石和共电式的人工交换为主，自动式只占44%。50年代从苏联、民主德国等引进步进制自动电话交换机，安装于北京、郑州、广州、柳州、兰州、成都等铁路局所在地，地区自动电话得到了初步改进。1959年用国内生产的步进制自动交换机，在北京站安装了1000门。铁道部于1960年规定：今后新建和扩建地区交换机时以自动为主，使自动化的发展有了物质条件和政策的保证。到60年代中期，各铁路局、铁路分局和一些区段站，在不断扩建和改造通信站机房的基础上，基本上实现了地区电话自动化。

（二）铁路自制纵横制自动电话交换机。

纵横制自动电话交换机较步进制具有机件磨损小、维修工作量少、脉冲噪音小等优点。60年代修建成昆线时，即开始少量装用。1973年沈阳信号工厂先后研制了适合铁路专用的小容量和大容量的纵横制自动交换机，并投入批量生产和安装使用。铁道部为发展性能更为优越的数字时分程控电话交换机，1985年从瑞典引进MD110型2000线程控交换机，并与几个外国公司签订引进程控交换机的合同。截至1985年年底，全路共装用地区自动电话交换机259017门，使地区交换机自动化达到95%，为1952年装机容量的21.8倍，其中纵横制占全部自动交换机的63%。

（三）采用脉码调制设备（PCM）。

铁路部门在大力发展电话交换设备的同时，还建设了大量的地区电缆线路，到1985年，全路地区电缆线路已达15494皮长公里。1975年至1985年间，年平均增长800皮长公里以上。尤其是80年代初，先后在北京、沈阳、武汉、郑州、株洲、乌鲁木齐等地利用地区电话电缆，开通一次群脉码调制设备（PCM30/32），使一对线的通路相当于增加一条30对粗线径的中继电缆，在扩大中继线容量、改善地区通话质量和节约建设资金方面取得显著效益。1983年在北京铁路局通信段和北京站之间原有的地下电缆管道中，敷设了12公里多模短波长光缆，开通二次群（每秒8兆毕、120路）脉码调制设备，既增大了中继线容量，又进行了光纤通信的试验，为今后在长途干线上敷设光缆摸索了经验。

三、专用通信

（一）调度通信及其他区段通信。

列车调度电话是列车调度员为组织本区段内的列车运行，与其管辖的沿线各站和有关列车段、机务段的值班员及其他有关行车人员联系、搜集信息、发布命令、指挥列车运行的主要工具。总机设在调度所，分机设在沿线车站及有关值班员处。在新中国成立初期，使用共线式直流脉冲选叫的调度电话，其机械磨损大，而且用较高的选叫脉冲电压。为了提高选叫和通话质量，并能在铁线上开通使用以节省铜线，铁路部门仿制了苏联的СПД-5型调度电话，将双工通话改为单工通话，以增加送受放大。70年代初期，由北京通信工厂与铁道科学研究院合作研制成功了YD-Ⅲ型晶体管双音频式选叫调度电话，取消了高压脉冲和机械部分，性能稳定，选叫可靠，又便于生产，很快在全路推广。另外，音频调度电话可以用载波通路作为遥控线传送音频选叫信号，便于构成远距离调度电话，以适应运输指挥的需要。1984年开始，兰州铁道学院和北京铁路通信工厂合作，开发了程控式调度电话，采用数码呼叫，将选叫时间从原来的7秒缩短到0.6秒，并可在通话中同时选叫，提高了可靠性和通话效率，即将鉴定投产。此外，还在货运繁忙区段增设了货运调度电话，在电气化区段增设了电力调度电话。各站电话、养路电话、电务专用及公安等区段电话，也都用YG-1型双音频选叫电话，更新了原来的共线摇与磁石电话。

1985年，全路共有各种调度电话回线934条，约11.2万话路公里，各站、养路等各种业务基层电话回线4308条，约21.5万话路公里，共安装了各种音频选叫总机3045台，音频选叫分机48549台。

（二）列车无线调度电话。

1952年，铁道部从苏联引进2兆赫电子管式电台，在天津站内调车机车上试用。由天津无线电厂制造的TW－1型电子管式列车无线电台，于1962年在沪宁线上装用，用以指挥列车运行。由于2兆赫频段工业干扰大、通话质量不理想，而且设备体积大、耗电多，未能大量推广。60年代末，由天津无线电厂和铁道科学研究院共同研制的TW－8A型列车无线电台是150兆赫晶体管制式，和TW－1型同样采用有线无线结合方式，在机车上和车站上装设电台，在一个机车交路内采用同一频率呼叫联系。列车调度员通过有线调度电话，经有线、无线转接设备接入与机车邻近的车站电台，直接呼叫机车司机进行指挥。由于采用150兆赫频段具有干扰小、天线效率高、体积小和耗电少等优点，故TW－8A型电台于1971年开始在全路主要干线上很快得到推广，后又改进为TW－8C型。此外，设有TW－9型携带电台，供部分运转车长及线路上工作的人员和车站或机车联系使用。从此列车无线调度电话及其配套的携带电台，得到了大量推广，在运输指挥和保证行车安全上发挥了重要作用。1985年，全路共装有机车电台8179台，车站电台3619台，车长电台5241台，运用公里达15978公里。

（三）干线、局线调度电话及会议电话。

在新中国成立初期，采用专线直达电话或经电话所以立接制方式完成通话；1955年改用了国产脉冲选叫电话；70年代又改用了双音频选叫式电话，对运输生产的组织协调，效果显著。

为整顿运输秩序，疏解分界点车流，重点掌握机车车辆周转和运用情况，在铁道部运输局调度处和铁路局运输处调度科之间装设了干线调度电话。该项设备经过多次改进，增加了各种必要的性能，适应于干线调度的要求。

铁道部从1949年11月开始,利用长途话路,以单工通话方式组建了铁道部对铁路局和铁路局对铁路分局的会议电话网。后又改用半分配式。1970年北京通信工厂研制的晶体管和电阻桥分式会议电话总分机,已在铁路系统大量装用。至1985年,全路共装设会议电话总机548台,分机6538台,用以召开各级电话会议,组织、指挥运输生产活动,成为铁路运输组织和经营管理工作中不可缺少的重要通信手段。

(四)站内通信。

在铁路站场内为了进行接发列车、调车、装卸、机车整备、车辆检修等作业,需要装设扳道电话、站内调度电话、站场扩音对讲通信、站内无线调车通信,以及其他直通电话。

新中国成立初期,扳道及站内直通电话,基本上是共线摇点选叫的磁石电话,选叫和通话质量都是低劣的。随着站场的发展,业务联系日益繁忙,从50年代开始,逐渐推广共电扳道电话总机和通信台。到了50年代末,由于车站运转室电话机较多,响铃时难以区别,造成工作忙乱,铁路部门又研制了车站电话总机,将扳道、站间行车、直通等电话,全部收容在车站电话总机内。60年代生产了电话集中机,因其结构合理,使用和维修方便,迅速得到推广。至1985年全路共装设了电话集中机10917台。除了车站运转室装用外,车站调度员、车场值班员、货运值班员、机务段值班员、列检值班员等都构成了各自的系统,方便了站场作业的指挥与通信联系,增加了可靠性,提高了工作效率。

在较大站场还设置了扩音对讲通信,起初值班员用以向站场流动作业人员播放通知,以后发展到作业人员也可在设置在固定地点的扩音通话柱上发话进行对讲。另外调车员、列检人员、机务段作业人员处也设扩音机,对流动人员进行指挥,给调车作业和机车、车辆的整备工作带来很大方便。至1985年,站场用扩音机发展到3256台,发挥了很好的作用。

（五）无线站内调车电台。

无线站调电台，在70年代开始采用国产150兆赫小型便携电台。1981年至1984年，从日本电气公司先后两批引进400兆赫无线电话机870部，在丰西站试用后发展到南翔、青岛、秦皇岛、苏家屯、大连北、黄埔港、湛江、兰州西等站场，用于调车指挥，提高平面调车编组效率的8%—15%。国产电台也有了很大发展。

（六）客运站和旅客列车广播设备。

从新中国成立初期开始，即发展客运站和旅客列车广播设备，现已普遍在旅客业务量较大的车站和长途旅客列车上安装使用。在通告列车运行情况和旅行中注意事项，广播新闻并活跃旅途文化生活，改善旅客服务和站车秩序等方面取得了良好的效果。1985年，全路已装有列车广播机1452台。

（七）列车预确报电报设备。

列车预确报电报是及时将编组站始发列车的编组顺序表，以电报方式发往前方编组站及分局调度所，便于提前作好编解作业计划及分局日班计划，以缩短作业时间，加速车辆周转，提高编解能力。从1953年推行以来，到80年代已推广到有编组作业的全部车站及分局确报所，效益显著。至1985年共装有列车预确报用电传打字机737台、自动发报机248台、电报交换机66台。列车预确报电报直接进入电子计算机网进行处理的工作正在推广。

四、电报设备

50年代初期，铁路电报沿用旧有的单流式音响电报，仅在个别干线上使用了电传打字机和苏式巴夺电报机。1955年以后，话夹式移频电报设备和电传打字机开始发展。60年代将单流式音响电报普遍改进为电压控制式的振荡电报，提高了雨雾天气绝缘不良时的电报可靠性。70年代以来，由于长途电话通路的增加，利用一个载波话路可开通8个或12个载波报路，使电报的通路大量增加。随着通路的增加，又大量装用电传打字机、电报交换机、自动发报机、凿孔机、译码机、复印机等，显著地提高了电报效率和工作质量。1985年电传打字机已达2934台，比1965年提高了24倍，占电报机总数的百分比，已由1965年的9%提高到87%。1985年又引进了日制OKI7700三类传真电报机，利用电话通路可以迅速地传送文字、表格及图像等，已在调度系统及铁路局以上电报所使用。

五、电报收发和电话接转业务

随着运量的不断增长，工作联系和信息交流的需要日益增加，长途通话量由1952年的2.15百万次，增至1985年的79.08百万次（尚未包括长途自动约107.55百万次）；电报受理封数（包括普通电报和列车确报电报），由1952年的80.4万封（其中列车确报为1953年封数），增至1985年的261.6万封，分别比1952年增加35.8倍和2.25倍。

从铁道部至铁路局、铁路分局、电务段和通信段，都设有专门机构或专职人员，加强报话管理工作。1950年制订了有关报话管理的规程，并经多次修订，1977年制订了《报务员、话务员工作手册》，使操作和管理皆有章可循。

50年代和60年代，由于电报、电话通路不足，经常出现电报积压和长途电话堵塞的现象，报话人员千方百计改进工作方法，提高回线运用率，涌现了许多先进经验。如，电报的"单呼集送法"，将一处发多处收的电报，并网一次发，使电报滞留时分由24.7分钟缩短到9.7分钟，提高效率1.5倍以上。按电报内容的缓急分成A、B、C、D4个等级的电报，限时拍发，纳入规程实行后，保证了急报先发。电话推行的"集户呼唤法"，将长途电话3—7个编成一组，双方约定按顺序接通，使办公时间内的回线运用率由58%提高到80%—90%。还有"全收全发编组法"，将同一回线又收又发的通话改为同一时间全部为收话，另一时间全部为发话，从而节约了接线准备时间，在迅速传递运输生产信息上发挥了作用。

铁路部门在改善服务态度方面推行的虚心、耐心、细心的"三心通报法",和不计较言词、不埋怨对方、不挑人手、不计较回线、不分收发线的电话"五不"的团结协作态度等,在改进工作提高效率上收到了良好的效果。

1973年以来,天津电务段"下九股"确报所在收报译电时,在电文上为车站注明车流方向、分线统计出车辆数目,便于车站调度员提前作出编组计划,多年一贯坚持,曾连续多年荣获天津市、铁道部和铁路局的先进集体称号。

第二节 铁路信号的发展

铁路信号显示是指示司机停车、减速或以规定速度运行。在正常情况下,进站及通过信号显示必须满足1000米以上能清晰辨认,以确保安全行车。早在1952年,新中国铁路就统一了全路的信号显示,将显示制式由进路制改为速差制,并规定列车通过车站一律由直股通过,对提高运输效率起到了重要作用。

一、区间闭塞

区间闭塞设备是用来保证在一个区间在同一时间内,只允许有一个列车运行,以确保列车运行安全的设备。中国铁路曾使用过的区间闭塞设备有:自动闭塞、半自动闭塞、电气路签(牌)闭塞、双信闭塞和电话闭塞等多种类型。新中国成立初期,仅有单线半自动闭塞10公里,电气路签(牌)闭塞5891公里;在867公里双线上,仅有自动闭塞143公里,其余都是电话闭塞或双信闭塞。所谓电话闭塞,只是两站值班员用电话约定,准许某方向的列车进入区间,由发车站值班员填写路票,交司机作为列车进入区间的凭证。双信闭塞用在双线上,由双方车站值班员同时办理闭塞,开通双信闭塞机,但闭塞设备和出站信号机之间没有任何联锁,只凭双方的信约人工办理,所以实际上没有安全保证。

(一) 50 年代全面普及路签闭塞。

路签（牌）闭塞用路签（牌）作为列车进入区间的凭证，一个区间的两个车站设有一对路签（牌）机，在双方同意的前提下，通过双方车站值班员相互配合、送电解锁等办理闭塞的手续，方能在两个车站中的一个车站取出一个路签（牌），交给司机，作为列车进入区间的凭证。在当时条件下，路签（牌）闭塞是比较可行的闭塞制式。但原来旧中国铁路留下来的，大部分是日式路牌闭塞机，故障率较高。1951 年铁道部决定，以苏联特列格尔式电气路签机为标准，由铁路工厂自己仿制生产，统一供应，大量安装。到 1958 年，电气路签（牌）闭塞发展到 21432 公里，占当时铁路营业里程 30196 公里的 71%。这是中国铁路使用电气路签（牌）闭塞的高峰。

(二) 60 年代以继电半自动闭塞取代路签（牌）闭塞。

路签（牌）闭塞取送路签（牌）花费时间过长，成为限制通过能力的不利因素，因此急需发展半自动闭塞来取代路签（牌）闭塞。半自动闭塞是一种闭塞设备和信号机相互联锁的闭塞方式。它是利用车站出入口的一段轨道电路（或其他能自动检查列车通过的设备），自动反映列车占用或出清区间，由双方车站值班员参与办理或解除闭塞，以出站信号机的开放作为允许列车占用区间的凭证。路签（牌）闭塞改为半自动闭塞后，因省去了接递路签（牌）的时间，可以提高区间通过能力约 20%。

1958 年后，铁路部门首先利用原有设备，制成路签（牌）半自动闭塞机作为过渡；进入 60 年代即为性能良好的继电半自动闭塞所取代。对继电半自动闭塞，各铁路局各自搞了不少型式。1964 年，铁道科学研究院在总结一些单位试点经验的基础上提出装备 64 型半自动闭塞。经铁道部试用，比选鉴定，认为 64 型继电半自动闭塞具有逻辑严谨、安全性高、操作简便等特点，已达到同类设备的国际水平，决定作为国家标准型在全路推广使用，并获得国家发明二等奖。在这项科技工作中，铁道科学研究院朱淇昌、冉茂盛等做出了突出的贡献。

60年代以后，半自动闭塞逐步代替了路签（牌）闭塞。1985年年末，全路共装备半自动闭塞42625公里，占全路营业里程52119公里的81.8%。仅在一些边远支线和专用铁道上仍保留使用路签（牌）闭塞。半自动闭塞至此已成为单线铁路的主要闭塞方式。

（三）发展自动闭塞，提高区间通过能力。

自动闭塞是将两站区间再划分若干闭塞分区，以列车占用与否而自动控制防护闭塞分区的信号显示，指示后续列车的运行条件。不论单线或双线，自动闭塞都可以组织追踪运行，增加列车密度。单线自动闭塞，如果追踪系数采用0.5以上，可以提高区间通过能力近20%；双线自动闭塞，按10分钟和8分钟间隔计算，每昼夜平行运行图能力，可由半自动闭塞的70对分别提高到144对和180对。

新中国成立时，能使用的自动闭塞只有143公里。经过3年的抢修恢复，到1952年达到339公里。1954年，中国铁道部门依靠自己的力量，在京山线张贵庄至新河间28公里建成了仿苏的交流二元二位架空线式自动闭塞的试点区段。通过试点，培养了技术力量，取得了实践经验，迈出了中国自行修建自动闭塞的关键性一步。以此为起点，从1955年开始了京山线天津至古冶间的自动闭塞新建工程。1958年开始引进苏联交流计数电码自动闭塞（包括机车信号和自动停车设备），从1959年到1961年装在北京至南仓间，陆续开通使用。此后，交流计数电码自动闭塞实现了国产化，作为自动闭塞的一种制式推广。到1965年年末累计建成自动闭塞2359公里，设备制式除二元二位和交流计数电码自动闭塞以外，还有铁道科学研究院研制的极性电冲自动闭塞。以上各种制式都属于电磁继电器控制的有接点系统。

1965年，随着铁路运输生产发展的需要，开始研制采用电子技术，无接点，信息量大，适应电气化铁路，并附有本制式连续式机车信号的新型自动闭塞。同年起，以铁道部电务设计事务所为主的专题组研制成功移频自动闭塞，于1971年和1974年分别在焦枝线（焦作至枝城）部分区段和京广线孝感至王家店段安装试用。1975年铁道部批准为非电化区段的定型设备。后又在电化区段的襄渝线、成渝线和石太线试验电化移频自动闭塞，1976年通过部级鉴定后，在石太线扩大使用。

为了使极性电冲自动闭塞无接点化，有关铁路局和铁道科学研究院协作，研制了极性频率脉冲自动闭塞，经试验于1976年批准，在东北地区铁路推广使用。

上述各种制式的试验和发展，各有不同的历史背景，也各有优缺点和适应范围，为照顾各地区的历史条件，分地区发展了不同制式。到1985年年末共计建成了交流计数电码自动闭塞1580公里，移频自动闭塞3084公里，极性频率脉冲自动闭塞1549公里，其他制式708公里，并配备有各个制式相应的连续式机车信号和自动停车装置。至此，双线铁路自动闭塞的装备率已达到61%，显著地提高了区间通过能力。

1978年，电务工程总队和西安信号工厂合作，研制了电气化区段使用的站内25赫相敏轨道电路和区间25赫交流计数电码自动闭塞（包括机车信号），开始在石家庄站和石太线各车站内使用，1984年后在丰沙大和京秦全线扩大试用。

70年代末，为进一步提高单线区间通过能力和保障行车安全，开展了计轴闭塞（属站间大区间自动闭塞）的研制试验工作，并取得一定成果。为加速这一技术的发展，1985年上海铁路局通过中信电通公司与西德SEL公司签订进口一个区段计轴闭塞的合同，在沪杭线全线试用。

区间闭塞设备的发展情况如表22所示。

二、车站联锁

车站联锁设备是实现车站信号机和道岔相互检查和锁闭的设备，按操纵方式可分为集中联锁和非集中联锁两大类。按组成的设备条件，集中联锁可分为机械集中、电机集中、电气（继电）集中联锁；非集中联锁可分

区间闭塞设备发展情况表

表22

年度	铁路营业里程（公里）			区间闭塞（公里）					
	总计	其中		人工闭塞			半自动闭塞	自动闭塞	
		正式营业	双线	双信	电话	电气路签（牌）		计	其中双线
1949	21810	21810	867			5891	10	143	143
1952	22876	22876	1410	714	8905	12901	17	339	339
1957	26708	26708	2203	503	4762	20460	167	641	641
1962	34603	32072	5430	259	4714	19870	5581	2171	2167
1965	36406	33116	5588	84	4517	20116	7488	2359	2352
1970	40989	39859	6549			10374	23796	2468	
1975	45992	43789	7161	13	1780	4337	33562	3816	
1980	49940	46182	8119		1130	2798	37591	6044	5010
1985	52119	49433	9989		779	1523	42625	6921	6088

为联锁箱联锁、电锁器联锁、钥匙联锁等。电锁器联锁又分为臂板电锁器联锁和色灯电锁器联锁。1949年年末有联锁设备的车站只有1434个，其中96%是非集中联锁。

（一）非集中联锁中发展电锁器联锁。

旧中国铁路，非集中联锁主要采用联锁箱联锁和电锁器联锁。联锁箱联锁一直沿用单导线臂板信号机，以导线牵动联锁箱内的信号杆，与连接道岔的转辙杆相互联锁。但如操纵人员一旦违章作业，将信号机的重锤人为抬起，就能造成臂板信号机错误开放，影响行车安全；再加上单导线的控制距离有限，不能满足股道延长后的正常使用。1958年，上海铁路局采用手柄控制台的臂板电锁器联锁，克服了单导线臂板信号机和联锁箱的原有缺点，经试用效果良好。铁道部第一设计院在此基础上，经过多次改进，进一步提高了其安全性，并绘制了定型图，向全路推广。该院同时还设计了中小型车站使用的色灯电锁器联锁，在有可靠交流电源的地区使用。1973年正式决定淘汰联锁箱联锁。1975年，采用色灯和臂板电锁器联锁的车站已达3255个，联锁箱联锁的车站则已逐步减少，趋于淘汰。

(二) 发展电气集中，逐步统一制式。

集中联锁是指一个车站的所有信号机和道岔都集中在室内操纵，并完成相互间的联锁关系，从而省去了大量的扳道员。以平均每个道岔节省一个扳道员计，全国5万组道岔可节省5万人。50年代初期，集中联锁设备主要是机械集中和电机集中，而采用电气集中的仅有2处。新中国自己安装的电气集中首先在衡阳车站建成。1950年，原衡阳铁路局利用一些进口电动转辙机和信号电缆，并由国内工厂仿制信号继电器等器材，开始设计并施工，于1952年建成的新中国第一个大站电气集中正式开通使用。之后，从1954年起，应用苏联的成套技术资料，仿制了信号座式继电器和ZD型电动转辙机。1959年陆续建成了锦州、古冶、大同等站不同型号的大站电气集中。1959年又配合修建北京站，建成了使用新仿制的大插入继电器的组合式电气集中。

60年代初期，为进一步提高设计定型率和工厂化施工率，以缩短设计、施工工期和缩短故障修复时间为目的，开发新制式。1964年，中国自行研制的安全型继电器系列试制成功，并通过鉴定定型投入批量生产，为加速发展电气信号创造了极为有利的条件。电务设计事务所采用安全型继电器设计并试制了新的组匣式电气集中，于1966年首次在沪宁线真如站安装试点，经鉴定后又在成昆线装备了13个车站扩大试用。试用结果证明电路基本成熟，但是组匣过重，而且维修备用量大，限制了它的发展。后于1973年经过改进，采用组合式，定名为6502型大站组合式电气集中。这个制式一经批准，迅速得到推广。1982年为了实现工厂化施工，派生出一种6502G型组合式电气集中，室内配线实现插接化，提高了电路定型率和解决原电路存在的一些问题，经在福州站试验后，通过鉴定批准推广。

电气集中能成倍地提高车站咽喉通过能力，安全有保障，而且操作方便，因此得以迅速发展。到1985年止，包括改建原有的机械、电机集中，共有2320个车站采用电气集中，共控制51706组电动道岔，占铁路营业站总数的42.5%，占联锁道岔总数的63.6%。

进入 80 年代，随着微电子技术的发展，利用微机完成对电气集中的故障检测记忆装置，已陆续投入使用。

车站联锁设备的发展情况如表 23 所示。

车站联锁设备发展情况表

表 23

年度	营业线路车站总数	联锁车站总数	非集中联锁（站）				集中联锁（站或楼）			
			色灯电锁器	臂板电锁器	联锁箱	简易钥匙	站内闭塞	机械	电机	电气
1949		1434						30	16	6
1952	2337	2023						30	19	9
1957	2627	2600						18	20	10
1962	3352	3150								110
1965	3616	3487	439	1084	1291	240	143	9	16	137
1970										510
1975	4801	4637	1433	1822	275	21				1063
1980	5184	5082	1643	1670	125	16				1551
1985	5456	5405	1802	1266	13	4				2320

注：联锁车站总数中尚包括无岔线路所和辅助所。

三、调度集中和调度监督

调度集中和调度监督是把远程控制技术和遥信技术用在信号设备上，用来为运输生产指挥服务。调度集中于 1957 年就在宝成线宝鸡至凤州间（长度为 91 公里）开始兴建，于 1963 年投入使用。这是新中国第一个调度集中区段。1964 年为推迟郑州至商丘双线铁路的修建，决定修建调度集中，以最大限度地发挥单线通过能力。郑州至开封间，由电务设计事务所设计采用极性频率式调度集中，于 1966 年开通使用。开封至商丘间，采用铁道科学研究院研制的、使用电子元件的 DD－2 型调度集中，于 1970 年开通使用。郑州至商丘 200 公里铁路信号设备，统一由设在郑州的总机直接操纵、指挥行车。从 1966 年到 1979 年运用 13 年的经验表明，可以提高通过能力 14%—22%，投资仅为双线工程的 3.8%。在中国，这是一段比较完整（区间有自动闭塞）、确有成效的单线调度集中，后在 1979 年修建双线时拆除，使双线修建推迟了 9 年和 13 年。其余如宝成线宝凤段从 1981 年遭水害后，因设备陈旧失修，已不能恢复使用，决定以铁道科学研究院研制和上海铁路通信工厂合作生产的 DD－4 型调度集中更替。到 1985 年年末，全路共建成调度集中 1307 公里。但有的在设备和工程配套上以及有的在管理和使用上还存在一些问题，未能很好使用、发挥效益，有的只作为调度监督使用。

调度监督最早建于京山线北京至天津段，1958 年设计，采用仿苏的有接点系统，1959 年开通。以后由中国自行开发的成套设备，有使用分立电子元件的，有使用集成电路的。1985 年年末，全路共装设调度监督 828 公里。另外，1985 年通过中美合营的卡斯柯信号公司引进美国采用微机的调度监督，安装在京沪线济南至泰安区段使用，效果良好。

1983 年，通信信号公司开发的利用微机控制和彩色显示器显示的枢纽调度监督，在哈尔滨枢纽安装试用，经过鉴定陆续在兰州、南京、上海、成都、北京等铁路枢纽扩大使用。

车站遥控设备，可供车站遥控另一车场、站外道岔和区间线路所等处的信号、道岔，由中心信号楼统一集中控制。车站遥信设备，可在中心信号楼了解其他车场信号设备的运用状态。1963 年由铁道科学研究院研制的继电式小站遥控设备，安装于沈阳铁路局张家堡站。1965 年和 1973 年分别在内江站、沈阳站安装使用大站遥控、遥信设备，以后又推广到长春、四平站。成套设备由继电器式发展为电子元件和集成电路式。1985 年，全路共有 12 个车站建成车站遥控、遥信设备。

1970 年开始研究在行车调度控制系统中应用电子计算机。曾先后在 2 个区段进行试验：一个区段是天津至芦台间的行车调度指挥，由装设在天津分局调度所内的国产小型电子计算机，进行自动描绘列车运行图的试验和局部系统联调，已取得了一些实验数据，并已开通了表示部分。另一个区段是北京至天津间，从日本引进一套行车调度控制用计算机系统和接口设备，于 1984 年装于北京铁路分局控制中心楼内，已在室内模拟条件下调试开通。

四、驼峰信号

在驼峰编组场内，为编解列车所使用的信号机、转辙机、驼峰自动集中、车辆减速器、限界检查器和自动调整车组溜放速度的设备，统称为驼峰信号。

驼峰信号在中国铁路上，曾分为简易、非机械化、机械化和自动化4种。随着技术进步和设备的变化，在70年代出现了半自动化的模式，驼峰信号随之分为非机械化、机械化、半自动化、自动化4种。驼峰编组场的列车编解能力，机械化比非机械化可提高50%左右，半自动化比机械化可提高10%—15%，自动化比半自动化又可提高10%左右。

非机械化驼峰，制动设备主要采用铁鞋，道岔控制一般采用电气集中或有进路储存功能的驼峰自动集中。在全路86个编组站中，这类驼峰占大多数。

机械化驼峰，制动设备采用车辆减速器，由操作者集中控制，调整车组溜放速度。道岔控制采用驼峰自动集中，可以按预先安排好的进路，随着车组溜放进程而自动转换道岔。目的制动有的采用减速顶，也有的采用铁鞋。1985年年末，全路已有22处机械化驼峰。

半自动驼峰，是在机械化驼峰的基础上，加装测重、测速、测长、测阻设备和控制车组溜放的设备，根据上述检测设备反馈的溜放车组的信息，检算出车辆减速器应有的出口速度，由人工给定，控制设备按给定的速度值控制车辆减速器动作。目的制动多数采用减速顶，也有采用铁鞋的。1985年全路已有8处半自动化驼峰。

自动化驼峰，主要是实现驼峰调车机车推峰速度、车组溜放速度和车组溜放进路的自动控制。由小型机或微型机做主控制机，由微机分系统分级控制。在编组线的后半部分设置目的制动的调速工具，从而实现车组溜放速度全过程的自动控制。中国铁路早在70年代即进行研究开发。丰台西编组站和南翔编组站先后采用国产计算机进行试点,进入80年代加速了试验进度,1985年均实现了车组溜放速度自动控制和车组溜放进路自动控制,并正向驼峰机车速度自动控制和目的制动自动化发展。

在编组场内,根据所采用的调速工具,铁路驼峰控制溜放速度的方式已发展成为3种:(1)点式控制(又称打靶式控制),在调车场内设置2—4位车辆减速器,丰台西和南翔编组站驼峰调车场分别装设了3个和4个制动位,是属于这一类,其目的制动安全连挂距离大约只能控制到800米左右。(2)连续式控制(全减速顶控制),在调车场内连续布置减速顶,艮山门编组站属于此类;由于对驼峰机车速度和难行车的控制问题,影响提高驼峰作业能力,只用于解体作业量较小的编组站。(3)点连式控制,在驼峰头部和编组线内适当距离设置车辆减速器,在编组线后半部设置减速顶、加速顶或绳索牵引小车,南京东、西安东、徐州地区的孟家沟等编组站属于此类,是铁路驼峰的发展方向。

36年来,铁路电务部门为驼峰机械化、自动化做了大量工作。铁道科学研究院和通信信号公司,先后研制成功各种类型的空压和液压车辆减速器。通信信号公司所属单位先后研制成功快速电动转辙机和电空转辙机、驼峰自动集中和进路储存设备、驼峰机车信号,并研制了驼峰尾部适应平面调车进行溜放作业的电气集中,可以满足单钩溜放和连续溜放的要求,为实现铁路驼峰机械化、自动化提供了物质基础。70年代以来,铁道科学研究院和哈尔滨铁路局合作,研制成功减速顶,进入80年代得到大面积推广,为解决目的制动自动调速做出了重要的贡献。

第三节 通信信号设备的维修和管理

一、通信信号设备的维修

通信信号设备的维修工作,包括大修、中修、维修等修程,是从1951年起划分确定的。大修是对破损、陈旧、特性问题较严重的设备,进行彻底整修或更新。信号设备大修周期一般为10年至15年;通信设备的长途架空明线木杆线路大修周期一般为15年至20年，混凝土杆线路为30年至40年；铜线为30年至40年，铁线为15年至20年；地区、站场通信线路一般为20年。长途电缆线路可根据质量状况安排大修。中修，长期以来只有通信电线路才有。进入80年代，随着深化改革，铁道部于1985年决定建立信号中修制度，确定了通信信号的中修周期，其中，长途架空明线木杆线路一般为4年至6年，长途电缆和地区、站场线路为10年至15年，信号设备一般为5年。维修则是日常养护维修，以保证设备的正常使用。

50年代初，在铁路大搞旧路翻身活动中，电务部门彻底整修设备。铁道部于1950年6月公布了《标准通信工区、信号标准站培养办法》，并规定了巡回检查制度。1951年3月，铁道部召开第一次电务工作会议，决定试点推行新维修法。经总结操作经验，拟订检修程序、检修标准和检修周期，查定工时、工具和材料消耗定额，大搞设备标准化，并以点带面逐步推广，使通信信号设备的养护维修工作初步走上了正轨。

从50年代初开始，通信信号设备日常养护维修由负责该区段的维修工区和领工区，按技术作业过程表（1958年后改为检修工作计划表），定期流动在设备现场就地分散维修。这种以工区和领工区为单位，建立班组和岗位责任制，按规定的标准和计划对其所管范围的通信信号设备负责包修保质，进行班组核算的维修组织和方式，以及在此基础上形成的一套规章制度、作业过程和作业组织，一直沿用至70年代末，对提高通信信号设备的维修质量，保证运输安全生产，起了重要的作用，产生了许多好经验。如原锦州铁路局新民信号工区推行设备维修标准化、长年无事故的经验，上海铁路局许和根消灭调度电话选别器磨耗旷动的经验，哈尔滨铁路局李庆春通信电线路"三检四修"的先进检修方法，辛长荣、石多顺调整信号灯光，提高信号显示距离的经验，田广泰跑铜加焊消灭信号机件磨耗旷动的经验等，都在全路推广。

但是，随着通信信号设备品种数量的增加，电气化、电子化的发展，设备系统化的增强，区间列车密度和车站作业急剧增加，原有的维修组织和方法，以及职工技术业务素质都越来越感到难于适应。面临这一新的形势，电务部门的职工，开始探索改革的途径。东北地区的牡丹江、鸡西等电务段，先后从标准化入手进行改革，实行段管内通信信号设备标准化和维修作业标准化。对各项设备的零部件直到整机，按部定标准，从检测、修复、加工、组装到验收，提出保证措施，制备了标准的零部件，供更换之用，修订、完善了各种作业过程。沈阳通信段对通信机械室的设备维修，采用设备轮换修，代替在线修，也收到明显的效果。

维修工作改革的基本内容是：尽可能改现场修为室内修（即入所修），即将能更换、搬动的设备按周期替换下来入检修所在室内检修，既能保证检修质量，又可减少对运输的影响；改分散修为集中修，即安装在现场不能移动的设备，由专业队伍按规定年限集中必要的人力、物力集中修，以充分提高设备的运用质量；将同一系统设备多处多次修改为成段系统修，以提高整个系统的运用质量。

对日常的维护工作则强调多巡、多测、少检。实行日巡视、月检查、季检修、年整治制度，尽可能减少设备的检修次数，以减少人为故障、频繁作业与要点停用对运输的干扰。

维修工作改革的效果突出表现为设备质量的提高，故障显著减少，保证了不间断地运用，提高了工作效率。同时减少了设备停用时间，减少了对运输生产的影响。以青岛分局统计为例，改革前检修设备每年全分局需要点（要求调度安排在检修时停止设备运用）17355小时，改革后只需4531小时，减少了74%；改革前道岔设备每年整修更换需要点2818小时，改革后减少到每年205小时，减少了92%，受到使用部门的欢迎。

二、通信信号设备的管理

到1985年，铁道部电务局除负责制订电务总的规章制度、技术标准，提出技术发展规划，归口管理运营部门的通信信号设备维修的技术业务工作外，还负责归口管理铁道部通信信号公司的技术业务工作。电务部门基层生产单位有：电务段和通信段194个（1个电务段一般管辖300组联锁道岔或200公里闭塞区段的通信信号设备）、部直属通信处1个。共有通信及信号维修、大修和报话人员约10万人。

铁路的电务管理模式对保证运输安全和提高运输效率起了积极的作用。但在"大跃进"和"文化大革命"期间，打乱了正常的管理和责任制，使养护维修工作陷于混乱，事故障碍剧增。1960年发生电务责任重大和大事故11件，超过了前7年的总和；1970年至1977年发生电务责任重大和大事故66件，年平均8.25件，较正常年平均1.8件增加了3.6倍。这种严重紊乱的情况，分别通过60年代初的调整和1975年贯彻《中共中央关于加强铁路工作的决定》进行整顿，才逐步得到扭转而重新走上正轨。

1979年，铁路电务部门开始推行全面质量管理，开展群众性质量管理活动。1980年在齐齐哈尔、沈阳召开经验交流会。1981年，吉林铁路局总结推广了梅河口电务段"岗位纵横连锁责任制"的经验，受到全路重视。吉林电务大修队试行了大修工程包干办法。不少电务段和通信段建立了专业的检修所、修配所，使专业化、集中修、轮换修的经验趋于成熟。同年电务局在沈阳召开了以学习推广全面质量管理为中心的电务工作会议，在总结已有经验的基础上，提出了推行全面质量管理的具体要求。自1982年至1985年，从局部试点、推广到整个电务部门普遍地实行方针目标管理，建立了质量保证体系，用全面质量管理的手段和方法指导维修改革；自动测试、自动记录、数据存储、自动打印、限界值告警等微机监测手段正在扩大应用。许多工种、工序建立了QC质量管理小组，建立健全了原始统计、计量定额等基础工作，运用适合自己情况的科学方法，对所负责的设备质量和工作质量进行控制和改进，取得显著成效。到1985年已建立QC小组5170个，铁道部电务系统命名的优秀及先进管理小组100个，有的单位和个人还荣获全国性荣誉称号和奖励。如沈阳通信段段长张世君荣获1984年"全国优秀质量管理工作者"称号；呼和浩特铁路局电务处总工程师杨柱荣获1985年中华全国总工会授予的"全国优秀经营管理者"称号；沈阳通信段把全面质量管理贯穿于经营管理全过程中，QC小组活动年年有优秀单位和事迹，在1978年获得全国科技大会科技先进集体称号的基础上，于1984年又获得"铁道部质量管理奖"；牡丹江电务段激光工区试验偏光玻璃改进弯道连续显示，1983年被评为"全国优秀质量管理小组"。通信信号设备运用安全情况也有所改善。"六五"期间比"五五"期间，电务发生重大、大事故减少71%，险性事故减少50.9%，通信一类障碍减少47.5%，电报差错减少72%。

随着铁路深化改革，搞活基层，实行经济承包责任制，电务系统管理工作的改革，正在进一步探索前进。

第十二章
铁路行车安全

安全、迅速、准确、经济、便利地运送旅客和货物，保证旅客在旅行中的安全，保证货物在运输过程中的完整无损，是铁路运输的首要职责。

为保证铁路行车安全，铁道部成立初期就制订了《铁路运转事故及处理办法》，1950年年初又颁布了《铁路行车事故处理规则》（以后作过6次修订），对行车事故进行分类，规定为重大、大、险性（原称恶性）和一般事故。重大事故是旅客列车、货物列车或车站调车发生冲撞、脱轨、颠覆、火灾而造成人员伤亡、机车车辆损坏和中断行车的事故。大事故同重大事故性质一样，只是损害程度轻些，中断行车时间短些。险性事故是机车或列车冒进信号、错误办理接发列车、威胁行车安全，但尚未造成损害后果的。一般事故包括挤坏道岔、调车冲撞或脱轨以及造成影响行车后果的设备故障，如机车车辆破损、燃轴、工务设备和电务设备故障等。上述规则还规定了事故发生后的报告、分析、处理和奖惩等制度。

铁路发生行车事故，同一般工业部门的设备事故相比，其严重性和危害性要大得多，影响范围也较广。行车事故，不仅给人民生命财产造成损失，而且中断行车，造成本线路和相邻线路上运行秩序混乱，使列车积压，枢纽堵塞，甚至波及整个运输生产，导致瘫痪。即便抢修及时，通车后还需要一段时间来疏通线路和车辆，才能恢复正常运行秩序。铁路发生行车事故，由于物资运送受阻，会不同程度地影响工农业生产正常进行和人民生活需要；同时铁路本身经济上、物质上也遭受损失。

保证铁路行车安全是一项十分艰巨的工作。铁路行车工作是多部门、多层次、多工种的联合劳动，设备复杂，点多线长，点线相连，环环相扣，而且是全天候昼夜不间断地进行，任何一项设备发生故障，任何一个部门、地点、工种和环节发生差错，都有可能危及行车安全。因此，保证行车安全是各级领导干部、各业务部门与行车有关人员的共同责任。要搞好行车安全，所有与行车有关的人员都要充分认识行车安全的重要性，树立抓运输生产必须抓行车安全的思想，建立严密的组织、严明的纪律、严格的规章制度和完善的岗位安全责任制，把行车安全贯彻在运输生产的全过程之中。

鉴于铁路行车安全具有特殊的重要意义，是运输部门的重要职责，铁道部于1950年就建立了铁路行车安全监察系统。铁道部设行车安全总监察室，铁路局设行车安全监察室，铁路分局设监察分室，负责监督检查《铁路技术管理规程》和有关行车安全规章制度的贯彻执行，事故发生时的抢修指挥和事后的调查分析处理事宜。各级监察室有权对行车业务部门、单位和职工进行行车安全工作的监督和指导；发现危及行车安全的因素立即制止或填写监察指导簿限期改正；对严重违章违纪或不称职人员，向单位负责人提出处理意见；掌握各行车单位对《铁路技术管理规程》和有关行车规章的学习和定期考试工作。

第一节 铁路行车安全工作在曲折中前进

36年来，铁路行车安全情况有较大的起伏。50年代初期由于当时铁路的行车设备比较落后，行车安全制度不够完备，行车安全情况不好，事故较多。比较突出的是1950年1月23日津浦线花旗营站发生的列车正面冲撞事故，使人民生命和国家财产遭受巨大损失。为迅速改变不安全状况，铁道部当月即发出关于防止事故、保证行车安全的命令。同年4月公布了《实施安全负责制暂行办法》。6月又公布实行全路统一的《铁路技术管理规程》。根据这些基本法规，相继制订了《列车运行规则》《信号规则》《机车运用规则》《行车事故处理规则》和各项与行车有关设备的大、中、维修规则,以及保证行车安全的细则、措施和单项办法等。为了使规章制度贯彻落实,规定了《铁路技术管理规程》的学习和定期考试制度,凡是直接与行车有关的职工经过考试合格才能上岗工作。还把每个主要行车工种需要熟悉和掌握的有关规章制度、作业细则,分别制定了应知应会范围,作为技术培训和平时业务学习的重要内容,以提高职工的业务素质。通过这一系列工作,全路行车安全情况显著好转,行车事故大幅度下降。1957年比1950年行车事故减少9.2%,其中重大、大事故大幅度下降,减少了78.5%;每百万机车走行公里行车重大、大事故的事故率(简称事故率),从1952年的1.92件下降到1957年的0.67件。

1958年至1960年在"大跃进"中只重效率,不抓安全,把很多行之有效的规章制度看成是束缚职工手脚的"清规戒律"予以废除,因此行车事故增多。1960年比1957年行车事故增加2.23倍,其中重大、大事故增加2.06倍,事故率由0.67件上升到1.2件。针对这种情况,1961年铁道部决定在全路开展安全正点"四爱"立功运动,全面整顿了规章制度,组织"对规"、"对标"活动,广泛开展基本功训练,普遍提高了职工的业务知识和实际操作的水平。1961年11月召开安全工作会议,总结推广了北京铁路局"毛泽东号"机车组、上海铁路局周王庙车站等单位的安全工作经验。1962年铁道部颁布实行《铁路安全运输工作条例》之后,全路运输部门的车间、班组普遍推选了安全员,基层单位组成了安全监督网。经过不断努力,从1961年开始,行车事故逐年下降,到1964年取得了全路历史上行车安全的最好成绩。1964比1960年行车事故减少78.6%,其中重大、大事故减少85.6%,重大、大事故率下降到前所未有的最低点0.19件。

"文化大革命"严重冲击了铁路安全工作。由于无政府主义思潮泛滥,规章制度荒废,劳动纪律松弛,致使1966年后事故逐年上升。有些事故性质特别恶劣,例如,1969年在北京站,发生了信号显示黄灯而司机不减速,显示红灯而司机不停车,造成两台内燃机车相撞的重大事故。1970年9月7日,由上海开往重庆的23次旅客列车行至黔桂线贵阳附近,因司机在不良的线路上超速运行,造成6辆硬座车脱轨。1970年11月29日,哈尔滨铁路局绥化机务段还发生了470号机车锅炉爆炸,这是铁路历史上罕见的事故。此后,经过狠抓安全工作,安全情况曾一度好转。但因"四人帮"的干扰破坏,社会仍在动乱之中,铁路运输的规章制度、劳动纪律没有完全恢复。1973年起行车事故又有增加,还发生了几起严重事故。1974年比上年行车事故增加15%,其中重大、大事故增加48%,事故率又上升到1.09件。1975年铁道部向全路发出了"畅通无阻,四通八达,安全正点,当好先行"的号召,又把安全正点提到重要位置进行整顿。1975年行车重大、大事故率比上年降低0.13件。1976年"四人帮"对全面整顿进行破坏,随着动乱形势加剧,铁路行车安全情况再度恶化。整个十年动乱期间,行车安全情况虽有两次好转,但总的情况是严重的。1969年行车重大、大事故率上升到1.86件,是行车事故最为严重的一年。

粉碎"四人帮"后,铁路行车安全重新受到高度重视。铁道部在1977年《关于进一步加强安全的决定》中重申了"安全为了生产、生产必须安全"的精神,坚持预防为主,要求各业务部门有专人负责行车安全工作。1979年2月铁道部发布了《关于确保行车安全的命令》,进一步明确提出了安全第一的方针,分别对车、机、工、电、辆等部门提出了具体要求。1984年在全路行车安全工作会议上交流推广了石家庄分局等单位以严治路、全面整顿、综合治理等行车安全工作经验,并提出了依靠科学管理和技术进步做好行车安全工作的方针。此后经过全路职工的努力,安全工作有很大改进,行车事故逐年大幅度减少,1985年与1976年比,行车事故减少88%,其中重大、大事故减少95%,重大、大事故率下降1.12件,降到0.04件。1983年至1985年,3年的事故率均低于安全最好年份1964年的水平。粉碎"四人帮"后的9年,行车安全情况显著好转,成绩是很大的。但是行车安全工作是一项长期的任务,又是一项复杂细致的工作,稍有疏忽或放松，就会造成重大事故。在这一期间，也发生过几件性质特别严重的事故。例如，1978年12月16日运行在陇海线的368次旅客列车，因司机、副司机值乘时打盹，在郑州铁路局杨庄站冒进信号，与正在进站通过的87次旅客列车侧面相撞，损失严重；1982年5月28日，锦州铁路局沈山线兴隆店站因养路工人擅离岗位，玩忽职守，使193次旅客列车与起道机相撞，造成脱轨颠覆事故。以上事故说明，抓行车安全必须深入细致，扎扎实实，每一个角落、每一个岗位的工作都要认真落实。而且要坚持不懈，贯彻始终，任何时候都不能有半点松弛。为了使全路职工记取杨庄事故的沉痛教训，铁道部决定每年12月16日为全路安全教育日，要求全路职工牢记事故教训，经常保持警惕。

铁路行车重大、大事故中，除了机车、车辆、列车的脱轨、颠覆、冲撞等事故外，还有路外伤亡事故，也就是火车撞轧行人或与其他车辆碰撞造成人身伤亡的事故。这类事故中，损失严重的多数发生在铁路和公路交叉的平交道口上。1971年以来，道口伤亡事故是逐年增加的趋势。一方面因为道口和道口的人、车流量急剧增加（1985年年底全路道口已达22207处，平均每2.3营业公里就有一处道口），而且每个道口处铁路行车密度和公路交通流量也与日俱增。另一方面，也由于铁路道口的管理和防护设施不完善，对铁路沿线居民的宣传教育和地方机动车辆的管理等都存在着严重问题。1979年以后铁路加强了道口管理，防护设施逐步改善，因铁路责任发生的道口事故明显减少。但总的事故件数还是上升的趋势。例如，1980年道口伤亡2257人，1985年增加到2575人。这说明加强对沿线居民和机动车辆驾驶员的铁路安全知识的教育，以及地方机动车辆的管理，是十分重要的。

第二节　铁路行车安全的基本经验

新中国成立以后，铁路行车安全的起伏变化，虽然受客观条件的影响较大，但是从铁路工作本身来检查分析，是可以总结一些基本经验的。

一、加强领导，牢固树立安全第一思想

加强对安全生产的领导是做好安全工作的关键。历次总结经验时经常提到"安全好不好，关键在领导"。实践证明，任何时候、任何单位把安全生产列入重要议事日程，主要领导干部亲自抓，严字当头，敢抓敢管，行车安全情况就好。有不少行车安全做得好的单位领导，坚持每年第一个会议是安全生产分析会，会上亲自主持制定全年的安全工作计划和措施，发布的第一个文件是确保安全生产的决定。为保证行车安全，必须建立各级领导干部安全生产责任制，再从上到下建立把安全列为主要内容的岗位经济责任制，使安全与奖惩有机地结合起来。只有如此，才能全面贯彻好安全责任制度，确保行车安全。

牢固地树立安全第一思想，把安全放在首位，实质是在保证安全的条件下增加生产，提高效率。既不能以牺牲生产效率来保安全，也不能忽视安全而盲目追求效率和效益。应当把安全与效率两个方面科学地紧密地结合起来，相辅相成，使安全、任务、效率、效益等方面全面提高。

二、健全规章制度，加强组织纪律性

铁路行车事故绝大部分是违章违纪造成的，据历年统计分析，在80%左右。前面列举的几起旅客列车的重大事故，都是违章违纪造成的。

规章制度是广大职工生产实践经验的结晶，是客观事物发展规律的反映。严格纪律是执行规章制度的保证。实践证明，只有有关行车人员都遵章守纪才能确保安全；反之，无章可循，有章不循，纪律松弛，就会酿成事故。

铁路运输部门多，工种多，工作分散流动，昼夜不间断地运转，风雪无阻地进行露天作业，严格纪律更为重要。所以，提高遵章守纪的自觉性，树立严字当头、铁的纪律的好路风，是保证铁路行车安全的一项基本经验。例如，铁路调车作业是事故多发的一项工作，历来占行车事故的比

重较大。1978年2月铁道部重新公布实行了60年代在总结历史经验教训基础上制订的《调车作业四项纪律十六项注意》，经过反复宣传，认真贯彻落实，调车作业安全情况大为好转，1983年与1977年比较，全路调车冲撞和脱轨的重大、大事故减少86.8%，一般事故减少63.31%。

三、加强教育，提高职工素质

加强职工教育，提高职工素质，是保证安全生产的根本措施。中国铁路十分重视加强职工的思想作风和技术业务教育。除举办职工学校、学习班进行系统教育外，还大量进行日常教育。各级行政管理干部和党、工、团干部采取跟班劳动，随车添乘等方法，有针对性地做好生产过程中有关安全生产的思想教育工作。同时，坚持进行职工技术业务教育，采取多种形式提高职工技术业务素质，这是铁路各单位的重要任务，各级领导对此十分重视。加强职工技术业务教育，对保证行车安全起了重要作用。

保证行车安全要依靠群众，发扬职工的主人翁责任感和首创精神。36年来，全路上下不断开展不同形式的安全竞赛，例如1961年开展安全正点四爱立功运动，粉碎"四人帮"后又开展以安全正点、优质服务为主要内容的路风教育，并组织了铁路局、分局百日无事故竞赛等。在竞赛活动中，涌现了大批确保安全的先进单位、集体和个人，对全路安全生产起了很大的推动作用。

竞赛评比是激发职工热情、发扬职工首创精神的一种好形式。广大职工在竞赛中创造了丰富的安全生产经验。例如"毛泽东号"机车组从1946年10月30日开始命名起到1985年10月30日，39年间累计安全走行454万公里，并在多年工作实践中总结出"五严五不含糊"的经验。"五严"是严格的岗位责任制，严格的交接班制度，严格的检查制度，严格的学习制度，严格的生活会议制度。"五不含糊"是在执行规章制度方面，有跟班添乘严格执行，没有跟班添乘也不含糊；白天行车严格执行，夜间更不含糊；重要的规章制度严格执行，一般的也不含糊；天气正常严格执行，风雪雨雾天气更不含糊；容易的严格执行，困难的也不含糊。沈阳局小东车站是全路车站的安全标兵，从1948年12月建站以来37年消灭一切行车事故，他们的丰富经验，归纳为一条，就是："一点不差、差一点也不行"地执行以岗位责任制为中心的各项规章制度，严细成风，一丝不苟。广大信号维修人员创造了"三不动三不离"的经验。即未登记联系好不动，对设备性能状态不清楚不动，正在使用中的设备（指已办理好的进路或闭塞设备）不动。工作完了不彻底试验不离，影响正常使用的设备缺点未修好前不离（一时克服不了的缺点，应先停用修复），发现设备有异状时未查清原因不离。在全路推广采用以后，保证了设备的良好状态，有效地防止了设备事故。

四、提高设备质量，加强保安设施

铁路运输设备经常保持完好状态并不断提高质量是行车安全的物质保证。36年来，对铁路的线路、桥梁、机车、车辆、信号、联锁、闭塞以及站场等运输设备不断进行了更新改造。例如，采用重型轨道，铺设无缝线路，强化桥梁荷载能力；制造新型机车、客车、货车；用自动、半自动闭塞代替人工闭塞，发展调度集中、车站电气集中联锁；修造驼峰调车设备；增设无线通信；等等，都显著增强了保障行车安全的条件。

新中国成立初期，铁路行车的不少重要部位是靠人的觉悟和责任心来保证行车安全，这是必要的。但是长期以来缺乏必要的技术设施的保证，偶一疏忽，极容易发生事故。因此，近几年来开始重视和采用了防止和控制事故发生的有关技术设施。

例如：积极安装机车的"三项设备"（即机车信号、自动停车装置和列车无线调度电话），有力地增强了行车安全的保障。过去列车运行只有地面显示信号，常因地形、气候等影响，造成司机确认困难，威胁行车安全。与地面信号显示一致的机车信号安装后，司机就可按机车信号采取慢行或停车措施，避免对地面信号瞭望不清而造成事故。自动停车装置是当机车信号显示红灯而司机没有采取停车措施时，自动强迫列车停车的设备，它可以防止列车冒进信号导致发生列车冲撞事故。列车无线调度电话，可使司机、车长、车站、调度所相互间呼叫通话，及时通报行车情况以保行车安全。虽然"三项设备"的研制试用从 60 年代就开始了，但直到 1978 年才列为工作重点，限期安装使用。截止 1985 年年末全路已有 6861 台机车装备各种机车信号和自动停车设备（包括报警设备），占运用机车的 59.3%，地面设备 38254 公里，占铁路营业里程的 73.4%。已有 8179 台机车安装列车无线调度电话。由于机车安装了"三项设备"，1985 年与 1979 年相比，全路由于冒进信号造成的重大、大事故减少 84.5%，险性事故减少 44.1%。

与此同时，全路推广使用红外线轴温检测仪，旅客列车轴温报警装置，线路灾害自动报警装置等，都对行车安全起了很好的保障作用。

五、依靠地方政府，共同抓好铁路行车安全

因为铁路线路贯通全国，没有各地方政府的关怀、支持、配合，铁路运输畅通和行车安全也是没有保障的。为了保证铁路运输的安全畅通，中共中央、国务院曾发布和批转了一系列有关维护铁路治安秩序，防止路外伤亡，保护铁路设施，以及禁止携带易燃、易爆、危险品等规定。各级地方政府对贯彻执行这些规定，做了大量工作，取得一定效果。

道口是最容易发生路外伤亡事故的地点，铁路本身加强道口管理和改善道口设施是防止路外伤亡的有效途径。地处京山线与津秦公路交叉的小陈庄道口是出入关的主要通道，交通十分繁忙。小陈庄道口小组创造了道口设备、作业、管理标准化的经验，取得了安全无事故 35 年的优异成绩，被授予"全路安全标兵"的光荣称号，并在全路推广。临汾分局运城工务段 18 年来，依靠地方政府和有关部门协助，将平交道口改为简易立交 47 处，占全段管内急需改造道口的 90%，为行人车辆安全跨越铁路创造了便利条件。1980 年以来，铁路对一些繁忙的铁路干线与公路平面交叉道口逐

步改为立体交叉，仅1985年就改建立交道口102处，道口设施也有所改善。1985年年末设道口自动信号的687处，设道口自动通知的1014处，共计为1701处。在地方政府支持下撤并了一些不需要设置也不具备条件的道口，也增加了一些设有看守人员的道口。

从1979年以来，属铁路责任的道口事故虽已逐年减少，但总的事故件数上升幅度仍然较大，是影响铁路行车安全方面的突出问题。保证道口安全除加强管理、改善设施外，主要的是与地方政府共同抓好道口安全。铁路沿线各单位在当地政府的领导和支持下，对铁路沿线居民、地方交通单位、机动车驾驶人员广泛深入地宣传铁路安全知识，要求他们严格遵守政府关于道口通行的规定。至1985年，无人看守道口仍占平交道口总数的78.6%，在这些无人看守的道口上，只有依靠行人和机动车辆驾驶人员的警惕性，做到"一慢、二看、三通过"，严格遵守铁路道口通行规定，并不在非道口处穿越铁路，才能减少道口事故的发生。

第三编
铁路新建和改造

中华人民共和国成立后，中国共产党和人民政府对铁路的发展十分重视，社会主义制度为人民铁路的发展开辟了广阔的天地。36年来，铁路建设取得了很大的成就，新建铁路干线53条，支线150多条，总长30309公里，增建第二线铁路9122公里，建成电气化铁路4151公里，对既有铁路进行了技术改造，铁路技术装备有了较大的改进和加强。1985年与1949年相比，全国的双线铁路从866公里增加到9989公里，增长了约10.5倍。设有自动闭塞装置的铁路从1952年的339公里增加到1985年的6921公里，增长了19.4倍。新建和扩建了40多个主要铁路枢纽和86个主要编组站。在长江、黄河上新建了23座铁路桥梁。

在新建的200多条干、支线中，有近50条计11670公里铁路修筑在中国地域辽阔的西部地区，占新建铁路的38.5%，使过去交通闭塞、经济文化落后的广大西部地区的铁路初具规模，建立起路网骨架。中部和东部地区也增建了100多条干、支线，共18639公里，占新建铁路的61.5%，使经济比较发达的东部和中部地区的铁路网得到加强。新中国成立以前，福州、成都、贵阳、兰州、西宁、银川、乌鲁木齐、拉萨8个省会和自治区首府都不通铁路。现在除西藏首府拉萨外，其他都有铁路联成一体，西南、西北9个省和自治区的铁路占全国铁路比例，已从1949年的5.45%，增加到1985年的24.67%。全国铁路网的平均密度已从1949年的每万平方公里22.72公里，增加到54.29公里。旧中国铁路网的布局偏于一隅的不合理状况不但有了明显的改变，而且路网密度有了显著的增加。

新建铁路中，还有地方铁路和工矿企业、森林专用铁路，总共35728公里。这些铁路是国家铁路网的组成部分，对所在地区的经济发展和方便人民的交通同样有着重要的作用。

36年来，国家对铁路基本建设投入了大量资金，总数达912.96亿元，约占全国基本建设投资的8.5%。铁路固定资产原值从1952年的99亿元，增加到1985年的888亿元，增长了约8倍。全国各族人民对铁路建设给予了大力支援。铁路基本建设战线广大职工、人民解放军铁道兵指战员，不畏艰险，不怕牺牲，团结一心，顽强拼搏，为新中国铁路的新建和改造做出了巨大贡献。

本编就新中国成立以来在铁路新线建设、既有铁路的技术改造、铁路线上的重点工程建设、铁路建设力量的发展和增强，以及地方铁路和专用铁路等5个方面的成就和取得的经验教训，加以概要阐述。

第十三章
铁路新线建设

第一节　为开发西部地区修建的铁路干线

中国的西部地区，包括四川、贵州、云南、西藏、甘肃、宁夏、青海、新疆等省、自治区，面积为全国国土的56.3%。地大物博，资源丰富。在西南，川、黔、滇三省无论金属矿和非金属矿，还是水力、农林资源等都很富饶。贵州省铜仁地区的汞，云南省个旧的锡和东川的铜等，都是举世闻名的有色金属矿区。四川省攀枝花地区已探明的钒钛磁铁矿储量达92.8亿吨。黔西六盘水煤田，可称为西南的煤海，煤质优良，品种齐全。贵州中部和云南滇池附近的磷，储量为全国之冠。在西北，甘肃省的河西走廊蕴藏着大量的镍、铜、钴、铱、铑和硫黄等。青海省现已探明的50多种矿藏资源中，有30多种列为全国前10名。被誉为"聚宝盆"的柴达木盆地，盐湖资源的储藏量极为丰富，仅察尔汗盐湖面积就达5800多平方公里，储量为400多亿吨。新疆古有"金玉之邦"的美称。阿尔泰山盛产黄金、云母、稀有金属和各种宝石；天山盛产铁、锰、煤和非金属矿产；昆仑山盛产玉石、石棉、水晶和有色金属；塔里木和准噶尔两大盆地则蕴藏着大量的石油。西部地区的自然资源如此丰富，但由于层峦叠嶂，瀚海荒漠，与中原腹地阻隔千里，自古交通闭塞，经济衰微，文化落后，如不改变其经济文化落后的面貌，就难以全面发展社会主义事业。因此，开发西部和建设西部地区具有重要的战略意义。

开发和建设西部地区，首先要修建铁路，因为铁路是经济建设的先行。在旧中国广大西部地区基本上没有铁路，云南省仅有昆明至河口等3

条窄轨铁路,四川省仅有重庆猫儿沱至綦江的一条很短的专用铁路,贵州省都匀以南有一条通往广西省的已被破坏的黔桂铁路,甘肃省东缘天水有一条通往宝鸡的经常断道的宝天铁路。中华人民共和国建立以后,在开发建设西部地区宏观决策的指引下,自成渝、天兰铁路开始,铁路新线建设向西部广阔纵深地区持续前进。36年来先后建成了成渝、宝成、黔桂、川黔、贵昆、成昆、湘黔、襄渝、天兰、包兰、兰青、干武、兰新、南疆、青藏(西宁至格尔木)、阳安、侯西等19条铁路干线,总延长10889公里,使西部地区的铁路初步形成一个路网骨架(参见表24)。四

中国西部地区新建铁路主要干线

表24

序号	铁路线名	起讫地点	运营里程（公里）	投资金额（百万元）	建设年月 开工	建设年月 验收交接	备注
	西南地区						
1	成渝线	成都至重庆	505	165.31	1950.6	1953.7	
2	宝成线	宝鸡至成都	669	797.85	1952.7	1957.12	
3	黔桂线	都匀至贵阳段	146	102.31	1956.6	1959.3	有双线56公里
4	昆一线	石嘴至一平浪	125	13.97	1958.4	1959.6	米轨,大部拆除
5	内昆线	内江至安边段	142	171.19	1956.1	1960.2	
6	川黔线	小南海至贵阳	424	421.05	1956.4	1965.10	
7	贵昆线	贵阳西至昆明西	644	946.24	1958.8 1964.9	1966.5	有双线12公里
8	成昆线	成都至昆明	1091	3074.72	1958.7 1964.9	1970.12	
9	湘黔线	田心至贵定	820	1632.02	1958.8 1970.9	1973.6 1974.12	有双线17公里
10	襄渝线	莫家营至重庆西	840	3618.04	1968.4	1976.7 1978.5	有双线3公里
	小计		5406	10942.70			
	西北地区						
11	天兰线	天水至兰州	348	154.40	1950.4	1954.8	
12	兰新线	兰州西至乌鲁木齐西	1903	1247.89	1952.10	1956.3— 1965.12	分三段修筑,有双线28公里
13	包兰线	包头东至兰州东	990	352.37	1954.10	1958.10	有双线22公里

续表

序号	铁路线名	起讫地点	运营里程（公里）	投资金额（百万元）	建设年月 开工	建设年月 验收交接	备注
14	兰青线	河口南至西宁西	188	186.32	1958.5	1960.2	
15	青藏线	西宁西至格尔木段	845	2317.60	1958.9	1964.1—1984.7	修通至南山口，分三段修筑
16	干武线	干塘至武威南	172	45.82	1958.10	1965.12	
17	侯西线	下峪口至阎良段	205（84）	641.50	1958.10	1972.5—1985.6	侯马至下峪口已通车，未运营
18	阳安线	阳平关至安康	357	812.92	1969.1	1976.9	
	西延线	新丰镇至秦家川	(187)	456.91	1973.1 1981	1978.1	钟家村至秦家川在施工中
19	南疆线	吐鲁番至库尔勒	475	1122.69	1974.4	1984.8	
	北疆线	乌鲁木齐至乌苏	(236)	123.64	1985.5		1987年已通车，未验交
	小计		5483	7462.06			
	合计		10889	18404.76			

注：括号内数字为尚未运营里程。无序号的为尚未运营线。

川省已有4条干线分别通往陕西、贵州、云南、湖北；贵州省已有4条干线分别通往四川、广西、湖南、云南；云南省已有2条干线分别通往四川、贵州；甘肃省已有4条干线分别通往陕西、宁夏、青海、新疆；青海省和新疆维吾尔自治区各有1条干线分别通往甘肃。交通大动脉的疏通，使西部大地的工农林牧各业发展很快，过去的萧条衰落一变而为欣欣向荣景象。西部地区开发建设取得的初步成就，是中国各族人民共同努力的结果，而其中铁路的建设无疑起了重要的作用。

西部地区铁路的筑路人员，在修建过程中克服了种种难以想象的自然障碍。诸如高山深谷、大河急流、沙漠戈壁、荒原盐湖，以及异常复杂的地形地质条件和高寒、酷热、风沙、缺氧等恶劣的气候条件，历尽千难万险，终于在全国各族人民的支援下，按预定计划，征服了大自然，把一条条铁路修通。他们遇到的困难和建立的功勋，在世界铁路修建史上是罕见的。

一、西南地区的铁路建设

中国的西南地区,遍布崇山峻岭,川多流急,峡谷幽深,地质复杂,自古以蜀道为畏途。在这个地区修建铁路,工程异常艰巨。有些铁路的修建在旧中国也曾作过种种设想,进行过一些勘测,个别线路曾开工修筑,终以工程复杂浩大,中途作罢。中华人民共和国成立不久,人民政府即以宏伟的气魄,决定突破这一铁路建设的"禁区",首先从修建成渝铁路开始。

(一)成渝铁路。

成渝铁路是新中国成立后建成的第一条铁路干线。

成渝铁路起自四川省成都,经简阳、资阳、资中、内江、隆昌、荣昌、永川、江津等县市而达重庆,全长505公里。它北接宝成铁路,东联川黔、襄渝铁路和长江航运,南通成昆铁路,是西南铁路网中的重要一环。

早在1903年,清政府就有修建川汉铁路之议,成渝铁路就是它的西段。四川人民为修建铁路忍受了残酷的敲诈勒索,付出了沉重的代价,并在1911年的保路事件中流下了鲜血。但直至清王朝灭亡,一事无成,只在成都人民公园留下了一座"辛亥秋保路死事纪念碑"。1936年国民党政府成立了成渝铁路工程局,举借外债,开工修筑,时修时辍,只完成少量土石方及桥梁、隧道工程,未铺半根钢轨。中华人民共和国成立后,中国共产党和人民政府在财政经济极其困难的情况下,决定修建成渝铁路。1950年6月,在西南军政委员会领导下,成立西南铁路工程局,以赵健民为局长,负责设计、筑路工程。当时清剿土匪的工作刚刚告一段落,人民解放军西南军区就抽调部队3万人担负施工主力,并先后动员10万民工参加筑路。全线于1950年6月15日正式动工,1952年6月13日铺轨至成都,1953年7月1日正式通车。仅用3年时间就实现了四川人民40余年修筑这条铁路的愿望,结束了四川没有正式铁路的历史。毛泽东主席题词祝贺："庆贺成渝铁路通车，继续努力修筑天成路"。

成渝铁路按二级铁路标准设计。全线共完成主要工程量有：路基土石方 2360 万立方米；隧道 28 座，总延长 4.8 公里；桥梁 460 座，总延长 5.1 公里；正线铺轨 505.06 公里。在铁路建设过程中，贯彻了群策群力，自力更生的方针，所用材料物资都是就地取材或由国内各地供给。因此，成渝铁路也是中国第一条全部以国产的器材修筑起来的铁路，体现了新中国人民自力更生，勤俭建国的精神。

四川素称"天府之国"，物产丰饶。成都平原土壤肥沃，灌溉便利，开发较早，古代就是重要的农耕地区。自贡的井盐和天然气，内江的蔗糖，江津的柑橘，以及烤烟、苎麻、蚕茧、桐油、棉花等产量极丰。成渝铁路建成后，沿线经济迅速发展，富饶的资源陆续开发，内江至宜宾、宜宾至珙县、资中至宋家铺支线建成后，铁路的作用进一步得到发挥。

成渝铁路运输上升很快，经济效益明显，1985 年货运密度已达 840 万吨公里/公里。

（二）宝成铁路。

宝成铁路北起陇海铁路的陕西省宝鸡，南行经凤州、略阳、阳平关、广元、中坝、绵阳、德阳、广汉而达四川省会成都，与成渝、成昆两线衔接，全长 669 公里，是沟通西北与西南的第一条铁路干线，也是突破"蜀道难"的第一条铁路。

成渝铁路建成后，毛泽东主席即指示继续修建天成铁路（宝成铁路最初考虑自陇海线的天水车站出岔，称天成铁路，后来考虑铁路运营经济合理，将起点改至宝鸡），此路当即于 1952 年 7 月 1 日在成都动工。1954 年 1 月宝鸡端也开工了。1956 年 7 月 12 日，南北两段在黄沙河接轨通车，1958 年元旦全线交付运营。宝成铁路先后由铁道部天成线第一、二测量总队和西北、西南两设计分局，按二级干线标准勘测设计，由铁道部第二、四、六工程局和隧道工程公司、电气化工程局负责施工。

宝成铁路是新中国成立后修建的第一条工程艰巨的铁路。线路由宝鸡跨渭河即进入陡峭的秦岭山区，沿清姜河河谷盘绕于群山之中。为了克服地势高差，以3个马蹄形和1个螺旋形的迂回展线上升，线路重列3层，高达817米，随后以2000多米长的隧道穿过秦岭垭口，进入嘉陵江流域。两岸山势险峻，河谷曲折，所经过的是往昔陈仓古道的主要路线，也曾是唐代诗人李白慨叹"蜀道之难，难于上青天"的主要地带。全线共完成主要工程量有：路基土石方7116万立方米；隧道304座，总延长84.4公里；桥梁1001座，总延长28.1公里；桥隧总长约占线路长度的17%，正线铺轨667.71公里。因地质情况不良，岩层风化破碎剧烈，从开工到交付运营期间先后发生种种病害，其中有严重的滑坡58处，崩坍272处，整治工程量及难度均大。

宝成铁路宝鸡至凤州段，还是中国的第一条电气化铁路。这段铁路长91公里。1954年，铁道部确定采用电力牵引后，即决定以铁道部西北设计分局为主，电务设计事务所参加，负责这段铁路的电气化工程设计。1957年9月开始初步设计，采用单相工频25千伏交流制。这种电流制的优点是能直接从具有巨大容量的电力系统取得电能，不需要在牵引变电所内设置整流和变频设备，又能以较高的电压向电力机车供电，减少了电能损耗，降低了投资和运营费用。全线由电气化工程局于1958年6月开工，1960年6月建成。经过试运行，于1961年8月15日正式交付运营。

宝成铁路主要承担西南、西北两大地区间的物资交流，是铁路网的骨架，对于沿线工农业经济的发展起了不小的作用。铁路建成以来，沿线阳平关、广元、中坝、绵阳、德阳等城镇工业发展迅速。以后相继修建了广元至普济、德阳至汉旺、广汉至岳家山、青白江至灌县4条支线，促进了附近地区矿藏资源的开发。

（三）黔桂铁路。

黔桂铁路起自广西柳州，经金城江、南丹、麻尾、独山、都匀、贵定而至贵州省会贵阳，全长607公里。它连接湘桂、川黔、贵昆、湘黔等铁路，是西南铁路网中的重要干线。

黔桂铁路早在抗日战争时期由国民党政府于 1939 年开始兴建，1944 年柳州至都匀 461 公里曾经勉强通车。同年，日本侵略军侵犯黔南，铁路建筑物及设备几乎全被破坏。1945 年日本帝国主义投降后，国民党政府进行恢复，至新中国成立前只修通柳州至金城江段 161 公里。新中国成立后，此路金城江至都匀段于 1955 年 9 月开工，1956 年年底修复，1958 年元旦正式运营。

新建的都匀至贵阳段长 146 公里，位于贵州高原。这段线路在国民党政府时期曾完成了少量土方和桥涵工程。但因线路标准过低，新中国成立后重新进行勘测设计，原定线路走向大部改移。现有线路自都匀西行，跨剑河而上，至清泰坡后逐步升高，在苦李井附近迂回展线，在东山坪以长隧道通过云雾山脉和贵定大关坡，再西跨新安河，进入丘陵地带，过龙里而至谷立，与贵阳枢纽连接。沿线地质复杂，多溶洞、暗河。全段主要工程量有：路基土石方 1555 万立方米；隧道 33 座，总延长 10.3 公里；桥梁 28 座，总延长 2.5 公里。线路由铁道部西南设计分局按一级干线标准设计，铁道部第二工程局、柳州铁路局等负责施工。

都贵段建成后，黔桂全线畅通，成为入黔的第一条铁路通道，并在继续修建川黔、贵昆两线中起后方补给作用。黔桂铁路的货运密度至 1985 年达 1130 万吨公里/公里。

（四）川黔铁路。

川黔铁路北起四川省重庆，南迄贵州省贵阳，全长 463 公里，是贯通川黔两省的铁路干线。它北接成渝、襄渝两线，南通黔桂、贵昆、湘黔等线，是西南地区铁路网骨干的组成部分。

从 1929 年起，国民党政府对川黔铁路先后进行过 5 次勘测选线，并在其北端修成了自长江南岸的猫儿沱经綦江至三江长约 68 公里的一段，旧称"綦江铁路"。新中国成立后，将这段铁路延长至赶水。由于綦江铁路设备简陋，达不到干线铁路的标准，需要改造。因此，川黔铁路的建设，一部分是改建，一部分是新建。小南海至赶水段改建工程于 1958 年开工，赶水至贵阳段新建工程于1956年开工，1965年全线建成交付正式运营。

川黔铁路自重庆起，先与成渝线共轨至小南海站出岔，作环形展线上升，与成渝线立交后，以长820.8米的大桥跨越长江至珞璜，经五岔溯綦江至赶水，再溯松坎河进入贵州境。过蒙渡后，因地势急剧上升，在马鞍山作环线立交展线，并以4270米长隧道穿过凉风垭分水岭，经桐梓，又以2147米长隧道穿过娄山关分水岭，沿仁江河至遵义，再跨乌江，经息烽而至贵阳。沿线地质条件较复杂，四川境内石灰岩地区岩溶现象普遍。全线共计完成路基土石方4949万立方米；隧道及明洞115座，总延长34.3公里；桥梁125座，总延长10.1公里；正线铺轨388.75公里。关键工程有重庆白沙沱长江大桥、乌江大桥和凉风垭隧道、虾子河隧道等；白沙沱大桥是长江上游的第一座铁路大桥。

川黔铁路由铁道部西南设计分局（第二设计院）勘测设计，先后由铁道部第二工程局、贵阳铁路局、大桥工程局、西南铁路工程局、隧道工程公司等单位施工。

川黔铁路建成后，沿线工矿企业发展很快，历史名城遵义已发展成为工业城市。由于修建了开阳支线，促进了开阳磷矿的开发，成为国家西部磷肥原料基地之一。川黔铁路货运密度，至1985年达927万吨公里/公里。

（五）贵昆铁路。

贵昆铁路东起贵州省贵阳，西至云南省昆明，途经安顺、六枝、水城、曲靖等市县，全长644公里，是贯通黔滇两省的重要铁路干线，并与湘黔、浙赣两线共同组成了中国长江以南由东海之滨直至西南边陲的东西干线。这条铁路的贵阳端与湘黔、黔桂、川黔三条干线相连，昆明端与成昆线接通，还经昆明枢纽王家营换装站与昆明至河口窄轨铁路衔接，通往越南。由于铁路所处的地理位置重要，对发展国民经济和巩固国防具有重要意义。

贵昆铁路在建设初期，分作滇黔、内（江）昆（明）（南段）两段。滇黔铁路在国民党政府时期进行过勘测，因慑于工程艰巨而罢休。内昆铁路（当时称叙昆铁路）则以1米轨距的窄轨铁路自昆明开始修筑，新中国成立前通车至沾益，工程十分简陋。新中国成立后对其进行了必要的技术改造，维持通车一个时期。1958年八月，滇黔、内昆两线采用标准轨距开始修建。1962年，铁道部决定两线在树舍接轨，内昆线树舍以北停建，滇黔线贵阳树舍段和内昆线树舍昆明段合并称作贵昆铁路。

贵昆铁路为一级干线，由铁道部第二设计院设计，人民解放军铁道兵第一、五、六、七师和铁道部第二工程局担任施工，并有滇黔两省10万民工参加。全线于1964年9月全面展开施工，1966年3月4日在观音岩大桥接轨通车，中共中央、国务院特发函祝贺。1970年12月，全线正式交付使用。

贵昆铁路蜿蜒于云贵高原乌蒙山区，地势险峻，多悬崖陡壁；地质复杂，多溶洞暗河，工程相当艰巨。全线共完成的主要工程有：路基土石方约6551万立方米；隧道187座，总延长80公里；桥梁301座，总延长20公里；桥隧总长占线路长度的15.6%。尤其是岩脚寨、梅花山等隧道，通过煤层，含大量瓦斯，溶洞发达，涌水量大。还有修建在云贵两省交界处的天生桥北盘江大桥，是一座22孔、全长525.67米预应力混凝土桥，桥墩高达43.59米，为中国已通车铁路桥梁中最高的钢塔架轻型桥墩。

贵昆铁路沿线资源丰富，主要有煤炭、磷矿石、铁、铜等矿藏。尤其是黔西煤田，有东林、平坝、六枝等矿区，蕴藏量很大。现有5条支线与本线接轨，即湖潮出岔的湖林支线，水城出岔的大湾支线，格以头出岔的羊场支线，沾益出岔的盘西支线，塘子出岔的东川支线。还有38个车站分别接出专用线71条，通向各工矿企业。贵昆铁路建成后，铁路运量增长很快，1985年货运密度已达973万吨公里/公里。

（六）成昆铁路。

成昆铁路是中国70年代初建成的一条重要铁路干线。它起自四川省成都，经彭山、夹江、峨眉、甘洛、西昌、米易，云南省的元谋、一平浪、安宁到达昆明，全长1091公里。这条铁路北接宝成、成渝铁路，南与贵昆、昆河铁路相通，成为西南地区的铁路网骨架，对开发西南资源，加速国民经济建设，加强民族团结和巩固国防，都具有重要的战略意义。

早在19世纪末期，当帝国主义列强争夺中国路权的时候，英国想从上海修一条经过四川、云南到缅甸的铁路，美法两国曾派人勘测云南到四川的线路。20世纪三四十年代，国民党政府也曾作过勘测，但由于山高谷深，地质复杂，工程艰巨而终止。

新中国成立后，"一五"期间即着手成昆铁路的勘测设计，并于1958年从成都端开始兴修。1960年成都至青龙场间铺轨通车，办理临时运营。1964年，中共中央做出了加快内地建设的战略决策，毛泽东主席发出了"成昆路要快修"的号召，接着由中共中央西南局主持，组成了有铁道部、铁道兵主要领导参加的西南铁路建设总指挥部，下设工地指挥部、技术委员会和支援铁路建设委员会。任命吕正操为工地指挥部司令员兼政治委员，郭维城为副司令员，刘建章为副政治委员，统一领导和指挥以铁道部第二工程局和人民解放军铁道兵第一、五、七、八、十师为主力，并有第四工程局及成都、昆明铁路局和沿线地方民工参加组成的共30万人的筑路队伍，迅速全面展开施工。至1966年年底，累计完成的各项主体工程超过了50%。后因受"文化大革命"的影响，原定1968年7月1日全线通车的计划落了空。1969年年底，中共中央发出"成昆铁路务必于1970年7月1日全线通车"的指示，并指令新成立的铁道兵西南指挥部领导实施，筑路大军奋起响应，终于按期在四川省西昌礼州接轨通车，受到中共中央致电祝贺。

成昆铁路由铁道部西南设计分局（第二设计院）按一级干线的标准设计。线路从成都平原南下，傍秀丽的峨眉山麓前行，逆汹涌的大渡河转牛日河而上，穿越连绵的大小凉山。这一带地势险峻，坡陡流急，有深二三百米的"一线天"峡谷。从金口河到埃岱58公里的线路，就有隧道44公里，几乎成了地下铁道。从甘洛到喜德，要越过岷江与雅砻江的分水岭，在120公里的地段内，4次盘山展线，13次跨牛日河，修了66公里的隧道和10公里的桥梁，绕行了50公里，才爬到海拔2200多米的制高点。喜德往南，进入安宁河谷，8次跨越安宁河，下至海拔1000米的金沙江河谷，再溯龙川江上行至海拔1900米左右的滇中台地。金沙江河谷是地质上著名的深大断裂带，属7—9级地震区，有崩坍、岩堆、滑坡、泥石流、粉沙等地质灾害，由于地质情况十分复杂，被称为"地质博物馆"。线路在这个河谷3次盘山展线，47次跨过龙川江，才爬上长江和元江的分水岭。然后南下广通，经滇池地区的丘陵和淤泥地带到达昆明。沿线有不少地段是当年中国工农红军长征经过的地方。毛泽东的著名诗句"金沙水拍云崖暖，大渡桥横铁索寒"，写出了这一带的艰险景况。

成昆铁路工程的艰巨浩大，举世罕见。全线共完成正线铺轨1083.3公里，路基土石方9688万立方米；隧道427座，总延长344.7公里，其中长度在3公里以上的共有9座；桥梁991座，总延长106.1公里，其中有中国目前钢桁桥梁中跨度最大的金沙江大桥（主跨达192米），有孔跨54米的一线天石拱桥。全线桥隧总延长占线路长度41.6%。有些地段找不到地方设置车站，不得不将站线建在桥梁上或隧道内，在全线122个车站中，这类车站就有41个。这样艰巨宏伟的工程，是中国铁路建设史上的壮举，荣获国家颁发的"科学技术进步特等奖"。

成昆铁路北联宝成线，可通陕西、甘肃，南经贵昆线可通贵州，是西南与西北相互联系和资源外运的重要通路。西南地区的煤、铁、磷及森林、水力资源十分丰富，是国家建设开发的重点。沿线地区蕴藏着丰富的多种金属矿和非金属矿。西南重点企业攀枝花钢铁基地，也是通过渡口支线接成昆线和全国各地相连在一起。从成昆铁路建成10多年的运营情况看，经济效益十分明显。这条铁路设计年通过能力近期为1000万吨，远期为1550万吨。1985年实际运量已达847万吨，每日旅客发送人数达6万多人次，有力地促进了沿线工农业的发展。

（七）湘黔铁路。

湘黔铁路东起京广铁路的湖南省株洲田心，西跨湘江，经湘潭、娄底、新化、怀化、玉屏、镇远、凯里到达贵定，全长820公里。这条铁路东端连接京广、浙赣两线，西端接黔桂线延伸到贵阳，又与川黔、贵昆两线衔接，并在怀化与枝柳线十字交叉，是联系西南、中南与华东间的重要通道。它和浙赣铁路一起组成了长江以南横贯东西的大动脉。

湘黔铁路由湘江平原的边缘进入云贵高原的东部，其间横穿雪峰山脉，渡过湘江、涟水、资水、沅水，五跨潕水，三跨清水江，又通过贵州东部云雾山脉，地势起伏很大，地质情况也很复杂，不少地段通过断层、溶洞、暗河、流沙和软土层，工程艰巨。全线共完成路基土石方10122万立方米；隧道297座总延长112.6公里，桥梁309座总延长44公里，桥隧总延长约占线路长度的19%；正线铺轨870.1公里。

湘西、黔东地区多崇山峻岭，交通闭塞，人民殷切盼望有一条铁路与外界连通。1937年，国民党政府将湘潭至新化长约220公里的一段先行动工，到1939年铺轨到蓝田，计170公里，因湘江大桥未建成而没有贯通。同年，日本侵略军西侵，这段铁路被拆除。日本投降后，仅株洲至板塘铺10多公里恢复通车。新中国成立后，从1953年起，全线分段陆续开工。1953年6月至1954年1月，由铁道部大桥设计事务所设计，大桥工程局施工，将全长843.95米的湘潭湘江大桥建成，株洲至湘潭间始正式通车。湘潭至新化段为旧线恢复，由铁道兵第二师于1958年8月开工，1961年12月铺轨至金竹山，1962年通车。新化至贵定段于1959年开工，中途曾一度停建。1970年9月分东、西两段先后大举复工。该线由铁道部第二、四设计院设计，铁道部第二和第四工程局、大桥工程局、贵阳铁路局等担负施工，并有湘西、黔东南各族民工80余万人参加。全线于1972年接轨通车，1975年1月交付正式运营。湘黔铁路从1939年起，经历了30多年终于建成。

湘黔铁路沿线资源丰富，矿产有汞、锑、锌、铅、铝等有色金属，清水江流域的木材储量亦多。湖南是中国主要粮仓之一；湘潭是新兴的工业城市，尤以产锰著称；新化是国家铅锌的主要产区；怀化是湘西桐油、纸张、皮革的主要输出口；黔东铜仁等地出产水银、油茶籽，为油茶之乡。湘黔铁路建成后，浙江、江西、湖南等省至贵州、云南省的运距缩短了377公里，成为华东、中南通往西南的捷径。这对开发沿线物产资源，繁荣经济文化，发挥了很大作用。湘黔铁路全线运量增长很快，1985年货运密度已达1211万吨公里/公里，随着西南地区经济的进一步开发，湘黔铁路必将发挥更大的作用。

（八）襄渝铁路。

襄渝铁路起自湖北省重镇襄樊，经莫家营、十堰、白河、旬阳、安康、紫阳、万源、达县、北碚，直抵西南地区水陆交通的枢纽重庆，全长895.3公里。襄樊至莫家营长55公里，为汉（阳）丹（江口）铁路的一段，1960年建成通车。新建铁路从莫家营至重庆840公里。

襄渝铁路横贯鄂、陕、川三省，东接汉丹、焦枝铁路，中连阳安铁路，西通成渝、川黔铁路，是联系中南、西南地区的铁路干线，构成西南地区的路网骨架。

襄渝铁路的前身是川豫铁路（成都经襄阳至信阳）。铁路部门在"二五"期间，对川豫铁路初步进行了勘测设计，并在成都至达县间修筑了少量工程。1968年，国家决定将这条铁路的起点改为襄樊，终点改为重庆，从此川豫铁路改称为襄渝铁路。线路设计为一级干线，由铁道部第二、三、四设计院设计，铁道兵西南指挥部所率领的第一、二、五、六、七、八、十、十一、十三师和独立机械团负责施工，还有铁道部大桥工程局、电气化工程局的铁路职工和湖北、陕西、四川三省民工参加，施工人员多达83万人。全线东西两段分别于1968年及1969年开始施工，1973年10月接轨通车，1978年6月1日交付正式运营。

襄渝铁路穿越武当山和大巴山脉，跨越汉江、嘉陵江两大水系。沿线峰峦重叠，水流湍急，史书记载"险隘连千里，秦塞路难行"。铁路从襄樊西北的莫家营出岔后，首跨仙人渡汉江大桥，通过汉江平原，穿越武当山进入鄂西北山区，在鲍峡穿白云山，七跨将军河，越鄂陕交界处的白河,自此开始横穿"九州之阻"的秦岭与大巴山之间的汉水峡谷,在旬阳再跨汉江,在紫阳三跨汉江后,沿任河进入川陕交界的大巴山区,以长5333米的隧道穿过大巴山后,33次跨后河进入华蓥山区,在北碚跨嘉陵江,再穿中梁山进入重庆枢纽。全线共完成的主要工程有:路基土石方10964万立方米,挡护污工230万立方米;隧道405座,总延长287.1公里,其中有3公里以上的12座;桥梁716座,总延长113.2公里,其中仙人渡汉江大桥长达1630米,紫阳汉江大桥墩高达70.5米。桥梁隧道共长400余公里,占正线长度的44.2%,是中国现有铁路中桥隧密度最大的铁路。全线车站90个,有36个车站股道建在桥梁上或隧道里,工程浩大艰巨。

襄渝铁路建成后,铁道部为增强湖北至四川铁路运输能力,对襄樊至达县段进行了电气化改造。这段电气化铁路是襄渝线的东段和中段,全长644公里,由铁道部电气化工程局根据新线建设的进度分段进行设计和施工。全段牵引供电系统采用两台变压器构成的V型接线方式,接触网正线采用全补偿弹性链形悬挂,站线采用半补偿链形悬挂。东段(襄樊至安康)于1975年9月开工,1980年10月建成通车。中段(安康至达县)于1979年8月开工,1983年12月建成通车。

襄渝铁路的建成,开辟了西南地区与华中地区的又一钢铁通道,大大便利了鄂、陕,川三省之间的交通运输,有力地促进了沿线地区国民经济的发展。过去只有几十户人家的十堰市,随着襄渝线的修建而逐步发展起来,现已成为著名的汽车城。陕南安康地区气候温和,雨量充沛,适宜农林牧渔各业的开发,铁路修通后,安康的造船、电力、化工、缫丝、制漆、制茶等工业均有较大发展。10余年来,襄渝铁路的运量发展很快,至1985年,全线货运密度为930万吨公里/公里。1980年11月至1981年6月,长江葛洲坝截流期间,航运中断,襄渝铁路承担了出入四川物资220万吨的运输任务,保证了葛洲坝工程建设和中南、西南地区的物资供应与交流。1981年,陕西、四川遭受严重水害,宝成铁路中断,襄渝铁路承担进出四川的运输量达 165 万吨,充分发挥了其在铁路网中的机动调节作用。

二、西北地区的铁路建设

中国西北地区,地广人稀,茫茫戈壁,漫漫荒漠,自然条件恶劣。在这个地区修建铁路,有其特殊的困难。中华人民共和国成立不久,在国民经济恢复时期,即修通了天水至兰州的铁路,并以此为起点,逐步向西伸延。铁路的先行作用,使西北地区的政治、经济、文化面貌大为改观。

(一) 天兰铁路。

天兰铁路起自甘肃省天水,向西六跨渭河至陇西,沿碱水河西北行,越大营梁分水岭至定西,改沿苦水河,越曲儿岔分水岭入宛川河谷,上溯黄河而达兰州,全长 348 公里,为陇海铁路的最西一段。它西连兰新、兰青铁路,北通包兰铁路,是内地通往大西北的咽喉要道。

天兰铁路在国民党政府时期即开始修筑,曾于 1941 年进行测量,1946 年 5 月开工,至 1949 年仅完成全部工程的 13%。新中国成立后,为开发和建设大西北,由铁道部西北设计分局设计,铁道部西北铁路干线工程局、机械筑路队和人民解放军等组成的筑路队伍,于 1950 年 4 月 15 日开始施工,1952 年 10 月 1 日铺轨通车,1954 年 8 月交付正式运营。举行通车典礼时,毛泽东主席题词祝贺:"庆贺天兰路通车,继续努力修筑兰新路"。

天兰铁路按二级干线标准设计。共完成主要工程量有:路基土石方 2183 万立方米;隧道 49 座,总延长 10.8 公里;桥梁 324 座,总延长 7.2 公里。由于铁路是在国民经济恢复时期修建的,受当时财力、物力及技术条件的限制,标准偏低,病害较多,至 1962 年年底,先后进行了几次改建和加强,提高了线路的技术等级标准。此后,随着运量的增长,1984 年又改造成为电气化铁路。

天兰铁路建成后,随着兰新、兰青铁路逐渐向前延伸,运量不断增长。铁路刚建成的头几年,列车重载方向货运密度为130万吨公里/公里。1962年增加到360万吨公里/公里,1985年达到1028万吨公里/公里,31年增加了约7倍,对于促进西北地区的经济建设起了重要的作用。

(二) 包兰铁路。

包兰铁路从京包铁路的终点——内蒙古自治区包头起,经五原、巴彦高勒、乌达、石咀山、银川、中卫、狄家台到甘肃省会兰州,全长990公里。这条铁路纵贯内蒙古、宁夏、甘肃三省区,东接京包铁路,西连陇海、兰新、兰青铁路,为华北通往西北的重要干线。

包兰铁路建设以银川为中点,分东西两段施工。包头至银川为东段,长522公里;银川至兰州为西段,长468公里。两段分别由铁道部华北、西北设计分局勘测设计。东段工程1955年10月由铁道部第三工程局在包头开始动工;1957年5月,铁道兵第一军率第二、七、九3个师和1个独立桥梁团开进包兰线,担负公庙子至银川433公里的修建任务。西段于1954年由第一工程局从兰州开始施工。1958年7月30日,东西两段在银川接轨。8月1日举行了通车典礼,10月交付正式运营。

包兰铁路基本沿黄河两岸,依乌拉山南麓、卓子山西麓、贺兰山脉及祁连山余脉而行,在三盛公、三道坎和东岗镇三跨黄河,中间经过河套及银川两个平原,并在中卫、干塘间通过腾格里沙漠边缘。东段主要是两座黄河大桥控制工期,西段则为沙漠地带的路基工程。在沙漠地区修建铁路,在中国还是首次。因此先修筑试验路基并反复进行观测,取得防沙治沙经验后方正式展开施工。全线完成工程量主要有:路基土石方5293万立方米;桥梁217座,总延长9公里多;隧道17座,总延长5.9公里;正线铺轨991.78公里。

包兰铁路把华北包头工业基地和西北兰州工业基地连接起来,沿途所经过的内蒙古自治区与宁夏回族自治区交界处的矿藏比较丰富。包兰线建成以后,陆续在这一地区修建了海渤湾至拉僧庙、乌达至吉兰泰,以及自平罗经由石炭井到汝箕沟等支线,使海渤湾、乌达一带的煤和石灰石等源源不断地运往包头钢铁公司；石咀山、石炭井等煤矿的煤往南流向甘肃、青海等省；被国际市场誉为"黑玛瑙"的汝箕沟煤，远销日、法、美、联邦德国等国家。包兰线的货运量增长很快，通车后第5年的货运密度是345万吨公里/公里，第10年增加到494万吨公里/公里，到了1978年达到1109万吨公里/公里，1985年达到1390万吨公里/公里，比1958年增长3.5倍。包兰铁路对加速沿线地区矿产资源的开发，及促进三省区经济发展的作用是十分显著的。

（三）兰新铁路。

兰新铁路东起甘肃省兰州，西跨黄河，越海拔3000米的乌鞘岭，沿祁连山北麓入河西走廊，经武威、张掖、酒泉，出嘉峪关，经玉门、疏勒河，沿马鬃山南麓西进，跨红柳河进入新疆维吾尔自治区，再沿天山南麓，经哈密、鄯善及吐鲁番盆地北缘，在达坂城穿过天山至乌鲁木齐，全长1903公里，是新中国成立后修建的最长的铁路干线。

兰新铁路东连陇海铁路，在兰州与包兰线交汇，在河口南与兰青线连接，在武威接干武线，在吐鲁番接南疆线。该线对开发西北地区的物产资源，发展经济，加强民族团结，以及巩固国防，都有重要作用。

兰新铁路的勘测设计由铁道部西北设计分局担任，全线按一级铁路标准设计。1952年10月天兰铁路通车后，由西北铁路干线工程局开工兴建。1953年至1958年，由铁道部第一工程局施工。1958年以后，由乌鲁木齐铁路局继续施工。历年参加施工的还有甘、新两省区民工、铁道兵部队和新疆生产建设兵团支援筑路部队等。1953年2月，兰新铁路开始铺轨，1956年3月武威以东线路交付正式运营；同年7月1日通车至玉门。1958年7月，疏勒河以东线路交付正式运营。1959年年底铺轨到哈密，1962年12月到达乌鲁木齐西站。1966年起，疏乌段正式交付运营。

兰新铁路所经过的兰州附近为黄土高原，乌鞘岭、平口峡、黑山峡、尾垭和天山等处附近为山岳及丘陵地区，其余绝大部分是冲积平原的戈壁滩；部分线路通过盐渍土、石膏、沙漠等不良地质地段。乌鞘岭以西属内陆间隙性河流，水系紊乱，流向无常，形成山前漫流地区，平时干枯，洪水期水势凶猛，极易成灾。疏勒河至烟墩、哈密至鄯善，通称"百里风区"；吐鲁番至盐湖通称"三十里风口"，常年风力7—8级，最大10—12级，全年有1/3时间为大风期。狂风刮来，飞沙走石，路面积沙最厚达70厘米，给施工和运输带来极大困难。全线共计完成路基土石方11083万立方米；隧道33座，总延长11.8公里；桥梁1117座，总延长30余公里；正线铺轨1889公里。距兰州西站35公里的河口黄河大桥，是中国自己设计和施工的第一座黄河大桥；乌鞘岭地区桥梁隧道比较集中，后沟至达坂城间有天山隧道群，还有通过大风区的路基工程等，都是修建兰新线的关键工程。

兰新铁路通车以后，结束了新疆没有铁路的历史，为新疆的经济建设做出了贡献。过去新疆与内地的交通主要靠公路，许多大型工业设备无法运进，新疆的丰富矿藏也不能有效地开发。随着兰新线修筑工程的西延，逐段开办临时运营，客货运量逐年增加。1962年年底铺轨到乌鲁木齐后，第二年的货物发送量即达178万吨，旅客运输达94.4万人次。据历史资料记载，30年代初期，新疆每年通过骆驼队运往内地的货物（部分为汽车转运）只有1800多吨，1985年新疆通过铁路运往全国27个省市的货物已达1153万吨，旅客运输达297万人次。兰新铁路建成后，对开发甘肃省西部也发挥了重要的作用。线路所经过的河西走廊，包括张掖、武威、酒泉和玉门等广大地区资源丰富，过去由于不通铁路，经济萧条。兰新线通车后，这些地区的矿藏开发及工、农、牧业都有较大的发展。兰新线通至酒泉后，又修了镜铁山支线，建起了酒泉钢铁厂，现已成为西北地区的主要钢铁基地。还修了清绿支线通往酒泉卫星发射中心。玉门油田原用汽车运输，以运定产，规模很小。兰新线建成后，修建了玉门支线，油田得到了迅速发展。

（四）南疆铁路。

南疆铁路是继兰新铁路之后，在新疆境内建设的第二条铁路干线。它北起兰新线上的吐鲁番车站，经托克逊、鱼儿沟、巴仑台、和静、焉耆，到达塔里木盆地北缘巴音郭楞蒙古自治州首府库尔勒，全长475公里。这条铁路有一段线路是沿古代"丝绸之路"逶迤而行的，它的建成通车，对沟通南北疆的联系，繁荣南疆地区的经济，加强民族团结，都具有重要的意义。

南疆铁路为一级铁路干线，由铁道部第一设计院设计，铁道兵第五、六师和独立机械团，以及新疆生产建设兵团和乌鲁木齐铁路局负责施工。筑路工程从1974年4月开始，1976年全面展开，1979年11月完成铺轨，其中吐鲁番至鱼儿沟段113公里于1978年开始临时运营，鱼儿沟至和静段256公里于1980年7月开始临时运营。1984年8月全线交付正式运营。

南疆铁路沿线地形、地势复杂，气候条件恶劣。线路从吐鲁番至鱼儿沟斜穿吐鲁番盆地西缘100公里的戈壁滩，夏季平均气温32℃，绝对最高气温高达48.8℃，是中国最热的地方，素有"火洲"之称，唐代诗人岑参曾用"火云满山凝未开，飞鸟千里不敢来"的诗句形容这里的奇热。线路从鱼儿沟前行，进入中部天山的阿拉沟和乌拉斯台沟峡谷，由海拔800米逐渐爬高到3000米的奎先达坂，再下坡降到1200米，形成240公里的长大坡道，其中22‰的大坡长达182公里。由于山高坡陡，线路在山谷里盘山展线迂回蜿蜒，11次跨阿拉沟，25次跨乌拉斯台沟和哈布其哈沟，因此曲线多，半径小，桥梁隧道密集。穿过奎先达坂分水岭的奎先隧道，长6152米，是南疆铁路的关键工程。上新光三号隧道为"螺旋形"套线隧道，长2754米，隧道出入口几乎在同一垂线上，铁路在洞内转了一个360度的大圆圈，高度相差50多米，类似这样的隧道全线共有7座。还有一座由古代冰川融退时堆积而成的冰碛垄地层隧道。在焉耆盆地还要通过52公里盐渍土地带。全线共完成路基土石方3596万立方米；隧道30座，总延长33.7公里；桥梁461座，总延长17.7公里；正线铺轨469.3公里。

南疆铁路沿线物产丰富。雄伟的天山，埋藏着煤、铁、铜、铅、锌、石棉、水晶等各种金属和非金属矿。铁路铺通后，为矿藏资源的开发创造了条件。戈壁深处的托克逊县人民，60年代就开始办矿，由于交通不便，开出的优质煤运不出去，生产长期停滞不前。南疆铁路通车后，煤炭生产发展较快，年产量由过去的几千吨，增长到300多万吨。同时还陆续开发了金矿、石膏矿及膨润土矿等。广袤的焉耆盆地是南疆的主要产粮区之一，过去没有铁路，和静县的农用化肥完全靠汽车到300多公里外的吐鲁番去拉，费时费力又费钱。现在铁路贯通全县，大量运进化肥，农业连年增产。库尔勒市在铁路通车后，新建了机械、电力、煤炭、纺织、造纸、农机、化工等工业。南疆铁路的通车，对开发土地广阔、资源丰富的南疆，发挥着明显的作用。

（五）兰青铁路。

兰青铁路东起甘肃省兰州，西至青海省西宁，全长188公里。它的西端与青藏铁路连成一线，东端与陇海、兰新、包兰三线相连，是西北和内地各省区通向青藏高原的一条重要铁路干线。

兰青铁路原来的终点站是青海省西部的冷湖。1974年将西宁以西的铁路改称青藏铁路，兰青铁路的终点遂改至西宁。线路出兰州枢纽河口南站，在八盘峡越黄河后，8跨湟水而达西宁。其间除20余公里的高山峡谷外，其余多走在黄河及湟水河谷台地上。

兰青铁路由铁道部第一设计院按一级干线标准设计，西宁铁路局于1958年5月开始施工，1959年9月23日铺轨通车，1960年2月交付正式运营。在修建期间，朱德委员长曾题词："把兰青铁路早日修通！"

兰青铁路建成以后，货运量不断增长，1965年仅为101万吨，1985年为513万吨，25年增长了4倍多，有力地促进了青藏高原与其他各省区的物资交流。

兰青铁路的终点站西宁市，是青藏高原的东方门户。兰青铁路通车以后，经济建设有了很大的发展，已建成钢铁、机械、电子、化工、棉毛纺织、畜产品加工、药品、食品等多种工业。全市工业产值从1960年的1.10亿元增加到1985年的11.41亿元，15年内增长9.37倍，市区成了一个拥有54.69万人口的城市。

（六）青藏铁路（西格段）。

青藏铁路西宁至格尔木段，全长845公里，是计划修建的青藏铁路的第一期工程。尚未修建的格尔木至西藏自治区首府拉萨段长1204公里。西格段铁路横贯青海省，东起西宁，经湟源、哈尔盖、天峻、乌兰、德令哈、航垭至格尔木。它的东面与兰青铁路接轨，西、北面分别同青藏、青新公路和格尔木到甘肃敦煌的公路相连，是联系边疆少数民族地区的交通大动脉。

青藏铁路西格段，位于被称为"世界屋脊"的青藏高原的北面，是中国海拔最高的铁路。人们概括这段铁路所经过地区的自然条件是"高、寒、风、旱"四个字。铁路沿线所经过的大部分地段海拔在3000米以上。这里空气稀薄，含氧量只有海平面的70%，人来到这里就会感到气短、头昏、胸闷、乏力。高原的冬季长达半年以上，最低气温在零下40多摄氏度，有时6月还满天飞雪。风沙也很大，8级以上的大风一年要刮70天。全线还有350公里地段是无水区，年平均蒸发量要比降水量多几倍。铁路沿线有高山、沙漠、戈壁、草原、沼泽地带，还有盐湖、盐渍土等特殊地质地段。全线完成主要工程量有：路基土石方2759万立方米；隧道31座，总延长9.8公里；桥梁410座，总延长10.9公里；正线铺轨857.22公里。铁路工程中有些情况是中国筑路史上首次遇到的。穿越关角的隧道长达4010米，海拔3700米，比著名的东岳泰山高出1倍多，是中国已建成的海拔最高的隧道。铁路经过柴达木盆地中部的察尔汗盐湖，修建了32公里长的盐湖铁路，获国家优质工程银质奖和国家科技进步二等奖。

青藏铁路按一级干线标准设计，根据计划安排，分三段建设，分段交付运营。全线由铁道部第一设计院设计，西宁至哈尔盖段162公里，由铁道部第一工程局施工，分别于1958年9月、1965年4月从两端开工，1975年年初建成通车并交付运营。哈尔盖至格尔木段683公里，由铁道兵第七、十师于1974年5月动工兴建，1979年9月铺轨到格尔木，并向前修建31公里到昆仑山下的南山口车站，1984年7月正式交付运营。

青藏铁路西格段建成通车后，已对促进青海、西藏的社会主义建设事业发挥了重要作用。过去运往西藏的物资，由火车运到青海西宁和甘肃河西走廊的柳园车站，再由汽车分别经青藏、甘青公路长途转运到拉萨，一个单程要走10多天。铁路通车到格尔木后，运往西藏的粮食、物资、日用百货等，85％由火车运到格尔木，使由汽车转运的距离比过去缩短了800多公里。有"聚宝盆"之称的柴达木盆地，蕴藏着丰富的盐矿、石油等矿藏资源。西格段通车后，已修建了10多条专用铁路，把沿线的主要厂矿与铁路干线连接起来。还向开发较早的茶卡盐湖修了42公里长的铁路支线，连接年产30万吨食盐的机械化制盐厂。位于盆地中部的锡铁山铅锌矿，以储量大、质量好著称，过去交通不便，开采规模较小，铁路通车后，加快了矿藏的开发建设。在盆地中心的察尔汗盐湖正建设一座年产100万吨钾肥的化工厂。盆地西部冷湖油田的一座大型炼油厂也动工兴建。第一期工程的终点格尔木，原是哈萨克族牧场，如今是联结青海、西藏、新疆、甘肃四个省、区的交通枢纽，已发展成为拥有10余万人口的青海省的第二大城市。

（七）阳安铁路。

阳安铁路西起宝成铁路的陕西省阳平关车站，经勉县、汉中、城固、西乡、石泉、汉阴至安康与襄渝铁路相接，横穿陕南，全长357公里，是一条一次建成的新建电气化铁路。

阳安铁路为一级铁路干线，由铁道部第一设计院、专业设计院设计，第一、四工程局和电气化工程局施工。1969年开工，1972年全线通车。

电气化工程于1973年9月开始施工，先进行通信、信号和电力工程，后建接触网和变电所。1977年6月全线开通并交付正式运营。

阳安线自阳平关车站出岔后跨过嘉陵江，迂回展线，在代家坝越嘉陵江与汉水的分水岭进入汉水流域的汉中平原；在城固跨汉水，沿沙河、牧马河进入低山丘陵地区，然后离开汉水，沿池河、月河而抵安康。沿线地形除汉中盆地和池河、月河沿岸比较平坦外，其余均较复杂，尤其在牧马河及汉江峡谷地带，山坡陡峻，桥隧相连，特别是茶镇至石泉间20公里线路就有隧道16座，共长14公里多，占线路长度的70%。全线共完成路基土石方3968万立方米；隧道146座，总延长约62公里；桥梁314座，总延长约28公里。桥隧总延长占线路长度的25%。正线铺轨355.6公里。

阳安铁路沿线土地肥沃，气候温和，是陕西省主要粮食产地之一，同时还有铁、锰、铜等矿藏资源。这条铁路的建成，除路网骨干作用外，对地区工农业的发展也起了促进作用。

阳安铁路电气化交付运营后，年货运量由电气化前的104万吨增加到258万吨（1981年），提高了1.5倍。到1985年增加到636万吨，为电气化前的6.12倍，但只达到近期设计货运量的79%，远期设计运量的63%，电气化铁路的运输能力还未充分发挥出来，经济效益不够明显。

第二节 为增强中部和东部地区运输能力修建的铁路干线

中国中部和东部地区，经济比较发达。旧中国2万多公里铁路中有94.5%的线路修建在这两个地区。但这两个地区土地广阔，而铁路网却稀疏不匀。新中国成立后，随着国民经济的迅速发展，新的工矿基地不断出现，加之西部地区的开发建设，旧有铁路不仅在运输能力上，而且在布局上也逐渐显现出不相适应。单纯依靠对旧有铁路的技术改造，挖掘潜力，毕竟有一定限度，不能从根本上解决铁路运量与运能之间的矛盾。例如煤炭是中国货物运输中的大宗物资，铁路是各大煤矿煤炭外运的主要方式，煤炭运量占铁路货运总运量的40%左右。尤其是山西、内蒙古两省区，是中国煤炭资源的主要储藏地。山西煤炭每年的外运量约占全国铁路煤炭运量的27.1%。由于运输能力的限制，山西、内蒙古两省区的有些煤矿有时不得不以运定产，而华东、东北等工业生产基地，却因为能源供应不足，使生产受到影响，迅速解决晋煤外运能力问题，成了国民经济发展中重要一环。中部和东部地区又是中国的经济重心，对全国工农业发展具有举足轻重的作用，但因铁路运输能力与经济发展很不适应，客运严重超员，货物经常停装待运。为了适应社会主义建设事业的发展，必须对中部和东部地区的铁路，在路网结构上有计划地进行加强，调整运输走向，组织合理运输。除了努力改造既有铁路，提高其运输能力外，还必须配合工矿布局，增修新线，新辟通道，增加路网密度，加强铁路运输能力。新中国成立以来，为此而先后修建了24条铁路干线（不含通往港口和国境的铁路，见表25），总延长6761公里。这些新的铁路干线建成后，分担了相当一部分既有铁路运量，并为新建设的工矿基地提供了运输通道，在四个现代化建设中，发挥着重要的作用。下面择要介绍这些铁路新干线。

（一）丰沙铁路。

丰沙铁路起自北京枢纽丰台西编组站，经三家店、雁翅、幽州、官厅至河北省沙城与京包铁路接轨，全长106公里。沿线有大台支线、门头沟支线和东北环线引入。

丰沙铁路溯永定河而西，具有坡度小、运能大的优点。由于京包铁路关沟至八达岭段山陡坡大，运输能力有限，为了解决这个问题，1940年日本帝国主义在侵占华北期间，曾局部动工修建这条铁路，1944年停建。新中国成立后，由于筹建包头钢铁基地和沟通苏、蒙两国的第二条铁路通道，加上大同、下花园的煤炭和宣化铁矿石产量迅速增加，必须另

中国中部和东部地区新建铁路主要干线

表25

序号	铁路线名	起讫地点	运营里程（公里）	投资金额（百万元）	开工	验收交接	备注
	中部地区						
1	丰沙线	丰台西至沙城	106	109.79	1952.9	1955.10	全线双线
2	武大线	武昌至铜绿山	123	37.59	1955.10	1958.6	有双线69公里
3	太焦线	修文至月山至焦作	397	659.30	1957.9 1970.7	1965.12 1979.4	有双线93公里
4	通让线	通辽至让湖路	421	228.17	1964.7	1966.12	有双线7公里
5	汉丹线	汉口西至丹江口	412	236.66	1958.10 1965.3	1966.12	
6	长白线	长春至大安北	218	24.16	1970.9	1971.11	
7	京原线	石景山南至原平	419	596.17	1965.11	1972.12	
8	魏塔线	魏杖子至塔山	248	253.35	1971.3	1973.6	
9	焦枝线	月山至枝城	753	980.62	1969.11	1975.7	
10	京通线	昌平至通辽	804	1468.70	1972.10	1980.5	有双线5公里
11	枝柳线	枝城至柳州南	886	2327.23	1970.8	1982.12	
12	邯长线	邯郸至长治北	219	541.11	1970.5	1984.5	
	三茂线	三水至茂名	(318)	359.20	1978.10		1987年通到腰古
	小计		5006	7822.05			
	东部地区						
13	京承线	怀柔至上板城段	169	75.69	1955.9	1960.10	有双线61公里
14	沟海线	沟帮子至唐王山	102	61.50	1970.3	1970.12	
15	青阜线	青龙山至阜阳	145	40.19	1969.12	1973	
16	通坨线	双桥至坨子头	193	193.60	1973.1	1975.8	
17	杭长线	康桥至长兴	111	71.27	1959.4	1976	
18	济菏线	济宁至菏泽	107	60.49	1977.12	1980.2	
19	辛泰线	辛店至泰安	162	224.14	1970.4	1980.12	
20	福前线	福利屯至前进	226	126.43	1974.5	1982.12	
21	皖赣线	火龙岗至贵溪	540	667.24	1970.11	1984.6	
	新菏线	新乡至菏泽	(166)	795.62	1983.2	1986.12	
	阜淮线	阜阳至淮南	(127)	484.60	1978.3	1986.12	
	大沙线	大冶至沙河街	(126)	385.31	1983.4		武大线延长部分
	小计		1755	3186.08			
	合计		6761	11008.13			

注：括号内数字为尚未运营里程。无序号的为尚未运营线。

辟向东的通道，丰沙铁路乃由铁道部华北设计分局进行勘测设计，第四工程局于1952年八九月开工建设，1955年6月30日铺轨通车，同年11月1日交付正式运营。

丰沙铁路丰台至三家店间，地势平坦。三家店至官厅间为山岳地带，线路穿行于永定河峡谷中，山势险陡，有隧道67座，最长的18号隧道长2178.7米，隧道总延长占该段线路的25.5%，工程比较艰巨。

丰沙铁路建成后，由于运量不断增长，1959年4月进行局部技术改造后，仍不能满足运输要求，于1963年年初开始增建第二线工程，1972年10月开通并交付使用。1984年12月又改建成双线电气化铁路。

丰沙铁路的建成，使京包全线通过能力不再受关沟段的限制，增建第二线和电气化以后，运输能力增长数倍，成为华北与西北物资交流和晋煤外运的重要通道。1985年货运密度上行达6318万吨公里/公里，下行为1565万吨公里/公里，成为运输最繁忙的干线之一。

（二）京原铁路。

京原铁路东起北京枢纽的石景山南站，经十渡、涞源、灵丘、繁峙、代县、阳明堡、枣林而抵北同蒲铁路的原平站，全长419公里，是一条北京直通山西的铁路干线。

早在50年代末期，为了开发五台山区的铁矿，从原平开始修建一条支线至枣林，称原枣支线，长60公里，于1964年建成通车运营。1965年，国家决定修建京原铁路，即由铁道部第三设计院设计，铁道兵第四、十四师施工，并有河北、山西两省7万民工参加。1965年11月，北京至枣林间东西两头分别动工，1971年10月30日全线在山西灵丘接轨通车。同时将原平至枣林支线加以改造、加强，连成一线，于1972年12月30日交付正式运营。

京原铁路蜿蜒于燕山、太行山、五台山山区，与滹沱河、拒马河、永定河并行或相交。线路经过紫荆关、浮图峪、驿马岭、平型关等山口关隘，地势险峻，桥高隧长，工程艰巨。这条铁路为一级干线，共完成主要工程量有：路基土石方3137万立方米；隧道120座，总延长97公里；桥梁216座，总延长19.7公里，桥隧总延长占线路长度的1/4。其中驿马岭隧道全长7032米，是当时已建成运营的全国最长的铁路隧道。

京原铁路对山西煤炭外运起着重要作用。北同蒲铁路沿线的煤炭，经由京原线运往北京、秦皇岛及东北地区，运距最短，比较合理。铁路沿线物产丰富，地下资源正在开发。从京原铁路分岔的厂矿铁路专用线已建成20多条。由于山西煤炭外运量的激增和铁路沿线工矿企业的发展，京原铁路的运量增长很快，至1985年货运密度已达1590万吨公里/公里。

（三）京通铁路。

京通铁路起自北京附近京包铁路上的昌平，经河北滦平、隆化、围场、内蒙古昭乌达盟赤峰、奈曼而至哲里木盟首府通辽，全长804公里。这条铁路的起点与京包铁路相接，中间在赤峰与锦承铁路相连，终点与大郑、通让、通霍铁路相通，是沟通关内外的第三条铁路干线，成为华北和东北地区铁路网的重要组成部分。

京通铁路于1972年10月开工兴建，1977年12月4日全线铺轨通车，1980年5月1日交付正式运营。与之同时修建的还有隆化至承德支线57公里和范各庄至怀柔支线6.72公里，使京通、京承两线脉络相通。

京通铁路南段穿行于燕山南麓和长城脚下，山势峭峻，沟壑纵横，断层交错，地质复杂。赤峰以西，线路穿越长达30公里的流动沙丘地带和130公里的流动平沙地带。全线（包括支线64公里）主要工程量有：路基土石方6672万立方米；隧道116座，总延长78公里，最长的红旗隧道长5848米；桥梁450座，总延长45公里；正线铺轨856.99公里。在施工的同时，还实施了大量的防沙、固沙工程，绿化造林2万余亩。

京通铁路为一级干线，由铁道部第三设计院设计，铁道兵第八、九、十一、十三、十四师和舟桥团，以及北京、河北、内蒙古民工9万余人参加施工。

京通铁路建成后，与京沈铁路实行物资分流，改变了主要由京沈线承担关内外繁重运输任务的格局，大大减轻了对既有铁路的压力。铁路行经内蒙古自治区的昭乌达盟和哲里木盟，对加强民族团结与发展民族经济也起到积极的作用。铁路通车以来，运量不断增长，1985年货运密度达1225万吨公里/公里。

（四）太焦铁路。

太焦铁路北起山西省太原市附近南同蒲铁路的修文车站，经榆社、武乡、沁县、襄垣、长治、高平、晋城，直至河南省的月山、焦作，全长397公里。这条铁路的起点与南、北同蒲铁路相连，终点与新焦铁路相通，并分别在长治与邯长铁路、在月山与焦枝铁路衔接。它与北同蒲、焦枝、枝柳、湘桂、黎湛各线，共同构成从大同到柳州、湛江，与京广铁路平行的纵贯南北的铁路大动脉，并通过新焦、新菏、菏济、兖石各线直达石臼所港，在铁路网中具有重要的位置，对山西煤炭的南运和出口起着极大的作用。

太焦铁路原设计线路自南同蒲线东观站出岔，经焦作而至京广线新乡以南的詹店站，称詹东线。1957年开始从焦作往北施工，1965年12月通车至五阳并正式运营，计长188公里。五阳以北线路于1970年7月施工，因考虑运输走向和运输距离等因素，北端改在修文站，南端至焦作站，焦作至詹店一段线路不再修建，遂改称为太焦铁路。全线于1975年铺通，1979年4月交付正式运营。

太焦铁路自汾河流域行至太岳山区，进入潞安盆地，通过太行山南麓台地，沿线山峦起伏，河谷纵横，地形地势比较复杂。全线共完成主要工程量有：路基土石方5454万立方米；桥梁165座，总延长11.8公里；隧道94座，总延长38.5公里；正线铺轨394.23公里。太焦线为一级干线，由铁道部第三设计院设计，先后由第四工程局、第三工程局、隧道工程局和晋豫两省民工施工。

太焦铁路是山西省煤炭外运的重要通道之一。沿线煤炭资源十分丰富，初步探明煤炭储量有600多亿吨，占山西省全部储量的1/4，年产量达2000多万吨，为山西省煤炭开采量的1/5，是中国最大的无烟煤产地。

沿线铁矿蕴藏量也很大,已探明的约有1亿多吨,且质地优良,便于开采。由于沿线经济发展和山西煤炭外运激增,太焦铁路10年内即超过设计运量的5.1%,原区间通过能力已不能适应,于70年代修建了部分双线,1985年又完成了电气化技术改造,运输能力大为提高,近期每年可达3800万吨。

(五)焦枝铁路。

焦枝铁路起自河南省焦作附近太焦线上的月山车站,向南经济源、洛阳、伊川、临汝、宝丰、鲁山、南阳、邓县,而至湖北省襄樊、荆门、当阳,止于宜都县的枝城,全长753公里。它位于中原腹地,北接太焦线,南连枝柳线,共同构成平行于京广线的南北交通大动脉;又在焦作、宝丰两地通过新焦、孟宝两线与京广线相通,在洛阳和襄樊两地分别与陇海、汉丹、襄渝三线相交,形成纵贯南北,沟通东西,联系华北、中南地区的铁路网络,是中部地区铁路网骨架的重要组成部分。

焦枝铁路从太行山南麓起,经豫西山地东边,过南阳盆地,直至江汉平原西面的长江南岸。它穿过邙山、伏牛山和荆山山脉,跨过黄河、沁河、北汝河、汉水、漳水、沮水和长江等众多河川。所经地区为山地、冲积平原和丘陵地带。线路由铁道部第四设计院设计,为一级干线。全线共完成的主要工程量有:路基土石方7171万立方米;隧道24座,总延长13公里;桥梁188座,总延长29公里;正线铺轨772.28公里。其中以桥梁工程最为复杂,黄河、汉水、长江、伊河、汝河、沮水、漳水上均建有特大桥梁,汉水、长江两桥均为双线铁路公路两用桥梁,枝城长江大桥是长江上的第四座铁路大桥。

在"二五"计划初期,曾经计划修建平顶山至襄樊线,称平樊铁路,并且在平顶山至南阳间动工,旋因缩短基本建设战线而停建。"三五"计划初期,决定修建焦枝铁路,并开始修建枝城长江大桥。1969年,焦枝线全面开工,11月进入施工高潮,参加施工的除铁道部大桥工程局、第四工程局和郑州铁路局外,还动员豫鄂两省民工115万人,只用了7个多月的时间就全线铺轨通车。但由于抢通车时间，工程质量较差，遗留工程也多，经整治、改造、补充，延至1975年7月才交付正式运营。

在修建焦枝铁路的同时，还修通了从宝丰往东至平顶山的一段铁路，与原有的平顶山支线相连，成为焦枝线宝丰至京广线孟庙的一条联络线，改称孟宝线。

焦枝铁路为山西煤炭南下的重要通道，在焦作与焦作煤矿相连，在宝丰又与平顶山煤矿相通，也是河南煤炭外运的通道。为了保证焦枝线更好地完成北煤南运的任务，在长江南岸的枝城港，修建了一座具有现代化设备的煤炭装运码头，建立了一支年运量达150万吨的运煤拖驳船队，构成路港联运，加强了华中、华东地区的煤炭运输网络。焦枝铁路的中段有南阳油田，南段有江汉油田，这又决定了该路在石油运输中的重要地位。1975年8月，京广线发生严重水害，影响运输46天，大量旅客及货物迁回走刚通车的焦枝线。1981年宝成、陇海、阳安等铁路发生水害，中断行车61天，列车也多迁回走焦枝线。这都显示了它在铁路网中起着的机动调节作用。

焦枝铁路1985年货运密度已达1682万吨公里/公里，有些区段的运输能力已不足，正着手进行技术改造。

（六）枝柳铁路。

枝柳铁路起自湖北省宜都县的枝城镇，经湖南省石门、慈利、大庸、古丈、吉首、麻阳、怀化、会同、靖县，广西壮族自治区八斗、融安，至洛满与黔桂铁路接轨，然后再经柳江至柳州，全长886公里。

枝柳铁路北接焦枝线，与汉丹、襄渝、陇海、太焦、同蒲等线相连，并在枝城与长江航运相交，中段在怀化与湘黔铁路十字交汇。东通京广、浙赣铁路，西连川黔、贵昆铁路，南接湘桂铁路，构成路网，对进一步开发沿线资源，繁荣少数民族地区经济，都有重要作用。

枝柳铁路纵贯鄂、湘、桂三省区，通过云贵高原的东部边缘，横穿武陵、雪峰两大山脉，跨越澧、酉、武、沅、辰等水系和融江、柳江。沿线丘陵绵亘，多高填深挖工程，共完成路基土石方 10504 万立方米；桥梁 476 座，总延长 52.3 公里；隧道 396 座，总延长 172.3 公里；桥隧合计约 192 公里，占线路长度的 25%；正线铺轨 883.1 公里。

枝柳铁路设计为一级干线。由铁道部第四工程局设计，第二、四工程局和大桥工程局，广州、柳州铁路局，以及沿线省区民工参加施工。全线于 1970 年 8 月开工，1978 年 12 月枝城至洛满间 853 公里修通，1981 年洛满至柳州的联络线通车，1983 年元旦交付正式运营。

枝柳铁路有相当一部分线路穿行在湘西土家族苗族自治州管辖的大庸等 10 个市县，聚居着土家、苗、瑶、回、汉等民族群众。过去由于交通闭塞，丰富的煤、铁、磷、汞、铅、锌、硫黄等矿产，开采困难。枝柳线的建成，促进了这一地区的经济繁荣。现在这个自治州已拥有机械、电力、纺织、化学等工业，矿产资源和农林产品的外运也有很大增加，轻工产品、日用百货和机械设备的输入量也有明显的增长。1985 年这条铁路货运密度为 1075 万吨公里/公里。

（七）汉丹铁路。

汉丹铁路起自武汉枢纽的汉西车站，西行经长江埠、安陆、随县、唐县镇、枣阳、襄樊，沿汉水经莫家营、光化而达湖北省西部丹江口，全长 412 公里。

汉丹铁路早先是为了配合丹江口水利枢纽建设和湖北省西部地区工程建设，以及沿线农产品运输需要而修建的一条地方铁路。由湖北省、水利电力部、铁道部共同投资，以湖北省为主，采用较低标准和每米只重 18 千克的轻型钢轨，于 1958 年开工修建。襄樊至丹江口一段 103 公里，1960 年修通。1962 年又修通了汉西至唐县镇一段 214 公里。建成的这两段铁路，由地方经营管理。1966 年，汉丹铁路由铁道部接管，并投资改建和续建唐县镇至襄樊一段，同年全线贯通，轻轨亦陆续换成重轨，1967 年年初交付正式运营。

汉丹线汉西至三坡港间为古云梦泽，地势低洼，水塘星罗棋布。襄樊至傅家寨间穿过低缓丘陵，傅家寨至丹江口间通过汉江切割的山坡，自然坡度大，岩层风化剧烈。这条铁路系铁道部第四设计院设计，武汉铁路局和湖北省指挥部负责施工。全线共完成主要工程量有：路基土石方2731万立方米；桥梁106座，总延长6公里；正线铺轨409.95公里。光化以东采用一级干线标准，光化至丹江口采用三级专用线标准。

自焦枝、襄渝两大干线建成以后，襄樊成为焦枝、汉丹两线交叉的枢纽，莫家营成为襄渝、汉丹两线的接轨点，汉丹铁路发挥了干线功能，在路网中起着重要作用。现只剩莫家营至丹江口一小段，为丹江口水利枢纽服务的铁路支线。

（八）皖赣铁路。

皖赣铁路起自宁铜铁路安徽省芜湖附近的火龙岗车站，南行经宣城、宁国、绩溪、歙县、屯溪、休宁、祁门，而至江西省景德镇、乐平、万年、贵溪，与浙赣铁路接轨，全长540公里，是贯通皖赣两省的一条铁路干线。它和宁铜线连在一起，是南京通至江西的一条捷径，并与沪宁、沪杭、浙赣东段构成环状，在运输上起机动调节作用。它北接淮南铁路，南衔鹰厦铁路，纵贯南北，在华东地区的铁路网中占有重要地位。

皖赣铁路的建设经历了漫长的历史过程。早在第一次世界大战前，英帝国主义就提出要求修建这条铁路，当时称作"宁湘铁路"的北段。1934年，国民党政府及上海财团成立江南铁路公司，修建了南京经芜湖通达孙家埠铁路，称江南铁路，其中南京至芜湖一段为今宁铜线北段，芜湖至孙家埠一段80公里即今皖赣铁路的最北一段。1936年至1937年，国民党政府继续自孙家埠和贵溪两端施工，当时称"京赣铁路宣贵段"，后因日本侵略军攻陷南京、宣城，被迫停工，其时全线路基石方及桥涵工程已基本完成，皖境内已铺轨至歙县，赣境内也在贵溪、乐平、景德镇三处各铺小段轨道。1938年，日寇进逼中原，国民党政府将全线破坏，拆除所铺轨道运往后方，从此，一度兴建的皖赣铁路就成了残破不堪的历史陈迹。直至新中国成立后，经过较长时间，才重新建成通车。

皖赣铁路由铁道部第三、四设计院按一级干线标准设计。最南一段，贵溪至乐平原由江西省投资，于1966年由南昌铁路局开工修筑，1970年铺轨通车，1973年移交铁道部并继续投资修建，又对通车段进行改造，同年自乐平铺轨至景德镇。贵景段131公里，于1980年建成交付临时运营。火龙岗至景德镇段于1970年年初由安徽省皖赣铁路指挥部及上海铁路局共约20万人动工修建，同年7月移交给第四工程局继续施工。1981年全线在祁门接轨通车，1984年6月交付正式运营。

皖赣铁路经过的皖南与赣东北地区，多为起伏的丘陵。其中宁国至景德镇一段，跨越水阳江、新安江和昌江间的分水岭，地形及地质较为复杂。全线共完成主要工程量有：路基土石方3802万立方米；隧道41座，总延长9.1公里；桥梁209座，总延长14.8公里；正线铺轨539.8公里。

皖赣铁路以直通运量为主，约占70%。主要是两淮南下的煤炭和闽赣北上的木材等。皖南赣北地区物产丰富，著名的有茶叶、瓷器、纸张、砚石等，也有丰富的矿藏，工业比较发达，铁路地方运量约占30%。皖赣铁路建成后，有利于这一地区的交通运输和促进经济发展。

第三节　为通向沿海港口和邻国修建的铁路干线

中国东、南部濒临海洋，是世界上海岸线最长的国家之一。北从中朝两国交界的辽宁省鸭绿江口起，南至中越两国交界的广西壮族自治区北仑河口止，总长约1.8万公里。沿着这条漫长而曲折的海岸线，散布着许多港口，它们像一颗颗明珠，镶嵌在祖国大陆的边缘，为发展海上交通运输、对外贸易和开发海洋资源创造了有利条件。海上运输，利用海洋的天然航道，船舶吨位一般不受限制，具有运量大、能耗小、成本低等优点，是国际间进行大宗物资交流的重要运输方式。新中国成立以来，为了加强对外贸易和增进同世界各国人民的友好往来，大力发展海运事业。沿海港口既是陆地的门户，又是联结海洋与陆地的桥梁和衔接各种运输方式的枢纽。没有港口就没有海运，而港口后方如果没有强大运输能力的铁路与内陆连接,港口的作用也不能充分发挥。因此,建设港口后方铁路,与建设港口一样具有重要的意义。

新中国成立以前,后方有铁路联系的海运港口只有大连、秦皇岛、天津、青岛、连云港、上海、广州黄埔等处。新中国成立后,为了增辟和加强海运通道,先后修建了黎湛、蓝烟、萧甬、鹰厦、外福、兖石、京秦、海南岛环线8条通抵港口的铁路(见表26),总延长2347公里,对发展海运事业起到了促进作用。

通向沿海港口和邻国的新建铁路干线

表26

序号	铁路线名	起讫地点	运营里程（公里）	投资金额（百万元）	建设年月 开工	建设年月 验收交接	备注
	通向沿海港口线						
1	黎湛线	黎塘至湛江	317	128.22	1954.9	1955.12	
2	蓝烟线	蓝村至烟台	184	66.38	1953.6	1956.6	
3	鹰厦线	鹰潭至厦门	694	383.66	1955.2	1957.12	
4	萧甬线	萧山至宁波至北仑港	147 (37)	11567	1953.7 1984.1	1959.10 1986.6	
5	外福线	外洋至福州至马尾	193 (21)	91.95	1956.3 1970.9	1959.11 1971.10	
6	海南岛环线	安游至八所至石碌段	214 (33)	55.82	1958.3 1983.11	1960.11 1985.10	
	南防线	南宁至防城	(174)	311.76	1978.3		1986年通车
7	兖石线	程家庄至石臼所	308	1249.51	1981.4	1985.12	有双线6公里
8	京秦线	双桥至秦皇岛东	290	1802.18	1981.9	1985.12	有双线287公里
	小计		2347	4204.85			
	通向邻国线						
9	湘桂线	来宾至友谊关段	417	61.53	1950.10	1953.3	
10	集二线	集宁至二连	331	157.79	1953.5	1955.11	至国境2公里
	小计		748	219.32			
	合计		3095	4424.17			括弧内数字未统计在内

注:括号内数字为尚未运营里程。无序号的为尚未运营线。

新中国成立后,还修建了两条通往国境的陆上国际通道,它们是湘桂铁路南段的来宾至友谊关段和集二铁路,共长748公里。兹将通向沿海港口和邻国的主要铁路干线概况择要分述于后。

(一)黎湛铁路。

黎湛铁路起自湘桂铁路的广西壮族自治区黎塘车站,向南经贵县、玉林、陆川、广东省河唇、廉江、遂溪,直抵雷州半岛的湛江港,全长317公里。这条铁路既是南方出海的一条通道,又是南海和海南岛地区联系华南腹地的一条铁路干线。

黎湛铁路在国民党政府时期曾一度动工,但只在黎塘贵县间完成很少一部分工程,寸轨未铺。新中国成立后,随着湘桂线的修复,中南、西南设计分局立即从事黎湛线的设计。1954年9月,铁道兵以6个师和1个独立桥梁团的兵力投入施工,并有广东和广西的民工10万人参加。1955年5月19日完成铺轨,同年7月1日全线通车,1956年元旦交付正式运营,前后只用了1年3个月,这在中国筑路史上是少有的。人民群众为此赞誉铁道兵是"祖国铁道建设的突击队"。全线共完成主要工程量有:路基土石方1636万立方米;桥梁70座,总延长3.2公里;隧道1座,长118米;正线铺轨312.98公里。

黎湛铁路的终点湛江港位于广州湾内,水域广阔,港湾深湛,海岸线蜿蜒曲折,是南方的一个天然深水良港。湛江港也是西南各省出海的捷径,又是中国大陆通往非洲、欧洲和东南亚各国航线最短的港口,有近70个国家和地区的货轮来往这里,在全国对外贸易远洋海运网中占有重要的地位。

湛江市在新中国成立初期,市区面积只有3平方公里,市政设施简陋,工农业生产不发达。从"一五"计划开始,随着黎湛铁路的通车和新港区的修建,各种工矿企业迅速发展,湛江已成为一个相当繁荣的港口工业城市。湛江港已拥有9个万吨级以上泊位,年吞吐能力在1000万吨以上,成为南方水陆运输的一个重要枢纽,对增进中国和世界人民的友谊,促进对外贸易起着越来越大的作用。

黎湛铁路沿线土地肥沃，自然资源丰富。广西锰矿储量居全国第一位，锡矿和钨矿在全国也占重要地位。这些矿产有不少分布于黎湛线的吸引范围。黎湛铁路一端的雷州半岛面对着富饶的海南岛和广阔的南海海域，有丰富的物产和海洋资源可供开发。南海大陆架海底蕴藏的石油资源，正在进行勘测开采。对以上资源的开发，黎湛铁路起着重要作用。

从黎湛铁路的河唇车站出岔，建有长达62公里的铁路支线至茂名。为开发当地的油母页岩，茂名已成为广东省主要炼油基地。河唇茂名支线正在向东延伸到广州，构成连通两广的沿海铁路干线。

黎湛铁路1985年货运密度已达1046万吨公里/公里，已开始进行技术改造，以提高线路输送能力，适应今后运量的发展。

（二）鹰厦铁路。

鹰厦铁路北起浙赣铁路上的江西省鹰潭，溯泸溪上行，经资溪，翻越武夷山脉，沿富屯溪南行，经福建省光泽、邵武、永安、漳平、华安、郭坑、角美，越杏林海湾和集美—高崎海峡而达厦门，全长694公里，是华东地区出海的又一条铁路干线。

福建省西北多山，东南滨海，受自然屏障的阻隔，交通不便。早在20世纪初，广大爱国侨胞和国内工商业家就打算在福建修建铁路。1907年至1910年间，曾由官商合办修筑过一条名为漳厦铁路的窄轨铁路，长仅28公里，实际上一端与厦门隔海相望，一端与漳州还隔着一条大江，在经济上没有什么作用，因而很快就停止了通车。1930年以后，被国民党政府拆除。

修建从江西通往福建的铁路，在旧中国也曾有过设想，进行多次勘察，经历30多年终未实现。新中国成立后，国家决定修建鹰厦铁路，1953年1月起，先后由铁道部中南、西南设计分局进行勘测设计。1955年年初，在铁道兵司令员王震上将指挥下，铁道兵8个师和1个独立团，以及闽赣两省民工12万人投入施工。1956年12月9日铺轨到达厦门，1958

年元旦交付正式运营，实现了福建人民和海外侨胞数十年来的愿望。

鹰厦铁路沿线地形复杂，工程艰巨，尤以资溪至邵武间穿过武夷山脉，永安至漳平间穿过戴云山脉，工程集中，堤高堑深。全线采用二级干线标准，主要工程量有：路基土石方5650万立方米；隧道47座，总延长12.7公里；桥梁159座，总延长9.2公里。为了缩短线路长度，在杏林和集美，用150多万立方米石料，修建了由杏林到集美、集美到高崎间两座总长5公里、宽19米的海堤。这是中国第一个长大海堤工程。朱德委员长题写了"移山填海"四个大字，表彰军民共同创造的这一丰功伟绩。

鹰厦铁路沿线有丰富的物产资源，顺昌等地的木材每年有300万立方米由铁路运出。永安、漳平、龙岩、永定等地的煤炭每年由铁路运出260万吨。潘洛铁矿矿石含铁量达50％以上，每年由铁路运出60万吨。锰、铜、铅、硫黄、石墨等矿藏量也很丰富，年运量达百万吨以上。为了发展沿线经济，鹰厦铁路建成后，又先后修建了不少支线和专用线。主要有：永安至加福，漳平至龙岩、坎市，郭坑至漳州，梅水坑至剑斗等支线。后者将继续东伸，以达福建省另一重要港口泉州。

鹰厦铁路通车28年来，客货运量增长4倍以上。1985年货运密度达869万吨公里/公里。自福建经济特区建立后，厦门港发展很快，进出口物资经由港口和铁路运往四面八方，鹰厦铁路的作用得到充分发挥，已开始进行技术改造和电气化，以适应运输增长的需要。

（三）京秦铁路。

京秦铁路起自北京枢纽的双桥车站，经三河、玉田、丰润、狼窝铺、卢龙、抚宁到达秦皇岛，是晋煤外运北线的重要道路，也是中国第二条一次建成的双线电气化铁路干线。

京秦铁路全长290公里。其中双桥至狼窝铺段，长153公里，沿1975年建成的通县至坨子头线增建第二线；狼窝铺至秦皇岛，长128公里，为新建双线。通坨铁路的狼窝铺至坨子头一段40公里仍作为京秦、京山两线间的联络线。

京秦铁路位于华北平原北部燕山南麓水流发育的山地,地形复杂。全线采用较高的技术标准,为一级、双线干线。主要工程量有:路基土石方2568万立方米;隧道5座,总延长3.8公里;桥梁297座,总延长40多公里,其中特大桥有滦河、青龙河、永定河等10座,立交桥85座。

这条铁路由铁道部第三勘测设计院设计,第一、三工程局,大桥工程局,电气化工程局和北京、沈阳铁路局施工。1981年9月开始修建,1983年12月20日全线铺轨通车,1985年12月全线电气化贯通,并交付正式运营。

京秦铁路电气化首次采用AT供电方式(即自耦变压器供电方式),并利用外资引进成套设备,技术先进。AT供电方式电气性能好,对邻近通信线路干扰小,供电距离大,适合于高速、重载列车运行,同时还可以减少牵引变电所的数量,缩短110千伏输电线长度,简化外部供电系统,改善接触网运营条件。

京秦铁路建成后,除了运输山西煤炭外,对促进地方工农业生产的发展,缓和华北地区铁路运输的紧张局面和加快进出关货物运输,均有重大作用。由北京至秦皇岛,走京秦线比走京山线(经天津、唐山)可缩短距离103公里。

京秦铁路终点秦皇岛海港,与京秦铁路建设同步扩建深水泊位,扩建后能停泊10万吨级货轮。全港码头吞吐能力将提高到5000万吨。与之相配合,铁路的原秦皇岛老站改为秦皇岛南站,新建了秦皇岛站作为京秦、京山两线联轨站,另建秦皇岛东站作为港口服务的工业站,并修建了一些联络线和码头线,同时设计了一些必要的立交疏解进路,保证运输畅通。京秦铁路对于促进秦皇岛地区的建设发展,将进一步发挥巨大作用。

(四)兖石铁路。

兖石铁路西起津浦铁路上山东省兖州附近的程家庄站,经曲阜、泗水、平邑、费县、临沂、莒南、日照而至黄海海滨的石臼所港，全长308公里，是兖州煤田和滕枣煤田煤炭的一条出海通道。它和兖州—济宁—菏泽—新乡铁路连成平行于陇海铁路东段的东西干线，也是山西煤炭出海的一条通道。

兖石铁路横穿鲁南泗水冲积平原和沂蒙山区南部的河谷走廊。西段地势平坦，河滩开阔；东段低山丘陵，起伏较大。沿线河川纵横，特别是在临沂、莒南间横跨著名的沂沭大断裂带，地质构造复杂。全线按一级干线设计，共完成路基土石方1724万立方米，桥梁333座，总延长25.4公里。

兖石铁路由铁道部第三勘测设计院设计，铁道兵第一、四师和九师四十一团于1981年4月开工建设。1984年11月7日铺轨通车，1985年12月31日交付正式运营。

兖州是国家正在扩建中的大型煤炭基地。滕枣煤田主要矿区位于津浦铁路两侧。现有薛城至枣庄支线与津浦线连接。兖石铁路建成后，外运煤主要经由这条铁路出海。与兖石铁路同步建设的石臼所港是一个深水大港，年吞吐量可达1880万吨。第一期工程包括10万吨、2.5万吨和万吨级泊位各一个。港口附近的日照市已拥有190多个大中型企业，出口商品多达90多种，周围还有大量的非金属矿藏资源，以及可开发利用的7.6万亩滩涂，为对虾养殖业重要基地之一。兖石铁路对这一新形成的港口城市的发展提供了交通便利条件。

（五）湘桂铁路来睦段。

湘桂铁路来睦段从来宾到睦南关（现称友谊关），是湘桂铁路的最南一段。国民党政府曾两度开工修建此段铁路，但所完成的部分工程，经过破坏、拆除和多年的风雨侵蚀，残破不堪，都难利用。新中国成立后，衡阳铁路管理局和铁道兵部队承担该段设计、施工，并动员20多万民工参加，于1950年开工，1951年通车至南宁。1952年1月来宾—南宁—凭祥段铺轨通车，1953年3月正式交付使用，全长417公里，其中凭祥至睦南关一段长14公里，按照当时越南铁路轨距1000毫米修建，并在凭祥设换装站，于1954年年底完成。1955年3月，在凭祥举行中国凭祥至睦南关和越南河内至睦南关通车典礼，8月开始办理中越联运。

湘桂铁路来睦段的建成，对支援边疆建设，巩固国防发挥了重要作用。后来，随着越南河内至睦南关铁路改为标准轨距，中国凭祥至睦南关铁路的轨距亦同时改为标准轨距，凭祥换装站的作用因而消失。由于运量增长的需要，来宾以南至黎塘一段已与来宾以北至柳州的铁路同时改建为双线铁路（计长129公里），于1984年开通运营。

来睦段按三级铁路标准设计，重点工程为红水河铁路大桥，改建双线时另建第二线红水河斜拉桥。

（六）集二铁路。

集二铁路是北京—乌兰巴托—莫斯科国际联运干线在中国境内的一部分。南起京包铁路集宁南站，经土牧尔台、赛汗塔拉，北至二连国境站，全长331公里。沿线地形比较平坦，但穿越草原、沙漠缺水区，人烟稀少，气候多变，全年封冻降雪期长达六七个月。沙漠路基采取特殊措施，施工艰苦。

集二线由铁道部第四测量总队和华北设计分局设计，第三工程局于1953年开工，1954年年末铺通，交付临时运营。根据中、蒙、苏三国关于组织铁路联运协定，于1955年拨宽轨距至1524毫米，与蒙、苏两国铁路轨距取得一致后开始正式运营，实行右侧行车。1965年为了适应新的形势和缩短国外车辆在中国境内运转停留时间，节省使用费，轨距又拨回到1435毫米，集宁站的换装设备拆移到二连站。1966年全线信号标志由苏式改为中式，行车方式由右侧改左侧，与全国标准轨距和行车方式取得一致。

集二铁路的建成，使北京至莫斯科的距离比经由哈尔滨、满洲里缩短1141公里，并促进了沿线乌兰察布盟和锡林郭勒盟地区的经济发展。

第四节 为通达工矿、森林企业基地修建的铁路支线

新中国成立以来，新的工矿企业如雨后春笋，不断出现。其中一部分基地位置不在铁路干线近侧，而进出物资数量较大，必须修建铁路支线与之相连。铁路干线、支线在整个铁路运输中是不可分离的，干线是支线的出路，支线是干线运量的源泉，二者对发展国民经济都至关重要。

旧中国的铁路支线寥寥无几，其长度不到全部铁路运营里程的10%。新中国成立36年来，从既有铁路和新建铁路出岔，先后修建了主要铁路支线150多条，总延长8800多公里，连同旧中国遗留下来的铁路支线，总长度已占全国铁路运营里程的20%，显示了中国工矿企业和铁道运输事业的发展。

在新建的铁路支线中，以为煤炭工业和森林工业修建的支线比重最大（均占20%以上），对国家煤铁、森林资源的开发和运输起着重大作用。有些支线实际上是两大干线间的联络线，具有干线作用，也有一些支线是未来干线的组成部分，如符离集至夹河寨线，孟庙至宝丰线，吉林至舒兰线，河唇至茂名线，梅水坑至剑斗线，漳平至坎市线，天津至蓟县线，安陆至卫家店线，隆化至承德线，等等。

新建的有些支线，货运密度相当大。据1985年统计，符离集至夹河寨、孟庙至宝丰、南翔至何家湾等支线，货运密度已达1000万吨公里/公里，相当于一般干线。鹤岗至鹤北、嫩江至加格达奇、勃利至七台河、吉林至舒兰、天津至蓟县、介休至阳泉曲、新郑至密县、河唇至茂名、汤阴至鹤壁等支线，货运密度也在500—1000万吨公里/公里，相当于次要干线。还有其他26条支线的货运密度在200万吨公里/公里以上，23条支线在100万吨公里/公里以上。

75公里以上的主要铁路支线简况见表27，其中里程较长的牙林线、嫩林线、通霍线分述如下。

75 公里以上新建铁路主要支线

表 27

序号	铁路线名	起讫地点	运营里程（公里）	投资金额（百万元）	建设年月 开工	建设年月 验收交接	备注
1	汤林线	伊春至乌依岭段	153	65.45	1956.4	1957.10	
2	牙林线	库都尔至满归段	302		1962.3 1952.6	1966.12 1955.9 1966.12	即牙林中线
3	伊加线	伊图里河至加格达奇	213	191.25	1954.11	1965.6	即牙林东线
4	朝乌线	朝中至莫尔道嘎段	76		1957.4	1960.11	即牙林西线
5	孟宝线	孟庙至宝丰	100	49.03	1956.4 1969.10	1957.9 1970.9	
6	长林线	大阳岔至白河段	190	211.69	1955.8	1974.12	现改叫浑白线
7	符夹线	符离集至夹河寨	83	46.54	1958.8 1965.3	1962.10 1966.12	
8	包白线	包头西至白云鄂博	147	41.96	1956.3	1958.11	
9	梅福线	梅水坑至福德至剑斗	57 (31)	176.60	1958.8	1959.12 1981.4	
10	娄邵线	娄底至邵阳	98	64.79	1959.5	1966.12	
11	密东线	密山至东方红	161	12.16	1958.3	1965.9	
12	向乐线	江家至江边村段	117	53.05	1961.6	1965.12	
13	东川线	塘子至浪田坝	97	82.16	1958.8	1966.4 1972.10	
14	吉兰泰线	乌达至吉兰泰	130	48.81	1960.5	1966.12	
15	吉舒线	吉林北至舒兰	78	27.02	1958.8	1960.8 1966.9	
16	津蓟线	汉沟至蓟县	91	32.23	1958.12	1967	
17	铁境山线	嘉北至铁境山	78	129.24	1958.6	1969.9	
18	林碧线	林海至碧水	116	63.92	1966.6	1970.9	
19	宁苛线	宁武至苛岚	95	121.91	1967.8	1971.11	
20	红会线	白银市至红会	94 (12)	70.10	1958.12 1969.6	1972.6	即白宝线

续表

序号	铁路线名	起讫地点	运营里程（公里）	投资金额（百万元）	建设年月 开工	建设年月 验收交接	备注
21	漳坎线	和春至龙岩至坎市	56	502.76	1958.3	1964.12	龙岩至坎市已通车未交接
			(72)		1969.4	1973.3	
22	开丰线	开原至安民屯段	82	12.13	1959.11	1971.10	
23	张东线	张店至东营	92	41.20	1960.4	1973	
24	嫩林线	嫩江至古莲	680	527.00	1958.7	1974	
25	盘西线	沾益至柏果段	136	364.38	1966.8	1974.7	
26	分文线	分宜至文竹	154	64.51	1970.3	1977.1	
27	芜铜线	化鱼山至横港南	90	45.79	1959.1	1977.1	
28	唐遵线	唐山至遵化	96	25.73	1972.10	1978.12	
29	甘河子线	乌鲁木齐至小黄山	122			1980	地方移交铁道部的，未正式营业
30	太岚线	汾河至镇城底段	52 (33)	230.15	1975.11	1983.4	
	伊敏线	海拉尔东至伊敏河	(77)	129.41	1978.5	1986.12	
31	梅七线	梅家坪至前河段	77	328.08	1969.10	1983.12	含至梅家坪编组场8公里
	通霍线	通辽至霍林河	(419)	603.61	1978.5	1986.12	
	塔韩线	塔河至韩家园子	(118)	281.02	1979.5		1981年10月已通车
32	醴茶线	醴陵至茶陵	117	81.10	1970.7	1973.4	
33	平汝线	平罗至汝箕沟	82	92.23	1959.5	1965.11	
					1966.5	1971.11	
34	广旺线	广元至普济段	55 (27)	55.45	1959.12 1979.5	1972.11 1986.12	
35	烟白线	烟筒山至白山	151	188.66	1958.8	1977.8	

注：括号内数字为尚未运营里程。无序号的为尚未运营线。

（一）牙林铁路。

牙林铁路位于内蒙古自治区呼伦贝尔盟北部，起自滨洲线的牙克石站，有中、西、东三条线。中线经库都尔、图里河、伊图里河、根河、朝中、金林、金河、牛耳河至满归，长446公里。其中牙克石至库都尔长144公里，原系帝俄为掠夺中国林区资源而修建的专用线。西线自中线的朝中站出岔，偏西经得尔布尔至莫尔道嘎为临时终点，长76公里。东线自中线的伊图里河站向东经甘河、阿里河至加格达奇与嫩林铁路接轨，长213公里。三线共长735公里，其中144公里为既有线技术改造，完全新建的有591公里，三线均按三级铁路设计。

牙林铁路是根据林业部门的要求，分段向林区深处展筑的。先由铁道部东北设计分局设计，随后由第五、三设计院陆续完成。参加施工的有：齐齐哈尔、哈尔滨铁路局，第三、七工程局及铁道兵七师等。最早建成的是库都尔至图里河段，于1952年开工，1955年9月交付正式运营。1957年年后，图根、根金、金满、伊甘、甘加、朝得、得真等段先后陆续建成，至1966年12月，牙林铁路中、西、东三线全部分期交付正式运营。

牙林铁路沿线气候严寒，最低气温达－50℃，年平均气温为－3℃，每年9月下旬降雪结冰，土壤冻结深度为2.5米。次年5月上旬融化后，即进入春融汛期，七八月为雨季。线路所经之处均系原始森林丘陵地区，林海雪原，荒无人烟。河谷台地低洼处和山腰易于积水处遍生塔头草，步履艰难。恶劣的地理环境和自然条件，使牙林铁路的建设遇到重重困难，只能步步为营，逐段深入，建设一段，运营一段。自1957年恢复建设以来，至1966年止，历年累计完成的主要工程有：路基土石方1851万立方米；桥梁140座，总延长4593米；隧道1座，长140米；正线铺轨590.7公里。

牙林铁路中、西、东三线交付运营后，与嫩林铁路一起，构成辽阔的大兴安岭林区的铁路网，对开发这个林区起到决定性的作用。据统计，1985年中线货运密度为368万吨公里/公里，东线货运密度为122万吨公里/公里，西线货运密度为55万吨公里/公里。

（二）嫩林铁路。

嫩林铁路南起富嫩铁路的终点黑龙江省嫩江，向北跨过嫩江经大杨树、加格达奇、林海、塔河、樟岭、西林吉，止于古莲，全长680公里，是开发大兴安岭林区的一条主要铁路。它在加格达奇与牙林铁路东线接轨，共同构成林区的铁路网。

嫩林铁路嫩江至加格达奇段曾于1958年7月开工修建，后因国民经济调整停建。1964年1月，国家经委根据国务院指示召开会议，确定为开发大兴安岭林区组织一个会战，由林业部、铁道兵具体组织实施。铁道兵负责嫩林铁路的施工任务。铁道部第三设计院负责设计。1964年8月，铁道兵东北指挥部率三、六、九师的兵力分别从南北两段展开施工。1966年10月31日，北段加格达奇到塔河段铺轨通车；南段嫩江到加格达奇段，于1968年6月28日铺轨通车，1969年元旦交付正式运营。塔河至樟岭段于1966年开工，1968年12月铺轨通车，1970年7月15日交付正式运营。樟岭至古莲段，于1970年开工，1972年8月15日铺轨通车，1974年8月15日交付正式运营。至此，嫩林铁路全部建成，从开工到竣工历时15年。

嫩林铁路位于大兴安岭东南坡和北坡。冬季长，气温低，每年冰冻期长达7个月以上，最低气温－57℃。全线除越岭地段和部分傍水临河地段较为险峻外，大部分均为平原丘陵地带，但沿线沼泽和洼地广泛分布，地下水露头处出现冰丘、冰锥，有终年冰雪不化的永冻层，有结冰数尺厚的冰河，还有人马难行的沼泽地带，施工条件艰难。全线设计标准，嫩江至塔河按二级铁路设计，塔河至古莲按三级铁路设计。共完成主要工程量：路基土石方3468万立方米；隧道10座，总延长7.2公里；桥梁118座，总延长5.5公里；正线铺轨681公里。

大兴安岭林区森林资源极为丰富，是中国最大的"绿色宝库"。嫩林铁路加格达奇以北，沿线大部分为原始森林地区。据林业部门调查，木材总蕴量有6.7亿立方米。嫩林铁路建成通车后，有力地支援了林区的开发建设，沿线已建设起8个林业局，60多个林场，30多个贮木场，成为国家一个重要的木材生产基地。原来只有几栋砖房、300多人口的加格达奇，已建设成拥有10万以上人口的第二个新型林城。1985年，嫩加段货运密度达639万吨公里/公里，加古段达455万吨公里/公里。

为了扩大大兴安岭林区的开发面，使嫩林铁路发挥更大的作用，修建了林碧支线，从林海车站经呼中至碧水，长116公里，于1970年9月建成交付运营；还修建了一条塔韩支线，从塔河车站经十八站至韩家园子，长118公里，1981年已通车至十八站，并交付运营。还计划从嫩林铁路目前终点古莲车站向西延伸，与牙林铁路中线终点满归接通，以形成牙林、嫩林环状铁路。这段铁路修通后，大兴安岭林区铁路运输将呈现新的局面。

（三）通霍铁路。

通霍铁路南起内蒙古哲里木盟首府通辽，与大郑、通让、京通铁路相连接。线路经过扎鲁特旗、科尔沁右翼中旗而达霍林河煤矿区，全长419公里，是为建设霍林河露天煤矿和输出该矿褐煤而兴建的铁路。

这条铁路的南段通辽至白音胡硕，沿着松辽平原西北缘行进，穿越科尔沁草原，地势平坦开阔。北段自白音胡硕至霍林河矿区，进入霍林河谷，属大兴安岭南部的低山丘陵区，线路依山傍水。全线共完成路基土石方1793万立方米；隧道2座，延长860米；桥梁149座，总延长6.4公里，其中西辽河特大桥长达589米。

通霍铁路由铁道部第三勘测设计院设计，铁道兵八、九、十四师施工。1978年5月开工，1979年年末铺轨通车至白音胡硕，1980年9月铺轨到矿区边缘的珠斯花。由于煤矿建设规模缩小和煤田总体规划未定，影响了铁路终点线路位置的确定，因而也影响了铁路工程进度，直至1984年才完成全线铺轨通车。

霍林河露天煤矿是"六五"期间兴建的五大露天煤矿之一。通霍铁路的建成，使霍林河煤田的褐煤源源外运，对解决东北、内蒙古地区能源不足和促进沿线蒙、汉、满、回各族的工农牧业的发展和巩固国防均具有较大作用。

经过36年来的建设，中国铁路虽然有了很大发展，但与经济发达的国家相比，尚有较大的差距，主要是数量少，路网布局不够合理，技术装备水平低。中国按领土面积平均的路网密度，每千平方公里只有5.4公里，而美国为33.9公里，联邦德国为115.18公里，日本为57.6公里，苏联为6.27公里。这种状况极不适应国民经济发展和人民生活对铁路的需要。在铁路建设方面，缺乏长远的规划。为开发西部大力兴建铁路干线是必要的，但对京广线以东运输繁忙地区，却忽视了对营业线的改造和起疏解作用的联络线、平行线和分流线的修建，使铁路运输紧张饱和的状况一直未能解决。而且有的新线建成后，运量增长缓慢，经济效益较差，不能充分发挥投资效果。新线建设还存在造价越来越高的问题。如第一、二个五年计划期间，铁路干线平均每公里造价为56.4万元，第三、四个五年计划期间，增至148.15万元，第五、六个五年计划期间，达到234.66万元。铁路新线造价不断上涨的因素较多，有因线路所处的地理位置不同，地形地质复杂，工程艰巨，线路技术标准高，工程数量大形成的；有因工资、物价、地价不断提高，影响工程价格的上涨，提高了造价的。但政策多变，规划不周，可行性研究不够，盲目上马、下马，以及设计不当，施工管理不善，各项间接费用增加和浪费等，也是重要原因。因此，认真总结经验，吸取教训，加强调查研究，比选方案，优化并提高设计质量，改善施工管理，合理组织施工，千方百计降低工程造价，节省投资，为国家修建更多的铁路，是有关铁路建设部门、设计施工管理技术人员，急需重视解决的问题。

第十四章
既有铁路的技术改造

第一节 既有铁路技术改造的必要性

旧中国留存的 2 万多公里铁路，由于设备简陋，种类庞杂，技术落后，列车载重量小，行车速度低，影响了运输效率的发挥和给旅客带来了不便。

新中国成立后，随着国民经济不断发展，铁路运量大幅度增长。为了适应运输需要，逐年对既有铁路进行了技术改造。至 1985 年止，共有 50 多条铁路进行了单线技术改造，有 29 条铁路进行部分或全线增建第二线（已完工 18 条），还有 13 条铁路实施部分或全线电力牵引（已完工 10 条）。50 年代新建的铁路和旧中国留存的铁路，一般都经过 1 次或 2 次、3 次的改造，对有些 60 年代及其以后新建的铁路，也进行了不同程度的改造。

在重点进行改造的 2 万多公里铁路中，营业里程虽只占全部营业里程的 40%，但由于它们地处沿海、东北、华北、华中工农业发达的地区，运量增长幅度远远高于其他地区，加上新线运量的引入，运输压力最重。据 1985 年统计，货运量已占全国铁路的 77%。这些线路中有些区段货流增长更为迅猛。以 1985 年与 1954 年相比，京广线丰台至石家庄段上行货流增加 5.8 倍，津沪线徐州至南京段下行货流增加 6.7 倍，陇海线徐州至郑州段上行及郑州至洛阳段下行货流分别增加 25.6 倍及 18.2 倍，石太线石家庄至赛鱼段上行货流增加 5.5 倍，丰沙大线（丰沙线和京包线沙城至大同段的总称）丰台至张家口段上行货流增加 11.9 倍。铁路运输能力不足，必然对工农业发展产生制约性的影响，而工农业迅猛发展，又自然要求加快既有铁路技术改造和建设新线的步伐。

一些既有铁路虽然经过几次挖潜改造，但运输能力仍然远远落后于运量的增长，不少区段运输能力接近饱和，有的区段甚至超负荷运行。其中尤以京广、津沪、京沈、哈大、京包、陇海、浙赣、沪杭八大干线最为严重。

表28和表29分别为主要铁路干线繁忙控制区段货运密度和运能提高与运量增长的对比表。

主要既有铁路干线繁忙区段货运密度

表28　　　　　　　　　　　　　　　　　　　　　　　　　　　　万吨公里/公里

线　　别	1954		1965		1975		1985	
	上行	下行	上行	下行	上行	下行	上行	下行
京广线：丰台—石家庄	668	628	1600	1819	2531	2431	4553	3585
津沪线：徐州—南京	324	761	592	2018	1043	2640	2230	5882
陇海线：徐州—郑州	127	156	623	514	1240	802	3383	1690
郑州—洛阳	102	252	588	993	1285	1230	2840*	1959
石太线：石家庄—赛鱼	719	156	1548	387	2093	483	4667	944
丰沙大线：丰台—张家口南	492	138	1430	649	2162	946	6345	1565
京沈线：丰台—天津	1150	640	2645	2291	3686	3302	4746	6644
胶济线：张店—蓝村	85	284	197	812	401	1548	1510	2452
哈大线：沈阳—大石桥	1199	565	1814	1181	3410	1731	4559	2786

注：带*的为1984年数字。

主要既有铁路干线繁忙区段运能提高与运量增长对比

表29

线　　别	线路输送能力（万吨）			客车对数与货运量					
	1965	1985	提高（％）	1965		1985		提高	
				客车（对）	运量（万吨）	客车（对）	运量（万吨）	客车（％）	运量（％）
京广线：丰台—高碑店	2750	4300	56	15	2434	36	4345	140	79
津沪线：符离集—蚌埠东	2230	6000	169	10	2018	29	5882	190	191
京沈线：汊沟镇—南仓	4200	6450	54	19	2091	36	6644	89	218
哈大线：苏家屯—辽阳	2870	4100	43	15	2258	25	4026	67	78
京包线：沙城—张家口南	1850	6000	224	5	1430	15	6345	200	344
陇海线：郑州—洛阳	1080	3030	181	10	993	23	2840*	130	186
浙赣线：鹰潭—向塘西	680	1000	47	6	580	14	1141	133	97
沪杭线：嘉兴—杭州	1310	1680	28	6	798	20	1584	233	98

注：带*的为1984年数字。

表中数据说明，既有铁路干线货运密度大于运输能力增长的速度，致使干线的某些繁忙区段，长时间处于被动局面，出现一些运输限制口。如京沈线的山海关口，津沪线的德州口与符离集口，京广线南段的坪石口等，限运、限装现象严重。特别是坪石口运能小于运量的矛盾尤为突出，成为南北运输通道上的"卡脖子"地段。地处津浦、陇海两大干线交叉点，江苏、安徽、山东、河南四省交界处的徐州枢纽，由于技术改造落后于实际需要，造成运输梗阻。徐州枢纽是全国路网性铁路枢纽之一，直接担负华东地区工农业建设物资和连云港进出物资的中转运输任务，起着沟通华东地区与中南、华北、东北、西北、西南地区经济联系的作用。但是，这样一个在全路运输中占有重要地位的枢纽，仍然是简易驼峰与机械化驼峰并存，设备落后，能力不足，吞吐不畅，经常处于半堵塞状态。特别是随着津浦、陇海第二线陆续建成，枢纽能力利用率已饱和的情况下，只能将列车阻在两头。在各方向邻站等线的列车，最高的一年共计7037列，达7398列车小时，平均每天20多个列车小时。

一条铁路和一个枢纽的建设，都是根据一定时限内的运输需要来规定建设规模和技术标准的。但是，运量逐年在增长，有些增长因素又往往在建设时不容易预见。为此，技术改造在铁路建设中就成为必不可少的工作。

第二节　单线铁路技术改造和增建第二线

既有铁路技术改造，包括改造单线和增建第二线。当单线挖潜改造不能满足运量增长的需要时，就需要增建第二线。在增建第二线时，对既有单线也要同时进行必要的改造，因此单线改造和增建第二线关系十分密切。

一、单线铁路的技术改造

新中国成立以后，为满足国民经济发展的需要，对既有单线不断进行了全面改建。在三年经济恢复时期，开展了"铁路大翻身"的换轨大修，重点加固桥梁，修复和更新了站场、通信、信号、机车、车辆、给水、供电等设备，行车安全得到保证，运输能力逐步提高，适应了新中国成立初期生产的发展。如郑州黄河大桥原来只能行驶80吨以下小型机车，并以5公里时速过桥，最多牵引600吨。新中国成立后，经过5次加固和更换新梁，可行驶双机，速度不受限制，运输效率提高了36倍。"一五"计划开始后，客货运量增长较快，为适应新的形势，在京广、陇海、津浦等主要干线使用大功率机车，在陡坡地段采用双机和三机牵引，相应地将各线的车站到发线延长至650米及850米，增设了会让站，大多数线路采用了半自动闭塞。与此同时，逐步改建线路，整治病害，以改善运营条件，提高运输能力，保证行车安全。50年代末期及以后各时期中，虽然在几条主要干线上大规模地增建第二线，但对既有单线的改造仍在不断进行。如南同蒲线继1956年将1000毫米轨距按标准轨距全线拨宽后，又连同北同蒲线按一级线路标准进行了改建。60年代起，对黔桂线进行了单线改造，陇海线郑州至商丘间先后装设了调度集中装置，实行单线自动闭塞，提高了单线通过能力。

（一）根据各条铁路实际情况采取不同改造方案的单线改造。

1. 黔桂铁路柳州至都匀段的单线技术改造。黔桂线柳州至都匀段461公里是新中国成立前修建的，标准低，设备差，运能小。随着运量的增长，与运能的矛盾日益尖锐，当时有大改和小改两个改造方案。如按二级干线标准改造的大改方案，工程造价高，施工期限长，废弃既有铁路达42%以上，问题较多。根据西南建设的需要和运量增长的情况，采用了充分利用既有铁路的小改方案，原则上保留原有的基本技术条件，而以内燃动力改造为主，相应地延长股道，增加会让站，消除个别曲线的小半径，并进行配套和改建。自1965年至1977年，共投资6625万元，使年综合运输能力由140万吨提高为420万吨。由于分期投资，分期受益，工程改造完成之日，投资金额已全部收回。

2. 南同蒲铁路的综合性改轨改造。南同蒲线是1935年建成的米轨铁路，标准低，设备简陋，最大坡度16.6‰，最小曲线半径100米，有一半左右的钢轨为每米16千克的轻轨，桥梁载重等级很低，仅能行驶小型机车，牵引定数为400—500吨；因牵引定数与北同蒲线和石太线不同，不能直达联运，为此，对该线进行了全面改造。1956年将全线按一级干线标准拨宽改建，扩建了太原枢纽；又对受三门峡水库蓄水淹没影响的侯马至风陵渡间部分线路进行了改移；全线限制坡度降到6‰，介休至临汾段为双机坡12‰。最小曲线半径改成300米，到发线有效长也加大到650米。从1981年开始，又和北同蒲线一起，着手修筑部分第二线。由于该线是晋煤外运的主要通道之一，运输繁忙，施工与运输干扰很大，尤以石方高边坡和线路落坡地段最为严重。担负施工的铁道部第十二、十五、十七工程局采用了各种防护措施，克服了种种困难，保证了运输和全面技术改造的正常进行。到1985年止，开通双线133公里，货运量从1980年的883万吨，提高到1539万吨。

3. 宝成铁路罗妙真至马角坝段改善了线路平剖面。宝成线罗马段，穿过险峻的剑门山区，跨过会龙场分水岭，其中石公坝至马角坝26公里，坡度为20‰，用两台蒸汽机车牵引，其余为12‰坡度。自1957年通车运营后，由于沿线工矿企业相继建立，运输能力不足，又经常发生坡停事故，严重影响正常运行秩序。为此，罗妙真至二郎庙按双线12‰改建，在会龙场分水岭，废弃原708米短隧道，新建4008米长隧道，改善了运输条件，并使全线统一了牵引定数。

4. 鹰厦、外福铁路整治了路基病害。新中国成立不久修建的鹰厦铁路，由于所处的地理环境和受到当时技术、物质条件的限制，自1958年1月交付使用后，有些地段不断发生滑坡、塌方、崩坠、落石等严重病害。1962年在雨季中曾断道2253小时，运输近于瘫痪。早自1959年起，对鹰厦、外福两线的路基病害进行了调查和整治，历时15年，到1973年止，共整治了大中小型病害2902处，耗资1.22亿元，为该两线投资的26%。

从此基本制止了病害，保证了正常运输和行车安全。

（二）增建第二线，相应改造既有单线。

增建第二线时，对既有单线进行相应的技术改造，包括增建第二线前期对既有单线逐步提高运输能力的改建，和增建第二线过程中同时对既有单线作必要的局部改建。

既有单线决定增建第二线时，为了减少施工对运输的干扰，一般在增建第二线的前期，先对既有单线作逐步提高能力的改建。例如京广线京汉段，在1954年增建第二线的前期，自1953年至1955年间，在各区段的控制区间，都先后增加了会让站。在郑州至汉口间的郑州至新郑、李家寨至广水、长台关至明港采用双机牵引，并先后延长各站到发线长度至650米及850米，使牵引定数分别提高到1800吨、2250吨及2500吨，从而统一了全段牵引定数，减少了郑州编组站的直通换重中转作业，提高区段输送能力12%—39%，为增建第二线时打下了运能机动富余的良好基础。再如陇海线郑州至洛阳和洛阳至陕县段，在1955年决定增建第二线前，即采用调整机车类型和多机牵引等办法，郑州至西安间牵引定数先后提高到1000吨、1400吨、1600吨及2000吨，并将各站到发线有效长度相应延长至500米及650米。1955年又增加会让站以提高通过能力。

在增建第二线设计、施工中，由于主要技术条件及标准的变更，线路平剖面的改善，以及对既有铁路病害的整治等，常对既有铁路作局部改建或改线。例如在陇海线洛阳至庙沟段的铁门至石佛间，有连续7个300米半径的曲线，一边沿河，一边是陡峭崖壁，并设有防护建筑物。为了改善其平剖面，1957年开始增建第二线时，仍采用沿河并行以节省投资。1984年该线进行电气化前，又将该处线路进行改线，采用了双绕建桥方案，截弯取直，曲线半径改大为600米，从而消除了线路平面的薄弱环节，也解除了水害的威胁。再如陇海线西段的庙沟至温塘段，线路长30公里，最大坡度为17‰，是西线的控制地段。在1955年至1956年增建第二线时，利用既有铁路陡坡道适当改建作为下坡线，另修限坡6‰、双机坡12.5‰

的上坡第二线，满足了技术和运输要求。又如陇海线东段邵岗集至郑州段，曲线半径小，坡度大，线路长43.65公里，又处于贾鲁河水泛区，是影响运能的一段线路。1977年至1978年增建第二线时，采用了沿公路取直双绕方案，并选择贾鲁河较好的桥位，避开了泛区灾害，缩短了线路3.7公里。又如京广线衡广段坪石至乐昌间，既有单线长53公里，线路沿武水峡谷依山傍水蜿蜒而行，曲线多、半径小，最小曲线半径为229米；路基、桥涵、隧道等多有病害，成为京广线南段的限运地段。在增建第二线时，采用双绕取直14.3公里大瑶山长隧道区间方案，线路顺直且缩短，全部绕避了不良地质地段。

增建第二线时，也有受地方建设规划或兴建水库的影响而改建既有铁路的。如陇海线贺家庄至临潼间，既有铁路因三门峡水库影响而改线；京广线衡广段连江口至源潭间，由于飞来峡水库影响，改线双绕约50公里。

二、大规模增建第二线

旧中国遗留下来的铁路中，双线仅866公里。新中国成立后，为适应经济建设的需要，在既有铁路的技术改造中，曾形成两次大规模增建第二线的高潮。第一次高潮是1958年至1962年的5年中，完成第二线工程3291公里，并投入运营，主要是京广线北段、陇海线郑州至临潼段、石太线、哈佳线、苏抚线以及津浦、滨绥、滨洲、沪宁、京包等线部分区段增建第二线。第二次高潮是中共十一届三中全会后。在"三五""四五"期间，由于建设资金集中到内地的新线建设，使既有铁路改造投资比重下降到铁路总投资的10.5%，不少运量增长快，而能力利用率又超过75%以上的枢纽站场，和85%以上需要改造的既有单线得不到及时的技术改造，造成运能与运量的矛盾日益突出。70年代中期以后，既有铁路技术改造投资开始逐年提高。80年代初，国家提出国民经济发展以内涵扩大再生产为主的建设方针。1979年至1985年，既有铁路技术改造投资提高到占铁路总投资的32.6%，其中大部分为增建第二线工程。7年来建成双线的铁路有：陇海线郑州至徐州段，胶济线济南至蓝村段，湘桂线柳州至黎塘段，以及沪宁线、石德线、京包线、京秦线、新焦线等，还有南北同蒲线、京广线南段衡阳至广州段、浙赣、太焦、滨洲、沈丹线等部分增建第二线。在第六个五年计划内，完成第二线工程3254公里并投入运营。截至1985年年底，全国铁路双线里程已达9989公里，为1949年的11.5倍，全国双线占营业里程的比例由4%提高到19.2%。新中国成立后，历年修复双线和新建第二线的主要铁路列于表30。

修复双线和新建第二线的主要铁路

表30

序号	铁路线名	起讫地点	修复或新建里程（公里）	投资金额（百万元）	建设年月 开工	建设年月 验收交接	备注
1	京山双线	北京至山海关	210	19.00	1950.3	1951.3	
2	沈山双线	新民至山海关	335	39.42	1950.1	1954.12	
3	哈大双线	顾乡屯至卅里铺	428	59.82	1951.7	1958.9	
4	沈丹线	苏家屯至凤凰城	142	189.37	1953.6 1973.5	1953.12 1983	
5	哈绥佳线	哈尔滨至绥化至佳木斯	494	189.93	1958.7 1963	1960.4 1965	
6	滨洲线	哈尔滨至满洲里	230	337.50	1958.4 1978.7	1960.10 1985.12	部分投产，施工未完
7	沪宁线	上海至南京	302	657.62	1958.9 1972.4	1960.12 1983.1	
8	石太线	石家庄至太原北	234	137.27	1956.3	1961.7	
9	陇海线	徐州至宝鸡	1039	1394.31	1956—1980	1961—1983	分五段施工
10	京广线	丰台至广州南	1802	2606.31	1954—1975	1961—1985	分三段施工，全线未完工
11	京包线	西直门至包头东	544	481.21	1955—1977	1961—1985	分三段施工，全线未完工
12	津浦线	天津北至南京	1009	1588.12	1958.6	1962—1984	分三段施工，全线未完工
13	武大线	武昌东至铁山	69	29.18	1970.8	1971.10	
14	丰沙线	丰西至沙城	106	230.35	1963.1	1972.10	
15	太焦线	修文至月山段	93	254.73	1973—1982	1974—1985	部分运营

续表

序号	铁路线名	起讫地点	修复或新建里程（公里）	投资金额（百万元）	建设年月 开工	建设年月 验收交接	备 注
16	黔桂线	贵定至贵阳段	56	110.59	1970.3	1978.12	
17	石德线	石家庄至德州	177	171.06	1975.3	1980.12	
18	胶济线	济南至青岛	335	836.08	1960—1978	1984.7	蓝村至青岛施工未完
19	湘桂线	柳州至黎塘段	129	106.76	1979.11	1984.10	
20	新焦线	新乡至月山	55	128.28	1982.12	1985.10	全线施工未完
21	京秦线	双桥至秦皇岛东	287	2145.53	1981.9	1985.12	
22	滨绥线	哈尔滨至绥芬河	239	210.11	1958—1982	1962—1985	全线施工未完
23	南同蒲线	榆次至侯马段	133	427.45	1981.1	1985.12	全线施工未完
24	北同蒲线	大同至太原北	45	560.00	1982.4	1985.12	全线施工未完
25	京承线	北京至承德	61	133.88	1980.1	1983.4	部分运营
26	浙赣线	杭州至株洲	72	223.99	1971.12	1985.12	全线施工未完
	小计		8626	13271.83			

注：里程为双线营业公里数，并为断续累计公里数。

（一）京广铁路。

原京汉线与粤汉线在武汉长江大桥连通后，合称京广线，全长2313公里，是贯穿中国南北的交通大动脉。增建第二线工程从1954年4月开始，根据既有线能力与运输要求，分9段顺序进行勘测设计、施工。其中北京、石家庄、郑州、武汉、株洲、衡阳、广州7个枢纽及武汉长江大桥、郑州黄河大桥作为单独建设项目也依次进行。

京广线北段北京到汉口间的丰台到石家庄段为客货运量最紧张区段，首先增建了第二线。其次，由于郑州至汉口间的李家寨至孝子店段24.85公里穿越大别山区，最大坡度达17‰，为全线薄弱环节，1954年5月结合对李孝段的改坡，一次建成双线。主要是利用陡坡道作为下坡线，另选12.5‰上坡线为第二线，充分利用了现有铁路建筑设备。1957年8月该段双线建成交付运营后，大大增加了区段通过能力，使郑汉全段牵引定数提高了34%。北段其他各区段增建第二线工程，自1954年11月由石家庄起自北向南陆续进行。在施工中充分利用了既有铁路，废弃工程仅占5%—

10%，除个别地段外，均在50年代末实现双线通车。区间通过能力由1953年的22.5对至31.1对，提高到1961年的60对至144对（自动闭塞区间），货物列车牵引定数提高到3200吨。1953年时，京广线北段最大货运量只有700万—800万吨，客车8对；到1985年，货运量已达4553万吨，客车36对。其中郑汉段能力接近饱和，全段安装自动闭塞后，设计运量可达7000万吨。

京广线南段武汉至广州中的武汉至衡阳段543公里，增建第二线工程于1958年开始，勘测设计和施工历经14年，至1971年12月完成。由于采用了双线插入段与部分区间双线，分期投资，分段施工，分期受益，经济效益显著。衡阳经韶关至广州段也曾先后在1959年及1960年开工，但是停停打打几经反复，直至1975年5月才又复工，加紧修建，预计1988年建成通车。上述有关枢纽第一期工程和武汉长江大桥、郑州黄河大桥工程，也均在50年代末期完工，与双线通车协调配合，以应运输的急需。

（二）陇海铁路。

陇海线东起江苏省的连云港，经徐州、郑州、西安、宝鸡、天水而至甘肃省的兰州西，全长1750公里。它西与兰新铁路衔接，是横贯中国东西的铁路大动脉。新中国成立后，在全线逐步进行了单线改造。1955年开始对西段的郑州至宝鸡段分段增建第二线，其中为配合三门峡水利工程的建设，在贺家庄至临潼间另建新线，以让开水库淹没地区。郑宝段全长684公里，先修了运量最大的郑州至洛阳段和洛阳至庙沟陡坡地段、庙沟至温塘（三门峡西）段，继修了温塘至临潼段及西安至宝鸡段。各段双线除西宝段于1972年通车外，均在60年代初分区间通车，交付运营，满足了当时天兰、兰新、宝成等新线通车后的运输要求。全线工程除贺家庄至临潼间受水库影响改线外，利用既有铁路达95%左右，节约了大量投资。特别是庙沟至贺家庄间17‰的陡坡地段，采取了三门峡站迁站，利用既有铁路作下坡线等措施，避免了既有线段大量废弃，并与全线统一了限制坡度，设计鉴定获得了好评。陇海线东段的郑州至商丘段，先后于1964年和1974年分别安装单线调度集中设施,到1977年利用率已达95%,当年12月增建第二线。商丘至徐州段、郑州至开封段、开封至商丘段第二线先后开工后,均于1983年完成并交付运营。但由于徐州枢纽扩建工程起步较晚,点线未能形成协调的运输能力,致使郑徐段双线能力发挥受到限制。徐州到连云港段,根据连云港码头的吞吐能力,采用双线插入段和部分区间双线方案设计、施工。

(三) 哈佳铁路。

哈佳线起自哈尔滨枢纽三棵树站,经绥化至南岔,而后东到佳木斯,全长506公里。哈尔滨至南岔段是中国第一次采用双线插入段进行改造以提高通过能力的线段。设计、施工次序是先会让站、后区间;先插入段、后扩建站场。1952年开工,1953年至1957年先后修建了双线插入段13处,铺轨60公里,占全线总长17%,当1960年至1965年逐步修成双线时,还保留了双线插入段。可见这段线路采用双线插入段改造,推迟了全部修建第二线的时间,效果是好的,1985年货运量达2524万吨。

(四) 石太铁路。

石太线东起河北省的石家庄,经山西省的阳泉、榆次至太原,全长234公里。它东接石德线,西连同蒲、太焦线,构成京广、津沪、同蒲三大干线的联络线,是晋煤外运的主要通道之一。由于阳泉煤矿生产猛增,运量上涨快,1954年决定先后增建石阳段及阳太段第二线。石家庄至阳泉段长112公里,最大坡度上行8.5‰,下行20‰(而且是在隧道中),最小曲线半径250米,到发线有效长410米。阳泉至太原段122公里,最大坡度22‰,最小曲线半径100米,到发线有效长300米。两段线路的技术标准不一致。增建第二线时,注意在满足运能需要的前提下,尽量利用既有铁路和设备,全线限制坡度采用下行15‰,上行7.5‰的均衡坡度,最小曲线半径300米,到发线有效长650—850米。石阳段于1956年3月开工,1958年7月全段双线开通运营。阳太段于1958年8月开工,1961年7月全段双线通车并交付运营。1973年石阳段货流量已达2033万吨,能力饱和，从 1974 年起又进一步对双线进行电气化技术改造。

（五）津沪铁路。

津沪线北起天津北，经德州、济南、徐州、南京至上海，是 1968 年南京长江大桥建成通车，将津浦与沪宁两线连接贯通后的合称，全长 1323 公里，为中国东部地区的交通大动脉。新中国成立后，虽经单线改造，运输能力仍不能适应工农业的迅速发展。1957 年决定增建第二线，工程按原津浦、沪宁两线分别进行。

津浦线由天津北至南京，全长 1014 公里。1957 年 11 月进行增建第二线的勘测设计，1958 年 6 月开始施工。时值"大跃进"时期，全线工程在边勘测、边设计、边施工中进行，施工力量采取专业队伍与地方民工相结合的方式。工程进行到 1962 年因国民经济调整下马时，累计开通双线 542 公里，占全线 53%。以后时修时辍，直至 1978 年年底，增建的第二线才全部完成。全线除济南到泰安段为山地外，其余地势平坦，双线按一级标准，限制坡度天津北至徐州 4‰，徐州至南京 6‰，最小曲线半径 1000 米，到发线有效长 1050 米，预留 1250 米。这条铁路客货运输繁忙，双线建成后，年运输能力由原来的 1400 万吨上升到 3500 万吨。1985 年，符离集至蚌埠间实际货运平均密度已达 5882 万吨公里/公里，客车 29 对。这条铁路继完成济南枢纽后，又进行控制运能的徐州枢纽扩建工程，完工后全线年运输能力可达货运 6000 万吨，客车 35 对。

沪宁线自上海至南京，全长 309 公里。增建的第二线工程于 1958 年 3 月开始勘测，7 月完成初步设计。主要技术条件要求为：限制坡度 4‰，最小曲线半径 1200 米，到发线有效长 1050 米，预留 1250 米。从 1958 年 9 月开工，至 1961 年 7 月因缩短基本建设战线停工时，仅完成第二线 36 公里。其后又根据运输需要，陆续修建部分第二线。1968 年南京长江大桥双线通车，沪宁线第二线工程又从 1971 年起按照先后缓急，完成一段通车一段的原则继续修建，1978 年 2 月至 1983 年 1 月逐段双线开通使用。1985 年货运密度已由 1958 年的 1084 万吨公里/公里上升到4254万吨公里/公里,客车由10对增加到35对。双线自动闭塞自1978年8月竣工后,通过能力达到平行图的144—180对。这段线路并不很长,而增建第二线工程前后长达20余年,是既有单线分段形成双线期限较长的铁路。

(六) 胶济铁路。

胶济线自山东省的青岛至济南,全长384公里。由于线路技术标准低,设备简陋,长期以来运输十分紧张。1972年决定增建第二线并开始勘测设计,1974年动工修建,中途曾停工3年,1978年复工。1984年7月,第一期工程蓝村西至济南东335公里完成开通使用。第二期工程青岛至蓝村西49公里,到1985年年底仍在施工中。胶济铁路沿线地形平坦,原线最大坡度为8.4‰。改造时利用坡度大于5‰的既有铁路7段共23.24公里作为下坡道运行,取消了3段补机作业区间,改善了运行条件。曲线设计除保留19个小于800米半径的曲线以外,其余均为800米以上半径的曲线(含800米)。该线1980年单线完成的货运密度达到1922万吨公里/公里,是中国完成货运量最大的单线铁路之一。1985年又增加到2452万吨公里/公里。双线设计输送能力为下行3938万吨,上行3026万吨。随着双线的全部建成,采用自动闭塞,间隔按8分钟计,输送能力可以进一步提高到8000万吨。

三、既有铁路改造和增建第二线的成就和主要经验

36年来,中国对旧有铁路和50年代初期修建的既有铁路,大都先后进行了全面或局部改造,在主要干线上增建了第二线,大大提高了运输能力,为国民经济的发展做出了重要贡献。

中国的客货运量,以东南沿海地区增长幅度最大,这一带的铁路负担最重。在京沈线以南、同蒲和焦枝线以东、浙赣线以北的地区内,仅有铁路约12000公里,还不到全国铁路的25%,却集中了全国铁路客货运量的60%以上。这些铁路的客货运量密度比全国铁路平均密度

约高85％，如此沉重的负担，主要是靠改造既有铁路，特别是建设较多的双线来承担的。

既有单线的改造和增建第二线，投资少，周期短，见效快，经济效益大。单线改造本着"挖潜、革新、改造"的方针，充分发挥既有铁路的作用，以提高运输能力；增建第二线每公里投资，也只有新建铁路的70％左右。如50年代修建的京广线丰台至郑州段第二线为平原地区，每公里造价仅36.7万元；陇海线郑州至庙沟段第二线为丘陵地段，每公里为56.6万—60.5万元；石太线石家庄至阳泉段第二线是山区，每公里为75万元。而实现双线后输送能力可提高3倍，列车的密度、载重量和速度都有较大增长和提高，运营条件也得到很大改善。据统计，从1979年至1985年全国客货换算周转量，每年平均增加620亿换算吨公里。新增长的运量中，70％以上是靠既有铁路改造，特别是由改建成双线的铁路来负担的。

30多年来，单线改造和增建第二线的主要经验有以下几点：

1. 单线改造与增建第二线的原则和步骤要适应运输要求，先从克服薄弱环节着手，逐步提高铁路运输能力。根据中国实际情况，主要干线技术改造方案往往采用增建第二线的办法（包括双线插入段和部分区间双线），大体上有三种不同情况：一是全国主要干线，运量增长很快，需一次全部增建第二线，以适应近、远期运量增长的需要，如京广线北段，陇海线郑州至西安段，石太线等；二是主要干线远期运量发展为双线，初、近期运量虽发展不快，但单线又不能适应，或可能有新线分流，就不需要一次修建第二线，而采用双线插入段，或部分区间双线，逐步过渡到全部双线，如哈绥南线，京广线武昌至衡阳段，沪宁线等；三是既有单线虽不能满足近期要求，但运量受一定条件限制或肯定有新线分流，远期也不会有大的发展，则宜采用双线插入段或部分区间双线作为长久之计，如陇海线的徐州至连云港段受连云港吞吐量的限制，浙赣线杭州至贵溪段可由皖赣线分流，淮南线合肥到裕溪口段受裕溪口轮渡限制等等。但总的原则是满足运输要求，讲究经济效益。因此，先从克服薄弱环节入手，按运量发展情况有计划、有步骤、适时地由单线改造，逐步开始用双线插入段，实现部分区间双线，再过渡到全部双线。这样，既能适应运输需要，又可避免全部一次双线建设的过早投资，以取得更好的经济效益。

2. 增建第二线时，对选择线路方案，确定主要技术条件及技术标准，要经济合理，力求切合实际，避免大拆大改。要认真处理好平面、纵断面、横断面三者的关系，并遵照首先解决运输能力不足，兼顾改善运营条件的方针去做好设计工作。增建第二线的选线设计与新线有所不同，它是沿着一条正在运营的既有铁路进行的，线路基本走向已定，线路位置也有了大致范围，没有新线的大面积选择及大量的线路方案比选工作。但是有第二线设在既有铁路左右侧的选择，线间距的采用，以及绕行线和改线地段的选线等工作，既要保证双线建成后运营便利，又要充分考虑原有的线路和大型建筑物与其他的技术设备的利用，所以要慎重行事，严格把好设计关。其中限制坡度、最小曲线半径、站场股道长度、设计水位以及既有建筑限界等，应力求切合实际，不必强求与新线一致。

3. 既有单线改造和增建第二线时，要尽可能减少或避免施工干扰。既有铁路的改造大都是在运输十分紧张，通过能力已近饱和的情况下进行的。一方面要求抓紧施工，技术改造方案要充分注意改造的时机和技术经济的合理，尽快提高运能取得经济效益；另一方面在施工中尽可能减少或避免对运营的干扰。但有些线路增建第二线时，比较严重地干扰了正常运营。例如石太线石阳段1956年增建第二线施工时，曾改变运行图，减少货物列车2—3对；陇海线徐郑段1978年增建第二线时，由于施工干扰，铁道部不得不决定两股煤流改经邻线绕道分运。这两股不合理的绕道路径连同施工地段实行允许慢行晚点57分钟，5年共损失9222万元，相当于徐郑段增建第二线工程造价的22.5%。

第三节　既有铁路的电气化改造

以电力机车作为牵引动力的电气化铁路建设，是铁路现代化的主要标志之一。电力机车与内燃、蒸汽牵引制式相比具有热效率高，牵引性能好，爬坡能力强，不需要供水和燃料设施，机车交路距离大，机务作业少，运营费用省等优点，是综合提高铁路运输能力，促进铁路现代化和改善铁路运营的有效措施。中国从50年代末期开始，对既有铁路的繁忙区段进行了电气化改造，主要有宝成铁路、陇海铁路宝鸡至兰州段、石太铁路、丰沙大铁路、成渝铁路、太焦铁路长治至月山段、贵昆铁路贵阳至水城段7条。加上新建的阳安线、襄渝线和京秦线，在中国大陆上已建成通车的电气化铁路共有10条，营业里程4151公里（详见表31）。这些电气化铁路在铁路运输中，承担着越来越多的任务，对改善中国铁路运输的紧张状况，发挥了显著作用。兹将实施电气化改造的铁路干线分述如下。

一、宝成铁路电气化改造

宝成铁路电气化铁路改造是分两期完成的。宝鸡至凤州为第一期工程，长91公里，1958年6月动工修建，1961年8月建成，是中国最早修建的一段电气化铁路。第二期工程，凤州至成都段，长578公里。60年代中期，由于国民经济的逐渐好转和西南建设的发展，入川物资急剧增长。1964年，成都铁路局广元口接入货物140万吨，1965年增到365万吨，1966年达到570万吨，每年增长200万吨。运输堵塞情况日趋严重，已成为宝成线上的卡脖子地段。为提高宝成铁路全线的运输能力，铁道部决定对这条铁路进行电气化改造。通过对全线各区段的通过能力和运量情况的调查和分析，凤成段电气化铁路决定分段修建，分段交付运营。先修建广元—马角坝—绵阳段，继修建凤州—广元段，最后修建绵阳—成都段。并在修建广马段的同时，完成宝鸡—秦岭段供电设备的加强及有关车站站线延长和隧道净空的改善等工程。

中国电气化铁路线路一览

表31

线路名称	起止地点	正线公里	通车日期	供电方式
宝成线	宝鸡至凤州	91	1961.8	直接供电
	广元至马角坝	100	1969.10	直接供电
	马角坝至绵阳	97	1970.9	直接供电
	凤州至广元	264	1973.12	直接供电
	绵阳至成都	117	1975.6	BT供电
阳安线	阳平关至安康	357	1977.6	直接供电
石太线	石家庄至阳泉	119	1980.9	BT供电
	阳泉至太原北	124	1982.9	BT供电
襄渝线	襄樊至安康	373	1980.10	BT供电
	安康至达县	276	1983.12	BT供电
宝兰线	宝鸡至天水	152	1980.12	直接，部分BT
	天水至陇西	146	1983.1	直接，部分BT
	陇西至兰州西	210	1984.4	直接，部分BT
京包线	丰台至沙城至大同至口泉	379	1984.12	BT供电
成渝线	成都至资阳	122	1983.12	BT供电
	资阳至内江	97	1984.9	BT供电
	内江至重庆西	271	1985.12	BT供电
京秦线（包括北京枢纽）	丰西至山海关	430	1985.12	AT，部分BT
贵昆线	贵阳南至水城西	247	1985.12	BT供电
太焦线	长治北至月山	154	1982.12	BT供电

凤州至成都段电气化铁路采用了很多新的设备和材料，在技术上与宝凤段相比有很大改进。如牵引变电所内采用了27.5千伏室内型六氟化硫气体断路器和少油断路器。接触网的悬挂形式，在中坝车站以南采用全补偿链形悬挂，在隧道内采用带补偿的简单悬挂。采用工字形横腹杆式预应力钢筋混凝土支柱和绝缘腕臂。为了降低交流电气化铁路对通信线路的影响和干扰，减少路外通信线路的拆迁工程量，1973年还在观音坝至上西坝间进行了吸流变压器—回流线装置的试验。结果表明其抗干扰性能很好，1974年正式在广汉至成都间安装了这种装置。吸流变压器—回流线装置，也叫BT供电方式，它在牵引网内增设一条回流线和每隔2到4公里串入一台吸流变压器，利用吸流变压器的吸流作用，强使经由钢轨和大地流回

变电所的电流改由回流线流回变电所，从而提高了供电回路的平衡度，减轻了电气化铁路对邻近通信线的影响。

凤州至成都段电气化工程施工时，正处于十年动乱的时期，担负施工任务的铁道部电气化工程局广大工人和工程技术人员，坚守生产岗位，克服种种困难，经过几年的艰苦奋战，于1969年10月建成开通了广元至马角坝段，1970年9月建成开通了马角坝至绵阳段，1972年10月建成开通了凤州至略阳段，1973年12月建成开通了略阳至广元段，最后于1975年6月建成开通了绵阳至成都段。从此，这条通往大西南的咽喉要道变成了高效能的运输线。

宝成铁路电气化后的技术经济效益比较显著。过去宝鸡至秦岭段，上坡时使用3台蒸汽机车，前拉后顶才能牵引960吨；电气化后，同样使用3台电力机车牵引，牵引重量提高到2400吨，提高了1.5倍。在南段的石公坝到马角坝地段，过去下行用蒸汽机车双机牵引1600吨，现在用1台电力机车牵引就达2400吨，比原来增加了50%，而机车却减少了1台，并使全线的牵引重量统一为下行2400吨，上行2100吨；宝鸡至广元段的通过能力，由每天开行20对列车，增加到36.5对，提高了82.5%；广元至成都段，由每天开行37.5对列车，增加到49.2对，提高了31.2%，因而运输能力有了较大的提高。1960年蒸汽机车牵引时，运量为276万吨，电气化后1975年增加到643万吨，提高了1.33倍；1985年达到1102万吨，比1960年提高了2.99倍。过去，在30‰的上坡道上，列车运行速度每小时仅20—25公里，下坡时，运行速度要限制在每小时25公里以下，制动、缓解时速度更低，而且下坡前还要进行安全保压试验，停站作业时间长达一个半小时。电气化后，列车运行速度每小时可达到51公里，在平缓地段达到每小时70—85公里。由于电力机车采用电阻制动，在高速时有强大的制动力，使列车能以较高的速度在长大下坡道上安全恒速运行，完全改变了过去蒸汽机车的制动—缓解—制动的运行方式，不但提高了运行速度，而且大大减少了闸瓦和轮缘的磨损，使闸瓦消耗降低了80%。从

1976 到 1985 年的 10 年，仅闸瓦一项就节约 1000 多万元。同时延长了机车交路，减少了机务设施。原来蒸汽机车牵引时全线设有 4 个蒸汽机车段，电气化后只需要 2 个电力机务段，列检所也减少了一半。

宝成铁路电气化后，平均每万吨公里耗电量 146 千瓦·时，每年耗电量约 1.9 亿千瓦·时，折合标准煤 7.68 万吨。与过去用蒸汽机车牵引完成同样运量需用 20 万吨标准煤比较，每年可节省 12 万多吨标准煤。由于劳动生产率提高，燃料消耗及各种费用减少，运输成本显著下降，每万吨公里机务成本降低一半以上。

二、石太铁路双线电气化改造

石家庄至太原北铁路，全长 234 公里，是晋煤外运的重要通道之一。沿线地势起伏较大，河谷狭窄，共有曲线 600 多处，隧道 52 座，总延长 21 公里，最大坡度上行 7.5‰，下行 15‰。原有设备简陋，技术标准低，新中国成立后，虽然进行过多次技术改造，建成了双线铁路，但由于山西煤炭产量迅速增长，外调量不断增大，这条铁路仍是运输上的薄弱环节。1974 年铁道部决定对石太铁路进行电气化改造。

石太线电气化改造，不仅项目多，工程量大，而且技术复杂。全线共修建牵引变电所 7 处，开闭所 2 处，分区亭 5 处；架设接触网 1032 条公里，立杆塔 15000 余根，铺设干线电缆 248 公里；改装和新建电气集中的大小车站 35 个，铺道岔 1200 组；安装各种设备数千台；还延长了到发线有效长度，加大了最小曲线半径，更换了重型钢轨，新建和改建了石家庄、白羊墅、榆次和太原北编组站。对隧道、桥梁及原有的一些铁路设施进行了较大的改造。在这条电气化铁路上，采用了很多新设备和新技术，如变电所试装了远动装置，安装了并联电容补偿装置。为了缩短事故停电时间，减少寻找故障点的困难，在接触网馈电线上装设了接触网故障点测定仪。在全线接触网上首次安装了全补偿断线制动装置，提高了接触网的抗事故能力。为了减少隧道的改造工程，在部分净空小的隧道内安装了环氧树脂绝缘子。在通信信号方面，沿线通信明线改用了小同轴大综合地下电缆，安装了300路载波机，采用了列车无线通信。还将原来的电冲自动闭塞和继电半自动闭塞统一改为移频自动闭塞，并安装了机车信号和自动停车装置。车站色灯电锁器改为电气集中。

石太铁路电气化及通信、信号和电力工程，由电气化工程局设计和施工。为了加快建设进度，工程设计和施工分段进行，先完成石阳段，后进行阳太段。石阳段于1978年3月开工，1980年9月建成；阳太段于1979年9月开工，1982年9月建成交付运营。由于阳太段铁路电气化工程设计是在石阳段工程设计文件审查后进行的，因而采用的牵引供电系统方案比较合理，选用的技术设备比较先进，设计文件齐全，符合规程、规范，满足了施工进度要求，工程完成后投运一次成功。经铁道部优秀设计评选委员会评定为部级优秀设计，并在1984年全国第二次优秀设计大会上，荣获全国优秀设计金质奖。

石太铁路是中国第一条双线电气化铁路，是在行车繁忙的条件下进行的一项多工种配合工程。电气化工程局在阳太段电气化工程施工中，严格遵照设计图纸和施工技术规范，建立了岗位责任制、设备安装挂牌制、质量三检制，施工工艺整齐、美观，试验记录齐全，符合技术标准，并提前3个月建成交付运营。经过2年运行检验，质量优良，经济效益显著。1984年9月，经国家质量奖审定委员会审批，授予国家优质工程银质奖。

石阳段是石太铁路运输最繁忙的区段。据1984年年初对该段电气化后的运营情况调查，其输送能力已成倍地增长。这条铁路使用蒸汽机车牵引时年输送能力为2100万吨。在电气化铁路开通后的1980年，即完成3001万吨，1982年完成3988万吨，2年就接近电气化设计的近期输送能力4000万吨的要求。1983年完成4152万吨，输送能力翻了一番多。1985年石家庄至赛鱼（阳泉枢纽交接点）段货运密度达4667万吨公里/公里，比电气化前的1979年增长了1.2倍。由于这条铁路的牵引定数与京广、石德两条铁路统一为3500吨，大大减少了石家庄枢纽的列车换重改编作业，缩短了车辆停留时间。

三、陇海铁路宝兰段电气化改造

陇海铁路宝鸡东至兰州西段是陇海铁路西段，包括宝天和天兰两段，全长508公里，是通往大西北的重要通道。宝天段线路由宝鸡溯渭河北岸蜿蜒西上，沿途多为高山峡谷，地势险峻，坡度大，弯道小，有隧道138座，总延长30公里；超限坡18处，总延长4850米；曲线半径小于300米的51处。天兰段有曲线378处，总延长122.3公里，其中半径小于350米的99处；全线坡度，上行6‰，下行12.5‰，困难区段达20‰，线路条件极差。随着国民经济的迅速发展，这条铁路的运输能力已远远不能适应运量的需要。1977年决定对这条铁路进行电气化改造，并要求先修建宝鸡至天水段。

在宝天段电气化工程中，线路技术改造和电气化施工是按照既分阶段又适当穿插的原则进行的。从1978年5月正式进行施工，到1978年9月底，完成路基土石方135万立方米，新建改建隧道98座，大小桥梁140座。在电气化工程与线路技术改造穿插施工的一年中，敷设了小同轴大综合通信电缆160公里，区段分歧电缆61公里，建成通信楼2座，无人增音站和车站电气集中各19个，立接触网支柱3140根，架线242条公里，建成牵引变电所4处及分区亭、开闭所各一处。1980年12月建成通车。

为加快天兰段电气化工程进度，迅速提高陇海铁路西段的通过能力，采取了几个单位分段施工的方法。西安铁路局于1980年完成了天水站电气化工程后，继续西进完成天水至武山段的接触网和三个牵引变电所工程。兰州铁路局完成武山至陇西段的接触网、陇西牵引变电所和通信站工程，以及天水至武山的通信、信号工程和天水、甘谷通信站工程。电气化工程局完成陇西至兰州东的电气化工程及干线小同轴电缆的埋设工程。经过3年奋战，1983年1月建成了天水至陇西段，1984年2月建成了陇西至兰州段，同年4月全线正式开通交付运营。

宝兰段铁路改为电力牵引后,铁路的运输面貌大为改观。列车的牵引定数和线路的运输能力都有了明显的提高。电气化前的年输送能力,宝天段为 619 万吨,天兰段为 845 万吨;电气化后的 1981 年实际货运密度分别为 892 万吨公里/公里和 1341 万吨公里/公里,比过去提高了 44% 和 58.7%。蒸汽机车牵引时,单机牵引天水以东为 1800 吨,天水以西为 1400 吨,双机牵引上行为 2700 吨,下行为 2200 吨。电气化后,近期单机牵引 2400 吨,远期双机牵引为 3250 吨;通过能力,货运由电气化前的每天 11 对增加到 17 对,客运由原来的 10 对增加到 12 对;客车编组由 15 辆扩大到 17 辆,相当于又加开了 2 对客车。另外,打破了传统的机车包乘制,实行了长交路轮乘制,使电力机车从兰州一直开到天水才换机车,提高了效率,取消了限制,扩大了运量。1985 年 11 月,兰州铁路局向全国发出通报,取消天水限制口,敞开大门接车、交车,结果天水口一年多接入和运出货物近 300 万吨。1985 年,甘肃省比计划多运货物 165 万吨,并超额 30 万吨完成进藏物资运输任务,受到国务院表扬。

四、丰沙大铁路电气化改造

丰沙大铁路,东起北京枢纽的丰台站,经三家店、官厅至沙城与京包铁路相接,然后经张家口、阳高、直至大同枢纽的口泉,全长 389 公里,是晋煤外运的北路重要通道,也是沟通内地和西北及经集二线直通蒙古国和苏联的一条大动脉。

这条铁路沙城以东地势险峻,坡陡弯急,最大坡度达 9‰,上、下行两线共有隧道 127 座,总延长 56.6 公里。虽然经过多次技术改造,修建了第二线和安装了双线自动闭塞,但仍不能满足山西煤炭外运的需要。1977 年决定对这条线进行电气化改造,于 1984 年 12 月建成通车。

丰沙大铁路在晋煤外运的几条通路中,是运输任务最繁重的一条干线。从山西外运单向货运量的比较来看,1976 年石太线为 1903 万吨,太焦线为 598 万吨,同蒲线为 574 万吨,而大同至西直门段达 2159 万吨。它比石太线大13％，比太焦线大2.6倍，比同蒲线大2.7倍。到80年代初，各线晋煤外运任务都有大幅度的增长，丰沙大线的单向货运量仍居首位，比石太线大26％，比太焦线大2.7倍，比同蒲线大3.7倍。据统计，1985年晋煤外运共12638万吨，经丰沙大线运出的达5341万吨，在7条晋煤外运线路中，丰沙大线占42.3％。

丰沙大铁路电气化，在技术设备的设计上，作了比较合理的安排。供电系统的外部电源，丰台至柴沟堡间由京津唐电力网供给，永嘉堡至口泉间由山西电力网供给。由于线路位于山区，受地形、气候等的影响很大，电气化后行车密度又大，因此，要求供电可靠。全线共设牵引变电所11处，分区亭10处，开闭所1处。变电所之间平均距离为34.3公里，比其他电气化铁路区段内的距离短。接触网的悬挂形式，在丰台至斜河涧、官厅至口泉间采用全补偿弹性链形悬挂，站线采用半补偿简单链形悬挂，斜河涧至官厅间采用带补偿简单悬挂。机车交路采用丰台西和大同对跑交路，在丰台西和大同西设电力机务段和供电段。通信干线电缆采用小同轴小综合电缆和 $14 \times 4 \times 0.9$ 电化高低频综合电缆各一条。信号除进站及区间通过信号机为高柱型外，其余均为矮型色灯信号机。

这条铁路在丰台西牵引变电所采用三线圈变压器，这是中国电气化铁路第一次采用这种供电方式。变电所内采用保护、控制、测量和信号四合一集控装置。变电所馈出线数目之多，规模之大，是过去所没有的。

在这条电气化铁路上，还采用了很多新技术、新工艺。如在全线低净空隧道内采用了硅橡胶绝缘子代替环氧树脂绝缘子，提高了供电的可靠性和安全性，方便了施工和维修。采用了大容量小截面软横跨钢柱，节约了线路改建费用，缩短了施工工期。第一次全线采用25周交流计数电码轨道电路，防干扰性强，工作稳定可靠。

这条铁路运输十分繁忙，列车密度上、下行达80对以上，运输与施工矛盾非常突出，电气化改造工程艰巨复杂。1978年6月成立了丰沙大线电气化工程东段指挥部，由北京铁路局牵头，电气化工程局、第三勘测设计院参加。电气化工程局 1982 年也成立了指挥部,统一解决设计、施工、物资供应、器材生产和外部协调配合等问题,并将局属三个工程处都投入了该线施工。

丰沙大电气化铁路开通后,很快就取得了显著的经济效益。自 1985 年 1 月到 8 月的 8 个月内,大同分局就比 1984 年同期多运煤炭 353 万吨。牵引定数由原来的 3500 吨,提高到 4000 吨,全年可多运货物 542 万吨,节省运用机车 25.3 台。货运密度由 1984 年的 5530 万吨公里/公里,增加到 1985 年的 6240 万吨公里/公里,提高了 12.8%。

五、贵昆铁路贵水段电气化改造

贵昆铁路,东起贵州省贵阳,西抵云南省昆明,全长 644 公里,是连接西南和中南、华东路网中的一条干线,也是六(枝)盘(县)水(城)地区煤炭和云贵两省磷矿石外运的重要通道。随着云贵两省工农业的发展,六盘水地区煤炭和云贵两省磷矿石的大量开发,外运量急剧增长,使这条铁路的运量与运能之间的矛盾日益突出。1980 年决定对贵昆铁路实行电气化改造,并要求在 1985 年年底,先建成贵阳—水城西段计长 247 公里,另建贵阳枢纽联络线等 42 公里,合计 289 公里。

贵昆线横跨云贵高原,位于气势磅礴的乌蒙山区,全线海拔标高都在 1100 米至 2135 米之间,地形复杂,起伏较大,线路迂回盘旋,桥隧相连,曲线区段约占全线总长的 44.3%,最小曲线半径 300 米,线路坡度 12‰。为了适应电力牵引拉得多、跑得快的技术要求,全线进行了大量的土建技术改造,更换了重型钢轨,延长了车站到发线有效长度,扩建了贵阳和昆明枢纽,改建了部分桥梁和跨线建筑物。在贵阳至水城西段共修建牵引变电所 6 处。变电所主变压器采用高原型三相变压器,其容量,除贵阳南为 2×15000 千伏安外,其余均为 2×20000 千伏安。6 个变电所都采用移动备用方式,有铁路岔线引入。接触网采用单边供电,双线区段采用并联运行。接触线全部采用中国自己研制的铝合金导线。电力机务段和供电段设在贵阳南站，机务段负责全线的机车架修任务，供电段考虑了其他方向的电气化铁路的发展，比一般大型供电段大。全线通信采用3个高频组、11个低频组及3条信号线的型式，利用既有的电缆。干局线通信采用 BY-12 型 12 路载波机，区间信号采用继电半自动闭塞，移频接近连续式机车自动信号和自动停车装置。大站采用电气集中，小站仍为色灯电锁器联锁。

这段铁路的电气化工程设计，由铁道部第二勘测设计院负责，1980年10月完成了初步设计。电气化工程施工由电气化工程局承担，1983年全面展开施工，1985年12月15日建成通车。电气化后，这条铁路的运输能力由每年690万吨提高到2220万吨，牵引定数由1050吨提高到近期单机牵引2250吨，远期双机牵引3500吨。

中国已建成通车的电气化铁路，在运营实践中充分显示了输送能力大、能源消耗小、运输成本低、经济效益好、无环境污染等优点，证明电力机车牵引不仅是提高运输能力的有效途径，而且是解决能源不足的好办法。

根据电气化铁路的运营经验和取得的巨大经济效益，铁道部规定"在新线建设中遇到地形复杂，运输量较大的困难区段，一般采用电力牵引"。这样不仅可以提高线路坡度，采用长隧道，缩短线路修建长度，而且还可以加长分界点间的距离，减少机务设施，从而降低新线建设的工程投资。

建设电气化铁路，采用电力机车牵引，虽然需要增设一套牵引供电设备和对现有铁路设施进行相应的技术改造，一次投资较大，但是电力机车牵引的运营成本比内燃机车和蒸汽机车牵引低。特别是在坡道越大和运输越繁忙的线路上，其运营成本越低，经济效益越大，因而一次投资的回收期也越短。为此，在推进电气化铁路建设时，应吸取世界各国的经验，充分考虑运量需要和能源条件，合理地规划电气化铁路的布局，优先在运输最繁忙的铁路干线上修建电气化铁路，并适时地连结成网，以便充分发挥电力机车牵引拉得多、跑得快、交路长的优点，使电气化铁路发挥最大的经济效益。

第四节 铁路枢纽和站场建设

铁路枢纽是连接几条铁路的中枢，除办理客货列车始发、终到和中转，以及机车、车辆检修和整备等技术作业外，还办理客运、货运和其他商务作业。根据具体情况，枢纽内设置不同用途的车站，主要有编组站，客运站和客车整备所，货运站和货场，中间站，工业站，港湾站等，形成一个整体。枢纽内不仅有各方向引入的正线（单线或双线）和工矿企业专用线，而且根据枢纽的布局和通过能力的需要，还有联络线、迂回线和环线等。

新中国成立前，由于帝国主义的侵略，军阀的封建割据和国民党政府的腐败，铁路枢纽建设没有也不可能进行全面规划，形成杂乱无章的局面。干线上的车站和几个方向的铁路干线交会点，虽有枢纽和站场的形式，但各有各的车场，互不联系；各有各的管理系统，互不配合，缺乏统一指挥和合理布局。这种状况，不能适应新中国大规模经济建设的需要，必须在既有铁路全面技术改造中，对枢纽和站场进行改建和扩建。

36年来，全国铁路扩建和新建了40多个主要枢纽和86个编组站。其中路网性编组站25个，区域性编组站36个，辅助、工业、港湾和国境编组站25个。解编能力约达28万辆。新建大型客运站18座，各类货场58处。在新建和扩建枢纽内共完成正线、联络线、迂回线等计约5000公里。经过多年运营的实践证明，枢纽的总体布局基本上是合理的，枢纽的分期建设和编组站的规模、图形、站址和运营条件基本上是恰当的，对发挥铁路干线的客货运输效率，缓和运量与运能的矛盾，促进城市繁荣，发展国民经济，以及适应对外开放的需要等方面，都起了相当大的作用。至1985年，中国大陆主要枢纽路网性编组站概况及编组站驼峰类型列于表32和表33。

中国主要铁路枢纽路网性编组站概况

表 32

序号	枢纽名称	编组站名称	站　　型	配线数（条）	到发线有效长度（米）	调车设备能力	解编能力（辆/天）
1	齐齐哈尔	三间房	单向，二级四场	65	850	机械化驼峰	5700
2	哈尔滨	哈尔滨	双向，上行二级二场，下行、北场均为一级二场	81	850	下行半自动化驼峰，上行简易驼峰，北场平面牵出	7752
3	沈阳	沈阳西（裕国）	双向，二级四场（预留双向三级六场）	89	1050	上、下行系统均为半自动化驼峰	18000
4	沈阳	苏家屯	双向，下行二级三场，上行三级三场	73	上行850—1250 下行1050	上、下行系统均为机械化驼峰	12392
5	天津	南仓	双向，二级五场（下行二级三场、上行二级二场）	45	850	下行简易驼峰，上行非机械化驼峰	8417
6	北京	丰台西	双向，下行一级一场，上行三级三场	64	1050	下行简易驼峰，上行自动化（试用）驼峰	11668
7	石家庄	石家庄	下行三级三场，上行二级三场	113	850	下行机械化驼峰，上行非机械化驼峰	13862
8	郑州	郑州北	双向，三级六场	148	1050	上、下行均为机械化驼峰	24000
9	武汉	江岸西	单向，二级四场	49	850	机械化驼峰	6123
10		武昌南	单向，二级四场	35	850	非机械化驼峰	5981
11	株洲	株洲北	单向，三级二场	62	850	机械化驼峰	7071
12	衡阳	衡阳	上、下行两场反向纵列布置	38	850	非机械化驼峰	5838
13	柳州	柳州南	单向，二级四场	52	850	非机械化驼峰	4689
14	济南	济南西（位里庄）	单向，二级四场	59	850	机械化驼峰	8250
15	徐州	孟家沟	单向，二级四场	52	850	机械化驼峰	6559
16	南京	南京东	下行二级三场，上行一级一场	54	1050	下行机械化驼峰	7451

续表

序号	枢纽名称	编组站名称	站　型	配线数（条）	到发线有效长度（米）	调车设备能力	解编能力（辆/天）
17	上海	南翔	下行二级二场，上行一级一场	52	850	下行自动化驼峰（试用）上行简易驼峰	9906
18	鹰潭	鹰潭东	单向，二级三场	32	750—807	机械化驼峰	5048
19	大同	大同	西场二级四场，东场一级一场	69	850	非机械化驼峰	10045
20	西安	西安东	单向，二级四场	32	850	非机械化驼峰	5140
21	宝鸡	宝鸡东	一级三场	36	850	非机械化驼峰	4636
22	兰州	兰州西	单向，三级三场	75	850	机械化驼峰	7065
23	成都	成都东	一级三场	29	850	非机械化驼峰	3433
24	贵阳	贵阳南	双向，二级五场	59	850	机械化驼峰	8619
25	怀化	怀化	单向，二级四场	30	850	机械化驼峰	5940

中国编组站驼峰类型

表33

驼峰类型		数量	%	编组站名称
装有调速工具的驼峰	自动化	2	2.3	丰台西、南翔（均为试用）
	半自动化	2	2.3	哈尔滨、沈阳西
	机械化	16	18.6	苏家屯、株洲北、孟家沟、江岸西、怀化、鹰潭东、兰州西、石家庄、三间房、南京东、贵阳南、大同、郑州北、济南西、宝鸡东、四平
未装有调速工具的驼峰	非机械化	18	20.9	山海关、南仓、包头西、武昌南、襄樊北、西安东、衡阳、重庆西、昆明东、月山、艮山门、广州北、太原北、柳州南、牡丹江、丰台、济南、成都东
	简易驼峰	34	39.6	三棵树、佳木斯、齐齐哈尔、吉林、梅河口、长春、沈阳、锦州、天津、白城子、绥化、南岔、通化、大官屯、大石桥、甘井子、本溪、丹东、通辽、郑家屯、叶柏寿、徐州、阜新、阳泉、口泉、集宁、开远、张店、南星桥、新龙华、来舟、武昌东、吉林北、大连北
	平面牵出线	14	16.3	乌鲁木齐西、伊图里河、免渡河、鸡西西、鹤岗、图们、青岛、铜川南、玉门沟、加格达奇、包头北、双桥、石景山南、满洲里
合　计		86	100	

一、重点铁路枢纽的改建、扩建及其特点

（一）北京枢纽。

北京枢纽是中国铁路上衔接线路方向最多、车站最多、规模最大的枢纽。新中国成立前，是京山、京汉、京包、京承4条铁路的汇集点。新中国成立后，为加强北京与东北、西北、华北地区之间的物资交流，先后又增加了丰沙、京原、京通、京秦（通坨）4条新线。合计有8条干线引入枢纽。枢纽范围内共有54个新建和既有的车站。

新中国成立初期，北京枢纽除办理客运的车站外，只有丰台编组站和西直门辅助编组站两处。丰台站有京山、京汉、京包3个运转作业场；西直门担任京包、门头沟支线、环城线，以及至丰台的小运转列车的作业。由于车流分散和交换车的互相干扰，作业重复，效率不高，车站能力明显不足。1954年在丰台西另辟场地，建立新的编组站，设计为单向三级四场，远期预留为双向三级六场机械化驼峰编组站，1962年建成正式交付使用。此后又进行了半自动和自动化调车的大量试验工作，并添建了上行系统的股道，改造了调车设备，全站形成上行系统三级二场试行自动化驼峰，下行系统一级二场简易驼峰编组站，铺轨总延长为104.5公里，解编能力为每天11668辆。为配合丰沙大线及京秦双线电气化工程，又确定扩建丰台西编组站的下行系统，建成后将成为双向三级六场自动化驼峰编组站，是中国技术较为先进，规模较大的路网性编组站之一。枢纽内有东南、东北、西北3条环线，使列车到发通过的径路更加合理，并便于小运转作业。丰台西站为北京枢纽内的主要编组站，丰台站为地区性编组站，双桥为东部辅助编组站，三家店为西部辅助编组站，石景山南站为工业编组站。这样，有利于各方面引入线路的中转和直通车流的作业，提高解编能力，加速机车车辆的周转。

北京的流动人口来自四面八方，为方便旅客乘降，客运站采用分散布局。1959年在东便门新建北京站，是枢纽内的客运总站，也是中国最大的

客运专业站，该站担任各方面旅客快车为主的始发和终到作业。永定门站为普通客车的到发站。西直门站办理京包、京通方向的客运业务。

北京是中国的首都，汇集了8条铁路干线，全国许多重要城市的旅客列车及国际旅客列车在北京始发、终到，每天有大量的旅客乘降，货运任务也很大，中转改编车流密度也很高。为了搞好北京枢纽，经过周密调查研究，反复论证，于1960年决定了枢纽总体布置图。根据北京是中国政治、经济、文化、军事、交通中心的特殊地位，精心设计，合理布局，努力做到增强运能，提高效益，方便群众，保护环境，逐年建设，以适应客货运量增长及首都城市建设的需要。

（二）哈尔滨枢纽。

哈尔滨枢纽衔接哈长、拉滨、滨洲、滨北和滨绥5条铁路，是中国东北地区北部的木材、粮食、煤炭、石油运往全国各地的主要中转站，也是路网上的主要枢纽之一。枢纽内共有22个车站，其中哈尔滨站为主要客运站和主要编组站。这个站的货运系统分上、下行两个系统，其下行系统呈纵列式布置，铺轨总延长97.6公里，解编能力为每天7752辆。三棵树站为辅助编组站。

50年代初期，哈尔滨枢纽就进行总图设计，由于宏观条件不断变化，新建编组站位置曾作过多次变更，直至1978年才确定枢纽总图方案。在此期间，为了适应运量的增长，除将部分列车改变作业分散在前方小型编组站和区段站担任外，对枢纽内的编组站也进行了挖潜改造，以提高运输能力。1976年，在哈尔滨下行调车场采用减速器和减速顶相结合的调速系统——驼峰减速顶调速系统，实现了驼峰车辆溜放速度的自动控制，提高了列车解编能力。

由于运量不断增长，解体能力已经饱和，车场位于市区内，无地可资扩建。于是按照枢纽总图，确定在王岗站至孙家站联络线上新建哈达屯编组站。这个编组站为路网性编组站。远期布置采用双向三级六场；初期在充分利用既有哈尔滨、三棵树站能力的前提下，先修上行系统，按单向三级四场规模修建，共铺54条股道。调车场按半自动化驼峰设计，预留发展为自动化驼峰的条件，设计解体能力为每天3317辆，正在施工。与此同时，哈尔滨客运站及枢纽内几处货场也进行了扩建。

（三）沈阳枢纽。

沈阳枢纽是联系东北与关内的主要交通中枢，采取环型总体布置。它衔接沈哈、京沈、沈大、沈丹、沈抚、沈吉6个方向的铁路干线，也是中国对朝鲜、苏联、日本贸易和友好往来的孔道，而且位于重工业发达的辽宁省中部，毗邻阜新、抚顺煤矿以及鞍山、本溪钢铁矿山基地，运输业务极为繁重。

新中国成立前，沈阳枢纽的许多联络线和苏家屯编组站曾被拆除殆尽。1956年完成的枢纽总布置图和初步设计中，确定恢复苏家屯机械化驼峰编组站，与沈阳西编组站作为东西两个口，对经由枢纽的车流加以改编。1959年12月建成苏家屯三级四场机械化驼峰编组站，其后2年又扩建成具有73条股道的双向三级六场机械化驼峰编组站，铺轨总延长为123.2公里，解编能力为每天12392辆。沈阳西（裕国）编组站于1958年8月开始施工，1962年因缩短基本建设战线而停工，1974年年底又重新设计沈阳枢纽总体布置图。1980年年初才全面展开施工，1984年建成并交付运营。该站是一个有89条股道的双向二级四场（远期预留三级六场）的半自动化驼峰编组站，解编能力为每天16190辆，另有辅助调车场，每天为1810辆。两项合计解编能力每天为1.8万辆，铺轨总延长为120.3公里。枢纽范围内有23个车站，21条联络线，6处小型编组站。

由于沈阳枢纽衔接6个方向的干线，在枢纽内的接轨位置分散，而且各方向相互间有大量车流交换，所以采用"环形总体布置图形"，使苏家屯编组站担当哈大、沈丹、沈吉等方向货车的中转作业；沈阳西编组站担当京沈线和进出关货车的中转作业。围绕枢纽中心，各线环形相接，避免了交叉作业，提高了铁路运输能力。

原来的沈阳枢纽内，铁路与城市交通相互干扰较为突出。为改善这一状况，决定将枢纽内的于（洪）虎（石台）联络线改为双线，使长大、沈山线上行货物列车经该线绕行市外。沈吉线与长大线平行的一段线路，因穿过市区，经协商予以拆除。沈北站既有的14处专用线分别改接沈东站和沈阳站。这样，就解除了多处铁路与城市交通干扰的矛盾，使铁路建设与城市建设规划基本协调起来。

（四）郑州枢纽。

郑州枢纽地处中原，是位于京广、陇海两大铁路干线交会点的十字形枢纽，素有关内"铁路心脏"之称，为中国东北、华北与中南、西南、华东沿海和西北内地互相联结的重要通道。枢纽内包括郑州、郑州东、郑州西、东双桥、南阳寨、海棠寺、五里堡、马砦、铁炉、欢河10个车站。

新中国成立前，郑州站内原陇海铁路车场与平汉铁路车场并列，不能直接连通，客货中转困难。新中国成立后，首先将两场合并，并适当增加配线和站场设备，形成具有一定规模的京汉与陇海两个车场的横列式编组站，统一管理统一指挥，初步适应了国民经济恢复时期运输发展的需要。其后随着运量的不断增长，枢纽能力越来越不能适应，于是在50年代中期确定对郑州枢纽进行全面技术改造，制定了枢纽布置总图，采用上下行双向三级六场机械化驼峰站型，分期设计，分期施工，每期工程都及时形成能力，建成为中国最大的编组场。

第一期工程：1956年5月在郑州北站建成21股道的横列式车场，连同原平汉和陇海线老场，解编能力由原来的每天3354辆提高到4915辆，增加能力46%，初步缓和了运量与运能的尖锐矛盾。

第二期工程：为了改变分散作业的不利情况，于1959年4月扩建成下行三级三场编组站，增设了南北环线，改善了进站线路，减少进路交叉干扰，解编能力提高到7671辆，增加能力32%。1960年年初，开始将全部货物列车集中到郑州北站作业，从而改变了车辆在郑州枢纽中转时间长，效率低，接不进和发不出的经常堵塞局面。

第三期工程：修建郑州北站上行三级三场编组站，一次建成机械化驼峰，配合东、西陇海线增建第二线引入枢纽，改善郑州东站及海棠寺货场等工程。1959年第四季度开工，与第二期工程交错进行。1960年因国民经济调整暂停施工，后又逐步恢复，至1967年郑州北站完成下行系统由非机械化驼峰改造为机械化驼峰。上行系统在原到达场位置建成17条股道的平面调车场，从勘测设计到建成使用，用了3年时间，解编能力由原来的每天7671辆提高到11520辆，增加能力50%。

这期工程后又进行续建，先后完成郑州北站辅助调车场，郑州东站增加股道及继续配合东陇海路增建第二线引入工程。到1984年年底，又将上行系统扩建为三级三场，形成双向三级六场（另设有辅助调车场和交换场）机械化驼峰编组站，上下行系统各有74条股道，铺轨总延长209.8公里。这样，郑州北编组站总接发能力就达到了每天766列，解编能力为每天2.4万辆，除能满足日益增长的运量需要外，尚可减轻相邻编组站的压力，在路网上发挥重要作用。

郑州客运站是枢纽内的主要客运站，站内有4个旅客站台，均有天桥、地道连通。站房是1956年至1977年陆续扩建而成，总面积达14368平方米。

综观整个郑州枢纽，布局合理，进路灵活，集中设置了具有双向系统的编组站。改建原有老站为客运站，形成客货横列布局，枢纽进站线路客货分开，能使各方向客货列车顺利地接入客运站和编组站，并从客运站和编组站发出，互不干扰，畅通便捷。郑州枢纽的建设与城市发展配合较好，互相依存，互相促进，在进行总图规划时，铁路和地方能从整体利益出发，共同协商，彼此兼顾，为铁路和城市建设创造了有利条件，使郑州枢纽成为一个布局合理，能力协调，进路畅通的大型枢纽，1981年荣获国家颁发的70年代优秀设计项目奖。

（五）武汉枢纽。

武汉三镇濒临长江与汉水汇集处，素有"九省通衢"之称，历来为中国中南地区的重要水陆交通枢纽，也是该地区政治、经济和文化中心。根据地理条件，武汉铁路枢纽采取分散布置，由武汉长江大桥和汉水大桥将枢纽联成一个整体。除南、北方向有京广线外，西通襄樊连接襄渝线，东接建设中大冶至九江沙河街的大沙线，对沟通中南、华北、西南和华东的物资交流，发展国民经济，具有重要的意义。

自1952年起，武汉铁路枢纽即着手进行总图规划，历经几期建设，枢纽格局基本形成，并具相当规模。由于受大江阻隔，也为了便于把各路水陆运输组成有机的交通网络，铁路编组站分散在大江两岸，形成三足鼎立，分别卡住四个方向的车流进行作业。各编组站分工合理，而且有便捷的通路可以相互调剂，有利于缩短中转时间和加速机车、车辆周转，避免了迂回折角，降低了运输成本。枢纽内江北、江南两个地区共有24个车站和4个线路所，并有80余条工业企业线与枢纽内各站接轨。

江岸西和武昌南为枢纽内分布在长江两岸的主要路网性编组站。随着运量的不断增长，江岸西先由一级二场改为一级四场，继而扩建为二级四场机械化驼峰编组站，共有49条股道，铺轨总延长67.8公里，解编能力为每天6123辆。为了避免京广线上行车流的迂回折角运行，又在江南设武昌南二级四场非机械化驼峰编组站，共有35条股道，铺轨总延长48.8公里，解编能力每天5981辆。武昌东是服务于武钢的重要工业编组站。钢厂规模日趋扩大，旧站较小，已不适应，改建为双向二级五场机械化驼峰编组站，共有59条股道。与此同时，还建成了南双环线，使钢厂进出口车流径路更为灵活。

根据总图的格局，客运站的布局结合城市居民分散的特点，共设置办理客运的车站14个。由于引进方向较多，为照顾武汉三镇大部分居民乘降的方便，固定江南的主要客运点办理对北方列车的始发、终到，江北的主要客运点办理对南方列车的始发、终到，互相配合，旅客称便。

（六）徐州枢纽。

徐州枢纽位于津浦、陇海两大干线交会点，江苏、山东、安徽、河南四省交界处，具有重要的战略地位，运输十分繁忙。

津浦线的徐州车站建于1909年，陇海线的徐州北站建于1915年，在旧中国两路各自为政。新中国成立初期，就将两线的客货运输作业及机车车辆整备和检修统一集中到徐州车站，使它逐步扩充为有南、北两个运转场的编组站，而徐州北站则改为中间站。50年代后期，徐州站北运转场改为客运站；南运转场改为编组站，为横列式站型，双向一级四场，共有51条股道，铺轨总延长63.3公里，解编能力为每天5691辆。由于徐州编组站南端受地形限制，不得不另外修建孟家沟编组站。1969年动工，1976年建成单向二级四场机械化驼峰编组站，共有52条股道，铺轨总延长93.9公里，解编能力为每天6559辆，与徐州老站分别承担各方向的货物列车解编任务。但徐州枢纽仍远远落后于客货运输的需要。1985年改编、到发能力已经饱和，使邻接的4个区间成为限制区间，形成"卡脖子"枢纽，预计1990年的运量将接近设计能力的两倍。因此，铁道部将徐州枢纽的改建、扩建作为"七五"期间的关键工程，以解决点（徐州枢纽）线（津沪、陇海）不配套的矛盾，保证徐州地区铁路运输由限制型向适应型转化。

徐州枢纽扩建工程包括：孟家沟编组站扩建为三级六场半自动化驼峰编组站，新建北、中、南三个疏解区；修建茅（村）夹（河寨）联络线，九里山货场；改建大湖、窑场、高家营、茅村、徐州北、九里山、夹河寨等车站；改建徐州、孟家沟机务段和徐州客车车辆段；新建徐州北机务折返段、徐州北货车车辆段；改建、扩建徐州站等项目。全部工程要求1990年建成，以尽早发挥经济效益。

（七）南京枢纽。

南京枢纽地处长江下游，内河水系发达，经济联系广泛，物资集散方便，历来为水陆交通运输的中枢。枢纽跨越长江两岸，津沪线为贯穿本枢纽的主要干线。根据路网规划，将有宁襄（南京至襄樊）、宁启（南京至启东）和宁杭（南京至杭州）等线引入。衔接6个方向的南京枢纽，为江、浙、闽、赣沿海地区通往内地的通道和宁、沪、杭地区通往华北、东北的必经之路。

新中国成立初期，长江北岸津浦线的终点浦口客站和浦口编组站，分别担任客、货运业务；南岸沪宁线的终点下关客站（现为南京西客站）和南京西编组站，也分别担任客、货运输业务；宁芜线上设有中华门车站。长江两岸铁路列车要靠轮渡驳运来联系，每遇大风浓雾，轮渡停运，南北运输受到严重影响。因此，国家用了很大力量来改建、扩建南京枢纽，其中包括南京长江大桥的建设。1968年南京长江大桥建成通车，京沪间旅客列车可以直接过江。1972年南京东编组站建成使用后，货物列车也由大桥通过。据1982年统计，过江客运量为1967年的4.8倍，过江货运量为1972年的1.8倍。南北岸列车中转停留时间缩短3小时左右，加速了机车车辆周转，提高了运输效率。

枢纽内新建的南京东编组站，为单向三级四场机械化驼峰编组站，共有54条股道，铺轨总延长103.9公里，解编能力为每天7451辆。嗣后为配合沪宁第二线的建成，又修建了环行线，并在上行直通及出发场增铺5条股道。1983年建成，铺轨长约7公里。

南京枢纽原有浦口、南京西2个客站。前者办理北方旅客列车的始发、终到作业；后者办理沪宁、宁芜方向旅客列车的始发、终到作业。南京长江大桥建成后，设置了南京客站，办理各方向旅客列车的中转通过作业。浦口站停办客运；南京西站则办理宁芜、沪宁及北方部分长、短途客车的始发、终到作业。这样的分工，充分利用南京西站的既有设备，方便了水陆转运的旅客。新建的南京客站也适当地扩大了规模。

（八）上海枢纽。

上海位于长江三角洲入海口，是中国最大的工商业城市和重要的港口，沪宁、沪杭两干线在此会合，又为重要国际航空站，四周公路成网，是华东沿海地区最重要的交通运输枢纽。

上海铁路枢纽的货物到达量与通过货运量大体是7∶3，属终端式枢纽性质，以区域性的车流作业为主。新中国成立初期，枢纽内没有一个较完整的编组站，其作业分散在上海东、新龙华和真如三个车站。新中国成立后，为配合上海城市建设与工商业的发展，随着铁路客货运量的不断增长，决定扩建上海枢纽。枢纽内线路除沪宁、沪杭两大干线外，尚有总长度140公里的4条支线，还有工业专用线60余条，各种专业站28个。上海枢纽以地方货运量为主，有较多的货运站和货场。货运站有真如、桃浦、彭浦、杨浦、新龙华和上海6处。货物线共有64条，总有效长约23.5公里。上海枢纽成为中国铁路枢纽内专业站最多的大型枢纽。

南翔为枢纽内最主要的编组站，为上行一级二场，下行二级二场的双向编组站。下行系统已试用自动化驼峰全减速器计算机过程控制系统。解编能力为每天9906辆，共有52条股道，铺轨总延长62.2公里，远期拟扩建为下行三级三场，上行二级二场。新龙华为辅助编组站，担负沪杭下行及沪南地区小运转的解编作业。何家湾站担负沪北地区、港区和工业企业线的取送车辆作业。

上海北站为枢纽内主要客站，规模小，设备落后。1984年开始在上海东站新建客运站，而把北站改为客车准备所。

二、铁路枢纽和站场建设的主要经验

（一）作好枢纽总图规划。枢纽总图规划，是枢纽建设的前期工作，也是作好枢纽新建或改建工程的指导性文件，其合理与否，涉及枢纽工程投资，运营效果，以及对社会各方面的效益。因此，枢纽总图规划必须从全局出发，在满足国民经济发展需要和人民群众对铁路要求的前提下，根据各引入线路的主要技术条件，客货运量的性质、流向和大小，既有设备状况，地形、地质等自然条件，连同工业企业，农田水利建设，以及其他交通运输系统等，全面地进行规划和方案比选，合理确定20世纪改建、扩建方案。还要重视客、货运经济资料的调查工作，对客流和货流的方向、大小和性质进行认真分析研究。这是枢纽设计中必不可少的依据之一。

（二）做好城市规划的配合工作。铁路枢纽建设是城市建设的重要组成部分，它和城市的生产、生活有着密切的联系。因此，枢纽的布局，如编组站的位置、客货运站的分布、线路的引入、原有设备的利用等都与城市规划的布局，如城市区域划分、工业区和居民区的分布、城市道路系统的规划、城市用地的协调及环境等，有着密切的关联。枢纽建设与城市规划要统筹安排，发挥铁路枢纽为城市服务的积极作用。

（三）做好枢纽分期分阶段的改建、扩建工作。由于枢纽客货运量的不断增长，新线引入或既有铁路技术改造，以及城市建设的要求，枢纽需要经常进行建设，不可能一次全部完善。枢纽建设只能在总图规划的指导下，分期设计，分期施工，分期交付使用，分期形成能力，以满足运营需要。枢纽分期发展必须遵循远近结合，以近为主，在设备上要留有发展余地的原则。保证施工时的正常安全运营，设计、施工、运营部门要共同定好施工过渡措施，并严格按施工规划组织设计施工。

（四）编组站的布局和规模与车流集散规律相协调。大量车流集散地，一定要及时形成能力强大的编组站。哈尔滨、沈阳、北京、郑州、徐州等地，都是主要干线的汇集点，都曾因编组能力不足，不得不由其他编组站辅助作业，增加了改编次数，重复作业，降低了运输效率，提高了运输成本。在不产生和不消失车流的地方，就不应人为地把车辆截留改编，搞大型编组站，而造成浪费。

枢纽站场建设是一项庞大的系统工程，其内部构成包括线路的引入、径路与疏解，编组站的扩建与新建，客运站、客车准备所与货场、货站及其他站的新建改建等，彼此密切相关，应该协调发展。其外部有如何与衔接线路能力的协调，与其他枢纽的合理分工等。根据多年来的实践，由于枢纽建设牵涉面广，难度大，往往形成线路能力在先，而枢纽接发和解编能力跟不上，严重影响线路能力的发挥。为了避免点、线不同步，充分提高综合运输能力，编组站建设应考虑适当先走一步。

第十五章
铁路线上的重点工程建设

桥梁、隧道、路基和车站是铁路线上的重要工程建筑。特别是大桥、长隧道、自然条件复杂地段的路基，以及大城市的旅客车站建筑，由于它们工程浩大，往往控制着一条铁路的建设工期，而成为重点工程项目。而且，由于它们规模宏伟，技术复杂，富有特色，而成为铁路建设发展的象征。本章将简要介绍中华人民共和国铁路在这些方面的情况和取得的成就。

第一节 越江跨谷的铁路桥梁建设

一、新中国铁路桥梁建设概况

中华人民共和国成立后，随着铁路建设的迅速发展，建桥工人和技术人员从1949年到1985年的36年间，除对旧中国留下的桥梁进行修复改造以外，新建各种铁路桥梁17307座（含既有铁路上新建的桥梁），总延长1133.2公里，比旧中国建桥总延长341公里，增加了2.32倍。1949年前，浊浪滔滔的黄河上仅有2座铁路桥，到1985年年底已增加到18座（见表34）；过去，波涛滚滚的万里长江上没有1座桥梁，现在已经建成7座铁路大桥（见表35），还有一座桥正在建设中。旧中国修筑宝（鸡）天（水）铁路时，由于当时的客观条件限制，为避开在渭河上架桥，线路一直在渭河北岸地质条件很差的山谷中蜿蜒，以致滑坡、泥石流等病害严重。而新中国在新建铁路时，则按线路合理走向遇水架桥。如：宝成铁路16次跨嘉陵江；成昆铁路13次跨牛日河、8次跨安宁河、47次跨龙川江；

跨越黄河的铁路桥梁

表34

序号	线别	桥名	桥长（米）	建成年月
1	刘家峡水库专用线	水库大坝溢洪桥	103.9	1966.5
2	同上	专用线二号桥	245.7	1961.2
3	同上	专用线一号桥	247.1	1961
※	兰青	八盘峡黄河老桥	220.0	1959
4	同上	八盘峡黄河新桥	869.2	1975
※	兰新	河口黄河便桥	280.8	1953.3
5	同上	河口黄河桥	278.4	1955.6
6	某专用线	坡底黄河桥	232.6	1959.9
7	包兰	东岗镇黄河桥	221.1	1956.6
8	白宝支线	靖远黄河桥	327.8	1971.12
9	包兰	三道坎黄河桥	340.6	1958.6
10	包兰	三盛公黄河桥	673.3	1958.9
11	侯西	禹门口黄河桥	484.7	1973.7
※	南同蒲陇海联络线	潼关黄河便桥	1069.9	1958.1
12	同上	潼关黄河桥	1180.9	1970.6
13	焦枝	连地黄河桥	917.6	1970.6
14	京广	☆郑州黄河老桥	2938.9（原长3015.0）	1905.11
15	同上	郑州黄河新桥（双线）	2889.3	1960.4
16	新菏	长东黄河桥	10282.8	1985.10
17	津浦	济南黄河新桥（双线）	5698.3	1976.7
18	津浦	☆泺口黄河桥	1255.2	1912.11

注：有"☆"符号者为解放前修建的桥梁；未编序号且有※者为已拆除的或桥梁上部结构重建的。

襄渝铁路3次跨汉江、33次跨后河，避开了一部分不良地质地带，减少了线路病害。新中国在50年代建成的万里长江第一桥——武汉长江大桥，60年代在长江下游建成的南京长江大桥，70年代建成的中国第一座预应力钢筋混凝土铁路斜拉桥——红水河桥，80年代建成的中国当今最长的桥梁——长东黄河大桥等，雄辩地证明，中国铁路桥梁建设达到了较高的水平。

跨越长江的铁路桥梁

表35

序 号	线 别	桥 名	桥长（米）	建成年月
1	成昆	三堆子金沙江桥	390.5	1969.10
2	内宜	安边金沙江桥	376.8	1960.4
3	宜珙支线	宜宾金沙江桥	1053.5	1968.10
4	川黔	白沙沱长江桥（双线）	820.3	1959.12
5	焦柳	枝城公铁两用长江桥（双线）	1742.3	1971.9
6	京广	武汉公铁两用长江桥（双线）	正桥1158.8 铁路1315.2 公路1670	1957.10
7	京沪	南京公铁两用长江桥（双线）	正桥1576 铁路6772 公路4588	1968.12

中国铁路桥梁长度划分的标准是：桥梁全长20米以下为小桥，20至99米为中桥，100至499米为大桥，500米以上为特大桥。新中国修建的17307座铁路桥梁中，特大桥共有130多座，其中桥长在1000米以上的有42座（见表36），3000米以上的共有7座，最长的达10282.75米。

新中国成立后修建的1公里以上的铁路桥梁

表36

序 号	线 别	桥 名	桥长（米）	建成年月
1	京广	武汉公铁两用长江大桥（双线）	正桥1158.8 铁路1315.2 公路1670	1957
2	京广	郑州黄河新桥（双线）	2889.8	1960
3	滨洲	哈尔滨松花江桥	1005.9	1963，1971
4	成昆	大田箐龙川江桥	1148.1	1966
5	通让	大赉嫩江桥	1238.9	1966
6	津浦	子牙新河桥（下行）	1428.4	1966
7	石德	滏阳新河桥（上、下行）	1210.4	1967
8	宜珙支线	宜宾金沙江桥	1053.5	1968

续表

序号	线别	桥名	桥长（米）	建成年月
9	京沪	南京公铁两用长江大桥（双线）	正桥 1576 铁路 6772 公路 4588	1968
10	襄渝	襄樊仙人渡汉江桥	1619.6	1969
11	南同蒲、陇海联络线	风陵渡黄河桥	1180.9	1970
12	焦枝	沙河桥	1013.8	1970
13	沟海	西辽河桥	1170.3	1970
14	焦枝	枝城公铁两用长江大桥（双线）	1742.3	1971
15	京通	老哈河桥	1438.9	1973
16	成昆	青衣江桥	1798.1	1973
17	太西	渭河桥	1178.1	1974
18	津浦	蚌埠淮河新桥（双线）	1169.6	1975
19	京通	唐山营伊逊河桥	1209.9	1975
20	京广	石家庄枢纽京广上行引入线桥	2498.0	1975
21	津浦	子牙河桥（双线、下行）	1321.3	1976
22	北环南仓	南仓高架桥（上行引入线）	1405.9	1976
23	津浦	子牙河桥（上行）	1428.4	1976
24	津浦	济南黄河新桥（双线）	5698.3	1976
25	金山支线	上海公铁两用黄浦江桥	3036.9	1976
26	京山压煤改线	沙河桥	1549.0	1979
27	阜淮	西淝河桥（双线墩）	2476.2	1982
28	阜淮	淮南公铁两用淮河桥（双线）	3428.5	1982
29	京秦	汤河桥	2864.3	1982
30	京秦	洋河桥（双线）	2579.8	1983
31	兖石	温凉河桥	1379.4	1983
32	兖石	沂河桥	1774.2	1984
33	兖石	丘后桥	1680.6	1984
34	兖石	付疃河桥	1123.9	1984

续表

序号	线别	桥名	桥长（米）	建成年月
35	京秦	银联桥	1387.6	1984
36	兖石	程家庄跨津浦线立交桥	1926.1	1985
37	兖石	中心店跨津浦立交桥	1814.4	1985
38	新菏	长东黄河桥	10282.8	1985
39	新菏	跨京广线立交桥	3016.1	1985
40	新菏	赵堤旱桥	2333.6	1985
41	北京枢纽	东北环线跨京包线杨庄子旱桥	1707.1	1985
42	徐州枢纽	大山1、2号跨线桥	3471.0	1985

桥梁长度只是建设规模的反映，而建造大跨度的桥梁，一要有先进的设计计算理论，二要有优质、高强、质轻的材料，三要有先进的制造和施工工艺与设备，这是建桥能力与水平的重要标志。中国铁路桥梁建设者广泛学习国内外的先进技术和先进经验，在国内有关部门的积极配合支持下，充分发挥自己的聪明才智，研究制造高强耐久的新材料，设计先进合理的桥式结构，革新改进施工机具和施工工艺，使各种材料建造的铁路桥梁跨越能力越来越大。如石拱桥最大跨度原来只有21.65米，到60年代中期发展到54米；钢筋混凝土梁桥，在1949年前最大跨度仅为16米，到1985年已达到80米；钢筋混凝土拱桥最大跨度则由40米发展到150米；钢桥最大跨度已经建成的为192米，正在修建的九江长江大桥主跨钢梁跨度已达到216米。

中国铁路桥梁深水基础的设计施工水平不断提高。50年代修建武汉长江大桥，首次采用管柱法建筑桥梁基础，为桥梁深水基础的设计和施工开创了新的途径。60年代修建南京长江大桥，设计采用钢沉井加管柱深水桥梁基础，解决了单纯管柱基础或沉井基础所难以解决的问题。该桥采用的深水浮式钢筋混凝土沉井基础，是中国建造深水桥梁基础的又一项带有突破性的技术。九江长江大桥的双壁钢围堰钻孔基础，为缩短深水桥梁基础施工周期取得了显著效果。80年代修建肇庆西江桥4号墩时，采用预制钢壳基础，创造了4个月建成一座深水桥墩的新纪录。这些新技术新工艺的创造和应用，表明中国桥梁深水基础的设计和施工已经达到了世界先进水平。

中共十一届三中全会以来，实行改革、开放、搞活的政策，更有利于铁路桥梁建设者学习国外的先进技术，并结合自己的实际，不断创新。1981年首次建成了主跨为96米的预应力钢筋混凝土斜拉桥和主跨为82米的预应力钢筋混凝土斜腿刚构桥。1983年又建成了主跨为176米的斜腿刚构薄壁箱形钢梁铁路桥，填补了中国铁路桥梁在这些方面的空白。

新中国成立36年来，铁路桥梁建筑的标准化系列化也取得了较大的进展。研究确定了符合中国国情的铁路桥梁建筑统一标准——铁路桥梁荷载标准，铁路桥梁设计与施工规范；设计审定了多种跨度、多种结构类型的钢梁、普通钢筋混凝土梁、预应力钢筋混凝土梁及相应的桥墩、桥台标准设计图，为从根本上改变旧中国在铁路桥梁建设事业上的落后状况，促进中国铁路建设事业的不断发展做出了贡献。

二、丰富多彩的铁路桥梁建筑

新中国成立后所建造的铁路桥梁中，有的气势雄伟，举世瞩目；有的桥式新颖，技术复杂；有的桥址地势险峻，山高谷深；有的桥址江面宽阔，水深流急。兹选例介绍于后。

（一）万里长江第一桥——武汉长江大桥。

武汉是长江中游的一座名城。千百年来，由于长江横卧、汉水汇流，汉口、汉阳、武昌三镇相互分隔，往来交通极为不便。

从1913年到1946年，有人曾先后4次提出在武汉长江上建桥的动议，但在灾难深重的旧中国，始终未能变成现实。新中国成立后，社会主义经济的全面发展，要求交通运输事业走在前面，而大江南北的京汉、粤汉铁路干线，仍因长江一水之隔不能衔接，虽然修建了简易火车轮渡，远不能适应日益繁重的运输需要。武汉三镇在社会主义建设中，迫切需要连成一个整体。

1950年年初，中央人民政府指示铁道部着手筹建武汉长江大桥。2月成立了"武汉大桥测量钻探队"，经过反复研究和方案比选，同年8月经中央财政经济委员会批准确定采用龟山——蛇山线方案修建大桥。铁道部设计局专门成立了武汉大桥设计组进行初步设计。铁道部副部长吕正操、石志仁先后三次召开武汉大桥会议，邀请中国和苏联专家讨论大桥建设的设计和技术问题。1953年2月18日，毛泽东主席听取中共中央中南局领导关于武汉长江大桥勘测设计的汇报后，登上武昌黄鹤楼，视察了大桥的桥址。1954年1月，周恩来总理亲自主持政务院会议，听取铁道部部长滕代远关于筹建武汉长江大桥的报告，讨论通过了《关于修建武汉长江大桥的决议》。接着，政务院任命彭敏为武汉大桥工程局局长，中共武汉市委书记王任重兼政治委员，汪菊潜为总工程师，梅旸春、李芬、朱世源为副总工程师。1955年成立以茅以升为主任委员的"武汉长江大桥技术顾问委员会"，作为该桥工程的技术咨询机构。同年6月提出技术设计，7月大桥工程正式动工。

武汉长江大桥是铁路公路两用桥。铁路桥长1315.18米，公路桥长1670米，江中正桥长1158.8米。铁路在下层，公路在上层。铁路为双线，线间距离4.1米，两侧人行道各宽2.25米。公路路面宽18米，两侧人行道各宽2.25米。

大桥建设规模相当浩大。正桥和引桥共用混凝土（包括预制件）91500立方米，制造直径1.55米的管柱3600米，管柱内钻孔224个，总计钻孔深度778.6米，下沉直径0.55米的管桩22400米，安装钢梁21420吨，铸钢支座516吨。尚有与大桥同时施工的配套工程，包括从汉口玉带门车站跨过汉水，经新建的汉阳车站，再越过长江，直到武昌新车站之间14公里内的桥梁、线路工程。

长江大桥位于长江两岸的龟、蛇二山之间，江面宽约1126米，武昌侧江岸坡度很陡,汉阳侧江岸较为平缓。江底是极不稳定的细砂,易于被水冲刷,河床变化深度达10米左右,河床覆盖层在武昌侧极薄,汉阳侧较厚,最厚处达25—27米。江中水位涨落差高达19米,高水位期持续时间每年长达7至8个月,最大流量每秒80100立方米,流速平均每秒0.4—3米。桥址处的岩石有石灰岩、泥灰岩和页岩,有的桥墩墩位处是夹有燧石的碳质页岩,岩石埋藏特点是节理层次多,而且接近直立。这些水文、地质条件为桥墩基础施工增加了困难。

大桥水中8个桥墩,原设计为气压沉箱基础,施工中发现建桥地区高水位持续时间长,气压沉箱法难以保证工期;沉箱下沉深达30—40米,需加大气压,这不仅危害在沉箱中作业人员的健康,而且需购置大量特殊设备,加大工程投资,况且在同一桥墩基础范围内岩面高差达5米左右,箱底与岩盘难以密贴。为解决这些难题,参加大桥建设的苏联专家西林,提出用管柱结构代替气压沉箱修筑基础的设想。这在当时的中国和苏联都没有先例。中国政府积极支持这一倡议,并强调要经过认真的试验。中苏技术人员共同研究制订了试验计划,经过半年多大规模的实际试验,解决了管柱如何通过20多米深的覆盖层顺利沉至岩盘等一系列技术问题。在管柱下沉试验过程中,大桥工程局工程师肖传仁采取调节管柱外4根射水管水量的办法,解决了管柱下沉方向不易控制的问题。他还建议降低射水管的高度,加大冲刷力量,使每根管柱下沉时间比原来的做法节省5小时。试验成功后,武汉大桥的8个水中桥墩基础,全部使用了直径1.55米的钢筋混凝土管柱基础。

为适应管柱基础施工的需要,桥梁建设者们在自制使用的ВП4型和ВП5型振动打桩机之后,又设计制造出一系列低频振动机组,还设计制造了冲击式钻机,研制了十字形带横端的铸钢钻头和旋转式牙轮钻机,提高了钻岩效率。同时还设计制造了多种类型的吸泥机。这些先进的施工工艺和施工机具为整个大桥的顺利施工创造了有利的条件。从1955年下半年开始,到1957年3月,全桥桥墩施工胜利完成。

制造大跨度钢梁，在50年代的山海关桥梁工厂和沈阳桥梁工厂都没有经验。为积极支持武汉长江大桥建设，两厂不怕困难，接受了钢梁制造任务。他们研究编制了特定的工艺规程，组织专业化作业，改进原有生产机具，保质保量地完成制造任务，提前运到了工地。现场拼装时，未发现任何尺寸误差，精度完全符合设计要求。钢梁安装分别从两岸采用伸臂法向江心架设合拢。从1956年5月开始，到1957年5月5日在6号桥墩处会合，10月上旬大桥全部工程完工，整个工期比国家规定的期限提前1年3个月。

大桥完工后，经国务院组成的武汉长江大桥验收委员会检查验收，认为：大桥稳定性很高，冲击系数低。此后，通过对正桥钢梁进行3次位移、振动等检定试验及20多年来的运营实践，都证明大桥技术状态正常良好。

1957年10月15日，铁路和公路桥同时正式通车。从此"一桥飞架南北，天堑变通途"，实现了广大人民多年的愿望。

（二）荣获国家科学技术进步特等奖的南京长江大桥。

南京长江大桥，是连接津浦线与沪宁线的特大铁路公路两用桥。双线铁路在大桥下层，全长6772米，宽14米。公路桥在上层，全长4588米，桥面宽15米，可并排走行4辆卡车，两侧各有2.25米宽的人行道。铁路桥和公路桥都由正桥和引桥组成，正桥长1576米，两端与引桥连接处设有桥头建筑。江中的9个桥墩和两岸的桥台稳稳地托住10孔大跨度钢梁，桥下万吨巨轮可以畅通无阻。它是中国60年代建造的规模最大的一座桥梁。南京长江大桥的建成，结束了70多年来津浦线与沪宁线客货运过江靠轮渡的历史。

南京长江大桥的筹建工作，于50年代中期开始进行。1956年铁道部大桥设计事务所接受该桥设计任务，并进行草测。1957年编就了设计意见书。1958年10月，铁道部协同中国科学院，邀请科研、设计、工程等方面的专家，共同讨论研究了大桥的设计及技术问题。同时，成立了科技协作领导小组及总体布置与美术、上部结构、下部结构、施工、地质等5个组，负责对各项问题进行研究。同年年底，各研究设计单位提出上部结构方案37个，下部结构方案10个，美术方案40幅，经200多名专家讨论，提出推荐方案，由大桥工程局编就设计任务书送铁道部鉴定，并报请国务院审批。

1959年9月，经国务院批准成立南京长江大桥建设委员会，以江苏省省长惠浴宇为主任委员，正副总工程师先后有梅旸春、王序森等。在铁道部、江苏省和南京市的领导下，在人民解放军南京军区和当地人民群众的大力支持下，筹建工作进展顺利。1960年1月大桥工程局正式开始南京长江大桥主体工程施工。因受"文化大革命"影响，至1968年9月铁路桥始通车，同年12月公路桥通车，全桥建成。

南京长江大桥位于长江下游，江面宽阔，水深流急，地质复杂。岩层埋藏在正桥河床33至47米以下。岩石种类多，断层纵横，硬的地方像钢铁，软的地方似"千层糕"。中国桥梁建设者们，为了让桥墩牢固地扎根在岩盘上，进行了大量详细而周密的勘测工作，共进行正桥钻探624孔，总进尺19704米，两岸引桥钻探319孔，总进尺8570米；进行了155平方公里的地质测绘工作，做原状土物理试验1525个，岩石单轴极限抗压试验2283块；从而取得了大量数据，较为详尽地掌握了桥址附近的工程地质情况，为技术、施工设计提供了可靠的依据。设计人员根据各个墩位不同的地质情况，采取不同的技术措施，9个桥墩设计了重型混凝土沉井、钢沉井加管柱、浮式钢筋混凝土沉井和预应力钢筋混凝土管柱等4种不同的水下桥墩基础结构。这是中国在建造桥梁深水基础中带突破性的技术，为胜利建成大桥，做出了重大贡献。

在桥墩基础施工中，铁道部大桥工程局的职工付出了极为艰苦的劳动。1号桥墩重型混凝土沉井，其面积比篮球场还大，高度相当于10多层大楼，混凝土总量达1.7万立方米。为将这个庞然大物下沉到河床面55米以下的砂砾层，建桥人员除依靠沉井自重外，还采取以吸泥为主，辅之以抓泥、压重、侧面射水等下沉办法，连续奋战 17 个半月，终于将沉井下沉到设计标高。底面长 18.216 米，宽 22.42 米的 4、5 号桥墩浮式钢筋混凝土沉井，在入水深度分别达到 14.2 米和 19.3 米时，总重达 7000 吨左右的悬浮沉井及导向船船组的锚绳多根被湍急的江水冲断，巨大的悬浮体在江中连续不断地摆动，最大摆幅达 58.6 米，周期约 4 分钟。这种极端惊险的情景，在桥梁建设中是很少见的。建桥职工和有关单位通力合作，经 40 多个日夜鏖战，最后采用平衡重消能止摆方法，才使沉井转危为安，停止摆动。有些桥墩沉井基底在水面以下 65 米左右，基底清理时的质量检查，都是通过潜水员潜入水下探摸进行的。潜水员胡宝玲等多次潜入水下 62 至 67 米，最深达 80 米，仅在 7 号桥墩基础施工时就累计潜水 207 次，一次水底停留作业时间 10 至 20 分钟，创造了中国桥梁施工中大规模潜水作业的新纪录。

正桥上的 10 孔钢梁，除浦口岸 1 孔跨度为 128 米的简支梁外，其余 9 孔都是 160 米跨度、每 3 孔为一联的连续梁。钢梁总重达 31581 吨，均用鞍山钢铁公司研究生产的高强 16 锰合金钢，全部由山海关桥梁工厂制造。

南京长江大桥是在独立自主、自力更生的方针指引下，在全国有关单位协作配合下建成的，是中国桥梁科学技术方面取得的一项重大成就。它标志着社会主义的中国有了依靠自己的人力、物力，应用现代科学技术解决重大、复杂工程问题的能力；也标志着中国的桥梁建设，在勘测设计、科研试验、施工技术、建筑材料、设备制造等方面，都达到了新的水平。

（三）80 年代中国最长的铁路大桥——长东黄河大桥。

1985 年 10 月，在中国第二大河——黄河下游、河南省长垣县和山东省东明县之间的新菏线上建成了一座长 10.283 公里的特大铁路桥梁，把西接新焦、太焦线、东连菏兖、兖石线的国家重点建设工程——新菏铁路连成一线，使晋煤外运的南通道畅通无阻。这是中国第一座桥上设会让站的特长铁路桥梁，其长度在亚洲铁路桥中居第一位。

长东黄河大桥由 16 孔钢桁梁、100 孔钢板梁和 184 孔预应力混凝土梁组成。为提高大桥运输能力,桥上设有1.243公里的会让站。全桥共有301个墩台。整个大桥建设,使用钢材5万多吨,水泥10万多吨,木材2万余立方米,混凝土工作量达19万多立方米。

长东黄河大桥所在地是素称"豆腐腰"的游荡性河段,河底冲淤变化剧烈。今日是浅滩,明天可能变深槽。河滩有水不能行船,无水不能走车。大桥建设者们在无雨沙扑面、下雨路难行的恶劣环境中,在正桥下游22米处修建长901米的施工便桥一座,担负水中及主河槽西岸工程的施工机械、物资和施工人员的输送任务。同时,在西岸文岩渠上修建一座182米长的公路桥,沟通全桥的公路运输线,为顺利施工创造了有利条件。

大桥主河槽的8个桥墩,采用圆柱形墩身,矩形墩帽;基础为埋入水下40多米的沉井结构。这是全桥的控制性工程,要求在一个枯水期建成。负责设计和施工的大桥工程局,为确保大桥建设工期,果断地决定浅水处6个桥墩用筑岛法,8个桥墩同时展开施工。为使沉井顺利通过硬塑黏土夹大量姜石的地层,下沉到设计标高,采用了先进的空气幕沉井施工方法,创造了8个桥墩深达40多米的沉井基础只用131天就下沉到位的好成绩,抢在黄河洪水到来之前,安全、优质、高速地建成了水中桥墩。

与水中桥墩同时施工的两岸漫滩地上293个墩台埋深近50米的钻孔桩基础,任务也十分繁重。钻孔桩共有1260多根,总延长达6万多米,要在短短的工期内钻好孔、灌好桩。为加快工程进度,大桥工程局自行设计赶制了20台钻机,技术人员和工人积极改进钻机钻进方式,革新改造钻头,使一个46米深的钻孔钻成时间由原来的11天缩短为10多个小时。两岸河滩上的293个墩身全部采用钢模板施工,不但速度快、质量好,而且为国家节约了近500立方米的木材。

大桥上部的钢桁梁、钢板梁和预应力混凝土梁,分别由宝鸡桥梁工厂、丰台桥梁工厂和大桥工程局南京、谷城桥梁工厂制造。大桥中部16孔钢桁梁,其中第一孔位于枯水期的浅滩上,桥梁建设者采用膺架架梁法,抢在洪水到来前架完,为在洪水期采用伸臂法架设其余15孔钢桁梁创造了条件；西岸184孔预应力混凝土梁用胜利型130吨架桥机架设；东岸100孔钢板梁与混凝土梁用大桥工程局自行设计制造的300吨架桥机架设。经过几个月的努力，1985年9月20日，在100号桥墩处，将80万套高强度螺栓中的最后一颗螺栓拧紧，完成了全部桥梁架设任务。

在大桥建设过程中，桥梁建设者发挥拼搏和献身精神，平均每月灌注混凝土1.2万立方米，每30个小时建成一个桥墩，相当于平均每月完成一座500米长的特大桥的工作量，创造了令人赞叹的"长东速度"。长东黄河大桥，不仅桥长为全国铁路桥之冠，而且5.7公里长的钢梁及总延长达60公里的钻孔桩，皆居全国桥梁建设之最。

从1984年2月18日铁道部在工地主持隆重的长东黄河大桥开工典礼，到1985年10月31日大桥全部建成，历时仅20个月。

（四）汉江斜腿刚构薄壁箱形钢梁桥。

当人们乘坐奔驰在襄渝铁路上的列车，穿过汉江峡谷时，在安康附近的石庙沟车站，就会看到一座轻盈腾空、飞跨汉江的铁路桥，这就是中国第一座主跨为176米的斜腿刚构薄壁箱形钢梁铁路桥。

这座桥位于陕西省境内安康水电站的铁路专用线始端，桥址附近的汉江两岸，山势陡峻，河床横断面呈梯形。平时江面宽180多米，水深流急；山洪暴涨暴落，洪水位与常水位高差达25米，历史最大流量为每秒3.3万立方米；河床内沙卵石覆盖层厚14米，下层为震旦系千枚岩。由于汉江上游建有一座水电站的大坝，铁路专用线的标高较高，因而必须修建高桥。

大桥初步设计时，曾经提出过跨度为64米和80米连续桁梁方案。按此方案需在汉江上修建深水基础和约80米高的桥墩。不但耗资巨大，工期延长，而且对航运也有影响。后经研究确定采用斜腿刚构一跨飞越汉江的建桥方案，以避免修建深水高墩，施工不受洪水干扰。这个方案很快得到了水电部委托陕西省建委召开的安康水电站专用线初步设计审查会议的批准。1977年6月，铁道部组织科研、设计、施工和制造单位组成斜腿刚构新技术协作组，进行了一系列试验。由铁道科学研究院进行了结构模型的破坏性试验、架设安装模型试验、水平振动模型试验及隅节点模型的偏光弹性试验。兰州铁道学院进行了薄膜板稳定的研究及安装架设阶段的桥墩模型试验。北方交通大学作了隅节点空间应力分析。铁道部第二勘测设计院和专业设计院分别承担并完成了汉江桥的总体布置、墩台和斜腿刚构的技术设计。宝鸡桥梁工厂在进行制造工艺试验的基础上，完成了斜腿刚构的制造任务。第一工程局承担了架设方案设计和全部架设安装工作。铁道部科学技术委员会和基本建设总局对各种试验结果和方案都组织专门会议进行了认真鉴定。

经过科研、设计单位的共同努力，绘制了这座新型铁路大桥的蓝图。该桥全长542.08米，两端引桥分别为4孔23.8米和4孔31.7米预应力混凝土梁；中部正桥为斜腿刚构薄壁箱形钢梁，按56＋192＋56米配跨，钢梁全长305.1米；高出正常水位75米，斜腿下端铰中心纵距为176米。

大桥工程于1978年7月1日开工。施工单位采用竖直拼装斜腿、旋转就位；浮船上组拼中孔，整体吊装与斜腿合拢；形成刚构后对称悬拼两端边跨，历时180天，于1982年12月建成通车。

斜腿刚构在总体上为大跨，而在梁部又化为小跨，它兼有连续梁和拱的受力特点，而又比梁和拱省料，比拱的结构简单，可用薄板焊接，并且外型轻盈，结构新颖，桥下视野开阔，便于航行。它的建成，在技术上有许多新的突破。其主梁采用薄壁箱形栓焊钢梁结构192米的中跨，包括斜腿在内共用钢1314吨，比成昆线金沙江大桥同样跨度的中跨所用简支钢桁梁节省钢材680吨。主梁腹板高与厚度比为440∶1，打破了板梁设计不大于250∶1的常规，为高腹钢梁设计积累了经验和数据。箱形钢梁端部与控制墩的连接，采用水平板的铰接形式，为国内首创。在钢梁制造和施工安装方面，也创造了一些新的经验。这座桥于1983年获得国家优质工程金质奖，1984年获得国家优秀设计奖，1985年获得科学技术进步一等奖。

（五）红水河铁路斜拉桥。

湘桂铁路红水河第二线桥是中国第一座铁路斜拉桥。桥的主梁为48＋96＋48米预应力混凝土3跨连续梁，采用双室箱形截面，500号混凝土浇筑。

这座桥有两个索塔，每个索塔有一对竖直的塔柱，为预应力混凝土结构，矩形截面。每对塔柱下部设箱形横梁，与主梁联成整体，上部由两片燕尾形横梁相连，形成门形框架。

索塔两侧各有内、中、外3组斜拉索，每组两条，成双面竖琴型。每根斜拉索由6根钢绞线束组成，每一钢绞线束包括10根7股5毫米直径钢绞线。斜拉索用数层玻璃丝布涂环氧树脂裹缠防护。主梁边跨由膺底架浇筑混凝土，中跨混凝土由中墩单悬臂向跨中分段浇筑，在跨中合拢。

斜拉桥结构合理，能充分发挥材料的效能，跨越能力大，适用范围广。70年代以来，英国、联邦德国、日本先后采用铁路斜拉桥。中国铁路于1977年开始进行红水河铁路斜拉桥的设计、施工及试验研究，该桥于1981年建成，它标志着中国铁路桥梁工程技术的又一新的成就。该桥为柳州铁路局负责总体设计和施工，斜拉桥部分为铁道科学研究院设计。

（六）成昆铁路"一线天"石拱桥。

在四川省境内的大渡河畔，有一条古老凉山分裂成的长达几里的大裂缝，名叫老昌沟。沟的两边平行相峙，山壁陡峭，直插云天，沟深达200余米，宽仅50余米，沟里云飘雾绕，从沟底仰望天空，好像一条蓝色的绳索悬在空中，人称"一线天"。1964年修建成昆铁路时，桥梁建设者们在这里修建了一座中国最大的主拱为54米跨度的空腹无铰铁路石拱桥。这座桥由铁道部第二设计院、第二工程局、长沙铁道学院等单位共同设计，第二工程局负责施工。

石拱桥位于直线3‰纵坡上，全长63.14米，矢高13.5米，拱宽4米，拱顶厚1.6米，拱趾厚2.815米，拱轴线用倒悬链线形；拱上结构选用等截面悬链线小拱，每端3孔，跨度5米，矢跨比为1:2，拱厚0.5米，组成空腹式拱桥，突破了实腹拱的窠臼，减轻了结构自重。该桥外观协调，具有民族传统形式。拱石为大渡河畔花岗片麻岩加工而成，与山体石质浑然一体，自然美观。

在施工中，工人们凿栈道，登绝壁，埋地龙，架缆索，用简单的设备巧装钢拱架，以顽强的战斗精神，开凿了质量良好的4930块拱石。在3个多月的建筑安装过程中，做到了高标准、严要求，精心施工，确保工程质量。通过20年来运营的考验，石拱桥各部位完好无损，结构性能良好。

"一线天"石拱桥建设的经验说明，在深沟峡谷、地形地质条件许可的情况下，因地制宜，就地取材，节省钢材水泥，避免深基高墩，修建大跨度石拱桥是适宜的。石拱桥坚固耐用，无周期性大修作业，养护维修费用低，在山区修建中小跨铁路桥，可以充分发挥石拱桥的长处和作用。

（七）桥式新颖跨越能力较大的钢筋混凝土拱桥。

钢筋混凝土可塑性强，抗压能力大，也能承受一定的拉力。桥梁建设者充分利用它的特点，设计建造了多种形式的铁路拱桥。从拱轴形状上看，不仅有圆弧拱、抛物线拱和倒悬链线拱，而且还具有中国民族风格的、外形在纵横两个方向呈拱形曲线的双曲拱。从桥面所在位置上看，不仅有桥面在拱圈（肋）顶部的上承式拱桥，而且有穿过拱顶拱脚之间的中承式和在拱脚之上的下承式桥，以及梁与拱结合的联合体系桥等。50年代中期修建的东岗镇黄河桥、60年代中期建成的永定河七号桥、70年代后期建成的贵阳花溪桥，是几座具有代表性的钢筋混凝土拱桥。

位于甘肃省兰州市郊的包兰线东岗镇黄河桥，为中国第一座上承空腹肋式钢筋混凝土铁路拱桥，由铁道部大桥设计事务所负责设计，第一工程局负责施工。这座桥地处黄河上游，桥址两岸峭壁矗立，岩石外露，质地坚硬。河床覆盖层为砂夹卵石，厚仅2.5至3米。河中水流湍急，每年5月上游雪融，春汛来势较猛，夏秋汛期流量大，水位高；冬季河床封冻，每年12月至翌年2月为流冰期，常因冰块阻塞，叠成冰坝，水位抬高。根据这一地形地理条件，经多方案比较，采用了钢筋混凝土拱桥这种桥式。

这座桥全长221.09米,正桥长166.69米,主跨为3孔53米钢筋混凝土上承拱,矢高16米,轨底至最深处的基底高45.24米;拱轴线采用恒载压力线,拱肋为分离式两片工字形截面,肋间中心距2.6米。拱脚分别固定在桥墩及两岸的岩石上,拱上结构由刚架与桥面板组成。正桥桥墩基础采用钢板桩围堰筑岛沉井。由于采用空腹、工字形分离式拱肋,大大减少了桥跨结构的工程数量。例如,30年代粤汉铁路上修建的40米跨度实腹拱圈桥,一跨的钢筋混凝土用量达998立方米,连同拱上结构合计约1200立方米,而跨度增大13米的东岗镇黄河桥一跨拱肋的钢筋混凝土用量只有168立方米,连同拱上结构共用318立方米。由于结构型式的改进,工程量显著减少,结构自重大大减轻,使钢筋混凝土铁路拱桥向大跨度发展迈出了一大步。在施工方面,铁道部第一工程局的工人和技术人员,首次采用钢制桁式三铰拱架及简易的支承、拆除装置,取代过去习用的木制满布式拱架,既节省了大量木材,又不影响通航,也不受水位限制。

东岗镇黄河大桥于1954年11月开工,1956年6月竣工。1981年黄河上游发生特大洪水,桥体安然无恙。

丰沙线永定河七号桥,是中国迄今跨度最大的装配式钢筋混凝土铁路拱桥。位于丰沙(下行)线珠窝东至沿河城两站之间,上游距官厅水库大坝约28公里,下游距珠窝水库大坝约4公里,线路与河流斜交20度,河谷较窄,水深约11米,两崖硅质石灰岩露头,地震裂度为8度。铁道部确定在已建成的东岗镇黄河桥等拱桥的基础上,以这座桥作为修建更大跨度拱桥的试验工程。铁道科学研究院、第三设计院、专业设计院的工程技术人员参加了这座桥的设计,于1961年完成施工设计。

七号桥全长217.98米,主跨为一孔150米跨度的中承装配式钢筋混凝土拱,矢高40米,两片拱肋中心距为7.5米,拱轴线采用二次抛物线,由拱肋、吊杆、横梁、纵梁及风弦等组成。拱肋为高4米、宽2米的箱形截面,由预制构件组成,两拱肋之间用10组风撑连接;吊杆为预应力工字形截面杆件，施工时将吊杆与横梁拼成 U 形框架，吊挂在拱肋节点上。桥面为纵横梁体系。全拱纵梁分为 15 跨，中间一跨为 9.6 米的简支挂梁，两端各七跨为 10.2 米的连续梁。全桥由 227 块预制构件拼成，圬工数量总计为 4800 立方米。为了保证大桥质量和便于施工，设计人员采用装配式结构，以现浇混凝土连接成整体，减少了现场安装的困难；分层依次拼装拱肋的底板、腹板和顶板，使先安装的拱肋底板与拱架共同受力，节省了 43% 的拱架；中承式拱桥拱肋与桥面相交处结构复杂，该段拱肋采用现场灌注混凝土，增强了大桥结构的整体性；在拱顶封顶的同时调整拱肋应力，改善了拱肋的受力状态。

这座桥由华北铁路工程局担任施工，于 1960 年 2 月开工，中途停工数年，1966 年 6 月竣工。大桥建成通车前，有关设计、科研等单位，对该桥进行了一次全面的静载与动载鉴定试验。结果证明施工质量及技术状态良好，各部分工作正常，基本符合设计要求。

贵阳铁路枢纽南环线花溪桥位于直线 10‰ 的纵坡上，是一座 8 孔跨度各为 40 米的空腹式双曲拱联拱桥，全长达 381.22 米，是中国迄今最长的铁路双曲拱桥。

这座桥的横断面总宽为 7.4 米，当中主拱宽 5 米，矢跨比为 1∶4；两侧各有 1.2 米宽的人行道，用半拱波悬臂支承，形如翼翘，显得非常灵巧。两侧人行道各设置内外两道花饰栏杆，既与火车道分隔，又十分美观。主拱横断面设 4 根倒 T 形基肋，分成 3 段预制，肋距 1.7 米，肋间以横系梁（即横隔板）联结，并筑半圆形拱波。拱上采用刚构轻型构架。大桥的施工，拱肋、拱波采用预制构件无支架吊装，现浇混凝土拱板，减少了拱架、模板等施工费用。

花溪桥由铁道部第二设计院、第二工程局分别负责设计、施工，自 1979 年 8 月建成通车以来，使用情况正常，拱圈未发现裂纹。这是铁路系统唯一全面采用无支架吊装法施工，并获得成功的双曲拱桥实例，它为双曲拱桥设计与施工积累了宝贵经验。

第二节 穿山贯岭的铁路隧道建设

一、新中国铁路隧道建设概况

新中国成立以来,在高原山岳地区修建了大量的铁路新线,也相应地增加了众多的隧道工程。从1949年到1985年,已建成的铁路隧道共有4323座,总延长为2020.5公里。旧中国从1889年在台湾省台北至基隆的铁路线上,建成第一座261.4米的狮球岭隧道起,到1949年的60年间,在大陆共建铁路隧道331座,总延长为100.1公里。新中国36年所建隧道座数和总延长分别为旧中国60年所建的13.1倍和20.2倍。在这些新建的标准轨距铁路隧道中,50年代建成的有994座,总延长为268.3公里;60年代建成的有820座,总延长为388.1公里;70年代建成的有2277座,总延长为1226.3公里;80年代前半期,由于铁路建设重点转向既有线路改造和在中部、东部地带修建运煤线路,截至1985年年底共建隧道232座,总延长为137.8公里。中国已成为20世纪80年代中期世界上铁路隧道最多的国家之一。

随着山区铁路建设数量的增长,修建隧道的密度相应增大。据统计,1949年全国铁路线上平均每65.9公里有一座隧道,隧道总延长仅占线路总长的0.46%;而1985年全国平均每11.2公里铁路就有一座隧道,隧道总延长占线路总长的比例达4.1%。新中国成立初期修建的宝成铁路线上,隧道总延长为84.4公里,占线路长度的12.6%;60年代修建的成昆铁路,隧道总延长344公里,占线路长度的31.3%;70年代建成的襄渝铁路(莫家营至重庆段),隧道总延长287公里,占铁路线长度的33.4%。若以线路某一区段来说,成昆铁路的金口河至乌斯河一段盘山展线隧道密度为最。这段铁路长26公里,其中隧道13座,共延长21公里,占线路长度的80.8%,平均每公里线路中就有800多米是隧道。

旧中国修建的隧道，其长度绝大部分在 600 米以下，标准轨距隧道的平均长度为 374 米，窄轨隧道的平均长度为 121 米。新中国成立初期，修建宝成铁路翻越秦岭时，由于受修建长大隧道的能力所限，不得不迂回展线盘山而过。从 50 年代后期起，修建长大隧道的能力逐渐增强。1959 年建成了 4270 米长的凉风垭隧道，首次突破 4000 米长度。1967 年建成了 6379 米长的沙木拉达隧道，1969 年又建成了 7032 米长的驿马岭隧道，1981 年开工新建的大瑶山隧道长达 14295 米，在中国铁路隧道建设史上第一次突破 1 万米。从 1949 年到 1985 年建成的铁路隧道中，长度在 3 公里以上的有 58 座，其中 4 公里以上的有 20 座（见表 37）。由于长隧道增多，隧道的平均长度也显著增长。新中国成立以后新建的隧道，50 年代平均每座长 310 米，60 年代平均每座长 499 米，70 年代平均每座长 533 米，80 年代前半期平均每座长 588 米。总平均为 467.4 米。另外还修建了几十座多线隧道。这是中国铁路隧道科学技术有了较大发展和综合建设能力大为增强的标志。

新中国成立后建成的 4 公里以上的铁路隧道

表 37

序 号	线 别	隧道名称	长度（米）	建成时间
1	川黔	凉风垭	4270	1959
2	宝成	会龙场	4008	1962
3	成昆	关村坝	6187	1966
4	成昆	沙木拉达	6383	1967
5	成昆	莲地	4602	1968
6	京原	驿马岭	7032	1969
7	成昆	浮漂	4273	1969
8	盘西（支）	平关	5139	1970
9	盘西（支）	胜境关	4931	1970
10	京原	平型关	6190	1971
11	襄渝	大巴山	5333	1972
12	襄渝	武当山	5226	1973
13	襄渝	白岩寨	4720	1973
14	枝柳	彭莫山	5592	1973

续表

序号	线别	隧道名称	长度（米）	建成时间
15	枝柳	银匠界	4522	1973
16	枝柳	牛角山	4312	1973
17	京通	红旗	5848	1975
18	青藏	关角	4010	1977
19	南疆	奎先	6152	1978
20	福德至剑斗	西坑仔	4650	1981

隧道的施工方法也发生了很大变化。旧中国隧道施工方法非常落后，设备条件很差，施工人员的生命安全没有保障。新中国成立以后，加强隧道科学技术的研究，不断革新和改进隧道施工工艺，使隧道施工的技术、装备、质量、安全和劳动条件等都有了明显的改善与提高。通过革新和引进，隧道施工普遍采用了半机械化和机械化作业。尤其是大瑶山隧道，从开挖、装运石碴、喷锚支护到隧道衬砌，已全面实现机械化施工，大大提高了工作效率。洞内通风分别采用巷道通风、管道通风等不同方式，加之推行湿式钻岩，使隧道内空气中有害气体与粉尘的含量大都能控制在国家卫生标准范围之内，改善了隧道工人的劳动条件。

通过30多年大量工程的实践，初步形成了中国完整的隧道科学技术体系，隧道建设者正以改革的精神，大力推广先进的新奥法施工工艺，采用先进的施工机具，为多快好省地修建铁路隧道而努力。

二、艰巨复杂的铁路隧道工程

新中国修建的铁路隧道，由于受各种地形地貌和地质情况复杂多变的影响，形式是多种多样的。隧道是铁路线上的建筑物，它在铁路线上的位置前后相连，上下相依，很难使隧道平面、洞口、纵断面等部分都选在最佳的地质带上。再加上山区地质条件复杂，特别是工程地质和水文地质的细部构造和各种岩层结构面的组合变化无常，按目前的技术水平和勘探手段，很难甚至无法做到使地质勘探资料与开挖后的地质情况完全一致。因而，在施工中就难免出现难以预料的多种多样的地质现象。如有的地段遇到破碎、松散的覆盖层，造成大量坍方；有的隧道内发生岩爆，烟状粉末和碎石四处弹射，危及人身安全；有的地方突然出现大量涌水，并夹有泥沙，影响施工；有的洞内出现高温、有害气体或瓦斯爆炸，对施工人员威胁很大；有的隧道通过软岩，产生基底隆起或下沉等病害；还有的隧道内发现溶洞、暗河、基础悬空或洞顶有洞等情况。中国的隧道建设工人和工程技术人员，在施工实践中，群策群力，攻克难关，积累了丰富的经验，提高了技术水平，打通了一座又一座工程艰巨、技术复杂的隧道。现选择其中几例加以介绍。

（一）战胜岩爆建成的隧道。

修建成昆铁路时，有几座隧道在掘进过程中发生了岩爆情况，其中以穿越小瓦山的关村坝隧道较为突出。这座隧道全长 6187 米，最大埋深为 1650 米。隧道洞身在昆明端穿过的岩层属于坚硬岩石类，岩层细密，性脆而硬，有较高的强度。1965 年 1 至 3 月，隧道内发生了较为严重的岩爆，曾多次伤及施工人员，影响工程进展。经观察分析，发现岩爆发生时的现象一般有两种情况：一种情况是岩石爆裂时声响较大，有烟状粉末散出，而爆落的石块较小，岩石爆裂与石块弹射几乎同时发生，其部位大多在拱顶和扩大的弯角处；另一种情况是岩石爆裂时的声响较小，而爆裂的石块较大，石块需经过一段时间后才从母岩弹射出来或自由下落，或用撬棍撬落，发生部位常见于顶部。岩爆的特点是在发生前无明显预兆，大都在施爆后两三小时内距开挖工作面较近的地方发生；爆落的石块常成中间厚、周边薄、外缘不规则的片状；岩层表面平整，在薄层面或较弱面较易发生；溶孔较多，表面凹凸不平和有水地段的岩层岩爆极少。

铁道部第二工程局的工程技术人员和工人，在观察分析的基础上，经过反复实践，摸索了一些对付岩爆的办法。如采取超前钻或小断面超前开挖，以消除或减少地层深处未曾释放的能量；勤检查、勤找顶，清除可能爆出的岩块；爆破后喷雾、浇水，降低岩体温度，防止或减少岩爆的发生；采用金属锚杆挂网支护，把爆裂下落的石块兜住，等等。这些简单易行的办法，取得了较好的效果，基本保证了施工安全顺利进行。

（二）在溶洞及暗河中通过的隧道。

川黔线上的虾子河隧道，全长1411米，是中国穿越溶洞较多的隧道。施工时，发现洞内有一条暗河，其中一段与隧道中心线走向大致平行，时断时续地与洞身相切或交会，造成隧道有的地段边墙基础无着落，有的地段暗河从隧道下面通过，出现隧道底板厚度太薄，达不到铁路路基强度要求等异常情况。施工和设计人员经反复研究，想出了一些特殊的处理办法：有的在边墙基础底部空洞内用浆砌片石支顶；有的在暗河上架设不同跨度的钢筋混凝土梁；有的在暗河上先砌筑拱桥，然后再在拱上架设梁桥，形成洞内有河，河上筑拱，拱上架桥，桥上铺铁道的特殊工程。

盘西线毛阵营隧道，有一段右边墙在溶洞的淤泥上，隧道拱顶上方有一条暗河通过。为使隧道顺利施工，采用了在溶洞内打一排支承桩，桩上架边墙梁，梁上修筑隧道边墙的处理方法。这座隧道的另一段穿过一个溶洞，洞底有一条暗河，形成隧道左边墙及拱左上角悬空的状况。施工时，首先跨溶洞架梁，再在梁上修建隧道左边墙，并在右边墙和拱右上方打锚杆，加强隧道与山体的联结，防止向左侧倾斜。这就解决了隧道边墙基础问题，并消除了下侧暗河对隧道的威胁。

黔桂线都匀贵阳段的观音阁隧道，在施工中隧道中部遇到一处黄黏土夹角砾半填充溶洞，宽约10米，深约15米。洞底还有宽约0.1米的小水流横穿线路。技术人员研究确定，在隧道左侧边墙采用长14米的钢筋混凝土托梁跨过，梁两端置于紧靠洞壁的支墩上；墩基除扩大外，并于基底打入数根1米左右的短木桩加固；隧道右边墙在拱脚处设一根钢筋混凝土托梁，边墙底部以12米跨的石拱跨越溶洞；道床部分采用1孔12米的标准钢筋混凝土梁跨过。

四川省境内宜珙线上的轿顶山隧道，长3376米。它所通过地区附近的地面，因石灰岩经过长期溶蚀，形成了许多陷穴、漏斗、竖井、石芽、溶洞、暗河等情况。在隧道施工中，曾碰上一个岩溶大厅，洞长80米，宽50—60米，高20—30米，崩塌的大块石堆积纵长达40米，顶部岩层倾角8—15度，顺层面坍塌严重，暗河蜿蜒，施工困难。经研究确定将洞内线路向右移动30米绕行。与此相似的贵昆线天生桥隧道，施工时也碰到一个大溶洞，顺线路长30米，宽约15米，向上看不到洞顶，向下深达80余米，洞底空阔，平时有碎石块堆积，降雨后有积水，其流向通往可渡河。最后采用了在洞内局部改线的办法进行了处理。

（三）综合治理地下涌水的隧道。

在中国隧道施工中发生大量涌水现象的，主要有以下4种情况：

1. 隧道切穿有水的岩溶通道，洞内突然发生大量涌水。襄渝线大巴山隧道全长5333米，有2103米通过碳酸盐地层，占隧道全长的39.4%。洞顶有若干泉水出露和溶蚀洼地分布，标志着洞内有丰富的地下水，施工时曾不断发生涌水。1971年5月，平行导坑切穿3股较大岩溶通道，发生最大流量每小时超过1万立方米的瞬间涌水，水中含泥沙2%—15%。1971年8月，当平导掘至刘家坡地段时，先后3次发生突然涌水，最大日涌水量达8万—11.7万立方米。水中含泥砂、石块，平导顿时变成泥砂河，被迫暂时停工，另开平导开挖正洞。

2. 隧道切穿旱季无水岩溶通道，地面降水后洞内大量涌水。川黔线娄山关隧道，洞顶分布着较多的陷穴、漏斗、洼地等。每当连续降雨量达到50至60毫米时，洞内即发生涌水，涌水量与降水量大小成正比。据1980年7月实测，日涌水量最高为13.06万立方米，给施工和运营都造成过严重影响。以后在隧道内另建泄水洞，解决了洞内涌水问题。

3. 隧道通过砂、页岩节理密集地带，受地表水渗漏影响而大量涌水。成昆线沙木拉达隧道所在地区，地表沟谷较多，呈树枝网状分布，水平水系与铁路线接近平行；地下的地层构造复杂，节理密集，隧道通过大向斜构造，邻近隧道轴线部位有较多的断层，地表水沿节理下渗形成地下水丰富。洞内曾多次发生涌水，最大日涌水量达5.2万立方米，严重影响施工。1965年12月到1966年2月，因涌水倒灌，被迫停工32天。这种涌水，不仅影响施工，还会造成拱圈开裂、边墙浸限、道床腐蚀等病害。

4. 隧道通过石灰岩裂隙、断裂地段，洞内大量涌水，引起地表严重塌陷。襄渝线中梁山隧道，于1971年1月开工时，洞内即涌水。掘进至石灰岩地段，涌水量越来越大，共有出水点23处，平均流量旱季每日为1.2万立方米，雨季每日为1.8万立方米。至同年10月，洞顶48处泉水逐渐干涸，地表塌陷29处共2139平方米，致使农田菜地脱水，牲畜缺少饮水，少数房屋发生变形，严重影响了当地的工农业生产。后来，铁路与地方联合调查研究，及时采取了补救措施。

为了防治隧道漏水、涌水，广大技术人员和工人通过实践，总结了许多与水害作斗争的经验，利用防、截、堵、排相结合，因地制宜，综合治理的措施，达到了治水的目的。

（四）海拔最高的关角隧道。

关角隧道位于青海省天峻县境内，青藏铁路关角至南山站区间，是穿越祁连山支脉中吾农山的越岭隧道。

关角隧道全长4010米。洞内线路呈"人"字形坡。其最高处（以变坡点路肩标高计算）为海拔3690米，是中国70年代建成的海拔最高的隧道。这座隧道由铁道部第一设计院设计。1958年8月至1961年3月，西宁铁路局在这座隧道开凿一段后，因国民经济调整而停工封闭。1974年9月由铁道兵十师继续施工，直至1977年8月建成通车。

关角隧道所在地区，地势高峻，高寒缺氧，空气稀薄，气候多变。月平均气温为-15.2℃，最低气温为-35℃至-40℃。冬季大气压只有470至490毫米汞柱。空气含氧量低，据医学科学院医疗队测定，海拔每升高1000米，就缺氧10%，洞内缺氧就更多。洞内岩石破碎，有11条断层带，极易坍方。地下水也很多，最大日涌水量达1万多立方米。

1974年9月，铁道兵十师的一个营开始继续施工时，由于相隔13年，洞内积水深达3米多，有些地段坍塌。为摸清洞内病害情况，营长和工程技术人员，以床板作舟，进入洞内调查，制订了整治病害的方案，为继续施工创造了条件。

1975年4月5日，距隧道出口100多米的地方发生大坍方，1500多立方米土石从洞顶倾泻下来，把正在施工的120名干部、战士封堵在隧道里。在洞内跟班作业的8名中共党员干部，带领群众与坍方作斗争，组织大家有秩序地想方设法打通通道，争取突围出去。经过洞内外人员14个小时的奋战，终于在52米长的坍方体上挖出一条小小的通道，使洞内人员全部安全脱险。

干部、战士忍受着高寒缺氧的困难，冒着洞顶坍方的危险，经过5年8个月的努力，战胜大小坍方130多次，建成了这座中国海拔最高的关角隧道。

（五）中国第一座用平行导坑施工的凉风垭隧道。

在沟通四川、贵州两省交通的川黔铁路线上，黔北桐梓县境内有一座穿越娄山山脉的凉风垭隧道。川黔公路上著名的"七十二拐"就蜿蜒盘旋在它的上方。凉风垭隧道全长4270米，是50年代新中国修建的最长的铁路隧道，也是第一座采用平行导坑施工的铁路隧道。

凉风垭隧道穿过的地层主要是石灰岩，岩层破碎，节理发育，开挖中遇到大小断层十几处，还有丰富的地下水。这座隧道于1957年11月开工，1960年竣工。施工时，在距离线路一侧20米处同时开挖了一条与隧道平行的导坑，作为施工辅助坑道，以加速施工进度，并起地质勘探的作用，还相应地解决了施工中的通风、排水和运输等问题，使工序间的相互干扰大为减少。担负隧道施工的西南铁路工程局，在当时以快速施工为中心的技术革新和技术革命运动中，取得了平均月成洞77米的成绩。1959年年初，铁道部在凉风垭召开了隧道快速施工现场会，推广了他们的经验。

凉风垭隧道建成后，贵昆、成昆等铁路线上3公里以上的长隧道施工，约有80%设置了平行导坑，其布置与各项施工技术措施也都参照了凉风垭隧道的施工经验。

（六）60年代建成的中国铁路最长的驿马岭隧道。

京原铁路上的驿马岭，位于河北、山西两省交界处的太行山脉中，海拔1600多米。驿马岭隧道长7032米，由铁道部第三设计院勘测设计，铁道兵十四师六十八团施工。1967年4月开工，1969年10月建成，次年正式交付运营。截至1985年它仍是中国已经建成通车的隧道中最长的隧道。

1960年京原线草测选线时，原拟用短隧道长线路的绕线方案。后来，设计院的技术人员通过对驿马岭地区153平方公里范围内的勘测，进行多方案的比较，又在后来选定的驿马岭隧道轴线上打了10多个深度为700余米的深孔钻探，经反复研究和鉴定，才确定这座隧道位置，放弃了原来的方案。采用驿马岭隧道方案，隧道虽然加长了3732米，但缩短了线路13.8公里，取消了22公里长的双机牵引大坡地段，降低了运营成本。

驿马岭隧道中轴线为一条直线，纵坡采用向原平方向2‰、3‰的单向上坡，最大埋深为500米。隧道穿过奥陶纪石灰岩地层，洞内有破碎带和古河床土夹砂卵石洪积层，并穿过30多米断层岩脉和10多处溶洞。地下涌水最多每昼夜6000吨，施工中发生坍方60多次。负责施工的铁道兵指战员，以平行导坑领先，采取"长隧短打"的办法，把长隧道分成若干个短洞开挖，集中60多台施工机具，实行快速掘进，仅用30个月就建成了这座当时全国最长的隧道。

（七）按"新奥法"施工的大瑶山隧道。

在京广铁路衡广段坪石至乐昌间，千余名铁路隧道建设者，从1981年开始加紧建设一座迄今中国最长的大瑶山双线电气化铁路隧道。

大瑶山隧道全长14.295公里，横穿粤北南岭瑶山，它的建成，将坪石至乐昌间的铁路线截弯取直，缩短运营里程15公里，使这段线路的技术条件大为改善。

大瑶山隧道最大埋深910米，穿过十几个断层，地质十分复杂。其中9号断层宽达465米，每昼夜涌水量高达4万立方米。

为加快施工进度，这座长大隧道采用复合式衬砌结构，按国外先进的新奥法施工。以引进的四臂液压钻孔台车、侧卸式装载机、混凝土衬砌模板台车、混凝土喷射三联机及机械手等大型现代化机械为主体，用国产机械补充配套，形成钻爆装运、喷锚支护和混凝土衬砌三条机械化作业线。采用三条长384—810米斜井和1条深440米的竖井，将14.295公里长的隧道分成若干段开挖，打破了斜井不得超过200米、竖井不得超过150米的中国原有规范的规定，为"长隧短打"提供了新经验。铁路隧道科研紧密配合施工，解决了施工中的许多难关，创造了全隧道最高月成洞520双线米、平均月成洞216.14双线米的好成绩。这座隧道的设计、施工达到或接近80年代世界先进水平，为中国铁路隧道建设发展树立了新的里程碑。

第三节 自然环境特殊地带的筑路工程

中国新建的许多铁路，除了穿过崇山峻岭，跨越深谷大河，还经过浩瀚的沙漠和千里戈壁，通过盐湖、淤泥、沼泽、泥石流、滑坡群、地震带和多年冻土层，越过海湾海峡，其地形地质之复杂，技术难度之高，都是中国筑路史上少见的。这里介绍几类在特殊自然条件下的筑路工程。

一、沙漠筑路工程

中国有沙漠面积120多万平方公里，约占全国总面积的13%，主要分布在西北、华北和东北的部分地区，是世界上沙漠面积最大的国家之一。中国铁路建设者，在西北地区修建的包兰、兰新、干武、青藏、南疆、北疆等铁路，穿过沙漠地带共约1000公里；在东北、华北地区修建的集二、京通铁路，穿过沙区长约200公里。

包兰铁路，是新中国第一条穿越沙漠的铁路。在全长990公里的铁路线上，有140多公里线路穿过腾格里沙漠和鄂尔多斯高原西部沙漠，在银川以北有90多公里，银川以南有45公里。其中以迎水桥至沙坡头一带的16公里活动沙丘，沙害最为严重。

沙坡头位于宁夏回族自治区中卫县境内腾格里沙漠的东南前缘，是一座100多米高的沙山，地面沙层厚达二三十米。这里还是个大风口，平均每年约有200个风沙天。狂风大作时，黄沙遮日，沙丘移动，吞村毁舍。据中卫县志记载：明代以后300多年间，"沙龙"向县境推进了20多公里，埋没了2万多亩良田，逼走了数以千计的贫苦农牧民。人们"望沙兴叹"，过着"沙逼人退"的生活。

为了摸索沙漠筑路的经验，第一工程局于包兰铁路正式开工前的1954年开始建立观察站，并修筑试验路基。起初，筑路工人冒着风沙，在酷暑严寒中平沙丘，填沙坑，好不容易筑起了1万多立方米的沙方试验路基，不料到第二年春天，竟全部被狂风刮得无影无踪。经过总结经验，改用人工运输和骆驼驮运，从黄河滩上运来大量的土和卵石与沙混合，终于将沙漠路基修筑成功。并在沙漠路基两侧铺设防护卵石12万多立方米，完成防护栅栏4.3万米，还试做了部分网格沙障。其他沙漠地段的路基工程也都采取了类似的措施。

铁路建成后，线路两侧的沙丘仍有移动，铁路仍有被积沙掩埋的危险。针对这种情况，中国治沙科研人员和铁路职工，研究采用了阻、压、输、导等多种机械固沙措施进行试验。这些方法虽有一定作用，但都不是理想的根治办法。为了进一步研究从根本上治理风沙灾害的措施，中国科学院兰州沙漠研究所和兰州铁路局在中卫县的支持下，经过多年的反复实践，终于摸索出了一系列治沙固沙的方法和经验。

为防止沙粒掩没轨道采取的办法，是根据沙丘流动的严重程度，在路基两侧划定100—200米的宽度，作为固沙地带，在固沙地带内采用机械固沙和植物固沙相结合的措施。机械固沙有平铺碎卵石和设立草障（草类方格沙障和高立式沙障）两种。草障能减低风速，使流沙受阻不再流动，能起固沙和阻沙双重作用。草障还是植物固沙的先行，有了它才能保住树苗。因此，在设置草障的同时，需抓紧进行植物固沙，才能相辅相成，达到长期固沙的目的。"要固沙，先设障，植树措施紧跟上"，已成为铁路治沙的基本方法。为了加快植树工作，沙坡头一带于1968年利用临近黄河的有利条件，引水上山，平沙造林，栽植乔、灌木30余万株，10年之后，乔、灌木和沙生植物茁壮成长，点缀得层层翠绿，形成一条郁郁葱葱的长廊，使这条铁路不再受风沙的威胁。

1978年8月，联合国环境规划署组织沙漠研究专家到沙坡头参观，一致赞扬中国这样大规模的治沙在世界上是少有的。沙坡头沙漠筑路工程荣获国家科技进步特等奖。

二、盐湖筑路工程

在青海省境内的柴达木盆地中南部，有一个世界上最大的陆地盐湖——察尔汗盐湖，东西长约168公里，南北宽20—40公里。湖面有一层厚80厘米左右褐色的坚实硬壳，硬壳下面是厚10—20米的岩盐层。岩盐下面是一层由黏性土组成的隔水顶板，再下面就是很深的淡水。隔水顶板保护着上面的盐层不被承压的淡水溶解。

由于察尔汗盐湖面积较大，青藏铁路第一期工程必须通过盐湖。线路通过的湖面宽达32公里。50年代，新中国虽然有了在盐湖上修筑公路和修建飞机场的成功经验，但在易溶盐沉积构成的盐壳上能不能修筑铁路，建成后能否持久耐用，还是个谜。为了揭开以盐壳为路基修筑铁路的奥秘，中国科学院青海湖研究所、铁道科学研究院和铁道部第一设计院的科研人员，经过几年的勘察、研究和试验，取得了大量的数据和资料。最后认为：除南北边缘薄层岩盐及盐溶发育地段外，其余大部分湖面都具有足够的承载能力，可以保证路基稳定。即使岩盐基底在液体矿床大规模开采的条件下，也仍可保证火车在线路上安全通行，为修筑盐湖铁路提供了可靠的科学依据。

1977年4月，铁道兵第七师三十四团开进察尔汗盐湖腹地，开始了艰巨的施工。机械连负责就地取盐壳修筑路基，由于盐壳像岩石一般坚硬，推土机难以推动，他们就打眼放炮，将盐壳炸开后再用机械碾压，接着又在路基上喷洒卤水，使压碎的盐块重新凝结成坚实的整体，筑起路基。

在盐湖的南北边缘地区，有一段饱和粉细沙震动液化的特殊地段，离地面10米以下都是粉末状的细沙，经盐水浸泡，结构松软，承载力只有250千帕（2.5千克力/平方厘米），不要说火车不能通过，就是人在上面跳几下也会变成稀泥坑。科研人员经过反复研究试验，提出了打挤密砂桩的施工方案。即用一种砂桩机把大量砾砂挤到路基地下，以增加地层土质的密实度，提高单位面积的承载力。荣获"盐湖筑路攻关连"的铁道兵七师三十四团十六连是担负这项任务的主力。科研人员和铁道兵指战员连续奋战10个月，共打进砂桩5.6万余根，总进尺达13.6万米，解决了底层为粉细沙路基的修筑问题，终于在盐湖上铺设了32公里的钢轨，建成中国第一条越过盐湖的铁路。铁路铺轨通车以后，经过多年的通车实践，路基平稳，没有异常变化，也未发生行车事故。

三、高寒地区筑路工程

中国东北的大兴安岭，遍布着茂密的原始森林，是国家巨大的"绿色宝库"。这里地处北纬50度线两侧，是中国纬度最高的地区，气候严寒酷冷，最低气温达零下57摄氏度，每年冰冻期达8个月。新中国成立以后，铁路建设者们开进林海雪原，克服种种困难，先后修筑了牙林、嫩林等铁路，为开发森林资源和加速林区建设开辟了通路。

在修筑嫩林铁路时，担负施工的铁道兵部队在冰山雪岭上开路，在冰冻数尺的河上架桥，开展了冬季施工。

呼玛河大桥是控制工期的工程，河宽400多米，河内冰层很厚。施工时，战士们采用冻结法一层一层地凿冰开挖。出现漏水时，就在基坑下风向筑起"兜风墙"，在上风向砍出"引风道"，把寒风引入基坑降温促冻，使基坑始终保持冻结状态，避免带水作业，加快开挖进度。灌筑桥墩基础和墩台时，为防止混凝土冻结，采用低温早强混凝土和抗冻砂浆，保证了工程质量。经过一冬奋战，在冰河上架起了一座 13 孔的桥梁。

施工队伍在高寒地区修路，还因地制宜创造了不少冬季施工方法。如用冰道爬犁运料，冻土爆破法挖方，"引冷促冻""以冻治冻"的冻结法等，加速了桥梁基础工程的进展。

四、填海筑路工程

移山填海修筑铁路，是福建省海堤工程指挥部、人民解放军铁道兵和驻厦门部队在 50 年代修建鹰厦铁路时建造的宏伟工程。

新中国成立后，国家投资 1000 万元，建造从厦门高崎至海峡北岸集美间的海堤。鹰厦铁路修建时，又拨款 600 万元，从集美至同安的杏林乡横跨杏林海峡建造海堤，使鹰厦铁路穿过海峡，直接抵达终点厦门。

填海筑路比高填路基要艰难得多。海底有 5—10 米厚的松软淤泥覆盖层，填筑 20 多米高的海堤，要防止滑裂；堤身两侧水位不同，需预防堤身内产生渗流作用；海水波涛汹涌，堤身要能承受海浪的冲击；厦门又地处地震区，海堤需采取相应的防震措施。这都给填海筑路工程增加了困难。

鹰厦铁路集美海堤，从高崎到集美，长 2100 多米，海潮水位涨落差一般在 4 米上下，最高达 8.31 米。海峡附近的风力，每年有很长时间在六级以上，海面上波涛汹涌，海风呼啸。经过航道、水利专家们的反复勘测、研究，海堤工程指挥部决定就地取材，以厦门一带盛产的花岗石为筑堤原料，抽调近万名人民解放军指战员和民工组成筑堤大军，于 1953 年 6 月开始动工，在厦门海峡两岸同时展开征服大自然的壮举。当时，国民党军队的飞机不时地在空中骚扰、袭击，筑堤大军照样坚持施工。两三千名铁道兵战士和闽南石工，开山凿石；160 多辆汽车和大批板车奔忙于石场和海边之间运送石料；250 多艘船只上的船工，战狂风、顶恶浪，从岸边将石料运至海堤线处，按大小不同的石块配合好，抛进海中，使石块在海底紧密堆叠。经过一年多的抛石填海，海堤方露出水面。为使海堤两侧水域相通，留出航道，便利航行，在航道线与海堤交会处，用钢筋混凝土沉箱作基础，修建了一座钢梁桥。海堤垒至设计标高后，建设者们又精心地用花岗石在堤身两侧铺砌护坡，砌筑胸墙，在堤顶铺好路面。

高崎至集美间的海堤竣工后，紧接着修筑集美至杏林间长2810米的海堤。杏林湾的填海筑路工程也很艰巨。涨潮时，万顷波涛冲进海湾；退潮时，澎湃呼啸的海水一泻千里，从海湾倒流出去。有时，成吨重的巨石抛下海去，被激流远远冲离堤岸线。当海堤在集美端快要合龙时，遇到了强大的台风，一夜时间海浪冲毁了堵口处100多米长的堤坝，1万多立方米的石头被冲得无影无踪，海底也被冲刷加深3米多。面对这种情况，海堤建设者改用"竹笼抛石法"和"快速抛石法"制服了海水，建成集美至杏林间的海堤。堤坝建成后，经多次强台风袭击，堤身屹立无恙。

从1953年6月至1956年年底，历时3年半，共向海峡抛下150万立方米岩石，在水深20多米的海峡上筑起了总长5032米、顶面宽分别为19米和11.53米的花岗石长堤。堤上路面两侧（杏林堤仅在外侧）有半人多高的防御海潮胸墙。当中，火车、汽车、行人及自行车各有其道。在两段海堤连接处的路旁，建有朱德委员长题写的"移山填海"四个大字的纪念碑。碑旁的山坡上，建有"观堤亭"。人们伫立于此，极目远眺，两条玉带般的白色海堤呈"人"字形，把厦门岛与大陆连成一体，密切了厦门与大陆内地的经济、文化交流，对厦门经济特区的开发建设有着积极作用。

第四节 集散旅客的铁路车站建筑

一、新中国铁路客运车站建设概况

新中国成立以后，随着国民经济建设的恢复和日益发展，人民生活不断提高，铁路客运量逐年增加，铁路客运站的建设进入了一个新的阶段。1949年全国铁路年客运量为10297万人次，50年代年平均客运量为25405万人次，60年代年平均为53717万人次，70年代年平均为68411万人次，

80年代年平均客运量猛增到102082.8万人次，相当于1949年的9.9倍，比70年代增长49.2%。在客流量不断增长的情况下，新中国在改造既有线路和大规模建设新线的同时，改建了不少原有简陋狭小的车站，建设了一批新车站。到1985年年底，全国共有车站5456个。其中，日客流量在6万人次以上的特等站23个，日客流量在8000人次以上的一等站124个，日客流量在4000人次以上的二等站199个，日客流量在2000人次以上的三等站606个，其他小站4500多个。这些规模大小不等的客运站分布在各条铁路线上，全国平均每9.6公里铁路就有一个客运车站。

新中国成立后建设的车站，特别是一些大型客运站，都有宽敞明亮的候车室、售票厅和行包房；有通畅的交通设施，如进出站大厅、通路、楼梯、天桥、地道，有的还有电梯、自动扶梯；具有完善的办公、服务用房。站外一般都有宽阔的站前广场，与城市交通联成一体。这些客运站站房的建设一般采用三种组合方式。第一种是集中式布置，即将候车、行包与售票及附属用房集中在一幢建筑中，以交通空间和各种交通手段相联系，如北京站。这种布置比较紧凑，节约用地，交通路线较短。但通风采光处理上有一定困难。第二种是分散式布置。就是将候车、售票、行包用房分成几幢建筑以通廊连接，如西安站。这种方式，利于通风采光，但占地面积较大。第三种是综合建筑式。这是近年来世界铁路大型客站发展的趋势。这种布置，在一幢高层建筑中，既有各种业务用房，又有商业、餐厅、旅馆及文化娱乐用房，以各种交通手段将它们联结起来，作为一个大型综合建筑，如改建后的广州站。还有一种是高架式建筑，将站房大楼整个地跨越车站的月台、站线，列车在站房下面停靠或通过。上海新客运站就是这种方式，可以大量节约城市用地。

36年来，新建铁路客运站和其附属铁路用房，总建筑面积达6004.2万平方米。如果以每人住房10平方米建筑面积计算，相当于600万人口的城市居住用房建筑面积之总和。

二、各具特色的铁路客运车站建筑

（一）北京站。

中华人民共和国首都的大门——北京站，是 1958 年 11 月由铁道部第三设计院、建工部第一工业设计院、南京工学院负责设计，1959 年 1 月由铁道部直属第一建筑工程处、北京铁路局、大桥工程局等单位施工，共用 10 个多月时间建设起来的大型建筑，是当时作为庆祝中华人民共和国成立十周年的首都十大建筑之一。

北京站位于建国门大街南侧，是中国规模最大的站舍。旅客每小时最高集结量为 1.4 万人，每天到发列车可达 200 对，日客流量最大为 20 万人次。远景规划按 18 股铁道通过式车站安排，1959 年按 12 股铁道尽端式车站设计施工。主楼建筑面积（含高架候车厅）4.67 万平方米，其中有 1.98 万平方米为候车室及大厅的面积。另有 6 个站台，计 4133 平方米，3 条地道 7000 平方米，总计建筑面积 87833 平方米。站前广场 4 公顷。

北京站站房的立面造型，既有中国民族建筑的传统风格，又有新颖车站建筑的特点，与北京的城市面貌相协调。室内装饰具有统一风格，符合车站建筑特点，使用功能与建筑艺术有机地结合，给旅客创造了一个舒适的候车环境。

在平面布局安排上，车站大楼以大厅为中心，底层东西两侧的南部为 2 个大候车室及 6 个小候车室，售票厅和出口厅在大厅两侧，大楼东翼为行李提取，西翼为行李托运和近郊候车厅。大厅周围还有邮电、问询、小卖部、接待室等。二楼除大厅、走廊外，大部为候车室及可容纳 800 人的旅客就餐厅。大厅北部及其东西两侧的夹层内设有为旅客服务的阅览室、俱乐部、电影厅、理发室等。第三层为行政管理用房。大厅中央正面有 4 部每小时可运送旅客 2.4 万人上楼的自动扶梯，两侧还有 2 部电梯及 2 个宽阔的步行楼梯，上下通行比较方便。

在旅客流线组织上，基本达到了进站与出站人流分开，长途旅客与近郊旅客分开。上车除第一站台外,大部分通过二楼高架厅进入各站台,下车走地道经出口厅而至广场疏散,近郊旅客从西翼单设入口通过地道进站上车。3条流线互不干扰。

车站行李房共有4条自动化行李运输带,每条运输带在20小时内可承担25—35对列车的行李输送任务。站内有9个电视和电话问询台,服务人员可以直接与旅客对话,帮助旅客解决疑难问题。有集中控制的电子钟和电子显示装置。乘车旅客在大厅内、候车室里及主要通道上,均可随时了解车次及其开车时间,避免误乘。

站房设计由于采用尽头候车方式,形成高架厅过于拥挤和旅客从候车室进入站台路线过长等问题。后来在东西两翼增加了两条高架进站通路,使得原来的矛盾有所缓和。但由于近年来旅客激增,仍较狭窄拥挤。

(二)广州站。

广州新车站位于广州市中心的北缘,是京广、广三、广深3条铁路线的交汇点,中国南疆的陆上门户。

广州新站由广州建筑设计院负责设计,广州铁路局工程公司施工。客运大楼长182.5米,宽66米,总建筑面积为26160平方米。大楼中部稍有突出的主体部分为22米高的四层楼房。站房平面布局,首层中部为中央大厅,内有1个宽阔的步行楼梯、2部垂直电梯、2部自动扶梯通向2楼;西翼南侧面向广场部分为售票厅,设有27个售票口,北侧为母子候车室,尽端为广深线专用候车室;东翼南侧为行李房,有地下道直通各站台,北侧为慢车候车室。二层中间为大厅,四周有宽阔的走廊,同西翼的快车候车室和东翼的贵宾候车室相连。二楼有3条栈桥与第一站台相通,再通过2条地下道即可进入二、三站台。第三、四层为车站办公用房。站房西侧有一条出站的地下道疏散旅客,地面有一个进站坡道,供车辆进出站台。站内有集中控制的电子行车到发文字显示装置,有电子计算机售票系统和集中控制的广播设施。

站前广场占地约5公顷。广场上有喷水池和绿化设施,并有多路公共汽车与市内相通。

广州车站于1974年4月建成后,随着国家对外开放政策的贯彻执行,深圳特区的逐步发展,以及车站附近的白云机场和大量旅游建筑的陆续建成,国内外旅客大幅度增加,使得站区周围不仅成了广州市的交通中心,而且成了广州市内又一个旅游和商业服务中心。为了使车站更好地发挥社会经济效益,广州铁路局将原来的站房进行了改造:一是将原来层高为6米的行李房改建增加夹层,底层作快餐厅,夹层作中餐厅;二是将二楼西翼快车候车室的南半部增加夹层作为旅馆;三是将二楼东翼贵宾候车室临广场的部分增建夹层,作为高级餐厅。另外,在二楼大厅四周走廊上,沿周围墙壁布置日用百货、食品、旅游用品及图书等货架。这些改建措施,使车站从单一的客运服务,变成了以客运服务为主,兼有商业、旅馆、饮食等综合项目的服务场所。

(三)桂林站。

桂林是中国的旅游胜地,素有"桂林山水甲天下"之称。随着到桂林游览的中外旅客日益增多,原来仅有600平方米的站房,极不适应桂林城市建设和旅游事业发展的需要。新建的桂林客运站,坐落在这一风景名城的南溪以北1.5公里处,湘桂铁路线的东侧。这座新车站由柳州铁路局设计事务所设计,结构别致,风格独特,荣获"全国优秀建筑设计"奖。

桂林站站房为非对称的自由式布局,平面布置比较紧凑。主楼长61米,宽31.1米,高15.7米,中间有庭院,平面呈矩形。底层一进大门就是一个有220平方米的大厅,左侧与130平方米的售票厅相连,右侧通向普通候车室及母子候车室,大厅正面是落地式的玻璃隔断,隔断外是有水池、假山、花木的庭院,厅内厅外融为一体,形成一个以院代厅的开放空间,这是设计上站房与庭院结合比较成功的尝试。二层是团体候车室和大型普通候车室,层高8米,通过栈桥进入站台。车站办公用房设在夹层及三层内。贵宾候车室设在主楼南侧一座庭院的二层楼内,候车楼南半部伸入水塘上面,宛如水榭。主楼北面有一幢独立的行李房,以通长的雨廊与主楼联成一体。

桂林站共有2个站台，长度均为400米。第一站台中部宽30米，两翼宽15米，第二站台宽9.6米。站台雨棚为预制独立式钢筋混凝土"V"形柱，柱距18米，架设双向悬壁横梁，用17.6米长、2.4米宽预应力鞍形双曲壳顶盖，结构新颖，用材经济。

桂林站系柳州铁路局负责施工，于1977年建成。原按最大客流量1000人设计，实际接待旅客人数已超过设计能力30%。

（四）西安站。

西安是中国的历史名城。在老站旧址重新修建的西安新客站是一座既有古城风貌，又有地方特色，同时吸收国内外大型客站建设经验，把客运业务、餐厅、日用百货等商业服务设施综合在一起的大型现代化建筑。

西安新客站中心正对解放路，与城南的大雁塔遥遥相望。旧站拆除后改建成的站前广场，南北深150米，东西宽410米。它是按最大聚集人数（7000人）的车站规划设计的。站房包括主楼和售票厅、行包房、车站办公楼4个部分，东西长达300米，其中主楼长142米、宽52米，建筑面积共1.6万平方米。

该新客站为西北建筑设计院设计，郑州铁路局西安工程处、西安建筑三公司施工。站房平面布局合理，流线简洁。主楼中心是高达20米的进站大厅，东西两翼为候车室，靠近站台一侧设有老弱、团体、软席和贵宾候车室，大厅正中有两台自动扶梯和一个宽阔的步行楼梯与二层相通。楼内共有4个大型普通候车室，每个候车室可同时容纳1400多名旅客。底层旅客可以直接进入第一站台，楼上旅客通过天桥进入站台，远期有进站地道。楼内还有两个庭院，院内有花卉、翠竹、假山、盆景，形成楼外有楼，楼内有景的特色。

新客站工程于1984年开工，1985年12月第一期工程主楼竣工后，车站的候车室能力扩大了3倍，初步适应了客运发展的需要。

（五）成都站。

四川省省会成都市，是一座历史悠久的文化古城。1984年在成都原北门火车站旧址，新建成一个规模宏大、具有西南地区建筑特色的成都新站，使80年代的成都增添了新景。

随着成渝、宝成、成昆3条铁路干线的陆续建成，成都由原来的文化古城，逐渐发展成为西南地区的政治、文化、经济和交通的重地。成都车站的平均日客流量从50年代的1000人次上升到80年代初期的1.4万人次，新中国成立初期修建的简朴站房已远不能适应旅客大量增多的需要。成都新站由重庆建筑工程学院设计，四川第三建筑公司施工，于1982年5月开工，1984年10月建成投入使用。

成都车站新站房是一幢通透明亮，宏伟大方的长方体建筑，东西长174米，南北进深54米，高24米。它的底层采用推拉折叠大门，夏季全部拉开，利于楼内采光通风。墙面上有全开到顶的玻璃窗，底层候车厅与4个庭院相连，使底层在夏季通风凉爽，冬季日照充分。庭院内分别种植梅、兰、竹、菊等锦城常见的观赏植物。二楼候车厅楼面挑出底层墙身2米，颇似成都古老的过街楼，旅客走到玻璃窗边，既有凌空感，又可眺望城市风光。

车站大楼建筑面积共1.6万平方米，绝大部分为直接供旅客候车用的厅、室、廊。大楼中心有一个中央大厅，其上部是椭圆形的回廊，上下空间浑然一体。大厅两侧有楼梯直通东西翼的2个候车厅，经中央天桥，分别进入各站台，旅客流线畅通、简便。

成都新车站的屋盖为网架球节点空间结构。总长170多米的屋顶，以中央大厅两侧的抗震缝为界，分为3段，其跨度最大部分达77.5米和67.5米，使大楼显得宽敞大方。

根据成都新站站区规划和市政建设规划，在站房大楼前将扩建一个2.84万平方米的站前广场。广场东侧是售票厅，西侧是邮政服务大楼，沿广场周围建雨廊，将各个建筑物连成一体，以适应四川的多雨天气。

（六）上海新站。

上海新站坐落在上海北站以西2公里处的原上海东站处。整个候车室大楼跨越车站的月台、站线，列车就在站房下面停靠或通过，这是在中国首次采用的高架式火车站。

新客站由上海工业建筑设计院负责设计。主站屋近似一个长方形的建筑，是客站主体工程最高的建筑，达 24 米，其东西宽 156 米，门前 14 根磨光花岗石立柱，分隔成 13 间次，上下镶有古铜色铝合金和大块茶色玻璃，显得庄重而有现代感。站屋的南北进深达 196 米，整个候车室面积 1.4 万平方米，相当于老站候车室的 2 倍多。客运设施有全空调设备，自动扶梯 7 台及直升电梯，自动显示翻牌和各种固定显示牌，行包自动磅秤等多种现代化设备。外围配套服务项目也较为齐全。

新客站的主站屋采取了高架站屋的建筑方案，候车室位于铁路线上面，合理地利用了空间，节省了用地。候车室下共有 7 个站台，站台由东向西，各长 500 米，是目前国内最长的站台，它可停靠 20 节车厢。7 个站台由 1 座 25 米宽的基本站台和 6 座 12 米宽的中间站台组成。整个站场有 15 条线路。按设计方案，新客站建成后，可到发列车 72 对，年发送旅客 2220 万人次，并设想陆续开放至全国大陆各省、自治区（除西藏外）和直辖市的线路。

上海新客站于 1984 年 4 月开始施工，截至 1985 年年底，站房建设已初具规模。新客站建成后将是一座具有"旅客方便、公交畅通、环境洁美、秩序井然、设备先进"的 80 年代水平的铁路客运站。

在中国 5 万多公里的铁路网中，新建和改建的大型客站，尚有坐落在武汉三镇的武昌站，中国地理中心的兰州站，屹立湘江之滨的长沙站，"人间天堂"的新窗口苏州站，中原大地中枢的郑州站，塞外青城的呼和浩特站等。这些车站各有特色，它们在铁路客运中都发挥着重要作用。

第十六章
铁路建设力量的发展和增强

新中国成立以来,随着铁路建设事业的发展,铁路勘测设计和施工队伍迅速成长壮大,能力不断增强。

在勘测设计方面,旧中国只有少数技术人员分散在各铁路局,专业残缺不全,没有专门机构。新中国成立后,1950年即开始组建专业性的铁路勘测设计队伍。经过几次机构调整,到1985年设有4个地区性的勘测设计院和1个综合性的专业设计院,另外还有4个工程局设有专门从事铁路桥梁、隧道、工厂和电气化铁路勘测设计业务的设计处,以及各铁路局的勘测设计所等,共有各类专业技术人员与职工3.3万多人。在施工方面,从解放战争时期组建铁路抢修队伍开始,到1985年已建立了19个万人以上的大型铁路施工企业,包括各铁路局施工人员,拥有五六十万人的固定职工队伍。施工技术装备,经历了从手工作业到半机械化、从简单的中小型机具到多种现代化大型机械联合流水作业的发展过程,按现有职工平均计算,动力装备率已达每人5.34千瓦,技术装备率达每人2880元,劳动生产率及各项技术经济指标逐年提高。基本形成专业齐全,综合能力较强,具有先进水平,能够适应中国现代化铁路建设需要的勘测设计和施工的专业化队伍。

第一节 勘测设计能力的提高

一、勘测设计队伍的成长

铁路勘测设计队伍是在新中国成立后,逐步发展和壮大起来的。1950

年 3 月,铁道部设计局主管铁路基本建设的勘测设计工作,先后组建了兰肃线、湘黔线、滇黔线、天成线、集白线、定西线等测量总队。1952 年 5 月至 12 月陆续改组,成立 17 个设计总队。在此期间,组建了武汉长江大桥设计组、黄河大桥设计组,不久合并成为大桥设计事务所。

"一五"期间,随着铁路建设的全面发展,勘测设计队伍进一步壮大。相继成立了西南、西北、中南、东北、华北 5 个设计分局,并将已成立的 17 个勘测设计总队按所在地区划归各设计分局领导,负责所在地区的铁路勘测设计工作。1954 年 7 月,铁道部设计局改为设计总局,领导全路新线和指导运营线基建工程的勘测设计工作。1956 年 1 月,5 个设计分局改为第一、二、三、四、五设计院。1957 年 3 月,第五设计院撤销,其人员和业务并入第三设计院。1953 年 4 月至 1956 年 7 月,铁道部先后组建大桥、电务、工厂、经济调查、定型、航察及枢纽站场 7 个专业设计事务所,分别负责专业设计工作,并由设计总局领导。1955 年 2 月,枢纽站场设计事务所撤销。1957 年 11 月,几个设计事务所合并成立专业设计院,负责铁路航察、工厂勘测设计、标准设计和管理工作。经济调查事务所改为技术经济勘测设计院。至此,铁路勘测设计职工人数已由 1953 年年初的 6000 人增加到 19136 人,勘测设计工作向专业化方向发展。

1958 年,基本建设局、设计总局和新建铁路工程总局合并为基本建设总局,指导全路基建工程的设计、施工有关业务。1958 年 8 月,专业设计院的大桥设计处并入大桥工程局,成为设计、施工合一的体制。9 月撤销经济勘测设计院。在"大跃进"的影响下,4 个地区设计院的专业机构曾一度打乱,撤销专业处,成立综合设计处,大搞简化勘测设计程序和设计内容,削弱了专业管理,影响了勘测设计质量。

1961 年年初贯彻"调整、巩固、充实、提高"的方针,恢复了过去的体制、机构和专业管理,但由于缩短基本建设战线,精简机构,缩编人员,支援农业,1962 年年底 5 个设计院和大桥工程局设计处的职工减少到 11166 人,与 1957 年职工人数相比减少近 42%。

经过国民经济调整，全国经济形势迅速好转，勘测设计队伍逐步恢复，职工人数又陆续增加。至1965年已增加到21402人。1965年，全国开展设计革命运动，要求设计人员"下楼出院"，到现场设计和参加施工；当时中共中央作出加快西南三线建设的战略决策，铁路建设任务重，工期紧，勘测设计工作极为繁重。

"文化大革命"时期，生产秩序被打乱，许多铁路在建项目受到严重干扰和破坏，一度处于停工或半停工状态，推迟了工期。这一时期，专业设计院被撤销，航空勘察机构划归第二设计院，标准设计机构划归第三设计院。1970年第四设计院一度合并到第四工程局。

粉碎江青反革命集团以后，又恢复和健全了四个地区设计院和一个专业设计院。大桥、隧道、电气化、建厂四个工程局都设有勘测设计处。至1985年年底，四个地区勘测设计院共有职工24997人。其中包括经调、行车、线路、地质、路基、桥梁、隧道、站场、设备、电化、施工组织和概预算等各专业工种的工程技术人员7490人，占职工总数的30%；工人15532人，占62.1%。这些技术人员大多数是在新中国成立后自己培养起来的。这支强大的勘测设计力量，目前除保证完成铁道建设任务外，已开始面向社会，涉足世界，承接有关工程的勘测设计和技术咨询业务。

二、勘测设计手段的改进

新中国成立初期，铁路测量全靠人工操作，地质勘探主要靠人力钻探和挖探，以算盘、算尺和手摇计算机为主要计算工具，绘描图纸也全是手工作业，速度慢，质量低，劳动强度大，勘测设计周期长。50年代中期，引进和应用航空勘察和物理勘探等先进技术，还编制和推广了各项标准设计。60年代开始引进和应用电子计算技术，70年代逐步推广，并在80年代进一步开发应用。随着电子、光学、航空、航天等技术的迅猛发展，铁路勘测设计各部门也积极应用这些新技术，不断改进勘测设计手段，使勘测设计面貌为之一新。

(一)航察和遥感技术的应用和效果。

新中国成立后,为适应大规模铁路建设的需要,改变勘测设计的落后面貌,1955年在中国人民解放军总参谋部的帮助下,铁路勘测部门在兰新线勘测中首次采用航察。次年7月成立了航空勘察事务所,增加了航察人员,引进了航察技术及仪器设备,航察的应用扩展到兰青等六条干线的勘测。1960年前后,四个地区设计院也一度建立了专门的航察机构。当时仅能测比例尺为1:10000的地形图,供草测选线之用。1965年前后,在焦枝线北段及京通线西段应用航察测制比例尺为1:5000及1:2000的地形图获得成功,为新线初测提供了可靠的基础资料。到1970年前后,四个地区设计院相继建立航察队或航察科,专业力量进一步增强。不仅能测制比例尺为1:1000及1:500的工点地形图,而且航片判释技术逐渐为勘测设计人员所掌握。1978年以后,引进了先进的航察、遥感仪器设备,开展了"数字地形模型"选线及多种遥感片种,应用于铁路勘测设计的研究,取得了进展。1980年以后,随着各专业调查工作逐步用航片代替地形图,进而用航测手段承担全部初测任务,从而摸索出一套比较切合实际的新线铁路航测初测作业程序和方法。在朔(县)石(家庄)、大(同)秦(皇岛)等线应用航片判释不良地质现象、选择最佳桥位、辅助选线等方面都收到了比较好的效果。

通过30年来的实践,应用航察、遥感技术取得的效果,主要是:有利于线路方案比选,提高选线质量,节省工程投资;减少外业工作量,改善劳动条件,提高了劳动生产率;勘测成果的质量高,用航察方法测制的图纸,反映的地物地貌比较详尽,所经工序都有严密的检查,测绘精密可靠。

(二)物理勘探技术的应用和效果。

物理勘探技术是基于研究地下岩层、构造、地下水等在电性、磁性、弹性、放射性、密度等物理性质上的差异,为工程设计提供所需要的资料。1954年在宝成线勘测中,开始应用电法勘探,1955年各设计院也相继应用了这种方法。

70年代铁路物探技术迅速发展，各勘测设计院建立和健全了物探队或综合地质勘探队，隧道工程局、大桥工程局、铁道科学研究院西北研究所和一些铁路局也相继建立了物探队或物探组。1982年以来，又引进了一批较先进的物探仪器设备；与此同时，采取各种措施，大力培养技术人员，物探技术和设备水平都有较大提高。目前开展的物探方法已有15种，作为常规方法的有电法勘探的直流电法、地震折射波勘探和地震物理测井。还有磁法勘探，孔内无线电波透视勘探，激发极化法勘探，声波勘探，电磁频率测深勘探，孔内电视，水上回声探测和放射性勘探等方法也被采用。80年代地质雷达、音频法勘探、地质反射波勘探和甚低频法勘探的研究工作也进一步开展。

30余年来，在100多条新建或改建铁路勘测中，应用物理勘探的约有140座隧道、250座大桥、50处车站、100多处路基、80处滑坡、900多处供水源、10余座大型工厂等，共约1500个工点。

（三）电子计算技术的应用和效果。

1963年，电子计算技术开始应用于中国的铁路勘测设计中，如应用于航测的加密计算和复杂的桥梁结构计算。南京、枝城长江大桥和靖远黄河大桥均应用电子计算技术进行设计。自1975年起，各主要设计单位陆续安装了中型通用数字计算机，电子计算的应用逐步普及到其他专业。1980年开始应用电子计算机辅助设计，第三勘测设计院安装了自动绘图系统，通过交互式处理，从初拟方案开始，直接在计算机上完成计算、分析、设计、优化和绘制施工图纸。至1985年6月底，各勘测设计单位共有中型机5台，小型机8台，微型机系统8套。

电子计算技术应用以来，加快了勘测设计速度。过去线路路基设计，工作量大，占用的技术人员多。应用电子计算机辅助设计和自动绘图，直接提供施工设计中的三表一图，即路基宽度及填挖高度表、土石方数量计算表、土石方数量汇总表和路基设计横断面图。电子计算技术在兖石、大秦等线设计中使用的结果，提高工效20倍。牵引计算采用电算后，解脱了烦琐的手工图解作业，实现了蒸汽、内燃、电力机车牵引计算和绘图自动化，提高工效30倍。在北京枢纽编组站设计中，应用电子计算机辅助设计，拟出上百个比较方案，并从中自动选出3个较优方案。随着电子计算技术的应用，还促进了设计技术水平的提高，解决了因采用新的计算理论和方法中存在的计算工作量大、难度高的问题。诸如在复杂结构设计中采取有限元法，对结构进行空间的、非线性的静动力分析；地质路基专业采用岩体力学理论对岩体稳定性进行分析；隧道专业采用弹塑性理论进行支护设计等。

（四）铁路标准设计工作的发展和作用。

铁路标准设计工作是新中国成立后发展起来的，基本上分为4个时期：

1. 从国民经济恢复时期到"一五"期末，主要是引进苏联定型设计，编译和编制大量的标准设计，积累技术资料，培养技术力量。截至1957年年底，全路共编制了1833项标准设计，制定了18种技术标准。标准设计在设计文件中的采用率达到60%—70%。

2. 从"大跃进"到国民经济调整时期，全路各单位勘测设计工作出现编制标准设计的热潮，标准设计图纸数量成倍增长，采用率高达80%以上。1965年开展设计革命，标准设计也到现场为重点铁路建设服务，编制出如栓焊梁、新型架桥机、混凝土串联梁等标准设计。

3. "文化大革命"时期，标准设计工作受到严重挫折，专业机构撤销，设计人员减少，但由于标准设计工作者在当时极其困难的条件下，仍坚持工作，取得了一定的成绩。

4. 粉碎江青反革命集团以后，标准设计得到新的发展。通过科学试验和采用推广新技术的实践，又编出了大量新的标准设计。例如以每米60千克重轨为主体，设计了高速道岔，改进了新型轨下基础结构，并研究了新型扣件，为重型轨道编制了成套标准。

30多年来，铁路标准设计从无到有，从引进外国技术到自行设计，从以编制为主到编制与管理相结合，工作范围逐步扩大，专业设置日趋齐全，技术水平显著提高，成为铁路建设中贯彻技术政策的有力工具。新中国成立初期，铁路技术装备的标准十分混乱，钢轨类型180多种，道岔类型近800种，桥梁跨度和种类多达1000种以上，桥梁和隧道建筑界限的标准也不一致。为迅速改变这种状况，在50年代制定了桥梁载重标准和桥梁、隧道建筑限界标准，60年代制定了桥梁跨度标准、线路标志、道岔号码系列和统一了钢轨类型，并编制了相应的标准设计文件，成为促进铁路生产专业化和现代化的必要条件。

大力发展预应力混凝土结构代替钢木结构是铁路建设的一项重大技术政策。30多年来，在桥梁、轨道、房屋、给水等专业方面，先后编制了各种跨度的钢筋混凝土梁、预应力混凝土梁、钢梁、可调式组合钢模板、钢筋混凝土轨枕、预应力混凝土轨枕、房屋结构等上百种标准设计和相应的技术标准，为节约钢材和木材创造了条件。比如，在50年代，预应力混凝土梁全路产量只有几十孔，60年代产量已达几百孔，70年代发展到几千孔；到1985年年底止，全路已生产19868孔，与同跨度钢梁比，每孔可节省钢材30吨，共节省钢材约60万吨。又如钢筋混凝土轨枕，每根可节省0.1立方米木材，到1985年年底止，全路已铺设7554万根，共节省木材755万立方米。

标准设计不仅为铁路基本建设提供成套工程标准设计图纸，而且也为铁路运营部门提供装卸、养路、检修专用机械及通信信号、电力牵引等十几个专业的标准设计图纸1.8万多项。到1985年，有效标准图达到4600多项（包括主要编制单位的标准设计）。每年由统一管理单位发售的图纸约20吨，供应路内外1500个单位使用。1980年以来，列入铁道部工业生产计划的标准设计产品达60多项，年产值达3亿多元。

多年来的实践证明，标准设计已成为勘测设计的重要手段，可以说是"铁路技术工作的基本建设""勘测设计的技术后方"。据初步统计，一座拱形明洞，个别设计需要 50 工天，若采用标准设计只要 2 工天；个别设计一座大桥需要 258 工天，若采用标准设计只需 21 工天，提高工效 11 倍。70 年代翻新修改的标准设计图与 60 年代的旧标准设计图比较，工程数量有较大的节省，重力式挡土墙可节省圬工 24%—28%，隧道衬砌节省圬工 20%—30%，先张法预应力混凝土梁比普通钢筋混凝土梁可节省钢材 20%—35%，桥墩可节省圬工 20%。

三、勘测设计技术水平的提高

新中国成立以来，随着铁路勘测设计队伍的逐步成长，勘测设计单位完成了大量的工程设计任务，积累了比较丰富的经验，取得了许多优化设计成果。在改革、开放、搞活政策的推动下，勘测设计系统的活力日益增强，铁路勘测设计生产能力，每年可完成施工设计约 2000 公里。

（一）积累了丰富的选线设计经验。

合理选择线路的走向，是铁路建设中一项极其重要的工作。一条主要铁路干线大方向的选定，不仅要考虑沿线的地形地质条件，工程量的大小，施工的难易，投资的多少，更要从政治、经济和国防要求，结合路网规划全面研究，进行技术经济比较，多方案综合比选确定。从 1949 年到 1985 年，在中国 960 多万平方公里的土地上，新建铁路 30309 公里，而勘测设计人员在 36 年里共完成草测 12.95 万公里，初测 15.80 万公里，定测 13.17 万公里，方案报告设计意见书和可行性研究 16.15 万公里，初步设计 13.08 万公里，施工设计 10.41 万公里。工作量如此之大，其重要原因之一就是反复进行了多方案的比选。

从大面积着手，由面到线，逐步接近，选出经济合理的线路走向方案，是行之有效的方法。例如，从陇海铁路西段接轨修建一条通往四川成都的重要铁路干线，最初打算从天水接轨，翻越秦岭经略阳至成都。1953 年中国勘测设计人员完成宝鸡略阳段与天水略阳段的初步设计，经比较，在工程数量上宝略段比天略段多；在投资额上宝略段比天略段多7100多万元，从工程地质情况来看两线都穿越地势险峻、地质复杂的秦岭，都有各种不良的地质现象存在，但天略段坍方现象较宝略段更为普遍、严重；从路网货物流向看，陇海线宝天段向东运送及由东运入四川及西南的运量，要比向西运送及由西运入的运量大得多，约为2∶1。从宝鸡出岔向成都修建铁路，可节省从东部入川货物运距152公里。宝天段是陇海铁路西部的咽喉地段，线路标准低，坍方严重，虽经补强整治，但担负东来西往的运量已感非常吃力，若西南与东部及其他地区之间的运量也要经过宝天段，则宝天段是难以负担的。经上述几方面的综合分析，最后确定从宝鸡接轨修建宝成铁路。经过近30年来的运营实践证明，这个方案是正确的。

掌握线路所经河谷地区的自然特征和村镇分布情况，充分利用有利的一岸，在适当情况下过河，绕避因地形地质不良造成的复杂艰巨工程和重大病害，这是勘测设计人员多年来总结出来的又一条基本经验。60年代修建的成昆线，勘测设计人员在沿线进行了广泛深入的调查勘测，采取"绕避与整治结合，避重（病害）就轻"的原则，选择地形地质较为有利的一岸，落实线路位置，收到了较好的成果。在牛日河的尼波一带，初测时线路选在山坡较开阔的右岸；定测时发现右岸岩层倾向河谷，松散堆积层很厚，滑坡较多，而左岸地形虽然较陡，但岩层倾向山里，山体大部稳定，经过研究比选采取左岸线路方案，绕避了长段地质病害。

山区铁路沿河谷选线，有时会遇到大小不同的山嘴，定线方式一般有两种：一是沿河傍山绕行；二是以隧道截弯取直。旧中国修建宝天线时，由于资金、材料、技术条件所限，不修长隧道而以短隧道群沿河傍山绕行，形成线路挂在岩边，靠山一侧受陡岩落石坍方威胁，沿河一侧受洪水冲刷危害，短隧道受山体偏压，线路增长，小半径曲线接连不断，从而病害丛生，行车条件恶化。后经大力整治改建，以长隧道截弯取直，避开了许多重大病害地区，才使行车条件得到改善。阳安线在地质复杂的沿河地带选线时，原多选用地质条件较好的深埋取直长隧道方案；但在施工时，为了抢工期，将线路改为沿江外绕的短隧道群通过，结果在施工中和通车后出现了许多病害。如茶镇至石泉间的汉江峡谷地带，原设计用3617米长的隧道，避开错落山体及水库的影响，后来改用沿江外绕总长为2969延米的5个傍山短隧道，施工时多次发生大坍方，通车后隧道衬砌又多次出现病害，拱部开裂，虽经3次大的整治，病害仍不能清除。1983年10月，隧道衬砌被挤坏变形，170号钢筋混凝土被压挤裂，严重威胁行车安全和运输畅通。后来运营单位要求改线，仍以长隧道避开错落的山体。类似情况还有几处，这些教训又丰富了勘测设计的经验。

当河床平均坡度大于线路限制坡度时，线路宜于及时展线下降，使线路标高尽早接近洪水位，避免线路高悬，加大工程数量，增加施工和养护困难；当河床坡度陡缓相间，线路宜在河床坡度最陡地段、地质条件较好的山体上展线，使线路适时降至河床坡度由陡变缓之处，为在河床坡度较缓地段两岸位置比选创造条件。这是勘测设计人员在山区河床纵坡变化较大地段选线的再一条经验。黔桂铁路乐埠至文德段，线路沿剑水河行进，两站间直线距离仅8公里，而高差达130米，文德以下河床坡度平缓，线路限制坡度为12‰。选线设计时，在文德地区上游利用剑水河支流作螺旋展线，使线路到达文德处降至河岸台地，从而使文德至都匀间的谷架桥、挡土墙及高填方工程大为减少。又如成昆铁路龙川江中游峡谷区，羊白河至黑井两站间，河床平均坡度15.6‰，最陡达20‰，两岸交错分布着70多处不良地质现象，又无较大支沟。勘测设计人员经过55个方案比选，采用21次跨龙川江和在巴格勒、法拉两段分别连续展线的方案，克服了巨大高差，适应了地形和地质条件。

有些山区铁路，横穿水系，走行于山脉腹部，线路往往需要从这一河谷翻山越岭引向另一河谷，随之出现巨大工程，造成施工困难。因此河谷地段选线要与越岭地段选线密切配合，为线路越岭创造条件。从北京至通辽的铁路，起初选在沙城接轨，横穿潮、白两河水系，翻越山峦起伏的军都山至滦平，工程艰巨。勘测设计人员经过进一步研究比较，线路改由昌平接轨。平行潮河,在滦平附近最低的偏岭垭口越过军都山,坡度平缓,减少隧道28公里,节省投资1.2亿元。

在山区沿河傍山修筑铁路,有些难以绕避的不良地质地段,往往易受内侧山体崩塌、滑坡及外侧河岸洪水冲刷等病害的两面夹击。在这样的条件下选定线路位置,应遵循既要经济合理又要确保线路稳固安全的原则,即该用隧道的不能用路堑;该用长隧道从山体深部较好岩层内通过的,不能以短隧道群代替;该外移的应适当外移,以顺水桥通过,避免深切山坡。50年代初期,修建宝成铁路略阳以南地段时,由于经验不足,不恰当地采用"多挖少填""既不里又不外"的定线原则,造成施工后线路边坡过高过陡,大量发生坍方、滑坡等路基病害,后来陆续增加不少明洞、隧道和挡护工程,才使线路基本稳固安全。"吃一堑,长一智",后来在襄渝线小草店、降河一带及枝柳线新寨、梁溪附近选线时,就将临河线路外移,设置顺河栈桥通过,以免填筑路堤坡脚遭受水流冲刷,不但施工比较顺利,通车后运营情况也很好。

中国铁路勘测设计人员,还具有在平原、丘陵、高原、沙漠、戈壁等地区的选线及整治滑坡、崩塌、泥石流和水害等方面的经验,限于篇幅,不一一叙述了。

(二)优化设计成果效益显著。

勘测设计能力的提高,突出地反映在设计成果上。全路先后有13项获国家级优秀设计奖,有40项获铁道部优秀设计奖。60年代修建的成昆铁路是线路优化设计的一个突出事例。成昆线沿线地形地质十分复杂,曾被视为修路的"禁区"。为了精心设计,选好线路,勘测设计人员做了大量的地质工作。大面积地质测绘约1500平方公里,地质钻探21.2万多米,挖探1.3万米,物理勘探500多处,各种室内和野外工程地质试验1万多组,经过1.1万公里的比较线勘测,作了300多个方案比选,最后才选定修建的线路。在金江至红江沿金沙江行进的一段线路,平行于大断裂,不良地质现象甚为发育,选线时采取将线路内移以较长隧道通过的办法,将迤资、浮漂、莲地三处江岸弯曲地段，分别以2726米、4273米和4603米的长隧道通过，避开了严重地质不良地段，确保了施工和运营的安全。金口河至道林子间，最初设计线路沿大渡河绕行，迂回曲折，长达16.6公里，还要通过长8公里的一段地质复杂地段，后来经过进一步勘察、分析、比较，改用6187米长的关村坝隧道截弯取直，线路缩短10.1公里，减少25个曲线和一个车站。为跨越水流湍急的大渡河、金沙江，分别以主跨144米、192米大跨钢梁桥跨过。为越过迎水河及安宁河等深谷，采用主跨112米的栓焊钢梁桥通过。为克服地势起伏的巨大高差，在乃拖、乐武、韩都乐、两河口、大渡河、巴格勒、法拉等地作了7处盘绕展线。通过成昆线的修建，把铁路设计技术提高到了新水平。

30多年来，在铁路大型项目建设中，还有不少优秀设计。"一五"期间设计并建成的武汉长江大桥，用大型管柱钻孔法代替传统的气压沉箱法，解决了深水基础的施工难题。在"三五"期间建成的南京长江大桥，在设计中采用了4种不同类型的深水基础，最深的基础至施工水位以下77米，是深水基础设计的重大突破。还首次采用中国自行生产的16锰低合金钢制造160米大跨度钢梁，是具有世界先进水平的大型工程。在1978年竣工的襄渝线上的紫阳汉江大桥，设计采用的薄壁空心桥墩，高达76米，是中国70年代修建的最高铁路桥墩。京九线上的九江长江大桥，采用的双壁钢围堰大直径钻孔基础，获得国家建委颁发的优秀设计奖。继成昆线建成长6383米的沙木拉达隧道之后，在京原线上又设计并建成了长7032米的驿马岭隧道，还设计了大秦线上长8460米的军都山隧道和京广第二线上的长达14295米的大瑶山隧道。在站场设计中，完成了丰台西、沈阳西（裕国）等自动化和半自动化驼峰编组站设计。在工厂设计方面，采用了新工艺、新材料、新结构，改变了"肥梁、胖柱、深基、重盖"的陈旧做法。这些优秀的设计，充分显示出中国设计人员良好的素质和先进的技术水平。

第二节 施工力量的增强

1985年年底,铁道部基建施工单位共有固定职工570317人。其中:工程技术人员19846人,占职工总数的3.5%;技术工人338358人,占职工总数的59.3%。这支施工队伍不仅政治、技术素质好,施工方法先进,装备精良,而且具有艰苦奋斗的光荣传统,在中国的经济建设中具有比较强的竞争能力。

30多年来,这支施工队伍在祖国的大地上,转战南北,不畏艰难,经历了各种艰苦环境的考验,在施工实践中,克服了重重困难,积累了丰富经验。不仅能够在各种复杂地形、地质、地貌,水深流急,崇山峻岭等条件下修筑路基,修建隧道、桥梁、房屋、给水等建筑物,还能够修筑水利引水工程、机场、港湾码头、地下铁道、高层房屋建筑和大跨度钢屋架等大型工程。

一、施工队伍的发展

(一)施工队伍的机构变化。

新中国成立以来,铁路基建施工力量基本上分为两大系统:一是铁道部系统,其中有担负新线建设及部分既有铁路改造任务的工程局和主要担负既有铁路改造任务的铁路局基建施工队伍;二是主要担负边远地区铁路建设的中国人民解放军铁道兵部队。1984年铁道兵并入铁道部,改编为铁道部工程指挥部,所辖的第一至第十师编为第十一至第二十工程局。

为了铁路建设和管理的需要,新中国成立以来,铁路管理机构进行了多次变动,现场施工单位也相应地随之改变。1950年至1952年,铁道部先后成立了工程总局和新线施工局,指导全路基建工程施工工作。后来又几经变化,到1958年3月成立基本建设总局,直到1985年年底仍继续指导着全路基建工程的发包、设计、施工方面的有关业务。在铁道部基本建设管理机构变动的同时,现场施工单位也有不少变更。承担营业铁路工程的施工单位，则随着铁路管理局或铁路局的机构变动而变动，最高峰时有28个铁路局。承担新建铁路工程施工的，基本上是工程局的施工队伍，单位数目则因基建任务变化而有几次变动。到1986年1月1日，铁道部负责铁路基本建设施工的共有19个工程局、1个公司（第一至第五、第十一至第二十、大桥、建厂、电气化、隧道工程局及通信信号公司）和12个铁路局（哈尔滨、沈阳、北京、呼和浩特、郑州、济南、上海、广州、柳州、成都、兰州、乌鲁木齐）的基建施工队伍。

由于各个时期国家基本建设投资有多有少，施工队伍就有增有减。除铁道兵外，1953年年末，基本建设施工单位固定职工为24.5万人；"一五"期间，平均每年为34.6万人；"二五"期间，平均每年为59.4万人，增加了71.7%；调整时期，又降到平均每年为27.6万人，直到"三五"期末，即从1970年起，才基本上趋于稳定，到1983年年末，一直保持在42万人左右。据1985年年底统计，原铁道部基建系统9个工程局共有固定职工291054人，12个铁路局共有基建职工156927人。但从具体年度看，也出现过施工队伍大幅度波动的现象。一是1958年"大跃进"时期，开展群众修路的运动，筑路队伍达到96.4万人，比1957年的36.9万人增加了1.6倍，是历史上基建施工队伍人数最多的年份；另一情况是1962年、1963年，因压缩基本建设投资，人数大减，每年已不足20万人。

铁道兵的前身是1945年成立的东北民主联军护路军。1948年7月5日，以护路军为基础，组建为东北人民解放军铁道纵队（又名铁路修复工程局），1949年5月16日改编为中国人民解放军铁道兵团，共有3.8万人。1954年3月5日整编为中国人民解放军铁道兵，总人数为8.8万人。以后随着形势的变化，人数有增有减，最高时达到40.4万人。1984年1月1日，铁道兵并入铁道部时，所属的10个师改为10个工程局，两个独立团改为两个直属工程处，共有17万人。

（二）施工队伍的文化技术状况。

新中国成立以来，各级基建施工部门，在抓施工生产的同时，普遍重视提高职工的文化、技术素质。由于工程系统人员经常流动，教育工作受到一定影响。特别是十年动乱期间，智力开发遭到严重破坏，企业管理和技术业务素质大幅度下降，已成为发展生产的突出薄弱环节。中共十一届三中全会以来，铁道部对职工教育工作极为重视，通过多种途径，加强培训，职工的技术文化水平有所提高。

根据中共中央、国务院通知和全国职工教育委员会《关于切实搞好青壮年职工文化和技术补课的通知》的精神，铁道部结合铁路实际情况，制订了"六五"期间基建系统青壮年职工补文化、补技术的"双补"规划。各单位抓紧规划的落实，经抽样检查，职工文化补课合格率占60％，技术补课合格率占70％，有效地提高了职工队伍的文化技术素质。

为适应新时期铁路建设事业不断发展的形势，各单位积极采取各种方法，开办文化班或专业班，以及用订师徒合同、听技术讲座等方法，因地制宜，开展了对广大管理干部、技术人员和工人的全员培训。原铁路系统各单位，1985年全员培训达103951人，占职工总数的30％，脱产培训率为6.5％。其中工程局脱产培训率平均为6.4％，设计院平均为9.1％，工厂平均为7.3％。原铁道兵系统，从1954年到1985年，共培训了专业职工累计为50多万人次。全员培训使干部、工人的文化、技术和业务管理素质都有了提高，有力地促进了施工生产任务的完成。

铁路基建单位广大科技干部刻苦攻关，勇于创造，在技术开发方面，取得重大科技成果近400项，其中有116项获国家、铁道部级奖励。1984年获国家优秀设计项目奖6项，1985年获科学进步奖6项。

二、施工装备现代化的发展

30多年来，铁路施工技术装备经历了一个从无到有，从中小型到大型，从主要工序的机械作业到单项工程机械组合作业的发展过程。到1985年各施工单位装备的技术结构和技术性能，大部分达到国内先进水平。其中液压传动和操纵的凿岩、起重、运输及土方机械等已达到国际80年代水平，有些机械装备基本能适应铁路建设工程各项作业的机械化施工需要。与技术装备发展相适应，组建和培养了一批机械化施工队伍和管理维修队伍，从而加强了施工队伍的技术力量和施工能力。全路基建施工系统技术装备的发展大致经历了以下几个阶段。

（一）小型机具施工阶段。

新中国成立初期，在铁路施工中主要是依靠体力劳动和手工操作，施工力量薄弱，到1953年年底，铁路重大建设项目的施工机械化程度仅占3％。

"一五"期间，国民经济顺利发展，铁路基建施工开始引进少量机械，如推土机、空压机、凿岩机、小型内燃发电机等，到1956年铁路重大建设项目施工机械化程度逐年增到14％。到50年代后期，全路掀起了用小型机具和机械来代替工人繁重体力劳动的热潮。如在川黔线凉风垭隧道施工中，配风量为184立方米/分，发电量为1.921千瓦，实现了湿式气腿凿岩，电动、风动装岩机装碴，电瓶车牵引出碴，电动拌合机拌制混凝土，衬砌使用钢拱架，洞内通风采用轴流式通风机和平行巷道通风等。这些机械的使用降低了工人的劳动强度，提高了工效，它标志着铁路基建工程机械化施工开始进入一个新的阶段。

（二）主要工序机械作业施工阶段。

60年代初，从铁路施工的综合作业上看，不少工序过程仍然是繁重的体力劳动，当时机械数量少，性能差，品种不全，机械施工还没有成为主要施工方式。

1964年西南"三线"建设开始，成昆、贵昆、川黔3条干线同时上马。面对艰巨的任务和紧迫的工期，要求大力组织机械化施工，自己制造和购进大批工程机械，施工装备上得很快。当时，机械施工的规模在中国铁路新线建设史上是前所未有的。1965年年底，铁路施工单位（不包括铁路局）共拥有主要施工机械30317台（套），其中原铁路系统各工程局共有13479台（套），原铁道兵系统为16838台（套）。在成昆线北段施工的一个综合工程局就配备土石方机械600台，固定资产达3.3亿元以上。一个8000—9000人的综合工程处，独立施工，每年完成实物工程量可达土石方50万立方米，隧道10公里，桥梁2公里和相应的涵洞及支挡工程，总圬工量约20万立方米。

隧道施工普遍使用了机械凿岩，其他各工序如通风、排水、拌合混凝土、提升、运输等也分别使用了机械设备，长隧道实现了机械装碴电瓶车牵引出碴。特别是从国外引进的一批中型机械设备发挥了较好的作用，如槽式列车、风动装碴机及梯架式钻孔台车等，从而取得了小型机械化所不能取得的高效率和高速度。此外还引进了少数隧道全断面开挖的施工机械，初步改变了中国沿用已久的上下导坑等分部开挖法，给隧道机械化快速施工开辟了新的途径。1966年年底，隧道单口平均月成洞由20—30米提高到40—50米。

桥梁施工中普遍采用高线缆索运输和桥墩滑模施工，混凝土搅拌、捣固基本上实现机械化。桥梁基础工程已由原来的打桩、沉井发展到下管桩或采用钻孔桩技术。桥梁的架设也使用了大型架桥机。

线路上部建筑从轨排组装、运输以及铺轨等工序，大部分使用了机械。

在土石方集中的工点处，使用了潜孔钻机。成昆线道林子的石方大爆破，装药重338吨，一次爆破岩石40万立方米，既加快了施工进度，又节省了大量劳动力。

（三）机械联合作业施工阶段。

70年代初，在枝柳、襄渝、京通、青藏等铁路施工中，继续使用中型机械并使其更完善。这个时期的发展趋势主要是配套和推广，也研制和引进了一些新的中型机械设备。在青藏线施工的铁道兵部队，除引进一些土方机械外，还与有关单位对施工装备进行了原机改装和特殊地区的施工机械的研制工作，如改装和研制了内燃机增压、桥梁冻土基础桩螺旋钻机、冷起动装置等27个项目，取得了可喜成果。特别是喷射机械的应用和喷锚技术的发展，给大型机械进洞实行全断面开挖提供了条件。

中共十一届三中全会以后，中国进入了一个新的历史时期，全路施工技术装备的状况，也发生了很大的变化。大型机械化施工有了突破性的进展，其中最有代表性的是衡广第二线大瑶山双线隧道开挖的机械装备。在中共中央关于改革、开放、搞活的政策指引下，从国外购进20多种机型的隧道施工机械，使以往传统的分部开挖施工方法和机械配备方式产生了重大变化。大部分施工单位和主要工程已实现了隧道开挖、喷锚支护、路基土石方、铺轨架梁和混凝土工程机械化施工，而且使用的配套机械设备技术上比较先进，可靠性好，适应性广，综合效率高，施工中发挥了较好的作用。1984年，隧道工程局在衡广第二线大瑶山双线隧道首创了出口单口月成洞217.68米的记录；十八工程局在大秦线白家湾隧道施工中，形成了以进口机械为主体的开挖出碴、喷锚支护和衬砌3条机械化作业线，工效不断提高，连续9个月创造月单口成洞百米的好成绩，1985年11月创造出月成洞（共3个工作面）316.8米的高产记录。

在土石方施工中，采用大功率自行式铲运机、20吨以上自卸汽车，Ⅰ、Ⅱ、Ⅲ类页岩采用大功率破碎机，使挖、装、运输实现了各种大型机械联合作业。在铺轨架梁施工中，从轨节组装、运输到铺设以及桥梁的架设都采用了机械作业。据1985年统计，原铁路系统5个综合工程局平均机械化施工所占比例是：土方作业为80.2%，石方作业为66.6%，隧道作业为93.2%，架梁为98.3%，铺轨为87.2%，混凝土搅拌为93.6%，采石为80.0%，构件吊装为95.9%，场内垂直运输为70.4%，水平运输为81.3%。由此可见，铁路建设各项工程作业已基本实现机械化，并逐步向成龙配套方向迈进。

三、筑路民工是铁路建设队伍的一支重要力量

新中国的铁路建设，得到了各省、自治区、直辖市政府和各族人民的大力支持。在各条新线和既有铁路技术改造施工期间，沿线地方政府大都

成立了支援铁路建设的机构，组织广大民工参加铁路建设。鹰厦线修建期间，福建、江西两省组织了12万民工参加施工，他们共完成4700多万立方米的土石方工程，占全部土石方工程的83%，为提前完成该线工程做出了重要贡献。有名的厦门高崎—集美和集美—杏林两座海上长堤，就是主要由福建省1万多民工移山填海而筑成的。在修建襄渝线期间，陕西、湖北、四川三省先后组织58万民工参加筑路工程，出工达2.9亿工天，占全部使用工天的72%。仅1971年四川省民工就独立完成桥隧18.6公里，土石方1100万立方米。修建京通线高潮时，北京、河北、辽宁、吉林4省市共组织民工10万余人，出工天数占全部使用工天的40.9%。

铁路和地方密切配合，工农并肩共建铁路，是京秦铁路建设的一个显著特点。在4年的建设中，北京、天津两市，河北省及所属2个地区和12个市、县的各级政府和广大群众，以人力、物力积极支援铁路建设。沿线各县都先后成立了工程指挥部，抽调100多名乡以上干部，动员2.5万名民工，组织调动多种机动车、人力车等5200多辆，承包土石方工程770万立方米，约占全线土石方总量的33.5%，累计工天达250万个，有力地支援了京秦铁路建设。

组织民工参加铁路建设是新中国铁路建设史上一条成功的经验，也是铁路基建队伍改革的一项重要措施。但是，民工上场必须根据工程需要和工期要求妥善周密安排，要健全民工管理办法，编制民工参加铁路建设的规范。民工组织形式以就地包干或采用合同制为好。

新中国培育的铁路设计、施工队伍，是一支政治、文化和技术素质较好，思想、作风比较过硬的专业队伍。但要适应国家深化改革的新形势，尚存在如下一些亟待解决的问题：队伍的规模超过建设任务的需要；职工年龄日渐老化，影响素质的提高和战斗力的进一步增强；二三线人员较多，一线人员偏少，全员劳动生产率提高不快，影响企业的经济效益；后方人员过于庞大，主力队伍转战机动能力受到牵制，等等。因此，在政治、经济体制改革过程中，除了应当进一步发挥和加强这支队伍原有的优势以外，还要积极稳妥地"精兵简政"，提高企业科学管理水平，大力压缩非生产人员，充实并加强生产第一线；发展多种经营，妥善安置富余人员，增强企业活力；大力发展铁路建设科学技术，不断提高队伍的文化技术水平，逐步向技术装备现代化迈进；不仅要严格控制队伍继续扩大，更要想方设法使队伍向小型精干、机动灵活、应变力强的方向发展，以适应现代化铁路建设事业发展的需要。

第十七章
地方铁路和专用铁路

在中国全部铁路网构成中，除铁道部直接管理的5.2万多公里铁路外，还有地方铁路和工业企业修建的专用铁路。地方铁路是由地方自行组织建设和运营管理的铁路，为地区性公共客货运输服务。专用铁路（包括专用线）是指某个单位专用或几个单位共同使用的铁路，如工厂、矿山、港口等专用铁路和专用线。地方铁路和专用铁路与国家铁路只是标准高低和管理体制上的不同，在性质上和技术业务上无本质差别。它们是国家铁路网的补充。

第一节 地方铁路的兴起和发展

各省、自治区、直辖市的地方铁路，是从50年代开始逐步发展起来的。1955年至1965年间，各省、自治区、直辖市修建了一批不同类型的地方铁路。经济效益和社会效益较好的有25条，计1129公里。其中，准轨占59%，窄轨占41%。

准轨铁路中，广东省黄岗至格顶41公里，1985年年货运量达到277万吨。河北省大郭庄至宋峪27.3公里，年货运量达到177万吨。

窄轨铁路中，河南省汤阴至清丰的135公里铁路，途径濮阳中原油田，对促进油田的开发和建设起了重要作用。四川省彭县至白水河线1959年开工，1961年建成，仅一年多时间就铺轨39公里，解决了当地煤、铁等资源外运的问题。

这一期间移交铁道部管辖的铁路中，有黑龙江省勃利至七台河线36

公里，1985年货运量达到796万吨；河南省新郑至密县41公里、山东省兖州至济宁33公里，两线主要以运煤为主，煤矿产量逐年增长，货运量分别稳定在534万和341万吨。

从1966年至1975年的10年间，京广铁路沿线的河北、河南、湖南、广东等省的地方铁路发展迅速，共修建了2930公里（其中窄轨铁路875公里），除移交铁道部15条计1562公里外，尚有15条，计1368公里仍由地方自营。

在这15条地方自营的铁路中，准轨以河南的漯河至项城、广西的来宾至合山两条，经济效益较好。漯项段即漯阜（阳）地方铁路河南省境内的一段。漯阜线全长205公里（河南省境内137公里，安徽省境内68公里），线路设计标准为国家二级干线，近期设计运量500万吨。该线西起京广线漯河车站，途经商水、周口、项城、沈丘、界首，而至安徽省的太和、阜阳。漯项段长93公里，于1975年、1985年分2次建成并交付运营，1985年货运量达296万吨。项界段44公里正在施工，预计1987年通车。该线往东与华东第二通道商阜、阜淮等线相通，西端还与京广、孟宝线相连。河南省南部和陕西省煤炭可以通过这条铁路直接运至华东各地，既缩短运距，又减轻了陇海线东段压力。

来合铁路在旧中国原为广西壮族自治区合山煤矿运煤的米轨铁路，于1938年从合山通车至白鹤隘，1940年通车至来宾，全长64公里。新中国成立后，由于煤炭产量逐年增长，先后于1954年、1961年两次进行技术改造，仍不能满足煤炭外运要求，乃于1970年至1972年将该线扩建为准轨，线路基本上达到三级干线标准，每天开行来宾至广屯混合列车1对，货物列车1—2对。1985年客运量为17万人次，货运量为226万吨，成为广西壮族自治区能源基地和合山市对外沟通的重要渠道。

窄轨铁路以河南省的凤翅山至郸城、湖南省的益阳至灰山港两条线的经济效益较好。凤郸铁路西起禹县之凤翅山，东至郸城县，全长257公里。它在许昌横穿京广铁路,途径鄢陵、扶沟、太康、淮阳、周口等市县。这条线主要承担禹县煤炭外运任务,并为京广线集散中转货物,直接为沿线许昌、周口2个地区的9个市县800万人民的生产、生活服务;是河南省横贯西部矿区和东部平原的主要交通线之一;是中国迄今最长的一条由地方兴建和运营的铁路;1985年客运量为140万人次,货运量达到105万吨。

益灰铁路是湖南省最早自建并一直通车运营的地方铁路。它从益阳市资江南岸龙山港起,穿益阳县境直达桃江县灰山港,计42公里。当时由于缺货源,运营入不敷出;后为运输煤炭坝的煤炭,于1969年展修23公里至宁乡县境煤炭坝。该线承担煤炭坝等4个煤矿、2个石灰矿和当地的铁、锰、化肥、水泥等厂矿的运输。1985年客运量达96万人次,货运量为77万吨,约占益阳地区总运量的1/3,对湖南省北部国民经济发展具有较大作用。

移交铁道部的15条铁路中,有湖北省武汉至丹江口线416公里,天津市汉沟至蓟县线97公里,皖赣线贵溪至乐平段90公里,安徽省青龙山至阜阳线147公里,吉林省长春至前郭旗线148公里,山东省张店至东营线109公里。这批铁路中的一部分已并入国家铁路干线或改为重要的联络线。

1976年到1985年10年间,各省、自治区、直辖市的地方铁路又有不同程度的发展。这期间建成了31条新线(段),计1466公里,其中窄轨铁路484公里,占33%;准轨铁路8条,计689公里,并先后移交铁道部管理。还有9个省、自治区、直辖市投资新建的地方铁路896公里正在施工。

在这批铁路中,准轨铁路主要有李七庄至北大港、坪石至木冲、秦皇岛至石岭等线、段。

李港铁路是为适应天津市大港油田的开发和炼油、石油化工厂建设而兴建的,于1975年9月开工,1976年、1985年分期交付运营。这段线路从天津西站陈塘庄支线李七庄站接轨,途经芦北口、王稳庄、万家码头而至北大港,共长 44 公里,其中万家码头为工业编组站,线路总延长 71 公里。平均每公里造价 81 万元。显示了地方铁路建设工期短、投资省、见效快、经营活的特点。这条铁路按一级专用线标准设计,1985 年货运量为 353 万吨,客运量 39 万人次。

坪木铁路起自广东省京广线上的坪石站,北至湖南省临武县的木冲,全长 104 公里。这条铁路原名南岭铁路,始建于 1948 年,1949 年 7 月铺轨 44 公里,1950 年 12 月通车,当时叫狗牙洞支线。由于设备简陋,1962 年前每年只能运煤 5 万吨左右。1968 年广东省与湖南省协商,由广东省投资,开发湖南省宜章县梅田煤矿,并相应兴建铁路。因此由原狗牙洞支线栗源站外向西延伸至梅田,计 43.5 公里,并于 1971 年建成通车。继由梅田向西延长至木冲,正线长 16.5 公里。该线经过历年设备配套,技术改造和新建,于 1976 年正式交付运营,1985 年客运量为 81 万人次,货运量为 238 万吨,其中煤炭约占 81%。坪木铁路跨越湖南和广东 2 省,穿过乐昌、宜章、临武 3 县,对开发沿线经济,方便人民生活起到了良好的作用。

秦石铁路于 1924 年兴建,新中国成立前只从河北省的秦皇岛修建到上庄坨,50 年代末,才延伸到石岭,全长 31 公里。该线轨距原为 1067 毫米,最大坡度为 21‰,设备很差,通过能力受到限制。1975 年进行技术改造,使最大坡度降为 17.5‰,并对载重等级不足的桥梁进行重建和改建。由于沿线煤炭、建材货源充足,运量约占秦皇岛市短途运输的 25%。该线沿途厂矿专用线多达 17 条,运量逐年增加,现有设备不能满足运输要求。1984 年将全线拨宽,改为准轨铁路,1985 年货运量达到 158 万吨,比 1980 年增加了 41%。

窄轨铁路主要有河南省的朝阳沟至尉氏和江西省的景德镇至涌山 2 线。

朝尉铁路西起登封县的朝阳沟,东至尉县,在京广铁路新郑站交叉通过,正线长101公里。此线是为运输开封地区的煤炭,加速西部山区煤炭资源的开发,并促进东部地区工农业生产发展而修建的,现正向东展筑至杞县,远期计划修到兰考。线路西段为丘陵,地形比较复杂。在开封地方铁路指挥部的统一领导下,克服种种困难,从1974年9月至1976年6月,历时1年9个月完成了铺轨试运。1985年客运量为23万人次,货运量为83万吨。

景涌铁路位于瓷都江西省景德镇东部,以黄泥头为起点,西至太白园,北至萍湖电厂,向南伸至涌山地区。这条铁路先是由轻工业部为解决陶瓷工业燃料供应于1962年投资兴建20公里,1966年、1969年、1975年地方为解决短途货运和煤炭外调,又陆续新建了24公里。由于煤炭、瓷器等地方工业的不断发展,对运输提出更高的要求,经过1982年对该线的全面改造和更换、增加设备,并提高管理水平,年运输能力已由建路初期的30万吨上升到1985年的82万吨。

在1976年至1980年移交铁道部管理的8条地方铁路,计长689公里。其中河北省磁山至涉县线、山东省济宁至菏泽线经改建后分别为邯长、兖菏2条干线的一段,1985年的货运量分别达到376万吨和341万吨。

经过近30年的发展,各省、自治区、直辖市建设的铁路,除分期移交铁道部管理2559公里和因故拆除者外尚有2934公里,主要分布在河南(1366公里)、河北(520公里)、广东(323公里)、广西(309公里)、湖南(209公里)(见表38)。其中:准轨为785公里,占27%,窄轨为2149公里,占73%。拥有机车368台(蒸汽机车239台,内燃机车129台),货车3727辆,客车234辆。

随着地方铁路的发展,还初步形成了专门为地方铁路服务的工业体系。除与国家铁路通用的专用设备和器材由铁道部统一供应外,窄轨地方铁路所用的各种类型蒸汽机车、内燃机车、客货车辆、轨枕、扣件和其他专用设备都可批量生产。截至1985年,河南、河北、广东、湖南等省共有机车车辆工厂8个,可年产机车100台,客货车1000辆。河北省石家

表38 1985年各省、自治区、直辖市地方铁路运营概况

省、区、市别	线路经营长度(公里) 正线	其中 准轨	其中 窄轨	延长里程(公里)	机车(台) 合计	其中 蒸汽	其中 内燃	车辆(辆) 货车	车辆(辆) 客车	客货运输 客运量(万人)	旅客周转量(万人公里)	货运量(万吨)	货物周转量(万吨公里)	财务状况(万元) 运输收入	实现利润	上缴税金
天津	43.8	43.8		70.6	5	5			12	39	1560	353	13061	1508	573	46.1
内蒙古	9.8	9.8		10.7								111	387	38	6	1.3
河北	520.3	145.7	374.6	722.0	56	45	11	490	46	143	3384	520	15084	1449	393	59.8
山西	70.5	35.1	35.4	77.4	5	3	2	37				31	598	63	15	1.9
江西	43.6		43.6	55.0	14	2	12	184	3			82	2706	347	62	11.3
河南	1366.1	96.5	1269.6	1679.3	181	101	80	1881	91	431	16245	714	48107	5090	1478	159.3
湖南	208.7		208.7	285.5	49	41	8	534	35	225	4595	126	7928	975	117	32.6
广东	323.3	145.0	178.3	386.4	38	22	16	430	22	196	4206	615	24057	2342	208	285.3
广西	309.1	309.1		420.9	12	12		70	16	74	4347	467	21948	2028	169	198.8
四川	39.0		39.0	53.0	8	8		101	9	88	1963	175	6749	630	284	38.7
合计	2934.2	785.0	2149.2	3760.8	368	239	129	3727	234	1196	36300	3194	140625	14470	3305	835.1

庄动力机械厂是为地方铁路、森林铁路、工矿企业生产小型机车的工厂。该厂与铁道部大连内燃机车研究所共同设计研究，于1980年试制成功新型液力换向736千瓦内燃机车，获机械工业部颁发的科技奖。广东省三水机车车辆厂在1977年被铁道部定为生产地方铁路机车车辆的定点厂。还有河南省许昌机车车辆厂、河北省石家庄轨枕厂等，均为地方铁路发展的工业基础。

第二节 专用铁路的发展和概况

专用铁路是指由企业投资兴建，自用自管并自备机车车辆，担负厂矿、林区内车辆的取送，自行办理货物装卸作业的工业企业专用铁路和森林铁路。其中一些与铁路网衔接，工矿企业没有机车动力，需由铁路部门的机车担任车辆取送作业的工业企业专用铁路，也属于专用铁路性质，称为专用线。有的专用线的线路不是企业投资建设，而是铁路部门建成后租给厂矿企业使用的。下面对工业企业专用铁路和森林铁路的建设作一简单介绍。

一、工业企业专用铁路

据1985年统计，全国共有工业企业专用铁路总长25534公里，约为国家铁路49%。其中属于专用铁路的有1000多条，计13635公里；属于专用线的近6000条，计10486公里；其他用途线1413公里。除此之外，尚有25条工业企业投资修建的铁路，共长598公里，于1985年前分批移交给铁道部管理。在工业企业铁路中，大型企业占有77%，中型企业占有23%。从地区分布情况看，以黑龙江、山西、辽宁、河南、河北5省较长，均超过750公里。按系统划分：工业系统（煤炭、冶金、石油、电力、化工、建材等企业）占74%；运输、邮电企业占4%，其中港口装卸专用铁路占2%；财贸商业企业约占3.5%；物资储备供应企业约占3.5%；其他用途的专用铁路占15%。1985年完成货运量约8亿吨。

工业企业专用铁路按行业划分，全国有 210 个单位建有不同长度的专用线或专用铁路，其中煤炭和冶金系统最多，发展较快。这两个系统占有 72% 的专用铁路和 3000 多公里的专用线。

煤炭系统矿区铁路建设工作，是随着国民经济的恢复和大规模的建设，以及煤炭产量大幅度增长而发展起来的。

新中国成立以前，在开办煤矿时也相应地修建了一些矿区专用线，配备了一些机车车辆等运输装备。当时全国煤炭铁路线只有 1090 公里，电力机车 120 台，蒸汽机车 105 台，客车 41 辆，货车 2517 辆，而且设备陈旧，型号繁杂，如钢轨 24—40 千克/米的就有 5 种，机车牵引力只有 8—14 吨左右，每年只能外运煤炭 2500 万吨，在 1949 年年初已处于停顿和衰败的状态。

经过 36 年的发展，在生产统配煤的 93 个矿务局中，共拥有准轨专用铁路 6106 公里，其中新建 5016 公里，平均每年修建 139 公里。1985 年煤矿专用线长度是新中国成立初期的 5.6 倍，达 2000 多公里。电力机车已达 363 台，蒸汽机车增至 551 台，分别为新中国成立初期的 3 倍和 5.3 倍。货车已达 8356 辆，客车增至 679 辆，分别为新中国成立初期的 3.3 倍和 16.6 倍，每年担负着商品煤炭外运量 33730 万吨，承担运输入洗原煤和煤矸石及材料设备等 8600 万吨，还承担地方工农业运量约 2500 万吨。露天煤矿铁路担负露天原煤产量 1520 万吨，剥离量 15200 万吨，约 8444 立方米，共计 61550 万吨的运量。每年还要完成通勤客运任务 1.4 亿人次。

冶金系统在旧中国仅有 447 公里铁路。新中国成立后，冶金工业发展很快，钢的产量从 95 万吨增至 1985 年的 4666 万吨。为配合钢铁运输增长的需要，36 年共新建铁路 6357 公里，平均每年修建 176 公里，与煤炭系统同为新建专用铁路中最多的工业系统。据 1985 年统计，有蒸汽机车 903 台，电力机车 306 台，内燃机车 109 台，普通及专用车辆 2 万余辆，完成运量 72376 万吨，对保证钢铁生产起了重要作用。

二、森林铁路

1985 年全国 35 个林业局共有森林铁路干、支线计 7260 公里,轨道总延长 11014 公里。其中准轨 597 公里,占 8.2%;窄轨 6663 公里,占 91.8%。分布在黑龙江省 18 处,吉林省 10 处,内蒙古自治区 4 处,福建、江西、广东 3 省各 1 处。机车合计 664 台,其中蒸汽机车占 52%,内燃机车占 48%。各类车辆 12 万余辆,载重量多数在 15 吨左右。

新中国森林专用铁路的建设开始较早。1945 年到 1949 年,为了支援全国解放战争,东北林区广大林业职工在短期内修复和新建干、支线 1248 公里,轨道总延长 1654 公里,使大量木材源源不断地运出林区,不仅为全国解放战争做出了重要贡献,而且也为恢复国民经济和进行社会主义建设作了准备。

从 1950 年至 1965 年,为了恢复国民经济和社会主义建设,国家拨给大量专款,用于改造老森林铁路的技术设备和延伸修建新铁路。在这 16 年间,是森林铁路大发展时期,除拆除 779 公里外,平均每年修建干支线 272 公里。根据 1950 年至 1957 年统计,东北、内蒙古林区新建森林铁路计 2229 公里,为日伪时期的 1.7 倍。1958 年至 1965 年新建 2152 公里,其中江西、福建、广东等省新建 152 公里。1965 年运材量达到 1088 万立方米,完成周转量 7.21 亿立方米公里,较 1950 年分别增长 4—5 倍。

在此期间,林业部分别于 1955 年和 1959 年颁发了《森林铁路技术管理规程》《森林铁路工程的设计、施工、验收规程》《林业窄轨铁路(轨距 762 毫米)设计技术规范》等,使全国的森林铁路逐步走上标准化、正规化的建设道路,促进了森林铁路的发展。

1966 年至 1985 年,由于发展汽车运材,修建的森林专用铁路不多,有的还被拆除,因而 1970 年森铁干支线比 1965 年减少 443 公里。1975 年到 1985 年森铁支线虽然有所恢复,与 1965 年相比也只增加 428 公里。

新中国成立以来,一直坚持国家修建和地方、工矿企业修建铁路并举的方针。根据地方铁路和专用铁路多年建设和运营的实践，与其他运输方式相比，具有建设周期短、机动灵活、运输方便等优点。地方铁路和专用铁路的技术经济指标介于国家铁路与公路之间，是担负地区性中短途客货运输的有效运输方式之一。近年来中国领导人多次强调指出：主要铁路干线应由铁道部建设和管理，对一些支线和专用线则提倡由地方、部门、工矿企业投资兴办或自办自营。对地方铁路可以自定运价，国家在税收等方面给予优惠政策。在建设符合中国国情的铁路网中，分期分批地建设和发展地方铁路，已成为国家加快铁路建设的重要方针。

当代中国的铁道事业

CONTEMPORARY CHINA: RAILWAY UNDERTAKINGS II

（下）

2021年·北京

目录

第四编
铁路工业

第十八章 机车车辆工业体系的形成和发展 ………………………… 4
第一节 旧中国的机车车辆工业 ………………………………………… 4
第二节 机车车辆工业结构的调整 ……………………………………… 7
　一、初步调整工厂布局和隶属关系 …………………………………… 7
　二、调整产品结构，奠定机车车辆工业基础 ………………………… 8
　三、调整"配、修、造"关系，集中力量整修机车车辆 ……………… 9
　四、针对产品更新，相应调整产品生产结构 ………………………… 10
　五、实行进一步调整 …………………………………………………… 11
第三节 老厂的技术改造和扩建 ………………………………………… 13
　一、在恢复生产的基础上向专业化生产发展 ………………………… 13
　二、从修造关系失调到向产品更新换代迈进 ………………………… 14
　三、加强技术改造，增强修造能力 …………………………………… 16
　四、适应新的形势，普遍进行扩建和改造 …………………………… 18
第四节 新厂建设 ………………………………………………………… 19
　一、新中国成立以来建设的新厂 ……………………………………… 20
　二、以老厂为种子建设新厂 …………………………………………… 23
　三、采取适合机车车辆工业特点的专业化形式建设新厂 …………… 24
　四、新厂的技术改造 …………………………………………………… 25
第五节 步入新时期的机车车辆工业 …………………………………… 26

一、持续增加生产，力图满足铁路运输发展的需要……27

二、进一步改造和建设机车车辆工厂……29

三、引进技术，吸收外资……30

四、发展横向联合，扩散机车车辆产品生产……32

第十九章 机车制造……34

第一节 蒸汽机车……34

一、几种主型干线客货运蒸汽机车的试制、生产……34

二、调车蒸汽机车和工矿蒸汽机车……37

三、轻型和窄轨蒸汽机车……39

第二节 内燃机车……40

一、铁路牵引动力改革的决策和领导……40

二、电传动内燃机车的发展情况……44

三、液力传动内燃机车的发展情况……47

第三节 电力机车……53

第二十章 车辆制造……58

第一节 客车……58

一、主型客车的发展情况……59

二、其他客车……64

三、试验型客车……66

四、地下铁道电动客车……67

第二节 货车……69

一、敞车……69

二、棚车……75

三、平车……76

四、罐车……79

五、长大货物车……83

六、漏斗车 ··· 85
　　七、自翻车 ··· 87
　　八、保温车 ··· 88
第三节　轨道吊车及其他专用车辆 ··· 89
　　一、装卸、救援用轨道吊车 ··· 90
　　二、线路养护和施工用车辆 ··· 90
　　三、检测车辆及发电车 ··· 91
第四节　车辆主要部件的生产及发展 ·· 92
　　一、转向架 ··· 92
　　二、车辆制动机和车钩缓冲装置 ··· 95
　　三、客车采暖、空气调节和照明设备 ······································ 97

第二十一章　机车车辆修理 ··· 100
第一节　机车车辆修理的计划与组织 ··· 100
第二节　机车车辆修理的生产组织与工艺技术改进 ···················· 101
　　一、建立正常的生产秩序，不断完善生产技术管理 ·················· 101
　　二、推行流水作业，进行工艺改革 ·· 104

第二十二章　铁路通信信号工业 ·· 107
第一节　通信信号工业的创立和发展 ··· 108
　　一、通信信号工业的创立 ·· 108
　　二、通信信号工业生产体系的初步形成 ·································· 109
　　三、通信信号工业的进一步壮大 ··· 110
　　四、通信信号工业的新发展 ··· 112
第二节　通信工业产品的发展 ·· 113
第三节　信号工业产品的发展 ·· 116

第二十三章　钢梁和道岔制造工业 ··· 120
第一节　钢梁制造工业的发展 ·· 121
一、钢梁工业的主要成就 ·· 121
二、钢梁技术方面的发展 ·· 124
三、大跨度钢梁制造工艺技术的发展 ·· 129
第二节　道岔制造工业的发展 ·· 130

第二十四章　木材防腐工业 ··· 133
第一节　木材防腐工业体系的形成 ·· 133
第二节　木材防腐工业的成就 ·· 135

第二十五章　混凝土制品工业 ··· 137
第一节　混凝土制品工业体系的形成 ··· 137
第二节　混凝土制品工业的成就 ··· 140

第五编
铁路管理和综合业务

第二十六章　铁路机构体制和领导制度 ··· 146
第一节　国家对铁路的管理体制 ··· 146
一、铁路管理体制的发展 ·· 146
二、铁路管理体制的经验 ·· 150
第二节　铁路运输机构体制 ·· 151
一、管理层次的纵向变化 ·· 151
二、管理布局的横向调整 ·· 154
第三节　铁路工业和基本建设机构体制 ·· 156

一、铁路机车车辆工业机构体制的主要演变 …………………………… 157

　　二、铁路基本建设机构体制 …………………………………………… 158

第四节　铁路的领导制度 …………………………………………………… 160

　　一、实行一长制 ………………………………………………………… 160

　　二、实行党委领导下的厂长负责制 …………………………………… 161

　　三、实行厂长负责制 …………………………………………………… 162

第二十七章　铁路计划管理 ………………………………………………… 164

第一节　铁路计划管理的发展 ……………………………………………… 164

　　一、铁路计划管理的创建时期 ………………………………………… 164

　　二、铁路计划管理的探索时期 ………………………………………… 166

　　三、铁路计划管理遭到干扰和破坏的时期 …………………………… 168

　　四、开创铁路计划管理新局面的时期 ………………………………… 169

第二节　铁路计划的方针任务和主要成就 ………………………………… 172

　　一、恢复时期和"一五"时期 ………………………………………… 172

　　二、"二五"时期和调整时期 ………………………………………… 174

　　三、"三五"和"四五"时期 ………………………………………… 176

　　四、"五五"和"六五"时期 ………………………………………… 178

第三节　铁路计划管理的基本经验 ………………………………………… 182

　　一、关于计划管理体制 ………………………………………………… 182

　　二、计划的综合平衡问题 ……………………………………………… 184

第二十八章　铁路财务会计管理 …………………………………………… 187

第一节　铁路财务体制的发展变化 ………………………………………… 188

第二节　贯彻经济核算制 …………………………………………………… 190

第三节　运输收入管理 ……………………………………………………… 193

　　一、运输收入管理及进款上缴方式 …………………………………… 193

　　二、运输收入在各铁路局间的分配 …………………………………… 196

第四节 运输成本管理 197
 一、运输成本管理办法的制订和变更 197
 二、成本管理的实行情况及存在问题 198

第五节 资金管理 200
 一、固定资金管理 200
 二、流动资金管理 200

第六节 会计管理和会计监督 202
 一、初步建立统一的会计制度 202
 二、建立一套新的会计管理制度 203
 三、重新建立铁路会计管理的正常秩序 204
 四、完善制度,加强会计监督 204

第二十九章 铁路物资管理 207

第一节 铁路物资管理的特点 207

第二节 铁路物资管理体制及有关规定 208
 一、铁路物资管理制度的建立 208
 二、逐步完善具有铁路特点的物资管理体制 211
 三、物资管理的调整 213
 四、恢复和整顿遭到严重破坏的物资管理制度 215
 五、全面加强管理,开展物资供应体制改革 216

第三节 主要成就和经验 218
 一、主要成就 218
 二、主要经验 222

第三十章 铁路劳动工资管理 224

第一节 铁路职工队伍 224
 一、铁路职工队伍的发展与壮大 224
 二、铁路职工队伍的管理 226

第二节　铁路劳动定额 · 227
　　一、劳动定额管理开展情况 · 227
　　二、劳动班制 · 229
　　三、劳动定额工作的基本经验 · 230
第三节　铁路工资制度 · 230
　　一、历次工资制度改革情况 · 231
　　二、实行计件工资和奖励制度的情况 · 236
　　三、工资水平增长情况 · 239
　　四、主要经验 · 240
第四节　铁路劳动保护 · 241
　　一、建立专职管理机构，健全规章制度 · 243
　　二、防尘防毒，改善劳动条件 · 244

第三十一章　铁路干部管理　247

第一节　雄厚的铁路干部队伍 · 247
第二节　加强干部培训，提高干部素质 · 248
第三节　按照干部"四化"方针建设各级领导班子 · 248
第四节　铁路干部实行垂直管理 · 249
第五节　改革干部管理制度，提高管理效能 · 250
第六节　做好老干部工作 · 251

第三十二章　铁路技术管理　253

第一节　铁路主要技术政策 · 254
第二节　铁路技术管理主要规程 · 256
　　一、《铁路技术管理规程》 · 257
　　二、《铁路线路设计规范》 · 258
　　三、《列车牵引计算规程》 · 260
第三节　铁路质量管理 · 261

一、进行设备普查登记，奠定质量管理的基础 …………………… 261
　　二、开展计划预防性维修，提高设备质量 ……………………… 262
　　三、建立产品质量检验制度和推行全面质量管理 ……………… 263
第四节　铁路标准化及计量工作 …………………………………… 266
　　一、铁路标准化工作 …………………………………………… 266
　　二、车型、配件简统化和螺纹公制化 ………………………… 267
　　三、铁路计量工作 ……………………………………………… 269

第三十三章　铁路科学研究 ……………………………………… 272
第一节　铁路科学研究的发展过程 ………………………………… 272
　　一、新中国成立初期到 50 年代中期 …………………………… 273
　　二、50 年代中期到 60 年代中期 ………………………………… 273
　　三、十年动乱时期 ……………………………………………… 274
　　四、1977 年到 1985 年 …………………………………………… 274
第二节　铁路科研的主要成就 ……………………………………… 277
　　一、关于扩大铁路综合运输能力 ……………………………… 278
　　二、关于保证列车安全运转 …………………………………… 282
　　三、关于节约能源、劳力、材料消耗，延长部件寿命 ……… 285
　　四、关于新技术、新工艺、新材料、新方法的研究 ………… 286

第三十四章　铁路教育事业 ……………………………………… 292
第一节　铁路教育的成就 …………………………………………… 292
　　一、加快学校建设步伐，提高办学能力 ……………………… 293
　　二、调整纵横向结构及两类教育的比例 ……………………… 294
　　三、实行由各级行政负责、教育部门归口管理的体制 ……… 295
第二节　铁路学校教育 ……………………………………………… 295
　　一、高等教育 …………………………………………………… 295
　　二、职业技术教育 ……………………………………………… 298

三、基础教育 ·· 301

第三节　铁路职工教育 ··· 302
　　一、十年动乱前的铁路职工教育 ·· 302
　　二、铁路职工教育的新发展 ·· 304

第三十五章　铁路卫生和环境保护工作 ·· 308
第一节　铁路卫生机构的设置及特点 ·· 308
第二节　铁路卫生防疫工作 ··· 310
　　一、铁路运输的卫生防疫工作 ··· 311
　　二、劳动卫生与职业病防治 ·· 313
第三节　铁路医疗保健工作 ··· 314
　　一、多种诊疗形式 ·· 314
　　二、医疗管理 ·· 315
　　三、医疗技术 ·· 316
　　四、铁路疗养院 ··· 317
第四节　铁路环境保护工作 ··· 318
　　一、锅炉、窑炉消烟除尘 ··· 319
　　二、蒸汽机车消烟除尘 ·· 320
　　三、卸车机粉尘治理 ··· 321
　　四、货车洗刷废水治理 ·· 322
　　五、含油废水处理 ·· 322
　　六、木材防腐废水处理 ·· 323
　　七、铁路运输、工业噪声和振动的防治 ··· 323

第三十六章　铁路职工生活福利 ·· 325
第一节　生活福利事业的兴起和发展 ·· 325
第二节　铁路职工的集体福利 ·· 327
　　一、乘务员公寓 ··· 327

二、生活供应 …………………………………………………… 328
　　三、职工住宅建设 ……………………………………………… 330
　　四、其他各种福利事业 ………………………………………… 331
　　五、边远地区的生活工作 ……………………………………… 333
第三节　铁路工会的群众生活工作 ……………………………………… 334
　　一、生活互助 …………………………………………………… 334
　　二、困难补助 …………………………………………………… 335
　　三、关心退休职工生活 ………………………………………… 336
　　四、职工生活的民主管理 ……………………………………… 336

第三十七章　铁路外事工作 ……………………………………… 338

第一节　国际铁路联运 …………………………………………………… 339
　　一、国际铁路联运的开办和发展 ……………………………… 339
　　二、国际铁路旅客联运 ………………………………………… 340
　　三、国际铁路货物联运 ………………………………………… 341
第二节　国际组织 ………………………………………………………… 342
　　一、铁路合作组织 ……………………………………………… 342
　　二、国际铁路联盟 ……………………………………………… 344
　　三、联合国亚洲和太平洋经济社会委员会 …………………… 344
第三节　铁路对外科技交流和友好往来 ………………………………… 345
　　一、中苏铁路的技术合作和交流 ……………………………… 346
　　二、中国与朝鲜、东欧国家的铁路科技交流 ………………… 347
　　三、中日铁路技术合作 ………………………………………… 348
　　四、中英铁路科技合作 ………………………………………… 349
　　五、中国与联邦德国的铁路合作 ……………………………… 349
　　六、中法铁路合作 ……………………………………………… 350
　　七、中国与其他国家的铁路技术交流和往来 ………………… 350

第三十八章　铁路对外援助和承包劳务 ……………………… 352

第一节　中国铁路对外援助的基本情况 …………………… 352
第二节　援助越南铁路 ……………………………………… 353
第三节　援建坦赞铁路 ……………………………………… 356
　　一、修建坦赞铁路的背景 ………………………………… 356
　　二、勘测设计 ……………………………………………… 357
　　三、施工概况 ……………………………………………… 358
　　四、人员派遣和物资设备供应 …………………………… 359
　　五、技术合作和经营管理 ………………………………… 359
　　六、技术人员培训 ………………………………………… 361
第四节　铁路援外工作的组织和管理 ……………………… 362
　　一、铁路援外的组织机构 ………………………………… 362
　　二、项目管理 ……………………………………………… 363
第五节　对外承包劳务事业的开展 ………………………… 364

结束语 ……………………………………………………………… 367
附录一　中华人民共和国铁道事业大事记（1949—1985 年）……… 378
附录二　铁道部部属单位名称表（1986 年 1 月 1 日）…………… 459
后　记 ……………………………………………………………… 463

Contents

Part Four

Railway Industry

Chapter XVIII Shape-up and Development of Locomotive and
Vehicle Industry ·· 4

  1. Locomotive and Vehicle Industry in Old China ················· 4

  2. Restructuring of Locomotive and Vehicle Industry ············· 7

    (1) Initial Adjustment of Factory Deployment and Subordination ············ 7

    (2) Adjusting Products Structure, Paving the Way for the Development
of Locomotive and Vehicle Industry ·················· 8

    (3) Adjusting Relationship of "Fitting, Repairing and Producing";
Concentrating on Repairing Locomotive and Vehicle ············ 9

    (4) In View of Product Renewal, Adjusting Product Production Structure
Accordingly ·· 10

    (5) Carrying out Further Adjustment ···················· 11

  3. Technical Reforms and Expansion of Old Factories ············· 13

    (1) Developing Specialized Production on the Basis of Restoring Production ······
·· 13

    (2) A Positive Change from Imbalance of Repairing and Manufacturing Work
to Renewal of Products and Change of Generation ············· 14

    (3) Strengthening Technical Reforms, Increasing Repair and Manufacture
Capacity ·· 16

    (4) Extensively Carrying out Expansion and Reform Work so as to Suit
New Situations ·· 18

4. Construction of New Factories ……………………………………… 19
（1）New Factories Constructed Since 1949 ……………………………… 20
（2）Building New Factories with Old Ones as "Seeds" ………………… 23
（3）Building New Factories in a Specialized Way that Fits in with the Locomotive and Vehicle Industry Characteristics …………………… 24
（4）Technical Reforms of New Factories ………………………………… 25
5. Locomotive and Vehicle Industry Stepping into a New Period ……… 26
（1）Continuously Increasing Production, Making Great Efforts to Satisfy the Needs of Railway Operation ……………………………………… 27
（2）Further Reforming and Constructing Locomotive and Vehicle Factories …… 29
（3）Introduction of Technology, Assimilation of Foreign Funds ………… 30
（4）Developing Horizontal Alliance, Decentralising the Manufacture of Locomotive and Vehicle Products …………………………………… 32

Chapter XIX Locomotive Production …………………………………… 34

1. Steam Locomotive ………………………………………………………… 34
（1）Development and Production of Several Major Types of Steam Locomotives for Mainline Passenger and Freight Services …………… 34
（2）Shunting Steam Locomotives and Industrial-service Steam Locomotives ……………………………………………………………… 37
（3）Light and Narrow Gauge Steam Locomotives ……………………… 39
2. Diesel Locomotive ………………………………………………………… 40
（1）Policy-making and Organization of Railway Traction Reforms ……… 40
（2）Review of Diesel Electric Locomotives ……………………………… 44
（3）Review of Diesel Hydraulic Locomotives …………………………… 47
3. Electric Locomotive ……………………………………………………… 53

Chapter XX Vehicle Manufacture ………………………………………… 58

1. Passenger Vehicles ·· 58

(1) Review of Major Types of Passenger Vehicles ······················· 59

(2) Other Passenger Vehicles ··· 64

(3) Experimental Passenger Vehicles ··· 66

(4) Electric Passenger Vehicles for Metro Service ························ 67

2. Freight Vehicles ··· 69

(1) Open Top Vehicle ·· 69

(2) Box Vehicle ·· 75

(3) Flat Vehicle ·· 76

(4) Tank Vehicle ··· 79

(5) Heavy-duty and Long Flat Vehicle ······································· 83

(6) Hopper Vehicle ·· 85

(7) Self-dump Vehicle ·· 87

(8) Refrigerator Vehicle ··· 88

3. Rail Crane Vehicle and Other Special Vehicles ························· 89

(1) Rail Crane Vehicle for Freight Handling and Breakdown Service ······ 90

(2) Way Maintenance and Construction Vehicle ··························· 90

(3) Track Testing Vehicle and Mobile Power Plant ······················· 91

4. Manufacture and Development of Major Vehicle Components ············ 92

(1) Bogie ··· 92

(2) Vehicle Brake, Coupler and Draft Gear ································· 95

(3) Heating, Air-conditioning and Lighting Equipment of
Passenger Vehicles ··· 97

Chapter XXI Locomotive and Vehicle Repair ··························· 100

1. Plan and Organization of Locomotive and Vehicle Repair ············· 100

2. Production Organization and Process Reforms of Locomotive and

　　　　Vehicle Repair ··· 101

　　（1）Establishing Normal Production Order, Uninterruptedly Perfecting

　　　　Production Technical Management ································ 101

　　（2）Using Flow Process and Carrying out Process Reforms ··············· 104

Chapter XXII　Railway Communications and Signaling Industry ·········· 107

　　1. Establishment and Development of Communications and

　　　Signaling Industry ··· 108

　　（1）Establishment of Communications and Signaling Industry ············ 108

　　（2）Initial Shape-up of Communications and Signaling Product

　　　　Production System ··· 109

　　（3）Further Growing of Communications and Signaling Industry ············ 110

　　（4）New Development in Communications and Signaling Industry ········ 112

　　2. Development of Communications Products ···························· 113

　　3. Development of Signaling Products ···································· 116

Chapter XXIII　Steel Girder and Switch Manufacturing Industry ·········· 120

　　1. Development of Steel Girder Manufacturing Industry ···················· 121

　　（1）Chief Achievements of Steel Girder Industry ·························· 121

　　（2）Development of Steel Girder Technology ····························· 124

　　（3）Development of Long Span Steel Girder Manufacturing

　　　　Process Technology ··· 129

　　2. Development of Switch Manufacturing Industry ························ 130

Chapter XXIV　Wood Preserving Industry ·································· 133

　　1. Shape-up of Wood Preserving Industry System ························ 133

　　2. Achievements of Wood Preserving Industry ···························· 135

Chapter XXV Concrete Products Industry ……………………………… 137

    1. Shape-up of Concrete Products Industry System …………………… 137

    2. Achievements of Concrete Products Industry ……………………… 140

Part Five

Railway Management and Comprehensive Business

Chapter XXVI Railway Structural System and Administrative System …… 146

    1. Railway Management System ………………………………………… 146

    （1）Development of Railway Management System ………………… 146

    （2）Experience of Railway Management System …………………… 150

    2. Railway Transportation Structural System ………………………… 151

    （1）Vertical Change of Management Levels ………………………… 151

    （2）Transverse Adjustment of Management Layout ………………… 154

    3. Structural System of Railway Industry and Capital Construction ……… 156

    （1）Principal Evolution of Structural System of Railway Locomotive and Car Industry …………………………………………………… 157

    （2）Structural System of Railway Capital Construction ……………… 158

    4. Railway Administrative System ……………………………………… 160

    （1）Establishing the One-man Responsibility System ……………… 160

    （2）Establishing the System of Factory Director Bearing Responsibility Under the Leadership of the Communist Party Committee ………… 161

    （3）Establishing the Factory Director Responsibility System ………… 162

Chapter XXVII Railway Plan Management …………………………… 164

    1. Development of Railway Plan Management ………………………… 164

（1）Founding Period of Railway Plan Management ……………… 164

（2）Probing Period of Railway Plan Management ……………… 166

（3）Period when Plan Management Experienced Disturbance and Damage ……………… 168

（4）Period when a New Prospect in Railway Plan Management is Opened up ……………… 169

2. Guiding Principles, Tasks and Main Achievements of Railway Planning ……………… 172

（1）Rehabilitation Period and the First Five-year Plan Period ……………… 172

（2）The Second Five-year Plan and Adjustment Period ……………… 174

（3）The Third and Fourth Five-year Plan Period ……………… 176

（4）The Fifth and Sixth Five-year Plan Period ……………… 178

3. Basic Experience of Railway Plan Management ……………… 182

（1）Plan Management System ……………… 182

（2）Overall Balance in Planning ……………… 184

Chapter XXVIII   Railway Finance and Accounting Management ……… 187

1. Developments of Railway Finance and Accounting System ……………… 188

2. Carrying out Economic Accounting System ……………… 190

3. Transportation Revenue Management ……………… 193

（1）Transportation Revenue Management and Ways of Turning over the Revenues to a Higher Authority ……………… 193

（2）Distribution of Transportation Revenues Among Different Railway Administrations ……………… 196

4. Transport Cost Management ……………… 197

（1）Preparation and Alteration of Transport Cost Management Method ……………… 197

(2) Implementation of Transport Cost Management and Its
    Existing Problems ……………………………………………… 198
5. Fund Management ………………………………………………… 200
(1) Fixed Fund Management ……………………………………… 200
(2) Circulating Fund Management ……………………………… 200
6. Accounting Management and Accounting Supervision ………………… 202
(1) A Preliminary Unified Accounting Management System …………… 202
(2) A New Accounting Management System ……………………… 203
(3) Reestablishing Normal Order of Railway Accounting Management … 204
(4) Perfecting the System, Strengthening Accounting Supervision ……… 204

Chapter XXIX Railway Supplies Management ………………………… 207
1. Characteristics of Railway Supplies Management …………………… 207
2. Railway Supplies Management System and Its Relevant Regulations ……
   …………………………………………………………………… 208
(1) Establishing Management System of Railway Supplies ……………… 208
(2) Gradually Perfecting the Management System of Supplies
    Which Possesses Railway Characteristics ……………………… 211
(3) Adjustment of Supplies Management ………………………… 213
(4) Restoration and Consolidation of Seriously Damaged Supplies
    Management System …………………………………………… 215
(5) Strengthening the Management in an All-round Way, Launching
    a Reform in Supplies Management System ……………………… 216
3. Main Achievements and Experience ……………………………… 218
(1) Main Achievements …………………………………………… 218
(2) Main Experience ……………………………………………… 222

Chapter XXX   Management of Railway Labour and Wages 224

1. Railway Staff and Workers 224

(1) Growth of the Team of Railway Staff and Workers 224

(2) Management of Railway Staff and Workers 226

2. Railway Labour Quota 227

(1) Survey of Labour Quota Management 227

(2) System of Working Shifts 229

(3) Basic Experience of Labour Quota Work 230

3. Railway Wages System 230

(1) Survey of Various Wage Reforms 231

(2) Launching Piece Rate Wage and Premium System 236

(3) Growth of Wage Level 239

(4) Main Experience 240

4. Railway Labour Protection 241

(1) Setting up Full Time Management Organization, Perfecting Rules and Regulations 243

(2) Prevention Measures Against Dust and Toxic Matters, Improvement of Labour Condition 244

Chapter XXXI   Railway Cadre Management 247

1. A Strong Railway Cadre Team 247

2. Strengthening Cadre Training, Improving Cadre Qualities 248

3. Forming Leading Groups at All Levels According to the Policy of the "Four Requirements" for Being a Cadre 248

4. Implementation of Vertical Management of Railway Cadres 249

5. Reforming Cadre Management System, Raising Management Efficiency 250

  6. Taking Good Care of Veteran Cadres ········· 251

Chapter XXXII Management of Railway Technology ········· 253

  1. Major Technological Policy of Railway ········· 254

  2. Main Rules of Railway Technological Management ········· 256

  （1）"Rules of Railway Technological Management" ········· 257

  （2）"Specifications of Railway Way and Work Design" ········· 258

  （3）"Rules of Traction Calculation for Trains" ········· 260

  3. Railway Quality Control ········· 261

  （1）General Investigation and Registering of Equipment, Paving the Way for Quality Control ········· 261

  （2）Carrying out Periodical Preventive Maintenance, Improving Quality of Equipment ········· 262

  （3）Setting up Rules for Product Quality Inspection and Exercising TQC ········· 263

  4. Railway Standardization and Metrology Work ········· 266

  （1）Railway Standardization Work ········· 266

  （2）Simplification and Unification of Locomotive and Car Types and Their Parts, Using Metric System in Threading ········· 267

  （3）Railway Metrology Work ········· 269

Chapter XXXIII Railway Scientific Research ········· 272

  1. Review of Railway Scientific Research ········· 272

  （1）Birth of New China to the Mid-1950s ········· 273

  （2）The Mid-1950s to the Mid-1960s ········· 273

  （3）Ten-year Turmoil ········· 274

  （4）1977 to 1985 ········· 274

2. Major Achievements of Railway Scientific Research ……………… 277

（1）Expanding Comprehensive Railway Transport Capacity ………… 278

（2）Ensuring Safety of Train Operation …………………………… 282

（3）Saving Energy, Labour Force and Material Consumption, Prolonging Service Life of Components ……………………………… 285

（4）Studies on New Technology, New Technique, New Materials and New Methods …………………………………………………… 286

Chapter XXXIV Railway Education Undertaking ……………… 292

1. Achievements of Railway Education ……………………………… 292

（1）Speeding up the Construction of Schools, Raising the Ability in School Running ……………………………………………… 293

（2）Adjusting Vertical and Horizontal Structures and the Proportion of Full-time and On-job Educations ……………………………… 294

（3）Carrying on a System of Railway Education Run by Various Levels of Administration and Conducted by the Educational Departments …… 295

2. Education in Railway Schools ……………………………………… 295

（1）Higher Education …………………………………………… 295

（2）Professional Technical Education …………………………… 298

（3）Elementary Education ……………………………………… 301

3. Railway On-job Training …………………………………………… 302

（1）Railway On-job Training Before Ten-year Turmoil …………… 302

（2）New Development of Railway On-job Training ………………… 304

Chapter XXXV Railway Hygiene and Enviromental Protection ……… 308

1. Establishment of Railway Hygiene Organization and Its Characteristics …… ………………………………………………………………………… 308

2. Railway Hygiene and Epidemic Prevention ⋯⋯⋯⋯⋯⋯⋯⋯⋯⋯ 310

(1) Hygiene and Epidemic Prevention in Railway Operation ⋯⋯⋯⋯⋯ 311

(2) Labour Hygiene and Occupational Disease Prevention ⋯⋯⋯⋯⋯⋯ 313

3. Railway Medical Cares ⋯⋯⋯⋯⋯⋯⋯⋯⋯⋯⋯⋯⋯⋯⋯⋯⋯⋯ 314

(1) Various Forms of Medical Cares ⋯⋯⋯⋯⋯⋯⋯⋯⋯⋯⋯⋯⋯⋯ 314

(2) Management of Medical Cares ⋯⋯⋯⋯⋯⋯⋯⋯⋯⋯⋯⋯⋯⋯ 315

(3) Medical Technology ⋯⋯⋯⋯⋯⋯⋯⋯⋯⋯⋯⋯⋯⋯⋯⋯⋯⋯ 316

(4) Railway Sanatorium ⋯⋯⋯⋯⋯⋯⋯⋯⋯⋯⋯⋯⋯⋯⋯⋯⋯⋯ 317

4. Railway Enviromental Protection ⋯⋯⋯⋯⋯⋯⋯⋯⋯⋯⋯⋯⋯⋯ 318

(1) Smoke and Dust Elimination of Boiler and Kiln ⋯⋯⋯⋯⋯⋯⋯⋯ 319

(2) Smoke and Dust Elimination of Steam Locomotive ⋯⋯⋯⋯⋯⋯⋯ 320

(3) Dust Control for Unloading Machinery ⋯⋯⋯⋯⋯⋯⋯⋯⋯⋯⋯ 321

(4) Treatment of Waste Water Resulted from Freight Car Cleaning ⋯⋯ 322

(5) Treatment of Waste Water Containing Oil ⋯⋯⋯⋯⋯⋯⋯⋯⋯⋯ 322

(6) Treatment of Waste Water Resulted from Wood Preserving ⋯⋯⋯⋯ 323

(7) Control of Noise and Shock Caused by Railway Operation and Industrial Activities ⋯⋯⋯⋯⋯⋯⋯⋯⋯⋯⋯⋯⋯⋯⋯⋯⋯⋯⋯⋯⋯ 323

Chapter XXXVI Welfare of Railway Staff and Workers ⋯⋯⋯⋯⋯⋯⋯⋯ 325

1. Rise and Development of Welfare Undertaking ⋯⋯⋯⋯⋯⋯⋯⋯⋯ 325

2. Collective Welfare for Railway Staff and Workers ⋯⋯⋯⋯⋯⋯⋯⋯ 327

(1) Train Crew Apartment Service ⋯⋯⋯⋯⋯⋯⋯⋯⋯⋯⋯⋯⋯⋯ 327

(2) Food Supplies ⋯⋯⋯⋯⋯⋯⋯⋯⋯⋯⋯⋯⋯⋯⋯⋯⋯⋯⋯⋯ 328

(3) Construction of Staff and Workers' Living Quarters ⋯⋯⋯⋯⋯⋯ 330

(4) Other Welfare Facilities ⋯⋯⋯⋯⋯⋯⋯⋯⋯⋯⋯⋯⋯⋯⋯⋯ 331

(5) Welfare Work in Remote Regions ⋯⋯⋯⋯⋯⋯⋯⋯⋯⋯⋯⋯⋯ 333

3. Concerns of Railway Trade Union About Its Members Lives ⋯⋯⋯⋯ 334

（1）Mutual Help in Daily Life ……………………………………… 334

（2）Subsidies to Difficult Members ……………………………… 335

（3）Taking Care of the Lives of Retired Members …………………… 336

（4）Democratic Management of Staff and Workers Welfare ………… 336

Chapter XXXVII　Railway Foreign Affairs ……………………… 338

1. International Railway Through Transport ……………………… 339

（1）Start-up and Development of International Railway Through Transport ……………………………………………………………… 339

（2）International Railway Passenger Through Transport …………… 340

（3）International Railway Freight Through Transport ……………… 341

2. International Organizations ……………………………………… 342

（1）OSJD ……………………………………………………… 342

（2）UIC ………………………………………………………… 344

（3）ESCAP of UN …………………………………………… 344

3. Exchanges of Railway Science and Technology and Friendly Visits Between China and Foreign Countries ……………………………… 345

（1）Technical Cooperation and Exchanges Between China and the Soviet Union ………………………………………………… 346

（2）Technical Exchanges Between China Railways and Korean, Eastern European Railways ………………………………………… 347

（3）Technical Cooperation Between the Chinese and Japanese Railways ………………………………………………………… 348

（4）Technical Cooperation Between the Chinese and British Railways … 349

（5）Railway Cooperation Between China and the Federal Republic of Germany ……………………………………………………… 349

（6）Railway Cooperation Between China and France ……………… 350

(7) Technical Exchanges and Mutual Visits Between China Railways and Railways of Other Countries ……… 350

Chapter XXXVIII Assistance to Foreign Railways and Labour Export ……… 352

  1. Basic Summary of China Railways Assisting Foreign Countries ……… 352

  2. Aid to Vietnam Railway ……… 353

  3. Aid to Tanzania and Zambia for the Construction of TANZAN Railway ……… 356

    (1) Background of Tanzanian-Zambian Railway Construction ……… 356

    (2) Survey and Design ……… 357

    (3) Construction Highlights ……… 358

    (4) Dispatching Personnel, Supplying Materials and Equipment ……… 359

    (5) Technical Cooperation and Operation Management ……… 359

    (6) Training of Technical Personnel ……… 361

  4. Organization and Management of Railway Assistance to Foreign Countries ……… 362

    (1) Organizations of Railway Assistance to Foreign Countries ……… 362

    (2) Projects Management ……… 363

  5. Development of Labour Export Contract Work ……… 364

Conclusion ……… 367

Appendix: 1. Chronology of Events in Railway Undertakings in the People's Republic of China ……… 378

Appendix: 2. List of Departments Affiliated to the Ministry of Railways (January 1, 1986) ……… 459

Postscript ……… 463

第四编
铁 路 工 业

中国的铁路工业,是以为铁路运输和铁路建设服务为主的专业性机械工业和铁路器材工业。其中主要包括机车车辆制造、修理和配件生产,通信、信号和电务器材,钢梁、道岔和工务器材,混凝土桥梁、轨枕和电杆等混凝土制品,木材防腐,工程机械,以及装卸机械等行业。这些工业,是新中国成立以后,在对旧中国留下来的企业进行改建、扩建,并兴建一批新厂而逐步形成的。就其隶属关系划分,有直属铁道部领导的,有由铁路局和工程局管辖的。截至1985年年底止,部属工厂有机车车辆工厂33个,各项铁路器材工厂25个,归通信信号公司领导的通信信号工厂10个,拥有职工近30万人,年工业总产值达35亿元;铁路局和工程局所属机车车辆厂、机车车辆配件厂和其他铁路器材厂等,共279个,职工近8万人,年工业总产值约5.8亿元。这些铁路工业已基本上形成各自的生产体系,并且随着科学技术的进步而不断发展,以适应铁路运输和铁路建设事业不断发展的需要。

本编主要就部属铁路工业的沿革、技术生产发展概况以及所取得的成就等方面加以叙述。

第十八章
机车车辆工业体系的形成和发展

第一节 旧中国的机车车辆工业

中国的机车车辆工业,是为铁路运输服务的专业性机械工业。如果从唐山机车车辆工厂的前身、原开平矿务局胥各庄机修厂(建于1880年,随唐山至胥各庄铁路的兴建而改建为中国最早的修车厂)算起,迄今已经有100多年的历史了。

但是,在过去大半个世纪的旧社会里,由于内政腐败,外受帝国主义列强的压迫和掠夺,旧中国的机车车辆工业十分落后,厂房简陋,设备陈旧,只能修修配配,所有修车用的主要零部件和主要材料都要从国外进口。至新中国成立时,全国(除台湾省外)共有这类工厂35个,它们的所在地是:

东北地区:沈阳(有南、北两厂)、牡丹江、哈尔滨、三棵树、齐齐哈尔、大连。

华北地区:长辛店、南口、张家口、天津、唐山、石家庄、太原。

中南地区:武昌(徐家棚、武东)、江岸、株洲、衡阳、广州、柳州、苏桥。

华东地区:四方、济南、徐州、浦镇、九龙岗、戚墅堰、萧山、玉山。

西北地区:三桥、宝鸡。

西南地区:昆明、曲靖、宜良。

这些工厂是各条铁路根据自身的需要而各自创设的,这就决定了旧中国机车车辆工业的生产落后性和工业结构的不合理性：

第一，大都属于机、客、货车都修的综合性修配厂。铁路工厂的兴建主要是为了在修筑铁路时制配一些简易配件，修理筑路机械和装配从国外购进的机车车辆；在铁路建成投入营运后，作为机车车辆检修基地。所建厂房简陋，设备粗疏，生产工艺落后。大多数是中小规模的工厂，没有炼钢、大型锻造、精密加工、热处理等设备。

第二，没有独立的机车车辆制造业。旧中国的机车车辆主要购自国外。1937年国民党政府铁道部曾借款拟建设能自造机车车辆及配件的株洲机厂，但因抗日战争爆发，还未建成即行拆迁。1938年日本侵略者曾创设"满洲车辆株式会社"（即现在沈阳机车车辆工厂北厂的前身），由日本国内供应主要配件和材料，制造机车车辆，因此，实际上还是依赖性的。抗日战争胜利后，国民党政府资源委员会将它改为"沈阳机车车辆制造股份有限公司"，但没有投资，制造能力没有改善。其他如新中国成立前的大连铁路工厂、四方机厂、戚墅堰机厂等，虽然曾造过一些车，但数量很少，且所用主要配件和材料是由国外进口的。工厂分属于各铁路管理局管理，厂和厂之间没有经常性的协作关系，绝少生产联系。机车、客车、货车各厂都修，配件自产自用，没有协作分工。

第三，布局不尽合理。由于铁路工厂是在各条铁路分治分管的情况下各自创设的，而且有的工厂是在抗日战争期间临时设置的，工厂布局缺乏统筹规划的安排。

新中国成立后，铁道部对旧中国留下来的机车车辆工厂进行了调整，将一部分工厂划归其他工业部门或予以迁并，留下了20个工厂。经过多次调整、改造、扩建，这20个厂都已换了新貌，其新旧名称及发展简况如表39所列。

新中国成立前兴建的机车车辆工厂发展简况

表39

现在厂名	前身	兴建年份	解放年月	职工人数[2] 1949	职工人数[2] 1985	工业总产值[3]（万元）1949	工业总产值[3]（万元）1985
唐山机车车辆工厂	开平矿务局胥各庄机修厂	1880	1948.12	4880	9618	1415	4445
哈尔滨车辆工厂	东清铁路哈尔滨铁路工厂	1898	1946.6	3913	7604	971	6085
四方机车车辆工厂	胶济铁路四方机厂	1900	1949.6	1915	10867	526	11504
大连机车车辆工厂	南满铁路大连铁路工厂	1901	1945.8	8280	11137	1147	28510
北京二七机车工厂	京汉铁路长辛店铁路工厂	1901	1948.12	2541	7068	655	7934
江岸车辆工厂	京汉铁路江岸机厂	1901	1949.5	957	6039	99	3345
石家庄车辆工厂	正太铁路石家庄机厂	1905	1947.11	1242	5557	92	2935
南口机车车辆机械工厂	京张铁路南口机厂	1906	1948.12	1288	6582	267	9114
浦镇车辆工厂	津浦铁路浦镇机厂	1906	1949.4	1459	7275	338	5609
戚墅堰机车车辆工厂	沪宁铁路吴淞机厂[1]	1907	1949.4	2943	10936	264	14314
太原机车车辆工厂	太原机器局	1908	1949.4	1613	6468	268	3627
济南机车工厂	津浦铁路济南机厂	1909	1948.9	1713	6073	241	2606
天津机车车辆机械工厂	津浦铁路西沽机厂	1911	1949.1	848	5476	6	5584
沈阳机车车辆工厂	北宁铁路沈阳铁路工厂	1926	1948.11	3766	11326	938	10329
株洲电力机车工厂	南京铁路总机厂株洲机厂	1936	1949.8	401	8972	6	15060
西安车辆工厂	陇海铁路三桥车辆修理厂	1938	1949.5	429	7594	12	9055
牡丹江机车工厂	牡丹江铁道工厂	1938	1945.8	1260	4548	472	2254
齐齐哈尔车辆工厂	齐齐哈尔铁路工厂	1939	1946.4	5291	11548	2670	28721

续表

现在厂名	前　身	兴建年份	解放年月	职工人数[2]		工业总产值[3]（万元）	
				1949	1985	1949	1985
柳州机车车辆工厂	湘桂黔三路总机厂	1946	1949.11	150	4463	—	1785
武昌车辆工厂	南京铁路总机厂武昌铁路工厂筹建处	1947	1949.5	630	6729	173	6832
合　计				45519	155880	10560	179648

注：1. 吴淞机厂的建厂年份，有的以重建的淞沪铁路通车后的1898年计。本表所列1907年系根据曾鲲化著《中国铁路史》，商务印书馆1924年版。1937年抗日战争初期吴淞机厂迁至江苏省常州市戚墅堰。

2. 职工人数不包括计划外用工。北京二七机车工厂1949年职工人数包括原车辆系统。

3. 工业总产值为1980年不变价格。齐齐哈尔车辆工厂1949年总产值包括搬迁前皇姑屯车辆厂的总产值。北京二七机车工厂1949年工业总产值包括原车辆系统。

第二节　机车车辆工业结构的调整

新中国成立以来，机车车辆工业的生产结构，随着国民经济的发展，从实际出发，经过多次调整，逐步建立了比较完整的生产体系，从不合理到比较合理，经历了曲折的演变过程。

一、初步调整工厂布局和隶属关系

旧中国创建的铁路工厂回到人民手里之后，广大职工发挥了高度的劳动积极性和生产热情，整修了设备，调整、充实了生产能力，修复了大量的受战争创伤和长期失修的机车车辆。

为了调整铁路工厂的布局，适当集中使用设备能力和技术力量，使之更好地为铁路运输服务，铁路部门于1950年撤、并、转了一些工厂，将徐州铁路工厂迁并江岸机厂，玉山机厂迁并萧山机厂，武东机厂迁并株洲机厂，皇姑屯车辆厂（沈阳北厂）迁并齐齐哈尔铁路工厂①，三棵树铁路工厂厂房转给其他工业部门，广州和宜良两厂撤销。

---

① 1953年恢复皇姑屯车辆厂，1958年铁道部决定与沈阳机车车辆工厂合并。

1951年，又将苏桥机厂迁并株洲机厂，淮南九龙岗机厂迁重庆与西南铁路工程局机车车辆装修大队合并成立重庆临时机车厂①。

1952年，又将宝鸡铁路工厂转为铁路基建部门的工程机械厂，衡阳、张家口两铁路工厂转给其他工业部门，曲靖厂撤销，萧山机厂决定迁并武昌车辆工厂（1953年迁竣）。

经过以上撤、并、转，到1952年年底，铁路工厂从35个减为23个（包括萧山工厂）。

为了加强对机车车辆工业的领导和统一规划，1952年12月，铁道部决定将一些原分属各铁路局领导的铁路工厂改为直属铁道部统一领导。经撤、并、转后留下的23个工厂中，除柳州、昆明2个厂仍分别归衡阳铁路局和昆明铁路局领导，重庆临时机车厂仍归重庆铁路局领导外，余下20个厂都由铁道部直接领导。柳州厂曾于1953年和1958年先后由一机部和铁道部筹建柳州车辆制造工厂，都因条件不成熟而下马。与此同时，铁道部着手将部属20个工厂划分为制造厂和修理厂，设机车车辆制造局和机车车辆修理局分别管理。大连、齐齐哈尔、天津、四方、武昌、萧山（后迁并武昌）6个厂由机车车辆制造局管理；沈阳、牡丹江、哈尔滨、唐山、长辛店（即今北京二七机车工厂）、南口、石家庄、太原、济南、浦镇、戚墅堰、江岸、株洲（即今株洲电力机车工厂）、西安14个工厂由机车车辆修理局管理。

二、调整产品结构，奠定机车车辆工业基础

国民经济恢复以后，国家开始有计划地进行经济建设，调整工业部门结构。1953年，将机车车辆制造业划归第一机械工业部，原属铁道部的机车车辆制造局和该局所管理的工厂改由第一机械工业部领导。此后，除了着手筹建新厂外，对老厂的产品结构作了以下的调整：

---

① 1954年重庆临时机车厂迁并成都机车厂，1958年成都机车厂改名为成都机车车辆工厂。

机车车辆制造工厂停止原来承担的机车车辆修理工作，按车种分工，从事专业制造生产。同时，按制造的要求进行工厂的技术改造。

机车车辆修理厂按客观需要的机、客、货车修理能力比例，并考虑各厂的特点，将各厂由机、客、货车都修调整为只修一种或两种。随着各厂某种修理品种的"下马"，将有关的技术人员、技术工人、技术资料、专用设备和工艺装备调给其他工厂。

南口和天津2个厂停修机车车辆，改为机车车辆专业配件生产工厂，建立专业配件的生产基地。

通过以上调整，机车车辆工业的生产结构从一个基本上是修配性质、没有专业分工的结构，变为修理、制造、配件生产等专业工厂组成的生产结构。这次调整的成效是显著的，不仅机车车辆工业的全员劳动生产率从1952年的4782元提高到1957年的6551元，提高了37%；更重要的是奠定了机车车辆制造业的基础，建立了机车车辆专业配件生产的基地，增加了机车车辆工业生产中制造产量的比重。

三、调整"配、修、造"关系，集中力量整修机车车辆

经过三年国民经济恢复时期和"一五"期间的调整，机车车辆工业的生产结构日趋合理。但1958年开始的3年"大跃进"打乱了已调整的格局。在当时客货运量猛增的形势下，铁路需要补充大量机车车辆，而第一机械工业部所属的几个机车车辆制造厂的生产能力远远不能满足需要，为此，铁道部所属的机车车辆修理厂也都纷纷制造机车车辆，使机车车辆工业无法再分修理和制造系统。1958年秋，经国务院批准，第一机械工业部所属的机车车辆工业管理局及其管理的机车车辆制造工厂划归铁道部领导。机车车辆工业管理局与铁道部的机车车辆修理局合并，成立机车车辆工厂总局。自此，机车车辆工业即成为一个又修又造的生产体系。1959年与1957年比较，制造蒸汽机车的工厂由2个增为13个，制造客车的工厂由3个增为6个，制造货车的工厂由6个增为17个。为了适应制造的需

要,各机车车辆工厂纷纷新建或扩建铸钢、锻造、机械加工等系统,自造机械设备,进行自我"武装"。这样做的后果,拉长了基本建设战线,削弱了机车车辆修理和维修配件的供应,造成"配、修、造"的比例关系严重失调,大量的机车车辆失修,直接影响铁路运输。1961年1月中共八届九中全会决定对国民经济实行"调整、巩固、充实、提高"的方针。铁道部贯彻了中央的方针,对机车车辆工业的调整,采取了两个步骤:

首先让大多数工厂停造转修,集中力量抢修失修的机车车辆,按照"先修后造、先配件后主机"的原则安排组织生产。经调整以后,与1960年比较,1962年蒸汽机车制造由年产849台降为0台,客车制造由年产818辆降为70辆,货车制造由年产26067辆降为1635辆;蒸汽机车修理由年修1873台上升为2423台,客车修理由年修980辆上升为1616辆,货车修理由年修2264辆上升为16977辆。这种修理和制造的产量大升大降的状况,显然是极不正常的。这样的调整只是为了解决"大跃进"造成的修造比例失调和机车车辆大量失修的权宜措施。

其次是再次调整产品结构,协调"配、修、造"的比例关系。经过集中力量大搞机车车辆整修,在机车车辆失修状况基本好转的情况下,于1963年至1965年对各厂的产品再次作了调整。在保持足够的机车车辆修理能力的条件下,将机车车辆制造集中到少数工厂。在调整中,各厂的产品不仅按车种分工,而且尽可能按车种的车型分工定点生产。配件生产方面,除充实、调整生产配件的专业工厂的品种外,并在其他机车车辆修造工厂中择优定点,分工生产各种机车车辆配件。

四、针对产品更新,相应调整产品生产结构

1958年开始试制内燃机车和电力机车,分别于60年代中期和末期开始成批生产,并为了满足铁路运输对特种车辆的需求,机车车辆工业的产品生产结构有了变化。为此,对新、老产品的制造、修理和配件生产等的比例关系作了相应的调整。至1980年年底,与1966年比较:蒸汽机车制造工厂由 3 个减为 2 个，内燃机车制造工厂由 3 个增为 5 个，客车制造工厂由 3 个增为 4 个，货车制造工厂由 9 个增为 11 个，蒸汽机车修理工厂由 13 个减为 8 个，内燃机车修理工厂由 1 个增为 4 个，货车修理工厂由 11 个增为 13 个，配件专业工厂由 2 个增为 3 个。

五、实行进一步调整

粉碎"四人帮"后，特别是中共十一届三中全会以来，随着经济建设的发展，铁路运量大幅度增长，对机车、客货车辆的补充需求较大，在铁路牵引动力方面要求逐步增加内燃机车和电力机车的比重。为此重新制订了各机车车辆工厂的产品发展规划，对各工厂的产品产量作进一步调整。先后于 1983 年、1984 年开始着手扩建洛阳机车工厂和唐山机车车辆工厂加修内燃机车，改造太原机车车辆工厂的蒸汽机车修理系统转修电力机车，扩建柳州机车车辆工厂和哈尔滨车辆工厂加修客车。这 5 个工厂改扩建完成后，北京二七机车工厂和株洲电力机车工厂由制造兼修理转为专业制造。其他各工厂通过改扩建，产品产量规模也有扩大。

如上所述，机车车辆工业的生产结构，经过陆续调整，各工厂主产品的分工趋于稳定，并逐步形成了有自己特点的工业生产体系，其主要特点是：

1. 适应铁路的特点，工厂分散布局，有利于为铁路运输服务。新中国成立后，根据铁路运行里程、路网密度、枢纽设置等因素，调整了机车车辆工业的布局。在合并、调整、改造老厂的同时，在成都、长春、兰州、大同、株洲、资阳、眉山、贵阳、永济、洛阳、铜陵等地新建了一批工厂。到 1985 年，中国大陆已通铁路的省、自治区、直辖市，除广东[①]、浙江、江西、福建、云南、青海、宁夏、新疆、内蒙古、上海外，其余各省、自治区、直辖市都有一个或一个以上铁道部直属的机车车辆工厂。

---

① 1985 年经铁道部批准成立广州车辆工厂筹建处。

2. 系统配套，专业定点，协作网稳定。机车车辆是综合性的产品，每种产品由成千上万件零、部件组成。绝大部分零、部件是机车车辆的专用件，主要在本工业系统内部组织配套，按专业分工，定点生产。这样，配件生产和主机制造易于做到按比例同步发展，形成较稳定的配套协作网，对机车车辆修理和运用维修需要的专用配件也能长期保证供应。

3. 有造有修，修造结合。机械设备在使用过程中产生有形和无形的磨损，使用到一定阶段，必须经过修理或改造，才能恢复或改进其使用性能，以保持它的使用价值。机车车辆工业系统有它的各种产品的专业制造厂，也有它的各种产品的专业修理厂，有的制造厂并且承担自己生产的产品的修理。对一些经过长期使用的老产品，在进厂修理时还兼做必要的改造。由于修造结合，在修理中发现的产品经过运用所暴露的缺点，能及时反映到产品的设计和制造工艺上予以改进。

4. 生产与运用结合，服务对象固定，生产相对稳定。新中国的机车车辆工业，除1953年至1958年期间，曾一度将机车车辆制造部分划归第一机械工业部外，都由铁道部直接领导，为铁路修车、造车，并提供机车车辆运用需要的维修配件；虽然也为国内其他厂矿企业修车造车和提供配件，并向一些国家出口机车车辆工业产品，但所占比重较小，每年仅占全部任务量的10%左右。由于机车车辆工业服务对象固定，生产也相对稳定，机车车辆工业依存于铁路运输，也保证了铁路运输的正常运行。

5. 设有专业研究机构，科学研究与生产相结合。在1956年至1959年间，铁路部门先后建立了大连内燃机车研究所、四方车辆研究所、株洲电力机车研究所、戚墅堰机车车辆工艺研究所4个专业研究机构。这些研究机构的设置接近生产基地，与生产部门密切配合，进行机车车辆新产品和机车车辆基础零部件的研究、设计、试制、试验，重大技术质量的改进攻关，机车车辆制造和修理工艺技术的研究，为生产部门提供先进的新技术，协助生产部门设计新的工艺装备等等，促进了生产技术的发展。

6. 有较完整的职工教育和职工子女教育系统以及较完备的集体生活福

利设施。各工厂一般都办有幼儿园、小学、中学等为职工子女就学的普通教育学校，还有培训职工的技工学校、中级技术专科学校、职工大学以及职工业余学校等。此外，俱乐部、图书馆、医院等文化生活福利设施比较完备，职工生活较为安定。

第三节　老厂的技术改造和扩建

在国民经济恢复以后，国家开始大规模的经济建设，为了发展壮大中国的机车车辆工业，以适应铁路运输需要，铁路部门除着手新建一批机车车辆工厂外，有计划有步骤地对原有工厂逐一进行了技术改造和扩建。自1949年到1985年年底止，对原有20个老厂改建、扩建的基本建设投资达19.2亿元，使这些工厂的固定资产原值由1949年的4.8亿元，增加到1985年年底的22.1亿元，增加了3.6倍。同期新厂建设投资总额为13亿元。老厂技术改造和扩建的投资超过新厂建设投资，是符合充分利用原有企业的方针的。这些老企业经过改造、扩建后，绝大部分都成为机车车辆工业的骨干企业。

36年来，对老厂的技术改造主要是围绕发展生产和改进老产品、开发新产品的需要，在各个时期有不同的重点。

一、在恢复生产的基础上向专业化生产发展

在国民经济恢复时期，各厂主要致力于恢复生产，整修设备，整顿作业场地，补充必要的生产条件；改革旧机构，建立新的管理体制，改变旧中国落后的生产管理方式，着手建立计划、财务、技术、设备、产品检验、劳动工资等项管理制度。通过一系列的整顿，提高了生产效率和生产能力。这期间，为了改善工人的劳动条件和提高生产率，国家把有限的投资用于修复破旧厂房，增添临时厂棚，添置天车等起重运输设备，把机床的天轴皮带传动改为单机传动，对设备进行了简单的改造，继续建设旧中国遗留下来的未完工的厂房建筑工程；同时着手修建职工宿舍、俱乐部等

集体福利设施,在发展生产的同时,开始逐步改善职工的物质文化生活。

在恢复生产之后,为了实现机车车辆工业的结构调整,按照专业分工的方向,对老厂进行技术改造和扩建。有重点地把一批老厂由仅能修修配配的修理厂改造成为制造厂,尽快建立起机车车辆的制造基地。为此,从1953年开始,对确定为制造厂的大连、齐齐哈尔、四方、武昌、天津5个工厂,着手加强生产技术基础,配备冷热加工必要的关键设备,以提高配件生产能力;充实技术后方,增添工模具制造和理化试验等产品制造必需的手段;增强设计力量,在仿造旧机型、旧车型的同时,积极设计试制新机型、新车型;采用新工艺、新技术,严格按图纸、按工艺进行生产。同时确定大连工厂为货运蒸汽机车和货车的制造厂,四方工厂为客运蒸汽机车和客车的制造厂,齐齐哈尔工厂为敞车、棚车等通用货车的制造厂,武昌工厂为保温车的制造厂,天津工厂则是生产弹簧、阀类、电机等为制造厂协作配套的配件厂。对担任机车车辆修理的工厂,也进行了一些改造,如改善组装作业场地,补充机床设备,改革生产结构,增添锻铸能力,建立专业化生产工段,加强技术管理等。除此之外,还特别注意增添配件的生产能力。于是将南口工厂改造为配件生产的专业工厂,集中生产蒸汽机车的杆类、风泵、水泵、压油机以及阀类等项配件,供应各修造工厂和各段维修之用。给戚墅堰、沈阳、西安等厂增建了铸造厂房,试制并大批生产了冷铸生铁轮,以解决当时车轮缺乏的严重困难①。由戚墅堰和沈阳工厂成批生产车钩,满足本厂及其他机车车辆修造工厂的需要,直到第六个五年计划末,这两个厂仍然是车钩的专业生产点。

二、从修造关系失调到向产品更新换代迈进

在"大跃进"时期,铁路运量猛增,要求机车车辆制造厂提供更多的

---

① 当时国内还没有辗钢轮生产基地,只得用冷铸生铁轮和铸钢轮。直至马鞍山钢铁公司建成轮箍车轮厂后,机车车辆工厂才陆续停产冷铸生铁轮和铸钢轮,1965年后全部停止生产。

机车车辆。在这种形势下，少数制造厂的生产能力已远不能满足需要，转而要求修理工厂也要造车。这时期内不仅对大连、齐齐哈尔、四方、武昌、天津5个工厂继续进行由修转造的技术改造和扩建，同时为了使一些修理工厂能承担制造，也都着手进行较大规模的技术改造，出现各厂全都趋向制造的局面。各厂除增建厂房和增加机械设备外，由于机车车辆制造需要大量铸钢件而扩大或新增了炼钢能力。1957年各厂的钢水总产量为10.8万吨，1959年猛增为31.1万吨，1960年高达48.3万吨。由于机械制造部门生产的机床和铸造、冶炼等设备不能满足订货，许多厂便自己制造机床及其他设备，以及生产小型钢材、电焊条、电石、紧固件、电机、电器等项器材。为此，国家对机车车辆工业投入大量资金，第二个五年计划期间，20个老厂中，投资在1000万元以上的有16个工厂。但是，由于基建战线过长，限于财力、物力，许多工程不得不中途停顿，投资效果不能迅速发挥。在确定机车车辆工业全面搞制造之时，曾设想将机车车辆的厂修由各铁路局所属的机务段、车辆段承担，并已将一部分修车用的工艺装备和图纸转给有关段。但由于铁路运量剧增，机务段、车辆段原承担的机车车辆日常运用维修量也加大，没有能力增加厂修任务；而且机务段、车辆段的场地、设备条件不经扩大和大量投资充实改造，也难胜任厂修，因而这个设想落空，导致大批机车车辆严重失修。为了改变这一局面，自1961年开始，各修理工厂仍陆续恢复修理，各制造厂也都一度停造转修，各机车车辆工厂由全面搞制造转为全面搞修理，至1965年才基本扭转机车车辆失修状况。机车车辆修理工厂减修3年，用了5年时间，才基本扭转了全路机车车辆的严重失修状况，这是一个值得记取的教训。

在扭转机车车辆严重失修而进行调整的过程中，机车车辆工业认真贯彻了当时中共中央提出的"调整、巩固、充实、提高"的方针，有些工厂抓紧试制内燃机车、电力机车、新型客车、重载货车，孕育着铁路牵引动力的改革和机车车辆产品的更新换代。经过一定的生产技术准备，大连、戚墅堰、四方等厂于1964年分别开始小批试制东风型、东风$_2$型和东方红$_1$型等三种中国第一代内燃机车,并于1965年与1966年先后开始成批生产。与此同时,大连、四方2个厂进行了由蒸汽机车转产内燃机车的局部技术改造。为了生产内燃机车,铁道部安排原生产蒸汽机车和车辆配件的天津和南口两厂分别承担增压器、调速器、活塞、涨圈、油嘴、油泵、空气压缩机等内燃机车配件的生产;田心工厂(现株洲电力机车工厂)生产牵引电机①;铁道部所属通信信号工业系统的上海通信工厂和西安信号工厂②,分别承担仪器仪表和电控部分的生产协作,并对这些工厂进行了局部的技术改造,初步形成了内燃机车生产的协作配套关系。

与此同时,各机车车辆工厂进行了英制机床改公制的技术改造。自从1957年第一机械工业部颁发公制螺纹标准和1959年国务院发布统一中国计量制度的命令,确定公制为中国的基本计量制度之后,旧中国留下来的英制螺纹的3000多台旧型蒸汽机车和几万辆客、货车的维修和备品供应都成了问题。针对这一情况,铁道部于1963年9月决定对机车车辆的英制螺纹进行公制改革。各机车车辆工厂对英制机床都进行了改造;对旧型英制螺纹的机车车辆,于1964年二、三月分别试改,当年第二季度开始成批改造,1965年完成50%,1968年全部改完。

三、加强技术改造,增强修造能力

"三五"和"四五"期间,国家对机车车辆工业的投资重点是搞新厂建设,对老厂改造的投资有所减少。同时由于"文化大革命"的破坏,各机车车辆工厂的生产技术管理和各项基础工作受到不同程度的削弱和影响,技术改造工作基本停滞,直到"四五"后期,技术改造工作才有较大的进展。这期间的老厂技术改造主要有以下几方面。

---

① 国家安排第一机械工业部所属工厂协作生产牵引电机,当时产量不能满足需要,铁道部便安排田心厂同时生产。

② 铁道部为了便于组织内燃机车生产,于1964年将5个通信信号工厂划归机车车辆工厂总局管理,1970年后仍划归电务部门管理。

（一）围绕产品的更新转产，对有关工厂进行技术改造。大连工厂于1969年试制完成装车功率为2426千瓦（3300马力）的东风$_4$型内燃机车，经运用考验，1974年投入小批试生产，1975年停止生产1323千瓦（1800马力）的东风型内燃机车，转产东风$_4$型；北京二七机车车辆工厂生产的北京型内燃机车于1974年通过技术鉴定，1975年结束了74年修理蒸汽机车的历史，正式转产北京型内燃机车；四方工厂于1970年试制成功援建坦赞铁路的内燃机车并即成批生产；田心工厂于1969年开始小批生产韶山$_1$型干线电力机车等等。这些工厂及其配套协作厂都进行了规模大小程度不同的技术改造。大连工厂从1972年开始再次进行较大规模的转产改造，热加工、机械加工、机车和柴油机组装以及后方系统都发生了深刻的变化。特别是机械加工方面，建成了连杆、瓦盖、摇臂及摇臂轴座加工自动生产线，汽缸盖、轴箱、汽阀等加工生产线，研制成功了柴油机机体加工程序控制组合机床等，从而使一个人、一台机床、一把刀、一个工件、一道工序的"五个一"的落后生产方式，向高效率、多工位、自动化方向发展。四方、北京二七、戚墅堰、田心等制造内燃机车和电力机车的主机厂以及天津、南口等协作配套厂，也都改造和新建了一些厂房，采用新技术、新工艺、新设备，改造老设备，围绕产品更新，进行了技术改造，从而逐步形成了机车车辆工业内部配套协作的内燃机车、电力机车制造体系。

（二）建立内燃机车修理基地。1965年和1966年先后开始成批生产投入运用的东风型和东方红$_1$型内燃机车，60年代末和70年代初要陆续进厂修理。考虑到修理基地的建设需要一定时间，而且蒸汽机车将逐渐被内燃、电力机车所代替，为了节省投资和争取时间，采取将蒸汽机车修理厂改造成为内燃机车修理厂的办法。因为东风型内燃机车主要配属在西南铁路上运用，于是将成都机车车辆工厂进行转产改造，于1965年制定改造方案，1968年开始试修东风型内燃机车，1969年停修蒸汽机车正式转产，保证了东风型内燃机车的厂修和正常运用。东方红$_1$型内燃机车修理基地的建设则着手晚了一些，直到1971年才决定把沈阳机车车辆工厂的蒸汽机车修理系统改造为修理东方红$_1$型内燃机车，1972年仓促试修，1973年停修蒸汽机车，边改造、边小量试修，1974年才初步形成小批量的生产能力。由于修理基地的建设晚了几年，以致东方红$_1$型内燃机车曾有几年严重失修，影响了运用。为了给以后内燃机车大量投入使用作好准备，铁道部于1973年开始对长春、牡丹江、济南、柳州等蒸汽机车修理厂进行技术改造和扩建，扩大它们的蒸汽机车修理能力，便于腾出一批蒸汽机车修理厂专修内燃机车和电力机车。

（三）改造老设备，自制专用设备。机车车辆工业的一些老企业，从新中国成立初期到60年代末期，虽然在企业管理方面进行了一些改革，更新和增添了不少设备，但工艺技术及工艺手段还是比较落后，特别是机车车辆修理中的手工作业和重体力劳动还没有得到改善。在70年代初期，广大职工迫切要求改善劳动条件，采取了工人和技术人员结合，开展群众性的技术革新活动，自制高效率的专用设备，取得了显著效果。如铸造方面建成了射压造型联动线，无箱挤压造型联动线，水爆清砂及旧砂回收生产线，大型抛丸机和高压水力清砂等机械化造型、清理设备；锻造方面大力提倡模锻，广泛采用锻工操作机等，从而显著地改变了生产面貌，不仅改善了劳动条件，而且提高了生产效率和产品质量。

四、适应新的形势，普遍进行扩建和改造

中共十一届三中全会以后，为了适应铁路运输事业的发展，机车车辆工业的一些老企业再次较普遍地围绕着产品的开发和提高生产能力，进行了扩建和改造，重点是为了实现铁路牵引动力的内燃化、电气化和车辆的滚动轴承化。"五五"时期，国家对机车车辆工业企业的投资，仅次于"二五"期间，是投资较多的一个时期。投资1000万元以上的有沈阳、戚墅堰、四方、大连、北京二七机车、石家庄、南口、天津、株洲电力机车、西安、齐齐哈尔、哈尔滨、武昌13个工厂。唐山机车车辆工厂于

1976年遭受特大地震后易地重建。大连工厂继续为东风$_4$型内燃机车的生产进行技术改造；四方、北京二七机车厂继续分别为生产东方红$_3$型、北京型内燃机车进行改造和扩充厂房设备；田心工厂（现株洲电力机车工厂）于1979年停修蒸汽机车，改造为电力机车制造厂；戚墅堰工厂的内燃机车修理系统，由修理东风型、东风$_2$型转修东风$_4$型，进行了较大规模的技术改造；南口工厂引进西德和日本的设备，建立了货车轴承生产线；天津工厂引进日本设备，改进了调速器和增压器的生产；齐齐哈尔工厂添建小批量货车制造车间，用以制造专用货车；石家庄、哈尔滨和西安工厂扩大了货车修理能力；其他各厂也都进行了局部改造。"六五"期间，随着铁路建设的发展，又有重点地对老企业进一步进行改造。这期间着重引进国外先进技术和设备，以增强机车车辆工业的修造能力。

36年来，机车车辆工业的老企业在各个时期进行了连续不断的技术改造，取得的效果是显著的。大连工厂从新中国成立初期到1985年止，经过4次技术改造，国家投资约1.47亿元，共制造了蒸汽机车977台，蒸汽轨道吊车328台，内燃机车1743台，货车57720辆；修理蒸汽机车1736台次，货车10682辆次，为国家创造税利10亿元，相当于这个时期国家投资总额的7倍，已成为机车车辆工业中内燃机车制造的主力厂。齐齐哈尔车辆厂是货车制造的主力厂，新中国成立后，国家对这个厂的投资约2.16亿元，到1985年止共制造货车131708辆，创造税利7.6亿元，相当于国家投资总额的3.5倍。其他老企业的技术改造，效果也是很好的。实践证明，改造老厂不但投资省，而且收效快。

第四节　新厂建设

新中国成立以来，在对旧中国留下来的老企业进行改造和扩建的同时，分阶段地建设了几批新厂，填补了机车车辆工业某些方面的空白，改善了机车车辆工业的布局，壮大了机车车辆工业的修造能力。

一、新中国成立以来建设的新厂

第一批新厂是在"一五"期间筹建的。为了填补机车车辆专业制造厂的空白,于1954年开始筹建大同机车工厂和长春客车工厂,1955年筹建株洲车辆工厂。为了建立专业蒸汽机车修理厂和填补西南、西北机车修理厂的空白以改善布局,于1951年筹建成都机车车辆工厂,1954年又筹建长春和兰州2个机车工厂。这些工厂都是中国自己设计、自己建设,绝大部分设备是中国自己制造的。

大同机车工厂是一座大型蒸汽机车制造厂,生产区用地总面积为105万平方米,厂房建筑面积为27万平方米,设备总台数为2700余台,当时建设的生产规模为每年制造建设型蒸汽机车400台。

长春客车工厂是一座大型的客车制造厂,生产区用地面积为149万平方米,厂房建筑面积为25万平方米,设备2200余台,当时建设的生产规模为每年制造客车1000辆。

株洲车辆工厂是货车制造厂,生产区面积为86万平方米,厂房建筑面积为15万平方米,设备1400余台,当时建设的生产规模为每年制造货车4000辆。

成都机车车辆工厂是为适应1952年成渝铁路建成通车、宝成铁路施工急需的情况下筹建的,从筹建到投产仅用了4年时间。当时建设的生产规模为年修蒸汽机车150台,后经改造转修内燃机车。

长春机车工厂是参照苏联蒸汽机车修理厂定型设计建设的一座新型蒸汽机车修理厂,当时建设的生产规模为年修蒸汽机车300台。1973年后又经改造扩建,生产能力已达到年修蒸汽机车550台。

兰州机车工厂是在长春机车工厂设计的基础上进一步改进而建设的,生产规模为年修蒸汽机车300台,实际能力已达到400台。

这些工厂的建成,或是在新中国成立初期国家经济力量尚极薄弱的时候,或是经历国民经济困难时期,在物资供应、施工力量的安排上均曾遇到极大的困难。有的工厂因国家投资紧缩,在建设过程中,曾一度停建,国家恢复投资后,才继续建成。这批工厂分别在50年代中期、末期或60年代初期投产,于60年代中期基本建成,都已经有20多年的历史,成为机车车辆工业的骨干企业。

第二批新建工厂是在"三五"计划开始前后修建的。当时中共中央提出关于加强内地建设的战略决策,要求各工业部门从东北、东南分迁一部分企业到内地去。铁道部报经国家批准,采取老厂分迁与新建结合的办法,于1965年和1966年在四川省筹建资阳内燃机车工厂和眉山车辆工厂,分别制造内燃机车和货车;1966年在贵州省筹建贵阳车辆工厂,修理货车。为了适应铁路运输牵引动力改革,制造内燃机车和电力机车配套的电机电器,又于1968年在山西省筹建永济电机工厂。

资阳内燃机车工厂是一座大型的内燃机车制造工厂,生产区用地面积为106万平方米,生产厂房建筑面积为25万平方米,金属切削机床1400余台,是机车车辆工业企业中机床最多的工厂。

眉山车辆工厂是货车制造厂,生产区用地面积为54万平方米,生产厂房建筑面积为12万平方米,金属切削机床350余台,当时建设的生产规模为每年制造货车3000辆。

贵阳车辆工厂是货车修理厂,生产区用地面积为46万平方米,生产厂房建筑面积7.1万平方米,当时建设的生产规模为年修货车2000辆。

永济电机工厂是一座新型的电机电器制造厂,生产区用地面积为53万平方米,生产厂房建筑面积为10.6万平方米。

以上4个厂的整个建设过程处在"文化大革命"期间,受当时"靠山、隐蔽"方针的影响,都修建在远离大城市的山区,或在丘陵起伏、沟壑纵横的山沟里,或在荒山僻岭旁的乱石滩上,厂区布局分散,建厂条件异常艰苦,都是在地方和有关单位的密切协作和支持下建设起来的。

第三批新建工厂是根据铁路运输发展的需要，于1973年将郑州铁路局和上海铁路局分别筹建的洛阳机车工厂和铜陵机车工厂收归铁道部直属后继续进行建设的。

洛阳机车工厂原来是1958年开始筹建的"郑州铁路局洛阳钢铁机车配件制造厂"，1959年1月开工建设。1969年，铁道部为解决中原地区机车检修的需要，决定将牡丹江机车工厂的部分设备和人员分迁到该厂，组建郑州铁路局洛阳机车厂，同年开工扩建。1973年5月改为部直属工厂，继续建设。在迁建中，采取边搬迁、边基建、边生产的方针，发扬艰苦创业的精神，在分迁的当年就修出30台机车，是搬迁、建厂、投产较快的一个工厂。

铜陵机车工厂原来是上海铁路局于1970年筹建的，原计划承担机车车辆维修配件、机床、轨道车修造等任务，1972年改建为蒸汽机车检修基地。1973年铁道部决定将戚墅堰机车车辆工厂的蒸汽机车修理系统分迁到铜陵工厂，改为部直属蒸汽机车修理厂，并继续建设，1976年开始试生产，是华东地区长江以南唯一的蒸汽机车修理厂。

新中国成立后新建的机车车辆工厂，除上述12个以外，还有北京二七车辆工厂。它原属于1967年改称为北京二七机车车辆工厂的长辛店机车车辆工厂的一部分，位于该厂的北侧而称为北厂，是1958年原为制造货车而开始兴建的，1960年改按制造内燃机车建设，当时已建成铸工厂房和机械加工车间厂房4万多平方米。1961年因国民经济调整而停建。同年，该厂恢复修理货车。为了提高货车产量，解决厂地拥挤问题，于1962年将货车修理迁到北厂新建厂房；嗣后继续建成铸钢铸铁厂房，将原厂的铸钢铸铁设备迁入北厂。铁道部决定1980年1月1日起将北京二七机车车辆工厂分为两个厂，将北厂改扩建为一座大型的货车修理厂，称为北京二七车辆工厂，原厂（南厂）为北京二七机车工厂。

新中国成立后新建机车车辆工厂的发展简况如表40所列。

新中国成立后新建机车车辆工厂的发展简况

表 40

厂别	开始筹建年份	开工建设年份	开始投产年份	基本建成年份	开始筹建至投产年数	1985 年 工业总产值（万元）	1985 年 职工人数（人）
成都机车车辆工厂	1951	1952	1955	1958	4	5890	5636
大同机车工厂	1954	1957	1960	1966	6	10082	9048
长春客车工厂	1954	1957	1960	1965	6	14767	8643
长春机车工厂	1954	1955	1959	1965	5	2950	5651
兰州机车工厂	1954	1957	1964	1965	10	2721	4971
株洲车辆工厂	1955	1958	1966	1966	11	11080	5496
资阳内燃机车工厂	1965	1966	1973	1975	8	8149	9662
眉山车辆工厂	1966	1970	1974	1975	8	10616	4919
贵阳车辆工厂	1966	1969	1975	1975	9	2445	3857
永济电机工厂	1968	1969	1974	1975	6	7939	5273
洛阳机车工厂	1958	1969	1970	1974	1	2237	5004
铜陵机车工厂	1970	1970	1976	1979	6	1862	3883
北京二七车辆工厂	1958	1958	1962		4	4086	5365

说明：1. 开始投产年份指工厂主要产品开始投产的年份。2. 洛阳机车工厂开工建设年份指铁道部决定由牡丹江机车工厂分迁的年份，开始筹建至投产年数是指开始迁入至投产年份。3. 北京二七车辆工厂至 1985 年仍在继续建设中。

二、以老厂为种子建设新厂

机车车辆工业系统的新厂建设，大都是在老厂的支持帮助下建成的。这种支持帮助大体有以下三种方式。

（一）随着老厂产品的调整，将老厂与下马产品有关的职工调到新厂，并从其他工厂抽调有关人员，组成建厂的基本队伍。第一批新厂的建设，主要是采取这一办法。齐齐哈尔厂蒸汽机车修造下马，职工调往大同机车工厂，并从大连、四方工厂调去一些人员；哈尔滨和大连 2 个厂客车修理下马，人员调往长春客车工厂；成都工厂是以淮南九龙岗铁路工厂迁入四川的职工为班底，并将江岸工厂蒸汽机车下马后的有关人员调去成都工厂；兰州机车工厂和株洲车辆工厂主要分别由沈阳工厂和武昌工厂调去人员组成最初的职工队伍。

（二）老厂包建新厂。第二批新厂的建设主要是采取这种办法。有一个厂包建一个厂的,有几个厂分工共同包建一个厂的。如齐齐哈尔车辆工厂包建眉山车辆工厂,沈阳机车车辆工厂包建贵阳车辆工厂,原田心机车车辆工厂包建永济电机工厂;资阳内燃机车工厂则由几个工厂分工支助建设:四方机车车辆工厂负责液力传动分厂,戚墅堰机车车辆工厂负责机车分厂和柴油机分厂,天津和南口两个机车车辆机械工厂负责配件分厂,大连机车车辆工厂负责技术后方车间。

(三)老厂的人员、设备分迁新厂。第三批新建厂采取这种办法,如牡丹江机车工厂的蒸汽机车修理设备和人员,分迁一部分到洛阳机车工厂;戚墅堰机车车辆工厂蒸汽机车修理系统的人员和设备迁铜陵机车工厂。

采取这样一些建厂办法,由老厂为新厂输送人员,培训职工,制造非标准设备、专用设备和工装模具,老厂成熟的产品和成熟的工艺移植到新厂,或者将老厂试制的新产品和经过实践考验的新工艺转到新厂,做到建成一部分投产一部分,边建设、边生产。新厂的建设以老厂为"种子",实质上是老厂的延伸和发展,收到了节约投资,建设顺利,投产较快的效果。

三、采取适合机车车辆工业特点的专业化形式建设新厂

工业生产的专业化,有利于节省国家投资,提高产品质量,提高生产效率,降低产品成本。在如何按专业化建设新厂问题上,曾走过一些弯路。如长春机车工厂,原设计方案规定配件自给率仅为25%,其余所需75%的配件要靠外单位供应,因此只建有一个很小的铸工车间和锻工车间,没有机械加工车间,基本上是按修理组装专业化形式建设的。但是中国的蒸汽机车型号繁杂,所需修换配件的种类、数量变化大,而配件没有能够及时供应的来源,曾成为生产的严重障碍,以致按原设计方案建成后,不得不再添建铸工车间、机械加工车间和添置重型锻造设备,并相应地扩大动力车间。再如长春客车工厂,原

设计方案没有铸钢车间，原计划由其他厂协作供应铸钢件，而其他厂的铸钢系统则需投资扩建，徒增加大量的长途运输耗费，并不经济。因此该厂在建设过程中，不得不改变原设计而添建铸钢车间，拖长了建厂周期。又如株洲车辆工厂，原设计也没有铸钢车间和工模具车间，同样，在按设计方案建成后，不得不添建。以上3个厂原设计的专业化生产组织结构砍掉了主宰工厂产品生产的主要生产工艺或与生产关系较为密切的辅助生产车间，这在商品经济不发达的情况下都是不切实际的。

四、新厂的技术改造

新中国成立后新建的13个工厂，从开始筹建到1985年年末，厂龄达30年以上的有6个厂，25年以上的有2个厂，15年以上的有5个厂。随着工业生产技术不断进步，产品不断更新发展，新建厂也同样需要不断进行技术改造。因此，新建厂也坚持了革新、挖潜、改造的方针。例如长春客车工厂根据生产发展的需要，结合工厂实际，开展群众性的技术革新和技术改造，自制生产设备和工艺装备，设计建造机械化、自动化生产线。该厂于1972年开始，以铸钢车间为技术改造的重点，用四五年时间，先后建成砂处理、造型、浇铸等6条机械化生产线以及其他一些相应的配套项目，使这个车间的综合生产能力提高一倍到一倍半。又如长春机车工厂实现了铸铁机械化、机车整体清洗、机车检修流水线、煤水车车架检修流水线、电仿型动轮车床、煤水车车架液压翻转台等重大革新改造项目。其他各厂也不断地进行了技术革新改造。

根据铁路运输发展的需要，新建厂投产后，在统一计划下，进行了改造和扩建。如长春客车工厂在"四五""五五"期间先后增建了地下铁道电动客车制造和客车修理系统，成都机车车辆工厂于"三五"期间由蒸汽机车修理改造成为修理内燃机车，大同机车工厂于"四五""五五"期间先后增建柴油机活塞和电站列车制造车间，长春机车工厂于"五五"期间进行了由原设计规模年修蒸汽机车 300 台提高为年修 600 台的扩建等。实践证明，根据国民经济发展的需要，对已建成投产多年的企业进行"增量"、"增品种"的扩建，以扩大生产能力，比另建新厂投资少、收效快，是较为经济的。

第五节　步入新时期的机车车辆工业

中国铁路机车车辆工业经过老厂改造和新厂建设，生产能力有了较大的提高（各个时期的产量详见表41）。但是，长期以来中国铁路运输能力的增长落后于国民经济日益增长的要求，在加紧国民经济建设中，铁路运输能力不足成为突出问题，其中铁路机车车辆工业的生产能力不能满足需要是一个重要原因。1981年至1985年，每亿换算吨公里拥有机车

各类机车车辆产品产量

表41

产品类别	单位	恢复时期	"一五"时期	"二五"时期	调整时期	"三五"时期	"四五"时期	"五五"时期	"六五"时期	合计
制造：										
蒸汽机车	台	20	511	1787	168	1267	2022	1252	1585	8612
内燃机车	台			8	57	567	845	860	1001	3338
电力机车	台			5		36	90	114	291	536
客　　车	辆	36	1946	2536	822	1123	3520	3648	6127	19758
货　　车	辆	10258	30522	63595	6714	40654	79016	57980	72558	361297
轨道吊车	台	234	160	332	112	332	493	333	161	2157
地铁客车	辆					82	94	80	62	318
修理：										
蒸汽机车	台	6999	7698	9505	8517	12002	13262	14415	14707	87105
内燃机车	台				6	178	419	1351	2169	4123
电力机车	台				72	41		11	46	170
客　　车	辆	9054	8497	4957	5523	9807	8762	11422	11217	69239
货　　车	辆	41379	56611	38288	86793	136747	175740	223138	215262	973958
轨道吊车	台	58	92	228	298	801	1278	1644	1544	5943
地铁客车	辆								72	72

台数由 1.44 台逐步降为 1.12 台，每百万人公里拥有客车辆数由 0.12 辆逐步降为 0.09 辆，每百万吨公里拥有货车辆数由 0.48 辆逐步降为 0.37 辆，迫切要求进一步改造发展机车车辆工业，迅速提高生产能力，以适应铁路运输事业发展的需要。

在中共十一届三中全会以来的正确路线、方针、政策指引下，机车车辆工业坚持改革、开放、搞活，加大了进展的步伐。

一、持续增加生产，力图满足铁路运输发展的需要

自粉碎"四人帮"后到 1978 年的 2 年间，机车车辆工业生产增长的幅度较大。1978 年与 1976 年比较，新造机车、客车、货车年产量分别增长 59.3%、52.3%、111.3%；修理机车、客车、货车的年产量分别增长 35.3%、20.6%、13.9%，1979 年 4 月中共中央工作会议作出整个国民经济调整的决策。1980 年、1981 年有计划地压缩建设投资，铁路对机车车辆的购置大量减少，机车车辆的制造也大幅度削减。但是，经过 2 年多的国民经济调整后，铁路运量大增，对机车车辆的需求相继剧增。机车车辆工业自 1982 年起逐年以较大幅度增加产量，尽最大可能供应铁路运输需要。这期间机车车辆工业生产的特点是：

（一）生产的增长速度较快。以 1985 年与 1978 年比较，机车、客车、货车新造的年产量分别增长 43.2%、84.6%、14.0%；内燃、电力两种机车的年产量共增长 51.6%。1983 年至 1985 年的 3 年间，机车、客车、货车新造的年产量平均每年递增 15.4%、7.9%、22.3%；内燃机车产量平均每年递增 19.3%，电力机车产量平均每年递增 41.9%。

（二）机车的生产逐步加大了内燃、电力机车的比重。中国铁路于 50 年代即已提出牵引动力改革，以内燃机车和电力机车替代蒸汽机车。但是内燃、电力机车的生产发展缓慢。长期以来，铁路运输的牵引动力仍以蒸汽机车为主力。1980 年以来，内燃、电力机车的生产发展较快，经过不断改进，技术较为成熟，质量有所提高并趋于稳定，产量节节上升，占机车

产量的比重逐步增加，如表 42 所示。1985 年内燃、电力机车的总产量开始超过了蒸汽机车的产量。

内燃、电力机车产量占机车总产量的比重

表 42

年　份	1980	1981	1982	1983	1984	1985
机车制造总台数	512	398	486	589	658	746
其中：内燃、电力机车总台数	170	122	204	265	316	385
内燃、电力机车所占比重	33%	31%	42%	45%	48%	52%

（三）产品结构有了显著变化，新一代的产品试制投产，产品向现代化发展。新造货车已全部使用全钢结构和滚动轴承。运用中的 6 万多辆钢木结构的旧式 C_{50} 型敞车在进厂修理时改造为全钢结构。在车辆制造中已大量使用耐候钢替代普通碳素钢。新造客车采用以塑代木，并开始装设空气调节装置。大连机车车辆工厂制造的东风$_4$ 型内燃机车，技术质量不断改进，由初期的 A 型柴油机改进为批量生产中的 B 型；又在试制 C 型，将 B 型进一步强化，由持续功率 2426 千瓦（3300 马力）提高为 2646 千瓦（3600 马力）；并着手设计 D 型，采用微机控制等新技术，将持续功率提高到 2940 千瓦（4000 马力）。株洲电力机车工厂在批量生产的韶山$_1$ 型电力机车基础上改进设计，已试制完成并小批量生产了韶山$_3$ 型电力机车，由韶山$_1$ 型的持续功率 3780 千瓦提高到 4800 千瓦；两节式功率 6400 千瓦的韶山$_4$ 型电力机车已试制完成。戚墅堰机车车辆工厂试制并已小批量生产持续功率为 3308 千瓦（4500 马力）的东风$_8$ 型内燃机车。北京二七机车厂试制和批量生产功率为 1470 千瓦（2000 马力）的调车用东风$_7$ 型内燃机车。四方机车车辆工厂与大连机车车辆工厂协作试制完成新设计的东风$_5$ 型调车内燃机车。武昌车辆工厂生产的 P_{J2} 型家畜车和 B_6 型冰保车，齐齐哈尔和株洲车辆厂分别制成载重 450 吨和 350 吨的液压多导向式钳夹车，齐齐哈尔厂的 C_{61} 缩短型运煤车及 PD_5 型毒品车，四方机车车辆工厂、长春客车工厂、浦镇车辆工厂制造的 25.5 米新型客车等，都是这个时期

的新产品。

二、进一步改造和建设机车车辆工厂

鉴于机车车辆工厂的生产能力还不能满足铁路运输发展的需要,"六五"期间国家加大了对机车车辆工业的投资,进行较大范围的技术改造和扩建。

1983年9月铁道部召开的机车车辆工业会议,制订了《机车车辆工业企业技术改造和生产发展规划》,重新明确了各企业的生产纲领,调整了各厂的产品生产规模,提出了"六五"和"七五"期间的技术改造总目标:"设想通过十年或更多点时间,有计划有重点地进行企业的技术改造,改进现有的主要产品,使主要机车车辆产品的功能、可靠性、耐久性和经济性达到或接近国际上70年代或80年代初的先进水平。同时,为适应铁路运输发展的需要,研究发展使用价值高、经济效益好的新产品,在品种、数量、质量上更好地满足铁路运输的需要。"

为加强内燃机车和电力机车的生产,大连机车车辆工厂在即将完成第三次技术改造时,国家已批准进行第四次技术改造,要求产量在原规划的基础上提高一倍;资阳内燃机车工厂和四方机车车辆工厂分别进行转产东风$_4$型和东风$_5$型内燃机车的改造;株洲电力机车工厂在即将完成的第一期改造后,进行第二期改造,进一步扩大生产能力;北京二七机车工厂进行生产北京型和东风$_7$型内燃机车的扩能改造和补充配套设备。

为增强客车制造能力,续建唐山地震后易地重建的唐山机车车辆工厂的客车制造系统;长春客车工厂和浦镇车辆工厂按新调整的加大客车制造产量规模改造;四方机车车辆工厂新建棘洪滩客车制造分厂。

为增强货车制造能力,调整和加大货车制造厂的生产规模,进行改造和扩建,涉及的工厂有齐齐哈尔、眉山、株洲和武昌车辆工厂。

为了提高内燃和电力机车的修理能力,唐山机车车辆工厂新厂建设的第二期工程——内燃机车修理系统开始建设;改造戚墅堰机车车辆工厂内燃机车修理系统，扩大东风$_4$型内燃机车修理能力；洛阳和兰州机车厂新建内燃机车修理系统，分别承担北京型和东风$_4$型内燃机车的修理；改造太原机车车辆工厂的蒸汽机车修理系统转产修理电力机车。

为了加强客车修理能力，新建柳州机车车辆工厂和哈尔滨车辆工厂规模为年修500辆的客车修理系统。

为加强货车修理能力，完成沈阳机车车辆工厂、石家庄车辆工厂和江岸车辆工厂的扩大货车修理能力的改造；齐齐哈尔工厂新建了货车修理系统。此外，1985年国家还批准在广州花县新建广州车辆工厂，修理保温车和一般货车。

改造永济电机厂，提高牵引电机生产能力。天津机车车辆机械工厂通过技术改造改进缓冲器和制动机的生产并扩大产量。南口机车车辆机械工厂进行了车辆滚动轴承生产的设备补充配套，以达到原设计的生产能力。

这个时期是历次五年计划中机车车辆工厂被列为国家大中型建设项目最多的时期。这些项目完成后，机车车辆工业的生产能力将有较大的提高。

三、引进技术，吸收外资

在改革、开放、搞活方针的指导下，80年代以来机车车辆工业在引进技术和吸收外资方面是有进展的。主要是通过技贸结合（技术转让与对外贸易相结合）、世界银行贷款、国家专项批准三个渠道。

1983年与1985年，铁道部向美国通用电气公司先后订购两批内燃机车的同时，签订了两个技术转让合同。第一个合同是由该公司转让向该公司购进的ND$_5$型内燃机车的10个关键部件的制造技术；第二个合同是合作改进中国生产的东风$_4$型内燃机车，并提供ND$_5$型内燃机车大修技术以及内燃机车制造管理培训等。

此外，与英国里卡多公司进行合作，改进大连机车车辆工厂生产的16V240型柴油机；引进奥地利李斯特公司部分先进的柴油机试验设备和检测手段，以增强产品的试验研究能力。

吸收外资改造株洲电力机车工厂。该厂原以修理蒸汽机车为主，小批量生产电力机车。1978年年底停修蒸汽机车，1979年开始进行改造为电力机车专业工厂。在改造中引进世界银行贷款以购置设备和派人员去国外培训。1985年3月，铁道部在向法国阿尔斯通公司订购了150台8K型电力机车的同时，与法国阿尔斯通公司为代表的西欧50赫兹集团签订了无偿转让20项制造技术的技术转让合同。合同规定由有关厂家提供技术资料，派专家来华提供咨询服务，接受中方派去技术人员考察培训。在引进技术的同时，还购置为制造这些部件所需的先进设备。

1985年，铁道部与民主德国开始商谈订购1002辆机械保温车，同时商谈技术转让合同。由武昌车辆工厂引进夹层结构、货间技术；石家庄车辆工厂引进制冷机组、耐氟电机及铝合金铸造技术，并采取派遣人员去民主德国的有关企业接受培训和聘请专家来华提供咨询服务。

为了提高客车制造技术水平和扩大产量，1985年经国家批准引进世界银行贷款1000万美元，作为引进技术改造长春客车厂的外汇资金。根据世界银行规定进行招标，英国铁路工程公司得标，与该公司签订了咨询合同。在引进技术的同时，并订购一批关键设备。

为配合铁路发展长大重载列车，引进了适合该种列车装用的制动机和牵引缓冲装置（车钩和缓冲器）。

在引进国外先进技术工作中坚持"以我为主，友好合作，取长补短，改进产品，培养人才，提高自主开发能力"的指导思想，使外国技术中国化。大连机车车辆工厂与英国里卡多公司合作改进16V240型柴油机，改进目标由中方提出，改进设计共同搞，评价分析共同进行。明确提出合作改进柴油机必须以现在生产的16V240型柴油机为基础，充分考虑继承性、互换性。该厂与美国通用电气公司合作改进东风$_4$型内燃机车，也是首先提出改进课题和目标，而不是简单地将对方技术先进的电机电控搬来，而是按东风$_4$型内燃机车的要求改进后用在机车上。大连机车车辆工厂还把引进中掌握的先进技术随时应用到国产产品的改进中,如 1984 年和 1985 年先后试制成功的 C 型柴油机和内燃机车都采用了引进的先进技术,比原有产品的技术性能都有显著的提高。

四、发展横向联合,扩散机车车辆产品生产

长期以来,机车车辆工业的管理体制,基本上是封闭型的生产结构。产品自行配套,独家生产,与其他机械行业极少联系,束缚了自己的手脚,限制了本行业的发展。当国民经济迅速发展,铁路运量剧增,对机车车辆工业提出更高的要求时,生产能力不足与需求不相适应的矛盾就愈为突出。除了加速机车车辆工业的技术改造提高生产能力外,眼睛向外,发展横向联合,是扩大企业生产能力的有效途径。在改革、开放、搞活的方针指导下,机车车辆工业冲破了封闭的圈子,发展了横向联合。以松散型和半紧密型联合为主进行产品扩散。

松散型联合主要是由上级计划部门指引,将产品扩散给其他部门的机械加工企业。这类企业的隶属关系不变,自主地生产机车车辆产品,自产自销;但由机车车辆工业主管部门组织与有关机车车辆工业企业挂钩,提供产品图纸、技术标准、工艺文件等有关技术资料,并派技术人员、管理人员咨询和指导,必要时还提供产品配套用的部分机车车辆专用配件和代制工装模具及非标准专用设备。新扩散生产机车车辆产品的路外企业,生产货车的有中国船舶工业总公司的重庆重型锻铸厂,兵器工业部的 617 厂和太原 743 厂,机械工业部门的四川德阳第二重型机器厂 4 个企业;生产客车的有机械工业部门的长沙重型机器厂,生产车轴的有兵器工业部的 743 厂,航空工业部的 3007 厂,中国船舶工业总公司的重庆重型锻铸厂,机械工业部门的太原重型机器厂;生产车钩的有兵器工业部的 5419 厂。

半紧密型的联合主要为企业与企业间合作生产,以协议的形式保持固定的、长期的、有计划有比例的协作关系。主导厂把协作厂纳入自己的计划之内,协作厂与主导厂在生产计划上保持协调,但各自独立核算,自主

经营，不存在隶属关系，既互不干涉各自的经营，又有一定的灵活性和稳定性。这种联合一般以机车车辆企业的一种产品为中心，将这个产品的零部件作辐射形的扩散。机车车辆工业企业的主管部门在尊重企业经营自主权的基础上，支持和促成企业这种形式的联合和产品扩散。大连、戚墅堰、永济、四方等工厂以及其他许多工厂都采取这种办法。

此外，机车车辆工业在深化改革，搞活企业的新形势下，充分利用其规模、技术力量、装备及配套性等方面的优势，不断提高技术水平，努力开发新产品，在完成指令性计划的前提下，大力开展多种经营，进入国际市场，为国家做出更大的贡献。

第十九章
机车制造

中国机车制造业是在新中国成立后起步的,在"自力更生"方针指引下,经历了从仿制走向自行设计制造的过程。1954年年底从全国各地抽调工程技术人员,组建产品设计队伍,加强大连机车车辆工厂的设计部门,从事旧型蒸汽机车的改进和新型蒸汽机车的设计,形成了蒸汽机车的设计中心。随后,各机车制造工厂也都陆续设置或加强了产品设计部门,进行各种机车的设计,从试制和成批制造各型蒸汽机车,进而试制和成批制造内燃机车和电力机车。长春机车工厂和大同机车工厂曾先后试制过燃气轮机车。新中国成立后至1985年年底止共试制了48种机车,计有蒸汽机车12种,内燃机车30种,电力机车4种,燃气轮机车2种;其中曾批量生产的有29种,即蒸汽机车11种,内燃机车16种,电力机车2种。36年中,包括仿制和试制共制造机车12500台,其中蒸汽机车8650台,内燃机车3312台,电力机车536台,燃气轮机车2台。

第一节 蒸汽机车

新中国成立初期,铁路的牵引动力是蒸汽机车。机车的制造即从制造蒸汽机车起步,沿着仿制旧型,改进旧型,进而自行设计新型机车的道路,循序发展。

一、几种主型干线客货运蒸汽机车的试制、生产

铁路的主型机车是指经过优选和运用考验,性能较好,在较长时期内

大量采用作为铁路运输主要动力的机型,也是在较长时期内批量生产的机型。主型机车的地位随着时间、铁路运输的发展、工业生产技术的进步而转换。

(一)仿制旧机型。

旧中国留下的旧型机车中,ПЗ$_1$型是数量最多,功率较大,性能较好的干线货运机车。因此,决定仿照制造,由铁道部机车车辆制造局整理校对图纸,将英制改为公制,材料牌号也作了改变,并改称解放型,代号为JF。1952年7月四方机车车辆工厂的职工制成了第一台机车,从此,结束了中国不能自己制造机车的历史,揭开了中国机车车辆工业史上新的一页。这种机车随后由四方、大连、齐齐哈尔等厂成批生产,到1960年停止生产,共生产455台。其中后期生产的机车进行了技术改造,提高了机车功率,降低了单位功率的蒸汽消耗量和金属消耗量,改善了机车的技术经济性能。

1954年至1955年,又对旧中国留下的ㄠT$_6$型干线客运蒸汽机车进行改进设计,改称胜利型,代号为SL,由四方机车车辆工厂于1956年试制出第一台。到1959年停止生产,共生产151台。

(二)改造旧机型。

1956年,大连机车车辆工厂在经过初步技术改造的新解放型蒸汽机车的基础上,又进行现代化改造,设计了建设型干线货运蒸汽机车,代号为JS,并于1957年试制出第一台。该车的特点是:采用全电焊锅炉和铸钢汽缸,蒸汽压力提高到1.5兆帕,安装了加煤机、给水预热器、复式风泵、自动调整楔铁等新部件,机车性能有较大的提高,达到了较先进的水平。1961年又对锅炉进行了局部改进。这种机车先后由大连、戚墅堰、北京长辛店(今北京二七机车工厂)、大同等工厂生产,到1985年止共制造了1349台,曾是干线货运蒸汽机车的主型之一,尚在继续生产。

1957年,大连机车车辆工厂对胜利型蒸汽机车作了现代化改造设计,命名为人民型,代号为RM,于1958年由四方机车车辆工厂试制生产。人民型蒸汽机车的结构与建设型有许多相同之处，许多零、部件可以通用互换，性能良好，功率较大。与胜利型机车相比，功率提高28.9%，单位功率金属消耗量减少21.4%，单位功率煤耗量降低11.8%，当机车牵引800吨四轴客车在平道上运行时，速度可达到94.5公里/时，曾是客运的主型机车。到1966年停止生产，共生产258台。

（三）设计制造新机型。

大连机车车辆工厂从1955年开始，在苏联专家的指导下，着手前进型（代号为QJ，原名和平型，"文化大革命"期间曾名反帝型）大型干线货运蒸汽机车的设计工作。这是中国第一次自己设计蒸汽机车。全体设计人员经过20个月的奋发努力，完成了草图设计、技术设计和施工设计3个阶段的全部设计工作。整个设计工作组织得十分严密，所有运动件都绘制了运动轨迹图，装配件绘制了关系位置图，技术条件、设计计算和设计说明书等设计资料齐全。设计文件和图纸审查细致。通过这次设计，建立了一整套严密的设计程序和规章制度，培养出一支正规的蒸汽机车设计专业队伍，树立了正确的设计指导思想和严细认真的工作作风。

在有关单位的协作下，第一台前进型（和平型）蒸汽机车于1956年9月在大连机车车辆工厂试制成功，试运情况良好。前进型蒸汽机车与解放型比较，最大轮周功率约大80%；由于锅炉设计比较先进，增加了过热面积，过热蒸汽温度达到400摄氏度以上，比解放型增加50—100摄氏度；在计算供汽率时，每0.735千瓦小时的蒸汽消耗量为6.8千克，而解放型为7.4千克；在相同的计算坡道上，同样20公里/时的速度条件下，牵引力比解放型大41%，因而牵引列车的重量也大41%，运输能力可提高74%，万吨公里耗煤量少42.2%；单位功率金属消耗量比解放型机车少28.5%；机车热效率达到9.33%，而解放型为7.25%。因此，无论从功率等级还是各项技术经济指标看，前进型蒸汽机车都达到了当时蒸汽机车设计的先进水平。

前进型蒸汽机车采用全电焊锅炉，有较大的火箱容积和蒸汽空间容积；采用了铸钢与钢板焊接的过热箱，避免了铸铁过热箱容易发生裂纹的现象；改善了烟箱通风装置；加装了混合式给水预热装置，使进入锅炉内的水预热到75—90摄氏度，可节约燃料6%—8%。汽缸体采用铸钢材料，减轻了重量，提高了强度。装有14孔压油机，采取集中供油方式。动轮采用箱式双辐板式铸钢轮心，重量轻，强度大，而且均重无须灌铅，节约了有色金属。煤水车有四轴及六轴2种，煤水柜和底架均为焊接结构。机车上装有加煤机、风动摇炉装置、半自动吹炱器、自动调整楔铁装置以及自动记录的速度表。司机室为密封式，并设有烧水、热饭等装置。这些设施不仅改进了机车的技术性能，而且也改善了乘务人员的劳动条件。

1956年至1961年间，前进型机车先后由大连、长春机车、牡丹江、沈阳、唐山和大同等厂小量生产。大同机车工厂于1964年对机车锅炉的结构作了进一步改进，定点批量生产。锅炉改为有燃烧室，使机车更臻完善，最大轮周功率达到2190千瓦（2980马力）；同时，广泛采用了低合金钢材，减轻了自重，节约了钢材。截至1985年，前进型机车先后生产了4540台，占国产蒸汽机车的50%以上，仍是中国铁路牵引动力的主力。

此外，1958年大连机车车辆工厂曾设计试制红旗型干线货运蒸汽机车1台，1959年大连和唐山2个厂各试制1台，以后未成批生产。

中国国产的各型干线蒸汽机车主要技术参数列于表43。

二、调车蒸汽机车和工矿蒸汽机车

为了满足铁路支线及工矿企业运输的需要，1960年年初，以大连机车车辆工厂为主，唐山机车车辆工厂派员参加，在解放$_6$型（原称Пъ$_6$型）机车的基础上进行现代化技术改造，设计了上游型蒸汽机车，代号为SY。该机车采用全电焊锅炉和铸钢汽缸，并装有黏着重量增加器、风动摇炉装置、自动调整楔铁装置等。经唐山机车车辆工厂作了局部改进，于1960年试制出第一台。1961年年底，四方机车车辆工厂又做了一些改进后也试制了2台。以后，即定点唐山机车车辆工厂批量生产。该厂为了满足厂矿

表43 中国国产干线蒸汽机车主要技术参数

项　目	解放（JF）	建设（JS）	胜利（SL）	人民（RM）	前进（QJ）	红旗（HQ）
曾用名	ㄇㄎ$_1$	—	新ㄨ T$_6$	—	和平，反帝	—
制造工厂	四方、大连、齐齐哈尔	大连、戚墅堰、大同、二七机车	四方	四方	大连、大同等	大连、唐山
轨距（毫米）	1435	1435	1435	1435	1435	1435
车轴排列	1—4—1	1—4—1	2—3—1	2—3—1	1—5—1	1—5—0
构造速度（公里/时）	80	85	110	110	80	90
模数牵引力（千牛）	236	250	166	177	326	334
轮周功率（千瓦）	1136	1668	1397	1397	2190	2264
通过最小曲线半径（米）	145	145	145	145	145	105
粘着重量（吨）	79.94	79.45	62.21	63.12	100.5	103.79
机车全轴距（毫米）	10192	10192	10110	10110	12320	9770
机车固定轴距（毫米）	4419	4419	3660	3660	6400	6900
最大高度（毫米）	4780	4760	4622	4790	4790	4870
最大宽度（毫米）	3080	3332	3202	3240	3375	3367
机车与煤水车全长（毫米）	22634	23337	22618	23252	29180	24263
动轴轴重（吨）	19.98	19.86	21.18	21.04	20.1	20.75
机车空重（吨）	92.07	91.3	88.71	89.79	119.29	103.2
机车煤水车整备重量（吨）	174.85	187.32	172.57	183.54	248.3	—
煤水车自重（吨）	27	32	27.9	32	43	—
煤水车装煤量（吨）	14	17	14	15	21.5	13
煤水车装水量（立方米）	30	35	30	35	50	40

企业的需要，在1976年遭受地震灾害后的极端困难条件下仍继续生产，到1985年为止，已生产了1430台。该机车的主要性能与解放$_6$型机车比较，最大轮周功率约大15.7%；单位功率过热蒸汽消耗量降低11.2%，单位功率金属消耗量减少35.3%。由于性能良好，经济适用，结构可靠，受到使用部门欢迎。该机型尚在继续生产。

1957年下半年，大连机车车辆工厂还设计了工矿运输及调车用的、车轴排列为0—3—0的工建型蒸汽机车，代号为GJ。1958年由太原和成都机车车辆工厂开始生产，1961年停产，共生产122台。

1958年，济南机车工厂在PL$_2$型机车的基础上改进设计，制造了跃进型调车蒸汽机车，代号为YJ。该车采用全电焊锅炉，动轮采用稀油润滑，其性能基本上可以满足调车作业的要求。唐山、牡丹江、武昌、济南等厂至1961年停止生产这种机车为止，共制造了202台。

大连和唐山等机车车辆工厂还制造过工矿型和解放$_6$型蒸汽机车，以满足各厂矿企业内部运输的需要。

三、轻型和窄轨蒸汽机车

为适应地方铁路建设的需要，1960年大同机车工厂设计了星火型地方铁路用蒸汽机车，这种机车结构轻巧，动轴轴重为7吨。由长春机车工厂试制成功，并由该厂和牡丹江机车工厂投入批量生产，到1961年共制造了48台。此外，大连机车车辆工厂于1959年完成了车轴排列为0—4—0的准轨和窄轨（762毫米）两种地方铁路用蒸汽机车的设计，动轴轴重只有4吨，由田心等厂投入生产，共制造了35台。成都机车车辆工厂还按照大连工矿车辆厂的设计图纸，生产过车轴排列为0—4—0型蒸汽机车，定名为蓉建型，共制造了70台。昆明铁路局所属昆明厂曾于1958年设计制造了4台JF$_{51}$型米轨蒸汽机车（曾用名为东风型）。该车的车轴排列为1—4—1，动轴轴重为12.3吨。

唐山机车车辆工厂于1965年至1966年期间，曾根据越南提出的技术设计要求,设计制造了67台援越米轨1—4—1型货运蒸汽机车。其主要特点是锅炉压力提高到1.6兆帕,牵引力较大;加装了风力回动机、风动摇炉装置和压油机等;采用了许多标准件和通用件,便于维修。

中国国产各型非干线蒸汽机车主要技术参数见表44。

第二节 内燃机车

一、铁路牵引动力改革的决策和领导

铁路现代化的一个重要环节,是铁路牵引动力的现代化,用内燃牵引和电力牵引逐步取代蒸汽牵引。中国铁路牵引动力改革问题系于1958年开始提到议事日程。当时一些机车车辆工厂在科研单位和大专院校及其他工业部门的工厂的帮助、协作下,开始设计试制内燃机车和电力机车。先后试制成近10种机型,采用的柴油机有高速、中速,缸径、冲程各种各样,功率有大有小,传动方式有电传动和液力传动;其中有些机型于60年代中后期至70年代初期批量生产,供京沪、京广、沈山等铁路运输繁忙区段和西南新建的铁路使用。

与此同时,铁道部领导十分重视牵引动力改革问题,副部长吕正操亲自到各有关工厂考察,并组织专家们论证。根据当时机车车辆工业的生产技术能力,国家物资供应的可能,以及部内外协作条件,并着重考虑了如何有利于加速改变铁路牵引动力结构,制定了"内燃、电力机车并举,以内燃为主"的方针。在发展内燃机车方面确定了"高速柴油机和中速柴油机并举,电传动和液力传动并举"的方针,以及下列产品开发途径:

(一)从仿制国外设计上较成熟,制造工艺上较易掌握的机型着手,在选定仿制的机型时,广泛地搜集国外的各种资料,并从各机车车辆工厂

第十九章 机车制造

表44 中国国产非干线蒸汽机车主要技术参数

项 目	上游（工农）(SY)	跃进(YJ)	工建(GJ)	准轨地方铁路		窄轨地方铁路	
				星火			蓉建
制造工厂	唐山	济南等	成都、太原	长春机车、牡丹江	田心	田心	成都
轨距（毫米）	1435	1435	1435	1435	1435	762	762
车轴排列	1—4—1	1—3—1	0—3—0	0—4—0	0—4—0	0—4—0	0—4—0
构造速度（公里/时）	80	60	35	40	25	25	24
模数牵引力（千牛）	201	137	144	75	52	52	39
轮周功率（千瓦）	1084	809	251	172	125	125	92
通过最小曲线半径（米）	125	75	50	80	16.5	16.5	40
粘着重量（吨）	61.5	54.75	54.4	28.78	16.987	15.925	21.9
机车全轴距（毫米）	9530	7730	3000	3000	2250	2250	2100
机车固定轴距（毫米）	4410	2940	3000	3000	2250	2250	2100
最大高度（毫米）	4446	4350	3800	3800	3341	3341	3183
最大宽度（毫米）	3266	2998	3150	2800	2439	2439	2078
机车与煤水车全长（毫米）	21513	18326	9735	13480	10892	10892	6980
动轴空重（吨）	15.38	18.25	18.92	7.195	4.25	4	5.5
机车空重（吨）	75.5	68	45.61	25.197	14.82	13.756	18
煤水车装煤量（吨）	9.5	7	2.5	4	2.5吨煤或 3.8立方米木柴	2.5吨煤或 3.8立方米木柴	0.3
煤水车装水量（立方米）	25	19	6.7	8.5	6	6	3.6

在探索性研究试制产品中筛选，组织专家进行论证和评价。例如：电传动的内燃机车确定仿制苏联的 TЭ$_3$ 型，中速柴油机仿制 10L207E 型；高速柴油机仿制 12175ZL 型，用以组装液力传动内燃机车。

（二）在仿制的同时即开始进行自行设计，以便创立适合中国铁路运用和具有自己特色的产品。分析比较各国当时较先进的内燃机车和车用柴油机，反复论证评价，确定设计原则、效能特征、主要设计参数，制定了内燃机车用柴油机的探索性的研究设计方案。当时决定大连机车车辆工厂研究试制 16240ZL 型中速柴油机，四方和戚墅堰机车车辆工厂合作研究试制 16200ZL 型高速柴油机。后来北京二七机车车辆工厂和铁道科学研究院合作又试制了 12240ZL 型柴油机。用 16240ZL 型柴油机组装的东风$_4$型内燃机车和用 12240ZL 型柴油机组装的北京型内燃机车都已成为货运和客运的主型机车。16200ZL 型柴油机经四方、戚墅堰两厂先后分别试制装车，1975 年转给资阳内燃机车厂再行试制并经装车，因不受运用部门欢迎于 1980 年停止试制和生产。

1980 年以来，由于国内经济情况的变化和铁路运输发展的需要，加快了电力机车的发展，与内燃机车一样并列为重点，并作出从长远看铁路牵引动力的改革应以电力为主的决策。

中国政府十分重视铁路牵引动力的改革，1964 年经国务院批准，成立了国家大功率牵引动力内燃化电力化领导小组。国家计委、国家经委、国家科委、第一机械工业部、第六机械工业部、冶金工业部、建筑材料工业部、物资部、铁道部等都有负责人参加这个领导小组。领导小组对内燃、电力机车的发展和选型方案制定了具体的技术政策，各工业部门的协调安排，对研究试制中所遇到的困难问题及时帮助解决，推动了中国牵引动力的改革。在政府的关怀和指导下，经过全体机车制造职工的努力，现在中国的内燃机车和电力机车都已由仿制发展为独立设计，形成了具有自己特点的内燃机车和电力机车的产品系列。

中国国产内燃机车的生产情况如表 45 和表 46 所列。

中国国产第一代内燃机车

表 45

机车型号	制造工厂	机车功率（千瓦）	传动方式	制造年份	共生产台数	备注
建设	北京二七机车	441	电力	1958	2	
先行	戚墅堰	1470	电力	1958	1	
东风	大连、大同、戚墅堰、成都	1323	电力	1958—1974	706	包括巨龙型
东风$_3$	大连	1323	电力	1969—1972	226	
东风$_2$	戚墅堰	794	电力	1964—1969	149	包括东风$_2$增型
红星	四方	441	液力	1958—1966	20	包括东风型摩托车
东方红$_1$	四方	1338	液力	1959—1972	107	包括卫星型
东方红$_2$	大连	1470	液力	1966	1	
合计					1212	

中国国产第二代内燃机车

表 46

机车型号	制造工厂	机车功率（千瓦）	传动方式	制造年份	共生产台数（1985年底止）	备注
DFH$_1$	四方	845	液力	1970—1971	34	授外出口用
DFH$_2$	四方	1691	液力	1970—1976	97	授外出口用
DFH$_3$	四方		液力	1972—1973	20	授外出口用
DFH$_4$	四方		液力	1972—1973	9	授外出口用
DFH$_5$	四方		液力	1973	2	授外出口用
东方红$_3$	四方	1985	液力	1971	183	继续生产中
东方红$_4$	四方、戚墅堰、资阳	3308	液力	1969—1977	5	
东方红$_2$	资阳	790	液力	1973—1976	50	
东方红$_5$	资阳	790	液力	1976—	307	继续生产中
东方红$_6$	资阳	1470	液力	1981	1	供黄浦港用
东方红$_{21}$	四方	809	液力	1977—1979	105	供昆明局用
北京	北京二七机车	3969	液力	1970	1	
北京	北京二七机车	1985	液力	1971—	284	继续生产中
东风$_4$	大连	2426	电力	1969—	956	继续生产中
东风$_5$	唐山、四方	1213	电力	1975—	36	改进设计后继续生产中
东风$_7$	北京二七机车	1470	电力	1982—	5	继续生产中
东风$_8$	戚墅堰	3308	电力	1985—	6	继续生产中
合计					2101	

二、电传动内燃机车的发展情况

1958年大连机车车辆工厂在有关方面的协作下，仿照苏联的TЭ$_3$型电传动内燃机车试制出第一台小时功率为1470千瓦（2000马力）的巨龙型内燃机车。经改进设计后定型，命名为东风型，于1964年开始成批生产，用于货运。该车是双节联挂，也可单节牵引。1972年将牵引齿轮传动比由原来的4.41（75/17）改为3.88（71/21），使构造速度由原来的100公里/时提高到120公里/时，用作客运机车，定名为东风$_3$型。机车车体由司机室、动力室、冷却室三部分组成。动力室内装有1台两冲程的10L207E型柴油机和1台ZQFR－1350型直流主发电机，转向架为三轴转向架，每根车轴都悬挂1台ZQDR－240型直流牵引电机，驱动车轮运转。机车持续功率为1323千瓦（1800马力）。1970年至1974年间，戚墅堰机车车辆工厂也成批生产过这种机车。大连和戚墅堰等厂共生产这种机车932台。这种内燃机车首先在中国西南、西北、东北等高山、陡坡、多隧道地区担负客货运输任务，为中国铁路牵引动力的改革奠定了基础，到第六个五年计划末期仍是内燃牵引动力的主力之一。1974年后停止生产。

戚墅堰机车车辆工厂于1964年试制东风$_2$型电传动调车内燃机车并投入批量生产。机车车体由冷却室、动力室、司机室和后机室四部分组成，依次自前向后布置。冷却室的两侧有水冷却组。油水热交换器、润滑油滤清器、起动润滑油泵等辅助部件设于冷却室和柴油机之间。动力室内装有1台两冲程的6L207E型柴油机和1台牵引发电机。各辅助机组的传动由柴油机控制端的输出轴连接变速箱。前变速箱又以直立万向轴驱动冷却风扇。在另一端，则由牵引发电机轴端连接后变速箱，用以带动设于司机室地板下的双机组、后通风机以及两个测速发电机。走行部由2组三轴转向架组成。燃料油箱吊装于主车架下面，主车架的四角设有4个总风缸。这种机车的持续功率为794千瓦。共生产了148台。

随着国民经济的发展，铁路运输迫切需要大功率内燃机车，上述东风、东风$_2$、东风$_3$型第一代电传动内燃机车已不能满足牵引动力改革的需要。为此，从1965年开始，进入自行设计和研制中国第二代内燃机车的新阶段。大连机车车辆工厂在有关单位的协作下，开始设计16240Z型大功率柴油机和东风$_4$型电传动内燃机车。为了取得经验和数据，首先设计制造了240双缸机进行试验，并在1966年设计制造出16240Z型柴油机。1969年试制出第一台东风$_4$型内燃机车。为了充分暴露机车设计、制造中的问题，进行了牵引试运，跑了约14万公里，提供了需要进行技术改进的课题。该厂经过反复试验，不断改进，先后解决了增压器喘振，中冷器空气流通阻力大，散热能力不足，冷却水组泄漏，柴油机振动大等问题。1974年，铁道科学研究院和大连内燃机车研究所等部门对东风$_4$型内燃机车进行牵引热工、动力学性能和高原性能试验表明，该车的单机功率、牵引性能和燃油消耗等指标都达到了设计要求。于是，从1974年下半年起逐步转入批量生产。随着走行里程的不断增加，经过长时间的运用考验之后，又陆续出现了柴油机机体裂纹、连杆螺栓折损、连杆及连杆盖结合面齿型裂损、机车振动大等问题。为了进一步提高机车的耐久性和可靠性，大连机车车辆工厂针对暴露出来的一些质量问题，组织了技术攻关，对16240Z型柴油机作了重大的技术改进，研制出16240ZB型柴油机，主要是提高了机体的刚度和强度，加粗曲轴主轴颈，增加曲轴平衡重块，采用簧片式弹性联轴节，改进连杆及连杆螺栓的设计结构、制造工艺和紧固办法，等等，并对已出厂的机车进行了彻底整修。这种机车已成为中国内燃牵引动力的主力。到1985年为止，已生产了956台。

为了进一步提高东风$_4$型内燃机车的经济性，大连机车车辆工厂曾于1982年又进行了一系列的改进试验，如：将柴油机的转速由500—1100转/分降到430—1000转/分；主发电机整流后输出功率由原来的2059千瓦提高到2125千瓦；牵引发电机由车内通风改为车外通风；采用改进的汽缸盖、汽缸套、球墨铸铁活塞、单螺旋槽喷油泵和无级调速控制装置；装用强化散热器和玻璃钢风扇等新部件。通过台架和运用试验表明，大部分改进项目是比较成熟的，经济性有了明显提高，额定工况下燃油消耗率可降低4%，柴油机惰转时燃油消耗率可降低25%。这种改进型的东风$_4$型机车从1984年起逐步投入批量生产。

铁道部决定，资阳内燃机车工厂从1983年6月起，开始转产16240ZB型柴油机和东风$_4$型内燃机车，已于1983年年底完成试制工作，1985年已小批生产。为充分利用其技术装备的优势，适应工艺条件，将合金球墨铸铁曲轴改为全纤维合金钢锻造曲轴，组焊机体改为铸造机体等等。

唐山工厂在大连工厂协助下，于1976年设计试制东风$_5$型电传动调车内燃机车。该车装有1台8240Z型柴油机，机车功率为1213千瓦（1650马力），是东风$_4$型内燃机车所装的16240Z型柴油机的系列产品。机车的转向架、牵引电机以及一些主要附件都与东风$_4$型通用。为了进一步完善，唐山工厂于1982年停止生产，由大连和四方机车车辆工厂联合对东风$_5$型机车和8240型柴油机重新改进设计并进行试制。该机型截至1985年共生产36台。

北京二七机车工厂在有关单位的配合下，从1980年6月起，经过2年时间，于1982年上半年设计试制了东风$_7$型电传动调车内燃机车。车上装有1台12240-1型柴油机和TQFR-3000-1型主发电机组成的柴油发电机组。为了提高可靠性和使用寿命，柴油机标定转速定为1000转/分。为了节约能源，在柴油机热负荷允许条件下，提高最大燃烧压力，降低空转转速，并增设空转节油挡，将最低负荷转速与空转转速分开，定为400转/分。机车采用2组无导框、两系悬挂、牵引拉杆式的三轴转向架，装有6台ZQDR—410型牵引电机。外走廊式车体，四周走台设有扶手和车梯，便于调车作业。该车经过一年多的运用考验，于1983年8月由铁道部科学研究院进行了水阻、动力学、制动、牵引热工等性能鉴定试验，证明可以胜任大型编组站的各项调车作业并提高作业效率。1984年作适当修改后投入小批量生产。

戚墅堰机车车辆工厂于1979年开始研制了16280型柴油机，采用铸造机体和锻钢曲轴，在通过型式试验和耐久试验后，又将其改装在东风$_4$型0267号机车上，于1983年1月起在沪宁线上进行试验。在此基础上，在有关部门配合下，试制装车功率为3308千瓦（4500马力）的东风$_8$型电传动干线货运内燃机车，以适应牵引重载列车的需要。

中国国产主型电传动内燃机车主要技术参数列于表47。

三、液力传动内燃机车的发展情况

四方机车车辆工厂于1958年开始设计液力传动干线客运内燃机车，并于1959年10月试制出来，定名东方红$_1$型。经过长期试验及多次改进，于1966年成批生产。该车为双节重联牵引，单节功率为1323千瓦（1800马力），装有2台12175Z（后装用12180Z）型高速柴油机及2套液力传动装置，运行可靠，操作方便，牵引性能好，有较高的构造速度，较适合于牵引旅客列车。这种机车共生产了107台。

接着，四方机车车辆工厂又设计制造了东方红$_2$型液力传动调车内燃机车。该车装有1台12180Z型高速柴油机和1套SF2010型液力传动装置，装车功率为790千瓦（1075马力）。1973年转由资阳内燃机车工厂试制生产，到1985年共生产51台，在铁路和工矿企业用于调车作业。资阳内燃机车工厂进一步修改了设计，于1976年开始试制生产同样功率和同样传动方式的东方红$_5$型调车内燃机车，机车整备重量由64吨增加到86吨，由于轴重的增加，提高了起动牵引力和制动能力；增加了工况齿轮箱，通过换挡使调车工况的构造速度降至40公里/时，小运转工况的构造速度提高到80公里/时，扩大了机车的适用范围；改善了司机的瞭望和工作条件。试验和运用表明，东方红$_5$型机车能满足牵引吨数在3500吨左右的中型编组站调车作业的需要，并可承担部分客货列车小运转任务。这种机车到1985年共生产237台。

表47 中国国产主型电传动内燃机车主要技术参数

项目	东风	东风₃	东风₂	东风₄	东风₅	东风₇	东风₈
制造工厂	大连、戚墅堰	大连	戚墅堰	大连、资阳	唐山、四方	北京二七机车	戚墅堰
功率（千瓦）	1323	1323	794	2426	1213	1470	3308
传动方式及用途	直—直流货运	直—直流客货	直—直流调车	交—直流客货	交—直流调车	交—直流调车	交—直流货运
轨距（毫米）	1435	1435	1435	1435	1435	1435	1435
轴式	C_0-C_0	C_0-C_0	C_0-C_0	C_0-C_0	C_0-C_0	C_0-C_0	C_0-C_0
整备重量（吨）	126	126	113	138	120	135±2%	138±3%
轴重（吨）	21	21	18.8	23	20	22.5±3%	23±3%
通过最小曲线半径（米）	145	145	80	145	80	100	145
构造速度（公里/时）	100	120	95.3	120/100	100	80	100
持续速度（公里/时）	18	23	9.3	26.3/21.9	8.9	12.7	30.2
起动牵引力（千牛）	302	230	294	344/413	349	403	446
持续牵引力（千牛）	190	148	200	252/302	302	296	318
燃油贮存量（千克）	5400	5400	4000	9000（升）	5000（升）	5400（升）	8500（升）
滑油贮存量（千克）	1200	1200	1000	1200	800	700	1200
水贮存量（千克）	800	800	600	1200	800	1100	1200
柴油机型号	10L207E	10L207E	6L207E	16240ZB	8240ZL	12240-1	16V280
主发电机型号	ZQFR-1350	ZQFR-1350	ZQFR-750	TQFR-3000	TQFR-3000	TQFR-3000-1	TQFR-3000C
牵引电动机型号	ZQDR-240	ZQDR-240	ZQDR-240	ZQDR-410	ZQDR-410	ZQDR-410	ZQDR-410C

注：东风₄栏内分子为客运机车数值，分母为货运机车数值。

1977年四方机车车辆工厂又试制并批量生产东方红$_3$型液力传动干线客运内燃机车。该车装有 2 台 12180Z 型高速柴油机和 2 套 SF2010 型液力传动装置，有 2 台两轴转向架，装车功率为 1985 千瓦（2700 马力）。该厂从 1978 年起针对运用中暴露的一些质量问题，认真进行改进，对柴油机及其零、部件进行了多种试验，攻克技术关键，截至 1985 年共生产 183 台。

继四方机车车辆工厂液力传动内燃机车的试制，北京二七机车工厂从 1968 年起开始试制北京型液力传动干线客运内燃机车。1974 年，12240Z 型柴油机通过 100 小时连续运转试验和 500 小时耐久试验定型生产。1975 年下半年开始停修蒸汽机车，正式转产北京型内燃机车，截至 1985 年已生产 284 台，为主型客运内燃机车。该车装有 1 台 12240Z 型柴油机和 1 组液力传动箱，装车功率为 1985 千瓦（2700 马力）。车体座在 2 组两轴转向架上，两端设司机室。机车构造速度为 120 公里/时。

几年来，北京二七机车工厂在有关单位的协作下，不断进行试验研究和改进设计，提高了机车的性能和运用可靠性。如柴油机部分改进了机体的焊接结构和焊接工艺，克服了开裂现象；曲轴采用全纤维挤压和辉光离子氮化，提高了疲劳强度和耐磨性，并大大节约合金钢材和提高了生产效率；针对副连杆耳销套剥离烧损造成副连杆断裂问题，从设计和工艺上采取了解决措施；活塞组改为钢顶铝裙组合结构，增加裙部长度，加大活塞销直径，改进冷却油孔和顶部圆根，提高了工作可靠性；喷油泵采用大直径、小行程、单螺旋槽柱塞偶件；喷油器采用低惯性结构，长针阀偶件，延长了工作寿命。传动部分的改进，主要是：将传动箱的滚动轴承改用铝铁锰青铜整体保持架，解决了黄铜保持架磨损快、断裂、铆钉松动等惯性质量问题；齿形离合器的花键连接由外定心改为内定心，花键孔采用渗碳淬火和磨削加工，提高了齿形硬度和配合精度；将机械换挡改为电换挡，解决了传动齿轮打牙的问题；供油泵传动齿轮和轴改用锥度静压配合连接，解决了滚键问题；对风扇偶合器漏油和车轴齿轮箱烧油封等问题也采取了许多措施加以解决。解决转向架部分存在问题的办法，主要是加大了轮距，采用可调式旁承纵向上档，提高横向减振器的阻力系数，取消一系油压减振器等，解决了横向晃动大和检修不便等问题。

中国国产主型液力传动内燃机车主要技术参数列于表48。

此外，机车车辆工业部门还设计制造了一批其他型号的液力传动内燃机车，有的是供援外出口的，有的是应用户要求制造的，也有的是探索试验性的。四方机车车辆工厂于1970年至1976年间，先后为坦桑尼亚、赞比亚、越南、阿尔巴尼亚和巴基斯坦等国制造了DFH系列155台不同型号的液力传动内燃机车。该厂于1977年为云南省米轨铁路设计制造了装车功率为809千瓦（1100马力）的东方红$_{21}$型液力传动内燃机车，在开远铁路分局投入使用。担任客货运输任务，到1985年共生产105台。资阳内燃机车工厂于1981年为黄浦港务局设计了一台东方红$_6$型1470千瓦（2000马力）液力传动调车内燃机车。该车适用于铁路、厂矿及海港的调车小运转作业。还有四方、戚墅堰和资阳等工厂试制的东方红$_4$型液力传动干线货运内燃机车，以及由北京二七机车厂试制的北京型3969千瓦（5400马力）液力传动干线货运内燃机车等。

除研制生产电传动和液力传动内燃机车外，为提供适应高原和高寒地区，特别是青藏高原铁路运用的机车，1965年以来，大同和长春机车工厂先后在有关部门的配合下，试制了长征型2205千瓦（3000马力）和长征$_2$型2940千瓦（4000马力）交直流电传动干线货运燃气轮机车，并分别于1970年和1977年交付哈尔滨铁路局进行运用试验。这两种机车两端为司机室，中间为动力室，装有单轴、开口式、简单循环的燃气轮机作动力，经减速箱，带动TQFR-3000三相交流同步牵引发电机发电，经硅整流器整流，输出直流电源，驱动装在车轴上的6台并联的ZQDR-410型牵引电动机，使机车运转。还装有1台柴油发电辅助机组，供主机启动和各种油泵、水泵和通风机等辅助设备用电以及单机运行用。装有2台三轴转向架。由于这两种机车以燃气轮机作动力，主机体积小，功率大，可使用多种价格低廉的重质燃油，用水较少，高原地区功率下降小。通过运用试

表48 中国国产主型液力传动内燃机车主要技术参数

项　目	东方红$_1$	东方红$_2$	东方红$_3$	东方红$_4$	东方红$_5$	东方红$_6$	东方红$_{21}$	北京二七机车	北京二七机车
制造工厂	四方	资阳	四方	四方、资阳、戚墅堰	资阳	资阳	四方	二七机车	二七机车
功率（千瓦）	1338	790	1985	3308	790	1470	809	1985	3969
用途	客	调车	客	货	调车、小运转	调车、小运转	客货通用	客	货
轨距（毫米）	1435	1435	1435	1435	1435	1435	1000	1435	1435
轴式	B′－B′	B′－B′	B′－B′	C′－C′	B′－B′	C′－C′	B′－B′	B′－B′	B′－B′＋B′－B′
整备重量（吨）	84	60	84	138±2%	84	135 (123)	60	92±3%	183.5
轴重（吨）	21	15	21	23	21	22.5 (20.5)	15±3%	23	23
通过最小半径（米）	145	100	145	145	100	100	70	125	145
构造速度（公里/时）	140	62	120	100	40/80	45/90	50	120	100
持续速度（公里/时）	19	17.25	30	25	10.2/20.4	8 (10) / 16 (20)	12	22.4	21
起动牵引力（千牛）	245	216	230	447	267	437 (398) / 249	194	246	595
持续牵引力（千牛）	151	116	129	360	158	353 (330) / 177 (165)	137	157	420
燃油贮存量（千克）	4000	2000	4500	8000	3000	3000	2200（升）	5500（升）	10000
滑油贮存量（千克）	2×200	200	400	2×800	200			720	250
水贮存量（千克）	700	425	800	2×1000	600		500	1400	250

续表

项 目	东方红$_1$	东方红$_2$	东方红$_3$	东方红$_4$	东方红$_5$	东方红$_6$	东方红$_{21}$	北 京	北 京
柴油机型号及台数	2×12175ZL	12180ZL	2×12180ZL	2×16200ZL	12180ZL	16200ZL	12180ZJ	12240ZL	2×12240ZL
液力传动装置型号	SF2010	SF2010	SF2010	ZJ2022	ZJ2012	ZJ2022/G	SF2010Z-2A	EQ2027-2510	

说明：1. 东方红$_5$ 型内栏分子为调车工况数值，分母为小运转工况数值。
2. 东方红$_6$ 型轴重可调整为20.5吨，括号内数值为轴重20.5吨时，栏内分子为调车工况数值；分母为小运转工况数值。

验，该车存在燃气轮机的热效率较低、油耗较高、噪音较大等问题，尚待研究改进。

第三节 电力机车

中国铁路干线电力机车的研制始于1958年。当年株洲电力机车厂（原名田心机车车辆工厂）开始协助第一机械工业部所属湘潭电机厂制造工矿电力机车，至1973年共生产198台；同时，参与铁路干线电力机车的联合设计并着手试制。20多年来，经过多次试制，不断改进，力臻完善，由小量生产而达到成批生产，由韶山$_1$型发展为韶山$_3$型、韶山$_4$型。中国电力机车的发展历史是自力更生，艰苦奋斗，产品技术不断追求进步的一个较好的范例。到1985年止，中国国产各型干线电力机车生产台数如表49所列。

中国国产各型干线电力机车生产台数表

表49

机车型号	制造工厂	机车小时功率（千瓦）	试制年份	开始批量生产年份	至1985年共生产台数
韶山$_1$	株洲电力机车	4200	1958	1969	514
韶山$_2$	株洲电力机车	4800	1969		1
韶山$_3$	株洲电力机车	4800	1978	1984	21
合计					536

中国铁路电力牵引的主型机车——韶山$_1$型干线电力机车，从开始研制到基本定型投入批量生产，花了近10年时间。1958年，以第一机械工业部湘潭电机厂为主，铁道科学研究院、上海交通大学、北京铁道学院、唐山铁道学院和株洲电力机车工厂等单位参加联合设计，由湘潭电机厂和株洲电力机车厂协作试制，1958年年底试制出1台，当时命名为6Y1型，表示为6轴引燃管整流电力机车。该车是客、货两用干线电力机车，是仿照苏联H_{60}型电力机车设计的，小时功率为3900千瓦，小时牵引力为309千牛，小时速度为45公

里/时，机车总重138吨，单位重量功率为28.3千瓦/吨。该机车采用水冷引燃管整流，双臂受电弓和闸瓦制动，安装6台小时功率为610千瓦的6极牵引电动机和QKT_1—1D低压调压开关。这种电力机车从1958年至1967年共试制了6台。经运用考验，发现引燃管逆弧、调压开关烧损和牵引电机环火，严重影响机车的正常运行，成为三大质量关键。而且，基础制动不良，又没有电阻制动，下岭的安全受到很大威胁。机车运行时振动较大。对这些先天不足的质量问题，株洲电力机车工厂在各方面的配合下，展开了一系列的研究改进工作。

1965年，随着中国电子工业的蓬勃兴起，株洲电力机车工厂在4号车上试用硅整流器取代引燃管。运行试验表明，大大提高了机车运行可靠性，一举攻克三大质量关键的首要关键，为电力机车的发展打开了新局面。

1967年，在总结制造和运用经验的基础上，制成7号车。该车采用了炭滑板单臂受电弓、ZQ－650－1型牵引电机和电阻制动。单臂受电弓改善了受流性能。炭滑板降低了接触导线磨耗。ZQ－650－1型牵引电机是在湘潭电机厂的大力协作下，在650千瓦牵引电机基础上研制成功的，极数由6极改为4极，带补偿绕组，还加厚了片间云母，采用了选片换向极和选片磁桥，虚槽数由7个改为4个，大大改善了电机的换向稳定性，提高了绝缘性能。在电阻制动时，各牵引电机转为他励发电机，电枢与电阻构成独立回路，制动功率为2580千瓦。这样，不仅攻克了牵引电机环火的质量关键，使机车故障率大大下降，还解决了下岭时的安全问题。

1968年，综合4号车和7号车的研究试验成果，制成了8号车，该车牵引电机的功率提高到700千瓦，机车功率相应地增加到4200千瓦。电阻制动功率提高到2800千瓦。从此，韶山$_1$型电力机车基本定型并批量生产。1970年宝成铁路全线电气化通车典礼上就是使用这台机车。

以后，又对韶山₁型电力机车进行了许多改进，如用转换硅机组代替过渡电抗器，实现了调压无电弧转换，解决了调压开关烧损这一关键；并把原9级运行级提高到33级，改善了机车运行性能；制动励磁改由移圈调压器整流电源供电，使制动功率增加到3200千瓦；进一步将转换硅机组与整流硅机组合并，组成两独立电源的桥接中抽式全波整流线路，解决了老电路的转换硅机组均流效果不好，维修不便，成本高等问题；并将控制电源由50伏改为110伏；对弹簧悬挂装置和基础制动进行了改造，一系弹簧装置扁簧改为圆簧，基础制动由组合式改为独立箱式，改善了机车的动力学性能，方便了制动装置的安装和维修。从1970年起，原由湘潭电机厂协作供应的调压开关、主断路器、各种电气柜以及牵引电机等各种主要电气配件转到株洲电力机车工厂自行生产配套，到1985年共生产韶山₁型电力机车514台。

1969年，株洲电力机车研究所和株洲电力机车工厂联合研制了韶山₂型电力机车（试验车）。它也是单相工频半导体整流客、货两用干线电力机车。主电路采用高压侧调压、硅半导体桥式整流集中供电线路。机车小时功率为4800千瓦，小时牵引力为353千牛，小时速度为49公里/时。1971年和1974年先后对该机车进行了两次重大技术改造，应用了大功率可控硅元件和电子技术，实现无级调速；采用他励牵引电动机，使机车实现恒流起动、加速和恒流运行；励磁调节系统可自动进行无级磁场削弱，自动限制电枢电压，保持各电机负荷均配；电阻制动也具有同样的恒流、恒速控制性能。从而大大改善了机车牵引性能，起动平稳，加速快，坡停起动能力强，运行时司机无须频繁操作，大大减轻了劳动强度。韶山₂型电力机车（试验车）的这些试验改进，为电力机车的发展提供了经验。这种机车只生产了1台。

1978年，株洲电力机车工厂又在株洲电力机车研究所的协作下，吸取了韶山$_1$型和韶山$_2$型电力机车的成熟经验，设计试制韶山$_3$型客、货两用干线电力机车。该车主电路采用8级可控硅级间平滑调压桥式整流；装有带补偿绕组的直流串激4极牵引电机；转向架采用中心销传递牵引力，一系悬挂用圆簧，二系为橡胶堆旁承。与韶山$_1$型电力机车比较，牵引功率和电阻制动效率均加大了，有利于在长大坡道保持较高限速下岭；具有无级平滑升压特性，恒流控制自动起动和加速，有较宽的恒功率速度范围，机车动力学性能有所改善；低次谐波较少，对电力系统影响较小，司机室噪音降低，改善了乘务人员的工作条件。该车的牵引电机功率加大到800千瓦，机车功率为4800千瓦。货运最高时速为100公里/时。到1985年已生产韶山$_3$型电力机车21台。今后将以韶山$_3$型电力机车取代韶山$_1$型电力机车。

80年代，根据国家重点科研项目《重载列车成套技术》的要求，株洲电力机车工厂和株洲电力机车研究所又联合研制新型的韶山$_4$型 $B_0-B_0+B_0-B_0$ 轴式的货运电力机车。机车持续功率提高到6400千瓦，用以牵引重载列车。车体为两节，每节均可运行，各设一个司机室。该车已于1985年试制1台，交付运用考验。

韶山型电力机车的主要技术参数如表50所示。

中国国产电力机车主要技术参数

表50

项 目		韶山$_1$型(131号以后)	韶山$_2$型	韶山$_3$型	韶山$_4$型
电流制		单相工频交流	单相工频交流	单相工频交流	单相工频交流
工作电压（千伏）	额定	25	25	25	25
	最高	29	29	29	29
	最低	19	19	19	19
机车重量（吨）		$138^{+3}_{-1}\%$	$138^{+3}_{-1}\%$	$138^{+3}_{-1}\%$	$184^{+3}_{-1}\%$
轴式		C_0-C_0	C_0-C_0	C_0-C_0	$B_0-B_0+B_0-B_0$
轴重（吨）		23	23	23	23
功率（千瓦）	小时制	4200	4800	4800	6800
	持续制	3780	4620	4320	6400

续表

项　目		韶山$_1$型 （131号以后）	韶山$_2$型	韶山$_3$型	韶山$_4$型
牵引力（千牛）	小时制	330	353	337（货运）/ 272（客运）	
	持续制	289	324		431
	最大	530	530	530（货运）/ 444（客运）	628
速度（公里/时）	小时制	46.6	49	49.9（货运）/ 62.7（客运）	
	持续制	48.6	51.5		52
	最大	95	100	100（货运）/ 126（客运）	120
5公里/时速度可通过曲线半径（米）		125	125	125	125
车钩中线距离（毫米）		20368	21336	21680	
车体长度（毫米）		19400	20000	20200	
车体宽度（毫米）		3104	3107	3100	
落弓时机车最高点离轨面高度（毫米）		4700	4750	4750	4750
车钩轴线离轨面高度（毫米）		880±10	880±10	880±10	880±10
固定轴距（毫米）		4600	4670	2300+2000	
传动方式		双侧斜齿轮	单侧弹性直齿轮	双侧斜齿轮	双侧斜齿轮
传动比		88/19=4.63	75/17=4.41	87/20=4.35（货运） 83/24=3.46（客运）	
电阻制动功率（千瓦）		3200	3100	4000	5300
空气制动系统		EL-14改进型空气制动机	EL-14改进型空气制动机	EL-14改进型空气制动机	空气制动+电阻制动

第二十章
车辆制造

新中国的铁路车辆制造业，与机车制造一样，从仿造、改造到自行设计、研制开发，形成中国铁路客车、货车和地下铁道电动客车的产品系列。现在中国铁路运用的车辆绝大部分是中国自己制造的。

第一节 客车

新中国成立初年至1959年期间，为了补充铁路客车的急需，曾有戚墅堰、大连、长辛店（今北京二七机车厂）、西安、沈阳、四方、浦镇、唐山、田心（今株洲电力机车厂）及新建的长春客车厂10个工厂制造客车。后经调整、改建，定点制造客车的有四方、唐山、浦镇和长春客车4个工厂。这几个工厂制造客车的车种各有分工。中国客车的发展，在适合中国国情和铁路运输需要的情况下，一方面讲求防腐耐用，降低自重，提高运行速度，一方面不断改进车内设备，提高旅行舒适度。中国自制的客车的品种基本齐全，座车、卧车兼备，分为软席、硬席，有一般客车、高级客车、市郊客车，还有餐车、邮政车、行李车和有特殊用途的各种试验车、专用车，并研制了低重心轻快列车、双层客车和25.5米轻型高速客车。到1985年年底，中国自己制造的各种客车已有19758辆，比新中国成立初期的保有量增加了3.9倍。除供本国使用外，还向坦桑尼亚、赞比亚、阿尔巴尼亚、越南、斯里兰卡等国出口过一些客车。

一、主型客车的发展情况

中国铁路主型客车按车体结构分为 21 型、22（23）型、25 型三种，是依次发展的。

（一）21 型客车。

21 型客车是 1953 年开始设计制造的首批客车。车体约长 22 米，宽 3004 毫米，原为全钢铆焊组合结构，后改为全钢焊接结构。属于这个类型的客车有：1953 年大连机车车辆工厂设计制造的 YZ_{21} 型硬席座车，四方机车车辆工厂设计制造的 YW_{21} 型硬席卧车；1954 年至 1956 年四方机车车辆工厂设计制造的 CA_{21} 型餐车、XL_{21} 型行李车、UZ_{21} 型邮政车；1959 年浦镇车辆工厂设计制造的 RW_{21} 型软席卧车。1954 年至 1959 年期间，四方、大连、唐山、田心（今株洲电力机车工厂）、沈阳等机车车辆工厂和浦镇、西安车辆工厂先后对 YZ_{21} 型座车进行了一些较大的改造，增加了定员，减轻了客车自重。1959 年，浦镇车辆工厂和田心机车车辆工厂对 XL_{21} 型行李车和 UZ_{21} 型邮政车分别改进了设计，使行李车有效容积由 48 立方米扩大为 103 立方米，邮政车自重由 48 吨减为 45 吨。

21 型客车基本上是沿用过去的旧型客车图纸仿造的，尽管作了不少改进，但仍存在经济技术指标落后，舒适性差等缺点。如硬席卧车中铺较低，下铺坐人直不起腰，从 1958 年起即停止生产；其他 21 型车自 1960 年也相继停产。

（二）22（23）型客车。

这类车是 1956 年至 1959 年间开始设计制造的。车体长 23.6 米，宽 3106 毫米，为有中梁薄壁筒体全钢焊接结构。与 21 型相比，这种型式的客车不仅品种增多，而且具有经济指标先进，舒适性好等优点，是到 1985 年仍在继续生产的主型客车。

YZ_{22} 型硬席座车是沈阳和四方机车车辆工厂于 1958 年开始设计制造的。两端有通过台，车内有厕所、洗脸室、乘务员室和锅炉室，中部客室设有 2—3 人座的双面固定式半软座椅，定员 120 名。每一延米长定员为 4.9 人，每一定员所占车体自重为 389 千克。四方机车车辆工厂和长春客车厂后来又根据运用需要，将一部分 YZ_{22} 型硬席座车的一位端厕所取消，改为播音室或茶炉室，并设有车长办公席，定员改为 116 名。长春客车厂还曾在一批 YZ_{22} 型硬席座车中加装了单元式空气调节装置。以后，四方机车车辆工厂又设计了取暖方式为大气压式的 YZ_{23} 型硬席座车。

1961 年，长春客车厂还设计试制了供炎热的南方地区使用的 23 型硬席座车。该车主要是车顶上方又加了一层顶板，以遮挡太阳的照射，并且两层顶板间空气可以自由流通，行车过程中能带走大量的辐射热而降低车顶温度；车内两端增设了淋浴室，中部客室改为 2—2 人座椅，定员为 96 名；另外采用机械强迫通风器，并有冰冷式降温装置，使空气经冷却后进入客室。

22 型卧车有三种，即 YW_{22} 型硬席卧车、RW_{22} 型软席卧车和 RYW_{22} 型软硬卧合造车，分别为四方机车车辆工厂、长春客车工厂于 1956 年、1957 年和 1964 年设计制造的。

YW_{22} 型硬席卧车原为横向三层铺，纵向带双层边铺，定员 77 名。由于过于拥挤，通风不良，边铺既短又冷，使用不便，1966 年重新设计制造了新的 YW_{22} 型硬席卧车，取消了边铺，定员改为 60 名。较 21 型加大了各层卧铺的空间。贯通式侧走廊上设有 18 个翻转座椅和供夜间照明的微光地灯；两端有通过台，车内有厕所、洗脸室、锅炉室和乘务员室。

四方机车车辆工厂于 1956 年设计制造的 RW_{22} 型软席卧车，后来唐山机车车辆工厂和长春客车工厂又作了改进设计。两端有通过台，车内有厕所、锅炉室和乘务员室，后增设了单独洗脸室。中部设包间 8 个，每个包间内有 2 个带靠背的软席下铺和 2 个软席上铺，定员 32 名。采用温水循环独立锅炉取暖，后又增设机械通风装置；将 LK_5 型发电机供电的直流 24 伏白炽灯改为 5 千瓦三相感应子交流发电机供电的 48 伏日光灯照明。

RYW$_{22}$型软硬卧合造车是长春客车工厂于1964年设计制造的，车内有4个软卧包间和4个开敞式硬卧隔间。客室的一侧为走廊，设有活动桌椅。两端有密封式通过台。一位端设有厕所、锅炉房和乘务员室各1个。二位端设有洗脸室和厕所。定员为40名，其中软卧16名，硬卧24名。

RZ$_{22}$型软席座车和RYZ$_{22}$型软硬座合造车为唐山机车车辆工厂分别于1976年和1983年设计制造。软座车客室内设有64个透气性较好的沙发椅，一位端走廊有书报柜，二位端走廊有储藏室；采用燃油锅炉温水循环取暖和自然通风。软硬座合造车有软、硬座2个客室，中间有隔门。软座客室设有32个坐席，硬席客室为58个坐席。一位端设有锅炉房、乘务员室、厕所兼洗脸室以及贮藏柜和书报柜；二位端设有洗脸室和厕所。

CA$_{22}$型餐车原为四方机车车辆工厂于1957年设计制造。定员48名，车内两端各有一密闭式通过台。1963年，唐山机车车辆工厂将一位端通过台取消，增加了贮藏室和更衣室，是为CA$_{23}$型餐车；1963年又曾在中间加上隔墙，将餐车分成两部分。1969年，浦镇车辆工厂又进行了改进，在车的两端设通过门和侧门，以及上开式车窗；餐室端部靠厨房处设有小卖部。餐室定员为48名。厨房内设三眼灶、开水炉、冰箱、米柜、餐柜、洗池、碗柜、煤箱、蒸饭设备等。厨房车顶装有3个天窗和2个排风扇。车内采用双管推挽式逆变器日光灯照明。

XL$_{22}$型行李车是长春客车工厂于1965年设计制造的，1971年转由浦镇车辆工厂生产。行李室容积增大到115立方米，钢板地板上铺设木质离水格子，每侧各有2个开度为1600毫米的全钢双开滑门。

UZ$_{22}$型邮政车是长春客车工厂1965年设计制造的，1973年转由浦镇车辆工厂生产。一位端有密闭式通过台，中部设办公室和卧室。两端各设一间邮件室，总容积为55立方米。办公室内设有钢制信格架、写字台、保险柜和邮政信箱，投信口位于外侧墙窗户的下方。

除上列车种外，还有为市郊旅客运输设计制造的YZ$_{31}$型市郊客车，为广深铁路设计制造的 CA_{23} 型空气调节餐车和 RZ_{24} 型空气调节列车组。这些车的车体外部轮廓尺寸均与 22 型完全一致。

CA_{23} 型空气调节餐车是唐山机车车辆工厂于 1966 年设计制造的。内设空气调节装置，采用燃煤温水循环锅炉取暖；内外墙及顶板间有聚氨酯软泡沫塑料防寒层，并在各梁柱的接触面贴有绒布，以提高隔热、隔音效果。餐室定员 30 人。

RZ_{24} 型空气调节列车组是四方机车车辆工厂于 1966 年设计制造的。由 9 辆软席座车、1 辆软座与餐车合造车和 1 辆行李发电车共 11 辆车组成。车体为有中梁薄壁筒体焊接结构，内表面涂敷石棉沥青浆。车内设有空气调节装置，电热取暖，日光灯照明和宽大的车窗，软席座车客室内有 2—2 人座的可转向的可躺式软席座椅，定员为 64 名。餐车与软座合造车的一位端有通过台、厕所、乘务员室和播音室，厨房和小卖部设在二位端，中部为客室和可供 24 名旅客同时就餐的餐室，客室布置与软席座车相同，定员为 26 名，与餐室有间壁从中隔开。行李发电车的二位端设有 2 台 200 千瓦发电机组，一位端是容积为 72 立方米的行李室。

此外，从 1966 年开始，四方、唐山机车车辆工厂，以及浦镇车辆工厂和长春客车工厂为国际联运设计制造了一批客车。其中有 YW_{18} 型硬席卧车，YW_{18} 型硬席卧车—播音车，RW_{18} 型软席卧车，RW_{19} 型软席卧车，CA_{18} 型餐车及 YW_{22} 型包间硬席卧车等。这些客车的车体长 23.6 米，为国际联运 A 型客车尺寸，车体外部轮廓尺寸与 22 型客车基本相同。该车采用 5 千瓦三相感应子交流发电机供电，用日光灯照明，车内明亮；采用聚氨酯喷涂发泡防寒材料，提高了保温性能，并采用温水循环取暖，在室外温度为零下 47 摄氏度时，车内可保持在 20 摄氏度以上；装有 UD_3 型或 209 型转向架，在高速行驶时，垂直及横向平稳性指标均小于 2.5，改善了运行平稳性。车内两端为通过台、锅炉室，乘务员室、厕所和洗脸室；中部根据不同车种设置不同的旅客包间，YW_{18} 型硬席卧车为 9 个 4 人包间，RW_{18} 型软席卧车为 8 个 4 人包间，RW_{19} 型软席卧车为 8 个 2 人包间。CA_{18} 型餐车定员为 48 名，设有餐室、厨房、贮藏室、盥洗室、配电室及取暖用锅炉室，在靠厨房处有小卖部。YW_{22} 型包间硬席卧车供中朝、中越国际联运用，其主要特点是：两端厕所内设有洗脸池和淋浴设备，中部设有 10 个包间（其一为半个包间），每个包间内有双层半软卧铺 4 个；全车定员为 38 名。

（三）25 型客车。

25 型客车属于轻型高速客车。原规划有硬席座车、硬席卧车、餐车、邮政车和行李发电车等，分别由四方、唐山机车车辆工厂及长春客车工厂和四方车辆研究所设计试制。截至 1969 年，试制了 5 辆硬席座车，1 辆硬席卧车，1 辆餐车和 1 辆行李发电车，组成一列车组，先后在京津和广深线上运用。1978 年至 1980 年间又由有关工厂改进设计，为广九铁路试制了软席座车、软席座车（带播音室）、CA_{25} 型餐车、发电车。这种客车是按照轻、快、稳的要求设计制造的，自重（座车）30 吨，构造速度 160 公里/时，运行平稳性指标不超过 2.5；新车车长为 25.5 米，与中国原有客车相比较，车体长度和宽度均有增加，较为充分地利用了中国铁路的机车车辆限界。在结构方面采用了较多的新技术、新部件和新材料，如普通低合金钢焊接结构车体，KZ_2 型或 209 型转向架，KD_3 型电控分配阀与 GL_3 型三通阀的电空制动装置，机械传动式防滑器、盘形制动、塑料闸瓦，集中控制空气调节装置，4F57B 型半封闭式压缩机，用电热泵或燃油锅炉取暖，380/220 伏三相双回路供电方式和荧光灯照明，硬质聚氨酯喷涂发泡防寒材料，双层密闭式固定车窗等。硬席座车客室内设 2 和 3 人座的可调向半软座椅以及铝管行李架。行李发电车的一位端为行李室，载重量为 13.9 吨，二位端为装有 2 台 200 千瓦发电机组的发电室，1979 年将行李室改装为第二发电室，增设 1 台 200 千瓦发电机组。

中国国产主型座车和卧车的技术参数如表 51 所示。

中国国产主型座车和卧车技术参数

表51

车型	自重（吨）	定员（名）	构造速度（公里/时）	车体长×宽（毫米）	座椅或卧铺排列型式	结构特点	备注
YZ_{21}	44—48	108	80—100	21975×3004	2—3	全钢铆焊组合	
YZ_{22}	42	120	120	23600×3106	2—3	全钢薄壁筒体结构	
YZ_{25}	30	120	160	25500×3204	2—3	低合金钢无中梁薄壁筒体焊接	
YW_{21}	49	54	80—100	21975×3004	三层	全钢铆焊组合	
YW_{22}	46.7	60	120	23600×3106	三层	全钢薄壁筒体焊接	
YW_{22}	58	77	120	23600×3106	三层带边铺	全钢薄壁筒体焊接	
YW_{18}	54	36	140	23600×3106	二层	全钢薄壁筒体焊接	国际联运车
RW_{21}	40.1	28	80—100	22150×3052	单间二层	全钢铆焊	
RW_{22}	48.2	32	120	23600×3106	单间二层	全钢电焊	
RW_{19}	57.5	16	140	23600×3106	双人包间	全钢电焊	国际联运车
RW_{18}	51.1	32	140	23600×3106	单间二层	全钢电焊	国际联运车

二、其他客车

中国制造的客车除以上主型客车外，还有其他客车，如GW_2型公务车，TZ_4型锅炉车，各型试验车，米轨窄轨客车，以及为出口援外专制的客车等等。

GW_2型公务车是唐山机车车辆工厂于1959年开始设计制造的，车内有会议室、主包间、副包间、双人包间、4人包间、卫生间以及厨房。副包间和双人包间均设有办公桌及转椅，各包间均有软席卧铺。全车定员11人。该车使用导框式装有牵引杆的三轴转向架，运行较为平稳。戚墅堰与大连等工厂也生产过公务车。

TZ_4型锅炉车是1960年由四方机车车辆工厂设计、1961年浦镇车辆工厂开始制造的。主要是供内燃机车或电力机车牵引的旅客列车取暖用。车中部为蒸汽锅炉室，装有卧式锅炉1台，室两端有贮煤箱和贮水箱，车一端有工作人员休息室和厕所。

1969年至1971年期间，唐山机车车辆工厂为昆明铁路局设计制造了一批米轨窄轨客车，共有软卧、硬卧、硬座、餐车和行李邮政5个车种。

这5种车的车体结构和外部尺寸以及转向架型式均相同，车体为16米长的全钢焊接结构，转向架为TKZ_1型两轴铸钢一体构架的转向架。只是车内布置不同，硬座车内设有2人双面和单面固定的半软座椅，定员为60人（带播音室或茶炉室的车定员为56人）；硬卧车设有开敞式半软卧铺3层，中铺为下叠式，上、下铺为固定式，定员为36人；餐车定员为26人；软席卧车有5个包间，包间内设上、下铺各2个，下层为固定的，上层为上扬式，定员为20名。

自1953年至1976年期间，为出口援外制造的客车共482辆，4种轨距，17个品种，其中有：四方机车车辆工厂于1962年至1966年为斯里兰卡设计制造了一批轨距1676毫米的16.8米全钢客车，包括二等客车（软席座车）、三等客车（硬席座车）、三等一行李合造车和客运守车4个品种，共134辆。又于1971年至1976年为坦赞铁路设计制造了一批轨距1067毫米的20米客车，包括硬席座车、硬席卧车、硬席卧车（带播音室）、软席卧车、餐车、行李邮政车和公务车7个品种，共102辆。长春客车工厂于1966年至1976年间为阿尔巴尼亚设计制造了一批23.6米的准轨全钢客车，包括硬席座车和行李车共50辆。唐山机车车辆工厂于1953年至1975年为越南设计制造了16米的米轨客车，包括硬席座车、硬席卧车、软席卧车和餐车4个品种共196辆。

各型试验车大都是由RW_{22}型软席卧车按各项试验要求改变设计而成。四方机车车辆工厂和长春客车工厂从1958年开始设计制造动力学试验车，供在线路上进行机车车辆动力学试验用。车内设有试验室、修配室、暗室、配电室、会议室等。1983年唐山机车车辆工厂设计制造了综合性的标准计量试验车。这种车是用来进行铁路各项技术标准的验证和对全路牵引动力试验车的牵引力进行动态标定，以及进行牵引计算、铁路限界、机车车辆和线路动力学等科研项目的试验研究工作，并为国际标准化组织（ISO）技术协作项目提供测试手段，车内有会议室和试验大厅，装有柜式空调机；试验大厅设有12组仪表屏柜和操纵台。装有206型转向架，构造速度为160公里/时。车轴头上分别装有接地铜环装置、光栅测速装置和速度表装置。车底架二位端两侧分别装有工具箱和电缆箱。

三、试验型客车

试验型客车是为提高旅客舒适度和客车技术经济指标而设计制造的探索性产品。1958年至1960年，四方机车车辆工厂与上海交通大学、四方车辆研究所等单位设计试制成低重心轻快列车组。该列车组由8辆硬席座车、1辆可躺式软席座车和1辆行李—发电车10辆车组成。列车外部轮廓呈流线型，重心低，采用无中梁铝合金薄壁筒体结构；相邻两车共用1个高旁承支重的空气弹簧转向架，并用大小两层橡胶风挡联结；装有空气调节装置和集中供电装置；采用了电热取暖、日光灯照明、盘形制动、塑料闸瓦等多项新技术。硬席座车客室两侧设可调向的2人座半软席座椅，两端有制动室、空调室、洗脸室和厕所。可躺式软席座车两端布置与硬席座车相同，客室两侧设有可转向的2人座可躺软席椅。8辆硬席座车因设置不同，其定员也不一，有48名、52名和56名3种。软席座车定员为40名。行李—发电车一位端是容积为20立方米的行李室，二位端设有200千瓦发电机组和40千瓦辅助发电机组各一台。

1961年四方机车车辆工厂又设计试制成双层客车列车组。由5辆硬席座车、4辆可躺式软席座车、2辆软席与硬席卧铺合造车和1辆行李—发电车共12辆车组成。该车较充分地利用中国铁路的机车车辆限界，下层地板为鱼腹型，上层地板为拱形结构，车中央断面下部距轨面257毫米，比YZ_{23}型客车降低615毫米，车顶距限界135毫米，比YZ_{23}型客车高380毫米，具有较大的车内空间，从而可增加定员和提高舒适性。车体为无中梁全钢薄壁筒体结构。厕所、洗脸室、燃煤锅炉室及中间通过台等设于车体两端。客室分上、下层及中层的一部分。硬席座车定员为128名，软席座车定员为88名，软席与硬席卧铺合造车定员为36名。行李—发电车上层为行李员办公室和乘务员休息用的硬席卧铺间，下层有大、小行李室以及厕所和装有 2 套 40 千瓦柴油发电机组的发电室。该车上层客室装设切式自然通风器，下层为机械强迫通风；采用温水循环取暖、日光灯照明、集中供电。用 UD1 型转向架，装有油压减振器、外侧悬挂装置、轴箱弹性拉杆定位装置、盘形制动装置和塑料闸瓦等。

1958 年，四方机车车辆工厂还设计制造了 4 辆东风号双层客车。该车分为上层客室、下层客室及两端通过台三部分。上层客室定员 104 人，下层客室定员 80 人，通过台部分定员 14 人，全车定员为 198 人。该车主要为输送短途及近郊旅客用。原为中国第一列液力传动双层摩托车组，即在 4 辆双层客车的两端各加挂 1 辆动车，每台动车上装有 2 台 B_2-300 型高速柴油机和与其配套的液力传动装置，组成总功率为 882 千瓦（1200 马力）的摩托列车组。后将这 4 辆车编入双层客车列车组。

以上这两组客车各试制了一列，制成后即投入运用，曾受到旅客的好评。但低重心列车由于全列车定员太少，不适宜于中国铁路繁忙的旅客运输，且检修不便，经过一段时间试用后，即停止运行。双层客车运载旅客较多，客室宽敞，座椅舒适，运行平稳，受到旅客欢迎。这列车运行近二十年始停止使用。1985 年浦镇车辆工厂在总结经验的基础上已着手重新设计试制。

四、地下铁道电动客车

为了配合北京地下铁道的兴建，中国机车车辆工业部门从 1959 年开始研究设计和试制地下铁道电动客车。至 1985 年，共制造了地下铁道电动客车 318 辆（其中有一部分供出口）。

1962 年，长春客车工厂开始与唐山铁道学院、株洲电力机车研究所和第一机械工业部湘潭电机厂合作试制 2 辆 DK_1 型地下铁道电动客车，经过多次试验调整，1967 年作为样车交付试运。1969 年，长春客车工厂在 DK_1 型车运行试验的基础上，修改设计并批量生产了 BJ-2 型（DK_2 型）地下铁道电动客车 80 辆，交付北京地下铁道在新中国成立二十周年国庆节通车运用。该车的特点是：车底架带有中央加强杆件，车两侧为3对风动拉门；采用了轴箱鞍形橡胶支承定位和20SiMn铸钢构架的DK_2型转向架。该车投入运用后，发现有以下缺点：车顶自然通风量不足；电气主线路系统过载保护能力不足；车内噪音大；转向架铸钢构架有疲劳裂纹等。

1971年，长春客车工厂又在BJ-2型车的基础上进行改进，设计试制了BJ-3型（DK_3型）地下铁道电动客车，先后共生产了50辆。这种车，在运行可靠性和乘坐舒适性方面有较大的提高。电气主线路系统集中，直流开关和快速熔断器串联组成两级保护；采用半难燃电线电缆和冷压接头，高压电线全部安装在车底架的铁地板下面，尽可能与低压电线分开布置；多数电器箱与车底架之间采用两级绝缘悬吊；车体木梁和木地板都进行了难燃处理，以提高电气装置的安全可靠性和车辆的防火性能。牵引电机和空气压缩机所用电机的结构性能有所改进，空气压缩机采用回转滑片式。加强了车体密封，降低了车内的噪音，车内最大噪音级不超过87分贝。采用机械通风，当车速为40—50公里/时，全车通风量为1.2万立方米/时；车辆静止时，全车通风量为1.5万立方米/时，并可根据需要使客室通风机低速运转。在额定乘员的情况下，客室温度与洞内温度相比，一般不超过3—5摄氏度。转向架为二系弹簧悬挂，采用橡胶节点定位，轴箱带有水平位置的钢簧；加大了铸钢构架侧、横梁相交处的圆弧，减少动应力作用和应力集中现象，提高了动力强度。采用油压式手制动装置，加大空气压缩机供风量。车门由风动改为电磁气阀集中控制。车体为普通低碳钢有中梁的薄壁筒体结构。1973年至1977年为援外出口，在BJ-3型（DK_3型）的基础上设计制造DK_4型地下铁道电动客车112辆。这种车适用于长大坡道上运行，技术性能较好。1982年，长春客车工厂又为北京和天津市地下铁道设计制造了DK_8型地下铁道电动客车58辆。长春客车工厂在铁道科学研究院的配合下，先后于1979年和1983年为北京地下铁道生产了DK_6型和DK_9型电动客车各4辆。DK_6型和DK_9型电动客车的主要特点是：采用斩波调压、SD 型数字式电控制动机等新技术；车内座椅纵向布置；两车连接处加设风挡渡板；车门为齿条传动；空气压缩机为活塞式；采用橡胶水泥复合地板和塑料复合铝制墙板。斩波调压和数字式电控制动机等新技术的应用，是中国地下铁道电动客车动力控制系统的重大技术革新。这种车运行平稳，乘坐舒适，还设有列车无线电话及双工无线电台。

中国国产各型地下铁道电动客车主要技术参数如表 52 所示。

第二节 货车

旧中国的货车绝大多数是吨位小、性能差的通用车，平均载重只有 30 吨左右，而且有的还是无转向架的两轴车，远远不能满足新中国铁路运输发展的需要。新中国成立以来，逐步设计制造了适应多种运输需要的货车，吨位由小到大，品种由少到多，通用与专用结合，逐步增加专用车的比重。已经生产的通用车，如：P_{61} 型棚车、C_{62A} 型敞车和 N_{17} 型平车，载重都是 60 吨，性能和强度都比老旧型车有较大的改进和提高。"六五"期间还试制了载重 70 吨以上的敞车和煤车。此外还设计生产了各种用途的专用货车，例如：运矿粉的低边敞车，运桥梁的平车，运轻油、粘油、酸碱、沥青和液化气等的罐车，冰箱保温车和五节式机械保温车，家畜、家禽车，粉状货物气卸车，散装水泥车，石碴、矿石、粮食和煤炭漏斗车，自翻车以及载重 450 吨、370 吨、350 吨、280 吨等长大货物车。36 年来，共新造各种货车 361073 辆，除不断供给国内铁路运输日益发展的需要外，还有少量出口。

一、敞车

敞车是铁路货物运输中的主要车辆，据 1985 年统计，在货车总数中约占 50%。

表52 中国国产各型地下铁道电动客车主要技术参数

项目	DK$_1$型	DK$_2$型（BJ-2型）	DK$_3$型（BJ-3型）	DK$_4$型	DK$_6$型	DK$_8$型	DK$_9$型
车辆自重（吨）	31	30.5	34	34	34	33.5	34
定员（人）	180（座席60）	180（座席60）	180（座席60）	180（座席60）	180（座席60）	180（座席56）	180（座席56）
编组	可2、4、6辆连挂运行	可2、4、6辆连挂运行	可2、4、6辆连挂运行	可2、4、6辆连挂运行	可2、4、6辆连挂运行	可2、4、6辆连挂运行	可2、4、6辆连挂运行
牵引功率（小时制）（千瓦）	76×4=304	76×4=304	76×4=304	76×4=304	90×4=360	76×4=304	98×4=392
起动加速度（米/秒^2）	1.0	1.0	0.83	0.9	1.0	0.9	1.1
制动减速度（米/秒^2）	1—1.1	1.2	0.87	1.0	1.0	1.0	1.0
缓行时客通过允许最小曲线半径（米）	80	80	80	80	80	80	80
允许通过最大坡度	34‰坡道长400米	34‰坡道长400米	34‰坡道长400米	45‰引入线最大长度2200米	34‰坡道长400米	34‰坡道长400米	34‰坡道长400米
车体结构	普通低合金钢薄壁压型波形地板无中梁结构	普通低合金钢薄壁压型有中梁结构	普通低碳钢薄壁压型有中梁结构	普通低碳钢薄壁压型有中梁结构	普通低碳钢薄壁压型波形地板无中梁结构	普通低碳钢薄壁压型波形地板无中梁结构	普通低碳钢薄壁压型波形地板无中梁结构
传动控制装置	变阻控制器凸轮调压	变阻控制器凸轮调压	变阻控制器凸轮调压	变阻控制器凸轮调压	晶闸管斩波调压	变阻控制器凸轮调压	晶闸管斩波调压
通风换气方式	自然通风，通风量为5000立方米/时	自然通风，通风量为5000立方米/时	轴流风机通风，通风量为12000立方米/时	轴流风机通风，通风量为2000立方米/时	轴流风机通风，通风量为12000立方米/时	轴流风机通风，通风量为12000立方米/时	轴流风机通风，通风量为12000立方米/时

续表

项目	DK$_1$型	DK$_2$型(BJ-2型)	DK$_3$型(BJ-3型)	DK$_4$型	DK$_6$型	DK$_8$型	DK$_9$型
客室照明	交流220伏，15瓦日光灯	交流220伏，15瓦日光灯	交流220伏，15瓦日光灯	交流220伏，15瓦日光灯	交流220伏，40瓦日光灯	交流220伏，40瓦日光灯	交流220伏，40瓦日光灯
座席布置	横向2—1排列有扶手杆	横向2—1排列有扶手杆	横向2—1排列有扶手杆	横向2—1排列有扶手杆	纵向座席有扶手吊环	纵向座席有扶手吊环	纵向座席有扶手吊环
车内噪声级（分贝）	98	98	86	86	86	86	86
制动装置	GL$_3$型分配阀空气制动结合电阻制动	GL$_3$型分配阀空气制动结合电阻制动	GL$_3$型分配阀空气制动结合电阻制动	GL$_3$型分配阀空气制动结合电阻制动	SD型电控制动机空电配合再生制动	SD型电控制动机空电配合电阻制动	SD型电控制动机空电配合再生制动

注：各型车构造速度均为80公里/时，供电电压为直流750伏，受电方式除DK$_4$型为第三轨上下部接触上下部接触外均为上部接触。

50年代初期，中国设计制造了铆接结构的载重为30吨的C_1型敞车，后改为焊接结构。该车为底架承载，钢架木帮结构。1949年至1952年间，齐齐哈尔、武昌、江岸、大连、沈阳、戚墅堰工厂等先后生产过这种车。长期运用后发现这种车的底架强度不足，由1961年起停止生产。

1959年至1960年间，石家庄、哈尔滨和北京二七机车车辆等厂曾制造一批结构与C_1型相类似的载重为40吨的C_6型敞车。投入运用后发现其中梁强度不足，故生产的数量不多。

1952年原铁道部厂务局根据当时装卸条件，在C_1型敞车的基础上设计了载重为50吨的C_{50}型敞车。它是底架承载式钢架木帮混合结构。从1953年由齐齐哈尔车辆工厂试制投产以来，先后扩大到大连等10多个机车车辆工厂生产，到1961年，生产近5万辆。在这期间多次改变设计。1970年至1978年设计制造了新C_{50}型敞车，改变中梁材质和型号，车体四角增加小门，解决"老虎头"卸煤困难；生产了近4万辆。C_{50}型敞车在多年运用中暴露一些问题，主要是中梁强度和刚度不够以及侧柱外涨。

1958年，铁道部组织修改设计，改为单中梁结构底架、桁架式侧壁承载的载重为60吨的C_{60}型敞车。由于车体刚度不够、中梁塌腰、门孔的布置不便于装卸货物等原因，这种敞车仅齐齐哈尔车辆工厂生产了一小批，1960年起停止生产。

1959年齐齐哈尔车辆工厂在总结C_{50}型敞车运用经验的基础上设计了C_{13}型敞车。它的主要特点是缩小了心盘间的距离，加长了牵引梁，使中梁中央断面弯矩减小，载重提高到60吨；为了便于装卸货物，增设了下侧门，取消了侧柱连铁。这种敞车投入运用后，发现中梁横向弯曲变形大，牵引梁下垂甩头。因此，1960年至1961年间，由齐齐哈尔车辆工厂生产一批后，也就不再继续生产了。

1965年由铁道科学研究院、四方车辆研究所、齐齐哈尔车辆工厂联合进行了广泛的调查。并作了结构模拟试验，在此基础上设计了全钢结构侧壁承载的新型敞车，该车采用了高强度低合金钢材，载重为65吨，由株洲和齐齐哈尔两个车辆工厂投入批量生产，定型为 C_{65} 型敞车。在运用中也暴露了端墙强度不足等问题，铁道部决定将其载重量减为 60 吨，容积也相应减少。

1971 年，由株洲、齐齐哈尔和眉山车辆工厂进行联合设计，在 C_{65} 型敞车的基础上，缩短底架，降低车体高度；为了防止端墙外涨，改为压有 4 条横带的端板；为了下侧门摘挂方便，在侧墙板上增加了脚踏，定型为 C_{62} 型敞车。1972 年至 1977 年成批生产了这种敞车。在运用中，由于侧墙刚度不足，出现了变形严重和侧墙开焊等故障，1979 年后停止生产。1973 年齐齐哈尔车辆工厂在 C_{62} 型敞车的基础上，设计试制了车内高为 2 米，侧、端墙及车门均为钢木结构的 C_{62M} 型敞车。这种车在结构上采取了一些加强措施，大大提高了使用的可靠性和承载能力，并能适应机械化装卸要求。1974 年至 1978 年，齐齐哈尔、眉山、大连、戚墅堰等厂均成批生产了这种敞车。

1979 年起，为了节省木材，又在 C_{62M} 型敞车的基础上，设计制造了 C_{62A} 型全钢敞车。这种敞车的结构特点是：中梁采用低合金乙型钢结构，枕梁的心盘座结点也作了改进；侧墙用平侧板加焊人字形斜撑，以固定上侧板并上侧梁；端墙用平端板加焊 3 根补强横带；钩体托梁采用由冲击座直接支承两端，并用螺栓连接等。这样，大大增强了底架、侧墙、端墙和钩体托梁与冲击座的联接强度，提高了承载能力，延长了使用寿命。

1984 年为适应铁路站线股道有效长度和钢轨承重能力情况下开行重载列车的需要，齐齐哈尔工厂研制一种车体缩短为 11 米，车体高度增加到 2.26 米，每延米轨道荷重为 7 吨，采用高强度低合金耐腐蚀钢材制造的载重 61 吨的 C_{61} 型全钢敞车。

此外，1958 年至 1980 年间太原机车车辆工厂和齐齐哈尔车辆工厂还为昆明铁路局设计制造了一批载重 25 吨和 30 吨的米轨敞车。

随着冶金、煤炭、电力工业的迅速发展，一些大型厂矿使用吊车等机械装车，翻车机卸车的日益增多。为适应这种情况，1967 年起，株洲、齐齐哈尔车辆工厂和戚墅堰机车车辆工厂等先后设计制造了载重60吨的CF型高边敞车和C_{16}型低边敞车，供专列编组使用。

1956年，中国还参照苏联图纸，设计制造了一批M_{11}型底开门车（即所谓万能敞车）。该型车的特点是：具有14扇底门及端门，可以装运煤炭等散装货物及某些超长货物。但这种车在平道卸散装货物时，货物容易堵道，清道工作量大，且维修工作复杂，到1959年就不再生产了。从1976年起，对M_{11}型车彻底改造，改为C_{62M}型敞车。

中国国产各型敞车的主要技术参数如表53所示。

中国国产各型敞车主要技术参数

表53

项目	C_1型	C_6型	C_{50}型	C_{60}型	C_{13}型	C_{65}型	C_{62}型
载重（吨）	30	40	50	60	60	65（60）	60
自重（吨）	13.5（15）	16.5	19	17.2	17.7	19.3	20.6
容积（立方米）	35.4	47.8	57	67.4	57.3	75	68.8
每延米轨道荷重（吨）	3.85	5.0	4.91	5.5	5.6	6.07	6.0
车体结构	木墙	木墙	木墙	木墙	木墙	全钢	全钢
构造速度（公里/时）	75	75	100	90	90	100	100

项目	C_{62M}型	C_{62A}型	CF型	C_{16}型	M_{11}型	C_{61}型	C_{38}型（米轨）
载重（吨）	60	60	60	60	60	61	25
自重（吨）	21.2	21.7	20.4	20.7	21.5	23	10.4
容积（立方米）	69.4	71.6	68	50	64.1，*63.1	71.3	31.5
每延米轨道荷重（吨）	6.0	6.1	6.0	6.0	6.04	7.04	3.5
车体结构	木墙	全钢	全钢	全钢	木墙	全钢	木墙
构造速度（公里/时）	100	100	100	100	90	85	45

注：1. C_1型括号数值为铆接结构；无括号的数值为焊接结构。
2. C_{16}型数值系以1978年戚墅堰机车车辆工厂最后修改设计的填列。
3. M_{11}型车的制造年份为1956年至1959年，数值上有*标记者为仅有一个端门的M_{11}型煤车改造后的数值。

二、棚车

棚车是铁路货车中的通用车辆,在货车总数中约占20%左右。主要供运输各种避免日晒和雨雪侵袭的货物。36年来,棚车的制造不论品种、质量、数量都有很大的发展,由小吨位到大吨位,由制造简易的钢木结构棚车到制造全钢棚车。其中有些棚车加上必要的附属设备后,还可运送人员和马匹。到1985年止,共制造了各种棚车近5万辆。

1951年至1953年期间,大连、四方、戚墅堰和齐齐哈尔等工厂曾设计制造过载重30吨的P_1型和P_3型棚车。P_1型棚车的车体是钢骨架外包钢皮内衬木板的结构;P_3型棚车的车体为钢骨桁架式木墙板结构。

1953年起,大连、齐齐哈尔、戚墅堰等工厂先后生产过载重50吨的P_{50}型棚车。这种车为全钢结构内衬木板,车门为钢结构。起初,P_{50}型棚车为全铆结构,后逐步改成电焊焊接结构。

1957年起,齐齐哈尔车辆工厂设计试制了载重60吨、容积为120立方米的P_{13}型棚车,并于1963年至1965年间成批生产了一批。该车车体为焊接结构,侧、端、顶板均采用薄钢板压型,并取消了端柱、斜撑及车顶弯梁等、因而具有自重轻、载重大、结构牢固、外形美观等优点。为了适应散装货物的装卸,在车顶上设有装货口,侧墙下角设有卸货口。齐齐哈尔车辆工厂从1965年起,又设计制造了载重60吨的P_{60}型全钢棚车。其结构基本上与P_{13}型相同,只是取消了车顶的装货口和侧墙下角的卸货口,以防止装载一般货物时丢失货物。

为了便于叉车进行机械化装卸作业,齐齐哈尔车辆工厂于1967年设计制造了门孔宽3米的P_{61}型棚车。其特点是:车门分为两扇,分别向两侧拉开,滑轮装在车门的下方;为了防止木质地板磨耗、折损和着火,采用了钢地板。但采用钢地板后,车内保温差,容易打滑,不适于危险货物及人员、马匹等运输。

1980年起,齐齐哈尔车辆工厂又设计制造了没有侧墙木衬的P_{62}型全钢棚车。这种车取消了运送人员的设施，墙板上的车窗改成固定通气窗，既简化了结构，又避免从窗口丢失货物及窗口漏雨。

另外，太原和齐齐哈尔两厂从1958年生产了一批米轨棚车，供昆明铁路局窄轨区段运用。

中国国产各型棚车的主要技术参数如表54所示。

中国国产各型棚车主要技术参数

表54

项 目	P_1型	P_3型	P_{50}型	P_{13}型	P_{60}型	P_{61}型	P_{62}型	P_{38}型（米轨）
载重（吨）	30	30	50	60	60	60	60	25
自重（吨）	16.5	16	21	22.5	22.2	24	24	12.3
容积（立方米）	63	63	101	120	120	120	120	49.3
每延米轨道荷重（吨）	4.31	4.07	5.07	5.03	5.0	5.1	5.1	3.72
车体结构	外钢内木	木墙	外钢内木	外钢内木	外钢内木	外钢内木	外钢内木顶板	钢架木结构
构造速度（公里/时）	75	75	80	90	100	100		45
特点				有货物装卸口4个		铁地板	铁地板	后改P_{25}型

三、平车

平车在中国铁路货车总数中约占11%—12%。主要供装运钢材、木材、汽车、拖拉机、机械设备和集装箱等，还可装运桥梁等需跨装运输的长大货物。

中国自行设计制造了多种平车，从结构上可分为不设端、侧板的平车，仅有端板的平车及设有端、侧板的平车三种。从载重吨位上可分为30吨、40吨、50吨、60吨和65吨等几种。其中载重60吨和65吨的平车在平车总数中已达80%以上。

50年代曾生产过N_1型平车。该车底架长10370毫米，采用30号槽钢加上、下盖板作为中梁，钢底架上铺设木地板，转向架为30吨拱板型。原设计无活动墙板，后增添了活动的端、侧板。

1952年至1953年间，大连机车车辆工厂设计制造了一批载重40吨N_4型平车。该车的中、侧梁均为55号工字钢，底架长度为12500毫米，设有活动木墙板。

1951年，哈尔滨车辆工厂按照大连机车车辆工厂设计的图纸生产过载重50吨的N_5型平车。该车具有活动墙板，但底架长度只有10370毫米，在装运钢材和木材时，使用范围较窄，故生产了一批后即停止生产。

1952年至1956年间，哈尔滨、大连、齐齐哈尔等工厂按原铁道部机务总局设计的图纸，制造了载重60吨的N_6型平车，底架长度为12500毫米，也具有活动的端、侧板。

1955年至1960年间，齐齐哈尔车辆工厂在N_6型平车的基础上，设计制造了载重60吨的N_{60}型平车，底架长度改为13000毫米。

1956年，齐齐哈尔车辆工厂又设计制造了载重为60吨的N_{12}型平车。这种车的底架分为焊接与铆接两种结构。因没有端、侧板，使用范围受到限制，1958年停止生产。

1960年，齐齐哈尔车辆工厂在N_{60}型平车的基础上，设计制造了N_{14}型平车，其主要特点是：底架由13000毫米改为12500毫米，心盘间距离由9300毫米改为8000毫米；中、侧梁由55号工字钢改为45号工字钢，中梁加焊上盖板。

1965年，齐齐哈尔车辆工厂设计制造了新型平车——N_{16}型平车。1966年至1971年间，齐齐哈尔车辆厂和北京二七机车车辆工厂等大批生产了这种平车，成为中国铁路的主型平车。这种平车的特点是：底架上铺设70毫米的木地板；车两端有全钢焊接的活动端墙板，放倒后可作渡板。由于中、侧梁所用的材料有55号工字钢和H512型钢两种，故其载重量也分为65吨和60吨两种。这种车的集中载重能力小，不能满足一些重型机械及钢筋混凝土桥梁的运输要求；没有侧板，不能装运砂石等散粒货物。

1970年，齐齐哈尔车辆工厂设计制造了N_{17}型平车。1972年转由北京二七机车车辆工厂批量生产。这种平车增设了木质活动侧墙，采用了新的侧板支撑机构；中、侧梁采用56号低合金工字钢，在中梁上加焊上盖板，以增大集中载重能力。

为了专门解决桥梁的运输问题，1960年齐齐哈尔车辆工厂设计制造了3组（6辆）载重68吨的N型多用短平车。这种平车设有转向装置，使用时两辆短平车为一组，两车拉开距离，利用桥梁本身强度，将桥梁的两端各固定于一辆短平车的转向装置上，中间不设游车，专供跨装28米及32米的钢筋混凝土桥梁。车上有活动的端、侧板，必要时也可装运散粒货物。1972年起，北京二七机车车辆工厂设计制造了载重65吨的N_{15}型运梁专用平车。该车为全钢焊接结构，在其底架的中枕梁处装有直径为100毫米的轴，以套装支承桥梁的转向盘。使用时，可用不同辆数（2、3或4辆）组成支距长度为9、18或27米，运载重量在130吨以下的不同长度的混凝土桥梁。

中国国产各型平车的主要技术参数如表55所示。

中国国产各型平车主要技术参数

表55

项　　目	N_1型	N_4型	N_5型	N_6型	N_{60}型	N_{12}型
载重（吨）	30	40	50	60	60	60
自重（吨）	13.5	20	19.3	21.5	18	20.5
每延米轨道荷重（吨）			6.08	6.09	5.61	6.0
车体结构	木墙木地板	木墙木地板	木墙木地板	木墙木地板	木墙木地板	木地板
构造速度（公里/时）			75	80	90	80
特点	有活动的侧、端墙板	有活动的侧、端墙板	有活动的侧、端墙板	有活动的侧、端墙板	有活动的侧、端墙板	平板式

项　　目	N_{14}型	N_{16}型	N_{17}型	N型	N_{15}型
载重（吨）	60	65（60）	60	68	65
自重（吨）	17	18.4	20.4	14.2	15.9
每延米轨道荷重（吨）		5.98	5.70	11.5	9.0
车体结构	木墙木地板	钢端板木地板	木墙木地板	木地板	全钢焊接
构造速度（公里/时）		100	100	90	100
特点	有活动的侧、端墙板，后合并为N_{14}型	有活动端板	有活动的侧、端墙板	有活动的侧、端墙板及转向装置	有转向盘

四、罐车

罐车是装运液体货物的特种车辆，按其用途的不同可以分为轻油罐车、粘油罐车、酸碱罐车、液化气罐车和沥青罐车等；按其结构特点又可分为有空气包罐车和无空气包罐车、有底架罐车和无底架罐车、上卸式罐车和下卸式罐车等。

新中国于成立初期即着手设计制造铁路罐车。1953 年以前是仿照日伪图纸制造的。1953 年以后开始自行设计制造。多年来，经过不断实践改进，使罐车的品种增多，技术性能逐步提高，结构日趋完善。

（一）轻油罐车。

1950 年至 1952 年，大连机车车辆工厂仿照过去遗留下来的图纸制造了载重 25 吨的 G_3 型轻油罐车。原设计为下卸式，在罐体下部装有排油装置，后改为上卸式，从顶部进入孔抽油。

1954 年起，大连机车车辆工厂根据原铁道部机车车辆制造局设计的图纸，批量生产载重 50 吨的 G_{50} 型轻油罐车，这种轻油罐车由大连机车车辆工厂和西安车辆工厂生产了很长时间，中间经过多次改进设计，前后生产的结构不尽相同。罐体分为有空气包和无空气包两种，空气包还有圆形和椭圆形之分；罐体各板由搭接焊结构发展为对接焊结构；底架的结构由铆接改为焊接；转向架由转$_4$和转$_6$型改为转$_{8A}$型；构造速度由原来的 80 公里/时提高到 100 公里/时；制动三通阀由 K_2 型改为 GK 型；车钩也有上、下作用之分；罐带的紧固装置和外梯的安装位置也作了改进。

1958 年，大连机车车辆工厂开始设计制造了载重 52 吨的 G_{60} 型轻油罐车，后转由西安车辆工厂生产，前后生产了近 30 年，其间多次修改设计，早期生产了一批有空气包的，以后均为无空气包结构，罐体也相应加长，罐体容积加大；安全阀由螺纹式改为呼吸式，以后又改为憋压阀；排油装置基本上采用上卸式；构造速度由 90 公里/时提高到 100 公里/时。

1958 年，大连机车车辆工厂曾设计制造了中国第一辆载重 50 吨的

G_{16}型无底架轻油罐车。这种罐车的罐体焊在由牵引梁、端侧梁、枕梁、端梁等部件组焊成一体的小底架上。

1958年,大连机车车辆工厂曾设计制造了载重52吨的G_{60A}型无底架轻油罐车,1971年又在G_{17A}型无底架粘油罐车的基础上改进了设计,进行了批量生产。早期制造的罐体上设有椭圆形空气包,罐体容积为60.79立方米,采用转$_6$型转向架,构造速度为90公里/时。后期制造的取消了空气包,改为进入孔,罐体容积提高到62.1立方米,改用转$_{8A}$型转向架,构造速度为100公里/时;罐体焊在由牵引梁、端梁、枕梁、端侧梁等部件组焊成一体的小底架上,制动装置各吊杆均焊在罐体上。

1965年,大连机车车辆工厂和四方车辆研究所在G_{16}型的基础上,研制了一批容积为80立方米,载重63吨,倾斜底,防腐蚀的G_{19}型无底架轻油罐车。这种罐车的罐体内径为2800毫米,长度为12960毫米,其底部由两端向中央倾斜,斜率为1:40;罐体内壁涂有双组份聚氨甲酸酯防腐层;制动装置各吊杆均焊在罐体上;罐体焊在由牵引梁、端梁、枕梁、端侧梁等部件组焊成一体的小底架上。它是截至80年代中期中国容积最大的轻油罐车。

(二)粘油罐车。

1951年,原萧山和山海关(现山海关桥梁厂)等工厂曾生产过载重30吨的G_4型粘油罐车。其罐体内径为2100毫米,总容积为37立方米,排油装置为下卸式,装有直径100毫米的排油阀,罐体外有保温层。

1957年,大连机车车辆工厂根据齐齐哈尔车辆工厂设计的图纸,试制了载重50吨的C_{12}型粘油罐车。1959年起,大连、沈阳和戚墅堰等厂联合重新设计,并均进行了批量生产,后西安车辆厂也成批生产,并进行改进,主要内容是:底架结构进行了改进;制动装置由K_2型三通阀改为GK型;外梯由罐体两侧移到端部;罐体上取消了空气包;暖气加温装置由保压式改为回气阀,以节约蒸气消耗;转向架由转$_4$型改为转$_{8A}$型。1960年,沈阳机车车辆工厂设计试制了一小批C_{13}型粘油罐车,与G_{12}型的主要区别是取消了加温套，改在罐体内焊装半圆管加热结构。由于制造工艺复杂，卸油不净，洗罐和检修不便等问题，铁道部决定改为轻油罐车。1961年，大连、沈阳和戚墅堰等工厂曾联合设计试制了一小批G_{12B}型粘油罐车，主要是在G_{12}型粘油罐车的基础上，外加150毫米厚的保温层，填充矿渣棉保温，以便缩短卸油时间。在使用中，由于矿渣棉吸水、吸潮及受车辆振动而下沉等原因，使保温性能下降，罐体和底架腐蚀严重，铁道部决定在厂修时将保温层拆除。

1964年，大连机车车辆工厂设计试制了载重52吨的G_{17}型粘油罐车。1966年，大连厂对这种罐车作了较大的改进设计，主要是加长罐体，取消空气包，罐体容积由61.2立方米增加到62.09立方米；下卸式排油装置的操纵由车上改为车下。西安车辆工厂从1966年起也批量生产这种罐车，在生产过程中又多次改进设计。罐体托架部分、排油装置和安全阀等都作了较大改进。空气制动装置部分采用了103型空气分配阀。

1970年，大连机车车辆工厂还设计试制了少量载重52吨的G_{17A}型无底架粘油罐车，编成专列投入运用考验。这种罐车结构基本与G_{17}型相同，只是罐体焊在由牵引梁、端梁、枕梁、端侧梁等部件组焊成一体的小底架上，制动装置各吊杆直接焊在罐体上。

（三）其他罐车。

1954年至1955年，大连机车车辆工厂曾根据原第一机械工业部机车车辆工业管理局设计的图纸，生产过载重50吨的G_{10}型浓硫酸罐车，1958年重新修改了设计，改进的部分是：将底架通长的侧梁改为端侧梁，取消了大横梁，罐体改为对接焊，两侧外梯改为端梯，转向架由转$_4$型改用转$_6$型。罐体顶部除有空气包外，还设有排酸管、进酸管和进风管等。

1967年，大连机车车辆工厂设计制造了载重65吨的G_{11}型酸碱罐车，专供装运浓度为98%以上的浓硫酸或浓度为42%以下的液碱（氢氧化钠）用。1974年转由西安车辆工厂生产。在生产过程中多次修改设计：罐体改用对接双面自动焊接结构，取消了空气包，入孔密封胶垫由耐酸橡胶改为软聚氯乙烯,并在罐体外装有加温套,采用开敞式加温方式,便于卸车。

1969年至1970年,大连机车车辆工厂为北京东方红炼油厂设计试制了一批载重50吨的GL型沥青罐车,专供装运热液状态的60号沥青。这种罐车的罐体内设有火管加热装置,可用喷油管点燃后插入火管内加热使沥青受热,熔化后便于卸车。罐体有150毫米厚的保温层,紧靠罐壁处为60毫米厚的珍珠岩预制块,外层再喷涂90毫米厚的聚氨基泡沫塑料。在罐体两侧下部还有两组测温管,以便插入温度计测量罐内沥青温度。

1976年,大连机车车辆工厂在四方车辆研究所的协助下,设计试制了载重50吨的GQ型液化气体罐车,专供装运压力不超过2兆帕的常温液化气体。这种罐车的罐体是用厚低合金钢板对接焊接而成,呈橄榄形;罐体组焊后要经过严格的X光透视检查和水压试验。排灌系统装配后还要进行气密性试验;罐体焊在由牵引梁、端梁、枕梁、端侧梁等部件组焊成一体的小底架上,为无底架结构;罐顶有进入孔、安全阀、液相阀、气相阀和双管式滑管液位计等。安全阀为弹簧全开式,工作压力为2兆帕;气相阀用于平衡罐内压力;液相阀用于装卸液化气。此外,还装有压力表和铝质遮阳板。

中国国产各型罐车的主要技术参数如表56所示。

中国国产各型罐车主要技术参数

表56

项 目	G_3型	G_{50}型	G_{60}型	G_{16}型	G_{19}型	G_{60A}型	G_4型
类别	轻油	轻油	轻油	轻油	轻油	轻油	粘油
载重(吨)	25	50	52	50	63	52	30
自重(吨)	16.5	19.78	19.92	19.14	20.7	18.53	23
罐体总容积(立方米)	31.3	52.5	62.1	52.5	80.36	62.1	37
罐体工作压力(兆帕)	0.15	0.15	0.15	0.15	0.15	0.15	
每延米轨道荷重(吨)	46	60.4	60.2	68	59	58	
排卸方式	上卸式	上卸式	上卸式	上卸式	上卸式	上卸式	下卸式
构造速度(公里/时)	75	90	100	90	100	100	

续表

项 目	G_{12}型	G_{17}型	G_{17A}型	G_{10}型	G_{11}型	GL型	GQ型
类别	粘油	粘油	粘油	浓硫酸	酸碱	沥青	液化气体
载重（吨）	50	52	52	50	65	50	50
自重（吨）	23.2	22.2	20.2	20.6	19.9	25.53	35.5
罐体总容积（立方米）	52.5	62.1	62.1	28.5	38.3	51.76	110
罐体工作压力（兆帕）	0.15	0.15	0.15	0.2	0.2	0.15	2
每延米轨道荷重（吨）	6.3	6.17	6.03	6.21	7.08	6.3	4.88
排卸方式	下卸式	下卸式	下卸式	上卸式	上卸式	下卸式	上卸式
构造速度（公里/时）	100	100	100	90	100	100	100

五、长大货物车

长大货物车是铁路运输中使用的一种特种车辆，用于装运长大、重型货物。中国自制的长大货物车有凹底平车、长大平车、落下孔车、双支承车和钳夹车等。

中国最早制造的长大货物车是1953年和1959年由大连、沈阳机车车辆工厂先后制造的D_{10}型90吨凹底平车。1967年北京二七机车车辆工厂设计制造过载重100吨的D_{10}型凹底平车，后因强度不够等原因，将旁承支重改为心盘支重，载重也降为90吨，底架改为焊接结构。1973年哈尔滨厂又修改了设计，生产了一批，强度有所提高。这种车车体长20米或19.4米，中间凹底长10米，装有2组三轴转向架。

为了装运重型拖拉机、大型变压器和发电机等货物，1959年，戚墅堰机车车辆工厂设计制造了载重50吨的D_{50}型凹底平车，车底架全长16米，凹底有效长度为8.1米，装有2组转$_8$型转向架。1968年，北京二七机车车辆工厂设计制造了载重60吨的D_5型凹底平车，车底架全长17米，凹底有效长度为8米。随着国民经济的发展，原有的几种凹底平车不能适应需要，因此，1977年，哈尔滨车辆工厂设计制造了载重210吨的D_2型凹底平车。该车由大底架、2个小底架以及Z_{10A}和Z_{10B}4E轴一体转向架各2组等组成，大底架全长23.3米，凹底承载面长度为9米。

为了装运长钢轨、桥梁及各种型钢，1959年起，齐齐哈尔车辆工厂设计制造了一批底架长25米、载重120吨的D_{22}型长大平车，后由齐齐哈尔车辆工厂和北京二七机车车辆工厂等生产。全车有4个转$_8$型转向架，每端的2个转$_8$型转向架用铸钢纵摇枕联接起来，成为4D轴一体转向架。

1974年，哈尔滨车辆工厂设计制造了载重235吨的D_{23}型长大平车。该车采用低合金钢焊接结构，全车由大底架、2个小底架以及Z_{9A}型和Z_{9B}型4D轴一体转向架各2组组成，专供装运合成氨生产装置的大型设备使用。

1975年，齐齐哈尔车辆工厂在D_{22}型的基础上，设计制造厂D_{27}型长大平车，将4D轴一体转向架换成4E轴转向架。这种车如果货物支承在两转向架中心处，可载重150吨。

1969年，株洲车辆工厂设计制造了载重150吨的D_{17}型落下孔车，用于装运冶金、电力、重型机械等重型设备，特别是用凹底车运输而高度超限的高大货物。该车由2组5轴转向架及支承在其上面的装货底架组成。车钩缓冲装置和制动装置均安装于转向架上。底架中部有一落下孔，以降低货物的装载高度，其长度为10200毫米，宽度为2300毫米。

为了装运12万及24万千伏安的大型变压器，1960年，齐齐哈尔车辆工厂在铁道科学研究院等单位协助下，设计制造了D_{20}型280吨钳夹式两节平车。车体为全钢焊接结构，由2节大底架、2个小底架和4组5D轴包板式转向架构成的2节平车组成。装运货物时，将2节车拉开，货物（或货物承载箱）放在中间，把大底架上的销孔与货物下部的销孔用销子连接，上部互相顶住连成一体，使货物本身也成为车辆的构件。

为了整体装运合成氨装置中的合成塔等长大货物，1974年齐齐哈尔车辆工厂设计制造载重370吨的D_{30}型双支承平车。全车由2组凹形平车组成，每组凹形平车有一凹形底架和2组5E轴转向架。在凹形底架的中部设置转动鞍座和卡带，以便固定跨装的机器设备，使2组车联成一体，故又称为双联平车。该车的车钩缓冲装置和制动装置等均装于5E轴转向架上，双联装运时，最大载重为370吨，货物的支承部分的长度一般应在22

米以上。也可单节装运,最大载重为 185 吨。

齐齐哈尔和株洲车辆工厂还分别试制了载重 450 吨和 350 吨的液压多导向的钳夹式长大货物车。

六、漏斗车

漏斗车是装运散粒货物的特种车辆。按用途不同可分为石碴、水泥、矿石、粮食和煤炭等各种漏斗车,按卸货方式可分为重力卸货和气力卸货 2 种,按结构型式又可分为有盖漏斗车和无盖漏斗车 2 种。

K_{13} 型 60 吨石碴漏斗车是西安车辆工厂在上海交通大学的协助下,于 1959 年开始试制,1963 年定型后改由齐齐哈尔和太原等厂生产。这种车是供铁路铺设石碴用的,轨道内外侧均可卸碴,其结构为无中梁的全钢焊接结构,底部中间和两侧各有 2 个卸碴门。采用以风动为主,手动为辅的机械传动开门机构,有 6 个卸碴门,一位端设有工作室,装有 3 个直径为 254 毫米、行程为 200 毫米的双向作用风缸,由 3 个操纵阀控制,两侧卸碴可单独操纵,也可集中操纵。

K_{15} 型 65 吨水泥漏斗车是重力卸货的有盖漏斗车,专供运输散装水泥用,是 1959 年齐齐哈尔车辆工厂在戚墅堰机车车辆工厂设计试制的 T_4 型水泥漏斗车的基础上设计试制的,于 1965 年定型投入批量生产。该车为全钢焊接结构,枕梁与横梁间有 2 个倾角为 50 度的漏斗,下部共有 4 个卸货口,用抽板式齿轮条传动,人力开闭。车顶采用人字形压筋顶板,有斜对称布置的 4 个圆形仓口,其中 2 个为装货口、2 个为收尘口。后修改设计,车顶改为无压筋的圆弧形顶板,增设走台板,沿车顶中心线有 2 个装货口和 1 个直径加大的收尘口。

株洲车辆工厂在四方车辆研究所等单位的协助下,于 1967 年起设计制造出 K_{16} 型 95 吨矿石漏斗车,专供矿山至炼铁厂受料槽之间运送矿石用。车体为低合金钢和碳素结构钢焊接结构,两端墙的倾角为 50 度,底架构成 4 个对称区,设 4 个卸货口,并装 4 扇底门,矿石块在 400 毫米以下者均能顺利卸净。车体两端有2组底门操纵机构，曾采用电控风动，后改为机控风动控制，可使列车边走边卸。

1978年，眉山车辆工厂为海南铁路设计制造了K_{60}型载重60吨的底开门铁矿石漏斗车。该车为侧壁承载的全钢焊接结构，有4个底门，用2个直径为356毫米双向作用风缸通过齿条、齿轮带动大刀式杠杆开闭。

K_{17}型60吨粮食漏斗车是1970年齐齐哈尔车辆工厂设计试制的，于1974年转由太原机车车辆工厂生产时进行了局部修改，1979年戚墅堰机车车辆工厂生产时又作了较多的修改。这种车是运输散装粮食的有盖漏斗车，载重60吨。车顶有走台板和4个装货口（后改为6个），装货口盖上装有滚轮，可在导轨上转动，用人力推拉即可开闭，并有压锁装置。粮食可通过输送带或受料装置从车顶装货口装入。底部有3个卸货口，有手拉板式的开闭机构。

1967年齐齐哈尔车辆工厂试制的K_{18}型60吨煤炭漏斗车，1971年定型后投入批量生产。江岸车辆工厂和电力部也生产过这种车。在生产过程中进行过多次修改设计，并派生出K_{18F}型、K_{18S}型和K_{18DG}型等车型。该车车体为侧壁承载全钢焊接结构，分成4个漏斗，每侧有2个底门，底架下面有2套双向作用风缸的传动装置和自锁装置，开闭底门。自动卸煤采用压缩空气为动力的风控风动系统，装有边走边卸阀、作用阀、变位阀等，同时还装有手动卸车机构。在有受料坑的条件下，可以停车卸煤、边走边卸、逐车卸煤或几辆、成列同时卸煤。适用于固定编组、循环使用、货源充足、定点装卸的厂矿企业运输煤炭。

1977年，齐齐哈尔车辆工厂在兰州铁道学院的协作下，又设计试制了载重73吨的K_{70}型煤炭漏斗车，从1978年开始小批生产。这种车也是用来编组成固定列车，专门运输煤炭的。该车结构与K_{18}型漏斗车基本相同。采用了103型分配阀、407毫米制动缸、两级空重车自动调整器，以及E轴、复式制动、滚动轴承转向架和螺杆式闸瓦间隙调整器，每延米轨道荷重提高到6.8吨。

粉状货物气卸漏斗车是齐齐哈尔车辆工厂于1968年，在四方车辆研究所协助下设计试制的，原为上卸式U_{XY}型粉状货物气卸车。后转由沈阳机车车辆工厂生产。1977年，江岸车辆工厂与四方车辆研究所合作，在此基础上，又设计试制了U_{60}型下卸式粉状货物气卸车。这两种车都属有盖漏斗车，专用于装运水泥等粉状货物。U_{60}型粉状货物气卸车为下卸式，载重60吨，由3个立罐组成，罐体底部为气室，卸料时，压缩空气通过气化装置使水泥流态化，然后由罐内的压缩空气把水泥输送出去，输送高度为30米、距离为100米、速度为2—2.6吨/分。3个罐可同时输送，每个罐的容量为20吨，只需7—10分钟即可卸完。

此外，1966年，齐齐哈尔车辆工厂还为斯里兰卡设计制造了一批载重36吨的四轴石碴漏斗车。1971年，齐齐哈尔车辆工厂为冶金部门设计制造了9辆载重60吨的石灰漏斗车，专供厂矿企业运输块状石灰用。1981年，眉山车辆工厂还设计试制了2辆载重60吨K_Y型盐漏斗车。1983年株洲车辆厂为宝山钢厂试制了2辆载重60吨的石灰漏斗车，供装运石灰石和其他矿石用。

七、自翻车

自翻车是用于运送矿石、剥离岩石、砂石、煤炭及其他散粒货物的特种车辆。在备有漏斗、平洞溜井、电铲或其他机械化装卸设备的卸车场地，于指定的卸货地点，操纵操作阀，凭借压缩空气使倾翻缸将车厢顶起，倾斜45度左右，一次翻卸全部货物。自翻车原由第一机械工业部大连工矿车辆厂生产，1960年起，转由哈尔滨车辆工厂生产。该厂在原大连工矿车辆厂生产的K_1型60吨自翻车的基础上，设计试制载重60吨的KF-60型自翻车。车体为全钢铆焊混合结构，两侧装有活动侧门，车上装有风动翻车装置，车身可翻倾45度；由于侧门是随着车箱的翻转而自动打开，全开角度较晚，既不能充分利用车辆限界，倾卸稳定性也较差，容易发生倾覆事故。1962年根据出口的需要，在KF-60型的基础上制造了

KF-68型自翻车。

1967年,哈尔滨车辆工厂和四方车辆研究所合作,为攀枝花钢铁公司设计制造了KF-100型100吨液压自翻车。车体为15MnV低合金钢铆焊混合结构。走行部采用铸钢一体3E轴转向架和塑料闸瓦。用油压作倾翻动力,车身可翻倾45度;连杆式开门倾翻机构,倾翻至26度即可全开门卸货,倾翻运动平稳。

1973年,哈尔滨车辆工厂还设计试制了载重70吨的KF-70型自翻车。风动翻车可倾斜40度;侧门采用吊板式4连杆开闭机构,侧板折页用销轴连接,当车厢倾翻20度时侧门全开,车门与地板平行,做到提前卸货,提高了车辆倾翻时的稳定性。但倾翻后复原性能较差,开闭机构各销轴受力较大,故未投产。

1978年,哈尔滨车辆工厂针对KF-60型和KF-70型自翻车在设计结构上存在的问题,作了较大的改进,设计试制了KF-65型载重65吨自翻车。改进了车厢和侧板的结构,使车厢和侧门的强度和刚度都有了较大提高;采用由短折页、支肘、摇臂、滚子等组成的新的开闭机构,能使侧门提前到20度全开;增大了折页在正常位置的自锁力臂,改善了复原性能,提高了倾卸稳定性。

八、保温车

保温车(又名冷藏车)是运送易腐货物的专用车辆。中国自制的保温车有冰箱保温车和机械保温车组2种。

早在1950年,大连机车车辆工厂曾生产25吨冷藏保温车。1952年,萧山铁路工厂曾制造过一批B_5型车顶冰箱保温车,沈阳机车车辆工厂制造过一批B_{10}型冰箱保温车。1953年,萧山铁路工厂并入武昌车辆工厂并定点为制造保温车的专业工厂,当年设计制造了一批B_4型车端冰箱保温车。1954年,改进设计,扩大冰箱容积,加装遮阳板,为B_3型保温车。以上几种保温车的车体强度低,车体隔热性能差,车内温度不均匀,1954

年后都不再生产。1955年,齐齐哈尔车辆工厂设计,武昌车辆工厂试制生产了B_{11}型30吨冰箱保温车,是木墙结构,隔热材料为尿醛泡沫塑料;车顶有6个冰箱,装冰6吨作为冷源,气温为35摄氏度时,车内温度为零下7摄氏度;冬季可利用中部的安全火炉进行加温;车顶有可以启闭的通风口,用来换气和调节温度,并装有压力式温度计,可在车外观察车内温度。

1959年武昌车辆工厂设计制造B_{12}型40吨冰箱保温车。经多次改进,于1968年又设计制造了B_{12A}型冰箱保温车,载重仍为40吨,全钢焊接结构,车顶设有8个冰箱,容量为11.36立方米,采用新型密封式保温滑门,车体保温性能良好。1980年又开始设计制造B_6型冰箱保温车,1981年正式批量生产。该车车体采用全钢焊接结构,内墙和下层地板用镀锌钢板,内顶板为防锈铝板,上层地板为木板,表面贴有橡胶板,采用硬质泡沫塑料隔热;车顶有7个鞍形冰箱,其下部装有玻璃钢的循环挡板;车门和冰箱盖均为钢板和玻璃钢框混合结构,采用装有无轴箱圆锥滚动轴承的转$_{8B}$型转向架。该车自重34吨,载重45吨(包括装冰)。

1964年,武昌车辆工厂在四方车辆研究所的配合下,设计试制了第一列JB_5型机械保温车组。1977年在此基础上改进设计,试制了B_{19}型5节式机械保温车组。后经多次改进,于1978年投入小批量生产。该车组由1辆发电乘务车和4辆保温车组成,采用集中供电,分车制冷,具有制冷、加温、恒温、融霜和通风5种功能,气温在零下45—40摄氏度时,车内温度可调范围为零下18—15摄氏度。每辆保温车载重为40吨。

中国自制的货车除以上8种外,还有守车、家畜车、家禽车、危险货物专用车、零担办公车和特种棚车,以及为工矿企业制造的专用车等。并为援外和出口的需要,设计制造了多种货车。

第三节 轨道吊车及其他专用车辆

机车车辆工业在努力发展客货运输车辆的同时,还为铁路货物装卸、事故救援、轨道检测、线路养护和施工机械化提供了一些铁路专用的车辆。

一、装卸、救援用轨道吊车

在五六十年代,大连、戚墅堰机车车辆工厂和齐齐哈尔车辆工厂等先后制造过15吨、45吨、60吨蒸汽轨道吊车,其中203型15吨吊车备有吊钩和抓斗,门以调换使用,适用于铁路站、段和工地以及厂矿企业装卸整体或散粒货物,60吨蒸汽吊车备有空气制动装置和手制动装置,可联挂在运行列车上,主钩在回转半径5.2米时可起重60吨,扬程为8米;副钩在回转半径10米时可起重15吨,供装卸重大货物和事故救援用。

1970年齐齐哈尔车辆工厂设计试制了QNY1001型100吨内燃液力轨道吊车。该车装有2台6135型柴油机和2组5015410型液力变扭器,可进行无级调速;采用全液压的支架梁;车下有2台三轴转向架,由万向轴成组驱动;装有15米长的吊臂,主钩在回转半径5米时可起重100吨,副钩在回转半径6.5米时可起重25吨,并配有装吊臂的专用平车。1978年又改进设计,定型为QNY1002型,更便于驾驶操纵和维护检修,起重性能也有所提高。这种车适用于列车颠覆事故的救援和重大货物的装卸。该厂并于1971年至1975年间,为坦赞铁路设计制造了QNY601型和0NY602型60吨内燃液力轨道吊车。

此外,武昌和江岸车辆工厂分别从1970年和1977年开始生产以汽油发动机作为动力的1吨叉车和1吨电瓶叉车。武昌厂还生产了TN420型牵引车供站台装卸货物和牵引行李拖车用,可牵引载重1吨的行李拖车6辆。

二、线路养护和施工用车辆

在这类车辆中,哈尔滨车辆工厂于1955年曾设计制造了2辆除雪车。沈阳机车车辆工厂从1965年起和西南铁路建设工地指挥部及成都铁路局共同设计制造了250米长钢轨列车组。全列车共25辆，其中用于长轨锁定和列车供电的首车1辆，用于存放长轨的中车（Ⅰ）21辆，用于卸轨及回收旧轨作业的中车（Ⅱ）和作业车各1辆，用于指挥、宿营和卸、收钢轨导向的尾车1辆。这种车适用于新建或大修铁路铺设无缝线路时运送250米长钢轨之用，列车上下两层可装250米长钢轨32根。

沈阳机车车辆工厂又于1969年试制成功TYD-16型道碴自动捣固车。它以柴油机为动力，利用机械和液压传动，通过电控和风控使捣固镐插入道砟内，在振动力和夹紧力的作用下，将道砟捣固结实，该车具有独立的走行系统，由柴油机驱动，可以变向及变速，在区间运行。

此外，1965年，西南铁路建设工地指挥部为了适应成昆线的修建需要，从武汉工程机械厂等单位抽调设计人员配合大连机车车辆工厂设计试制了中国第一台简支梁式的66型架桥铺轨机。经过运用试验和反复修改，1970年至1972年间由戚墅堰机车车辆工厂、武汉工程机械厂、大连起重机器厂、大连机床厂等单位和大连机车车辆工厂协作，共同设计制造了6台，并定名为胜利型架桥铺轨机，可用于架设长31.7米、重130吨的钢筋混凝土梁片，或长25米的每米50千克钢轨和钢筋混凝土轨枕组成的轨排。

1970年至1971年间，为援建坦赞铁路，铁道部援外办公室组织有关单位联合设计，由大连机车车辆工厂生产了东风$_1$型架桥铺轨机和东风$_2$型铺轨机共3台。东风$_1$型用于架设长32米、重37.5吨的钢梁和铺设长25米的轨排。东风$_2$型可铺设长12.5米的轨排。

三、检测车辆及发电车

早在1952年，唐山机车车辆工厂曾为工务部门设计制造机械传导式轨道检查车。1969年，该厂改进设计，制造了电气轨道检查车，采用电气传导计算检测信号，笔式记录仪和陀螺地平仪，可自动连续检测轨道的轨距、接头、高低、三角坑、水平、曲线方向和车体摆动，并记录列车速度和轨道标记，较机械传导轨道检查车提供更多的检测项目，准确程度更高。

为了及时准确检定轨道衡的需要，武昌车辆工厂于1970年开始，先后研制成25吨、30吨、40吨和50吨4个等级的T_6型检衡车。这种车可供单节或多节联挂用，具有以静态实载法检验25吨以上轨道衡的功能。

四方和戚墅堰机车车辆工厂从1969年开始先后设计制造了200千瓦发电车。四方厂生产的为TZ_2型，戚墅堰厂生产的为T_{10}型，车内均设有发电机室、操纵室、卧车、生活间和厕所等。发电机室车顶有吊装孔，室内装有6250型柴油机和与之配套的200千瓦同步三相交流发电机组。操纵室有配电装置。这种发电车可供铁路沿线工程施工的照明和动力用电。

1958年起，齐齐哈尔车辆工厂和长春客车工厂先后为水利电力部设计试制过LDQ-1型和LDQ-2型电站列车车辆。1973年转由大同机车工厂生产。该厂在原有基础上进行修改设计，从1974年起正式生产，其所用锅炉、汽轮发电机组及配电、冷凝和水处理等装备由第一机械工业部设计制造配套，由水利电力部安装组成LDQ-3型6000千瓦电站列车。它可作为流动电站，供缺电地区建设所需的动力和照明用电。

1964年至1966年间，齐齐哈尔车辆工厂还参与设计制造了为6000千瓦燃气轮电站列车配套的柴油机车厢和配电车厢（发电车厢为江南造船厂设计制造）。这种电站列车机动灵活，调迁方便，发电准备时间短，能在高原沙漠等缺水地区使用，先后共制造了3列。

第四节　车辆主要部件的生产及发展

一、转向架

（一）客车转向架。

目前中国自制的客车主型转向架有：101（102）、201和202型。还有一些数量不多的新型或试验型转向架，如206（207）型、208（209）型、U型、KZ型和L_{78}型。

101型转向架是1953年在旧型转向架的基础上设计制造的，至今仍在支线客车上广泛应用。其主要缺点是：结构复杂，导框磨耗大，均衡梁笨重，板簧检修不方便。因此，1960年以后，基本上停止生产。属于这类转向架的还有102型（铸钢铆接组合构架）和103型（D轴）。

1956年仿照苏联LIMB型无导框式转向架设计制造的201型D轴转向架，采用无导框式轴箱弹簧装置，结构比较简单，零、部件强度大，作用安全可靠；但重量大，运行性能差，采用非标准D_1轴，因此于60年代被经过改进的同类转向架203（D轴）、204（D轴、焊接构架）和205型（D轴，卷耳式椭圆弹簧）所取代。

202型转向架是1958年设计制造的C轴转向架，后经多次修改设计，于1972年定型。它的主要特点是：采用油压减振器与圆弹簧组成减振装置，改善了转向架的垂直振动性能；采用导柱式轴箱定位装置，防止转向架的蛇行运动，改善了转向架的横向振动性能。由于202型转向架结构简单，检修方便，运行性能较好，到80年代中期仍是大量生产的主型C轴客车转向架。

1960年，四方机车车辆工厂设计试制了UD_1型（双客U型）转向架。这种转向架采用U型构架、小拉杆式轴箱定位装置、小摇动台、构架外侧悬挂。又于1964年设计制造UD_2型，1965年设计制造KZ_1型（C轴，轴箱圆簧单卷置于轴箱顶部），1971年至1972年设计制造UD_3（UD_4）型等。UD_3型的主要特点是：U型铸钢构架，导柱式轴箱定位装置，小摇动台，双片吊环式单节长吊杆，构架外侧悬挂和大静挠度，枕簧上支承面加高。试验表明，在140—160公里/时速度内具有良好的运行性能。已定型生产，命名为206（207）型转向架。206型为D轴准轨转向架，207型为D_1轴宽轨转向架。

浦镇车辆工厂在有关方面的协作下，于1974年设计制造了兼有202型和U型转向架的技术特点的转向架，试验表明，在140公里/时速度内具有较好的运行性能。它装用C轴及相应的弹簧装置时定名为208型C轴转向架；装用D轴及相应的弹簧装置时称为209型D轴转向架。

1965年,为了研制25.5米轻型高速客车,四方机车车辆工厂在四方车辆研究所的配合下设计制造 KZ_2 型空气弹簧转向架。这种转向架采用无摇动台的摇枕—系膜式空气弹簧支悬、旁承支重、球形轴箱定位、盘形制动和防滑器等新技术,结构简单,重量轻,高速行驶时具有较好的运行性能。

1978年,根据铁道部关于设计适用于速度为160公里/时的客车转向架的决定,四方机车车辆工厂、长春客车工厂和四方车辆研究所等单位于1979年设计研制出 L_{78} 型高速客车转向架,长春客车工厂还设计研制成SP型高速客车转向架。这两种转向架均处于运用试验中。

(二)货车转向架。

50年代初期生产的货车转向架是仿照旧有图纸制造的拱板组合式转向架,随着货车载重的加大和运行速度的提高,其强度、刚度、弹簧装置性能及构造速度都不能适应需要,于是逐步过渡到铸钢转向架。最初制造的有转$_1$、转$_3$、转$_4$和转$_5$等型号,侧架和摇枕都是铸钢的,强度和刚度显著增大,除转$_1$外,都可用于大载重货车。这类转向架不仅检修不便,而且弹簧静挠度较低,缓冲、减振性能较差,不能满足高速运行的需要。

1956年齐齐哈尔车辆工厂开始设计制造D轴转$_6$型导框式转向架。其弹簧装置是用圆簧和板簧混合组成,用导框式结构代替了轴箱联结结构,拆装方便,便于检修;但构造速度仅为90公里/时,而且由于侧架高度不够而不能通过机械化驼峰。为此,又在此基础上制造了新转$_6$型和转$_{6A}$型转向架,但仍有一些不足之处,都停止生产了。

1958年齐齐哈尔车辆工厂在铁道科学研究院的配合下设计试制成转$_8$型转向架。它保留了导框式铸钢侧架的优点,改进弹簧装置,增加斜楔式摩擦减振器,高速运行时平稳性较好。后又进行了改进,设计制造了转$_{8A}$型转向架和装有双列圆锥滚动轴承的转$_{8B}$型转向架,其构造速度达到100公里/时,截至80年代中期一直是货车的主型转向架。

武昌车辆工厂和唐山铁道学院合作,从 1965 年起研制转$_9$型 B 轴转向架。其侧架为曲梁式,增加了弹簧的高度,提高了弹簧静挠度,振动性能大为改善。武昌车辆工厂根据运用中出现的问题,后又进行了全面修改设计,1974 年确定为货车 B 轴主型转向架。由于制动杠杆有垂直和倾斜两种形式,有转$_{9A}$型和转$_{9B}$型之分;采用滚动轴承后又有转$_{9A}$滚型和转$_9$检型 2 种。

1969 年北京二七机车车辆工厂对 30 吨旧型转向架进行改造设计,定名为转$_{10}$型转向架。它是在转$_9$型转向架的基础上,考虑充分利用原有转向架配件,采用曲梁组合式铸钢侧架,两端焊有轴箱托板,用螺栓与原有的轴箱紧固;在侧架和摇枕间装设直顶式摩擦减振器。

此外,1965 年以来,齐齐哈尔车辆工厂在四方车辆研究所等单位配合下,研制了老曲梁、66 型、67 型、69 型、改 69 型等新型转向架,以及采用 20SiMn 铸钢侧架、摇枕和 197730 型无轴箱滚动轴承、轴重为 25 吨的 2E 轴转向架。

二、车辆制动机和车钩缓冲装置

(一)客车制动机。

中国铁路客车原来所用的制动机主要是 LN 型,其特点是:采用 L 型三通阀和 N 型制动缸,另有副风缸、辅助风缸、自动间隙调整器和紧急制动阀。其性能虽较旧型客车所用的 PM 型制动机好,但对于编组 13 辆以上的列车施行列车紧急制动时,作用不良,列车运行速度为 100 公里/时,平道制动距离往往超出 800 米。

为了提高制动机的作用性能,天津机车车辆机械工厂和四方车辆研究所等单位在原 GL$_3$ 型三通阀的基础上,研制了 GL$_3$ 型三通阀。主要是改进了紧急放风部分和滑阀,提高了紧急制动的灵敏性和可靠性,缩短了列车的紧急制动距离,提高了行车的安全性。自 1966 年起,新造客车全部装用 GL$_3$ 型三通阀。

但 GL_3 型三通阀仍用滑阀和涨圈结构，其制动波速低，灵敏度差。因此，铁道科学研究院和齐齐哈尔、眉山车辆工厂等单位又研制了104型客车分配阀，1976年定型生产，在客车上推广使用。

（二）客车车钩缓冲装置。

中国铁路原来确定1号车钩为客车标准型车钩，由于列车牵引吨位和运行速度不断提高，这种车钩受强度所限已不适用。1957年又设计制造了15号车钩，这种车钩的静拉强度为1700千牛，比1号车钩有了提高，安装于中国自制的新型客车上。

中国大部分客车使用1号缓冲器，重106千克，最大作用力540千牛，行程63毫米，缓冲容量为1.4万焦耳。这种缓冲器也随着列车牵引吨位和运行速度的提高而不适应运用的需要了。四方车辆研究所先后研制了几种结构形式的客车橡胶缓冲器，重量在80千克左右，容量为1.8万—2.2万焦耳，最大作用力为1000千牛左右，行程76毫米，已在各型客车上进行运用考验。

（三）货车制动机。

截至80年代中期，中国铁路货车所用的空气制动机主要为K型和GK型两种。其中GK型已在70%以上的货车上装用。

K型制动机采用K_1型、K_2型三通阀。由于制动缸和副风缸的结构不同，又分为KC型和KD型两种，KC型的制动缸和副风缸是用螺栓组成一体的，KD型是用一根钢管联结。由于这种制动机在紧急制动时，制动缸充气太快，车辆冲击大，而且没有空重车调整装置，重车时常用制动的制动力太弱。为此，齐齐哈尔车辆工厂于1957年设计制造了GK型制动机，采用GK型三通阀，增设了空重车调整装置，加大了制动缸和副风缸，改善了常用制动和紧急制动的性能。

齐齐哈尔和眉山等车辆工厂会同铁道科学研究院研制了一种新型制动机，采用了103型货车空气分配阀，加装了1个容积为11升的工作风缸，1978年定型，已在一些货车上装用。

（四）货车车钩缓冲装置。

50年代以2号车钩为货车标准型车钩，其静拉强度为1600—1800千牛。随着列车牵引吨位的不断提高，于60年代又设计制造了13号车钩，其静拉强度可达2200—2400千牛。戚墅堰机车车辆工厂在上海交通大学和戚墅堰机车车辆工艺研究所的配合下，研制了普通低碳钢23号车钩和ZG24SiMnTi低合金高强度铸钢13号车钩，其静拉强度均达到3000千牛以上，可适应近期重载列车的需要。

中国铁路货车使用的主型缓冲器原为2号和3号缓冲器，其容量分别为2.3万—2.4万焦耳和1.8万—2.0万焦耳。为了适应列车牵引吨位增长和运行速度提高的需要，天津机车车辆机械工厂在四方车辆研究所的配合下，于1968年设计制造了MX–1型摩擦橡胶式缓冲器，其容量可达4万焦耳左右。

三、客车采暖、空气调节和照明设备

（一）客车采暖设备和空气调节装置。

1958年以前，中国铁路客车大多数采用蒸汽取暖，客室内采用大气压式蒸汽散热管，厕所和洗脸室采用直压式蒸汽散热管，由牵引列车的蒸汽机车供汽。这种取暖方式存在升温快，降温也快，而且列车首尾温差较大等缺点，随着车厢加长，牵引辆数增多，机车供汽更显得不足。

独立燃煤锅炉温水取暖装置原来是用在公务车和特种车上，后又逐步用于软席客车和餐车等客车上，1959年以后，才开始在22型客车上大量装用。这种取暖装置的设备比较简单，管系与大气相通，锅炉压力不超过大气压力，水温不高于100摄氏度，温度比较适宜。缺点是：重量大，预热时间长，散热量不高，管理复杂，耗费劳力较大，影响车内卫生。

1966年以来，四方车辆研究所又会同长春客车工厂等单位研制成功燃油锅炉，1970年定型为70–51型燃油锅炉，1972年正式批量生产。这种锅炉体积小，重量轻，加热速度快，自动化程度高，清洁卫生，在正常使

用时又无明火，比较安全。但结构比较复杂，耗电量较大，检修和管理都比较麻烦。为此，四方车辆研究所又研制了一种性能较好的新型立式燃油锅炉。

1958年起，曾在低重心轻快列车上采用电热取暖装置，以后又用于25.5米轻型高速客车和广深线空调列车上。这种装置是在空调通风道内装设电气热风器和在窗下地板面上装设辅助电加热器，由发电车集中供电。具有重量轻，占地小，安装简单，使用方便，加热速度快，清洁卫生等优点。不足的是：空气比较干燥，耗电多，在非电气化线路上需专挂发电车供电。为了解决空气干燥问题，曾在低重心轻快列车上试装喷雾加湿装置，但设备复杂，耗水量大。

1980年以来，四方车辆研究所与石家庄车辆工厂合作，研制了$BF_{10 \times 10}$和$BF_{10 \times 12}$等两种客车半封闭螺杆压缩机空调机组，经运用试验表明：这两种机组容量大，体积小，重量轻，振动小，运用可靠。结合中国的具体情况，干线空调客车以采用夏季空调降温，冬季温水锅炉采暖，春、秋两季开窗通风方式较为经济。

（二）客车供电装置。

中国铁路仅在少数旅客列车上装设柴油发电机组集中供电。广泛采用的是蓄电池和直流车轴发电机并联使用的供电方式，即30年代的L型供电装置，重量大，结构复杂，材料消耗多，检修维护不便，而且容量小，电压不稳定，不适应新型客车用电量日益增加的需要。天津机车车辆机械工厂、长春客车工厂和四方车辆研究所等单位从1964年起研制交流车轴发电机供电装置。1965年至1966年，长春客车工厂曾研制过供单节空调车用的30千瓦车轴交流发电机和7千瓦KJF－2多极型无触点交流发电机及其供电系统。1970年为统一供电方案，进行了交一直流供电装置的联合设计。这种装置包括KFT－1型5千瓦三相交流感应子发电机、KP－2A型交流客车发电机配电箱和轴端三角皮带传动机构等。由三相交流感应子发电机产生交流电，通过配电箱中的硅整流器变成直流电，向列车上各种直流负载供电和向蓄电池充电。它具有体积小、重量轻、无触点、无转动绕组、结构简单、检修方便、坚固耐用、输出容量大等优点。此外，还研制成功集中式和单灯的逆变器，干线旅客列车已普遍采用交流荧光灯照明。

为了克服发电机容量大，输出电流增大而造成的不良后果，1972年开始将供电电压由24伏制改为48伏制，原来两组并联使用的蓄电池改为串联使用。国内直快列车上都已统一采用48伏供电制。四方车辆研究所在此基础上进一步研制了KJF–3型交—直流供电装置，该装置的发电机为3千瓦交流感应子发电机，采用大功率三极管控制输出电压，以便于加速由24伏制向48伏制过渡。

第二十一章
机车车辆修理

第一节　机车车辆修理的计划与组织

机车车辆经过一定时期的运行后，必须进行定期的厂修和段修，以及不定期的临时修理和事故修理，以恢复其应有的技术状态和运行性能。中国铁路管理部门规定机车车辆工业首先要生产足够的配件，保证运用维修的需要，然后在搞好修理的基础上力争多造车，造好车，搞好产品更新换代，推动技术进步。在33个机车车辆工厂中，有24个工厂承担着机车车辆修理任务。

根据铁道部的现行规定，机车车辆修理分厂修和段修两种修程。除另有规定外，前者由各机车车辆工厂分工承担，后者由各铁路局所属的机务段和车辆段负责。

另外，机车车辆在运用中，如发现原设计有需要改进的地方，或使用部门提出新的要求，需要进行技术改造时，由铁道部的运用管理部门（机务局、车辆局）、科技管理部门和工业管理部门共同商定，列为加装改造项目，由设计主导厂统一设计，并向承修工厂提供施工图纸，在厂修时一并进行加装改造。有关制造工厂对修理工厂和运用部门提出的合理加装改造项目要反映在新造车上。因此，机车车辆修理决不是简单地修复，而是在恢复机车车辆应有技术状态和运用性能的同时，还肩负着改进机车车辆性能的使命，使之更加适应铁路运输的需要。

为了使机车车辆修理工厂能有计划地进行生产，铁道部机务局和车辆局，根据下一年度铁路的客、货运量和到达厂修期的机车车辆数量，与计划部门和机车车辆工业管理部门一起，按照车种、车型和修理能力进行综合平衡，然后由计划部门编制下达下一年度机车车辆厂修计划。各工矿企业（包括铁道部所属工厂）需要委托机车车辆修理工厂修理机车车辆时，由各部、委和省、自治区、直辖市汇总报送铁道部，经机车车辆工业管理部门根据生产能力进行综合平衡后作出安排，纳入机车车辆厂修计划，并由所属工矿企业与承修工厂签订入出厂合同。

对于路用车的入厂检修，由铁道部机车车辆工业管理部门会同机务局或车辆局分别组织召开机、客、货车检修计划会议（也叫作厂修计划会议）商定。机车和客车由配属的铁路局和承修工厂签订入出厂合同。货车由于没有固定的配属局，由车辆局指定某铁路局向某厂送某种车多少辆，并由铁路局与承修工厂签订入出厂合同。铁道部于年度开始前根据各工厂承修机、客、货车的数量和检修周期，下达各工厂机车检修的在厂日数和车辆检修的在厂车定量等指标，以保证机车车辆周转和工厂均衡生产。由于机车车辆运用情况的不同，检修计划会议每年召开的次数各有不同。80年代前后，由于机车的机型大为简化，铁路局也进行了合并精简，为实行"定点厂修"（即某个厂承修某个铁路局、某个机务段的机车）创造了条件。因此，检修计划会议的形式也随着发生变化，改为有分有合，有时集中召开，有时由工厂主持分片召开。这种"定点厂修"，不仅减少了机车的入出厂回送距离，提高了机车运用效率，而且进一步密切了工厂与铁路局和机务段的关系。

第二节　机车车辆修理的生产组织与工艺技术改进

新中国成立后，为了改变机车车辆工业落后面貌，除调整布局，扩大规模之外，在整顿生产组织和改进工艺技术方面做了大量的工作。

一、建立正常的生产秩序，不断完善生产技术管理

50年代初期，主要是整顿旧中国留下来的老企业。机车车辆修理工厂

着重抓了两个方面的工作：

（一）调整工地和工艺路线，改进劳动组织和整顿工艺。譬如在蒸汽机车修理方面，当时的北京长辛店（今北京二七机车工厂）、沈阳、唐山、牡丹江、戚墅堰、济南等厂，先后组织了导板十字头、动轴箱、摇连杆、阀动各杆、导从轮转向架、弹簧、制动装置以及附属件、"三机两泵"（即压油机、加煤机、制动机和风泵、给水泵）等专业化封闭工段，形成了部件车间，组织零部件检修的专业化生产。并推行解体、车架、汽缸三大技术作业过程，建立、健全一系列技术管理规章制度。

（二）在学习苏联铁路工业企业管理办法，推广中长铁路经验的基础上，认真贯彻铁道部于1952年以301号部令颁布的《铁路工厂接收、检修及移交机车组织工作须知》，建立、健全生产管理规章制度，推行作业计划，整顿生产秩序。结合机车车辆修理行业的特点，着重抓了分解检查与细录预算工作，以及备品与在产品管理工作。鉴于机车车辆修理每台（辆）车消耗的原材料和半成品的费用一般占修车成本的50%—60%，因此建立专门机构从事修旧利废工作，把修车过程中拆下来的旧件经过加工、改制后再用，以期物尽其用，借以降低成本。通过整顿，逐渐形成了一套比较完整的管理体系，建立起正常的生产秩序，出现了均衡生产的新局面，克服了某些惯性质量问题，修车数量、质量以及经济效益都有了明显的提高，并且在生产实践中积累了许多好的做法和经验。

"301号部令"对检修机车从入厂到完工的整个程序，以及修理工厂内部的生产组织管理、计划安排和技术质量等，都作了详细规定。这个部令虽然是针对机车修理制定的，但对车辆修理也适用，对当时机车车辆工厂建立科学的生产管理秩序，起过很好的作用。直到80年代，各机车车辆工厂在生产组织管理方面还沿用这个部令规定的一些基本做法。

在推行分解检查和细录预算工作方面，济南机车工厂将蒸汽机车各零、部件划分为25个分组，按部件制订明细书。在分解检查时正确确定修程，提出细录预算，从而使生产、技术和财务等管理工作做得更细，修车产量不断提高,修车成本显著下降。浦镇车辆工厂在客车修理工作中,总结了客车解体的"五细"工作方法,即细拆、细卸、细检、细算和细送五个方面。其中细拆、细卸是细检的保证,细检是细算的基础,细算是全部工作在经济效果上的反映。以上"四细"又以"细送"来巩固成果,五个方面相互依存,彼此制约。认真推行"五细"工作方法,生产不断发展,成本逐步下降。工人们形象地比喻"五细"是"摇钱树",抓住了客车修理生产的"牛鼻子"。

70年代中期开始,各机车车辆修理工厂先后围绕提高产品质量和经济效益,整顿了企业管理。在不断总结自己的实践经验,学习国内外先进的企业管理方法的同时,结合机车车辆修理行业的特点,从实际出发,破除旧观念,探索新路子,创造出适合中国国情、具有中国社会主义企业特色的生产管理方法。长春机车工厂于1978年,在推行以定台位、定工作量、定质量标准、定时间、定人员为内容的"五定作业"的基础上,坚持以汽缸车架完整出段、完整座炉、完整落车、完整点火、完整试运为内容的"五项完整"和以一次交车架线、一次落车、一次阀调整、一次调簧、一次试运为内容的"五个一次";同时,建立健全了岗位责任制,贯彻了原材料入厂鉴定检查,重大质量问题分析等各项质量管理制度,重整了机车检修工艺规程,提高了修车质量和修车能力,缩短了在厂检修日数。

1979年,兰州机车工厂为了进一步提高产品质量,解决生产前松后紧、加班加点、忙闲不均等问题,着重抓了生产组织管理的改革。该厂从机车修理作业的特点出发,根据设备配置、劳动组织和工艺流程等情况,按照机车修理周期和机车组装线的要求,把机车拆、修、装三大作业过程的各主要工序规定出具体完成时间,要求有关车间和班组加工修理的零、部件必须定质、定量、定时地完成,按小时均衡的要求完成自己的产品。从这一要求出发,工厂根据长期生产积累的经验,编制了厂级的机车修理准时作业流程表;制定了主要区段的大型起重运输设备的最短运输作业路线,尽可能减少空程和迂回运输;对配合生产的汽车、调车机车、电瓶车的运输作业也规定了合理的作业时间，按时出动，按规定的路线、地点准时到达。各车间根据厂级准时作业流程表上的时间要求，编制出车间的准时作业流程表，做到互相衔接，环环相扣，逐级保证。为了使准时作业流程表科学化、最优化，工厂应用网络分析技术，科学地编制了厂级、车间、班组3级准时作业流程图，使工序繁杂的机车修理生产过程，步步分解，层层落实，做到三级网络、三级准时。在计划上把修理机车作业分解到每个零件和每一基本小工序，使每个工人做到在规定的时间内按规定的质量标准完成规定数量的产品。同时在备品管理方面进行了改革，对于厂修时必换的自制品等，推行了配件的定点生产、定量储备、定时传送的"三定"生产方式，使这些备品的供应不再经过备品库储备周转，直接送到机车组装线上；对于那些更换率基本稳定的配件，则实行"期量生产"，即确定其期量标准和人员、设备，每月在一定的时间，生产一定的数量，送备品库管理。兰州厂这一生产组织管理改革，实现了均衡而有节奏的生产，提高了工时利用率，同时大大地减少了备品储备，节约了流动资金。此外，成都机车车辆工厂在修理内燃机车方面，通过整顿，建立起正常的生产秩序和工作秩序的基础上，学习推广了先进科学管理方法，开展目标管理，运用网络计划法，实行"三定一保"作业（即定生产任务、定工作岗位、定完成时间，保证产品质量），加强人工信息管理，对配件和主要物资的储备实行ABC分析法分类控制，推行全面质量管理，建立质量保证体系，开展全面经济核算，建立经济责任制等，收到良好效果。

二、推行流水作业，进行工艺改革

在50年代，机车车辆类型复杂，品种多，破损情况各异，因此修理部位和修理工作量不稳定，许多零部件是现修现配，生产效率很低。按生产类型划分，机车车辆修理行业是属于单件和小批量生产性质。

从1962年开始，铁道部在机车车辆工业系统推行并实现零部件的简统化、标准化，使零部件可以通用互换；又由于历年不断淘汰了杂型车，主型车的比例增加，工厂修车实行专业化分工，使得同类型车年复一年地连续轮流入厂检修，每年需要修理的数量又多，具有一定的批量性和连续性，所需零、部件可按专业化成批生产方式制备，这就基本具备了实行流水作业的条件。经过不断探索，机车车辆修理工厂从旧的单个生产方式，逐步过渡到采用流水作业、部件互换、等级检修等较先进的作业方式组织生产。1963年沈阳机车车辆工厂在1956年实行"人流车不流"的敞车修理流水作业的基础上，又进一步改革了货车修理工艺，对货车系统提出"六个固定"、"一线"和"三化"的要求（"六个固定"是固定节奏时间、固定作业程序、固定作业台位、固定技术标准、固定工艺装备和固定劳动组织，"一线"是改革货车作业流水线，"三化"是工序专业化、时间同期化、作业同步化）。按照以上要求组织了两条自动移车的流水作业线，实现了"车流人不流"的货车修理流水作业，按节奏组织生产，工效大为提高，缩短了检修日数。与此同时，戚墅堰机车车辆工厂也组织了从解体到木工、油漆、组装等9条货车修理流水作业生产线，大大提高了修车效率和修车质量。石家庄和江岸等车辆工厂结合工厂的技术改造，先后建成了铆工、木工、转向架和车钩装车等流水作业线，以及制动梁和轴瓦等零部件的检修加工流水作业线。哈尔滨车辆工厂建成了货车转向架分解流水线等等。这些，对提高货车检修能力和质量，取得了明显的效果。

在蒸汽机车修理方面，济南、牡丹江和太原等厂把机车组装车间的厂房改建为贯通式，与原有横式厂房内的部件车间和车轮车间等相衔接，使工艺路线更加合理，缩短了检修日数。

然而，机车车辆品种较多，车型复杂，数量有多有少，破损程度相差悬殊。所以在组织流水作业的同时，一般都另外设有单个生产的修车台位，修理那些数量少或工作量大的机车车辆，以免影响流水线的生产。

在改变现修现配方面，济南机车工厂于1965年在戚墅堰机车车辆工艺研究所的帮助下，组织了等级检修、锅炉各板规格切换、大配件的部件互换修理。对"三机两泵"、阀动各杆、弹簧、制动装置等销、套和各种涨圈、螺栓等零件，实行等级检修，制定了加工等级，成立等级配件储备库，储备各种不同等级的备品零件。对摇连杆、阀动各杆、导板、十字头、轮对等大配件储备一定数量的互换件，试行了汽缸成套组装，以及摇连杆、导从轮、转向架等部件互换修理。在此基础上，按统筹法编制了机车检修主要工序和主要部件检修作业流程图，推行了平行作业和交叉作业，大大缩短了机车在厂检修日数。实行等级检修、规格切换、大配件和部件互换修理，是机车车辆修理工艺的一项重要改革，是机车车辆修理从现修现配的落后生产方式向专业化、制造化方式过渡的一项措施，已在各机车车辆修理工厂普遍推行。

此外，机车车辆修理工厂的职工不断革新、改造机车车辆修理中的拆、修、装作业，推广应用了一系列新技术、新工艺、新设备、新材料，创造了不少专用工艺装备，配备了现代化的起重运输设备，改善了劳动条件，提高了生产效率和修车质量。

第二十二章
铁路通信信号工业

铁路通信信号设备是保证行车安全、提高运输效率的重要设备,而通信信号工业又是发展通信信号设备的物质基础。

旧中国铁路通信信号器材主要依赖进口,没有统一的制式,技术十分落后。除了北宁路在山海关桥梁工厂内设有洋旗房以及张贵庄电气机械修造厂能制造一些机械信号外,大连、沈阳、天津、长辛店等修缮厂都没有制造能力,而且规模很小,设备简陋。

新中国成立后,铁道部一开始就注意发展通信信号器材生产,通过改建、扩建老厂和建立新厂,逐步建立了通信信号工业体系。至1985年,铁道部建立有北京、上海、资中通信工厂,沈阳、天津、西安、天水信号工厂,焦作电务器材厂,北京器材厂和天水电缆厂10所制造工厂,以及20所隶属于各铁路局的电务修配厂和器材厂。至此,除通信电缆、无线电台及一些通用器材尚需由路外工厂生产供应外,其余所有铁路用的通信信号器材,包括新线建设和旧线改造,基本上都能自产自给,配套供应。

36年来,通信信号产品有了很大的发展。信号产品由机械信号发展到电气信号,并进一步采用电子技术。通信产品已完全淘汰了电子管,广泛采用晶体管和集成电路。随着电子和计算机技术的不断发展,通信信号产品逐步向微机、程控等先进技术方向发展。

在通信信号工业的发展过程中,通信信号工厂的隶属关系有过多次变化。1952年系由铁道部电务局领导。1953年划归当时新成立的通信信号工程公司领导。1958年后又归电务局领导。1964年至1965年先后曾划归基建总局和工厂总局领导。1972年后又归工电局,后为电务局领导。直到1980年成立了制造、设计、施工三位一体的通信信号公司,10个通信信号工厂归该公司领导。通信信号工业划归通信信号公司领导后,发挥了制造、设计、施工一元化领导的优势,出现了新中国成立以来生产发展和技术进步的最好时期,各项指标的完成也达到了历史最好水平。

本章将就通信信号工业的创立和发展,以及有关产品的发展作一简单介绍。

第一节 通信信号工业的创立和发展

一、通信信号工业的创立

新中国成立初期,已修复的铁路运输日趋繁忙,通信信号设备的恢复建设工程日益增多,铁路通信信号工业也逐步建立和发展起来。当时长辛店通信工厂、上海通信工厂、张贵庄信号工厂和沈阳信号工厂,都是属于铁路局领导的企业。

长辛店通信工厂创建于1905年。1948年人民铁路接管时仅有少量简陋设备和150多名人员。1950年,铁道部决定将原来长辛店机务段所在地址,作为长辛店通信工厂新址进行扩建,投资14.8万元建造新厂房。新建面积1357平方米,于1951年竣工,连同原址总建筑面积6497平方米。1952年职工增到193人,开始从维修通信设备走向制造新产品。

上海通信工厂始建于1906年,原名上海电器厂,1950年改名上海电务修缮厂。1951年与上海电厂合并,成立上海电机修制厂,有职工227人。生产任务经过调整,除维修一部分电气器材外,还进行新产品研制,生产一部分通信和电工产品。1952年进一步扩大品种,由维修转向通信、电气产品的制造,成为南方铁路通信器材的重要生产点。

张贵庄信号工厂创建于1939年,原名张贵庄手气机械修造厂。新中国成立时生产机械产品,同时承担铁路信号设备的修复任务。1949年工业总产值为23.4万元,1952年即增加到168.7万元。同期,人员由335人增加到433人。它为修复全国铁路的信号设备及统一全路的信号显示做出了贡献。

沈阳信号工厂是在1937年设立的，生产干电池和手信号灯，并担当修理铁路通信器材的业务。1949年改名为沈阳铁路号志电信厂。1950年又与沈阳铁路局的电务修缮厂合并，负责信号产品的生产和修理业务。1952年改名为沈阳信号器材制造厂，当时职工有642人，固定资产373.9万元，工业总产值32.3万元。

二、通信信号工业生产体系的初步形成

1953年，在学习中长路先进管理经验的同时，根据专业化生产的要求，调整了各通信信号工厂的生产分工，将新中国成立后接管和扩建的6个工厂调整为4个。上海、长辛店两厂为通信工厂，沈阳、天津两厂（张贵庄信号工厂1965年后改名为天津信号工厂）为信号工厂，哈尔滨通信厂、衡阳电器修缮厂并入长辛店、沈阳、天津等厂，实行专业化生产。经过6年多时间的努力，各厂都取得了发展，生产规模日益扩大，并实现了三个转变，即由维修向制造转变，由零星生产向批量生产转变和重复品种生产向专业化生产转变，大大推动了通信信号工业的发展和进步。

随着对通信信号产品的需求日益增加，对老厂进行了多次改建，以增加生产能力。长辛店通信工厂于1957年投资70万元，新建了一批生产设施，扩充了生产规模，逐渐发展成为全路性通信器材的生产工厂。1958年职工增至1446人。1962年又进行了扩建，建筑面积增至3.2万多平方米，比1951年年初建时增大了4倍。上海通信工厂于1953年对厂房、设备等按生产通信产品为主的专业分工进行了合理部署，同时新建了部分厂房，更新了设备，建筑面积达5.9万多平方米，职工增至478人。1959年又增建了试制车间和载波车间，生产能力有了进一步增强。天津信号工厂于50年代建造了铸工车间，产量不断增加，质量也有提高。沈阳信号工厂在60年代对设备技术作了改进，还新建了电镀厂房，为大量生产信号继电器创

造了条件。

进入"二五"时期,铁路对电气信号产品的需求与日俱增,于是铁道部在1958年决定新建西安信号工厂。这个厂是由上海通信工厂的信号部分和沈阳信号工厂的转辙机部分迁建而成。首先抽调上海通信工厂生产信号产品的人员350名和部分设备到西安,于1959年年初开工,至7月就建成厂房9600平方米,占总建筑面积1/3左右。该厂于60年代初建成投产。1965年铁道部为进一步加强该厂的能力,将沈阳信号工厂生产信号机和电动转辙机等产品的全部人员289名和设备,以及上海通信工厂生产信号产品的全部人员105名和设备调入西安信号工厂,随后又将北京电务设计事务所的信号器材设计人员调至西安厂成立科研机构,大大增强了工厂的技术力量,使该厂成为中国铁路生产信号产品的主要基地之一。

至此,中国铁路通信信号工业的体系初步形成。它不仅具有相当的生产规模,而且技术水平也有了提高,为整个通信信号工业的进一步发展打下了基础。

"大跃进"时期,各通信信号工厂也受到浮夸风、瞎指挥的影响和冲击,产量激增,质量下降,造成人力物力的严重浪费。例如1958年10月提出"放卫星",出现日产小座式继电器2000台的高产记录,可是产品质量差,不能使用。

三、通信信号工业的进一步壮大

"三五"和"四五"时期,由于西北、西南几条重要铁路干线的开始修建和援外工程的纷纷开工,以及营业铁路技术改造的需要,迫切要求通信信号工业进一步扩建改造,提供更多的产品。北京通信工厂(1966年后,长辛店通信工厂改名为北京二七通信工厂,后改名为北京通信工厂)扩建了大批生产设施,如无线组装楼、磁性瓷、电镀、丝印等;新建厂房11座,共1万多平方米,将生产区与生活区分开布局,使各个有关生产环节相对集中。上海通信工厂几次调整产品结构,多次进行大范围的技术改造，新建了电镀车间、载波机组装车间和元件车间；同时还建立了新产品试制车间，以加强新产品开发。经过改建与扩建，生产规模有了较大发展，技术力量得到充实。这期间，建筑面积增到 7358 平方米，职工人数增至 630 人。

"三五"期间，西安信号工厂不断扩大生产规模，技术水平也有很大提高。进入"四五"时期已经发展到中型厂的格局。各信号工厂在新产品开发方面取得了一些较大的成果，并不断进行技术改造和革新挖潜工作。例如天津信号工厂于 1971 年增设了电动转辙机车间和电气车间之后，1974 年又新建驼峰车间。沈阳信号工厂在 1971 年至 1972 年间，先后完成 2 个机加工车间的新建工程，1972 年年末又建成了晶体管生产厂房。西安信号工厂也于 1971 年新建了铸工车间。这些改建和扩建工程的完成，进一步扩大了信号生产的规模。

为调整工业布局和发展通信信号设备，"三五"期间新建了资中通信工厂、天水信号工厂、天水电缆厂和焦作电务器材厂。至此，铁路系统的通信、信号及电缆厂已发展到 9 个工厂，并先后于 70 年代归铁道部直属。

资中通信工厂 1969 年开始建设，1974 年部分产品投产，到 1985 年已发展成具有相当规模的工厂。建厂时期，由于工厂设址远离大工业集中地区，不易取得各方面的支援，加上十年动乱的严重干扰，困难很大，但职工发扬艰苦奋斗的精神，终于突破各种困难，建成投产。

天水信号工厂和天水电缆厂是 1969 年经铁道部批准由兰州铁路局筹建的。1970 年开工，工程进度较快。天水信号工厂当年职工发展到 500 人，并开始生产部分信号及电力产品，经过 4 年，建成能生产比较复杂的机、电信号产品的工厂。天水电缆厂当年就建成了各主要车间，生产全塑信号电缆 442 公里。以后陆续发展成为一个专门生产通信、信号、电力电缆和电线的电缆工厂。

焦作电务器材厂是 1969 年经铁道部批准由郑州铁路局筹建的，以生产电缆为主，同时生产一部分通信器材，如载波电报机和音频调度分机等。1970年即兴建了3.8万多平方米房屋，并试制信号电缆382公里。以后铁道部继续投资，逐步建成为一个以生产电缆为主的电务器材厂。

四、通信信号工业的新发展

粉碎"四人帮"后，通信信号工业在拨乱反正、调整经济的几年中一度出现任务不足的情况，在这段时间里进行了企业整顿和产品结构的调整。如北京通信工厂增建了厂房，调整了生产布局，改进了工艺，制订了环境规划，建立了文明生产制度等。天津信号工厂1976年在修复被唐山地震波及受损的铸工车间的同时，对生产工艺作了更合理的安排，使铸造能力达年产2500吨。沈阳信号工厂1979年新建了电传机楼和信号玻璃厂房。西安信号工厂1977年建成信号组装楼，1978年又新建了钣金车间和油漆车间等。

1980年铁道部通信信号公司成立，统一领导北京、上海、资中3个通信工厂，天津、沈阳、西安、天水4个信号工厂和天水电缆厂、焦作电务器材厂。1981年，黄土坡电务器材厂又划归通信信号公司领导，改名为北京器材厂。此外，该公司下属还有1个设计处和3个工程段，成为设计、制造、工程三合一的通信信号企业和经济实体。

通信信号公司成立以后，坚持了对外开放、对内搞活的方针，根据各工厂的具体情况，健全各种形式的经济责任制，加强制度化管理，不间断地进行技术改造，改进工艺，革新挖潜，开发新产品，各工厂的主要产品产量、质量、品种、工业总产值、劳动生产率等指标，都有较大幅度的提高和改进。一些需求量大的主要产品数量和产值每年以15%以上的速度递增。1985年一年生产的信号继电器达56.3万余台，维修配件近300万件，创历史最高记录，并不断以先进的通信信号产品装备了铁路。另外还为冶金、煤炭、交通、石油各部，以及国防单位和地下铁道生产各式各样的铁路通信信号器材，并开始有少量产品出口。

截至1985年年末，10个工厂的各项主要指标完成情况如表57所示。

1985 年通信信号工厂各项主要指标概况

表 57

工厂名称	厂区占地面积（平方米）	生产房屋建筑面积（平方米）	主要设备数量（台）	固定资产原值（万元）	职工人数（人）	工业总产值（万元）	劳动生产率（元/人）
北京通信工厂	43450	26298	517	1843.0	1779	1731.4	9802
上海通信工厂	15611	24600	463	1431.2	1375	1827.7	13922
资中通信工厂	35445	25427	269	1051.5	838	820.1	10161
天津信号工厂	255800	58669	624	3236.9	2534	2363.4	9411
沈阳信号工厂	70264	47578	833	3107.6	2719	3179.7	12014
西安信号工厂	150044	66606	1003	3885.0	3259	3883.5	12240
天水信号工厂	76377	31171	413	1479.7	1143	1147.3	9845
北京器材厂	103208	24978	367	942.5	1108	1320.8	12346
天水电缆厂	139980	37260	380	1934.2	1263	3696.0	30049
焦作电务器材厂	217512	38082	547	2037.7	1169	4076.6	36175
总计	1107691	380669	5416	20949.3	17187	24046.5	14306

第二节　通信工业产品的发展

36 年来，通信产品在制式上有了很大改进。50 年代以仿制苏联制式为主，为电子管式的。1964 年开始，通信工厂开展了产品半导体化、小型化的工作。从 70 年代中期开始，向集成电路化、微型化发展。80 年代以后，开始采用数字通信、程控电话交换机、电子计算机等新技术，已能生产铁路纵横制及小容量程控电话交换机、载波机、长途自动电话、音频选叫调度及会议电话、电话集中机、列车广播设备、电缆充气设备、站场无线及列车无线转接设备等通信配套设备的系列产品。

1. 在长途通信方面。为了解决长途通信通路严重不足的矛盾，在自力更生思想指导下，从 1958 年开始，北京、上海通信工厂分别研制了 3 路和 12 路电子管式载波机。接着，上海通信工厂从 1966 年起着手进行载波机半导体化、小型化的研制，新产品经鉴定于 1970 年投入批量生产。继晶体管明线 12 路载波机之后，又集中技术力量投入 701 型电缆 12 路载波机、有人增音机和无人增音机等新产品的试制并投产。80 年代开始，将明线

12路载波机转给资中通信工厂生产。"六五"期间,上海通信工厂又开发了小同轴300路载波机及具有抗电气化干扰性能的12路漏泄载波机,经鉴定已被全路推广使用。

2. 在长途电话自动化方面。北京通信工厂于1970年研制成功了点对点晶体管式长途自动接续机。该机设备简单、性能稳定、使用方便,在中国通信行业中属于首创,深受用户欢迎,已在全路迅速推广应用。该厂在1980年研制生产了布线逻辑控制方式的长途自动交换机,1982年后又开始研制生产程控存储控制方式的长途自动交换机。

3. 地区电话交换设备。沈阳信号工厂于1973年开始试制纵横制电话交换机成功,通过鉴定后批量生产,在铁路上广泛安装使用。该厂还先后研制了适合铁路专用的忙时话务量大、长途通话多及出局方向多的200/400/600门小容量系列和500—6000门复局制大容量纵横制自动交换机,加速了铁路地区通信的发展进程。

4. 铁路专用通信设备。50年代以仿制为主。北京通信工厂仿制苏联的СПД－5型调度电话。上海通信工厂仿制苏联55型局长途调度总机系列,以后又仿制出各站、养路电话总分机。70年代初,北京通信工厂研制投产了音频选叫调度电话和音频选叫各站、养路、守护电话,实现了晶体管化、小型化,节约了能源,提高了可靠性。1970年,北京通信工厂研制的晶体管和电阻桥分式会议电话总分机已大量生产使用。

5. 站场通信。从1952年起,北京通信工厂生产各种不同容量的共电式扳道电话总、分机,供一些较大的站场使用。1958年,生产了车站通信台,将站内共电式电话机和远距离的磁石式电话机接入台内。同年,对装设大站电气集中设备的车站,还生产装用了车站电话总机和通信节。60年代,为了适应车站业务的发展,电务设计事务所设计了不同容量系列的电话集中机,该机可接入磁石、共电、选叫三种型式的电话机,并附有电源供电。该机采用晶体管电路,由北京通信工厂投产,迅速在全路推广,并逐步替代了旧设备。1974年全部产品由资中通信工厂接产,有8门、10

门、18门、20门、50门几种，成为站场中的重要通信设备。

此外，1975年沈阳信号工厂还试制出电传打字机。"六五"期间，上海通信工厂还开发了80型系列标准的便携式电台和微波转接机等。

6. 通信电缆产品。天水电缆厂自1981年起生产铝护套钢带铠装泡沫聚乙烯绝缘铜芯长途对称电缆。焦作电务器材厂自1983年起生产同心式内屏蔽长途对称电缆，并自80年代起生产综合护套市话电缆。

36年来，铁路通信、电缆工厂一些主要产品的产量增长情况如表58所示。

铁路通信、电缆工厂主要产品产量表

表58

产品名称	单位	恢复时期	"一五"时期	"二五"时期	调整时期	"三五"时期	"四五"时期	"五五"时期	"六五"时期	总计
载波机	对			214	66	489	1464	1559	1243	5035
增音机	台					523	2073	2485	2504	7585
纵横制交换机*	门					6200	72400	128184		206784
长途自动接续机	台							1361	980	2341
各类电话总机	台	1	117	810	173	528	1695	2749	1363	7436
各类电话分机	台	33	4452	16250	3235	13313	36806	44912	26039	145040
电话集中机	台			79	6	959	3998	7353	6938	19333
载波电报机	台							562	481	1043
各类电报机	台				49	511	926	576	280	2342
列车广播机	台							835	1036	1871
内燃机车仪表	台					32005	46187	62369	124123	264684
通信信号电缆	公里					442	13016	22083	39257	74798
电力及控制电缆	公里						831	361	7476	8668
安装线	公里						2080	17003	662	19745

注：*纵横制交换机系沈阳信号工厂生产。

通信产品自1981年开展产品创优活动以来，质量有了很大提高。沈阳信号工厂生产的纵横制交换机于1982年获铁道部优质产品奖。1983年，上海通信工厂生产的电缆中距12路载波机和资中通信工厂生产的明线中距12路载波机获铁道部优质产品奖。1984年，资中通信工厂生产的明线高12路载波机和北京通信工厂生产的音频调度电话总分机获铁道部优质

产品奖。

铁路通信工厂还担当机车电工仪表的生产。1966年,铁道部调整产品结构,将原属戚墅堰机车车辆工厂的上海电工仪表厂并入上海通信工厂生产机车仪表。1968年进行调整,组建为仪表车间,生产内燃机车仪表,主要有速度表、压力表、扭力仪、测功仪、倍率计及各种指示仪表等。其中CX-2相位测试仪,属中国国内首创的高灵敏度仪器,使用方便,受到铁道部和上海市科学技术委员会的嘉奖。

第三节 信号工业产品的发展

新中国成立初期,铁路有关工厂生产的信号产品分两大类:一类是机械信号产品,如臂板信号机、导线导管装置、各种转辙装置等。因机械信号不会有更多的发展,所以采取了利用和仿制既有设备的方针。在仿制中对结构和工艺作了某些改进,很少创新。另一类是电气信号产品,开始时是仿制苏联的。当时仿制成功的产品有座式和大插入式继电器、СПВ型电动转辙机、交流计数电码自动闭塞和极性频率式调度集中的全套设备等。1958年以后,电气信号产品有了创新。60年代以后,陆续研制成功自动闭塞和电气集中等设备所需的器材。70年代进一步发展和完善,至1985年,已能生产制造自动闭塞、电气集中、调度集中、调度监督、驼峰信号、机车信号、道口信号、部分行车指挥自动化设备、电气集中微机检测和微机联锁等信号配套的系列产品。

1. 信号机。臂板信号机,包括电动臂板信号机,主要由天津信号工厂生产。色灯信号机中,透镜式色灯信号机由天水信号工厂生产;探照式色灯信号机由沈阳信号工厂生产,采用铁道科学研究院1958年研制成功的铁研-58型。但鉴于探照式色灯信号机本身具有机械卡阻时能导致信号升级的缺点,所以1965年后即不再继续生产。

2. 区间闭塞设备。50年代由天津信号工厂生产仿苏特列格尔式电气路签机。60年代后由西安信号工厂生产铁研-64型继电半自动闭塞。中国铁路的自动闭塞设备，主要采用三种制式：交流计数电码自动闭塞、移频自动闭塞和极性频率脉冲自动闭塞。1961年起沈阳信号工厂试制成功交流计数电码自动闭塞的轨道电路和连续式机车信号的全部器材。在1969年以后，先后由黄土坡电务器材厂和西安信号工厂生产移频自动闭塞的轨道电路及与其配套的连续式机车信号器材。1975年开始生产适应交流电气化牵引区段上使用的移频设备。此后，又生产了具有更高的可靠性和防雷功能的第二代移频产品，在京广线和津浦线上使用，取得较好的效果。1981年后调整生产结构，将移频产品逐步集中到北京器材厂生产。极性频率脉冲自动闭塞在东北地区一些铁路上使用，主要由沈阳铁路局电务修配厂生产。此外，沈阳信号工厂于1963年生产了双频点式机车信号的器材，安装在青岛至坊子间进行运用试验，1966年经铁道部鉴定推广。

3. 车站联锁设备。车站电气集中的主要器材有信号继电器、电动转辙机和信号控制台。50年代初期，上海几家路外工厂（上海新安电机厂、华通开关厂、中国自动设备厂）仿制过一些外国制造的继电器，如座式继电器、热力继电器和脉冲继电器及发码器等。从1954年起沈阳信号工厂生产了直流座式继电器和交流二元二位轨道继电器，这是中国铁路工厂自行制造信号继电器的开始。1958年后，该厂先后试制出大插式继电器系列共17个品种和电码继电器系列8个品种的产品，及时供应并保证了北京站电气集中工程在国庆十周年前开通使用。1964年，中国自行研制的AX型继电器试制成功，揭开了中国铁路电气信号发展的新的一页。这种继电器是由电务设计事务所和西安信号工厂为主组成的新型继电器试制小组研制成功的，小组主要成员有马西拉、郑胡德、李毓鼎等。这项产品动作可靠，性能稳定，结构合理，零件通用化程度高，制造简便，体积小和能大量节省有色金属，1964年荣获国家新产品一等奖，成为全路使用的定型产品。

电气集中车站使用的电动转辙机，1955年为仿苏产品СПВ型，后改为东风型。1963年生产ZD_4型。70年代初曾一度生产过东方红型，由于牵引力小，很快即被淘汰。1973年，由西安信号工厂和天津信号工厂联合

制成 ZD_6 型电动转辙机，吸收了各种电动转辙机的优点，性能稳定，结构合理，维修简便，成为中国铁路使用量最大（96%以上）的优化产品。电气集中车站用的信号控制台，在小站采用整体面板式；在大站采用单元拼装式，分别于1955年和1958年试制成功。

4. 调度集中和调度监督。1957年后，沈阳信号工厂曾生产仿苏的有接点系统的极性频率式调度集中设备。1964年后，上海通信工厂试制出铁道科学研究院研制的DD型电子调度集中设备。共有5种制式：DD-1型、DD-2型、D4·D型、DD-3型和DD-4型。其中一、二、四项使用分立元件，另外两项使用集成电路；前三项在单线上使用，后两项在双线上使用。另外在调度监督、车站遥控、遥信设备等方面，先后采用过继电式、电子元件式、集成电路式。1983年，用微机控制的枢纽调度监督投产使用。

5. 驼峰信号。天津信号工厂等单位曾先后为驼峰编组场生产了DK-59型、66-11型、7501型、T·JK型、T·JY型等各种空压、液压车辆减速器，ZD型快速电动转辙机和ZK型电空转辙机等器材。

6. 道口自动信号。1978年西安信号工厂研制成DX-1型道口自动信号设备，经鉴定后交天水信号厂定点生产。

7. 信号电源。大、中、小站电气集中电源屏，1965年由上海通信工厂生产，后于1970年转由天津信号工厂生产。该厂于1981年又生产了驼峰电源屏。由于信号设备需要保持不间断供电，电气集中和驼峰一般都在当地引两路相互独立的交流电源，一主一备；上述电源屏能将主、备两路电源自动切换。信号用变压器，除自动闭塞用的单相油浸变压器仍由西安信号工厂生产外，全部交由天水信号厂生产。

8. 信号电缆。1970年至1971年，生产聚氯乙烯绝缘的塑料普通型信号电缆；1975年后生产聚乙烯绝缘的塑料普通型信号电缆；1976年后生产音频信号电缆；1981年后生产综合扭绞型信号电缆；1983年后生产综合护套和铝护套的信号电缆；1979年后生产室内插接件连接线用的软电缆。以上均为天水电缆厂和焦作电务器材厂产品。焦作电务器材厂除生产绕包钢带的信号电缆外，还生产过纵包钢带的信号电缆。

36年来，铁路信号工厂主要产品的产量增长情况如表59所示。

铁路信号工厂主要产品产量表

表59

产品名称	单位	恢复时期	"一五"时期	"二五"时期	调整时期	"三五"时期	"四五"时期	"五五"时期	"六五"时期	总 计
臂板信号机	台			7855	1100	4161	4004	2015	3979	23114
色灯信号机	台		2610	11307	2512	1105	19044	43428	68617	148623
电动转辙机	台		289	5044	1488	10900	20605	33322	47752	119400
继电器	台	282	24632	217731	75235	558814	1059618	1211211	1807035	4954608
控制台	台		104	343	192	2401	2718	2296	2683	10737
变压器*	台			1547	11418	84875	170760	193464	245292	707356
电锁器	台			16105	4175	17276	7594	6607	11219	62976
锁闭器	台						8021	14656	19414	42091
移频电子盒	台						2158	11938	27823	41919
机车信号电子总箱	套						84	679	2533	3296
电源屏	台					968	3642	4890	5177	14677
车辆减速器	节			54				316	944	1314
内燃机车电控	台					66	510	823	731	558	2688
铝热焊剂	万包			0.1	0.3		2.7	6.0	9.4	18.5

注：*变压器和电源屏数字中含上海通信工厂产品。

信号产品中，自1981年开展产品创优活动以来，沈阳、西安两个信号工厂生产的AX型继电器于1982年荣获国家优质产品银质奖。西安、天津两信号工厂生产的ZD_6型电动转辙机于1983年获铁道部优质产品奖。天水信号工厂生产的BX_1-34型信号变压器和SH_2-180型转换锁闭器先后于1984年和1985年获铁道部优质产品奖。

为加强铁路工业横向联系，1964年铁道部决定由西安信号工厂生产内燃机车的电控设备。该厂于1965年试制成电阻制动、ND型和ND_2型高压柜、操纵台、ZY_1型控制柜、主控制器等。1973年试制成投产客车用燃油炉，1975年试制成投产内燃机车冷却器，逐渐形成了能生产各型内燃机车成套电控设备的专业化生产体系，为机车工业提供配套设备。

第二十三章
钢梁和道岔制造工业

　　钢梁和道岔制造是为新建铁路和既有铁路改造及设备更新服务的工业。这两项产品主要是由部属几个桥梁工厂生产供应，各铁路局和铁路工程局的机械工厂很少生产。制造钢梁和道岔的部属工厂前后共有4个，到1985年钢梁年生产能力约4万吨，道岔年生产能力约1.5万组。

　　山海关桥梁工厂创建于1893年；"沈阳桥梁工厂"系由1939年日伪所建的"株式会社满洲松尾铁工厂"和1940年建的"满洲横河桥梁株式会社"合并组成；丰台桥梁工厂是在1950年1月由前平津铁路局所属丰台桥梁厂和丰台洋灰制品厂合并而成，原两家工厂分别建于1940年及1944年。以上3个桥梁工厂虽然创建较早，但由于旧中国冶金工业落后，钢产量很低，钢梁和道岔主要依赖国外进口，自制的不多，而且大都是短跨钢梁，仅制造过几座31.50米至60.85米的中跨钢梁。道岔方面，由于设备陈旧，工业落后，技术水平低，只生产少量技术简单的钢轨组合式单开道岔。中国铁路的钢梁和道岔工业，只是在新中国成立后才有了较迅速的发展，除对老厂进行改建、扩建外，并于1965年新建了宝鸡桥梁工厂。

　　以上4个桥梁工厂的概况列于表60。根据调整后的情况，1985年正式生产钢梁和道岔的工厂，只有山海关桥梁厂和宝鸡桥梁厂。沈阳桥梁厂在1965年因加强三线建设，部分设备迁移宝鸡桥梁厂，而转产筑路机械、轨枕扣件等。丰台桥梁厂于1957年在全国铁路桥梁厂的生产进行调整时，停止钢梁生产，改为钢筋混凝土制品厂。

生产钢梁、道岔的桥梁厂概况

表60

顺号	项目	单位	"沈阳桥梁工厂"	山海关桥梁厂	丰台桥梁厂	宝鸡桥梁厂
1	创建时间	年	1939 1940	1893	1940 1944	1965
2	占地面积	万平方米	30.02	113.36	26.40	43.46
3	总建筑面积	万平方米	13.42	35.34	10.60	20.60
	其中生产建筑面积	万平方米	5.9	17.27	5.88	13.08
4	累计投资额					
	固定资产原值年末数	万元	35318	9554.9		31.4
	新中国成立后基建投资	万元	3680.3	10487.8	958.6	4037.2
5	全员劳动生产率					
	最高（1971年）	元		24070		
	1985年	元	12045	18782	11988	17533
6	利润总额（含税金）					
	累计数	万元	9551.0	28666.7		
	1985年	万元	268.0	2441.0		1612.9
7	主要设备	台	403	457	589	305
8	人员	人	2944	6579	2344	3481
9	产量					
	钢梁钢结构	吨	10619	15491		7091
	道岔	组	1939.5	6815		4078
	其中锰钢道岔	组		6063		4078
	高锰钢辙叉	个		12508		12198
	高强螺栓	万套		40.55		
	轨料扣件	吨	1939.5			
10	年度工业总产值	万元	3545.6	12356.9	1859.4	6105.3

说明：丰台桥梁厂为1956年数，沈阳桥梁厂的钢梁钢结构和道岔为1965年数，其余均为1985年数。

第一节 钢梁制造工业的发展

一、钢梁工业的主要成就

沈阳、山海关、丰台3个桥梁厂，是新中国成立前就有的。为了及时修复制造铁路钢梁，以支援前线，解放全中国，已被人民政权接管的沈阳桥梁厂1949年承担了抢修东北地区的长大、哈长、滨北、长图、沈丹、锦承、沈山等线上的269孔钢梁任务；在抗美援朝时期，承担了修复中朝国境上丹东鸭绿江桥钢梁任务；1951年至1952年，钢梁的生产量达1200吨。

山海关桥梁厂在1949年修理与参加修复京山、京汉、津浦、陇海等线上的钢梁171孔，总延长2135米，当年全厂生产钢梁约909吨，为迅速恢复铁路运输做出了贡献；1952年主要为湘黔线制造湘潭湘江桥72.8米上承钢桁梁7孔、75米下承钢桁梁3孔，钢梁年产量达到3267吨，为1949年产量的2倍多。

丰台桥梁厂为支援解放战争，配合大军南下，积极修复了华北铁路线上的破损钢梁及混凝土桥梁；1950年起从修理旧钢梁转为制造新钢梁。

在"一五""二五"时期，铁道部对沈阳、山海关、丰台3个桥梁厂分别进行扩建、改造，共计投资约2029万元，各厂均分别扩建、改造了钢梁车间，增建了铸工、轧钢、耐火器材等车间，达到年生产能力钢梁钢结构各为1.2万吨。至1956年年底，实际钢梁生产量3厂共达33650吨，其中山海关厂为14650吨，超过设计能力22.1%；沈阳、丰台两厂由于钢材供应不足，只完成设计能力的80%左右。具有代表性的钢梁是山海关、沈阳两厂于1957年共同制造完成的武汉长江公铁两用双线大桥钢梁，总重20557吨；丰台厂制造的湘桂线衡阳湘江公路铁路两用桥，还有郑州黄河、广州珠江、江西赣江、重庆白沙沱长江大桥等驰名全国的钢梁，10年合计19.4万吨。

为了改变工业布局，发展内地，国家批准将沈阳厂的钢梁车间全部和山海关厂道岔车间的一半迁至宝鸡市，新建宝鸡桥梁厂。它的任务是年产钢梁1万吨、道岔5000组及其他机械产品。该厂于1965年9月开工，翌年即基本建成钢梁车间及配套工程，10月开始试生产，1970年年初全面投产，并加紧制造成昆线跨度32米及以上的栓焊钢梁、钢桁梁，该年产量即达15035吨，超过了原设计指标。

从1966年至1975年期间，各厂钢梁结构总产量为27.88万吨。其中山海关桥梁厂1970年生产量高达3万吨，宝鸡桥梁厂也达2.5万吨，为历史上最高年产量。生产的钢梁主要用于焦枝、枝柳、成昆、湘黔、阳安、襄渝等线和京沪线上的南京长江大桥。1958年试制成功第一孔栓焊钢梁,至1975年共生产38823吨。栓焊钢梁采用钢材多为16锰桥梁钢（16Mnq），高强螺栓多为40硼钢（40B）。

1970年山海关桥梁厂为焦枝线制造大跨钢梁,其中襄樊汉水桥、枝城长江大桥钢梁总重即达25873吨,由于时间紧迫,任务繁重,根据当时钢材供应水平和制造能力,采取铆接与栓焊构件并用的方案,仅用一年时间,就完成两座桥的钢梁制造任务。

1976年至1985年期间,由于国家对铁路投资比重缩减,新建铁路少,钢梁产量为16.53万吨,只有前10年的59%。但在开展使用新材料、新技术、新工艺方面取得了较好的成绩。如前10年64米以上的栓焊梁只占铆接钢梁的47.7%,而这10年虽然该项栓焊梁总重只有前10年的71.8%,但占铆接钢梁的比重却增长了10.4个百分点。

各时期钢梁、道岔及其他产品产量统计见表61。64米及以上大跨度钢梁统计见表62。

各时期钢梁、钢结构、道岔等产量

表61

建设时期	起讫年代	钢梁钢结构（万吨）			道岔		高锰钢辙叉（个）	道钉、鱼尾板、螺栓（万吨）
		共计重量	其中64米以上铆接梁	其中64米以上栓焊梁	共计组数	其中锰钢道岔组数		
恢复时期	1949—1952	7.81			3834			1.6
"一五"时期	1953—1957	11.50	2.58		21813			5.5
"二五"时期	1958—1962	7.91	0.98		36740	904	888	9.3
调整时期	1963—1965	4.92	0.57	0.02	10894	4037	5707	5.7
"三五"时期	1966—1970	14.14	4.95	1.49	33290	19421	23183	11.5
"四五"时期	1971—1975	13.74	3.15	2.37	45776	28696	41963	15.2
"五五"时期	1976—1980	6.95	1.04	1.44	43735	31989	63416	13.2
"六五"时期	1981—1985	9.58	1.47	1.33	44484	39653	103488	14.7
全部产量	1949—1985	71.55	14.74	6.65	240566	124700	238645	76.7
部属厂合计产量		66.04	14.90	6.65	233596	124700	238625	69.9
部属厂平均年产量		1.83	0.45	0.33	6489	3386	9545	1.9

续表

建设时期	起讫年代	钢梁钢结构（万吨）			道岔		高锰钢辙叉（个）	道钉、鱼尾板、螺栓（万吨）
		共计重量	其中64米以上		共计组数	其中锰钢道岔组数		
			铆接梁	栓焊梁				
最高年产量		4.87	2.36	1.19	11711	10141	24706	3.7
最高年产量所在年度		1970	1971	1972	1971	1985	1985	1971
其他主要产品产量	推土机 40 台、单轨平车 1600 辆、门吊 25 台、轨道车 218 辆、475型汽油机 415 台、集装箱 13756 个。							

64 米以上大跨度钢桁梁统计表

表62

钢桁梁类别	桥式	跨度范围（米）	单双线	孔数	重量（吨）
铆接	简支梁	64—192	单线	50	16680
		64—176	双线	22	16979
	连续梁	96—176	单线	15	18568
		80—160	双线	52	96845
	小计			139	149042
栓焊	简支梁	64—176	单线	95	18476
		64	双线	8	2526
	连续梁	64—128	单线	125	39713
		64—144	双线	8	5741
	小计			236	66456
共计（1952—1985 年累计数）				375	215498
占全国桥梁厂制造的钢梁钢结构总计（1949—1985 年累计数）比重					30.1%

注：1. 本表不包括各铁路局、工程局制造的和改造的钢梁，也不包括进口的钢梁。2. 所有钢材除 5% 为进口外，其余均为国产。3. 部属工厂中：山海关厂共生产 17.364 万吨，占 80.6%；宝鸡厂共生产 3.497 万吨，占 16.2%；沈阳厂共生产 0.685 万吨，占 3.2%。

二、钢梁技术方面的发展

旧中国钢梁绝大多数是铆接简支梁，其中跨度 30 米以下的一般为钢板梁，30 米以上一般为钢桁梁。

新中国成立初期，钢梁跨度 24—44 米的铆接钢板梁逐渐为预应力混凝土梁取代，1973 年以后，钢板梁已基本不再生产。据统计，自 1949 年至1973年，共制造铆接钢板梁约9万吨。80年代以来，预应力混凝土连续梁最大跨度达到64米、80米，预应力混凝土斜腿刚构桥支座中心距达82米，预应力斜拉桥3跨连续梁主跨达96米，预计今后铁路上的预应力混凝土桥的跨度和所占比重还将持续增大。虽然如此，大跨钢衍梁（指梁端支承点至支承点的长度为64米及以上者，以下同）仍不失为使用方便、坚韧而又重量较轻的预制构件，而且由于在工厂制造，具有精度高、施工期短、节约原材料等优点，仍具有一定的优势。

新中国成立以来，铁路建设迅速发展，由于跨越大江大河、高山深谷的需要，建造了大量的钢桥。就技术发展而言，60年代以前建造的基本上是铆接钢梁，60年代以后主要是发展全焊、栓焊钢梁。

从使用的钢材品种而言，50年代普遍使用了3号桥梁钢，抗拉极限强度为380兆帕级；60年代主要使用16锰桥梁钢，为500兆帕级；70年代开始使用15锰钒氮桥梁钢，为600兆帕级。根据1952年至1985年统计，64米及以上跨度的钢桁梁所用材质情况：3号桥梁钢共使用41527吨，占19.3%；16锰桥梁钢为151065吨，占70.1%；15锰钒氮桥梁钢5572吨，只占2.6%；其他钢种为17334吨，占8%。

（一）大跨铆接钢梁的技术发展。新中国成立初期制造的大跨钢梁多为铆接简支钢桁梁，材质为3号桥梁钢。如1952年至1953年山海关厂制造的湘黔线湘潭湘江大桥，主要由上承简支桁梁7孔72.8米和下承简支桁梁3孔75米组成；1958年内昆线金沙江桥，有1孔跨度为128米下承简支桁梁。另外，1964年至1965年在通让线大赉嫩江桥上有1孔64米的下承简支桁梁，是铆栓连接的。

由于连续梁具有用料省、耐局部破坏、可用悬臂拼装等优点，从50年代起铆接连续梁桥有了很大的发展，武汉长江大桥即为3联9孔下承连续钢桁梁，每孔跨度为128米。采用3号桥梁钢制造的大跨度连续梁，还有1958年至1959年川黔线白沙沱长江大桥，为下承双线铁路桥，其中有4孔80米跨的连续桁梁，总重2114吨。

大量采用16锰桥梁钢始于60年代初制造南京长江大桥钢梁时。该桥正桥钢梁由3联9孔，每孔跨度为160米下承连续桁梁和1孔128米下承简支桁梁组成，全长1576米。钢梁由大桥工程局设计，山海关桥梁厂制造，所用钢材大部分为鞍山钢铁公司生产的16锰低合金桥梁钢；公路纵梁为焊接，其他均为铆接；工地连接铁路纵梁用高强度螺栓，其余均为铆钉连接。正桥钢梁竣工总重31581吨；工地铆钉155万个，约900吨，制造质量达到良好水平。

通过南京桥钢梁的制造，钢梁设计和制造工艺水平有了显著提高，特别是培养和造就了一大批钢梁设计、工艺方面的专业人才，为今后制造轻型、高强、大跨的钢梁打下了基础。

用16锰桥梁钢制造最大跨度下承简支桁梁，首推成昆线三堆子金沙江桥，其中一跨为192米，1965年至1966年制造，重达1994吨。

60年代后期采用16锰桥梁钢制造的大跨连续桁梁，计有宜珙支线宜宾金沙江桥，其中有跨度为112＋176＋112米不等跨三连孔钢梁；襄渝线重庆嘉陵江桥，其中有96＋144＋96米不等跨三连孔钢梁；焦枝线襄樊汉水双线公路铁路两用桥，其中有4孔128米等跨连续钢梁。70年代则有焦枝线枝城长江大桥，正桥计有4孔160米和5孔128米组成的双线公路铁路两用下承连续桁梁；还有京沪线济南黄河桥、蚌埠淮河桥、合阜线淮南淮河桥等。

（二）全焊、栓焊钢梁的发展。20世纪50年代伊始，世界焊接、栓焊技术迅速发展，给钢梁技术增添了新的内容。焊接，改变了结构的连接方法，随之也改变了结构的细节；栓焊，还具有适应运输和起重设备能力决定焊接块件大小的灵活性，尤其对大跨度钢梁钢结构，优点更为显著。

中国研究全焊钢梁始于1955年。1956年沈阳桥梁厂首先用碳素桥梁钢制成24米全焊钢板梁，架设在北京五路粮食专用线上。1960年山海关桥梁厂用国产16锰低合金钢又试制了第一孔24米全焊板梁。1966年进行了焊接箱形梁的研制。1969年在南同蒲陇海联络线上架设了第一孔跨度

32米的焊接箱形梁，为以后进一步形成更复杂的箱形结构体系创造了重要条件。

焊接代替铆接是钢梁生产技术的一大变革。由于国内生产的低合金高强度钢可焊性好，加上焊接工艺的改进，因而推动了钢梁制造技术的发展。但大跨钢梁采用全焊加工技术，将受到起重、运载设备等条件的限制；在工地高空组装，则又难以保证质量，而且焊后整形和施工组织的安排都有一定困难。如根据施工起重设备能力决定焊接块件大小，再用高强度螺栓联接，这些问题就容易解决。栓焊不但改变了结构连接的受力状态，减少了钉孔附近的应力集中，而且栓接接头的疲劳强度高，所以大跨钢梁采用栓焊接技术优于全焊和铆接技术。由于栓焊梁的截面、节点、钉孔等相应减少，与同样的铆接钢梁相比，可节约钢材10%—15%。

1958年山海关桥梁厂试制成第一孔44米栓焊钢桁梁。1964年用16锰桥梁钢试制成61.44米栓焊钢桁梁1孔，架设在湘桂线浪江桥，这是中国铁路上第一孔按栓焊梁设计施工的简支桁梁。1965年试制成1孔64米下承简支栓焊桁梁，架设在通让线大赉嫩江桥上，是中国北方严寒地区较早采用的栓焊钢梁。大跨度栓焊梁的发展，则始于1965年修建成昆线时，当时铁道部组织路内外20个单位，全面系统地开展栓焊钢梁的科研、设计、制造、架设方面的工作。山海关、宝鸡两厂共为成昆线制造13种跨度的栓焊钢梁，长度分别为32、48、64、80、112米等，其中除了简支和连续梁外，还有4孔跨度112米刚性梁柔性拱桥（又叫系杆拱）和跨度32米的正交异形钢板道砟桥面与主桁共同受力的组合体系梁。该线共建成栓焊钢梁43座计109孔，总用钢量约1.2万吨。70年代初大跨栓焊钢桁梁在枝柳、襄渝两线得到推广。

跨度112米栓焊系杆拱，是成昆线发展栓焊钢桥新技术中最大跨度的钢梁，制造的第一孔架设在该线迎水河桥上，随后又制造了3孔，分别架设在桐模甸2号、拉旧、安宁等大桥上。选用大跨组合体系结构，主要是根据地形条件和钢材供应水平，制造上没有增加太多的设备，杆件短而轻,便于运输。建成后经过20多年的运营实践和静载、动载及制动三项试验,结论是"结构工作状态正常",说明采用这种结构和栓焊工艺是成功的。这是首次跨度突破100米的栓焊钢梁,接近当时世界上同类型钢梁的最大跨度,为发展更大跨度的栓焊系杆拱梁提供了经验。

大跨栓焊连续梁的发展也始于成昆线,但最大跨只到2—3孔64米一联,随后在襄渝、焦枝、京沪、阳安、枝柳、京山等线发展到多孔80米一联的,如1968年制造4孔80米一联的仙人渡汉水桥,1970年制造3孔80米和4孔80米两联的连地黄河大桥,汉江四、五、六号桥,蚌埠淮河桥、古丈酉水、汉沽蓟运河等桥都为2—5孔80米一联的栓焊钢桁梁;到1984年至1985年跨度达到108米,如新菏线东明黄河大桥,其中有3孔、4孔108米各一联。

以上制造的大跨栓焊钢梁,绝大多数为16锰桥梁钢。

从1973年开始,铁道部和冶金部合作研制600兆帕级的15锰钒氮桥梁钢。于1975年试制了3孔128米一联栓焊下承连续桁梁,架设在京通线白河桥上;随后在1979年又制造了3孔144米一联下承连续桁梁,架设在京山线永定新河双线桥上,这是70年代后期中国跨度最大的双线栓焊下承连续桁梁。这些大跨连续梁的主要受力杆件,采用了新钢种,最大板厚达40毫米,经过多年运营,取得了成功经验,为以后修建九江长江大桥制造更大跨度的钢梁提供了经验。

如前所述,成昆线迎水河等桥所采用的刚性梁柔性拱,以及1981年至1982年由宝鸡桥梁厂制造的架设在安康水电站铁路专用线上的汉江斜腿刚构桥,是采用组合体系结构以扩大桥孔跨度的成功范例。安康汉江桥由3跨连续梁和两个梯形斜腿组成的组合体系结构,梁部按56+192+56米配跨,斜腿下端铰中心间距为176米,是当时世界上建成的同类桥中跨度最大的桥。全桥的梁部分为58块,斜腿部分为48块,共计106块,均为薄壁箱形栓焊结构。钢材为500兆帕级的16锰低合金钢,高强度螺栓为40硼,热处理后的极限强度为1150兆帕。

192米斜腿刚构重1314吨，钢梁总重1652吨，与同跨度、同钢种铆接钢桁梁比较，可节省钢材30％。

三、大跨度钢梁制造工艺技术的发展

新中国成立后钢梁制造工艺技术经历了两个发展阶段，即50年代沿着铆接（含铆栓）的方向大跨度发展，60年代后期向焊接（全焊及栓焊）的方向发展，并研究采用新材料、新设备和新的施工方法，钢梁制造工艺有很大的发展。

随着钢梁采用高强度低合金钢和适应焊接的需要，对板边加工采取了以铣代刨工艺。工厂铆钉孔钻制从传统的划线钻孔，经历了扩孔套钻、机器样板，发展到采用程序平板式机器样板和固定式机器样板之后，又由手持风钻改用横向钻床钻孔，并进一步采用三向多头数控钻床钻制钉孔，以取代样板钻孔，简化了工艺。在钢梁组装方面，50年代初采用有孔组装，1954年开始采用胎型组装，1961年制造南京长江大桥钢梁时采用了带钻孔套定位的胎型组装，70年代制造栓焊梁中在掌握焊接收缩率的基础上进一步发展为"先钻孔后组焊"的工艺。1979年制造京山线永定新河钢梁焊接工形杆件和1981年制造安康汉江桥箱形梁构件时，采用了可旋转的组焊胎型组装。在焊接方面，1954年各桥梁厂都添置了交流埋弧自动和半自动电焊机。1967年在为成昆线制造栓焊钢梁中广泛地采用直流电焊机。自动施焊已由单丝船型位置焊转向双丝埋弧自动焊，并采用超声波检查焊缝有无缺陷，再用X光透视复查对接焊缝。焊件焊后的变形修整，1964年前利用油压顶镐冷矫与火焰热矫相辅修整变形，以后制成工型杆件矫正机，矫正工型或T型杆件焊后的伞状变形。对于栓接面的处理，采用过多种方法，1961年采用工地喷砂处理，1966年采用喷锌，1969年后改为涂刷两次固化无机含锌漆，1978年研制成功78-2无机富锌漆，使摩擦系数有所提高。1980年又试验采用喷铝工艺，尚在研究改进。

第二节 道岔制造工业的发展

道岔是铁路轨道的重要组成部分，也是最薄弱的环节。旧中国制造道岔一直没有自己的设计部门和设计图，都是按国外图纸生产。那时道岔的生产设备陈旧，工艺落后，只能生产少量技术简单的钢轨组合式单开道岔，且因进口钢轨类型很多，致使道岔种类繁杂，形式各异，线路技术状态十分落后。新中国成立后，除了对原有道岔进行技术改造外，开始建立设计、科研机构及新的生产工厂。

旧中国能制造简单道岔的厂只有山海关和"沈阳桥梁工厂"两家。新中国成立后，根据逐年增加产品产量的要求，从1950年起进行了多次改建和扩建，增添制造设备，1957年山海关厂动工新建高锰钢道岔车间，并改建了机电车间，补充了大量的机械设备。"二五"期间又扩建了道岔、转炉炼钢、轧钢等车间，并相应地增添了设备，使道岔年生产能力达6560组，为新中国成立初期的12.2倍。品种由单开道岔发展到有复式交分、复式渡线道岔等。"三五"期间建成的宝鸡桥梁厂年生产道岔能力为5000组。根据统计，三个工厂至1985年年底止，累计生产道岔达233596组，其中锰钢道岔124700组，另外还有高锰钢辙叉238625个（各时期道岔产量见表61）。

60年代，山海关桥梁厂由生产57型道岔全部转产62型，并新建了长钢轨工段，以适应标准钢轨由12.5米加长到25米的需要，完善了道岔的生产体系。1963年前后试制的每米43、50千克钢轨18号道岔3种，通过不断对比试验和实际运营，于1969年定型。

36年来，铁路部门先后设计、制造了55型、57型、62型及75型等几代道岔；大量制造的品种有各种轨型的单开道岔，与此相配套的各种间距的复式交叉渡线及复式交分道岔，以及一部分轨型的单式对称道岔。为了提高调车作业的效率，为全路各大枢纽站场设计制造了大量的复式交分与复式渡线组合在一起的特殊组合式道岔；此外，还设计制造了将不同轨距的同向道岔组合在一起的套线道岔。70年代以后，还先后设计研制了活动心轨式道岔及三开道岔等等，规格、数量不下百种。另外，还试制了钢轨伸缩器和配合混凝土轨枕用的道岔等。

由于道岔本身的作用及轮轨几何关系的要求，致使平剖面及结构比较复杂。迄今为止，研制了大量新型道岔，能基本适应需要，但在使用寿命和提高速度方面还有待进一步改进。36年来主要有以下几项突破。

1. 由普通钢轨尖轨向特种断面尖轨发展。在50年代至60年代，中国铁路上铺设的道岔，其尖轨是用普通钢轨切削而成的。80年代以来，为适应运输发展的需要，首先在每米50千克钢轨轨道上开始采用特种断面尖轨。第一批采用50AT尖轨的12Ⅱ型道岔于1982年通过部级鉴定，先后铺设在济南、上海、沈阳等铁路局的线路上，并开始研制每米60千克钢轨的特种断面道岔。

2. 由钢轨组合式辙叉向整体铸造式辙叉和可动心轨辙叉发展。辙叉是道岔的主要组成部分，也是易损部件，多年来有了不少改进。1959年山海关桥梁厂开始对钢轨拼装式辙叉进行表面淬火，提高硬度，延长使用期限一倍以上；60年代初，火焰淬火和中频淬火进一步改进成功，又试制了高锰钢整体铸造辙叉，并于1961年正式批量生产，对延长道岔使用寿命和提高道岔质量均起了重大作用，获得国家级二等奖。

为了消除固定型辙叉的"有害空间"，减轻车轮对翼轨和心轨的冲击，适应高速行车，将辙叉心轨做成可扳动型式。第一批活动心轨辙叉道岔于1972年在长大线文官屯正线上试铺，第二批于1975年在沪宁线唯亭站正线上试铺。

3. 为适应站场建设需要，设计制造三开道岔。站场大部受地形限制，不可能设置足够长度的线路来排列单开道岔，如驼峰编组场、轮渡两岸、机务段及货场内都存在这种情况。三开道岔是由一股直线轨道、两股曲线钢轨、两对尖轨、三副辙叉组成。分对称式与不对称式两种。不对称三开道岔于1976年试制成功，并于同年铺设在哈尔滨局的三棵树站；又于

1980年制成对称式三开道岔，铺设在上海局艮山门编组场，并于1983年四月进行了技术鉴定，认为使用效果良好。

此外，在道岔制造加工方面还采用了一系列新技术和新工艺，主要有：（1）采用辊轧开坯、压力机整形，再进行机加工的一整套工艺，加工每米50千克特种断面钢轨尖轨跟端，使之形成与同类型普通钢轨相同的断面。这一工艺不仅使成品合格率显著提高，而且经过机加工把脱碳层除去，钢轨质量也有一定提高。（2）利用可控硅中频淬火对道岔钢轨进行全长淬火。淬火层可深达10毫米以上，呈帽形，硬度达到HB290－370，并采用"自重平衡"方法，较好地解决了因淬火加热引起的变形问题，大大减少了调直时间。（3）在高锰钢辙叉铸造方面，1981年以来通过改进造型和浇注系统，增加冒口和冷铁，使浇铸质量有较大的提高，并于1985年引进真空造型设备，为高锰钢辙叉的生产工艺达到世界先进水平创造了条件。（4）在锰钢辙叉机加工方面，在刀具材料和切削参数方面积累了丰富的经验。

第二十四章
木材防腐工业

中国是森林资源紧缺的国家之一。随着社会主义经济建设的发展，全国各行各业对木材的需求日益增长。因此，节约木材就成为一个十分突出的问题，已经引起全社会的高度重视。铁路是用木材较多的一个部门，其中尤以木枕用材在铁路用材中所占比例最大（约占40%）。有鉴于此，中国铁路早从1950年起即采取了两项节约木材的有力措施：一是积极发展木材防腐工业以延长木材的使用寿命；一是积极寻求代用料，首先是发展混凝土制品工业以减少木枕使用量。经过30多年的不懈努力，取得了很大成绩，为国家节约木材，保证行车安全做出了重大贡献。

第一节　木材防腐工业体系的形成

新中国成立初期，整个铁路部门只有两个日伪时期遗留下来的木材防腐工厂，一是辽宁苏家屯木材防腐工厂，一是吉林哈达湾木材防腐工厂，而且设备简陋，生产规模很小，每年仅能生产1万—1.2万立方米防腐木材。经过整顿和初步改造，至1952年，哈达湾厂发展到年产5万立方米；苏家屯厂发展到年产6万立方米。1954年4月铁道部在武汉建成汉阳木材防腐厂。该厂设计能力为年产普枕100万根。同年，铁道部决定将哈达湾厂迁往哈尔滨，筹建三棵树木材防腐厂，于1955年10月建成投产。

1956年，根据铁道部与邮电部协议，将原属邮电部的哈尔滨木材防腐厂并入三棵树木材防腐厂，进行了扩建，除供应铁路建设所需的防腐枕木这种主要产品外,还增加邮电部所需的防腐电杆。1956年铁道部作出了关于"未经防腐处理的木枕不准上道"的规定,对木材防腐工业的发展,起到了极大的推动作用。同年铁道部为进一步扩大防腐枕木的生产能力,根据工厂要合理分布、形成网络的原则,决定在筹建新厂的同时,对原有防腐工厂进行改建和扩建。从50年代至60年代末,全路新建和扩建的木材防腐工厂共计8个。这8个厂的分布情况是:东北区3个,即苏家屯、三棵树、镇赉防腐厂;中南区2个,即汉阳和柳州防腐厂;华北、华东和西南区各1个,即北京、鹰潭和成都防腐厂,于是形成了一个具有相当规模的木材防腐工业体系。各厂的生产能力见表63。

全路各木材防腐厂分布情况及生产能力

表63

地区及厂名	建成时间	生产能力(立方米/年)
东北区		
苏家屯厂	1960年改建	100000
三棵树厂	1955年迁建	96000
镇赉厂	1969年	80000
华北区		
北京厂	1959年	90000
华东区		
鹰潭厂	1960年	94000
中南区		
柳州厂	1957年	66000
汉阳厂	1954年	97000
西南区		
成都厂	1958年	60000
合　计		683000

截至1985年,上述8个防腐工厂共拥有蒸制罐23台,总容积为1470立方米。设计生产能力为年产防腐木材68.3万立方米,既满足了新线建设和旧线维修所需的防腐枕木,同时还向邮电部和人民解放军通信兵部队提供了大量的防腐电杆。

第二节 木材防腐工业的成就

新中国成立以来，截至1985年止，全路木材防腐工厂共为国家生产防腐木材约2200万立方米，如按延长木枕使用年限4倍计算（这是早已达到的成效），共为国家节约优质木材8800万立方米，通过换算，相当于保留了约100万公顷的森林面积。在此期间，向国家上缴利税总计44054万元，相当于8个防腐工厂固定资产的4.57倍，其中柳州、汉阳、鹰潭、北京4个防腐厂在投产后的二至四年，即已全部收回投资。可见，30多年来木材防腐工业所取得的社会效益与经济效益是十分显著的。

随着科学技术的进步，木材防腐工业在新技术、新工艺方面的发展也取得了可喜成就。

针叶树是浸油比较困难的树种之一。1958年研究成功的枕木刻痕机，对难于浸油的针叶树，能够以较高效率进行刻痕处理，提高了注油深度，有效地防止了枕木开裂，从而提高了防腐质量。

为增强防腐剂的毒效以提高杀伤白蚁的能力，从1958年开始，在防腐剂内添加了一定比例的五氯化酚，取得了良好效果。

1960年湿枕木数量增加，有的防腐工厂通过新技术试验，总结出一套适合中国国情的湿枕罐内干燥浸油方法，解决了湿枕难于注油的关键问题。

此外，按照国家对于环境保护的要求，各厂都很重视含酚污水的处理，设置有先进的生化处理污水设施，所有排放污水均达到国家规定的排放标准。

50年代中期，岔枕需要量增大，不少种规格的产品都不能配套供应。为此，鹰潭、苏家屯、镇赉等防腐厂相继扩建了胶合车间，通过短枕胶接，解决了料源不足的问题。作业方式也由原来的人抬肩扛改由轨道吊、龙门吊进行装卸，并由此推动了为提高产品质量，提高劳动生产率，改善劳动条件，加强生产安全而进行的设备改造和技术革新活动。随着电杆扒皮机、枕木扒皮机和捆头机、普枕分类机、岔枕分类机的试制成功，又对空气压缩机、真空泵等设备进行更新换代。在操作技术上，由油压改为风压，罐门开关改为风动操作，防腐操作台由原来的手工操作改为电动操作，并配置了自动记录仪表。这些设备加入生产序列后，使生产面貌发生了根本变化。

中国铁路的木材防腐工业在新防腐剂的研究和应用方面取得了重大突破。为扩大防腐产量及增加品种，广泛研制和采用了优质油溶防腐剂及水溶防腐剂。80年代初，各防腐厂就开展了高效、低毒、浅色无臭和可涂漆等多种防腐剂的研究工作，并研制成功了代号为ACA和CCA两种防腐剂。这两种防腐剂不仅可以用于枕木和电杆的防腐，而且可以广泛地应用于门窗、矿坑用木，特别是对盛产于南方15个省的马尾松木材的防腐，更具有重要意义。1983年8月，CCA防腐剂得到了江西、福建两省有关部门的一致肯定。铁道部、林业部所属科研单位的学者和专家鉴定，认为这是一项"有效时期持久，工艺设备不复杂，经济效果显著，不污染环境"的优秀科研成果。新防腐技术的应用，还为钢厂所用的耐火材料的渗碳浸注处理提供了条件。据统计，仅北京、苏家屯两个防腐厂为首都、承德、鞍山、抚顺等10多个钢铁厂的耐火材料进行渗油，年产就达1.5万吨，对提高钢厂炉龄和产品质量，以及降低成本都起到了不可忽视的作用。

第二十五章
混凝土制品工业

第一节 混凝土制品工业体系的形成

旧中国铁路没有生产混凝土制品的工业。1951年6月,铁道部西北铁路干线工程局在宝天线社棠车站筹建的钢筋混凝土桥梁工厂,是中国铁路的第一个混凝土制品工厂。随后,部分铁路工程局为满足工程需要,先后在成都、集宁设厂。铁道部在丰台桥梁厂设立混凝土桥梁车间。

50年代中期,中国铁路研究试制预应力混凝土桥梁获得成功,运梁平车和架桥机不断改进并向大型发展,为以后大量采用预应力混凝土桥梁创造了条件。1955年铁道部决定跨度24米至32米桥梁全部采用预应力钢筋混凝土梁,同时停止生产32米以下跨度的钢梁,于是在全国铁路建设中,中小跨度钢梁桥均为预应力混凝土桥梁所代替。与此同时,铁道部组织有关单位进行预应力混凝土轨枕的研制和试铺,并于1956年在丰台桥梁厂建立试验车间,组成中苏合作丰台科学研究基点,进行预应力混凝土桥梁、轨枕、接触网支柱和装配式隧道衬砌等结构研究工作,都取得了令人满意的成果。预应力混凝土技术的应用,装配式预制构件的推广,推动了整个混凝土制品工业的迅速发展。

1957年,铁道部决定丰台桥梁厂停止生产钢梁,转为生产混凝土制品的专业工厂,并拟订了全国铁路混凝土桥梁轨枕工厂生产建设的全面发展规划。为了扩大生产规模,先后将各铁路局、工程局建立起来的成都、哈密、都匀、太原、平顶山等桥梁厂和轨枕厂收归铁道部直属领导,在60

年代至 70 年代中期分别进行改建和扩建。丰台桥梁厂于 1960 年、1965 年和 1971 年进行了三次较大的扩建和改建;株洲桥梁厂也于 1965 年、1972 年和 1977 年进行了 3 次技术改造。这两个厂都建立了混凝土轨枕扣件车间;对混凝土电杆、管桩的生产线也作了扩建和改建。在此期间,各铁路局和铁路工程局又自建了一些工厂,有南京桥梁厂、德阳制品厂、养马河桥梁厂、房山桥梁厂、小屯轨枕厂、锦州轨枕厂、吉林轨枕厂、邵武轨枕厂、黄许镇轨枕厂等。截至 1985 年,全路已拥有 27 个混凝土制品工厂,形成了分布全国、具有相当规模、生产基本配套、品种众多的混凝土制品工业体系。各厂规模见表 64。混凝土制品的综合生产能力为年产 92 万立方米,其中主要产品的年产能力为:桥梁约 2200 孔,轨枕约 720 万根,电杆 13 万余根,轨枕扣件 190 余万套。全行业固定资产原值为 3.2 亿元,职工总数为 2.5 万余人,生产总值为 2.3 亿元。

混凝土制品厂分布情况与规模表

表 64

地区及厂名	主要产品	数量	全厂职工人数	全年总产值（万元）
东北区：				
锦州预制构件厂	≤20 米先张梁	22 孔	577	359
富拉尔基预制厂	≤20 米先张梁	120 孔	1000	475
锦州轨枕厂	轨枕	20 万根	314	270
小屯轨枕厂	轨枕	22 万根	171	372
吉林轨枕厂	轨枕	18 万根	676	444
华北区：				
丰台桥梁厂	≥20 米后张梁	280 孔	4128	51486
	轨枕	110 万根		
	管桩	17 万米		
	扣件	100 成套		
太原轨枕厂	轨枕	55 万根	1212	12370
	电杆	2.5 万根		
房山桥梁厂	≥20 米后张梁	150 孔	745	919
	≤20 米先张梁	150 孔		
	轨枕	35 万根		
昌平构件厂	≥20 米先张梁	25 孔	516	261

续表

地区及厂名	主要产品	数 量	全厂职工人数	全年总产值（万元）
播明预制厂	≤20米先张梁	80孔	235	262
	≤20米普通梁	10孔		
满城制品厂	支柱	7000根	397	549
包头轨枕厂	轨枕	55万根	628	707
华东区：				
南京桥梁厂	≥20米后张梁	100孔	1212	602
	管桩	5万米		
徐州生产基地	≤20米普通梁	40孔	50	100
邵武轨枕厂	轨枕	10万根	194	130
贵溪预制厂	≤20米先张梁	20孔	175	88
	≤20米普通梁	60孔		
中南区：				
株洲桥梁厂	≥20米后张梁	200孔	3202	42763
	轨枕	110万根		
	电杆	4万根		
	扣件	90万套		
谷城桥梁厂	≥20米后张梁	100孔	1588	1302
	轨枕	65万根		
平顶山轨枕厂	轨枕	55万根	768	9295
西南区：				
成都桥梁厂	≥20米后张梁	178孔	1350	990
	电杆	3.5万根		
	岔枕	497组		
都匀桥梁厂	≥20米后张梁	157根	2067	1456
	轨枕	70万根		
养马河桥梁厂	≥20米后张梁	250孔	778	470
	轨枕	20万根		
德阳制品厂	支柱	8900根	273	237
二局成都桥梁厂	≥20米后张梁	83孔	405	121
黄许镇轨枕厂	轨枕	15万根	353	248
西北区：				
哈密桥梁厂	≥20米后张梁	50孔	1424	1238
	轨枕	60万根		
华县预制厂	≥20米后张梁	20孔	366	469
	≤20米先张梁	75孔		
	≤20米普通梁	35孔		

在新厂建设中，主要是采取以老厂人员、设备、技术经验配套支援新厂的方法。在株洲、都匀、成都桥梁厂的建设过程中，丰台、沈阳、山海关桥梁厂都抽调配套干部和工人支援，并调拨一批设备充实新厂，大大加快了新厂建设的步伐。株洲桥梁厂由于老厂帮助和在建设中获得多方面的最佳选择，特别是地理位置优越带来的丰富砂石资源，可以直接由江中采集，使整个生产建立在经济合理的基础上，从建厂投产到1981年，利税总额已接近投资总额的2倍。

第二节 混凝土制品工业的成就

在混凝土制品生产技术方面，30多年来有了很大的发展。为生产预应力混凝土桥梁，丰台桥梁厂于1956年建成有32个固定台座的生产线。1958年建成活动台座流水生产线，多年来经过不断改进和完善，并将台座周转期缩短到3天，日产32米梁1孔。60年代，成都桥梁厂在西南新线建设急需桥梁的情况下，创造露天固定台座生产工艺，以两台吊梁龙门吊覆盖整个作业生产线，并以塔式吊车为辅，使生产过程高度机械化。在不断改造生产线的同时，对各项工艺也进行了革新，例如提高台位周转率的"早期张拉移梁"；为提高质量而创造的"底侧震动成型"和"网管成孔"（后改为胶管成孔）；为取代木模、节约成本、提高质量、简化操作的"整体钢模拆装"等。预应力混凝土梁已向40米跨度发展，并且研制成功无碴梁、串联梁、低高度梁。丰台桥梁厂生产的"后张法预应力混凝土梁"于1984年获得国家优质产品银质奖。

在混凝土轨枕生产工艺方面，1958年工厂设计事务所参照匈牙利和苏联的生产经验，结合中国技术条件，为丰台桥梁厂设计建成了共有4条轨枕生产线的轨枕车间，年产能力为50万根轨枕。经过1959年至1964年间的几次较大的工艺技术改造，将原有的4条生产线调整为2条，工序节奏时间由原设计的20分钟缩短为10分钟，1971年后更缩短为3分钟，平均每18秒钟就可生产出一根轨枕。随着科学技术的进步，各厂已逐渐向自动化发展，如天车自动挂钩、成品自动脱模、用圆盘锯切断钢丝、养护温度自动控制、电子秤计量、集料自动测温、钢丝组入模机械手、电脑控制搅拌等先进技术，都已在生产中发挥了极大的作用。在扣件生产方面，丰台桥梁厂利用余热淬火工艺，在节能方面取得良好的效果。株洲桥梁厂制成弹条一次成型机，提高了工作效率，节省了人力，取得革新的大突破。

从1961年丰台桥梁厂制成8米环形预应力混凝土电杆后，1966年制成了预应力混凝土管桩，随之又发展了多种规格不同的预应力混凝土电杆和管桩的生产，其中环形电杆和拼接电杆等，铁道部已确定在新线建设中全部使用。预应力混凝土管桩在多次改进工艺技术之后，已可以取代钢桩用于桥梁和工业设施的基础工程，上海宝山钢铁公司工程中即曾以预应力混凝土管桩代替钢桩，不但节省投资近亿元，而且压缩了工期。

据丰台桥梁厂等27个混凝土制品工厂的不完全统计，至1985年共生产混凝土制品1200余万立方米，其中混凝土桥梁2.4万余孔（预应力混凝土梁1.8万余孔），预应力混凝土轨枕约1亿根，宽轨枕约56万根，混凝土电杆约195万根，管桩约210万米，以及与轨枕配套的弹条扣件约959万套。此外，在"六五"期间铁路混凝土制品厂还为城市建设提供预应力混凝土构件3.2万立方米，环形预应力混凝土电杆9.5万根，预应力混凝土管桩50万米。为煤矿提供了大量的预应力混凝土标准轨距轨枕和窄轨轨枕。截至1985年，全路混凝土制品厂累计创利税总额约3亿元，为混凝土制品工业系统固定资产投资总额2.3亿元的1.3倍。

中共十一届三中全会以后，混凝土桥梁及轨枕工业迅速发展。生产增长幅度较大。"六五"计划期间比"五五"期间的主要产品产量增长率为：桥梁7.9%，轨枕39.6%，电杆11.0%。桥梁产量增长幅度最大的为丰台桥梁厂，增长率为58.8%。在这期间内，利税增长也比较多，1979年至1985年的7年间，创利15521万元，超过了中共十一届三中全会前近30年所创利税的总和。

混凝土制品工业的发展，还为国家节约了大量的钢材和木材。截至

1985年，预应力混凝土梁已占全国铁路桥梁总长度的40%左右，在新建铁路上架设的预应力混凝土梁占桥梁架设总数的50%—60%，全国正线铺设的混凝土轨枕已占所铺轨枕总量的63.3%，在新线建设中已全部使用预应力混凝土轨枕。除了桥梁和轨枕外，预应力混凝土电杆和管桩也在新建铁路中大量采用。由于用预应力混凝土桥梁代替钢梁，节约钢材约40万吨，节省投资6亿元。用预应力混凝土轨枕代替木枕，节约木材约1600万立方米；用预应力混凝土电杆代替木杆，节约木材约60万立方米。由于混凝土轨枕使用年限长，使用寿命一般为50年，还可减少日常维修和大修的费用。上述数字表明，中国铁路混凝土制品工业30多年来无论是在节约钢材、木材和资金等方面，都为国家做出了贡献。

第五编
铁路管理和综合业务

中国铁路每昼夜要开行上万对列车，装卸十几万辆货车，运送三四百万旅客。这些任务要由沿线几千个单位、二三百万职工在各个不同岗位上密切配合，联合劳动，共同完成。因此，必须要有一套完整的统一的技术规范、管理办法和严密的规章制度、严格的组织纪律，才能保证这部庞大的联动机灵活运转。

新中国铁路通过36年的努力，经过多次反复，总结了正反两方面的经验，在机构体制、计划管理、财务会计管理、物资管理、劳动工资管理、干部管理、技术管理各个方面，都形成了具有自己特点的一套完整的制度。这套制度对保证安全、高效地完成铁路运输生产任务起到了重要的作用。

铁路科学技术和教育事业的发展，在不同时期都对铁路运输生产的发展产生重要作用。特别是中共十一届三中全会以后，铁路各级领导和广大职工对科技、教育的重要性认识更加提高，发展这些事业的措施也更为有力。

铁路卫生和职工生活福利工作，是完成运输生产和建设任务的重要保证。由于铁路基层单位点多面广，有些职工岗位流动，有些地区条件特殊，有些施工现场荒凉偏僻，没有地方政府举办的学校、商店、医院等设施，铁路自己举办这些事业是有其特殊的意义的。

外事和援外等涉外工作，也是铁道事业的组成部分。新中国成立初期，铁路就开办了国际联运业务，对打破帝国主义的封锁，发展友好国家的往来，起到了无可代替的作用。以后逐步参加各种国际铁路组织，开展学术交流，引进先进技术，都取得了可观的成绩。在对外经济技术援助方面，到1985年年底已经与16个国家建立了经援关系，同时在开拓国际市场，输出劳务等方面，也有不少成功的经验。

本编分章阐述新中国铁路在以上这些方面的发展和取得的成就。

第二十六章
铁路机构体制和领导制度

铁路的机构体制是铁路经营管理的组织基础。新中国铁路根据社会主义国家铁路和铁路运输企业的特点，在管理上实行集中领导、统一管理的体制。在机构设置上，由于铁路遍及全国，成线成网，必须组织多专业、多工种、多层次的在不同地区、不同岗位和不同时间的联劳协作，因而单位多，分布广，而且相互关系紧密，组成了一架大的联动机。36年来，铁路企业的领导制度经历过一长制、党委领导下的厂长负责制和厂长负责制三个发展阶段，在不断探索过程中，取得了一定的经验。铁路管理机构经过多次调整演变，从总体上看，基本上适应了铁路各项工作的要求，从组织上保证了铁路事业的发展。今后，铁路面临更加繁重的任务，铁路机构体制如何适应经济、政治体制全面深刻的改革，更好地为铁路事业发展服务，需要在总结经验的基础上不断在实践中探索和改革。

第一节 国家对铁路的管理体制

一、铁路管理体制的发展

新中国铁路废除了旧中国铁路分散管理的体制，实行国家统一管理的新体制。但在不同时期，国家对铁路的具体管理形式和内容有所不同，大致可分三个阶段。

（一）新中国成立前，军委铁道部对铁路实行军事管制体制。

1949年1月10日，军委铁道部正式成立。这是中国历史上最早的全国性的人民铁路管理机构。5月，中国人民解放军第四野战军铁道纵队并入军委铁道部，成立中国人民解放军铁道兵团。军委铁道部在中央军委的领导下，统一负责全国各解放区铁路的修建和运营管理。这时，铁路的主要任务是全力支援前线，实行军事管制，在体制上是集权的，这有利于铁路的迅速修复和保障战时铁路运输，并为新中国成立后人民政府统一管理铁路奠定了基础。

（二）新中国成立后至中共十一届三中全会前，铁路主要围绕中央集权和地方分权几上几下。

1. 恢复时期和"一五"时期，铁路实行中央集权管理体制。新中国成立后，军委铁道部改为中央人民政府铁道部，受中央人民政府政务院领导，作为国家政府机构对全国铁路实行归口管理。1954年9月，中央人民政府政务院改为国务院，铁道部改为中华人民共和国铁道部，受国务院领导。全国铁路（除地方铁路和专用铁路，下同）的一切经营管理工作，都由铁道部统一管理，基本上保留了军委铁道部时期中央集权的管理体制。这一体制对恢复铁路运输，集中有限的人力、物力、财力，开始进行大规模的铁路建设，起到了组织保证作用。

2. "大跃进"时期，铁路实行由中央和地方双重领导的管理体制。这个时期，强调发挥中央和地方两个积极性，扩大地方的权限，铁道部所属的铁路局（工程局与管理局合一，改称铁路局）、铁路工厂、铁道学院，实行由铁道部和所在地方政府双重领导。大体分工是，铁道部着重管全面规划，协作平衡，统一调度，技术业务领导和督促检查；地方政府着重管政治思想指导，发动群众参加铁路装卸和铁路建设，组织铁路与公路、航运和当地厂矿的协作，以及对中央的方针、政策和任务在铁路上贯彻执行的监督、保证。但在当时，地方政府对铁路的领导往往超过上述分工范围，不能适应中国铁路"高、大、半"的特点，加上那时高指标、浮夸风、瞎指挥的错误，造成多头领导、运输混乱、盲目建设、削弱专业管理、不讲究经济效益等严重弊病，使铁路受到很大损失。

3. 国民经济调整时期，铁路恢复中央集权管理体制。1961年1月，中共中央《关于调整管理体制的若干暂行规定》明确指出："全国铁路由铁道部统一管理,铁路运输由铁道部集中指挥。各级党委应保证完成铁道部运输计划。"同月,中共中央批转了铁道部党组《关于在铁路系统建立政治工作部门和改进铁路管理体制的报告》,进一步规定:"铁路是国民经济的大动脉,是高度集中的企业,带有半军事性质,必须把一切权力集中在铁道部。在运输生产指挥、物资资金分配、设备调动、干部安排和职工调动等方面,完全由铁道部负责处理。在党的思想政治工作和组织工作方面,铁道部党委和政治部同中央局和省、自治区、直辖市党委对铁路总局、铁路局、工程局、设计院、铁道部直属工厂党委和政治部实行双重领导,以铁道部党委和政治部为主,铁路总局、铁路局、工程局、设计院、铁道部直属工厂党委和政治部对其所属单位党委和政治机关则实行垂直领导。"这样,全国铁路恢复由铁道部集中统一管理,从组织上保证了铁路运输生产和建设等各项调整任务的完成,并使铁路事业取得了稳步的发展。

4. "文化大革命"初至1974年,铁路的集中统一管理体制遭到严重破坏。1966年"文化大革命"开始,林彪、江青反革命集团及其党羽就在铁路上一再制造事端,中断铁路运输,企图以此搞乱全国,达到篡党夺权的罪恶目的,铁路形势不断恶化。在这种情况下,中共中央不得不对全国铁路实行军事管制。1967年6月,铁路改由铁道部军管会领导。1970年7月,铁道部与交通部、邮电部所属邮政部分合并,铁路由新的交通部军管会领导,各地铁路单位同时受所在地革命委员会和军区的领导。由于领导多头,加之许多行之有效的规章制度受到冲击,致使铁路实际上处于指挥失灵、无力解决问题的状况,铁路运输生产建设遭受严重破坏。

5. 1975年至中共十一届三中全会前,铁路的集中统一管理体制逐步得到恢复。1975年1月,铁道、交通机构分设(邮政部分已于1974年6月划出),恢复成立了铁道部。3月5日,邓小平副总理在各省、自治区、直辖市党委主管工业的书记会议上讲话指出:"怎样才能把国民经济搞上去?

分析的结果，当前的薄弱环节是铁路。""解决铁路问题的办法，还是要加强集中统一。"会后发出《中共中央关于加强铁路工作的决定》（即1975年九号文件），实行全国铁路以铁道部领导为主的管理体制，重申："全国铁路必须由铁道部统一管理，铁路运输必须由铁道部集中指挥，铁路职工必须由铁道部统一调配，铁路的政治工作和运输指挥工作必须统一起来。"明确地方对铁路主要是加强政治思想和地方性工作的领导，监督铁路运输生产和建设任务的完成。

中共中央的这一决定，极大地推动了铁路各项工作的整顿，使濒临瘫痪的铁路运输生产迅速得到了改善。可是不久，这一决定遭到了江青反革命集团的恶意攻击，铁路的集中统一管理体制再一次受到严重破坏，铁路运输生产又陷入绝境。直至1976年粉碎江青反革命集团后，中共中央的这一决定才逐渐得以全面贯彻。

（三）中共十一届三中全会以后，在坚持集中统一管理的同时，探索主要以经济办法管理铁路的新路子。

中共十一届三中全会以来，铁路管理体制开始改革，出现了初步的但有深刻意义的变化：

1. 多次扩大铁路企业的经营管理自主权，使铁路企业逐渐转为相对独立的经济实体。铁道部向铁路企业有两次成批放权，一次是1982年，另一次是1984年，共放权53项，使铁路企业在计划、价格、财务、物资、劳动工资、机构定员、干部管理等方面有了一定的自主权。

2. 探索主要用经济办法来管理铁路企业，改变过去主要用行政办法管理企业的传统管理方式。其做法是陆续建立一批经济机构来管理一部分铁路企业或业务，主要有中国铁路机车车辆工业总公司、铁道部通信信号公司、中国土木工程公司和中国铁路对外服务公司等。同时还重视经济杠杆作用，用经济手段调节铁路企业的经营生产，并陆续制订一些经济法规，减少行政直接干预。

3. 发挥地方和其他部门、企业的积极性，铁路基本建设开始改变由国家投资的单一资金渠道，实行对内对外开放，多渠道筹集资金，共同修路。铁路工业也走向开放、扩散、专业化协作的道路，努力打破封闭型的结构。

二、铁路管理体制的经验

根据36年的实践，调整铁路管理体制应注意正确处理两个重要关系：

一个是正确处理铁道部和地方政府的关系。中央多次强调国家铁路由铁道部集中统一管理，但在历史上曾两度出现削弱集中统一管理的状况，给铁路事业造成很大损失。国家铁路虽然遍及全国城乡，高度分散，但运输生产是一个整体，由铁道部直接管理国家铁路是适宜的。同时，国家铁路又与各地关系十分密切，铁路的发展离不开地方的支持，铁路有许多地区性工作和对地区产生影响的工作，仍需按照地方的统一部署去做，因此要注意听取地方的意见，接受地方的监督。

另一个是正确处理国家和铁路的关系。1979年以前，在管理体制上没有解决好铁路企业应有自主权这个根本问题。中共十二大以后，铁道部逐步向铁路企业下放权限，使铁路企业增加了活力，促进了铁路事业的发展。但这个问题还远没有解决，需要在深化改革的过程中继续探索，妥善处理。铁道部是少数由国家赋予直接经营管理企业责任的政府部门，既不能不顾铁路生产的特点，简单地照搬其他行业的放权做法，损害铁路大联动机的正常运转；也不能片面强调铁路运输生产的特点，把该放的、条件又成熟的权不放下去，影响企业搞活。铁路的集中统一主要是指：运输调度必须高度集中，执行铁的纪律；重要的技术政策，与运输有关的制度、技术规范、标准，主要行车设备的制式以及跨局的运行图和列车编组计划等，必须统一制定；重点物资运输、机车车辆及其他重要运输设备的生产、分配和修理，必须统一安排；路网性设施的新建、改造和布局，必须统一规划。在此前提下，给企业必要的经营自主权，使企业在资金的筹集和使用、劳动组织、技术开发、多种经营以及物资采购等领域搞活。这样，才可以使铁路成为一部既集中统一，又充满活力的大联动机。这个关系处理好了，把企业搞得越活，就越有利于"高、大、半"的加强。国家铁路是一个全国性的完整企业，铁道部是这个大企业的最高经营管理机关，国家对铁路管得过多过死，铁道部（作为企业的综合管理机构）在基本建设、机车车辆购置、运输计划安排、资金运用、工资分配等方面都缺少应有的自主权，铁路建设的发展与铁路经营成果挂不上钩，不利于铁路事业的发展。因此，还必须解决好国家对铁路部门进一步放权的问题。

第二节 铁路运输机构体制

铁路运输部门是中国铁路最基本的生产经营部门。其机构体制几经变迁，但基本上保持了铁道部—铁路局—铁路分局—基层站段分级管理。至1986年1月1日，铁道部机关设有运输、机务、车辆、工务、电务等业务局和行车安全监察室，分工归口管理各项运输业务。全路设有12个铁路局，局以下设62个铁路分局，分局以下设5456个车站，263个车务段，182个机务段，128个车辆段，264个工务段，194个电务段和通信段，81个水电段和17个供电段，72个列车段、客运段和2个轮渡段等。

一、管理层次的纵向变化

（一）铁道部与铁路局之间的中间管理层次。

在铁道部与铁路局中间设置管理机构，始于1949年军委铁道部时期。抗日战争胜利后，曾于1946年7月在哈尔滨成立东北铁路总局，全面领导哈尔滨、齐齐哈尔、吉林、沈阳、锦州5个铁路管理局。军委铁道部成立后，东北地区仍保留了这一中间管理层次。

1950年5月，因中苏共管的中国长春铁路管理局成立，东北铁路总局和哈尔滨、沈阳铁路管理局撤销。齐齐哈尔、吉林、锦州铁路管理局改为部直属单位，具体业务由新成立的铁道部驻东北特派员办事处领导。1952年5月，特派员办事处改为东北铁路办事处，至11月撤销。1953年1月，中长铁路管理局撤销，改为哈尔滨铁路管理局（1956年1月分设为哈尔滨、沈阳2个局）。这样，东北地区的铁路管理局全部由铁道部直接领导。

自1953年至1958年，铁路未再设置总局或大区办事处。"大跃进"期间，各铁路分局改为办事处，并成立许多小铁路局，造成了有的地区铁路管理过于分散，加之当时国家设想建立大协作区，各区都建立比较完整的经济体系，于是在1959年成立了上海铁路总局，1960年11月东北再次成立了铁路总局（1961年12月改为东北区办事处），1963年4月在武汉成立了中南区办事处。以上总局都是独立的经济核算单位，办事处主要是代表铁道部与地方政府联系，监督检查大区内各铁路局的工作，组织路内路外联劳协作等。东北区办事处还负责指挥调度东北地区的铁路运输。以后，因各铁路局陆续恢复了铁路分局建制，建立大协作区的设想未能实现，小铁路局又逐渐撤销合并为较大的局，这些总局和大区办事处难以发挥作用，乃于1963年、1970年、1971年，将上海铁路总局、东北区办事处、中南区办事处相继撤销。

1973年1月，根据国务院、中央军委的决定，沈阳军区领导的东北交通运输指挥部划归交通部（当时铁道和交通合并设部），并先后改称东北铁路运输指挥部、东北铁路办事处，其任务与原来的东北区办事处相似。1983年，随着东北地区铁路局的调整，5个铁路局并为2个铁路局，东北铁路办事处不再负责调度指挥和监督业务工作，至1985年年末撤销。

以上情况说明，在设有分局的同时，一般不宜在铁路局与铁道部之间再增设总局或大区办事处，以免增加管理层次。

（二）铁路局与站段之间的中间管理层次。

铁路局是相对完整的运输企业，站段是基层生产单位，这中间还要不要再设置一层管理机构，如要设，其性质任务又是什么，这是铁路运输管理体制的又一重大问题，多年来经过不少变动。

1949年铁路刚刚接管，基本上保留了原有机构。为便于管理，在各铁路管理局下设置了驻在各主要地区的办事处，代表铁路管理局管辖一定地区范围内的铁路运输工作，为临时过渡组织。

1950年，为了适应国民经济恢复和进行民主改革与生产改革，在管理局下设置了若干管理分局，为一级完整的管理组织，全面领导与管理辖区内各基层站段。同时取消了各办事处。

1953年国家开始大规模经济建设，为加强经营管理，减少层次，在缩小管区的同时，将管理分局改为运输分局，主要负责管内的运输工作，只对所属车站、列车段实行直接领导，负责行车组织、装卸车、客货运输、机车运用、给煤给水、电力及行车安全等工作。对管内由铁路管理局各业务处领导的其他基层单位，运输分局只在有关运输行车方面进行监督与工作联系，例如对机务段，只负责机车运用工作，段的行政业务由铁路管理局机务处领导。

经过一段时间的实践，发现运输分局对车辆、工务、电务等段的业务指挥不灵，难以组织协作的问题。因而从1955年起，又将运输分局改为铁路分局，分局在日常运输工作上对各段有直接指挥权。但各段计划、财务、人事及各种技术经济指标仍由铁路管理局各主管业务处直接控制。

"大跃进"时期，强调地方对铁路的领导，铁路局数量大量增加，管区缩小，铁路分局相应撤销改为办事处，成为铁路局派出机构，只代表铁路局在指定区段内负责对外联系和对内组织协作。但北京、上海、沈阳三个铁路局因当时管辖范围较大，办事处还负责调度指挥运输业务，实际上仍属运输分局性质。

1963年4月，随着铁路集中统一管理体制的恢复，铁路局数量减少，管区扩大，办事处已不适应当时工作需要，又改为铁路分局，并确定其性质为"主管运输、协管其他"，即主管车站、列车段；协管机务、车辆、工务、电务等段。这种分局的主要任务是：全面负责管内运输生产任务的完成；负责和协管铁路局下达的生产财务计划的完成；监督检查机车、车辆、线路等设备的养护和维修，并保证质量；做好安全生产工作；对所属干部和职工，按任免权限和有关规定，进行培养、调配和使用。这一体制是分析了管理分局、运输分局的利弊后设计的,旨在各扬其长,各避其短,但实行后,发现未尽恰当。1965年各铁路局贯彻中共中央颁发的《工业七十条》,推行大连铁路分局的经验,改变了分局"协管其他"的做法,对管内与行车有关的各项业务也都实行了主管。铁路分局的性质明确为"既管运输,又管其他"。

"文化大革命"期间,因实行革命委员会一元化领导,铁路分局实际上具有全面管理的性质。

"文化大革命"后,铁路的集中统一和专业化管理重新加强,分局有些业务工作和权限又集中到铁路局。"六五"期间,随着经济体制和铁路局管理布局的改革,铁路分局与铁路局、铁路分局与基层站段间的职责权限不断调整,总的趋向是精干路局,加强分局,充实基层。

以上说明,铁路分局的设置经历了较长时期的探索,每次变化都与各个时期经济体制、政治体制的改变和铁路局大小、铁路运输生产经营需要等因素有关。在探索中,对如何设置分局,其性质如何,历来看法是不一致的,归纳起来有三种:第一种认为铁路分局是直接组织运输的生产者和管理者,铁路企业的本位应在铁路分局;第二种则认为铁路企业的本位应在铁路局,随着铁路运用现代化设备的不断增加和客货运输距离的日益增长,铁路运输本位宜大不宜小;第三种认为铁路局和铁路分局性质基本相同,管理职能有不少重复,区别主要在于管理范围大小不同,因此主张撤销分局一级管理层次,至少在小铁路局内可以实行。

二、管理布局的横向调整

新中国成立后,铁路改变了过去按线设局的"分线管理制",一直实行"区域管理制"。区域管理有利于运输指挥、经营管理和发挥设备综合能力,较分线管理更能适应线网日益增长的形势。但如何按区域合理设置铁路局和划分铁路局间的管界,是经过长时期探讨,并作了多次变动的。其中变动较大的有以下几个时期:

"一五"期间,铁道部在1953年1月对全国铁路管理机构进行了第一次全面调整,对路局、分局及各基层单位的管界作了合理变更,并缩小管区,出发点是使各级领导和干部接近生产现场,充分发挥运输生产能力。关内原有的天津、济南、上海、郑州、衡阳5个局改组为天津、北京、太原、济南、上海、郑州、广州、柳州8个局,加上关外的齐齐哈尔、哈尔滨、吉林、锦州4个局,以后随着天兰、宝成等铁路的通车,新成立了重庆、昆明、兰州3个局。1955年天津局并入北京局,1956年分设沈阳局,1958年1月1日又分设了牡丹江、南昌2个局,至此,全路共设有17个铁路管理局。各局的平均管辖营业里程,由原来的2500多公里,调整为1500多公里。

"大跃进"期间,为实行铁道部与地方政府双重领导以及"工管合一"的体制,铁路局的管辖界限尽可能按省、区划界,每省、自治区设立一个或几个铁路局。这样,2年间一下子增设了11个铁路局,它们是:呼和浩特、西安、武汉、长沙、福州、贵阳、蚌埠、杭州、南京、乌鲁木齐和西宁铁路局。加上原有的17个局,全路至1960年共设有28个铁路局(自此铁路管理局改称铁路局),每局平均管辖里程仅有1100多公里。

在国民经济调整期间,由于"大跃进"时铁路局数量大量增加,并尽量按省、区划界,造成铁路局管辖范围过小,干线过于分割,调度不统一,给铁路运输工作带来很多困难。不久,由于铁路建设项目大批"下马",随之取消了"工管合一"体制,乃于1961年撤销了南京、杭州、长沙、贵阳和西宁5个铁路局。1963年铁道部确定了设置铁路局的4条原则:(1)既要有利于高度集中的统一指挥,又要便于分级管理;(2)既要从实际情况出发,充分利用现有设备,又要照顾国民经济发展的需要;(3)既要便于平时运输指挥,又要考虑到战时运输要求和国防的需要;(4)既要坚持区域管理制,又要尽量避免干线过于分割和增加过多的分界口。据此,又调整撤销了牡丹江、南昌、蚌埠、太原、武汉和乌鲁木齐6个铁路局,全路又变成17个铁路局。此时,每局平均管辖营业里程为

2035公里。1965年6月福州铁路局撤销，一部分并入上海铁路局，一部分与南昌铁路分局合并成立南昌铁路局。

"文化大革命"期间，随着京原、太焦、襄渝和焦枝等铁路陆续建成，又应有关省区的要求，1971年恢复成立了太原、武汉铁路局，又成立了乌鲁木齐铁路局，这3个铁路局的局管界全部在省、区界附近。1971年全路共有20个铁路局，每局平均管辖里程为2049公里。

"六五"期间，在中共十二大提出的有系统地进行经济体制改革的方针指导下，从1983年至1985年年末，先后合并、撤销了太原、武汉、齐齐哈尔、吉林、锦州、南昌、西安和昆明8个铁路局。经过这样大幅度的调整，全路共有12个铁路局，形成了大、中、小铁路局并存的状况，全路每局平均管辖营业里程增至4300多公里，其中6个大局各管辖5000—8000公里，3个中局各管辖2000—3000公里，3个小局各管辖15000—1800公里。从实践看，适当扩大铁路管区，可使货流同铁路管辖区域大体一致，对发挥主要干线的能力，车流的机动调整，编组站间的合理分工和机车车辆检修的合理布局，提供了较为有利的条件，并有利于铁路牵引动力向电气化、内燃化过渡，发挥机车跑长交路的优势。但管区扩大，也存在任务加重，管理困难等问题。

36年来，铁路运输管理布局的调整，包括铁路局、分局的设置及局界的划分，一条重要的经验是，要根据中国铁路的特点和实际状况，从有利于发挥国民经济大动脉的作用，保证国民经济整体需要出发，按照经济区域和铁路货流、车流及技术设备的发展状况来设局划界，不应简单地考虑行政区域，把铁路运输能力束缚起来。在这个大前提下，也需要适当照顾行政区划，以便于取得地方对铁路工作的支持。

第三节 铁路工业和基本建设机构体制

中国铁路与世界大多数国家铁路不同，铁路运输、铁路工业及新铁路建设基本上都是由铁道部统一管理的。36年来，铁路工业和基本建设的机构体制也有许多变化。

一、铁路机车车辆工业机构体制的主要演变

旧中国铁路没有独立的机车车辆制造业，只有一些修配厂，分设在各铁路管理局内。新中国成立后，这些工厂一部分划交其他工业部门，大部分仍留在铁路，由各铁路管理局管理。

1952年11月，铁道部为加强对机车车辆工业的统一领导和全面规划，将当时23个机车车辆工厂中的20个工厂划归铁道部直接领导，只有柳州、昆明和重庆3个工厂仍由铁路管理局管理。同时将铁道部领导的工厂，按照专业化分工，改组、调整为制造厂和修理厂，分别由铁道部机车车辆制造局和机车车辆修理局管理。

1953年国家在调整工业部门结构时，铁道部机车车辆制造局及其管理的制造厂全部移交第一机械工业部领导。

1958年在"大跃进"的形势下，第一机械工业部制造的机车车辆远远不能满足铁路运输的需要，铁道部各机车车辆修理厂也纷纷"上马"制造机车车辆。此时，修造分设的结构实际已不存在。1958年秋，第一机械工业部将其所属的机车车辆工业管理局和8个机车车辆制造厂（除铁道部原5个制造厂外，还有在"一五"期间新建的大同机车厂、株洲货车厂和长春客车厂）划交铁道部。铁道部为统一管理，将移交过来的管理机车车辆制造的局与原有的管理机车车辆修理的局合并成立了机车车辆工厂管理总局。经过调整，铁路机车车辆工业成为一个既修又造的生产经营体系。

到1979年，铁道部直属的机车车辆工厂发展为33个。机车车辆工业虽有这样大的发展，可是依然不能满足需要。为更好地推动铁路机车车辆工业前进，1985年铁道部确定在各机车车辆工厂之间、机车车辆工厂与路内路外工业之间，实行对内对外开放，铁路机车车辆工业的机构体制也将随之进行新的改革，出现新的变化。

二、铁路基本建设机构体制

30多年来，铁路基本建设机构体制变化较多，特别是施工机构体制，由于铁路建设的不断"上马""下马"和调整布局，变动更是频繁。

（一）铁路建设、设计、施工的合一和分设。

建设、设计和施工是基本建设工作的三个组成部分。它们既有联系，又互相制约。随着国家基本建设体制的变迁，铁路建设、设计和施工机构体制也经历了分、合的变化过程。

1950年至1952年夏，实行建设、设计、施工合一体制。此时，铁道部成立了设计局和工程总局，都是职能机构。设计局只领导所属的各新线测量总队，工程总局对各工程局实行业务指导。现场基本建设分由部属的工程局和铁路管理局领导，以一揽子的自营工程方式完成每个工程项目。

1952年秋，国家推行基本建设承发包制度。铁道部于同年9月成立基本建设局，与设计局和工程总局分立，实行分工负责管理。在新建铁路方面，从部到现场相应组成三个方面的专职的垂直系统，即在现场相继成立一批基本建设分局（或基本建设组）；将各测量总队改组扩建为各勘测设计总队和设计事务所（不久归并为设计分局，1956年又改称设计院）；陆续增设工程局。在既有铁路改造方面，则在各铁路管理局相继成立基本建设处、设计事务所和工程处，在行政上统受管理局长领导，在业务上分受铁道部基本建设局、设计局（后改称设计总局）和工程总局（一度分设营业铁路工程局）的指导。现场基本建设单位根据下达的计划和投资额，负责工程的发包和验收；现场设计单位根据与现场基本建设单位达成的协议书，负责勘测设计和预算编制；现场施工单位根据与现场基本建设单位签订的承包合同，负责工程施工。这一体制对于"一五"期间完成铁路建设任务，起到了较好的组织保证作用。

1958年至1961年上半年，实行"工管合一"，由铁路局统管运输和工程的同时，废除了承发包制，改用投资包干方式。铁道部基本建设局、设计总局和新建铁路工程总局合并为基本建设总局（职能单位），各基本建设分局（或基本建设组）并入有关铁路局，各设计院和各工程局仍保留，直属于铁道部。

1962年起，铁路系统正式恢复承发包制，全面恢复了基本建设发包、设计和施工机构分立、分工负责的体制。这一体制在"文化大革命"中受到破坏。中共十一届三中全会以后，又逐步恢复铁路基本建设承发包制。铁道部基本建设总局成为管理全路基本建设工作的二级机构（但对铁道部工程指挥部管理的工程局和各铁路局的基本建设工作仍是业务指导关系）。由铁路设计院或工程局承包的既有铁路更新改造项目及铁路局管辖范围以内的新建铁路项目，其建设单位为接管使用该项目的铁路局；铁路局管辖范围以外新建铁路，由铁道部指定有关铁路局或筹建单位为建设单位。建设单位与设计单位和施工单位分别签订合同。随着国家基本建设体制的改革，铁路承发包工作和基本建设管理体制也要相适应地改革。

（二）工、管的合一和分设。

铁路新线和重大更新改造工程的施工，是单设工程局办理，还是由铁路局兼管，如前所述，历史上曾有反复。"工管合一"的好处是，便于统一组织领导，统筹计划安排，协调运输施工，调剂安置人员，稳定施工队伍等。不利的地方是运输与工程两项任务都很繁重，一起管容易顾此失彼，工程任务不平衡时仍要经常调整队伍等。一般都不主张"工管合一"。但在实行大铁路局的情况下，考虑今后更新改造工程较多，对"工管合一"的问题不宜简单否定，尚可继续研讨。

（三）综合性工程局的任务范围。

新中国成立初期，铁路新线建设主要分布在西北、西南地区，1950年成立了西北铁路干线工程局，1951年成立了西南铁路工程局，任务范围主要在本区内。

1953年为适应铁路大规模建设，除了按专业设置了大桥工程局和建厂工程公司、隧道工程公司、通信信号工程公司外，同时将西北、西南两个工程局调整为3个工程局，并先后另组建了8个综合性工程局。这十一个综合性工程局名称都改按数字排列，以便于在全路统一调动。在当时施工力量不足，建设任务较重，且各地区工程分布很不平衡的情况下，这种体制有利于集中兵力打歼灭战，对"一五"时期铁路建设任务的完成起到了较好的作用。但这种体制也存在一些问题，主要是流动范围遍及全国，搬迁费用多，职工不稳定等。

1961年取消"工管合一"时，又改按大区设局，成立了东北、华北、西北、西南4个工程局。实际上这时铁路建设已难以按大区划分，这种工程局跨大区施工也多有不便。因而，1966年这4个工程局改称为第一、二、三、四工程局（以后第二工程局分为第二、第五2个工程局）。这两种体制各有利弊，比较起来，后一种体制较为机动有利。

（四）通信信号工程管理体制。

铁路建设中较大的通信信号工程项目，1974年前是单设机构，由铁道部管理，名称先后为通信信号工程公司、电务工程局、电务工程总队，后并入电气化工程局。1981年，从电气化工程局划出，与部属9个通信信号工厂合并组成通信信号公司，实行通信信号设备从科研、设计、制造到施工的"一条龙"管理。这是一项新的改革，初步看，效果还是比较好的。

（五）铁道兵并入铁道部。

1983年，根据形势的变化，中央在整编军队时决定撤销铁道兵建制，改编后并入铁道部。铁道兵指挥部改为铁道部工程指挥部。其所属的10个师分别改编为铁道部第十一至第二十工程局，由工程指挥部归口管理。

第四节 铁路的领导制度

1949年以来，铁路企业的领导制度大致经历了三个阶段的变化。

一、实行一长制

新中国成立初期，铁路企业参照国营工业企业创立的工厂管理委员会的形式，在铁路企业中实行由正副职领导和各部门生产负责人组成的管理组织，行使行政管理职权。当时铁路企业的领导制度尚未成型。

50年代初，铁路学习推广苏联和中长铁路经验，为建立正常的生产秩序，克服生产管理无人负责的现象，在铁路企业中先后推行了一长制的领导制度。一长制的基本内容是，企业行政领导按照规定的规章和命令，对生产管理实行统一领导和单一指挥，本企业全体职工服从行政领导一长的意志，行政领导对企业的生产经营负全部责任。企业党组织的任务是对本企业的思想政治工作负全责，对行政业务进行监督保证。党委和行政领导在生产管理上发生分歧意见时，应先酝酿讨论，如不能取得一致，报请上级决定，遇有紧急事项需要处理，可先执行行政领导的意见。

这种制度有利于明确领导者的职责权限，提高其权威作用和管理效能，克服多头领导和无人负责的弊病。但一长制在实际执行中，有些企业行政领导片面强调个人的作用，不注意发扬民主，忽视思想政治工作。1956年铁道部对推行一长制进行了检讨，认为一长制削弱了党委的领导，将推行一长制中出现的一些属于领导者水平、经验不足和个人作风等方面的问题，如官僚主义、独断专行、脱离群众、命令主义、惩办主义作风有了发展等，都认为是制度上的原因，决定取消这种制度。

二、实行党委领导下的厂长负责制

1956年根据中共第八次全国代表大会决定，在铁路所有的企业中都取消了一长制，改为实行党委领导下的厂长负责制，企业的生产管理由个人负责改为集体领导负责，生产、技术、财务、生活等方面的重大问题，由党委集体讨论决定，然后由行政领导（厂长）具体组织执行。行政领导要接受党委的领导，党委要监督他们的工作。

"文化大革命"中，铁路企业领导制度遭到严重破坏，党的组织一度瘫痪，行政领导指挥系统被取消，无政府主义泛滥。动乱结束后，铁路对企业管理进行了整顿，恢复了党委领导下的厂长负责制。

实行这一领导制度的时间较长，虽然在当时条件下对推动铁路事业的发展起了一定积极作用,但这项制度本身存在缺陷,产生了不少弊端。这主要是由于强调党的一元化领导和"书记挂帅",在实行过程中党委处于包揽一切、以党代政的不正常地位。行政领导的正职和副职按各自分工直接对党委负责,形不成以正职领导为首的生产行政统一指挥系统;党委集体领导行政业务,往往削弱个人负责制,造成有责无权,有权无责,权责分离的现象。存在这些问题,使企业决策慢,效率低,许多事无人负责,不利于加强党对思想政治工作的领导,不利于发挥行政领导集中统一指挥的作用,不利于建立和健全责任制,也不适应铁路事业日益发展的客观要求。

三、实行厂长负责制

中共十一届三中全会指出:"应该认真解决党政企不分,以党代政,以政代企的现象。"全会之后,总结了企业领导制度的历史经验,提出了"党委集体领导,厂长行政指挥,职工民主管理"的根本原则。中共十二届三中全会指出:"现代企业分工细密,生产具有高度连续性,技术要求严格,协作关系复杂,必须建立统一的、强有力的、高效率的生产指挥和经营管理系统,只有实行厂长负责制,才能适应这种要求。"根据全会精神,铁路企业的领导制度进行了改革,从此又开始了一个新的发展阶段。

实行厂长负责制,要求行政领导对本企业的生产指挥和经营管理实行统一领导,全权负责;企业党的组织对生产经营工作由统一领导改为保证监督,加强并改善党的领导,作好党的思想建设和组织建设。实行厂长负责制的同时,还要健全职工代表大会等民主管理制度,使行政领导在工作中注意依靠党,依靠群众,接受监督。为推行这一领导制度,1984年7月铁路在运输、工业、基本建设、物资等15个部属企业中进行厂长负责制的试点,到1985年年底,试点单位扩大到51个。基层单位中,试点的分局共45个,站段共1082个。

通过试点,企业面貌初步有了变化,主要是突出了行政领导在企业中的地位和作用，开始出现决策快、指挥灵、效率高的新局面；企业党政不分，以党代政，党不管党的状况有了改变。在试点中，有些单位也还存在着对厂长负责制以及党组织的地位作用认识不足，党、行政、工会三者的关系还未理顺，缺乏一些明确的规定和制度等问题，这些问题尚需在领导制度改革中加以解决。

第二十七章
铁路计划管理

计划管理是新中国社会主义铁路各项管理的基础。铁路计划管理的基本任务是，在国家统一计划指导下，安排好铁路中长期规划和年、季、月度计划，使各方面的比例关系保持协调，充分调动铁路内部力量，加速发展铁路运输生产力，完成国家计划，并不断提高铁路经营管理水平，在增进社会效益的同时，提高铁路自身的经济效益。

第一节 铁路计划管理的发展

铁路计划管理是在国家规定的有关方针政策和管理制度指导下，结合铁路的情况逐步发展起来的，36年来大体经历了4个阶段。

一、铁路计划管理的创建时期

铁路计划管理创建和形成于恢复时期和"一五"时期。在这个时期内，铁路系统初步建立起具有社会主义性质的、崭新的计划管理制度，开展了年度计划和五年计划的编制工作，并进行了一系列计划方法和制度方面的建设，使铁路事业走上有计划发展的轨道。

（一）建立计划机构，配备和培训计划干部。

1949年铁道部成立之初，即开始筹建计划管理机构，同年7月在铁道部内设立计划局，部内各业务局设立计划科。1950年6月中长铁路局设立计划经济处及各级计划机构；其他铁路局以及各工程局和工厂相继于1951年至1953年设立了计划处、科；铁路局内的各业务处也设立了计划科或配备专职计划干部；各分局设立了计划科，各主要基层单位（站段）先后设立了计划室（股）或配备专职计划干部。各级计划机构的工作，由本单位主要负责人直接领导，业务上接受上级计划机构的指导。这样，在铁路系统逐步形成了一个自上而下的计划管理体系。

在全路建立机构、配备了干部后，铁道部于1953年至1955年间连续举办了五期计划专业学习班，培训了铁路局、分局和基层单位计划干部；同时，为推行中长铁路管理经验，铁道部于1952年至1955年间分批组织各铁路局有关人员到中长铁路学习，其中一项主要内容是学习中长铁路计划管理经验。在这个基础上，各铁路局、工程局、工厂在本单位内展开了计划专业培训，为迅速展开计划管理工作创造了条件。

（二）建立计划管理制度。

从1952年起，铁路系统建立了运输、工业、基本建设、大修、运营支出、劳动工资、财务收支、物资供应等计划，并制订了一些计划管理规章制度。铁道部制订的基本规章有：《铁路计划编制暂行办法》《统一编制生产财务计划说明书办法》《铁路计划工作分析（总结）暂行办法》《铁路计划管理暂行细则》等。对各项计划的编制和管理，还分别制定了单项规章。这些规章统一规定了各项计划的内容和指标体系，确定了上下结合的计划编制程序，强调了计划的平衡和各项基础工作，划分了基本建设、大修、维修、成本和事业费支出的范围。此外，还规定了制定技术组织措施，建立计划执行中的监督检查等制度，以保证计划的落实和实施。各局、厂分别情况制定了本单位计划管理规章和补充细则。

（三）建立高度集中的计划管理体制。

恢复时期和"一五"时期，在学习苏联和中长铁路经验的基础上，全路逐步形成了一套高度集中的计划管理体制。1950年至1957年间，苏联先后派遣四位铁路计划专家来铁道部帮助建立计划管理工作。在计划体制上，运输企业的计划由部、局、分局、基层站段各级管理；部属工业企业的计划由部、总局、工厂各级管理；基建施工企业的计划由部、总局、工程局、处、段（队）各级管理。各级单位的计划按上述系统编报和下达。在运输企业中，各级单位除计划处（科）编制本单位的综合计划外，同级业务部门（运、机、辆、工、电等处、科）也编制本部门计划，按本业务系统上报。年度计划通过综合计划（块块）和部门计划（条条）平衡后确定。建立部门计划虽有利于发挥各业务部门的积极性，发扬民主，集思广益，但也引起部门分割，造成全面平衡的困难。

创建时期由于缺乏经验，在学习中也带来了消极的东西，其中最突出的是仿照当时苏联的做法，在铁路建立一种以高度集权为特征的计划管理体制。这种集中型的计划体制，有利于改变铁路管理的分散状态，也有利于统一调配、集中使用力量，保证重点，办成几件大事。但是以后随着运输生产发展，建设规模扩大，这种体制就日益不适应客观的要求了。这种体制模式过分强调计划的指令性，忽略机动性，上面集中过多，统得过细过死，影响下面的主动性和积极性，以致企业缺少活力，经营缺乏生机；有些计划任务做不到因时因地制宜，人们喻为"打油的钱不能打醋"。调整变更计划申报频繁，形成"一年计划，计划一年"。铁路部门对这种情况，"一五"后期有所觉察，开始研究，并试图于1957年起着手解决。

二、铁路计划管理的探索时期

为进一步改进铁路计划管理，铁道部从1957年开始，到"二五"计划和调整时期进行了探索，主要任务是如何克服"一五"时期在实践中暴露的一些问题，寻求切合实际需要，适合中国铁路情况的计划管理道路。这一探索经历了很大的曲折和反复。

（一）探索的开始。

1956年毛泽东主席的《论十大关系》和中共八大都提出中国经济建设要以苏联经验为鉴戒，总结过去几年的实践经验，寻找解决符合自己情况的办法。根据这个精神，铁路开始研究在铁路计划管理中采取适当放权的做法。1957年铁道部先后规定：运输计划不再按季控制；基本建设投资中20万元以下的项目放权给各局、厂；设备大修项目划分为两类，属于次要性质的第二类项目放权给各局；在运营开支和劳动力上允许有2%的预备作为机动等。与此同时，还适当精简了一些计划指标，简化编制计划程序和烦琐的计算。各铁路局、厂也自上而下实行放权。这些措施预示着探索的开始。

（二）"大跃进"的冲击。

1958年开始了"大跃进"，形势发生变化，铁路计划管理的探索遭到了意外的挫折。在这个浪潮中，脱离了实事求是的轨道，在体制、制度、方法上都出现了一些不切实际的变动。

从1959年起，铁路计划的制订开始实行"双轨"体制，即铁路企业（局、厂等）的计划一方面按铁路系统上报；另一方面纳入省、市、自治区的计划上报，按铁路系统和地方系统"双轨"来平衡确定铁路计划。"双轨制"的实质是地方有权安排铁路计划，冲击了铁路计划的集中统一体制。

1958年计划的编制还开始实行"两本账"，即：第一本账是必成计划，第二本账是期成计划。由于各级都搞两本账，就形成层层加码，上下不对口，计划留缺口，指标越定越高，摊子越铺越大，计划管理陷于混乱。

为实现高指标、大计划，铁路计划体制从原来的高度集权急转为权力大下放、大分散。确定铁路运输任务、基本建设项目和投资、职工总数和工资总额等指标的权限，逐级下放，一放到底，并向地方分散；加上对计划平衡和一系列计划方法的认识发生了错误，如把短线平衡视作"右倾保守"，把综合平衡视作"条条框框"，把计划规章和计划纪律视作"清规戒律"等，严重破坏了铁路计划管理。

（三）对计划管理的调整。

为改变"大跃进"时期所造成的困难局面，铁道部从1960年冬开始，根据中共中央提出的"调整、巩固、充实、提高"的方针，对铁路计划管理进行了调整。

在计划体制上,为改变过去一段时间权力下放过多、过散的状况,1961年根据"统一计划,分级管理"的原则进行了调整,重新把计划管理大权上收,规定铁路各项计划执行上下一盘棋、一本账,对人力物力财力进行统一安排,不允许突破,各级不得层层加码,取消"双轨制""两本账",改变计划失控、管理混乱的局面。

在计划方法制度上也全面进行了整顿,"一五"时期行之有效的方法重新建立起来。1963年铁道部召开计划会议,讨论制订了《整顿铁路局计划工作的若干意见》和《铁路计划工作条例》。各铁路单位据此对本单位计划管理进行了整顿,并建立健全各自的规章制度。整顿中,强调要搞好计划的综合平衡,大兴调查研究之风,健全计划基础工作;规定计划必须保证完成,未经批准,不得擅自变动;所有基本建设项目都必须纳入计划,并按规定的审批程序办事。为加强基层计划工作,铁道部修订公布了《铁路局机务段计划编制办法》,以此为样板,带动其他基层单位的计划工作。这样,铁路在坚持计划管理,实事求是地搞好计划的综合平衡,加强计划的基础工作等方面向前迈进了一步。

在改进铁路计划体制上,虽然这一时期的探索还很不成熟,但在从集权、分权、又走向集权的反复中,也积累了一些经验。

三、铁路计划管理遭到干扰和破坏的时期

十年动乱是铁路计划管理又一次遭到严重干扰和破坏的时期。在此期间,"左"的指导思想重新抬头,铁路计划管理体系被冲散,一些正确的做法大都被歪曲为修正主义的东西受到批判。计划管理和规章制度被说成是"管卡压",细致核算被当作"烦琐哲学";更有甚者,所谓"只算政治账,不算经济账""需要就是计划""嘴巴就是计划"等奇谈怪论,否定了计划平衡工作,一时间"嘴巴工程"不断出现,造成铁路生产、建设陷入无计划、半计划和计划外泛滥的状态。在计划体制上,随着中央向地

方（省、市、自治区）下放权限，铁路计划也向地方放权，实行铁道部和地方双重领导的计划体制。这种做法，是"大跃进"时那一套的重演，有的地方则走得更远，双重领导实质上变为铁路计划由地方领导，以致许多事情难以全路统筹。

1975年邓小平主持国务院工作，纠正了铁路计划双重领导的规定，由铁道部实行统一管理。这种体制关系的调整，1976年又被"四人帮"发动的所谓"反击右倾翻案风"冲断了。

四、开创铁路计划管理新局面的时期

十年动乱结束后，特别是1978年中共十一届三中全会以后，经过拨乱反正，清理了过去长时期"左"倾错误，计划管理工作出现了新的生机，进入了新的历史发展阶段。

（一）整顿计划管理工作。

十年动乱结束，铁路各级单位很快恢复和健全了计划管理机构，逐步配备和充实了必要的干部，使计划管理重新走上正常发展的轨道。

中共十一届三中全会提出了把工作重点转移到以经济建设为中心的轨道上来以后，经济管理普遍受到重视，全路上下对计划管理认真展开了整顿。整顿的内容主要集中在：恢复和健全计划管理制度，完善编制计划的各项基础工作，建立以实现计划为中心的经济责任制，计划管理向下扩权试点，以及纠正无计划、半计划、不按计划办事等现象。1979年年底提出了《改进当前铁路计划统计工作的若干意见》，其内容包括肃清"左"的流毒和影响，搞好计划的综合平衡，加强长期计划工作，改革计划统计管理体制，加强基础工作和计划执行的检查分析以及改进工作作风等。

1980年1月，铁道部公布了《铁路计划管理办法》和运输、基本建设、设备大修和更新改造、劳动工资4个计划管理规章。按照基本建设程序，还制定了基本建设和设备更新改造设计任务书编制审批办法。铁路各单位据此制定了各自的计划管理规章和执行细则。这一系列规章和办法构成了一套较为完整的计划管理规章制度。执行这些规章制度，对稳定计划工作秩序，巩固计划管理的基础，起到了良好的作用。

1982年以后，为适应新形势的需要，在铁路企业中建立起以全面完成国家计划为目标的全面计划管理。其基本内容是：铁路企业要实行中长期计划与短期计划相结合；企业各种计划都纳入统一计划，全面安排的轨道，并进行综合平衡和相互衔接，克服多头领导、各自为政；企业计划层层分解，逐级下达，直至基层班组，落实经济责任；企业计划从编制、下达、执行，直至检查考核，实行全过程的管理。铁路各级单位按此要求进行了综合治理，并自上而下组织了检查验收。

1982年中共十二大提出，把全部经济工作转到以提高经济效益为中心的轨道上来，铁路计划管理进行了重点整顿，主要是：加强计划指标项目的经济效益测算和分析，树立投入产出观念，重视发展速度与提高经济效益相结合；确立以改造现有设备为主，发掘现有设备潜力以扩大铁路运输生产能力的原则；加强基本建设和改造项目的经济分析，特别是建设前期工作中的经济评估，以提高投资效益等。

计划管理实行全面整顿后，还开始了管理现代化的探索，在一些单位的计划工作中，试用预测、决策、统筹、选取最优方案、运用电子计算机等现代化科学方法和手段。在此期间，还进行了计划干部培训，以适应计划管理进一步发展的需要。

（二）改革计划管理体制。

搞好计划管理，走出一条适合中国铁路情况的新路子，根本途径在于改革计划管理体制。中共十一届三中全会以后的开头几年，在少数铁路局、工厂进行了计划扩权试点，重点是增加企业在设备大修和更新改造上一些资金的使用权，以增强企业自我改造的能力。1983年国务院指出，为适应经济发展的要求，必须加快经济体制改革的步伐，强调计划体制的改革是经济体制改革的重要环节。铁道部在1983年6月召开了全国铁路计划统计工作会议，集中讨论了计划统计工作的改革问题，提出了铁路计划管理体制按照"统一计划,分级管理,综合平衡,保证重点"的原则进行改革,做到大的管住,小的放开,管而不死,放而不乱。从总的方面要求铁路计划体制逐步实现"三个转移",即从单纯实行指令性计划向实行指令性计划与指导性计划相结合转移;从重点抓年度计划向重点抓中长期计划转移;从生产型向生产经营型转移。经过会议讨论,由铁道部公布了《铁路计划体制改革的初步方案》,主要内容是,确立铁路计划实行指令性计划与指导性计划相结合的制度,以及改变现行计划管理集权过多,单一地依靠指令性手段,不注重经济手段和发挥价值规律作用的做法。减少了指令性指标,规定了指导性指标,进一步扩大了铁路局、厂等单位的计划自主权。运输计划中,除货物发送总量、煤炭发送量、客货周转量等实行指令性计划外,其他各种物资发送量、装车数、旅客周转量和货物周转量等,按指导性计划办理。基本建设计划中,投资总额、大中型建设项目实行指令性计划,实物工程量和一般非指定的小型建设项目实行指导性计划。工业生产计划中,大部分产品原由部控制,改革后,除约占全部产值65%的工厂主产品实行指令性计划外,其余产品都实行指导性计划或由工厂自主安排。设备大修和更新改造项目,原由铁道部分别控制10项和19项,改革后实行指令性项目分别为5项和9项,其余改为指导性项目或由企业自主安排。铁路局、厂也向下层层规定了指导性计划指标和项目。

为搞好中长期计划,"六五"期间加强了对建设项目和运量的调查预测,建立了前期工作程序,制定了铁路重点建设项目的前期工作计划,并试行了重点建设项目前期工作责任制。同时,对前期工作中的重要程序,即可行性研究阶段,制定了可行性研究文件的编制和审批办法。

1984年10月,中共十二届三中全会《关于经济体制改革的决定》指出,要加快全面改革的步伐,要从根本上改变现行经济体制的模式。同年10月,国务院批转了国家计委《关于改进计划体制的若干暂行规定》。铁路部门根据上述决定和规定,从增加铁路企业活力,迅速发展运输生产力出发,在铁路计划管理体制上又继续作了一些改革,主要是:铁路建设打破国家投资单一渠道,实行多渠道集资,利用国内集资、与地方联合、国外贷款投资等方式,共同修路建厂。机车车辆工业也打破铁路独家生产、自成体系的局面,实行对外开放联合,走专业化协作的道路。建设项目推行责任制;有条件的建设项目实行投资包干责任制。运输设备的大修和更新改造资金原由铁道部按年计划统一分配,改革后确定为按铁道部核定一定比例的折旧提成,由企业自提自用。这样,企业自主安排项目的资金比重,大修由原占30%增加到55%,更新改造由原占40%增加到70%,扩大了企业维护设备质量和进行自我改造的能力。执行中,宏观控制未跟上,一些企业过多地增加了非生产性建设,削弱了扩大运输能力的建设,这项扩权措施尚待改进。

第二节 铁路计划的方针任务和主要成就

铁路年度计划是从1951年开始在全国铁路范围进行试编,1952年正式展开编制工作的。在编制内容和方法上,重点推广了中长铁路编制的生产财务计划。中长铁路计划是中国铁路上最早出现的铁路局综合性计划,内容比较翔实,重调查,重测算依据,把生产和经济活动结合在一起,虽然大部分内容局限于运营活动,但仍不失为一个铁路企业较为完整的计划。这个计划引起了路内也引起路外其他行业的普遍重视。在编制1952年计划时,铁道部还曾组织各铁路局主管计划的领导和专业干部,采取集中审编的办法,既审定各局计划,汇编全路计划,又使各单位掌握编制计划的方法,交流经验,从而培训了干部,提高了编制计划的水平。

30多年来,铁路计划在各个时期的方针任务和取得的主要成就如下:

一、恢复时期和"一五"时期

恢复时期铁路计划的重点是努力完成客货运输任务,并迅速修复遭受战争破坏的铁路,以解决城乡阻塞,沟通地区交流,改变运输不畅的局面。尽管当时计划工作基础薄弱,计划内容比较粗糙,但重点明确,依次而行，仍然取得了协调铁路内部各种力量，完成各项任务的效果。

铁道部从1952年起，组织专门力量编制铁路第一个五年计划。"一五"计划的指导思想是依据国家经济发展规划，在建立社会主义工业化初步基础的同时，相应地发展铁路运输，以满足工农业生产、商品流通、国防建设和人民生活的需要。在开始编制时，曾提出"基本建设第一"，把新建铁路放在首位的主张。执行中由于运量增长较快，既有铁路运输能力渐渐不能适应，在局部地区发生线路和站场堵塞、绕道运输和西运物资积压待运等现象。铁道部经调查研究，提出了《关于铁路技术改造问题的意见》，修正了原来的主张。这样，"一五"计划在指导思想上确定为：铁路要在一个相当长的时期内逐步对既有铁路进行技术改造，同时逐步扩大铁路运输网，继续改善铁路的经营管理，并相应地培养铁路建设人才。按此精神制定了铁路第一个五年计划，逐级下达到全路各单位。执行中，通过年度计划的具体安排，经全路职工努力奋战，提前并超额完成了五年计划规定的任务。

在既有铁路技术改造方面，按照路网和主要枢纽总体改造规划，一些主要干线的第二线工程相继开工；建成了横跨长江的第一座大桥——武汉长江大桥；对许多运量增长较快的线路和枢纽分别采取了增加和延长股道，增设会让站，改线落坡，安装自动信号，采用大型机车，扩建编组场等措施，提高运输能力。为改变铁路运输装备标准低、技术落后的状况，"一五"期间按照大修工作制度，有计划地对铁路主要技术设备进行了大修，提高了设备质量。按照专业化生产方向，对原有机车车辆修造工厂进行了改造，除成批生产自己设计的蒸汽机车和车辆外，还开始设计试制电力、内燃机车。"一五"期间，铁路运输能力明显提高，完成的客货运量年平均递增13.8%和15.7%，客货周转量年平均递增16.3%。机车车辆运用效率和运输质量、安全有显著改善。

新线建设，在计划安排上贯彻了集中力量、保证重点的方针，建设速度较快，投资效益显著。"一五"期间完成正线铺轨4860.3公里，其中投入运营的4145.6公里，建成了宝成、丰沙线和通往蒙古、越南的国际干线，在沿海地区也建成了一些新线。

"一五"计划比较注意改善职工生活福利，新建了职工住宅，增加了医院病床，增设了疗养院，兴办了托儿所、食堂、公寓、浴池、俱乐部等文化福利设施。

"一五"计划和每个年度计划由于比较注意实事求是的原则，注意保证重点，目标明确，较好地处理了发展速度和有关的比例关系，因而铁路发展比较协调，效果较好。

二、"二五"时期和调整时期

根据国家发展国民经济第二个五年计划的建议，铁道部于1957年4月制定了铁路第二个五年计划建议。这个建议的指导方针主要是：提高现有铁路运输能力，以缓和运输紧张状况，并建立必要的能力储备；配合国家生产力布局，继续在内地修筑新线，扩大铁路网；在充分利用原有设备的基础上，逐步采用新技术，如电力、内燃牵引等；推行合理运输，提高运输效率，全面提高各项工作质量；培训人才，以迎接更大增长的运输生产和建设任务。按照这项方针任务制定的计划建议，内容较为实在，但是未等到批准，1958年形势发生变化，一次次的纲要方案讨论后都未付诸实施。年度计划在"大跃进"中几乎是几个月一变，指标一提再提。

这一时期安排的计划，主要是为应付钢铁、煤炭等工矿产品生产的急剧增长，大幅度提高铁路货运任务，大面积铺开新建铁路工程，按工厂最大生产能力安排增造机车车辆。计划突出表现为急躁冒进，急于求成，指标高，计划大，战线长，严重脱离实际，到1960年上半年达到高峰。1960年制定的计划与1958年相比，2年内货运量增加88%，基本建设投资增加1.2倍，新造机车增加1.4倍，新造货车增加1.3倍，新建铁路每年上万公里。这种脱离实际的计划根本不可能完成，还造成铁路各项设备能力相互不配套，宏观计划失控，比例关系严重失调。如车辆工厂集中力量制造,挤掉了修理。1959年和1960年新造货车比1957年增加了3倍,而货车厂修不到1957年的1/4,大批货车不得不带病运行。

从1960年冬起,对铁路计划进行调整,遵照实事求是的原则,制定调整规划和安排年度调整计划,其基本任务是调整铁路内部和与外部之间业已失调的比例关系,主要是:

(一)迅速刹住由于高指标、大计划、战线长而带来的铁路职工人数、工资总额、基本建设投资的"三突破"。1960年铁路职工比1957年猛增96.7万人。1961、1962年大力精减,使职工总数到1962年年底精减了87.1万人,在精减的同时,适当地调整充实生产第一线的劳动力。基本建设投资1960年比1957年猛增19.7亿元,1962年锐减30亿元,约有35条干线、23项枢纽工程停工下马。基本建设大上大下,使有些工程废弃,有些停工后还需维护,损失很大。

(二)对现有设备加强修理,解决修造之间不协调的矛盾。过去3年,不少工厂由修理转为制造,机车车辆失修,不得不于调整时期赶紧补修。1963年货车厂修比1957年多2倍,其他设备情况类似。调整期间用于运输设备大修的费用比"二五"时期超过近1倍。

(三)1963年贯彻中共中央提出的"以农业为基础,以工业为主导"的方针,铁路计划在安排运输和建设上尽可能满足农业需要,把支援农业放到重要位置。

(四)1963年以后,根据运输生产需要,还有计划地对仓促建成、简易投产或尚未建成的工程,如线路、枢纽和工厂的改扩建等,做好填平补齐,成龙配套工作。同时继续修建一些必要的支线。

(五)适当增加职工住宅和文教卫生设施的建设。"二五"时期用于非生产性的建设投资比重,由"一五"时期的7.5%下降到4.4%,三年调整期间提高到7.4%。

"二五"时期铁路计划在指导思想上犯有"左"的错误,给铁路事业的发展带来损失,但另一方面也反映了铁路广大职工迫切要求改变铁路落后面貌的愿望，只是由于缺少经验、指导失误而遭受挫折。经过调整，全路广大职工发奋图强，艰苦奋战，仍取得了很大成就。

首先，在"二五"和调整时期，新建铁路正线铺轨里程分别为4980.8公里和2039.3公里，投入运营的里程分别为3800.9公里和2923公里，建成干线12条，支线30条，这是新中国铁路网建设完成最多的时期。调整后期，为贯彻中共中央关于加强战备、加速建设后方基地的指示，铁路集中力量进行了西南三线建设。西南三线的骨干工程成昆、贵昆等线相继开工，川黔、黔桂等线相继建成。在西北地区，先后建成一些重要干线，这些线路跨越风、沙、缺水地区，工程艰巨，建成后基本构成了以兰州为中心的铁路网骨架。这样，全国除西藏外，各省（自治区）首府都有铁路通车。此外，还建成了一大批支援国民经济短线生产的水电、森林、煤矿等支线。

其次，在既有铁路改造上，建成了石太等线的部分第二线，重要干线也展开了增建第二线的工程。铁路重要枢纽共30处也进行了改建扩建。还先后建成郑州黄河、重庆长江、广州珠江以及南昌赣江等大桥。

再次，在此期间设计试制成功电力、内燃机车，揭开了铁路牵引动力现代化改造的序幕。在宝成线宝鸡凤州段建成了中国第一条电气化铁路，在北京近郊客运列车开始使用内燃机车。与此同时，还新建成6个机车车辆修造工厂和一些专用器材厂，改建和扩建了一大批现有厂，增加了铁路机车车辆和专用器材的修造能力。

三、"三五"和"四五"时期

十年动乱中，由于政治经济局势动荡，不可能形成系统的五年计划，铁路第三、第四两个五年计划自始至终只是个发展概要。根据当时"立足于打仗"、加快建设战略后方基地的要求，铁路在"三五"时期安排了一个积极备战、加快三线铁路建设的计划。其方针是：集中力量加快西南地区的铁路建设，加强京广线以西的铁路战备保障；铁路工业把重点放在支援三线地区的新建工厂上，实行以老厂带新厂；同时搞好牵引动力改造，主要是内燃化改造，以适应三线铁路运输的需要；沿海地区的铁路局、工厂要求在现有的基础上发挥潜力，尽量不进行大的投资建设。这一时期的计划把投资和人力物力过分集中于三线建设，既有铁路技术改造的投资占全路基本建设投资的比重由"二五"时期的36.1%降为10.4%。

"四五"期间头两年仍继续执行积极备战的方针。当时受到"国民经济要建立初步独立、比较完整的体系和各地区也要建立不同水平、各有特点、各自为战的体系"的影响，铁路计划又搞了高指标，要实现所谓"新飞跃"。当时要求"四五"期间新建铁路1.2万公里，机车车辆新造数量要有大幅度增长。1971年铁路投资比1969年增加近1倍，而对改造既有铁路的投资非但未加，反而减少，投资比重又降到5.1%。既有铁路改造被忽视，造成运输能力不足的矛盾更加突出，东北与华北之间、华北与华东之间铁路通道不畅，物资积压，运输堵塞。1975年起，国务院开始调整基本建设规模，既有铁路改造逐步加强，三线地区铁路建设不再扩大，抓紧完成收尾配套工程。1975年既有铁路改造的投资比重提高到20.2%。

十年动乱期间，铁路计划虽然受到严重冲击，但广大铁路职工在这种逆境中，抵制破坏，为完成计划顶风险，坚持工作，使铁路事业仍取得一定进展。"三五"和"四五"期间，新建铁路完成正线铺轨分别为4025.2和5146.7公里，交付运营里程分别为4384公里和4614.4公里；在内地建成了成昆、湘黔等主要干线，铁路布局有所改善，西南铁路网骨架基本形成，"五西"（陕西、鄂西、湘西、桂西、豫西）交通梗塞状况也有改变。营业铁路中，重要通路的铁路干线全部或部分区段建成第二线。扩建了一些枢纽，建成了南京长江大桥等19座大桥。宝成全线完成电气化改造。内燃化线路到"四五"期末已占全部铁路的10.8%。电力机车开始少量生产，内燃机车已达到批量生产，并先后在三线建成三个机车车辆工厂。为改善设备质量，保证运输，从1973年起，自上而下正式建立了运输设备更新改造计划制度（以往利用基本折旧基金进行的更新改造项目都编列在大修计划之内），以便有利于解决设备老化、技术落后等问题。但由于用在更新改造上的折旧提成率过低，只有1%，还远不能满足需要。

四、"五五"和"六五"时期

十年动乱结束后，铁路计划面临的首要任务是进行调整，理顺关系。但由于对"左"的影响未进行彻底纠正，在指导思想上继续急于求成，追求不切实际的高速度，铁路计划又一次出现大的波动，如1978年计划货运量增长15%以上，基本建设投资增大50%以上等。这样大幅度的上涨，铁路各方面的工作和承受能力都跟不上，造成计划上下浮动，变动频繁，对于理顺比例关系影响很大。中共十一届三中全会后，贯彻以调整为中心的八字方针，铁路计划才切实地进行比例关系的调整。

"五五"后期，铁路计划着重对以下几方面进行了调整：加强既有铁路技术改造，解决运输薄弱环节，提高运输能力，处理好既有铁路技术改造和新线建设的关系；提高机车车辆修理和制造能力，加强牵引动力的电力和内燃化改造；线路、枢纽、机车车辆、通信信号以及其他各种运输设备的发展和建设平衡配套，形成综合运输能力；强化铁路运输生产的物质基础，提高现有运输装备的技术水平和质量，扭转拼设备、吃老本的状况；加强科研文教工作，促进铁路技术进步；适当增加职工生活福利设施，补偿一部分欠账。

经过"五五"期间铁路计划的调整，初步取得以下成效：

1. 在既有铁路技术改造上，接通了京沪线这条华北与华东重要通路的双线；完成石太等线的电气化改造；并在铁路不停顿运输的情况下，取得电气化施工的新经验。

2. 在新线建设方面，共完成正线铺轨2854.9公里，投入运营里程2739.1公里，增加了晋煤外运通路和鲁油南运通路，以及一些工矿支线。

3. 为补偿设备修理欠账，5年内线路大修换轨数量相当于过去10年的总和，对全部旧机车、2/3的客车和3/4的货车进行了一次厂修。

4. 铁路科研文教建设和职工生活福利设施的建设也大量增加，5年完成的投资相当于过去四个五年计划的总和。

"五五"后期铁路事业内外比例关系虽有改善，但失调情况尚未根本改变。随着国民经济全面好转，生产和建设不断扩大，铁路运输能力不能满足国民经济发展需要的矛盾日益突出。为此，铁路"六五"计划仍需要继续理顺各种比例关系，集中力量解决运输能力不足的矛盾。为扩大运输能力，确立了以积极改造既有铁路为主，修建运输急需的新线，加强机车车辆工业，加快牵引动力改造，以解决煤炭运输为重点的方针。特别是晋煤外运关系国民经济的全局，成为铁路"六五"计划中的重中之重。铁路"六五"计划即按此方针制定，其重点是：（1）加快与晋煤运输有关的铁路旧线改造，提高晋煤外运能力；（2）疏通进出关通路、南北干线通路、西北和西南地区外运通路、港口后方通路；（3）加强机车车辆老厂的技术改造，增加机车车辆修理和制造能力；（4）采取增造客车、扩大编组、扩建客站和客运设备等多种措施，增强客运能力。

铁路"六五"计划是在实事求是、量力而行的指导思想下制定的，以进一步理顺关系为基本要求，在发展速度上适当留有余地，开始重视经济效益和社会效益，是一个较为切合实际的计划。这个计划经国务院批准后，下达到铁路各单位，是第一个五年计划以来第二个与铁路职工群众见面的五年计划。有了这个五年计划作指导，逐步改变了只是围绕年度计划打转转的情况，这在计划管理上是一个重要转折。全国铁路职工为完成"六五"计划进行了不懈的努力，取得了良好的成绩，主要表现在：

客货周转量突破1万亿换算吨公里，煤炭运量突破5亿吨，晋煤外运每年增长超过1000万吨，列车牵引重量突破20年徘徊在1600—2000吨的局面,达到2211吨。

铁路完成基本建设投资,"六五"比"五五"超过57%,是新中国铁路30多年中完成最多的时期。既有铁路改造投资所占比重达到33.6%,基本上恢复到了历史最高水平。第二线铺轨里程增加1607.5公里,是"二五"时期以来最多的5年,接通了一批干线的部分区间第二线。新增电气化铁路里程,超过过去建成的电气化铁路的总和。内燃化铁路增加3421公里。至"六五"期末,实现电力、内燃牵引的线路里程,已占全部营业里程的28.8%。

新线共完成正线铺轨1496.4公里,还对大量未完工的新线进行配套收尾,交付运营里程达到2388.8公里。"六五"期间建成了京秦、兖石、枝柳、京通等新线,增加了晋煤外运、进出关、南北干线以及西北和西南交通困难地区的通路,加上旧线扩能工程,使这些通路的运输能力显著增加。

随着运量的增长,机车车辆的生产能力也持续增加。"六五"期间机、客、货车修理和制造的数量都超过以往任何一个五年,到"六五"期末,电力、内燃机车年制造数量已超过蒸汽机车。在现有机车中,电力、内燃机车台数已占34.8%,铁路牵引动力的改革已进入一个新的发展阶段。线路大修换轨"六五"比"五五"增加了42%,正线铺设50千克型钢轨已占正式营业线路的58.5%,并开始铺设60千克型钢轨;无缝线路已占全部正线的16.6%。

经过"六五"时期的调整,铁路内部外部各种关系虽然得到较多改善,但由于国民经济对运输的需要增长迅速,铁路建设欠账太多,运输能力不足的矛盾仍然存在,特别是沿海和东北地区一些运输繁忙的铁路干线以及机车车辆的生产,满足不了运输需要的情况仍很突出。铁路运输能力不足这个矛盾的形成非一日之寒,要根本解决也非一日之功所能奏效,仍有待进一步安排解决。

各时期铁路计划主要指标完成情况见表65。

各时期铁路计划主要指标完成情况

表65

顺号	主要指标	单位	"一五"时期	"二五"时期	调整时期	"三五"时期	"四五"时期	"五五"时期	"六五"时期
1	客运量	亿人	3.13	7.41	4.07	5.16	6.96	9.12	11.09
	年平均增长	%	13.3	18.8	-18.1	4.9	6.2	5.6	4.0
2	货运量	亿吨	2.74	3.46	4.84	6.66	8.67	10.86	12.75
	年平均增长	%	15.7	4.8	11.8	6.6	5.4	4.6	3.3
3	客货周转量	亿换算吨公里	1707	2576	3174	4207	5199	7087	10524
	年平均增长	%	16.3	8.6	7.2	5.8	4.3	6.4	8.2
4	基本建设投资总额	亿元	62.89	108.23	36.93	120.31	185.33	150.71	237.22
5	非生产性建设投资	亿元	4.70	4.75	2.72	5.53	11.86	18.10	29.86
	占投资总额	%	7.5	4.4	7.4	4.6	6.4	12.0	12.6
6	铁路职工人数	万人	118.7	128.4	154.2	185.1	222.2	261.5	312.4
	占全国职工总人数	%	4.84	3.88	4.13	3.86	3.46	3.26	3.49
7	铁路工业总产值	亿元	7.62	7.21	12.34	20.14	23.59	27.01	43.99
	占全国工业总产值	%	0.98	0.78	0.88	0.97	0.73	0.54	0.50
8	线路总延展里程	万公里	4.31	5.51	5.80	6.69	7.69	8.64	9.52
9	营业里程	万公里	2.67	3.46	3.64	4.10	4.60	4.99	5.21
10	双线及多线线路里程	万公里	0.22	0.54	0.56	0.65	0.72	0.81	1.00
	占营业里程	%	8.2	15.7	15.3	16.0	15.6	16.3	19.2
11	电气化铁路里程	公里	—	90.4	93.9	290.9	673.0	1667	4150.5
	占营业里程	%	—	0.26	0.3	0.7	1.5	3.3	8.0
12	内燃牵引里程	公里	—	—	292	1331	4974	7401	10822
	占营业里程	%	—	—	0.8	3.2	10.8	14.8	20.8
13	无缝线路里程	公里	—	—	—	2617	5174	8139	10439
	占铁路正线	%	—	—	—	5.6	10.1	14.4	16.7
14	机车保有量	台	4521	6248	6238	7504	9367	10278	11772
	其中：电力	台	—	29	30	60	191	287	587
	内燃	台	—	17	66	566	1352	2190	3511
	电力、内燃机车比重	%	—	0.87	1.5	8.3	16.5	24.1	34.8
15	客车保有量	辆	8566	10543	10752	11279	13715	16157	20872
16	货车保有量	万辆	9.02	14.09	14.63	17.88	23.52	26.64	30.09
17	住宅建设投资	亿元	2.55	2.30	1.31	缺	2.68	14.47	37.35

续表

顺号	主要指标	单位	"一五"时期	"二五"时期	调整时期	"三五"时期	"四五"时期	"五五"时期	"六五"时期
18	运输设备大修总支出	亿元	14.13	11.80	17.11	缺	缺	68.46	103.63
19	更新改造投资总额	亿元	—	—	—	—	—	28.70	98.56
	运输设备更新改造	亿元	—	—	—	—	—	—	80.86
20	新建铁路正线铺轨	公里	4860.3	4980.8	2039.3	4025.2	5146.7	2854.9	1496.4
	完成交付运营里程	公里	4145.6	3800.9	2923.0	4384.0	4614.4	2739.1	2388.8
21	平均每公里运输密度	万换算吨公里	639.2	781.31	930.7	1055.5	1165.7	1489.0	2091.4

注：顺号 4、5、17—20 为期内总数，其余均为期末数。

第三节　铁路计划管理的基本经验

一、关于计划管理体制

36 年来，对计划管理体制曾不断进行探索，作过一些改革，也有过一些反复。多年的经验说明，在计划管理体制方面，必须注意解决好以下几个问题：

（一）正确实行统一计划、分级管理。统一计划是保证宏观控制的需要，为保持铁路事业协调地发展，凡属需要在全路范围内统筹安排的计划任务，都要实行统一计划，集中管理。而分级管理则是搞活微观经济的需要，在不妨害统一计划的前提下，应给企业（各级单位）以必要的机动权限，充分发挥企业的积极性、主动性。过去在较长时期内实行高度集中的计划管理体制，管得过细过死，束缚了企业的积极性。而"二五"和"三五"时期，又放权过度，破坏了统一计划，造成比例失调。这些情况说明，在处理统一计划与分级管理这两者的关系中切不可左右摇摆，走过了头，而要本着大权独揽，小权分散，把宏观方面管住管好，微观方面放开放活的精神，进行恰当处理。

（二）在集权与分权关系上要着眼于增强企业活力。这是改革铁路计划体制的中心环节。以往改善铁路计划体制曾经采取过一些放权的措施，收到一定成效，但往往出现"放了就乱，乱了就收，收了又放"的反复局面。主要问题是：过去铁路计划两次大的放权，受那时中央向地方分权这个格局的影响，铁路计划也向地方分权，实行"双轨制"和"双重领导"等体制，从而出现了多头领导、各自为政的情况，违反了铁路运输必须高度集中的特点。铁路计划过去向企业放权，没有把着眼点放在使企业成为相对独立的经济实体，具有必要的经营自主权这个基点上，在掌握尺度与界限上也把握不当，造成集权分权反反复复。改革计划管理实行放权，既要为企业创造较宽松的条件，又要有个适度的"笼子"，在这种情况下，充分发挥企业的积极性和主动性，使企业管好权用好权。同时，计划管理改革要与其他管理工作的改革配合进行，必要的政策和措施也要跟上，以使企业的权必须与责、利挂钩，投入与产出挂钩，真正做到增加企业自我改造和自我发展能力。

（三）保证计划既集中统一又机动灵活。铁路计划管理长时期以来只实行指令性计划一种形式，只注重行政控制一种手段。为改变这种情况，1983年起实行指令性计划与指导性计划相结合的制度，突破了形式和手段的单一化。当然在实行中还需要不断完善，不断调整指令性和指导性计划的范围和界限，充分重视经济规律，特别是有计划按比例发展规律和价值规律的作用。

（四）在计划体制中建立长、中、短期计划相结合的计划管理体系。铁路自"一五"以后，一直没有形成长中短期计划相结合的计划管理体系，整个计划管理基本上是年度计划工作，其后果是：铁路发展缺少远见，作不出有科学依据的宏观决策；铁路运输能力补强无长远布局，行动迟缓；铁路建设起伏不定，打打停停，"三边"工程也难于扭转；铁路工业生产由修转造，由造转修，产品方向举棋不定；年度计划缺乏中长期计划作指导，也变化不定，连续性差，经济效益不高。"六五"时期有了中期计划作指导，情况发生了变化，铁路运输生产开始出现持续、稳定发展的新局面。实践表明，要搞好计划管理，就必须建立起以中期计划为主要形式的计划管理体制。

二、计划的综合平衡问题

综合平衡是编制计划的基本方法。铁路经常需要通过计划的综合平衡调节路内外各方面的发展比例。根据铁路计划工作的实践，特别需要注意以下几点：

（一）树立正确的指导思想。这是做好综合平衡的首要问题。在指导思想上应防止"左"和右的两种倾向，从铁路计划长时期的实践来看，"左"的影响时间长，危害也较大，因而要特别警惕"左"的倾向。那种认为按比例调节各方面关系使之协调发展是搞"消极平衡"，留有很大缺口才是"积极平衡"的错误看法，必须改变。

搞好综合平衡要树立"一盘棋"思想，局部服从全局，全局照顾局部，既保证重点，也照顾一般，全面安排，相互接续，保持稳定、协调、有计划按比例地发展。

（二）处理好国民经济运输需要和铁路运输能力的关系。铁路是先行企业，运输能力的发展应适当优先于国民经济运输需要的增长，有一定的后备，以便在运量增长时有相当的应变能力。这是因为铁路运输产品不能贮存，能力无法转移，铁路建设周期长，短期内难以投产，因而在定计划时对运输能力不能满打满算，更不能留有缺口，而应酌留余地。另一方面，每条铁路的运量一般都是逐步增长的，运输设备的增加和改善应该随着运量增长的趋势妥善安排。过早地提高建设标准，"毕其功于一役"，使得相当部分的运能长期闲置的做法是不可取的。铁路计划工作需要汲取这两个方面的经验教训，瞻前顾后，做到远近期紧密结合，适当提高运输能力，充分发挥投资效益。

铁路是运输行业中的重要一员。铁路的发展计划在注意发挥自己的"长、大、重"优势的同时，还要注意加强与水运、公路、航空、管道等运输方式的协作，以期共同提高综合运输能力。

（三）处理好新线建设和旧线改造的关系。由于历史的原因，中国大部分铁路分布在东北及沿海地区，广大内地铁路不多，因而新线建设和旧线改造的关系同时是沿海和内地的铁路建设关系问题。沿海地区经济基础较好，发展较快，客货运量的增长速度远远超过内地，以致旧线运输日趋紧张，需要大力进行技术改造，提高能力，并需修建一些新铁路以疏解过于紧张的区段。广大内地急需开发，也需要增修铁路解决运输问题。从计划工作来说，应该全面规划，统筹兼顾，使得新线与旧线、沿海与内地的运输能力协调发展。过去，对这个关系处理得不好，在较长时期里偏重于在内地修建新线，忽略沿海旧线的技术改造和修建疏解旧线运输的新线，以致旧线运输全面紧张，沿海许多干线不得不限制运输，而有些新铁路的运量却长期达不到设计要求。中国经济还不发达，资金有限，怎样做到"钢用在刀刃上"，充分发挥投资效益，是计划工作必须经常注意研究和解决的问题。

（四）处理好修路和造车的关系。过去，铁路计划工作偏重于增修铁路以提高运能，对于增强机车车辆的制造能力则注意不够。因而铁路工业的发展不适应运输发展的需要，机车车辆数量不足，牵引动力改革进展缓慢，影响了线路通过能力的充分发挥，不得不几次大批进口机车来度过"动力危机"。汲取这个教训，铁路计划工作必须正确处理修路和造车的关系。

（五）处理好简单再生产和扩大再生产的关系。在过去平衡铁路计划时，曾反复出现维持简单再生产所必需的设备磨耗的补偿被新建新造项目挤掉的情况，造成设备失修，靠"吃老本"过日子的后果。如机车车辆工业曾经重造轻修，以致运用机车车辆质量下降，事后不得不以加强修理能力来进行调整。生产方向的变动，延误了工业建设和改造的时机。又如有些年度新线建设规模过大，为了完成铺轨任务，挪用了本来应该用于旧线大修的部分钢轨，以致营业线路上的伤损钢轨得不到及时更换，导致了慢行区段和行车事故增加，使得这些运输紧张的线路更加不能适应运量的增长。当然，为了扩大再生产，建设新线和增产机车车辆都是必要的。这就需要在制定计划时协调简单再生产和扩大再生产两者的关系，以提高综合运输能力。

（六）处理好发展运输生产和发展科学技术及教育事业的关系。发展科学技术和教育事业是实现铁路现代化的重要条件。过去的铁路计划工作为发展这些事业作了努力，但还未能给以充分的应有保证。今后铁路科学研究、技术更新以及职工文化业务教育都需要以更高的标准和速度向前发展。然而铁路的主要任务是运输生产，不能顾此失彼。这就需要铁路计划工作理顺运输生产和科技、教育事业的关系，使之协调发展。

（七）处理好生产建设和非生产建设的关系。由于长期受"先生产后生活"思想的影响，铁路计划工作曾经偏重于发展生产，对提高职工生活水平注意不够，造成两者关系的失调，在职工生活方面留下了大量欠账。1978年以后，开始投入较多力量进行非生产建设，职工生活福利设施有了显著改善。但由于还账过急，"六五"后期非生产建设占用了过多的资金，影响了生产建设。今后制定计划时，应该在发展生产的基础上安排必要的非生产建设，两者不能偏废。

另外，长期以来铁路计划在综合平衡时，对增添和改善设备，从整体看，始终贯彻了立足现有基础、因陋就简、艰苦创业的精神，这是今后安排铁路发展计划必须注意体现的一条好经验。

第二十八章
铁路财务会计管理

铁路财务会计管理包括对运营、基建、工业、供销事业等方面的资金循环进行经营管理的活动。基建、工业、供销事业系统的财务会计管理和路外各部门基本相同,按照财政部的规定执行,铁道部只是结合铁路实际作了一些补充规定。运营的财务会计管理则有铁路运输企业的特点,在很多方面和其他部门不同。本章着重就铁路运营的财务会计管理作简要的介绍。

铁路运营财务活动的特点主要表现在:(1)政企合一的铁道部是一个完整的经济核算单位;铁路局为相对独立、比较完整的经济核算单位;分局和基层站段为内部经济核算单位。(2)铁路客货运输的相当部分是由几个铁路局共同完成的,而全程运费却由发站全部核收。因此,在各局实行经济核算制的条件下,运输收入在各铁路局间要进行清算分配。(3)铁路某些设备(如货车、集装箱等)全路统一运用,不固定配属于某一铁路局,某些机构、设施(如铁道部专运处、直属通信处等)为全路运输服务而设,这些方面的费用要按一定的指标分摊列入各铁路局成本。(4)铁路固定资产投资大,运输生产过程中消耗的物化劳动绝大部分是固定资产的磨耗,折旧费约占运输成本的40%—50%,大大高于其他工业部门。(5)铁路运输产品是客货的位移,生产和销售同时进行和完成,不需占用在产品、产成品等资金。与其他工业部门比较,铁路占用国家流动资金要少得多。

因此,铁路财务会计管理在体制上实行统一领导、分级管理;有关财务会计制度均由铁道部根据财政部规定的原则结合铁路运输特点,单独制定,自成体系。

新中国成立以来,铁路运输生产迅速发展,经营管理逐步完善,财务会计管理不断加强,经济效益较好。1950年至1985年,铁路上缴国家的利润和税金共1150.2亿元(见表66),比国家对铁路的基本建设投资总额还多200多亿元。

铁路上缴利润和税金

表66 单位:亿元

年　度	金　额	其　中	
		利　润	税　金
1950—1952	14.6	14.3	0.3
1953—1957	59.9	57.5	2.4
1958—1962	143.2	135.6	7.6
1963—1965	65.4	61.1	4.3
1966—1970	135.1	62.4	72.7
1971—1975	222.2	152.3	69.9
1976—1980	228.2	150.8	77.4
1981—1985	281.6	157.9	123.7
总　　计	1150.2	791.9	358.3

第一节　铁路财务体制的发展变化

新中国成立之初,全国各铁路局的财政分属各大行政区,政务院财政经济委员会为便于统筹管理,指令除东北铁路外,北、南方各铁路局的运输收入由铁道部直接掌握,统一调度,统筹开支,铁路收支纳入国家预算,形成集中统一的铁路财务体制。铁路企业的盈利,包括利润和税金,均上缴国家。基本建设投资由国家财政部门按批准的年度基本建设计划拨款;1952年以前,拨款系用资金拨付,1953年改为限额(即指标)拨款,1954年开始由中国人民建设银行负责拨付和监督使用,1985年拨款改为贷款(简称拨改贷)。

铁路的勘测设计、科学研究、文教事业的经费和高等教育事业费,由国家财政拨给。1965年以前实行经费拨款，年终结余留用。1966年至1979年改为限额拨款，结余缴回财政。1980年实行经费限额拨款，预算包干。

铁路固定资产基本折旧基金，1953年至1966年全部上缴国家。1967年国家改革管理办法，把原来由国家预算拨款的三项费用（技术组织措施、零星固定资产购置和劳动保护）和固定资产更新资金合并，统称固定资产更新和技术改造资金，实行基本折旧基金抵留的办法（在执行中1967年至1970年上缴国家50%）。1978年财政部、国家计委规定，国营企业提取的基本折旧基金，50%留给企业，50%上缴国家统一安排使用。当时对铁路企业还规定，在上缴国家的基金中，返回20%给铁路。1979年起全部留给铁道部统筹安排使用。

在利润分配方面，主要经历了如下变化过程：

1951年至1957年实行企业奖励基金制度。1951年，铁道部根据国务院的有关规定，制订了《铁路运输奖励基金暂行办法》，规定铁路局、分局及业务单位在完成运输计划和成本计划后可在超计划利润项下提取30%的奖励基金。从1952年1月1日起，提取比例改为从计划利润中提取3.5%，从超计划利润中提取15%。1956年至1957年按照国务院规定，在实行企业奖励基金的同时又实行了两年超计划利润分成制度。

"大跃进"时期，为了扩大企业权限，从1958年起，国家对中央企业实行利润留成制度。铁道部的留成比例为5.75%。这个办法实行到1961年。1962年至1968年恢复企业奖励基金制度。1969年至1977年，取消了企业奖励基金制度，改按工资总额的11%在成本中提取职工福利基金（包括福利费、医药卫生费、奖励基金），企业仅有的一点财权又被缩小了。

中共十一届三中全会以后，为了更好地贯彻执行"调整、改革、整顿、提高"的方针，国家财政体制进行了一系列改革。从1978年至1980年试行企业基金制度，提取办法是在完成年度八项考核指标的基础上，按全年工资总额的5%和超计划利润的10%提取企业基金。1981年开始，试行全额利润留成办法。国家核定铁道部的留成比例为21%，年度决算后按实现的利润计算留成基金，一定三年不变。但实际只执行到1982年。1983年起国家实行了第一步利改税。按照规定，铁道部上缴55%的所得税，其税后利润减去国家核定的定额递增包干上缴利润后为企业的留利，三年不变。该办法执行到1985年。

铁道部对铁路局的分配，主要根据国家规定的提奖条件，同时考虑了各铁路局间运输任务的繁简、自然地理环境、技术设备条件、经济区域情况、成本高低原因和不同时期的实际情况，不断地作了改进，尽量避免平均主义和苦乐不均。

在使用方面，企业基金大部分用于修建职工住宅、食堂、托儿所、疗养院等职工集体福利事业，少部分用于奖金以及职工特殊困难救济。"大跃进"期间提取的利润留成则大部分用于生产，少部分用于职工福利，影响了职工生活的改善。

铁道部和铁路局都集中掌握了一部分利润留成。这部分资金，用于全路或全局性的奖励、企业之间的调剂和规模较大而非一个单位能力所能举办的生产性建设和集体福利事业的开支。

从上述情况可以看出，新中国成立以来，国家对铁路实行的基本上是统收统支的财务体制。在这种体制下，铁路经营成果与铁路建设的发展互不挂钩。铁路经营好坏，与铁路自身的发展没有直接关系。因此，在一定程度上影响了铁路建设的发展，阻碍了企业和职工群众的积极性。铁道部经过反复研究，认为必须使铁路的经济效益和发展的速度与职工的切身利益直接挂起钩来，走依靠铁路自身的积累来加快铁路自身发展的道路。1985年9月，铁道部向中共中央、国务院提出了铁路实行投入产出以路建路经济承包责任制的报告，请求批准自1986年起实行。

第二节　贯彻经济核算制

铁道部是实行经济核算最早的部门之一。早在1950年铁道部就提出，铁路财务工作的中心环节是搞经济核算，必须铲除大供给制思想、完成任务不算账以及其他浪费现象。在学习中长铁路经验的基础上，1951年铁道部制订了铁路各级经济核算制实施办法（草案），批准全国铁路局自1951年7月1日起实行经济核算制。各铁路分局及业务单位则选择条件成熟者重点试行。当时把铁路局作为完整的经济核算制单位，分局和机务、车辆、工务、电务各段作为内部经济核算单位。

1951年7月，在全路开展了大规模的清查资产和核定资金工作。清点后的流动资产为1952年定额的3倍。固定资产清查和重估价后，为原账面价值的9倍。经过清产核资，摸清了家底，处理了呆滞材料，整顿了企业管理，建立了计划、统计、会计等各项有关制度，为贯彻经济核算制创造了条件。

自1955年起，铁路分局、机务段和车辆段全部改为经济核算制单位。1956年上半年，铁道部又陆续公布了编组站、货运站、区段站、建筑段，以及机务段和车辆段的车间、机车乘务组和检修组在检修和保养方面的经济核算制实施办法。这样，全国各铁路局、分局、机务、车辆、工务、电务、建筑段，主要编组站、货运站和区段站以及工业单位全部实行了经济核算制。各厂、站、段的车间班组也根据各自的特点逐步地全面开展了车间、班组经济核算。

在全路大力推行经济核算制，广泛调动了职工的积极性，层层建立了规章制度，改善了经营管理，提高了经济效益，全路1957年上缴利税16.6亿元，比1952年增长了181%。

1958年开始的"大跃进"，在"左"的思潮影响下，使建立起来不久、初具成效、正待健全和完善的经济核算制遭到了严重破坏。

1961年根据国务院副总理邓小平"铁道部要贯彻三大基本制度，即责任制、验收制和经济核算制"的指示，铁道部狠抓了铁路局、站段、班组三级经济核算，公布了《铁路运输企业经济核算条例（草案）》。但从执行情况看，由于"大跃进"的创伤尚未恢复，基础工作薄弱，计划迟迟不定，定额不实，统计和会计核算粗糙，部门之间配合不好，经济核算工作一般都比过去粗了。

1966年开始，铁道部对铁路局实行收支两条线的财务体制。铁道部按年下达运输收入计划和支出计划，分别按计划考核铁路局财务收入和支出。运输利润由铁道部统一计算，铁路局根据部定完成运输工作结算办法结算的收入和运输支出比较，计算节约或超支，计算各自的利润。实行不久，"文化大革命"开始。1967年以后，铁道部对各铁路局的支出，改为分别不同项目按实际、计划和完成工作量三种方法结算。这样，铁路局的经济核算演变为内部考核方式。

粉碎"四人帮"后，特别是中共十一届三中全会以来，铁道部进行了拨乱反正，在全路开展了清产核资工作，先后动员近30万人次，费时3年多，摸清了家底，核定了流动资产定额和固定资产需用量，调整了部分固定资产的不合理价格，清理了债权债务，建立了有关的财务管理制度。在此期间，总结了铁路财务管理的经验教训，于1980年改革铁路运输财务管理体制，规定铁路局一级为相对独立、比较完整的经济核算单位，以加强铁路局经济责任。铁路局根据实际完成的换算吨公里和铁道部规定的各局清算单价取得运输收入，用以抵补支出，计算盈亏。当时，20个铁路局、65个工厂、7个工程局，已有61027个班组开展了经济核算，占应开展班组的72.7%，其中铁路局开展班组核算的有48880个，占应开展班组的73%。

此后，铁路系统又按照国务院的要求，建立和实行了经济责任制，对利润、产量、质量、品种、成本等实行全面经济核算。1982年铁道部在《铁路企业全面整顿规划纲要》的通知中，再次明确指出，全路当前应抓好的主要工作之一是整顿和完善经济核算。搞好全面经济核算，重点是建立以总会计师为首的专业核算与群众核算相结合的经济核算体系，健全核算制度。

根据以上几起几落的经验，铁路企业必须实行经济核算制才能做到低成本、高效率，为国家积累更多的资金。

第三节　运输收入管理

运输收入是铁路在运输旅客和货物时按照国家规定的运价所收取的运费，是运输支出和上缴利税的主要来源。因而，铁路财务管理一直把运输收入管理摆在重要地位。

一、运输收入管理及进款上缴方式

（一）运输收入管理发展概况。

新中国成立开始，运输收入即由各铁路局（财务会计处）集中统一管理。1952年以后，学习中长铁路经验，进一步加强专职机构，充实专业人员。这段时间，内部审核与外部稽查制度严格，票据报表审核认真全面，漏收欠收、多收少收、差错和违法乱纪案件较少，是运输收入管理较好的时期。

"大跃进"时期，在"左"的思潮冲击下，片面强调群众管理，简化手续，货运由到达核算制改为发送核算制，收入专职机构和人员被大量精简，运输收入除个别铁路局仍集中管理外，有的下放到分局，有的还下放到决算站段。把票据、报表的审核和票据账等下放到基层以后，流弊很大，使国家遭到不应有的损失。

十年动乱期间，收入管理遭到彻底破坏，陷入瘫痪状态。由于收入专职机构全部撤销，人员大部被削减，不少铁路局和分局仅留1—3人办理收入报表汇总上报和进款上缴，基层站段是"收多少，缴多少"，铁路局、分局不加审核，客货运收入的审核、稽查和票据账大都无人负责，造成收入管理混乱，给国家带来无法计算的损失。

粉碎江青反革命集团后，1978年开始整顿和加强铁路运输收入管理工作，确立了运输收入由铁路局、分局、站段分级负责和铁路局、分局两级专业核算的管理制度。1983年铁道部在总结经验教训的基础上制定了《铁路运输收入管理规程》《铁路运输收入工作规则》《铁路运输收入稽查规则》《铁路运输收入会计规则》4个运输收入管理的基本制度，自1984年起贯彻执行，对加强运输收入管理，完成和超额完成运输收入计划起到了重要作用。

在铁路运输收入中有些不属于客货运送作业的收入，如站台票收入、送票费、行包保管费、货物暂存费等，自1955年起，经财政部同意，把这些收入从运输收入中划出来，建立车站地方收入，自1962年起改称客货运服务基金（后来又增加订票费、列车签证费、货签费、运单费、携带品暂存费等项目），指定用于改进旅客和货主服务的有关设施，如新建、扩建客货站台、货场、行包货物仓库等。1985年客货运服务基金收入达到1.46亿元。这一制度实行以来，对于便利旅客和货主，提高客货运输服务质量，取得了良好效果。

鉴于无票旅客多，货物检斤有漏洞，从1978年5月开始，开展查堵漏收工作，并相应制定了奖励措施。几年来这项工作取得了较好的效果。1985年全路堵漏洞收入达到3.37亿元，为1979年的3.3倍。

1983年至1985年，实行运输收入超收提成制度，铁路局凡本年实际运输收入超过上年部分，可提取7%—10%的超收提成，款源在铁道部利润留成中拨给，可视同企业基金使用。这更调动了铁路局、分局努力增加运输收入的积极性。

新中国成立30余年来，经过全路职工的努力，在运价偏低基本未作调整的情况下，运输收入稳步增长（见表67），1978年突破100亿元，1985年完成213.9亿元，较1978年翻了一番。

（二）运输收入的上缴方式。

1949年10月1日起实行铁路总金库制度，运输收入统交铁道部集中。1953年起，为适应全国铁路局实行经济核算制，取消了总金库制度，运输收入实行在银行监督下专户上缴办法，在中国人民银行开立铁道部运输收入账户，车站每日进款存入该账户，再缴到铁路局和铁道部车站运输收入存款账户，除特殊指定外，只准存入，不准支用。

铁路运输收入

表67　　　　　　　　　　　　　　　　　　　　　　　　　　　单位：亿元

年　度	金　额	其　中	
		客　运	货　运
1950—1952	31.3	6.6	22.3
1953—1957	113.2	20.9	85.1
1958—1962	229.3	52.1	164.2
1963—1965	130.5	23.5	100.9
1966—1970	273.9	52.4	208.8
1971—1975	390.6	74.2	298.9
1976—1980	483.8	97.2	364.2
1981—1985	766.5	166.7	551.2
总　计	2419.1	493.6	1795.6

"大跃进"时期，强调简化清算拨款手续，铁道部将直通运输收入的提拨权也下放给铁路局，从而取消了运输收入在银行监督下的专户上缴办法。

这个上缴办法，虽然简化了手续，节省了清算流动资金，并给铁路局资金运用上一些机动，但忽视了经济监督和发挥银行作用，削弱了运输收入管理。据调查，全路经常非法占用运输收入资金达1亿元左右，造成了铁道部资金周转困难。

为了纠正这种情况，自1962年下半年起，重新规定铁路局在银行开立运输收入专户，车站开立运输收入存款户，办理运输收入的存、付、转拨和上缴。该户存款除规定的动支范围外，不得随意动用或垫付其他款项。这一措施，对全路运营资金的正常周转和及时完成上缴任务起到了保证作用。

1985年起，铁路局运输支出所需资金实行以运输收入抵拨的办法。铁路局在开户银行的监督下按铁道部核定的数额办理转拨，不得突破，余额上缴铁道部。这样做，简化了手续，加速了资金的周转。

二、运输收入在各铁路局间的分配

新中国成立以来,铁路运输收入的分配采取过以下几种方式:

(一)管内归己,直通(跨局)清算分配。新中国成立初期,铁路局收入上缴,支出按预算拨给,在会计决算上反映的是以运输收入(现收)与支出比较,盈缴亏补。由于运输收入中包含了他局的收入,不很合理。为了考核各局经营成绩,自1950年起实行管内收入归己,直通收入清算。直通客运按人公里、货运按吨公里平均分配。1951年全国铁路局实行经济核算制以后,考虑到发送局和到达局的耗费与通过局不同,修改了直通清算办法,对发送局和到达局分别给予发到作业费,然后按人公里和吨公里分配。这种办法,在当时新线不多,各铁路局运输成本差别不大的情况下是基本可行的;缺点是排空车作业没有得到补偿,发到作业费按成本制定标准偏低,因而列车通过局获得收益偏多,发到局偏少。

(二)不分管内、直通,统一清算分配。1959年为简化核算手续,运输收入不分管内、直通,全部上缴铁道部集中统一分配。分配办法改为:旅客按人公里,货物按计费吨公里,行李、包裹、邮运按旅客收入比例分配;货物发到作业费仍按原规定办法;其他收入则以各局实际核收数作为自局收入。

(三)按现收计划考核收入,取消清算分配。1965年,铁路运营系统认为1959年实行的分配方式,虽较过去有所简化,但计算工作量还较大,清算时间仍较长,而且分配办法不尽合理。为了促使各局关心铁路收入,减少对清算分配的意见,决定自1966年起,取消运输收入清算分配,改为收支两条线按铁路局现收计划考核。但实行不久,就开始了"文化大革命"。1967年以后,制度废弛,铁路局实际上变成了报销单位。

1972年,交通部(当时铁道部与交通、邮政合并为交通部)规定从1972年下半年起,以各铁路局运输收入按现收列账,与运输支出比较,计算盈亏。这是现收抵支的方式,显然是不合理的。

(四)按内部清算单价清算分配。1980年起重新建立经济核算制,为解决全国统一运价与各铁路局运输成本相背离的矛盾，采取了以各局实际成本为基础，并考虑了一定的利润（按每万换算吨公里全路平均利润额），制定各铁路局不同的内部清算单价。铁路局客货运输清算收入，按实际完成的换算吨公里和铁道部规定的清算单价清算，装、卸、排作业收入，按各局实际完成数和规定的单价计算。

这种办法比较简便，与工作量挂钩，考虑了客观上存在的各局成本高低不一的特点，鼓励增产增收。但不管工作好坏，一律按实际成本加平均利润制定清算单价，因而成本越高，单价越高，清算收入越多，显然不尽合理。因此，这个办法尚待改进。

第四节 运输成本管理

铁路运输成本综合反映铁路运营工作的管理水平。运输成本管理是铁路局实行经济核算的主要内容，自新中国成立起铁道部就重视运输成本管理工作。

一、运输成本管理办法的制订和变更

为了正确预测、计划、核算、控制、分析、考核运输成本，必须制订一套符合铁路特点的运输支出科目和成本管理办法。1950 年至 1952 年实行的运输支出科目是包括在全国铁路统一会计暂行制度之中的。其中"用—1 营业支出"科目就是按部门和用途核算年度内办理运输及附属业务直接发生的支出，同时按费用要素划分为工薪、材料、燃料、电力、其他五项列账，以便掌握工资基金，核定流动资金和为计算国民收入提供资料。

1953 年制订《铁路运输支出科目表》作为成本计划和核算的依据，规定了运输成本计算方法，使客、货运输成本计算比较准确。公布了成本报告和分析方法，分析运输成本高低的原因。到 1957 年，将分散在各个文件中有关成本的规定集中起来，制订《铁路生产费用及运输成本核算办法》，作为计划、统计、财务会计及有关业务部门共同遵守的制度。但这

一办法刚开始实行,在1958年"大跃进"中就被废止了。年度决算只剩下一张报表,生产费用只有16个指标,其他款源不单独核算,不分大、中、维修一律直接列入运输成本,致使成本失控,管理混乱。

1959年为了纠正成本失控,铁道部修订公布了《铁路运输成本核算通则》,大修费恢复提成制度。调整时期对制度又作了修订,进一步改善运输成本计算方法,具体划分了与行车有关支出,用以比较节约超支。1965年铁道部公布了《铁路运输成本管理规则》,精减了支出科目,由原来的252个减为110个,适当放宽了成本范围,对铁路局以下各级的计划和清算指标,放权由铁路局根据具体情况自行规定,使铁路局和基层有了机动余地。这一《规则》在当时符合国家的方针政策,较为切合实际,能够调动企业和职工的积极性,但实行不久,"文化大革命"开始,成本管理工作再一次遭到严重破坏。虽于1972年对制度进行了整顿,但由于"四人帮"的干扰破坏,"左"的思想泛滥,吃"大锅饭"、完成任务不算账、有章不循的情况仍然十分严重,成本管理并没有真正得到加强。

中共十一届三中全会以后,1980年铁路局实行比较完整的经济核算制,铁道部颁布了新的《铁路运输成本管理规则》。为适应财务管理体制改革,加强成本管理,1983年12月对《铁路运输成本管理规则》和《铁路运输支出科目表》作了修订,在此基础上,1985年11月又公布了经过全面修订的《铁路运输支出科目表》,自1986年起试行。

二、成本管理的实行情况及存在问题

36年来,铁路在加强运输成本管理方面不断总结经验教训,逐步形成铁路运输成本管理体系。在铁道部统一领导下,建立起部、路局、主管处或分局、基层站段的成本分级管理、分级核算制,把成本作为重要考核指标。

完善开支标准,保证运输生产开支,提供铁路设备及时养护、修理、更新所必需的资金,以提高设备质量,保证行车安全,一直是运输成本管理的重点。在这方面,"一五"期间做得较好。"大跃进"时期,由于折旧费提成过少,开支标准及各项制度被破坏,生产和维修开支得不到保证等原因,设备严重失修。调整期间整顿了财务管理,增加维修费用,并于1965年将大修折旧率提高到3.5%,铁路设备状况有所好转。十年动乱期间运输成本管理又遭到严重破坏,设备质量下降。1980年和1985年两次提高基本折旧率,由1%提高到3%和3.5%,用以补强更新运输设备,使铁路设备质量得以改善。

在保证运输设备质量的前提下,努力抓好降低成本措施,提高设备利用率和劳动生产率,降低能源和材料消耗,是降低运输成本的中心环节。因此,铁路部门在编制成本计划的同时,要求做出技术措施计划,努力改进运输组织工作,对线路、机车车辆、通信信号进行技术改造,以提高设备利用率;为了节约能源材料消耗,建立机车用煤、油、电和生产用能源的定额管理制度和节约奖励制度,以及材料定额管理和节约奖励制度;为了提高劳动生产率,节约用工,铁路部门在加强思想政治工作的同时,不断完善机构设置、劳动定额、计件工资和奖励制度。这些措施,对铁路运输成本的降低起了很大作用。反映设备利用情况的各项指标完成得较好,能源消耗不断降低。由于劳动生产率的提高快于职工工资的提高,因而人工成本1985年比1952年降低了约50%。万换算吨公里成本1952年为85.75元,1965年降为80.69元,1985年为106.09元,如果考虑扣除1952年以来物价上涨以及固定资产折旧提成率增加等因素,成本的降低也是显著的。

铁路运输成本管理取得了不小的成绩,也还存在一些问题,需要研究改进。比较突出的问题是对成本的核算和分析还不深不细,没有分类分项的成本数据,以致影响在研究各类客货运价是否合理上缺乏有说服力的依据。

此外,在改革开放的新形势下,铁路运输成本管理在调整并控制开支标准、提高设备质量和利用率、减少能源和原材料的消耗、提高劳动生产率，以及加强管理工作等等方面，都面临新的课题，需要以改革的精神，积极而妥善地加以解决。

第五节 资金管理

一、固定资金管理

铁路固定资产数量多，投资大。随着铁路事业的迅速发展，设备逐步增加，铁路固定资产价值也逐步增大。至1985年年末，铁路企业固定资产原值已达887.75亿元（其中运输企业791.6亿元），占全国国营企业固定资产总值的11%，仅次于全国工业企业。

铁路运输企业的固定资产利用率，1985年每万元固定资产完成客货运量13.9万换算吨公里，比1952年增长61.6%。其中"一五"时期增长较快，平均每年增长9%。

1985年铁路运输企业固定资产构成情况如下：

固定资产原值791.6亿元，其中机车车辆172.1亿元，占21.7%；线路（包括桥隧）408.3亿元，占51.6%；通信信号31.1亿元，占4.0%；房屋40.6亿元，占5.1%；建筑物16.3亿元，占2.1%；机械动力设备28.6亿元，占3.6%。

自1953年起，铁路运输企业开始采用综合折旧率计提固定资产基本折旧的办法。1953年至1956年折旧率定为1.3%，1957年起为1%。中共十一届三中全会以后，铁路客货运输任务越来越重，而铁路设备陈旧，亟须更新改造。加以30年来铁路固定资产没有进行重估价，所提折旧显然偏低。经国家批准，从1980年起，基本折旧率提高到3%，1985年又提高到3.5%。近几年来，在扩大基建投资规模的同时，加速了设备的技术更新改造，对保证完成日益增长的运输任务起了重要作用。

二、流动资金管理

铁路运输企业的流动资金，是保证运输生产经常周转使用的资金。为

了管好用好铁路流动资金,加速资金周转,主要采取了以下措施:

(一)制定清算流动资金及营业资金拨款办法。

由于铁路局运输收入已上缴铁道部集中清算,为保证各局运输生产不间断地进行,铁道部核定拨给铁路局一笔清算流动资金。这是铁路特有的一种流动资金。清算流动资金计算标准,为月份开始起至铁路局收到铁道部的预支款之日止其间所需的资金。这一办法,"大跃进"时期一度废止,1962年6月,铁道部又重新制定铁路局的清算流动资金办法和营业资金拨款清算办法。十年动乱期间流动资金管理松弛,1972年铁道部制定了铁路运输企业财务结算办法,每月仍拨款两次。1979年,取消清算流动资金,对铁路局核给7—9天的运输周转金,以保证铁路局在收到铁道部拨款前的运输支出需要。

(二)加强定额流动资金管理。

1951年,铁道部制定铁路自有流动资金暂行办法,要求各铁路局根据运输生产任务和进料情况核定自有流动资金定额。主要项目有:一般原材料、线路上部建筑材料、燃料、修理用备件配件、使用中低值易耗品、待摊费用等。1952年,经过清产核资,全路定额流动资金实有额达5.58亿元,超过定额3倍。为此,铁道部把处理多余流动资金列为1953年全国铁路中心任务之一,要求各铁路局严格实行定额管理。

"一五"时期,铁路对定额流动资金管理抓得比较紧,财务部门与材料部门密切配合,共同努力处理超过定额的流动资金,加快流动资金的周转。材料部门查定材料储备定量,改进供应方法,加强定量管理;财务部门以储备定量为基础查定资金定额,纳入财务收支计划,1956年,定额流动资金周转天数达到15.77天。

1958年,定额流动资金的70%由财政拨款,30%改由银行贷款。1959年至1961年,国家规定国营企业流动资金改由银行以信贷方法统一管理。1972年以后,仍改为由国家财政拨款的办法。直到1985年,全部改由中国人民银行统一管理,企业需要增加流动资金由银行按信贷供应。

"大跃进"时期，铁路放松了流动资金管理。到1961年，许多单位物资超储严重，管理紊乱，账实不符情况比较普遍。调整时期铁道部布置全路彻底清查流动资金，公布了《铁路运输财务管理规则》，进行整顿。1966年，"文化大革命"开始，流动资金管理再次陷入紊乱。直到1980年又一次布置全路开展清查资产核定流动资金工作，核资以后把超储积压物资划出，进行动员处理。

1985年年末，全国铁路运输企业固定资产和定额流动资金共801.95亿元，比1952年增加7.1倍。同期，铁路客货运输周转量增加达12倍，运量的增长大大超过资金占用额的增长。

铁路运输企业的资金利税率，1952年为10.3%，1957年上升到14.6%，三年调整时期下降到10.9%，"三五"至"五五"时期徘徊在11%左右。1983年以后开始回升，至1985年已达到17.2%。

第六节　会计管理和会计监督

一、初步建立统一的会计制度

旧中国铁路会计制度十分落后，关内、关外两种会计制度，人民政府接管铁路伊始，不得不暂时沿用下来，这就使全国铁路会计制度不统一，不便于汇总、分析比较，不能满足社会主义铁路管理的需要。1949年5月在军委铁道部时期，即着手建立全国统一的铁路会计制度。参照苏联铁路会计的基本原则，结合中国实际，制订了《铁路暂行会计制度》，自1950年起在全国铁路实行。

其后，随着财政部统一制订的会计制度陆续公布和铁路管理体制的改变，几次修订了铁路暂行会计制度，到1952年形成了运营（包括收入和支出）、基建（包括发包和承包）、工业、供销、事业五个决算系统。

鉴于接管铁路的财务账目紊乱不堪，于1951年、1952年，广泛发动群众彻底清理旧账，整顿会计基础工作，重编1951年度决算，剔除、纠正一切呆账、坏账和不正确的财产账目，使决算基本上能反映真实情况。

二、建立一套新的会计管理制度

1953 年起，按照苏联会计制度的模式，将铁路运输支出科目和铁路运输收入会计从基本业务（运营）会计中划出来，制订并公布实行了《铁路基本业务日常计算会计科目》《铁路运输支出科目表》《铁路运输收入暂行办法》。

1953 年铁路基本业务使用的会计报表，最主要特点就是学习苏联增添了《生产财务报告表》。此表全面反映铁路运输生产收入支出、成本利润和劳动计划的完成情况，以及机车车辆运用质量数量指标对财务结果的影响，对指导生产，发现薄弱环节，提高经营管理水平起到一定作用。但该表内容庞杂，与统计报表内容有些重复，于 1958 年废除。

为了全面提高会计核算质量，1955 年陆续颁布了 9 种基层计算细则。这些细则主要是规定各项钱物收支必须按照一定的手续和填制一定的表格办理，借以加强对经济业务活动的审核监督，贯彻经济责任制，正确计算成本，保护国家财产，克服收支不清、手续不备和原始单据填制不负责任的紊乱现象，同时便于各相同业务单位间各项经济财务指标的分析对比，有利于取长补短，共同提高。

50 年代推行中长铁路的经验，按期按级及时严格地分析审查决算报告，召开决算审查会议，当场答辩，指出影响各项指标完成与计划发生出入的关键问题及工作中存在的优缺点和产生的原因，针对缺点提出改进措施和今后努力方向。这是加强铁路经济工作，促进铁路企业改善经营管理的重要手段，对建立并持续深入开展经济核算制起到了显著作用。这个办法以后中止执行，演变为经济活动分析制度。

这个时期建立的会计管理制度，对提高企业素质，保证运输生产发展，节约资金，提高经济效益起了积极作用。但学习苏联经验有些生搬硬套，有形式主义，制度本身也过死过细，限制了各级的积极性。

三、重新建立铁路会计管理的正常秩序

"大跃进"时期,在"左"倾思想影响下,会计制度除满足铁道部汇总需要保留少数会计科目、会计报表外,其他各项规章制度授权部属单位进行改革。结果许多行之有效的规章制度被废弃,造成无章可循,有章不循,个别单位甚至出现了无账会计,以致会计核算和会计监督大为削弱,经营管理紊乱,损失浪费惊人。

为了迅速纠正紊乱局面,1961年至1966年铁道部根据国务院的要求,切实整顿加强会计管理,认真贯彻国务院颁布的《国营企业会计核算工作规程》《会计人员职权试行条例》,以及铁道部制定的《总会计师条例》。1965年组织部分有经验的会计人员,上下结合,经过蹲点试点,广泛征求意见,修订改进了全部会计制度,重新建立了中国铁路会计管理的正常秩序。

四、完善制度,加强会计监督

新修订的会计制度还没有来得及贯彻执行,"文化大革命"就开始了,各种行之有效的规章制度被视为"管、卡、压",不破自废,撤并许多财会机构,下放大批财会人员,会计工作又处于瘫痪状态。

粉碎江青反革命集团以后,特别是中共十一届三中全会以后,铁道部进行了拨乱反正,整顿组织机构,整顿基础工作,整顿规章制度,加强财务监察工作,自上而下地纠正了轻视会计工作、法制观念淡薄和损失浪费严重的现象。

为了健全会计制度,铁道部财务局组织力量改革修订了一系列会计规章制度,主要有:在铁路局、工程局、部属工厂设置总会计师的暂行规定,铁路运输会计科目、会计报表,铁路运输收入会计规则,铁路建设单位、铁路施工企业会计制度补充规定,铁路工业企业会计制度,铁路事业单位会计制度,各系统成本管理办法和固定资产流动资产管理办法等。还清理了自新中国成立以来有关财会的文件资料,

将其中常用的、现行有效的整理编辑为《铁路法规汇编（财务会计专册）》。这些制度的公布执行，结合《会计法》和《会计人员工作规则》的贯彻，使财务会计工作有章可循，有法可依，建立了良好的工作秩序。

铁路部门的会计工作自1980年开始应用电子计算机新技术，先从运营入手，由点到面，从单项到综合，逐步开展。到1985年已培训了一支上千人的队伍，开展应用项目54项，投产42项，形成了部分项目系列化。例如北京铁路局财务处已基本实现了运营财会工作电算化，完成运营会计核算、收入会计核算等10个应用项目系统。大同铁路分局已研制出适合分局级的汇总决算程序、账务处理程序和综合分析程序。其他各铁路局在电算化方面均在积极创造条件，扩大应用范围和项目。但队伍素质不高，机型较杂，不便联机成网，尚未解决基层原始信息的采集、加工和资源共享。

会计监督对于企业事业单位正确利用内部资财，遵守财经纪律，加强法制，提高经济效益起着重要作用。铁道部于1950年至1953年以及1963年至1965年，曾两度在财务局设置专职稽核员、稽核课或制度查账处，督导铁路各级单位有关财务稽核工作，并对部属单位的经济活动进行事后的内部检查监督，揭发、纠正、制止了一些铺张浪费和违反财经纪律的事项，也指导帮助一些单位加强了财会基础工作。1953年年末，财务局稽核部门并入人民监察局。人民监察局后改为国家监察局，于1958年撤销。1965年，制度查账处改为会计处。各直属单位已经成立的会计监察机构相继撤销。

十年动乱以后，为了严格财经纪律，铁道部于1978年在财务局成立会计监察处，后改为财务监察处，在铁路系统开展内部监察工作，陆续公布了一些规章办法，并根据中共中央和国务院的部署，每年在全路开展财经纪律大检查，对维护国家财经纪律，保证改革顺利进行，反对铺张浪费，打击经济领域中违法犯罪活动，都收到了明显效果。

新中国铁路会计工作几起几落，从实践中不断改进，不断完善。到中共十一届三中全会以后，在会计科目、基层计算、会计报表、经济活动分析和内部审计等方面又进行了整顿、改革、创新，并开始运用电子计算机技术，一套比较科学的会计管理体系才初步形成。

第二十九章
铁路物资管理

第一节 铁路物资管理的特点

铁路物资管理的基本任务，是向国家申请和通过其他渠道取得物资，组织及时供应，满足铁路运输生产和建设的需要。其具体工作是：申请和采购物资，进行平衡分配，组织供应，并做好仓储管理和装卸发运工作，实现优质服务。同时，推行使用新材料、新设备，以及提出节约措施，减少物资消耗，也是铁路物资管理的重要内容。由于铁路要完成运营、修理、制造、基本建设等多种任务，并有文教、科研、卫生等许多事业，供应的原材料和设备的品种规格繁多（近20万种），质量标准和用途各异，因此，搞好物资供应的综合平衡，及时组织切合需要的分配供应，工作是相当繁重的。

同铁路运输管理的高度集中和线长点多、用料单位分布全国各地的情况相适应，铁路物资管理实行"统一领导，分级管理"的体制。铁道部设物资管理局（原为材料局、材料供应局）；在一些经济中心城市设部属物资办事处，其业务受物资管理局领导，有一定的仓储设施和物资储备，供应对象是全路；铁路局（工程局）设物资管理处（原为材料处、材料供应处）；基层单位（厂、段、所、校）设物资科（室）等。它们业务上受上级物资部门指导，负责本单位的物资管理。36年来，铁路已形成这样一个特有的物资供应网。

1958年以前，在部工厂总局、工程总局、工务局都设有物资管理机构，负责领导下属单位的物资管理工作。1958年至1963年相继撤销，业务全部归入物资管理局。

国家对铁道部一直实行物资的指令性计划供应方式，即全路所需统配、部管物资，由铁道部向国家和主管部申请，国家按指令性指标分配；铁道部取得物资后对全路进行平衡分配，并组织供应。虽然1958年国家规定中央直属企业所需绝大部分物资改由向所在省、市、自治区申请分配，但铁路系统仍按原办法办理。

铁路物资系统还自行生产铁路专用器材和少数较为短缺的通用原材料，如机车车辆检修用配件、通信信号设备及器材、工务器材、防腐枕木及电杆、水泥及少量生铁等。这些器材及原材料，由铁路物资部门统筹安排供应。

第二节　铁路物资管理体制及有关规定

一、铁路物资管理制度的建立

1949年3月，军委铁道部成立材料局。同年10月1日，中华人民共和国成立，铁道部改隶于中央人民政府，材料局就成为主管全国铁路材料的供应和管理机构，下设天津、上海两个办事处，办理采购、储运等业务。

1951年年初，材料局天津办事处改组为天津供应处，负责全路供应工作并领导上海、沈阳办事处。材料局设立总金库，统一掌握全路库存材料和流动资金，正式开始实行计划管理和经济核算。随着供应业务的不断扩大，又陆续在哈尔滨、武汉、成都、西安等城市建立了办事处。

在管理体制方面，铁道部于1950年4月颁布了《材料企业化供应负责制》及各种有关手续制度，这是新中国铁路物资管理的第一个法规。其主要内容为：（1）材料局根据铁道部全年任务计划的用料预算编制供应计划。各供应单位库存作为铁道部的投资，实行企业化供应负责制。各用料单位的库存超过储备定量部分，也作为铁道部向材料局的投资，由各用料单位代管，材料局得随时调拨。同时，铁道部按全年用料预算，一次拨给现款作为备料周转金，由材料局总领，转拨各供应单位。（2）铁路所需材料，分为部决和自决两大类。部决材料由材料局订制，计16类185项；自决材料由各路局材料处或用料单位自行解决，无法解决的报材料局协助办理。（3）铁路用料应以国营企业的产品为主要来源。国营企业不能承制的，向公营企业订制。国、公营企业都不能承制的，再向私营企业订购或供给原材料委托加工。国内不能解决的，由铁道部报政务院财政经济委员会批准后，由贸易部统一向国外订购。（4）各供应单位根据年度供应计划编制销售计划，同用料单位订立材料销售合同，用材料支付命令通知材料厂、库发料。非合同材料不负供应责任。料价按合同规定的标准料价计算。实际料价与标准料价的差额，由财务部门每月清算支付现款。发送运杂费由用料单位支付。（5）材料厂和材料库实行包验、包管、包装卸。由材料验收技术人员按材料规格质量，根据备料说明或样品详细检验后点收入库，管库员负责保管，保证质量、数量与料账相符。（6）铁路材料会计单位分为部材料局、路局材料处两级。供应单位的进料运杂费加入材料成本内，其他管理费用由铁道部、各路局在营业支出内列销。（7）收、发、存料均用标准料价入账。标准料价因物价波动需要调整时，由材料局拟定调整比率报部批准公布。（8）各用料单位每月回收的废金属、废旧配件和其他废旧料，应尽量改制修补利用。不能利用的列表报供应单位，按退料交材料厂、库，向国、公营企业换取新料或新设备。材料处无法交换材料时，报材料局统筹办理。

为进一步加强材料的统一管理，铁道部以1949年12月印发的100余种材料的《材料目录》（草案）为基础，经修订，于1950年8月正式颁布了《材料目录》，规定了材料的统一编号、名称和标准料价。

由于当时中国工业基础薄弱，再加上生产尚未完全恢复，所以材料企业化供应负责制规定的部决和自决两种购料分工方式，不能完全适应客观情况。对于基本建设用料和生产用料不加区分，也不适应国家实行计划供应的基本要求。因此，铁道部于1951年7月又颁布了《铁路材料企业化管理暂行办法》，对1950年公布的《材料企业化供应负责制》主要进行了下列修改和补充：（1）铁路用料的采购和供应分工，改为部拨、统购、分购、自购四种。部拨材料系指国外进口、国内大批订购和国家统一分配的物资，计166项（机车用煤原由铁路局材料处组织供应，自煤炭列为国家计划分配物资以后，改由机务部门统一管理）。统购材料系指部拨材料以外在路局本管地区内无法购置的材料，由材料局统筹办理。分购材料是指各路局在本管地区内可以分别购到的材料，由材料处、材料厂负责采购。自购材料系指基层用料单位（段、队、站、工厂）按材料申请书所列总金额中5%的未提料名的自行就地购买的材料。（2）根据任务分类，将材料区分为运营维修用料和基本建设用料。先由基层用料单位提出申请书（主要材料应根据消耗定额核算），经分局审核汇总，报送本区材料厂编制分局材料供应计划，报材料处编制路局材料供应计划，并将部拨及统购材料供应计划报材料局。材料局据以编制铁道部材料供应计划。材料局、处、厂根据核定的材料供应计划分别进行购置、调配和供应。（3）材料厂、库应分别生产维修和基本建设材料，填制单据，悬挂料牌，登记料卡和料账，掌握库存动态。对收、发材料，除包装卸外，还要做到包包装、包押运。（4）材料局统一掌握全路库存材料，进行全面调拨，核定材料部门的自有流动资金，由材料局设总金库集中调度运用。（5）材料部门收、发、存料统按部定标准料价列账。标准料价内10%为材料业务费提成，由材料局按计划拨给供应处和各局材料处支用。购入料价加业务费与标准料价的差额，由材料局汇总与财务局清算。（6）材料会计单位由原来的两级改为三级：第一级材料局，第二级材料局供应处及路局材料处，第三级路局材料处所属材料（总）厂。（7）材料部门财务主管对材料业务费用的支出和报销，实行事前和事后审计，随时抽查库存，并于年终会同厂、库进行盘存。（8）规定了材料部门完成任务的考核指标项目（共10项）。

二、逐步完善具有铁路特点的物资管理体制

学习中长铁路的材料供应管理经验后，铁道部调整了材料供应部门的组织机构，改材料局为材料供应局，各铁路局（工程局）材料处为材料供应处；改各办事处为基地材料厂，天津、上海、沈阳基地材料厂皆独立。以后又陆续在新河、哈尔滨、汉口、广州、西安、成都增设基地材料厂。基地材料厂由材料供应局直接领导，承办购置、储运业务。为减少各单位分别大量派员去天津、上海、沈阳等大城市采购物资的情况，避免浪费人力，该三地部属基地材料厂设立了联购科组织安排采购，进行统一管理。

为适应国家的计划管理体制，铁道部把所需物资分为一项、二项、三项三类。一项材料系指国家和中央主管部统一分配、国外进口以及规定由材料供应局集中办理的其他材料，由基层用料单位根据需要进行核算，报由材料厂、材料供应处及材料供应局逐级审核汇总，提出申请，由材料供应局按照料源情况集中申请和购置，分配供应。二项材料系指省、市计划分配和须经工商部门同意购置的材料，逐级报由材料供应处集中组织料源，分配供应。三项材料系指除一、二项材料外，就地可以解决的材料，报由材料厂组织料源，分配供应。

随着铁路物资业务量的不断扩大，材料系统总金库制和统一料价已不适应经济发展的需要，因此撤销了总金库，材料供应局的自有流动资金由铁道部核拨，再按任务全部分配给各基地材料厂。材料供应处的自有流动资金由各铁路局（工程局）核拨，并全部分配给各材料（总）厂。材料供应局对各铁路局（工程局）材料供应处的自有流动资金无权调拨，但必要时对库存材料有权进行有价调拨。同时也废除了全路统一的标准料价，改由各铁路局（工程局）分别制定，作为计划和列账价格。基地材料厂按实际购入原价列账。各局制定的标准料价内包括计划购入原价和业务费提成，计划购入原价内包括基地材料厂的业务费提成。基地材料厂和各铁路局（工程局）材料处以业务费提成作为业务费支出的来源。按计划收支平衡的原则，分别核定业务费提成率。

经过一段时间的实践，在总结经验的基础上，铁道部于1953年公布了《铁路材料供应制度》，系统地归纳了上述各个方面，还明确了材料储备定额和周转天数的计算方法。这个制度成为以后材料供应管理的基础，而其中的大部分单据、账、卡、签等格式，一直沿用至今。与此同时，又全面增订改编了《铁路材料目录》，使材料供应部门和用料单位有了共同依据，为避免出现差错创造了条件。

在物资计划上，强调由基层单位在计划年度开始之前提报申请计划，并由下而上地汇总，进行平衡。由于铁路的基本建设工程和铁路运输任务逐年增长，物资需要和供应之间的矛盾也随之出现。有些主要物资供应紧张，平衡分配留有缺口。为了保证铁路运输不间断进行，铁道部在物资平衡分配时，优先解决运营维修的需要；在运营维修用料中，把直接影响行车和行车设备维修的用料放在首位。对基本建设用料，1955年第四季度铁道部新建铁路工程部门在国家经委的直接指导下，对各项工程需用的主要物资，按件名和工作量详细核算，排队摸底。通过综合平衡，国家经委决定优先解决宝成铁路等重点工程的需要，然后考虑其他一般工程用料。这样，在物资的平衡分配上逐步形成"配、修、造"的顺序，在基本建设物资供应方面贯彻"保证重点，兼顾一般"的原则，以利按期投产。

对直接影响行车的机车车辆配件的供应，铁道部1954年和1955年专门规定和补充规定了配件的计划生产和组织供应办法。各路局需用的一两项配件，按材料申请手续报由材料局审核汇编交工厂管理局。其中一项配件由工厂管理局编制配件任务计划，下达各承制工厂，并由基地材料厂和工厂签订供销合同，然后由基地材料厂与铁路局材料供应处签订合同，负责供应，两项配件由工厂与路局直接签订合同。关于配件的储备，规定由机务段、车辆段建立经常储备与轮换配件，各材料厂建立正常储备。各基地材料厂保有整套的标准型配件及部件储备。

为了从根本上改进材料计划申请工作，由材料供应局与有关主管局于

1955年组成了材料消耗定额小组，查定材料消耗定额；修订了1950年建立的铁路主要材料收、拨、消耗与结存的定期统计制度。

仓储管理是铁路物资管理的重要组成部分，铁道部于1955年年初公布了《材料管理与保养的五项规定》，进一步明确了仓库人员对所保管材料应负责任。规定材料卡与料账必须每月核对和抽查；实行材料自点制，每月至少点检10%，保证料、卡相符；材料应按规定堆垛、保养，保持仓库清洁，注意防潮、防火、防盗等。同年4月，全路交流了仓库管理的经验，肯定了一些好的做法。同年11月，铁道部公布了《铁路材料技术保管规则》，对材料仓库的管理提出了具体要求和做法。与此同时，基地材料厂和一些材料总厂先后配备了各种起重机，初步实现了笨重装卸作业的机械化。

为了提高工作人员素质以适应工作需要，1953年开办了物资计划、供应人员训练班，1954年又在天津、太原机械学校设立物资干部班。

三、物资管理的调整

1958年，铁路材料工作受到"大跃进"的冲击，打乱了原来行之有效的制度。前一期间开始出现的物资供应紧张状况这时进一步加剧，钢材、木材、水泥和机电产品等主要物资和许多地区的三类物资供应都发生了困难。为保证铁路运输正常进行，1958年11月铁道部将材料供应局各基地材料厂改为材料办事处，除原有购制、储运业务外，还代表材料供应局组织料源，安排供应进度，并组织地区物资交流，调剂余缺。材料供应局对一项机电设备器材和配件的申请、分配、供应工作，由原来实行的"统一申请、集中协议、分散交货"的办法，改为"统一订货、统筹安排、集中供应"。为了保证行车安全，还统一了制动胶质配件的供应。材料供应局为解决三类物资，成立了三类物资管理处，加强了与国家物资部门、商业部门的联系，积极疏通渠道。三类物资在有关部门协助下，根据不同情况，采取不同的解决方式，一般的地方产品由商业部门通过地方调剂解决。有的特殊品种，由商业部门作出专项安排，组织订货，统一分配（如起道机),或由商业部门核拨原料,铁道部组织加工,统一供应(如货车及车站用篷布);或由商业部按铁道部提出的技术规格要求安排生产后,由地方供应(如客车及桥梁用油漆)。从而缓和了地方产品供应紧张的局面,减少了采购人员"满天飞"的现象。

1960年10月,针对前一时期仓库管理上出现的混乱现象,铁道部及时修订补充了《铁路材料技术保管规则》,在全路进行贯彻,收到了很好成效。1961年,贯彻中央"调整、巩固、充实、提高"的方针,着手恢复、完善原有物资工作制度,并于1962年颁布了《铁路材料工作条例》,强调材料供应工作要建立为运输服务的思想,执行统一计划、集中领导、分级管理的原则,把物权主要集中在部、局两级,实行经济核算。重申物资分配应该贯彻先维修后制造、先生产后基建、先旧线后新线的原则。各局到外地采购和加工材料,必须由材料供应部门集中办理。授权仓库人员可以拒绝无凭证的发料,拒绝执行违反物资纪律的命令和指示。还规定:(1)车间、工地实行"有权领料"制度,凭有权领料人印鉴发料。(2)执行限额发料制度,凭限额发料卡在限额内发放材料。(3)车间、工地都要实行月终盘点制,及时办理退料,不允许领出材料即行出账报销;工程剩余料未经办理退料或转移工号手续,不准动用。(4)段(队)在材料厂所在地的,实行领料制;不在材料厂所在地的,实行材料厂发料制。

随后铁道部再次组织全路材料库存大清查,查定流动资金和材料储备量。对超储积压物资,规定了收购办法。对"大跃进"时期被动用的特殊储备,也作了必要的补充。

为了进一步加强机车车辆配件的供应工作,更好地发挥路局配件工厂的作用,自1963年起,一项配件由部组织部属工厂生产供应,两项配件由路局组织生产供应。一项配件路局要求自制的,须报部批准。配件生产用的原材料,由材料供应局专案核拨。

材料供应局各办事处实行铁路统一对外订货和组织供应,并采取在主要生产厂派驻业务人员的办法,及时协调安排生产验收和组织发运事宜,从而减少了全路的催料人员，提高了合同兑现率。这种"产区进料、供应全路"的办法，为以后的铁路物资体制改革提供了一条重要的经验。

在此期间，还进行了部内某些分工的调整。例如，原由部工务局管理的工务器材厂和枕木防腐厂，在1957年和1958年先后划归材料供应局领导。1959年，铁道部决定将路局机车车辆配件工厂统一划归路局材料供应处领导。同时撤销了工程总局和工务局的材料部门。1963年铁道部决定将工厂总局材料厂并入材料供应局办事处，工厂总局材料处撤销，工厂用料由材料供应局直接分配供应。

为了弥补国家分配和市场供应的不足，材料供应部门开始利用铁路的有利条件，自行生产一些短线产品，如利用当地资源生产水泥，利用废木材生产纤维板，以及冶炼少量生铁等。

铁道部1961年开始组织编写的《铁路材料目录手册》，到1964年年末先后出版了8册，约800万字，包括金属材料、非金属材料、电工材料、工具等13个部分。其内容除统一编号、名称外，简要地记载了每种器材的结构、形状、规格、性质、技术条件、用途以及检验、计量、包装、储运等方法，为全路材料供应部门提供了工作依据。

1965年4月，材料供应局与设备维护办公室合并，改名物资管理局。全路机械动力设备的维护工作，由物资管理局统一管理。

四、恢复和整顿遭到严重破坏的物资管理制度

铁路物资管理工作，在十年动乱之初即遭到了严重破坏，一些行之有效的制度被废止，物资收发保管秩序被搞乱，浪费丢失严重，并由于盲目采购，造成大量积压。

1973年开始，对铁路物资管理工作逐步进行整顿，行之有效的管理制度在不同程度上得到恢复，并有所发展。物资计划管理工作全面恢复。1975年还对物资计划编制程序进行了改进：废除了计划初期向上级编报建议计划的做法；铁道部报国家的物资申请计划，由物资管理局自行编制；

铁路局报部的物资申请计划，则规定为部生产任务计划下达后25日报出，不再采用汇总基层生产单位申请计划的方法。物资消耗定额1973年也开始准备重新查定，研讨了任务分类、物资品名、数值内含等，为全路新定额的审定提供了条件。

1973年，定点定量订货供应方式有了进一步的发展。铁路实行定点定量的物资主要是修、造车，制造钢梁和铁路专用器材（混凝土轨枕、道岔、鱼尾螺栓、道钉等）生产用钢材。后来钢轨及其配件，以及铜、铝、铝基钢带等也逐步实行了定量供应。这些物资的特点是规格少，用料量大而稳定。定点定量期限一般为2至3年。定点定量供应具有产需衔接好、渠道稳定、供应及时和成本低等优点。

为了保证机车车辆配件的及时供应和合理储备，自1973年起，对机车车辆配件根据易耗和非易耗的不同特点，区别品种进行储备。常用配件实行部、局、段三级储备，罕用配件实行部、局二级储备，极罕用配件实行部一级集中储备。这样既有利于保证修车需要，又防止了罕用和极罕用配件长期积压。

在1968年被简化了的主要物资收、拨、消费与库存表，在1973年恢复了原来的项目、栏数和报告期。

五、全面加强管理，开展物资供应体制改革

"五五"初期，经过工作总结，进一步明确了物资部门要既管供应，又管使用和节约的全面管理的工作方向，并于1977年8月颁布了《铁路物资管理办法》，其要点有：(1)铁路物资管理体制实行"统一领导、分级管理"的原则。(2)编制物资计划，从计划项目、资金、建设进度、设备四方面进行协调。对国家统配和部管物资的申请计划，由物资管理局根据部定任务或轮廓及有关资料，按国家规定要求直接编报；各铁路局等申请单位在部下达年度任务计划后，再编报年度物资申请计划，并附核算表，作为核定年度分配指标的依据。(3)查定物资消耗定额。部属工厂和基层单位应有单项的产品制造定额和修理定额，铁路局查定相应的综合定额，工程局查定各种单项和综合定额（施工定额），部查定全路各项生产维修和基本建设的综合定额。（4）保证物资供应与加速资金周转相结合。加强订货和供应组织工作，积极开辟料源，解决短线物资；加强清仓利库，节约利废，组织调剂余缺，挖掘物资潜力。对各基层用料单位的多余积压物资，可以组织集中退料，搞好统一利用和处理。（5）仓库管理除重申过去行之有效的制度外，要求制订物资收发、保管、保养、安全作业管理细则，明确职责，保证保管中物资质量和数量完整无损，收发材料正确及时。（6）基层单位仓库对车间、工地、班组发料，要按工号和定额掌握，或实行限额发料。车间、工地、班组要做好点验、保管、使用、回收、改制利用、余料退库、完工核销等工作。工地使用的周转性物资，要专人管理，定期检查。转移工号要办理退料手续，做到工完料清。

为加强主要物资储备定额的管理，铁道部于1978年对统配原材料分别核定了各铁路局等申请单位的储备天数。各单位年终实际库存超定额部分，在下年度分配指标中抵扣。

1973年开始准备查定的物资消耗定额于1978年和1980年先后进行部级审定。

铁道部1978年和1981年先后编制印发了《全路主要工业产品和维修用物资消耗定额》和《铁路基本建设消耗定额》，并实行物资消耗定额执行结果报表制度，加强了考核和资料的积累工作，不断取得反馈信息，把消耗定额建立在实用的基础之上。还规定了要根据新的情况适时修订定额的制度。1984年修订了铁路局检修定额。

为了加强管理，铁道部于1979年和1982年先后颁布了新的《铁路物资管理规程》和《铁路物资仓库管理标准》，1983年公布了新修订的《铁路物资目录》。

物资监察工作的主要任务是对物资纪律和物资的使用进行监督检查。在50年代初期就建立起的物资监察工作，十年动乱中曾被取消。1979年4

月,铁道部重新修订颁布了《铁路物资监察工作办法》,对物资监察的任务、机构人员的设置和对监察人员的要求和职责等作了明确规定,物资监察工作开始恢复并有所加强。

铁道部物资系统为提高工作人员的素质,于1980年成立天津物资管理干部学院,并且举办了多层次的培训班,"六五"期间培训了6.42万人次,处科级人员全部进行了轮训。此外,物资管理局还培训了220名工程师,并积极输送有条件学习的在职青年干部脱产到大专干部班学习。

中共十一届三中全会以后,在新的形势下,铁道部在物资管理方面以下放物资管理权限为中心进行了初步改革。1979年开始进行调查研究和试点,将物资管理局权限适当下放给物资办事处,以期利用各地区物资资源的优势,增加供应渠道,减少供应环节,把物资供应管理工作搞活。

1985年,铁路物资地区供应中心负责制的改革方案正式全面实行。物资管理局把一部分统配和部管物资分配权下放给各物资办事处,并规定了三种计划供应方式:第一种,集中计划、集中供应物资,由物资管理局按物资的具体规格直接分配,由物资办事处组织供应;第二种,集中计划、分区供应物资,由物资管理局下达分配品种指标,具体规格的分配和组织供应由物资办事处分区负责;第三种,分区计划、分区供应物资,由物资办事处按所在地区情况自行规定计划分配供应办法。

物资办事处对所管地区内铁路局等单位提出临时申请的第一、二种物资,在限额范围内,有权根据实际需要,适当解决。物资办事处在当地自行解决的补充料源,有权进行分配。

第三节 主要成就和经验

一、主要成就

新中国铁路物资工作取得很大成就,主要是:在不断完善物资管理制度的条件下,经过积极努力,克服各种困难,完成了日益增长的物资供应任务,为完成艰巨的铁路运输生产和建设工作提供了物质基础;不断开展清仓利库活动，既减少了物资积压，又缓和了供需之间的矛盾，效果显著；推广使用新材料、新设备，为节约物资消耗创造了条件。

（一）完成了大量的物资供应任务。

早在解放战争胜利进行时期，为配合解放军南下，抢修铁路，当时的军委铁道部材料局积极组织收集和采购了大量铁路抢修和通车急需的器材，及时供应，满足了需要。新中国成立后，随着国民经济的发展，铁路运输生产建设任务与年俱增，铁路物资供应数量也相应大幅度增加。铁路历年实际消耗在全国物资消耗中所占比重虽然趋于降低，但绝对数量，除个别特殊情况外，都是成倍增长。以三大主材为例，据不完全统计，平均年消耗量与"一五"期间比较，"六五"期间钢材增长2.3倍（1985年达3.1倍），水泥增长4.9倍（1985年达6倍），木材却减少了35%（见表68）。木材消耗减少的原因，是原来使用大量木材的轨枕和电杆改用了混凝土制品，在车辆制造等方面也采取了代用节约措施，以及大量使用钢质万能脚手杆和拱架，并在房屋建筑中推广使用钢门、钢窗等。

钢材、木材和水泥平均年消耗量

表68

品　名	"一五"时期	"二五"时期	调整时期	"三五"时期	"四五"时期	"五五"时期	"六五"时期	1985年
钢材								
万吨	57.7	88.6	66.2	82.3	116.7	133.9	192.0	235.7
指数	100	153.6	114.7	142.6	202.3	232.1	332.8	408.5
占全国总消耗的%	19.6	11.8	9.4	8.4	6.8	5.6	5.3	4.7
木材								
万立方米	218.0	207.6	158.0	149.6	186.1	168.3	140.6	147.0
指数	100	95.2	72.5	68.6	85.4	77.2	64.5	67.4
占全国总消耗的%	10.5	6.1	5.6	4.9	4.9	3.7	2.8	2.4
水泥								
万吨	47.3	75.0	69.6	100.9	179.1	189.7	277.2	330.8
指数	100	158.6	147.1	213.3	378.6	401.1	586.0	699.4
占全国总消耗的%	10.3	8.4	6.4	5.8	4.9	3.1	2.6	2.4

此外，国家为了保证铁路运输，适应大规模建设的要求，批准铁道部建立了特殊储备，以应非常需要。这些特殊储备材料，后来在1963年京广线特大水害和1976年唐山地震等重大灾害的抢险救灾、修复线路工作中，发挥了重要作用。

（二）清仓查库，节约利废。

铁路进行过多次清仓工作。新中国成立初期进行的清理仓库，主要是为了清理家底，解决料源，供应运输生产和线路抢修需要。为了清理全路库存材料，铁道部于1949年10月成立了清理委员会，并由材料局、有关主管业务局和各铁路局组成了两个检查组分赴南北方铁路进行督促检查，共查出账外料、呆料、废料加上搜集挖掘和员工献纳材料总值达4527万元。

"一五"期间和国民经济调整时期的清仓查库工作，除解决供应问题外，还负责处理呆滞物资，建立正常储备，加速资金周转。铁道部把积极处理多余呆滞料列为材料供应部门的一项重要任务，例如，1953年召开了全路定额外呆滞材料交流大会，交流处理了价值691万元的物资，占呆滞料总值的1/5。

1973年开始的清仓挖潜，不仅要达到以上两个目的，更重要的是要在清查中找出物资管理上普遍存在的问题，提出措施，堵塞漏洞，以改进和完善铁路物资工作。这次清仓至1983年结束时，共清查出超储积压物资10亿元以上。这些物资有的技术证件不全，锈蚀变质严重；有的因长期保管，质量和性能降低。经组织专业小组，对物资的质量和技术条件进行鉴定核实，能利用的积极利用或改制；本单位不需要的，调拨或对外销售；能留作今后使用的，由供应部门收购；质量降低确实失去使用价值的报废。

经过这次清仓，还进一步核定了全路库存周转资金为18亿元，综合周转天数为151.4天。同时，建立了全路物资调度网，对超储积压物资组织调度调剂。清仓利库工作结束后，自1983年起开展了三年仓库整顿活动,并颁布了《铁路物资仓库标准》。同时修旧利废也取得很大成绩。"六五"期间,全路物资节约利废总值7.2亿元,其中修旧利废节约总值达4.27亿元。

1983年铁道部重新修订颁布了《废钢铁管理办法》,对废钢铁的管理权限、计划、回收和加工利用等,进一步作了明确规定。至1985年,铁道部已连续9年超额完成国家下达的废钢铁上缴任务。

为了防止积压,铁路实行物资储备定额的管理办法。实行这一办法后,铁路所需一般材料的年末库存,1980年已降至国家规定的4.9个月以下。

(三) 推广使用新材料、新设备。

铁路物资部门在推广应用新材料、新设备,改善材料性能等方面,也和用料单位一起做了不少工作。举例如下:

为了减轻道岔磨耗,延长其使用年限,铁道部1955年12月提议并配合有关单位试制锰钢道岔。试制成功后,在全路大量铺设,效果显著。为节约木材,与主管部门一起大力推广使用预应力混凝土轨枕。1985年全路使用的轨枕中,混凝土轨枕已占90%以上,仅此一项,即可节约木材80万立方米左右;而且,由于混凝土轨枕使用寿命较木枕长几倍,从长远看节约的效果更为可观。低合金钢轨的耐磨、耐腐蚀等性能比普通钢轨高出较多,采用此种钢轨,是节约钢材的一项重要措施。1965年,物资管理局积极参与了低合金钢轨的试制工作,成功后大力推广使用。

推广使用了混凝土添加剂,如早凝剂、早强剂、减水剂、防冻剂等等,有显著成效。推广新的木材防腐技术,如采用五氯酚钠防腐剂等,增强了防腐效果。

1979年至1983年期间,铁路部门对新材料的推广使用取得了明显成绩。例如,研制成功并实际使用了高分子合成制动闸瓦和高磷铸铁闸瓦,都节约了大量生铁。研究试制的耐大气腐蚀钢板,替代了普通钢板用于货车制造等,也取得了成功。

二、主要经验

（一）坚持"统一领导、分级管理"体制。

铁路物资管理体制，有过不少变动，也经过若干曲折。实践证明，根据主客观情况，及时调整处理好统一领导和分级管理之间的关系，是搞好物资管理的重要条件。

国家对铁路需要的专用物资和部分通用原材料，按指令性指标分配。例如，铁路一家消耗的钢轨、轮轴等专用物资，市场缺少或不能满足供应的桥梁钢板、耐候耐腐蚀钢板等材料，就是如此。对这些物资，必须继续加强集中统一管理，合理分配使用。同时随着市场调节作用的深化，物资不断增多，要适时增加铁路物资按指导性指标管理的比重，扩大铁路各单位，特别是铁路各地区物资办事处的权限，发挥他们的主动性。这样做，便于充分利用地区优势和市场资源，也有利于减少供应环节，实行产需见面，适时保证运输生产和建设的需要。

（二）发挥铁路运输和供应网点优势，实行"产区进料，供应全路"的办法。

"产区进料，供应全路"就是把各单位分散组织进料，改为由物资办事处办理并负责供应。实行这种办法，便于统筹兼顾，合理调度供应，并可减轻基层单位负担，减少采、运人员。按此方式，还可提高进料合同兑现率。多年来，各物资办事处加强了进料工作，采取在主要生产厂派驻驻厂人员的办法，及时协调安排生产和发运事宜，铁路主要物资进料兑现率逐年提高。由于统一组织供应，还降低了基层生产单位的库存储备。

"产区进料，供应全路"还有利于加速周转，节省流通费用。

（三）组织内部专用配件、器材的生产配套，保证铁路运输生产不间断进行的同时，大力开拓横向联合。

为保证铁路运输设备正常运营，需要大量专用配件和器材，这些铁路专用物资的生产计划，由铁道部根据铁路设备的检修任务，进行配套安排并组织供应。对行车关键的三类物资和专用小设备，如起道机、篷布、机车头灯灯泡与信号灯泡等，物资管理局也设专人进行协调，并由物资办事处归口管理，组织定点供应，以保证行车安全。

从1984年开始，为适应国家经济体制的改革，逐步开展了横向联合，向国民经济其他部门搞产品扩散生产，利用路外企业的生产能力，弥补自身的不足，同时也促进了竞争，为提高产品质量，降低成本创出新路子。对此，要不断探索、实践，促其不断发展。此外，还逐步摸索参与国际大循环的工作。

（四）加强仓库管理工作。

铁道部从50年代开始，就一贯强调仓库管理的重要性。为不使物资在仓库中超标变质、损失和出现差错，1956年颁布了《铁路材料技术保管规则》。之后各级材料部门在改进仓库管理方面做了大量工作，尽管走过一些弯路，但仓库管理水平是逐步提高了。

（五）提高人员素质和实现现代化管理。

搞物资工作既要懂材料的分类、性能、用途、检验和保管的要求和方法，还要掌握平衡、分配、供应、信息反馈、统计等整套管理知识和取得资源的商业知识。特别是今后实行管理现代化后，将广泛应用电子计算机，并逐步发展、建立全路物资系统的电子计算机网络，这对物资人员提出了更高的技术业务要求。因此，进一步培训物资人才是一项百年大计。

第三十章
铁路劳动工资管理

铁路劳动工资管理是铁路经营中一项政策性很强的综合管理。它的主要任务是按定员定额组织生产，贯彻按劳分配原则，保证职工劳动安全，充分调动职工在铁路运输生产建设中的主动性、积极性和创造性，以提高劳动生产率和企业的经济效益。

新中国铁路劳动工资管理工作，认真贯彻执行国家的路线方针政策，取得了很大的成绩，虽然中间几经曲折，但还是在不断前进，取得了丰富的正反两个方面的经验。中共十一届三中全会以后，铁路劳动工资管理逐步迈向全面改革的新阶段，对铁路职工的工资分配、行车主要工种劳动班制、劳动制度、劳动保护等方面，都实行了一系列的改革。改革的中心是克服工资分配上的吃"大锅饭"和劳动制度上的"铁饭碗"两大弊端，并通过下放权限，增强企业的活力。这些改革取得了初步成效，为铁路劳动工资管理改革的深化打下了基础。

第一节 铁路职工队伍

一、铁路职工队伍的发展与壮大

中国铁路拥有一支庞大的职工队伍。新中国成立时，铁路职工共有41万余名。30多年来，随着铁路事业的迅速发展，铁路职工队伍也相应地发展壮大。到1985年年末，全国铁路职工人数已达312.4万余人，其在各部门的分布情况是：运输占59.6%，工程占20%，工业占13%，科教占6.7%，其他部门占0.7%。各个时期铁路职工人数的增长情况如图所示。

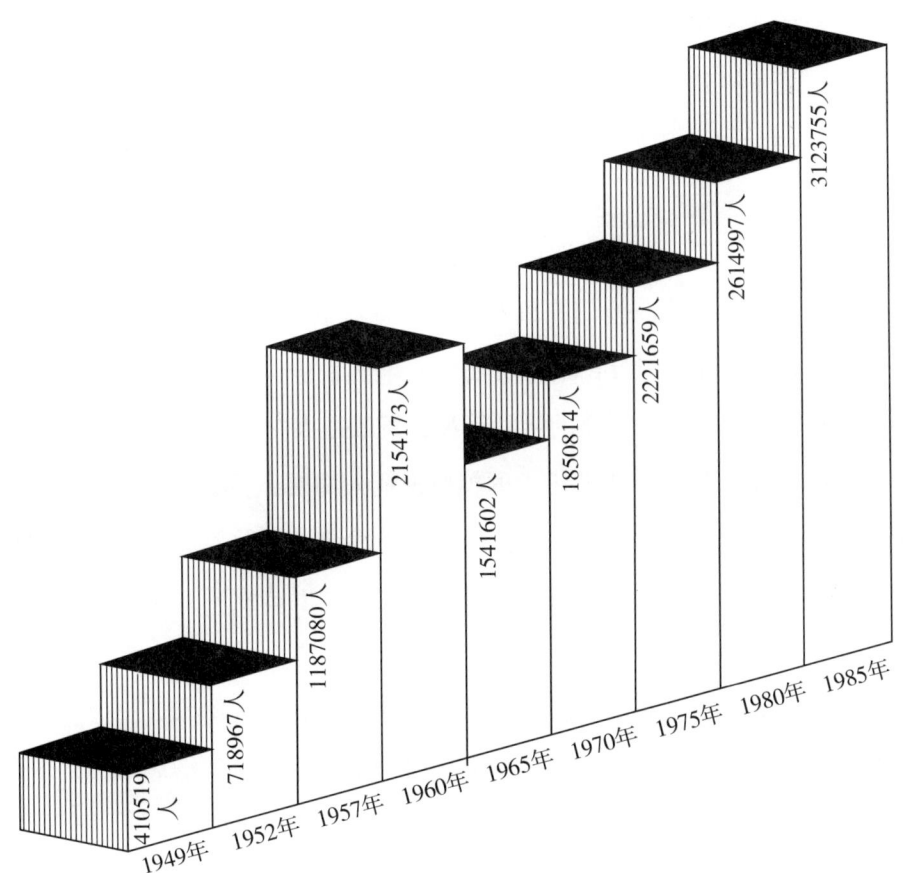

铁路职工队伍增长情况

1985年年末，铁路职工队伍中共有工人239.1万人，占全部职工人数的76.5%。其中，中共党员占13.2%，共青团员占22%；大学文化的占0.3%，中专文化的占2.6%，高中文化的占27.8%，初中及以下文化的占69.3%；年龄在25岁以下的占29.4%，51岁以上的占4.9%；女职工占19.7%。

中国铁路职工是一支具有光荣革命传统的队伍。早在1923年2月7日，以林祥谦为代表的京汉铁路工人，在中国共产党领导下，开展了争人权、争自由、争取组织自己的工会，反对帝国主义、反对封建主义的政治大罢工。这次罢工斗争显示出了中国工人阶级的高度觉悟和伟大力量，在中国工人运动史上谱写了光辉的不朽篇章。

在解放战争年代，解放区的铁路工人坚守岗位，与中国人民解放军并肩战斗，战争打到哪里，火车通到哪里，使战时的铁路成为打不烂、炸不断的钢铁运输线，中国铁路职工养成了铁的纪律和敢于打硬仗的思想作风。

新中国成立后，广大铁路职工立足本职，胸怀祖国，为铁路事业的发展做出了巨大的成绩。他们完成和超额完成了各个时期的铁路各项任务。在抗美援朝、对越自卫反击战等支前和军事运输中，在完成抗震救灾任务中，铁路工人发扬了大无畏的牺牲精神，贡献很大。

30多年来，铁路职工队伍中的英雄模范人物层出不穷。他们在铁路各条战线上英勇奋战，模范带头，创造了优异成绩，有些人刻苦钻研，在科学技术上取得巨大成就；有些人采用先进技术，创造发明，推动生产力的不断提高；有些人常年奋战在高寒、风沙、缺水等自然条件恶劣以及边远地区的艰苦生活环境里，表现出高度的组织性、纪律性和"人民铁路为人民"的精神。还有许多职工，在铁路遭到自然灾害或意外事故中，奋不顾身，勇往直前，抢险抢修，保证运输；有些职工为了保护国家财产和旅客的安全，献出了自己的生命。在1951年、1956年、1959年、1962年、1978年、1984年和1985年评选先进活动中，受到铁道部表彰的先进个人达76013人，先进集体18395个，这些先进人物集中表现了铁路职工的高尚品德和时代精神风貌。

二、铁路职工队伍的管理

36年来，铁路职工队伍的管理体制，除"大跃进"时期实行铁道部与地方政府双重领导并以地方为主的体制，以及"文化大革命"中无政府主义盛行外，都是由铁道部集中统一管理。这主要体现在三个方面：

首先是统一组织建设。铁路职工人数的增长和职工队伍的更新，统由铁道部门归口管理。根据铁路事业的发展和年度增人计划，确定向社会招工和接收大中专、技校毕业生以及复员退伍、转业军人，包括增人的数量、工种和条件；结合职工队伍的状况，确定队伍更新和提高素质的措施；对专业技术较强的、与行车直接有关的技术工种，作出储备培养的规划；强化生产骨干的配备和生产第一线主要工种的管理，使职工队伍保持相对稳定，以保证运输生产任务的需要。

其次是统一职工调配。根据铁路运输生产建设的需要，对全国铁路或对本单位管辖范围内的职工余缺进行平衡调配；确定从原有铁路单位抽调主要技术业务骨干支援铁路新线、新厂投产，并组织实施；对战时运输、援外所需人员，作出统筹安排；对老、弱、病、残职工和富余人员，进行合理安置。

再次是统一规章制度。30多年来，在认真贯彻执行有关劳动方针、政策、法令、条例的前提下，结合铁路的实际情况，相应地制定了一些具体办法，经过逐步修改完善，形成了一套比较系统的铁路职工管理制度。主要有：工人管理暂行办法，统一调配、分级管理的规定，新招人员的标准，合理用人、正常流向的"经历图"，加强对生产第一线人员的管理及配齐、配强行车主要工种的规定，行车人员的健康标准，职工奖惩条例，人事档案管理办法等。

第二节 铁路劳动定额

一、劳动定额管理开展情况

中国铁路劳动定额管理是从1949年起，通过学习苏联经验，结合中长铁路的实践逐步建立和发展起来的。这项管理虽经"大跃进"和"文化大革命"等的严重冲击，几经挫折，甚至一度破坏殆尽，但屡废屡兴，在大部分时间里，依然发挥作用。"六五"期间，根据中共中央和国务院的决定，在企业全面整顿中大力整顿了劳动组织，按定员定额组织生产，全路实行劳动定额管理的人数连年递增，1980年11月末为53.2万人，到1985年年末增加到86.8万人；占生产工人总数的比重从30.1%提高到46.2%；定额生产工时占总工时的比重从76.1%提高到78.9%。

为了开展并加强定额管理工作，36年来曾统一组织过两次全路性的定额编制。

第一次是在国民经济恢复和"一五"时期。在全路推广中长路经验的形势下，各部属局、厂都组织力量全面开展技术定额测定工作。全路动员力量和开展规模之大，在全国各行业中是少有的。1956年全路实行定额和计件工资人数已占生产工人总数的54.4%，这个定额管理面一直是30多年来的最高记录。这一阶段定额水平每年都有提高，特别是在1956年先进生产者运动中，开展了全路规模的、群众性的全面审查修改定额工作，各单位的定额工时一般都压缩了10%—20%。

第二次是在"六五"期间，铁道部和各铁路局集中力量组织编制了大量的劳动定额，先后公布了部编13种2.3万余项定额和局编10万余项定额。这期间定额工作的特点：一是劳动定额的结构形式和制定方法有了改进和发展，如编制试行了蒸汽机车段修和车辆检修两种最终产品的劳动定额，有些单位利用数理统计方法编制定额，也有的单位通过制定定额标准来编制定额。二是劳动定额工作开始同现代化管理结合，为推广现代化管理服务，有些单位已做出成绩，如南京东车辆段以劳动定额为依据，运用网络技术于段修作业，使各工种、各工序纵向紧密衔接，横向协调并行，均衡而有节奏地生产，效果十分显著。1985年在设备未增加，人员减少10.8%的情况下，完成了增长的修车任务，扩大的修车能力相当于增建一个8台位的车辆段。

30多年来，铁路劳动定额工作在企业经营管理、组织生产、提高效率、节约劳力、经济核算、按劳分配、实行经济责任制、增进经济效益等方面，都发挥了很大的作用，特别是提高劳动生产率尤为显著。

在劳动定额的基础上，60年代初期，全路统一组织制定了大批定员标准。"六五"期间，很多单位在此基础上又修订编制了各部门、各工种的新标准，这对加强劳动管理，正确编制劳动计划，核定定员，合理安排和严格控制一、二线人员比例都起了重要作用。

为了按照生产需要合理确定产品工作等级和科学地组织劳动，铁道部1950年制定了铁路工人技术等级标准。经过1956年、1963年和1978年三次规模较大的修订和补充，共公布了61类447个工种部编标准，基本上满足了组织日常生产、贯彻按劳分配、开展技术培训和考核技术工人的需要。

二、劳动班制

铁路劳动班制曾有过几次大的变革。1953年按照8小时工作制的原则，在全路统一建立了基本符合每人每月平均工作204小时的新型劳动班制。除日勤制外，有在运输部门广泛实行的12小时三班半轮班工作制、12小时三班轮班间歇工作制、24小时两班轮班间歇工作制等。其中12小时三班半轮班工作制是铁路运输部门独有的一种班制形式，它既能保证运输昼夜不间断进行，又符合8小时工作制的原则，并能使职工每值6次班基本上得到一次60个小时的大休班，比较适应铁路运输的特点和需要。

1976年以后，行车主要工种继续实行12小时三班半轮班工作制已越来越不适应运量急剧增长、作业日益繁忙的形势。主要问题是，一次值班，特别是夜班，连续工作12小时过于疲劳，威胁着行车安全和职工身体健康。铁道部根据中共中央关于适当缩短有毒、有害、繁重体力劳动者的标准工作时间的指示精神，从1980年起，对主要行车人员试行大白班（12小时）、小夜班（前后夜班各6小时）的四班制，每昼夜三班轮流值勤，另一班轮休，每人全月工作时间由204小时减为182.5小时。到1985年全路已有47.4%符合改班条件的编组站、区段站的调车人员，和71.7%符合改班条件的繁忙区段的车站运转值班人员，改行了这种劳动班制。为使这种班制能巩固持久，收到实效，各单位采取了许多有力措施，主要是：（1）坚持缩短一次值班时间，特别是夜班时间；（2）搞好休息设施；（3）尽可能调剂出一定时间大休班，以满足职工安排生活的需要。

三、劳动定额工作的基本经验

通过长时期的实践，铁路劳动定额工作积累了丰富的经验，主要是：（1）必须坚持先进合理的原则；（2）必须加强日常管理，建立和健全考核制度；（3）必须同贯彻按劳分配密切结合，物质鼓励和精神鼓励并重，讲求经济效益；（4）必须发挥领导和群众两个积极性，搞好班组工作，实行民主管理；（5）必须建设一支有一定水平的定额专业队伍等。从铁路历史和现实需要来看，搞好劳动定额工作还要着重解决好三方面的问题：

（一）提高对劳动定额的认识。历史事实反复证明，要提高企业管理水平，不搞好定额工作是不行的。当前在改革、开放、搞活和发展社会主义商品经济的新形势下，企业要减少对商品必要劳动量的投入，就更加离不开定额工作。"六五"期间在推行各种形式的经济承包责任制中，有的单位"以包代管"，又一度把定额工作停了，以致无法进行有效管理，劳动生产率下降，承包陷于亏损，吃了苦头。实践再次说明，开展定额工作是发展生产、搞好管理的客观需要，是不以人们的主观意志为转移的。

（二）开发劳动定额的功能。劳动定额工作要不断向广度和深度发展，全面而充分地发挥其作用，不能只局限于为计件工资服务。有些单位一方面不拘一格地运用各种定额形式扩大实行定额面；另一方面对一些未能实行定额生产的人员，通过建立岗位责任制、贯彻技术作业过程表、制定定员标准、实行最终产品劳动定额等办法，进行合理配置和效率考核，充分发挥其组织生产，组织分配，挖掘潜力，增进效益的作用。

（三）搞好劳动定额改革。在经济体制改革中，劳动定额工作要搞好自身的改革，研究吸收国内外有关定额工作的最新科学成就和先进经验，更新铁路劳动定额工作的理论、方法和手段，不断丰富定额管理内容。

第三节 铁路工资制度

新中国铁路根据国家有关的方针、政策，按照社会主义"各尽所能，按劳分配"原则,结合铁路的实际情况,对旧中国铁路遗留下来的工资制度进行了改造,并根据运输生产发展的需要,对工资制度进行了多次调整、改革与完善,提高了工资水平,改善了职工生活。

一、历次工资制度改革情况

东北铁路解放较早,至1950年已经形成一套比较完整的工资等级制度。关内铁路在新中国成立初期,对职工工资实行"原职原薪"政策,这对稳定生产秩序,安定职工情绪,迅速恢复运输生产,起了重要作用。但同时也保留了旧中国铁路的混乱和不合理的工资制度。加上各地铁路接管时间不同,工资折算办法各异,更增加了工资制度上的复杂性。

为使各地铁路职工的工资待遇大体上公平一致,从1949年6月1日起,铁路各类人员统一实行了13等39级的工资等级,工资按"分"(每分按规定的米、布、油、盐、煤各含量多少计算,下同)计算,按规定分值折合为货币支付,并普遍进行了确定职务和评定工资等级工作。

1950年在原有的基础上实行关内铁路统一的工资分制度;对原来实行供给制的干部也都改行工资制;除继续保留年终双薪和事假折薪外,并建立了考勤奖金制度。

1951年随着经济核算制、计件工资制等的建立和推行,铁道部根据中财委工资条例(草案)的精神,颁布了铁路工资条例,于1951年至1952年进行了第一次工资改革。主要内容是:实行全国统一的工资分制度,建立关内铁路统一的工资等级制度;机车车辆及其他机具制造、修理工人、建筑安装工人实行8级工资制,对工长(含司机长)另支给本人标准工资5%的工长津贴;机车乘务员按驾驶的机车类型规定工资,最高工资相当8级工资制7级的水平;工程技术人员实行技术等级工资制,工程师分为4等12级,对具有高级技术和经验丰富者加给标准工资30%的技术津贴;行政管理人员实行职务等级制,铁路管理局长的最高工资相当于8级工工资的2.1倍。对个别自然条件较差的边远地区的职工发给本人标准工资10%—30%的地区津贴。对8级制生产工人和机车乘务员等技术工人，都按技术繁简、工作精密程度等制定了技术等级标准，使他们的工资等级的确定有了比较科学的依据。

通过这次工资改革，平均标准工资较1950年提高10%，关内铁路的工资等级制度达到了统一，地区之间、部门之间、繁重劳动与轻简劳动、复杂劳动与简易劳动、熟练劳动与非熟练劳动之间的差别，从工资上初步得到了反映。但是东北和关内铁路的工资等级制度在许多方面仍然是不统一的，工资制度中还有不少不适应运输生产发展需要的地方。随着计件工资制的推行，铁道部分别于1953年和1955年取消了年终双薪和考勤奖金制度。

按照国务院"适当提高工资水平，并在这个条件下，根据按劳付酬原则，对企业、事业和国家机关的工资制度，进行进一步改革"的决定，铁道部从1956年下半年开始在全路进行第二次工资改革。这次改革的主要内容是：

（一）取消工资分制度，实行货币工资制度。

（二）统一东北和关内铁路的工资等级制度。

（三）建筑安装工人实行7级工资制。8级和7级工资制中的最高工资与最低工资的差距适当拉大，各工种的工长支给领导津贴。

（四）改进行政管理人员的工资等级制度，根据单位重要性、技术复杂程度、规模大小等条件和职务的重要性、职责繁简等因素，对每个职名规定3至7个工资标准；管理局长的最高工资大体相当于生产工人最高工资的3倍。

（五）工程技术人员的技术等级工资制改为职务工资制。对技术水平较高的工程师，支给5%—30%的技术津贴，有特殊才能和贡献的，支给30%—50%的特定津贴。

（六）根据各地区发展生产的需要，生活物价水平和工资现状，并适当考虑与各地区其他产业间的平衡和铁路点线相连的特点，分别规定了不同的地区工资标准（简称工资区划）。运输部门8级制工人、机车乘务员等实行18种工资区划；行政管理人员、工程技术人员、运输业务人员等实行8种工资区划；文教、卫生、公安和生活供应系统的职工，实行国家各主管部门规定的工资标准和国家机关执行的11种工资区划；对物价特高地区，除执行最高地区标准工资外，另加地区生活费补贴。

（七）为补偿特殊情况下劳动和生活的需要，对部分工种实行的津贴制度，如乘务人员的乘务津贴，施工人员的施工津贴，勘测人员的野外工作津贴等，进行了整顿，标准作了调整。

（八）普遍修订了工人技术等级标准和单位等级的查定标准，进行了工人技术等级鉴定和考工升级。全路参加技术等级鉴定的工人达46万多人，有14万多人升了级，占工人总数的31.5%。

通过1956年工资改革，全路职工平均工资较1955年提高12.8%，较1952年提高13.6%。随着工资水平的提高，取消了事假折薪制度。这次工资改革后仍存在一些问题，主要是工资等级形式、工资标准规定得过于烦琐；工程技术人员实行职务工资制，与他们的技术能力、经验和贡献等结合不够；工资区划得不合理，不能完全反映地区之间的实际差别；某些工种的工资标准起级偏高；部分工人的工资等级高于工作等级，等等。

为了解决上述问题，于1959年铁道部制订了改进工资等级制度的方案，主要内容是对行政管理人员、工程技术人员和运输业务人员实行36级工资制，即参照国家机关行政人员9—28级的工资标准，在各级之间加半级，共36个工资等级；对有技术等级标准的工人，实行8等15级制（以原8级工资制工资标准为基础，各级之间加半级）；对无技术等级标准的工人实行17级制（在8等15级的1级以下加2等外）。废除了按单位等级、工作对象划分工资标准的规定，将原来各种工资标准串连起来使用。

1959年年末至1960年年初，有30%的工人，10%和5%的管理人员和勤杂服务人员升了级。

1963年，铁道部进一步改进了工资制度，调整了工资区类别和过分偏低的职工工资标准。同时，工人和一般干部各有40%的人升了级，领导干部按级别分别有25%和5%的人升了级。

1965年劳动部在西南铁路和煤炭系统进行工资制度改革试点，以国家机关行政人员六区的工资标准为基础，略加调整，实行各类人员统一执行的"一条龙"式的工资等级制度。西南地区（云、贵、川）铁路单位共有20余万人，约占当时铁路职工总数的10%，按此进行了工资改革。这次工资改革，提高了工资水平，简化、统一了多种形式的工资标准，对加速西南铁路建设起到了良好的作用。

十年动乱期间，标准工资基本上处于冻结状态，除1971年按年限杠杠进行一次低工资调整外，没有进行过职工升级。甚至在一个时期，正常的转正定级也停止了，平均主义十分严重，挫伤了职工的积极性。

粉碎江青反革命集团以后，特别是中共十一届三中全会以后，在分配领域进行拨乱反正，采取了一系列措施，贯彻按劳分配原则，主要有：

1977年，给1971年年底以前参加工作的1级工和1966年年底以前的2级工绝大多数人升了级，1971年以前参加工作的其他职工有40%的人升了级。全路调整工资的人数有99万多人，占职工总数的47.7%。

1978年，给工作成绩突出的职工（占职工总数的2%）升了级。

1979年，根据劳动态度、技术高低、贡献大小三个条件进行考核，给40%的职工升了级，同时，调整了部分地区的工资区类别。

1981年至1983年，给1978年年底以前参加工作的中小学教职工、中级卫生技术人员、国家机关、事业单位及企业单位职工普遍增加了一级工资。1983年，先在北京、上海、吉林铁路局和第四工程局、戚墅堰机车车辆工厂5个企业单位，进行了工资调改相结合的试点，采取按新工资标准先套入后升级的办法增加工资。

1984年下半年，执行铁路36级制的铁路企业单位和设计院等事业单位，利用职工奖励基金自费纳入新拟工资标准。这个新拟工资标准的主要内容是：将多种不同的工资区划并为一种（即铁路八种工资区划），将多种工资标准表归并为工人的8级14等和干部的16级30等两个工资标准表。

1984年10月，铁道部调整提高了运输第一线部分主要工种的工资待遇，主要是对机车乘务员、调车组和列检人员，普遍提高了工资级别，恢复了提职提薪办法，建立了岗位津贴和调车长津贴，调整、提高了乘务津贴和施工津贴标准。由于采取这些措施，运输生产第一线主要工种的收入水平提高了36.8%。

1985年按照国家的统一部署，铁路国家机关、事业单位进行了工资改革，实行了以职务工资为主，包括基础工资、职务工资、工龄津贴在内的结构工资制，对中学、小学、中专、技校、幼儿园的教师和医疗单位的护士，另加发教龄津贴和护士工龄津贴。铁路企业的工资制度也根据国家规定进行了初步改革，实行了职务、岗位、技术等级工资制；工人实行8等15级制；行政管理、专业技术、运输生产人员实行17级制，中间加副级，共34个工资标准；企业的文教、卫生人员均改按企业工资标准执行；企业的公安人员实行与国家规定公安干警统一的结构工资制。通过这些调整改革，简化统一了工资制度，提高了工资水平，改善了工资关系。这次调整，各类职工的工资标准如表69及表70。

铁路企业行政管理、专业技术、运输生产人员工资标准

表69

等级	一		二		三		四		五		六		七		八		九	
		副		副		副		副		副		副		副		副		副
工资标准（元）（北京地区）	270	256	243	231	220	210	201	193	185	177	169	161	154	146	139	132	125	118

续表

等级	十		十一		十二		十三		十四		十五		十六		十七
		副		副		副		副		副		副		副	
工资标准（元）（北京地区）	111	104	97	90	84	78	72	66	61	56	52	48	44	40	37

铁路企业工人工资标准

表70

等级	一		二		三		四		五		六		七		八
	1	2	3	4	5	6	7	8	9	10	11	12	13	14	15
工资标准（元）（北京地区）	37	40	44	48	52	56	61	66	72	78	84	90	97	104	111

二、实行计件工资和奖励制度的情况

（一）实行计件工资制。

铁路的计件工资制是由东北铁路开始实行的。中长铁路把实行计件工资制作为实现低成本、高效率、加强企业经营管理的重要措施之一。1954年东北铁路实行计件工资制的人数已达到可能实行计件工资制人数的97%。关内铁路在学习中长铁路经验的基础上，从1950年起也由点到面逐步实行计件工资制，至1957年，实行计件工资制的人数达34万余人，占生产工人总数的48.3%。当时实行的主要是单一无限计件工资制，即全部产品均按一个单价计算计件工资，不限制工人的超额工资；在丰台等10个大编组站的调车组，曾实行过累进计件工资制；对养路工人实行包工工资制；车站装卸工人实行按所收装卸费的5/7作为工资进行分配的特殊形式的计件工资制。实行计件工资制后，更好地调动了工人的劳动积极性，提高了劳动生产率，相应地增加了工人的工资收入，一般比计时标准工资要高10%—30%。

"大跃进"期间，各单位先后停止了计件工资制，致使劳动效率下降，人员使用浪费，劳动纪律松弛，工人收入减少，大大影响了工人劳动积极性。

1961年起，重体力劳动工种（如装卸工、给煤工等）恢复实行计件工资制的有12万余人，占生产工人总数的19.5%。1963年提高到27.4%。

十年动乱期间计件工资全部取消。

1978年起，铁路部门由点到面恢复了计件工资制。计件工资的形式，除过去已实行过的以外，又增加了超额计件工资制，即完成定额100%以内部分，按本人标准工资计算，超过部分，按规定的计件单价计算计件工资。同时，实行了有限计件工资，计件超额工资的幅度限制在不超过计时标准工资的30%。从1984年起，取消了计件超额工资的"封顶"限额。1985年年末，全路实行计件工资制的人数达74万余人，占生产工人总数的31%，平均每人每月计件超额工资19元。

（二）实行奖励制度。

铁路于50年代为适应全路开展爱国主义劳动竞赛的需要，开始建立了奖励制度。1950年至1951年铁道部先后公布了机车包车、包修、节煤、检车、工务、电务、运输工作、工厂超额等奖励办法。1952年起，为深入开展"满载、超轴、五百公里"运动，先后公布了指导司机、指导车长、电务部门无事故、旅客列车赶点、货物列车超轴、节约机车燃料、列车正点等奖励办法。这些奖励制度密切结合各工种的特点，围绕关键指标进行奖励，因而对调动工人的积极性，完成和超额完成任务，提高产品和工作质量，节约原材料、燃料及保证安全等方面，都起了显著作用。1957年全路共支出奖金1280万元，占工资总额的3.67%。

"大跃进"期间，部分单位的奖励工作陷于停滞，为了不降低工资水平，不少单位发了年终一次性奖。1959年以后实行了综合奖。与1958年以前比较，奖励范围扩大，奖励条件降低，考核不严，平均主义比较严重，失去了促进生产的作用。

1961年起，铁道部对奖励制度进行了整顿改进，奖励条件突出了劳动定额和运输生产主要指标，实行超额奖和节约奖，对有些工种实行了按班、按趟、按台、按辆计奖，月终总考核的办法，并提高了主要工种的奖金标准和个人得奖最高限额，奖金分配上的平均主义现象有所减少，实行奖励人员每月奖金一般占标准工资总额的7%左右。

十年动乱中，奖励制度与计件工资制一样全部取消，而代之以平均分配的附加工资，严重挫伤了职工的积极性。

1978年起，铁路企业单位恢复实行奖励制度，采取限额发奖的办法，生产奖金标准平均每人每月6.5元，计入成本，另外还有在企业基金项下列支的劳动竞赛和一次性奖，在节约原材料、燃料项下列支的节约奖，在查堵漏收中增加运输收入项下列支的堵漏保收奖。从1980年起，铁路事业单位也实行了奖励制度，奖金从经费包干节余和预算外收入项下建立的福利奖励基金中列支，全年奖金控制在一个月标准工资总额之内。

1981年铁路企业实行全额利润留成办法，生产奖、劳动竞赛奖和一次性奖金均改由留利项下建立的职工奖励基金中开支，将固定按平均每人每月6.5元计算发奖的办法改为奖金随利润和主要经济技术指标完成情况而浮动，全年发放各种奖金的限额控制在两个月标准工资总额之内，各项经济技术指标完成得好、贡献特别大的，奖金可以不超过三个月标准工资总额，从而使奖金多少同企业的综合经济效果和职工劳动贡献的大小结合起来。

1983年，铁路企业实行第一步利改税。为了加强对奖金的计划管理，使奖金更好地同本单位的经济效益结合起来，实行利改税的单位采取奖金随上交利税发奖率浮动的办法，上浮限额一般不得超过年度奖金计划的23%。

为了搞活企业，扩大企业在奖金使用上的自主权，并从宏观上控制消费基金的过快增长，铁道部从1984年起，按国家规定，企业单位的奖金发放实行上不"封顶"、下不"保底"的办法，全年发放奖金超过规定的限额（1984年规定两个半月标准工资，1985年改为四个月），按超额累进的办法缴纳奖金税。实行这种办法的单位,有权决定如何使用奖励基金,可以用来发放奖金,也可以用来实行浮动工资、计件工资、浮动升级和解决不合理的工资、津贴问题,这就在更大程度上调动了企业和职工的积极性。

为了鼓励事业单位向经济自立、经费自给过渡,从1984年起,铁路部门部分事业单位结合试行经济技术承包责任制、有偿合同制等,改进了奖金发放办法,奖金发放与完成的工作量挂钩,并从1985年起实行事业单位奖金税办法,全年发放奖金人均超过规定的限额(按减少事业费和自费负担工资改革费用的程度,分别为三个月、两个月、一个半月基本工资数额),也按超额累进的办法缴纳奖金税。

(三)探索新的分配形式。

为了进一步扩大企业在分配上的自主权,使企业职工的工资和奖金同企业经济效益的提高更好地挂起钩来,从1984年起,对北京、上海、广州3个铁路局试行运营工资总额(不包括奖金和计件超额工资)与完成客货吨公里挂钩浮动的办法;对大连、齐齐哈尔、株洲、戚墅堰等机车车辆工厂试行工资总额随实现利润而浮动的办法;对施工企业试行百元产值工资含量包干的办法。试行上述办法后,初步改变了按人头分配工资计划的做法,使两级分配由奖金扩大到工资总额,调动了企业和职工的积极性。为了搞活企业内部分配,有些单位还试行将标准工资的一部或全部、浮动升级的工资、奖金、计件超额工资(有的还包括津贴)合在一起,同完成的工作量或规定的经济技术指标挂钩浮动。这些试行办法,不仅提高了劳动生产率和经济效益,还为以后的工资制度改革提供了有益的经验。

三、工资水平增长情况

30多年来,随着铁路生产的发展和劳动生产率的提高,铁路职工的工资水平不断增长。国民经济恢复时期,平均工资增长62.9%。"一五"期间,增长26.4%。"大跃进"期间,到1960年平均工资不仅未增加,反而降低了12.8%。"大跃进"后经过调整,平均工资又回升,较"大跃进"

前提高了3.4%。十年动乱期间，平均工资又一次下降，较1965年降低了10.7%。中共十一届三中全会后，职工的工资水平有明显的增长。1978年平均工资为784元，1985年上升到1469元，增长了87.4%。平均每年提高9.4%，扣除物价因素，实际平均工资每年提高4.9%，与劳动生产率提高的幅度基本相适应（见表71）。

铁路职工平均工资和劳动生产率

表71

期　间	全路职工平均工资（元）	运输人员		工业人员		施工人员	
		平均工资（元）	劳动生产率（万换算吨公里）	平均工资（元）	劳动生产率（元）	平均工资（元）	劳动生产率（元）
1950	388	383		384		472	
1952	632	648	16.7	631	3768	563	2162
1957	799	814	26.8	769	5015	793	2182
1960	679	713	36.2	603	6276	662	1832
1962	787	796	29.5	728	3279	826	1158
1965	826	847	36.2	788	6071	799	2994
1970	778	779	41.5	724	10047	809	3276
1975	756	755	41.4	710	7610	795	2623
1976	738	732	36.3	684	6081	795	2280
1978	784	778	42.3	735	7703	848	3482
1980	957	967	46.2	897	7139	989	3596
1985	1469	1490	57.8	1328	10857	1519	7376

四、主要经验

新中国成立以来铁路工资工作几起几落的实践证明，要做好铁路工资工作，需注意以下几个问题：

（一）铁路运输日夜不停地进行，风雨无阻，许多工作是露天作业。无论严寒、酷暑、风沙、无水、苦水地区，铁路职工必须服从命令，听从指挥，照常进行运输生产，工作紧张、劳累，工作条件差，生活支出也较大。在工资水平的安排上必须体现这个特点。

（二）铁路工资的安排，要适应铁路点线相连、职工调动频繁的特点，工资标准宜简不宜繁，尽量本着点线结合、以点为主的精神，统一合理安排地区工资关系。

（三）在铁路内部工资水平的安排上，应适应各工种联系密切、协同作战的特点，既要合理体现差别，克服平均主义，又要瞻前顾后，照顾左邻右舍，不宜高低过分悬殊，防止调动一部分人的积极性，而挫伤另一部分人的积极性。

（四）铁路遍及全国城乡，工资待遇处理不当，极易造成铁路内部职工之间和铁路与地方之间相互影响。在铁路的工资管理体制上，一方面要解决好集中领导与分级管理的关系；另一方面要处理好"条条"（铁路）与"块块"（地方）的关系，在铁路内部基本统一的条件下，适当照顾某些地区铁路单位的特殊情况。

（五）铁路的工资制度经过不断调整改革，"低"（工资水平低）、"平"（平均主义）、"乱"（工资标准乱）、"死"（管得过死）的局面开始扭转，但在工资分配上，企业吃国家"大锅饭"、职工吃企业"大锅饭"的局面还没有根本改变，缺乏正常的升级制度，以及现行工资制度还不完全适应铁路运输的特点等，这些都需要在以后的改革中逐步解决。

第四节　铁路劳动保护

对职工实行劳动保护是国家的重要政策。新中国成立后，随着运输生产建设的发展和科学技术的进步，铁路劳动保护工作逐步得到健全和发展。

50年代，针对广大职工劳动保护知识缺乏，部分人员中还存在旧的经营管理思想和持有事故难免论观点的情况，在全路大力贯彻安全生产方针，运用说服教育、反事故大会等形式，坚持执行劳动保护政策，树立安全生产思想。

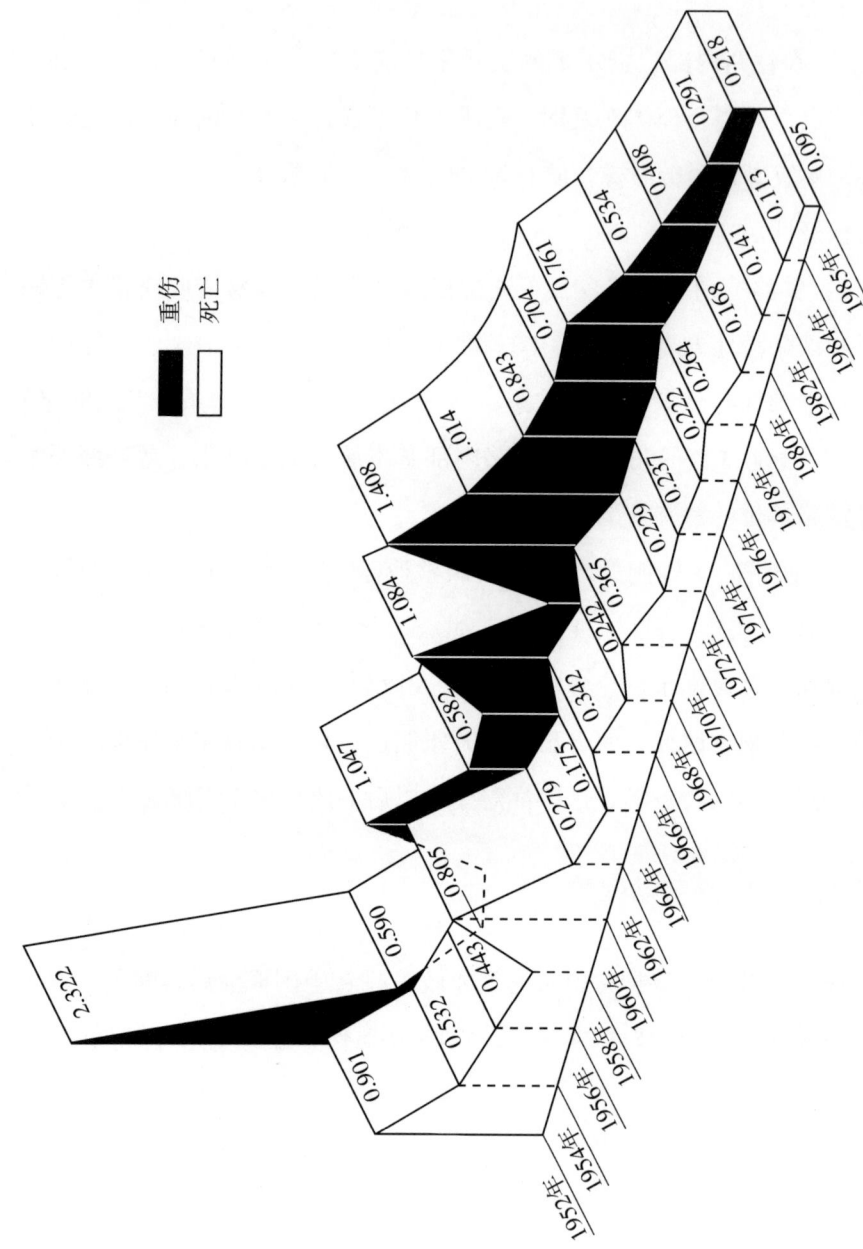

全路职工因工死亡、重伤比较（千分率）

1953年铁道部和全国铁路总工会联合召开了劳动保护会议，总结全路劳动保护工作，决定进一步贯彻安全生产方针，推动劳动保护工作迅速发展。

1960年以后，铁道部总结了"大跃进"中劳动保护遭到削弱的教训，在全路开展了"十防一灭"活动，即防止撞轧、坍塌、爆炸、触电、中毒、粉尘、火灾、水淹、烧烫、坠落和消灭死亡事故，全路安全生产情况有显著好转。1964年职工死亡事故是新中国成立后较少的一年。

1976年，十年动乱结束，重新恢复在"文革"中被撤销的劳动保护管理机构，整顿安全规章制度，铁路各单位加强了对劳动保护工作的领导。特别是中共十一届三中全会以后，铁路劳动保护工作从健全组织、改进制度、发展新技术、改善作业环境、改进劳动条件，直至开展各种劳动保护活动，都进入一个新的时期。

一、建立专职管理机构，健全规章制度

为开展劳动保护工作，铁道部、局、分局、工厂都设立有劳动保护工作机构，较大的基层站、段、队、场、车间等，有的设立专职机构，有的设有专职人员。

1954年铁道部公布了《铁路劳动保护、安全技术、工业卫生条例》，将部、局劳动保护专职机构改为监察机构，其性质定为督促监察，组织协调，在全路展开了对劳动保护的监察。铁路总工会和各区工会设立了劳动保护部，基层工会设立了劳动保护委员会，班组设立了劳动保护检查员，建立安全员制度，实行专业管理和群众管理相结合。

劳动保护工作从开始建立就提出制度化管理。50年代初期，铁道部根据生产建设需要建立了一批综合性的安全管理规章制度，并分专业、分工种制订了25种安全技术规程，各铁路局、厂、站、段分别制订了实施细则。1963年在整章建制中，将有关规章统一制订成《铁路劳动保护工作的几项规定》，形成比较全面的劳动保护管理。这一规定，当时劳动部曾向

全国转发，对全国劳动保护工作产生了一定的影响。

根据管生产必须管安全的原则，铁道部1954年在全路建立安全生产责任制，并围绕安全生产责任制，对规章制度作了统一改进。责任制中明确规定了各级领导、总工程师和工程技术人员在计划、布置、检查、总结、评比生产的同时，必须管安全。为开展安全教育，还制订了《关于铁路职工安全技术教育制度的规定》。80年代，对劳动保护规章制度作了整顿和改进；1980年改进了职工伤亡报告制度；1983年作出加强安全监察工作的决定；1984年制订了《铁路职工安全生产奖惩办法》，规定各单位将安全和伤亡事故列入企业管理指标进行考核，对重大伤亡事故，涉及法律的要起诉，追究刑事责任，把经济手段、法律手段运用到安全生产管理中去，做到奖惩分明；1985年由铁道部公布了《铁路劳动安全监察工作条例》，建立了一套监察办法，给安全监察人员颁发安全监察证，加强了安全监察工作。这样，劳动保护机构执行监察，业务主管部门负责管理，工会组织实行群众监督，形成了监察、管理与群众监督三结合的劳动保护工作的格局。

开展安全生产大检查是发动群众，教育群众，发现问题，改进工作，宣传贯彻劳动保护政策的有力措施。铁路各单位每年都要进行一次全面大检查，另外进行专业性和季节性检查，各基层单位进行月检查、周检查和经常检查。安全生产大检查在铁路劳动保护工作中业已形成一项固定制度。

二、防尘防毒，改善劳动条件

新中国成立后，铁路部门的劳动条件不断改善。开始时主要采取一些一般性安全技术措施，如机器设备安装防护装置，增设通风、排烟、防尘、照明等设备，增建浴室、休息室、女工卫生室，配发防护用品，供给清凉饮料等。1958年以后，开展技术革新，对部分养路、装卸、机车上煤等重体力劳动采用了机械化、半机械化设备；调车作业增设了驼峰和自动调车信号；油槽车清洗作业安装了自动洗槽装置；施工中推行小型机械化，开挖隧道采用机械化通风、湿式凿岩、喷雾洒水等综合防尘措施；工厂生产推行了无声铆、无光焊、无砂铸造等措施。

1962年周恩来总理发出"争取在三五年内解决我国工业企业的硅尘危害问题"的指示后，铁路各单位大力进行贯彻，有些铁路局、厂创造了铸造无砂作业，活动转盘密闭喷丸泡沫除尘，机械采石布袋除尘及凿岩干式捕尘，煮洗代替打砂除锈，乌金挂瓦作业实行密闭自动化等，这些革新措施都取得良好效果。

1980年以来，全国铁路以消除不安全因素，防止硅、铅、苯、锰、高温对人体的危害，改善高强度的劳动力为重点，进行了两方面的治理：一是改善调车、列检、养路、巡道、碎石、铸造、电焊、喷漆、锻造、热处理、乌金挂瓦等作业的劳动条件；二是对新建、改建、扩建工程项目实行"三同时"，即在设计、施工中，必须同时有安全卫生设施，竣工验收时，如不能保证工人的安全和健康，就不能投产。1984年先后推广了昆明铁路局三家村采石场的碎石布袋除尘经验，乌鲁木齐铁路局哈密水泥厂的静电除尘经验，以及推广使用降低内燃机车噪声、乌金挂瓦净化铅尘、电焊净化烟尘等科研成果。在研究采用先进科学技术方面也有了新的发展。如铁路列检作业，过去在列车两端插红旗作为安全标志，现已改用电气集中自动控制的脱轨器和安全信号；隧道开挖作业，过去采取先挖狭小导坑的做法，造成粉尘弥漫，并有塌方危险，现已改为全断面机械开挖，并配有机械通风；机车上安装了无线调度电话、自动停车装置、信号显示三项设备，既保证了行车人员安全，也减少了沿线作业人员和路外行人的伤亡。

对于各种承压的固定锅炉和压力容器，1981年铁道部与国家劳动总局明确规定铁路劳动保护监察部门负责铁路系统的锅炉和压力容器的安全监察工作，各级政府劳动部门实行监督。结合铁路特点，又制订公布了《铁路固定锅炉、压力容器安全监察规定》，对铁路使用的锅炉和压力容器的设计、制造、安装、修理、改造、检验、使用和管理等各个环节的安全监察作了具体规定。按此要求，各铁路局、工厂和工程单位都加强了安全监察机构，增设专职监察人员。全路共设有锅炉压力容器安装、制造、检修单位和水处理服务站共137处，有10个铁路局设立锅炉检验所（站）18处。1983年以来，培训锅炉检验、探伤、水处理、司炉、气瓶和槽车充装、安全管理人员和焊工等共9.3万人，这些人员形成了一支锅炉压力容器的安全监察和管理队伍，推动了安全工作的开展。从1980年到1985年在铁路系统中消灭了使用压力在100千帕以上的锅炉爆炸事故。

第三十一章
铁路干部管理

第一节 雄厚的铁路干部队伍

铁路的干部队伍是伴随着铁路事业的发展壮大起来的。1949年年底，全路共有各级各类干部11万人，其中部级4人，局级85人，处级434人，科级2480人，技术干部16757人，其他干部90250人。至1985年年底，全路干部增加到63万多人，其中部级15人，局级969人，处级11906人，科级73226人，技术干部289253人，其他干部261379人。

这支干部队伍主要来自三个方面：一是从地方和军队转业到铁路工作的老干部。在解放战争中，有些中共中央分局就设有铁路工作委员会，为以后接管铁路工作准备了一批干部。解放初期对铁路实行军事管制，这批军队干部后来大部分留在铁路工作。50年代又陆续从地方党政机关和部队转业到铁路一批干部，他们密切联系群众，努力学习铁路业务，很快成为各级领导骨干。二是从铁路职工中培养提拔起来的干部。早在新中国成立以前，就开办了东北铁路学院和华北交通学院，主要培养在职干部。50年代办了干部学校，并在北京、唐山铁道学院设立了干部班，培训了大批干部，其中不少人担负了重要领导工作。三是铁路院校培养的大中专毕业生。新中国成立以后，在原有北京、唐山两所铁道学院的基础上，又先后兴办了9所大专院校和40多所中专学校。从1949年到1985年，共培养出大中专毕业生20多万人。他们当中不少人已成为专业技术骨干。另外，根据"包下来"的政策，在接管旧铁路的同时，接收了旧铁路的大量业务技术人员，他们在中国共产党的领导下，为铁路事业做出了贡献。这几股力量形成了一支门类比较齐全的雄厚的干部队伍，带领广大铁路职工，在完成运输、生产、基建等各项任务中，发挥了骨干作用。

第二节　加强干部培训，提高干部素质

为了提高干部队伍的素质，铁路部门一贯重视对干部的培训。中共十一届三中全会以后，全路各级党政部门认真贯彻执行中共中央关于加强干部教育工作的指示，大力开展了干部培训，到1984年，已培训各级各类干部19.4万人，其中由铁道部直接培训的近1万人。在广大干部中出现了一个尊重知识，渴求知识，为四化建设勤奋学习的可喜景象。在培训内容上，由中共十一届三中全会前后的拨乱反正，肃清"左"的影响，端正思想路线的短期政治理论轮训，发展为适应"四化"建设需要的综合性、系统性、多层次的正规化培训，系统学习马克思主义基本理论、党的方针政策和现代化管理知识。在培训对象上，由1980年前着重于局、厂、院、校的党政主要领导干部，发展到在职科（段）、处以上干部和后备干部为重点的各级各类干部的整体培训，并逐步开展了职务培训。从1984年起，根据国家统一部署，组织铁路局、分局、工程局、工程处和部属工厂的正、副行政领导干部，参加国家统考和考前培训，取得较好成绩，对推动铁路体制改革，加强企业管理，提高经济效益，起了积极作用。在培训形式上，从主要依靠干校、党校，逐步发展为党校、干校、大中专院校、职大、电大、函授、刊授、业余文化技术学校及自学考试等多种形式的干部培训网，规模之大，人数之多，是前所未有的。

第三节　按照干部"四化"方针建设各级领导班子

铁路是个老企业，老干部很多，他们忠诚于铁路事业，在长期工作中积累了丰富的建设铁路和管理铁路的经验，为铁路事业做出了很大贡献。但由于不可抗拒的自然规律，使他们年迈体衰，难以适应繁重任务的需

要。为了改变这种状况，从1982年以来，按照中共中央关于干部革命化、年轻化、知识化、专业化方针，对各级领导班子进行了调整，一批批老干部以党的事业为重，退居二、三线，同时选拔了大批政治素质好，有知识、懂技术、会管理的优秀中青年干部进入各级领导班子，实现了新老干部的密切合作和正常交替。各级领导班子的年龄、文化、专业结构发生了很大变化。以部属局、厂、院、校的领导班子为例，一是人数减少了，班子精干了。1982年铁路局领导班子平均人数为16人，最多的达23人，1985年平均为10人，减少了1/3。二是年富力强的干部多了，基本上形成梯形年龄结构。1985年部属单位领导班子816名成员，平均年龄48.2岁，其中铁路局领导班子成员平均49.4岁，比1982年平均58.8岁下降9.4岁。40—50岁的干部已成为领导班子的主体。三是文化程度普遍提高了。在816名领导班子成员中，具有大专以上文化程度的591人，占72.4%，比1982年提高44.4%。其中有专业技术职称的562人，占班子成员的68.9%。

调整后的领导班子成员，尽管有的还缺乏领导工作经验，还要有一个锻炼提高的过程，但绝大多数是优秀的或胜任的。这些同志有几个明显特点：一是坚定地贯彻执行中共十一届三中全会以来的路线、方针、政策和上级的工作部署，理解深，行动快；二是事业心强，工作有朝气，勇于开拓进取；三是思想敏锐，热心改革，重视技术进步，注意科学管理；四是谦虚谨慎，尊重老同志，新老干部密切配合，团结共事，为加强铁路的物质文明和精神文明建设，完成繁重的运输生产任务，提供了可靠的组织保证。

与此同时，全路上下都建立健全了后备干部制度，共选拔科级以上后备干部1万余名，将他们放到一定领导岗位上培养锻炼，通过考察了解，做到有进有退，不断更新，始终保持常数，为人才的脱颖而出创造条件。

第四节 铁路干部实行垂直管理

由于中国铁路的性质和特点，决定了对铁路的干部必须实行垂直管理体制，1949年铁道部建立以后的较长时期是坚持这样做的，但是中间曾经发生过两次曲折和变化，使铁路工作处于被动局面。1958年"大跃进"时期，按省区设置铁路局，实行中央与地方双重领导的体制，第一次打破了铁路干部的垂直管理体制，造成铁路干部派不进、调不出的局面，直到1961年，贯彻"调整、巩固、充实、提高"方针，才恢复了原来的干部管理体制。"文化大革命"中，铁路干部的集中统一管理体制又一次遭到严重破坏，部属单位的领导干部由各级地方革命委员会任免，有些地方还被一些帮派人物掌权，致使铁路的运输生产陷入混乱状态，不少地方造成瘫痪和堵塞。粉碎"四人帮"后，铁道部又恢复了统一管理铁路干部的职能。铁路局、厂、院、校的领导干部以铁道部管理为主，由所在地省、自治区、直辖市党委监督管理；任免调动，在征求有关地方党委意见后，由铁道部审批。属于中央管理的干部，由铁道部报中央审批。

在干部任免权限方面，过去是实行隔级任免，即铁道部管局、处两级。1978年以后，本着管少管好的原则，不断下放干部管理权限，先将副处级干部放给局、院、校管理，1984年又将正处级干部管理权限放了下去。这样做既加重了部属单位管理干部的责任，简化了干部任免程序，又便于部属单位根据工作需要及时任免干部。

第五节　改革干部管理制度，提高管理效能

80年代以来，铁道部对干部制度的改革进行了积极的探索：贯彻执行了国家规定的离退休制度，干部不论职务高低，凡是到了规定的离退休年龄，除个别确因工作需要，经组织批准继续留任者外，都要及时办理离退休手续，开始废除实际存在的干部职务终身制；不少单位试行了干部聘任制、试用制以及领导干部的任期目标责任制；逐步实行担任什么职务就享受什么待遇，卸任后不再保留原级别待遇的办法；选拔干部开始打破神秘化和手工业方式，实行民主推荐、民意测验等群众路线方法，增强群众选择干部、监督干部的发言权；建立健全了干部考核制度，按照干部管理权

限，对干部进行定期考核，由过去单一的定性考核发展成为定性定量考核相结合，考核结果作为对干部进行奖惩、升级的依据。在干部使用上，不断扩大企业自主权，实行厂长负责制的单位，已经把中层行政干部的任免权交给了厂（局）长。铁道部管理干部的职能正在向加强宏观指导方面转化。

第六节　做好老干部工作

铁路老干部比较多，其中抗日战争胜利前参加革命的就有9000多人，他们大部分长期担任各级领导职务。随着领导班子的"四化"，一大批年老体弱的老同志相继退出工作岗位。为了妥善安排好这些离退休的老同志，铁道部于1981年7月决定成立了中国铁路老战士协会，作为老战士的荣誉性组织，会同老干部部门，共同做好老干部的服务和管理工作。

铁路的老干部工作，首先是按照中共中央关于老干部工作的方针政策，落实老干部的政治、生活待遇。在政治上，妥善安排离休老干部的政治生活和组织生活，使他们继续接受教育，让他们继续为社会主义事业贡献力量。在物质生活方面，帮助他们解决好住房、医疗、用车、遗属赡养补助和子女就业等方面的问题，使他们能够解除后顾之忧，健康长寿，安度晚年。

同时，组织和支持离休老干部在两个文明建设中继续发挥余热。几年来，各级老战士协会和老干部工作部门在这方面做了许多工作，收到了较好的效果：

1. 撰写革命回忆录和各种史料。有338位老同志撰写回忆录475篇。广州铁路局年已75岁的李品珍，1937年担任中共宁乡联委书记，离休后和有关同志一道，撰写了20万字的《宁乡人民革命史》，出版发行后，获得全国通俗历史读物奖。许多老同志还参加了撰写革命回忆录的活动，为后代留下了宝贵的历史资料。

2. 向青少年进行革命传统和理想纪律道德教育，关心下一代的成长。

为了培养教育下一代成为有理想、有道德、有文化、有纪律和德智体美全面发展的社会主义新人，有500多位老同志离休后担负起这一光荣任务。北京铁路局张家口地区王德明，担任铁路中小学校外辅导员，经常向学生进行革命传统教育和"五讲、四美、三热爱"教育，还把自己住房腾出一间办校外辅导站，被有关部门授予先进离休干部、优秀共产党员、优秀校外辅导员等光荣称号。

3. 从事社会各种公益活动。有的担任街道组织负责人、居委会主任和维护社会治安的任务，有的应聘为人民法院陪审员，有的坚持在车站、码头和街道维持交通秩序，做各种便民利民的服务工作。广州铁路局李品珍和宁乡16位老干部，组织了"振兴宁乡林业促进会"，发动和带领群众开荒730亩，植树166万株。为了给革命老区植树造林，造福人民，不但不取报酬，还捐献出1000多元钱，深受当地人民的赞誉。

4. 一些身体好有专长的老干部，继续为社会做贡献。有的在各种学会、协会等学术和群众组织中担任职务，从事各种学术研究和咨询服务工作；有的应邀接受一些临时性任务，如参加企业整顿验收、考察第三梯队干部、整党联络组等；有的离休老医师在车站候车室办起了"旅客卫生所"，为过往旅客治病；有的离休老教师办起文化补习班，为提高青少年文化贡献力量；有的举办外语短训班，帮助列车员提高外语能力，搞好外宾服务工作。他们中许多人不讲条件，不计报酬，任劳任怨，全心全意为人民服务，表现出高尚的共产主义精神。

5. 丰富和活跃老干部的晚年生活。全路已建成老干部活动场所856处，开展了多方面的适合老年特点的丰富多彩的文化体育活动，促进了老干部的身心健康。

第三十二章
铁路技术管理

铁路是由机车车辆、线路桥梁、通信信号等多种设备组成的，各个管理部门要做到工作协调，必须有统一的技术管理来保证。旧中国铁路管理分割，既不存在统一的技术管理体系，又缺乏科学的技术管理办法。新中国成立后，全国铁路实现了统一管理，为建立统一技术管理体系创造了条件。

新中国铁路的技术管理体系，是在学习苏联和中长铁路的经验基础上，逐步发展建立的。为了搞好以运输为中心的技术管理，按部（有关业务主管局）、铁路局（或工程局、设计院、工厂）、铁路分局（或处、室）、站（或段、队、科、室）四级设置了技术管理的领导人——总工程师、主任工程师、工程师或主任，以及相应的机构——总工程师室、技术处、技术科、技术室等。1978年中共十一届三中全会以后，随着工作重点的转移，铁路部门的技术管理得到了加强。为了健全和明确总工程师在技术管理方面的领导作用和技术负责制，铁道部于1979年拟定了总工程师职责范围，又指示各铁路局、工程局、设计院、工厂和下属的分局、处、总队以及主要站、段、队都要建立和健全总工程师技术负责制；同时要求总工程师必须坚持岗位责任制，做到有职、有责、有权。铁路技术管理的基本任务是，通过制订、执行各种有关技术政策、规程、规范、标准、细则、计划和规划等手段和措施，对铁路部门的各项技术工作（包括各项技术设备，重大技术问题，当前的或今后的技术发展，科研成果和新技术的推广，技术引进和消化，有关的技术文件以及技术人员的培训和考核等）

进行有效的经常性的适时的管理、监督、审查和处理,以达到用较少的设备、资金和人员,较好地完成较大的客货运输任务,和取得较佳的社会效益和经济效益的目的。本章重点介绍 36 年来铁路技术管理的状况。

第一节 铁路主要技术政策

中国铁路的技术政策是随着铁路建设事业的发展和科学技术进步,经过曲折的道路逐步形成的。

新中国成立初期,全路致力于医治战争创伤,抢修线桥等设备,恢复通车。当时既无余力研讨技术政策,也不具备制定技术政策的客观条件。50 年代,学习苏联和中长铁路经验,各部门、各单位相继制定技术规章制度,并着手编制长远发展规划。这些工作为以后制定技术政策做了前期准备工作。1956 年铁道部颁发了《一九五六至一九六七年铁路科学技术发展远景规划纲要(草案)》(简称《纲要》)。这个《纲要》虽然还不能说是一个正式的技术政策文件,但它提出的 14 项任务及其实施原则,既是铁路的重大技术项目,又具有鲜明的方针政策性。例如,明确地提出了铁路运输和铁路建设在技术上的方针是,适应国民经济发展和国防需要,符合铁路技术要求,根据国家资源和工业水平,结合现有技术设备状况,运用最先进的科学成就进行技术改造和建成全国路网。同时指明了发展方向,必须积极地有步骤地采用新技术,尽快发展电气化铁路,在必要地区及时采用内燃牵引;逐步发展高速新型车辆,有步骤地改善线路设备和采用管理、行车自动化以及集中装置,等等。但由于 1958 年开始了"大跃进",《纲要》被束之高阁。进入调整时期后,出于对铁路事业前途的关心,铁路系统的一些领导干部和科学技术人员对铁路技术发展方向各抒己见,开展了讨论。这场讨论涉及牵引动力改革是以发展电力机车为主还是以发展内燃机车为主,是采用电传动还是采用液力传动等等问题,对于制定正确的技术政策是很有必要的。但由于种种原因,这场讨论未能及时统一不同的意见,做出符合铁路发展规律的决策。1964 年又曾组织重新拟定铁路科学技术发展规划，正当审批下达时，十年动乱开始，此项工作又遭中辍。1974 年在编制交通科学技术发展十年规划时，提出过 10 条主要技术政策。1975 年在 10 条技术政策的基础上，又反复征求意见，并在 1977 年 11 月全路科学规划会议上，经 300 多位科技人员讨论，进行了修改，最后于 1978 年经全路科学技术大会审查定稿，铁道部于 1979 年 2 月公布了第一个《铁路科学技术发展的主要政策》。其中对挖潜、革新、改造，安全生产与质量，列车重量、速度和密度，科学实验，技术引进，运输组织，牵引动力，客货车辆，勘测设计，铁路建设，车站枢纽，通信信号，机械化，自动化，新技术、新工艺、新材料、新设备，工业生产，环境保护、劳动卫生，标准计量，科技情报 19 个方面，提出了技术发展方向。与此同时，按照国民经济发展规划和全国科学技术发展规划的安排，密切结合《铁路科学技术发展的主要政策》和铁路运输、生产、建设中需要解决的重大技术问题，颁布了《一九七八年至一九八五年全国铁路科学技术发展规划纲要（草案）》，提出了 93 项重点科研项目以及相应的组织措施。

中共十一届三中全会以后，全国的工作重点转移到社会主义现代化建设，对科学技术提出了更高的要求。1983 年，铁道部又重新制订和颁布了新的《铁路主要技术政策》（简称《政策》）。这个文件在颁布之前，曾经过路内百余位学者、专家的充分论证，并在全路科技大会上讨论通过。

《政策》的指导思想是：以国情为前提，路情为基础，本着科学态度，从铁路当前和发展的主要问题出发，以提高运输能力和经济效益为中心，以搞好运输组织与经济管理改革为重点，以技术进步为手段，各部门各单位协同作战，有步骤、分阶段地实现铁路现代化，以提高运输能力、生产效率和经济效益，保证行车安全，当好国民经济的先行。《政策》内容包括：（1）关于路网建设，提出了新线和旧线改造两者必须统筹兼顾，全面规划，不断提高综合运输能力的原则；（2）关于列车重量、密度、速度，确立了逐步提高列车重量，增加行车密度，在此基础上适当提高行车速度的指导方针；（3）关于牵引动力，要求积极进行铁路牵引动力的改革，用电力、内燃机车逐步取代蒸汽机车，从长远看，铁路的牵引动力应以电力牵引为主；（4）关于客货车辆，要求积极提高车辆的制造质量，积极采用新技术、新装置，加速大型车辆的研究，改善制动系统，使之适应列车重量和速度提高的需要；（5）关于编组站，提出了根据车流集散规律，采取统一规划，合理分工，集中作业的布局原则，作业量较大的驼峰编组场应积极采用机械或半自动化驼峰，有计划、有重点地发展自动化驼峰；（6）关于通信信号，提出了铁路干线通信的传输通道以电缆为主，无线为辅，单线区段一般采用半自动闭塞，双线地段采用自动闭塞，有电源的车站采用电气集中，以及普遍采用机车信号和机车自动停车装置；（7）关于电子计算机的应用，要求以提高工作效率和工作质量，取得经济效益为目标，积极稳妥，讲求实效作为指导原则；（8）关于铁道建筑，提出了新线建设与旧线改造要根据地形、地质条件，以及在路网中的作用和运量大小，合理地选定技术标准，积极发展重轨线路，进一步提高轨道强度。这些都是长期以来争议较多的问题，因此《政策》的颁布实施，对统一全路认识，明确依靠科学技术进步发展铁路事业的指导思想，起到了重要作用。

随着铁路建设事业的发展和科学技术的进步，1983年颁布的《政策》的某些规定有的已被突破，有的已不适应。为此，铁道部自1985年起着手对《政策》进行修改补充。可以肯定，修订后的技术政策将更具有先进性和可行性，特别是对于综合配套、协调发展、成熟的关键技术应用等方面，将有更为明确的体现。

第二节　铁路技术管理主要规程

中国铁路有关技术管理方面的规程、规范很多，本节仅就其中最主要的三种分述如下。

一、《铁路技术管理规程》

《铁路技术管理规程》（简称《技规》）是铁路技术管理的基本法规。它规定了铁路运输的基本组织原则、工作方法和作业程序，规定了铁路运输设备在设计、建造、验收、保养维修和使用管理方面的基本要求，明确了铁路工作人员的主要职责和必须具备的基本条件。1950年2月2日，中央人民政府铁道部首次颁布了《技规》，要求铁路职工必须严格执行，以保证铁路运输的安全、迅速、准确。随着铁路客货运量的增长，铁路运输技术装备的改善，《技规》不断作了修改，现行《技规》是第七版，于1983年公布，内容共分4编17章及9个附录，即：第一编技术设备，包括第一章基本要求、第二章线路桥梁及隧道设备、第三章信号通信设备、第四章站场设备、第五章机车给水供电及其设备、第六章车辆及其设备、第七章房屋建筑设备；第二编行车组织，包括第八章基本要求、第九章编组列车、第十章调车工作、第十一章行车闭塞法、第十二章列车运行；第三编信号显示，包括第十三章基本要求、第十四章固定信号、第十五章移动信号及手信号、第十六章信号表示器及标志、第十七章听觉信号；第四编为对铁路工作人员的要求。

强调安全、质量和效能是贯穿于历次颁布的各版《技规》的基本精神。现行《技规》较之以往各版，除增加了房屋建筑设备一章外，突出了为人民服务的思想，强调了重视设备质量，健全了生产责任制，确立了集中统一与分级管理的原则。以行车工种的岗位责任制为例，在1983年版本中，除对1972年版有关车站值班员、扳道员、调车员、司机、运转车长等主要行车工种岗位责任制作了更加明确的规定外，还增加了跨局调度命令的发布，调车作业计划的变更和传达，自动闭塞区间停车后的防护，养路机械化作业联络、防护等责任制的要求。对铁路技术设备，除由直接负责维修和使用的部门经常检查外，1983年版《技规》明确规定：以铁路局长为主任委员组成委员会，对全局管内行车有关技术设备，每年春秋两季进行重点检查；以铁路分局长为主任委员组成委员会，每半年进行一次全面检查；站内的线路、道岔、通信、信号等行车设备定期联合检查，特、一、二等站每季一次，三等以下车站每月一次。

二、《铁路线路设计规范》

《铁路线路设计规范》及其他各项工程设计规范（统称《设规》），是铁路技术管理主要规程的一部分，是工程设计工作的基础。《设规》在贯彻国家技术经济政策，统一全路重要技术标准，推广应用新技术及科研成果，实现铁路技术设备现代化，加速铁路建设，以及提高工程质量等方面，都发挥了重要作用。

新中国成立初期，为了修复旧线和进行新线建设的需要，参照苏联铁路工程建设标准，铁道部制订并颁布了《铁路抢修工程技术标准规程》和《铁路建筑规程（草案）》等。1952年，铁路新线建设规模逐渐扩大，铁道部结合本国国情，重新制订并颁布了《蒸汽机车单线铁路设计规程（草案）》，这是中国铁路工程第一部内容较为完整的《设规》，对桥梁活载等级、隧道围岩分类、铁路曲线半径系列、站间距离和走行时分、站场股道有效长度等作出了规定，并颁布了有关的专业设计、施工技术规范。1956年和1961年铁道部对《设规》作过两次全面修改，先后颁布了《标准轨距新建铁路设计技术规范》和《标准轨距铁路设计技术规范》，并相应地颁布了桥梁、隧道、铺轨、铺碴、给排水、通信、信号、电力等设计和施工规范，初步形成了铁路工程技术标准系列。

1972年，铁道部又在长期积累的大量经验和科研成果的基础上，组织人员对《设规》进行全面修订。于1975年颁布了《铁路工程技术规范》，集设计与施工规范于一体，分线路、桥梁、隧道、站场、机务、车辆、通信、信号、电力、牵引供电、给水排水、房屋建筑12篇，形成一整套铁路工程设计施工及验收技术标准。在总则中首先提出了铁路布局要从全局出发，全面规划，统筹兼顾，并要大力支援农业，节约用地，少占农田，有利灌溉，方便交通，要求精心设计、精心施工，不断提高工程质量。把铁路按性质及输送能力划分为三个等级：Ⅰ级铁路——保证全国运输联系，具有重要政治、经济、国防意义，在铁路网中起骨干作用的铁路，远期输送能力大于800万吨，最高运行速度为120公里/时；Ⅱ级铁路——具有一定的政治、经济、国防意义，在路网中起联络辅助作用的铁路，远期输送能力为500万吨以上，最高运行速度为100公里/时；Ⅲ级铁路——为某一地区服务，具有地方意义的铁路，远期输送能力小于500万吨，最高运行速度为80公里/时。

在线路一篇中，规定了最小曲线半径：Ⅰ、Ⅱ级铁路一般地段为800米，困难地段为400米；Ⅲ级铁路一般地段为600米，困难地段为350米。同时还规定了最大限制坡度：Ⅰ级铁路一般地段为6‰，困难地段为12‰，Ⅱ级铁路为12‰，Ⅲ级铁路为15‰。

中共十一届三中全会以后，为适应新时期建设的需要，根据国家统一部署，铁道部自1979年起又对《设规》进行全面修订。计划按基础标准、通用标准和专业专用标准3个层次，分为30类200多项，制订一个完整的铁路工程标准规范体系。修订后的《设规》，于1985年开始陆续颁布，至年底已颁布：国家标准《铁路线路设计规范》《铁路车站及枢纽设计规范》，以及《铁路桥涵设计规范》等17项铁道部标准。新颁布的《铁路线路设计规范》在铁路等级划分方面，按铁路性质及调查运量作了新的规定：Ⅰ级铁路——铁路网中起骨干作用的铁路，远期年客货运量大于或等于1500万吨者，旅客列车最高行车速度为120公里/时；Ⅱ级铁路——铁路网中起骨干作用的铁路，远期年客货运量小于1500万吨，或铁路网中起联络、辅助作用的铁路，远期年客货运量大于或等于750万吨者，旅客列车最高行车速度为100公里/时；Ⅲ级铁路——为某一区域服务具有地区运输性质的铁路，远期年客货运量小于750万吨者，旅客列车最高行车速度为80公里/时。（注：年货运量为重车方向，每对旅客列车上下行各按70万吨年货运量折算。）

Ⅰ、Ⅱ、Ⅲ级铁路的最小曲线半径,拉开了档次,规定一般地段分别为1000米,800米,600米;困难地段分别为400米,350米,300米。

各级铁路的限制坡度不得超过下列数值:Ⅰ级铁路一般地段6‰,困难地段12‰;Ⅱ级铁路一般地段12‰,困难地段15‰;Ⅲ级铁路一般地段15‰,困难地段20‰。

新《设规》总结了过去30多年铁路工程建设的经验,采用新的科技成果,充分考虑了提高铁路的综合运输能力和经济效益。新《设规》的颁布,将为降低铁路基本建设造价,提高工程质量,缩短建设工期,起到促进作用。

三、《列车牵引计算规程》

《列车牵引计算规程》(简称《牵规》)是进行牵引计算的根据。它规定了牵引计算的方法和计算中使用的各种技术数据标准,用以确定铁路机车牵引的列车重量、运行速度、运行时间,以及计算列车的制动力、制动时间和制动距离等,并计算机车完成的牵引重量、运行速度和运行时间所消耗的电、燃油、煤、水等的数量,它是计算铁路运输的运能、运量和能源的基础性计算方法和标准。《牵规》对于协调有关部门的工作,加强铁路运输的科学管理和提高铁路设计的经济合理性起重要的作用。

1957年12月14日铁道部公布了中国第一部《蒸汽机车牵引计算规程》(简称旧《牵规》),自1958年5月1日起实行。从1957年开始,内燃机车、电力机车相继发展,致使旧《牵规》日渐不能满足铁路技术管理的需要。1973年铁道部标准计量研究所提出对旧《牵规》进行修订,经过9年的努力,铁道部于1982年7月12日发布了《列车牵引计算规程》(简称新《牵规》)。新《牵规》的内容与苏联铁路的《列车牵引计算规程》大致相当,是一个比较完整的规程,它比美国和日本铁路的《牵规》内容要完整、全面,在机车牵引力及列车制动力正常发挥条件下,能够保证安全正点,反映了中国铁路技术装备的水平。另外,它从全国铁路的具体情况出发，对某些特殊问题，如机车的计算速度和计算牵引力，允许在一定范围内浮动。作为铁道部的标准成果，它获得了国家科学技术进步奖三等奖。

第三节 铁路质量管理

质量管理是技术管理的主要内容，36年来，铁路在这方面做了不少工作。

一、进行设备普查登记，奠定质量管理的基础

新中国成立前后，由于遭受战争破坏，铁路各项技术设备破损严重。铁道部于1949年九十月间，组织全路工务职工及家属，男女老少齐上道，筛道床，除杂草，对线路全面进行了整修。与此同时，机务等部门也轰轰烈烈开展了"加班献工"和"死机复活"等群众性生产运动，从而使线路、机车车辆及其他技术设备的质量均有明显提高。但是，当时的线路主要条件未得到根本改善。例如，线路上43千克/米以下的轻轨占78%，而且又是旧轨，断轨事故时有发生，严重威胁行车安全。为了防止断轨事故，工务部门1950年公布了钢轨检查方法，采取了一系列安全措施。随后于1951年在总结沈阳局王耀年检查钢轨经验的基础上重新制订了《钢轨检查及养护条件》。贯彻和执行这些规定和措施，对提高线路质量，保证行车安全，起到了重要作用。

1950年以后，全路在设备质量管理方面，参照中长路经验，对14945座桥梁、26951公里线路（包括站线）上的钢轨、道岔、枕木，4098台机车，4828辆客车，50708辆货车，以及13266公里通信信号设备，进行了全面技术鉴定，并在此基础上建立了登记簿和技术履历书制度。登记簿要求随时变更随时登记，履历书则根据变化情况年末填报一次分送主管部门。这就为全面掌握设备数量及设备技术状态奠定了基础，同时也为此后编制维修计划和制定改造旧设备规划提供了依据。

二、开展计划预防性维修,提高设备质量

继 1950 年 2 月 2 日铁道部颁布第一部《铁路技术管理规程》之后,各部门各单位先后制订和公布了本部门的提高设备质量的规章、细则及标准。工务部门制订了铁路线路经常维修规则,铁路桥涵隧道养护规则,钢梁加固及修理施工规范,线路大中修理验收办法及验收技术标准等;为保证行车安全,还制定了养路工作保证行车安全规则、养路工作技术安全规则。机务部门先后制订了蒸汽机车、内燃机车及电力机车的厂修和段修规程,机车检修周期、修程及定检公里标准以及其他规章和细则。车辆部门制定了大中年修的三级修理制度和客货列车的检修制度,并编制了客货车厂修、段修规程及大量技术标准和质量验收标准等。电务部门制订了通信技术维护规则、信号维护规则等,对电务设备进行计划预防性维修。工程部门推行竣工验收制度和隐蔽工程进行中间检验制度等。

上述规章制度的建立与执行,使全路的技术管理工作逐步走上制度化与规范化轨道,各基层生产单位在技术上有章可循,各级领导干部及技术员工也学有所依,对提高设备质量管理水平起到了显著作用。

在加强设备养护维修,提高设备质量方面,全路认真贯彻执行了各项修理制度,包括日常保养维修、中修及大修理等制度。在维修方面,特别强调了综合计划预防性维修。这项维修制度要求各生产单位对管内设备按规定的项目和工作细则进行定期的养护维修,防患于未然,从而改变了过去设备出了故障才修理的旧做法。为了贯彻这项制度,各部门还推行了各种评分办法,例如工务部门通过人工检查和轨道车检查相结合的方法,对全路干线进行逐公里线路、逐座桥梁检查评比。贯彻执行计划预防性维修制度,使全路设备基本上做到经常保持良好状态,以保证行车安全,收到了良好效果。

十年动乱时期,铁路规章制度废弛,正常生产秩序被打乱,导致设备质量严重下降,行车事故不断发生。

中共十一届三中全会以后,经过拨乱反正,技术管理工作得到加强。

在此期间，整顿了组织机构，充实了人员，重新建立和健全了必要的规章制度，加强了设备质量管理。与此同时，新技术、新工艺、新材料也不断地在全路推广应用。

计划预防性维修虽然在保证质量方面较之过去有较大进步，但这项制度强调综合计划维修，即使是不需要修理的，也得照章修理一遍，造成人力物力的浪费。随着铁路科学技术的进步，特别是测试技术的发展和应用，专家们认为这项制度有值得加以研究探讨的必要。

三、建立产品质量检验制度和推行全面质量管理

全路使用的主要产品，大体上可分两大类，一类是路外工业部门提供的产品，如各种型钢、钢材、钢轨及钢轨配件等。另一类是路内工业部门大修理或新造的机车、车辆和其他技术设备，以及工程部门修建的新线、桥梁及房舍等。为了保证这些产品的质量，50年代铁道部建立了质量验收制度。对路外工业部门提供的产品，铁道部物资部门派有专人进驻有关工厂（如鞍山、包头、武汉钢铁公司等），进行抽样检查和验收工作。由于当时受客观条件的限制，所谓抽样检查也仅局限于检斤（检查单位重量）和检尺（检查几何尺寸）。60年代，随着科学技术的进步，超声波钢轨探伤仪等无损检测手段的应用，除检斤检尺项目以外，已逐步发展到对钢材内部质量的检查。对路内工业部门修理或新造的机车和车辆，由机务和车辆部门派员进驻工厂检查验收，基本上达到产品质量不合格不出厂的要求。对于新线建设，则由基建部门代表国家作为发包一方，在修建过程中，派员根据有关技术标准进行监督检查，特别是对隐蔽工程，要求更为严格。工程竣工以后，由基建部门组织有运、机、辆、工、电等有关部门的联合验收组进行逐公里验收。上述制度的贯彻执行，对确保产品质量有显著效果。"大跃进"和十年动乱期间，验收制度曾两度遭到破坏，导致产品质量下降，成本增加。

为进一步提高产品质量，1983年铁道部成立了产品质量监督检验中

心,并着手筹建全路产品质量监督检验网,主要负责优质产品检验,新产品投产前的质量鉴定检验,仲裁检验,抽查监督检验,以及在制订全路产品质量监督检验有关规章制度中发挥核心作用。1985年开始陆续建立起大连内燃机车检验站等15个网点,这些检验站大部分能较好地发挥作用。例如四方机车车辆检验站除承担优质产品检验外,还开展了摇枕、侧架的日常监督检验,对保证产品质量起到了积极作用。

产品质量的检验要依据技术标准,只有符合国家标准、专业标准(部标准)或企业标准,产品才能得到社会承认。中国铁路产品的认证也将冠以有关铁路的国标和部标的标准代号。产品质量检验的内容广泛,除了现行国家标准、部标准和企业标准外,质量检验还要使用质量分等标准。中国对产品质量采取三级分等的办法,即分为合格品、一等品和优质品。对质量指标能分等分级的铁路产品标准要分等分级,拉开档次。符合现行国家标准、部标准或企业标准的产品为合格品。产品质量达到合格品以上的,才能取得生产该种产品的权利。

1985年国家决定设立了113个国家级产品质量检测中心,铁道部的产品质量监督检验中心已被国家正式列入国家级检测中心的筹建规划。它既承担前述各种类型的检验,也对从事检验工作的实验室进行计量认证。1985年9月进行了大连内燃机车检验站柴油机实验室的认证试点,该室曾为路内外10多种类型柴油机完成了结构参数选择、性能调整配套、耐久可靠性试验和部级鉴定等试验。通过认证,肯定了该室已具备按照国际铁路联盟标准进行柴油机试验的条件。

1978年中国工业系统引进全面质量管理方法以后,根据国家部署,中国铁路于1979年开始积极推行这种现代化的科学管理方法。同年7月,铁道部在山海关举办了两期全面质量管理学习班,共培训了440名骨干,首先在工业系统中推行。随后于1980年7月在杭州召开了有20个铁路局参加的推行全面质量管理工作会议,将全面质量管理扩大到铁路运输部门。同年8月,铁道部决定在铁路运输、工业、基本建设、物资等各系统分期分批推行全面质量管理,从而在全路推开了这一科学的管理方法,进一步推进了质量管理工作。

至1985年,全路接受全面质量管理教育的职工达72万人,约占应受教育的98%以上。技术管理小组已有6万余个,其中58个小组获国家优秀质量管理奖牌,约1000个小组获铁道部和当地省级优秀质量管理小组称号。这些质量管理小组紧紧围绕工业、基本建设、运输等各企业的方针目标,特别是以提高质量、降低消耗、保证安全为重点开展活动,共发表成果约3万项,取得经济效益约4亿元。至1985年年底,全路有成都机车车辆工厂和牡丹江铁路分局获国家质量管理奖,11项产品获国家优质产品奖(见表72),8项工程获国家优质工程奖(见表73)。

铁路部门获国家优质产品奖项目

表72

年 份	产品名称	产品制造工厂
1980	弦69型预应力混凝土轨枕	丰台桥梁工厂
1981	GQL-45型感应子牵引励磁器	永济电机工厂
1982	AX型继电器	沈阳、西安信号工厂
1984	后张法预应力混凝土桥梁	丰台桥梁工厂
1985	货车13号车钩	戚墅堰机车车辆工厂
	货车15号车钩	四方机车车辆工厂
	RD_2型车轴	齐齐哈尔车辆工厂
	RD_2型车轴	株洲车辆工厂
	W_{22}型硬席卧车	四方机车车辆工厂
	Z_{22}型硬席座车	长春客车工厂
	C_{62A}型敞车	大连机车车辆工厂

铁路部门获国家优质工程奖项目

表73

年 份	工程名称	设计、施工单位
1982	湘桂线红水河斜拉桥	铁道部科学研究院、柳州铁路局
	桂林车站站房	柳州铁路局
1983	汉江斜腿刚构薄壁箱型钢桥	专业设计院、铁道部科学研究院、第一工程局等

续表

年　份	工程名称	设计、施工单位
1984	京广线坪石车站扩建 邯长线浊漳河大桥 石太线阳泉——太原电气化	广州铁路局 第三勘测设计院、第三工程局 电气化工程局、第三勘测设计院、通信信号公司、北京铁路局
1985	广州机械保温车辆段 成昆线利子依达隧道	广州铁路局 第二勘测设计院、成都铁路局

第四节　铁路标准化及计量工作

一、铁路标准化工作

新中国铁路标准化事业,是从1950年统一机车车辆和建筑接近限界,确定1435毫米标准轨距,统一机、客、货车车钩高度等基础工作开始的。这些基础工作,为其后全面开展标准化工作打下了良好的基础。1956年铁道部建立了标准化管理机构,在部科学技术委员会下设标准化科(后改为处)。1962年8月部科技委指定北京长辛店机车车辆工厂成立标准化科,具体负责全路机车车辆配件通用化的归口工作。1963年国务院公布了第一批国家的标准化核心机构名单,其中铁道科学研究院作为铁道部的国家标准化核心机构,负责或组织铁路专业国家标准的试验研究、起草和协调工作,提出铁路专业产品标准化方向、方法及改进工作的有关建议,掌握部标准的制订和实施,提出制订国家标准计划或规划的建议。1964年铁道部颁发《铁道部标准化工作暂行管理细则》。随后部科技委指定铁道科学研究院负责全路标准化归口工作,并组成标准计量研究所筹委会。1965年1月成立了铁道部标准计量研究所,作为全路标准化中心机构。当时,全路标准化专业人员已有200余人。1973年9月《铁道标准化》杂志(当时称《交通标准化》)创刊,通过刊物,在全路开展标准化和计量的宣传教育和技术交流,推动了铁路标准化的进程。1979年6月铁道部召开全路总工程师会议,决定加强铁路的标准化工作,并起草拟订《铁道部标准化管理办法（试行）》于当年11月颁布。此后，专业标准化技术归口单位增加到12个，其中，铁道部标准计量研究所履行综合归口单位职责，全路初步形成一个标准化网络。1979年年底，成立了中国铁道学会标准计量委员会。1980年，铁道部指定标准计量研究所筹建全路技术标准档案中心。同年，国家标准局决定将全国集装箱标准化技术委员会秘书处设在铁道部标准计量研究所，从而使铁路部门的标准化工作直接与国际标准化活动联系起来。至1981年年底，全路标准化专业人员已达400人左右。铁道部的第一个部标准是1957年颁布的《通信设备接地装置电阻》（代号铁1—57）。

二、车型、配件简统化和螺纹公制化

中国铁路标准化的历程是十分艰巨的。50年代初，经过淘汰，仍有蒸汽机车近200种，客车130多种，货车560多种，配件更是五花八门。例如，机车注水器有22种，货车上心盘有72种，客车车窗铁有100多种，同型配件往往又有多种图样，因而生产效率低，质量难于保证，机车车辆检修是现修现配，检修周期长，占用资金多，管理困难，严重束缚了生产力的发展。

1962年，铁道部提出"确保运用，方便检修，兼顾制造，力求通用"的方针，抓了机车车辆的通用件和车型的简统化。1968年共制订通用件685项，图样3509张，从而使原有的3100多种配件简化为1100多种，减少了将近2/3，蒸汽机车简化为14种，货车简化为90种，货车车轴由20多种简化为4种。到1979年，通用件共906项，图样5000余张，并从零部件发展到组件和产品的通用化。由于配件通用化，50—60吨的敞车平均设计周期由250个工日缩短为150个工日，有盖漏斗水泥车的设计周期较过去缩短2/3以上。1966年与1964年相比，机车厂修成本降低24%；货车厂修成本降低33%。

螺纹公制化工作是在1963年9月铁道部公布《旧型英制机车螺纹公制化暂行办法》后开始的。1968年全路机车车辆基本上实现了英制螺纹公制化。螺纹公制化花了 3000 万元投资，但它全面推动了生产的发展，方便了科研、设计、制造、运用、维修各个环节，经济效益十分显著。全路在这期间共改造上千台英制机床设备，促进了老企业的技术改造。

机车车辆标准化的这两大功绩，集中地反映了新中国的前 30 年铁路标准化的战略重心在于通过简统化以提高生产效率。

简统化除在机车车辆领域迅速开展并取得成效外，在其他各个领域也相继开展起来，例如工务工程领域，曾一度形成样板浪潮，大搞定型设计。当时，将旧中国遗留的 108 种品种规格各异的钢轨简化为 3 种；道岔几经简化并进行专业化生产后，生产一组道岔的时间由 400 个工日下降为 20 个工日，提高生产效率近 20 倍。在通信信号领域，对轨道电路钢轨绝缘用鱼尾板投资 50 万元进行系列设计，使原有的 20 多种规格简化为 1 个系列 2 种规格，1965 年投产后，共轧制了 29.8 万块，一年就节省了 437 万元。

1981 年至 1983 年间，根据中国铁路运输生产建设经验，编制了铁路产品标准体系表。

据 1984 年 8 月统计，铁路标准总数为 760 个，其中国家标准 54 个，专业标准（部标准）706 个。在这 706 个部标准中，机车车辆方面有 388 个，占 55%，数量最大；铁道建筑方面有 99 个，占 14%；牵引供电方面有 60 个，占 8.5%；通信信号方面有 136 个，占 19.3%；运输方面有 13 个，占 1.8%；综合性标准有 10 个，占 1.4%。在机车车辆标准中，国标 GB3317－82《电力机车通用技术条件》和 GB3318－82《电力机车组装后的检查与试验规则》虽然在个别指标（如闸瓦压力允差）距 IEC（国际电工委员会）标准尚有一定差距，但在海拔高度、耐湿热性能、介电强度、对网压波动要求等方面与国际标准相当，甚至超过国际标准水平。中国机车电工产品已有部分达到并超过了合格等级，为整台机车的创优打下了良好基础。部标准 TB1335－78《铁道车辆强度设计及试验鉴定规范》，在载荷取值方面从中国国情出发，虽然低于美国 AAR（美国铁路协会）标准，但比苏联新《规范》的标准高。按中国这个车辆规范设计的车辆，强度有较明显的提高，对减少损坏，节约材料及维修费，延长车辆寿命及大修期等有着明显效果。TB1343－79《铁路长途通信传输质量标准》提出了以净衰耗持恒度和二线端平衡回波衰耗作为衡量电路稳定情况的标准，具有较高水平。在长途通信净衰耗频率特性积累的计算方法问题上，中国第一次完整地得到解决，并达到国际电报电话咨询委员会建议的水平。

认真研究和积极采用国际标准是中国铁路标准化工作的一个重要方面。1982年铁道部首次等同采用UIC（国际铁路联盟）标准《铁路牵引用柴油机规程》，并将在深入研究国际标准与国外先进标准的基础上，对铁路标准体系进行修订补充，力求在积极采用国际标准的同时，建立起符合国情的更完善的中国铁路标准体系。

中国铁路标准化工作虽然取得了不小的成绩，但仍满足不了技术发展、提高产品质量的要求，需要继续加强。

三、铁路计量工作

铁路计量工作的基本任务是保证计量单位的统一和量值的准确一致。1977年《中华人民共和国计量管理条例（试行）》发布实施，规定了各级计量标准器的建立和量值传递的原则。1979年铁道部发布了《铁道部计量管理办法（试行）》，明确了铁道部科学技术委员会（现科技局）主管全路的计量测试工作。铁道部标准计量研究所负责全路专用量具的计量管理和技术工作，是铁路计量规程唯一的归口单位，并受国家计量局的委托履行归口单位职责。各铁路局和工程局统筹安排本局管内各基层单位计量器具和测试仪器设备的检定、修理，工业产品的测试，以及路外轨道衡的检定工作。截至1984年年底有哈尔滨、沈阳、北京、兰州、乌鲁木齐、郑州、广州、上海和成都9个铁路局相继成立了计量所。各基层单位根据生产特点及生产需要，在技术室或车间设置了相应的计量室、站，负责本单位各种计量器具和测试仪器设备的定期检定、修理及管理工作。铁路基层厂段的量值传递，计量标准器的检修，技术培训和考核，主要依靠所在地的计量管理机构。这些铁路基层单位参加所在地计量管理机构组织安排的评比活动、计量工作整顿、经验交流、技术座谈和各种有关工作会议等。

除通用计量器具和仪器仪表外，铁路还设置了专用计量器具。《中华人民共和国计量法》颁布后，铁道部明确提出铁路专用量具的部门最高标准，设置在铁道部标准计量研究所内。例如，机车车辆的车轮踏面样板，其零级标准器保存在标准计量研究所，一级标准器保存在各铁路局计量所，二级标准器保存在各铁路分局。一、二级标准样板的检定工具，分别是零级和一级标准样板。机务段和车辆段在生产中用来检查车轮踏面的样板，叫作检查样板，用二级标准样板检定。

在铁路专用计量器具中，轨道衡计量已建立了全国量值传递系统。国家轨道衡计量站是中国轨道衡计量量值传递和检定测试中心，面向全国的轨道衡进行量值传递。它筹建于1976年，1980年年初基本建成投入使用，在业务上受国家计量局和铁道部双重领导，但建制属于铁路系统。国家轨道衡计量站下设19个分站，由所在铁路局领导，负责各地区的轨道衡检定工作。1984年1月国家轨道衡计量站的三项标准衡器（3吨精密天平，3吨砝码检测仪和100吨标准轨道衡）通过了国家鉴定，在精度、结构和性能方面分别达到国际同类标准器的先进水平和国内最高水平。国家计量局于1985年10月批准为标准器，正式开展量值传递和测试工作。

中国轨道衡计量技术在检定方法、检定装备以及称量过程自动化和数据处理等方面，和工业发达国家相比还有一定差距。但中国依靠自力更生，自1983以来，轨道衡数量以13%的速度增加，同时，全国的机械轨道衡正在经历着电子化的改造过程，发展前景是乐观的。

铁路罐车既是运输工具，又是容积计量器具。1985年8月设立了国家铁路罐车容积计量检定站，负责铁路罐车容积计量的管理，开展铁路罐车容积检定工作。为了提高工作效率和确保量值准确一致，在工作中已开始应用电子计算机，并决定在主要站段设立分站，不久将形成一个技术先进的罐车计量网。

铁路方面的检定规程,70年代末数量尚少,只有《样板直尺检定规程》《铁路罐车容积试行检定规程》等。80年代,《铁路轨距尺》《铁路轮对内距尺》《铁路机车车辆检查器》《铁路机车车辆车轮踏面样板》《静态机械轨道衡》《动态称量轨道衡》《机车里程表》《机车速度表》等检定规程相继制定。这些检定规程的施行,在生产中发挥了显著的作用。

第三十三章
铁路科学研究

旧中国铁路的科学研究基础十分薄弱,虽然在东北、北京及南京等地建立过类似科学技术研究的机构,但设备简陋,仅能从事一般的物理试验和化学分析,谈不上进行系统的综合性的科学研究工作。

新中国成立初期,为了解决运输中发生的某些技术问题,铁道部于1950年3月1日建立了中国第一个铁道科学研究机构"铁道技术研究所",1956年改称铁道科学研究院。由此开始,从点到面,从不健全到健全,逐步发展到今天比较系统的科学研究体系,不但有综合性的科学研究院,而且也有了不同专业的专业研究所以及众多的局属、院属科学研究机构。到1985年止,从事铁道科学研究的专职队伍,已发展到8500人左右,形成了一支具有一定水平和一定能力的科研队伍。在试验手段方面,具备了可以解决中国铁路运输生产中各方面技术关键问题的条件。

36年来,铁路科学研究通过专业队伍的研究试验和群众性的技术革新活动,取得了很多成果,为提高中国铁路的运输和建设速度以及改变中国铁路的落后面貌做出了贡献,特别是在中共十一届三中全会后,在"经济建设必须依靠科学技术,科学技术必须面向经济建设"的方针指引下,铁路科学研究发展迅速,成就突出。

第一节 铁路科学研究的发展过程

中国铁路科学研究发展的过程,大体上可分四个时期。

第三十三章 铁路科学研究

一、新中国成立初期到 50 年代中期

1950年3月在唐山成立的铁道技术研究所，仅有职工80余人，做些材料试验等工作。同年9月，改称铁道研究所。1951年1月该所迁至北京，一面进行基本建设，一面购置仪器设备，职工增至340人。随着铁路建设事业的发展，研究所规模不断扩大，至1955年年末，全所职工已近1000人。通过恢复旧设备、添置新设备以及开展各种学习及经验积累等活动，初步为开展研究试验工作创造了一定的条件。

二、50 年代中期到 60 年代中期

1956年1月，铁道研究所改称铁道科学研究院，积极向综合的、多学科的方向发展，逐步形成铁道科学技术的研究实验中心、情报中心和全路的产品质量检验中心，主要负责解决铁路运输、生产、建设中的综合的、重大的技术关键问题。从需要出发，全路性的专业研究所相继成立。其中，株洲研究所负责电力牵引方面的课题，大连研究所负责热力牵引方面的课题，四方研究所负责车辆方面的课题，戚墅堰研究所负责材料工艺方面的课题。与此同时，部分铁路局、工程局、设计院等单位也相应地建立了各自的研究机构，负责解决本单位的技术问题。根据铁路运输生产的需要，铁道部于1956年集中了各方面的科技工作人员及铁路大专院校的学者，编制了《1956至1967年铁道科学技术发展的十二年规划纲要（草案）》，作为开展铁路科学技术工作的主要依据，并在此规划的推动下，掀起一个向科学进军的高潮。一时间科技事业蓬勃发展，全路广泛开展了技术革新与技术革命活动，许多先进的工作方法及合理化建议不断涌现，许多铁路方面专业性的先进技术也纷纷研究成功。

1961年，中共中央制订和下达了《自然科学十四条》。它根据科学技术工作的特点，总结了科技工作的一般规律，为科技工作的发展指明了方向，使铁路科学技术工作得以在轰轰烈烈的声势中能脚踏实地迈步，并为

提高人员素质，充实试验手段和出成果、出人才创造条件。但是，这一时期也发生过影响科研工作正常发展的消极现象。"大跃进"期间，曾提出"超英赶美"的口号，在铁路上搞所谓"超美道岔"等，带有很大的盲目性，科研工作不按科学规律办事，延缓了前进步伐。

三、十年动乱时期

十年动乱时期，铁路科学技术不但得不到发展，反而倒退了，表现在不重视工艺流程，不按设计原则办事和忽视材料质量，在科学论证上凭长官意志办事，甚至科研机构和人员也被"斗""批""散"了。科研人员在这样的情况下，仍以国家利益为重，自觉地做了不少工作，一些研究课题取得一定的进展。

四、1977年到1985年

"四人帮"被粉碎以后，一切恢复了生机。1978年3月中共中央在北京召开全国科学大会，对铁道部173项优秀科技成果给予了表彰。同年年底，中共中央召开十一届三中全会，明确了科技工作必须面向经济建设，才使科学研究工作得以踏实地沿着正确的方向前进。1985年国家授予铁路国家级科技进步奖38项（见表74），极大地鼓舞了全路科技人员。在广大的铁路科学技术工作者的努力下，铁路科学研究以提高铁路综合运输能力为中心，取得了显著成绩，许多新技术在铁路运输中得以实现并发挥了应有的作用。与此同时，还充实和健全了众多比较先进的大型与精密试验手段，如环形铁道试验基地、大型结构试验室、内燃机车综合性能试验台、柴油机试验台、铁路轨道自动检查车、地下结构环形试验装置与光纤通信设备等。另外，中国铁道学会的国内外学术交流活动，也积极地开展起来，先后与欧美等许多国家建立了联系，并合作开展了许多科学研究与试验工作。至1985年，铁道部科学研究院设有运输、铁道建筑、机车车辆、通信信号、金属及化学、标准计量、西南、西北、科技情报和电子10个研究所，职工发展到 3000 余人。

铁路部门获国家级科技进步奖项目

表 74

类　别	受奖项目	主要完成单位
特等奖	南京长江大桥建桥新技术	铁道部大桥工程局、铁道部第二勘测设计院
特等奖	在地质复杂的险峻山区修建成昆铁路新技术	铁道部第二工程局，原铁道兵一师、八师、十师，西南铁路建设工地指挥部，铁道部科学研究院
一等奖	汉江斜腿刚构薄壁箱形钢梁桥	铁道部第一工程局、铁道部宝鸡桥梁工厂、铁道部专业设计院、铁道部第二勘测设计院、铁道部科学研究院
一等奖	无缝线路新技术的研究和推广应用	铁道部科学研究院、北京铁路局、沈阳铁路局、沈阳铁路局锦州科研所、上海铁路局科研所
一等奖	电刷镀技术及其应用	铁道部戚墅堰机车车辆工艺研究所、中国科学院上海有机化学研究所、中国人民解放军装甲兵技术学院
二等奖	20MnTiB 钢冷锻高强度螺栓	铁道部科学研究院、大冶钢厂、上海标准件公司、铁道部大桥工程局桥研所、清华大学机械系
二等奖	静力触探应用技术	铁道部科学研究院、铁道部第三勘测设计院、北京铁路局、铁道部第四勘测设计院、铁道部第一勘测设计院
二等奖	主跨 96 米塔梁固结竖琴形铁路混凝土斜拉桥	铁道部科学研究院、柳州铁路局
二等奖	韶山型电力机车	株洲电力机车工厂、株洲电力机车研究所
二等奖	D_{35} 钳夹式大型货车	株洲车辆工厂、齐齐哈尔车辆工厂、四方车辆研究所、铁道部科学研究院
二等奖	50UTiMn 钢 250 米焊接长钢轨可控硅中频淬火技术	铁道部科学研究院、上海铁路局、铁道部建厂工程局
二等奖	驼峰全减速器计算机过程控制系统	上海铁路局、铁道部科学研究院
二等奖	东风$_7$型内燃机车	北京二七机车工厂、永济电机工厂、铁道部科学研究院

续表

类别	受奖项目	主要完成单位
二等奖	16240Z型柴油机整体薄壁球铁活塞	铁道部戚墅堰机车车辆工艺研究所、大连机车车辆工厂、铁道部大连内燃机车研究所
二等奖	内燃机车试验台	铁道部大连内燃机车研究所
二等奖	推广机车信号、自动停车装置和列车无线调度电话	铁道部电务局、铁道部机务局、铁道部科学研究院、铁道部通信信号公司、广州铁路局
二等奖	驼峰减速顶调速系统的推广与应用	哈尔滨铁路局减速顶调速系统研究中心、西安铁路局、铁道部科学研究院、上海铁路局、广州铁路局
二等奖	高压喷射加固地基技术	郑州铁路局、铁道部科学研究院
二等奖	旅客列车扩大编组实施与推广	铁道部运输局、机务局、车辆局、计划统计局
三等奖	冬夏通用车轴油	铁道部科学研究院金属及化学研究所、独山子炼油厂、锦西石油五厂
三等奖	粉体喷搅加固软土	铁道部第四勘测设计院
三等奖	综合控制爆破新技术	铁道部科学研究院、铁道部第四勘测设计院、铁道部工程指挥部科研所、北京铁路局、铁道部第二工程局
三等奖	大功率快速元件及其净化技术	铁道部株洲电力机车研究所
三等奖	驼峰机车无线遥控系统	铁道部科学研究院、铁道部通信信号公司、北京铁路局
三等奖	电力机车辅助系统静止变流器及其微机控制装置	铁道部株洲电力机车研究所
三等奖	轨道动态检测新装置	铁道部科学研究院、航天部五院502所、航天部539厂
三等奖	重型轨道结构成套设备研究	铁道部科学研究院、铁道部专业设计院、北京铁路局
三等奖	机车新型制动机	铁道部四方车辆研究所、铁道部科学研究院、天津机车车辆机械工厂、株洲电力机车工厂
三等奖	LM型准轨客货车辆轮对磨耗型踏面	铁道部四方车辆研究所
三等奖	FGLC260钢芯铝合金复合接触导线	铁道部科学研究院、泰安电力机车线厂、阜新市电缆厂、成都铁路局绵阳供电段、阜新市海州露天煤矿

续表

类 别	受奖项目	主要完成单位
三等奖	804 朽木防火剂	哈尔滨铁路局
三等奖	JX 系列蒸汽机车和 4—2 车辆低摩擦系数合成闸瓦	铁道部科学研究院、北京石棉厂、郑州铁路局、呼和浩特铁路局
三等奖	列车牵引计算规程	铁道部标准计量研究所、铁道部科学研究院机车车辆研究所
三等奖	太阳能电源在铁路信号上的应用	呼和浩特铁路局、铁道部通信信号公司、铁道部第一勘测设计院、铁道部科学研究院
三等奖	BRM-1型转盘工程钻机	铁道部大桥工程局
三等奖	预应力混凝土岔枕	铁道部专业设计院、铁道部科学研究院、广州铁路局、丰台桥梁工厂
三等奖	红外线技术探测铁路车辆轴温的推广应用	铁道部车辆局、铁道部科技局、上海铁路局科研所、哈尔滨铁路局科研所、中国科学院上海技术物理研究所
三等奖	组织铁路内燃、电力机车推行长交路、轮乘制、专业化集中修	铁道部机务局、郑州铁路局、成都铁路局、广州铁路局

第二节 铁路科研的主要成就

36 年来，中国铁路科学研究已在各方面取得了成百上千的成果。例如在举世闻名的南京长江大桥的建桥过程中，铁路科技人员共同努力，因地、因材制宜，突破一道道技术难关，成功地进行了四种不同类型的深水基础的研究，保证这一具有世界先进水平的特大桥梁胜利建成。成昆铁路工程规模宏大，地质条件复杂，举世罕见，在全长 1100 公里线路中，桥隧占 41%，其工程之艰巨，可见一斑。为征服地质禁区，组成了包括设计、科研、教学、施工、运营、制造等人员的大协作，共同攻关，取得了50 多项科技成果，为全线的建成和安全运营做出了贡献。这两项工程技术的研究成果获得了国家重大科技成果特等奖。除此之外，在保证铁路运输方面还取得了以下一些重大科研成就。

一、关于扩大铁路综合运输能力

（一）改进运输组织工作。

为解决铁路运能和运量的矛盾，铁路科研人员和现场职工结合，作了不懈的努力，取得很大成果。如50年代末研究成功的运输综合作业方案，对密切产、供、运、销之间和内部有关运输各部门之间的关系，以及将货源集零为整、集整为列地组织直达运输创造了条件；又如土驼峰，驼峰机械化，笨重货物装卸吊杆化，散装货物滑溜化，李锡奎调车法，杨茂林装车法，郑锡坤操纵法，"一条龙"运输，捎脚运输，合理运输，直达运输，列车最优编组方案的理论研究和实践等，都为提高运输效率和经济效益做出了贡献。以后为了缓解长期存在的铁路运输过分紧张状况，先后进行过万吨列车、组合列车及旅客列车扩大编组等实体试验，并针对有关的技术问题，如制动问题、车钩问题、多机牵引的同步操纵问题等作了详细的验证，从而在运输组织和作业等方面为长大重载列车、组合列车及扩大编组的旅客列车等的安全提供了依据。还对集装化运输进行了研究；从减少不必要的环节及提高运输作业效率出发，对减少部分零担货物营业站进行了研究；对配套地实行内燃及电力机车长交路、轮乘制、专业化、集中修等作业措施进行论证和试验；根据中国铁路客货混流的特点，对充分利用轻车方向的运输能力，组织迂回运输和水陆分流改道与避开困难区段，更合理更有效地使用限制区段的通过能力作了研究。

（二）发展新的行车指挥及编解作业手段。

1. 在有线和无线通信方面，较好地解决了车站、区间及编组场的电话与电报的信息传递问题。例如音频调度电话，可以个别呼叫，可以组呼或全呼，通话清晰，性能稳定，适用于架空明线、低频加感电缆、载波电路、微波中继电路等各种线路。又如电码式自动交换机，是供长途干、局线中心电报所使用的，可以实现转发下达、集送及机台调度等机上自动化,反应速度快,准确性高,使通报速度由原来的 6 分 30 秒缩短到 3 秒钟,提高转报效率 130 倍。另外,还成功地在电气化铁路上进行光缆通信系统的抗电磁场干扰试验,经受了电力机车运行时的最大牵引电流 5000 多安培的干扰,话音及图像质量良好,并建立了从北京站至北京铁路局 12 公里的线路,能传送 120 路数字电话。随后又在京秦铁路北京东南电气化铁道上建立了 70 公里光缆试点,通路容量一般达 480 个数字电话,个别站间通路达 1920 个。无线通信方面已建成了约 1 万公里的列车无线通信网,起到了提高列车运行速度、防止事故、缩短车辆停站时间、降低站场噪音和提高作业效率的作用。

2. 在车站信号与区间信号方面,较好地解决了电气集中、半自动和自动闭塞以及调度监督、调度集中。例如 1964 年研究试制成功了 AX 系列小型化安全型继电器,为解决半自动闭塞提供了关键设备。又如 6502 型大站电气集中,能自动转换道岔,自动检查机车车辆占用线路的情况,以开通进路改变灯光显示并实行联锁,指挥列车和调车作业安全进行。在电路上采用的并联顺序传递方法,是中国的特创。使用这种装置,行车指挥人员可以在控制台上监督现场作业。又如电子调度集中的 DD-2 型,能满足铁路单线区段行车的需要,在半自动闭塞区段上可提高通过能力 3.6%—10%,在自动闭塞区段上可提高通过能力 25%—30%;其 DD-3 型则适用于铁路双线区段。继电半自动闭塞的设置,既适用于交流电源区段,也适用于直流电源区段,还可以和各种车站联锁设备相结合,具有预办闭塞和请求闭塞储存等功能,和路签闭塞相比,可缩短会车时间 4—6 分钟,提高区间通过能力 20%—25%。在自动闭塞的制式上,中国铁路研制了两种,其中移频式抗干扰性强,信息量多,应变时间快,体积小,重量轻;极频式也在中国铁路上推广应用。此外还仿制和改进了国外的交流计数制式。

3. 在编组站的建设方面,中国铁路是从简易驼峰开始的,即把平面调车改为重力调车作业,提高调车效率 30%—60%。接着发展了机械化驼峰，先后在南翔、石家庄、兰州等21处投入运用，并在此基础上，成功地研制了适用于大中小型驼峰的驼峰减速顶点连式调速系统。另外，还成功地研制了全速减速器计算机过程控制系统，能适时地跟踪溜放车的移动位置，检知钩车的重量等级、轴数、长度、阻力、速度、股道空间长度等信息，并据以给定出口速度，使前后车钩保持必要的间隔，实现驼峰溜放速度自动控制。根据作业需要而研试成功的驼峰机车无线电遥控系统，能按照值班员给定的机车推峰速度作业，实现解体中的变速推送，适用于双推送线和多台机车作业方式的驼峰编组站，与地面信号设备和进路具有联锁功能。

（三）改造革新机车车辆。

中国铁路先是对蒸汽机车进行了改造。从提高供气率、减少过热蒸气消耗着眼，从改进机车锅炉、烟箱通风、燃烧室、大小烟管、阀动装置等部件着手，有效地提高了功率和牵引力。接着发展了内燃机车和电力机车。在内燃机车方面，先后试制成功东风型、东方红型、北京型等型号，并于1983年确定东风$_4$型为近期主型货运机车，北京型为近期主型客运机车。其中，北京型内燃机车用的2028千瓦（2759马力）的12240型中速柴油机及其与液力传动配套的装置具有独创性。东风$_4$型电传动内燃机车装车功率为2426千瓦（3300马力）。东风$_7$型调车内燃机车装有电子恒动率调节器，具有较好的起动加速和较宽的恒动率范围，振动小，噪音低，牵引力大，能通过半径100米的曲线，适用于大型编组站。在电力机车方面，铁路部门先后试制成韶山$_1$型、韶山$_3$型、韶山$_4$型，并以韶山$_4$型机车为近期的主型货运机车。韶山型电力机车是中国自行设计和制造的大功率半导体整流客货两用干线牵引动力，起动速度快，坡停起动能力强，运行中可无级调速。此外，在电气化铁路的供电系统方面，采用了牵引变电所晶体管继电保护及集控装置，灵敏度高，动作快，功率消耗小，耐振动，体积小，操作检修方便。

关于车辆的改造，首先是进行了型号的统一，接着在性能上进行了改进，不仅提高了构造速度，降低了自重，发展了专用车辆，而且在服务设施上也作了较大的改进。例如在客车方面，正在运行中的国际旅客列车及广深线客车，就有空调、隔热、采暖、供电等较好的设施，可以适应140公里时速和较平稳地运行。又如在80年代初生产的25.5米的轻型座车，自重为30吨，构造速度为160公里/时，有轴箱定位装置，采用了盘型制动和塑料闸瓦，并安装了防滑器及空调设备等。货车主要是提高载重能力，增大结构强度，提高构造速度与改进动力装置等。旧中国进口的30吨、40吨货车已被淘汰。货车的平均标记重量已从1949年的32.3吨提高到1985年的54.1吨。此外，根据不同的用途，除大量生产敞车、适量生产棚车与平车外，对罐车、保温车、漏斗车、散装水泥车以及集装箱专用车与大吨位货车等，也进行了改进和发展。其中在技术上具有代表性的D_{35}型钳夹式大型货车，是中国铁路第一辆采用内外导向、内外导向串联、液压起升、液压侧移和液压均载式旁承等新技术，并充分利用了限界，为超限货物的运输提供了手段。

（四）提高线路稳定性及保养维修的机械化水平。

36年来，中国铁路的运输密度已从1949年的144万吨公里/公里上升到1985年的2091.4万吨公里/公里，提高了13倍多，甚至在有的区段上年运量已达1亿吨左右，但由于轨道太弱，越来越不适应运量激增的形势。对此，铁路部门经过试验研究，陆续根据货运强度，把在一些线路上铺设的50千克/米钢轨更换为60千克/米钢轨，并试铺了75千克/米钢轨。与此同时，先后成功地轧制了中锰与高硅钢轨，以提高钢轨的强度与耐磨性。经过反复试验，改进和铺设了包括弹性扣件和橡胶垫板的预应力混凝土轨枕，并采用了中国独创的硫磺锚固方法，操作方便，经济合理，经久耐用。为了消除钢轨接头处的冲击与振动，提高铁路线路的平顺与稳定性，较好地解决了中国南方与北方不同温度差地区的无缝线路的铺设与养护问题。可以认为，中国已经在长钢轨的焊接技术、运送方式和铺设流程等方面形成了自己的系统。从技术上讲，气候温差达97摄氏度及曲线半径500米的地段均可采用长钢轨，而且可遇桥无阻，遇洞穿行，并搞清楚了胀轨跑道的原因，制定了有效措施，从理论和方法上扩大了无缝线路的铺设范围。

关于线路的养护作业，在新中国成立以前基本上是靠人工来完成的。新中国成立后，经过30多年的努力，成功地研制了道床清筛机、线路捣固机、液压起拨道机、配碴整形机等，提高了养路的机械化程度，从而保证了线路的良好状态，使之能胜任重载、高速、大密度的客货列车的安全运行。特别是在轨道的动态检测的研究试验方面，成功地运用惯性基准、光电转换、陀螺运动、低频振动等原理及小型数字计算机等组装了轨道自动检查车，可以检测轨道的前后高低、左右水平、轨面磨耗、曲线超高、轨距变化、波形磨耗、焊缝及接头不平顺等缺陷，实现了轨道的自动化检测，保证了轨道的及时养护，并能检测车体、轴箱等垂直、水平振动的加速度及位移。

（五）实现了叉车、门式吊机与汽车起重机等配套装卸作业。

在新中国成立初期，几乎所有货物装卸作业都依靠繁重的体力劳动，直到50年代中期才有所改变。为散堆货物的装卸，逐步研制成功简易卸煤机、链斗式卸车机、干式与湿式清扫机、装砂机与推土机等；为包装货物的装卸，逐步研制成功电瓶叉车、内燃叉式装卸机、17.5—36.5千瓦（24—50马力）内燃牵引车及55千瓦电瓶牵引车等；为集装化需要，逐步研制成功笼式折叠托盘、大型柱式托盘等各式配套大吨位机械，如20吨、50吨、100吨等龙门起重机、动臂回转起重机、电动轨道起重机、内燃轮胎起重机等机具，从而大大加快了货物的装卸速度，提高了运输能力。

二、关于保证列车安全运转

在扩大运能的同时，为保证列车安全快速地行驶，铁路科学研究部门从危及行车安全的各个方面因素着眼，从预防与提高设备效能着手，进行了大量的研究和试验，并在以下各方面取得了显著的成绩。

（一）较好地解决了列车制动方面的问题。

除50年代对货车用的K_2型制动机进行改造，60年代对客车用的L_3型制动机进行改造，已将其成果GK型货车制动机、GL_3型客车制动机普遍推广外，还在70年代分别研制成103型货车空气分配阀和104型客车空气分配阀。这两种分配阀性能稳定，灵敏可靠，制动波速高，列车纵向冲动小，零件可通用，检修较方便，能保证客货列车在800米距离内停车，而且能与电空制动、合成闸瓦、盘形制动等配套使用。

合成闸瓦与铸铁闸瓦相比，摩擦系数可随着车辆速度的提高而与轮轨的粘着系数变化相接近，能达到最佳的制动状态和在较短的距离内制动。它还具有重量轻、体积小、寿命长、磨屑不导电、不导致轨道电路失效等优点，有石棉的407G高磨合成闸瓦和无石棉的K－81型高磨合成闸瓦已在货车上成功地推广应用。

另外，相继研制成功的JZ_7型机车制动机和DK_1型机车电空制动机，也批量地在新造的内燃机车及电力机车上使用了。其中JZ_7型机车制动机具有自动保压、充风排气迅速、制动与缓解稳定等特点。DK_1型机车电空制动机吸取了空气制动机的优点和电力机车控制线路的特点，以电气操纵为主，空气操纵为辅，包括电控制器、空气操纵器、电磁阀、压力开关、分配阀、紧急放风等部件，再加上闸瓦间隙自动调整器，用以保持规定的制动缸勾贝行程不变，使之随时保持在规定的范围之内，为列车实行自动控制创造了条件。

为了防止列车运行中的意外事故，截至1985年，大量地装备了统称"三项设备"的机车信号、自动停车装置和列车无线调度电话。中国铁路从50年代引进交流计数电码自动闭塞开始，多年来配套地研究了5种机车信号，分别为交流计数式、移频式、极频式、双频点式和接近频率组合式，并大量投产使用。至于自动停车装置，研究成功的ZTL型自动停车装置，适用于自动闭塞和半自动闭塞区段，如司机在7秒钟内不按动警惕按钮，则列车自动停驶。关于列车无线调度电话，已大量采用 TW－8A 型无线列调设备，它是站内固定点的工作人员与正在移动中的列车司机取得联络的通道，也是与机车信号和自动停车装置相配套的保证列车安全运行的措施。最新研制成功的无线列调设备，在结构上主要采取了四频组自动切换频率、单双工兼容的系统。

（二）较好地解决了钢轨和车轴探伤以及热轴事故的发生与防止问题。

铁路部门根据超声波与红外线的特性，已研制成功多种探伤设备。其中，钢轨生产线上超声波探伤装置，可以对出厂钢轨进行检查，能较准确地显示出钢轨的内在缺陷，能自动探测钢轨头部白点、夹杂，轨腰内部劈裂（缩孔残余），轨底中间区域裂纹以及轨头、轨底表面裂纹等伤损。整铸高锰钢辙叉超声波自动探伤设备，可自动探测整铸高锰钢辙叉心轨及两翼轨中的铸造缺陷，包括缩孔、气孔、夹杂、疏松、晶粒粗大等，效率高，准确可靠，便于操作。气压焊钢轨焊缝超声波装置，可探测气压焊的"光斑""过烧"等缺点。CTS－3 型晶体管超声波探伤仪，可解决无缝线路无电源地区钢轨铝热焊焊接轨缝的探伤问题。在车轴探伤方面，研究了不少性能优良的无损探测设备。例如，车轴不解体探伤装置，是采用超声纵波，以 6—10 度小角度探头从车轴端面探测轴颈及轮座压装部位裂纹等的新工艺，利用超声波在两种不同介质表面上发生反射作用，在荧光屏上以可见光波式显示出来，检测灵敏度高，准确率达95%，深度可达 5 毫米，误差不超过 1 毫米。又如 I－1 型晶体管超声波探伤仪，适用于各种机车车辆及金属材料的无损探伤，可作工件的缺陷定量分析，灵敏度高，性能好，动态范围大，信噪比高。

另外，运用红外线技术，研制成功了红外线轴温探测系统，在全路推广应用。这种仪器抗干扰能力强，传输距离远，信号失真小，构造简单，检修方便。近年来研制成功的客车轴温监测报警装置，能自动发出声光报警，防止燃轴。

(三）较好地解决了隧道、线路及桥梁病害的防治问题。

中国铁路通过大量的室内试验和现场实验，对隧道整治漏水，已积累了分别不同情况采取"截、堵、排"的丰富经验。过去沿用的堵水方法，都向衬砌背后压注水泥砂浆，耗费人力材料不少，效果不很理想。50年代试用化学材料，到1985年止，已取得了明显的发展。

对线路和桥梁来说，塌方滑坡与水害等往往造成事故，影响行车。30多年来，针对不同的问题，经过研究，取得了三方面的成就。一是改变了支挡建筑物，过去以重力式挡墙为主的型式，发展了挡墙与锚碇板挡墙等轻型结构，解决了软弱地基和缺料地区的施工问题。二是利用锚固桩处理大塌方和大滑坡，效果良好。如成昆线北端高达30米的土夹碎石的路堑工程，成昆线狮子山的抗滑工程，以及湘黔线上多处滑坡工程等，都成功地采用了锚固桩结构。三是有效地解决了桥梁浅基问题，经过周密地调查研究及实验，提出了桥渡一般冲刷公式和局部冲刷公式，并在此基础上提出了桥渡局部防护公式，采用抛石块、下石笼、修防冲盘及垂裙等方法，解决了浅基问题，保证了列车安全通过。

三、关于节约能源、劳力、材料消耗，延长部件寿命

增产和节约是提高企业经济效益的两个侧面。扩大铁路的综合运输能力是增产，降低材料消耗和延长部件的使用寿命以及减少劳力是节约。中国铁路在针对扩大综合运输能力开展研究与试验的同时，在材料工艺方面也进行了大量的研究工作，并取得了很多成果，其中显著的有：冬夏通用车轴油，可以取消冬季和夏季的换油作业，不但节约了劳动力，而且可以用含蜡量较高的原油炼制，扩大了油源，并能用后再生，有较大的经济效益。磁性氧化铁油漆颜料，可用以配制磁化铁酚醛防锈底漆和磁化铁醇酸耐候面漆，具有防锈、抗晒、耐磨、干燥快、耐着力强、强度大、韧性好等性能，可喷可刷，可代替红丹，经济效果显著。FGLC260钢芯合金复合接触导线，导电性能好，抗大气腐蚀，与钢铝导线相比，具有稳定性能

好，综合拉断力大，总电阻小，节约能源等优点。FDB-1型电力机车用受电弓粉末冶金滑板，可改善机车的受流状态，减轻导线磨耗，延长滑板使用寿命达2.5万机车公里以上。55硅低合金钢车轮，增加了硅、锰含量，有较好的抗热裂性能和耐磨性，较好地解决了采用合成闸瓦后的车轮踏面制动温度增高，碳钢轮产生热裂纹现象等问题。混凝土复合添加剂，可改善混凝土的和易性，提高混凝土抗冻融性、抗渗性，并可提高混凝土的早期强度，与普通混凝土相比，用水量减少6%—10%，抗冻融性提高3至4倍，抗渗性提高1倍，3天强度提高30%—60%，一般节约水泥5%—10%。此外，50UTiMn钢250米焊接钢轨可控硅中频淬火技术是一项重大的科研成果，经过淬火，使钢轨轨头获得淬火索氏体，大大提高了钢轨综合使用性能，延长了钢轨使用寿命。

在机车锅炉用水方面，研究采用了泥垢调节剂，提高了防垢效率40%—70%；研究成功化学消沫剂，使蒸汽温度升高20—30摄氏度，节约用水5%，节约用煤3%—5%，并提高了牵引能力，多拉200—300吨。

四、关于新技术、新工艺、新材料、新方法的研究

中国铁路除取得上述的有关扩能、安全、节约等各方面的成就外，还在其他方面取得了大量的科研成果。

（一）在筑路和爆破技术方面。

中国幅员广阔，地跨寒温热三带，加以地质复杂，往往在铁路通过的地区碰到一些难以解决的问题。如西北的沙漠地区，青藏高原的盐碱土地区，东北嫩江平原的粉细沙地区，以及滨湖与滨海的软土地区等，都要特殊处理，以保证路基有足够的承载能力和经受住重载及高速列车的反复冲击，并在季节性洪水侵袭与冻融变化中变形较少。36年来，铁路部门通过长期的研究与试验，已创造性地解决了这些问题。例如运用"振稳密度"原理，采用粉细沙作填料，成功地通过了嫩江河滩地区；利用挤密沙桩方法，成功地提高了青藏高原盐湖地区粉沙地段的路基面承载力；采用避

（绕过）、跨（用桥越过）、压（反压护道）、桩（排水沙井及挤密沙井）、换（换填料石或好土）、挡（路基坡脚桩架支挡）、排（排地下水）等措施，成功地解决了贵昆线滥（坝）水（城）段的软土、填料不良、边坡坍塌与基床变形等问题。包兰线穿越的腾格里沙漠，长达55公里，是一个沙丘如山、寸草不长、流沙经常淹没路基的地区。经过30多年反复试验和治理，采用防沙栅半隐蔽式"麦草方格沙障"，固定了铁路两侧宽500米的流沙；同时进行了大规模的引水造林，播种沙生植物，本着因地制宜、就地取材、因害设防、综合治理的原则，先后植树30余万株，形成一条绿色长廊，改变了当地的生态环境。像这样大的治沙工程，在国际上也是少有的。

中国铁路新线建设的土石方数量，平均每公里约10万立方米，其中山区铁路石方约占40%。历年来借助大爆破技术，解决了很多石方施工。在宝成线上进行了148次大爆破，方量达249万立方米；鹰厦线上进行了200多次大爆破，方量达565万立方米；其他如京秦线、邯长线、枝柳线等，也都采用了爆破技术，并在试验及实际施工的基础上，总结出了中国独有的设计原则、参数和经验公式，以及利用辅助药包开创临空面，以达到定向爆破的目的。深孔爆破是实现石方机械化施工的必要手段，既要保证坡度和边坡与基底的平整，又要底部不留根坎，这些都已在施工工艺中成功的采用间隔装药法、多排毫秒爆破、顶裂爆破及光面爆破等办法解决了。另外，控制爆破是拆除建筑物的高效率的措施，能使破坏范围刚好达到介质表面，并有效地控制音响、震动、碎块飞散范围，已普遍地在靠近市区的工程中应用。

（二）在桥隧结构及架设工艺方面。

铁路部门通过科学研究试验，广泛地应用和发展了新技术。以南京长江大桥的四种基础为例，其中的筑岛重型沉井基础，成功地把平面面积达500平方米的基础准确地下达到水面下54.3米深处，创造了当时入水深度的世界记录；大型预应力钢筋混凝土管柱迅速而顺利地穿过42米的覆盖层嵌入岩面；自浮薄壁钢筋混凝土沉井，借助钢气筒的压缩空气，把面积为400平方米的巨型重物悬浮于水中，逐节升高，放气下沉定位；钢沉井加钢筋混凝土管柱，在沉井沉入河床到一定深度后，加压使管柱直达岩面并与沉井在联结处连成一体以传递外荷的工艺，为水深、覆盖层薄、岩面不平处修建基础创立了新方法。

中国铁路在钢桥方面，改进了桥梁钢材质，已先后以屈服强度为340兆帕的16锰桥梁钢及屈服强度为450兆帕的15锰钒氮桥梁钢，代替了屈服强度为240兆帕的3号钢，革新了联结方式，普及了栓焊工艺，基本上取代了铆接，发展了架桥新工艺。在汉江斜腿刚构薄壁箱型桥采用的架设拉杆，桥墩内力与中孔跨距调整系统，中孔整体吊装两端同时合龙的架梁法，精度可达1毫米，为调整隅节点的位置开辟了新途径，达到了国际先进水平。总起来说，正是由于桥梁钢材的改进和桥梁杆件联结工艺的革新，不但节约了钢材（16锰钢和栓焊较普通钢和铆接节省钢材15％，采用15锰钒氮钢又比16锰钢节省钢材20％），而且为钢梁桥向大跨度发展创造了条件。另外，大断面箱形梁的焊接工艺及矫形的方法，也都有较高的水平。

中国铁路的钢筋混凝土桥发展很快，桥式上先后开展了T形、箱形、拱形、刚性梁柔性拱、斜腿刚构、斜拉式以及连续梁等。1981年在广西来宾建成的48＋96＋48米的竖琴形斜拉桥，是"六五"期间钢筋混凝土桥的新成就，为铁路钢筋混凝土桥向大跨度发展开辟了新的途径。关于预应力混凝土桥的制造工艺，中国铁路已在后张法的基础上进一步采用了先张法，可以整孔制造、整孔运输、整孔架设。如跨度16米整孔低高度先张法预应力混凝土桥梁，系箱形截面，与分片式梁相比，具有较高的刚度和抗震抗扭性能并节约钢材和混凝土，运输及架设也很方便。在兖石线推广应用的跨度16米精轧螺纹粗钢筋先张法预应力混凝土梁，与普通钢筋混凝土梁相比，节约钢材18％—30％，节约混凝土6％—16％，是中国铁路混凝土梁的科研新成果，它选用的45硅锰钒钢精轧螺纹钢筋为主筋和先张法长线台座工艺，也都是比较先进的。

在钢筋混凝土桥的架设方面，60年代以后运用了许多新技术。如全长164.19米的成昆线孙水河5号桥，用的是悬臂灌注法，节约了脚手架，免除了架梁作业。又如成昆线旧庄1号桥，系124+48+24米三跨连续铰接悬臂梁，采用悬臂拼装法，全桥由预制块拼组而成，块间用环氧树脂胶接，并借助钢筋束预应力，形成整体。这种架设技术适用于城市、山区和平原等地区各种预应力混凝土梁的施工，可以实现预架和免除脚手架而不影响桥下正常交通。再如西延线狄家河预应力连续箱形梁，全桥长160米，由4孔40米连续梁组成，是用顶推法架设的，节约了大量的人力、物力。

（三）在隧道的设计理论、衬砌及开挖方面。

一是在隧道的设计理论方面，把与实际出入较大的山体均匀分布荷载改为比较合理的非均匀荷载。二是在隧道的施工方面，实现了机械化，采用了全断面悬臂式凿岩台车、梯架式凿岩台车、液压凿岩台车、梭式矿车、装配式衬砌拼装机、液压模注台车、混凝土输送泵、混凝土喷射机械手、双液注浆器、自动上料设备及钢模板台车等，全面地改变了过去的手工方式。三是在隧道的衬砌与支护技术方面，充分发挥了喷锚技术的特点，并在此基础上发展了复合式衬砌，推广了新奥法，从而使中国铁路的隧道衬砌技术接近国际先进水平。到1985年止，成功地应用了喷锚与复合式衬砌技术的各线隧道有西延线的东坡隧道、腰岘河隧道与岭前隧道，成昆线的渔坝村隧道、碧鸡关隧道，罗坝广元线的普济隧道，皖赣线的下坑隧道，木岚线的柳林河隧道，京广线的大瑶山隧道等。在这些隧道中，有黄土山体，有松软岩石山体；既有单线隧道，也有双线隧道。

（四）在工艺器材方面。

铁路部门这方面的科研成果很多。如金属涂镀技术获得了多种性能的涂镀层，工艺稳定，涂镀速度及涂层的工作性能等指标达到了国际上同类产品的水平。20锰钛硼钢冷锻高强度螺栓，配以富锌漆，可靠地保证了钢梁的质量。大功率柴油机全纤维曲轴镦锻工艺，质量好，加工量小，节省金属材料。又如耐候钢二氧化氮焊丝的应用，焊接工艺的性能良好，具有较高的经济效益。20锰硅低碳马氏体高强度鱼尾螺栓，具有较高的静拉强度和偏拉伸强度，良好的冲击韧性，较低的冷脆转化温度，保证了轨道接头的稳定性，提高了线路质量。静力触探应用技术，可在现场原位直接测定地层的力学性质，为设计提供资料，已列入规范。再如，高压喷射加固地基技术，能增强地基承载力，已普遍推广，解决了很多桥梁与建筑物的地基沉陷与变形问题。此外，经过多次试验研究，还创造性地提出了硫铝酸盐水泥系列，具有烧成温度低、烧结范围广、熟料易磨、节省能源等优点。其中，早强水泥已应用于建筑工程、水泥制品、抢修工程、预应力锚杆和锚头、地质勘探和堵漏等方面，膨胀水泥主要用于防渗和补偿收缩工程，自应力水泥则用于生产各种口径的输水、输油及输气等水泥压力管，经济价值高。

（五）有关科学试验装置及生产设备。

铁路部门研究试制成功很多性能先进的台件。如LD-75A型、LD-300型辉光离子氮化炉，显著地改进了金属部件的氮化工艺。前者结构简单，操作方便，测温控温准确并能自动控制，产品质量好，已完全取代了气体氮化炉。后者一套电源，两个炉体，一炉两用，可分别为齿轮类及大型曲轴类零部件加工。又如，DTG-1型电气化铁路接触网故障探测仪，采用电抗法测量原理，可在几十毫秒时间内，准确地测到线路故障，误差在1公里以内，大大优越于国内外根据脉冲法和阻抗法原理制造的探测仪，实现了瞬时测定并适用于较复杂的具有关联和分支的线路。另外，ZGT-1型自动闭塞电力线路故障探测仪，能适用于各种形式的电力线路，测量多种故障，保证运输畅通。关于科学试验装置，突出的有内燃机车综合试验台、环形试验基地、大型结构试验室、地下结构环形试验装置与铁路轨道自动检查车等，均有较大的技术与经济意义。

此外，中国铁路在科技情报工作方面，也取得了大量成果，不但为各级领导决策服务，而且为运输生产、技术改造、技术引进、运营管理及科学研究服务。

30多年来，中国铁路科学研究取得的成就是很大的。但由于起点较低，几经曲折，总的来看，中国铁路的科学技术水平与工业发达国家相比，仍有不小差距，特别是有关自动化管理方面的研究，差距更大。

第三十四章
铁路教育事业

新中国铁路教育事业根据铁路运输生产和建设的要求，36年来逐步形成了自己的体系：既有高等教育和职业技术教育，又有职工教育和基础教育。高等学校和职业技术学校的专业技术教育与铁路建设、运输和工业生产紧密结合，专业配套，方向明确；职工教育建立了站段、分局、局、部四级培训负责制；根据铁路线长、面广的特点，铁路中小学布点多，基本上做到了"铁路修到哪里，学校办到哪里"。这些学校培养了一大批科学技术人才和管理人才，并向社会输送了大批中小学毕业生，为发展中国铁路事业和支援国家建设，以及普及文化教育做出了贡献。

第一节 铁路教育的成就

旧中国铁路教育发展缓慢，从1896年清政府在山海关创办北洋铁路官学堂开始，到1949年，全路只有小学205所，在校学生79643人；中学15所，学生6463人；高校2所，学生1126人。

新中国成立后，中国共产党和政府对教育事业十分重视。在50年代进行了铁路高等学校院系调整和教学改革，取得了一定成绩。"大跃进"时期，一度盲目发展学校，特别是高等学校大量增加。自1961年贯彻"调整、巩固、充实、提高"方针后，铁路教育又开始稳步发展。十年动乱中，铁路教育又一次受到破坏，一个时期内学生不上课，中专学校曾一度停办，但在广大教育工作者的努力下，1971年以后，通过办短训班、进修班、三年制大学班，也培养了一部分专门技术人才。粉碎江青反革命集团后,特别是中共十一届三中全会以来,经过拨乱反正,进一步明确了铁路教育的方向,制订了发展规划。1983年至1985年,铁道部为贯彻中共中央关于教育工作的指示,先后三次召开全路教育工作会议,制定并下发了《关于加强铁路教育工作的决定》《八十年代铁路教育发展规划》《关于铁路教育改革的意见》等文件,中共铁道部党组作出了《关于铁路教育改革的决定》,使铁路教育走上健康发展的道路,取得了显著成就。

一、加快学校建设步伐,提高办学能力

"六五"期间,铁路部门高等学校投资数以年均33.8%的速度增加,总投资达19279万元,是1971年至1980年10年总投资的1.7倍。中专、技工学校的投资平均每年增长24.8%。新建学校229所(其中中专6所、技工40所)。至1985年,全路各级各类全日制学校达到1718所。其中11所高校,建筑面积达到114万平方米,占地6176亩,有370多个实验室,配备了多种仪器设备和成套电化教学设备,图书馆藏书达到300多万册。

1949年至1985年,铁路大学、中专、技工三类全日制学校共招收学生43.59万人(见表75)。其中"六五"期间招生平均增长率,大学为26.9%,中专为17.6%,均高于全国增长水平。大学招生数中,有博士研究生34人,硕士研究生1763人,另外还接受了10多个国家的留学生400多名。这些学校至1985年共毕业37.44万人。

1949年以来铁路院校招生人数(万人)

表75

学校类别	1949—1975	1976—1980	1981—1985
大　学	4.25	1.74	3.05
中　专	11.21	2.69	4.96
技　工	6.80	3.70	4.85
合　计	22.60	8.13	12.86

铁路职工教育自1981年年初贯彻《中共中央、国务院关于加强职工

教育工作的决定》以来,全路建立健全了职工教育领导体制,形成了部、局、分局、站段四级办学和多层次的职工教育体系。计新建干部学院4所,职工大学24所,职工中专53所;招收大专生2.85万人,中专生1.32万人;毕业大专生1.1万人,中专生5800人;职工人均培训基地面积、专职教师比例、文化技术"双补"任务三项指标均达到国家规定标准。

铁路基础教育有了空前发展。1985年有中学593所,在校生369797人,分别为1949年的39.9倍和57.7倍;有小学997所,在校生437111人,分别为1949年的4.9倍和5.5倍。这些学校在解决铁路职工子女入学,为国家培养大批青少年一代以及安定边远沿线铁路职工的工作和生活等方面起了很大作用。

二、调整纵横向结构及两类教育的比例

铁路部门为改变大学、中专、技工学校学生人数比例不合理的状况和发展多层次办学,1985年铁路中专、技工学校的招生数比1984年分别增加了6.9%和24.6%,高校设立的专修科专业点达到14个。此外,铁路高校已有20多个专业点实行代培,有的学校招收了大专走读生。在横向结构改革中,加强了铁道师范院校,指定部分院校开办了少数民族班。全日制大中专学校增设了经营管理专业或课程,有的发展了应用文科,开设了文科、艺术、社会科学选修课。

根据中共中央书记处关于铁路要"认真搞好职工培训"的要求,铁路教育在完善全日制教育的同时,把大力发展职工教育,使职工教育正规化、制度化,逐步形成体系,作为改革的重点,并在全日制铁路高校和中专学校设夜大学、干部培训班、函授部。各局、厂、院举办了一批职工中专和职工大学。各铁路局和基建、工业、物资、通信信号系统建立起了自己的培训基地。为了创造良好的职工教育条件和保证职工教育的质量,铁道部要求各单位每年从基本建设投资中拨出专款用于职工教育。

三、实行由各级行政负责、教育部门归口管理的体制

铁道部直接领导高校、干部学院；铁道部和部属单位实行分级分工管理铁路中专学校；技工学校则下放给相当于分局以上的单位领导；各级干部学校和职工学校由所在单位领导；基建、工业、物资、通信信号、工程指挥部等系统所属的学校的管理以各系统为主。

经过36年的努力，使数百万铁路职工的文化技术水平发生了巨大变化。1985年与1965年比较，全路职工中大学文化程度所占比重由0.4%上升为0.99%，高中文化程度由4%上升为47.65%，初中文化程度由20%上升为22.33%，高小以下文化程度由75.6%下降为29.03%；铁路科技人员1949年为16757人，1965年为112941人，1985年为289253人。

第二节　铁路学校教育

一、高等教育

人民铁路的高等教育事业，1949年以前就已着手兴办。1945年张家口解放，晋察冀边区铁路局接管了原平绥铁路局的张家口铁路学院。学院开办了政治讲习班，增设管理科、电信科、道路科、水利班和中、初级班。1947年该校与边区商科职业学校合并，改称晋察冀边区工业交通学院。1947年石家庄解放，在朱德总司令的指导下，筹建了华北交通学院，设有速成班、预科、专科等班次。该学院是解放区兴办的正规铁路高校，唐山解放后该校并入唐山工学院。在东北解放区，1947年将原哈尔滨职工学校改为东北铁路学院，设运输、机务、工电、材料、俄文5系，在校学生近千人。1952年该院改称哈尔滨铁道学院。

北平、唐山解放后，先后接管了北平铁道管理学院和唐山工学院。1949年由军委铁道部报经中央人民政府政务院批准，成立中国交通大学，下设北京管理学院和唐山工学院。1950年9月1日，中央人民政府将中国交通大学改称北方交通大学。

北方交通大学成立后，以解放区教育经验为基础，提出了逐步改革旧

的教育制度、教学内容和教学方法的任务，规划了铁路高等教育事业和科学研究事业的发展；聘请教师，充实教学力量；增添图书、仪器、设备；组织修订各专业教学计划和教学大纲，编写教材；拟订各种教学规章制度，进行教学改革；学习苏联教学工作经验，并调整了专业。

1951年至1952年，根据教育部"以培养工业建设人才和师资为重点，发展专门学院，整顿和加强综合性大学"的方针，铁路按照保留、输入铁道专业，调出非铁道专业，侧重向铁道专业发展的原则，对各院校的专业进行了调整。唐山工学院由原来的8个系调整为铁道建筑、铁道桥梁与隧道、铁道运输机械、铁道电气运输4个系，学制为4年（1956年改为5年），取消了专修科。北京管理学院经过调整，设有运输工程系、电信工程系、经济系、商务系和铁道管理系。哈尔滨铁道学院的专业，以电信为主。在专业调整后，为发挥各院校办学的积极性，1952年北方交通大学校部撤销，唐山、北京、哈尔滨三院改为铁道部直属的铁道学院。1953年，哈尔滨铁道学院并入北京铁道学院。至此，铁路高校经过多次分合，进入了相对稳定发展的时期。

随着中国铁路事业的发展，铁道部从50年代中期开始筹建新的铁路院校。自1958年至1983年，经过新建、调整，共增加了9所铁路院校，它们是：兰州铁道学院、上海铁道学院、大连铁道学院、南京铁道医学院、上海铁道医学院、长沙铁道学院、华东交通大学、苏州铁道师范学院、石家庄铁道学院。

唐山、北京2所学院分别于1950年、1954年开始接受外国留学生。1955年两院开始培养研究生。1958年后，唐山铁道学院增添了铁道运输系、数理力学系，设置了应用数学、应用物理、应用化学、应用力学专业。北京铁道学院于1956年增设了铁道建筑系，以后又增设了机械系（蒸汽机车、铁道车辆专业）、电气化工程系（电力机车、电力铁道供电专业）和应用理化系。为加速培养铁路部门的技术干部，两院从1953年起曾先后办了干部班、工农速成中学及各种短训班。1960年两院均被定为全国重点大学。

1970年，北京铁道学院更名为北方交通大学。1971年年底唐山铁道学院迁至四川峨眉，1972年更名为西南交通大学。

1978年中共十一届三中全会后，铁路高校的教学、科研等各项工作都取得了较大进展，学校面貌发生了可喜的变化。

为适应铁路现代化的需要，铁路高校进行了专业调整，拓宽了专业面，建立了新专业。1985年，本科专业达到54种，111个点，全部建立了学士学位制度；有25个学科53个学科点可授硕士学位；西南交通大学的桥梁隧道及结构工程、铁道牵引电气化与自动化、固体力学，北方交通大学的铁道信息系统与控制，长沙铁道学院的概率论与数理统计，共5个专业可授博士学位。

为了把铁路高校办成教学中心和科研中心，各高校都开展了科学研究。西南交大建立了10个研究所，北方交大建立了6个研究所。在1978年的全国科学大会上，铁路高校有35个项目获得奖励。1981年至1985年，铁路高校共完成国家科研项目37项，获奖9项；完成部委、省市科研项目423项，获奖68项；完成协作项目与自选项目千余项，获奖近百项。长沙铁道学院侯振挺教授发明的Q过程唯一性定理，被国外学者誉为"侯氏定理"，获得英国的戴维逊奖。

铁路高等学校重视师资队伍建设和教材建设。至1985年，铁路高校专职教师达5868人，其中教授92人，副教授552人。有110位教师受到部和省（市）的表彰、奖励。西南交通大学郭可詹教授、北方交通大学袁保宗教授获全国总工会五一劳动奖章。长沙铁道学院郑群翘教授获物理学会授予的"从事物理科研教学辛勤工作五十年"金质奖章和荣誉证书。在教材建设方面，高校设有8个教材编审委员会（后改名为教学指导委员会），共149人参加，"六五"期间编辑出版教材91种3472万字。

在思想政治教育方面，铁路各校广泛开展了理想教育，把"有理想、有道德、有文化、有纪律"作为人才培养必不可少的内容。在教学内容和方法方面，主要抓学生的基础知识教学和能力培养。为此，各院校普遍采取了一系列措施，如进行教学计划的调整，总学时缩短到了 2500 学时左右，多数院校试行了学分制，减少了必修课，增加了选修课；加强了实践性教学环节，实行外语、实验、计算机三个不断线；在学生中开展第二课堂和社会实践活动，丰富了学生的课外生活，等等。按照德、智、体、美全面发展的原则，加强了群众性的体育活动，学生的体育运动达标率大幅度提高。据不完全统计，1985 年全路高校学生达标率平均为 81%，有的院校达到 98.1%。

二、职业技术教育

（一）初步建成铁路职业技术教育体系。

新中国成立初期急需培养大批专业技术人才。1951 年铁道部将北京管理学院附设的中技科迁往石家庄，组建了石家庄铁路运输学校；有的铁路局成立了司机养成所、技术学校；有的在铁路中学附设了中技班。从此，铁路开始建立各类职业技术教育。至 1952 年，先后成立了衡阳、郑州、上海、太原、天津、济南、齐齐哈尔、大连、锦州、吉林、天水、成都等中级技术学校；长辛店、唐山、山海关等直属工厂和郑州、上海、衡阳、天津等铁路局创办了技工学校；上海、济南、郑州、天津等铁路局新建了司机养成所。这三类学校 1952 年分别有学生 3923 人、2118 人和 3511 人。这些学校的专业设置，根据需要由各局、厂自定，计有运输、机务、车辆、工务、商务、财会等专业。学制长短不一，从半年到 2 年。教学计划、课程设置均由各校自行制定。1953 年，铁道部加强了对各校的业务指导，统一下达招生任务、专业设置，统一制定教学计划，统一规定学制年限（运输、财会类为 2 年，其他为 3 年）。

1956 年铁道部又新建了柳州、西安、武汉、重庆 4 所运输学校，包头、南口、兰州三所工程学校，株洲机械学校。另外，由轻工业部转来两所中专学校，一为南京财会学校（后改为南京铁路运输学校），一为天津建筑学校（后合并到天津铁路工程学校）。这样，到1957年年底，共有中专学校28所（其中铁路卫生学校4所），在校生21127人。

"大跃进"时期，不少铁路中专学校"戴帽"办高校，也有不少技工学校"戴帽"办中专。到1958年年底中专学校有57所，以后又增至100多所。老中专把主要力量抽去办高校，新中专师资设备不足，加上大炼钢铁、生产救灾，学生劳动过多，教学秩序被打乱，教学质量显著下降。从1961年年初开始，贯彻"调整、巩固、充实、提高"方针，经过全路衡阳教育会议和蚌埠教育会议，至1962年6月，调整保留24所中专学校及18所技工学校。各专业教学计划经过修订，对教学和生产劳动时间作了合理安排，并开始组织力量编写铁路专业教材。1963年，铁道部组织部分校长在总结经验的基础上，制订了《铁路中等专业学校管理办法》。经过这些工作，中专学校、技工学校又走上正轨，教学质量逐渐巩固和提高。

十年动乱时期，铁路职业技术教育遭受严重破坏。在粉碎江青反革命集团后，特别是中共十一届三中全会以后，铁道部制订了中专学校十年发展规划和重申中专学校实行部、局分级分工管理，统一教学计划和审编教材，调整专业，恢复学校按专业性质分类。经过几年的调整和整顿，到1985年，各铁路局、大部分工程局都有了中专学校，机车车辆系统也创建了2所中专学校，全路中专学校由1950年的4所增加到48所，在校学生由854人增加到30404人；技工、司机学校由1949年的2所增加到72所，在校学生由707人增加到16534人；1980年以来发展起来的职业中学和设有职业班的普通中学34所，在校学生达30679人，从事职业技术教育的教师共有7183人。中专学校的专业设置，由新中国成立初期的5个专业、10个专业点，增加到44个专业、164个专业点。其中环境保护、电子计算机、空调与制冷、铁道经济管理、铁道物资管理、铁道工程管理、工业企业管理、铁道公安及中师、幼师等专业，都是根据国家和铁路业务部门的要求设置的。内燃机车、电力机车、电气化铁道供电、电子计算机等专业的及时设置，适应了中国铁路牵引动力改造和普及计算机运用技术的需要。

（二）贯彻理论联系实际的原则，注意学生实际能力的培养。

首先是重视教师质量。多年来铁路职业技术教育的师资，注重从现场生产单位选调，或将分来的大学毕业生和进修生按计划先送铁路现场单位锻炼，然后任教。特别是对技工学校的实习教师，更要求首先具有较高的劳动技能和相应的理论知识。

其次是积极进行实验室和实习工厂的建设。经过多年的努力，铁路中专学校的实验室大都已具相当规模。1984年铁道部又拨出专款，为全部中专学校配备了电子计算机及其他电教设备，部分学校还建立了语言实验室。各技工学校也普遍增加和完善了校内练功场地。

再次是发展校办工厂，使教学和生产紧密结合。铁路各校师生自制了多种产品，如石家庄铁路运输学校生产手信号灯等灯具63万盏，株洲铁路机械学校制成机床、滚齿机、悬臂吊等设备，大连铁路卫生学校生产药品等。至1985年，中专学校校办工厂资产达1020多万元。

与此同时，加强了生产实习的组织领导和教材建设。从50年代起，济南铁路机械学校就组织学生参加中国第一条电气化铁路的架线工程，天津铁路工程学校组织学生参加多条专用线和京秦线的勘测设计。通过实习和劳动，增加了学生的感性知识，为校内搞好理论教学创造了良好条件。根据理论和实际并重的原则，中专和技工学校的教材陆续作了修改，"六五"期间就编辑出版中专、技工教材75种2180万字。

（三）为铁路各部门培养和输送了大批专业技术人才。

新中国成立以来，全路中专、技工、司机学校培养出大批中级技术人员和技术工人，他们多已成为铁路各部门生产技术、企业管理的骨干力量和生产能手。

为了开发边疆，支援边远地区的经济建设，1956年新建包头铁路工程学校，招收蒙、满、维吾尔、回、东乡等少数民族学生进行培养。

1973年又新建了乌鲁木齐铁路技术学校（现为乌鲁木齐铁路运输学校），这是一所由维吾尔、哈萨克、汉、回、锡伯、蒙、俄罗斯、乌兹别克、柯尔克孜9个民族组成的多民族中专学校，已为国家培养少数民族学生401人。

三、基础教育

铁路办的中小学，主要是解决铁路职工子弟就学问题，是国家基础教育的一部分。

新中国成立后，铁道部对已接管的铁路中小学进行了整顿和建设，对边远地区铁路沿线中小学还采取特殊政策予以扶植。

在几十年的办学过程中，铁路基础教育工作注重学生德智体美全面发展，重视教学质量的提高，还重视和发展边远沿线地区（包括少数民族地区）的教育。铁路工作人员分布在漫长的铁路线上，而且经常流动，不少职工携带家属长年住在偏僻的乡村小站。为了便于职工子女就学，安定职工生活，必须在条件较差的地区，因陋就简，建立各种类型的学校或教学点。多年来，战斗在铁路沿线、边远山区和少数民族地区的广大铁路教师，发扬艰苦奋斗精神，辛勤劳动，为发展铁路基础教育事业做出了贡献。地处大西北的第一工程局，1950年仅有从陇海铁路接管的中学1所，小学5所，30多年来，这个局先后办了126所学校，适龄儿童入学率达到99%。位于东北森林区的加格达奇铁路地区，全年冰冻期达7个月，有的工区无电、无水。自1970年至1985年的15年间，这个地区建立中学8所、小学14所，还设了11个教学点。与朝鲜接壤的图们地区，1945年解放时只有1所中学和1所小学，40年来，仅铁路部门在图们就办了4所朝鲜族学校，毕业生达1.51万人。

为了把边远地区的学校办好，铁道部于1984年发出了《关于加强边远沿线地区办学若干问题的决定》，要求各级领导切实办好学校，加强师资力量，关心和改善教师工作、生活条件，建立学生住宿制度，配备生活管理教师，为职工子女就学创造良好的条件。

在发展基础教育中，积极办好铁路重点中小学，为提高教学质量积累经验。如柳州铁一中，多年来一贯重视教学改革和教学质量的提高，在全国中学数学竞赛中有3人获奖。齐齐哈尔铁一中一贯重视学生的思想教育，端正办学方向，改革教学方法，减轻学生负担。齐齐哈尔铁五中生物教师李文福，多年精心执教，创办"生物园地"，成绩突出，曾获得全国劳动模范称号。这些重点学校的办学经验和优秀教师的先进事迹，在全路基础教育中起到了模范的作用。

1980年铁路开始创办职业中学。为适应社会需要，技术工种逐步由铁路行业扩大到社会各行业，学校规模逐渐扩大。特别是铁道部1984年发出《关于加快中等教育结构改革意见的通知》后，职业中学发展迅速。至1985年，铁路职业中学和普通中学职业班在校学生已达到30679人。

第三节 铁路职工教育

铁路部门专业性强，要求广大职工具有较多的科学技术知识和一定的文化素养。因此，开展职工教育，提高职工的技术、文化水平，是铁路的一项重要任务。36年来，铁路部门始终把铁路职工教育作为一项大事来抓。

一、十年动乱前的铁路职工教育

新中国成立后，在当时铁路院校还无力大量培养铁路技术人才的情况下，职工教育首先承担起了职工培训任务，并在工作实践中积累了许多可贵的经验。这一时期职工教育的特点：一是领导重视，群众拥护，虽然条件有限，但职工的学习积极性很高；二是根据实际需要，把学文化、学政治、学技术结合起来；三是铁道部、铁路局集中培训和基层分散培训相结合，以点带面，全面发展；四是以保证运输生产和行车安全为目标，重点抓机务、车务等关键工种的教育，同时也不放松其他工种的培训；五是方式多样，学以致用。

这10多年中，铁路职工教育的主要措施和取得的成绩为：

（一）推广中长铁路办教育的经验。

中苏合办的中国长春铁路公司1950年成立后。即制订了职工教育计划，对技术工人进行业务培训，组织群众性的技术业务学习，宣传推广先进技术。铁道部曾先后几次组织全国各铁路单位的代表前往参观、学习，并在全路推广。如各局的技术馆就是在中长路经验的启示下成立的。铁路上的许多先进工作方法和合理化建议，通过技术馆的活动得到了宣传和普及。

（二）开展师徒教学合同的活动。

1951年铁道部制定了《铁路技术工作师傅带徒弟教学办法》，明确规定师徒共同签订教学合同，工会监督执行，合同期满考试合格者可以提级或优先上岗补缺，师傅受奖。这一办法适应了当时职工技术水平低，部分工种定员少，无法抽人脱产学习的客观情况，受到广大职工的欢迎。仅1953年和1954年2年，采用以师带徒的方式就培训了2.5万名工人，占两年职工培训总数的40%左右。另外，还开展了以师带徒的技术等级升级和学习第二技能的活动，在这2年内经过培训升级和获得第二技能的职工约1.7万人。

（三）建立职工教育基地。

在新中国成立初期，铁路部门就开始抓培训基地的建设，实行以局办职工学校为主，各类学校兼办，按层次分档培训的原则。职工教育基地的建设有以下三种主要形式：

第一种是铁路局办的职工学校。1950年5月，铁道部公布《职工学校教育实施规程》后，首先在石家庄成立铁路职工学校，从培养政治工作人员和提高职工的政治思想觉悟入手，先后举办3期政治培训班，共培训了1358人。同年，为应当时急需，铁道部在北京开办铁路技术训练班，培训了运输和机务人员356人。此后，各铁路局根据生产需要，先后举办培训班,并建立相应的基地。1953年全路建成11所职校,可同时培训4700多人。至1954年,全路职工学校发展到23所,学员增加到9780人。新中国成立后5年之中,铁路职工学校共培养职工28.2万人。

第二种是兼办职工教育的各级各类学校。1950年,铁道部决定在济南、天津职工子弟学校高中部设通信、信号班,在汉口铁中设机务班;1954年在北京、唐山铁道学院设干部班;后来又在高校设立函授班,在中等专业学校和技工学校设立了职工班。同时实行按干部级别分别指定在高校、中专、技工学校轮训的制度。这些措施增加了培训基地,扩大了培训能力。

第三种是铁道部干部学校。为了提高领导干部的政治、文化、专业技术水平和经营管理能力,铁道部于1955年至1962年设有干部学校,分政治理论、文化教育、技术业务教育、工会业务四部,先后培养各类干部5380人。

在铁道部、各铁路局建立职工培训基地的同时,各局在基层站段设立教育室,有的还配备有一定数量的专职教师,按计划组织业余或短期脱产学习班。

(四)大力开展业余文化教育。

1957年5月,中共中央、国务院发出扫盲和巩固发展业余教育的通知。铁道部和铁路工会召开大会,全力贯彻,决定加强对扫盲和业余教育的领导,提出"以民教民""能者为师",开展互教互学,并帮助教师进修,要求以生产学习两不误的精神大力开展群众性的扫盲工作。职工在政治翻身后,对文化翻身的要求十分迫切,学文化的积极性很高,截至1960年2月底,全路扫除文盲26.8万人,其中48个局、院、厂扫盲率达90%,有些单位达100%。

二、铁路职工教育的新发展

铁路职工教育在十年动乱期间遭到破坏。粉碎江青反革命集团后,特别是中共十一届三中全会后,经过近三年的大力恢复,职工教育获得了新生。1981年中共中央、国务院发出《关于加强职工教育工作的决定》后，中共铁道部党组立即作出《关于加强铁路职工教育工作的决定》，号召全路各级领导把加强职工教育、提高职工队伍素质，作为一项不容忽视的战略任务来抓。由于领导重视，措施比较得力，铁路职工教育有了新的发展。

（一）初步形成了基本上适应铁路运输生产需要的职工教育体系。

在管理体制的改革中，建立了铁道部、局（总公司）、分局（厂、处）、站段（队）以教育行政部门为主的四级管理、多层次办学的体制。职工高等、中等专业教育及初、中级技术工人培训基本齐全。培训基地总规模达到19.85万人，年培训量为52万人，相当于职工总数的1/6。1985年在各级各类学校从事职工教育的专职教师已达11526人，占职工总数的3.6%（国家要求3%—5%）。局和分局两级教学基地校舍面积达111.8万平方米，全路职工人均0.37平方米（国家要求0.3—0.5平方米）。（见表76）

1985年铁路各层次职工教育情况

表76

层次	职工教育基地	所数	规模（万人）	在校生人数（万人）	占职工总数%	专职教师人数
职工高等教育	管理干部学院	4	1.6	1.99[1]	0.66	1806
	职工大学	24				
	电大工作站（分校）	150				
	全日制高校干部专修科、函授部、夜大学	9				
	教师进修学院	3				
中等专业教育	职工中专学校	53	2.0	1.095	0.36	1450
	全日制中专学校设干部中专班、职工中专班	34				
	全日制中专学校设立中专函授	2				
中级培训	局和分局两级职工学校	267	6.89	21.84[2]	7.22	3890
初级培训	站、段教育室	1819	9.4	27.03[3]	8.94	4380
	地区业余学校	177				

注：1 包括业余；2、3 全年结业总计。

（二）培养了多种人才，促进了运输和生产的发展。

1981年至1985年，铁路职工教育共培养大学本科生106人，大学专科生1.4万人，中专生6322人，技术工人63万人，文化、技术补课81万人，科级以上干部轮训4.5万人，技术、管理干部继续教育8400人，以上合计共培训151万人，相当于1985年铁路职工的一半。特别需要指出的是，铁道部门从1981年开始，先后根据中共中央、国务院《关于加强职工教育工作的决定》和五部委《关于切实搞好青壮年职工文化、技术补课工作的联合通知》，本着"从实际出发，区别对待，学以致用，讲求质量，统筹安排，突出重点"的原则，结合铁路部门的实际，对全路"文化大革命"以来参加工作的94万青壮年职工提出了文化补课和技术补课同步交叉，每年补课合格人数中主要工种和关键岗位不少于50%的要求。经过4年多的努力，至1985年年底，全路补文化、补技术合格人数均达到了80%以上（国家规定指标60%—80%）。由于职工教育面的增大，职工队伍素质有了较大提高。

（三）在开展职工教育理论研究的基础上，积极进行岗位职务培训的改革探索。

从1980年开始，着重开展了铁路职工教育的业务指导思想、特点、规律及建立健全教育体系的研究。1984年铁道部在太原运输管理干部学院内成立了职工教育研究室，1985年召开了全路第一届年会（当时建立职工教育研究组织的有19个局级单位）。

铁路部门在职工教育的改革中，重点是围绕提高"当班人"适应本职工作能力进行探索。遵照国务院领导人"各企业事业单位，要在定员定额的基础上有计划培训职工，要按照不同岗位、不同年龄确定不同的培训内容的要求，以期收到切实的效果"的指示，提出了按岗位职务需要进行培训的意见。

1. 岗位职务培训。1985年3月铁道部教育局、劳动人事局联合颁布了《铁路行车工种逐步实行职务培训的规定》《铁路新工人培训工作办法》等文件,编印、发行了56个行车工种的教学计划与大纲。铁路运营部门严格执行"先培训,后上岗"的原则,1984年和1985年上半年招收的11.7万名新工人培训率达到86.27%。

2. 各级管理干部的职务培训。自1982年至1985年,全路脱产培训干部24万多人,其中,由部直接组织培训的达1.6万余人;参加国家规定的大中型企业经理、厂长统考培训的900多人,占应考人数的80%以上。自1985年下半年开始,全路集中力量对338个大中型企业领导干部及其后备干部和运输生产第一线的骨干,根据他们生产的需要,采取"研讨班"等形式,进行社会主义基本理论、现代化管理和专业知识的短期轮训,对提高干部管理水平,促进企业改革,打好铁路翻身仗,起了积极作用。在干部培训中,铁道部于1985年10月作出"先培训,后任职"的决定,并把培训、考核、使用三者有机地结合起来。为搞好培训基地建设,除指定大中院校承担部分干部培训任务外,还建立了以北京铁道管理干部学院为主体,按运输、基建、工业、物资、公安等系统设立分院的干部培训体系。在干部职务培训中采取了以下做法:在层次上,以大中型企业领导干部及其后备干部为重点;在内容上以现代化管理知识为重点,紧密结合铁路运输和生产实际;在时间上坚持长短结合,以短训班为主;按照职务需要,搞大运动量的强化训练等。由于领导重视,方向明确,联系实际,培训效果较为显著。

第三十五章
铁路卫生和环境保护工作

铁路卫生和环境保护工作是铁路事业的组成部分，是为运输生产服务的。它的任务是在国家卫生和环境保护工作的方针指导下，组织全路的防病工作，安排职工及家属的医疗保健，对铁路站车卫生管理进行监督指导；承担国家对铁路交通检疫任务的具体实施；负责环境卫生的保护、管理，并对环境污染进行监测和防治等工作。

从1949年到1985年，铁路卫生事业每年平均增长率为：卫生机构8.12%，卫生技术人员9.37%，医院床位1.17%，疗养床位15.3%。到1985年，每千职工平均医疗床位已达14.01张，卫生人员达35.08人，其中医师10.31人。（见表77）

铁路卫生机构、人员、床位发展状况

表77

年 份	卫生事业机构							卫生技术人员数	医疗床位	疗养床位
	总计	医院	卫生防疫站	疗养院	卫生所保健站	卫生学校	其他			
1949	277	57	6	1	184		29	3213	3516	36
1965	2025	185	76	32	1721	4	7	31958	19750	5035
1980	3930	259	130	31	3487	8	15	64916	34527	4594
1985	4598	334	177	41	3997	7	42	80859	42513	6065

第一节 铁路卫生机构的设置及特点

新中国成立后，铁路卫生事业经过长期建设，有很大发展，并逐步形成体系。它具有企业办卫生事业的特性,在组织管理、工作内容、工作方法上都有自己的特点。

1949年5月,军委铁道部筹组了卫生处,同年6月改为卫生局。这是新中国成立后中央人民政府铁道部卫生局的前身。铁道部卫生局是铁道部的职能机构,主管全路卫生事业。1982年铁道部机关机构改革时,环境保护工作合并到卫生局,改称卫生环保局。

铁路卫生事业分别隶属于运输、基建和工业系统,由所在企业领导。这有利于卫生工作为生产服务,调动企业办好卫生事业的积极性。各铁路局、工程局设卫生处,设计院和铁路分局设卫生科。卫生事业的基层组织是医院、卫生防疫站、疗养院、卫生所以及保健站等机构。医院和卫生防疫站根据不同任务,按中心、地区、线路以及工厂等分级设立机构。中心医院及中心卫生防疫站设于铁路局、工程局所在地,一般直属局领导;地区医院及地区卫生防疫站设于分局所在地,线路医院及线路卫生防疫站一般设于运输枢纽站,均属分局、工程处领导。疗养院按收容的病种不同,分结核和其他慢性病两类,一般直属局、分局或厂领导。卫生所、保健站设在地区或沿线基层生产单位或家属住地,由各医院领导。由铁道医学院领导的附属医院担任医疗及临床教学任务。铁路总医院和劳动卫生研究所为铁道部直属机构。

铁路的医院、卫生防疫站和疗养院,以及分布在各铁路地区及沿线的卫生所、保健站,在全路形成了网络,联成了整体。不同的卫生机构各自发挥不同的作用,共同为职工及家属提供包括卫生、医疗和保健等内容的多项服务,在更大程度上发挥了卫生组织的作用。医院负责自己管辖范围的医疗、保健工作,医院内各专科并在专业技术上对卫生所和保健站进行指导。所、站则根据自己的条件,参加、配合或协助医院各专科开展预防保健工作。有关防病和一般卫生管理,所、站则接受卫生防疫站的指导和监督。这个网络保证了铁路大量基层生产单位和分散在沿线和边远地区的职工及家属能够较普遍地享受劳保医疗待遇,及时就近就医,适合铁路线长点多、职工分散流动的特点。

铁路的卫生所、保健站是50年代由当时的诊所和车间保健医师制发展起来的，是设在铁路运输、基本建设、工业生产第一线和地区、家属区的卫生基层组织，担负着医疗、卫生、保健、预防等各项任务。在医疗上，按划区和分级医疗的原则，与医院形成基层—门诊—住院的"三环医疗"，组成了铁路医疗保健组织的梯形结构。

1980年年末，全路卫生所、保健站设在铁路局的占64.8%，设在工程局的占31.6%，设在工厂的占3.6%。以当时铁路营业线路计算，平均22公里有一个所或站。保健站有32%设在机务、车辆、工务、列车各段和车站（机务段全部设有保健站），有34%设在大的站区等运输生产第一线，这对保证第一线职工的工作起了很大作用。

铁路卫生所、保健站在初期只限于防病防伤、简易治疗的狭小范围。随着铁路生产和卫生事业的发展，职工群众卫生知识的普及，以及医疗技术水平的提高和医疗设备的改善，卫生所、保健站不断扩大服务范围和服务内容，逐步走上了新的发展阶段，相继开展了妇幼保健、女工卫生、育儿咨询、节育技术及优生指导、结核病和职业病防治，以及各专科常见病、多发病的普查普治等预防保健工作。所、站的工作有较强的综合性，形成了独特的多功能的初级医疗保健机构。1985年全路所、站的卫生技术人员达17658人，占卫生技术人员总数的21.8%。

铁路多系统、多类型的卫生机构设施有其优越性，但也存在一些缺陷，主要是形成某些地区多头分立、机构重叠，医疗机构各自经营，"小而全"，影响了医疗质量的提高，存在着人力物力的分散和浪费等不合理现象。

第二节 铁路卫生防疫工作

1949年7月，东北铁路在1948年设立的交通检疫所的基础上，建立了卫生防疫站。新中国成立后，关内各局也陆续建立卫生防疫站。防疫站的基本任务是：应用预防医学的理论和技术，从事疾病控制、监测，卫生监督和卫生宣传，以及科学研究；按国家卫生法令，做好卫生管理工作。铁路卫生防疫站把站车管理、交通检疫、新建铁路卫生、流行病侦察列为工作重点，同时开展食品卫生、学校卫生等项工作，并对爱国卫生运动予以技术指导。多年来，铁路广泛开展了卫生防疫工作，通过发动群众，改善卫生条件，向各种疾病作斗争，使劳动、生活环境大为改观，一些主要疾病得到控制、消灭或大幅度下降。从1951年到1985年，急性传染病发病率由5305次/10万人下降到1164次/10万人，下降了78%，在增强职工体质、维护群众健康等方面取得了显著成绩。

一、铁路运输的卫生防疫工作

铁路运输的卫生防疫工作的重点是站车卫生管理，其主要内容是：站车环境卫生，站车食品卫生，防止食品运输污染，交通检疫，站车消毒、灭虫、灭鼠技术指导，站车设计卫生以及站车卫生工程应用科学研究等。为加强站车卫生工作，铁道部先后发布了《铁路公共场所卫生管理暂行办法》《关于加强交通卫生和防疫工作的通知》《铁路车站旅客列车卫生条例》《铁路交通检疫管理办法》等。经过多年的工作，建立健全了站车卫生管理制度，为站车卫生专业的发展与提高奠定了基础。

（一）站车环境卫生。

检查、监督是加强站车卫生管理的重要手段。按《站车卫生条例》规定，建立了专业检查和群众检查相结合的制度。各车站、旅客列车普遍推行了卫生交接班检查鉴定制度和列车出入库卫生交接鉴定制度。卫生防疫站对本局管内的车站、列车饮食单位、外局始发列车和通过列车实行监督检查，并按全路统一制定的卫生监督项目，采用百分评分办法进行检查，定期公布。1984年和1985年全路站车卫生检查，评为一类站和一类列车的都达90%。

卫生防疫站还有计划、有重点地开展了站车卫生科研工作。1982年至

1985年，沈阳铁路中心防疫站开展了客车内空气参数的研究，在上海、广州、南昌、福州和齐齐哈尔铁路中心防疫站的协作下，对客车车厢、客室舒适温湿度进行了调查研究，推荐了舒适温湿度的标准：空调客车温度，夏季24—28摄氏度，冬季18—20摄氏度；非空调客车温度，冬季16—21摄氏度，相对湿度40%—70%。通过对22型客车的调查，提出了有关照明、噪声、振动参数，为改进客车卫生设施提供了依据。各防疫站对旅客列车饮水和沿线站区水源水质定期化验分析，发现有污染时加强消毒，确保旅客用水安全。70年代初组成的"列车集便箱"研究小组，对旅客列车粪便无害化处理进行了试验。

（二）站车食品卫生。

铁路卫生防疫站对站车食品的生产和经营单位实行卫生监察制，根据国家颁布的食品卫生法和铁路制定的卫生标准，对铁路食品的生产和经营单位采取定期、分级、定点进行卫生监督和监测。1985年检查，全路餐车消毒合格率达97%，茶具消毒合格率达92%，食品从业人员卫生知识考核合格率达99%，携带有效健康证的达99%。

铁路控制食品运输污染也取得了成绩。70年代初，食品运输污染案比较多。1978年全国卫生食品工作会议后，全路加强了防止食品运输污染工作，污染率大为下降。各铁路局、分局都建立了食品卫生领导小组，对装卸部门、托运单位和铁路卫生防疫站分别提出了具体要求，制定了防止措施，同时还新造毒品专用车辆，从而大大减少了食品运输的污染。

（三）铁路交通检疫。

交通检疫是铁路卫生部门的一项重要任务。为控制鼠疫、霍乱、天花借铁路传播，采取车站列车检疫和地区防疫结合进行的方法，取得了较好效果。1949年9月，原察哈尔省察哈崩崩村发现鼠疫，铁路立即抽调医务人员，组成防疫屏障，并配合机动性防疫列车巡回于北京、绥远之间，采取预防接种、检诊、列车消毒、堵鼠洞、疫区附近的铁路局也进行防疫等措施，历时两个半月，不仅防止了疫情蔓延，并为以后的铁路交通检疫工作积累了经验。

新中国成立初期，陇海、京汉铁路沿线天花流行较为严重。经过在主要干线上开展大花检疫，在全路严格推行牛痘预防接种，很快形成了有效免疫屏障，到1953年就在全路消灭了天花。

霍乱、副霍乱，在中国都是外袭性的。新中国成立后消灭了霍乱。60年代副霍乱传入中国，70年代以来逐年增多，患者乘坐旅客列车的事时有发生，曾数次中断运行，封锁交通。为此，每年夏秋季节，铁路都组织卫生人员对指定列车和车站进行检疫，发现患者及时处理，以保证铁路正常运行。

（四）站车消毒、杀虫、灭鼠。

70年代，站车鼠害、虫害一度严重，少数站车蟑螂密度很高。全路12个中心卫生防疫站对鼠害、虫害进行了深入调查，郑州、沈阳、北京等中心防疫站与军事医学科学研究院流行病研究所协作，筛选出了有效的灭鼠、灭蟑螂药物，采用了切实可行的方法，试用抗凝血灭鼠剂，曾获铁道部科技成果奖。沈阳中心卫生防疫站对蟑螂在站车上的分布作了细致的研究，并在国内首次发现日本大蠊，获卫生部三等科技成果奖。沈阳、北京局应用溴氰菊酯杀虫剂消灭蟑螂，也取得明显效果。1982年制定了全路《客车鼠害防治技术措施方案》和《客车蟑螂防治技术措施方案》。1983年和1984年，全路80%的旅客快车和60%的普通旅客列车，达到无鼠害、无蟑螂虫害的标准。车站灭鼠工作也取得较大成绩，丹东站、青岛站荣获全国无鼠害车站的光荣称号。

二、劳动卫生与职业病防治

铁路运输生产建设中，涉及高温、辐射热、粉尘化学毒物和噪声振动等有害因素的工人较多。为做好劳动卫生和职业病防治工作，铁道部设立了劳动卫生研究所，各卫生防疫站设立了劳动卫生科，较大的医院设立了职业病科和病床，有的局还成立了职业病防治院、所。50年代，铁路在改善职工劳动条件和查治尘肺、铅中毒方面做了一些工作。60年代，开展了有关粉尘和毒物测定及通风排毒、降尘等技术措施的研究，查治了一批硅肺和职业中毒病人，并以改善机车、隧道、铸造作业条件为重点，开展了专题调查。70年代以后，由于劳动卫生与职业病防治力量得到加强，在监测、治理、防治等方面有了新的进展，比较系统地对有害作业尘毒点进行了调查，对硅肺和职业中毒进行了普查普治，对劳动生理和工业毒理也进行了一些研究探讨。经过多年采取综合防尘措施进行治理，有30%以上的厂段接尘作业点防尘指标已达到国家卫生标准。在硅肺诊断上，由于组织力量进行检查和研讨，不断提高了检出率和诊断水平。

全路接触铅、汞、苯、有机磷、三硝基甲苯和锰等毒物作业的厂段较多。据1981年对6312个点的测定结果表明，作业环境中这些毒物的浓度在国家允许浓度下的只有36.1%。为预防中毒，在研究防治并采取各种净化烟尘措施上作了大量工作。此外，在研究治理工业生产性噪声和振动，以及采取防寒降温措施，以保证运输生产安全，维护工人健康等方面也都取得了进展。

第三节　铁路医疗保健工作

铁路医院除承担门诊、住院医疗任务外，还承担多种预防保健工作，具有医疗保健综合机构的特征，但仍以临床为主。铁路医院在长期实践过程中，根据铁路生产的需要，逐步形成了自己的诊疗形式和管理制度，医疗技术不断提高。

一、多种诊疗形式

为适应铁路生产特点，铁路医疗有住院医疗、门诊医疗、巡回医疗和家庭病床等多种诊疗形式。

住院医疗是铁路医院收容、抢救和治疗病人的主要形式。1985年全路各医院有正规病床4.25万余张，出院人数达74.5万余人次，平均住院天数为16.27天,病床使用率为83%。为了缓和病人住院紧张状况,有些医院和卫生所还设立了简易病床,全路共有1200多张。

门诊医疗是直接接受职工、家属诊断、治疗和开展预防保健的最基本的诊断形式。除铁路医院门诊、独立门诊外,设在运输生产第一线和家属区的卫生所、保健站也担负门诊医疗任务。1985年全路门诊总诊次达12510万人次。其中,医院门诊为4690万人次,占37.49%;卫生所、保健站为7640万人次,占61.07%。夜间除急诊病人外,一般病人也可以就诊,适应了铁路运输生产昼夜不间断的需要。

铁路医院的巡回医疗主要由沿线和边远地区的卫生所、保健站或门诊部承担,管辖地段内定人、定点、定时,每周巡回1—2次。1981年至1985年,全路年平均巡回医疗为1280万多诊次,占总诊次的10%。铁路生产厂段的所、站,也根据实际需要,深入到车间、工地、调度所等单位巡回医疗。铁路卫生列车是到铁路沿线进行巡回医疗的一种方式,配备有一般手术器械、X光机、心电图机和药品,深入沿线为职工、家属防病治病,开展一般手术和计划生育手术,以及防病宣传和健康咨询等活动。由于铁路职工分散,巡回医疗已成为铁路医疗保健工作中不可缺少的诊疗形式。

铁路医疗单位的家庭病床从50年代起就开始建立了,对方便铁路沿线病人就医,缓和住院难有较大作用。家庭病床由卫生所、保健站设专人负责,定时查房,进行各种治疗,并具体指导家属对病人进行护理。1985年,全路家庭病床达3.08万张,诊次达到43.6万多人次。

二、医疗管理

铁路医疗事业管理,既要符合卫生工作要求,又要配合生产。这种"双轨管理"是铁路医疗卫生事业在管理上的特点。企业制定的有关编制定员和计划、财务、劳资、物资、基建等方面的管理制度,对医疗卫生工作都具有制约作用。铁路运输量的增减,新线施工进度的快慢,工业产量的大小，都对医疗卫生工作产生影响，并向卫生部门提出不同要求。为此，铁路医疗机构根据铁路运输生产需要，建立了各项管理制度。医院以岗位责任制为中心，实行三级或二级医师负责制，开展责任制护理，加强医疗基础工作的建设，认真进行会诊、查房、查对、交接班、急诊抢救和病例讨论。为贯彻"划区医疗、分级负责、就近就医"的原则，在医疗上实行了自上而下的技术指导，以及疑难重危病人由下而上的转诊转院制度。卫生所、保健站负责常见病和多发病的诊治，疑难重危病人向医院门诊转诊。门诊部设有专科或专病门诊；医院的主任、主治医师和专科医师定期下门诊。门诊还建立了预约挂号制、医师诊疗一贯制以及24小时应诊制等。对行车人员实行优先诊治，对沿线病人按车次时间安排门诊，以确保生产第一线劳动力的出勤。

铁路医疗单位还以各工种定期健康检查为重点，负责开展多种预防保健。50年代初就对行车有关人员进行定期检查，开始只检查身高、体重、视力、辨色力等简单项目，后来统一采用了中长铁路引用苏联的有关行车安全职务各职工的健康标准。这个标准不尽符合中国职工的情况，1979年组织了专题科学研究，于1981年制定了中国自己的行车人员健康标准。此外，对妇女、儿童保健、结核病、肿瘤、心血管疾病以及其他地方性疾病等，也都先后开展了大量的预防、保健工作。

三、医疗技术

为提高医疗质量，不断改善技术操作，逐步实现医学科学现代化，铁路医疗卫生部门把依靠和加速科学技术进步作为铁路医疗事业建设的重要指导方针。80年代初期，技术引进和设备更新发展较快，不少医院，特别是中小医院，已开始发展自己的专业技术特长，如开封铁路医院从1968年开始，在蔡光华副主任医师带领下，重点发展了神经外科，开展具有国内先进水平的松果体区肿瘤切除、脑动静脉畸形外科手术和神经显微外科等手术；福州铁路医院早在60年代就开展了胸外科手术，把心外科作为专科建设的重点,推动了全院各专科的技术发展。

在技术建设中,许多医疗单位加强技术研究和信息交流,一些较大的医院都能开展比较复杂的手术。南京铁道医学院外科黄懋魁教授对肝脏外科的研究,上海铁路中心医院眼科郑一仁主任对人工角膜、人工晶体的研究,都取得了显著成绩。对常见病、多发病的研究,也有可喜的成果。如南京铁道医学院关于细胞杂交及其应用,A-SPA 微量血诊断流行性脑膜炎快速法,羊水细胞培养及染色体的研究,石蜡切法酸性非特异性酯酶标记 T 细胞等项目的研究,均获得了江苏省和铁道部的科研成果奖。"六五"期间,全路 100 张病床以上医院的科研项目中,具有国家水平的专业技术项目达 42 项。

中医中药工作的开展和研究受到重视。早在 50 年代中期,铁路就开始聘请大批中医中药人员参加医疗卫生工作,其后不断加强和充实,使铁路的中医中药工作得到发展。1985 年年末全路共有中医中药人员 3125 人,大部分医院有中医科,中医病床达 687 张。中医担负的门诊工作量占有相当大的比重,据 10 个中心医院的统计,1981 年占门诊总诊数的 18.07%。一些医院的中医科为全路培训了大量中医药专业人才,不少老中医总结学术经验,整理编写出版了有一定水平的医案和医学专著。上海铁路中心医院对活血化瘀的研究,在理论和实践上都取得显著成效。中西医结合工作也不断得到发展,天津铁路医院对冠心病、长春铁路医院对小儿肺炎、大连铁路医院对胆石症、杭州铁路医院对肛肠疾病等的临床观察和治疗,都取得了较好成绩。

四、铁路疗养院

铁路疗养院是医疗保健事业的组成部分,同时也是职工的一项福利事业。铁路部门最早建立的疗养院是 1949 年 8 月开院的扎兰屯疗养院,当时为收容结核病患者,设立了 36 张床位。新中国成立以后,各铁路企业先后兴建一批疗养机构和一些业余休养所。铁路各类疗养院都分布在风景疗养区，1966年有32所，床位5035张，十年动乱期间一度停办，1970年复建，到1981年恢复到1966年的水平，1985年增加到41所，床位达6065张。

疗养院利用当地自然条件，采取疗养和中西医结合等医疗手段，收治运动、消化、呼吸、循环和神经等各系统慢性病人，开展整体综合疗法，以指导疗养生活为中心，以心理护理为重点，形成了一套有别于医院的护理方法。疗养员经过一定时期的疗养，一般都能收到比较满意的效果。如扎兰屯结核病疗养院，1980年与1985年比，治疗有效率由92.2%提高到98.1%，痰菌阴转率由45.6%提高到86.1%。兴城疗养院对类风湿性关节炎、腰椎间盘突出症、颈椎病、肩周炎、强直性脊柱炎等，总结出较系统的诊断和治疗方法，有效率达98.4%。

36年来，铁路医疗保健事业有了很大发展。为了对铁路职工中的常见病、多发病实行更有效的防治，更全面地提高卫生保健服务水平，需要更好地发挥业已形成的网络作用，解决发展中的薄弱环节，对加速技术进步，提高医护人员素质，改进服务态度和作风等问题，作进一步的努力。

第四节 铁路环境保护工作

铁路生产建设对环境的破坏和污染主要有两个方面：一是修建铁路占用土地，对水体、河流、森林、草原、农田、水源等自然环境的破坏；二是在铁路运输生产过程中排放的"三废"（废水、废气、废渣）和产生的噪声、振动等对大气、水体和周围环境造成的污染。这些破坏和污染具有流动性、复杂多样性、分散性和不间断性等特点，因而治理难度大。

铁路环境保护工作是从1974年起开展的。十几年来大体经历了三个发展阶段：第一阶段主要是广泛宣传，发动群众，开展环保工作；第二阶段主要是制定规划，重点安排污染治理工作；第三阶段主要是加强法制，加强管理。首先，在铁路企、事业单位中建立环境保护机构，充实人员。全路自上而下组建了一个环境保护管理体系，到1983年年末，从事环保工作的人员达1099人，其中技术干部占51.5%。其次，加强环境管理，建立基础工作,主要是在全路开展了对污染源的调查,建立统计报表和档案,对污染和治理做到心中有数;制定了《铁路环境保护管理条例》《铁路基本建设技措项目环境管理办法(试行)》《铁路基层单位环境保护机构、人员工作职责》《铁路环境保护监察条例(试行)》等基本规章制度,明确各级职责,许多基层单位结合实际制定了相应的管理办法和管理细则,把环境管理纳入了企业管理轨道。一切新建、改建、扩建工程项目,必须严格执行防治污染设施与主体工程同时设计、同时施工、同时投产的"三同时"规定。1981年全路建设项目执行"三同时"规定的为76%,1985年提高到88%。各铁路局和主要工厂配备了监测人员,监测队伍逐步形成。在科学研究上,每年都进行专题研究,对电焊烟气净化、铅烟净化、采石场粉尘防治技术、货车洗刷废水处理技术等方面,都研究制定出处理设施,在生产中被采用。此外,还编制了货车洗刷废水排放标准,被批准为国家标准颁布实行。

通过十几年的努力,铁路一些单位的环境污染得到了治理,企业的环境面貌有了好转。"六五"期间已有73个铁路分局、工厂和基层单位被所在省市评为环境保护先进单位。成都机车车辆厂、长春客车厂、杭州车辆段、山海关机务段等30个单位被铁道部命名为环境保护先进单位。

开展环境保护工作以来,铁路对重点污染源的治理取得了以下主要成就:

一、锅炉、窑炉消烟除尘

在铁路各项环境污染源的治理中,锅炉的消烟除尘开展最早,也较广泛。铁路的锅炉和窑炉遍及铁路沿线,每年耗煤约700万吨,煤烟污染成为大气污染的主要问题,需要认真治理。经过十几年来开展消烟除尘工作,技术上不断进步,一些效果较好的消烟除尘措施和设备已得到越来越多的应用。各种固定锅炉以机械炉排加除尘器为改造的主要形式,1蒸吨以下的锅炉多采用双层炉排、反烧型式、简易煤气等。1985年年底全路共有各种固定锅炉和工业窑炉1.6万多台,约有60%得到治理。北京、苏州、杭州和桂林4个重点城市的铁路用锅炉共250余台已基本治理完毕。大中型锻工炉879台,已治理并达到排放标准的233台,占26.5%。小型锻工炉(手锻炉)2349台,已治理并达到排放标准的313台,占13.3%。

在开展消烟除尘过程中,铁路在锅炉较多的地区和工厂还进行了集中联片改造及电厂余热引进工作,1983年各铁路局、工厂共建成97处。这些项目的建成使用,使582台锅炉减为286台,在总蒸吨增加2.5%的情况下,每年节煤1.2万余吨,少排放烟尘420吨,减少司炉工716人,受热面积增加93.4万平方米,比原受热面积增加58%,烟尘排放浓度基本达到排放标准。

二、蒸汽机车消烟除尘

第一项是蒸汽机车运行中用煤的消烟除尘。至1985年年末全路尚有蒸汽机车7674台,每年用煤量达1900余万吨,烟尘飞扬损失达几百万吨,成为铁路烟尘、废气的最大污染源。由于机车受铁路建筑限界的严格限制,要进行消烟除尘的彻底改造比较困难,多年来这项工作进展缓慢。从1979年起,对蒸汽机车消烟除尘着手进行试验,采取的主要措施是:改革能源组成,主要是改用型煤,减少飞扬损失;合理改造机车,圆烟筒改为扁烟筒,提高通风效率和锅炉总热效率,减少烟渣热损失;增加强制消烟除尘设施,在机车上安装导风器,降低烟尘浓度;进行煤气蒸汽机车试验,由固体燃料改为气体燃料,减轻污染。

第二项是蒸汽机车点火消烟除尘。全路蒸汽机车点火作业每年达10万多台次,点火时由于不断加煤,烟尘排放浓度高达1.5万毫克/立方米,既浪费燃料,又污染环境。特别是全路100多个机务段和10多个蒸汽机车修理工厂,有一半以上地处城市市区或风景游览区内,影响更大。从1979年芜湖机务段首先使用第一套蒸汽机车点火的消烟除尘装置以来,烟尘治理装置已在桂林北、杭州、南京、青岛等机务段安装使用,并取得了较好效果。除尘装置有两种：一种是桂林北机务段采用的布袋除尘器，点火烟尘通过两级除尘净化，有的可使烟尘降到 5 毫克/立方米，由于停止使用蒸汽送风和综合利用余热，一年还可节煤 420 吨，噪声也由 95 分贝降到 75 分贝。另一种是南京机务段采用的水膜除尘器，点火时烟尘浓度可降到 54 毫克/立方米，点火工效可提高 33％，点火耗煤量可节省 27％。这两种除尘型式各有优缺点。前者除尘效率较高，但对烟气中的硫氧、氮氧、碳氧化物和硫化氢等有害气体不起净化作用，除尘的管理工作量较大；后者构造简单，维修方便，内衬瓷砖，耐酸、耐温、耐腐蚀，且能部分处理二氧化硫，不生成炭黑、煤焦油等，但除尘效率不如前者。

三、卸车机粉尘治理

铁路运输煤炭、石子、黄沙等大宗散装货物，以往全靠人工装卸，后来普遍使用了卸车机。但卸车机在高速转动时，大量粉尘外扬，卸一车煤要飞掉粉煤 2—3 吨，最多的竟达 9 吨，损失惊人。一般在距卸车机 20—30 米内形成滚滚黑烟，"不见车，不见人，只见一团蘑菇云"，铁路工人身受其害，附近居民也深受其苦，污染变成了"公害"。对这种"公害"，铁路部门经过组织攻关，重点研究，已有 3 种效果较好的治理措施。第一种是湿法除尘，采用湿式喷雾除尘装置，卸车粉尘可由 53.8 毫克/立方米降到 3.2 毫克/立方米，除尘效率为 94％。但耗水量较大，在水源缺乏地区和上冻季节不宜使用。第二种是干法除尘，把卸车机所有起尘扬灰部分全部封闭起来，距卸车机 50 米处的卸煤飘尘浓度为 32.9—35.6 毫克/立方米，除尘效率为 67％—72.3％。第三种是吸尘法除尘，采用干法吸尘装置或吸尘与喷雾相结合的除尘装置，除尘效率在 90％以上。这种装置适用于去除颗粒较小的粉尘。

1985 年全路有卸车机 574 台，其中 70％已安装了除尘装置，减轻了对环境的污染。

四、货车洗刷废水治理

货车洗刷废水是铁路特有的一种污染源。铁路货运车辆的使用一直沿用车辆换装制,装运有毒有害货物时,没有包装或包装不坚实,加上有的工作人员违章作业,致使包装破损,造成撒漏,产生污染。为了避免装运的货物特别是粮食、食品等遭到污染,必须对染毒货车进行清洗消毒,进而对洗刷染毒货车产生的废水给予处理。

货车洗刷废水的水质与所装货物品类直接相关,废水中所含成分较为复杂。从1976年起,铁道部组织开展了货车洗刷工艺及废水处理的研究工作,确定在一般地区采用一级处理,主要利用物理作用来分离和去除废水中的悬浮物,降低有机物的含量;在自然保护区、风景游览区、水源保护区和渔业水域等,根据需要采用二级处理,主要利用微生物的氧化分解或利用吸附氧化过程来处理废水中的溶解性有机物。到1985年,全路已建成货车洗刷废水处理设施27处,使1/3的货车洗刷废水得到净化处理。

五、含油废水处理

铁路油罐车装运石油制品,每当油品品种变化,或油罐车需要检修时,都需先清洗罐体,因而产生含油废水。在铁路机车车辆工厂和机务段、车辆段的制造、维修作业中也产生含油废水。这是铁路主要污染源之一。含油废水量小、分散、含有害物质,如不加处理就直接排放,不仅会影响水生物和农作物的生长,而且会破坏水资源。在50年代,对含油废水的处理一般是采用隔油池处理,排出的污水远远超出国家规定的排放标准。60年代初,北京铁路分局石楼车辆段增设了浮选除油设施,1974年又进一步增加了生物转盘处理装置,并采用了斜板隔油和喷嘴浮选新技术,处理后的水质符合国家规定排放标准,排出的水还可以重复使用,1978年获得全国科学技术大会的奖励。到1985年,全路相继建成17处油罐车洗刷废水处理设施,部分机务段、车辆段和一些机车车辆工厂也先后修建了废水处理设施,不但消除了污染，有的还能回收废油，有一定经济效益。

六、木材防腐废水处理

全路一年生产的防腐木材过去曾达到100万立方米，随着预应力混凝土轨枕的发展，木材用量减少，木材防腐量也相应地逐年减少，但至1985年木材防腐量仍达58.2万立方米。木材防腐长期使用克鲁油作为防腐剂，产生的污水中含大量的酚，对附近农田、鱼池有严重危害。50年代开始采用生化方法进行处理，即用生活污水排入生产污水中作为细菌培养法，经一系列曝气等工序，使含酚污水达到无害程度。到1985年，全路8个木材防腐厂先后都建成了废水处理设施，排放的生产废水全部经过净化处理。70年代北京木材防腐厂改用生物转盘，效果更好，该厂获北京市先进文明工厂称号。

木材防腐厂除产生上述废水外，还有受污染的地面雨水，其水量常为正常生产废水量的几倍，尤其是南方地区雨多，大量雨水冲刷地面，造成的污染甚为严重。几年来，铁路部门为处理这种废水，在南方4个厂建成了总面积为18570平方米的油枕棚，棚内为混凝土地面，并有集油沟，基本上控制了成品库地面受雨水冲刷所造成的污染。北方4个厂也采取了相应的防治措施。

七、铁路运输、工业噪声和振动的防治

铁路运输噪声来源于机车整备、列车行驶、鸣笛和站场高音喇叭及蒸汽机车排水、放汽等，对沿线站区附近的居民环境干扰很大。经过多层次的调查与监测，由铁道部劳动卫生研究所主持，制定了机车噪声的卫生标准：电力、内燃和蒸汽机车分别为80、80、85分贝，已列为国家卫生标准。许多机务段对蒸汽机车放汽噪声采取了安装消声器等治理措施，收到了良好效果。丰台、南京西和南翔等编组站采用无线调车新技术取代有线广播指挥，不仅解决了高音喇叭噪声扰民问题，还可提高作业效率，在一

些业务繁忙的车站和调车机上也在推广使用这一先进技术。

铁路工业生产噪声和振动主要来源于机车车辆、桥梁、轨枕、通信信号及工程机械工厂，防治措施基本上是更新改造机具设备，如对机车司机室采取后墙加装厚板、顶棚密接、司机房门采用整体结构等措施；对机械加工、铸造等车间采取隔音罩、消声器、吸声板，加装防振垫，风机上安装消声器等措施，进行综合治理，已取得了较好的防振减噪效果。

十几年来，铁路的环境保护工作越来越受到重视，治理污染的投资逐年增多，1974年至1985年共投资约2亿元，为开展治理工作创造了重要条件。但这项工作的发展是不平衡的。为了做好这项工作，还需要各级单位和领导进一步重视、支持、关怀，加强对环境保护的管理，贯彻防治结合、以防为主的方针，避免这边治理、那边排污、治不胜治的情况发生。

第三十六章
铁路职工生活福利

铁路运输生产高度集中,连续作业,地区和单位分散,岗位流动,这就给职工生活造成很大困难。如果搞不好职工生活福利工作,势必影响职工健康和工作情绪,从而影响运输生产效率和安全。这类问题在其他行业是少有的。另外,中国铁路分布面广,从北纬53度冰天雪地的漠河到距离赤道只有十几度的崖县,从东海之滨的上海到天山脚下的库尔勒,既有发达的大城市,又有偏僻的小山村。最北端的加格达奇分局,许多线路建筑在永冻层上,常年冰雪不化。建路初期,职工们"吃水用麻袋(装冰化水),开门用脚踹(门被大雪封住),五黄六月吃干菜(无霜期只十几天,农作物不能生长)"。处于青藏高原的西宁分局则另是一番景象,那里是"南昆仑,北祁连,风沙缺氧又高寒,八百里瀚海无人烟",有些地方"天上无飞鸟,地上不长草,风吹石头跑",职工有钱也无处买东西。在有些地区,如果组织上不抓生活工作,职工便无法生存。因此,铁路各级领导都把做好职工生活工作列为自己的重要职责。

第一节 生活福利事业的兴起和发展

在解放战争时期,从干部到工人都实行供给制或半供给制。解放区的铁路职工,每人每月领取定量的粮食、燃料和少量货币津贴。1948年东北铁路实行工薪分制,工薪分值按定量的米布油盐煤计算,叫作"实物工资"。但当时经济形势非常紧张,基本上没有市场,这些实物无处可买。新中国成立之初,被长期战争破坏了的经济没有也不可能立即好转,物价不稳，职工生活受到很大影响。为了保障职工生活需要，铁路各地各级组织兴办消费合作社（后改为铁路商店），后来又办了许多米面加工、肥皂、火柴、服装制作，以及农、林、牧、副、渔业等生产合作社，还兴办了食堂、托儿所、浴池、理发等服务行业。为了加强对这些生活福利事业的领导，各路局都设立供给总店（后改为生计处、职工生活供应处），分局设分店（后改生计科、职工生活供应科），并成立生活供应段。这样，铁路职工的生活问题基本上得到了解决。

1952年下半年，根据国务院的决定，将铁路经营的工副业生产交给地方有关部门。1955年国家实行粮食统购统销，铁路商店便不再经营粮食。1958年铁路部门又将大中城市的铁路商店交给地方商业部门，但沿线和边远地区的供应机构仍保留。这些地区的生活物资的供应，至今仍是职工生活工作中一个重要部分。

国民经济恢复时期和"一五"期间，铁路运输、基建和工业生产都有很大发展，职工生活也有较大改善。不仅工资逐年提高，各项集体福利事业也蓬勃发展。深山老林和戈壁沙漠上生活列车昼夜开行，乘务员公寓、食堂、托儿所大量修建，过去简陋的职工住宅区建起了一幢幢高楼大厦，山清水秀的风景区出现了铁路工人疗养院和休养所。铁路职工不仅在政治上有了地位，生活上也发生了日新月异的变化，人们衷心赞美新中国，热爱共产党。

"大跃进"时期，由于"左"倾错误和连续三年自然灾害，铁路职工生活十分困难。1960年11月23日，铁道部专门召开电话会议，要求各级领导亲自抓生活。会后各单位都成立了生活领导小组，动员成千上万干部深入基层，深入公寓、食堂，千方百计提高饭菜和服务质量，让第一线工人吃饱肚子。1961年2月，国务院决定每月给铁路职工拨发补助粮900吨，按工种最高每人每月3千克、最低500克，直到1966年才停止。由于国家的关怀，全路广大干部工人的艰苦奋斗，终于胜利地渡过了难关，使铁路事业继续向前发展。

十年动乱使国民经济和人民生活陷入了更大的困难。特别是当时把抓职工生活说成是搞修正主义，一些领导干部不敢抓生产，更不敢抓生活。一些生活部门被撤销，干部待业，乘务员公寓成了大众旅馆，食堂没有服务员，饭菜质量下降。

粉碎江青反革命集团，特别是中共十一届三中全会以后，职工生活福利事业又被提到议事日程。1978年6月铁道部恢复生活局编制（后并入劳动人事局）。1979年年初，铁道部召开全路生活工作会议，确定"从实际出发，讲求实效，在发展生产的基础上逐步改善职工生活"的指导方针。各级组织都相继建立健全了生活工作机构，充实了生活部门的职工队伍。"六五"期间是铁路职工生活福利事业又一次大发展时期，全路用于生活福利的资金，不包括住宅、单身宿舍、公寓等基本建设，总额达31.8亿元，其中用于医药卫生、房租补贴、困难补助等27.5亿元，公寓食堂等补贴4.3亿元。

第二节 铁路职工的集体福利

新中国成立后，铁路各级组织十分重视职工的生活，举办了多种形式的集体福利事业。

一、乘务员公寓

铁路每天都有大量的机车、列车和检车乘务员随车作业。为了保证运输安全和效率，乘务员在出乘前后必须充分休息，才能精力充沛地完成运输任务。为此，各铁路局都在列车始发、终到和机车中途折返点设立乘务员公寓，这是铁路企业特有的生活服务设施。

新中国成立后，各铁路局都对乘务员公寓进行了整修、改造或重建，扩大面积，增添设备，并陆续在没有公寓的地方修建了大批新公寓。十年动乱时期，公寓管理混乱，制度荒废，有的公寓被占作他用，乘务员退乘以后没有地方住或长时间排队等床。

1979年全路生活工作会议后，各地对公寓进行了整顿。同年4月铁道部规定公寓的一切费用都列入运营开支。1981年5月铁道部和铁道部政治部联合发出了《关于整顿乘务员公寓的紧急通知》。1983年4月铁道部公布了《铁路乘务员公寓设施设备和服务质量标准》。各路局、分局认真贯彻这些文件精神,对公寓进行了全面整顿。

首先是改旧建新,增添设备。从1981年到1985年,全路共扩建、新建公寓176处,投资6760万元。公寓总数1980年为521处,床位65830张,1985年增加到551处,床位81249张,分别增加6%和23.3%。5年内还拨出专款1951万元,为各地公寓更新改造或增添设备。据1985年统计,全路各公寓每天可接待乘务人员10.12万人次,基本上适应了运输生产的需要。

其次是加强管理,提高服务质量。经过整顿,铁路各公寓普遍建立了岗位责任制,制定了服务标准,如饭菜不间断供应,卧具定期换洗,按时叫班等。有的公寓还用汽车接送乘务员出乘退乘,给不能来公寓休息的紧交路乘务员送饭上车。北京局的石家庄,沈阳局的苏家屯,上海局的金华、南京东,郑州局的襄樊北,兰州局的哈尔盖,广州局的衡阳,哈尔滨局的让湖路和南岔等许多先进公寓,被广大乘务人员誉为"乘务员之家"。沈阳局丹东公寓厨师李月华,北京局承德公寓服务员燕玲等一大批热心为乘务员服务的公寓工作者被选为各局的先进工作者和劳动模范。

中共中央发出两个文明一起抓的号召和铁路系统开展"人民铁路为人民"活动以来,各地普遍开展了创建"文明公寓"活动。服务设施日新月异,文明礼貌蔚然成风,环境卫生也越来越好。金华公寓2500平方米的庭院中种植果树花卉3000多株,还有假山、亭台、喷水池,乘务员称为"花园公寓"。许多公寓还为乘务员创造了文化娱乐和学习条件。乘务员在公寓除吃好睡好之外,还能读书、看报、下棋、看电视以及从事其他文化体育活动,使乘务员公寓成为广大乘务员的"加油站"。

二、生活供应

解放战争年代和新中国成立初期发展起来的铁路供应商店,对保障职工生活，促进运输生产，曾发挥巨大作用。1953年铁路商店发展到470处，供应车81辆，全年销售额18亿元，经营商品2400多种。按平均低于市价10%计算，全路职工共得益1.8亿元。

"大跃进"以后，国民经济严重困难。为了保证铁路的畅通，铁道部与商业部、粮食部于1961年发出联合通知，规定铁路沿线职工享受中等城市的商品供应标准，沿线职工家属的粮食供应也委托铁路供应站、车负责，各地商业和粮食部门要保证货源，并把过去移交给地方商业部门的铁路商店交回铁路一部分。铁道部要求各局，凡3华里以内没有商业网点的沿线站区都设立供应站，偏僻地区和施工网点用供应车保证供应。为此又增加了供应车辆，并把过去载重20吨的小车，一律改为40吨或50吨的大型车，还增加了冷藏车以运送副食品。1961年全路共有供应站174处，供应车283辆，基本上满足了沿线职工的生活需要。

十年动乱时期，供应站、车多数停止活动，职工生活问题越来越多。粉碎江青反革命集团，特别是中共十一届三中全会之后，职工生活供应站、车也得到恢复和发展。1978年恢复及新建供应站243处，供应车305辆，全年销售额11987万元。1985年供应站增到279处，供应车494辆，商品销售额26500万元，比1978年分别增长14%、62%和121.9%。地处高寒地区的齐齐哈尔局（后与哈尔滨局合并）用52辆供应车，分段包干，昼夜开行，保证山区职工夏天每人能吃到新鲜蔬菜，冬季贮满一窖三缸（菜窖，酸菜、咸菜和大酱缸）。世界第一高原铁路上的西宁分局，用22辆生活车，为分散在1109公里、97个供应点的2万多名铁路职工家属送货到家，广大职工和家属称生活供应车是他们的"送到家门口的商店""活菜窖""活冰箱"。

30多年来，在生活供应部门出现了许多优秀人物，像乌鲁木齐局生活供应车维吾尔族售货员饶先汉，服务态度热情周到，通过自己的工作来宣传中国共产党的民族政策，受到沿线职工家属的尊敬和爱戴。

随着国家经济的发展和人民生活水平的提高，供应站、车的商品越来越丰富,并开始由低档向中高档发展。有的供应车除供应一般生活品之外,还送医送药,修理器具,代办邮递,捎买特需商品。供应车每到一处,站区男女老幼聚集起来,到处都是欢声笑语。供应车不仅给站区职工送来了生活必需物资,也送来了幸福和欢乐。

三、职工住宅建设

新中国铁路从旧铁路接管的职工住宅约426万平方米,房屋质量低劣,大部分是平房,土坯和木板结构占很大比重,有些是地下或半地下室,阴冷潮湿。即使是这样的房屋,职工也很难得到。

新中国成立后,铁路对职工住宅建设很重视,拿出了相当多的资金和物资,用来改造和新建职工住宅。从第一到第六个五年计划的33年中间,职工住宅建设能找到投资数据的有25年,总额为59.79亿元;能够查到竣工面积的有29年,总数为4646.5万平方米,等于新中国成立前职工住宅的10.9倍。实际数字比这要多得多,这不仅是因为有几年数字查不到,还因为除铁道部投资之外,各铁路局、工程局、工厂以及分局和基层单位,也从各种渠道筹集资金建设住宅,其数量相当可观。50年代还搞过"自建公助",即铁路贷款给职工个人建设住宅,据统计仅1954年到1956年3年中就贷款1200万元,自建了住宅44737户,119.8万平方米。到1985年,全路职工住宅仅运输系统(即不含基建和工业系统)就有4334万平方米。

新中国成立前的铁路职工住宅到1985年止已基本不复存在,有的废弃,有的翻新了。现有职工住宅都是50年代以后建设的。80年代新建的住宅,大部分是楼房和高层建筑,室内给水排水、取暖、通风、卫生等设备齐全,大的住宅区还有学校、商店、托儿所等配套设施,为职工生活提供了许多方便条件。

但住宅问题仍然是铁路职工生活中比较大的问题,还有许多职工缺少住房。其原因主要是30多年来人口增长速度偏高,同时职工队伍已经换了三代人，住宅建设的速度总是赶不上需要；十年动乱时期又很少盖房，欠账太多；住宅标准不断提高，加上建筑材料涨价，增加了住宅建设的难度。

四、其他各种福利事业

中国铁路职工的福利事业，除上述几项之外，还有职工食堂、幼儿园、单身宿舍、工农副业生产、子女就业以及浴池、理发、洗衣等服务事业。其中办得好、作用大的是职工食堂和托幼事业。工农副业和多种经营也有成绩。

（一）职工食堂。

由于铁路职工分散、流动、多班次、昼夜不间断作业，不可能一日三餐都在家里吃饭，加上还有一批单身职工，所以公共食堂是必不可少的。据统计，1950年全路仅有食堂111个，职工吃饭问题很大。1952年食堂增加到513个，比1950年增加3.6倍。到1985年，全路各类食堂总数达4777个（其中生活部门管的较大的地区食堂993个），比1950年增加42倍。

铁路食堂有两个特点：一是除餐料、燃料及零星餐具补充外，其他费用（包括工作人员工资）都由福利费开支，因此饭菜价格较低；二是服务方向明确，即为运输生产服务，重点为生产第一线职工服务。1955年以前学习中长铁路做法，食堂职工工资及管理费都加到饭菜成本中去，提成率（即餐料以外的费用与饭菜售价之比）高达20%。1956年铁道部决定食堂职工工资不加进饭菜成本，中共十一届三中全会后又把一切管理费用也从成本中扣除，食堂提成率普遍降到5%以下，管理得好的食堂只有1%。在为运输生产服务方面，许多食堂做到了"千方百计"，运输紧张时食堂职工主动把饭菜送到机车上、扳道房、调度室、施工现场以及病伤职工的病床前，对倒班职工实行预约和留餐制，给单身职工做生日饭、节日饭，在这方面出现了大批优秀的食堂工作人员。如古冶地区食堂主任陈俊生、山海关地区食堂主任刘青山等，受到广大职工的好评。80年代以来，铁路职工食堂在发扬优良传统的基础上，又有许多新发展。对管理制度实行了改革，普遍建立了经济责任制，增添了大批新设备，作业进一步机械化、电气化，职工就餐标准也逐步从温饱型向营养型过渡。

（二）托幼事业。

新中国成立后，大批妇女参加了铁路工作。1950年全路有女工13855名，占职工总数的3%。1985年达到663089名，比1950年增加48倍，占职工总数的21.2%。为了让女职工安心工作和培养教育好下一代，各级领导很重视托幼工作，托幼事业不断得到发展。

1952年，由生活部门主办的幼儿园所全路有151处，收托儿童6279名；1985年发展到1776处，收托儿童148410名，分别为1952年的11.7倍和23.6倍。此外，各单位自办不少托儿所和哺乳室。铁路职工的适龄幼儿75%可以入托。托幼事业的一切行政费用统由福利费开支，家长只为自己的孩子交餐费和少量管理费。

1981年到1985年，各地铁路幼儿园普遍进行了整顿，对8919名保教人员进行了培训，占保教人员总数的42.6%。保教人员与儿童比例一般为1∶6，百名儿童以上的幼儿园配有专职医护人员，许多保教人员爱护孩子像妈妈。哈尔滨局三棵树地区托儿所保育员许治芳，从事幼儿教育30多年，为孩子呕心沥血，虽已两鬓如霜，仍为托幼事业奋斗不息。沈阳局大连第一幼儿园厨师姜淑华，在对儿童食谱的研究上取得了优异成果，使儿童的体检达标率由入托前的50%多提高到80%以上。

（三）工农副业生产。

铁路职工生活部门办理的工农副业生产，在新中国成立前后是职工生活供应的重要物资来源之一，1952年全部移交地方有关部门。1959年到1962年，为克服"大跃进"给职工生活带来的困难，铁路又开始办农副业。如齐齐哈尔局，开垦荒地10万亩，年产粮1000吨，菜6000吨，并种植大量饲料饲草饲养禽畜，对保障职工生活起了重要作用。据1979年统计,全路有农副业基地6864个,耕地37.04万亩,当年产粮19096吨,油217吨,菜59368吨,牛奶1625吨。进入80年代,有些地区的农副业生产又有新的发展。

(四)多种经营。

中共十一届三中全会以后,国家经济体制改革不断深入。铁路系统各部门各单位,通过企业整顿和改革,在保证完成国家运输任务的前提下,抽出一定的人力和物力,发展多种经营,举办为旅客货主服务的事业,同时还举办了大批集体企事业,安置职工的待业子女72万多人,既方便了群众,又增加了铁路和职工收入,解除了大部分职工的后顾之忧。此外,铁路各地区和一些较大单位都有职工浴池、理发室、洗衣房以及液化气供应站等服务设施。所有这些福利设施,都方便了职工的生活,为他们安心工作创造了有利条件。

五、边远地区的生活工作

新中国成立后,新建铁路逐渐伸向东北林区和西南西北腹地,出现了兰新、成昆、包兰、青藏、集二以及牙林、汤林、长林等新线。这些地区,由于自然环境差,经济落后,职工生活比较艰苦。因此,铁道部对处于边远地区的乌鲁木齐、兰州、呼和浩特、昆明、哈尔滨、吉林6个铁路局给予了特殊的照顾。从1982年到1985年,铁道部每年拨出专款2000多万元,给这些铁路局解决边远地区的职工生活问题,从而使这些地区的职工生活中的几大难题得到了一定程度的解决。一是吃水问题。除以335辆专用罐车为缺水地区送水外,拨款4209万元,打井297眼,铺设引水管路22.7万米,修建净水设备33处、蓄水池107个,使这些地区无水、缺水、水质不良、水源污染等情况有了较大改变。二是乘务员住宿问题。这些地区新建铁路沿线的部分乘务员公寓比较简陋,数量也不足。为了向乘务员提供必要的食宿条件,4年投资2657万元,改建、扩建、新建乘务员公寓68处,增加床位7700张,使乘务员不再为住宿发愁。三是儿童入托难问题，投资 907 万元，新建、扩建幼儿园 30 处，增加收托儿童 3750 人。另外，为解决吃饭难、洗澡难、适龄儿童上学难三个方面的问题，共投资了 902 万元。以上几项合计投资 8675 万元。

铁路部门的生活供应工作也重点照顾边远地区。从 1981 年统计数字看，铁路全年调拨给边远局猪肉 770 吨，海鱼 900 吨，大米、花生 630 吨，糖酒 285 吨，水果 5030 吨，蔬菜 5400 吨，使职工生活得到很大改善。地处大兴安岭的加格达奇分局，过去职工长年吃不到新鲜蔬菜，有的职工的小孩长到五六岁还没吃过黄瓜。后来，除供应站、车及时供应外，还组织群众自建塑料大棚，种植新鲜蔬菜，基本解决了职工的副食品问题。在供应站、车的设置和工作人员的配备上，对边远地区也给予了更多的照顾，如 6 个边远局共有供应车 322 辆，占全路供应车总数 494 辆的 64.8%。这些措施，对安定边远地区职工生活，保证运输生产起了很大作用。

第三节　铁路工会的群众生活工作

中国铁路职工的生活福利工作，除上节所说的由行政部门出资举办并管理的各项事业之外，还有不少由工会组织负责，人们习惯称它为"群众生活工作"。

36 年来，全路各级工会积极配合行政办好公寓、食堂等事业外，还在办好文化宫、俱乐部，开展文化、体育活动等方面做了大量工作。到 1985 年止，在职工文化生活设施方面，全路共拥有地区、分局、局级文化宫、俱乐部 328 个，体育场、体育馆 108 个，基层文化网点 5500 多个，还有 6 个列车文工团，广播、电视、图书馆、体育场开始形成网络，对改善职工生活，建设精神文明，完成铁路运输任务起了很大作用。除此以外，工会在群众生活上还做了以下工作。

一、生活互助

群众生活问题，从衣食住行到生老病伤婚丧嫁娶等等，全靠国家解决是办不到的。在旧中国，铁路工人在没有集体福利的情况下，就有过自发的互助互济活动，像"请会"、"摇会"等。新中国成立后，许多单位开始有组织有领导地开展互助活动。1949年齐齐哈尔局博克图机务段工会成立互助储金会，帮助生活困难的职工解决了许多急需问题。他们的经验很快被推广到全路。开始是只储不还，属于救济性质。后来推广铁道部工务局的办法，互助储金有储有取，有借有还，金额可多可少，参加储金会能进能出，只是没有利息。有的单位把暂时用不了的互助储金存入银行，产生的利息用于公益活动。互助储金会体现了工人阶级的团结互助精神，解决了职工的暂时生活困难问题，因而广大职工欢迎这种组织并踊跃参加。

有些互助会除开展互助储金外，还搞其他方面的互助，如互助建房、修房，介绍婚姻，办红、白喜事，解决家庭邻里纠纷，做思想政治工作等等。锦州工程处通过群众互助，自筹资金，为已婚的无房青年男女职工建房142户。济南机务段有一名职工，夫妻相继病故，抛下7岁以下3个孤儿，如果在旧中国，这3个孤儿的命运是不堪设想的。济南机务段的领导和职工们，通过互助会把3个孩子都养大了，在他们念完中学后都给安排了工作。群众都说，到底是社会主义好啊！

二、困难补助

为了解决少部分职工由于家庭人口较多或者遭到意外灾害时发生的生活困难，各铁路局每年都拨出专款，交工会组织管理，用于补助生活困难的职工。补助分为一次性、定期和季节性几种。50年代人民生活水平普遍较低，人均生活费用达不到最低标准的困难户占职工总数的15%（最低生活标准各地各个时期不同，据株洲电力机车厂调查，50年代为人均8元，60年代为10元，70年代为12元，80年代初为15元，1983年为25元）。那时的补助多属定期或季节性补助。60年代和70年代，困难户下降到10%左右，主要是多子女和长期患病的职工。80年代困难户只占5%，有的单位已不存在困难户。遭受自然灾害地区的职工是补助的重点。1981年四川省发生特大水灾，铁路职工有 6000 户遭灾，其中重灾户 2305 户，铁道部及成都铁路局共拿出 70 多万元救济受灾职工，各兄弟局也大力支援，帮助他们渡过了难关。

1979 年到 1985 年全路用于困难补助总金额为 1.3 亿多元，被补助职工共 356 万多人次，体现了社会主义企业对职工生活的关怀。

三、关心退休职工生活

36 年来，铁路职工队伍已换了三代人。50 年代入路的职工基本上全退休了，60 年代入路的也有很大一部分退休，退休职工队伍越来越大。1985 年全路退休职工已达 506407 人，另外还有离休干部 56231 人。离退休职工人数相当于在职职工的 18%。

铁路职工在职时的劳动保险待遇归行政负责，工会监督，退休后就由工会负责了。为了搞好这些退休职工的生活工作，铁路各级工会从 80 年代开始，相继成立了退休职工管理委员会，下设办公室，除管理各种劳动保险待遇外，还组织开展各种活动，如文娱、体育、学习，参加单位或街道的社会工作等。基层单位都设有退休职工活动室，工会干部还经常到退休职工家庭访问，了解情况，帮助解决生活中的困难问题，做思想政治工作。有的单位的共青团组织也成立青年敬老小组或送温暖小分队，分工包干，帮助鳏寡孤独的退休老职工买米、做饭、洗衣服、理发、求医、送药，使这些老人过一个幸福的晚年。

四、职工生活的民主管理

铁路部门 50 年代初学习中长铁路经验时，实行过签订集体合同的办法。生活福利是合同中的一项重要内容，包括住宅、公寓、食堂、托儿所、吃水、用电等等，在合同期内做些什么，谁负责，何时完成，都写到合同中去，由行政和工会双方签字保证实施，而合同必须经职工大会或职工代表大会通过才能生效。这是一种民主管理的方式。后来虽然不签合同了，但职代会已经制度化。职代会下设有生活委员会，各生活单位都成立民主管理委员会，各项生活福利事业都要经职代会讨论通过并贯彻执行。这样做，能够调动群众积极性，把生产搞得更好。铁路山海关地区食堂，开始搞监督小组，结果造成食堂和就餐职工的对立情绪。成立民管会后，食堂和就餐职工共同努力，食堂面貌迅速改变，成为全路的先进典型。

"大跃进"和十年动乱期间，民主管理制度遭到削弱和破坏，职工对生活工作不能过问，使许多生活部门管理混乱，质量下降。

中共十一届三中全会以后，全路的民主管理工作得到迅速恢复和发展，初步建立起大三级（局、分局、站段）、小三级（站段、车间、班组）的民主管理体系。据统计，1985年全路已有3915个基层单位建立了职代会制度并设立了生活委员会。

30多年的实践证明，"左"倾错误严重破坏了国民经济的比例关系，损害了群众利益，职工生产积极性受到挫折，运输生产就下降；而几次调整比例关系，纠正了"左"的错误，抓了群众的生活，抓了吃、穿、用、住，群众的积极性就高涨，运输生产就得到发展。所以，要办好铁路，就必须抓好职工群众的生活福利工作，在发展铁路运输生产的同时，相应地提高职工的生活水平。这条经验必须继续坚持，并在改革、开放、搞活的新形势下不断丰富。

第三十七章
铁路外事工作

铁路外事工作,是指中国铁路与外国铁路或有关方面之间进行国际联运、科技交流、协作和友好往来等涉外活动。这项工作,对促进对外贸易和推进中国铁路科学技术的进步有重要意义。

新中国的铁路外事工作始于1950年中苏合办中国长春铁路公司。从那时起,陆续有许多苏联铁路专家来中国铁路工作。国际铁路联运也首先在中苏铁路间开办,随后在中朝、中蒙和中越铁路间办理,并扩大到了东欧各国。

1956年铁路合作组织(简称铁组)的成立,推动了国际铁路联运的发展,为中国铁路的外事工作增加了新的内容。在对外科技合作方面,中国铁路参加了铁组的一些技术专题工作和科研项目,也同铁组许多成员路建立了双边科技合作,包括互派专家考察和交换技术资料。

十年动乱期间,铁路外事工作受到很大干扰,虽然中国铁路仍留在铁组内,并继续办理国际客货联运的日常业务,但铁路的对外交往几乎处于停顿状态。中共十一届三中全会之后,铁路外事工作重新有了生机,对外交往和合作对象由原来的苏联、东欧国家和少数发展中国家扩大到日本、英国、联邦德国、法国、美国、加拿大、澳大利亚等西方发达国家以及许多发展中国家。1979年,中国铁路开始参加联合国亚洲和太平洋经济社会委员会的活动。1980年恢复了在国际铁路联盟的成员地位。1984年派出代表参加了中断17年之久的铁路合作组织第十二届部长会议。到1985年年底,中国铁道部已与日本、英国、联邦德国、法国和波兰主管铁路的部门签订了双边科技合作协议。

第一节 国际铁路联运

一、国际铁路联运的开办和发展

在旧中国，国内各条铁路之间尚不能完全接轨通车，更谈不上同其他国家铁路办理联运。新中国成立后，在大力修复和新建铁路的同时，即着手准备办理国际铁路联运。

最早开办的是中苏铁路联运。1951年3月14日以吕正操副部长为首的中国铁道部代表团与苏联交通部代表团在北京签署了中苏铁路联运协定和中苏国境铁路协定，当年4月1日开始实行。1951年11月1日，苏联和东欧各国铁路签订的国际旅客联运协定（简称国际客协）和国际铁路货物联运协定（简称国际货协）开始实行。1953年7月2日至31日，国际客协和国际货协代表大会在莫斯科举行，以滕代远部长为首的中国铁路代表团参加了大会，签署了议定书。1954年1月1日开始，中国与朝鲜、蒙古铁路都实行了这两个协定。由于中苏两国铁路都是这两协定的参加者，两国铁路在1951年签署的中苏铁路协定宣告废除。1954年1月25日，中朝国境铁路协定在北京签订，自1954年四月一日起实行。1954年10月12日，中、蒙、苏三国政府发表关于修建集宁——乌兰巴托铁路和组织联运的联合公报。12月11日集二铁路铺轨至中蒙国境，当时轨距为1524毫米宽轨（1965年改为1435毫米准轨），所运送的大部分是中苏间的进出口货物，苏联铁路车辆经二连到集宁换装。1955年10月17日，中、蒙、苏三国铁路代表在乌兰巴托签署了中、蒙、苏铁路联运问题的议定书，同时中蒙铁路代表签署了中蒙国境铁路协定。1956年1月4日，三国政府宣布集宁——乌兰巴托铁路建成和开办国际联运。

1955年5月25日，中越铁路联运协定和中越国境铁路协定在北京签订，同年8月1日开办了中越铁路联运。1956年6月1日，越南铁路参加了国际客协和国际货协。同时废除了中越铁路联运协定。

至此，中国同欧亚两洲的11个国家，即朝鲜、越南、蒙古、苏联、罗马尼亚、保加利亚、匈牙利、捷克斯洛伐克、波兰、民主德国、阿尔巴尼亚的铁路之间办理国际联运，营业里程共达26万公里。同时与欧洲其他各国铁路也可通过国际货协参加国办理转发送，进行货物联运。1978年12月22日，中越铁路客货联运中断。这是在国境铁路接轨点中方一侧进行线路中修时越方无理阻挠和破坏所造成的严重后果。

中国铁路开办国际铁路联运至今已30多年，它对中国发展对外贸易、旅游事业和经济技术合作，进行文化交流和友好往来具有重要作用。特别是50年代中国遭受经济封锁，在海运不发达的情况下，国际铁路联运对中国发展同其他社会主义国家的贸易、合作和友好往来，胜利完成国民经济恢复任务，做出了巨大贡献。

二、国际铁路旅客联运

1951年开办中苏铁路联运时，北京—莫斯科间的旅客列车在中苏两国境内由两国各自提供车辆并担当乘务，旅客在满洲里换乘，使用各自国内客票，票价按各自国内规定计算。为了向旅客提供方便，中国铁路同有关国家铁路一起积极组织开行国际旅客列车或直通客车。1954年1月31日，开行了第一趟北京—莫斯科（经满洲里）直通旅客列车。同年6月3日和1956年1月4日，北京—平壤、北京—乌兰巴托直通客车相继开行。1955年8月2日，北京—河内联运客车（旅客在凭祥换乘）从北京站始发。1959年6月1日增开了北京—乌兰巴托—莫斯科国际旅客列车。开始，这趟列车由苏联铁路提供车辆并担当乘务；从1960年5月24日起，改由中国铁路提供车辆并担当乘务。

中国铁路办理国际旅客联运的车站有22个，即北京、天津、大同、上海、南京、杭州、广州、长沙、衡阳、郑州、汉口、南宁、桂林、凭祥、二连、集宁、哈尔滨、满洲里、沈阳、大连、长春、丹东。旅客可以在这些车站购买至参加国际客协的其他国家铁路联运站的车票，一次付清票款，途中转车时，只需签票，不必再次购票。

二连站既是旅客联运站，又是国际旅客列车的经由站。由于中蒙铁路轨距不同，客车须在这里换轮，旅客停留时间较长。1973年对站房进行了改建，扩大了候车室，增加了为旅客服务的设施，旅客在候车时间内可以看电影或欣赏其他文娱节目。由于二连地处无水的沙漠地带，铁路员工艰苦创业，从几十公里外运水植树绿化，经过20多年的辛勤劳动，现已绿树成荫。每到春夏季节，站舍前红花绿叶，使人忘却身在荒漠边陲。

由于铁路联运票价便宜，又可欣赏沿途风光，许多旅客愿意乘坐火车旅行。1960年5月，北京—乌兰巴托—莫斯科国际列车由中国铁路担当乘务后，当年就运送旅客19594人。1961年全年运送旅客37836人，加上其他国际旅客列车和直通客车，运送旅客共计达77838人。60年代后期和70年代，客流大量减少，80年代又逐年增长。1985年运送45326人。

三、国际铁路货物联运

中国铁路开办国际货物联运是从1951年中苏铁路联运开始的，当时只有少数车站办理。1954年中国铁路参加国际货协后，根据对外贸易发展的需要，凡办理国内货运的车站（少数新线车站除外）均办理国际货物联运业务。

国际联运货物须在国境站办理交接。中国同邻国铁路对口的国境站是：

中朝间：丹东（中）/新义州（朝）、集安（中）/满浦（朝）、图们（中）/南阳（朝）。从1954年到1985年的32年间，这3个国境站共运送进出口货物1.4亿吨。1985年为440.2万吨，其中进口217.2万吨（丹东161.4万吨，集安2.2万吨，图们53.6万吨），出口223万吨（丹东96.1万吨，集安3.4万吨，图们123.5万吨）。

中苏间：满洲里（中）/后贝加尔（苏）、绥芬河（中）/格罗迭科沃（苏）。50年代，经满洲里进出口货运量每年都在300万吨以上，1959年曾达397.9万吨。60年代后期和70年代，每年运量仅几十万吨，1970年降到最低点为12万吨。进入80年代，运量逐年增加，1980年为26.5万吨，1982年为44.1万吨，1984年猛增到172万吨，1985年达256.2万吨（进口157.6万吨，出口98.6万吨）。经绥芬河进出口运量1980年为10万吨，1984年为58.2万吨，1985年为91.2万吨（进口47.9万吨，出口43.3万吨）。

中蒙间：二连（中）/扎门乌德（蒙）。经由二连运送的主要是中苏间贸易通过蒙古铁路的过境货物。1959年曾达271.9万吨，1970年下降至8.5万吨，1980年为29.7万吨，1982年为35.7万吨，1984年猛增至108.3万吨，1985年达150.3万吨（进口105万吨，出口45.3万吨）。

中越间：凭祥（中）/同登（越）、山腰（中）/新铺（越）。60年代和70年代，凭祥曾是援越物资的主要通道口。1971年至1974年，通过这里运往越南的物资每年都在100万吨以上，1972年达142.7万吨。

为检查国境铁路执行协定情况，解决运输方面的问题，中外铁路每年都举行双边国境铁路会议。1985年中苏、中蒙、中朝分别在哈巴罗夫斯克（伯力）、呼和浩特、沈阳举行了会议并签署了议定书。为商定外贸货物运量和制定技术组织保证措施，在铁组委员会主持下，中、朝、越、蒙、苏五国铁路每年举行运输计划会议，并吸收外贸部门代表参加。1985年2月的会议是在北京举行的。

从1980年起，中国同有关国家铁路间开始试办20英尺和40英尺集装箱运输。由于使用集装箱运输货损货差事故少、运输时间短、与国外结算货款快，这种运输发展很快，1980年进出口200多箱，1984年为6000多箱，1985年增加到1万箱。

第二节 国际组织

一、铁路合作组织

1956年6月，保加利亚、匈牙利、民主德国、中国、朝鲜、蒙古、波兰、罗马尼亚、苏联和捷克斯洛伐克等国主管铁路的部长在索非亚开会,决定成立铁路合作组织。滕代远部长率中国铁路代表团出席了会议。这是铁组第一届部长会议。

1957年5月,在北京举行了铁组第二届部长会议,参加会议的除上述10国部长外,还有阿尔巴尼亚和越南的部长。滕代远部长主持了会议,周恩来总理会见了全体与会代表。会议通过了铁组章程,并决定成立部长会议的执行机关铁组委员会,设在华沙,由各国部长委派的常驻代表(即铁组委员会委员)和工作人员组成。中国铁路自1957年9月1日铁组委员会开始工作之日起,一直派有常驻代表和工作人员10余名在该委员会工作。1966年,古巴铁路参加了铁组。从1956年至1966年,铁组共召开过11届部长会议。在中断18年之后,第十二届部长会议是1984年召开的。

铁组的基本任务是掌管国际铁路客货联运并与其他国际运输组织合作。为了完成这些任务,委员会设有国际旅客联运、国际货物联运等11个专门会议。这些专门会议一般设主席1人,顾问1至2人,组成各该专门会议的工作机构,常驻委员会工作。铁组的活动经费来自各成员缴纳的会费。会费数额由部长会议确定,由各国铁路按里程比例分摊。1985年铁组会费总额为8105.77万波兰兹罗提和7825瑞士法郎,中国铁路分担1572.52万波兰兹罗提和1518瑞士法郎,占19.4%,约合人民币29.5万元。铁组的正式语文是中文、德文和俄文。正式出版物是《铁路合作组织通讯》。该杂志于1958年创刊,系双月刊,用中、德、俄三种文字出版,中文版由中国铁路协助在北京翻译,由中国铁道出版社印刷出版。

铁组同经济互助委员会(简称经互会)、国际铁路联盟(简称铁盟)、联合国欧洲经济委员会(简称欧经委)、国际铁路联运中央事务局、国际铁路运输委员会、共用车组织和共用集装箱组织等建立了合作关系。

中国铁路在铁组的主要活动是:参加历届部长会议,有选择地参加一些科研项目,出席专门会议例会和专家会议,在中国组织一些会议,与一些成员路开展双边科技交流,包括互派专家考察和交换技术资料等。

二、国际铁路联盟

国际铁路联盟（简称"铁盟"）是一个以欧洲铁路为主体的非政府性国际铁路组织，是联合国经社理事会的咨询机构，总部设在巴黎。铁盟的主要任务是：谋求铁路运营条件和技术设备的完善、统一和标准化，在国际客货联运中协调各成员路的工作。

中国是铁盟的创始国之一。铁盟1922年成立时，旧中国交通部派代表出席了成立大会。1979年5月，中国铁路邀请铁盟秘书长丰加郎访华，就恢复中国铁路在铁盟席位问题进行了会谈，取得了积极结果。同年7月，铁盟第三十七届全体大会恢复了中国铁路在铁盟的成员地位。12月，应铁盟总部邀请，中国铁路代表团访问了铁盟总部。

铁盟成员分为核心成员、非核心成员和机构成员三种。核心成员必须地处欧洲或与铁盟欧洲成员铁路连接并有客货联运业务，且铁路里程在1000公里以上。非核心成员也称远方铁路成员，它们与欧洲成员铁路无客货联运关系。中国铁路属于非核心成员。机构成员是指与铁路运输有密切关系的公司或企业。铁盟共有核心成员35个，非核心成员32个，机构成员20个。

中国铁路自1979年恢复在铁盟的活动后，派代表参加了铁盟第三十八届至四十四届全体大会，并列席过铁盟固定设备专门委员会年会及其下属桥梁专业的技术会议。1984年6月，中国铁路代表担任了铁盟资料局负责人。铁盟有一个试验研究所，总部设在荷兰乌德勒支，中国铁路于1981年参加了该试验研究所。

三、联合国亚洲和太平洋经济社会委员会

中国铁路自1979年起参加联合国亚洲和太平洋经济社会委员会（简称亚太经社会）的活动。至1985年年底，共参加了34项活动，其中各类会议17个，各种铁路专业研讨会14个，举办讲习班1个，派出铁路专家

咨询组 1 个，接待来华考察组 1 个。

中国铁路领导人参加的亚太经社会主要活动有：1979 年和 1981 年分别在东京和新德里举行的第五、第六届亚洲及中东铁路最高领导人会议；1981 年和 1983 年在曼谷举行的航运运输和通信委员会第五次和第七次会议；1983 年在曼谷举行的亚太经社会首届主管铁路的部长会议。

在中国铁路协助下，亚太经社会在中国举办的活动有：铁路新线建设工程研讨会（1981 年），提高铁路运输运营效率研讨会（1983 年）和铁路集装箱运输讲习班（1984 年）。

第三节　铁路对外科技交流和友好往来

从新中国成立初期到 1966 年，中国铁路主要同苏联等社会主义国家铁路开展科技交流和往来，与其他国家只有少量交往。由于十年动乱的影响，从 1967 年起，中国铁路除了同少数几个国家铁路保持往来外，同大多数国家的科技交流和往来陷于停顿。中共十一届三中全会以后，这方面的工作有了新发展。到 1985 年年底，中国铁路同世界上 40 多个国家和地区建立了科技交流和往来，与 5 个国家签订了部门双边科技合作协议。1979 年以后，铁路高级领导人的互访活动增多。从 1979 年至 1985 年，中国铁道部部长先后访问过英国、法国、罗马尼亚、伊朗、日本、利比亚、缅甸、联邦德国、朝鲜等国家。应邀到中国访问的有英国、联邦德国、伊朗、罗马尼亚、日本、朝鲜、法国、波兰等国家主管铁路的部长（大臣），以及加拿大、泰国、奥地利等国国营铁路的最高负责官员。这些互访活动增进了相互了解和友谊，促进了双边合作和交流。

中国与外国铁路的科技交流一般都通过政府和民间两种渠道进行，常常是在政府渠道建立之前，主要通过民间渠道进行。

中日两国通过政府渠道建立铁路技术合作之前，主要由中国土木工程学会和日本日中土木交流协会（1977 年以后并入日中经济协会）等民间团体进行技术交流。政府渠道的合作建立之后，民间渠道的交流活动仍很活跃。

中国铁道学会从1978年4月1日成立后，就积极开展了国际学术交流活动。到1985年年底，已同日本、美国、加拿大等国和香港地区的学术团体建立了双边关系，参加了国际桥协、国际重载运输协会等国际学术组织。

铁路的对外科技交流和友好往来，对促进中国铁路的发展和现代化建设，增进中国铁路员工和各国铁路员工之间的了解和友谊，扩大中国在国际上的影响，起到了积极作用。

一、中苏铁路的技术合作和交流

中国铁路最早与苏联铁路建立技术合作和交流。在新中国成立初期和"一五"期间，中国铁路得到了苏联多方面的合作和支援。

从新中国成立到1959年，中国铁路共聘请苏联专家366人，其中顾问和技术援助专家354人，科技合作专家12人。在铁路修复、运营管理、新线勘测设计施工、机车车辆设计制造维修、桥隧设计施工、铁路电气化设计施工、通信信号设计安装、计划、财务、教育、安全监察等各个专业领域，都聘有苏联专家帮助指导工作。在修建成渝、天兰、宝成、鹰厦等铁路和武汉长江大桥，研制电力和内燃机车及新型蒸汽机车，以及在建设中国第一条电气化铁路中，苏联专家都付出了辛勤的劳动，做出了可贵的贡献。1960年8月，苏联当局片面撕毁协议，撤走了在中国铁路工作的专家。1965年，中苏铁路双边科技交流完全中断。1984年7月，通过两国政府科技合作渠道，中国铁路技术考察团赴苏联考察了重载运输。这是中苏铁路双边科技交流中断20年之后中国铁路派往苏联的第一个技术考察团。1985年10月，中国铁路还通过铁组渠道，派出了铁路技术管理规程考察团赴苏联考察。同年12月，苏联交通部铁路代表团来华，考察中国铁路提高运输能力的经验。

二、中国与朝鲜、东欧国家的铁路科技交流

中国铁路在 20 世纪 50 年代就与朝鲜、罗马尼亚、波兰、民主德国、匈牙利、捷克斯洛伐克、阿尔巴尼亚等国铁路，以及后来和南斯拉夫铁路，建立了科技合作和交流。合作的形式主要是交换技术资料、互派专家考察、培训实习生、派专家指导工作等。

中朝两国铁路之间一直保持着密切的友好合作关系。中国铁路先后 4 次派考察团考察了朝鲜铁路的运输组织和经营管理、铁路技术装备和科研工作。朝鲜铁路派了十几个考察组到中国铁路考察。双方还交换了技术资料，中国铁路还培训过朝鲜铁路的实习生。

中国铁路与罗马尼亚铁路也保持着良好的合作关系。结合中国从罗马尼亚进口内燃机车，双方在内燃机车的运用和检修方面进行了有益的交流。在桥梁施工、钢筋混凝土轨枕和桥梁的生产方面，双方也互相考察，互相学习。此外，中国铁路还派考察团考察过罗马尼亚电气化铁路行车组织、电子计算机的应用等，罗马尼亚铁路派考察组考察过中国铁路的工厂设计、离子氮化处理等，双方还交换了技术资料。

中共十一届三中全会以后，一度中断的中国铁路与波兰、民主德国、匈牙利、捷克斯洛伐克铁路的双边科技合作关系得以恢复并逐步发展。从 1979 年起，中国铁路陆续派考察组赴波兰考察了科学研究院的工作、道岔、铁路直达化和合理化运输、国际单位制的应用、铁路限界测试技术、客运组织管理、铁路部门合理化建议以及发明和专利工作经验；赴民主德国考察了养路机械化、无守车行车组织、列车运行图、车辆检修、铁路教育、计量仪表改制；赴匈牙利考察了钢筋混凝土轨枕生产、内燃机车综合检测技术、铁路教育、铁路管理体制、机构及工资；赴捷克斯洛伐克考察了环行试验线。1983 年后，中波两国铁路的科技合作有了新的发展。1983 年 6 月，波兰铁路技术发展研究院院长访华，与铁道部科学研究院签署了备忘录，双方同意就"列车无线通信"和"调度集中与调度监督"两个

专题进行共同研究。1985年4月，波兰交通部长卡明斯基访华，4月24日与陈璞如部长签署了《中华人民共和国铁道部和波兰人民共和国交通部关于建立铁路科技和经济合作的协议》。这个协议把两国铁路的合作关系推到了一个新阶段。

三、中日铁路技术合作

1965年2月，应日本日中贸易促进会的邀请，中国铁路考察团赴日本考察了隧道修建经验、施工机具的配套及牵引动力改造等。这是新中国铁路第一次有组织地对日本铁路进行技术考察。在中断若干年之后，从1973年起，通过中国土木工程学会和日本有关民间团体，双方又恢复了技术交流和往来。

1977年9月，应中国铁道部的邀请，日本国有铁道技师长泷山养率领国铁代表团访华，这是两国铁路的首次正式接触。1979年2月，日本政府铁道技术合作代表团在北京与中国铁道部和外交部人员组成的代表团进行了会谈，并签署了会谈纪要。同年7月，根据会谈纪要，中国铁道部外事局局长与日本政府铁道技术合作代表团团长的代表、日本国驻华大使馆公使签署了《中日铁道技术合作计划书》。双方向各自政府建议，中日铁路技术合作按照该合作计划书进行。这样就正式建立了两国政府渠道的铁路技术合作。从1982年起，中国铁道部和日本运输省之间建立了正式的直接联系，确定每年召开一次中日铁路技术合作事务级协商会议。第一次会议于1982年2月在北京举行。

自1979年到1985年年底，日本派到中国的铁路专家共165人，工作了332.8个人月，中国派到日本铁路的实习人员共154人，实习了297.5个人月。技术合作的内容包括电气化铁道供电，变电所和接触网的设计施工，隧道通风、防水和漏水整治，内燃机车厂修，自动停车装置，通信信号，调度集中，编组站自动化，电子计算机应用，科技情报管理等。

1982年至1984年，日本国铁先后派出4批车辆和轨道动力学测试技术专家到中国作指导,并参加了铁道部科学研究院首次进行的车辆和轨道动力学大型综合试验。日方为此提供了价值4300万日元的试验设备和器材。

四、中英铁路科技合作

1964年3月,中国铁路派考察组赴英国考察内燃机车柴油机技术。同年10月,英国运输部铁路委员会咨询处主席等应邀访华。这是两国铁路的早期交往。1978年10月,英国铁路总裁坎贝尔率领铁路代表团访华,开始了中英铁路部门之间的正式接触。1979年11月29日,郭维城部长与英国运输大臣诺曼·福勒,在伦敦签署了《中华人民共和国铁道部和大不列颠及北爱尔兰联合王国运输部铁路科技合作协议书》。这是中国与西欧国家签订的第一个双边铁路合作协议。协议书规定双方合作的方式包括:交换铁路书籍和资料;派遣铁路专家、学者、技术人员和熟练工人,进行专业考察、技术座谈和学习;进行共同研究;提供咨询和其他服务。协议书有效期五年。1985年9月28日,丁关根部长与英国运输大臣尼古拉斯·里得利在北京签署了中英铁路科技合作协议书延长协议。

从1980年至1985年,双方的科技交流涉及蒸汽机车改造、轮轨关系、合成闸瓦和高磷闸瓦、编组站减速顶、径向转向架和重载列车对轨道的影响、列车控制与信号、钢轨探伤、重型轨道结构和轨下基础等方面,内容比较广泛。

五、中国与联邦德国的铁路合作

1978年5月,联邦德国铁路理事会主席法斯特率领铁路代表团访华,开始了两国铁路正式交往。1981年9月29日,刘建章部长与联邦德国交通部长豪夫,在北京签署了《中华人民共和国铁道部长和德意志联邦共和国交通部长铁路合作协议》。协议规定双方合作的方式包括:交换铁路情报、刊物和资料;派遣铁路工程师、技术人员、管理专家,进行学习、进修、咨询、调查及参加科学会议;进行共同研究。协议有效期5年。从此以后，双方在技术交流、经济合作和人员培训方面均有成效。技术交流的内容涉及预应力混凝土斜拉桥、钢轨铝热焊、钢轨的养护和探伤、大跨度钢梁结构和焊接工艺、铁路运输管理、货车轴重、编组站速度控制设备、铁路技术文献服务等。1985 年 9 月，联邦德国铁路为中国铁路高级管理人员举办了为期一个月的铁路管理技术讲习班，中国 13 个铁路局的局级干部参加了学习。

六、中法铁路合作

1977 年以前，中法两国铁路之间有少量人员来往和技术交流。1977 年 11 月，法国国营铁路总局长桑蒂率领铁路代表团访华，开始了两国铁路部门的正式交往。1978 年，郭维城部长访问法国。

1983 年 9 月 27 日，陈璞如部长与法国运输部长查理·菲泰尔曼在巴黎签署了《中华人民共和国铁道部部长和法兰西共和国运输部部长铁路合作协议》。协议规定双方合作的方式包括：交换铁路书籍、资料和科技情报；互派专家、学者、科技人员，进行专业考察、技术座谈、进修、实习；进行合作研究；联合组织学术讨论会和技术座谈会；交换样品、试验器材；进行工业合作。协议有效期五年。协议签订以后，双方互派考察组进行了技术交流，内容涉及道岔、信号、电力机车、通信及信息处理、驼峰自动化、路基及冻土、客车制造及维修技术等。

七、中国与其他国家的铁路技术交流和往来

中国铁路与美国、加拿大、奥地利、瑞典、比利时、意大利、丹麦、瑞士、泰国、巴基斯坦、伊朗、孟加拉国、澳大利亚等国家的铁路部门也有技术交流和友好往来。

从 1980 年起，中美双方就签订中国铁道部和美国运输部铁路科技合作议定书问题进行过多次接触。1985 年 8 月 25 日，丁关根部长在北京会见了应中国人大常委会邀请随美国国会议员代表团访华的美国运输部长多尔夫人，双方就建立两部官方关系、签订铁路合作议定书问题交换了意见。

从1975年起，中国与加拿大铁路互派考察团在冻土、枕木防腐、集装箱运输、电子计算机应用等方面进行了技术交流。1980年4月，应中国铁道部邀请，加拿大国铁主席迪恩和总经理贝利等访华，推动了两国铁路关系的发展。根据中国和孟加拉国政府协议，1985年2月和9月，孟加拉国铁路派两批实习生共20人到中国学习内燃机车和车辆与运输管理专业，为期半年。

第三十八章
铁路对外援助和承包劳务

第一节 中国铁路对外援助的基本情况

中华人民共和国成立以后，铁路在对外经济技术援助方面做了大量工作，取得了很大成绩。受援国包括朝鲜、越南、坦桑尼亚、赞比亚、柬埔寨、缅甸、博茨瓦纳、卢旺达、苏丹、利比里亚、吉布提、几内亚、马里、巴基斯坦、刚果、尼日利亚16个国家。中国铁路除援朝外，外援项目共70个。按其性质，可分为无偿援助项目，无息贷款援助项目，技术合作项目，考察项目和其他援助项目等五类。

铁路援外，首先从朝鲜战争时期援助朝鲜铁路开始，这在本书第一编中已有记述。1954年起中国铁路对越南也进行了真诚无私的援助。此项援助，在中国铁路自己还有许多困难的情况下，长时期没有间断。援建坦赞铁路，是铁路援外中耗资极为巨大的项目。为完成这一项目，中国铁路先后派出工程技术人员和技术工人近5万人次，高峰时期有1.6万人在现场施工；共发运各种机械设备和其他物资近百万吨。

36年来，中国铁路对外援助除上述朝鲜、越南和坦赞铁路外，主要项目还有：缅甸仰光—丁茵公路铁路两用大桥工程，包括引桥在内，铁路桥梁全长2938.5米，公路桥梁全长2151.3米，为无息贷款项目，由中国铁道部负责设计，派遣工程技术人员和技术工人进行施工技术指导，并提供各种施工机械及2万多吨钢结构。博茨瓦纳南段铁路更新工程，全长125公里（含会让线5公里在内），由中国铁道部工程技术人员进行考察、设计和组织施工。卢旺达国家体育场工程，总面积34万平方米，建筑面积

15696平方米，2万人座位；卢旺达运动员宿舍工程，160床位，建筑面积4037.7平方米；卢旺达营房工程，建筑面积25073平方米，都由中国铁道部负责考察、设计和组织施工。柬埔寨金边—西哈努克港铁路桥梁修复工程，中国铁路担任糖树河、唝吥、磅斯马三座大桥修复工作，架设526对公里通信线路和安装16个站的通信设备。柬埔寨金边—波贝铁路桥梁修复工程，中国铁路承担修复钢梁桥19座和金边—蒙鲁塞223对公里通信线路工程，安装20门总机2台和分机40台等。

36年来，铁路对外援助总投资（不包括援朝）为人民币26.93亿元，完成主要工程量约为：铁路线路抢修3446处次，计506公里；铁路桥梁加固、修复计47座，5474.28延长米；米轨铁路改成标准轨铁路线路205.48公里；新建铁路2335.77公里；新建桥梁350座，26552.25延长米；新建隧道34座，11964延长米；土石方1亿余立方米；房屋建筑44.5万平方米；架设通信线路1.2万对公里，配备各种主要设备8600台（套、组）；支援钢材、水泥、木材等各种物资近200万吨。另外，中国铁路为受援国培训运输管理、施工、机械修理等各种技术人员和技术工人1万余人。

中国派出的铁路援外人员，保持中国人民勤劳朴素的本色，发扬艰苦奋斗精神，战胜各种困难，较好地完成了任务，减少了受援国的经济负担，得到好评。36年来，中国铁路除援朝外，共选派出国人员8.7万人次。

第二节　援助越南铁路

50年代至70年代，中国铁路对越南铁路的援助，共签订了14个协议（协定、议定书、换文、会谈纪要），援助项目共33个（指执行项目，不包括撤销项目）。援助大体分为三个阶段。

第一阶段：越南和平恢复时期。中、越两国交通代表团于1954年12月24日在北京签订了《关于中华人民共和国援助越南民主共和国修复铁路的议定书》。据此，中国铁路组成了中国交通工程公司102工程总队到越南，首先帮助抢修河内—友谊关长166.9公里的北线铁路。该工程于1954年12月开工，1955年2月底修复通车，同年4月21日正式移交给越南运营。随后又对河内—老街的296公里铁路和河内—南定的54公里铁路进行了修复。

在上述铁路修复工程中，中国铁路共派遣了4196名技术人员和技术工人，提供了钢轨650公里（其中新轨380公里）、客车361辆、钢梁27孔约1200吨、17个车站的给水设备、43个车站的全部信号设备、5112条公里的全部通信设备、各种大小机器约708台，还有价值约727万元人民币的铁路专用物资。此外，还为越南培养铁路干部和技术工人3000多人。

在越南恢复建设时期中的1959年，中国铁道部还派出由铁路线路、地质路基、桥梁、站场专业技术人员组成的铁路技术组和由桥梁专业技术人员组成的铁路桥梁技术鉴定组，分别对越南铁路线路、枢纽的勘测设计工作进行技术指导和对已建的龙边红河特大桥进行技术鉴定。

第二阶段：建设时期。根据越方要求，中、越两国政府于1961年1月31日签订了《关于中华人民共和国给予越南民主共和国经济技术援助和供应成套设备的议定书》。其中属于铁路援助的有三项：（1）河内—友谊关段铁路改轨工程；（2）河内枢纽工程；（3）咸龙桥修复工程。援助方式是由中国派遣专家指导越方设计、施工，并提供成套设备。这一年中国铁道部派遣改轨、枢纽、桥梁专家组共39人，对三个项目进行技术指导，后来，由于越方的原因，中、越两国于1963年4月4日换文，撤销了河内—友谊关段铁路改轨项目，推迟了河内枢纽工程的建设（只进行其中的龙边桥加固和新建敦桥两个小项目），只保留修复咸龙桥一项。

第三阶段：战争时期。根据越南要求，中、越两国政府于1965年4月27日和8月31日分别签订了《关于修建铁路和提供运输设备器材的议定书》和《补充议定书》，中国铁道部承担了新建、改建铁路工程和检修等共8个项目。1966年5月16日，中、越两国通过换文方式增加了5个援助项目。1967年8月5日，中、越两国又签订《中国给予越南经济技术援助的协定》，其中属于铁路援助的有 3 项（1968 年 2 月 8 日中、越两国换文取消了 1 项，剩余 2 项）。1968 年 3 月 22 日，签订了《关于修建河内以北铁路战备工程会谈纪要》，增加了 11 个项目。1968 年 7 月 23 日，签订了《关于中国向越南提供成套设备的议定书》，其中属于铁道部援助的 3 项。1970 年中、越两国签订了《关于中国向越南提供援助改造河内—海防、河内—荣市及河内枢纽通信信号的议定书》。1971 年 2 月 15 日签订协定，其中，中国铁道部援助越南修建红河铁路公路两用大桥 1 座。1973 年 10 月 19 日，签订了《关于中国向越南提供成套项目援助的议定书》，其中河内铁路枢纽、河内—海防铁路改轨（改为准轨）、恢复 10 座铁路桥梁的钢梁和钢筋混凝土梁，由中国铁道部负责修建和提供。

中国铁路对越南铁路的援助持续进行了很长时期。中国向越南提供的大量援助是真诚的、无私的、无偿的，甚至将支援越南置于超越本国需要的地位。例如为帮助越南迅速恢复铁路交通和适应中、越联运的需要，中国决定提前于 1956 年年底前将南同蒲铁路改为标准轨距，将换下的机车车辆支援越南，并新建凭祥—友谊关 15 公里窄轨新线及换装站，修复碧色寨—河口段 179 公里铁路。这些工程共需投资 2.24 亿元。中国方面为此不得不对第一个五年计划作了某些调整。

咸龙桥是越南从河内通往南方铁路上的一座大桥，全长 162 米，1946 年在战争中被破坏，交通仅靠轮渡维持。越南将修复该桥列为第一个五年计划重点建设中的重点，但在施工中遇到很多困难，工程进度缓慢。中国铁道部及时抽调技术干部组成高级专家组赶赴越南，帮助解决了重大技术问题。越方缺乏施工机具和材料，中国方面主动借给，并及时发到工地，从而保证了该桥在 1964 年 5 月提前建成通车。

1968 年，越南机车车辆检修基地被炸毁，中国新援建的同模机务段和良山车辆段也毁坏停产，越方无力检修机车，在此情况下，中国应越方要求帮助代修了破损米轨机车 48 台。

1971 年筹建、1974 年施工的越南红河铁路公路两用大桥（升龙桥），由中国铁道部选派了595名技术人员、技术工人进行技术指导，协助越方设计和施工，1972年6月，以中方人员为主开始初步设计工作，翌年指导越方人员进行施工设计。中国不仅提供了施工规范，还为越方编写了100多项施工工艺。为满足大桥准备工程及主体工程的需要，中国对该桥的机械设备和物资供应采取了紧急措施：（1）重要设备来不及加工制造的由国库中预先垫发；（2）国库中没有的重要设备，布置有关生产厂制造，限期完成；（3）大型重要设备，生产周期长来不及制造的，从国内建设单位借调。从1974年起，由铁路运往越南升龙桥的设备物资有1700多个整车，共7万多吨，还有大量零担运输。铁路来不及或不能运的大型设备，就从海上运送，确保了施工需要。中国向越南提供施工用的37艘拖轮、铁驳、抛锚和浮运吊船，由黄埔港拖至广西北海港，越方再由北海拖往越南海防。对这样一批大件设备，采用海上拖运，在中国铁路援外史上还是第一次。

第三节 援建坦赞铁路

一、修建坦赞铁路的背景

坦桑尼亚和赞比亚，矿藏丰富，但交通运输不便，影响矿产出口。赞比亚独立后，成为支援南部非洲人民解放斗争的前哨阵地，但占据南罗得西亚的殖民主义者封锁赞比亚边境，截断了进出口铁路通道。坦、赞两国领导人向世界有关国家请求援建一条连结两国的铁路。1965年英国和加拿大联合进行考察，结论是：坦赞铁路没有经济意义。坦、赞两国总统于1965年2月和1967年6月先后访华，向中国政府提出援建坦赞铁路的要求。毛泽东主席、周恩来总理向两国总统表示同意。于是中、坦、赞三国政府于1967年9月5日在北京签订了《关于修建坦桑尼亚——赞比亚铁路的协定》。协定规定：中国提供无息的、不附带任何条件的贷款，并派专家对这条铁路进行修建、管理和维修及培训技术人员。

周恩来总理对这条铁路的援建工作作了很多重要指示。施工准备阶段，周恩来指示"施工机械增加，施工人员必须大大减少"；开工前夕，明确提出"计划六年，希望能够缩短"的总工期要求；施工进入后期时，又作了"要善始善终"的重要指示。

二、勘测设计

1965年8月、1967年12月，中国铁道部先后派遣了两个铁路考察组分别对坦赞两国境内进行了考察，从技术上肯定了修建坦赞铁路的可行性。

1968年5月，按三国政府协议由中国铁道部派出坦赞铁路勘测设计队。为了加快速度，勘测设计分别在坦、赞两国境内同时进行。他们在勘测设计中注意了：在线路和车站位置的选择方面，尽量通过和靠近经济开发条件较好和居民较多的地区；在线路输送能力的设计方面，既满足通车时运输需要，又能适应将来经济发展运量增长的要求；在工程的设计方面尽量做到有利于运输管理和行车安全。

在勘测设计工作中，他们克服了种种困难，对每一个工点都进行了调查、测绘和勘探。对困难地段的线路和重点工程，都经过了多方案的研究，反复勘察和比较。如姆林巴至马坎巴科间，沟壑纵横，地质严重不良，交通极为不便，是全线的关键地段。为了选出一条较好的线路，他们跋山涉水，露宿风餐，在长约150公里，宽约60公里，总面积达9000平方公里的范围内进行了大面积的选线，取得了比较充分的资料，选定了一个较好的方案。马坎巴科至恩塔科间按线路设计坡度15/1000的规定勘测后，在重点工程集中的地段，发现工程地质条件很差，又属高地震区，对行车安全不利，他们从坦、赞两国的长远利益出发，对该段线路又进行了20/1000方案的勘测。经过比较，选定了20/1000的方案。对水文、地质条件比较复杂的桥梁、隧道、路基的设计方案和站、段、厂址等，也都是经过反复勘测比较后选定的。

为了使铁路尽早开工，他们打破了设计完毕再进行施工的常规做法，实行了边勘测、边设计、边施工,较好地完成了任务。

三、施工概况

坦赞铁路所经地区的地形、地质、气象等自然条件十分复杂。线路跨越许多漫流河川,穿过藤萝交织的热带密林和天然动物区。有的地段翻越沟壑纵横的叠峰和丘陵,沟谷中淤泥沉积深厚,山体岩层风化严重,大部分地区酷暑炎热,气温达40—50摄氏度。旱季河水干涸,地表龟裂。雨季暴雨集中,平原地区漫流泛滥,有些地方一年中有半年下雨,低洼地段严重积水。沿线还经过许多荒无人烟的丛林草地,经常有毒蛇、毒蜂的袭击和蚂蚁、蚊虫的包围。有的地段桥梁隧道相连,有的路基要高填深挖。这些,给铁路施工带来很大困难。

(一)主要工程数量。

坦赞铁路东自坦桑尼亚首都达累斯萨拉姆库拉西尼站外起,西至赞比亚既有铁路的卡比里姆博希站外止,正线全长1860.5公里(轨距1067毫米)。其中坦境段975.9公里,赞境段884.6公里。共有车站93个,土石方8887万立方米,桥梁320座16520延长米,隧道22座8898延长米,房屋建筑近38万平方米,以及大量的运输便道和临时工房等工程。此外,还要修建运营必需的通信、信号、给水排水、供电等配套工程,提供全部机车车辆和各种运输生产设备及修理设备,修建两座相当规模的机车车辆修理工厂,提供近万件办公及生产用家具和大量运营需用的工具备品。中国还赠送一所技术训练学校及坦赞边境两个海关、移民局办公房屋。

(二)施工部署和进度。

施工总部署是根据周恩来总理"计划六年,希望能够缩短"的总工期要求安排的。在施工组织上,考虑到中国提供的设备等都需经过1万多公里远洋运输,到达累斯萨拉姆港口起岸再转运到工地的特定条件,确定先坦境后赞境,分段施工,交替前进,由东向西一头铺轨的部署。

坦赞铁路于1970年10月26日和28日,先后由坦桑尼亚尼雷尔总统和赞比亚卡翁达总统分别主持奠基典礼，正式破土动工。中国对外经济联络部部长方毅率中国代表团参加了奠基仪式。

1971年11月27日完成达累斯萨拉姆—姆林巴段502公里的铺轨任务，1972年10月31日修通了困难最大、占全线总工程量1/3的姆林巴—马坎巴科段，1973年8月22日完成了坦桑尼亚境内的铺轨，1975年6月7日完成了赞比亚境内的铺轨任务，10月22日试办运营。1976年5月完成了全线工程收尾和设备安装配套等工作。坦赞铁路的建设只用了5年8个月的时间。

四、人员派遣和物资设备供应

修建铁路是一个综合性的建设工程，需要各行各业的技术人员和技术工人，而派往国外施工的队伍，又必须少而精，政治思想好，技术好，身体健康。中国铁道部先后派往坦赞铁路的人员近5万人次，高峰时期在坦赞达1.6万人。在选派的援外人员中，绝大多数能认真贯彻中国对外八项原则和各项政策，遵守坦、赞两国政府的政策、法令和当地人民的风俗习惯。他们发扬了全心全意为坦、赞人民服务的优良作风。有些同志在施工中临危不惧，负伤致残；有69人献出了生命，遗骨埋葬在异国他乡的坦赞大地上。

修建坦赞铁路需要的物资和设备总数量达150多万吨，品种上万种，其中由中国提供的近百万吨。针对运距远、运量大和用料时间集中的特点，中国发运了半年的储备料，设备也都是提前发运。根据当地资源情况，对那些供应充足，而且价格不高的，尽可能就地解决。如施工中用的各种油料、普通标号水泥、木材、铜材，绝大部分都是在当地采购或采伐的，这既满足了施工的需要，又减轻了中国供应和运输的负担。

五、技术合作和经营管理

1976年7月坦赞铁路正式移交，根据中、坦、赞三国政府签订的协议，转入技术合作。

坦赞铁路移交时，中国本着对外援助八项原则的精神，安排了"三期六年"的技术合作，帮助培训坦、赞两国的各级铁路技术和经营管理人员，使他们能独立地管理这条铁路。

第一期技术合作自1976年7月15日到1978年7月14日。中国派遣运营管理和养护维修各类专家和技术骨干1000名，对坦赞铁路运营和管理工作进行传、帮、带，培养各级技术管理人员和工人，帮助坦赞铁路局进行各项业务工作的建设，通过实际工作培训坦、赞人员。

第二期技术合作自1978年7月15日到1980年7月14日。中国派遣各类专家750名，对坦赞铁路运营和管理工作进行指导，继续培训各级技术管理人员，合作方式改为由坦赞两国人员具体操作和经营管理，中国专家只在业务部门进行指导。但由于条件尚不成熟，效果不好。

第三期技术合作自1980年7月15日到1982年7月14日。中国派遣各类专家150名，对坦赞铁路的机务、车辆、工务、电务和物资五个方面工作进行技术指导，不参与铁路的经营管理工作。该期技术合作由于种种原因，延期1年至1983年8月9日签订第四期技术合作新的议定书时为止。这三年坦赞铁路货运量不足，运输秩序不正常，设备失修，机车状况差，事故多，财务连年亏损，其原因除1979年坦境姆马段发生严重水害，赞境谦比西河桥梁与隆森弗瓦桥梁被炸外，主要是由于经营管理还跟不上。

1983年年初中国政府领导人与坦、赞两国总统会谈时，一致认为坦赞铁路的技术合作需要继续进行，并要扩大领域和范围，中国铁路专家不但要继续进行指导，而且要参与经营管理，要多负一些责任，以扭转铁路亏损的局面。中、坦、赞三国政府代表团根据三国政府领导人商定的精神，于1983年8月10日签订了坦赞铁路第四期技术合作的议定书，规定中国政府派出各类专家250名，为期3年，帮助坦赞铁路局在计划、运输、财务、劳资、机务、车辆、工务、电务和物资9个方面进行指导并参与管理、经过中国铁路全体专家和坦、赞职工的努力，坦赞铁路的经营管理得到加强，运量有所增加，安全情况好转，各项主要技术指标都有所改善，并改变了过去连年亏损的局面。

六、技术人员培训

1967年9月5日中、坦、赞三国政府《关于修建坦赞铁路的协定》中规定，中国帮助坦、赞两国为修建、管理、维修这条铁路培训必要数量的技术人员。1969年1月14日中、坦、赞三国在第三次会谈的纪要中，就培训工作的原则作了规定。

根据有关协议的规定，1972年6月，中国接受坦、赞两国派遣的200名留学生，到北方交通大学学习内燃机车、铁路车辆、铁路通信信号、铁路工程、铁路运输和铁路计划财务等6个专业，除中途退学21人外，其余179人（坦桑尼亚95人，赞比亚84人）于1975年9月毕业回国。这些留学生基本上掌握了所学专业的基础理论和一些实际操作方法。据1985年了解，回国的179名留学生中，尚有120人在坦赞铁路服务，其中的大部分在铁路局、分局、工厂或主要站段担任技术工作，是坦赞铁路一支重要的技术力量。

为了就地培训急需的技术和管理人员，中国派出了教学工作组到坦、赞两国进行教学工作。自1971年开始到技术训练学校建成前，先后在坦桑尼亚的曼古拉、达累斯萨拉姆和姆贝亚三地，开办了专业训练班进行技术培训。

为了使坦赞铁路能够正规地开展技术人员的培训工作，中国赠送了一所坦赞铁路技术训练学校。这所学校位于赞比亚的姆比卡，占地14.21公顷，建筑面积8407平方米，实验设备和教具6000件，1972年开工，1975年年底移交。该校的培养对象主要是中、初级官员和生产技术工人。技术训练学校建成后，中国教学工作组迁入该校，与校方合作，继续进行人员培训。中国先后选派出教师、翻译和其他有关人员291人次在该校工作。中国教师为该校编写和提供了21门课程的中、英文教材。

自 1971 年 7 月至 1981 年 7 月的 10 年中，中国为坦赞铁路培训各种专业人员 1257 人，占全路人员近 1/6。其中运输专业 527 人，机车车辆专业 311 人，通信信号专业 139 人，线路桥梁专业 214 人，财务会计专业 66 人，这批人员中的大多数已成为坦赞铁路基层的骨干力量。

第四节　铁路援外工作的组织和管理

对外援助是一项复杂的工作，一般要经历接受任务，收集资料，国外考察，勘测设计，人员选派，物资订货及发运，国外施工，竣工移交，技术合作等步骤。它具有政策性强，环节多，涉及面广，工作条件差等特点。因此，加强组织管理成为搞好援外工作的重要问题。

一、铁路援外的组织机构

1969 年以前，铁道部设立过对外援助临时机构，如援越时曾成立过援越办公室等。1969 年，铁道部设置了援外办公室，作为一个职能部门，全面负责管理铁道部的援外工作。1979 年，根据改革和对外开放的方针，在援外办公室的基础上组建了中国土木工程公司。它既是一个独立经营、自负盈亏的综合性国营企业，承包国外工程，又是铁道部的一个职能部门，归口管理铁道部的援外工作。

铁道部所属的有援外任务的单位，大都设置了援外机构。在 1970 年至 1977 年间，由于援建坦赞铁路，各工程局、铁路局、设计院、物资办事处及有关工厂都设置了援外办公室，坦赞铁路建成移交后，有些单位撤销或合并了援外机构。1979 年以后，随着对外承包工程和劳务事业的发展，许多单位成立了对外经济合作机构。

援外工作在国外的组织是以项目为单位，由筹建单位组成技术组或专家组，具体负责项目的实施。坦赞铁路工程是一项特大型援外项目，由铁道部直接组织实施。在国外设置工程指挥机构"中国坦赞铁路工作组"。组下设若干设计施工单位、附属企业生产单位及后勤单位。各单位根据具体情况，设若干分队、车间或科室，形成三级管理系统，从组织上保证了坦赞铁路的正常施工。

二、项目管理

铁路援外项目从接受任务到建成移交或技术合作结束的整个过程中，在管理上认真注意了以下几个主要环节：

（一）项目考察管理。项目出国考察是援外的基础工作。在考察准备阶段，主要是收集资料、选定考察单位、确定考察组成员组成及人选、拟订考察计划等。考察期间，除收集必要的文字资料外，还进行现场调查和访问。考察结束后，提交考察报告。其主要内容包括受援国的政治、经济、自然条件等概况，项目修建意义，主要技术标准及规模建议，不同方案的比选，投资估算等。

（二）勘测设计管理。勘测设计是在确定的项目投资限额、规模、技术标准和设计原则下进行的。在国外设计，要因地制宜，讲求实效。线位、桥位或厂址的选择，考虑技术的可能性和经济的合理性，也考虑受援国的意见。土建设计按照受援国的自然条件和民族习惯，决定建筑结构的形式，设备选用国内能够生产的最好产品。勘测设计队伍由考察组派出单位组建，有利于熟悉情况，也便于管理。

（三）项目施工管理。包括合理确定工期，编制合乎实际的施工组织计划，科学地组织施工。在国外组织施工主要采用机械化施工方法，以减少工人数量，并且在满足施工需要的前提下，尽量使用国产施工机械。施工单位的选择，用协商或招标办法确定。施工队伍的组织，尽量做到层次少，人员精，以达到便于管理、提高工效的目的。

（四）物资管理。经援物资供应工作是实施经援项目的物质保证，基本要求是及时、齐备、保质、保量、经济合理。自1969年成立援外办公室以来，经援物资的管理工作，随着国家有关制度的改革和自身工作经验的积累，逐渐得以完善。援外办公室主要负责：制定铁道援外物资章则；

检查督促本系统各级物资部门的工作；国家统配和部管物资申请计划的汇总；参加全国订货会议，落实货源，调剂余缺；汇总编制外运物资海运计划，并组织实施。承建单位主要负责编报物资申请计划；根据需要，派员参加订货会议，解决订货中的疑难技术问题；配合物资办事处对重点或技术复杂设备物资进行监造、催交和点验；办理非标产品加工和市场物资采购；办理自筹物资包装及运输；及时掌握国外物资使用情况等。铁道部物资办事处主要负责：落实货源；根据需要派员参加订货会；做好物资催交、点验、入库工作；做好外运物资必要的准备工作，保证按时装船。

（五）财务管理。援外财务管理体制是承建部负责制，即铁路援外项目，由铁道部负责项目考察、设计、施工安装到建成移交所发生的国内费用的全面工作。由于援外项目立项方式不同，也有不同的财务关系：实行预决算制时，是外经部对铁道部，铁道部对筹建单位；实行投资包干制时，是外经部对铁道部，铁道部对承包单位；实行承包责任制时，是中国成套设备出口公司对中国土木工程公司。

几年来为保证经援费用的合理使用，定期进行了成本、物资消耗、资金运用和盈亏等核算，并发挥财务部门的监督作用，严格执行了各项财务制度和财经纪律。

第五节 对外承包劳务事业的开展

中共十一届三中全会以后，在改革开放政策的指引下，铁道部在1979年成立中国土木工程公司，开展对外承包工程和劳务合作业务。公司按照"守约、保质、薄利、重义"和"平等互利、讲求实效、形式多样、共同发展"的原则，积极开拓，艰苦创业，打入国际承包劳务市场，取得了较好的成绩。

截至1985年年底，中国土木工程公司累计对外签订承包工程和提供劳务合同315个，合同金额48791万美元，营业额36172万美元，外汇净收入13161万美元。累计派出承包劳务及各类管理人员27197人次。已在伊拉克、科威特、阿联酋、北也门、利比亚、阿尔及利亚、吉布提、坦桑尼亚、喀麦隆、中非、美国（关岛）、利比里亚、尼日利亚、尼泊尔等国和香港地区设置了办事处，在日本和联邦德国设置了代表处。在广州设置了分公司，在上海设置了经理部。5年免税期满后，1985年公司向国家交税1471万元人民币。

中国土木工程公司成立以来的主要做法是：

1. 从劳务合作起步。公司成立时，根据中国劳动资源丰富，职工工资水平相对较低，有竞争力，以及中国经援在国际上已产生一定影响等情况，决定以提供劳务为突破口，打开局面。几年来实践证明，这个抉择是恰当的。

2. 正确选择市场。为选定市场，公司确定三条原则：（1）有工程可干；（2）允许进入；（3）赚钱允许汇回国内。根据这三条原则，公司创业之初，首先从伊拉克市场开始，继而在科威特、利比亚、吉布提等中东地区和非洲市场开拓，以后又相继向东南亚和香港市场开拓，营业面日益扩大。

3. 同国际上有声望的大公司合作。中土公司从西方一些公司取得不少合作项目，双方建立了良好的合作关系。西方一些公司资历较深，经验较多，资信可靠，与之合作，可学习他们的经验。合作双方也可各自发挥优势，取长补短，共同发展。

4. 守合同，创信誉。信誉是无形资本。公司创业之初就把信誉放在首位，在国内签订第一个承包项目的内部合同时，就把信誉作为不可缺少的条款规定下来，以后始终不渝。信誉主要是由人员质量和组织纪律体现的，为此公司对出国人员选审把关非常严格。

5. 发展业务，扩大经营。在国际市场竞争十分激烈的情况下，公司采取稳扎稳打的方针，在确保经济效益的前提下，力争成交。公司积累了一定资金后，于1984年提出把死钱变活钱，开始在国外试办一些独资或合资的多种经营项目，作为承包和劳务合作的补充。

6. 不断改革。公司创业之初缺少经验，尚无完整的规章制度，基本沿用经援的一套办法。经过一段时间的实践，为适应新的发展形势需要，不断进行改革，逐步制定了以办事处为单位的市场包干办法、利润包干办法、管理费包干办法以及新的分配办法等。

中国土木工程公司开展对外事业，得到了铁路内外单位的支持。几年来锻炼了队伍，增加了经验，积累了资金，赚取了外汇，加强了与各国人民之间的友谊，扩大了中国对外的影响。在国内要求参与工作的单位越来越多的情况下，公司与许多省市发展了横向联系，以各种形式共同在国外承担任务，使铁路对外承包劳务事业日趋活跃，效益不断提高。

结 束 语

新中国铁路的36年，是中国铁道事业空前发展的历史阶段。

36年来，铁路部门在中国共产党和中华人民共和国政府的领导下，在各地区各部门的支持协作下，既在发展国民经济、加强国防建设、改善人民生活和增强民族团结、扩大对外交往等方面做出了重大贡献，又为探索和建设具有中国特色的社会主义的现代化铁路提供了正反两个方面的丰富经验。发扬成绩，纠正缺点，总结好这几十年实践中的经验和教训，对于继续探索发展铁道事业的新路子，开创铁路工作的新局面，有着重要的历史意义和现实意义。

36年来，铁道事业发展的主要经验是：

一、铁路是国家经济建设的"先行官"，建设要先行一步，才能有力地保证国民经济持续发展。

马克思曾称铁路为"现代工业的先驱"。毛泽东曾以"先行官"一词形象地说明铁路的地位。新中国铁路的发展历程也告诉人们：铁路的发展必须先于其他物质生产部门的发展，才能有条件不断满足国家和社会对运输的需要。铁路建设之所以要先行，要提前安排，这主要因为铁路运输的产品不同于其他产品，它不能与生产过程相分离，不能储存，也不能转移；如果没有适当的后备能力，一旦运量增长过大，就可能因运输能力饱和而造成堵塞，被迫限装、停运。同时，铁路建设周期较长，如不提前增添新的运输设备，或对既有的运输设备进行技术改造，就不能提高、甚至不能保持原有的运输水平。总之，铁路的发展如果不能先行一步，就难以解决运输能力与运输需要之间的矛盾，铁路运输就难免成为国民经济发展的制约因素和薄弱环节。

追溯历史，党和国家对铁路的建设和发展从一开始就是很重视的，并做出过许多重要决策。但是，在实际落实过程中，却存在不少问题，从而使各个时期的发展很不平衡。在国民经济恢复时期和"一五"时期，铁路的发展与国民经济的发展是比较适应的，铁路货运量每年平均增长的速度也与全国工业总产值每年平均增长的速度大体上相当，因而铁路能基本上适应国民经济发展对运输的需要。但在以后的一个较长时期内，由于对铁路运输必须先行这一客观规律认识不够，从而发生了铁路的发展与国民经济的发展不够协调、不够适应的问题。对铁路的投资不能保证铁路运输能力有适当的后备，而是过多地强调挖掘运输潜力和仅仅满足于完成规定的运输计划。由于铁路技术设备的数量得不到应有的增加，质量得不到应有的提高，以致铁路运输缺乏后劲，长期成为国民经济发展的制约因素。

这个教训，直到中共十一届三中全会以后，才有所认识和总结。中共十二大曾明确提出：交通是发展国民经济的战略重点，铁路建设是必须保证的重点项目。中共中央和国务院向铁路和有关部门提出，要力争在执行"七五"计划以后，把铁路部门运量与运能之间的矛盾缓和下来。

确立和坚定对铁路是"先行官"的认识，并采取相应的有力措施，是保证铁路的发展与国民经济对运输的需要基本相适应的一个极为重要的问题。

二、安排好铁路内部的比例关系，协调地发展铁路部门的各项事业，是保证铁路运输均衡、高效地发展的必不可少的条件。

铁路的发展不仅要与国民经济的发展相协调，而且其内部的发展也要互相协调。30多年来，新中国铁路在这方面有不少经验和教训。如"三五""四五"期间，国家给铁路的投资主要放在西南等内地的新线建设上，而忽视了东部沿海和东北地区既有铁路的改造，从而使这些承担全路客货运量比重高达70%—80%的线路，超负荷运输，形成了不少"卡脖子"区段，运输十分紧张。又如在以往的铁路建设中，往往过分偏重于线路建设而忽视了提高机车车辆的修造能力，以致"二五"和"六五"期间不得不两次进口大批机车，以应急需。这些都是没有安排好铁路内部的比例关系所致。

要保证铁路运输均衡、高效地发展，除协调新线建设与旧线改造的关系和修路与造车的关系之外，还要处理好运输生产与科技教育的关系，发展生产建设与改善职工生活的关系。同时，还要处理好这些大关系中的内部小关系，如：修路中的干线与支线的比例关系，造车中的机车与车辆的比例关系，以及配件生产、修理和制造的比例关系，教育中的大学与中专、技工学校的比例关系，等等。

处理好铁路内部比例关系，必须把握以运输为中心这一关键。30多年的实践一再告诉人们：处理铁路内部关系，必须紧紧围绕着并服从于铁路运输这个中心。铁路部门的工业、工程、科技、教育等单位的工作，都必须服从于与服务于运输的需要。因此，这些单位必须首先确保与运输有关的指令性计划的完成，按质按量按进度地达到要求，决不能只顾小局、不顾大局，甚至偏离运输这个中心，另辟蹊径。

三、坚持统一管理、集中指挥，不断健全运输指挥系统，才能保证上下左右协调一致地进行运输生产。

中共中央、国务院多次指出，铁路是国民经济的大动脉，是高度集中的企业，带有半军事性质，必须加强集中统一领导。1975年邓小平主持中央日常工作时，曾针对当时"文化大革命"对铁路的破坏，明确地指出："解决铁路问题的办法，还是要加强集中统一。"这样做，是从中国铁路运输的性质、特点出发的，是把握了铁路运输管理的规律的。铁路运输像一架大联动机，需要高度的协调性和准确性，但由于铁路线长、点多，工种复杂，如果没有集中统一，就会缺乏协调一致，甚至会各行其是。因此，在全路范围内要有统一的政策，统一的计划，统一的规章制度，统一的调度指挥，统一的步骤和行动。同时，高度的集中统一指挥，还要靠严格的组织性纪律性来保证。

回顾铁路运输领导体制反复变动的历史，可以看出：坚持集中统一领导，运输生产就比较主动、顺利；削弱或放松集中统一领导，运输生产就会被动、混乱。"大跃进"时期和"文化大革命"时期的这种教训，是应该牢牢记取的。

坚持集中统一指挥主要是指：运输调度必须高度集中，铁路职工必须坚决地服从命令、听从指挥，执行铁的纪律；主要的技术政策，主要的规章、制度和技术规范、标准，主要行车设备的制式以及跨局的列车运行图和列车编组计划，必须统一制定；重点物资运输，必须有计划地统一安排；机车、车辆及其他重要运输装备的生产、分配和修理，必须统一管理和安排；路网性设备的新建、改造和布局，必须统一规划；铁路干部、职工的调配安排，必须由铁道部统一领导，分级管理。这是新中国铁路的性质和特点决定的，是有利于国民经济的发展的。

当然，强调铁路运输集中统一管理的同时，也要尊重和争取地方党政部门对铁路工作的领导和监督。因为没有地方的支持、帮助，铁路工作是搞不好的。铁路部门应加强与地方之间的联系和协作，尊重地方的领导，虚心听取地方的意见，牢固树立同地方商量办事的作风。

四、安全是铁路运输的生命和关键，必须坚定不移地始终把安全放在第一位。

安全是保证铁路这架大联动机准确、协调运行的首要条件。"安全为了生产，生产必须安全"的原则，对铁路运输来说，更具有重要意义。铁路行车的实践证明：安全行车是须臾不可忽视的。什么时候重视安全，事故就少，运输生产就主动，运输效率就高。反之，发生事故，一则会给人民的生命和国家的财产造成重大损失；二则因铁路运输具有连贯性和不间断性，一处发生事故，一点连一线，一线连一片，会导致一连串列车的晚点，打乱运行秩序，造成一条或几条线路的运输不畅通，从而使得许多物质生产单位的产品流通受阻，甚至影响一些生产单位的正常生产。

安全与效率不是对立的，而是相辅相成的。为了提高运输的效率和质量，既不能为安全而安全，置运输效率于不顾，又不能只图快不求稳，忽视安全，盲目追求效率。正确的做法是，必须把保证行车安全作为铁路运输工作的不可分割的重要部分，抓运输的同时必须抓安全，把安全生产贯穿于运输的全过程，经常地长期地连续地抓紧抓好，自始至终地贯彻执行"安全第一，预防为主"的方针，不断建立、健全和严格执行安全行车的规章、制度和措施，加强行车安全的监督和管理，搞好安全教育，提高行车部门职工的技术业务水平和工作责任心，并以新的技术和设备作为安全行车的保障。

五、科学技术是企业发展生产的重要支柱，建设社会主义的现代化铁路必须依靠科学技术的进步。

经过 36 年的发展，整个铁路部门已拥有包括运营管理、行车指挥、机车车辆、工务工程、通信信号、工艺材料和电子技术等众多专业的综合科技队伍。它是保证铁路科技进步，提高铁路运输能力的重要力量。

进一步发展铁路科学技术，必须首先坚定"科学技术是生产力"的观点，高度重视科学技术和科技人才。从铁路科技事业的发展历程可以看出，人们对科学技术是生产力的观点的认识和坚持，并不是一贯明确和始终如一的，对科技人员的信任和依靠也不是始终坚定不移的。在"大跃进"年代，由于瞎指挥，盲目蛮干，不按科学规律办事，在一定程度上延缓了铁路科技工作的前进步伐。在"文化大革命"中，铁路科学技术在总体上不但未得到发展，而且由于一些科技单位被冲击，一些科技人员被批斗，反而停滞、倒退了。这是无视科学技术和科技人员的严重教训。同时，多年以来由于对生产必须依靠科学技术的重要性认识不足，也导致了铁路科技政策的长期摇摆不定，从而影响了铁路运输生产和科技的应有发展。

中共十一届三中全会以来，由于贯彻执行了中共中央召开的全国科学大会的精神和中共中央、国务院制定的一系列科学技术方针和政策，并进行了科技、经济体制改革，铁路部门的各级领导干部已逐渐认识到：科学技术对发展生产力有着重要意义和作用，科技进步是铁路部门扩大运能、提高效益的支柱和关键。企业不能光有生产计划，还要有技术发展规划，并要认真落实下去，使科技进步转化为生产力，从而不断提高生产效率、产品质量和经济效益。同时，还要认真落实党的知识分子政策，营造尊重知识、尊重人才的强烈气氛，从政治上工作上生活上关怀和支持科技人员，不断调动他们的积极性和创造性。

充分依靠和发挥铁路部门现有的科学技术力量，并使其更好地为促进铁路现代化建设服务，必须全面贯彻"经济建设必须依靠科学技术，科学技术工作必须面向经济建设"的方针。要在深化经济体制改革和科技体制改革中，把科技力量推动企业加速发展的可能性尽快地变成现实性，使企业更关心科技进步，使科技更好地为生产服务，把科技单位与生产单位的利益紧密结合起来，消除科技与生产相脱节的现象。近几年的实践说明，对企业来说，要着重解决"依靠"的问题。要在转变观念的同时，把科技进步纳入铁路建设的发展规划之中，分解目标，建立项目责任制，按期完成，并将已成熟的应用技术成龙配套，上点上线，迅速投产形成能力。对科技单位来说，要着重解决"面向"的问题。科技单位要为运输生产建设服务，把科技力量投入运输生产建设的主战场，由坐等上面给题目、给经费，转变为主动到生产第一线去找题目、筹经费，由只关心科技成果的鉴定转变为更注重科技成果的推广、应用。

六、铁路是一个老企业、大企业，坚持改革、开放、搞活的方针尤为重要。

新中国的铁路企业管理制度，基本上是50年代初期按照苏联铁路的经验，结合中国的具体情况制定的。30多年来形势发展了，这套办法却变化不大，因而形成不少不利于生产发展的条条框框。在整个铁路企业中，不仅普遍存在"铁饭碗""大锅饭"的问题，而且"统得死""一刀切"的现象也比较严重。同时，长期以来，铁路部门虽然在企业管理上也采用了一些行之有效的经营管理方法，如实行生产责任制和经济核算制等，但是更多的却是用行政方法管理企业。因此，企业的活动主要不是建立在按经济规律办事的基础之上，不能成为独立核算、自负盈亏的经济实体，不能很好发挥价值、价格、货币、利率、税金和利润等各种经济手段和经济杠杆的作用，并且也在一定程度上割裂了经济组织之间的内在联系，使产、运、销，人、财、物之间的问题不能协调解决。企业缺乏必要的自主权，经营不活，发展不快。

为了适应国民经济和社会发展对铁路运输的需要，铁路部门同样必须立足于改革，以改革总揽全局，走改革、开放、搞活的道路。80年代以来，全路围绕着实行经济承包责任制，从扩权分利入手，建立了路局、分局和站段三级经济责任制；实行了利润留成、利润分成、成本包干、经费包干和独立核算、自负盈亏等多种形式的经济承包；下放了一些管理权限，简政放权，改变统得过死、管得过细的现象。并进而拟定和实行全行业的全面经济承包。在铁路内部实行不同层次的承包，把各级、各单位的责、权、利挂起钩来，将进一步调动各方面的积极性，使铁路工作由被动转向主动，进入良性循环的轨道。

初步的实践经验说明：铁路的改革，势在必行。在改革中，要处理好的一个重要问题，就是集中、统一与开放、搞活的关系。铁道部作为国家赋予直接管理企业责任的经济部门，一方面要认真履行政府机构管理经济的主要职能，做好规划、协调、监督、服务工作；另一方面，要把该集中管的事管好，把不该集中管的事下放给企业，充分调动企业的主动性，把企业搞好、搞活。如果只强调集中、统一而忽视下放权限和搞活企业，那就难免使企业失去生机和活力；如果只讲搞活企业而丢掉集中、统一，那就可能使铁路运输陷入混乱状态。只有把集中、统一与开放、搞活有机地结合起来，才能使铁路部门的改革健康而稳步地前进。

改革开放以来，铁路部门在保证完成国家运输任务的前提下，努力发展多种经营，举办了客货服务事业和大批集体经营的企事业。多种经营的兴起，既安置了富余人员和待业的职工子女，又增加了铁路和职工的收入，成为一举多得的好事情。

铁路改革的目的是为了解放生产力。在清除阻碍生产力发展的各种消极因素、进行改革的同时，还要跳出传统的运输组织模式，打破封闭的工业结构，改变独家修路的做法，引进竞争机制，才能真正使铁路部门摆脱老条条、旧框框的束缚，坚定地走上改革、开放、搞活的道路。

七、坚持强有力的思想政治工作，是调动职工积极性和创造性，搞好铁路运输生产建设的重要保证。

36年来，铁路部门在继承党的思想政治工作的优良传统的基础上，根据各个时期的形势、任务，结合铁路的特点，在各级党委和政治部的组织领导下，经过专职人员和行政业务干部、共产党员、共青团员、工会积极分子、班组长的共同努力，不断探索思想政治工作的规律，不断完善思想政治工作的方法，从而不断提高了铁路部门思想政治工作的生动性、有效性和科学性，为完成和超额完成铁路运输生产建设任务做出了重要贡献。

铁路部门的历史实践证明：生动有效的思想政治工作，既是党的政治工作的重要内容，又是企业管理的必不可少的组成部分。无论过去或现在，思想政治工作在贯彻党的路线、方针、政策中，在完成铁路运输生产建设任务中，都起着领先、保证和服务的作用；无论过去或现在，只要放松或削弱思想政治工作，都会对铁路运输生产建设产生不良影响，甚至会使企业走偏方向，滑到邪路上去。历史的经验和教训从正反两个方面告诉人们：无论任何时候，都必须高度重视和大力加强思想政治工作，才能动员和团结广大职工，同心同德，振奋精神，克服困难，为夺取铁路运输生产建设的胜利而奋斗。

长期以来，铁路部门的思想政治工作从培养人、教育人、造就人的这一根本任务出发，坚持进行马克思列宁主义、毛泽东思想教育和党的路线、方针、政策教育以及集体主义、爱国主义、国际主义教育，还紧密结合铁路的特点和实际，广泛开展了"人民铁路为人民"的办路宗旨教育；发挥人的能动作用，挖掘运输生产潜力的增产节约教育；热情、周到地为旅客、货主服务的职业道德教育；顾大局，识整体，联劳协作的"一盘棋"思想教育；服从命令，听从指挥，加强组织性纪律性的"半军事化"教育；抵制封建主义、资本主义腐朽思想意识侵蚀，保持铁路工人阶级本色的"二七"传统教育。

同对，在进行思想政治工作过程中，不断创造和积累了许多生动有效的工作方法。诸如：典型示范、说服教育、专题宣传、生产鼓动和身教重于言教、深入运输生产岗位，等等。这些经验和做法，已经成为铁路部门思想政治工作的重要组成部分。这是应当坚持和发扬下去的。当然，由于受"阶级斗争为纲"和"左"的指导思想的影响，也出现过一些错误观念和不适当做法，如："精神作用万能"，形式主义，大轰大嗡，"我打你通"，等等。这是应当加以纠正和屏弃的。

进入改革开放的社会主义建设的新时期，在中共十一届三中全会以来的路线、方针和政策的指导下，铁路部门的思想政治工作在不断清除"左"的影响的同时，也发生一些新的变化。主要是：开始树立了理解人、关心人、尊重人的新观念，注意运用了民主协商、双向交流的新方法；初步研究了寓教于文，寓教于乐，寓教于各种有益活动之中的新课题。但重要的问题是，随着经济、政治体制的改革和企业领导体制的变化以及职工群众思想观念的更新，思想政治工作从内容到方法都必须大力加强和改进。只有发扬好传统，建立新格局，探索新路子，才能适应新形势、新任务的要求，迎接新的严峻挑战。

八、坚持"人民铁路为人民"的根本宗旨,建设"让人民放心,让人民满意"的先进行业,是铁路职工始终为之奋斗的目标。

"人民铁路为人民"的宗旨,既说明铁路是人民的,又说明铁路运输生产的目的是为人民服务。全体铁路职工作为铁路的主人,理所当然地要以主人翁的责任感,不断提高为人民服务的本领,讲究职业道德,尽可能地为旅客、货主提供旅行和运输上的方便以及优良的服务。

36年来,铁路职工努力实现这个宗旨,树立了良好的路风,做出了可观的成绩,提高了运输生产的经济效益和社会效益。但是,也发生过背离这个宗旨的情况,出现过野蛮装卸和粗暴待客的现象。50年代和60年代前期,铁路在社会上享有良好的声誉。但在"文化大革命"时期,铁路的好传统好作风遭受严重破坏。贯彻改革开放的政策以来,为实现"人民铁路为人民"的宗旨,铁路职工做了大量工作,取得了一定成效。但由于部分干部和工人片面追求本单位的利益和个人实惠,忽视发扬艰苦奋斗、遵章守纪、文明服务的优良传统和作风,也给铁路在社会上造成不良影响。

铁路线长、点多,接触面广,社会影响大,与广大人民的物质、文化生活有着广泛的联系,是国家在精神文明建设上的一个极为重要的"窗口"。正确贯彻"人民铁路为人民"的宗旨,完全、彻底地做到"安全正点,尊客爱货,优质服务",必须加强路风建设,不断提高铁路职工队伍的政治素质、业务素质和职业道德水平,注意改进车站和列车的服务工作。实践一再证明,铁路是国家的"窗口",车站和列车又是铁路的"窗口"。不仅旅客、货主要从这里接受服务并对铁路工作作出评价,而且铁路本身也应从这里判断自己工作的得失,明确努力的方向。因而,加强车站和列车工作的重要性是显而易见的。而且,路风建设并不只是"窗口"单位的事,在"窗口"单位也不只是接待旅客、货主的时候的事。只有整个职工队伍的政治、业务素质提高了,既有为人民服务的决心,又有为人民服务的本领，铁路才能不断发展运输生产，保证安全正点，不断改进客货运输服务设施和方法。职工素质是"本"，具体工作是"标"，实现"人民铁路为人民"的宗旨，建设好的路风，必须标本兼治，持之以恒。

除上述几条以外，铁路部门在36年中，还积累了许多其他有益的经验。如：搞好企业领导班子建设；加强职工全员培训；改进运输组织工作；加强责任制；搞好设备养护、维修；改善职工生活；等等。正确运用所有这些宝贵经验，对于进一步发展铁道事业，无疑将会发生积极而重大的作用。

历史是一面镜子。广大铁路职工通过实践，已经逐步从正反两个方面认识到：发展新中国的铁道事业，建设具有中国特色的社会主义的现代化铁路，必须以"四项基本原则"为指导，遵循自力更生、艰苦奋斗的建国方针，从本国的国情、路况出发，坚持"人民铁路为人民"的宗旨，紧紧围绕着解决运能与运量之间的矛盾，理顺铁路事业发展所涉及的内外部关系，密切与其他各个运输部门的协作、配合，不断学习和运用国内外先进的生产方法、管理经验和科学技术，走改革、开放、搞活的道路，才能更安全、准确、快捷、高效地为国民经济、国防建设和人民生活服务。

附录一

中华人民共和国铁道事业大事记

(1949—1985 年)

1949 年

1月10日　中国人民革命军事委员会任命滕代远为军委铁道部部长。

1月28日　军委铁道部在石家庄召开铁路工作会议，组成军委铁道部领导机构。滕代远部长在会上强调集中统一管理的必要性，提出创建新型的人民铁路的任务。

2月15日　绥化机务段ㄇㄎ₁型96号机车首创安全走行106579公里，突破两个甲检期的新记录，被东北铁路总局授予"铁牛"称号。许多机车包乘组学习他们的经验而成为"铁牛号机车队员"。这种"铁牛"精神进而扩展到"铁牛养路工区""铁牛列检组""铁牛调车组"，并发展为后来的"模范机车队"运动。

2月20日　军委铁道部由石家庄迁移至北平办公。

长春至四平间铁路修复通车。至此，长春至沈阳全线恢复通车。

2月22日　北平军管区成立铁道运输司令部，统一管理和调度（北）平汉（口）、（北）平（天）津、（北）平古（北口）等铁路线的抢修和运输工作。

3月21日　中共军委铁道部临时党委会组成。委员有滕代远、吕正操、武竞天、黄逸峰、郭洪涛、余光生、刘居英、许子盛和桂蓬。滕代远、吕正操、武竞天组成常委会。滕代远任书记。

4月1日　军委铁道部决定：平津铁路与东北铁路相互间自本日起实

行货物直通运输。

4月8日　军委铁道部召开首次铁路运输会议，拟定新的运输计划以保证完成军运任务。

4月10日　中国人民革命军事委员会公布铁路军事运输暂行条例。

4月12日　军委铁道部召开全国铁路工程会议，交流工作经验，制定新的工程计划。

4月14日　军委铁道部任命郭维城为铁道部驻徐州护运司令员。

4月23日　中国人民革命军事委员会任命吕正操、武竞天为铁道部副部长。任命吕正操兼护运司令员。

4月24日　南京至芜湖间铁路全部修复通车。

5月1日　《人民铁道》报创刊。

平津铁路与东北铁路相互间自本日起实行旅客及行李包裹直通运输，北平至沈阳开行直通旅客列车。

5月6日　军委铁道部决定平津铁路管理局由北平迁到天津办公。

浙赣铁路钱塘江大桥修复通车。

5月16日　中国人民革命军事委员会令：组建中国人民解放军铁道兵团，下设4个支队，归铁道部直接领导。滕代远兼铁道兵团司令员，吕正操兼副司令员。

军委铁道部召开全国铁路车辆调度会议，研究全国车辆统一调度与贯彻调度负责制等问题。同时，召开北方机务调度会议，建立统一的机车调度制度，研究机车运用方法和提高机车运用效率的措施，确定机车日车公里奋斗目标。

5月17日　津浦铁路全线修复通车。

5月18日　铁道部召开全国铁路运价会议，制定统一的货物分等、货物技术装载吨数，统一全国运价等级，确定东北客货运价率、北方南方客货运价率，同时拟定人民铁路的运输条例和各项规章。

5月20日　平汉铁路北平至保定段修复通车，滕代远赴保定参加通车典礼。

5月26日　军委铁道部决定：石家庄与同蒲两铁路局合并成立太原铁路管理局。

5月27日　上海市全部解放。经抢修，当晚沪（上海）宁（南京）铁路全线通车。

5月30日　中国人民革命军事委员会任命王鹤峰为军委铁道部政治部主任。

6月1日　军委铁道部公布实行铁路调度统一暂行办法。各铁路管理局开始编制月间运输计划和铁路工作技术计划，铁路运输计划制度从此逐步建立起来。

6月27日　军委铁道部召开首次全国铁路机务工作会议，总结机务工作负责制，加强机务工作计划，确定机务工作方针。

7月1日　全国铁路职工临时代表大会在北平召开。大会选举全国铁路总工会筹委会，讨论人民铁路的方针和任务。朱德总司令亲临指示，董必武副主席、中共中央委员林伯渠、中共华北局书记薄一波、北平市市长叶剑英到会祝贺。

7月4日　中断12年后恢复开行的第一列上海至北平直通旅客列车到达北平。滕代远、吕正操到站欢迎。

7月8日　军委铁道部决定：唐山工学院、北平铁道管理学院、华北交通学院合并组成中国交通大学。

7月9日　全国铁路职工临时代表大会代表与全国铁路机务会议代表，以及铁道部、铁道兵团、平津铁路管理局部分职工共600余人在怀仁堂集会。毛泽东主席、周恩来副主席、朱德总司令到会。毛主席号召全体铁路职工紧紧依靠广大群众建设人民铁道。

7月12日　胶（青岛）济（南）铁路全线修复通车。

7月21日　经中国人民革命军事委员会批准，军委铁道部颁布部机关及部属单位的组织机构。部内设1厅、2室、11局、1直属处和政治部。

部属单位在东北设东北铁路总局,下辖哈尔滨、齐齐哈尔、吉林、沈阳、锦州共5个铁路管理局;在关内设天津、济南、太原、郑州、上海、衡阳共6个铁路管理局。

7月23日 周恩来在全国工会工作会议上讲话指出:"中国两万多公里铁路,今年要恢复百分之八十,明年不仅要恢复余下的百分之二十,而且还要有新的发展。我们要恢复生产,必须靠交通运输畅通。"

8月1日 沪(上海)杭(州)铁路全线修复通车。

8月8日 沈(阳)山(海关)铁路附近7月份连降大雨,大凌河水位超过桥的钢梁下沿2米,由于河堤决口,殷家洼铁路桥被冲走钢梁5孔,与其并行的混凝土桥和造纸厂专用线全部冲毁。14日,绥中六股河决堤,辽河决口,洪水泛滥,有14公里的铁路线及其车站浸水,沈山铁路中断行车28天。

8月17日 苏联以巴卡列夫、谢缅诺夫为首的第一批专家一行42人来到中国铁道部,分别在抢修、恢复营业、线路养护、经营管理等方面帮助工作。

8月18日 苏家屯机务段Ⅱㄅ₁型105号机车司机郑锡坤,在清原车站主动要求把两辆待运青菜车加挂在已经满轴的列车上,并安全正点到达沈阳,首创超轴牵引。这一创举带动了全段乘务员主动超轴,进而发展为全路群众性超轴运动。

9月10日 淮南铁路(淮南至裕溪口)全线修复通车。

9月21日 军委铁道部颁布《机车负责制暂行办法》,推行机车包检、包修、包乘、包指导制度。

9月23日 军委铁道部召开北方各主要站站务会议,讨论改进调车作业、建立站务负责制和联合劳动组织等问题。

10月1日 中华人民共和国成立,军委铁道部改组为中央人民政府铁道部。

10月15日 南浔铁路(南昌至九江)全线修复通车。

10月17日　（北）京包（头）铁路全线修复通车。

铁道部召开全国铁路工务会议，会议确定抢修全国铁路计划，加强养路。

10月19日　中华人民共和国中央人民政府任命滕代远为铁道部部长，吕正操、武竞天、石志仁为副部长。

10月20日　铁道部召开全国铁路财务会议，决定于1950年1月1日起全国铁路实行统一的会计制度和预算规则，统一财务管理制度。

11月1日　《人民铁道》杂志创刊（1952年12月18日停刊）。

北京至满洲里间开行直达列车。

11月7日　陇海铁路宝鸡以东全线修复通车。

12月10日　浙赣铁路（杭州至株洲）全线修复通车。

12月25日　南同蒲铁路（太原至风陵渡）全线修复通车。

1950 年

1月1日　（北）京汉（口）铁路和粤汉铁路（广州至武昌）全线修复通车。

1月4日　铁道部实行派驻各铁路工厂验收员制度，代表铁道部监督修理和验收机车、车辆、起重机、车轮及配件。随后，陆续健全铁道部、铁路局和各厂、段的验收组织和工作制度。

1月9日　上海至广州间开行直通旅客列车。

1月19日　铁道部制定中国人民铁道路徽图案式样，公布实行。

1月25日　铁道部召开全国铁路材料会议，决定实行材料供应负责制和企业化经营。

2月5日　全国铁路进行第一次车辆大清查。

2月7日　中国铁路工会第一次全国代表大会在北京召开，决定正式成立中国铁路工会全国委员会。朱德副主席到会号召铁路职工打破保守思想，学习苏联先进经验，提高政治业务水平，克服一切困难，搞好运输生产。

2月14日　中国政府同苏联政府在莫斯科签订《关于中国长春铁路、旅顺口及大连的协定》。

2月27日　铁道部召开全国铁路人事工薪会议，确定1950年人事和劳动工资工作计划，要求这项工作逐步走上正轨。

3月1日　中国铁路第一个科学研究机构——铁道技术研究所在唐山成立。9月改称铁道研究所，1951年1月迁北京，1956年1月改称铁道科学研究院。

3月6日　铁道部召开全国铁路公安会议。

铁道部首次召开全国铁路厂务会议，讨论制定工厂实行企业化问题。

3月8日　中国铁路第一批火车女司机田桂英等正式在旅（顺）大（连）铁路上出车。

3月9日　国家监委发出通报：处理1月23日济南铁路管理局发生的津浦铁路花旗营站造成死伤62人的旅客列车撞车事故，对有关人员分别给予法律或纪律处分，对铁道部部长滕代远、副部长吕正操均给予批评。

4月4日　铁道部召开全国铁路卫生工作会议。铁道部部长滕代远、卫生部长李德全到会讲话。

4月15日　铁道部颁布《铁路装卸供应社规则》，并通令各地于7月1日前建立装卸供应社，统一管理铁路装卸业务。

4月25日　中苏共管的中国长春铁路公司正式成立。双方同意任命余光生为理事会主席，姆·斯·叶洛果夫为副主席。5月1日正式开始工作。哈尔滨、沈阳铁路管理局同时撤销。

5月1日　全国铁路实行《铁路行车规则》《铁路信号处理规则》《行车事故处理规则及救援列车章程》。

铁道部决定撤销东北铁路总局，成立铁道部驻东北特派员办事处。

5月11日　"南京号"渡轮在南京至浦口间复航。该渡轮曾被国民党军队破坏，沉于上海黄浦江内，解放后打捞修复。

6月1日　全国铁路实行《中华人民共和国铁路技术管理规程》（2月

2 日公布）。这是中国铁路第一次在全国铁路实行的基本法规。

6 月 15 日 铁道部颁布《建立模范机车队的暂行办法》，在北南方各铁路管理局开展模范机车队运动。

6 月 28 日 铁道部决定撤销重庆铁路工程局和成渝铁路工程局，成立西南铁路工程局。

6 月 30 日 铁道部召开全国铁路车辆统计及货运统计会议。滕代远部长要求：在铁路建立统一、精确、科学的统计工作，培养统计人才和专家。

6 月 昂昂溪机务段ㄇㄎ$_1$型 1195 号机车王吉奎包乘组发起"五百公里运动"，吸引行车调度员、检车员、车长和车站有关人员等团结协作，共同发挥智慧创造新记录，推动运输生产迅速上升。

陇海铁路宝鸡至天水段，泥石流淹没元龙镇附近，影响行车 1 个月。

湘桂铁路柳州至来宾段修复通车。

7 月 7 日 津浦铁路淮河大桥（全长 574.2 米）竣工通车。该桥是从 1949 年 11 月 13 日动工修复的。

7 月 21 日 铁道部颁布实行《货物运送规则及补则》，统一全路货运规章制度。

7 月 27 日 铁道部颁布《机务规则（草案）》（1—8 编）。

武汉长江大桥建设委员会成立。

7 月 31 日 经中央批准，陆平任铁道部政治部主任。

8 月 12 日 铁道部颁布《机车鉴定办法》。

8 月 24 日 铁道部召开全国铁路计划工作会议，通过 1951 年计划和三年铁路建设轮廓等。

8 月 29 日 滕代远部长与越南代表黎庸对关于修复滇越铁路及帮助修复越境老开至安巴铁路问题进行了谈判。

9 月 1 日 《铁路客车运用规则》开始实行。

中国交通大学改名为北方交通大学。

9 月 27 日 铁道部召开全国铁路行车安全监察会议，讨论监察工作的业务方针、性质及行车事故处理等问题。

10月1日 铁道部颁布实行《旅客及行李包裹运送规则及补则》，统一全国铁路客运规章制度。

10月5日 中央人民政府政务院批准中苏铁路联运协定。

10月11日 铁道部颁布《养路工作保证行车安全规则》，自即日起实行。

11月2日 中央人民政府、革命军事委员会任命吕正操为军委运输司令员（兼）。

11月16日 铁道部召开欢送援朝支前工作大会，滕代远部长要求全国铁路职工行动起来，做好支前工作，超额完成运输任务。同月在东北地区成立铁路运输司令部，负责组织援朝军事运输和铁路抢修工作。

11月22日 铁道部决定：皇姑屯车辆工厂迁并到齐齐哈尔铁路工厂。

11月30日 政务院发出《关于铁路运输计划的指示》，要求全国有计划地使用铁路运输，充分发挥铁路运输能力，防止浪费。

12月27日 铁道部召开首次全国铁路车辆会议，要求车辆工作逐步走向专业化，提高检修质量，保证运输安全。

12月 三桥车辆修理工厂（现西安车辆工厂）开始改建。1951年中央财政经济委员会批准改扩建设计任务书，为国家批准的第一个改建的铁路工厂，1957年国家作了总体验收。1964年12月23日铁道部决定将大连机车车辆工厂制造罐车的设备、人员迁入，再次进行改建。1972年8月12日批准扩建货车修理系统，1973年4月开工，边建设，边投产，1983年基本建成。

1951 年

1月1日 中央财政经济委员会指示，西南军政委员会交通部领导的昆明铁路局划归铁道部领导。1952年年底前由西南铁路工程局代部领导，以后由部直接领导。1956年4月1日起改称昆明铁路管理局。

2月1日　全国铁路调整客运运价，自本日起实行。

2月9日　铁道部根据中共中央关于加强铁路政治工作的指示，提出在铁路系统中建立自上而下的政治部，作为铁路运输企业中党的工作机关。

2月22日　铁道部通告：授予"毛泽东号"机车司机长李永、丰台机务段运转主任李永录、沧县工务段养路副主任姜振元、保定工务段养路副主任王省三、丰台站调车长马清等5人"特等劳动模范"称号，各记特等功一次，发特等奖章一枚。（"毛泽东号"机车原为哈尔滨机务段Пㄣ₁型304号蒸汽机车，于1946年10月30日经中共东北局批准命名。）

3月14日　中国铁道部代表团与苏联交通部代表团在北京签订《中苏铁路旅客、行李和货物联运协定》和《中苏国境铁路协定》，自4月1日起实行。

3月　京山铁路北京至山海关间双线，自上年3月开始断续修复，本月全线修复通车。

6月21日　铁道部、中国人民保险总公司共同颁布《铁路旅客意外伤害强行保险条例》，自即日起实行。

7月1日　全国各铁路管理局实行经济核算制。

7月16日　武汉市人民法院在汉口江岸车站公审"二七"惨案的主要凶犯赵继贤。公审大会后，赵犯当即在林祥谦烈士遇害的地方伏法。

7月21日　北同蒲铁路（大同至太原）修复通车。

8月1日　人民铁道出版社成立（1980年改称中国铁道出版社）。

8月7日　铁道部颁布《关于向苏联铁路建设先进经验学习的决定》。

8月9日　铁道部决定将天津铁路管理局与太原铁路管理局合并为天津铁路管理局。

8月14日　辽河流域特大暴雨，计有419处堤防溃决，水害影响沈阳、新民等地，长（春）大（连）铁路中断行车40天。

8月16日　铁道部决定全国铁路普遍推广李锡奎调车组的先进工作

方法。

8月27日　由苏联代修的满洲里至中苏边境9公里铁路，中苏双方在满洲里办理交接手续。

9月15日　全国铁路展览会在北京劳动人民文化宫正式揭幕。朱德总司令亲临剪彩，中央人民政府副主席李济深、政协副主席陈叔通、副总理董必武、黄炎培、代总参谋长聂荣臻等参加了开幕式。

9月20日至29日　全国铁路劳动模范代表大会在北京召开。全体代表发出《告全国铁路职工书》，希望全路职工团结起来，共同为祖国建设而努力。

10月1日　成都机车车辆工厂开始兴建。1954年试修蒸汽机车，1955年投产，1958年6月建成验收。1965年8月3日批准转修内燃机车进行改造，1968年开工并停修蒸汽机车，开始试修内燃机车，1976年基本建成。

11月3日　铁道部颁布《重测北南方旧有铁路线路及整理办法》和《旧有铁路线路测量暂行规则》。

11月7日　1950年10月开工兴建的湘桂铁路来宾至凭祥段建成通车，滕代远部长参加通车典礼。1953年3月正式交付运营。凭祥至睦南关铁路于1954年年底修复，1955年3月全线正式通车。

11月21日　铁道部举办车务学习班，由苏联专家讲授有关车站作业的先进方法，沈阳南站青年调车员李锡奎介绍先进调车方法和一整套工作制度，在全国铁路掀起推行先进调车方法，提高调车作业效率的热潮。

11月29日　滕代远部长函复苏联交通部长别谢夫：同意在满洲里和绥芬河车站组成国境铁路委员会。

12月5日　1950年3月开工的宝天铁路线路改造工程竣工通车。1954年8月交付正式运营。

12月17日　铁道部颁布《铁路桥涵设计规程》。

12月19日　铁道部大连铁道研究所正式成立。1959年5月改组为大连热力机车研究所，1978年5月改称大连内燃机车研究所。

1952 年

1月1日 中国自行设计与施工的第一个进路式继电电气集中联锁在衡阳站建成开通使用。

3月21日 铁道部召开全国铁路电话会议,吕正操副部长号召各铁路管理局推行先进工作方法,开展"满载、超轴、五百公里"运动。5月1日颁布《关于开展满载、超轴、五百公里运动的决定》。

3月25日 铁道部决定调整全国铁路客运运价。新旧运价相比,东北铁路稍有提高,关内铁路有所降低。

4月12日 铁道部召开铁路计划会议,集中审核并编制1952年计划。这是铁路企业全面编制年度计划的开端。

4月17日 铁道部决定各机务段推行"孙凤池小组机车洗检法"。

4月23日 苏家屯机务段ΠЪ₁型252号机车司机王克全创牵引10111吨货物列车的全国新纪录。

4月30日 南京机务段ㄙㄅ₇型582号机车沈波光包乘组创安全走行1244日车公里,技术速度59.2公里,日产2233888吨公里的全国新纪录。

5月10日 铁道部东北特派员办事处改组为铁道部东北铁路办事处。原由特派员办事处领导的齐齐哈尔、吉林、锦州铁路管理局改由铁道部直接领导。

5月15日 铁道部决定,撤销北方交通大学校部,分设为北京铁道学院、唐山铁道学院。

5月20日 全路推行苏联司机鲁宁的机车保养法,强调自检、自修、自用的机车负责制,先后涌现出许多鲁宁式机车保养的优秀包乘组。

5月26日 铁道部颁布《蒸汽机车单线铁路设计规程》(草案)。

6月1日 苏家屯机务段ΠЪ₁型105号机车郑锡坤包车组向全国铁路职工发起挑战,提出每月平均完成550日车公里、超轴1300吨等几项保证条件。6月5日,"毛泽东号"机车包乘组、李锡奎调车组、杨茂林货物发送外勤组等纷纷定出应战增产计划。从此，"满超五"运动在全国铁路迅速展开。

6月5日 铁道部颁布实行《全国铁路固定资产暂行管理规程》。

6月13日 1950年6月16日开工兴建的成渝铁路建成通车。毛泽东主席题词"庆贺成渝铁路通车，继续努力修筑天成路"；周恩来总理题词"修建铁路，巩固国防，发展经济，改善人民生活"；朱德总司令题词"庆祝成渝铁路完工，一定要把天成路修好，并把川、黔、滇、桂等铁路联系起来"。该线1953年7月1日交付正式运营。

6月18日 广州至满洲里间开行直达列车，全程4636公里。这是中国铁路运输史上第一次开行的长距离列车。

6月26日 铁道部召开全国铁路计划会议。中财委副主任李富春、铁道部长滕代远到会讲话，指出今后铁路工作的方针任务是迎接大规模经济建设，增修新的铁路，"基本建设第一"，加紧培训干部，增强勘测设计和施工力量。会议决定基本建设工作由设计、施工和基本建设三个部门分管，相应调整组织机构。

6月30日 中国火车头体育协会正式成立。

7月5日 铁道部决定东北铁路学院改称哈尔滨铁道学院。

7月19日 铁道部颁布《关于制定与实行紧密运行图的暂行办法》。22日，召开全路电话会议，滕代远部长要求克服运输中的混乱现象和伪报成绩的作风。同年11月24日发出《关于进一步改善紧密运行图执行情况的指示》，以改进铁路运输组织工作，提高运输能力。

7月20日 铁道部决定将陇海铁路观音堂至硖石间的八号桥命名为"杨连第桥"。1949年中国人民解放军某部在修复此桥时，杨连第创造了单面脚手架孤身爬到45米高的桥墩上，用一块木板护身，连续爆破100多次，使该桥迅速修复通车，获得"登高英雄"称号。杨连第于1952年5月15日在朝鲜前线抢修铁路时光荣牺牲。

7月24日 杨茂林创造的"对旗取送车法"在哈尔滨站试行成功。

8月1日　四方铁路工厂制造出中国第一台蒸汽机车Ⅱㄅ$_1$型2102号，命名为"八一号"，向中国人民解放军建军节献礼。从此，结束了中国不能独立制造机车的历史。

8月7日　中央人民政府任命郭洪涛、王世泰为铁道部副部长。

8月23日　铁道部召开全国铁路电话会议宣布：自9月1日起平衡全国铁路机车牵引定数标准，减少因牵引定数不同而发生的列车改编作业，加速机车车辆周转。

9月2日　铁道部命令全国铁路推行郭春林养路法。

9月22日　铁道部根据苏联专家建议，颁布《铁路工厂接收、检修及移交机车组织工作须知》（301号部令）。对检修机车从入厂到完工的整个程序、机车修理的计划安排、生产组织和技术质量等，都规定了一整套具体方法，指导机车车辆工厂由经验管理开始转向科学管理。

9月25日　中苏两国代表团发表《关于中国长春铁路移交中华人民共和国的公告》。当年12月31日在哈尔滨举行了中长铁路正式移交仪式，周恩来总理、滕代远部长亲往参加。

10月1日　1950年四月开工兴建的天（水）兰（州）铁路提前建成，在北道埠站举行通车典礼。毛泽东主席题词"庆贺天兰铁路通车，继续努力修筑兰新路"；刘少奇副主席题词"庆祝天兰路通车，继续发展中国交通事业"。滕代远部长发表题为"庆贺天兰铁路胜利通车"的文章。该铁路于1954年8月交付正式运营。

兰（州）新（疆）铁路新建工程在兰州车站举行破土动工典礼。这条铁路是中国西北交通的大动脉，采取分段开工方案。第一期工程到武威，于1956年3月30日通车并交付运营。

11月7日　京汉铁路黄河大桥加固工程全部完成（1950年曾进行三次加固，1952年6月16日又一次加固，大型机车时速达45公里），举行通车典礼，大型机车以时速60公里安全通过。

12月1日　铁道部决定，全国铁路各机车车辆修理工厂由原属各铁路管理局领导改为铁道部直属统一领导。

12月4日 铁道部颁布《铁路计划编制暂行办法》，自即日起实行。1953年8月31日重新作了修订。

12月30日 经中央批准，谭光廷任铁道部政治部主任。

12月31日 铁道部宣布中长铁路管理局改为哈尔滨铁路管理局。

1953年

1月1日 经政务院批准，铁道部于1952年9月4日颁布《关于调整铁路组织机构的决定》，自本日起按新的组织机构执行。在运输上，增加管理局数量，缩小局管区，改组分局，减少层次。铁路管理局由9个增为12个（除原有齐齐哈尔、哈尔滨、吉林、锦州、济南、上海、郑州局外，天津局改组为天津、北京、太原3个局，衡阳局改组为广州、柳州2个局）；铁路局2个（重庆、昆明局）；各管理分局除哈尔滨局内的分局外，均改为运输分局；取消东北铁路办事处一级组织。在机车车辆工业上，加强对修理和制造的管理，在部机关成立机车车辆修理局和制造局，分别对所属工厂实行业务领导。在基本建设上，为展开大规模建设，贯彻"新线第一"的方针，建立设计、施工和基本建设专管机构，部机关设立设计局、新建铁路工程总局、基本建设局分管基本建设工作并领导下属机构。自1952年9月起在全国铁路陆续组建5个设计分局（西北、西南、华北、东北、中南）；5个设计事务所（大桥、电务、工厂、站场、经济调查）；12个工程局（第一至第十一、武汉大桥）；4个专业工程公司（隧道、通信信号、建厂、机械筑路）；12个基本建设分局（第一至第十二）。

全国铁路各营业车站全面实行货物运输负责制。

铁道部决定萧山配件厂全部设备和人员迁并武昌车辆工厂。

铁道部决定，撤销张家口铁路工厂（转给地质部改为张家口探矿机械厂），成立皇姑屯车辆工厂。

1月8日 铁路机车车辆工厂改名为机车车辆修理或制造工厂，其行政业务由铁道部机车车辆修理局和制造局分别领导。

1月14日　中央人民政府任命赵健民为铁道部副部长。

1月21日　铁道部颁布《铁路基本建设工程发包暂行办法》《铁路基本建设工程技术监察暂行办法》。

2月7日　全国铁路职工在各地分别集会，纪念"二七"大罢工30周年。郑州"二七纪念堂"举行落成典礼。

2月16日　叶（百寿）赤（峰）铁路全线修复通车。

3月6日　铁道部召开全路职工生活供应会议，总结工作，确定经营管理方针。

3月16日　锦（州）承（德）铁路全线修复通车。

4月26日　中国铁路自制的第一辆轨道检查车在唐山机车车辆工厂试制成功。

5月20日　实行1953年全国铁路旅客列车运行图和全国统一的货物列车编组计划。

6月24日　铁道部召开全国铁路工作会议，邓小平副总理到会讲话。会议确定3至5年内以切实学习与推广中长路经验为全路工作的方针。

6月　沈（阳）丹（东）铁路石桥子至凤凰城段修复通车。

7月2日　社会主义国家国际铁路客货联运协定代表大会在莫斯科举行，滕代远部长率中国铁路代表团出席。

8月4日　铁道部颁发全路在职干部学习中长路经验的计划：自本年10月1日起，在1年半时间内，学习中长路12项基本经验。1954年6月9日、1955年3月7日和1955年8月17日，铁道部连续组织三期领导干部学习团，到哈尔滨铁路管理局现场学习，参加学习的有各铁路管理局长和部机关的一些业务局长，部局两级主要业务部门的处长、科长和部分分局、站、段、厂长，还有一些政工部门负责人和工程技术人员，共计1346人。

8月18日　因辽河决堤，沈（阳）山（海关）铁路20多公里遭受水害，中断行车 21.5 天。

8月21日　铁道部召开新线工作会议。会议提出"新线第一"，把加强新线提到全国铁路工作的首位，确定新线建设的方针和任务。

8月22日　根据中财委5月31日的决定，铁道部将机车车辆制造局及大连、齐齐哈尔、天津、柳州、武昌、四方6个制造工厂，划归第一机械工业部领导。

9月9日　中央军委决定铁道兵团扩大整编为中国人民解放军铁道兵。

10月23日　沪宁铁路昆山至正仪间，因钢轨折断造成204次旅客列车颠覆。

11月3日　哈尔滨铁道学院并入北京铁道学院。

12月7日　北京至莫斯科间试运的直达旅客列车到达北京。1954年1月31日正式通车，在北京站举行通车典礼，滕代远部长剪彩。

12月16日　中朝铁路联运会议在北京举行，武竞天副部长率中国铁路代表团出席。1954年1月25日签署中朝国境铁路协定，自4月1日起生效。

1954 年

1月1日　中国同苏、朝、蒙、德、波、捷、罗、匈、保、阿10国开办国际联运业务。

1月21日　滕代远部长在政务院作关于修建武汉长江大桥的汇报。会议通过了修建武汉长江大桥的决定。

2月22日　铁道部颁布试行《营业铁路基本建设工程发包暂行办法》。

2月28日　中央军委命令，王震任铁道兵司令员。

3月20日　1952年6月开工的第一个新型枕木防腐厂——汉阳枕木防腐厂（今武汉木材防腐厂）建成。1955年8月正式验交。

3月　沈山铁路大凌河（下行）桥建成。全长830米，1953年3月开工兴建,是新中国新建的第一座特大铁路桥。

第一机械工业部决定四方机车车辆工厂按制造蒸汽机车和客车进行改扩建,同年开始投资建设。1959年12月19日铁道部批准按扩大蒸汽机车制造能力进行技术改造,同年新建项目开工,1961年投产。铁道部于1963年3月5日、1964年3月23日分别批准新建液力传动试制试验车间和内燃机车车间。1972年6月22日交通部决定对工厂内燃机车生产系统进行改建,1975年开工,1983年基本建成。

4月8日 铁道部颁布《新建铁路临时管理暂行办法(草案)》。

5月6日 第六工程局在秦岭隧道竖井工程中采用大爆破试验成功。

5月 沈阳机车车辆工厂经铁道部批准开工改扩建。边改建边投产,1961年基本建成。1959年停修客车。1972年7月8日交通部决定对该厂蒸汽机车修理系统逐步改造转修东方红$_1$型内燃机车。1974年停修蒸汽机车,开始修理内燃机车。1973年10月26日交通部决定按扩大货车修理能力为年修1万辆进行技术改造,1973年开工,1985年基本建成。

6月3日 中朝联运客车开始运行,北京至平壤直通旅客列车由北京开出。

6月10日 铁道部颁布《线路经常维修规则》,自1955年1月1日起实行。

7月1日 政务院颁布《关于逐步推行煤炭分区产销平衡合理运输的决定》。这是第一次在全国推行物资合理运输办法。

7月7日 铁道部颁布《关于继续开展满载、超轴、五百公里的技术组织措施要点》,针对运动中存在的问题,提出"有条件,有准备,分线分段逐步推行,逐步提高,稳步前进"的方针,强调抓基础工作。

7月9日 铁道部颁布修订的《铁路技术管理规程》,自即日起实行。

7月15日 铁道部召开全国铁路满载工作经验交流会,推广包装和满载经验,以合理使用车辆。

8月4日 天(水)兰(州)铁路水害,191次旅客列车在289公里处颠覆，死亡 32 人。

8 月 26 日　铁道部授予郑锡坤、李锡奎等 96 人"光荣的铁路工作者"奖章。

8 月 27 日　铁道部颁布《一九五三年铁路工作基本总结和一九五四年的工作部署》。总结指出新建铁路计划偏高，忽视了既有铁路的改造。

9 月 21 日　第一届全国人民代表大会第一次会议任命滕代远为中华人民共和国铁道部部长。

10 月 6 日　哈尔滨铁路管理局"双线插入段"工程在绥化至南岔间开工，边施工、边使用。这是第一个采用"双线插入段"办法提高单线通过能力的区段。

10 月 12 日　中、苏、蒙三国政府发表《关于修建集宁—乌兰巴托铁路和组织联运的联合公报》；中、苏两国政府发表《关于修建兰州—乌鲁木齐—阿拉木图铁路和组织联运的联合公报》。

10 月 30 日　武汉长江大桥工程的重要组成部分——汉水铁路桥竣工。

11 月 1 日　国务院任命吕正操、武竞天、石志仁、赵健民、陆平、刘建章为铁道部副部长。

12 月 9 日　中国自行设计制造的大型火车渡轮——"北京二号"在武昌至汉口间正式航行。

12 月 10 日　滕代远部长率工作组检查 1953 年 5 月 1 日开工新建的集（宁）二（连）铁路工程，并参加铺轨到二连的庆祝大会。该线 12 月 11 日按标准轨距交付临时运营。1955 年 10 月至 12 月，根据中蒙苏三国关于组织铁路联运协定，将轨距拨宽为 1524 毫米交付运营。

12 月 24 日　经国务院批准，铁道部公安局并入公安部；铁道部办公厅设机关保卫处，负责部内直属单位的保卫工作。

12 月 28 日　中越《关于交通和水利问题会谈公报》发表。由中国交通工程公司铁路工程总队承包，修复河内至同登的铁路并接通到中国睦南关的一段铁路。中国供应越南所需的机车车辆和有关的器材。

12月　沈山铁路新民至山海关段双线工程修复通车。至此，沈山铁路双线全线通车。

1955 年

1月8日　在京山铁路张贵庄至新河站间试装成功了中国第一个自动闭塞信号试点区段。

1月31日　铁道部、铁道兵联合颁布《中国人民解放军铁道兵担任新建铁路工程施工暂行办法》。

2月7日　经中央批准，刘建章兼任铁道部政治部主任。

2月14日　国务院任命余光生为铁道部副部长。

2月26日　铁道部决定，自3月1日起在天津、上海、沈阳3个地区间开始试用集装箱装运零担货物。

2月27日　越南民主共和国主席胡志明接见河内至睦南关铁路修复工程中的20位中国劳动模范；次日，河内经睦南关至凭祥的铁路全线通车，通车典礼在凭祥举行，越南民主共和国副总理范文同、中国驻越大使罗贵波参加典礼。

3月19日　铁道部公布滕代远部长在2月全国铁路工作会议上所作的《关于一九五四年铁路工作总结及进一步提高铁路运输工作的措施》的报告。报告指出必须把资金主要用在加强运输能力上，这是当前基本建设工作的方向。

4月3日　铁道部建立《日间运输计划批准制度》，以加强对全路运输日间计划工作的领导。

4月30日　铁道部颁布《铁路计件工资制度暂行条例》，自6月起实行。

5月20日　为正确选择线路，加速勘测进度，在兰新铁路采用航空测量，首次试航。

5月25日　中越铁路联运协定和中越国境铁路协定在北京签订。

6月1日 全面调整铁路客货运价。自1949年4月25日以来,这是第11次调整旅客票价,也是从这次调整后一直未动的运价(除1980年1月对外籍旅客票价和1985年5月15日对100公里以内短途票价作过的两次政策性调整外)。这次货物运价是以运输成本为基础,改变过去以货物负担能力为依据的从价制度,把分等运价改为分号运价,是一次改革性的调整。

6月3日 铁道部颁布《关于培养训练领导干部的决定》,提出从1955年起分批培训在职领导干部,培养新干部,健全预备干部制等。1957年8月1日和30日唐山铁道学院和北京铁道学院分别举行首届干部班毕业典礼,滕代远部长参加了北京铁道学院的毕业式。

6月15日 中苏联合委员会决定苏联将贝加尔铁路满洲里车站和与其相衔接的到国境为止的区段(1524毫米轨距铁路),连同其全部不动产及设备移交给中国。

6月17日 铁道部、对外贸易部联合发出《关于办理国际联运货物、行李及包裹报关和监管工作的指示》。

6月18日 宝鸡工程机械厂开工兴建,1956年3月投产。

7月1日 新中国在黄河上修建的第一座大铁桥——兰(州)新(疆)铁路河口黄河大桥正式通车。该桥于1954年4月开工兴建。

黎(塘)湛(江)铁路建成通车,在湛江南站举行通车典礼。这条铁路是1954年9月开工修建的,1956年元旦交付正式运营。

戚墅堰机车车辆工厂开始改建。1957年1月投产。1960年1月11日铁道部决定为制造蒸汽机车和货车进行改建,开工后于1961年1月停建。1973年第4季度交通部决定将蒸汽机车修理部分迁往铜陵机车工厂。1974年8月29日决定为转产东风型内燃机车修理和16V240柴油机制造进行改扩建,同年开工。1979年8月6日调整扩建的生产纲领,取消16V240柴油机制造,原修理东风型内燃机车转产为修理东风$_4$型内燃机车,并扩大货车修理能力,继续进行扩建改造,1985年基本建成。

7月15日 丰（台）沙（城）铁路在三家店举行通车典礼，11月1日正式交付运营。该路是1952年9月开工兴建的。

7月18日 国务院批准武汉长江大桥技术设计方案、施工进度计划和总预算，并于9月1日开工兴建。

8月2日 中越铁路联运通车典礼在北京站举行。

8月10日 宝（鸡）成（都）铁路观音山车站工程第一次用160吨炸药进行大爆破，炸掉20万立方米土石方。

8月 陇海铁路杏花营至韩庄镇间局部暴雨，该处为原花园口决口故道，堵口后排水拱涵较小，被冲毁，造成中断行车5天多。

9月20日 中蒙苏铁路联运代表会议在乌兰巴托举行，讨论关于开办中蒙苏联运的各项问题。中蒙铁路代表团还签订了中蒙国境铁路协定。

10月1日 经国务院批准，全国铁路实行统一计划运输制度，合理分配各地区、各物资部门、各个品类货物的运量，均衡安排运输任务，尽最大努力满足国民经济的运输需要。

10月12日 铁道部颁布《铁路基本建设工程竣工验收交接暂行办法》。

10月26日 长春机车修理工厂动工兴建。1959年2月投产。1972年8月8日交通部决定扩大蒸汽机车修理能力，按年修600台进行技术改造，同年开工，1980年基本建成。

10月28日 铁道部决定齐齐哈尔车辆工厂扩建改造为大型货车制造工厂。1956年5月6日开工，1958年6月20日部分投产，1965年基本建成。1984年5月30日进行以产品升级为中心的重点技术改造。

铁道部决定大连机车车辆工厂扩建改造为蒸汽机车和货车制造工厂。1956年9月开工，边改扩建边投产，1960年6月基本建成。1961年5月5日铁道部决定将蒸汽机车制造系统改造为1800马力（1323千瓦）东风型内燃机车制造，1962年4月开始全面改造，停止蒸汽机车生产。1972年8月8日批准按转产3300马力（2426千瓦）东风$_4$型内燃机车进行技术改造。1982年11月30日决定进行扩大东风$_4$型内燃机车生产的扩建，1983

年8月开工。

11月12日 铁道部指示各铁路管理局推广"快速超轴牵引列车",以加强和改进运输组织工作,促进调度指挥水平的提高和运行秩序的改善。

12月19日 国务院批准,铁道部设计总局所属各设计分局改为设计院,自1956年1月1日起实行。1978年3月,各设计院改为勘测设计院。

12月26日 铁道部决定,哈尔滨铁路管理局划分为沈阳、哈尔滨两个铁路管理局,撤销天津铁路管理局,原辖线路划归北京铁路管理局,自1956年1月1日起实行。

12月29日 滕代远部长率中国政府代表团应邀赴蒙古人民共和国参加乌兰巴托至北京铁路通车典礼。

12月31日 戚墅堰机车车辆工厂车工庄铭耕用2年8个月时间完成5年的工作量(庄铭耕本年1月4日曾到长辛店机车车辆工厂示范表演,从此庄铭耕的先进经验开始在全路推广)。

铁道部颁布《铁路改建设计规范》。

1956年

1月1日 蓝(村)烟(台)铁路铺轨通车,6月交付运营。该路于1953年6月开工兴建。

铁道部根据运量的发展和先进司机不断刷新记录的实践,决定自本日起,沈山、京山、京汉、津浦、沪宁、哈大六大干线的牵引定数标准由2250吨提高到2400吨。从5月份夏季运行图开始再提高到2700吨。

1月3日 集宁—乌兰巴托铁路接轨典礼在二连和扎门乌德之间举行。蒙古人民共和国总理泽登巴尔、中华人民共和国副总理乌兰夫、铁道部部长滕代远等参加了典礼。

1月4日 中蒙苏三国铁路联运通车典礼在北京站举行。典礼由铁道部副部长吕正操主持,国务院副总理李先念、国务院第六办公室主任王首道和蒙古、苏联政府代表团等参加;5日,周恩来总理宴请蒙苏代表团。

1月20日　铁道部颁布《铁路桥涵隧道养护规则》。

1月27日　铁道部颁布第二次修订的《铁路技术管理规程》，自4月1日起实行。

1月28日　同蒲铁路（大同至风陵渡）南段1000毫米窄轨拨宽工程竣工，自2月1日起行驶标准轨距的列车。

1月30日　铁道部部长滕代远、铁道兵司令员王震分别在《铁道部新建铁路工程总局和中国人民解放军铁道兵关于全国十五年新建铁路与修复铁路施工任务的协议书》上签字。

1月31日　铁道部颁布《关于提前和超额完成第一个五年计划的主要指标和基本措施》，号召全路职工努力奋斗，保证提前和超额完成五年计划任务。

2月11日　铁道部、国家城市服务部联合发出《关于城市服务部所属中国食品公司沿铁路线加冰所移交铁路接管的通知》。

2月27日　铁道部决定，天水铁路局迁到兰州，改组为兰州铁路管理局，自3月1日起实行。天水铁路局系1955年4月1日成立的。

3月17日　全国铁路先进生产者代表大会在北京全国政协礼堂开幕。铁道部长滕代远致开幕词，中华全国总工会主席赖若愚、团中央书记处书记胡克实、全国妇联副主席许广平、铁道兵司令员王震等到会讲话。28日大会闭幕，毛泽东主席和中央政治局委员刘少奇、周恩来、陈云、彭真、邓小平等接见了全体代表。

4月10日　林业部、铁道部、内务部、农业部联合颁布《铁路绿化办法（草案）》。

4月26日　铁道部公布1956年3月签订的中越铁路联运会议议定书，自6月1日起实行。

4月30日　全国先进生产者代表会议在北京举行，铁路系统300名代表组成代表团出席会议，团长王志杰。

4月　大同机车工厂开工兴建。1959年试制出第一台前进型（和平型）蒸汽机车，12月部分投产。1962年4月建设停工，1964年复工，1965年12月建成，1966年全面投产。

5月7日　铁道部根据本年3月全国铁路先进生产者代表大会408名先进生产者代表的倡议，拟订并颁布《机车日产百万吨公里竞赛有关规定（草案）》。

5月29日　铁道部颁布实行机务、车辆、工务、电务、营业铁路工程、设计（勘测）、机车车辆修理工厂等7个业务系统的工人技术等级标准。

5月30日　铁道部公布1956年4月签订的中朝国境联合委员会议定书，自6月15日起实行。

5月31日　铁道科学研究院试制成功的超声波轮轴探伤器开始试用。

6月6日　第一个电气化铁路枢纽站在宝鸡开工兴建。

6月16日　经国务院批准，成立航空勘测事务所，直属铁道部设计总局领导。

6月23日　社会主义国家第一届主管铁道部长会议在索菲亚举行，滕代远部长率中国铁路代表团出席。

6月24日　兰新铁路铺轨到玉门。7月1日第一列满载原油的列车由玉门开出。

6月26日　第一列机械冷藏车满载新鲜水果、蔬菜，由广州开到北京。

6月29日　铁道部颁布《标准轨距新建铁路设计技术规范》。

6月30日　铁道部发出《关于贯彻执行技术标准，加强对工人技术等级鉴定领导的指示》。

铁道部决定南口工厂改建为生产蒸汽机车和客货车辆配件的工厂。1957年5月开工建设。1963年4月4日铁道部批准为生产内燃机车和电力机车配件进行改建。1975年10月15日决定新建车辆轴承生产系统，同年开工，1980年第一期工程基本建成投产。

铁道部决定江岸车辆工厂货车修理能力按年修 3000 辆的规模进行扩建。1958 年 7 月 21 日铁道部批准另选厂址新建货车制造系统，1959 年 1 月开工，1961 年 8 月停建，新厂址未完工程转给地方。1982 年 5 月铁道部决定货车修理能力按年修 6000 辆的规模进行技术改造，1985 年基本建成。

6 月　包（头）兰（州）铁路东岗镇黄河桥建成通车。这是 50 年代在中国有代表性的钢筋混凝土拱桥。

7 月 10 日　中苏铁路代表团关于兰州—乌鲁木齐—阿克斗卡铁路设计问题议定书在北京签字。会议期间，双方代表团到中苏国境作了详细勘察。

7 月 13 日　宝成铁路南北段接轨。在黄沙河附近的接轨点举行接轨典礼，国务院第六办公室副主任郭洪涛参加典礼。

7 月 30 日　第一机械工业部决定武昌车辆工厂按制造保温车进行改扩建。1957 年 11 月开工，1959 年 4 月部分投产，1961 年 1 月停建。1960 年 3 月 11 日为制造冰箱保温车和机械保温车进行扩建改造。1962 年 12 月 8 日为增加客车修理进行改建，1963 年开始修客车，1967 年建成。1972 年 11 月 28 日为加强机械保温车修造能力进行技术改造，1973 年开工，1980 年基本建成。

8 月 3 日　石（家庄）太（原）铁路石家庄至乱流间有 11 个区间发生坍方，冲毁线路 25 处，中断行车 5 天多。

8 月 21 日　第一次全国铁道科学工作会议在北京召开。滕代远部长作题为《发展铁道科学事业，赶上世界先进科学水平》的报告，会议讨论制订了《一九五六至一九六七年铁道科学技术发展规划纲要草案》。

在河西走廊铁路施工中，第一次采用扬弃大爆破的方法劈开石山，开挖路基。

9 月 17 日　滕代远部长在中共第八次代表大会上发言，题为《为加强营业铁路运输能力和提高新建铁路质量而努力》。发言强调既有铁路运输紧张，运输能力与经济建设需要之间的矛盾十分明显，扭转技术改造工作落后，提高运输能力有决定意义。

中蒙国境铁路联合委员会议定书在北京签字，陆平副部长出席会议。

9月18日 我国第一台自行设计制造的1-5-1和平型（前进型）大型货运蒸汽机车在大连机车车辆工厂试制成功，并自11月6日开始在济南机务段投入运用。

9月25日 铁道部发出《关于整顿和改善铁路道口的指示》。

10月1日 第一批高锰钢合金辙叉，由铁道科学研究院、山海关桥梁工厂、戚墅堰机车车辆工厂等单位合作试制成功。此后又试制成高锰合金钢整体辙叉，于1961年正式批量生产。

10月6日 齐齐哈尔车辆工厂试制 $Π_{12}$ 型60吨全钢底开门敞车成功。

10月9日 兰州铁路管理局天水站发生货物火灾并引起爆炸，伤亡147人。铁道部、商业部、劳动部和手工业管理局立即组成慰问团赶赴现场慰问和调查。

10月15日 越南民主共和国政府授予中国帮助越南整修河内至睦南关铁路的援越线路整修队一级劳动勋章。胡志明主席接见了整修队的代表。

10月30日 铁道部在3台 $Π_{b_1}$ 型蒸汽机车上进行技术改造，已先后完成。经试车，在牵引定数2700吨的线路上，能牵引3500吨，时速可达60公里。

11月5日 1956年1月15日开工的第一座架设预应力钢筋混凝土梁的铁路大桥——陇海铁路东段新沂河大桥落成。

11月6日 柳州枕木防腐厂新建工程开工。1958年9月8日竣工投产。

12月4日 1956年3月开工的包头至白云鄂博铁矿区铁路竣工通车。1958年11月交付运营。

12月17日 铁道部颁布《标准轨距工业企业铁路设计技术规范》。

12月28日 哈（尔滨）大（连）铁路甲线陶赖昭至达家沟间狐狸洞

桥头路基（高17米）坍塌，中断行车10天。

石（家庄）德（州）铁路衡水附近，因洪水泛滥，地方擅自扒开路基11处，中断行车25天。

<h2 style="text-align:center">1957 年</h2>

1月　成都枕木防腐厂开工兴建。1959年6月28日建成投产。

2月6日　通往拉萨的青藏铁路开始航测。

2月10日　铁道部召开全国铁路各局、院、厂领导干部会议，讨论通过《关于铁路系统党的领导和几个政策问题的检查总结》。总结中否定了铁路企业实行的一长制和1952年至1953年提出的"新线第一""先求其通、后求其备"等口号，决定实行以党委为核心的集体领导与个人负责相结合的领导制度；检查了对既有铁路技术改造重视不足，学习苏联和中长铁路经验有片面性；提出要改进铁路管理体制，适当向下放权等。检查总结于1958年2月14日报中央批转各省市自治区。

2月11日　铁道部决定，撤销第五设计院，将大桥、电务、工厂、定型及航测设计事务所改组成立专业设计院。

2月15日　第一批钢筋混凝土轨枕在丰台桥梁厂试制成功。

2月28日　中国第一辆坐卧两用全钢开敞式硬席客车在四方机车车辆工厂试制成功。

3月29日　苏联最高苏维埃主席克·叶·伏罗希洛夫，由彭真副委员长、贺龙副总理陪同到武汉长江大桥工地参观。

4月1日　中国铁路上第一条十二路载波电话线路，在郑州至北京、郑州至宝鸡间开通。

4月5日　铁道部颁布《标准轨距铁路车站及枢纽站设计规则》。

4月12日　1955年2月21日开工兴建的鹰（潭）厦（门）铁路全线通车。1958年元旦交付运营。

铁道部颁布关于铁路专用线接轨办法。

5月9日　中国50年代最长的隧道——川黔铁路凉风垭隧道正式施工。1959年9月30日建成，长4270米。

5月13日　国际铁路客货运协定大会在北京举行，并签订议定书。滕代远部长在闭会时举行酒会，周恩来总理出席酒会并讲话。

5月14日　铁道部决定撤销建厂、隧道两个工程公司。

5月15日　兰州机车工厂开始筹建。1958年6月动工，1959年7月停建，1960年5月复工，1964年9月开始试修蒸汽机车，1965年建成投产。

5月25日　重庆铁路管理局迁往成都，改称成都铁路管理局。重庆铁路管理局原为西南铁路工程局领导的重庆管理分局，1953年1月1日改为重庆铁路局，由铁道部直接领导，当年8月1日改为重庆铁路管理局。

5月27日　社会主义国家第二届主管铁道部长会议在北京举行，滕代远部长致开幕词并签署议定书。6月7日周恩来总理接见会议全体代表。

5月30日　采用中国自制器材首次安装在京山铁路芦台至唐山段的双线自动闭塞信号全部竣工，正式开通使用。

7月1日　中国制造的第一台建设型蒸汽机车在大连机车车辆工厂试制成功。

7月12日　铁道部决定太原机车车辆工厂为扩大货车修理和铸钢系统配件生产能力进行改建。1958年8月开工，1959年部分投产，1961年停建。1963年9月9日决定改建以扩大蒸汽机车修理能力，1966年基本建成。1984年7月31日决定将蒸汽机车修理系统转产修理韶山$_1$型电力机车并进行改造，1985年3月开工。

7月15日　长春客车工厂动工兴建。1959年试制出第一辆客车，1960年开始小批生产客车，1965年基本建成。1984年6月19日批准为扩大客车修造能力进行扩建，并同意利用世界银行贷款1500万美元，主要用于引进国外技术、工艺装备以及人员培训等方面。

8月2日　在沪宁铁路干线和北京门头沟支线上第一次试铺长钢轨，

这是中国铁路铺设无接缝线路的开始。

8月16日　哈大铁路上行线小红咀桥，因降暴雨河床受到严重冲刷，桥墩倾斜，桥台翼墙冲空，致使线路变形，造成列车颠覆，14辆货车坠入河中。

8月25日　"毛泽东号"机车安全行驶百万公里。27日丰台机务段召开庆祝大会，滕代远部长到会祝贺并宣布奖励命令。

10月1日　1955年10月开工的武（昌）大（冶）铁路建成通车。1958年6月30日交付运营。

10月15日　武汉长江大桥建成，举行通车典礼。副总理李富春、建委副主任王世泰、铁道部部长滕代远、湖北省省长张体学及中央一些负责干部和外宾等参加。24日周恩来总理接见了应邀来中国参加通车典礼的苏联代表团。

11月1日　兰新铁路二期工程武威至疏勒河段建成通车。1958年7月交付运营。

11月11日　京汉、粤汉两条铁路联通后，改名为（北）京广（州）铁路。

11月13日　北京至门头沟铁路支线试铺钢筋混凝土轨枕。

11月23日　铁道部决定，自1958年起撤销基本建设分局，基本建设发包工作由铁路管理局负责。

12月14日　铁道部颁布《关于改进铁路体制工作的决定》。决定自1958年1月1日起撤销铁路分局，调整各铁路管理局的管界，精简铁路管理局机构与站、段生产单位的管理人员，改革铁路的经营管理工作和干部的思想作风。

铁道部颁布《中华人民共和国蒸汽机车牵引计算规程》。

12月28日　中国第一条混凝土电杆长途干线在包（头）白（云鄂博）铁路上建成。

1958 年

1月1日　铁道部政治部撤销。铁路分局撤销。《人民铁道》报停刊。牡丹江、南昌铁路局成立。

1952年7月开工的宝（鸡）成（都）铁路全线正式通车运营。贺龙副总理、滕代远部长参加在成都举行的通车典礼。

铁道部决定在全国铁路干线上停止使用二轴货车。

1月13日　中国铁道部代表团与越南邮电部代表团在河内签订《关于越南铁路与中国昆明铁路联运的议定书》。

1月23日　1956年10月3日开工兴建的第一条环行试验铁路线在北京东北郊建成。

2月1日　1953年7月开工的萧（山）穿（山）铁路建成。1959年10月交付正式运营。

2月10日　铁道部召开全国铁路总工程师会议，滕代远部长作《鼓足革命干劲，促进技术革命，促进生产大跃进》的报告。

2月24日　铁道部、铁路工会全国委员会联合发出《关于全路各单位应放手发动群众，反浪费、反保守、打破陈规并学习北京铁路管理局的先进计划，争取成为全国第一的坚强信心，掀起铁路运输和铁路建设大跃进高潮的指示》。

3月1日　中国铁路同越南铁路（经中国昆明至河口及越南老街至河内）正式办理国际联运。

3月4日　铁道部在上海召开全国铁路领导干部会议。制定"铁路运输综合作业方案"，并决定在全路开展"五比日产百万吨公里"运动（五比：比计划、比指标、比协作、比质量、比安全）。1959年6月在庐山开会进一步总结提高，会后颁布《运输综合作业方案的编制和执行规则》，自同年9月起实行。

3月5日　铁道部新建铁路工程总局、设计总局与基本建设局合并成立基本建设总局。

3月20日 滕代远部长在中央成都会议上作《关于建成四通八达全国铁路网，促进社会主义建设全面发展》的发言。提出"二五"期间修建新铁路2万公里，十五年共修8万公里。

4月30日 中国自行设计的第一台"人民型"客运蒸汽机车，在四方机车车辆厂试制成功。

4月 都匀桥梁厂开工兴建。1961年三月部分投产。

5月1日 兰州铁道学院正式成立。

5月15日 滕代远部长在中共第八届代表大会第二次会议上作《怎样把铁路修得快些，办得好些》的发言。提出"二五"期间修建新铁路3万公里，15年共修12万公里或更多些，到1972年，全国铁路达15万公里。

5月20日 太原铁路管理局陈宝铭试制成功电磁阀，这是铁路运输中一项重大技术革命成果。

5月 牡丹江机车工厂为增强修理能力开工扩建。1959年12月建成投产。1972年7月3日交通部决定为蒸汽机车修理能力由300台扩大为550台进行技术改造，同年开工，1978年基本建成。

6月3日 北京铁道医学院正式成立。

6月6日 山西省盂县民办铁路试车成功。6月19日正式通车。这是中国第一条地方铁路，长1.5公里，机车用轨道车改装，牵引40吨左右。

6月17日 中共中央批准铁道部所属铁路局和工程局实行铁道部与各省、自治区、直辖市双重领导。铁路机车车辆、桥梁等工厂和高等院校，经商得地方同意后，也都实行铁道部与地方双重领导。

6月18日 株洲桥梁厂开工兴建。1959年三月部分投产。

6月20日 铁道部决定哈尔滨车辆工厂为增强客货车修理和轮对生产能力进行扩建。同年10月开工，1960年5月部分投产，1961年停建。1959年停修客车，1960年3月11日批准以制造自翻车为代表产品的特种货车进行扩建。1967年9月9日决定为制造100吨自翻车进行改建，1969

年开工。1974年4月30日交通部决定新建长大货车制造车间，1985年基本建成。

6月 浦镇车辆工厂经铁道部批准为提高客车修造能力开工改建。1960年6月建成投产。1980年1月30日为改进客车修造工艺布局，扩大生产能力进行技术改造，同年开工，1985年基本建成。

7月1日 中国与越南铁路相连的昆（明）河（口）铁路（米轨）碧色寨至河口段于1957年12月18日修复通车后，经验收全线交付运营。

7月2日 铁道部、第一机械工业部联合通知将一机部机车车辆制造局及所属工厂划归铁道部领导。9月3日，铁道部决定将机车车辆制造局与机车车辆工厂管理局合并，改为机车车辆工厂管理总局。

7月7日 社会主义国家第三届主管铁道部长会议在布拉格举行。滕代远部长率领中国铁路代表团出席会议并签署议定书。会议结束后，滕代远部长赴苏访问，并与苏联交通部长别谢夫商定购置苏联 Фд 型蒸汽机车1000台（即以后定名的FD型），于1959年进口。1960年又进口50台，总计进口1050台。

7月17日 河南、陕西普降暴雨，京广铁路郑州黄河（老）桥第11号桥墩冲倒，两孔钢梁落水。周恩来总理在大桥抢修期间曾两次到工地视察。8月2日恢复通车。

7月18日 中国人民解放军第六军医学校移交铁道部，改组为南京铁道医学院。

7月 哈密桥梁厂开工兴建。

田心机车车辆工厂经铁道部批准为蒸汽机车修理、80吨工矿电力机车和干线电力机车制造、高碳铸钢轮对生产开工扩建。1961年1月停建。1963年利用原货车修理系统适当扩建，制造80吨电力机车车体和小批试制138吨干线电力机车。1978年7月7日决定将蒸汽机车修理系统全面转产为干线电力机车制造。1979年停修蒸汽机车。同年11月12日改称株洲电力机车工厂。1983年4月1日批准为扩大电力机车制造能力进行扩建，

1984年1月开工。

8月1日 1954年10月开工的包兰铁路全线通车,分别在兰州、银川、包头举行通车典礼。10月全线交付运营。

8月2日 北京、上海铁路管理局创造了月平均机车日产106万吨公里的最高纪录。

8月7日 大连铁道学院正式成立。

8月15日 铁道部决定皇姑屯机车修理工厂与皇姑屯货车修理工厂合并成立沈阳机车车辆工厂。

8月18日 铁道部和江苏省在常州联合召开现场会议,决定推行常州"蚂蚁搬泰山"的经验。

8月20日 中共中央交通工作部转发铁道部与各省、自治区、直辖市对铁路局、工程局、工厂、院校实行双重领导的分工意见。指出铁路计划实行双轨制,地方有权使用节余投资,批准管内运输和管理处级以下干部等。10月18日铁道部对铁路工厂实行双重领导提出分工意见。

8月29日 铁道部决定将铁路管理局与工程局合并为铁路局,实行工管合一。

9月9日 全国机车车辆修理工厂改名为机车车辆工厂。全部修理工厂和制造工厂都实行铁道部和地方双重领导。

9月13日 中国第一台600马力(441千瓦)电传动内燃机车在长辛店机车车辆工厂试制成功。

9月16日 无底架轻油罐车在大连机车车辆工厂试制成功。

9月22日 东风号600马力(441千瓦)客运液力传动内燃机车在四方机车车辆工厂试制成功。

9月23日 中共中央发出《关于加强当前运输工作的批示》。要求在运输紧张地区成立运输指挥部,统一调配各种运输工具和装卸力量,组织突击运输。

9月26日 中国第一台双节4000马力(2942千瓦)"巨龙型"(东风

型）货运内燃机车在大连机车车辆工厂试制成功。

9月 哈大铁路第二线顾乡屯至三十里铺段修复工程竣工，至此全线双线通车运营。

10月1日 《铁道周刊》正式出刊。

内（江）昆（明）铁路宜宾岷江桥建成通车。这是在大卵石层首次采用钻孔桩基础的桥梁。1957年1月开工兴建。

10月6日 唐山工务段与唐山铁道学院合作，在京山铁路唐山站下行正线首次成功铺设110米长的整体道床线路。

铁道部成立运输指挥部。

10月11日 铁道部决定天津机车车辆机械工厂为扩大机车和客货车辆弹簧、制动机、减震器、机车附件等配件的生产能力进行扩建。10月27日开工建设，1959年10月开始逐步投产。1963年4月4日批准为生产内燃、电力机车配件进行改建，1964年开工，1966年建成投产。1972年11月28日交通部决定为增强内燃、电力机车配件生产能力进行技术改造，1973年开始边改造边投产，1980年基本建成。1984年4月6日铁道部决定再次进行技术改造。

10月13日 铁道部根据9月25日召开的全国铁路领导干部会议通过的《关于各省市自治区设置铁路局的意见》，决定在原有17个铁路局外，新成立呼和浩特、乌鲁木齐、西宁、武汉、长沙、贵阳、福州、杭州、蚌埠、西安、南京11个铁路局和海拉尔、青藏铁路工程局，并在银川设铁路办事处。

10月16日 南京长江大桥建设委员会成立。

10月18日 株洲车辆工厂开工兴建。1962年7月部分投产，修理货车。1966年下半年投产，转入制造货车。

10月30日 太原混凝土制品厂开工兴建。1959年4月开始部分投产。

11月7日 吕正操副部长在全国铁路工作会议上作《在以钢为纲的方针下，开展一个全党全民办铁路的运动》的报告。提出开展全党全民办铁路的群众运动,动员地方、军队和企事业单位的力量参加铁路运输,突击装卸和修路。

11月15日　铁道部颁布《铁路桥涵设计规程》。

11月26日　外(洋)福(州)铁路通车。该铁路于1956年3月开工,1959年11月交付运营。

11月27日　北京地下铁道工程局成立。

12月8日　铁道部在郑州召开现场会议,推广官亭、小坝人民公社搞装卸的经验。与会全体人员于16日至21日到唐山观摩"高站台、低货位"装卸车表演。

12月15日　铁道部成立中央技术馆。后于1961年9月15日撤销。

12月28日　田心机车车辆工厂(现株洲电力机车工厂)与第一机械工业部所属的湘潭电机厂和铁道科学研究院等单位协作,试制成功中国第一台25千伏单相交流50周"韶山型"引燃管整流干线电力机车。

12月31日　1956年开工兴建的黔桂铁路贵阳至柳州段建成通车。该线于1959年3月交付运营。

1959年

1月27日　滇黔铁路(贵阳至昆明)岩脚寨隧道发生瓦斯爆炸,死34人,伤65人。

1月　郑州铁路局所属洛阳机车修理厂开工兴建。7月部分投产。1969年11月12日铁道部决定将牡丹江机车工厂一分为二迁入洛阳工厂。1973年5月1日起改由部直属领导,改称洛阳机车工厂。1970年开始扩建,1980年基本建成。

2月6日　"江苏号"火车渡轮下水。这是中国当时最大的渡轮。6月20日起参加南京至浦口间渡运。

3月6日　赣江大桥工地发生拖轮沉船事故,89人遇难。

3月23日　铁道部决定上海铁路局改为上海铁路总局。6月1日正式成立。

3月25日　铁道部、商业部、陕西省在西安联合召开"捎脚"运输现场会，交流经验，参观操作表演。铁道部于4月20日颁布货物"捎脚"运输办法，自6月1日起实行。

3月28日　铁道部在泰安召开全国铁路养路机械化、半机械化现场会议，交流经验，明确任务。

4月6日　铁道部、煤炭部、辽宁省在阜新联合召开路矿协作现场会议，学习推广西阜新路矿协作经验。

4月10日　中国第一台单节东方红$_1$型液力传动内燃机车在四方机车车辆工厂试制成功。

4月15日　铁道部、冶金部、辽宁省在本溪联合召开路厂协作现场会议，推广本溪路厂协作经验。

4月26日　铁道部在天津召开全国铁路装卸机械化、半机械化现场会议，总结工作，提出规划。

4月　平顶山混凝土制品厂开工兴建。1961年停工，1970年复工，1971年投产，1973年建成。

5月7日　铁道部决定组建四方车辆研究所、株洲电力机车研究所、大同冷加工研究所。

4月14日　铁路合作组织第四届铁道部长会议在布加勒斯特举行，刘建章副部长率中国铁路代表团参加并签订议定书。

6月21日　湘桂铁路古梦车站因水害被淹，两端桥梁冲垮，中断行车8天。

7月22日　沈山铁路西侧因暴雨使四座中型水库垮坝，造成东辛庄至高岭间40多处水害，冲毁线路2270多米，冲歪桥梁3座，中断行车7天。

广深铁路暴雨成灾，围堰溃决，路基冲成缺口，中断行车15天。

8月1日　铁道部公布试行《铁路基本建设投资包干办法》、《基本建设工程质量技术监察办法》和《基建工程竣工验收交接办法》。

铁道部运输经济研究所成立。

8月25日　国务院任命吕正操、武竞天、石志仁、刘建章、余光生、郭鲁、汪菊潜为铁道部副部长。

9月5日　铁道部、交通部、河北省在秦皇岛联合召开全国路港协作现场会议，推广秦皇岛港港站"一条龙"运输大协作经验。

9月7日　铁道部通报表扬沈阳列车段"三八"青年包车组战胜洪水、确保第12次列车和旅客安全的事迹。

9月15日　新建北京车站举行落成典礼，并正式交付使用。国务院薄一波副总理、北京市乐松生副市长、铁道部武竞天副部长等参加典礼并讲话。在此之前，毛泽东主席由北京市长彭真、铁道部副部长吕正操、武竞天陪同到新车站视察。

9月16日　铁道部决定组建戚墅堰铸工研究所（1962年2月1日大同冷加工研究所撤销，并入戚墅堰铸工研究所，改称戚墅堰机车车辆工艺研究所）。

9月18日　芜湖至裕溪口铁路轮渡工程建成。

9月22日　1958年5月开工的兰青铁路（兰州至西宁）建成通车。1960年2月交付正式运营。

10月1日　海南岛环岛铁路安（游）黄（流）段正式通车。1960年11月交付运营。

10月22日　长江上第二座铁路大桥——连接成渝和川黔铁路（重庆至贵阳）的重庆白沙沱铁路双线桥建成。该桥于1958年9月开工，是修建速度最快的一座大桥。

1960年

1月1日　济南机车工厂为增强蒸汽机车修理能力进行改建。3月开工，1961年部分投产，1962年停建。1972年6月20日为增加蒸汽轨道吊车修理进行扩建。1979年12月3日决定扩大蒸汽机车修理能力为年修600

台进行技术改造，同年开工，边改建边投产。

1月21日 北京至上海21次旅客快车通过津浦铁路崮山车站时，机后第二位车厢发生火灾，死亡42人，伤78人。

1月25日 中国铁道艺术剧院成立。北京新建的二七剧场竣工。

1月 1957年2月开工的北同蒲铁路朔县至皇后岭段改建工程完工。至此，全线通车运营。

2月 成都桥梁厂开工兴建。

3月1日 铁道部成立地方铁路管理总局，负责对地方铁路的规划和技术指导等工作。

3月14日 新建苏家屯编组站交付使用。设三级四场机械化驼峰，于1954年10月5日开工。后又扩建成双向三级六场机械化驼峰。

4月1日 鹰潭枕木防腐厂成立。该厂于1958年8月17日开工兴建。

4月5日 铁道部、煤炭部、冶金部联合公布关于建立煤炭、冶金、铁路联合运输办公室的决定。

4月6日 铁道部公布《关于贯彻刘少奇主席在视察天津车站时对铁路工作指示的决定》，要求加速装卸机械化，加速车辆周转，适应发展需要。

4月16日 铁道部决定长辛店机车车辆工厂为制造内燃机车进行扩建。1958年7月该厂的分厂（北厂）为制造货车已动工建设，1960年7月总厂（南厂）开工。1961年停建。1963年10月25日为修理友好型（FD型）蒸汽机车和ND1型内燃机车进行改建。1973年2月1日交通部决定转产制造内燃机车进行技术改造。1976年停修蒸汽机车。1975年5月14日，北厂为扩大货车修造能力进行扩建，1979年开工，边建设，边投产。

4月21日 1958年开工兴建的京广铁路郑州黄河双线大桥建成通车。该桥全长2890米。

4月 哈（尔滨）绥（化）佳（木斯）第二线新建工程完成422公里

交付运营。尚余 60 公里，1961 年停工，后于 1963 年复工，1965 年完成。

5月24日 在国际联运中，第一次由中国铁路提供客车和担当乘务的北京—乌兰巴托—莫斯科 3/4 次国际旅客列车首次自北京站开出。

6月1日 铁道部决定撤销青藏铁路工程局，在格尔木设青藏铁路办事处。

6月9日 南海强台风带来大暴雨，山洪暴发，鹰厦、外福两条铁路塌方断道，通讯中断，经抢修 9 个昼夜，18 日恢复通车。

8月3日至6日 太子河流域普降暴雨，水库决坝，河水暴涨，造成（本）溪田（师傅）铁路 5 座桥、48 个桥墩、57 孔钢梁被冲毁，中断行车 73 天；辽（阳）（本）溪铁路有 1 座大桥、2 个墩台、2 孔钢梁及路基 80 米被冲毁，中断行车 14 天；牡（丹江）图（们）铁路有 10 座桥、16 个墩台被冲毁，25 孔钢梁落水，中断行车 28 天；凤（凰城）上（河口）铁路受害桥梁 8 座，冲毁钢梁 11 孔、桥墩 9 个，中断行车 56 天；团（林）杉（松岗）铁路有 10 处路基被冲缺，中断行车 8 天多。

9月2日 铁道部、商业部联合通知，铁路车站、站台售货部（组）、旅客食堂及其附属加工厂（部）等移交铁路经营，自 10 月起实行。

9月15日 长沙铁道学院成立。

9月16日 铁道部颁布第三次修订的《铁路技术管理规程》，自即日起实行。

9月17日 铁路合作组织第五届铁道部长会议在平壤举行，刘建章副部长率中国铁路代表团参加会议并签署议定书。

9月21日 铁道部颁布《关于防止铁路道口事故的指示和措施》。

10月27日 北京枕木防腐厂建成投产。该厂于 1957 年 9 月开工兴建，1959 年元旦成立。

10月 广（州）三（水）铁路广州珠江桥建成通车。该桥的东桥长 337 米，西桥长 417 米，1958 年 10 月开工，是利用潮差浮运架设的。

京承铁路怀柔经鹰手营子至上板城段新建工程竣工通车并交付运营。

11月8日　中央批准钱应麟任铁道部副部长。

11月15日　铁道部颁布《一九六〇年工作总结和一九六一年工作安排》，11月30日颁布《铁路工作纲要十七条》。要求全路坚决贯彻中央"调整、巩固、充实、提高"的方针，以煤运为纲，大力支援农业，狠抓安全正点，提高设备质量；基本建设坚决缩短战线，保质量，保配套，保使用；机车车辆工业按先修后造、确保配件的原则组织生产；清理并精减人员，整顿企业管理，安排好职工生活等。

11月　海南岛环线铁路安游至八所分段通车。

12月28日　《铁道周刊》停刊，改出《人民铁道》半月刊。

1961年

1月1日　铁道部决定：撤销海拉尔铁路工程局，成立东北铁路工程局。撤销青藏铁路办事处。撤销西宁铁路局，成立西北铁路工程局。

1月27日　铁道部召开全国铁路领导干部会议。中共中央书记处总书记、国务院副总理邓小平接见会议部分代表并讲话，指出"会议的中心是整章建制，整顿运行秩序"。会议提出限期把各种生产的责任制、验收制和经济核算制恢复和健全起来。

2月7日　铁道部转发中共中央批转铁道部《关于在铁路系统建立政治工作部门和改进管理体制的报告》。中央批示："铁路是国民经济的大动脉，是高度集中的企业，带有半军事性质，必须把一切权力集中在铁道部。在运输生产指挥、物资资金分配、设备调动、干部安排和职工调动等方面，完全由铁道部负责处理。"除党的思想政治和组织工作外，不再实行铁道部与地方双重领导。铁道部政治部已于2月1日正式恢复。

3月1日　铁道部决定撤销南京、杭州铁路局，同时成立南京、杭州铁路办事处，仍属上海铁路总局领导。

3月27日　铁道部颁发《关于改进铁路管理体制的若干规定》。铁路计划由铁道部负责统一制定，执行"全国一盘棋，上下一本账"；运输生产建设、调度指挥、财务、物资、劳动力管理、干部任免、机构设置和局界划分等，都由铁道部统一管理，共做出13条规定。

经中央批准，王志杰任铁道部政治部主任。

3月30日 铁道部颁布1961年铁路工作的安排意见。五月颁布1961年和1962年两年计划安排。文件中提出当前的中心任务是贯彻以农业为基础，以工业为主导和以调整为中心的八字方针。调整的总任务是协调铁路内部比例和外部协作关系，缩短基本建设战线，机车车辆工业先修后造，加强设备检修，精减劳力，整顿秩序和管理，收缩权力，高度集中，加强统一领导。

4月21日 铁道部在天津召开东北、华北13个铁路局司机代表座谈会，向全国铁路发出学"毛泽东号"、赶"毛泽东号"、向"毛泽东号"看齐，彻底消灭事故，深入开展安全正点立功运动的倡议。

6月 内（江）昆（明）铁路昆明至沾益段米轨改准轨建成并交付运营。该工程于1958年7月开工，与贵（阳）昆（明）铁路共线。

7月4日 铁路合作组织第六届铁道部长会议在布达佩斯举行，吕正操代部长率中国铁路代表团出席。

7月15日 铁道部颁布《标准轨距铁路设计技术规范》。

7月 石太铁路新建第二线建成并交付运营。该工程于1956年3月开工。

8月1日 铁道部决定撤销长沙铁路局。

8月15日 宝成铁路宝鸡至凤州段电气化改造工程建成并交付运营。该段改造于1958年6月开工，是中国铁路上首次出现的电力牵引区段。

10月1日 铁道部决定撤销贵阳铁路局。

10月8日 铁道部决定在成都成立西南铁路工程局。

10月10日 铁道部召开全国铁路局、院、厂领导干部会议，讨论贯彻《国营工业企业工作条例（草案）》。在铁道部成立企业管理小组，钱应麟副部长任组长。

10 月 15 日　铁道部、交通部联合颁布《铁路和水路货物联运规则》、《铁路和水路货物联运费用清算办法》，自 1962 年 1 月 1 日起实行。

10 月 26 日　铁道部颁布《铁路企业计划工作条例（草案）》。这是在铁路计划管理上首次制订公布的综合性规章。

10 月　兰新铁路鄯善至天山一带，最大风力 12 级以上，将行驶中的一辆 50 吨棚车吹翻，中断行车 26 小时。

11 月 1 日　铁道部决定在北京成立华北铁路工程局。撤销电气化铁道工程局、地下铁道工程局。

12 月 1 日　铁道部决定东北铁路总局改组为铁道部东北区办事处。东北铁路总局系 1960 年 11 月成立的。东北区办事处成立后于 1970 年撤销。

12 月 6 日　铁道部颁发《铁路基本建设工程发包暂行办法》《铁路基本建设工程技术监察暂行办法》《铁路基本建设工程竣工验收交接暂行办法》，自 1962 年 1 月 1 日起实行。

12 月 30 日　由上海开往南京的 232 次旅客列车，在戚墅堰至湾城间发生火灾事故，死 35 人、伤 31 人。

1962 年

2 月 19 日　铁道部颁发《一九六二年铁路工作要点》。文件提出基本建设在缩短战线、做好配套的同时，恢复承发包制和实行验工计价；要求大力精减劳力，在当年夏收前把应减的人全部减下来。4 月 5 日铁道部在基本建设工作总结中指出，全国铁路基本建设重大项目，1960 年已开工 171 项，到 1962 年年初已减到 61 项。12 月 9 日公布的《铁路精简工作初步总结和今后工作安排意见》中指出，到 1962 年 9 月底，铁路劳力总数比 1961 年年初已减少 87.5 万人。

2 月 20 日　为总结 1958 年至 1960 年铁路工作经验，铁道部成立工作总结委员会。主任委员吕正操，副主任委员武竞天、王志杰。

2 月 23 日　铁道部成立精减劳动力领导小组，武竞天副部长任组长。

3月15日　由四方机车车辆工厂设计制造的第一列双层客车，在京山铁路试运行。

铁道部颁布《总会计师条例（草案）》。

3月26日　铁道部发出《关于加强国境站工作的指示》。

4月21日　中、越、朝、蒙、苏五国铁路联运运输计划会议在北京举行。

5月28日　铁道部、铁路工会全国委员会联合召开全国铁路电话会议，武竞天副部长代表铁道部颁发命令：对202个集体、78名个人授予先进车间、先进班组、先进生产者称号，并给予奖励。

5月29日　外（洋）福（州）铁路闽江大桥因洪水和流木（约3万立方米）冲走13号桥墩和两孔钢梁，中断行车52天。

6月19日　铁路合作组织第七届铁道部长会议在乌兰巴托举行，余光生副部长率中国铁路代表团出席。

6月30日　南昌赣江大桥全部建成。该桥于1958年9月30日开工，系采用5.8米直径大型管柱基础的公铁两用桥，于1963年1月10日交付正式运营。

7月31日　1960年3月15日开工的宝成铁路会龙场隧道完工。这是国内首次采用斜井施工的隧道。

7月　锦（州）承（德）铁路、叶（柏寿）赤（峰）铁路因洪水冲毁线路、桥梁，分别中断行车15.8天和26.5天。

8月16日　铁道部颁布《关于运输工作进一步贯彻支援农业的指示》。11月10日铁道部召开会议，讨论通过《关于支援农业、支援人民公社集体经济的决定》及相应的措施，于12月9日颁布执行。

11月12日　铁道部决定撤销地方铁路管理总局，同时在部基本建设总局设地方铁路办公室。

12月4日　铁道部对连续十三年无行车事故的上海铁路总局周王庙车站颁发安全奖。

1955年9月1日开工新建的丰台西编组站部分建成交付使用。1963年至1983年分期进行扩建,上行建成三级三场,为试行自动化驼峰项目;下行建成一级二场,为简易驼峰。它是国内技术较为先进的路网性编组站之一。

1963年

1月10日　铁道部颁布"一条龙"列车、直达列车、成组装车组织规则,自4月1日起实行。

2月5日　铁道部公布《铁道部党委关于一九五八年以来铁路工作基本总结和今后方针任务》。文件强调要尽最大的力量支援农业,普遍试行《国营工业企业条例(草案)》,精兵简政,加强设备的维修和配套工作,提高设备质量,加强干部工作和职工培训等。

2月7日　铁道部颁布关于调整铁路运输管理组织的决定。它的主要内容是,减少铁路局数量,扩大管区,恢复铁路分局建制等。经国务院批准,自4月1日起撤销牡丹江、南昌、蚌埠、太原、武汉铁路局。确定在各铁路局内逐步设立铁路分局。上海铁路总局改为上海铁路局。

4月1日　铁道部决定在武汉成立铁道部中南区办事处。该办事处于1971年4月23日撤销。

5月20日　铁路合作组织第八届铁道部长会议在华沙举行,吕正操代部长率中国铁路代表团出席。

5月23日　铁道部成立设备维护工作小组,以加强对停建、下马、关闭、停产企业项目的管理和设备的维护。

铁道部决定上海铁道医学院改由铁道部直属领导。

7月1日　全路实行新的运行图,贯彻支援农业和增产节约精神,增加零担摘挂列车15%,提高货车运行速度2.4%。

7月11日　铁道部决定乌鲁木齐铁路局和西北铁路工程局撤销,另组成新的西北铁路工程局。工程局下设运输指挥部负责运输工作。

8月19日　经中央批准，国家大功率牵引动力内燃化电力化领导小组成立，铁道部代部长吕正操为组长，国家计委、国家经委、第一机械工业部、第六机械工业部、冶金工业部、建筑材料工业部、物资部、铁道部等有关部的领导人参加。9月16日颁布《一九六四至一九六六年内燃、电力机车试制、生产三年规划（草案）》。

8月20日　近日连降大雨，京广铁路北段沿线西侧，暴雨冲垮中小水库319座、线路116公里、桥涵209座，中断行车6天。江岸列车段列车8月3日被洪水困在沙河至褚褴附近，经全体列车人员英勇斗争，保证了旅客的安全，受到铁道部通报表扬。北京局管内京广、石太、石德等铁路的线路、桥梁和通信设备多处遭到破坏，运输受阻，经加紧抢修，分段陆续开通。

9月1日　铁道部决定将三桥车辆工厂改名为西安车辆工厂。

10月21日　铁道部在锦州铁路局彰武工务段召开学习孙家养路工区经验现场会议，吕正操代部长代表铁道部授予孙家养路工区"大郑线上好工区"奖旗一面。

11月15日　铁道部、国家科委铁道组联合颁布《一九六三至一九七二年科学技术发展规划铁道专业规划（草案）》。

11月　中国第一套极性频率制调度集中在宝成铁路宝鸡至凤州段建成开通使用。

12月1日　铁道部决定成立地方铁路局，同时撤销基本建设总局的地方铁路办公室。

12月14日　国务院任命苏杰为铁道部副部长。

1964 年

1月6日　铁道部召开会议部署今明两年工作。1月23日颁布《今明两年铁路调整工作要点》。提出调整的主要目标是开展"比学赶帮"，学习先进典型；消灭"三个落后"（消灭事故、不合格工程和返修产品；消灭亏损单位和产品；消灭劳力和物资超耗）；解决"三大问题"，即提高运输效率，修好封存车，在西南和东北修筑新线。以此带动全盘工作。

1月22日 吕正操代部长率中国铁路代表团赴朝鲜参加中朝国境铁路协定签订十周年庆祝活动。

1月24日 铁道部颁布《关于新线铺用钢筋混凝土轨枕的有关规定》。

3月20日 经中央批准，武竞天兼任铁道部政治部主任。

3月21日 第四届亚洲铁路会议在开罗举行，石志仁副部长率中国铁路代表团出席。

6月18日 铁道部在辽宁省新民县举行大会，授予新民车站"人民的好车站"光荣称号，武竞天副部长授旗。

6月22日 铁路合作组织第九届铁道部长会议在莫斯科举行，吕正操代部长率中国铁路代表团出席。

7月10日 铁道部发出《关于招收新工人和抽调全路设计施工力量支援西南三条干线（成昆、滇黔、川黔）的指示》。同年9月12日发出《关于加速修建西南铁路动员全路支援勘测设计和施工力量及有关问题的指示》。文件指出遵照中央关于建设三线战略基地，保证经济建设和国防战备需要，以及毛泽东主席提出"成昆路要快修"、"川黔、滇黔路也要快修"的要求，决定加速修建西南铁路，要求全国铁路各单位全力支援勘测设计和施工力量。并提出从各工程局、铁路局、设计院、工厂抽调技术干部和工人的具体方案，要求当年10月底前完成。

9月10日 西南铁路建设总指挥部成立。由中共西南局第一书记李井泉任总指挥，吕正操、刘建章、郭维城、彭敏、张永励、熊宇忠任副总指挥。设工地指挥部，在安顺开始办公，吕正操兼司令员、郭维城兼副司令员、彭敏兼总工程师。

10月 铁道部颁布第四次修订的《铁路技术管理规程》。

11月5日 国防部奉周恩来总理令任命吕正操兼铁道兵第一政治

委员。

11月9日 铁道部颁布《关于开展铁路设计革命化运动的初步安排》。

12月14日 毛泽东主席对川汉铁路（四川至湖北）选线问题作重要批示："资源、线路都要用两三年时间认真调查"。

12月30日 铁道部颁布《关于在铁路基本建设工作中取消承发包制，改革有关规章制度的规定（草案）》。

1965 年

1月4日 中央决定任命吕正操为铁道部部长。

2月4日 毛泽东主席对北京修建地下铁道批示："精心设计，精心施工。在建设过程中，一定会有不少错误、失败，随时注意改正。"

2月17日 铁道部决定柳州铁路局所属柳州铁路工厂，改为铁道部直属柳州机车工厂，并将浦镇机车车辆工厂的蒸汽机车修理部分的人员设备迁入。1972年3月1日交通部决定按蒸汽机车修理能力由年修150台扩大为300台进行扩建，同年开工，1978年基本建成。1983年2月8日工厂为新增年修理客车500辆能力进行扩建，同年开工。

3月23日 铁路合作组织第十届铁道部长会议在河内举行，吕正操部长率中国铁路代表团出席。

5月1日 铁道部决定成立地下铁道工程局。

5月6日 铁道部决定西北铁路工程局运输指挥部改为乌鲁木齐铁路局。

6月1日 铁道部决定福州铁路局与上海铁路局所属的南昌分局合并，改组为南昌铁路局。

6月7日 铁道部决定：专业设计院改为路网规划设计院；专业设计院的标准处划出成立标准设计院；第五设计院与工厂建设建筑工程处合并改组为建厂工程局，局址设在咸阳。

6月 伊加铁路（伊图里河至加格达奇）建成通车。该铁路于1954年

11月开工兴建，曾停工3年。

7月1日　北京地下铁道举行开工典礼。地下铁道领导小组组长、北京军区司令员杨勇主持，朱德、邓小平、彭真、罗瑞卿、李先念等中央领导人到会祝贺。

8月23日　铁道部颁布《关于全路学习大协车站的决定》。

10月　川黔铁路（重庆至贵阳）新建工程建成通车并交付运营。该工程于1956年4月开工，中间停工3年。

11月15日　经中央批准，彭敏兼任铁道部副部长。

12月　青藏铁路（西宁至拉萨）西宁至克土段建成通车并交付运营。该段于1958年9月开工。

1966年

1月1日　兰新铁路全线交付正式运营。该线最后一段疏勒河至乌鲁木齐西站系于1962年12月9日修通。

2月18日　经国务院批准，撤销北京铁道医学院。部分师生、干部到上海铁道医学院继续学习、工作。

2月21日　贵阳车辆工厂开始筹建。1967年动工，1975年基本建成投产。

3月1日　滇黔铁路天生桥北盘江桥建成通车。这座桥于1958年12月开工，1961年停工，1965年9月复工，桥墩高44米，是国内铁路桥梁中最高的钢塔架轻型桥墩。

3月15日　铁道部命令：给舍身抢险、防止列车颠覆事故的大桥工程局职工陈凤启记大功一次。

4月3日　朱德委员长在铁道兵政委崔田民等陪同下，到北京地下铁道工地视察，并听取汇报。

5月16日　1964年11月开工的成（都）昆（明）铁路关村坝隧道完工。隧道长6187米，在掘进过程中发生较多岩爆现象。

5月24日 铁路合作组织第十一届铁道部长会议在柏林举行,郭鲁副部长率中国铁路代表团出席。

5月31日 毛泽东主席视察武汉长江大桥工地,彭敏副部长陪同并汇报。汇报时在座的有杨尚昆、罗瑞卿、王任重、张体学、张平化、陈再道等。

5月 滇黔铁路新线建成通车,开办运输。该工程于1958年8月开工,1962年3月停工,1964年9月复工,1970年正式交付运营。

7月1日 铁道部决定滇黔线(7月14日改称贵昆线)、成昆线北段(成都东至峨眉)分别由昆明和成都铁路局正式接管,开办客货运输业务。

7月15日 铁道部决定成立宝鸡桥梁工厂。

8月1日 铁道部决定:将西北、西南、东北、华北铁路工程局改为第一、二、三、四工程局。

10月20日 资阳内燃机车工厂开始动工兴建。1973年8月试制出第一台12180Z柴油机和2010型液力传动装置。9月试制成第一台东方红$_2$型内燃机车并投产。1982年7月29日铁道部决定转产东风$_4$型干线货运内燃机车。

10月 1965年开工的成昆铁路一线天石拱桥建成通车。这是国内当时跨度最大(54米)的铁路空腹式石拱桥。

11月10日 上海市"造反派"头头王洪文等一伙在安亭车站制造拦阻列车事件,破坏铁路运输。沪宁铁路中断行车30多个小时,上海站36个列车不能开出。由此开了冲击铁路、中断运输的恶例。

11月 成昆铁路沙木拉达隧道完工。该隧道长6383米,于1959年3月开工,1963年停工,1965年复工,通过砂页岩节理密集地带,日最大涌水量达5.2万立方米。

12月 通(辽)让(湖路)铁路建成并交付运营。该铁路于1964年7月开工。

汉(口)丹(江口)铁路交付运营。该铁路原为湖北省地方铁路,于 1958 年 10 月开工，1962 年 3 月停工（已临时运营 320 公里），同年 12 月 25 日经国家经委批准，自 1963 年 1 月 1 日起由铁道部接管，议定 1965 年 3 月由地方复工，1966 年一月建成移交铁道部。

汤林铁路（南岔至乌伊岭）森林线全线建成并交付运营。该线分三期建成并交付运营。伊春至五营段 1952 年 5 月开工，1954 年 11 月建成；五营至东汤段 1958 年 9 月开工，1961 年 11 月建成；东汤至乌伊岭段 1962 年 8 月开工，本月建成，分段运营。

牙林铁路（牙克石至满归）森林线建成并交付运营。该线中线库都尔至根河段 1952 年 6 月开工，1955 年 9 月建成；东线伊图里河至克一河段 1954 年 11 月开工，1957 年 12 月建成；中线根河至上乌力吉奇段和西线朝中至德尔布尔段 1957 年 4 月开工，1960 年 11 月建成；中线上乌力吉奇至满归段和西线德尔布尔至莫尔道嘎段 1962 年 6 月开工，本月建成。

南同蒲铁路榆次至侯马段改造工程完工并交付运营。

1967 年

1 月 22 日　铁道部被一伙"造反派"夺权，领导干部不能坚持正常工作。全国铁路各局、院、厂以及西南铁路工地指挥部等单位在所谓"一月风暴"中也相继被夺权，造成铁路领导指挥失控，秩序混乱，运输生产中断。

1 月 29 日　根据周恩来总理指示，铁道部机关和直属单位群众组织代表协商推选 14 人，组成铁道部临时业务监督小组，监督部长处理日常运输生产工作。

5 月 31 日　中共中央颁布《关于对铁道部实行军事管制的决定（试行草案）》。6 月 1 日铁道部军事管制委员会成立，苏静任主任，杨杰任副主任，同时宣布中共中央《关于坚决维护铁路、交通运输革命秩序的命令》。

6 月 1 日　周恩来总理指示，铁道部临时业务监督小组改为铁道部军管会业务协助小组。

6月12日 国务院、中央军委决定，对全国铁道系统实行全面军事管制。

7月26日 中国第一台100吨矿山铁路用的自翻车在哈尔滨车辆工厂试制成功。

8月10日 中共中央颁布《关于派国防军维护铁路交通的命令》。

9月5日 中、坦、赞三国政府关于修建坦赞铁路的协议在北京签订，李先念副总理代表中国政府签字。

12月28日 长沙至韶山铁路建成通车。

1968年

1月5日 铁道部军管会召开全国铁路会议。周恩来总理接见参加会议的全体代表，要求保证铁路运输畅通。陪同接见的有李富春、李先念、余秋里等。

10月1日 南京长江大桥铁路桥建成通车。12月29日铁路、公路两用双线桥全部通车。该桥于1960年1月开工，铁路桥长6772米，公路桥长4588米，是继武汉长江大桥后铁路桥梁建设的又一里程碑。

10月 宜（宾）珙（县）铁路支线宜宾金沙江桥建成通车。这座桥于1965年开工，桥长1066米，是国内第一座伸臂架设、跨中合拢的钢桥。

11月25日 铁道部军管会决定，部机关26个厅、局、部、委全部撤销，改组为政工、生产、后勤、办事4个组。

12月25日 北京地下铁道领导小组重新组成，组长郑维山，副组长杨杰、杨寿山、宋养初、蓝庭辉。

1969年

4月23日 韶山型硅整流大功率干线电力机车在田心机车车辆工厂试

制成功。

5月20日　铁道部军管会决定在宁夏回族自治区永宁县黄羊滩建立铁道部五七干校。本年12月迁河南省息县，1972年12月结束。

5月24日　昌平混凝土构件厂改为昌平桥梁工厂。

9月3日　滨洲铁路（哈尔滨至满洲里）嫩江桥十五、十六、十七号3个桥墩被洪水冲刷过深，路基冲成275米大缺口，中断行车30天。

9月26日　中国第一台自行设计、制造的单节3300马力（2426千瓦）电传动东风$_4$型内燃机车在大连机车车辆工厂试制成功。

9月28日　中国第一台TYD－16型液压自动道砟捣固车由沈阳机车车辆工厂试制成功。

9月　1965年9月开工的成昆铁路渡口市金沙江桥建成通车。这座桥是国内最大跨度（192米）的钢桁梁桥。

10月　1967年4月开工的（北）京原（平）铁路驿马岭隧道完工。该隧道长7032米，是60年代建成通车的最长的隧道。

京包铁路大同以东第二线工程建成并交付运营。一期工程昌平至郭磊庄段于1955年11月开工，1961年12月建成；二期工程郭磊庄至大同段于1963年开工，本月建成。

11月　永济电机厂开工兴建。1973年1月1日成立。1975年建成投产。

1970年

3月17日　铁道部军管会、铁道兵司令部联合召开会议贯彻周恩来总理指示，将北京地下铁道施工队伍整编为铁道兵部队。

6月22日　中共中央、国务院决定，铁道部、交通部和邮电部的邮政部分合并组成交通部。7月1日，交通部革命委员会成立，由37人组成，主任（部长）杨杰，副主任（副部长）潘友宏、郭鲁、马耀骥、朱春和、韩卫民、俞侠。

7月1日 成（都）昆（明）铁路全线建成通车，1971年起正式运营。该线于1958年7月开工，曾两度停工，1964年9月复工，是地形复杂、工程艰巨的一条铁路。

7月6日 中、坦、赞三国政府关于坦赞铁路第四次会谈在北京举行。对外经济联络委员会主任方毅、交通部副部长郭鲁出席会谈并签署修建坦赞铁路有关议定书。毛泽东主席、周恩来总理会见了坦、赞两国政府代表团。

7月30日 国家计委召开会议，余秋里主任传达周恩来总理关于加速襄渝、阳安、侯西铁路建设的批示。会议研究了加速建设的有关问题。

8月31日 交通部决定撤销铁路专业设计院。

9月7日 上海开往昆明的23次旅客快车行驶至黔桂铁路龙里桥发生重大颠覆事故。计有6辆硬席座车脱轨、3辆硬席卧车翻在桥下，死37人，伤133人。

9月25日 北京铁道学院改名为北方交通大学。

9月30日 中国第一台5400马力（3969千瓦）北京型双节液力传动内燃机车在北京二七机车车辆工厂试制完成。

10月20日 1958年五月开工新建的南翔编组站建成交付使用。该站设上行一级二场、下行二级二场，以后逐步采用全减速器、计算机过程控制系统等自动化驼峰试验设备。

1971 年

1月1日 交通部决定成立太原铁路局。

3月 以铁道部电务设计事务所为主研制成功的单线移频自动闭塞在焦枝铁路襄樊至子陵段安装试用。

4月5日 周恩来总理接见全国交通会议代表时指出：防止事故是重大的任务，1970年事故空前的多。"毛泽东号"机车25年天天行车，235万公里没有发生大事故，这不是小事，这是一面红旗。古冶机务段10年没有发生大事故，还节省了煤，应该很好推广他们的经验。

7月1日　交通部决定成立武汉铁路局。

7月　1967年9月开工的京原铁路平型关隧道建成。长6190米，是70年代建成的最长隧道。

8月17日　国务院批准交通部成立公安局。

9月　1965年11月开工的焦枝铁路宜都枝城长江大桥建成通车。这座桥是采用高低刃脚沉井及斜拉索伸臂架梁的特大桥。

第一台双缸内燃液压捣固机由沈阳桥梁工厂试制成功。

12月7日　北京铁路局839次货物列车在京广铁路琉璃河站与451次近郊旅客列车发生追尾相撞的重大事故，机车车辆冲上站台压塌站舍，死伤36人。

12月21日　中、坦、赞三国政府关于坦赞铁路第五次会谈在达累斯萨拉姆举行，以杨杰为团长的中国政府代表团出席会谈并签署会谈纪要。

12月　京广铁路衡阳以北第二线工程建成。一期工程于1954年4月至1961年9月完成1169公里，二期工程完成497公里，至此衡阳以北第二线全部完成。

1972年

3月1日　交通部决定将已迁往四川峨眉的唐山铁道学院改名为西南交通大学。

4月　新建江岸西编组站和武昌南编组站全部建成。前者为三级四场机械化驼峰，后者为二级四场非机械化驼峰。一期工程于1956年11月开工，1958年10月完工交付使用；二期工程于1959年4月开工，1961年12月完工交付使用；三期工程于1968年10月开工，本月完工交付使用。

10月1日　眉山车辆工厂正式成立。该厂于1966年开始选址筹建，1970年动工兴建，1974年投产。

10月30日　铁道部颁布第五次修订的《铁路技术管理规程》，自1973年4月1日起实行。

10月　丰（台）沙（城）铁路第二线工程建成并交付运营。该线于1963年1月开工。其下行线7号桥于1960年2月开工，1962年停工，1966年复工，本月投入运用。这是国内最大跨度（150米）的钢筋混凝土拱桥。

12月1日　交通部调整部机关组织机构，设一部二室二委十七局。黎光任政治部主任。

12月　1970年3月开工的襄渝铁路（襄樊至重庆）大巴山隧道竣工。该隧道长5333米，施工中涌水量每小时超过1万立方米。

侯西铁路（侯马至阎良）阎良至下峪口段建成并交付运营。该线于1958年10月开工，1962年停建，1970年复工。

京原铁路建成并交付运营。该线于1958年12月6日曾开工修建了原平至枣林间约60公里，1965年11月开工续建时进行了改建。

1973年

3月6日　国务院决定交通部所属邮政部分划出，成立邮电部。

3月28日　交通部决定石家庄车辆工厂为生产机械保温车配套的制冷机组进行扩建。1974年开工，1977年形成生产能力。1977年6月21日决定为扩大货车修理能力进行技术改造，1978年2月开工，1983年基本建成。

6月　陇海铁路郑州至宝鸡段第二线工程全部建成并分期交付运营。一期工程郑州到临潼段于1956年10月开工，1961年8月建成；二期工程罗敷至咸阳段于1965年11月开工，1967年1月建成；三期工程咸阳至宝鸡段于1969年9月开工，本月建成。

8月13日　交通部决定上海铁路局1970年开始筹建的701工厂改为部直属铜陵机车工厂。同年开始扩建，1976年建成投产。

9月13日　新建南京东编组站完工并交付使用。该站设三级四场机械化驼峰，一期工程于1966年7月开工，1968年10月投产；二期工程于1969年11月开工，本日投产。

9月　1970年12月开工的枝（城）柳（州）铁路牛角山隧道完工。该隧道长4312米，为国内首次采用反台阶法施工的隧道。

10月9日　中国交通部长杨杰和朝鲜铁道部长康风根在北京签署《关于国境铁路的协定》。

12月16日　南浔铁路九江长江大桥开工，铁路桥长约7675米，公路桥长约4460米。

12月　1971年12月开工的枝柳铁路彭莫山隧道完工。该隧道长5592米，采用运营通风帘幕安装自动开放装置，效果良好。

1974年

1月　交通部成立电化工程局。由电务工程总队、第四铁路工程局电气化处、第三设计院电气化设计处合并组成。

4月10日　新建广州客站落成交付使用。

7月1日　铁路规划院成立。

7月22日　陇海铁路1270公里小桥处，因路堑小沟水流直射线路道床，冲空7米，造成1804次货物列车颠覆，中断行车6天多。

7月24日　国家建委、交通部联合颁布《工业企业标准轨距铁路设计规范》。

8月6日　中、坦、赞三国政府关于坦赞铁路第六次会谈在卢萨卡举行。交通部副部长苏杰率中国政府代表团出席并签署会谈纪要。

8月　嫩林铁路（嫩江至古莲）全线建成。该线于1958年7月开工，1979年交付正式运营。

12月1日　中国共产党第十届中央委员、中国人民政治协商会议第四届全国委员会副主席、国防委员会委员、铁道部第一任部长滕代远因病于北京逝世，终年 70 岁。

12 月 长林铁路（浑江至白河）森林线全线建成。该线大阳岔至湾沟段 1955 年 8 月开工，1957 年 9 月建成；湾沟至白河段本月建成并交付运营。

沪杭铁路第二线工程开工。1985 年年底已完成 30 公里交付运营。

湘黔铁路（株洲至贵阳）正式交付运营。该铁路于 1953 年 6 月开工，1962 年 6 月停工，1970 年 9 月复工，1972 年 10 月 13 日通车。

1975 年

1 月 17 日 第四届全国人民代表大会通过决定，交通部划分为铁道部和交通部。任命万里为铁道部部长。

1 月 中央决定邓存伦任铁道部副部长。

2 月 4 日 辽宁省海城发生 7.3 级地震，使沈（阳）大（连）铁路中断行车 1 天，沟（帮子）海（城）铁路中断行车 5 天多。

3 月 5 日 《中共中央关于加强铁路工作的决定》（即中共中央九号文件）颁布。决定指出铁路运输是国民经济中一个突出的薄弱环节，不能适应工农业发展的需要，不能适应加强战备的需要，要求全国铁路实行以铁道部领导为主的管理体制，由铁道部实行统一管理，集中指挥，铁路职工由铁道部统一调配，干部任免调动由铁道部与有关省市自治区协商后负责办理。决定中还要求建立健全必要的规章制度，整顿铁路运输秩序。3 月 7 日铁道部召开全国铁路电话会议，万里部长传达了中央决定，并提出贯彻落实措施。执行中还提出"四通八达，畅通无阻，安全正点，当好先行"的奋斗目标。

3 月 10 日 万里部长到徐州铁路分局召开万人大会，传达"中央九号文件"，解决徐州地区铁路运输不畅通问题。15 日在徐州召集济南、上海、郑州三个铁路局领导干部解决津浦、陇海、京广北段铁路运输不畅通问题。

3月27日　朝鲜铁道部副部长徐南信率代表团来华与铁道部副部长郭鲁会谈中朝铁路联运问题。

5月　京广铁路衡阳至广州段第二线工程开工，1985年年底已交付运营53公里。

6月4日　万里部长到郑州参加铁路局党委常委会议，调整路局领导班子，解决郑州局贯彻中央九号文件不力和运输生产长期落后的问题。

7月1日　宝（鸡）成（都）铁路全线电气化建成交付运营。这是中国第一条全线电气化铁路。

7月24日　焦（作）枝（城）铁路交付正式运营。该线于1969年11月开工，1970年7月1日铺轨通车。新建该线的同时，修建连地黄河大桥，桥长940米，于1969年10月开工，1970年6月5日建成通车，施工仅8个月时间。

8月1日　通（县）坨（子头）铁路建成通车并交付运营。该线于1973年1月开工兴建。

铁道部电子计算所成立。

8月18日　铁道部给张金生追记特等功。共产党员张金生是兰州铁路局定西工务段高阳养路工区养路工，1975年4月9日为抢救72次旅客快车，英勇牺牲。

8月　淮河上游及唐白河流域暴雨，淮河支流发生特大洪水，板桥、田岗等水库漫溢溃坝，洪水冲击京广铁路驻马店、周口、许昌等地区，造成历史上罕见的水害，小商桥至确山间102公里线路和40座桥涵遭到严重破坏，连续中断行车18天，影响运输46天。

12月22日　铁道部颁布《一九七六至一九八五年铁路科学技术发展规划纲要（草案）》。

1976年

1月　铁道部长万里和铁路各级单位中坚持工作的领导干部以及职工

受到攻击，中央 1975 年九号文件不能贯彻，整顿恢复工作受阻，铁路再度出现指挥失控，秩序混乱，运输生产中断的局面。

6月29日　上海黄浦江大桥建成通车。这是黄浦江上第一座铁路公路双层钢铁大桥。

7月14日　中国援建的坦赞铁路竣工，交接仪式在赞比亚举行。

7月28日　唐山、丰南地区发生强烈地震。铁路近 600 公里干支线遭到破坏，京山、通坨、津蓟铁路中断，唐山机车车辆工厂全部厂房、设备被毁。北京开往大连的 129 次旅客快车在唐山附近遇地震受阻，列车全体乘务员临危不惧，机智勇敢地保卫了列车和 1400 多名旅客的生命安全，为抗震救灾做出了贡献。

7月30日　铁道部与铁道兵共同组成抢修前线指挥部，加强地震灾害抢修现场的统一指挥。

8月7日　遭受地震破坏最严重的京山铁路抢修通车。被阻的三列客车 2900 多名旅客全部安全转移，无一伤亡。

9月30日　阳（平关）安（康）铁路建成并交付使用。该线新建工程于 1969 年 1 月开工兴建。其电气化工程于 1973 年 5 月开工兴建，至 1977 年 6 月建成投入使用。

10月30日　"毛泽东号"蒸汽机车安全运行 30 年，走行 300 万公里，为中国革命和建设做出了出色贡献。

12月23日　中央决定任命段君毅为铁道部部长。1978 年 3 月第五届全国人民代表大会通过任命。

12月　新建徐州站孟家沟编组场建成交付使用。该场设二级四场机械化驼峰，于 1969 年开工兴建。

1977 年

1月1日　铁道部第四工程局设计和施工分开，分别在合肥成立第四工程局，在武汉成立第四设计院。原第四设计院是 1970 年 6 月并入第四工程局的。

1月　京包铁路大同至包头段第二线工程复工。1985年年底已完成254公里交付运营。

2月2日　国务院召开全国铁路工作会议。中央各部、委，各省、自治区、直辖市和各铁路局负责干部参加会议。会议决定，千方百计地把铁路运输搞上去。中共中央于2月22日批准并转发《全国铁路工作会议纪要》。《纪要》指出，铁路是国民经济的大动脉，必须做到"畅通无阻，安全正点，多拉快跑，当好先行"。重申关于铁路管理体制仍按中央1975年九号文件规定办，对铁路干部的任免，则实行双重领导，以省、自治区、直辖市领导为主的规定。

6月1日　铁道部决定，昌平桥梁工厂改名为北京工程机械厂。

6月21日　中央决定，郭维城、李新任铁道部副部长。

6月30日　长沙新客站建成使用。

8月5日　南同蒲铁路附近因降暴雨，四座水库相继冲垮，使祁县至张兰间大部线路被水淹没，冲毁中小桥4座，路基多处，中断行车10天。

9月21日　铁道部颁布《关于表彰参加唐山、丰南一带抗震救灾先进集体和模范人物的决定》，表彰71个先进集体和9名模范人物。

9月30日　唐山机车车辆工厂广大职工克服地震造成的困难，提前100天完成全年客车生产任务。

10月5日　烟（筒山）白（山镇）铁路建成并交付运营。该线于1958年8月开工，中间停工10年10个月。

10月14日　中央决定李颉伯任铁道部顾问。

10月23日　新建桂林客站落成交付使用。

12月21日　铁道部颁布《关于立即对内燃机车进行"三化"的决定》（"三化"即标准化、系列化和通用化）。

12月　青藏铁路关角隧道完工。该隧道长4010米，于1958年8月开工，1961年停工，1974年复工，是国内海拔最高（3690米）的隧道。

1978 年

1月1日　铁道部调整部机关体制机构，主要有：部办公室改为办公厅；各厅、局、委下设的组改为处等。

铁道部决定，将兰州铁路局的天水电缆厂、天水信号厂改为铁道部直接领导。

1月3日　中央决定，黎光、廖诗权、吴冶山、赵文普、王效斌任铁道部副部长。鄢炳军任铁道部政治部主任。

1月5日　"周恩来号"机车命名大会在上海举行。段君毅部长宣读命名决定，中共上海市委第三书记彭冲到会讲话。

1月　西（安）延（安）铁路通车运营至张桥。该线于1973年1月开工，曾停工3年半，后于1981年复工续建钟家村至秦家川段（张桥至钟家村与侯西铁路共轨）。

3月27日　铁道部发出《关于实行党委领导下的局（院、厂、校）长分工负责制的通知》。

3月31日　全国科学大会举行隆重授奖仪式。铁路系统有22个先进集体、26名先进科技工作者和173项优秀科技成果受到大会的表彰。

4月1日　中国铁道学会成立。

4月10日　人民铁道报社成立。

6月1日　襄渝铁路（襄樊至重庆）建成交付运营。该线于1968年4月开工，1975年9月开始电气化建设，1983年12月建成投入使用。

6、7月　陇海铁路渭滩至天水间发生严重水害和泥石流，冲毁线路多处，伯阳桥梁冲落。1389公里处线路上泥石流堆积5万—6万立方米，高度达6米。1391公里处泥石流一次下泄到线路上约20万立方米。前后中断行车28天。

7月29日　中、坦、赞三国政府关于坦赞铁路技术合作会谈在达累斯萨拉姆举行。外经部副部长李克为团长、铁道部援外办公室李轩等为团员的中国政府代表团参加会谈,并签订第二期铁路技术合作议定书和会议纪要。

7月 滨洲铁路(哈尔滨至满洲里)第二线工程复工。该线于1958年4月开工,后停工,复工后至1985年年底已完成198公里交付运营。

8月3日 中央决定,李颉伯、布克、耿振林、李震、刘白涛任铁道部副部长。

10月5日 铁道部决定,4501工程指挥部改为隧道工程局,局址设在河南洛阳。

10月16日 中央决定,郭维城任铁道部部长。12月26日全国人民代表大会常委会第五次会议通过任命。

10月27日 铁道部决定恢复专业设计院,院址设在北京。

11月20日 南宁新客站建成交付使用。

11月 黔桂铁路(柳州至贵阳)柳州至都匀段于1964年10月开始的既有线改造完成。

12月11日 全国铁路科技大会在北京举行。会议听取郭维城部长的报告,审议《一九七八至一九八五年全国铁路科学技术发展规划纲要》和《铁路科学技术发展的主要政策》,表彰224个先进集体和218名先进个人,并给700项科技成果授奖。上述《纲要》和《主要政策》经修改后于1979年2月28日颁布实行。

12月16日 陇海铁路第368次旅客列车在杨庄车站冒进信号,与在杨庄站通过的第87次旅客列车侧面相撞,死106人,重伤47人,中断行车9小时。为使全国铁路职工记取本次事故的沉痛教训,铁道部特决定每年12月16日为"全路安全教育日"。

12月25日 兰州新客站建成交付使用。

1979年

1月1日 《人民铁道》报复刊。

京沪铁路徐州至上海段自动闭塞工程竣工投产。

1月16日 1978年12月25日开始的全国铁路领导干部会议结束。会议传达贯彻中共十一届三中全会和中央工作会议精神,总结工作,讨论1979、1980年两年任务。郭维城部长作了《解放思想,全力以赴,把工作重点转移到现代化建设上来》的报告。

1月22日 铁道部决定,第二工程局分为第二、第五两个工程局。二局设在成都,五局设在贵阳。

3月1日 唐山机车车辆工厂震后移地建设新厂第一期工程客车修造系统开工。1985年基本建成。

4月4日 广州至九龙直达旅客特别快车通车。

4月10日 兰新铁路乌鲁木齐至达坂城间风雪交加,气温降至零下18摄氏度。后沟至吐鲁番、鄯善至哈密风沙滚滚,风力达12级以上,桥上混凝土预制板的步行板被吹走,避车台刮得东倒西歪,造成通讯中断、列车颠覆、站场失火、运输设备和房屋遭受严重破坏,全线停运近两天。

4月 太(原)焦(作)铁路全线建成并交付运营。该线于1957年9月开工,1965年12月焦作至五阳段建成交付运营;五阳至修文段1971年停工,1974年2月复工。

5月16日 铁道部召开全国铁路各局、院、厂领导干部会议,讨论贯彻四月中央工作会议精神和铁道部《关于铁路今后三年调整方向和今年计划安排》。会议确定铁路要以调整为中心,着手解决比例失调问题。

6月1日 国务院批准,铁道部成立中国土木工程公司。

6月22日 全国铁路总工程师工作会议在成都召开,讨论建立健全总工程师技术负责制,加强质量管理,推广科技成果等。

7月6日 国际铁路联盟(铁盟)秘书长致函中国铁道部部长郭维城,通知中国铁路恢复参加铁盟,已经铁盟管理委员会通过,铁盟全体大会批准。

7月29日 兰新铁路文殊至疏勒河间160多公里发生水害,中断行车8天。

8月11日 铁道部表彰安全生产成绩显著的小东、边沟、细鳞河、火龙沟、群岭、万家屯、七里河、七里营、沙湖、外跨塘10个车站，各发奖状以资鼓励。

8月20日 大同机车工厂举行生产3000台前进型蒸汽机车庆祝大会，铁道部、铁道部政治部颁发嘉奖令，并授锦旗。

8月21日 华东交通大学成立。

9月28日 国务院举行全国先进企业、劳动模范授奖仪式。铁路系统荣获全国先进企业的有北京铁路局、齐齐哈尔铁路局、广州铁路局、成都机车车辆工厂、古冶机务段、郑州北站6个单位；荣获全国劳动模范的有陈福汉、王运歧、刘云和、程庆国、周勋功、缪松方、吕长松、陈俊生8人。

10月1日 亚洲及中东铁路最高领导人第五届会议在日本东京举行。邓存伦副部长率中国铁路代表团出席会议，并作题为"中国铁路的运输管理"的发言。

10月 淮南铁路（淮南至裕溪口）第二线工程开工。1985年年底已完成44公里交付运营。

11月1日 铁道部决定，撤销东北铁路运输指挥部，恢复东北铁路办事处。东北铁路运输指挥部原为沈阳军区领导的东北交通运输指挥部，1973年1月中央决定划交交通部。

11月5日 铁道部在昆明和柳州分别召开对越自卫反击战支前运输表彰大会，向两局立功集体和个人授奖。在此之前，于4月7日至8日两局曾分别召开庆功大会，铁道部通报表扬。

11月14日 郭维城部长率中国铁路代表团赴英国进行友好访问。29日签订两国铁路科技合作协议书。

12月 浙赣铁路（杭州至株洲）第二线工程开工。1985年年底已交付运营67公里。

1980 年

1月1日 铁道部决定,北京二七机车车辆工厂分为北京二七机车工厂和北京二七车辆工厂。

1月14日 为整顿铁路计划工作,铁道部颁布《铁路计划管理办法》和铁路运输、基本建设、运输设备大修、更新改造、劳动工资等计划管理办法以及设计任务书编制和审批的规定。

2月20日 1977年12月开工兴建的济宁至菏泽段铁路建成并交付运营。

3月24日 铁道部表彰运输系统52个安全标兵、69个安全先进单位、376个安全先进集体、106个安全先进生产者。

3月 电气化区段的双线移频自动闭塞,首次在石太铁路南新城至阳泉间建成使用。

5月1日 1972年10月开工兴建的京通铁路(北京至通辽)建成交付运营。

7月1日 国务院批准:恢复上海铁道医学院(1971年根据中央决定,该院下放上海市);成立苏州铁道师范学院和西安铁道师范学院。上海铁道医学院于1981年8月1日正式成立。

8月14日 铁道部建立第一批铁路职工大学17所。11月22日建立第二批铁路职工大学8所。

11月3日 在全国节能经验交流会上,国家计委、国家经委、国家能委授予北京铁路局古冶机务段1980年全国节能先进企业的称号。沈阳、戚墅堰机车车辆工厂,齐齐哈尔车辆工厂和武汉铁路局江岸机务段受到表扬。

11月6日 铁道部决定,成立铁道部经济体制改革领导小组,邓存伦副部长任组长。

11月8日 京广铁路第二线大瑶山双线隧道开工。全长14295米,为国内最长的铁路隧道。计划于1988年双线通车。

11月19日 国家经委、铁道部、公安部等九个单位联合颁布《关于严格控制生产出售和严禁携带易燃易爆危险品乘坐车、船、飞机的紧急通知》。

京广铁路第二线南岭双线隧道工程开工。隧道长6040米，这是国内首次进行特浅埋、软弱围岩双线铁路隧道，采用光面爆破和预裂爆破大断面开挖技术成功。

12月 1970年4月开工兴建的辛（店）泰（安）铁路交付正式运营。

1981年

1月23日 铁道部科学研究院等单位研制的ZTL-1型机车自动停车装置，通过部级鉴定，决定推广使用。

3月17日 万里副总理由邓存伦副部长陪同到京通、京沪、京广、浙赣、枝柳、焦枝、太焦各铁路线和一些重点地区视察工作。

4月13日 中央决定，刘建章任铁道部代部长。同年9月10日任铁道部部长。

5月18日 铁道部和联合国亚太经社会联合举办的铁路新线建设工程讨论会在北京举行，有11个国家的铁路专家和亚太经社会秘书处的官员参加会议，听取介绍中国铁路建设情况的11篇专题报告，参观中国铁路新线建设的成就展览。会议期间，国务院副总理万里会见了与会代表。

6月1日 经国家经委批准，成立铁道部通信信号公司（对外称"中国铁路通信信号公司"）。该公司系由铁道部所属通信、信号、电缆工厂和电化工程局所属电务勘测设计处、电务工程处组建而成。

6月30日 津浦铁路济南黄河双线大桥建成通车。新建晏城至党家庄双线和水屯至白马山联络线同时开通。大桥于1972年6月开工兴建。

7月6日 铁道部颁布《铁路局利润留成办法》。

7月9日 成昆铁路尼日至乌斯河站间的利子依达大桥被巨大山洪泥石流冲毁，442次旅客列车的2台机车、1辆行李邮政车、1辆客车被冲入大渡河，死79人，伤147人，线路中断，7月24日修复通车。

7月16日　铁道部颁布《铁路基本建设承发包合同制试行办法》。

7月17日　经中央批准：鄷炳军、李克非、韩力平、刘平田任铁道部副部长。

7月22日　中国铁路老战士协会（1980年11月7日建立）首届代表会议在北京举行。通过《中国铁路老战士协会章程》；刘建章当选为理事长，吕正操被聘为名誉理事长。

7月30日　铁道部组成"部优质产品评审委员会"，廖诗权副部长任主任委员。

7月　邯（郸）长（治）铁路浊漳河桥建成通车。该桥1978年开工，是国内第一座预应力混凝土斜腿刚架铁路桥，净跨度为82米。

7至8月　西南、西北和东北地区铁路遭受历史罕见的暴雨、山洪袭击，冲毁线路百余处。20多条干支线中断运输，主要有宝成、成渝、陇海、阳安、成昆、兰新、长大、绥（化）佳（木斯）、牡（丹江）图（们）等干线，分别中断行车数10小时至数10天，宝成铁路自8月21日起中断行车最长，为61天。

8月15日　四方机车车辆工厂设计制造的可躺式空调客车，在北京至上海21/22次直达特别旅客快车上开始投入使用。

9月1日　1977年11月开工兴建的湘桂铁路红水河第二线大桥建成通车。该桥是中国自行设计施工的第一座主跨96米的预应力混凝土铁路斜拉桥。

9月10日　全国人大常委会任命陈坦为铁路运输高级法院院长；蔺子安为全国铁路运输检察院检察长。

9月16日　铁道部党政工团联合派出三个慰问团，分赴水害严重的西南、西北、东北铁路地区，慰问抢险抗洪、日夜奋战的铁路职工和受灾职工家属。

9月21日　联邦德国交通部长豪夫率运输代表团来华访问。29日同铁道部长刘建章签订中德铁路合作协议。国务院副总理方毅会见了豪夫部长。

9月29日 8月27日鹿道至图们424次旅客列车乘警全正一、运转车长韩昌锡，为保证铁路运输安全，同持枪杀人犯英勇搏斗光荣负伤，铁道部特授予"一级英雄模范"荣誉称号，吉林铁路局授予"模范共产党员"称号。

10月11日 国务院副总理杨静仁率中央慰问团到宝成铁路抢修工地视察灾情，转达中共中央、国务院对抢修铁路的广大职工和解放军指战员的关怀和慰问。

10月14日 亚洲及中东铁路最高领导人第六届会议在新德里举行，邓存伦副部长率中国铁路代表团出席。

11月6日 全国铁路运输检察院、铁路运输法院工作会议在北京召开，贯彻中央关于加强政法工作的指示，传达最高检察院和最高法院专业会议精神，总结经验，部署工作。

11月16日 铁道部召开全路广播大会，表彰6名抗洪抢险模范，36名一等功荣立者和113个先进集体、783名先进个人，分别颁发锦旗、奖章、奖状及立功证书。

11月24日 联合国亚太经社会第五届航运、运输和通讯委员会会议在曼谷举行，韩力平副部长率中国铁路代表团出席。

1982年

3月24日 中国铁路对外服务公司正式成立。

3月30日 铁道部颁布《铁路企业全面整顿规划纲要》。

3月31日 铁道部决定对全国铁路所属各企业下放计划、财务、物资、机构设置和干部任免等17条权限。

3月 滨绥铁路（哈尔滨至绥芬河）哈尔滨至牡丹江段第二线工程开工。1985年年底已交付运营87公里。

4月7日　中央决定：陈璞如任铁道部部长；李森茂任铁道部第一副部长；李轩、李克非任铁道部副部长；刘建章、邓存伦任铁道部顾问。

4月9日　中共中央、中央军委决定铁道兵并入铁道部，并经国务院、中央军委批准，成立交接领导小组，由吕正操任组长，陈再道、陈璞如任副组长。

4月26日　铁道部召开全国铁路工作会议，陈璞如部长总结工作，部署任务。国务院副总理万里、余秋里到会讲话。会议讨论了《铁路"六五"计划草案和"七五"设想要点》，指出"六五"时期继续贯彻以调整为中心的"调整、改革、整顿、提高"的方针，在加强运输组织、挖掘潜力的同时，重点改造旧线，力争多修新线，解决煤炭外运，克服机车车辆修造不足等薄弱环节，理顺铁路内部和外部关系，使铁路逐步走向协调发展。

5月9日　京广铁路南段连降暴雨，北江水位暴涨，接近或超过路肩，衡阳以南发生水害，中断行车12天。

5月28日　193次旅客快车在沈山铁路兴隆店车站与工务起道机相撞，造成颠覆重大事故。

5月　吉兰泰铁路发生严重沙害，沙埋全线线路66%，最厚达1.78米，全月仅通车6趟，基本停运。

6月12日　铁路对外劳务合作会议在北京举行，传达贯彻中央关于发展对外经济关系的指示精神，讨论进一步发展铁路对外劳务合作。

6月19日　湘黔铁路690公里处，高约15米的斜坡路堤开裂滑坡，造成一列货车颠覆，中断行车5天。

7月12日　铁道部颁布《列车牵引计算规程》。

7月14日　襄渝铁路502公里、577公里两处水害，中断行车13天。

7月27日　阜（阳）淮（南）铁路淮南淮河大桥建成通车，全长3447.5米。

8月13日　全国铁路企业整顿工作会议在北京举行，贯彻全国企业整顿座谈会精神，部署铁路企业整顿工作。铁路各局、院、厂逐级展开全面企业整顿，按规定的整顿标准逐级进行检查验收。1985年5月底全国铁路检查验收工作全部结束。

9月29日　石太铁路双线电气化工程全部建成。该工程于1978年3月开工，石家庄至阳泉段于1980年9月建成并交付运营；阳泉至太原段于本日建成并交付运营。

10月4日　450吨和350吨运载长大货物的新型铁路货车，分别在齐齐哈尔车辆工厂和株洲车辆工厂试制成功。

10月12日　铁道部决定成立中国铁路机车车辆工业总公司。

11月1日　全国铁路先进生产者代表大会在北京召开，表彰448名全国铁路劳动模范，355个全国铁路先进集体，分别颁发奖章、奖旗和奖状。国务院副总理万里到会讲话。

11月7日　武汉长江大桥正桥第4孔钢梁被打桩船超限的桩架碰撞受损。为确保行车安全，采取下行线限速过桥措施，经加固后于1983年7月3日恢复正常速度运行。

12月10日　经中央批准，张辛泰任铁道部副部长。

12月11日　石（家庄）德（州）铁路第二线工程建成并交付运营。该工程于1975年3月开工兴建。

12月13日　通往商品粮基地——黑龙江省三江平原的福（利屯）前（进）铁路建成并交付运营。该线于1974年5月开工兴建。

12月21日　国家验收委员会在柳州举行枝柳铁路（湖北枝城至广西柳州）交验仪式。该铁路于1970年8月开工，1978年12月25日通车，1985年1月6日交付正式运营。铁路全长886公里，是纵贯中国南北的第三条大干线的南段。

12月28日　1978年7月开工的陕西安康专用线安康汉江桥建成通车。该桥是中国第一座斜腿刚构薄壁箱型钢梁桥。

12月29日　铁道部颁布第六次修订的《铁路技术管理规程》，自

1983年7月1日起实行。

1983年

1月1日　铁道部决定撤销太原铁路局，局管区划归北京铁路局统一管理。

1月20日　沪宁铁路第二线工程全部建成并交付运营。该工程于1958年9月开工，至1960年12月修建36公里交付运营后于1961年停工，1972年4月复工。

2月1日　根据国务院、中央军委1982年12月6日的决定，为使铁道兵部队顺利完成并入铁道部的任务，成立铁道兵指挥部。尚志功任指挥，李际祥任政委。

2月6日　纪念二七大罢工60周年大会在北京长辛店二七机车车辆工厂举行。叶剑英为大会题词："中国工人阶级要发扬二七革命传统，为全面开创社会主义现代化建设新局面而奋斗！"邓小平为大会题词："中国工人阶级要发扬二七革命传统，为把我国建成为现代化的、高度文明、高度民主的社会主义强国，为推进人类进步事业而努力奋斗！"李先念为大会题词："中国工人阶级要发扬革命传统，永远不忘过去，正确对待现在，努力创造未来！"陈云为大会题词："纪念二七大罢工六十周年，为建设社会主义而奋斗！"

2月28日　联合国亚太经社会铁道部长会议在曼谷举行，陈璞如部长率中国铁路代表团出席并签署《主管铁道部长会议曼谷宣言》。

2月　新（乡）菏（泽）铁路新建工程开工，计划于1986年完工。

3月1日　铁道部决定撤销武汉铁路局，局管区划归郑州铁路局统一管理。

4月3日　陇海、兰新、京包、包兰铁路旅客列车扩编试验结束，决定在17对旅客直通快车上陆续增挂客车。

4月11日　铁道部召开全国铁路工作会议，讨论铁路改革，开创新局面和主要技术政策等问题。会后于5月14日颁布《振奋精神，立志改革，加快步伐，开创铁路工作新局面》和《铁路主要技术政策》两个文件。前一文件对铁路改革概括提出"包（承包）、放（放权）、联（联合）、通（运输畅通）、多（多种经营）"五个字方针，要求全国铁路在改革上有所突破；后一文件对铁路网建设、列车重量密度和速度、牵引动力、客货车辆、编组站、通信信号、电子计算技术以及铁道建筑等八个方面的技术发展做出政策规定。

6月18日 铁道部决定，将政治部管理的部分干部工作调整到行政部门管理。铁道部政治部原分管干部工作的部分机构与劳动工资局合并改称劳动人事局。1984年8月11日铁道部发出《关于改革干部管理工作体制的通知》，决定全国铁路实行党群与行政干部分管的体制，撤销政治部门的干部部。

6月27日 中国跨度最大的栓焊连续钢桁梁铁路桥（3孔144米）——京山铁路永定河大桥建成通车。

6月28日 铁道部在广州召开全路内燃、电力机车长交路、轮乘制经验交流会议，总结交流广州等机务段的经验。

7月1日 1975年10月开工新建的济南西编组站建成交付使用。该站设双向二级六场。

7月12日 汤林铁路113公里处被洪水冲毁，造成1403次货物列车颠覆。暴雨造成该线53处水害，旅客列车2列、货物列车11列被截留区间，停运半个月。

7月13日 成渝铁路473公里处滑坡，山体错位，向长江边横移13.5米，滑体约2.4万立方米，造成第3523次货物列车颠覆，中断行车8天。

7月26日 经中央批准，尚志功任铁道部副部长。

9月2日 铁道部颁布《铁道部计划体制改革的初步方案》和具体实施办法。这项改革在铁路企业中首次实行指令性计划与指导性计划相结合的制度。

9月10日 安康汉江铁路桥、京广铁路第二线衡韶段坪石车站北运转场扩建工程、邯长铁路浊漳河大桥，经国家质量奖评审委员会评定为国家优质工程。

9月15日 陈璞如部长率中国铁路代表团先后访问罗马尼亚和法国。27日同法国运输部查理·菲泰尔曼部长签署中法铁路合作协议。

10月1日 铁道部决定，撤销齐齐哈尔、吉林、锦州铁路局，其所属单位分别并入哈尔滨、沈阳铁路局。

10月31日 中国向美国通用电气公司订购220台内燃机车和10种内燃机车的关键部件制造技术转让合同在北京签订。

11月22日 第七届联合国亚太经社会航运、运输、通讯委员会在曼谷举行，李森茂副部长率中国铁路代表团出席。

12月1日 铁道部授予沈阳铁路局小东车站"安全生产三十五年"光荣匾。

12月5日 全国铁路运输部门第一个经济实体——广深铁路公司在深圳举行成立典礼。1984年2月15日经国务院批准，实行自主经营、自负盈亏、自我发展的管理体制。

12月30日 铁道部任命石希玉为铁道部运输总调度长。

12月 1973年5月开工兴建的沈（阳）丹（东）铁路第二线工程建成并交付运营。

1984年

1月1日 根据国务院、中央军委1983年10月28日的决定，铁道兵指挥部及所属各师划归铁道部建制，铁道兵指挥部改为铁道部工程指挥部，所属各师改为第十一至第二十工程局。

联接京广、太焦两线的重要铁路——邯（郸）长（治）铁路建成通车。该路于1970年5月开工，1984年5月交付运营。

1月10日 铁道部、共青团中央联合决定，从今年起在全国铁路开展

"万里铁路万里林"活动。

1月22日　陈璞如部长率中国铁路代表团赴朝鲜参加中朝国境铁路协定签订三十周年庆祝活动。

3月1日　经中央批准,李际祥任铁道部政治部主任。

中国铁路第一条实用化光纤通信线路在北京铁路局并网使用。

3月9日　中国地方铁路协会成立。

4月30日　陇海铁路宝鸡至兰州段电气化工程于1978年5月开工,1980年12月修至天水交付运营,本日修至兰州,至此全段交付运营。

5月1日　第一条高原铁路——青藏铁路(西宁至拉萨)西宁至格尔木段举行通车典礼。同年7月30日通过国家验收,全段交付兰州铁路局正式运营。

6月1日　皖赣铁路(安徽芜湖至江西贵溪)正式交付运营。该线于1958年9月开工,1960年1月停工,1970年1月复工,1981年12月接轨。

6月6日　城市拆除爆破新技术,高压喷射注浆法,用挤密砂桩加固松砂地基技术,可调式组合钢板模,铁路公路立交地道桥的设计施工,83－Ⅱ型板式拆装房屋,锥壳水塔标准化、轻型化、多用化等7项铁路系统科技成果在全国建筑科技成果交流会上获奖。

6月29日　铁道部颁布《关于贯彻国务院进一步扩大国营工业企业自主权暂行规定的补充规定》,对所属企业下放36条在计划、财务、物资、劳动工资和干部管理等方面的管理权限。

7月16日　铁道部运输总调度长石希玉率中国铁路代表团赴苏联铁路考察重载列车运输技术问题。这是中苏政府间科技合作中断了20年后第一次派出的中国铁路考察团。

7月17日至23日　国务院副总理万里、李鹏在国家计委、煤炭部、铁道部领导人陪同下,视察大同、太原、石家庄铁路分局。万里指出:以严治路是铁路的主要经验。

7月21日　胶济铁路（济南至青岛）第二线工程济南至蓝村段建成并交付使用。该工程于1961年1月开工，前后停工两次共15年7个月，1978年10月再次复工续建。

8月1日　电子计算机应用于铁路的重大试点工程——京沪圈铁路运营管理系统总体方案开始实施。

8月15日　西北地区最长的铁路桥梁——陇海铁路宝天段葡萄园渭河大桥（桥高42.5米、长948.4米）建成通车。

8月16日　铁道部决定将铁道部郑州人民警察干部学校改建为铁道部郑州公安管理干部学院。

8月25日　芜湖第二轮渡新建工程交付运营。该工程于1958年8月开工，1961年后两次停工，1971年12月复工，1984年5月建成。

8月30日　横贯天山的南疆铁路吐鲁番至库尔勒段在库尔勒举行通车典礼，铁道部部长陈璞如、中共新疆维吾尔自治区党委第一书记王恩茂剪彩。该段于1974年4月开工，1981年10月20日开始临时运营。

9月6日　铁道部颁布《改革铁路运输设备更新改造和大修计划管理办法》，自1985年起实行。改革的核心是扩大铁路局自我发展和改造的权限。办法中对实行计划投资额包干同时作出规定。

9月10日　铁道部任命屠由瑞为铁道部总工程师。

9月11日　铁道部批准，中国土木工程公司和铁道部通信信号公司共同投资，成立中信电通有限公司。

9月29日　西南地区最大的铁路客运站——成都站建成交付使用。

9月　上海新客站开工兴建。1985年年底站房建设已初具规模。

10月1日　铁道部决定撤销南昌、西安铁路局，其管区分别并入上海、郑州铁路局。

10月16日　铁道部新闻发言人对中外记者宣布：铁路建设对内对外都实行开放，欢迎各方面出人出钱合作建路。

10月17日至28日　铁路合作组织铁道部长会议，于中断18年后在华沙召开第十二届会议,陈璞如部长率中国铁路代表团出席并签署议定书。

10月26日 国家经委、铁道部、交通部、民航总局、中国人民银行联合颁布《联运工作条例》。

11月20日 3308千瓦大功率干线货运内燃机车东风$_8$型由戚墅堰机车车辆工厂试制成功。

12月13日 铁道部在北京召开全国铁路工作会议,贯彻中共十二届三中全会《关于经济体制改革的决定》的精神,研究铁路改革方案,提出铁路改革的中心环节是推行承包经济责任制,把铁路企业建成相对独立、自主经营、自负盈亏的经济实体,增强企业活力。根据这一原则,制定了深化铁路改革的具体内容和主要任务。会后,铁道部于1985年1月12日发出《关于铁路改革的意见》,部署执行。

12月15日 铁道部颁布《关于改革基本建设管理体制若干问题的暂行规定》,对推行建设项目投资包干责任制、招标和承包合同制等做出10条规定。同年5月28日、31日、11月15日已分别对建设项目包干经济责任制、承发包合同制和工程招标制定了具体实施办法公布实行。

12月18日 经中央批准,石希玉、孙永福任铁道部副部长。

12月20日 铁道部任命罗云光为铁道部运输总调度长。

12月 丰沙大铁路(丰台经沙城至大同)电气化改造工程建成交付使用。该工程于1981年4月开工兴建。

津浦铁路第二线工程全线建成并交付运营。该工程于1958年6月开工,1962年7月修通542公里交付运营,以后经多次停工和复工。

1980年年初开工的沈阳西编组站建成交付使用。该站设双向二级四场半自动化驼峰。

大(同)秦(皇岛)双线铁路新建工程开工。

1985 年

1月1日　全国铁路实行铁路物资地区供应中心负责制。

1月9日　"重载列车牵引运行试验"和"东风$_7$型调车内燃机车研制"两项国家科技攻关项目获国家计委、经委、科委、财政部、国务院重大装备领导小组办公室联合颁发的奖励。

3月5日　铁道部颁布《实行运输承包经济责任制办法》。规定铁路局对铁道部的6项运输承包项目和经济责任考核办法，在1985年内执行。

3月20日　铁道部第一工程公司和电气化工程公司（9月1日公司仍改为局）获国家计委授予的1984年度优秀施工管理奖。

3月25日　新建郑州北站完工。该站设双向三级六场机械化驼峰，一期工程于1955年10月开工，1956年5月完工交付使用；二期工程于1958年4月开工，1965年至1968年陆续完工交付使用；三期工程于1978年开工，本日完工交付使用。它是国内规模最大的路网性编组站。

3月27日　中国与欧洲五十赫兹集团关于购置电力机车的贸易合同和技术转让合同在北京签字。

4月1日　新订列车运行图开始实行。全国铁路每天开行旅客列车972.5对，货物列车10101对，比1981年运行图中的旅客列车增加66对、货物列车增加1300对。

4月5日　第一列由两列合并一列的组合式长大旅客列车（挂26节车厢）由齐齐哈尔出发开往南京。

4月17日　铁道部、铁道部政治部、中华全国铁路总工会联合在北京召开"全国铁路运营系统确保运输安全家属工作经验交流会"，这是新中国成立以来第一次由部召开的家属会议。

4月18日　波兰交通部长卡明斯基来华访问。24日陈璞如部长和卡明斯基部长签署中波铁路科技和经济合作协议。

4月24日　中国向美国通用电气公司购买200台内燃机车和技术转让

贸易合同在北京签字。

4月30日 国务院批转铁道部、国家物价局《关于铁路短途客货运价调整方案》，自5月15日起实行。

5月1日 中华全国总工会向全国铁路系统28名职工颁发"五一劳动奖章"。

北疆铁路第一期工程乌鲁木齐至乌苏段开工典礼在乌鲁木齐举行。

6月18日 全国人大常委会决定：任命丁关根为铁道部部长。

7月5日 第一台既能铺轨又能架桥的长征$_2$型铺轨机在第三工程局制成试用。

7月8日 西南交通大学向陈君礼颁发中华人民共和国工学博士学位证书。这是铁路高等学校颁发的第一个博士证书。

7月9日 中国自行设计及试生产的60千克/米钢轨（包括鱼尾板、鱼尾螺栓及垫板）通过技术鉴定。

7月12日 石家庄至济南间跨局组合列车试开成功。列车编组客车6辆，货车96辆，总重7711吨，全长1558米。

8月12日 国家计委批准广州车辆工厂的设计任务书，同年开始筹建。

8月27日 铁道部颁布《铁路工程技术规范》，于1986年7月1日实行。

8月28日 全国铁路第一期铁路现代化管理研讨班结业。丁关根部长在结业会上讲话，指出铁路在改革中要跳出传统的运输组织模式，打破封闭式的工业结构，改变铁路独家修路的格局。

9月19日 与重载列车相配套的、功率6400千瓦的韶山$_4$型电力机车由株洲电力机车工厂试制成功。

9月20日 铁道部向中共中央和国务院提出《关于"七五"加强铁路建设及经营改革的报告》。报告提出"七五"铁路建设以改造旧线为主，修建急需的新线；请求批准铁路从"七五"开始实行经济承包责任制

（"大包干"），自负盈亏，以路建路，并提出实行经济承包责任制的具体方案。这个方案经审查修改后于1986年批准执行。

9月25日 大连机车车辆工厂生产的第三代东风$_4$型内燃机车——东风$_{4c}$型内燃机车试运成功。

9月28日 丁关根部长会见英国运输大臣尼古拉斯·里德利率领的运输代表团，双方签署延长中英铁路科技合作协议书。

9月30日 铁道部致电第一工程局五处，祝贺九月份在大秦铁路花果山隧道创双线月成洞224.32米的全国最高纪录。

10月9日 李鹏副总理在全国交通工作座谈会上指出：要调整运输结构，继续发挥铁路的主导作用。

10月11日 全国铁路38项科技成果获首次国家科技进步奖（其中：特等奖2项——成昆铁路、南京长江大桥，一等奖3项，二、三等奖33项）。

10月18日 中国第一个重载组合列车场在大同东站建成，场地有4股道，有效长2220—2395米，为开行万吨组合列车创造了条件。

10月25日 海南岛环线铁路岭头至八所段新建工程建成交付运营。该工程于1983年11月开工。

10月29日 中国铁路首次应用微机远动装置，在阳泉至太原牵引供电系统中安装试运成功。

10月31日 铁道部大桥工程局设计施工的迄今中国最长的铁路桥——新菏铁路新建工程中的长垣至东明黄河大桥（桥长10283米）建成。该桥于1984年2月开工兴建。

11月27日 广州机务段被国家经委评为全国节能先进企业；大连机车车辆工厂、大连机务段、北京内燃机务段、戚墅堰机车车辆工厂等8个单位为行业节能先进企业；呼和浩特机务段、眉山车辆工厂、皇姑屯车辆段、新乡机务段为节能受表扬企业。

12月3日 铁道部决定自1986年1月1日起，撤销昆明铁路局，并入成都铁路局。

大秦铁路白家湾隧道 11 月创双线月成洞 316.8 米新记录，这标志中国隧道建设技术已提高到新的水平。

12 月 5 日　中国铁路系统第一家中外合资企业——卡斯柯信号有限公司签字仪式在北京举行，将于 1986 年年初开业。

国务院批准，撤销东北铁路办事处，自 1986 年 1 月 1 日起实行。

12 月 10 日　国务院副总理万里等领导人到京广铁路衡广段现场办公，决定集中力量加速衡广段第二线建设，争取 1988 年通车。

12 月 11 日　铁道部北京干部学校改为铁道部北京管理干部学院。

12 月 12 日　苏联交通部第一副部长别符钦科率苏联铁路代表团来华考察中国铁路提高运输能力的经验。

12 月 15 日　国家重点建设工程——京秦铁路第二线工程全线开通投入运营。该工程于 1981 年 9 月开工，1983 年 12 月 20 日接轨通车。双线电气化工程于 1983 年 3 月开工，提前一年建成，经送电检查，质量良好。

12 月 20 日　铁道部部长丁关根主持办公会议，审议铁路"七五"计划建议。确定"七五"铁路部门的总目标和"精打细算、节约投资、改进经营、扩大运量"的总方针，在最繁忙的 16000 千公里铁路线上强化改造，把晋煤外运、南北干线、沿海港口后方和大区之间的四大通路搞畅通；同时，大打机车车辆工业翻身仗，使机车车辆制造进入 90 年代做到自给。

12 月 30 日　北京枢纽东北、西北环线 89 公里电气化铁路开通使用。

12 月 31 日　兖石铁路通过验收交付济南铁路局运营。该工程于 1981 年 4 月开工兴建。

经国家质量审查委员会批准：齐齐哈尔车辆工厂和株洲车辆工厂的 RD_2 型车轴获 1985 年国家优质产品金质奖；四方机车车辆工厂的 YW_{22} 型硬席卧车、长春客车工厂的 YZ_{22} 型硬席座车、大连机车车辆工厂的 C_{62a} 型敞车获银质奖。全国铁路系统自 1980 年至 1985 年共有 11 项产品获国家优质产品奖。

12月　四条铁路电气化改造工程竣工。贵昆铁路贵阳至水城段247公里自1982年开工；成渝铁路493公里自1975年8月开工；京秦铁路丰台至山海关341公里自1983年3月开工；太焦铁路月山至长治段154公里（其中双线电化93公里，单线电化61公里）自1983年9月开工，本年先后建成通车。

陇海铁路郑州至徐州段第二线工程建成并交付运营。该工程于1977年12月开工兴建。

京广铁路郑州至武昌段电气化工程开工兴建。

附录二

铁道部部属单位名称表

(1986年1月1日)

一、铁路局（共12个）

（一）哈尔滨铁路局，下属铁路分局7个：哈尔滨、佳木斯、牡丹江、齐齐哈尔、海拉尔、加格达奇、伊图里河铁路分局。

（二）沈阳铁路局，下属铁路分局11个：沈阳、大连、丹东、长春、吉林、通化、图们、通辽、白城、锦州、阜新铁路分局。

（三）北京铁路局，下属铁路分局6个：北京、天津、石家庄、大同、太原、临汾铁路分局。

（四）呼和浩特铁路局，下属铁路分局2个：包头、集宁铁路分局。

（五）郑州铁路局，下属铁路分局8个：郑州、新乡、武汉、襄樊、洛阳、西安、宝鸡、安康铁路分局。

（六）济南铁路局，下属铁路分局3个：济南、徐州、青岛铁路分局。

（七）上海铁路局，下属铁路分局7个：上海、南京、蚌埠、杭州、鹰潭、南昌、福州铁路分局。

（八）广州铁路局，下属铁路分局4个：广州、衡阳、长沙、怀化铁路分局。另有广深铁路公司和海南铁路办事处。

（九）柳州铁路局，下属铁路分局2个：柳州、南宁铁路分局。

（十）成都铁路局，下属铁路分局6个：成都、重庆、贵阳、西昌、昆明、开远铁路分局。

（十一）兰州铁路局，下属铁路分局4个：兰州、武威、西宁、银川铁路分局。

（十二）乌鲁木齐铁路局，下属铁路分局2个：乌鲁木齐、哈密铁路分局。

二、工程局（共19个）

第一、第二、第三、第四、第五、第十一、第十二、第十三、第十四、第十五、第十六、第十六、第十八、第十九、第二十、大桥、建厂、隧道、电气化工程局。

三、设计院（共5个）

第一、第二、第三、第四勘测设计院，专业设计院。

四、机车车辆、机械、电机工厂（共33个）

沈阳、大连、唐山、太原、四方、戚墅堰、柳州、成都机车车辆工厂，牡丹江、长春、北京二七、大同、济南、洛阳、兰州、铜陵机车工厂，资阳内燃机车工厂，株洲电力机车工厂，齐齐哈尔、哈尔滨、北京二七、石家庄、江岸、武昌、株洲、浦镇、贵阳、眉山、西安车辆工厂，长春客车工厂，天津、南口机车车辆机械工厂，永济电机工厂。

五、桥梁、轨枕工厂（共10个）

沈阳、山海关、宝鸡、丰台、株洲、都匀、成都、哈密桥梁工厂，太原、平顶山混凝土轨枕工厂。

六、木材防腐厂（共8个）

哈尔滨、镇赉、沈阳、北京、武汉、鹰潭、柳州、成都木材防腐厂。

七、工务器材、配件厂（共3个）

鞍山、隆昌工务器材厂，沈阳机车车辆配件厂。

八、工程、装卸机械厂（共4个）

北京、武汉、宝鸡工程机械厂，郑州装卸机械厂。

九、物资办事处（共9个）

哈尔滨、沈阳、天津、北京、上海、武汉、广州、成都、西安物资办事处。

十、规划院和科学研究院、所（共8个）

规划院，科学研究院，劳动卫生研究所，大连内燃机车研究所，四方车辆研究所，戚墅堰机车车辆工艺研究所，株洲电力机车研究所，武汉工程机械研究所。

十一、院校（共16个）

北方、西南、华东交通大学，大连、上海、长沙、兰州、石家庄铁道学院，南京、上海铁道医学院，苏州铁道师范学院，北京铁道管理干部学院，太原运输管理干部学院，郑州公安管理干部学院，西安铁路人民警察学校，党校。

十二、公司等企事业单位（共16个）

中国铁路工程总公司，中国铁路机车车辆工业总公司，中国铁路物资总公司，中国土木工程公司，中国铁路对外服务公司，通信信号公司，工程指挥部,中国铁道出版社,人民铁道报社,北京铁路总医院,中国铁路文工团,电子计算技术中心,科学技术馆,专运处,直属通信处,直属房产建筑工程处。

此外,还有中国铁道学会、中国铁路老战士协会、中国火车头体育协会等单位。

后 记

参加本书撰写工作的同志还有（按姓氏笔画排列）：

马　许　马云洪　马家驹　万中俊　王文浩　王永浩
王希贤　王秀环　王克愉　王利斌　王忠义　王国玉
王振元　王嘉裕　王馨源　孔庆铃　尹瑞先　冯金柱
厉承泰　田恒山　艾景山　刘　克　刘文慧　刘成轩
刘继福　刘馨文　江　枫　朱文英　朱鸿英　孙永诩
孙良弼　孙桂初　许永禄　许春林　纪毓淑　肖　虹
肖庆钧　杨人龙　杨有根　杨革非　李天功　李克基
李希弼　李国锋　李殿柱　李德潘　陈文科　陈宜吉
吴永平　吴育俭　吴家豪　张永祚　张庆山　张体元
张国楷　张家麒　张智信　何守朴　何雪川　苏启林
余泽篆　陆济民　庞　瑞　林存朴　林鸿禧　郑时德
周孟义　周载璋　周裕辉　金恒镛　姚　琼　姚锦珠
赵广余　赵立人　赵经甫　赵映莲　赵稼德　荀延华
郝德滋　徐文述　班长青　郭可谌　郭维鸿　梁希文
秦作睿　夏珠明　高润彭　高鹤江　钱椒卿　商　祚
黄乃勇　阎英武　章根明　董天民　童冠忠　程瑞连
傅殿松　韩静琪　韶能仁　魏莲一

有关部门的一些领导同志，热诚关心本书的出版，给予了支持和帮助。他们是：

庄　正　张有民　王彭年　王庭槐　张毅　屠荣举

本书所用材料，到 1985 年年底止。我们力图如实地反映新中国成立 36 年来铁道事业的发展和成就，并从中得出一些基本经验。但由于我们的水平有限，不足和欠妥之处，敬希读者批评指正。

《当代中国的铁道事业》编委会

1989 年 5 月